青 海 省 统 计 局
国家统计局青海调查总队 ·编

年鉴

2009年青海统计年鉴

QINGHAI STATISTICAL YEARBOOK 2009

中国统计出版社
China Statistics Press

(京)新登字 041 号

图书在版编目(CIP)数据
青海统计年鉴. 2009/青海省统计局,国家统计局青海调查总队　编.
—北京:中国统计出版社,2009. 8
ISBN 978-7-5037-5681-8

Ⅰ. 青…　Ⅱ. ①青…②国…　Ⅲ. 统计资料-青海省-2009-年鉴　Ⅳ. C832. 44-54

中国版本图书馆 CIP 数据核字(2009)第 050486 号

青海统计年鉴-2009

作　　者/青海省统计局,国家统计局青海调查总队
责任编辑/郑森森　罗　浩
E-mail/yearbook@stats. gov. cn
责任校对/陈宇祺
封面设计/施元杰
出版发行/中国统计出版社
通信地址/北京市西城区三里河月坛南街 57 号　中国统计出版社
邮　　编/100826
电　　话/(010)63376907
印　　刷/青海省统计局印刷厂
经　　销/新华书店
开　　本/890×1240 毫米 1/16
字　　数/40 万字
印　　张/42. 8
印　　数/1-1000 册
版　　别/2009 年 8 月第 1 版
版　　次/2009 年 8 月第 1 次印刷
书　　号/ISBN 978-7-5037-5681-8/C·2208
定　　价/320. 00 元(不含邮寄费)

编　辑　说　明

《青海统计年鉴2009》是一本全面反映青海省国民经济和社会发展情况的资料工具书。本书收录了2008年青海经济和社会各方面的统计数据，同时又增加了体现经济和社会协调发展的反映资源与环境变化的资料。

全书内容分27个篇目，即：公报、特载、综合、资源与环境、人口、从业人员和职工工资、人民生活、物价、能源生产与消费、固定资产投资、财政金融和保险、农业、工业、建筑业、交通运输和邮电通信、国内贸易、对外经济贸易和旅游、科技、教育和文化、卫生体育、其他社会活动、城市基本情况、企业资料、月度资料、全国各地区主要经济指标及排序、民族地区和各县主要经济指标等。

统计表中使用符号："…"表示数据不足本表最小单位；"空格"表示无该项指标数据或该项指标数据不详；"#"表示总指标的其中项数据。读者在使用统计资料时，凡与本年鉴有出入的，均以本年鉴为准。

本《年鉴》是青海省统计局和国家统计局青海调查总队共同努力的结果，也是全省各条战线上广大统计干部辛勤劳动的成果，是集体智慧的结晶。在编辑出版、印刷、发行过程中，得到了中国统计出版社等许多单位及有关同志的大力支持，在此一并表示衷心感谢！

《青海统计年鉴》公开出版以来，受到了国内外广大读者的关心和支持，对本年鉴的内容和编辑工作提出了许多宝贵的意见，对此我们深表谢意。由于我们水平有限，疏误之处在所难免，欢迎各界人士随时对不足之处给予批评和指正，帮助我们进一步提高和改进统计年鉴的编辑水平，更好地为广大读者服务。

《青海统计年鉴－2009》编辑委员会

Editor's Explanatory Notes

Qinghai Statistical Yearbook 2009 is an annual statistical publication, which reflects comprehensively the economic and social development of Qinghai. It covers data for 2008 in various aspects of economic and social statistics, at the same time, increases information of resources and environmental changes reflected economic and social harmonious development.

The Yearbook contains twenty – seven chapters : Communique, Special Articles, General Survey, Resources and Environment, Population, Employment and Wages, People's Living Conditions, Price Indices, Energy Production and Consumption, Investment in Fixed Assets, Finance and Insurance, Agriculture, Industry, Construction, Transport, Postal and Telecommunication Services, Domestic Trade, Foreign Trade, Economic Cooperation and Tourism, Science and Technology, Education and Culture, Public Health and Sports, Other Social Activities, General Survey of cities, Records of Enterprises, Monthly Data, Main Economy Indices and Order of the Different Parts of the Country and Main Economic Indicators in Autonomous Regions.

Notations used in the yearbook: "…" indicates that the figure is not large enough to be measured with the smallest unit in the table; (blank space) indicates data are unknown, or are not available; "#" indicates a major breakdown of the total. When readers use statistical information, they should be based in this Yearbook if there is difference from this Yearbook.

The "Yearbook" is outcome of joint efforts of Qinghai Bureau of Statistics and Survey Organization of National Bureau of Statistics, is fruit of the hard work of majority of statistics cadres on all fronts of the province, and is the crystallization of collective wisdom. In editing and publishing, printing, distribution process, the yearbook has received great support from China Statistics Press, many units and comrades. We acknowledge their help to the book.

Qinghai Statistical Yearbook has received concern and support of the readers at home and abroad for the content and edit of the Yearbook of many valuable suggestions since published, which we are grateful. Because of our limited level, Mistakes are inevitable. Welcome people from all walks of life to give us the criticism and correction for our inadequacies at any time in order to help us further enhance and improve the editorial level of statistical yearbook, and served readers better.

Qinghai Statistical Yearbook 2009 Editorial Board

《青海统计年鉴－2009》编辑委员会

QINGHAI STATISTICAL YEARBOOK - 2009
NAME LIST OF EDITORIAL BOARD

一、特载
Special Articles

二、综合
General Survey

三、资源与环境

Resource and Environment

四、人口
Population

五、就业人员和职工工资
Employment and Wages

六、人民生活

Peole, s Livelihood

七、物价

Prices Index

八、能源

Energy

九、固定资产投资

Investment in Fixed Assets

十、财政、金融和保险

Government Finance, Banking and Insurance

十一、农业

Agriculture

十二、工业

Industry

十三、建筑业
Construction

十四、交通运输和邮电通信
Transortation, Postal and Telecommunication Services

十五、国内贸易
Domestic Trade

十六、对外经济贸易和旅游
Foreign Trade, Economic Cooperation and Tourism

十七、科技
Science and Technology

十八、教育和文化
Education and Culture

十九、卫生和体育

Publie Health and Sports

二十、其他社会活动

Other Social Activities

二十一、城市概况

General Survey of Cities

二十二、企业资料

Records of Enterprises

二十三、月度资料

Monthly Data

二十四、全国各地区主要经济指标及排序

Main Economy Indexes and Order of the Different Parts of the Country

二十五、民族自治地方主要经济指标
Main Economic Indicators in Autonomous Regions

二十六、各县主要经济指标
Major Indicators of Society and National Economy in Each County

第 1 篇

CHAPTER 1

特 载

Special Articles

青海省2008年国民经济和社会发展统计公报

青海省统计局　国家统计局青海调查总队

2009年2月24日

2008年,在中共青海省委和省政府的正确领导下,全省各族干部群众深入贯彻落实科学发展观,解放思想、开拓创新、万众一心、顽强拼搏,经济社会发展实现了新突破、新进展。

一、综合

经济总量:2008年,全省实现生产总值961.53亿元,按可比价计算,比上年增长12.7%,比上年增速高0.2个百分点,是1985年以来增速最高的一年;人均生产总值17389元,增长12.1%。全年第一产业完成增加值105.58亿元,增长3.9%;第二产业完成增加值529.4亿元,增长16.5%;第三产业完成增加值326.55亿元,增长10.0%。第一、第二和第三产业对GDP的贡献率分别为3.06%、66.72%、30.22%。三次产业结构由2007年的10.6:53.3:36.1转变为11:55:34。

图1　"十一五"以来生产总值及增长速度

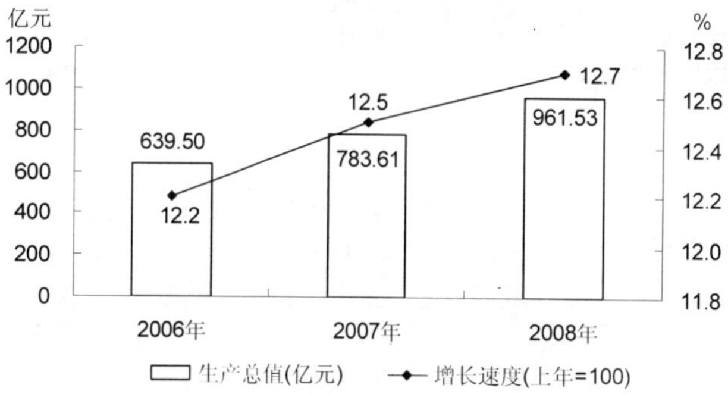

财政:全年全省财政一般预算收入136.51亿元,比上年增长23.6%。其中,地方一般预算收入71.56亿元,增长26.2%;中央一般预算收入64.95亿元,增长20.8%。实现增值税、企业所得税和个人所得税分别为58.94亿元、22.46亿元和6.46亿元,分别比上年增长14.8%、57.3%和20.5%。全年财政一般预算支出363.83亿元,增长28.9%。

图2　"十一五"以来财政收支

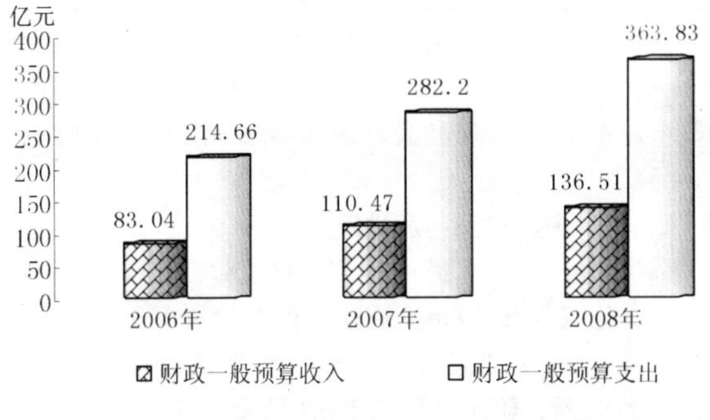

其中,一般公共服务支出70.4亿元,增长21.5%;社会保障与就业支出64.99亿元,增长27.0%;教育支出48.55亿元,增长39.3%;医疗卫生支出24.74亿元,增长26.9%;环境保护支出19.43亿元,增长2.3%;公共安全类支出20.36亿元,增长27.3%;农业支出19.86亿元,增长58.8%;文化体育与传媒支出9.89亿元,增长42.5%;科学技术类支出3.96亿元,增长57.0%;城乡社区事务支出20.58亿元,增长1.1倍。

物价:全省居民消费价格总水平比上年上涨9.9%。其中,城市居民消费价格上涨8.9%,农村居民消费价格上涨12.3%。食品价格上涨19%。

表1　2008年居民消费价格指数

指标	上年同期=100		
	合计	城市	农村
居民消费价格总指数	109.9	108.9	112.3
#食品	119.0	118.4	120.0
#粮食	111.6	111.1	112.1
油脂	126.8	123.7	130.8
肉禽及其制品	128.1	129.8	125.5
蛋	104.9	105.4	104.2
菜	118.6	116.1	124.3
烟酒及用品	105.6	106.2	104.7
衣着	104.4	106.7	99.8
家庭设备用品及维修服务	102.9	102.5	103.7
医疗保健和个人用品	106.1	105.5	107.1
交通和通信	99.8	97.5	104.5
娱乐教育文化用品及服务	101.0	101.3	100.7
居住	115.8	109.0	126.0

农业生产资料价格上涨24.2%。工业品出厂价格上涨7.6%,其中生产资料价格上涨7.5%,生活资料价格上涨10.4%。原材料、燃料、动力购进价格上涨10.4%。固定资产投资价格上涨10.5%。房屋销售价格上涨7.5%,其中新建商品住宅上涨9.0%;二手住宅上涨8.5%。房屋租赁价格上涨3.2%。

就业:年末全省就业人员317.2万人,比上年增长1.5%。其中,城镇就业人员113.8万人,增长4.2%。城镇新增就业人员4.7万人,比上年少1.1万人。年末城镇登记失业率为3.8%。

二、农业和畜牧业

全年农作物总种植面积513.63千公顷(770.45万亩),比上年下降0.6%。其中粮食种植面积271.99千公顷(407.99万亩),下降1.1%;油料种植面积172.73千公顷(259.10万亩),增长0.2%;蔬菜种植面积34.16千公顷(51.24万亩),增长13.4%。在粮食作物中,特色作物马铃薯种植面积85.60千公顷(128.40万亩),下降0.6%;豆类种植面积39.11千公顷(58.67万亩),下降3.5%。果园面积4.13千公顷(6.20万亩),下降3.5%。

全年全省畜牧业繁殖各类仔畜788.38万头(只),繁殖率为79.42%,比上年提高0.35个百分点。受年初全省大范围持续低温降雪天气的影响,全年成幼畜死亡59.74万头(只),死亡率3.01%,比上年提高1.08个百分点。全省草食畜存栏头数1980.5万头(只),比上年减少4.3万头(只);草食畜总增633.6万头(只),总增率31.9%;草食畜商品率28.8%,比上年提高0.48个百分点。

表2 2008年主要农畜产品产量及增长速度

单位:万吨

产品名称	产量	比上年增长(%)
粮食	101.80	2.8
油料	35.22	10.0
#油菜籽	34.80	10.0
马铃薯	36.18	5.9
豆类	10.88	-0.4
水果	1.32	-4.3
蔬菜	110.08	12.0
肉类总产量	25.54	5.0
#羊肉	8.67	-0.1
牛肉	7.28	-0.5
猪肉	8.74	15.3
牛奶	25.28	1.2
水产品	0.21	16.7

三、工业和建筑业

全年全省工业增加值442.85亿元,按可比价格计算,比上年增长19.5%,其中规模以上工业增加值增长21.5%。在规模以上工业增加值中,非公有制工业企业完成增加值117.51亿元,增长37.0%。从经济类型看,在规模以上工业完成增加值中,股份制企业增长20.4%;国有企业增长34.0%;集体企业下降1.1%;股份合作企业增长9.3%;外商及港澳台投资企业增长16.1%。从轻重工业看,轻工业增长18.4%;重工业增长21.8%。四大支柱产业创造增加值297.01亿元,比上年增长18.1%。四大优势产业创造增加值66.90亿元,增长16.8%。规模以上工业企业产品销售率为95.2%,比上年下降2.2个百分点。

图3 "十一五"以来全部工业增加值及增长速度

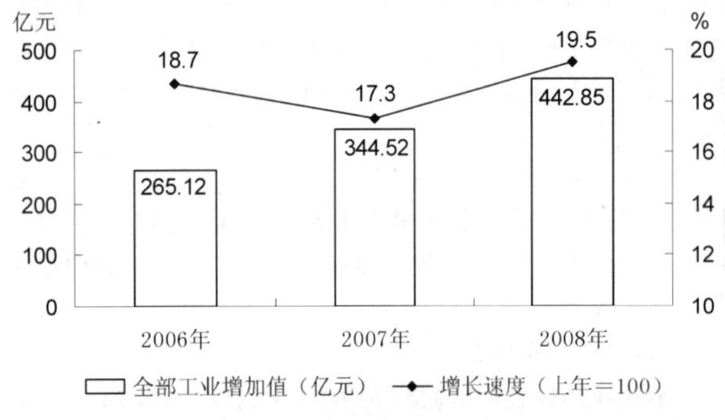

在规模以上工业中,煤炭开采和洗选业完成增加值比上年增长1.2倍,石油和天然气开采业增长9.8%,纺织业增长1.2倍,化学纤维制造业增长1.6倍,交通运输设备制造业增长1.2倍,有色金属矿采选业增长67.8%,电子及通信设备制造业增长56.5%,其他矿采选业增长53.7%,造纸及纸制品业增长48.1%,交通运输制造业增长1.2倍。6大高耗能行业增加值比上年增长17.8%。其中,非金属矿物制品业增长12.0%,黑色金属冶炼及压延加工业增长19.8%,化学原料及化学制品制造业增长22.5%,有色金属冶炼及压延加工业增长21.4%,电力热力的生产和供应业增长11.4%,石油加工及炼焦化业增长11.0%。主要产品产量保持增长。

表3 2008年主要工业产品产量及增长速度

产品名称	单位	产量	比上年增长(%)
发电量	亿千瓦小时	297.67	3.1
#水电	亿千瓦小时	202.96	3.2
原煤	万吨	1182.93	31.5
天然原油	万吨	220.35	-0.1
天然气	亿立方米	43.80	27.7
原盐	万吨	235.72	45.8
粗钢	万吨	115.07	0.3
钢材	万吨	113.59	4.2
生铁	万吨	92.28	2.4
焦炭	万吨	114.18	72.0
十种有色金属	万吨	113.32	7.3
#原铝(电解铝)	万吨	102.38	8.2
铝材	万吨	2.98	-58.4
水泥	万吨	457.75	5.0
碳酸钠(纯碱)	万吨	115.50	13.1
钾肥(折含K20100%)	万吨	236.81	-0.1
中成药	吨	754	70.8
乳制品	万吨	6.43	39.2
碳化钙(电石)	万吨	22.31	1.8倍
食用植物油	万吨	2.62	1.0倍
饮料酒	万吨	10.46	50.3
铬铁	万吨	23.54	1.1倍

规模以上工业经济效益综合指数达331.55,比上年提高31.67个百分点;实现利润179.84亿元,比上年增长34.5%。

表4 2008年规模以上工业企业实现利润及增长速度

指标	利润总额(亿元)	比上年增长(%)
规模以上工业利润	179.84	34.5
#国有及国有控股企业	135.48	13.9
#集体企业	0.84	44.7
股份合作企业	0.76	2.2倍
股份制企业	122.36	36.0
外商及港澳台投资企业	16.43	-28.2
#私营企业	13.97	94.7
规模以上工业亏损企业亏损额	6.70	85.0

全年全社会建筑业创造增加值86.55亿元,按可比价计算,比上年增长4.3%。具有资质等级的总承包和专业承包建筑企业424个,实现利润总额6.36亿元,比上年增长1.3倍。

四、固定资产投资与房地产开发

全年全社会固定资产投资582.18亿元,比上年增长19.4%。分城乡看,城镇完成固定资产投资513.38亿元,增长15.7%;农村完成固定资产投资68.8亿元,增长57.5%。从投资类型看,国有及国有控股投资363.22亿元,增长19.5%;民间投资207.83亿元,增长20.1%;港澳台及外商投资11.12亿元,增长5.9%。

图4　“十一五”以来全社会固定资产投资总额及增长速度

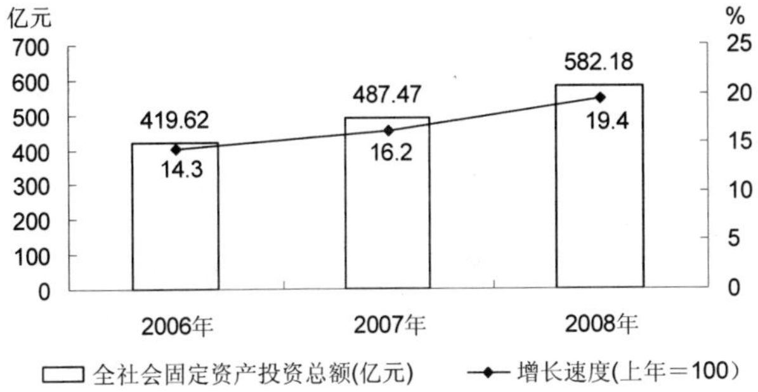

在50万元以上(含50万元)固定资产投资中,四大支柱产业全年完成固定资产投资213.41亿元,比上年增长22.7%。其中,盐湖化工业投资51.59亿元,增长11.5%;有色金属工业投资46.39亿元,增长42.0%;电力工业投资77.31亿元,增长17.8%;石油和天然气开采业投资38.13亿元,增长29.7%。四大优势产业完成固定资产投资38.73亿元,比上年增长31.5%。其中,畜产品加工业增长18.0%;建材工业增长63.1%。

全年房地产开发投资50.38亿元,比上年增长47.3%。施工房屋面积707.28万平方米,增长21.6%;竣工房屋面积221.99万平方米,增长32.7%。商品房销售面积136.26万平方米,下降10.4%;商品房销售额32.75亿元,下降7.2%,其中现房和期房销售额分别占商品房销售额的22.7%和77.3%。全年新开工经济适用房施工面积23.01万平方米,比上年增长71.0%;竣工经济适用房面积12.54万平方米,增长46.2%。

五、国内贸易、对外经济和旅游

全年全社会消费品零售总额252.84亿元,比上年增长21.4%。按城乡分,城市的消费品零售额179.89亿元,增长23.0%;县及县以下的消费品零售额72.95亿元,增长17.5%。按行业分,批发业消费品零售额47.53亿元,增长25.0%;零售业160.04亿元,增长20.9%;住宿和餐饮业41.01亿元,增长20.2%;其它行业4.26亿元,增长11.3%。

图5　“十一五”以来社会消费品零售总额及增长速度

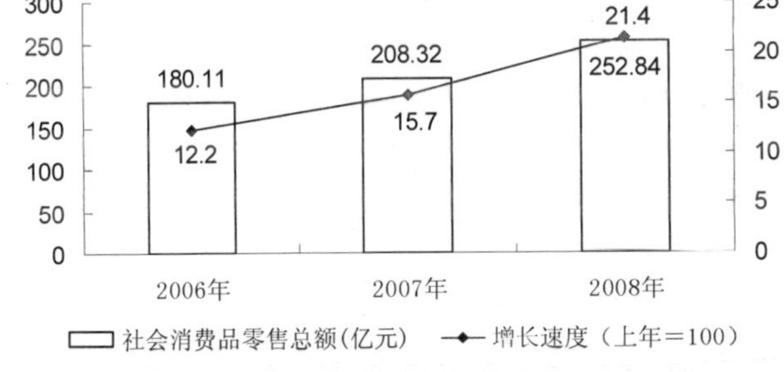

表5　2008年限额以上批发零售业零售额

指标	零售额(万元)	比上年增长(%)
食品、饮料、烟酒类	86614.9	-10.4
#食品类	65656.2	33.6
服装、鞋帽、针纺织品类	36993.5	9.3
家用电器和音像器材类	45853.5	1.1倍
通讯器材类	682.1	38.6
石油及制品类	195681.8	42.3
汽车类	97102.1	55.7

全年进出口总额6.88亿美元,比上年增长12.5%。其中,出口额4.19亿美元,增长8.5%;进口额2.69亿美元,增长19.0%。在出口额中,一般贸易出口4.13亿美元,增长7.3%,机电产品出口2103万美元,下降3.0%,高新技术产品出口30万美元,增长79.6%。出口国家和地区中,日本17177万美元,美国5256万美元,韩国3885万美元,中国香港2965万美元,英国1440万美元,澳大利亚1053万美元,德国697万美元,俄罗斯255万美元。在进口额中,一般贸易进口2.63亿美元,增长16.4%,机电产品进口9834万美元,增长2.4倍,高新技术产品进口1690万美元,增长1.9倍。在进口国家和地区中,澳大利亚16292万美元,德国4599万美元,美国2937万美元,中国香港936万美元,日本448万美元。

图6　“十一五”以来进出口贸易额

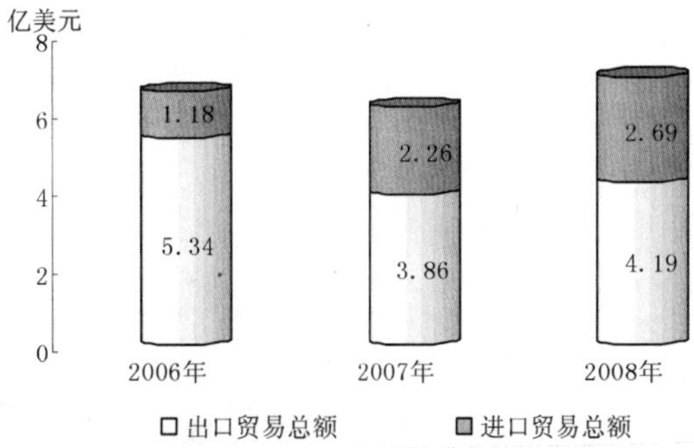

全年批准外商直接投资项目22个,比上年少15个。其中,农、林、牧、渔业4个;采矿业1个;制造业6个;电力、燃气及水的生产和供应业2个;建筑业1个;批发和零售业3个;科学研究技术服务和地质勘查业1个;居民服务和其他服务业3个;其他行业1个。合同使用外商直接投资金额3.09亿美元,比上年下降25.7%;外商直接投资实际使用金额2.2亿美元,比上年下降29.0%。

全年接待国内外旅游人数905万人次,比上年下降9.7%。其中国内旅游人数902万人次,下降9.5%;境外入境人数3万人次,下降40.3%;国际旅游外汇收入1014.73万美元,下降36.2%。国际国内旅游总收入47.51亿元,增长0.3%。

六、交通和邮电

全年各种运输方式完成货物运输周转量217.03亿吨公里,比上年增长17.0%。全年旅客运输周转量70.51亿人公里,比上年下降3.5%。全省公路线路年末通车总里程5.65万公里,比上年增长7.3%。

表6　2008年各种运输方式完成货物运输量及增长速度

指标名称	单位	绝对量	比上年增长(%)
货物运输总量	万吨	9309.37	12.7
铁路	万吨	2309.90	30.3
公路	万吨	6797.00	8.3
民航	万吨	0.63	26.1
管道	万吨	201.84	-2.6
货物运输周转量	亿吨公里	217.03	17.0
铁路	亿吨公里	148.5	23.0
公路	亿吨公里	60.29	8.5
民航	亿吨公里	0.1	25.2
管道	亿吨公里	8.13	-10.6

表7　2008年各种运输方式完成旅客运输量及增长速度

指标名称	单位	绝对量	比上年增长(%)
旅客运输总量	万人	6084.27	7.7
铁路	万人	404.40	3.0
公路	万人	5633.00	8.0
民航	万人	46.87	6.0
旅客运输周转量	亿人公里	70.51	-3.5
铁路	亿人公里	33.26	-14.0
公路	亿人公里	30.32	8.0
民航	亿人公里	6.92	9.0

年末民用汽车保有量31.46万辆，比上年末增长16.4%，其中年末私人汽车保有量21.84万辆，增长15.7%。年末私人轿车保有量6.37万辆，增长28.4%。

全年邮电业务总量达69.95亿元，比上年增长30.3%。其中，邮政业务量2.25亿元，增长7.4%；电信业务量67.7亿元，增长31.2%。年末局用交换机总容量160万门，比上年减少6.3万门。年末固定电话用户119.4万户，比上年末下降3.1%。其中，城市固定电话用户92.5万户，下降3.6%；农村固定电话用户27万户，下降0.7%。年末移动电话用户达247.2万户，比上年末增长11.5%。全省电话普及率上升到66.1部/百人。全省互联网上网人数22.5万人，比上年末增长38.9%，宽带上网人数21.3万人，增长37.4%。

图7　"十一五"以来年末电话用户数

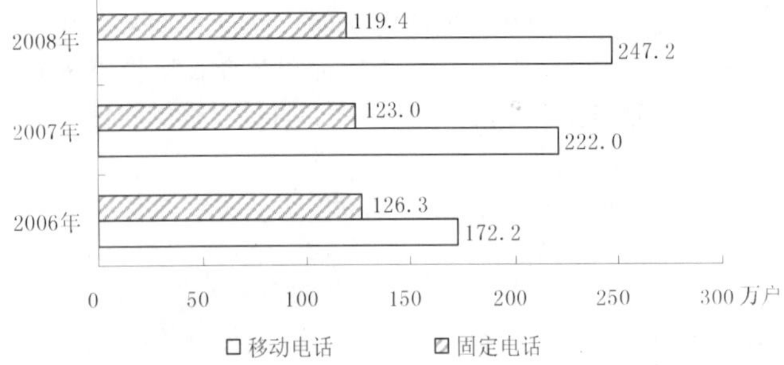

七、金融和保险

年末金融机构本外币各项存款余额1389.58亿元，比上年末增长25.7%。其中，企事业单位存款余额434亿元，城乡居民储蓄存款余额583.38亿元，分别增长17.2%和31.1%。人民币储蓄存款余额580.47亿元，比上年末增长31.2%。金融机构本外币各项贷款余额1033.9亿元，比上年末增长23.8%。其中，短期贷款余额304.49亿元，中长期贷款余额701.42亿元，分别增长16.2%和28.3%。发放人民币消费贷款24.7亿元，增长12.9%。

全年保险公司保费收入14.1亿元，比上年增长31.3%。其中，寿险收入6.67亿元，增长48.8%；财产险收入6.61亿元，增长18.4%；健康险和意外伤害险收入0.82亿元，增长24.2%。年内支付各类赔款及给付6亿元，比上年增长29.9%。其中，寿险给付2.24亿元，增长32.5%；财产险赔款3.47亿元，增长29.0%；健康险和意外伤害险赔款和给付0.29亿元，增长20.8%。

八、教育和科学技术

全省有研究生培训单位5个，研究生教育招生596人，在学研究生1588人，毕业生388人。普通高等教育院校8所，普通高等教育年内招生2.05万人（其中，普通高等教育研究生511人），在校生5.58万人（其中，研究生1332人），毕业生1.40万人（其中，研究生321人）。全省有成人高校2所，成人教育招生451人，在校生987人，毕业生248人。中等职业教育学校43所，年内招生3.1万人，在校生6.79万人，毕业生1.38万人。普通高中138所，年内招生3.88万人，在校生10.81万人，毕业生3.37万人。初中学校353所，年内招生6.77万人，在校生20.72万人，毕业生7.29万人。小学2556所，年内招生9.31万人，在校生53.82万人，毕业生6.95万人。特殊教育学校10所，年内招生286人，在校生2442人；年末幼儿园在园幼儿9.43万人。

全年全省取得省部级以上科技成果205项，其中，基础理论成果6项，应用技术成果196项，软科学成果3项。全年专利申请431件；授权专利228件；签订技术合同427项，成交金额7.75亿元。全省有天气雷达观测站点4个，卫星云图接收站点9个，地震台站49个，地震遥测台网3个。

九、文化、卫生和体育

年末全省共有艺术表演团体11个；文化馆43个，公共图书馆54个，博物馆17个；广播电台4座，中短波广播发射台和转播台8座，广播综合人口覆盖率达到88.5%；电视台8座，电视综合人口覆盖率达到94%。全年杂志、报纸、图书种数分别为52、27和656种，出版量分别为281万册、8879万份和987万册（张）。

年末全省拥有各类卫生机构6175个，床位数1.91万张。全省有医院531个，床位数1.88万张，其中乡镇卫生院404个，床位数0.27万张。城市社区卫生服务中心8个，疾病预防控制中心（防疫站）56个，卫生监督检验机构52个，妇幼保健院（所、站）22个。全部卫生技术人员2.86万人，其中，执业医师和执业助理医师1.17万人，注册护士0.98万人。

全年全省优秀运动队中共有117人次参加了国内外比赛，创2项世界纪录。成功举办环湖赛、世界杯攀岩赛、抢渡黄河极限挑战赛等品牌体育赛事，同时，各类群众性体育竞赛、体育健身活动蓬勃发展。

十、人口、人民生活和社会保障

2008年末全省常住人口554.3万人。分城乡看，城镇人口226.5万人，占常住人口的比重为40.9%；乡村人口327.8万人，占59.1%。分性别看，男性人口279.3万人；女性人口275万人。分年龄看，0-14岁人口123.5万人，占常住人口总数的22.3%；15-64岁人口395.7万人，占71.4%；65岁及以上人口35.1万人，占6.3%。全年出生人口8.01万人，出生率为14.49‰，比上年下降0.44个千分点；全年死亡人口3.39万人，死亡率为6.14‰。全年自然增加人口4.62万人，比上年减少0.22万人，人口自然增长率为8.35‰，比上年下降0.45个千分点。

全年城镇居民人均可支配收入11648.3元，比上年增长13.35%。年人均消费性支出8203.17元，比上年增长9.2%，恩格尔系数为40.4%，比上年上升3.1个百分点。年末城镇居民人均住房建筑面积达到24.8平方米，比上年增加0.6平方米。农牧民人均纯收入3061.24元，比上年增长14.06%。年人均生活消费支出2974.94元，比上年增长20.2%，恩格尔系数为43.6%，比上年下降0.7个百分点。

农牧民人均居住面积达到 19.78 平方米，比上年增加 0.45 平方米。

图8 “十一五”以来城镇居民家庭人均可支配收入及恩格尔系数

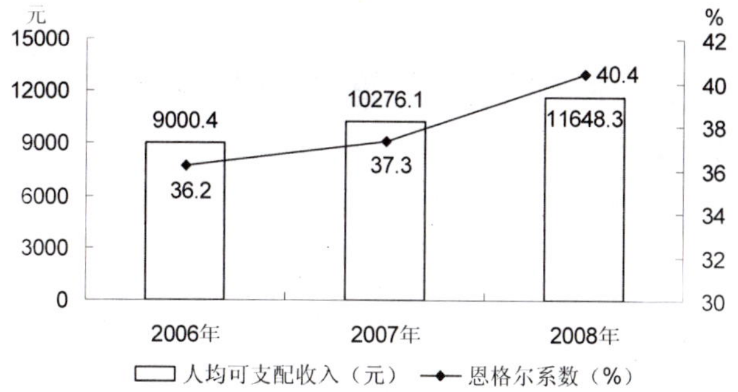

图9 “十一五”以来农牧民人均纯收入及恩格尔系数

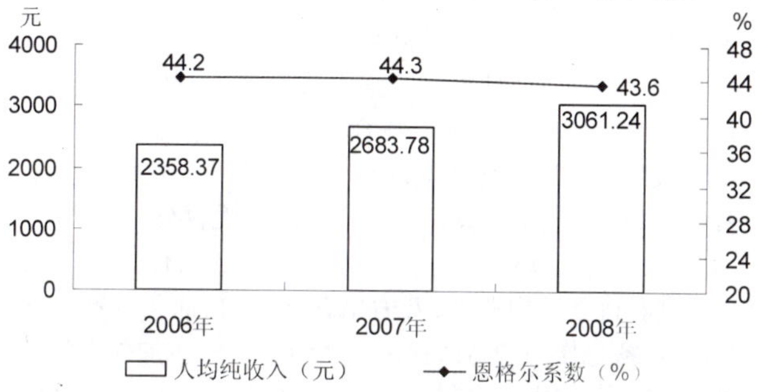

年末城镇参加养老保险人数 68.3 万人，比上年增长 4.8%。其中，在岗职工 49.7 万人，离退休人员 18.6 万人，分别增长5.3%和 3.3%。城镇参加失业保险人数 35.4 万人，正在享受待遇的失业保险人数 2.4 万人。参加城镇工伤保险人数 29.9 万人，其中农民工 3.4 万人。参加城镇生育保险的人数 6.3 万人。参加城镇职工医疗保险人数 72.1 万人，比上年增长 2.9%，其中，在岗职工 47.6 万人，离退休人员 24.5 万人，分别增长 1.1% 和 6.5%；参加城镇居民基本医疗保险人数 41.7 万人；参加农村新型合作医疗的农牧民 331.3 万人，新型农村合作医疗参合率达 96.5%，新型农村合作医疗基金累计支出 6 亿元，累计受益 826.4 万人（次）。享受城市最低生活保障的居民 22.1 万人，享受农村最低生活保障的农牧民 34.5 万人。

十一、资源、环境和安全生产

全省年初耕地面积 542.2 千公顷（813.3 万亩），年内增加耕地 1.3 千公顷（1.9 万亩），年内减少耕地 0.7 千公顷（1.1 万亩），年末耕地面积 542.7 千公顷（814.1 万亩），比上年增长 0.1%。

全省主要水系干流水质状况达到Ⅲ类标准的断面比例为 41.2%，达到Ⅳ类标准的断面比例为 23.5%，达到Ⅴ类标准的断面比例为 11.8%，超过Ⅴ类标准的断面比例为 23.5%。

2008 年，全省森林面积 317.2 万公顷，森林覆盖率 4.4%，人均森林面积 0.58 公顷。全省湿地面积 412.6 万公顷，占国土面积的 5.7%，其中，自然湿地 408.77 万公顷。全年“三北”防护林四期工程人工造林 7.73 千公顷。天然林保护工程人工造林 1.4 千公顷，封山育林 19.14 千公顷。实施退耕还林还草工程 36.67 千公顷，全民义务植树 1318.2 万株。

据初步统计，全省规模以上工业企业综合能源消费量 1176.92 万吨标准煤，比上年增长 13.56%；单位工业增加值能耗比上年下降 6.53%。

年末全省拥有生态示范区建设试点单位 2 个。自然保护区 11 个，面积 2182.2 万公顷，占全省总面积的 30.2%，其中，国家级自然保护区 5 个，面积 2025 万公顷。当年完成环境污染限期治理项目 345 个，比上年增加 244 个，项目总投资 1.29 亿元，比上年增长 93.6%。全省有 2 个城市空气质量达到三级标准，有 1 个城市声环境质量达到较好。

全年生产安全事故死亡 719 人，比上年下降 5.4%。亿元生产总值生产安全事故死亡人数为 0.75 人，下降 25.0%；煤矿百万吨死亡人数为 0.97 人，下降 51.9%。全年共发生道路交通事故 1121 起，造成 608 人死亡；道路交通万车死亡人数为 13.05 人，下降 10.6%。

注：本公报部分数据为初步统计数。

政 府 工 作 报 告

——2009 年 1 月 12 日在青海省第十一届人民代表大会第二次会议上

省长　宋秀岩

各位代表：

我代表省人民政府向大会作工作报告，请予审议，并请省政协各位委员提出意见。

一、2008 年工作回顾

刚刚过去的 2008 年，是青海发展史上很不平凡的一年。这一年，我们经历了伟大祖国实现百年奥运和太空行走梦想的喜庆，也经受了低温雨雪冰冻灾害、汶川特大地震灾害和国际金融危机带来的严峻考验。在党中央、国务院和中共青海省委的正确领导下，全省各族干部群众认真贯彻党的十七大和省十一次党代会精神，深入贯彻落实科学发展观，解放思想、开拓创新，万众一心、顽强拼搏，完成了省十一届人大一次会议确定的年度主要目标任务，取得了经济快速发展、质量提高、社会进步、民生改善的新成绩。

——生产总值初步预计 960 亿元，比上年增长 12.5%，实现了一年跨过两个百亿元台阶的历史性突破。

——粮食总产达到 101 万吨，再次突破百万吨；油料总产达到 34 万吨，创历史新高；蔬菜总产达到 110 万吨，首次突破百万吨。农业综合生产能力有了显著提高。

——工业增加值预计实现 444 亿元，工业化率由上年的 42.4% 大幅提高到 46.3%，一批新能源、新材料产业正在加快崛起，在推进新型工业化道路上迈出了坚实一步。

——全社会固定资产投资突破 500 亿元，达到 582 亿元，增长 19.4%，建成了一大批事关青海长远发展的重点项目。

——人口自然增长率降到 8.35‰的历史最低水平，正在进入低生育水平的新阶段。

一年来，我们采取了六大措施着力推动科学发展：

第一，全力应对挑战和冲击，千方百计促进经济又好又快发展。面对复杂多变的宏观环境，我们加强对经济形势的分析和研判，努力把握经济矛盾转化中蕴含的机遇，适时采取有针对性的对策措施，力促经济持续平稳健康发展。针对上半年经济增速明显加快，运输、电力、资金等趋于紧张的状况，加强铁路运输综合协调，优化配置电力资源，完善银企、银政合作机制，有效满足了生产要素需求。九月中旬以来，国际金融危机迅速蔓延和扩散，我省经济运行的外部环境发生重大变化，企业生产经营形势急转直下。面对严峻挑战，我们认真贯彻国家扩大内需的宏观调控政策，迅速行动，积极应对，及时出台扶持企业稳定发展的九条措施，安排了扩大内需、促进增长的十项工作，加大财政和金融支持力度，对企业实行用电补贴、减免运费、缓征所得税，引导电力企业和用电企业建立联动互助机制，促进了工业经济平稳较快增长，带动了三次产业协调发展。预计第一产业增长 3.9%，第二产业增长 16.8%，第三产业增长 10%。财政一般预算收入达到 136.5 亿元，增长 23.6%，其中地方一般预算收入达到 71.6 亿元，增长 26.2%。金融机构人民币各项存款余额 1383.6 亿元，比上年增长 26.6%；贷款余额 1025.6 亿元，同比增长 24.1%。实现社会消费品零售总额 252.8 亿元，增长 21.4%，消费拉动经济增长的作用不断增强。

第二，加大强农惠农力度，千方百计促进农牧业增产增收。针对年初大范围持续低温降雪天气灾害，我们积极开展牧区抗灾保畜和农区恢复温棚生产。全面落实粮食直补、良种补贴、农资补贴、生猪补贴等强农惠农政策，累计投入 2.8 亿元，比上年增加 1.5 亿元。整合资金 65.5 亿元，比上年增加 22.6 亿元，实施新农村建设八项实事工程。建成日光节能温室 1.15 万栋、畜用暖棚 5150 栋，建成农村公路 7926 公里，解决通电户 2.18 万户，农牧区生产生活条件进一步改善。推进农牧业结构调整，着力培育马铃薯、油菜等特色优势产业带，特色作物种植面积比重达到 75.7%。加强农牧技术培训与推广，加大繁育制种、动物疫病防控力度，实施奶牛良种扩繁、肉羊改良等项目，开展生态畜牧业建设试点，种植业喜获丰收，畜牧业稳步发展。择优扶持农牧业产业化项目和基地建设，龙头企业辐射带动能力不断增强。全省农牧业专业合作经济组织发展到 516 个，比上年增加 166 个。实施百万农牧民培训转移工程，全年劳务输出规模达到 100 万人次，人均劳务收入增加 114 元。投入 3.9 亿元在 366 个贫困村实施整村推进项目，解决了 15 万贫困人口的温饱问题。

第三，加快培育提升特色产业，千方百计转变发展方式。我们注重调整产业结构，把握发展循环经济、生态经济、新能源经济和产业升级的新方向，大力推进资源转换战略，优化产业布局，强化创新驱动，促进特色优势产业向规模化、集群化发展。盐湖综合利用二期、复合肥、高精铝板带、铜箔、铝箔等项目进程加快，ADC 发泡剂一体化等项目开工建设，碳酸锂、硅材料、机织藏毯等一批新型产业正在形成，全面提升了工业发展的速度、质量和效益。预计规模以上工业增加值增长 21.5%，工业企业实现利润 180 亿元，增长 36%，产出性项目投资占全社会固定资产投资比重提高到 50%。大力推进资源间循环利用、产业间循环组合、企业内循环生产，柴达木循环经济试验区建设取得实质性进展；西宁经济技术开发区被列入国家第二批循环经济试点产业园区，为开发区的建设和产业升级注入了新的活力。严格实行节能问责制，实施一批节能技术改造工程，积极淘汰落后产能，预计万元工业增加值能耗下降 6%。有重点地组织推进一批科技创新项目，盐湖资源多元素开发等重大技术研究取得重要突破，在盐湖资源综合利用、有色金属冶炼等关键技术的引进上取得重要进展，科技创新对经济的支撑、引领作用得到更好发挥。在国内外旅游市场明显紧缩的情况下，采取有效措施，促进旅游升温，实现旅游总收入 47.5 亿元，比上年增长 0.3%。

第四，全面加强基础设施和生态环境保护建设，千方百计增强发展后劲。我们坚持既考虑当前，又着眼长远，既做好当下工作，又为今后发展奠定基础，更加注重以规划为先导，提高基础设施建设和生态保护建设水平。编制完成了全省主体功能区规划、柴达木循环经济试验区产业发展规划、黄河沿岸综合开发规划等一批重要规划。兰青铁路复线、柴达尔至木里铁路、三江源机场、750千伏西宁至官亭和拉西瓦至官亭输变电等工程基本建成。引大济湟调水总干渠、拉西瓦和积石峡水电站、330千伏锡铁山至西台输变电、丹拉国道西宁西过境线、德令哈至大柴旦公路、贵德至大武公路、西宁海湖新区建设等工程扎实推进。西宁曹家堡机场二期改扩建、格尔木至察尔汗高速公路、倒淌河至共和、湟源至西海镇一级公路、当金山至大柴旦公路、西宁第三污水处理厂等一批新项目开工建设。地质勘查投入明显增加，各类矿产资源探明储量进一步扩大。去年底，国家实施扩大内需十项政策，新增建设投资1000亿元，经过努力，我们争取到中央资金14.8亿元，一批民生、交通、能源、社会事业等相关项目正在加紧实施。我们认真实施生态立省战略，扎实推进三江源自然保护区生态保护建设工程，实施青海湖流域生态环境保护治理工程。完成退牧还草67.3万公顷，生态移民909户5166人，治理草原鼠害80.6万公顷，治理黑土滩0.8万公顷，造林4.8万公顷，封山育林1.9万公顷，治理水土流失196平方公里，治理沙化土地2.9万公顷，人工增雨86亿立方米。综合采取经济、法律、行政和技术措施，加强环境污染综合防治，关闭了一批污染企业，主要污染物排放总量控制在国家规定的目标以内。西宁创建国家卫生城市扎实有效，北山危岩体综合治理稳步推进，市容市貌和人居环境明显改善。

第五，积极推进改革开放，千方百计增强发展的动力和活力。盐湖集团、西部矿业等19项国有资本调整重组相继完成，国有经济影响力、带动力不断提高。第一批中小企业上市工作顺利推进。实施民众创业战略，大力推动非公有制经济发展，民间投资增长20%，非公有制经济在经济总量中的比重提高到28.5%。深化农牧区综合改革，统筹推进粮食流通体制、集体林权、征地制度和农村金融等配套改革，农村义务教育“普九”债务化解试点进展顺利。稳步推进省管县财政体制改革试点，省对下一般性转移支付达到27.9亿元，比上年增加7.5亿元。依托资源、产业、园区等优势，成功举办了“环湖赛”、青治会暨郁金香节、藏毯国际展览会、柴达木循环经济项目推介会、国际清真食品用品展览会、国际唐卡艺术与文化遗产博览会暨民族文化旅游节、三江源国际摄影节暨世界山地纪录片影视节等一系列大型文体和经贸会展活动。加大“走出去”力度，精心策划开展“大美青海·香港行”等一批有规模、有声势、有特色的宣传推介活动，开放西宁国际航空口岸，实现西宁-香港直航，青海的知名度、美誉度和对外开放水平进一步提高。以培育藏毯、民族用品、数控机床等优势产品为重点，调整外贸主体结构、出口商品结构和出口市场结构，完成进出口总值6.9亿美元，增长12.5%。全年合同利用外资3.3亿美元，引进省外资金144亿元，增长20%。

第六，着力加强社会建设，千方百计改善人民生活。我们牢固树立青海经济发展虽然落后、但改善民生的工作不能落后，青海财力总量虽然小、但把有限财力向民生领域倾斜的力度不能小的理念，坚持用“小财政”解决“大民生”。2008年，全省以改善民生为重点的社会建设投入达到268.5亿元，比上年增加68亿元。预计农牧民人均纯收入达到3061.2元，同比增长14.1%；城镇居民人均可支配收入达到11648.2元，增长13.4%。启动农村初中校舍改造工程，开工学校76所、建成面积14.1万平方米，城乡办学条件不断改善。大力推进职业教育，中等职业学校招生规模比2004年翻了两番多。高校质量建设工程加快推进，青海大学进入国家三期“211工程”公共卫生和基本医疗服务水平不断提高，手足口病、“三鹿奶粉”等重大公共卫生事件得到有效处置，确保了现症患儿无一例死亡。为185所乡镇卫生院配置常规诊疗设备，全面完成了村卫生室建设，改善了农牧区卫生服务条件。社区卫生服务网络更加完善，人口覆盖率达93%。文化进村入户、乡镇文化站、文化信息资源共享和农牧区电影放映工程积极推进。累计有57个项目列入国家级非物质文化遗产保护名录，黄南州成为全国第三个国家级文化生态保护实验区。公共体育设施建设力度加大，全民体育健身活动蓬勃开展。

各位代表，在努力完成经济社会发展目标任务的同时，我们狠抓改善民生十件实事：一是从去年秋季开学起，免除了城市义务教育阶段学生学杂费，全面实行城乡统一的免费义务教育。较大幅度提高了寄宿制学生生活费补助标准，平均提高430元，人均达到1300元。同时，提高了贫困生助学金补助标准，提高了农牧区中小学校冬季取暖补助标准。二是采取提高城乡居民低保家庭补助水平和对城乡低保对象发放物价补贴等形式，确保困难群众生活水平不因物价上涨而降低。城市低保对象月平均保障标准由175元提高到190元，月人均补助水平由131元增加到172元；农村低保年人均补助水平由385元增加到745元。城乡医疗救助、城市低保对象冬季取暖救助、低保对象分类救助等专项救助制度进一步完善。三是新型农村合作医疗和城镇居民医疗保险补助标准分别比上年增加40元。新农合医疗覆盖面扩大到96.5%，参合率、报付率、受益率均居全国前列。城镇居民医疗保险国家试点范围扩大到全省，参保率达到70%。同时，妥善解决了地方政策性关闭破产、依法破产国有企业退休职工的医疗保险问题。四是1637个标准化村卫生室建成投入运行，初步建立了村卫生室运行保障机制。五是建成11.5万平方米廉租房，开工建设40.9万平方米经济适用房和企业解困住房，困难群众住房难问题得到缓解。六是提高了企业退休人员基本养老金标准，月人均增资114.4元，以非公有制经济从业人员和农民工为重点的养老保险扩面工作向前推进。七是年内新增就业3.6万人，比计划多完成5000人，城镇登记失业率控制在3.8%。八是解决了农牧区22万人的饮水困难和饮水安全问题。九是建成农村户用沼气3万户、配套牧户太阳灶4.9万台。十是青海科技馆、青海大剧院基本建成主体工程，完成1005个自然村广播电视“村村通”工程。至此，我们向全省人民承诺的改善民生十件实事全部兑现。

与此同时，我们高度重视加强民主法制建设和政府自身建设，认真开展学习实践科学发展观和解放思想大讨论活动，着力推进依法行政，提高服务水平。坚持重大事项向省人大常委会报告和向省政协通报制度，依法自觉接受监督。办理人大代表建议502件，省政协委员提案354件。提请省人大审议地方性法规3件，制定和修改政府规章3项。全面落实廉政建设责任制，强化对行政权力的监督和制约，加强审计、监察专门监督，廉政建设取得新成绩。大力推进政务公开，推行电子政务，取消和调整了105项行政审批项目。扩大基层民主，全省村委会第七次换届选举圆满完成。行政效能建设不断加强，省行政效能投诉中心挂牌成立，受理解决了一批群众关心的热点难点问题。认真落实"五五"普法规划，依法治省深入推进。民族团结进步创建活动成效显著，对人口较少民族支持力度加大，平等、团结、互助、和睦的新型民族关系进一步巩固。深入开展"平安寺院"创建活动，提高了依法管理宗教事务的水平。积极化解社会矛盾纠纷，信访总数同比下降12.8%。高度重视维护稳定工作，加强社会治安综合治理和"平安青海"建设，取得了与达赖集团斗争的阶段性胜利，社会和谐稳定的局面进一步巩固。成功组织奥运火炬在青传递活动，为维护安全和谐奥运做出了积极贡献。弘扬"自信、开放、创新"的青海意识，广泛开展群众性精神文明创建活动，社会文明程度不断提高。面对严重自然灾害的侵袭，我们一方面抓好省内抗灾救灾，确保了灾区群众基本生活，一方面广泛发动群众踊跃捐款，积极组织人力物力赴四川等灾区抢险救援，倾力支援了兄弟省区抗灾救灾和重建家园。

此外，国防动员、双拥共建成效显著，解放军、武警部队在维护社会稳定、抗灾抢险中发挥重要作用。广播影视、新闻出版、外事、侨务、统计、地震、气象、测绘、档案、社会福利、慈善和残疾人、参事、老龄等各项事业都有了新的发展。

总结一年来的工作，我们的奋斗异常艰辛，我们的成绩来之不易。事非经过不知难。我们深刻体会到，在全球经济一体化程度日益加深、青海与国际国内联系更为密切的情况下，只有不断增强科学研判形势的能力和魄力，善于从宏观、中观、微观不同层面上分析发展变化，才能做到科学决策，牢牢把握发展的主动权，始终跟上时代前进的步伐。我们深刻体会到，机遇总是与挑战并存，危机中也必然蕴藏着机遇，只有坚信办法总比困难多，善于把压力变为动力、把挑战变成机遇，从对策措施、项目谋划等方面做好充分准备，才能把潜在的机遇转化为推动发展的现实生产力。我们深刻体会到，经济发展有自身规律，只有不断提高驾驭市场经济的能力，善于把政府对经济的引导调节作用同市场配置资源的基础性作用有机结合起来，调整完善思路，创新手段和机制，才能促进经济持续快速健康发展。我们深刻体会到，越是形势复杂、越是困难增多，越是需要我们大力发扬"人一之、我十之"的实干精神，开拓进取、奋力拼搏，谋大事、干实事、求实效，只有这样，才能推动中央和省委重大决策部署的全面落实。

回顾一年来的工作，面对严峻挑战和压力，全省各族人民风雨同舟、共克时艰，携手走过了一段难忘的历程。每一项工作的扎实推进，每一个难题的成功破解，都体现着各族人民群众的理解和支持，都凝聚着广大干部群众的心血和汗水、智慧和力量。在此，我代表省人民政府，向全省广大工人、农牧民、知识分子、各级干部和社会各阶层建设者，向人大代表、政协委员，向各民主党派、工商联、无党派人士和人民团体，向中央驻青各单位，人民解放军和武警部队官兵，向所有关心支持青海发展的港澳同胞、台湾同胞、海外侨胞和国际友人，致以崇高的敬意，表示衷心的感谢！

我们也清醒地看到，全省经济社会发展中还存在不少困难和问题。多年积累形成的增长方式比较粗放、产业结构不够合理、改善民生任务艰巨等深层次矛盾尚未根本解决，抗御风险、支撑发展的能力不强。随着国际金融危机的持续蔓延，国内经济增速减缓，传导效应在我省日渐显现，造成经济下行压力增大。主要是：不少企业生产经营困难，工业增速明显回落；农牧业比较效益降低；财政收入增速放慢；就业环境趋紧，农牧民务工面临新的困难。同时，尽管我们加大物资储备和市场价格监管力度，物价涨幅逐月明显回落，但由于受2007年下半年物价翘尾因素的较大影响，全年居民消费价格涨幅预计为9.9%，距离预期目标还有一定差距。这些短期问题与深层次矛盾相互交织，加大了改革发展稳定的难度。此外，政府部门的全球视野、战略眼光、管理和服务水平离科学发展观的要求还有差距，一些公务员的综合素质、工作效率还有待进一步提高，对权力的监督和约束机制还不够健全。我们要正视这些问题，采取有力措施，认真加以解决。

二、2009年政府工作的总体要求和主要任务

2009年可能是新世纪以来国际国内发展最为困难的一年。目前，国际金融危机尚未见底，对实体经济的影响还在进一步加深，青海发展面临的外部环境将更加严峻。但同时也是蕴涵重大机遇的一年。中央宏观经济政策做出重大调整，必将为全国经济平稳较快发展注入强大动力；国家支持青海藏区发展政策的落实，必将给全省发展注入新的活力；青海自身的发展条件明显改善、体制环境不断优化，为继续推动发展打下了一定基础。纵观国际国内形势，机遇与挑战并存，希望与困难同在，实现2009年经济社会又好又快发展的任务非常艰巨，做好政府工作，责任十分重大。

根据省委十一届五次全会精神，今年政府工作的总体要求是：全面贯彻党的十七大和十七届三中全会精神，深入学习实践科学发展观，牢牢把握中央经济工作会议的总体要求，坚持把保持经济平稳较快发展作为首要任务，突出强信心、保增长，调结构、上水平，抓改革、促开放，重民生、建和谐的主线，加大投入力度提高发展能力，强化基础设施增强发展后劲，调整产业结构转变发展方式，加强社会建设改善民计民生，努力在应对挑战中确保经济又好又快发展，确保社会和谐稳定，确保民生进一步改善。

经济社会发展的主要预期目标是：地区生产总值增长9%左右；全社会固定资产投资增长15%，全省一般预算收入增长10%，其中地方一般预算收入增长10%；城镇居民人均可支配收入增长8%，农牧民人均纯收入增长7%；居民消费价格预期目标上涨控制在5%左右；城镇登记失业率控制在4.5%以内；人口自然增长率控制在9‰以内。

上述目标是预期性和导向性的，力图体现科学发展、和谐发展的要求，力求实现速度与质量结构效益相统一、经济与社会发展相协调、人口资源环境相和谐。特别是经济增长目标与前几年有所不同，今年提出增长9%左右的预期目标，是对各方面因素进行深入分析、反复测算之后提出来的。目前全球金融危机蔓延趋势尚未遏制，对我省今年经济发展的影响究竟能持续多长时间、程度有多深，目前还很难预料。我们之所以提出增长9%左右的目标，主要是为了防止经济增速下滑过多，更好地体现"保增长"的要求。在世界经济增长减速、外部环境复杂多变的形势下，这个速度是积极的，完成目标任务需要付出艰苦努力。同时，我们要密切关注和科学把握宏观环境的发展变化，千方百计采取各项措施，力争有更好更快的发展。

为此,在工作中要牢牢把握以下几点:一是牢牢把握保增长促发展这个首要任务,全力保持经济平稳较快发展;二是牢牢把握保增长促发展的着力点,强化投资拉动内需的作用;三是牢牢把握保增长促发展的主攻方向,加快推进结构调整和发展方式转变;四是牢牢把握保增长促发展的根本动力,继续深化重点领域和关键环节改革,提高对外开放水平;五是牢牢把握保增长促发展的出发点和落脚点,着力改善民生;六是牢牢把握经济发展的客观规律,提高保增长促发展的本领。

今年着重抓好以下八个方面工作:

(一)扩大投资规模,增强需求拉动增长和积蓄发展后劲的能力。紧紧抓住中央扩大内需和支持青海藏区经济社会发展的双重机遇,以更大力度、更快速度、更高水平推进项目建设,扩大投资规模,为经济增长提供有力支撑。

全力推进重点工程建设。加强国家高速公路网、出省公路和干线公路升级改造,加快丹拉国道西宁西过境高速公路、西久公路贵德至大武、德令哈至大柴旦、囊谦至多普玛公路等续建工程,开工建设共和至茶卡高速公路,扩建德令哈至大柴旦、湟中至贵德一级公路。支持青藏铁路西格二线建设加快进度,确保柴木铁路建成运营,开工建设兰新铁路第二双线,力争开工建设格尔木至敦煌、格尔木至库尔勒等铁路青海境内工程。加快西宁曹家堡机场二期扩建工程,确保三江源机场按期顺利通航。开工建设羊曲、大河家等水电站,加快建设积石峡、班多等水电站,实现拉西瓦水电站首台机组发电。实施城市电网改造、无电地区电力建设和农网完善工程,开工建设西宁至格尔木750千伏双回线路等输变电工程、涩一宁一兰天然气输气管道复线等工程,增强能源保障能力。加快建设引大济湟调水总干渠、湟水北干渠扶贫灌溉一期工程等在建水利工程。

大力推动项目滚动开发。完善项目建成投用一批、开工建设一批、前期突破一批、规划争取一批的梯次递进开发机制,借助外力提高项目规划、设计和论证水平,争取提前一年完成"十一五"规划项目。精心谋划后续项目;既注重规划枢纽性、基础性、网络化的公共服务项目,又注重策划科技含量高的产业项目。坚持把缩短建设时限、加快项目落地作为工作重点,简化办事流程,确保项目顺利实施。加强项目、资金监管,坚决防止低水平重复建设,坚决杜绝"豆腐渣"工程,切实提高投资效益。

破解项目建设瓶颈制约。增加省级预算内基本建设资金、贴息资金,拓展各类融资平台,扩大政府信用贷款规模,发挥政府投资的引导作用,带动银行加大信贷投入。有效运用补助、贴息、税收、价格等扶持政策,引导社会资金投向基础设施、优势资源开发和社会事业等领域。充分利用资源比较优势,通过发行债券、建立发展基金,扩大融资规模。推进企业直接融资,多渠道引进资本和项目。严格落实节约集约用地,优先保证技术含量高、产业带动强、投入产出大的项目用地需求。

(二)加强"三农"工作,推动农牧民增收和城乡一体化建设。认真贯彻党的十七届三中全会精神,落实省委关于进一步推进农村牧区改革发展的意见,加大对农牧业的扶持力度、对农牧区的投入力度、对农牧民的补贴力度,不断强化农牧业基础地位、增加农牧民收入、促进农牧区发展、推进新农村建设。

全面落实强农惠农政策。加快建立农牧业投入保障制度、农牧业补贴制度、农畜产品价格保护制度。今年重点是增加补贴资金,提高良种补贴、农机具购置补贴、农资综合直补标准,将油菜纳入良种补贴,扩大补贴范围。同时增加对产粮大县、油料大县的奖励,将青稞、牦牛和藏系羊纳入保险保费补贴品种范围。引导商业银行和农牧区合作金融机构优化网点布局,扩大农牧业政策性保险试点范围,逐步建立农牧区风险保障制度。

加快农牧区基础设施建设。推动公共服务向农牧区延伸,加快编制乡村发展规划,重点规划一批农牧业基础设施和公共服务设施。坚持整合资金,增加投入,继续实施新农村建设八项实事工程,提高项目建设水平,统筹建设一批农牧区水、电、路、气、房及太阳能灶、光伏电源等项目。加快推进病险水库除险加固和湟水流域、黄河谷地、柴达木绿洲、海南灌区建设。续建新建农村公路8000公里,在青南建设25个救灾物资储备库。

壮大特色农牧业经济规模。实施"河湟特色农牧业百里长廊"规划,重点加快脱毒马铃薯、杂交油菜、蚕豆、牛羊肉等十大特色优势农畜产品产业带建设,支持建设一批奶牛、肉羊、生猪、蔬菜等标准化种养殖小区,不断提高蔬菜、畜禽、蛋奶等产品的省内供给率和保障水平。坚持以落实草畜平衡、发展生态畜牧业为主攻方向,抓好品种改良和畜群结构优化,增强草原畜牧业可持续发展能力。加快农牧业标准化设施建设,建成日光节能温室1.5万栋,建设农区畜用暖棚4000栋、牧区标准畜用暖棚6000栋。扩大旱作节水、测土配方施肥、优质农畜品种培育等先进适用技术的推广应用,提高农牧业机械化水平。重点培植技术起点高、发展潜力大、辐射带动力强的龙头企业,提升油菜、马铃薯、牛羊肉、乳制品、毛绒、沙棘、枸杞等产品加工档次,努力创出特色知名品牌。

稳步推进农牧区改革。长期稳定农牧区基本经营制度,赋予农牧民更加充分而有保障的承包经营权,保护农牧民的土地、草场承包权益。制定农牧民专业合作社扶持政策,鼓励合作社开展土地流转和资金互助试点工作。完善土地、草场流转中介服务,支持农牧民通过多种形式发展适度规模经营。整合资源,积极探索城乡劳动力一体化培训的新路子,全面实施"阳光工程"和"农牧业科技培训工程",提高农牧民增收致富的能力。切实抓好集体林权制度改革试点。抓好农牧区综合改革试点成果的巩固、提高和扩大工作,适时推开青南三州试点工作,力争3年内普遍健全乡镇或区域性农牧业公共服务机构。

加大扶贫攻坚力度。坚持把稳定解决温饱和脱贫致富作为扶贫工作的首要任务,调整扶贫标准,落实扶贫开发政策,完善扶贫开发规划,创新扶贫工作机制,加大整村推进、产业化扶贫、异地扶贫和转移培训力度,强化社会帮扶、对口帮扶、以企帮村等措施,增强贫困地区和贫困群众的自我发展能力。今年重点完成350个贫困村的整村推进工程,力争15万贫困人口稳定脱贫。

(三)加速工业发展,推进产业结构升级和发展方式转变。坚持壮大、培育、提升多策并举,深化资源转换战略,增强工业竞争优势和抵御风险能力,提高吸纳劳动就业能力。

壮大特色优势产业。抓住国家振兴九大产业的机遇,在能源化工、盐湖化工、冶金、有色金属、装备制造、特色动植物资源加工、电子信息产业等领域，推进一批对全省发展具有支撑和带动作用的重点项目，培育特色新型产业，做大特色支柱产业，做强特色优势产业，提升特色传统产业。加快硅材料、锂电池、生物资源、太阳能、风能等特色优势产业项目建设。开工建设祁漫塔格地区铁矿、盐湖镁钠资源综合利用等项目。加快西宁国际藏毯集散地建设，大力发展民族特色纺织业、现代中藏药以及特色农畜产品加工等轻工业，优化产业组织结构，发展先进产能，提高产业集中度。

提高自主创新能力。加快建设以企业为主体、市场为导向、产学研相结合的“大科技”平台和技术创新体系。建立支持高新技术企业发展的风险投资基金，增加技术创新投入。引导企业把技术改造同结构调整、产业升级结合起来，提升能源、冶金、化工、机械、建材工业的整体水平和竞争力。突出盐湖化工、矿产资源、装备制造业、太阳能和风能、余热利用、电子材料等方面的自主创新，集中力量研发关键和共性技术，努力开发几个拳头产品，掌握几个核心技术，培育几个知名企业和著名品牌。有效集成创新资源，依托骨干企业，建设一批开放、联合的研发基地、研发中心。

大力发展循环经济。全面实施柴达木循环经济特色优势产业发展规划，完成盐湖产业链发展等专项规划，尽快实施西宁国家级经济技术开发区循环经济试点园区实施方案。加快实施磷复肥、西台锂钾硼资源开发、百万吨钾肥综合利用二期等项目，提高原料、产品、废弃物的相互利用水平。对具有示范性、导向性的重点循环经济项目给予补助和奖励，加快培育一批特色轻工业和装备制造业，推进工业结构由资源开发向加工利用制造转变。

支持企业健康发展。认真落实扶持企业发展的政策措施，从实际出发，适时调整、补充和完善，形成动态扶持机制。一是加强电力需求侧管理，推进用电大户与发供电企业联动，优化电力资源配置。引导金融机构增加信贷规模，加大对企业尤其是中小企业的贷款支持。加强政府、企业和金融机构之间的协调沟通，支持企业通过多种形式融资和发行债券，拓宽融资渠道。二是抓紧完善中小企业担保体系，增加对各类担保机构的资金注入，加快建立中小企业信用再担保机构，缓解中小企业融资难、担保难问题。三是加强引导，加快推进企业技术改造，采用新技术、新工艺、新设备、新材料，调整产业产品结构，提高企业竞争力。

（四）扩大消费需求，加快高原旅游名省建设和服务业发展步伐。继续坚持以特色旅游业为引领，带动服务业发展，增强消费拉动能力，提高服务业对经济增长的贡献率。

推进高原旅游名省建设。扩大对外宣传促销力度，力争国内市场有拓展、境外市场有突破。以香港为中枢，积极发展旅游包机入青直通业务。着力推进青海湖、坎布拉、年保玉则、青藏铁路线、三江源头、祁连自然风光旅游带等重点景区建设。加快发展生态旅游、健康旅游、商务旅游，深度开发自驾游、特种游、冬季游，满足不同群体的旅游需求。支持发展一批具有青海特色的旅游商品。引导旅游企业联合重组，集中打造1至2家有较强竞争力的龙头企业。力争接待国内外游客和旅游总收入分别增长18%和20%以上。

提升服务业发展水平。完善财税、信贷、土地等政策，全面推进生活性服务业与生产性服务业、传统服务业与现代服务业的协调发展。以西宁、格尔木市为重点，整合物流资源，大力发展生产性服务业，重点发展物流企业和物流园区，培育物流市场，积极构筑立足青海、辐射周边、连通国内外的高原现代物流基地。把握居民消费层次升级需求，积极发展和规范会计、法律等中介服务业，加快发展信息、金融、保险、会展等现代服务业，拓展新型服务领域，提高生活性服务业水平，培育新的增长点，提高服务业增加值和就业比重。

开拓城乡消费市场。加强城乡消费设施和服务体系建设，完善“万村千乡”和“双百”市场工程，落实“家电、农机下乡”补贴政策，推进连锁经营向农牧区延伸，便利农牧区居民消费。稳步扩大住房、汽车等大宗消费，积极发展社区商业、物业、家政等服务性消费。落实首次购买住房优惠政策，扩大住房消费需求。优化消费环境，进一步加强与群众生活密切相关的消费品市场监管，规范市场秩序。同时，大力推进以西宁、格尔木为重点的城镇体系建设，营造商气、聚集人气，实现以业兴城、以城引人的良性互动，发挥城镇化刺激消费需求的推动作用。

（五）坚持生态立省，实现经济发展和环境保护的双赢。出台实施生态立省战略指导意见，进一步明确工作思路、目标要求和主要任务，完善相关政策，分阶段、有步骤地加以推进。今年重点抓好以下工作：

启动三江源国家生态保护综合试验区建设。认真贯彻落实《国务院关于支持青海等省藏区经济社会发展的若干意见》，尽快研究提出三江源国家生态保护综合试验区建设方案，做好各项基础工作，争取国家尽快批准实施。

加快重点生态环境保护建设工程。扎实推进三江源生态保护与建设工程，统筹实施退牧还草、鼠害防治、封山育林、小城镇建设、生态移民、人工增雨等重点项目，探索解决搬迁牧民社会保障、移民社区管理等问题。加强长江黄河源区水土保持、荒漠化治理、重点防护林和西宁南北山绿化等生态工程建设。推进青海湖流域生态环境保护与治理工程，实施青海湖周边地区生态治理日元贷款项目。加快祁连山水源涵养区生态保护与综合治理前期工作，做好柴达木盆地、湟水流域和黄河阶地的生态保护与治理。

加大节能减排和环境治理力度。开工建设一批城镇污水处理工程，争取新上余热余压利用等一批节能减排项目，落实结构减排、工程减排、建筑节能等措施。年内化学需氧量、二氧化硫排放总量分别控制在7.7万吨和13.7万吨以内。加强对新上项目的用能审核和环境影响评价，力争新项目的技术、工艺、节能、环保在国内同行业居于领先水平。建立健全落后产能退出机制，政府决不保护落后产能。

（六）注重协调发展，加快社会事业和基本公共服务均等化进程。为各族群众提供基本的教育、文化、卫生等公共服务，促进人的全面发展，是政府工作的目标所在和职责所系，必须每年有新的进展。

推进教育优先发展。较大幅度增加教育投入，加速提高预算内教育支出占财政总支出的比重。把义务教育作为教育发展的重中之重，大力推进青南等地区9县的“两基”攻坚，确保到2010年全面实现“两基”目标。实施农村初中校舍改造和寄宿制学校建设工程，对城乡中小学校舍进行一次安全排查，确保各级各类学校校舍安全。提高寄宿制学校家庭经济困难学生的生活补助标准和农村中小学公用经费标准。继续推进农牧区相对集中办学，优化教育资源配置，着力提升教育质量和水平。加快发展高中教育，缓解西宁等地大班大校和择校压力。坚持职业教育省内省外统筹培训，推进东西部、城乡、校企联合办学，提高职业教育的规模和效益。以就业为导向，调整优化专业学科设置，提升高等教育质量，重点支持青海大学实施“211”工程。加强教师队伍建设，建立教师绩效工资制度，规范和创新教师补充机制。强化人力资源支撑，用好现有人才，引进急需人才，为各类人才干事创业创造更好的环境。

提高城乡医疗卫生水平。推进公共卫生体系建设，加强医疗卫生基础设施和基本装备建设，支持重点医疗机构提高技术装备水平，加快农牧区基层医疗卫生机构标准化、规范化建设，完善村卫生室管理运行机制，切实改善乡村医生待遇，加强社区卫生服务网络建设，完善社区卫生服务功能，城市社区卫生服务人口覆盖率达到95%以上。强化突发公共卫生事件风险隐患排查机制，提高应急处置能力。扩大农牧区免费公共卫生服务和免费免疫范围，增加重大传染病、慢性病、职业病、地方病防治的专项投入，逐年提高人均公共卫生服务经费标准。进一步扩大少生快富政策的实施范围，提高奖励扶助标准，推行计划生育家庭特别扶助制度，加快县级计划生育综合服务中心建设改造步伐，增强计划生育综合服务能力，稳定低生育水平。

繁荣文化体育事业。深入开展文明社区、文明乡村、文明行业等群众性精神文明创建活动，提升公民的文明素质和文明形象。加快广播电视“西新工程”、自然村“村村通”工程、藏区县级广播电视基础设施建设工程。推进乡镇综合文化体育站、文化进村入户、文化信息资源共享工程。加强文化遗产保护，推进文物普查、“丝绸之路”联合申遗工作。培育传播生态文化理念，加强生态文化阵地建设，办好第二届国际水与生命音乐之旅活动，开展生态乡村、绿色社区和绿色学校创建试点工作。大力推进全民健身，精心组织环湖赛等三大品牌国际赛事，做好体育彩票宣传发行工作，以高原优势项目为突破口，提高竞技体育水平。

（七）创新体制机制，着力深化改革和发展开放型经济。加快重点领域和关键环节的改革，大力发展开放型经济，为保增长促发展提供根本动力和体制保障。

进一步深化企业改革。抓住结构调整期的机遇，推进国有资本调整和重组，优化资本结构和布局。完善国资监管制度，规范国有企业职工持股投资，提高监管质量。鼓励行业龙头企业、优势企业以资产、资源、品牌为纽带，推动企业兼并重组，利用有效资产稳定生产和就业。鼓励关联产业、上下游企业联合重组，实现一体化经营。重点抓好盐湖集团与盐湖钾肥股份公司重组，推进省投资集团公司和省水利水电集团的上市工作。进一步完善和落实相关政策，放宽非公有制经济的市场准入范围，加强社会化服务体系建设，鼓励、支持和引导非公有制经济加快发展。

协调推进其他各项改革。争取国家将我省列入新一轮医药卫生体制改革试点省份，积极推进医药卫生体制改革。认真落实国家完善成品油价格、燃油税费配套改革和增值税转型等改革措施，继续深化电价、水价改革，完善矿产资源有偿使用制度。按国务院要求完成省、州（市）、县政府机构改革工作，推进公共财政体制改革，稳步推进省直管县改革，完善财政预算体系，建立县级基本财力保障机制。积极营造鼓励创业、提倡竞争、宽容失败的社会氛围，进一步放宽市场准入，大力推动非公有制经济加快发展。

大力推进招商引资。深入实施开放融入战略，面向两个市场，利用两种资源，全方位、宽领域扩大对内对外开放。坚持以企业为主体、园区为载体、项目为重点，紧紧围绕循环经济，高新技术产业、特色旅游业、现代服务业等重点领域加强项目推介，强化大企业、产业集群、产业链配套项目招商，鼓励以商引商、中介招商，拓展招商领域，提高招商质量。精心组织青洽会暨郁金香节、藏毯国际展览会、国际清真食品用品展览会等大型会展经贸活动，做好参与2010年上海世博会的准备工作。主动服务、提前介入，抓好已签约项目的跟踪落实，力争引进省外资金增幅不低于10%。

促进和扩大对外贸易。推动贸易方式和市场多元化，积极扩大高原特色农产品和民族日用品出口，提高出口商品档次和附加值，重视引进急需的先进技术装备、关键零部件及重要原材料。支持综合竞争优势较强的企业“走出去”，开展资源开发和多形式的国际合作，扩大发展空间。

（八）大力改善民生，不断提高全省各族人民的幸福感和满意度。更加注重人民福祉的提升，更加注重人民群众幸福指数的增加，让每一个勤劳的青海人生活更加安康，是政府工作的根本出发点和落脚点。

着力改善就业创业环境。实施更加积极的就业政策，千方百计稳定就业，促进就业增长。大力扶持劳动密集型行业，发挥好政府投资和重大项目带动就业的作用。增加就业再就业小额贷款，建立动态管理、动态援助机制，加强对城镇特困家庭成员、连续失业一年以上人员、残疾人员等困难群体的就业援助。强化高校毕业生就业服务。继续做好复转军人和农牧区富余劳动力就业工作。建立政策扶持、创业服务、创业培训三位一体的机制，以创业促进就业。引导和支持企业增加就业岗位，尽量不裁员，确保今年新增城镇就业人员3.1万人以上。

提高城乡居民收入水平。提高企业退休人员基本养老金标准，提高城乡居民低保补助标准，提高各类优抚对象抚恤和生活补助标准，多渠道增加农牧民收入。动态调整城乡低收入群体、大中专院校家庭困难学生的补贴标准。完善市场导向的工资分配机制，开展区域性、行业性工资集体协商试点工作，逐步建立职工工资和企业经济效益同步增长的机制。健全农民工工资保障制度和教育、医疗等救助制度。

多层次解决群众住房困难。加快推进保障性安居工程建设，增加保障性住房的收购和开发建设投资，加大廉租住房建设力度，逐步扩大保障范围。加大破产企业困难职工危房改造力度，全面启动牧民定居和农村困难家庭危房改造工程，逐步改善城乡居民住房条件。深化住房制度改革，研究制定农民工住房政策。完善社会保障体系。完善基本养老保险制度，参保人数达到69万人。建立被征地农民社会保障制度，积极探索农村新型养老保险制度。全面推进基本医疗保障制度建设，将在校大学生纳入城镇居民医保范围；完善城乡就业人员医疗保险保障制度，全省城镇职工医保参保人数达到73万人。提高城镇居民医保和新农合筹资标准与财政补助水平，适当扩大报销范围，提高报销比例。推进失业保险与就业联动，失业保险参保人数达到36万人。落实工伤保险政策，工伤保险参保人数达到35万人。探索建立与经济社会发展水平相适应的社会救助标准增长机制和应急救助机制，完善城乡低保对象动态管理和分类施保办法，实现应保尽保。

加强食品药品安全整治和安全生产。认真贯彻《食品安全法》,从田间地头和饲料抓起,从源头上保证食品安全。以全国开展"质量和安全年"活动为契机,开展食品药品安全大检查,推进食品药品综合监管体系建设,进一步健全食品药品安全质量标准,严格规范食品添加剂的使用。强化企业质量安全主体责任,实行严格的食品安全质量追溯制度、召回制度、市场准入和退出制度。更加重视安全生产,严格执行安全生产责任制和安全生产许可制度,深入开展安全生产专项整治,加强对交通、煤矿、非煤矿山、化工等行业的安全监管力度,严防重大事故发生。提高社会管理水平。完善信访制度,有效预防和化解各类社会矛盾。高举各民族共同团结奋斗、共同繁荣发展的旗帜,深入推进民族团结进步创建和"平安寺院"建设活动。全面贯彻党的宗教工作基本方针,依法加强宗教事务的管理,维护正常的宗教秩序。加强社会治安综合治理,依法严厉打击各种违法犯罪活动,扎实推进平安青海建设。做好"双拥"工作,积极开展军民共建,巩固军政军民团结。增强全民国防观念,完善国防动员体系。加强民间组织引导管理,重视老龄工作。做好测绘、气象、防震减灾、档案、史志研究、慈善救助、红十字等各项工作。

各位代表,为加快改善民生,今年省政府将进一步加大投入力度,再办一批群众热切期盼的实事好事。一是改造农牧区困难家庭危房1.5万户。二是开工建设游牧民定居住房1万户。三是开工建设城镇保障性住房1万套。四是解决农牧区20万人的饮水困难和安全问题。五是启动未"普九"县寄宿制学校建设工程,完成35所农村初中校舍改造工程。六是建立330万农牧民健康档案,提高农牧区部分计划生育家庭"奖励扶助"标准。七是建成村文化室560个,建设"农家书屋"600家;完成300个村"广播电视村村通工程",在200个乡镇实施"乡乡有网站"工程,解决60个自然村通电话问题。八是开工建设湟水流域8个污水处理厂,两年内投入运行。九是建设农村户用沼气2万户,在东部干旱山区推广实施聚光型太阳灶3万台。十是实现20个乡镇通油路,完成269个建制村道路硬化工程,建成200座乡村便民桥梁。

三、加强政府自身建设,提高行政能力和服务水平

坚持以人为本、施政为民,在服务中创新管理,在管理中体现服务,改进工作作风,不断提高政府行政效率和服务水平。

大力推进施政科学、行为规范的服务型政府建设。推进政企分开、政资分开、政事分开、政府与市场中介组织分开,减少行政审批事项,把调节经济的主要精力放到为各类市场主体服务和创造良好发展环境上来。改革和完善决策机制,实行专家论证、公众听证等制度,提高科学决策水平。切实加强诚信、法制、市场和人文环境建设,进一步扩大公共服务,着力提高政府公信力和执行力,积极营造让投资者、创业者、就业者放心创业、放手发展、活力迸发的发展环境。

大力推进依法行政、严明公正的法治政府建设。全面推进依法行政,自觉接受人大及其常委会的法律和工作监督,自觉接受政协的民主监督,坚持定期报告工作、通报情况,认真办理人大代表议案、建议和政协提案。加强同民主党派、工商联、无党派人士和人民团体的联系,重视新闻舆论和社会公众监督,支持监察、审计部门依法独立监督。加强行政立法,落实执法责任制,实行行政问责制度,探索规范性文件有效期制度,确保法制统一和政令畅通。认真执行《政府信息公开条例》,依法推进政务公开,完善行政权力公开透明运行、政府公报、政府网站、政府新闻发布会等公开渠道,公开决策过程、执行过程和执行效果,保障人民群众的知情权、参与权、表达权、监督权。

大力推进执行有力、高效务实的效能政府建设。以提高执行力为突破口,全面加强政府效能建设,强化绩效评估。今年重点建立完善"五项制度",即投资者首问责任制度、重大工作和重大项目限时办结制度、招商引资项目责任追究和督查报告制度、对投资者的定期走访制度、对重点工作和项目的领导联系和选派干部帮扶制度,进一步提高为企业、为基层服务的效率。切实改进工作作风,推动责任落实、制度落实、工作落实和高效创新,把更多的精力投入到推动发展、改善民生、促进和谐上。

大力推进执政为民、勤政廉政的廉洁政府建设。大兴求真务实之风,做到为民、务实、进取、廉洁。坚持勤俭办一切事业,严格控制公务消费,对公务购车用车、会议经费、公务接待费用以及政府机关出国(境)经费等支出实行零增长。加大反腐倡廉工作力度,强化对权力运行的制约和监督,着力从源头上防治腐败,建立健全拒腐防变教育长效机制、反腐倡廉制度体系和权力运行监控机制。切实加大对工程建设、土地出让、产权变更、矿权拍卖、政府采购的监管,深入开展治理商业贿赂专项活动,依法治理和纠正损害群众利益的不正之风。

各位代表!建设富裕文明和谐新青海,是全省各族人民的共同心声。让我们紧密团结在以胡锦涛同志为总书记的党中央周围,高举中国特色社会主义伟大旗帜,全面落实科学发展观,万众一心,锐意进取,奋力开创经济社会又好又快发展的新局面,以优异成绩迎接新中国成立60周年!

名词解读

工业化率:指工业增加值占国内生产总值(GDP)的比重。

翘尾因素:也称价格滞后影响,是指上年物价变动因素对下年同期价格指数的延伸影响。

单位生产总值能耗:即单位GDP能耗,又叫万元GDP能耗。每产生万元GDP所消耗掉的能源。单位GDP能耗是反映能源消费水平和节能降耗状况的主要指标,说明一个国家经济活动中对能源的利用程度,反映经济结构和能源利用效率的变化。

化学需氧量:利用化学氧化剂将排水中可氧化物质氧化分解,然后根据残留的氧化剂的量计算出氧的消耗量,是表示水质污染度的重要指标,排放强度的值越小,说明水质污染程度越低。

"两基":即基本普及九年义务教育,基本扫除青壮年文盲。

ADC发泡剂:学名偶氮二甲酰胺,又称偶氮二酰胺,是一种用途广泛的有机精细化工产品。

"211"工程:就是面向21世纪,重点建设100所左右的高等学校和一批重点学科点。

“阳光工程”:指国家劳动部、农业部、建设部、科技部、教育部和财政部共同发起和实施的农村劳动力转移培训工程。

“万村千乡”:由国家商务部组织实施,目的在于改善农村市场,方便农民消费的市场建设工程。具体内容是,从2005年开始,力争用三年时间,在试点区域内培育“农家店”25万家左右,形成以城区店为龙头、乡镇店为骨干、村级店为基础的农村消费经营网络,逐步缩小城乡消费差距。

“双百”市场工程:以企业为主体,政府适当资助,中央与地方共同推动,在全国范围内重点改造100家大型农产品批发市场,着力培育100家大型农产品流通企业。

“家电、农机下乡”:指国家顺应农民消费升级的新趋势,对农民购买纳入补贴范围的家电产品和农机给予一定比例的财政补贴。

“西新工程”:是一项在边疆少数民族地区实施的广播电视覆盖工程。

“村村通”工程:指在20户以上已通电的行政村、自然村实施的村村通广播电视工程。

廉租房:政府在住房领域实施社会保障职能,向具有城镇户口、符合最低生活保障条件的住房困难家庭提供租金补贴或租金相对低廉的周转性住房。

生态经济:是指遵循生态学原理和经济规律,以生态环境建设和社会经济发展为核心,通过统一规划,把区域内生态建设、环境保护、自然资源的合理利用与该区域社会经济发展及城乡建设有机结合起来,科学发展,最终实现生态效益、经济效益、社会效益高度统一的良性经济发展模式。

循环经济:是一种以资源的高效利用和循环利用为核心,以“减量化、再利用、资源化”为原则,以“低消耗、低排放、高效益”为基本特征,符合可持续发展理念的经济增长模式,是对“大量生产、大量消耗、大量消废、大量废弃”的传统增长模式的根本变革。

新能源经济:指在保证经济高速增长的同时,能保持较低能源消耗的一种经济类型。

新农村建设八项实事工程:指省委、省政府按照“整合资金、加大投入、集中力量、突出重点、办好实事”的原则,在“十一五”期间实施社会主义新农村建设八项实事工程。包括生产设施建设工程、水电路话“四通”工程、农牧民培训转移工程、农牧民健康工程、文化进村入户工程、扶贫整村推进工程、生态保护建设工程、村庄环境整治工程。

集体林权制度改革:是指在坚持集体林地所有权不变的前提下,依法将林地使用权和林木所有权落实到户,实行以家庭承包经营为主、多种经营形式并存的集体林管理体制,是农村土地承包经营制度由耕地向林地的拓展和延伸。

非物质文化遗产:是指各种以非物质形态存在的与群众生活密切相关、世代相承的传统文化表现形式,包括:口头传统;传统表演艺术;民俗活动和礼仪、节庆;有关自然界和宇宙的民间传统知识及实践;传统手工艺技能;以及与上述表现形式相关的文化空间。

良种补贴:指国家通过建立良种推广示范区,对农民选用良种并配套使用良法技术进行的资金补贴;或是对一地区优势区域内种植主要优质粮食作物的农户,根据品种给予一定的资金补贴。

农机具购置补贴:指中央财政、省级财政安排专项资金,对农民和农业生产经营组织购买国家支持推广的先进适用的农业机械给予补贴。

农资综合直补:指国家为弥补种粮农民因柴油、化肥、农药、农膜等农资价格上涨带来的生产成本增加而实行的一种直接财政补贴。

“农村初中校舍改造工程”:指国家为改善农村学校办校条件,在西部地区(含中部6省)开展的一项重大工程,也是我省义务教育阶段的一项重大工程。主要解决农村初中学校的学生宿舍、食堂、锅炉房及生活设施购置等,实施期限是2007年-2010年。计划生育家庭特别扶助制度指独生子女伤残死亡家庭扶助制度。

三大品牌体育赛事:指青海省政府和国家有关部门在青海境内举办的青海湖国际公路自行车赛、世界攀岩锦标赛、国际抢渡黄河极限挑战赛。

需求侧管理:是指对用电一方实施的管理。这种管理是国家通过政策措施引导用户高峰时少用电,低谷时多用电,提高供电效率、优化用电方式的办法。

法律七进:即推进法制宣传教育进机关、进乡村、进社区、进学校、进企业、进单位、进宗教场所。

青海省 2008 年国民经济和社会发展计划执行情况与 2009 年计划草案的报告

——2009 年 1 月 12 日在青海省第十一届人民代表大会第二次会议上

省发展和改革委员会

各位代表：

受省人民政府委托，现将 2008 年国民经济和社会发展计划执行情况与 2009 年计划安排草案提请十一届人大第二次会议审议，并请省政协各位委员和列席会议的同志提出意见。

一、2008 年国民经济和社会发展基本情况

2008 年，全省各地区、各部门在省委的正确领导下，认真贯彻落实科学发展观，按照省十一届人大一次会议审议批准的 2008 年国民经济和社会发展预期目标和任务，千方百计克服经济运行环境趋紧、制约因素增多等诸多困难，全省经济继续呈现出平稳较快发展的良好态势。初步预计，2008 年全省生产总值完成 960 亿元，同比增长 12.5%，超计划 2.5 个百分点。其中，一产增长 3.9%，超计划 0.9 个百分点；二产增长 16.8%，超计划 3.8 个百分点；三产增长 10%，完成年度计划。全省财政一般预算收入完成 136.5 亿元，增长 23.6%，超计划 9.6 个百分点。其中，地方一般预算收入完成 71.6 亿元，增长 26.2%，超计划 13.2 个百分点。全省经济运行主要呈现以下特点：

（一）农牧业生产与结构调整协调推进，各项支农工作扎实到位

预计全年粮食总产 101 万吨，再次突破百万吨；油料总产 34 万吨，创历史新高；粮油单产同比分别增长 3.1% 和 6%；蔬菜总产 110 万吨，首次突破百万吨大关。特色经济作物种植面积比重达到 75.7%。全省草食畜共产各类仔畜 788 万头（只），育活 693 万头（只），成活率为 87.9%。生猪存栏 115.8 万头，同比增加 10.3 万头；繁活仔猪 103.7 万头，增加 21.4 万头。肉类总产量 25 万吨，增长 3.8%。设施农牧业加快发展，全年建设日光节能温室 1.15 万栋，牧区畜用暖棚 5150 栋，农村"一池三改"户用沼气 3 万户。产业化进程继续推进，形成了一批农牧业专业合作经济组织、特色农作物产业村和种子专业村，签订农产品订单面积 60 万亩，辐射带动农牧户 50.4 万户。劳务输出力度加大，预计全年劳务输出规模达到 100 万人（次），人均劳务收入同比增加 114 元。新农村建设八项实事工程顺利推进，共整合资金 65.5 亿元，比上年增加 22.6 亿元，推进了一批小型水利、生态保护、农村公路、农村能源等农牧业生产生活设施项目建设。

（二）工业增速与效益同步提高，经济发展后劲增强

预计全年工业增加值达到 444 亿元，同比增长 19.8%，超计划约 4.8 个百分点。其中，重工业增长 21.8%，轻工业增长 18.4%。工业经济运行呈现以下特点：一是支柱和优势产业进一步壮大。预计全年四大支柱产业完成增加值 297 亿元，增长 18.1%，其中，有色金属工业增长 30.5%，盐化工业增长 22.9%；四大优势产业完成增加值 66.9 亿元，增长 16.8%，其中，冶金工业增长 19.5%，建材工业增长 29.9%。二是企业经济效益进一步提高。1－11 月全省规模以上工业经济效益综合指数为 348.3，同比提高 33.3 个点；预计全年可实现利润 180 亿元，增长 36%。三是工业增长点的培育取得明显成效。亚洲硅业 1000 吨多晶硅、新能源 1000 吨单晶硅、100 万吨钾肥产品综合利用一期、纯碱二期、1 万吨碳酸锂、20 万吨镍铬合金等一批工业项目年内建成投产，昆仑碱业年产 100 万吨纯碱、乌兰煤化工二期等一批新的工业项目如期开工建设，工业发展后劲增强。四是循环经济发展进入新阶段。西宁国家级经济技术开发区列入全国第二批循环经济试点产业园区，盐湖集团 1 万吨碳酸锂、洁神公司餐厨垃圾资源再生、裕泰 2 万吨生物有机肥 3 个项目得到国家重点支持，康普沙棘籽粕资源综合利用、青煤污水处理厂 2 个项目列入国家 2008 年资源节约和环境保护支持项目。第三届柴达木循环经济试验区项目推介会成功举办，共签订项目 55 个，签约金额 221.6 亿元。五是园区工业开始呈现高增长势头，1－11 月，园区累计实现工业增加值 79 亿元，同比增长 57.9%，占全省规模以上工业增加值的比重达到 19.4%。其中，甘河工业园增长 84.2%，南川工业园增长 2.5 倍，生物产业园增长 23%，东川工业园增长 60.6%，昆仑经济开发区增长 31%。在工业快速增长的同时，节能减排工作取得积极进展，全年万元工业增加值能耗下降 6%，主要污染物排放量控制在计划目标以内。

（三）固定资产投资快速增长，重点项目进展顺利

预计全年完成固定资产投资 582.2 亿元，增长 19.4%，超计划 7.4 个百分点，增速为 6 年来最高。投资结构进一步优化。工业和第三产业投资保持快速增长，工业完成投资 288.3 亿元，增长 19.1%；第三产业完成投资 244 亿元，增长 23.9%；占投资的比重分别达到 50% 和 41.9%。民间投资完成 207.8 亿元，同比增长 20.1%。基础设施投资稳定增长，全年累计完成 211.2 亿元，同比增长 11.9%；房地产开发投资完成 50.4 亿元，增长 47.3%，增幅为近几年最高。

重点项目进展顺利。全省 46 项重点项目累计完成投资 201.3 亿元，较上年同期增长 9.5%。其中，兰青铁路复线、柴木铁路、750 千伏西宁至官亭输变电、原子城爱国主义教育基地等项目主体完工或竣工，西格铁路增建二线、丹拉国道西宁西过境线、德令哈至大柴旦公路、班多水电站、拉西瓦水电站、积石峡水电站、三江源生态保护与建设等项目完成或超额完成年度投资计划，ADC 发泡剂一体化工程、当金山至大柴旦公路、察尔汗至格尔木高速公路、农村初中校舍改造、330 千伏桃园输变电工程、750 千伏西宁至永登二回路、青海湖生态环境保护与治理工程等 9 个项目正式开工或启动。

资金到位情况良好。全省本年内到位资金 556.9 亿元，比上年同期增长 16.1%。其中，国家预算内资金 75.4 亿元，增长 50.9%，国内贷款 92.9 亿元，增长 21.6%；利用外资 8.7

亿元，增长16.3%，自筹资金298.9亿元，增长13%；其它资金80.9亿元，与上年基本持平。全年共争取落实国债和中央预算内建设资金47.6亿元，较2007年增长51.2%，为历年来最高。安排省级预算内投资5.6亿元，落实省级政府信用开行贷款8.7亿元，有力引导和带动了全省投资的快速增长。

（四）消费市场平稳增长，对外开放水平进一步提高

预计全年可实现社会消费品零售总额252.8亿元，同比增长21.4%。旅游业上半年受"3·14事件"及汶川地震等因素影响回落幅度较大，下半年在重大节庆活动和"大美青海"香港行、北京行等系列活动的宣传拉动下，迅速止跌回升。全年实现旅游总收入47.5亿元，增长0.3%。

成功举办了"青洽会"、"藏毯国际展览会"、"柴达木循环经济项目推介会"等大型经贸活动，对外开放的层次和水平不断提高。全年合同利用外资3.3亿美元，引进省外资金144亿元，增长20%。出口结构调整取得成效，地毯、羊绒、硅铁、金属硅等产品的出口持续扩大。全年外贸进出口总额完成6.9亿美元，增长12.5%，超过计划目标7.5个百分点。

（五）各项改革稳步推进，经济发展活力不断增强

国有企业改革继续深化，国有资本调整和重组取得积极进展，盐湖集团受让上海富友房产公司股权、重组青海数码网络公司，省投资集团收购宁北铝电公司股权。行政管理体制改革继续深化，全年取消行政审批许可项目22项、调整行政审批项目83项。积极推进农村牧区义务教育历史债务化解工作，湟中、乐都和民和三个试点县完成清理化解任务。进一步完善农村土地承包经营权有序流转、草场流转及管理工作，生态畜牧业建设试点在六州正式启动。国有粮食购销企业改革稳步有序推进，企业改制全面完成。财税体制改革取得积极成效，制定下发了《省对下财政管理绩效考核奖补试行办法》，"省管县"改革试点继续推进。制定实施了《关于进一步支持非公有制经济健康发展的若干意见》，进一步加强信用担保和社会化服务体系建设，公有制经济占全省生产总值的比重提高到28.5%。同时，文化体制、医疗卫生体制、劳动就业体制、商务体制及农村公路管理养护体制等改革也取得积极进展。

（六）各项社会事业全面发展，公共服务能力进一步提高

义务教育经费保障机制逐步建立，全部免除城市义务教育阶段13.1万名学生的学杂费，提高农村牧区义务教育阶段免费教科书、中小学公用经费及寄宿生生活补助标准。安排资金建设了一批农村初中校舍改造、中等职业教育、特殊教育等项目，进一步加强了高校重点学科和重点实验室建设。2008年底，全省高中阶段毛入学率达到63%，同比增长2.5个百分点，省内普通高校招生录取率达到69%左右，增长5个百分点。实施了州级中心医院、藏医院、县中藏医院、县计划生育服务站、乡镇卫生院、村卫生室、果洛等3地高压氧舱等项目，为全省185个乡镇卫生院配备了医疗设备；建设了乡镇综合文化站，抢救性文物保护设施，"西新"工程及县级广播电视基础设施，广播电视"村村通"，青海科技馆，青海大剧院，黄南热贡艺术中心，海西、海南文化艺术中心，海北西海影剧院，多巴训练基地康复中心，尖扎水上训练基地，海北、玉树民族体育场等一批文体项目，年底全省广播、电视覆盖率分别达到88.5%和94%。少生快富工程和奖励扶助两项制度扎实推进，2008年底全省总人口554.3万人，人口自然增长率为8.35‰。

（七）有效解决事关民生的突出问题，人民生活水平不断提高

坚持把有限财力向民生领域倾斜，全面完成了民生工程十项实事。就业再就业工作进一步加强。及时应对市场情况变化对就业和劳务输出带来的影响，全面落实税费减免、社保补贴、小额贷款等各项就业、再就业优惠政策，大力开发公益性岗位。预计全年全省城镇新增就业3.6万人，超计划0.5万人；城镇登记失业率为3.8%。社会保障体系进一步完善，年末全省城镇职工参加养老保险、失业保险和医疗保险人数分别达到67.5万人、35.4万人、72万人；城镇居民医疗保险试点范围扩大到全省40个县和行委，参保率达到70%。进一步提高社会保障标准，城市低保标准由175元提高到190元，农村低保年人均补助标准由385元增加到745元，新型农合和城镇居民医保保险补助标准分别比上年增加40元，城镇职工基本养老金保障标准人均月增加114.4元。积极做好灾区恢复重建和受灾群众的救济工作，加大资金投入力度，优先恢复灾区公共服务设施，及时调拨救灾物资和资金，保证受灾群众基本生活有保障、恢复生产有资金。以改善低收入居民居住条件为重点，大力推进保障性安居工程建设。开工建设经济适用住房40.9万平方米（含破产企业危旧房改造），已完成20万平方米；开工建设廉租住房26.9万平方米，已完成11.5万平方米。扶贫工作取得积极进展。全年落实各类扶贫资金5.2亿元，组织实施了整村推进、产业化扶贫、易地扶贫搬迁等项目，15万贫困人口实现稳定脱贫。

全力做好价格调控和监管工作。针对上半年物价上涨较快的严峻形势，出台了一系列物价调控和监管措施。切实做好粮食、蔬菜、肉类、食用油等人民生活必需品的价格监测工作，从严控制政策性提价项目尤其是关系群众生活的提价项目的出台。全面落实国家和我省保证市场供应、维护副食品价格稳定的各项政策措施，积极组织肉禽蛋等货源，适当增加储备粮、油、肉的投放，保证了市场供应。对部分重要居民基本生活必需品实行临时价格干预措施，对化肥主要品种实行最高差价率控制。落实国家关于调整成品油价格和电价的部署，严格执行调价的各项补贴措施。进一步加强药品价格监管，核定和修订了233项医疗服务价格。积极组织开展教育、旅游、医药、电信及涉农等价格、收费专项检查和整顿，努力维护市场价格秩序和广大人民群众的权益。从9月1日起停止征收个体工商户管理费和市场管理费，每年可减轻个体工商户负担5000余万元。通过一系列行之有效的措施，从5月份开始，全省物价总水平开始逐步回落，目前已由年内最高的13.6%回落至11月份的5.8%，预计全年居民消费品零售价格同比上涨9.9%。

城乡居民收入稳步提高。积极落实各项收入分配调节政策，普遍提高了城乡医保、低保，城镇养老保险标准和对低收入群体、大中专院校在校生的补贴标准。全面执行最低工资制度，加大农民工工资清欠力度，保证农民工按时足额领到工资。预计全年城镇居民人均可支配收入达到11648.2元，同比增长13.4%；农牧民人均纯收入达到3061.2元，增长14.1%。

2008年，我们还迎来了青海发展的双重机遇。一是国务院出台了《关于支持青海等省藏区经济社会发展的若干意见》，这是多年来我省在争取国家支持方面取得的重大突破。目前，全省正在认真做好《若干意见》的分解落实工作，提出

争取国家支持的藏区项目,加快推进建立三江源国家生态保护综合试验区的各项工作,衔接落实国家相关部委的配套政策,努力把党中央、国务院对藏区发展的支持、对藏区人民的关怀落实到各地区、各部门的具体工作中。二是党中央、国务院出台了进一步扩大内需,促进经济增长的政策措施,为了紧紧抓住这一机遇,全省上下积极做好新增中央投资项目的争取落实工作,新争取了14.83亿元的国家投资,目前这些项目正在有序实施当中。同时,认真贯彻落实党中央、国务院扩大内需的各项方针政策,及时出台了《青海省贯彻落实国家进一步扩大内需促进经济增长政策的若干措施》、《关于扶持企业持续稳定发展的若干政策意见》等一系列贯彻落实意见,全力做好生产要素的优化配置和综合协调,对企业实行用电补贴、运费减收、所得税缓征等措施,切实维护了青海经济持续稳定发展的大局。

在取得成绩的同时,我们也要清醒地看到,全省经济社会发展还存在不少困难和问题,金融等要素制约明显,物价高位运行,经济增长方式比较粗放,产业结构相对单一,节能减排压力加大等等,对这些问题,我们要高度重视,认真加以解决。

二、2009年全省国民经济和社会发展主要目标

2009年是我省经济能否保持持续健康较快发展,全面完成"十一五"规划的关键之年。金融危机带来的严重冲击使我们面临着更加严峻和复杂的形势,面临着许多新的矛盾和困难的挑战。一是经济环境进一步趋紧。从国际上看,金融危机正在持续扩散,演化成经济危机的危险正在逐步加剧。从国内来看,受外部环境趋紧的影响,我国经济出现了持续下行的风险,增势回落、效益下滑,今年这种态势有可能进一步发展。二是经济下行的压力加大。宏观环境趋紧、外部需求减弱通过金融、投资、市场等多种传导机制,对我省经济增长、就业、企业生产和效益、财政收入等方面产生了较大的影响。多数核心经济指标增速持续下滑,部分行业生产经营出现了较大困难,工业项目建设也受到了影响,经济持续稳定增长面临越来越大的压力。三是就业形势十分严峻。我省正进入就业年龄人口增长高峰期,预计今年全省仅大中专院校毕业生就达到1.1万人,城镇需要就业的劳动力达到4万人以上,考虑到目前部分企业生产经营困难,用工需求有可能进一步减少,就业供求矛盾将更加凸显。部分地区出现的农民工返乡潮也将给农村劳动力转移带来较大影响。四是财政收支平衡面临较大压力。今年我省国家投资项目明显增多,要求我们筹集更多的配套资金。同时,我省将在扩大社会消费需求、建设各类民生工程、调节收入分配结构、对困难群众进行各类补贴及援助等方面投入更多的财政资金。但目前我省财政刚性支出较多,调节余地不大,财政收入的增长也将明显趋缓,财政收支平衡难度较大。可以说,2009年可能是进入新世纪以来我省经济发展最为困难的一年。但同时我们也要看到,当前我省正处于经济发展的重要战略机遇期,保持经济平稳较快发展具备许多有利条件和积极因素。从外部环境看,党中央、国务院出台的进一步扩大内需、促进经济增长的十项措施,为我们积极争取国家支持,统筹协调推进经济社会发展提供了一个难得的历史机遇。党的十七届三中全会在深化农村改革、缩小城乡差距、加大支农惠农力度等方面出台的一系列政策措施,给我省加快农村改革、统筹城乡发展、提高农民收入带来了新的契机。《国务院关于支持青海等省藏区经济社会发展若干意见》的出台,有利于我们在国家支持下加大投入,加快改善农村牧区社会事业、重大基础设施、生态环境等薄弱环节,有利于我省更好地发挥资源优势,增强自我发展能力。从我省自身看,通过近几年的连续投入,我省基础设施条件持续改善,铁路运输制约逐步缓解,一批新的经济增长点相继涌现,对经济增长的支撑作用进一步增强。近年来我省在改善民生方面取得了积极进展,人民生活持续改善,社会公共服务水平明显提高,有利于改善收入及消费预期,凝聚人心,增强信心。近期我省连续出台了《青海省贯彻落实国家进一步扩大内需促进经济增长政策的若干措施》、《关于扶持企业持续稳定发展的若干政策意见》等一系列政策,有利于我省扩大投资和消费需求,帮助企业渡过难关,维护全省经济社会持续稳定发展的大局。因此,我们一定要看到我省经济发展的基本面良好,有克服矛盾、困难和制约的经济基础和物质条件;看到国家政策调整给我们保持投资持续增长、改善民生带来的机遇;看到市场变化给我们推进结构调整、转变经济发展方式带来的契机。变压力为动力,化挑战为机遇,坚定信心,迎难而上,化解矛盾,继续保持全省经济持续稳定健康发展的良好局面。

根据中央经济工作会议和省委十一届五次全体会议提出的2009年经济工作的总体思路和部署,综合考虑各方面因素,2009年全省国民经济和社会发展的主要预期目标为:地区生产总值增长9%左右;全社会固定资产投资增长15%;全省一般预算收入增10%,其中地方一般预算收入增长10%;城镇居民人均可支配收入增长8%,农牧民人均纯收入增长7%;居民消费价格总水平涨幅控制在5%左右;城镇登记失业率控制在4.5%以内;人口自然增长率控制在9‰以内。

三、2009年全省国民经济和社会发展的任务和措施

实现2009年经济和社会发展的预期目标,要把握以下几个重点:一是进一步贯彻落实国家和我省出台的扩大内需的各项政策措施,努力扩大全省的投资需求和消费需求;二是抓住市场变化的时机加大结构调整力度,努力推动发展方式的转变;三是深化改革,扩大开放,为科学发展提供动力源泉;四是加大对改善民生的公共投入力度,切实解决城乡居民的实际困难。为此,要着力抓好以下几项重点工作:

(一)努力扩大投资和消费需求,继续保持经济平稳较快增长

扎实推进项目前期工作。根据国家扩大内需和支持藏区发展的政策导向和资金投向,着眼于我省经济社会发展的重点领域和薄弱环节,在重大基础设施、骨干水利工程、循环经济发展、生态环境保护与建设、保障性安居工程、牧民定居工程、农村危房改造、社会事业发展等领域,谋划和筛选一批符合国家投向,有利于增强发展后劲、改善民生的重大项目。着力提高项目工作的科学性、针对性和前瞻性,做深、做细、做实项目前期工作,尽快达到报批和实施深度。重点完成好湟水北干渠扶贫灌溉二期、三江源生态保护和综合治理二期、格尔木至库尔勒、西宁至成都铁路及德令哈、大武、花土沟机场等项目的前期工作,抓紧启动黄河湖口至尔多水电开发、通天河水电开发等项目的前期和规划工作。根据国家政策导向、市场情况及时调整项目的产品定位、生产规模、区域布局等,加快一批符合循环经济理念、投资效益好的特色工业项目的前期工作,为扩大投资需求奠定项目基础。

抓好项目的组织实施和监督管理。为了保持重点项目

的带动作用，今年全省拟安排重点建设项目51项，项目在建总规模1500亿元以上。加大衔接协调力度，早动手、早安排、早实施，加强服务，衔接落实好项目建设所需的电、水及道路交通等外部配套条件，特别是要抓紧做好新开工项目的建设程序完善工作。全力抓好国家扩大内需项目的组织实施工作，逐一制定工作责任目标和时间表，明确和落实责任主体及工作计划，抓紧落实配套资金，确保按计划形成工作量。进一步完善政府投资项目概算评审工作机制，强化在建项目的管理，严格基本建设程序，堵塞漏洞，保证项目的顺利实施。加强项目稽察，健全资金使用、管理、监督办法，确保建设项目工程进度、建筑质量、安全生产、资金使用不出问题。

抓紧做好建设资金的筹措落实工作。强化各部门的沟通联系，加强与国家有关部委的衔接汇报，及时申报一批符合国家投向、前期成熟的项目，争取国家更多更大的支持。加大省级预算内资金投入力度，充分发挥省级政府资金的引导扶持作用，重点支持一批符合国家投资导向，能够增强经济发展活力的生产经营性项目及重大基础设施、改善民生、社会事业发展等方面的项目前期和建设工作；加大对资源开发、农牧业产业化、重大基础设施等建设项目贷款贴息扶持力度，带动和引导银行贷款投入；进一步加强与金融机构的合作，主动配合银行做好项目评估审贷，积极拓展政府融资平台，扩大省级政府信用开行贷款规模。支持优势企业在省内外发行债券，扩大直接融资规模。

努力扩大消费需求。千方百计提高城乡居民尤其是中低收入居民的收入水平，建立企业效益与职工收入相联系的工资正常增长机制，提高农资的综合直补、良种补贴、农机具补贴等标准，提高企业退休人员基本养老金水平，提高城乡居民最低生活保障标准，提高优抚对象等人员抚恤金和生活补助标准，完善最低工资制度和农民工工资保障机制，提高人民群众的消费能力，改善消费预期。积极培育旅游、汽车等新的消费热点，拓宽消费领域。完善房地产调控政策，改善住房供应结构，降低房地产交易费用，规范发展二手房市场和住房租赁市场。大力发展社区商业零售、家政服务、餐饮、住宿、物业管理等服务性消费。加强农村流通体系和售后服务体系建设，落实“农机、家电下乡”补贴政策，努力扩大农村消费需求。抓紧研究出台鼓励消费的相关政策，发展和完善信用消费，扩大消费信贷规模。抓好涉农、交通、医疗、房地产等价格收费的监督检查，规范市场秩序，维护消费者合法效益。

加强经济运行的综合调节。密切关注国内外经济环境及市场情况的变化，及时发现苗头性、趋势性问题，有效防范和化解各种风险。及时制定和调整经济调节的政策和措施，形成动态有效的调控机制，不断增强经济调控的预见性、针对性、灵活性。完善和落实扶持企业发展的政策措施，及时分析掌握政策实施的情况和效应，跟踪解决相关问题，不断调整补充和完善扶持机制。加强对工业经济运行的监测和分析，密切关注有色金属、冶金等行业生产和经营状况，帮助企业渡过难关。切实做好煤炭产需运衔接，保障发电及煤化工行业的用煤需求。统筹安排天然气资源供给，确保天然气化工等行业用气。加强对电力市场的预测和电力供需状况的分析，推进发供电企业和用电大户联动，优化配置电力资源。积极引导企业做好原材料、燃料等的储备，加强重点企业的物资调运；加强铁路运输的综合协调，加大公铁分流力度，确保工业企业运输需求。继续完善资源配置机制，优先向优势行业、重点企业、综合实力强的投资者、资源利用率高的项目配置资源。配合铁路建设，积极争取引进南疆煤炭资源，缓解我省煤炭资源的瓶颈制约。

（二）积极推进重大基础设施建设，加快改善经济社会发展的基础条件

交通基础设施。加快推进铁路、公路、民航基础设施建设，进一步完善综合交通网络体系，提高运输保障能力。重点抓好西格增建二线和柴木铁路建设，开工建设格尔木至敦煌铁路青海境内工程、兰新铁路第二双线青海境内工程、西宁客站站房改造工程。继续推进格尔木至库尔勒铁路前期工作，争取早日开工建设。加快丹拉国道西宁西过境线、察尔汗至格尔木、贵德至大武等公路建设，开工建设共和至茶卡等公路，扩建湟源至西海、湟中至贵德公路，继续抓好农村公路建设。加快三江源巴塘民用机场建设步伐，确保年内建成通航；加快实施曹家堡机场二期扩建工程。

能源基础设施。加快拉西瓦、积石峡、班多、黄丰、石头峡等水电站建设步伐，开工建设羊曲、大河家等水电站。加快无电地区电力建设，开工建设果洛通电工程，继续抓好农村电网完善和城市电网改造工程。加强主干电网建设，加快实施750千伏西宁至永登西宁间隔扩建工程、西宁至格尔木双回路工程、西宁变扩建及配套工程，330千伏桃园输变电工程、格尔木至甘森输变电工程，110千伏输变电工程，努力提高电网覆盖面和保障能力。推进木里、江仓煤田矿区矿井项目建设。开工建设涩－宁－兰天然气输气管道复线。

农村牧区基础设施。重点实施好农村人畜饮水安全、农村沼气、农村电气化县、农村公路及通电、通信、通邮等工程建设。加快引大济湟调水总干渠、湟水北干渠扶贫灌溉一期、盘道灌区一期、全省重点水源等重大骨干水利工程建设，积极推进病险水库除险加固和湟水流域等大型灌区节水改造工程。继续实施中低产田改造和沃土工程。

城镇基础设施。继续加快西宁海湖新区等城镇基础设施建设，加大城镇供排水设施、重点城镇道路及桥梁、重点城镇集中供热温暖工程等城镇基础设施及重点小城镇建设力度，启动实施世行贷款西宁防洪工程，增强城镇综合服务功能。继续实施好藏区温暖工程、供水工程以及青藏铁路沿线和环境敏感地区重点镇环卫设施等项目建设。进一步加大基层政权建设力度，实施一批县、乡基层政权建设项目，切实解决基层行政运转面临的实际困难。继续抓好电子政务建设，稳步推进政府信息化。

（三）加快转变经济发展方式，大力发展特色经济

加大对特色农牧业的扶持力度，推进农牧业产业化进程。按照优质化、规模化、品牌化的要求，继续推进优质杂交油菜生产和制种基地，优质马铃薯及蔬菜、中藏药材、蚕豌豆、饲草料、杂果、牛羊肉、牛奶、毛绒等种养殖特色优势农畜产品生产基地和现代农业示范基地建设，促进生产要素向特色产业和优势区域集中。加大对“菜篮子”工程扶持力度，加快蔬菜大棚的建设进度。继续实施好畜禽良种工程，积极引导养殖大户建设一批奶牛、肉羊标准化、规模化养殖场和养殖小区。大力扶持和发展“西繁东育”、“自繁自育”，提高商品率和出栏率，促进草原生态与畜牧业的协调发展。建成日光节能温室1.5万栋、建设农区畜用暖棚4000栋，牧区标准畜用暖棚6000栋；全年贩运牛羊保持在320万头（只）以上。继续加大对粮油和肉类加工企业的支持和资金投入，扶持企

业扩大生产规模，努力提高肉禽蛋菜等产品的省内自给率和保障率。实施“金农工程”，加快省、州（地、市）、县三级农牧业信息体系，农畜产品市场体系及流通信息体系建设。加快建立动物防疫体系、农畜产品质量安全检验检测体系，提升我省农畜产品质量安全水平。

继续加大结构调整力度，努力壮大优势主导产业。抓住国家振兴九大产业的机遇，努力发挥比较优势，在盐湖化工、冶金、有色、装备制造、光伏产业等领域培育一批新的主导产业和主导产品，发展壮大特色优势产业。大力发展藏毯、民族服饰、绒毛、动植物资源加工等地方特色工业，在改善工业结构的同时扩大就业容量。推动产学研相结合，加快建立以企业为主体的创新体系，完善政府扶持与社会资本相结合的投入机制，着力培育一批科技型、创新型中小企业。实施重大产业技术研发专项、企业创新能力专项，推进太阳能研究示范基地、镁资源产业化开发利用等重大科技攻关项目，努力突破一批制约特色产业发展的关键技术。全力推进工业项目建设，积极解决项目建设中存在的资源配置、外部条件配套等实际问题，确保项目的顺利实施。着力抓好1000吨单晶硅、100万吨钾肥产品综合利用一期、1万吨碳酸锂、20万吨镍铬合金、20万吨高纯硅铁二期等项目的投产达标工作，确保充分发挥产能。加快实施电子铜箔、电子铝箔、锂电池、肯得可克铁矿开发、青海复合肥一期、平安高精铝板带、亚洲硅业二期1000吨多晶硅等重点工业项目，做好项目投产前的相关准备工作，力争早日形成生产能力。积极推进德尔尼铜矿尾矿综合利用项目一期、中铝青海分公司600KVA大电流电解实验等项目的前期工作，力争早日开工建设。

大力发展服务业，增强服务业对经济增长的贡献率。加快建设旅游名省，充分发挥旅游业对服务业发展的带动功能。积极支持文化和自然遗产地基础设施和环境安全设施的建设，加快青海湖、坎布拉、三江源、祁连山风光旅游带、青藏线等重点旅游景区景点和线路基础设施建设，改善旅游业发展的基础条件。做好旅游景区、线路的策划、宣传、推介工作，积极开拓国内外旅游市场。大力开发旅游产品，发展食、宿、行、娱等旅游配套产业，完善产业链条，提升旅游业发展水平。继续组织实施好“万村千乡”市场工程和“双百”市场工程，推进农村商贸流通和农产品批发市场体系建设。引导和支持连锁经营、物流配送等城市大型商贸流通企业经营网络向农牧区市场延伸。积极发展现代物流、配送代理、电子商务等现代流通业，进一步提升商贸、餐饮、社区服务、文化娱乐等服务业的服务功能。大力发展生产性服务业，提高金融、营销、储运、中介等行业对特色产业发展的支撑能力。加快物流园区建设，增强园区集散功能，构筑立足青海、辐射周边、联通国内外的高原现代物流基地。

（四）突出生态建设和环境保护，全力实施生态立省战略

加大生态环境建设与保护力度。积极推进三江源生态保护和建设、青海湖流域及周边地区生态环境保护与综合治理工程，继续抓好重点防护林、天然林保护、退耕还林、退牧还草、长江黄河源区水土保持、荒漠化治理、西宁南北山绿化等生态工程建设，加快祁连山水源涵养地生态环境保护与综合治理工程前期工作进度。以开展三江源国家生态保护综合试验区建设工作为契机，加快推进建立生态补偿机制，完善生态补偿的内容和方式，形成面向全省限制和禁止开发区域的生态补偿机制。2009年完成退牧还草面积1050万亩，人工造林合格面积36.5万亩，治理水土流失面积100平方公里。

大力发展循环经济。积极延伸和扩展循环经济五大产业链，筛选、论证和实施盐湖镁钠资源综合利用启动项目、西台锂钾硼资源开发、云天化磷复肥二期等一批优势明显的示范性、导向性循环经济项目，推进各产业体系间原料、产品、废弃物的相互利用，着力构建资源精深加工和横向扩展相结合的循环工业体系。抓紧做好争取国家资金项目的组织申报工作，健全循环经济发展的政策环境，改善柴达木和西宁经济技术开发区两个循环经济试点园区的基础设施条件。采取政府规划、财政扶持、企业参与、多元筹资等方式，加强循环经济园区综合运输系统、能源保障系统、公用设施集中服务系统配套工程建设。继续办好“柴达木循环经济项目推介会”，进一步增加签约项目、签约金额和到位资金。

加大重点领域节能减排工作力度。完善我省淘汰落后产能的约束机制、补偿机制和激励机制，抓住市场环境变化的时机，加大落后产能淘汰力度。完善投资项目节能评估和审查制度，加强对新上项目的用能审核和环境影响评价，严把项目准入关。进一步完善节能减排目标责任考核办法，健全省级节能监督机构和节能技术服务中心。继续加大工程措施实施力度，积极争取国家节能减排资金支持，在确保原有节能减排项目实施进度的基础上，争取再上一批新的节能减排项目。组织实施好城镇污水处理、污水管网、城镇生活垃圾处理设施及区域性危险废物中转处置设施建设，努力创造整洁有序的生产生活环境。

（五）协调推进重点领域和关键环节改革，努力扩大对外开放

着力推进重点领域和关键环节改革。贯彻落实国家在价格改革、投资体制改革、垄断行业改革等方面的各项部署，结合省情制定好配套措施。完成省、州（市）、县政府机构改革工作，提高管理水平和执政效能。继续以国有经济布局和产权结构调整为重点，深化国有企业改革。加快实施盐湖集团和盐湖钾肥股份公司、盐湖集团与煤业集团公司的联合重组，推进省投资集团公司和省水利水电集团的上市工作。继续妥善解决企业改革和结构调整中的遗留问题，保障职工利益。鼓励、支持和引导非公有制经济发展，拓宽非公有制资本的准入行业和领域，规范发展中小企业信用担保体系。完善现行省对下财政管理体制，进一步加大省对下转移支付力度；建立县级基本财力保障机制，提高县乡财力保障水平；做好增值税转型改革的相关工作。积极推进资源性产品价格改革，落实好国家燃油税改革的相关措施，深化电价改革，推进水价改革，加快建立完善矿产资源有偿使用制度。提高排污、污水处理和垃圾处理等环保收费标准，扩大征收范围，改进征收方式。按照国家深化医药卫生体制改革方案，加快我省相关配套文件的研究制定工作，适时开展试点。积极稳步推进教育、就业和社会保障等社会事业领域的改革，努力提高政府的公共服务能力。改革征地制度，规范和推进农村土地承包经营权流转。全面推进基层农牧业社会化服务体系改革，继续抓好全省农村牧区综合配套改革。扩大农牧业政策性保险试点范围，将青稞、牦牛和藏系羊纳入保险保费补贴品种。深化商贸流通体制改革。完善对外贸易服务促进机制，健全外商投资管理体制。进一步深化投资体制改革，健全和严格市场准入机制，完善统建制和代建制相结合的建设管理模式，规范政府投资行为。深入推进有收益的公益项目建设运营机制改革，吸引社会资金投入。

扩大招商引资和对外开放。把招商引资的重点放在已经规划的扩大内需和藏区经济社会发展项目上来，通过产业政策支持、资金引导、改善配套条件、配置资源等多种方式，积极引导各类资金投入到基础设施建设、优势资源开发和社会事业发展等领域。强化和完善招商引资目标责任制，高度重视招商引资项目的业主落实和各项服务工作，保证重点招商引资项目的顺利实施。加快调整出口结构，转变外贸增长方式，提高高新技术产品、机电产品出口比重，扩大藏毯等特色产品出口规模，鼓励紧缺性原材料和先进技术装备进口。

（六）加快发展社会事业，提高社会公共服务水平

促进教育全面发展。加大9个未实现"两基"县的攻坚力度，加快推进全省农村初中校舍改造、农村中小学校舍维修改造、藏区未"普九"县寄宿制学校建设，进一步改善办学条件。积极开展中小学教育布局调整，整合、优化现有教育资源，实施好海南州教育布局结构调整工程，提高办学效益。加快发展职业教育，组织实施好中等职业技术学校基础设施等工程建设。继续支持高校基础设施建设，加强重点学科和重点实验室建设。积极发展特殊教育，组织实施好特殊教育学校建设工程项目。

加快发展公共卫生事业。围绕完善基层医疗卫生服务体系，加快农村牧区医疗卫生基础设施建设，组织实施好州藏医院、县综合医院、县妇幼保健站、乡镇卫生院项目，健全农村牧区三级医疗卫生服务网络。加快社区卫生服务网络建设，组织实施好社区卫生服务中心基础设施建设项目，进一步完善和强化社区卫生服务功能。实施好计划生育服务体系建设项目，切实改善计划生育基础条件。抓好青海大学附属医院住院综合楼、省高原医学研究中心大楼建设。加强公共突发卫生事件的快速反应和应急处理能力建设，健全和完善各级卫生防疫、重大疾病控制网络体系。

大力发展文化体育事业。继续抓好青海大剧院、青海科技馆等重点文化设施建设，为提升文化品位、展示和传承地域特色文化提供平台。积极建设基层公共文化和体育服务网点，加快乡镇综合文化站、抢救性文物保护设施、"西新"工程、藏区县级广播电视基础设施、广播电视自然村"村村通"工程、农民健身工程等项目建设进度，进一步健全基层公共文化体育服务体系。精心组织实施好"环湖赛"等三大品牌体育赛事。年末广播、电视覆盖率分别达到89%和94.5%。

健全社会保障体系。以提高社会保障水平为重点，加快形成覆盖面广、保障程度高的社会保障体系。建立与经济发展水平相适应的城乡医保、低保以及城镇养老保险标准动态调整机制。进一步健全基本养老保险制度，完善城镇职工养老保险省级统筹，提高城镇职工养老金保障标准，积极探索农村新型养老保险制度。加快完善基本医疗保障制度和医疗救助制度，继续推进城镇职工医疗保险向个体私营企业、关闭破产企业退休人员和困难企业职工扩展，将在校大学生纳入城镇居民医保范围。进一步提高城镇居民医保和新农合筹资标准与财政补助水平，适当扩大报销范围，提高报销比例。积极落实工伤保险工作，完善农民工参加工伤保险办法。抓好流浪未成年人救助站、儿童福利院、残疾人服务中心等项目建设，提高社会救助水平。进一步完善全省救灾物资储备体系，提高救灾应急能力。

（七）切实解决好人民群众关注和关心的问题，促进和谐社会建设

千方百计扩大就业。积极研究市场情况变化对就业和劳务输出带来的影响，及时制定应对措施。进一步完善就业扶持政策，增加就业再就业小额贷款规模，简化贷款手续。对安排困难群体就业的企业，出台财政补贴、税费减免等相关扶持政策。通过财政资金补助等方式，帮助支持停产、限产企业做好轮岗职工的培训工作，力争停产、限产不裁员、少裁员。加大对劳动密集型行业的扶持力度，开发各类就业岗位。采取有效措施，做好特困家庭和高校毕业生的就业工作，加强对困难群体的就业援助，进一步改善农牧民外出务工环境，落实好进城务工农牧民在教育、劳动保障、就业指导、职业介绍等方面的政策措施，加强对劳务输出的信息服务和就业指导。对因企业生产经营困难而返乡的农民工，积极创造条件，给予适当帮扶。采取多种方式鼓励各类培训机构有针对性地开展农民工技能培训、务农实用技术培训和创业能力培训，实施好百万农牧民培训"阳光"工程和新型农牧民科技培训工程，提高农牧民的转移就业能力。做好农民工外出务工就业的组织引导工作，力争转移农村牧区富余劳动力100万人（次）。

加大民生工程建设投入。积极推进保障性安居工程建设，增加保障性住房土地供应，加大廉租住房和破产企业危旧房建设改造力度，年内开工建设城镇保障性住房1万套。研究考虑收购部分符合条件的中低价位、中小套型的普通商品房和二手房转化为保障性住房，增加政策性住房房源。积极争取国家支持，全面启动牧民定居和农村危房改造工程，逐步解决我省牧民定居问题和农村困难群众住房问题。继续实施好新农村建设八项实事工程，围绕农牧民生产生活中存在的实际困难，加大投入力度，确保为农牧民办实事工程范围扩大、项目增加，让农牧民得到更多实惠。进一步加大扶贫开发力度，结合整村推进项目的实施，着力改善贫困地区的生产生活条件，提高贫困地区抗灾防灾能力和自我发展能力。有针对性地加强对移民的技能培训，扩大以工代赈和易地扶贫搬迁规模，2009年重点完成350个贫困村的整村推进工程，实现15万贫困农牧民稳定脱贫。

加强和改善价格调控和监管。充分认识物价调控的复杂性和艰巨性，继续采取有力措施，稳定价格总水平，防止物价形势出现反复。做好人民生活必需品价格的监测预警分析工作，密切关注粮、油、肉、禽、蛋等生活必需品的市场供求和价格走势，防止价格出现大的波动。继续落实好国家和我省促进生产、保证供应、维护副食品价格稳定的各项政策措施。加大对主要副食品生产和销售环节的扶持力度，完善储备体系建设，掌握市场调控的主动权。进一步完善我省医疗服务价格和药品价格形成机制，继续理顺政府定价药品价格，规范医药市场价格秩序。加强住房价格管理，积极指导各地搞好经济适用房价格和廉租房租金管理。继续落实对化肥价格的干预措施，加强对农机具、农药、农膜等农资价格的监管，切实减轻农牧民负担。加大清费治乱减负和市场监管力度，继续开展医药价格、教育收费、司法收费以及涉企收费和中介组织收费检查，加强对供水、供暖等垄断行业价格收费监管。

各位代表，完成2009年的经济和社会发展预期目标困难多、任务重、责任大，让我们在省委的正确领导下，紧紧抓住国家扩大内需和支持藏区发展的双重机遇，深入贯彻落实科学发展观，坚定信心，迎难而上，群策群力，扎实工作，为保持全省经济持续稳定健康发展的良好局面而努力奋斗！

青海省2008年财政预算执行情况和2009年财政预算草案的报告

——2009年1月12日在青海省第十一届人民代表大会第二次会议上

青海省财政厅

受省人民政府委托，现将2008年财政预算执行情况和2009年财政预算草案的报告提请省十一届人大二次会议审议，并请政协各位委员和列席会议的同志提出意见。

一、关于2008年全省和省级预算执行情况

2008年，在省委的正确领导下，在各级人大及其常委会的监督指导下，全省各地区各部门坚持以邓小平理论和"三个代表"思想为指导，深入贯彻落实科学发展观，认真执行中央、省委的各项方针政策和省十一届人大一次会议有关决定决议，国民经济继续保持了较快增长，财政预算执行情况也比较好。

全省一般预算收入完成1365148万元，为预算的108.4%，比上年增收260476万元，增长23.6%。其中，中央一般预算收入完成649516万元，为预算的105%，增长20.8%；地方一般预算收入完成715632万元，为预算的111.7%，增长26.2%。

全省一般预算支出完成3638289万元，为预算的84%，比上年增支816296万元，增长28.9%。其中，一般公共服务704038万元，为预算的83.7%，增长21.5%；国防和公共安全208594万元，为预算的82.9%，增长28%；教育485481万元，为预算的82.5%，增长39.3%；科学技术39615万元，为预算的88.6%，增长57%；文化体育与传媒98937万元，为预算的86.6%，增长42.5%；社会保障和就业649945万元，为预算的83.8%，增长27%；医疗卫生247433万元，为预算的83.3%，增长26.9%；环境保护194269万元，为预算的84.1%，增长2.3%（剔除上年累计实施两年的退耕还林、退牧还草项目这一不可比因素，同比增长23.3%）；城乡社区事务205828万元，为预算的81.8%，增长112.5%；农林水事务426873万元，为预算的86.8%，增长45.9%；交通运输、工业商业金融等事务293087万元，为预算的86%，增长3.4%；其他支出84189万元，为预算的81%，增长26.2%。

预算执行结果，全省总财力为4332028万元，增长24.8%。其中，地方一般预算收入715632万元，中央补助收入2970820万元（税收返还118000万元，原体制补助98607万元，专项补助1125333万元，一般性转移支付和民族地区转移支付补助1105900万元，调整工资及其他补助522980万元）。上年结余收入645576万元。全省一般预算支出完成3638289万元，上解支出2708万元。收支相抵，年终预算结余691031万元，扣除结转下年支出751031万元，全省净结余为赤字60000万元。

省本级一般预算支出完成1424547万元，为预算的70.1%，比上年增支183009万元，增长14.7%。其中：一般公共服务341486万元，为预算的70.3%，增长23.1%；国防和公共安全91277万元，为预算的75.7%，增长40.9%；教育93745万元，为预算的65.2%，增长36.9%；科学技术18421万元，为预算的76.4%，增长46.7%；文化体育与传媒32769万元，为预算的64.1%，增长3.8%；社会保障和就业274805万元，为预算的71.7%，增长19.9%；医疗卫生80151万元，为预算的70%，增长17.6%；环境保护102004万元，为预算的64.1%，下降32.8%（主要原因是上年累计实施了两年的退耕还林、退牧还草项目，还有部分项目列了州县级支出）；城乡社区事务57766万元，为预算的66.6%，增长5.4倍；农林水事务138687万元，为预算的80.2%，增长41.1%；交通运输、工业商业金融等事务170583万元，为预算的70%，下降19.7%（主要原因是2008年中央财政安排的农村公路建设专项资金重点向灾区倾斜，对我省的专项资金减少所致）；其他支出22853万元，为预算的50.3%，增长27.5%。上解支出2708万元；

省本级预算执行结果，省本级总财力为2032686万元。其中，地方一般预算收入208527万元，中央补助收入1243380万元（中央补助收入总额2970820万元减省对下的转移性支出1727440万元），上年结余收入580779万元。收支相抵，年终预算结余605431万元，扣除结转下年支出631431万元，省级净结余为赤字26000万元，当年实现了收支平衡。

全省基金收入完成426825万元，增长19.5%；基金支出完成411091万元，增长8.8%。其中：省级基金收入完成350967万元，增长17.2%；基金支出完成333100万元，增长6.2%。

需要说明的是，2008年第四季度，中央开始启动积极的财政政策，专项补助资金大幅度增长，10月份以来下达专项资金达51亿元（其中基本建设等项目资金40亿元），占总额的45.3%。由于时间和季节原因，不能及时形成支出，大都按项目结转到下年继续安排使用，这样造成了2008年结转资金数额较大。

2008年全省财政预算收支完成数比年初向人代会报告数大幅度增长，其中：项目资金必须专款专用，合计有177亿元（包括上年结转项目资金2008年继续使用的64.5亿元，中央专项补助增加112.5亿元）；财力性收入增长合计50.6亿元（包括地方一般预算收入比预算数超收7.5亿元，转移支付补助增加35.5亿元，结算补助增加7.2亿元，税收返还增加0.4亿元），在增加的财力性资金中，省级可支配财力为35.5亿元。对省级增加的财力，我们主要作了以下安排：一是增加省对下转移支付4亿元；二是安排用于规范职工津贴补贴等方面14.2亿元；三是安排用于农村特困户危房改造、教育等支持社会事业发展及改善民生方面6.5亿元；四是用于科技馆、湟水流域污水处理厂建设等支持经济发展方面6.8亿元；五是用于补充政府偿债准备金3亿元；六是安排增加省级预算调节基金1亿元。

各位代表，过去的一年里，各级财政部门按照省委、省政府及财政部的部署，加大工作力度，努力推进改革，为青海经济社会发展提供了较好的财力支撑。

（一）有效促进经济又好又快发展。针对经济运行中存在的突出问题，一是支持进一步改善基础条件。继续增加了对基本建设预算统筹、项目前期费、还贷准备金、地质勘探、小城镇建设等资金投入，全年共下达资金50.8亿元，增长43.7%，重点支持了青藏铁路复线建设和扩能改造、“引大济湟”、青海科技馆、青海大剧院、园区和工业区项目建设等。二是有效应对去年下半年经济运行中出现的问题。及时出台支持企业持续稳定发展的政策措施，共下达扶持资金6.1亿元，增加项目前期费，着力推进我省重点工业项目和财源项目建设；增加工业运行调节资金，支持解决经济运行中的突出问题；增加中小企业发展基金，扶持中小企业发展，增强信用担保机构担保能力；增加科技型中小企业技术创新资金，提高中小企业科技创新能力；同时，对生产经营确有困难的重点企业的所得税暂缓征收，增强企业自我调节能力，适当提高营业税的起征点，促进个体私营企业加快发展；清理规范涉及企业的行政事业性收费，为企业减负松绑，落实税收优惠政策，全年累计减免税收42亿元。三是积极支持转变经济发展方式。在着力营造良好的财税政策环境的同时，共下达资金24.7亿元，同比增长22.9%，主要用于支持科技创新、节能降耗、循环经济、生态保护和加大矿产资源勘探力度；进一步扩大旅游发展基金规模，支持整合特色旅游资源及重点景区建设，加快旅游名省建设步伐；增加安排优势特色产业项目前期费，着力推进我省特色重点工业项目和财源项目建设。四是支持扩大对外开放。通过以体育为媒，以“节”为载体，搭建我省招商平台，促进地方经贸活动的开展。安排下达资金4130万元，支持举办“青洽会”暨郁金香节、“大美青海·香港行”等大型招商活动，促进招商引资；确保了北京奥运火炬在我省顺利传递以及环湖赛等大型体育活动的成功举办，扩大了对外开放，提升了我省知名度。

（二）继续重视抓收入增总量。在经济发展带动下，各级财税部门通过加强“金财”、“金税”工程建设，推进精细化、科学化管理，坚持财税部门联席会议制度，强化工作、信息交流和预算执行分析，落实收入征管责任，依法严格税费征管，确保了税费收入及时足额入库。虽然受国际金融危机和国内经济形势的影响，全省财政收入从去年7月份开始逐月下滑，但经过相关方面的共同努力，无论是收入绝对额还是增长率依然保持了较高的水平。在抓好自有收入的同时，进一步深化对省情的认识，加强对我省藏区社会经济发展等情况进行深入调研，并积极利用调研成果，做好项目组织和争取工作。在各方面的共同努力下，共争取到中央补助资金297.1亿元，增加62亿元，增长26.3%，其中，一般性转移支付和民族地区转移支付补助达到110.6亿元，增长39.5%；专项补助112.5亿元，增长28.1%；其他各项财力补助74亿元，增长8.7%。继续保持财政收入稳定增长，全省可支配财力达到256.1亿元，增长25.7%。

（三）坚持走“小财政，大民生”的路子。继续高度重视以改善民生为重点的社会事业发展，一是积极推进新农村新牧区建设。健全支农投入稳定增长、多元化投入和资金整合三项机制，促进农牧业稳定发展、农牧民持续增收、农牧区全面进步。全年共下达支农资金42.7亿元，比上年增加13.4亿元，增长45.9%，其中省级财政整合资金10.2亿元，增长19%，支持实施为农牧民办实事工程、农牧业基础设施建设、农牧业科技创新、产业化经营和扶贫整村推进，提升农业综合生产能力；认真落实惠农政策，将对种粮农民的综合直补标准由每亩14元提高到目前的每亩30.5元，以维护种粮农民的利益；继续加大对农牧民培训转移的支持力度，不断提高农村劳动者素质和自主创业能力，努力促进劳务经济发展。二是大力支持教育事业发展。全年教育支出48.5亿元，增长39.3%，重点用于调整落实我省农牧区义务教育经费保障机制改革政策，提高农牧区中小学生均公用经费标准、冬季取暖费补助标准和家庭经济困难学生、寄宿生生活费补助标准，确保秋季城市义务教育免除学杂费政策落实，支持开展中小学布局调整试点，健全农牧区中小学校舍维修长效机制，落实普通本科高校和高等、中等职业学校家庭经济困难学生资助政策体系，支持职业学校实训基地建设。三是加快社会保障体系建设，推动就业再就业。社会保障和就业支出65亿元，增长27%，主要用于提高企业职工养老保险金补助标准、城乡居民最低生活保障补助标准、城市低保户家庭冬季取暖补助标准和农村牧区五保户供养标准，支持国有企业结构调整工作，推进农村困难群众危房改造，支持落实就业再就业政策，支持做好低保家庭廉租住房保障工作。四是支持医疗卫生事业发展。拨付资金24.7亿元，增长26.9%，重点用于提高全省城市居民医疗保险筹资标准，提高城乡特困群众大病救助标准；支持全省新型农村合作医疗提标扩面和全省1614个村卫生室建设及运转保障；支持公共卫生体系建设、计划免疫及传染病免费治疗，落实计划生育相关政策等。五是促进文体事业及科技发展。安排资金9.9亿元，增长42.5%，主要用于支持实施“农（牧）家书屋”工程、文物保护、“村村通”工程和打造具有青海地方特色的重点剧目，建立文化体育发展专项资金，促进文化体育事业及相关产业发展；下达资金3.96亿元，增长57%，支持了国家科技支撑计划、应用技术研究与开发等项目的实施。六是综合施策稳定市场物价。充分发挥财税政策稳定物价的作用，实施财政运费补贴和应急贷款贴息政策，保障市场供应；对受成品油调价影响较大的林业、渔业、城市公交、农村客运及出租车五大行业给予补贴；及时安排资金对受物价上涨影响的城市低收入群体、普通高校全日制在校本专科学生和研究生等给予适当的物价补贴。七是集中财力确保了全省干部职工规范津贴补贴政策资金需求。

（四）积极开展抗灾减灾和维稳保障工作。面对年初我省低温雨雪冰冻灾害和藏区维稳工作的实际情况，各级财政部门迅速做出反应，积极应对保障。省财政于3月初提前下达了一般性转移支付资金3亿元，使各地能够统筹安排抗灾救灾和维稳等资金需要。同时，与相关部门共同努力，及时向中央财政汇报反映我省低温冰雪灾害的情况及特殊性，争取国家救灾补助资金1.2亿元，全部下拨给灾区。在国家相关部门的支持下，全年累计拨付维稳工作经费及采购物资所需专项资金1.6亿元，较好地保障了各地维稳工作的基本需要。汶川特大地震发生后，全省各级财政部门累计安排资金及物资购置等800万元，配合用于支援地震灾区抗震救灾和灾后重建。与此同时，为促进社会管理，进一步完善全省政法机关经费保障机制，支持了全省妇女工作及共青团经费保障工作，提高了科普、社会治安综合治理、少数民族工作及法律援助、人民调解和依法治省工作经费，支持社会团体参与社会管理和公共服务，维护群众合法权益。

（五）进一步加大对下转移支付力度。在中央财政加大对我省转移支付力度的基础上，省财政也进一步加大对州（地、市）县的转移支付力度。当年省对下转移支付总量达到27.9亿元，比上年增加7.5亿元，增长36.8%；各项补助总额达到172.7亿元，比上年增加49.6亿元，增长40.3%。基层政府的财力不断增强，基层政府支持发展和保障民生的能力不断提高，地区政府间财力差异也在逐步缩小。与此同时，从体制改革入手，在一般性转移支付中划出一块资金，专项用于各地建立村级组织运转经费保障机制、大型水电站所在地库区移民安置等方面，明确规定了公用经费、教育经费支出比例，对于省委、省政府明确提出要求的强民惠民政策通过专项转移支付予以保障，以强化各级地方政府的支出责任，并且将省对县的转移支付补助资金，由省财政测算到县，直接拨付到县，保证了县级资金的及时到位和有效使用。

（六）不断创新财政管理体制机制。坚持以改革强管理、增效益、促发展，努力创新财政管理体制机制。部门预算改革不断深化，强化了综合预算编制，完善了定额管理体系，规范了各部门分类分档标准体系，扩大了省级部门项目支出绩效考评试点范围，建全了内部管理控制制度，使预算编制更为精细，更为科学合理；国库集中支付继续向县级延伸，专项资金直接支付力度进一步加大，财税库行税收收入电子缴库横向联网工作稳步展开，省级推广应用公务卡试点工作进入实施阶段，省级行政事业单位银行账户管理进一步规范，国库专户资金保值增值工作开始启动；非税收入管理进一步规范，制定的《非税收入管理条例》已进入立法程序，结合清理“小金库”，加强了制度建设，强化了源头治理；政府采购执行效率进一步提高，采购规模逐步扩大，全年省本级完成采购预算8亿元，较上年增长12.7%；农村牧区综合改革进展顺利，清理化解农村牧区义务教育“普九”债务试点工作稳步推进；财政资金管理年活动深入开展，对2003年以来全省各地各部门财政资金管理使用情况进行了全面检查，共检查了4969个项目2073个单位，涉及资金97.8亿元，不仅纠正和查处了一批违规违纪问题，而且针对发现的问题，进一步完善专项资金管理办法和制度，规范了各类专项补助资金使用管理，提高了使用效益。

一年来，我省财政工作取得了一定的成绩，这是省委的正确领导，财政部及各方面理解支持和共同努力的结果。但我们也清醒的认识到，财政工作中仍然存在一些不容忽视的矛盾和问题：全省财力总量还比较小，调控空间还不大，财政对中央的依赖性比较强；预算编制还不精细，预算的科学性和准确性还需进一步提高；各级政府间事权与财力水平匹配不尽合理，实现公共服务均等化的难度还很大；财政支出结构仍需优化，对“三农”、教育等薄弱环节的支持力度需进一步加大；有的预算单位管理还不到位，财政资金监管工作和使用效益有待进一步加强和提高等等。对这些困难和问题，我们将高度重视，认真研究解决。

二、关于2009年全省和省级预算草案

2009年预算编制和财政工作的总体要求是：高举中国特色社会主义伟大旗帜，以邓小平理论和“三个代表”重要思想为指导，深入贯彻落实科学发展观，全面贯彻党的十七大、十七届三中全会和省委十一届五次全委会精神，认真落实积极财政政策，努力扩大财政投资，保持经济平稳较快发展；狠抓增收节支，调整优化财政支出结构，进一步完善转移支付制度，加大省对下转移支付力度，增强基层政府提供公共服务能力；加大以改善民生为重点的“三农”、教育、卫生、社保、环保等重点支出投入，严格控制一般性支出；进一步深化财税制度改革，加快形成有利于科学发展的财政体制机制；坚持依法理财，完善预算管理制度，加强财政科学化、精细化管理，着力提高财政资金使用效益，为建设富裕文明和谐新青海做出新的贡献。

根据上述总体要求以及经济社会发展预期情况，2009年主要预算指标安排如下：全省财政一般预算收入1501700万元，比2008年执行数增加136552万元，增长10%。其中，地方一般预算收入安排787200万元，增加71568万元，增长10%。在地方一般预算收入中，省级安排225300万元，增加16773万元，增长8%，州（地、市）级安排561900万元，增加54795万元，增长12%。按照财政部关于进一步提高地方预算编报完整性的相关要求，2009年对上级专项补助收入根据财政部的预计数列入了全省和省本级预算，全省年初总财力为3017067万元，省级总财力1050025万元，州（地、市）级1967042万元，与上年预算数相比有了较大增幅。按照收支平衡的原则，全省一般预算支出安排3014359万元，比上年初安排数增加961146万元，增长46.8%。其中，省级一般预算支出安排1047317万元，比上年初增加309102万元，增长41.9%；州（地、市）级支出安排1967042万元，比上年初增加652044万元，增长49.6%。上解支出2708万元。

全省基金预算收入安排361650万元，比上年实际完成数下降15.3%。基金预算支出安排204370万元，比上年初安排数下降9%。其中，省级基金预算收入安排299500万元，比上年实际完成数下降14.7%。基金预算支出安排192070万元，比上年初安排数下降4.6%。造成下降的主要原因是由于成品油改革停征养路费相应减少了政府基金收支。

财政是国民经济运行的综合反映。今年将是财政较为困难的一年，预计全省财政收入增幅将明显下降，同时支出的压力会进一步加大，财政收支紧张的矛盾会非常突出。收入方面，我省经济运行中机遇与挑战并存，经济对财政收入的支撑既有有利因素，也将出现一些新情况、新问题。有利因素是：中央经济工作会议把保持经济平稳较快发展作为首要任务，已陆续出台并将继续出台一系列财税、信贷、外贸等政策措施，特别是中央财政实施积极财政政策后，投资带动一些新的基本建设项目的开工建设，将促进营业税进一步增长；另外，成品油改革相应增加燃油消费税、增值税及其附加，“两法合并”后统一内外资企业城建税和教育费附加制度以及去年10月份起执行的新的天然卤水资源税等都将为我省地方收入增长带来新契机。不利因素主要有：一是今年国家将全面实施增值税转型改革，将使全省增值税收入大幅下降。二是受世界经济增长放缓对我国经济的负面影响，我省经济增长下行压力不断增大，部分企业经营状况将更加困难，而且由于我省企业结构单一，外部需求不足，产品价格下滑，特别是高载能产品、石油、电解铝等产品价格低位运行，产品成本升高，导致利润空间受到挤压，使企业所得税形成减收。三是落实支持新农村建设、就业再就业及西部大开发优惠政策等税收优惠政策，提高个人所得税起征点也将影响税收收入的增长。另外，清理收费项目，落实行政事业性收费相关政策将造成非税收入的下降。综合上述情况，全省财政一般预算收入增减因素相抵后，预计将减收10亿元以上，其中，地方一般预算收入预计减收2亿元以上。因此，按照积极稳妥的原则，全省财政一般预算收入按略高于全省GDP增幅，比上年增长10%安排，其中，地方一般预算收入也按增长10%安排。而由于省级收入的主体税种是增值税，受到的影响较大，故省级收入按增长8%安排。

支出方面，根据中央经济工作会议和省委第十一届五次全体会议精神，财政在增加政府投资规模，保障和改善民生，加强"三农"、教育、社会保障和就业、医疗卫生、科技、节能减排等经济社会发展的薄弱环节，缓解部分行业和企业经营困难，规范收入分配秩序等，都需要加大投入力度。为此，全省支出安排的主要情况是：一般公共服务361705万元，增长30.2%；国防和公共安全156148万元，增长42.1%；教育381829万元，增长53%；科学技术20500万元，增长31.4%；文化体育与传媒65320万元，增长32%；社会保障和就业555205万元，增长70%；医疗卫生114840万元，增长43.7%；农林水事务404373万元，增长64.2%；环境保护374610万元，增长61,2%；城乡社区事务135500万元，增长23.7%；交通运输、工业商业金融等事务335200万元，增长24.6%；其他支出109129万元，增长25%。

省本级支出安排的主要情况是：一般公共服务183899万元，增长25.1%；国防和公共安全57205万元，增长22%；教育107765万元，增长53.3%；科学技术15965万元，增长20.8%；文化体育与传媒19054万元，增长30.7%；社会保障和就业258056万元，增长71.2%；医疗卫生94101万元，增长26%；环境保护17080万元，增长1.8倍；城乡社区事务34591万元，增长35.2%；农林水事务111031万元，增长50.7%；交通运输、工业商业金融等事务85424万元，增长35.9%；其他支出63146万元，增长20.2%。

2009年省级财政重点支出安排和主要财税政策要点如下：

（一）贯彻落实积极财政政策，保持经济平稳较快发展。根据我省经济社会发展的需要，在准确把握国家宏观调控政策的基础上，从实际出发，在财政预算安排上配合落实国家积极财政政策，进一步加大对基本建设、基础设施和生态保护方面的投入，保持财政政策对经济社会发展的促进作用。为此，省级基本建设支出安排80222万元，比上年增加21062万元，增长35.6%。继续支持基础设施、小城镇建设、兰青、西格铁路复线建设和扩能改造、兰新铁路建设、"北干渠"、青海科技馆、青海大剧院、园区和工业区等重点项目建设；安排政府还贷准备金54500万元，增加3800万元，支持政府信用融资；安排"青洽会"、"环湖赛"、"郁金香节"、"国际藏毯交易会"、"国际摄影节"等大型活动及宣传资金6500万元，增加1000万元，支持招商引资和对外开放。安排地质勘探费7000万元，增加1000万元，支持加快资源勘探步伐。

（二）继续加大对"三农"的投入，加快推进农村改革和发展。按照《中共中央关于推进农村改革发展若干重大问题的决定》精神和省委、省政府的相关要求，安排资金52100万元，比上年增加14900万元，增长40.1%。进一步加大支农资金整合力度，健全农业投入保障制度，加强农业基础设施建设，加快农业科技创新，推进农业结构战略性调整；加快资产整合和资源共享工作，促进新型农业社会化服务体系建设；合理安排粮食储备，确保粮食安全。扩大公共财政覆盖农村范围，进一步增加农村的教育、文化、医疗卫生、社会救助等投入，促进农村公共事业发展。继续增加对农民的补贴，调动农民发展生产的积极性。加大农村扶贫开发力度。鼓励和支持现代农村金融制度的建立和完善。深化农村牧区综合改革。安排资金20000万元，支持化解农村义务教育"普九"债务工作。

（三）进一步加强和改善民生，支持解决涉及人民群众切身利益的问题。安排教育专项支出38500万元，比上年增加9150万元，增长31.2%。努力增加教育投入，确保财政对教育投入的增长高于财政经常性收入的增长，巩固义务教育经费保障机制改革成果，支持教育布局调整，优化教育资源配置，继续支持西宁市解决大班大校问题，加速提高教育支出占财政总支出的比重。安排医疗卫生支出34000万元，比上年增加6800万元，增长25%。继续增加医疗卫生投入，提高农村和城市医疗补助水平，加快推进基本医疗保障制度建设，健全基层医疗卫生服务体系。安排社会保障投入57260万元，比上年增加10332万元，增长22%。完善城市居民最低生活保障制度，推进农村低保工作；调整企业退休人员基本养老金水平，调整优抚对象等人员抚恤和生活补助标准；继续加大城市廉租住房保障资金投入力度，确保住房公积金增值收益和土地出让净收入按照规定用于廉租住房保障；支持实施农村牧区危房改造工程，切实解决城乡低收入家庭住房困难问题；继续支持和落实好积极的就业和再就业政策。

（四）完善投入机制，促进文化、体育、旅游等事业加快发展。安排资金5500万元，比上年增加1000万元，增长22.2%。支持深化文化体育体制改革，扶持公益性文化体育事业、发展文化体育产业、鼓励文化创新；支持文化"进村入户"，继续支持实施广播电视"村村通"工程、农村电影放映工程、文化信息资源共享工程；支持群众性体育活动等基础设施建设，加快公共文化体育服务体系建设；保护重点文物和非物质文化遗产。此外，为支持完善旅游规划，整合特色旅游资源，推进我省高原旅游名省建设，继续安排旅游建设基金5000万元。

（五）完善财税扶持政策，支持企业改革发展。共安排企业创新和技改贴息等资金29500万元，比上年增加6700万元，增长29.4%。认真落实省政府《关于扶持企业持续稳定发展若干政策意见的通知》<青政（2008）76号）文件精神，充分发挥税收调节职能，鼓励企业结构调整和产业升级；适当提高营业税起征点，促进个体私营企业加快发展；支持服务业加快发展；加大财政资金支持力度，解决经济运行中存在的突出问题；支持企业节能减排；加大财政科技投入，鼓励企业自主创新，推动高新技术成果实现产业化；支持物流改革与发展；完善中小企业担保体系，加大对中小企业技术创新的财政支持力度，促进中小企业发展；支持企业"走出去"，开拓市场。

（六）保障公共安全支出，维护社会稳定。安排公检法专项配套和公安基层建设资金4410万元，比上年增加1100万元，增长33.2%，加大公共安全投入，支持司法能力建设，完善并落实好"分级管理、分级负担"的司法经费保障制度。支持健全基层社会管理体制，加大对社会治安综合治理的经费投入；落实基层公检法机关公用经费保障标准并逐步提高保障水平，完善政法专项经费"以奖代补"机制；支持城乡社区建设，强化社会管理。加大基层政权建设力度，改善基层政权机构的办公条件。

（七）围绕主体功能区建设，增加省对下转移支付。增加安排对下转移支付资金5亿元，按照形成主体功能区的要求完善财政相关政策，完善省对下财政转移支付制度，探索建立生态补偿机制,推进基本公共服务均等化。按照中央建立县级基本财力保障机制的要求,完善奖补政策,不断提高县乡财政保障能力。

(八)严格控制一般性支出,勤俭办一切事业。要按照国家的统一部署,继续规范公务员收入分配秩序,推进事业单位收入分配制度改革的基础上,对公务购车用车、会议经费、公务接待费用、出国(境)经费等支出实行零增长。严格控制党政机关楼堂馆所建设,盘活行政事业单位办公用房和土地资源,严禁超面积、超标准建设和装修。整合党政机关信息化建设资源,避免重复建设和损失浪费。强化公务支出管理,扩大和深化公务卡管理改革。推进机关节能减排工作。加强行政事业单位国有资产管理,切实建立资产管理与预算管理相结合的机制。

三、坚持依法理财,强化科学管理,确保圆满完成2009年收支预算

今年是中华人民共和国建国60周年,保持国民经济平稳较快发展至关重要。

我们将按照科学发展观的要求,认真贯彻中共和省委确定的促进经济发展的各项政策措施,重点抓好以下几个方面的工作:

(一)把握政策机遇,狠抓项目落实。要高度重视国际金融危机对我省财政经济运行带来的的影响,抓住中央出台扩大内需、促进经济增长的政策措施和支持青海等省藏区经济社会发展的若干意见的"双机遇"。认真研究政策内涵,结合青海实际,找准切入点,做实做好项目,积极争取中央财政支持,确保中央补助收入合理增长。在落实扩大内需政策方面,主要是要配合中央实施积极财政政策,抓住进一步加大对基础设施和民生等项目投入的良好机遇,多方面、多渠道筹措落实配套资金,整合、优化省级资金,充分发挥政府信用平台作用,扩大融资规模,在中央的支持下,促使我省基础设施建设、扶持企业发展、改善民生、生态建设等方面的投入有较大幅度增长,以保持财政政策对经济社会发展的积极促进作用。在落实中央支持青海等省藏区经济社会发展的若干意见方面,要制定实施方案和相关制度,细化分解中央支持藏区发展的补助政策,积极落实中央对藏区的义务教育、医疗卫生、环境保护和基层政权建设等方面的项目支持,同时,努力争取中央加大对我省主体功能区的转移支付,支持和帮助我省建立生态补偿机制,以进一步支持我省藏区经济社会事业加快发展和生态保护工作不断推进。

(二)坚持依法征管,保持财政收入稳定增长。要切实重视和加强财政收入的征收、管理和监督工作,不断完善收入征管和监控机制,依法治税,应收尽收;落实衔接好今年国家实行结构性减税政策,认真做好增值税转型相关工作,抓好成品油消费税单位税额提高后的征管工作,实施好企业所得税法,统一内外资企业城建税和教育费附加等制度,促进税制统一,公平税负;抓好增值税、企业所得税、营业税、资源税等主体税种的征缴,健全个人所得税扣缴申报制度,努力促进增收;进一步规范政府非税收入管理,完善彩票公益金、政府性基金、行政事业性收费等非税收入征缴制度;推动国有资本经营预算制度建设,加强国有资产经营收益管理;逐步将行政单位国有资产出租出借收入和处置收入、事业单位国有资产处置收入实行"收支两条线"管理,提高公共资源使用效率;要在防范债务风险、控制好债务规模的基础上,积极争取外国政府和国际金融组织贷(赠)款项目,为经济发展提供资金、技术支持。

(三)严格支出预算管理,狠抓重点支出保障。要严格按照《预算法》的有关规定,坚持量入为出、量力而行的原则编制预算,增强财政资金分配和安排的公平性、公正性、公开性,不断提高财政支出活动的透明度,努力减少中间环节和管理成本;严格执行经本级人代会批准的预算,认真按照批复的预算科目和数额执行,防止无预算支出、突破预算、随意调整支出科目和挪用财政资金现象的发生;制定控制一般性支出的相关规定,对全省各地公务购车、会议和公务接待、出国等经费管理提出严格要求,促进各地坚持勤俭节约办事业;继续牢固树立过"紧日子"的思想,厉行节约,切实把有限的资金用在群众最需要、事业最需要、发展最需要的地方。

(四),继续坚持财力下移,逐步提高县级财力保障水平。在全面贯彻落实好中央对青海藏区政策资金支持的基础上,结合主体功能区建设,继续加大省对下的转移支付力度,强化各级地方政府的支出管理责任。支持探索建立生态补偿机制。加快建立我省县级基本财力保障机制,力争用三至五年时间,使地区之间、县与县之间、乡与乡之间的财力水平和公共服务能力基本趋于均等。建立健全省对下转移支付资金绩效评价体系,完善激励措施,·调动各级地方政府特别是县级政府保工资、保运转;保民生的工作积极性,…形成良性互动机制。

(五)继续深化财政改革,努力提高财政管理服务水平。进一步深化财政预算管理制度改革,强化综合预算编制,细化项目预算,建立项目支出滚动管理机制,扩大省级部门预算支出绩效考评试点范围。深入推进国库管理制度改革,逐步扩大财政资金直接支付范围。纵深推进县级国库集中支付制度改革。大力推进非税收入收缴管理制度改革,建立健全收入收缴监管机制,,实行政府宏观调控。强化政府采购监管,扩大政府采购规模。加快"金财工程"建设步伐,提高财政信息化水平。进一步调整和完善省对下财政管理体制。积极稳妥地推进省直管县改革,扩大改革内涵,建立健全规范的资金拨付程序和管理办法,推进省对县的转移支付、专项补助以及大宗财力性补助资金的直达、核算、监管等工作。

(六)加强专项资金管理,提高财政资金使用效益。认真履行职责,加强调研,科学论证,精心谋划,做好项目争取和组织实施工作,充分发挥资金使用效益。同时,继续强化对财政政策执行情况和财政资金运行质量的监督检查。加强对教育、支农、社保、扶贫、国债和生态保护以及涉及群众切身利益等资金使用的监督检查;严格省对下转移支付资金使用的跟踪监管和绩效考评,并严格按照相关制度规定兑现奖惩措施;结合审计延伸检查的情况,切实加强对省级预算单位的预算执行和财务开支情况的监管,增强预算约束力。另外,要贯彻落实《各级人民代表大会常务委员会监督法》,自觉接受人大常委会对财政预决算的监督工作,积极配合和支持省人大常委会对本级预算重点支出、超收收入以及上级财政资金安排使用情况的审查工作。

各位代表,完成2009年的预算收支任务十分艰巨,站在新的起点上,我们要按照省委的决策部署和本次会议对财政工作提出的各项要求,坚定信心,振奋精神,奋发有为,扎实工作,全面完成收支预算和各项工作任务,为开创我省改革开放新局面,建设富裕文明和谐新青海做出新的贡献!

名词解释

积极财政政策：就是扩张性的财政政策，是政府防止经济衰退而采取的重要宏观政策。既要扩大政府公共投资，增加政府支出来扩大社会总需求，如增发国债加大基础设施建设，从而带动社会投资，拉动经济增长；也要实行结构性减税，结合推进税制改革，用减税、退税或抵免的方式减轻税收负担，促进企业投资和居民消费。

财政经常性收入：根据国家有关法律规定，各级财政预算安排的教育、科技、农业支出的增长幅度，应高于财政经常性收入的增长。为较为准确地界定地方财政经常性收入口径，2004 年年初财政部与全国人大常委会预算工作委员会共同协商后，下发了《关于统一界定地方财政经常性收入口径的意见》(财预[2004]20 号)。规定地方财政经常性收入的口径，内容包括地方一般预算收入(剔除城市维护建设税、行政性收费、罚没收入、专项收入，以及国有资产经营收益等一次性收入)、中央核定的增值税及消费税返还、所得税基数返还，以及中央通过所得税分享改革增加的一般性转移支付补助收入。

增值税转型：按照“进项税额”的扣除方式，增值税可分为两种类型：一是只允许扣除购入的原材料等所含的税金，不允许扣除外购固定资产所含的税金；二是所有外购项目包括原材料、固定资产在内，所含税金都允许扣除。通常把前者称为“生产型增值税”，后者称为“消费型增值税”。我国现在实行的是“生产型增值税”。增值税转型就是将生产型增值税转为消费型增值税，其核心内容是允许企业购进机器设备等固定资产的进项税金可以在销项税金中抵扣。当然，这将相应减少财政收入，但有利于基础产业和高新技术产业发展、国内产品和进口产品平等竞争，从而促进产业结构调整、技术升级和提高我国产品竞争力。

企业所得税“两法”合并：改革开放以来，我国按内外资企业性质建立了两套所得税制度，其中外商投资企业和外国企业适用《中华人民共和国外商投资企业和外国企业所得税法》，内资企业适用《中华人民共和国企业所得税暂行条例》。内外资企业所得税制度在税率、税前扣除、税收优惠等方面存在较大差异，这种情况已不适应当前我国完善社会主义市场经济体制和加入世界贸易组织后经济发展的需要。“两法”合并就是将现行内外资企业的税法和条例的有关内容进行合并，内外资企业执行统一的税率、税前扣除和税收优惠政策等。

成品油改革：从 2009 年 1 月 1 日起取消公路养路费等六项收费，逐步取消政府还贷二级公路收费，相应提高现行成品油消费税单位税额。成品油消费税为中央收入，提高成品油消费税税额后，由此相应增加的地方增值税、城市维护建设税、教育费附加收入由国库部门根据财政部核定的比例自动划转中央财政。新增产品油消费税连同由此相应增加的增值税、城市维护建设税和教育费附加收入具有专项用途，不作为经常性财政收入，不计入对地方“两税”返还，不计入现有与支出挂钩项目的测算基数。除由中央本级安排的替代航道养护费等支出外，其余由中央财政通过规范的财政转移支付方式分配给地方。

主体功能区建设：根据国家“十一五”规划纲要，将全国国土空间划分为优化开发、重点开发、限制开发和禁止开发四类主体功能区，就是在区域发展总体战略布局的基础上，根据资源环境承载能力、现有开发密度和发展潜力，对不同区域进行主体功能区划，逐步形成不同区域主体功能清晰、发展导向明确、开发秩序规范，经济发展与人口、资源环境相协调的区域发展格局。推进形成主体功能区，是缩小区域差距的重要途径。区域差距不是简单的各区域之间经济总量的差距，而是不同区域人民的收入水平、公共服务、生活水平的差距，促进区域协调发展，最终目的是要使全体人民享受改革与发展的成果。党的十七大报告要求，围绕推进基本公共服务均等化和主体功能区建设，完善公共财政体系。公共财政体系要促进和保障主体功能区建设，特别是要增加对限制开发区域和禁止开发区域用于公共服务和生态补偿的财政转移支付，逐步使当地居民享有均等化基本公共服务。

生态补偿机制：是以保护生态环境、，促进人与自然和谐发展为目的，调整与生态环境保护和建设相关的各方利益关系的一系列行政、法律、市场等手段的总和，建立和完善生态补偿机制，有助于推动环境保护工作实现从以行政手段为主向以行政、经济、法律等综合手段为主转变，有助于推动资源节约型、环境友好型社会建设。生态补偿的主要方式一般可归纳为三种：一是财政转移支付，如国家通过加大对西部重要生态功能区域的财政转移支付，补偿该地区因保护生态环境而导致的财政减收，特别是因发展方式和发展机会受到一定限制而导致的收入减少。二是项目支持，包括对各种生态环境保护与建设项目、生态环境重点保护区域替代产业和替代能源发展项目，以及生态移民项目的支持。这种方式实际上也是国家财政转移支付的一种具体形式。三是征收生态环境补偿税(费)。通过建立生态环境税(费)制度，设立固定的生态环境保护与建设资金渠道，实现生态环境保护与建设投入的规范化、社会化和市场化。

县级基本财力保障机制：是中央财政今年拟在全国范围开始建立，旨在推动县乡基本公共服务达到均等化目标的一项改革举措，它是“三奖一补”政策的扩展和延续。其基本原则是，“明确事权、强化责任，奖补结合、突出奖励政策，分类指导、分步实施”。其核心是。充分考虑不同地区每个县的支出成本差异和公共服务支出需求，合理确定每个县的支出标准和总需求量，总需求量减去总财力得出差额，就是该县的财力缺口。实行“奖补结合、突出奖励”的办法，财力缺口由中央和地方财政各按一定比例分担解决；对推进县级财力保障机制成效显著的县，即县级支出水平达到财政部要求，并明显有所提高的，财政部将给予奖励。其目的是，进一步规范县乡的支出行为，通过加大对下转移支付力度，逐步提高县乡的财力保障水平，促进财力水平和公共服务能力基本趋于均等。

国有资本经营预算制度：国有资本经营预算制度，是规范国有资本经营预算编制行为的一系列法律、行政法规和规章的总称。国有资本经营预算，是国家以所有者身份对国有资本实行存量调整和增量分配而发生的各项收支预算，是政府预算的重要组成部分。建立国有资本经营预算制度，对完善国有企业收入分配制度，增强政府的宏观调控能力，集中解决国有企业发展中的体制性、机制性问题，具有重要意义。

2008 年统计工作大事记

▲一月

1 月 2 日，青海省统计局、国家统计局青海调查总队召开全体干部职工大会，传达学习强卫书记慰问统计工作者并视察统计工作时的重要讲话精神。

1 月 7 日，青海省统计局召开会议，传达学习强卫书记、宋秀岩省长在省委十一届三次全体会议上的重要讲话精神。

1 月 8 日，青海省副省长马建堂批示：强书记视察省统计局的重要讲话，即是对我们工作的肯定，也是对我们做好今年工作的鞭策。请省统计局、青海调查总队认真学习贯彻强书记重要指示，把今年各项工作做的更好。

1 月 10 - 11 日，青海省 2008 年季度劳动力调查试点工作布置及业务培训会议在西宁召开。

1 月 10 - 11 日 全省 2007 年 GDP 年报暨第四季度地区 GDP 数据联审会议在西宁召开。

1 月 10 - 13 日，青海省统计局为“两会”信息服务工作受到人大代表和政协委员的一致好评，这是自 1998 年以来连续 11 年圆满完成为省“两会”信息服务任务

1 月 15 日，青海省副省长马建堂在《青海省委书记强卫在青海省统计局、青海调查总队处以上干部座谈会上的讲话》上批示：请省统计系统认真学习强卫书记重要讲话精神，站在全省工作大局的角度，不断提高统计工作的能力和水平，真正发挥好省委、省政府参谋助手的作用。

1 月 22 日，省政府召开 2007 年全省经济运行情况新闻发布会。省统计局局长薛政，国家统计局青海调查总队副总队长杨瑶参加会议。

▲二月

2 月 1 日，中共青海省委任命侯碧波为中共青海省统计局党组书记。

2 月 3 日 - 4 日 ，2008 年全省统计工作会议在西宁召开。青海省委常委、副省长马建堂、省人大副主任桑杰、省政协副主席鲍义志，各州、地、市人民政府主管统计的领导出席。会议由省政府鸟成云副秘书长主持，马建堂作重要讲话。

2 月 15 日，陈伟副局长参加省政府第 3 次常务会议。

2 月 19 日，青海省人民政府任命侯碧波为青海省统计局局长。

2 月 27 日 ，省局召开 2007 年年度目标责任暨党风廉政建设考核大会，侯碧波局长代表局领导班子做工作汇报。

▲三月

3 月 12 日，省统计局机关召开副处以上干部大会，安排布置了局机关开展建设节约型机关活动有关事项。

3 月 14 日，省农普办召开全省农业普查主要数据评估会。省统计局、国家统计局青海调查总队领导，省农普领导小组各成员单位领导参加会议。

3 月 18 日，青海省统计局召开全省对外经济贸易与旅游部门统计工作会议和妇女儿童“两纲”统计年报工作会议。

3 月 19 日，全省 2007 年投入产出调查培训会在西宁召开。

3 月 25 日，省局召开党风廉政工作会议，传达中纪委和省纪委二次全会精神及国家统计局党风廉政建设工作会议精神，局领导分别与部门负责人签订党风廉政建设目标责任制。

3 月 28 日，省政府召开专题会议，听取单位 GDP 能源指标分解情况汇报，侯碧波局长参加会议。

▲四月

4 月 3 日，侯碧波局长参加省政府第二次廉政工作电视电话会议。

4 月 9 日，青海省人民政府下发《青海省人民政府关于做好第二次经济普查工作的通知》。

4 月 9 日，省政府召开 GDP 能耗指标分解情况汇报专题会，陈伟副局长参加会议。

4 月 9 日，青海省统计局召开统计报表清查工作布置暨培训会。

4 月 21 日，省政府新闻办召开 2008 年一季度全省经济运行情况新闻发布会，省统计局总经济师徐学初发布，国家统计局青海调查总队副总队长杨瑶参加会议。

4 月 23 日，青海省统计局信息工作领导小组成立，下设“信息办公室”，对全省统计系统信息报送工作和网络信息工作实行统一管理。

4 月 29 日，省统计局新修订《青海省统计局工作规则》。新《规则》进一步充实细化了领导的职责分工，明确了岗位目标责任；增加了实行科学民主决策、推进依法行政和依法统计、行政监督、检查与督查工作制度等重要内容；对局内部工作布局安排、审批及内部请示报告制度、活动及作风纪律等加以修订补充。

▲五月

5 月 12 日，青海省召开第二次全国经济普查电视电话会议，副省长邓本太要求全面贯彻落实国务院第二次经济普查电视电话会议精神，做好全省第二次经济普查的各项工作。

5 月 13 日，青海省统计局配合完成国家发改委对青海省节能目标责任现场评价考核工作。

5 月 14 日，省统计局全体干部职工向四川地震灾区捐款 11870 元，并向四川省统计局发出《慰问信》向灾区的广大统计工作者表示慰问。

5 月 15 日，省统计局布置全省首次统计行政处罚案卷评查工作。

5 月 15 日，青海省统计局召开全省房地产联网直报工作先进企业表彰暨程序培训会。

5 月 16 日，青海省农业普查数据公报在《青海日报》专版发布。

5 月 19 日，局、队全体干部职工为四川汶川大地震遇难同胞举行默哀仪式。

5 月 27 日，省统计局与省经委召开 2008 年第一次联席会议，共同分析上半年全省工业经济运行和节能降耗情况。

5 月 20 - 26 日，省统计局组织人员赴西宁市、海东地区、海南州的五个县（区）检查二季度劳动力调查工作。

5月29－－30日，全省统计系统财务工作会议召开，贯彻落实全国统计部门财务工作会议精神。

同日，省统计局机关全体共产党员和局队离退休党员共交纳“特殊党费”54772元，11名党外人士和非党群众再次自愿再次捐款2100元。青海省统计系统以各种方式累计向地震灾区捐款217635元。

▲六月

6月3日，为认真贯彻省委、省政府的工作部署，结合“抓作风建设，促工作落实”活动的开展，局党组决定在全省统计系统开展为期3个月的“继续解放思想，我为统计发展建言献策”活动。

6月4日，青海省第二次全国经济普查办公室召开会议通过了《青海省第二次全国经济普查办公室规则》。

6月6日，副省长马建堂在省统计局报送的题为《我省重点耗能企业能耗同比下降》的专报信息上批示：“请省经委、省发改委参阅，望进一步加大各项工作力度，努力完成今年节能任务。”并提出“进一步加强能源监测工作”的要求。

6月12日，省统计局对《青海省统计法制宣传教育第五个五年规划》确定的主要目标进行了量化分解，就全省统计“五五”普法依法治理工作阶段性考核工作做出安排。

6月13日，省统计局继续在全省统计系统开展民主评议行风工作。

6月18日，青海省统计局、青海调查总队召开上半年全省经济形势座谈会。省委办公厅、省政府办公厅、省发展改革委员会等十四个厅局代表、州地市统计局、局队各处室负责人到会共同分析研究上半年全省经济形势和相关问题。

6月22日至24日，省统计局召开全省大中型工业企业联网直报工作会议。各州、地、市统计局及2008年度新增联网直报企业和各重点工业企业统计业务人员参加会议。

6月27日，青海省统计局召开纪念建党87周年庆祝大会。

▲七月

7月2日，国家统计局巡查组一行抵达西宁，开始对青海省统计工作进行为期10天的巡查。

7月10日，侯碧波局长参加省政府召开的2008年第二季度经济运行分析会。

7月29日，省委书记强卫对省统计局编发的《对玉树“牧家乐”发展情况的调查报告》作出批示。

7月29日，省长宋秀岩和副省长马建堂要求省统计局和青海总队认真分析物价涨幅过高的原因，完善统计调查制度，提高统计调查水平。

7月30日，省统计局局长侯碧波陪同省长宋秀岩和副省长马建堂向国家发改委汇报节能减排工作。

▲八月

8月4日，第二次全国经济普查工业企业科技活动分类案例审稿暨科技项目类型划分办法研讨会在西宁召开，来自河北、黑龙江、上海、江苏、浙江、山东广东、贵州的代表以及国家统计局社科司有关人员参加会议，国家统计局社科司司长马京奎出席会议。

8月11日，青海省委常委、副省长马建堂在省统计局报送的《7月份全省国民经济运行情况》上批示：“请碧波、小军同志继续密切关注经济运行情况，加强对敏感指标的科学统计、深入分析”。

8月11日，省统计局与省发改委召开联席会议，共同研究分析2008年全省经济运行情况。

8月20日，侯碧波局长陪同宋秀岩省长、马建堂副省长、骆玉林副省长调研湟水流域污染治理情况。

8月21至26日，国务院第二次全国经济普查领导小组办公室在青海西宁召开建筑业和房地产业经济普查工作暨普查方案和程序培训会。

8月29日，省纪律检查委员会副书记、省监察厅厅长张文林一行到省统计局与局领导座谈，商谈全省行风测评工作，省统计局局长侯碧波及有关处室负责人参加座谈会并对行风测评工作提出了相关意见和建议。

▲九月

9月2日，青海省统计局、省经委组成调研组，赴青海油田公司调研节能降耗及能源统计工作。

9月3日，省统计局巡查组赴玉树州、果洛州进行统计工作巡查。

9月4日，侯碧波局长参加全省解放思想大讨论活动学习动员阶段交流会。

9月8日，青海省第二次全国经济普查工作会议在西宁召开，省经济普查领导小组组长、副省长马建堂与各州（地、市）政府领导签订目标责任书。

同日，省统计局根据依法治省领导小组办公室要求，结合国家统计局办公室《关于做好全国统计“五五”普法中期督导检查的通知》，完成全省各级统计部门普法依法治理工作的专项自查。

9月10－－12日，省统计局召开“全省统计基层基础建设经验交流暨表彰会”，各州（地、市），县（区、行委）统计局长参加会议。

9月17日，西北五省（区）统计局长联席会议在青海省西宁市召开，陕西、甘肃、宁夏、新疆、新疆生产建设兵团统计局领导出席会议。

9月18日，青海省统计局召开全省第二次全国经济普查工作暨普查方案培训会。

9月21日，青海省统计局根据国家统计局《全国统计法制工作考核评比办法》精神，结合实际制定《青海省统计法制工作评比办法（试行）》，建立了对州地市统计法制工作的考核制度。

9月24日，国家统计局党组书记、局长马建堂在局办公室主任毛有丰、人事司司长闫岭等领导的陪同下来青检查指导工作，并接见省统计局和青海调查总队领导。

9月26日，青海省统计局建成文书档案检索体系，实现了档案信息电子化检索。

▲十月

10月6日，青海省政府决定由省委常委、常务副省长徐福顺分管青海统计调查工作。

10月9日，省委常委、常务副省长徐福顺听取省统计局、青海调查总队工作汇报，并对全省统计调查工作做出重要指示。

10月10日，青海省统计局召开深入学习实践科学发展观活动动员大会。

10月14日，省委常委、常务副省长徐福顺在省统计局报送的《2007年青海省妇女儿童发展规划统计监测评估报告》上做重要批示。

10月15日，青海省第二次全国经济普查单位清查程序培训会议结束，全省各州（地、市），县的经济普查计算机业务骨干近60人参加培训。

10月17日，省委常委、常务副省长徐福顺在听取局、队汇报后，要求强化统计职能、提升工作水平。

10月21日，省委副书记骆惠宁，省委常委、常务副省长徐福顺分别在省统计局报送的《领导决策信息支持系统征求意见稿》上做重要批示，赞同并支持省统计局开展此项工作。

同日，青海省召开2007年度妇女儿童发展规划统计监测数据分析评估会。

10月22日，青海省政府新闻办召开前三季度全省经济运行情况新闻发布会。

同日，青海省统计局召开全省2008年人口变动、劳动力、群众安全感调查和劳动统计年报工作会议。

10月26日，青海省委宣传部、青海省经济普查领导小组办公室联合召开全省经济普查宣传工作会议。

10月27日，青海省人民政府任命王玫林为青海省统计局副局长。

10月28日，由国家统计局统计教育中心举办的青海省藏区统计干部培训班在北京举行开班典礼。

10月29日，省委副书记、省长宋秀岩，在省统计局报送的《领导决策信息支持系统征求意见稿》上做出重要批示："很好，应快速建立。"

▲十一月

11月4日-8日，省统计局派出三个检查组分赴西宁、海西、海东等地的抽中县检查指导人口变动、劳动力和群众安全感调查工作。

11月10日，青海省统计局布置2008年统计年报和2009年定期统计报表制度。

11月12日－15日，省统计局局长侯碧波率队赴海西州，德令哈市、天峻县检查县级统计数据质量评A和经济普查工作。

▲十二月

12月4日，在全国第8个法制宣传日，青海省统计局多种形式宣传《统计法》和《全国经济普查条例》。

同日，青海省统计局与省经委召开经济运行分析联席会议，研究分析预测全省工业运行情况。

12月9日，青海省统计局召开全省部门、行业能源统计工作会议。

12月11日，青海省统计局完成2008年全国非公有制企业（单位）人才资源状况抽样调查工作调查。

12月15日，青海省统计局完成2008年青海省群众安全感和对政法队伍满意度调查工作。

12月17日，青海省统计局完成省局至国家局网络提速工作。

12月18日，青海省统计局召开交通运输、邮政、电信等部门统计工作座谈会。

12月20日，青海省统计局提出加快青海统计方法制度改革的六项重点目标。

12月22日和24日，青海省省长宋秀岩、副省长徐福顺分别要求青海统计调查部门研究建立"青海藏区统计报表制度"，为落实国务院34号文件提供优质统计服务。

12月22日，青海省统计局与青海省经济委员会联合实施主要工业产品出厂价格周报制度。

12月23日，青海省统计局局长侯碧波列席中共青海省委十一届五次全体会议。

12月25日，青海省经济普查办公室组织省级成员单位及市区有关部门共同举办第二次经济普查"宣传日"活动，近百个单位参加活动。

同日，省统计局荣获"2008年度全省普密工作先进单位"称号。

12月26日，侯碧波局长分别列席省政府第二十七次常务会议和省委第53次常委会议，审议《政府工作报告》（送审稿）和《青海省2008年国民经济和社会发展计划情况与2009年计划草案的报告》、《青海省2008年财政预算执行情况和2009年财政预算草案的报告》。

12月30日，青海省统计局、国家统计局青海调查总队召开联席会议，落实省政府领导指示，共商建立青海藏区统计制度。

12月31日，青海省第二次全国经济普查领导小组副组长、省统计局局长侯碧波就第二次全国经济普查工作接受省内媒体联合采访。

国家统计局青海调查总队2008年大事记

▲一月

1月3日

青海省统计联系协调委员会召开第一次会议。

1月4日

张小军总队长等参加省政府第78次常务会议，讨论“关于给城镇低保对象增发临时生活补贴”等问题。会上，省委副书记、省长宋秀岩对青海调查总队工作给予了充分肯定和表扬：“青海调查总队测算提供的数据是通过住户和物价调查来的第一手资料，是有科学理论依据的、是相对准确的。在这里要感谢青海调查总队所做的工作，为政府决策提供了依据”。

1月7日

总队召开2007年度领导班子及领导干部述职述廉考核大会。

同日，王晓军同志任副总队长职务公示。

1月8日

张小军总队长列席青海省第十一届人大一次会议（10－17日）。

1月14日

杨瑶副总队长参加省政府“通报粮、油、肉等生活必需品价格变化，研究价格调控措施”会议。

1月17日

省直机关工委宣传部杨洪文副部长一行来总队进行2007年度机关建设和精神文明建设工作考核。总队召开全体干部职工大会，杨瑶副总队长代表总队进行工作汇报。李积文副总队长主持会议。

1月18日

杨瑶副总队长参加2008年省政府第一次常务会议。

同日，李积文副总队长参加省政府全体会议。

1月21日

青海调查总队荣获2007年度全省党委系统信息工作先进单位。

1月30日

张小军总队长参加中共青海省第十一届纪律检查委员会第二次全体会议。

▲二月

2月2日

总队机关纪委书记代表总队参加省直工委纪检工作总结暨调研成果交流会议，大会对2007年度纪检工作理论征文进行了表彰，总队荣获优秀组织奖（在83个单位中评选出4个）；张小军总队长、杨瑶副总队长参评文章荣获特别奖，李积文副总队长参评文章荣获三等奖，另外两篇参评文章荣获鼓励奖（在74篇文章中表彰29篇）。

2月3日

总队派员参加省政府法制办召开“青海省农村牧区五保供养工作办法（讨论稿）”论证会。

2月4日

张小军总队长参加省委办公厅、省政府办公厅举办新春团拜会。

2月5日

青海调查总队积极响应省红十字会倡议，参加“众志成城抗雪灾、爱心奉献暖万家”为主题的抗雪灾募捐救助活动，单位和个人共捐款5330元支援灾区群众。

2月19日

国家统计局发文，任命王晓军同志为国家统计局青海调查总队党组成员、副总队长（统党组任免〔2008〕9号、国统任免〔2008〕8号）。

2月20日

杨瑶、李积文副总队长等赴桂林参加国家统计局人事司组织的调查队系统公务员面试考官培训暨面试工作布置会议。

▲三月

3月3日

李积文副总队长参加青海省委党校举办的为期两个月的州厅级领导干部进修班。

同日，总队选派纪检监察室主任朱万参加青海省委党校举办的为期四个月的第36期中青年领导干部培训班。

3月11日

2008年青海调查工作会议在西宁召开。

同日，总队组织召开青海调查队系统党风廉政建设工作专题会议。

3月14日

张小军总队长等参加全省第二次农普数据质量评估会议。

3月16日

李积文、王晓军副总队长参加省委召开省垣副厅级以上党员干部会议。

同日，杨瑶副总队长参加青海省贸促会组团赴澳大利亚、新西兰进行商务考察。

3月18日

省政府召集有关部门参加的全省市场价格走势专题会议，张小军总队长等参加会议，并做当前价格形势分析主汇报。

3月20日

王晓军副总队长等赴省人大参加部门联系会议。

3月21日

张小军总队长列席省政府第5次常务会议，研究全省市场价格调控措施。

3月22日

张小军总队长参加省委召开领导干部大会。

同日，总队派员参加省总工会、省直机关工委组织的“节能减排、厉行节约”为主题的户外宣传活动。

3月24日

张小军总队长主持召开总队机关全体干部大会，传达省委领导干部大会精神，通报近期青海维护稳定工作情况，并就贯彻落实中央和省委决定，做好本单位维护稳定工作提出要求。

▲四月

4月9日

总队发文:1、调整总队领导分工;2、免去王晓军同志人事教育处处长职务(已任副总队长);3、任命丁爱青、胡孝众二同志分别为消价处、生价处副处长;4、调整吴建宁同志为人教处副处长(主持工作)、陈宏同志为工业处副处长(主持工作)。

4月10日

张小军总队长和王晓军副总队长等赴京向国家统计局汇报工作。

同日,杨瑶副总队长向宋秀岩省长汇报最低工资数据情况。

4月11日

杨瑶副总队长列席省政府第七次常务会,参加"一季度全省经济运行情况及下一步工作、研究调整我省最低工资标准"议题讨论。

同日,总队领导参加青海省厅局长义务植树活动。

4月16日

总队发文调整机关保密工作机构组成人员。

4月17日

总队制发《基层调查队工作动态信息考核办法(试行)》。

4月24日

张小军总队长主持总队党组中心组学习会。1、传达学习温家宝总理在国务院第一次廉政工作会议上的讲话和宋秀岩省长在省政府第一次廉政工作会议上的讲话;2、学习省委宣传部有关维稳工作宣讲提纲。

4月26日

张小军总队长参加省委电视电话会议,随后主持总队副处级以上领导干部大会,传达中共中央中办发电〔2008〕17号和省委电视电话会议精神,布置维稳工作。总队及时将召开领导干部大会情况书面传真汇报省委。

4月28日

王晓军副总队长参加省委中心组学习会,聆听国家发改委宏观经济研究院王一鸣副院长作《世界产业结构调整的趋势和我国加快转变经济发展方式的战略抉择》专题讲座。

4月29日

张小军总队长列席省政府第8次常务会议。议题1、研究调整我省最低工资标准的请示;议题2、研究我省城镇居民基本医疗保险扩大试点工作有关问题的请示。

同日,总队接受青海电视台"新闻聚焦"栏目采访。

▲五月

5月15日

张小军总队长参加省委中心组学习会,聆听国家人力资源和社会保障部工资司副司长茹英杰作《关注民生-我国社会保障体系的建立和完善》专题讲座。

5月28日

总队向邓本太副省长报送"当前农资价格上涨对青海农牧业生产的影响"约稿。

5月31日

张小军总队长赴省政府向马建堂副省长汇报工作。

▲六月

6月16日

王晓军副总队长参加省委中心组学习会,聆听国家发展和改革委员会宏观经济研究所韩文科研究员作"建设生态文明,加快资源节约型社会建设"专题讲座。

6月17日

张小军总队长参加省委主持召开会议,会议传达中央领导和省委主要领导重要讲话精神。会后,张小军总队长主持总队机关副处以上党员领导干部会议,及时传达省委会议精神。

6月23日

李积文副总队长等赴果洛州、黄南州、海东地区开展青海省第二次全国经济普查督查工作。

6月26日

总队召开纪念建党87周年暨表彰大会,王晓军副总队长主持会议,张小军总队长讲话,会议表彰奖励了2007年度先进党支部、优秀党员、优秀党务工作者和总队机关先进处(室)、优秀公务员;通报了2008年机关反腐倡廉理论研讨征文评审结果;全体党员重温入党誓词;举行了"喜迎建党87周年知识竞赛"抽奖活动。

▲七月

7月1日-2日

张小军总队长参加中共青海省委十一届四次全体会议。

7月2日-11日

国家统计局巡查组赴青海省,对青海统计、调查工作开展为期10天的统计巡查工作。巡查组一行通过听取省统计局、调查总队党组汇报,召开省政府有关部门及企业代表座谈会,对局、队全体干部进行问卷调查、开展个别谈话、查阅相关档案资料,现场检查等方式,对青海省统计局和国家统计局青海调查总队的工作进行了全面检查。巡查组还先后赴西宁市的湟中县、城北区,海南藏族自治州及其所属共和县、贵德县,海北藏族自治州及其所属海晏县、门源县,海东地区及其所属循化县等3个州(地)和7个县(区),并抽查了10个乡镇,9个重点企业、8个项目和8个调查点深入了解基层统计调查工作。7月9日晚,青海省委副书记、省长宋秀岩到住地亲切看望了巡查组同志。7月10日下午,青海省委常委、副省长马建堂与巡查组一行交流了巡查意见。

7月10日

李积文副总队长参加省委中心组学习会,聆听全国人大法制委员会委员、全国人大常委会法制工作委员会副主任信春鹰同志作《完善中国特色社会主义法律体系和全面落实依法治国基本方略》专题讲座。

7月14日

张小军总队长参加省政府全体会议。

7月18日

总队向青海省人民政府门户网站提供总队职能信息。

7月21日

为进一步加强市场价格监测分析,及时准确了解市场价格动态,研究提出价格调控措施,提供决策咨询服务。国家统计局青海调查总队与青海省发改委协商决定建立价格形势分析联席会议制度,自2008年7月起,每月15日左右由双方轮流主持、召集有关部门参加的价格形势分析会议,具体由总队消价处和省发改委价格管理处承办。7月21日,省政府马建堂副省长批示:"同意。联合监测,科学调查。"

同日，青海省统计联系协调委员会召开会议，决定成立青藏高原畜牧业统计监测中心工程协调小组，侯碧波局长、张小军总队长参加会议，并对工程协调小组成立及开展好下一步工作做出部署。

7月23日

张小军总队长参加省委中心组学习会，聆听中央党校哲学教研部主任、教授、博士生导师庞元正作《继续解放思想推进科学发展》专题讲座。总队组织干部收看收听实况转播。

7月24日

王晓军副总队长参加省委办公厅、省政府办公厅联合组织召开的"西宁市创建国家卫生城市省级单位动员大会"。

7月25日

总队与省局联合召开"组织工作满意度民意调查工作培训会"，总队张小军总队长、省委组织部燕海茂副部长、省统计局陈伟副局长参加会议并讲话，各州（地）统计局、西宁调查队、抽中县调查队和统计局及总队机关有关同志参加培训，李积文副总队长主持会议。

7月29日

国家统计局服务业调查中心雷平静副主任一行来青，检查指导"组织工作满意度民意调查"工作，张小军总队长、李积文副总队长参加工作汇报会。

7月30日

张小军总队长赴省政府汇报工作。

同日，张小军总队长等与来青参加"第二次全国经济普查工业企业科技活动分类案例审稿暨科技项目类型划分办法研讨会"的国家统计局社科司马京奎司长一行座谈。

同日，李积文副总队长等陪同国家统计局服务业调查中心雷平静副主任一行先后赴省级机关、企业和地市级（海北州）、县级（湟中县）调查单位参加"组织工作满意度民意调查"现场调查指导工作。

▲八月

8月1日

青海调查总队与青海大学签订《青海大学校外实习基地协议书》。

8月3日

张小军总队长、李积文副总队长等与来青检查指导"组织工作满意度民意调查工作"的国家统计局服务业调查中心雷平静副主任一行座谈，就检查情况交换意见。

8月5日

王晓军副总队长参加省委办公厅、省政府办公厅联合召开的"青海省抗震救援先进事迹报告暨表彰大会"。

8月7日

张小军总队长赴省委，参加由省委书记强卫同志主持召开的经济管理部门（六家）主管领导座谈会，并围绕"上半年全省经济运行情况及当前全省经济运行存在的突出矛盾和问题；应对当前经济形势的对策和措施，对省委加强经济工作领导的意见和建议等"两方面作书面发言。

8月8日

张小军总队长列席省政府第15次常务会议，参加《关于提高城市居民最低生活保障标准的请示》议题研究。

8月11日

国家统计局财务基建司系统二处陈培成处长一行来青检查指导总队财务工作，张小军总队长、王晓军副总队长参加总队工作汇报会。随后，张总队长等陪同检查组赴基层实地检查调研。

8月12日

总队向宋秀岩省长提交农业生产有关统计调查材料。

8月13日

王晓军副总队长和省统计局侯碧波局长等赴省政府向宋秀岩省长专题汇报上半年全省农业生产有关情况。

8月14日

总队向省委骆惠宁副书记提交"2007年青海主要农畜产品供求情况"统计调查分析材料。

8月15日

总队向宋秀岩省长提交《青海省第二次全国农业普查主要数据有关情况汇报》材料。

8月18日

总队向省委、省政府主要领导提供《青海省第二次全国农业普查数据主要比例关系对比表》资料。

8月19日

王晓军副总队长参加省委中心组学习会，聆听中国气象局局长郑国光作《应对气候变化》专题讲座。

8月21日

全国建筑业和房地产业经济普查工作暨普查方案和程序培训会在西宁召开，张小军总队长出席开幕式。

8月28日

张小军总队长赴省政府汇报工作。

▲九月

9月2日

张小军总队长和王晓军副总队长等赴国家统计局汇报工作。

9月9日

张小军总队长列席青海省省级领导班子解放思想专题学习会。

9月12日

张小军总队长参加省委中心组学习会，聆听国家宗教局局长叶小文作《中国宗教问题》专题讲座。

9月21日

总队选派三位同志赴京参加全国统计系统建模大赛。

9月24日

新任国家统计局党组书记、局长马建堂在国家统计局办公室主任毛有丰、人事司司长闫岭等有关领导的陪同下，赴青检查指导工作，并接见了青海省统计局、青海调查总队领导。

▲十月

10月9日

省委常委、副省长徐福顺接见青海省统计局、青海调查总队班子领导，并就统计调查工作提出要求。

10月14日

张小军总队长列席省政府第20次常务会议，听取省发改委关于1-9月份全省经济形势分析及四季度工作安排汇报。

10月19日

张小军总队长等赴果洛州统计局开展干部考察工作。

10月21日

省委常委、副省长徐福顺在总队编发的《青海调查信息》

第313期《三季度工业企业产销两旺》一文上做出批示："请省统计局、青海调查总队密切关注工业企业四季度的运行情况及有关行业可能严重下滑的原因。"

10月22日

李积文副总队长等参加省政府召开的全省前三季度经济运行形势新闻发布会。

10月26日

总队选派17名基层调查队长赴京，参加国家统计局为青海藏区举办的统计调查干部培训班。

10月27日

张小军总队长赴北京参加"调查队系统领导班子思想政治建设研讨会暨调查总队机关建设经验交流会"。

10月30日

李积文副总队长参加省委中心组学习，聆听中国社会科学院裴长洪研究员作"世界金融风波及对我国的影响"专题讲座。

10月31日

王晓军副总队长列席省政府第21次常务会，参加"提高城市低保家庭冬季取暖补助标准问题"研究。

▲十一月

11月5日

总队派员参加省委农村牧区工作领导小组召开的"贯彻党的十七届三中全会精神情况汇报"会议。

11月10日

张小军总队长、李积文副总队长等参加青海省统计联系协调委员会办公用房建设专题会议。

11月12日

李积文副总队长列席省政府第22次常务会，研究"提高农村低保补助标准"议题。

11月21日

总队长张小军接受"中纪委、中组部第一地方巡视开展党的十七大之后新一轮巡视工作"个别谈话。

11月26日

副总队长李积文参加省委中心组学习会，聆听国务院发展研究中心研究员赵树凯作《发展社会主义基层民主政治》专题讲座。

▲十二月

12月5日

总队长张小军列席省政府第24次常委会议，研究建立村级运转经费和村干部报酬动态增长机制有关问题。

12月11日

总队长张小军列席省政府第25次常委会议，研究2009年全省国民经济和社会发展建议计划安排意见；听取省经委领导关于1－11月工业运行情况和2009年预测指标及重点项目情况汇报。

12月12日

总队长张小军参加十一届省委第51次常委（扩大）会议，听取省委、省政府领导传达中央经济工作会议精神。

12月16日

总队派员参加省政府办公厅举办的省政府门户网站内容保障系统暨电子公文传输系统培训班。

12月22日

副总队长王晓军参加省委办公厅、省政府办公厅和省军区政治部组织召开的全省维护社会稳定工作阶段性总结表彰会。

12月23日－25日

总队长张小军列席中共青海省委第十一届五次全体会议。

2009

第2篇

CHAPTER 2

综 合

General Survey

生产总值增长速度

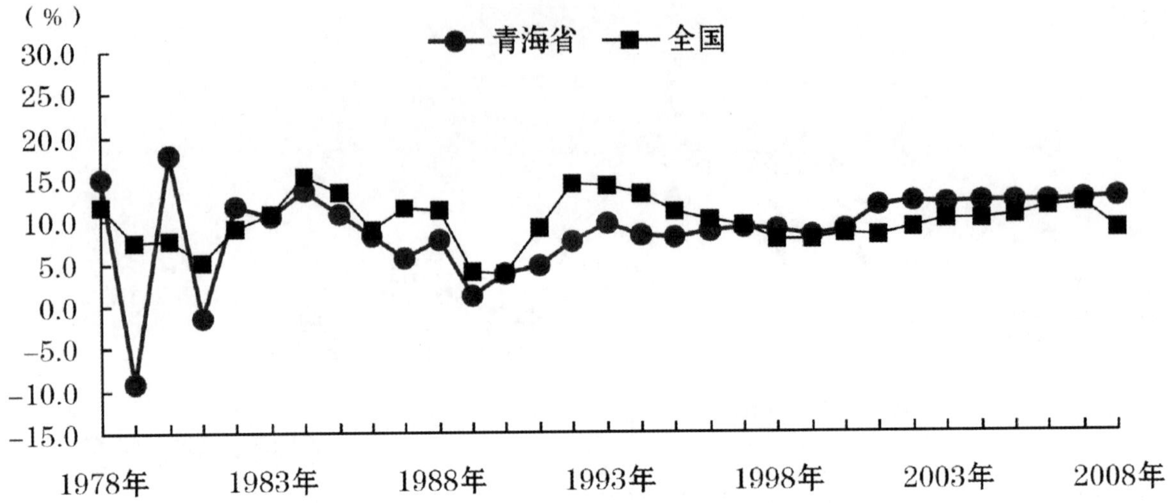

生产总值构成（%）

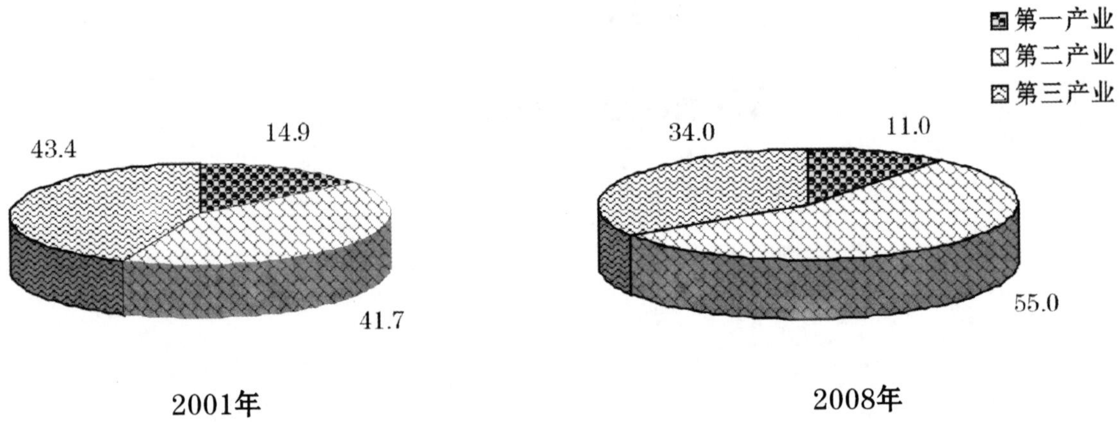

最终消费构成（%）

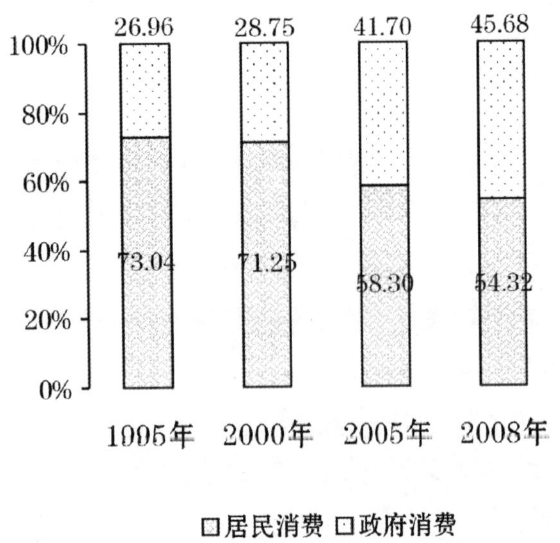

生产总值构成项目比重（%）

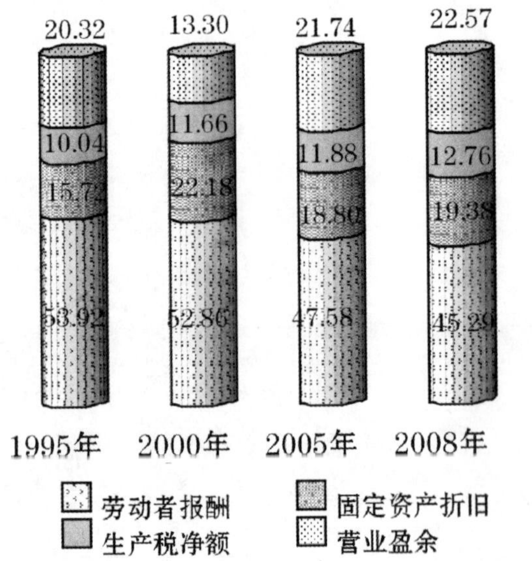

2-1 各部门机构数
Grass-roots Units in Various Sectors

单位:个 (unit)

部门	Sector	机构数 Grass-roots Units 2007	2008	2008年比上年增长(%) Increase Rate % in 2008 over 2007
农村基层单位	**Rural Grass-roots Units**			
乡政府	Township Governments	229	229	持平
镇政府	Town Governments	137	137	持平
村民委员会	Village Committees	4164	4164	持平
牧业	Animal Husbandry	885	889	0.45
乡村户数(万户)	Number of Rural Households (10 000 units)	80.2	82.9	3.37
国有及规模以上非国有工业企业	**Industrial Enterprises of State-owned and Non-state-owned above Designated Size**	**471**	**515**	**9.34**
大型企业	Large Industrial Enterprises	9	9	持平
中型企业	Medium-sized Industrial Enterprises	64	69	7.81
小型企业	Small Industrial Enterprises	398	437	9.80
国有及国有控股企业	State-owned and State-holding Enterprises	138	138	持平
集体企业	Collective-owned Enterprises	17	12	-29.41
外商及港澳台商投资企业	Enterprises with Funds from Hong Kong ,Macao, Taiwan and Foreign Countries	21	24	14.29
建筑业企业	**Construction Enterprises and Units**	**425**	**459**	**8.00**
卫生事业	**Health Care**	**688**	**832**	**20.93**
医院、卫生院	Hospital and Health Centers	535	534	**-0.19**
疾病预防控制中心	Center for Diseasa Control and Prevention	56	56	持平
妇幼保健院(所、站)	Materbity and Child Care Centers	22	22	持平
社会福利	**Social Welfare**	**226**	**174**	**-23.01**
社会福利事业单位	Social Welfare Institutions	171	142	-16.96
收养性福利事业单位	FosterWelfare Institutions	167	136	-18.56
社会福利企业	Social Welfare Enterprises	55	32	-41.82
教育事业	**Education**	**3605**	**3484**	**-3.36**
普通高等学校	Regular Inststutions of Higher Education	8	8	持平
中等职业教育	Medium-scale Vocational Education	45	43	-4.44
普通中学	Regular Secondary Schools	495	491	-0.81
高中	Senior Secondary Schools	141	138	-2.13
初中	Junior Secondary Schools	354	353	-0.28
普通小学	Primary Schools	2727	2556	-6.27
学前教育	Pre-school Education	318	374	17.61
特殊教育	Special Schools	9	10	11.11
科技机构	**Science and Technology Institutions**	**50**	**49**	**-2.00**
艺术事业	**Art(unit)**	**13**	**12**	**-7.69**
艺术表演团体	Art Performing Troupes	11	12	-8.33
艺术表演场所	Art Performing Centers	2		100.00
公共图书馆	**Public Libraries**	**43**	**43**	**持平**
群众文化事业	**Mass Culture**	**249**	**249**	**持平**
群众艺术馆	Mass Are Centers	10	10	持平
文化馆	Cultural Cebters	44	44	持平
文化站	Cultural Stations	195	195	持平
艺术教育事业	**Art Education(unit)**	**1**	**1**	**持平**
其他文化事业	**Other Cultural Units**	**12**	**12**	**持平**
艺术创作机构	Art Creation Institutions			
艺术研究机构	Art Research Institutions	1	1	持平
文物事业	**Cultural Relics**	**43**	**43**	**持平**
博物馆	Museums	18	18	持平
文物机构	Cultural Relics Institutions	24	24	持平
文物商店	Cultural Relics Shops	1	1	持平
广播电视台站	**Radio and Television Broadcasting Stations**	**12**	**12**	**持平**
广播电台	Radio Stations	4	4	持平
电视台	Television Stations	8	8	持平

2–2 主要年份国民经济和社会发展总量与速度指标

指　标		Item	1995
人口与就业		**Population and Employment**	
人口	(万人)	**Population(10 000 persons)**	
年底总人口		Population and Year-end	481.20
市镇人口		Urban	163.13
乡村人口		Rural	318.07
男性人口		Male	246.37
女性人口		Female	234.83
就业	(万人)	**Employment(10 000 persons)**	
从业人员数		Employment	261.71
职工人数		Stff and Workers	65.78
城镇登记失业人数		Registration Unemployment in Urban Areas	1.51
宏观经济		**Macro Economy**	
国民经济核算	(亿元)	**National Accounting(100 million yuan)**	
生产总值		Gross Domestic Product	167.80
第一产业		Primary Industry	39.62
第二产业		Secondary Industry	64.58
第三产业		Tertiary Industry	63.60
支出法生产总值		Gross Domestic Product by Expenditure Approach	167.80
最终消费		Government Final Consumption Expenditure	113.40
居民消费		Household Consumption Expenditures	82.83
政府消费		Government Consumption Expenditure	30.57
资本形成总额		Gross Capital Formation	77.67
固定资本形成		Gross Fixed Capital Formation	57.48
存货增加		Changes in Inventories	20.19
固定资产投资	(亿元)	**Investment in Fixed Assets(100 million yuan)**	
全社会固定资产投资总额		Total Investment in Fixed Asssets	55.58
国有经济		State-owned Economy	45.15
集体经济		Collective-owned Economy	5.34
个体私营经济		Individual and Private Economies	4.34
财政	(亿元)	**Government Finance(100 million yuan)**	
地方财政收入		Local Government Revenue	8.60
地方财政支出		Local Government Expenditures	28.80
物价总指数	(上年=100)	**Price Indices (preceding year=100)**	
商品零售价格总指数		Retail Price Index	116.30
居民消费价格总指数		Consumer Price Index	118.00
农业生产资料价格总指数		Price Indices of Agricultural Means of Production	123.90
利用外资	(亿美元)	**Utilization of Foreign Capital(USD 100 million)**	
签订利用外资协议额		Signed an Agreement for Use of Foreign Capital	0.24
能源生产与消费	(万吨标准煤)	**Production and Consumption of Energy(10 000 tons of SCE)**	
能源生产总量		Total Energy Production	571.57
能源消费总量		Total Energy Consumption	687.71

Principal Aggregate Indicators on National Economic and Social Development and Growth Rates in Main Years

总量指标 Aggregate Data				速度指标(%) Indices and Growth Rates						
				指数（2008年为以下各年） Index (2008 as percentage of the following years)				平均增长速度 Average Annual Groeth Rata		
2000	2005	2007	2008	1995	2000	2005	2007	1996-2000	2001-2005	2006-2008
516.50	543.20	551.60	554.30	115.19	107.32	102.04	100.49	1.43	1.01	0.68
179.54	213.21	221.02	226.49	138.84	126.15	106.23	102.47	1.94	3.50	2.03
336.96	329.99	330.58	327.81	103.06	97.28	99.34	99.16	1.16	-0.42	-0.22
267.03	277.58	279.50	279.33	113.38	104.61	100.63	99.94	1.62	0.78	0.21
249.47	265.62	272.10	274.97	117.09	110.22	103.52	101.05	1.22	1.26	1.16
283.91	297.80	312.44	317.18	121.20	111.72	106.51	101.52	1.64	0.96	2.12
46.87	40.92	43.07	44.55	67.73	95.05	108.87	103.44	-6.55	-2.68	2.87
1.80	3.63	3.72	3.87	256.29	215.00	106.61	104.03	3.58	15.06	2.16
263.68	543.32	783.61	961.52	381.57	250.91	142.26	112.70	8.76	12.02	12.47
40.12	65.34	83.41	105.57	151.22	140.40	112.27	103.90	1.50	4.57	3.93
108.83	264.61	417.78	529.40	546.71	327.91	155.01	116.50	10.52	16.17	15.73
114.73	213.37	282.42	326.55	359.08	221.61	135.77	110.00	9.96	10.30	10.73
263.68	543.32	783.61	961.52							
171.70	360.72	509.45	593.51							
122.33	210.29	273.64	322.40							
49.31	150.43	235.81	271.11							
160.46	369.28	496.71	643.19							
156.97	364.08	480.43	583.20							
3.49	5.20	16.28	59.99							
154.83	367.15	487.47	582.85	1048.67	376.45	158.75	119.57	25.30	20.90	15.90
102.83	175.64	201.21	255.48	565.85	248.45	145.46	126.97	22.00	15.10	11.20
6.61	14.50	26.52	23.79	445.51	359.91	164.07	89.71	0.80	6.50	26.10
13.08	42.76	36.46	41.52	956.68	317.43	97.10	113.88	32.00	29.30	-3.40
16.58	33.82	56.71	71.57	832.21	431.66	211.62	126.20	14.03	15.32	28.39
68.26	169.75	282.20	363.60	1262.50	532.67	214.20	128.84	18.84	19.99	28.91
99.00	100.70	106.00	110.60	243.10	123.54	119.58	110.60	1.54	0.65	6.14
99.50	100.80	106.60	109.90	290.13	132.55	119.03	109.90	2.97	2.18	5.98
100.70	106.50	108.10	124.20	350.93	157.32	137.08	124.20	2.68	2.79	11.09
1.10	3.56	4.16	3.09	1287.50	280.91	86.80	74.28	35.59	26.48	-4.61
937.90	1775.41	2235.92	2556.83	447.33	272.61	144.01	114.35	10.41	13.61	12.93
897.23	1670.21	2094.89	2256.52	328.12	251.50	135.10	107.72	5.46	13.23	10.55

2-2 续表 1

指 标		Item	1995
产 业		**Industry**	
农业		**Agriculture**	
耕地面积	(千公顷)	Area of Cultivated Land(1 000 hectares)	589.89
农林牧渔业从业人员	(万人)	Employed Persons of Agriculture,Forestry, Animal Husbandry and Fishery (10 000 persons)	131.83
农林牧渔业总产值	(亿元)	Gross Output Value of Agriculture,Forestry, Animal Husbandry and Fishery(100 million yuan)	55.10
主要农产品产量	(万吨)	Output of Major Farm Products(10 000 tons)	
粮 食		Grain	114.19
油 料		Oil-bearing Crops	16.21
水 果		Fruits	2.68
肉 类		Meat	18.37
牛 肉		Beef	6.29
羊 肉		Mutton	6.13
水产品		Aquatic Products	0.24
工业		**Industry**	
主要工业产品产量		Output of Major Industrial Products	
原 煤	(万吨)	Coal(10 000 tons)	278.00
原 油	(万吨)	Crude Oil(10 000 tons)	121.72
发电量	(亿千瓦小时)	Electricity(100 million kwh)	60.42
钢	(万吨)	Steel(10 000 tons)	35.54
成品钢材	(万吨)	Rolled Steel(10 000 tons)	30.76
铝	(万吨)	Aluminum(10 000 tons)	11.45
原 盐	(万吨)	Salt(10 000 tons)	76.11
化 肥	(万吨)	Fertilizers(10 000 tons)	20.94
水 泥	(万吨)	Cement(10 000 tons)	63.80
全部国有及规模以上非国有工业企业主要指标	(亿元)	Principal Indicators of Industrial Enterprises of State-owned and Non-state-owned above Designated Size (100 million yuan)	
固定资产原价		Original Value of Fixed Assets	236.53
固定资产净值年平均余额		Annual Averagr Balance of Net Value of Fixed Assets	143.04
利润总额		Total Profits	-5.65
建筑业		**Construction**	
建筑业总产值	(亿元)	Gross Output Value(100 million yuan)	20.49
施工房屋面积	(万平方米)	Floor Space of Building under Construction (10 000 sq.m)	183.73
竣工房屋面积	(万平方米)	Floor Space of Building Completed(10 000 sq.m)	97.29
交通运输		**Transport**	
货运量	(万吨)	Total Freight Traffic(10 000 tons)	3529
铁 路		Railways	532
公 路		Highways	2887
管 道		Petroleum and Gas Pipelines	110
空 运		Civil Aviation	
客运量	(万人)	Total passsnger Traffic(10 000 persons)	2388
铁 路		Railways	220
公 路		Highways	2165
空 运		Civil Aviation	3
公路通车里程	(公里)	Total Lenth of Highways(km)	17223

Continued

总量指标 Aggregate Data				速度指标(%) Indices and Growth Rates						
				指数（2008年为以下各年） Index (2008 as percentage of the following years)				平均增长速度 Average Annual Groeth Rata		
2000	2005	2007	2008	1995	2000	2005	2007	1996-2000	2001-2005	2006-2008
669.16	542.25	542.20	542.72	92.00	81.10	100.09	100.10	2.55	-4.12	0.03
142.25	128.73	119.82	120.61	91.49	84.79	93.69	100.66	1.53	-1.98	-2.15
56.99	94.04	121.25	153.40	151.15	134.80	109.91	104.51	2.32	3.06	3.20
82.70	93.26	99.02	101.80	89.15	123.10	109.16	102.81	-6.25	2.43	2.96
19.40	31.85	32.03	35.22	217.27	181.55	110.58	109.96	3.66	10.42	3.41
2.24	1.48	1.38	1.32	49.25	58.93	89.19	95.65	-3.52	-7.95	-3.74
20.83	25.75	24.33	25.54	139.03	122.61	99.18	104.97	2.55	4.33	-0.27
6.35	7.44	7.32	7.28	115.74	114.65	97.85	99.45	0.19	3.22	-0.72
7.00	9.16	8.68	8.67	141.44	123.86	94.65	99.88	2.69	5.53	-1.82
0.12	0.09	0.18	0.21	87.50	175.00	233.33	117.98	-12.94	5.59	32.63
145.44	555.00	896.00	1183.00	425.54	813.39	213.15	132.03	-12.15	30.79	28.70
200.01	221.00	221.00	220.00	180.74	109.99	99.55	99.55	10.44	2.02	-0.15
133.79	213.00	289.00	306.00	506.45	228.72	143.66	105.88	17.23	9.71	12.84
42.91	51.00	115.00	115.00	323.58	268.00	225.49	100.00	3.84	3.47	31.13
36.39	48.00	109.00	115.00	373.86	316.02	239.58	105.50	3.42	5.92	33.81
28.31	67.00	95.00	102.00	890.83	360.30	152.24	107.37	19.85	19.06	15.04
67.65	112.00	162.00	236.00	310.08	348.85	210.71	145.68	-2.33	10.49	28.20
67.03	159.00	245.00	247.00	1179.56	368.49	155.35	100.82	26.20	18.87	15.82
123.71	371.00	437.00	458.00	717.87	370.22	123.45	104.81	14.16	24.51	7.27
505.81	844.71	1158.06	1315.94	556.35	260.16	155.79	113.63	16.42	10.80	15.93
361.62	560.46	796.63	878.85	614.41	243.03	156.81	110.32	20.38	9.16	16.18
0.79	72.82	136.27	177.17		22426.58	243.30	130.01		147.13	34.50
44.72	90.93	125.44	143.00	697.90	319.77	157.26	114.00	16.89	15.25	16.29
339.43	407.55	384.67	404.50	220.16	119.17	99.25	105.16	13.06	3.73	-0.25
192.90	194.02	173.97	189.18	194.45	98.07	97.51	108.74	14.67	0.12	-0.84
5076	7152	8260	9318	264.04	183.57	130.29	112.81	7.54	7.10	9.22
833	1453	1772	2310	434.21	277.31	158.98	130.36	9.38	11.77	16.71
4050	5491	6280	6805	235.71	168.02	123.93	108.36	7.00	6.28	7.41
193	208	207	202	183.64	104.66	97.12	97.58	11.90	1.51	-0.97
		1	1				100.00			
3612	4920	5655	9447	395.60	261.54	192.01	167.06	8.63	6.38	24.29
352	368	393	404	183.64	114.77	109.78	102.80	9.86	0.89	3.16
3250	4525	5218	8996	415.52	276.80	198.81	172.40	8.46	6.84	25.74
10	27	44	47	1566.67	470.00	174.07	106.82	27.23	21.98	20.29
18679	29719	52625	56642	328.87	303.24	190.59	107.63	1.64	9.73	23.98

2–3 续表 2

指 标		Item	1995
邮电通信业		**Postal and Telecommunication Services**	
邮电业务总量	(亿元)	Bussiness Voluem of Postal and Telecommunication Services(100 million yuan)	1.56
函 件	(万件)	Number of Letters Delivered(10 000 pieces)	3354
报刊期发数	(万份)	Number of Newspaper and Magazines Distributed(10 000 copies)	262.4
邮路总长度	(公里)	Length of Postal Routes(km)	17849
本地(固定)电话年末用户	(万部)	Number of Fixed Telephone Subscribers at Year-end(10 000 subscirbers)	9.40
移动电话用户	(万户)	Number of Mobile Telephone Subscribers(10 000 subscribers)	0.26
国内商业		**Domestic Trade**	
社会消费品零售总额	(亿元)	Total Retail Sales of Comsumer Goods(100 million yuan)	70.63
对外经济贸易		**Foreign Trade**	
进出口总额	(亿美元)	Total Value of Exports and Imports(USD 100 million)	1.62
出口额		Exports	1.38
进口额		Inports	0.24
旅游		**Tourism**	
旅游人数	(万人次)	Domestic Tourists(10 000 person-times)	42
旅游外汇收入	(万美元)	Foreign Exchange Earnings from International Tourism(USD 10 000)	231
金融保险	**(亿元)**	**Financial Intermediation and Insurance(100 million yuan)**	
金融机构人民币各项存款余额		Deposits of National Banking System	126.96
金融机构人民币各项贷款余额		Loans of National Banking System	213.30
保险公司保费收入		Insurance Premium of Insurance Companies	1.70
保险公司赔款及给付金额		Indemnity Expenditure and Payment of Insurance Companies	0.84
教育、科技、文化		**Education,Science and Technology and Culture**	
教育		**Education**	
专任教师数	(人)	Full-time Thachers(person)	45673
普通高等学校		Institutions of Higher Education	1410
中等职业学校		Middle School	1691
普通中学		Secondary School	15691
小 学		Primary School	26881
在校学生数	(万人)	Students Enrollment(10 000 persons)	66.28
普通高等学校		Institutions of Higher Education	0.73
中等职业学校		Middle School	1.36
普通中学		Secondary School	19.39
小 学		Primary School	44.80
科技		**Science and Technology**	
研究与开发经费支出	(万元)	Expenditures on Research and Development (10 000 yuan)	7267.40
技术市场成交额	(万元)	Volume of Transaction in Technical Markets (10 000 yuan)	1054.79
文化		**Culture**	
出版数量		Number of Published	
图 书	(万册.张)	Books(10 000 copies)	1227
杂 志	(万册)	Magazine(10 000 copies)	79
报 纸	(万份)	News Paper(10 000 copies)	5677

Continued

总量指标 Aggregate Data				速度指标(%) Indices and Growth Rates						
				指数（2008年为以下各年） Index (2008 as percentage of the following years)				平均增长速度 Average Annual Groeth Rata		
2000	2005	2007	2008	1995	2000	2005	2007	1996-2000	2001-2005	2006-2008
4.92	31.43	53.74	69.95	4483.97	1421.75	222.56	130.16	25.83	44.90	30.56
2762	1886	627	566	16.88	20.49	30.01	90.27	-3.81	-7.35	-33.05
47.2	51.1	42.0	47.0	17.91	99.58	91.98	111.90	-29.04	1.60	-2.75
26978	23721	24587	24508	137.31	90.84	103.32	99.68	8.61	-2.54	1.09
36.87	113.50	123.00	119.40	1270.21	323.84	105.20	97.07	31.43	25.22	1.70
21.08	121.36	222.00	247.20	95076.92	1172.68	203.69	111.35	140.89	41.92	26.76
100.26	160.51	208.32	252.84	357.98	252.18	157.52	121.37	7.25	9.87	16.35
1.60	4.13	6.12	6.88	424.69	430.00	166.59	112.42	-0.25	20.88	18.54
1.12	3.23	3.86	4.19	303.62	374.11	129.72	108.55	-4.09	23.59	9.06
0.48	0.90	2.26	2.70	1125.00	562.50	300.00	119.47	14.87	13.40	44.22
321	637	1002	905	2154.76	281.93	142.07	90.32	50.19	14.69	12.42
740	1102	1591	1015	440.16	137.16	92.11	63.80	26.26	8.29	-2.70
280.17	733.05	1092.65	1383.68	1089.86	493.87	188.76	126.64	17.15	21.21	23.59
348.57	638.59	873.15	1025.63	480.84	294.24	160.61	117.46	10.32	11.87	17.11
5.13	7.86	10.74	14.11	830.00	275.05	179.52	131.38	24.72	8.91	21.54
1.19	1.99	4.62	6.00	714.29	504.20	301.51	129.87	7.21	10.83	44.47
47821	52167	53403	54259	118.80	113.46	104.01	101.60	0.92	1.75	1.32
2107	3051	3156	3368	238.87	159.85	110.39	106.72	8.37	7.69	3.35
1363	1588	1906	2379	140.69	174.54	149.81	124.82	-4.22	3.10	14.42
16645	20050	21038	21194	135.07	127.33	105.71	100.74	1.19	3.79	1.87
27706	27478	27303	27318	101.63	98.60	99.42	100.05	0.61	-0.17	-0.19
75.62	89.34	95.19	97.73	147.45	129.24	109.39	102.67	2.67	3.39	3.04
1.33	3.44	3.91	5.58	764.38	419.55	162.21	142.71	12.75	20.93	17.50
1.34	2.47	5.46	6.79	499.26	506.72	274.90	124.36	-0.30	13.01	40.08
22.47	32.75	32.70	31.54	162.66	140.36	96.31	96.45	2.99	7.83	-1.25
50.48	50.68	53.12	53.82	120.13	106.62	106.20	101.32	2.42	0.08	2.02
13142.40	20652.00	30266.00	34920.00	480.50	265.70	169.09	115.38	12.58	9.46	19.13
5096.00	11812.00	53446.00	77462.90	7343.92	1520.07	655.80	144.94	44.32	18.31	87.18
586	840	1143	987	80.44	168.43	117.50	86.35	-13.73	7.47	5.52
91	204	196	281	355.70	308.79	137.75	143.37	3.04	17.52	11.27
4800	4486	9757	8859	156.05	184.56	197.48	90.80	-3.30	-1.34	25.46

2-2 续表 3

指 标		Item	1995
家庭、生活、环境		**Family,People's Living Conditions and Environment**	
家庭		**Family**	
家庭总户数	(万户)	Total Number of Family (10 000 households)	101.59
城镇居民平均每户家庭人口	(人)	Average Household Size in Urban Areas(person)	3.50
农村居民平均每户家庭人口	(人)	Average Household Size in Rural Areas(person)	5.97
婚姻		**Marriages and Divorces**	
结婚登记数	(对)	Register Number of Marrizges(couple)	40046
离婚登记数	(对)	Number of Divorces(couple)	1863
居住		**Housing**	
城市居民人均使用面积	(平方米)	The Use of Urban Residents Per Capita Area(sq.m)	9.63
农村居民人均居住面积	(平方米)	Per Capita net Floor Space of Rural Residents(sq.m)	14.98
生活		**People's Lining Conditions**	
城镇居民人均可支配收入	(元)	Per Capita Annual Disposable income of Urban Households(yuan)	3379.86
农村居民人均纯收入	(元)	Per Capita net income of Rural Residents(yuan)	1029.77
城乡储蓄存款余额	(亿元)	Outstanding Amount of Saving Deposits in Urban and Rural Areas(100 million yuan)	76.89
工资		**Wages**	
工资总额	(亿元)	Total Wages(100 million yuan)	38.02
职工平均工资	(元)	Average Wage of Staff and Workers(yuan)	5753
卫生		**Health**	
医院、卫生院	(个)	Number of Hospitals(unit)	592
卫生技术人员	(万人)	Health Professionals(10 000 persons)	2.02
医院、卫生院床位数	(万张)	Number of Hospital Beds(10 000 units)	1.72
市政建设		**Municipal Works**	
自来水供水总量	(万吨)	Annual Supply of Tap Water(10 000 tons)	14971
排水管道长度	(公里)	Length of Sewer Pipelines(km)	179
城市(市区)煤气和天然气供气量	(万立方米)	Voluem of Coal Gas and Natural Gas(10 000 persons)	1260
城市(市区)液化石油气供气量	(吨)	Voluem of Liquefied Petroleum Gas(ton)	6890
运营车辆	(辆)	Number of Public Cehicles(vehicls)	402
铺装道路长度	(公里)	Length of Paved Roads(km)	363
园林绿地面积	(公顷)	Areas of Green Land(hectares)	1149
环境、灾害		**Environment and Disaster**	
工业污染源治理施工项目完成投资额	(万元)	Actual Investment in Implementation of Projects for Pollution Treatment in the Year(100 million yuan)	4297
治理废水		Waste Water	590
治理废气		Waste Gas	3624
治理固体废物		Solid Wastes	71
治理噪声		Noise Pollution	7
其他		Other	5
火灾发生数	(起)	Fire Accidents(times)	273
火灾损失	(万元)	Economic Loss of Fire Accidents(10 000 yuan)	252
交通事故发生数	(起)	Number of Traffic Accidents(times)	1542
交通事故损失	(万元)	Economic Loss of Traffic Accidents(10 000 yuan)	739

Continued

总量指标 Aggregate Data				速度指标(%) Indices and Growth Rates						
				指数（2008年为以下各年） Index (2008 as percentage of the following years)				平均增长速度 Average Annual Groeth Rata		
2000	2005	2007	2008	1995	2000	2005	2007	1996-2000	2001-2005	2006-2008
115.24	131.93	144.55	150.89	148.53	130.94	114.37	104.39	2.55	2.74	4.58
3.24	3.00	3.10	3.00	85.71	92.59	100.00	96.77	-1.53	-1.53	
5.32	5.15	5.00	5.00	83.75	93.98	97.09	100.00	-2.28	-0.65	-0.98
37119	28659	31177	33796.	84.39	91.05	117.92	108.40	-1.51	-5.04	5.65
2115	3855	4459	3549	190.50	167.80	92.06	79.59	2.57	12.76	-2.72
12.06	18.35	18.58	24.80	257.53	205.64	135.15	133.48	4.60	9.09	10.56
15.32	17.95	19.33	19.78	132.04	129.11	110.19	102.33	0.45	3.22	3.29
5169.96	8057.85	10276.06	11648.30	344.64	225.31	144.56	113.35	5.73	8.14	13.07
1490.49	2165.11	2683.78	3061.24	297.27	205.38	141.39	114.06	5.17	5.40	12.24
146.28	361.51	468.72	610.38	793.84	417.27	168.84	130.22	13.73	19.84	19.08
49.76	78.03	112.06	136.90	360.07	275.12	175.45	122.17	5.53	9.41	20.61
10050	19084	26166	30983	538.55	308.29	162.35	118.41	11.80	13.68	17.53
577	562	535	534	90.20	92.55	95.02	99.81	-0.51	-0.53	-1.69
2.15	2.08	2.03	2.20	108.91	102.33	105.77	108.37	1.26	-0.66	1.89
1.65	1.60	1.64	1.79	104.07	108.48	111.88	109.15	0.83	-0.61	3.81
14239	19569	20155	17068	114.01	119.87	87.22	84.68	-1.00	6.57	-4.46
263	1010	1231	868	484.92	330.29	85.94	70.51	8.00	30.88	-4.93
15815	63606	103810	118383	9395.48	748.55	186.12	114.04	65.86	32.09	23.01
13290	14338	11064	65442	949.81	492.41	456.42	591.48	14.04	1.53	65.88
1125	2178	2304	1899	472.39	168.80	87.19	82.42	22.85	14.13	-4.47
438	1232	1353	650	178.95	148.31	52.73	48.01	3.83	22.98	-19.21
1503	4092	4683	3130	272.41	208.25	76.49	66.84	5.52	22.18	-8.55
3833	4670	7913	11165	259.83	291.29	239.08	141.10	-2.26	4.03	33.72
548	206	1056	2194	371.78	400.27	1064.81	207.64	-1.47	-17.77	120.00
3285	4073	6856	7493	206.77	228.11	183.98	109.29	-1.95	4.39	22.53
	12		478	673.80		3986.67				241.61
			1000	14285.71						
	379									
670	900	754	1352	495.24	201.79	150.22	179.31	19.67	6.08	14.53
475	415	435	704	279.25	148.15	169.57	161.77	13.51	-2.66	19.25
1579	952	797	1121	72.70	70.99	117.75	140.65	0.48	-9.62	5.60
667	411	311	370	50.00	55.40	89.90	118.81	-2.04	-9.23	-3.49

2-3 主要年份国民经济和社会发展结构指标
Structural Indicators on National Economic and Social Development in Main Years

单位：% (%)

指 标	Item	1990	1995	2000	2005	2007	2008
人口与就业	**Population and Employment**						
人口	**Population**						
城乡结构	Urban and Rural Compostition						
城镇	Urban	34.23	33.90	34.76	39.25	40.07	40.86
乡村	Rural	65.77	66.10	65.24	60.75	59.93	59.14
性别结构	Sexual Compostition						
男	Male	51.24	51.20	51.70	51.10	50.67	50.39
女	Demale	48.76	48.80	48.30	48.90	49.33	49.61
就业	**Employment**						
产业结构	Industrial Compostition						
第一产业	Primary Industry	60.00	56.10	55.80	49.50	44.30	44.50
第二产业	Secondary	18.80	16.90	12.60	17.40	20.70	21.30
第三产业	Tertiary Industry	21.20	27.00	31.60	33.10	35.10	34.20
宏观经济	**Macro Economy**						
国民经济核算	**National Accounting**						
生产总值产业结构	Industrial Compostition						
第一产业	Primary Industry	25.30	23.60	15.20	12.00	10.60	11.00
第二产业	Secondary	38.40	38.50	41.30	48.70	53.30	55.00
第三产业	Tertiary Industry	36.30	37.90	43.50	39.30	36.10	34.00
投资	**Investment**						
全社会固定资产投资经济结构	Composition of Tatal Investment in Fixd Assets						
国有经济	State-owned Economy	89.53*	81.23	66.41	47.84	41.28	43.84
集体经济	Collective Economy	2.43	9.61	4.27	3.94	5.44	4.08
私营个体经济	Private Individual Economy	8.04	7.81	8.45	11.65	7.48	7.12
其他经济	Other		1.35	20.87	36.57	45.80	44.96
资金到位来源结构	Composition of Funding Sources						
国家预算内资金	State Budget	26.92	6.17	17.04	15.79	12.93	14.54
国内贷款	Domestic Loans	19.69	39.55	24.33	16.87	13.78	16.54
利用外资	Foreign Investment	7.15	0.65	1.40	0.55	1.56	1.54
自筹和其他投资	Self-raising Funds and Other Investments	46.24	53.63	56.96	66.38	71.73	67.38
财政	**Government Finance**						
财政收入结构	Composition of Government Revenue						
中 央	Central Government	57.37	68.92	79.60	84.53	83.37	83.97
地 方	Local Government	42.63	31.08	20.40	15.47	16.63	16.03
能源生产与消费	**Enery**						
能源生产总量结构	Composition of Total Energy Production						
原 煤	Coal	32.28	29.74	16.79	22.32	28.63	33.05
原 油	Crude Oil	19.08	30.41	30.46	17.82	14.10	12.31
天然气	Natural Gas	1.02	1.36	5.06	16.68	20.40	22.71
水 电	Hydro-power	47.62	38.49	47.69	43.18	36.87	31.93
能源消费总量结构	Composition of Total Energy Consumption						
煤 炭	Coal	51.54	41.64	30.18	32.36	37.77	39.50
石 油	Crude Oil	12.47	8.42	18.96	5.53	6.80	9.31
天然气	Natural Gas	1.03	1.13	4.83	17.61	12.86	16.47
水 电	Hydro-power	32.97	48.81	46.03	44.50	42.57	34.72

2-3 续表 1 Continued

单位:% (%)

指 标	Item	1990	1995	2000	2005	2007	2008
产 业	**Industry**						
农业	**Agriculture**						
农林牧渔业产值结构	Compostition of Gross Output Value of Agriculture						
农 业	Farming	46.82	48.19	43.71	38.75	40.54	38.29
林 业	Forestry	2.83	1.56	2.64	1.86	1.62	1.34
牧 业	Animal Husbandry	44.66	50.03	53.51	54.97	55.27	58.12
渔 业	Fishery	0.27	0.22	0.14	0.07	0.09	0.09
农林牧渔服务业	Services of Agriculture				4.35	2.48	2.16
工业	**Industrty**						
规模以上工业总产值结构	Compostition of Gross Output Industrial Enterprises						
大型企业	Large Enterprises	30.86	60.48	58.97	73.97	65.95	56.70
中型企业	Medinm-sized Enterprises	25.94	11.61	4.35	11.51	16.42	21.05
小型企业	Small Enterprises	43.20	27.91	36.68	14.52	17.63	22.25
建筑业	**Construction**						
建筑业总产值结构	Compostition of Gross Output Value of Construction Industry						
房屋土木工程建筑业	Civil Engineering Construction		83.35	85.53	90.13	93.04	91.72
建筑安装业	Installation Industry		15.30	13.45	8.06	5.23	7.28
建筑装饰业	Decoration Industry		1.35	1.02	1.02	0.99	1.00
交通运输业	**Transportation**						
货运量结构	Composition of Freight Traffic						
按运输方式分	By Mode of Transport						
铁 路	Railways	18.65	15.08	16.41	20.32	21.45	24.79
公 路	Highways	80.40	81.80	79.79	76.78	76.03	73.03
民用航空	Civil Aviation					0.01	0.01
管道输油(气)	Pipelines	0.95	3.12	3.80	2.90	2.51	2.17
商业	**Business**						
社会消费品零售总额构成	Composition of Retail Sales of Consumer Goods						
市	Cities	52.46	57.68	61.77	65.78	70.20	71.15
县	Counties	32.05	27.95	24.11	22.69	19.59	19.03
县以下	Below Counties	15.49	14.37	14.12	11.53	10.21	9.82
对外经济贸易	**Foreign Trade and Economic Cooperation**						
进出口总值结构	Total Value of Imports and Exports						
出 口	Total Exports	96.84	85.09	70.00	78.21	63.05	60.82
进 口	Total Imports	3.16	14.91	30.00	21.79	36.95	39.18
国际旅游	**International Tourism**						
来华旅游人次结构	Number of Overseas Visitor Arrivals						
外国人	Foreigners	74.83	73.90	33.33	50.00	80.00	66.67
港澳台同胞	Chinese Compatriots from Hong Kong, Macao and Taiwan Province	25.17	26.10	66.67	50.00	20.00	33.33

2-3 续表 2 Continued

单位:% (%)

指 标	Item	1990	1995	2000	2005	2007	2008
教育	**Education**						
在校学生结构	Composition of Student Enrollment in Regular School						
大学生	College and University Students	3.22	3.09	4.40	3.85	4.11	5.71
中专生	Secondary School Students	3.66	3.70	2.85	2.76	5.74	6.95
中学生	Secondry School Students	35.08	34.36	34.81	36.66	34.35	32.27
小学生	Primary School Students	58.04	58.85	57.94	56.73	55.80	55.07
专任教师结构	Composition of Full-time Teachers in Regular Schools						
大 学	Colleges and Universities	0.85	1.10	1.76	5.85	5.91	6.21
中 专	Secondary	1.56	2.05	1.77	3.04	3.57	4.38
中 学	Secondary	29.98	29.26	29.71	38.44	39.39	39.06
小 学	Primary	67.61	67.59	66.76	52.67	51.13	50.35
生活、环境	**People's Living Conditions and Environment**						
生活	**People's Living Conditions**						
城镇居民消费结构	Consumption Compostition of Urban Reidents						
食品类	Food	56.28	51.43	40.88	36.31	37.32	40.42
衣着类	Clothing	14.87	13.95	10.96	11.06	11.96	11.50
用品及其他	Household Appliances and Service	27.72	32.12	41.60	41.96	42.18	38.31
居 住	Residence	1.13	3.50	6.56	10.67	8.54	9.77
农村居民消费结构	Consumption Compostition of Rural Reidents						
食品类	Food	59.53	64.99	57.89	45.14	44.36	43.64
衣着类	Clothing	12.97	9.36	7.67	8.49	7.75	6.73
用品及其他	Household Appliances and Service	14.94	15.93	24.08	30.58	33.36	30.51
居 住	Residence	12.57	9.72	10.36	15.79	14.53	19.12
卫生	**Health Care**						
卫生机构技术人员结构	Composition of Medical and Technical Personnel						
执业医师	Certified Doctors				34.38	33.60	35.46
执业助理医师	Assistant Doctors				8.40	7.87	6.88
注册护士	Registered Nures				33.53	34.37	33.87
卫生机构病床结构	Beds Inhealth Institutions						
医 院	Hospitals	83.74	81.70	84.50	83.54	83.77	79.55
卫生院	Health Centers	11.48	12.38	11.26	13.60	13.91	14.95
其 他	Other	4.78	5.92	4.24	2.86	2.32	5.50
环境、灾害	**Environment and Disaster**						
工业治理污染源施工项目投资结构	Composition of Investment in the Treatment of Industrial Pollution						
治理废水	Waste Water	46.07	13.73	13.42	4.41	13.35	19.65
治理废气	Waste Gas	40.92	84.36	80.46	87.22	86.65	67.11
治理固体废物	Solid Wastes	4.86	1.64		0.26		4.28
治理噪声	Noise Pollution	0.06	0.16				8.96
其 他	Other	8.09	0.11	6.12	8.11		

2-4 主要年份国民经济和社会发展比例和效益指标

Indicators on Proportions and Efficiency on National Economy and Social Development in Main Years

指 标	Item	1990	1995	2000	2005	2007	2008
人口与就业	**population and employment**						
人口 (‰)	**population(‰)**						
出生率	brith rate	24.34	22.01	19.25	15.70	14.93	14.49
死亡率	death rate	7.47	6.89	6.15	6.21	6.13	6.14
自然增长率	natural growth rate	16.87	15.12	13.10	9.49	8.80	8.35
就业	**employment**						
就业者负担人口 (人)	Number of Dependents per Employee (person)	2.17	1.81	1.82	1.82	1.77	1.75
三次产业从业者比例（以第一产业为100）	Proportion of Employed Persons (Primary Industry = 100)						
第一产业	Primary Industry	100.00	100.00	100.00	100.00	100.00	100.00
第二产业	Secondary Industry	31.41	30.14	22.58	35.15	46.39	47.82
第三产业	Tertiary Industry	35.31	48.22	56.55	66.87	79.24	76.68
城镇登记失业率 (%)	registered unemployment rate in urban areas(%)	4.88	2.18	2.40	3.93	3.75	3.80
宏观经济	**Macro Economy**						
国民经济核算	**National Accounting**						
三次产业增加值比例（以第一产业为100）	Proportion of The added value (Primary Industry=100)						
第一产业	Primary Industry	100.00	100.00	100.00	100.00	100.00	100.00
第二产业	Secondary Industry	158.18	162.30	271.26	404.97	500.88	501.47
第三产业	Tertiary Industry	143.63	160.52	285.97	326.55	338.59	309.32
全社会劳动生产率 (元/人.年)	Labor productivity(yuan/person.year)	3164	6464	9363	18281	25427	30543
第一产业	Primary Industry	1333	2716	2583	4367	5910	7547
第二产业	Secondary Industry	6442	14771	28579	52523	68114	80334
第三产业	Tertiary Industry	5430	9087	13020	21954	26714	29949
人均生产总值 (元)	Per Capita GDP	1558	3513	5138	10045	14257	17359
固定资产投资	**Investment in Fixed Assets**						
全社会固定资产投资相当于生产总值比例 (%)	Proportion of Investment in Fixed Assets to GDP(%)	31.81	33.12	58.72	67.58	62.21	60.62
基本建设房屋建筑面积竣工率 (%)	Rate of Total Floor Space of Buildings Completed in Construction (%)	52.00	55.79	55.81	49.05	43.96	40.10
财政	**Government Finance**						
地方财政收入相当于生产总值比例 (%)	Local of Government Revenue to GDP (%)	10.35	5.12	6.29	6.22	7.24	7.44
财政支出相当于生产总值比例 (%)	Local of Government Ecpenditures to GDP (%)	24.50	17.16	25.90	31.24	36.01	37.81
地方财政收入相当于全年财政支出比例 (%)	Local of Government Revenue to Ecpenditures (%)	42.27	29.85	24.30	19.92	20.01	19.68
能源生产与消费	**Energy**						
能源生产弹性系数 (%)	Elasticity Ratio of Energy Production(%)	4.63		0.65	3.67	1.06	1.13
能源消费弹性系数 (%)	Elasticity Ratio of Electricity Production(%)	1.83	1.25		1.84	0.81	0.61
每万元生产总值能耗 (吨标准煤)	Energy consumption per 10 000 yuan of GRP (ton of SCE)	7.21	4.16	3.40	3.07	3.06	2.94
每万元工业增加值能耗(吨标准煤)	Energy consumption per 10 000 yuan of value-added to Gross Industrial Output Vaule (ton of SCE)			5.65	3.44	3.47	3.24

2-4 续表 1 Continued

指 标	Item	1990	1995	2000	2005	2007	2008
产 业	**Industry**						
农业	**Agriculture**						
年末农业人口人均耕地面积 (公顷)	Per Capita Area of Cultivated Lend(hectare)	0.18	0.17	0.18	0.14	0.15	0.15
农业从业者人均耕地面积 (公顷)	Agricultural practitioners Per Capita Area of Cultivated Lend per hectare(hectare)	0.48	0.44	0.47	0.42	0.45	0.45
每公顷耕地农业机械总动力 (千瓦)	Total Agricultural Machinery Power of Cultivated Lend per hectare(kw)	2.20	3.20	3.83	6.04	6.43	6.68
每公顷耕地用电量 (千瓦小时)	Electricity Consumed of Cultivated per hectare(kwh)	255.00	345.45	343.80	552.00	636.91	680.63
每公顷耕地化肥施用量 (公斤)	Consumption of Chemical Fertilizers per hectare(kwh)	274.95	303.90	272.55	325.00	364.83	370.00
农林牧渔业从业者人均农产品产量 (公斤)	Output of Farm Products per hectare(kg)						
粮 食	Grain Crops	957	866	581	724	827	844
油 料	Oil-bearing Crops	101	123	136	247	267	292
肉 类	Meat	128	139	146	200	203	212
水产品	Aquatic Products	3	2	1	1	2	2
每公顷播种面积农产品产量 (公斤)	Output of Farm Products per hectare(kg)						
粮 食	Grain Crops	2865	2972	2563	3798	3602	3743
油 料	Oil-bearing Crops	1050	1083	1013	1968	1858	2039
工业企业效益	**Economic Benefit of Industrial Enterprises**						
规模以上企业总资产贡献率(%)	Ratio of Total Assets to Industrial Output Value (%)			5.04	11.07	16.14	22.32
规模以上企业资产负债率 (%)	Assets-Liability Ratio(%)			71.67	67.54	63.16	61.60
规模以上企业流动资产周转次数 (次/年)	Number of Times of Annual of Turnover Circulating Funds (times/year)	1.81	0.98	0.77	1.40	1.57	1.95
规模以上企业全员劳动生产率(按增加值计算) (元/人.年)	All-personnel Labor Productivity(yuan/person.year)		15142	26404	134656	217536	278205
建筑业	**Construction**						
技术装备率 (元/人)	Value of Machinery per Laborer(yuan/person)	2209	4356	9153	14655	15061	17972
产值利润率 (%)	Ratio of Pre-tax Profits to Gross Output Value (%)	3.37		0.85	0.63	1.91	2.50
全员劳动生产率(按总产值计算) (元/人)	Overall Labor Productivity (yuan/person)	12557	33406	42284	86988	120027	144721
交通运输业	**Transportation**						
铁路网密度(公里/万平方公里)	Railway Density(km/10000 sq.km)	15.21	15.28	15.28	15.24	22.92	22.92
公路网密度(公里/万平方公里)	Highway Density (km/10000 sq.km)	232.39	239.21	259.43	412.76	730.90	783.88
铁路货运密度 (吨/公里)	Railway Density of Freight Transport(ton/km)	4146	4836	7573	13245	10734	13992
公路货运密度 (吨/公里)	Highway Density of Freight Transport(ton/km)	1170	1676	2168	1848	1193	1201
邮电通信业	**Post and Telecommunication Services**						
电话普及率(含移动电话) (部/百人)	Access to Telephones (include mobile phone) (set/100 persons)	0.61	2.00	11.22	46.00	62.53	66.50
固定电话普及率	Access to Fixed telephone	0.61	1.95	7.14	22.00	22.38	21.59
移动电话普及率	Access to Mobile Phones		0.05	4.08	24.00	40.19	44.90
国内商业	**Domestic Trade**						
人均社会消费品零售额 (元)	Per Capita Retail Sales of Consumer Goods (yuan)	647	1480	1954	2967	3790	4573
对外经济贸易	**Foreign Trade**						
进出口总额相当于生产总值比例 (%)	Proportion of Total Value of Imports & Exports to GDP(%)	4.82	8.20	5.03	6.23	5.93	5.12
国际旅游	**International Tourism**						
每一来青游客花费 (美元)	Expenditure per International Tourist in Qinghai(USD)	401	173	227	313	318	338

2-4 续表 2 Continued

指 标	Item	1990	1995	2000	2005	2007	2008
金融保险	**Finance and insurance**						
金融机构存款相当于生产总值比例(%)	Bank Deposits as Percentage of GDP (%)	84.79	82.30	117.25	147.23	139.44	143.91
金融机构贷款相当于生产总值比例(%)	Bank Loans as Percentage of GDP(%)	105.13	134.03	138.69	128.04	111.43	106.67
银行现金支出相当于收入比例(%)	Proportion of Cash Outlay to Cash Receipt in Bank(%)	106.74	105.42	107.22	104.21	103.65	104.12
教育、科技、文化	**Education, Science and Culture**						
教育	**Education**						
学龄儿童入学率(%)	Rate of School-age Children Enrollment(%)	81.50	87.40	94.20	97.00	98.60	99.40
小学毕业生升学率(%)	Rate of Primary School Graduates(%)	88.90	86.50	88.70	97.30	100.10	97.50
初中毕业生升学率(%)	Rate of Junior Middle School Graduates(%)	48.40	52.50	66.40	74.60	89.30	85.00
平均每一专任教师负担学生数(人)	The Average Full-time Teachers in Each of the Burden of Students(person)						
高等学校	Regular Institutions of Higher Education	4.20	5.20	6.30	11.30	12.40	16.60
普通中学	Regular Secondary Schools	13.60	12.40	13.50	16.30	15.50	14.90
小学学校	Primary Schools	18.50	16.70	18.20	18.40	19.40	19.70
科技	**Science and Technology**						
县以上研究与开发经费支出相当于生产总值比例(%)	R&D and above county levelExpenditures As Percentage of GDP(%)	0.67	0.44	0.50	0.38	0.39	0.36
文化	**Culture**						
每百万人有艺术表演团体(个)	Millions of People Have Every Art Performance Troupes(unit)	3.13	2.91	2.71	2.21	1.99	2.17
每百万人有公共图书馆(个)	Millions of People Have Every Public Libraries(unit)	9.16	8.52	7.36	7.92	7.80	7.78
每百万人有博物馆(个)	Millions of People Have Museums(unit)	1.34	1.67	2.71	2.76	3.26	3.26
家庭、生活、环境	**Family,People's Living Conditions and Environment**						
家庭	**Family**						
少儿抚养比(%)	Children Dependency Ratio(%)	46.47	41.70	39.15	34.52	31.45	30.38
老年抚养比(%)	Old Dependency Ratio(%)	4.64	5.25	6.65	8.65	9.20	9.61
生活	**People's Living Conditions**						
城镇与农村居民收入增长率比例(1984=100)	Urban and rural residents Rate of Income growth (1984=100)						
(以农村居民收入指数为1)	(The income of rural residents index for the 1)	0.98	1.35	1.42	1.53	1.57	1.60
卫生	**Health Care**						
每万人医疗机构数(个)	10 000 people Have Every Health Institutions(unit)	1.00	1.23	1.12	1.04	1.25	1.50
每万人卫生技术人员数(人)	10 000 people have every Medical Technical Personnel(person)	44.44	42.05	41.63	38.40	37.02	39.74
每万人医疗床位数(张)	10 000 people have every Beds in Health Institutions(unit)	35.07	35.67	31.98	29.65	29.81	32.30
医疗机构病床使用率(%)	Rate of Beds in Health Institutions(%)		70.60	61.67	58.88	62.72	69.10
市政建设	**Municipal Works**						
城市自来水普及率(%)	Percentage of Population with Access to Tap Water(%)	95.50	99.79	97.29	100.00	100.00	100.00
城市燃气普及率(%)	Percentage of City Population with Access to Gas(%)		2.57	48.88	64.00	89.41	94.78
人均拥有公共绿地面积(平方米)	Per Capita Public Green Areas (sq.m)	1.40	3.00	3.74	5.03	6.36	8.53
环境、灾害	**Environment and Disaster**						
平均每起火灾损失(元)	The Average Loss Per Fires(%)	22478	9231	7090	4606	5775	5205
平均每起交通事故损失(元)	The Average Loss Per Traffic Accidents(%)	1674	4792	4224	4316	3902	3296

2-5 主要年份平均每天主要社会经济活动
Selected Indicators on Average Daliy Social and Economic Activities in Main Years

指标	Item	1990	1995	2000	2005	2007	2008
每天创造的财富	**The wealth created each day**						
生产总值(万元)	Gross Regional Product(10 000 yuan)	1916	4529	7222	14882	21469	26343
第一产业	Primary Industry	484	1063	1056	1720	2285	2892
第二产业	Secondary Industry	737	1796	3123	7250	11446	14504
工业	Industry	582	1426	2207	5587	9439	12133
建筑业	Construction	155	370	916	1662	2007	2371
第三产业	Tertiary Industry	695	1670	3043	5912	7738	8947
交通运输仓储和邮电通信业	Transport,Postal and Telecommunication Services	112	246	526	1239	1681	1788
批发和零售贸易住宿餐饮业	Wholesale and Retail Trades, Hotels and Catering Services	193	404	585	1170	1564	1840
地方财政收入(万元)	Government Revenue(10 000 yuan)	198	236	454	927	1554	1961
财政支出(万元)	Government Expenditure(10 000 yuan)	469	789	1870	4651	7731	9962
粮　食(吨)	Grain Crops(ton)	3139	3128	2266	2555	2713	2789
油　料(吨)	Oil-bearing Crops(ton)	330	444	512	873	878	965
肉　类(吨)	Meat(ton)	420	503	571	706	667	700
牛肉	Beef(ton)	143	173	174	204	201	199
羊肉	Muttom	152	168	192	251	238	238
牛　奶(吨)	Cow Milk(ton)	552	548	565	647	684	692
羊　毛(吨)	Wool(ton)	48	49	45	48	42	42
原　煤(吨)	Coal(ton)	8767	7616	3972	15205	24548	32411
发电量	Electricuty(10 000 kwh)	1945	1808	3671	5836	7918	8384
原　油(吨)	Crude Oil(ton)	2219	3342	5480	6055	6055	6027
钢　材(吨)	Rolled Steel(ton)	767	849	986	1315	2986	3151
原　盐(吨)	Salt(ton)	2849	2082	1863	3069	4438	6466
水　泥(吨)	Cement(ton)	1397	1753	3397	10164	11973	12548
每天消费量	**Daily consumption**						
最终消费(万元)	Final consumption(10 000 yuan)	1474	2963	4141	9883	13958	16261
居民消费	People's consumption	998	2177	3000	5761	7497	8833
农业居民	Rural	484	996	1308	1758	2229	2815
非农业居民	Urban	514	1181	1692	4004	5268	6018
政府消费	Government consumption	476	786	1141	4121	6461	7428
能源消费量(万吨标准煤)	Consumption of Energy(10 000 tons of SCE)	1.38	1.88	2.46	4.58	5.74	
社会消费品零售总额(万元)	Retail Sales of Consumer Goods(10 000 yuan)	787	1935	2747	4398	5707	6927
每天其他经济活动	**Other Economic Activities**						
资本形成总额(万元)	Gross Capital Formation(10 000 yuan)	784	2128	4397	10117	13608	17622
固定资本形成	Gross Fixed Capital Formation	560	1575	4301	9975	13162	15978
存货增加	Changes in Inventories	224	553	96	142	446	1644
城镇新建住宅面积(万平方米)	New Residential Area of Urban(10 000sq.m)	0.06	0.06	0.14	0.60	0.41	0.56
农民个人新建住宅面积(万平方米)	New Residential Area of Individual Farmers(10 000sq.m)	0.31	0.32	0.54	0.55	0.60	0.49
货运量(万吨)	Freight Traffic(10 000 tons)	6.67	9.67	13.91	19.59	22.63	25.53
客运量(万人)	Passenger Traffic(10 000 person)	5.05	6.54	9.90	13.48	15.49	25.88
邮电业务总量(万元)	Bussiness Volume of Postal and Telecommunication Services(10 000 yuan)	9.47	42.73	134.74	861.18	1472.37	1916.48
进出口总额(万美元)	Total Value of Imports and Exports(10 000 USD)	19.25	44.46	43.83	113.25	167.69	188.62
出口总额	Total Exports	18.64	37.83	30.68	88.56	105.73	114.73
进口总额	Total Imports	0.61	6.63	13.15	24.70	61.96	73.89
利用外资合同金额(万美元)	Total Amount of Contracted Foreign Investment (10 000 USD)		6.70	30.19	97.43	113.98	84.65
国际旅游者人数(人次)	Number of International Tourists	15	37	82	110	137	82
居民新增储蓄额(万元)	Residents of The New Savi(10 000 yuan)	178	536	444	1349	1270	3881
每天人口变动和婚姻	**Daily population changes and marriage**						
出　生(人)	Birth(person)	300	288	271	233	225	220
死　亡(人)	Death(person)	91	90	86	92	92	93
结　婚(对)	Number of Marriages(couple)	84	110	102	79	85	93
离　婚(对)	Number of Divorces(couple)	4	5	6	11	12	10

2-6 主要年份人均主要工农业产品产量

Per Capita Output of Major Industrial and Agricultural Products in Main Years

单位:公斤 (kg)

年 份 Year	粮 食 Grain	油 料 Oil-bearing	水 果 Fruits	牛 奶 Cow Milk	肉 类 Meat	牛羊肉 Beef and Mutton	羊 毛 Woll	水产品 Aquatic Products
1978	250.3	12.5	1.8	34.7	16.6		4.5	0.9
1980	255.3	18.9	2.0	30.9	22.7	17.3	4.6	0.9
1981	210.3	16.7	2.7	32.3	22.2	15.9	4.5	0.8
1982	239.4	19.0	3.5	32.1	22.5	16.7	4.4	0.7
1983	246.7	18.4	3.0	33.2	23.0	17.4	4.1	1.0
1984	261.0	19.2	4.5	34.0	24.3	18.2	4.0	1.0
1985	248.0	24.5	4.9	38.2	27.6	20.2	3.8	1.1
1986	237.4	25.0	4.7	37.4	27.8	19.7	3.6	1.1
1987	245.3	24.4	5.0	41.2	26.8	18.4	3.6	0.5
1988	245.5	24.2	6.0	42.1	27.6	18.5	3.4	0.6
1989	253.5	24.1	5.2	45.3	28.8	18.7	3.5	0.6
1990	258.1	27.1	5.0	45.4	34.6	24.2	4.0	0.8
1991	254.2	29.3	4.7	45.1	34.9	24.1	4.0	0.9
1992	258.8	30.7	5.7	45.5	35.7	25.1	4.0	0.9
1993	255.7	31.7	5.9	40.7	34.3	23.6	3.8	0.8
1994	248.4	39.2	5.5	41.2	37.9	26.2	3.8	0.8
1995	239.1	27.1	5.6	41.9	38.5	26.0	3.7	0.5
1996	255.4	35.3	6.0	37.4	38.6	26.2	3.4	0.5
1997	259.2	37.3	5.5	37.8	40.3	26.8	3.3	0.4
1998	256.8	42.1	5.0	39.8	41.1	26.7	3.3	0.3
1999	204.6	56.3	4.8	37.6	39.8	25.1	3.1	0.3
2000	161.1	37.8	4.4	40.2	40.6	26.0	3.2	0.2
2001	198.5	44.2	3.3	41.7	42.5	28.1	3.2	0.4
2002	173.6	44.5	3.1	41.9	43.3	28.6	3.2	0.3
2003	163.4	49.3	2.7	41.6	44.6	29.4	3.3	0.2
2004	165.0	53.9	2.7	42.4	46.3	30.1	3.3	0.2
2005	172.4	58.1	2.7	43.7	47.6	30.7	3.3	0.2
2006	182.8	44.7	2.4	43.6	44.8	29.3	3.2	0.4
2007	180.2	58.3	2.5	45.5	44.3	29.1	2.8	0.3
2008	184.1	63.7	2.4	45.7	46.2	28.8	2.8	0.4

2-6 续表 Continued

单位:公斤 (kg)

年 份 Year	原 盐 Salt	机制纸及纸板 Machine-made Paper and Paperboard	原 煤 Coal	铝 Aluminun	原 油 Crude Petroleum Oil	发电量 (千瓦小时) Electricity (kwh)	钢 Steel	水 泥 Cement
1978	108.0	1.5	679		37.8	180.7	50.4	50.5
1980	80.8	1.0	670		40.2	219.6	47.9	79.7
1981	33.7	1.0	504		44.0	203.5	45.7	57.2
1982	66.6	0.3	535		44.6	202.5	47.0	72.4
1983	65.2	1.2	558		44.7	196.1	48.7	93.2
1984	85.9	1.4	602		46.6	206.0	49.9	106.9
1985	90.2	1.6	685		49.4	281.3	51.7	119.7
1986	165.6	1.7	657		84.5	353.4	54.3	118.3
1987	338.2	1.6	645		42.1	526.5	56.7	115.9
1988	256.3	1.9	622	5.4	148.5	1063.8	67.9	125.0
1989	280.4	1.7	691	7.3	165.8	1331.2	71.2	123.5
1990	235.0	1.6	721	10.3	182.5	1591.1	72.7	115.8
1991	315.6	1.7	636	13.0	226.2	1326.2	80.4	128.1
1992	201.4	1.5	616	15.3	230.4	1088.5	83.5	154.0
1993	208.8	1.2	498	19.8	233.7	1466.7	92.4	167.0
1994	197.1	1.7	561	24.3	240.4	1554.6	97.5	133.9
1995	159.4	3.0	582	24.0	254.9	1265.1	74.4	133.6
1996	140.8	3.4	613	25.9	289.0	1273.7	84.0	157.0
1997	32.4	2.2	669	37.8	325.6	1712.6	87.7	160.8
1998	78.7	3.1	641	47.2	352.8	2013.0	87.2	206.3
1999	96.6	3.1	423	51.9	374.5	2258.4	88.2	230.6
2000	131.8	0.7	283	55.2	389.7	2607.0	83.6	241.1
2001	148.3	0.9	445	56.8	396.4	2650.4	85.2	319.4
2002	118.3	0.7	475	66.0	407.0	2652.6	79.4	502.0
2003	124.9	0.4	585	75.4	414.2	2437.5	89.9	577.9
2004	147.3	0.3	766	105.2	414.1	3134.0	88.1	636.0
2005	207.1		1026	123.9	408.6	3937.9	94.3	685.9
2006	262.2	1.6	1085	150.3	408.8	5078.4	146.7	680.2
2007	294.7		1630	172.8	402.1	5403.4	209.2	795.1
2008	426.8	0.4	2139	184.5	397.9	5534.0	208.0	828.3

2-7 主要年份总产出
Gross Output in Main Years

按当年价格计算

Data in this table are calculated at current prices

单位:亿元 (100 million yuan)

年份 Year / 地区 Region		总产出 Total Output	第一产业 Primary Industry	第二产业 Secondary Industry	工业 Industry	建筑业 Construction	第三产业 Tertiary Industry
1952		2.39	1.61	0.32	0.26	0.06	0.46
1957		6.96	2.80	2.50	1.27	1.23	1.66
1965		9.93	4.16	3.41	2.42	0.99	2.36
1970		14.96	4.37	7.28	4.74	2.54	3.31
1975		23.96	5.63	13.35	10.16	3.19	4.98
1978		32.06	5.99	19.54	13.56	5.98	6.53
1980		37.18	7.77	21.51	14.33	7.18	7.90
1981		34.75	7.30	18.85	12.25	6.60	8.60
1982		37.84	8.36	22.71	14.73	7.98	6.77
1983		43.34	8.67	24.14	15.37	8.77	10.53
1984		50.22	10.48	27.55	17.92	9.63	12.19
1985		62.18	12.25	35.27	22.65	12.62	14.66
1986		71.17	14.11	39.49	26.79	12.70	17.57
1987		81.13	15.94	45.11	31.30	13.81	20.08
1988		101.76	19.49	59.08	42.51	16.57	23.19
1989		123.31	21.60	68.76	54.18	14.58	32.95
1990		144.62	24.53	71.29	55.25	16.04	48.80
1991		155.73	25.24	78.08	60.51	17.57	52.41
1992		183.24	28.03	95.07	68.22	26.85	60.14
1993		235.33	31.99	126.62	92.76	33.86	76.72
1994		295.40	45.99	155.88	123.49	32.38	93.53
1995		350.97	56.44	181.35	143.21	38.14	113.19
1996		392.40	57.68	199.48	147.68	51.80	135.23
1997		446.96	60.85	242.05	174.94	67.11	144.06
1998		502.96	62.87	283.07	196.81	86.26	157.03
1999		544.05	61.39	309.48	209.88	99.60	173.18
2000		621.44	59.51	362.94	240.08	122.86	198.99
2001		701.50	66.39	402.93	243.48	159.45	232.18
2002		814.12	69.34	482.26	270.61	211.65	262.53
2003		954.90	71.77	584.00	329.78	254.22	299.13
2004		1130.85	86.65	704.50	422.80	281.70	339.70
2005		1348.36	94.04	879.99	586.58	293.41	374.33
2006		1571.80	97.63	1050.61	755.84	294.77	423.56
2007		1885.51	121.26	1271.49	958.13	313.36	492.76
2008		2325.40	153.40	1605.76	1249.29	356.47	566.24
西宁市	Xining City	1135.98	34.50	786.82	603.57	183.25	314.66
海东地区	Haidong Prefecture	288.36	39.20	166.33	110.50	55.83	82.83
海北州	Haibei Zang A.P	102.22	12.63	52.01	32.69	19.32	37.58
黄南州	Huangnan Zang A.P	63.52	12.59	36.74	25.52	11.22	14.19
海南州	Hainan Zang A.P	118.95	21.50	72.22	26.97	45.25	25.23
果洛州	Golog Zang A.P	18.70	4.46	7.96	6.23	1.73	6.28
玉树州	Yushu Zang A.P	43.85	18.27	14.92	0.90	14.02	10.66
海西州	Haixi Mongolian & Zang A.P	669.21	10.26	536.11	440.90	95.21	122.84

注:1.1992-2004年数据根据经济普查数据进行调整和修订。
2.1990-1993年的总产出依据第三产业普查作了统一调整。
3.1997年工业总产出等于按新口径计算工业总产值加销项税。
4.2006年第一产业数据根据农业普查数据进行了调整。

a) Data in 1992-2004 were adjusted and revised based on economic census data.
b) The total output in 1990-1993 were made a uniform adjustment based on the census of tertiary industry.
c) Industrial output in 1997 equaled to the total industrial output value calculated with new caliber added output tax.
d) Data on the primary industry in 2006 have been adjusted according to agricultural census data.

2-8 主要年份总产出指数
Indices of Gross Output in Main Years

以上年为100

preceding year=100

单位:% (%)

年份 Year 地区 Region		总产出 Total Output	第一产业 Primary Industry	第二产业 Secondary Industry	工业 Industry	建筑业 Construction	第三产业 Tertiary Industry
1952		100.00	100.00	100.00	100.00	100.00	100.00
1957		91.26	100.31	70.97	104.01	57.83	122.58
1965		109.47	111.00	103.78	129.21	137.64	115.89
1970		118.56	100.02	131.31	142.33	123.41	105.56
1975		114.41	99.12	121.92	115.65	132.09	104.70
1978		123.27	99.38	129.77	116.26	146.96	117.81
1980		99.83	111.02	95.95	97.48	94.74	111.38
1981		91.77	93.05	89.05	85.46	91.99	102.63
1982		117.48	107.80	120.05	119.00	120.84	113.94
1983		108.27	102.48	106.25	101.39	109.88	119.60
1984		119.47	108.94	111.61	114.23	109.81	117.75
1985		106.89	111.11	106.77	119.72	97.48	105.32
1986		102.72	104.68	101.60	111.33	93.03	105.27
1987		106.82	103.86	106.54	113.01	99.73	109.26
1988		109.16	100.27	112.30	120.57	102.41	103.43
1989		95.69	102.43	96.34	108.09	79.82	93.71
1990		116.52	104.86	102.07	103.17	99.96	173.17
1991		107.95	102.34	99.98	105.74	88.65	126.19
1992		113.60	104.10	113.70	105.30	133.50	115.70
1993		107.29	100.18	110.00	113.47	103.27	106.98
1994		106.41	103.60	105.06	112.70	88.80	110.10
1995		107.97	99.80	109.38	109.00	110.40	109.80
1996		111.12	103.90	114.31	109.70	126.60	109.40
1997		110.82	105.70	113.46	110.50	120.30	108.70
1998		111.61	104.50	115.36	110.20	126.30	108.20
1999		108.45	100.20	110.36	109.90	111.20	108.30
2000		109.54	97.40	109.56	105.60	116.80	114.00
2001		113.07	105.40	115.28	109.40	125.00	111.60
2002		112.38	103.40	114.50	108.90	122.60	111.20
2003		113.35	97.80	117.52	120.10	114.20	109.80
2004		111.93	103.80	113.58	120.30	104.50	110.60
2005		114.35	105.52	117.54	127.51	102.01	109.78
2006		110.52	103.73	111.09	117.68	97.91	110.89
2007		113.69	104.79	115.77	121.66	101.63	110.80
2008		113.63	104.34	115.87	121.25	100.38	110.14
西宁市	Xining City	118.10	105.60	121.90	129.40	100.40	111.00
海东地区	Haidong Prefecture	110.70	106.60	109.40	122.20	88.80	115.10
海北州	Haibei Zang A.P	121.40	100.90	138.50	153.20	121.80	111.30
黄南州	Huangnan Zang A.P	116.11	101.88	125.33	133.90	107.32	105.69
海南州	Hainan Zang A.P	114.10	106.10	116.80	119.90	115.00	112.80
果洛州	Golog Zang A.P	124.80	93.70	184.30	230.60	102.50	105.80
玉树州	Yushu Zang A.P	113.20	99.40	130.80	91.60	134.50	113.90
海西州	Haixi Mongolian & Zang A.P	122.80	106.80	125.00	125.50	123.00	115.70

注:1.1995年工业指数与工业普查数有差距。
2.1992-2004年数据根据经济普查数据进行调整和修订。
3.2006年第一产业数据根据农业普查数据进行了调整。

a) There is a gap between the industrial indices in 1995 and the data of industrial census.
b) Data in 1992-2004 were adjusted and revised based on economic census data.
c) Data on the primary industry in 2006 have been adjusted according to agricultural census data.

2-9 主要年份总产出指数

Indices of Gross Output in Main Years

以1952年为100

year of 1952=100

单位:% (%)

年份 Year	总产出 Total Output	第一产业 Primary Industry	第二产业 Secondary Industry	工业 Industry	建筑业 Construction	第三产业 Tertiary Industry
1952	100.00	100.00	100.00	100.00	100.00	100.00
1957	282.38	147.46	659.48	386.33	1333.53	513.51
1965	374.18	187.14	921.11	789.04	2162.28	670.27
1970	717.21	196.56	2847.38	1805.23	5392.36	924.32
1975	1089.75	252.60	4669.44	3839.48	6677.47	1264.86
1978	1541.39	267.56	7165.41	5037.37	12347.61	1627.03
1980	1683.20	285.25	7782.74	4903.07	14814.51	1851.35
1981	1544.67	265.42	6930.53	4190.16	13627.87	1900.00
1982	1814.76	286.13	8320.10	4986.29	16467.91	2164.84
1983	1964.75	293.22	8840.10	5055.60	18094.94	2589.19
1984	2211.48	319.44	9866.44	5775.01	19870.06	3048.64
1985	2363.93	354.93	10534.40	6913.85	19369.33	3210.81
1986	2428.28	371.54	10702.95	7697.18	18019.29	3386.49
1987	2593.85	385.88	11402.93	8698.59	17970.64	3700.00
1988	2831.56	386.92	12805.49	10487.79	18403.72	3827.03
1989	2728.69	396.32	12336.81	11336.25	14689.85	3586.49
1990	3179.47	415.58	12592.17	11695.61	14683.97	6210.81
1991	3432.22	425.30	12589.65	12366.94	13017.34	7837.84
1992	3899.00	442.74	14314.43	13022.39	17378.15	9068.38
1993	4183.40	443.53	15745.44	14776.50	17946.41	9701.35
1994	4451.55	459.50	16542.14	16653.12	15936.42	10681.19
1995	4806.20	458.58	18093.51	18151.90	17593.80	11727.95
1996	5340.67	476.47	20682.50	19912.63	22273.75	12830.37
1997	5918.38	503.63	23466.37	22003.46	26795.33	13946.62
1998	6605.55	526.29	27069.88	24247.81	33842.50	15090.24
1999	7163.59	527.34	29873.19	26648.35	37632.86	16342.73
2000	7846.69	513.63	32728.22	28140.66	43955.18	18630.71
2001	8872.56	541.37	37727.83	30785.88	54943.97	20791.87
2002	9971.21	559.77	43196.76	33525.82	67361.31	23120.56
2003	11301.97	547.46	50764.65	40264.51	76926.62	25386.38
2004	12650.15	568.26	57660.98	48438.21	80388.31	28077.34
2005	14465.45	599.62	67774.72	61765.81	81200.23	30822.39
2006	15987.22	621.98	75290.94	72686.01	79503.15	34178.95
2007	18175.87	651.77	87164.32	88429.80	80799.05	37870.28
2008	20653.24	680.05	100997.30	107221.13	81106.09	41710.33

注:1.1992-2004年数据根据经济普查数据进行调整和修订。
2.2006年第一产业数据根据农业普查数据进行了调整。

a) Data in 1992-2004 were adjusted and revised based on economic census data.

b) Data on the primary industry in 2006 have been adjusted according to agricultural census data.

2-10 主要年份生产总值
Gross Domestic Product in Main Years

按当年价格计算

Data in this table are calculated at current prices

单位:亿元 (100 million yuan)

年份 Year / 地区 Region	生产总值 Gross Domestic Product	第一产业 Primary Industry	第二产业 Secondary Industry	工业 Industry	建筑业 Construction	第三产业 Tertiary Industry	人均生产总值(元) Per Capita GDP (yuan)
1952	1.63	1.20	0.12	0.10	0.02	0.31	101
1957	3.95	2.13	0.78	0.40	0.38	1.04	193
1965	6.14	3.36	1.28	0.96	0.32	1.50	271
1970	8.15	3.36	2.79	2.02	0.77	2.00	303
1975	12.42	4.64	4.76	3.78	0.98	3.02	371
1978	15.54	3.67	7.71	5.57	2.14	4.16	428
1980	17.79	5.00	7.83	5.67	2.16	4.96	473
1981	17.49	4.63	7.23	5.21	2.02	5.63	459
1982	19.95	5.56	8.03	5.62	2.41	6.36	513
1983	22.45	5.90	8.98	6.38	2.60	7.57	569
1984	26.42	7.35	10.15	7.19	2.96	8.92	662
1985	33.01	8.64	13.39	8.90	4.49	10.98	808
1986	38.44	10.47	15.40	11.06	4.34	12.57	916
1987	43.38	11.74	16.61	12.09	4.52	15.03	1018
1988	54.96	14.36	23.30	17.33	5.97	17.30	1260
1989	60.37	15.73	25.29	20.07	5.22	19.35	1365
1990	69.94	17.67	26.89	21.23	5.66	25.38	1558
1991	75.10	17.96	29.84	23.49	6.35	27.30	1647
1992	87.52	19.90	36.31	26.69	9.62	31.31	1912
1993	109.68	22.21	48.13	36.67	11.46	39.34	2364
1994	138.40	32.40	57.78	46.13	11.65	48.22	2942
1995	167.80	39.62	64.58	51.62	12.96	63.60	3513
1996	184.17	40.41	70.00	53.27	16.73	73.75	3799
1997	202.79	41.80	76.64	56.90	19.73	84.36	4122
1998	220.92	42.94	85.44	62.40	23.04	92.54	4426
1999	239.38	42.03	94.03	68.63	25.41	103.32	4728
2000	263.68	40.12	108.83	78.80	30.03	114.73	5138
2001	300.13	44.74	125.09	87.02	38.07	130.29	5774
2002	340.65	47.31	144.51	97.48	47.03	148.83	6478
2003	390.20	48.47	171.92	117.18	54.74	169.81	7346
2004	466.10	60.70	211.70	153.50	58.20	193.70	8693
2005	543.32	65.34	264.61	203.94	60.67	213.37	10045
2006	639.50	67.56	331.16	265.12	66.04	240.78	11724
2007	783.61	83.41	417.78	344.52	73.26	282.42	14257
2008	961.52	105.57	529.40	442.85	86.55	326.55	17389
西宁市 Xining City	422.19	19.21	227.39	193.75	33.64	175.59	19494
海东地区 Haidong Prefecture	122.36	24.41	45.56	34.06	11.50	52.39	7750
海北州 Haibei Zang A.P	38.19	8.89	16.79	10.29	6.50	12.51	13762
黄南州 Huangnan Zang A.P	33.95	10.56	13.60	11.19	2.41	9.79	14937
海南州 Hainan Zang A.P	51.60	15.26	21.67	11.32	10.35	14.67	11923
果洛州 Golog Zang A.P	12.66	3.78	3.50	2.08	1.42	5.38	7959
玉树州 Yushu Zang A.P	24.51	16.43	3.31	0.40	2.91	4.77	7391
海西州 Haixi Mongolian & Zang A.P	273.11	7.03	217.68	201.18	16.50	48.40	62583

注:1.1992-2004年数据根据经济普查数据进行调整和修订。

2.2006年第一产业数据根据农业普查数据进行了调整。

a) Data in 1992-2004 were adjusted and revised based on economic census data.

b) Data on the primary industry in 2006 have been adjusted according to agricultural census data.

2-11 主要年份生产总值构成

Composition of Gross Domestic Product in Main Years

按当年价格计算

Data in this table are calculated at current prices

单位:% (%)

年份 Year 地区 Region		生产总值 Gross Domestic Product	第一产业 Primary Industry	第二产业 Secondary Industry	工业 Industry	建筑业 Construction	第三产业 Tertiary Industry
1952		100.0	73.6	7.4	6.2	1.2	19.0
1957		100.0	53.9	19.7	10.1	9.6	26.4
1965		100.0	54.7	20.8	15.6	5.2	24.5
1970		100.0	41.2	34.2	24.8	9.4	24.6
1975		100.0	37.4	38.3	30.4	7.9	24.3
1978		100.0	23.6	49.6	35.8	13.8	26.8
1980		100.0	28.1	44.0	31.9	12.1	27.9
1981		100.0	26.5	41.3	29.8	11.5	32.2
1982		100.0	27.9	40.3	28.2	12.1	31.8
1983		100.0	26.3	40.0	28.4	11.6	33.7
1984		100.0	27.8	38.4	27.2	11.2	33.8
1985		100.0	26.2	40.6	27.0	13.6	33.2
1986		100.0	27.2	40.1	28.8	11.3	32.7
1987		100.0	27.1	38.3	27.9	10.4	34.6
1988		100.0	26.1	42.4	31.5	10.9	31.5
1989		100.0	26.1	41.9	33.2	8.6	32.0
1990		100.0	25.3	38.4	30.4	8.0	36.3
1991		100.0	23.9	39.7	31.3	8.4	36.4
1992		100.0	22.7	41.5	30.5	11.0	35.8
1993		100.0	20.3	43.9	33.4	10.5	35.9
1994		100.0	23.4	41.7	33.3	8.4	34.8
1995		100.0	23.6	38.5	30.8	7.7	37.9
1996		100.0	21.9	38.0	28.9	9.1	40.0
1997		100.0	20.6	37.8	28.1	9.7	41.6
1998		100.0	19.4	38.7	28.2	10.4	41.9
1999		100.0	17.6	39.3	28.7	10.6	43.2
2000		100.0	15.2	41.3	29.9	11.4	43.5
2001		100.0	14.9	41.7	29.0	12.7	43.4
2002		100.0	13.9	42.4	28.6	13.8	43.7
2003		100.0	12.4	44.1	30.0	14.0	43.5
2004		100.0	13.0	45.4	32.9	12.5	41.6
2005		100.0	12.0	48.7	37.5	11.2	39.3
2006		100.0	10.6	51.8	41.5	10.3	37.6
2007		100.0	10.6	53.3	44.0	9.3	36.1
2008		100.0	11.0	55.0	46.0	9.0	34.0
西宁市	Xining City	100.0	4.6	53.9	45.9	8.0	41.6
海东地区	Haidong Prefecture	100.0	20.0	37.2	27.8	9.4	42.8
海北州	Haibei Zang A.P	100.0	23.3	43.9	26.9	17.0	32.8
黄南州	Huangnan Zang A.P	100.0	31.1	40.1	33.0	7.1	28.8
海南州	Hainan Zang A.P	100.0	29.6	42.0	21.9	20.1	28.4
果洛州	Golog Zang A.P	100.0	29.9	27.6	16.4	11.2	42.5
玉树州	Yushu Zang A.P	100.0	67.0	13.5	1.6	11.9	19.5
海西州	Haixi Mongolian & Zang A.P	100.0	2.6	79.7	73.7	6.0	17.7

注:1.1992-2004年数据根据经济普查数据进行调整和修订。
2.2006年第一产业数据根据农业普查数据进行了调整。

a) Data in 1992-2004 were adjusted and revised based on economic census data.

b) Data on the primary industry in 2006 have been adjusted according to agricultural census data.

2-12 主要年份生产总值指数

Indices of Gross Domestic Product in Main Years

可比价格计算

Data in this table are calculated at constant prices

(1952=100) (year of 1952=100)

年 份 Year	生产总值 Gross Domestic Product	第一产业 Primary Industry	第二产业 Secondary Industry	工 业 Industry	建筑业 Construction	第三产业 Tertiary Industry	人 均 生产总值 Per Capita GDP
1952	100.00	100.00	100.00	100.00	100.00	100.00	100.00
1957	216.67	151.20	591.67	330.00	1900.00	335.48	172.85
1965	312.26	203.62	1001.62	847.14	1600.00	493.60	225.10
1970	445.69	203.60	2460.10	2111.84	3848.76	689.74	260.41
1975	665.06	278.85	4075.30	3639.41	4899.10	959.28	324.40
1978	825.92	234.54	6501.60	5435.19	10687.83	1326.01	371.75
1980	884.25	243.25	6539.41	5465.59	10796.77	1389.94	384.02
1981	871.87	230.60	6048.95	5049.11	10097.64	1690.17	374.34
1982	974.75	261.17	6672.00	5398.00	12045.89	1901.44	410.57
1983	1078.07	279.04	7279.15	5921.07	12995.10	2203.77	447.61
1984	1224.69	318.10	8123.54	6551.07	14794.92	2547.55	502.35
1985	1357.45	343.87	9358.31	7782.02	15845.36	2751.36	544.20
1986	1467.40	375.85	10006.00	8547.77	16095.72	2968.72	572.39
1987	1551.05	387.50	10362.60	9255.53	14246.32	3295.28	595.74
1988	1670.48	385.14	12755.62	11678.62	16045.63	3183.57	627.13
1989	1690.52	395.00	12717.35	12357.15	12595.82	3255.85	626.32
1990	1753.47	411.47	12797.35	12415.23	13745.82	3433.62	640.03
1991	1835.64	415.50	13556.07	13105.52	13565.75	3707.62	660.71
1992	1971.30	432.16	14586.27	13838.11	15877.35	4062.07	699.03
1993	2161.55	429.26	16720.59	15970.56	17777.87	4564.95	756.36
1994	2337.11	444.72	18038.85	17663.44	17475.65	5072.32	806.50
1995	2524.14	442.49	19716.25	19341.47	18961.07	5667.10	857.82
1996	2744.23	458.87	21809.12	20695.37	23720.30	6213.50	918.87
1997	2992.38	474.93	24121.69	22557.96	27539.27	6856.88	987.29
1998	3259.19	491.55	26893.16	24588.17	32909.43	7482.17	1059.70
1999	3523.52	496.47	29429.73	26801.11	36430.74	8228.94	1129.58
2000	3838.50	476.61	32872.05	29481.22	42478.24	9182.54	1214.13
2001	4288.09	504.25	37846.51	32724.15	53692.50	10163.04	1338.99
2002	4806.09	526.94	44074.27	37665.50	64269.92	11229.29	1483.47
2003	5376.12	546.96	51357.37	44106.30	74038.95	12328.25	1642.70
2004	6035.86	567.75	59985.78	53853.79	77296.67	13597.89	1827.09
2005	6770.43	596.03	69538.62	65149.64	78923.49	14987.91	2031.64
2006	7596.42	616.89	80525.72	77332.62	83658.90	16561.64	2260.40
2007	8545.97	644.03	92524.05	90711.16	88762.09	18499.35	2524.64
2008	9631.31	669.15	107790.52	108399.84	92578.86	20349.29	2829.62

注:1992-2004年数据根据经济普查数据进行调整和修订。

a) Data in 1992-2004 were adjusted and revised based on economic census data.

2-13 主要年份生产总值指数

Indices of Gross Domestic Product in Main Years

按可比价格计算

Data in this table are calculated at constant prices

(上年=100) (preceding year=100)

年 份 地 区	Year Region	生产总值 Gross Domestic Product	第一产业 Primary Industry	第二产业 Secondary Industry	工 业 Industry	建筑业 Construction	第三产业 Tertiary Industry	人均生产总值 Per Capita GDP
1952		100.00	100.00	100.00	100.00	100.00	100.00	100.00
1957		97.33	100.53	74.74	100.00	61.83	114.29	91.28
1965		112.45	110.49	127.00	121.79	145.45	106.12	107.59
1970		119.57	100.34	162.50	183.59	103.31	106.87	114.79
1975		107.83	99.78	116.23	113.41	128.95	108.13	104.82
1978		114.93	96.91	128.08	116.32	173.98	122.61	111.87
1980		117.78	97.74	123.20	131.40	105.88	129.89	115.87
1981		98.60	94.80	92.50	92.38	93.52	121.60	97.48
1982		111.80	113.30	110.30	106.91	119.30	112.50	109.68
1983		110.60	106.80	109.10	109.69	107.88	115.90	109.02
1984		113.60	114.00	111.60	110.64	113.85	115.60	112.23
1985		110.84	108.10	115.20	118.79	107.10	108.00	108.33
1986		108.10	109.30	107.50	109.84	101.58	107.90	105.68
1987		105.70	103.10	103.00	108.28	88.51	111.10	104.08
1988		107.70	99.39	123.10	126.18	112.63	96.61	105.27
1989		101.20	102.56	99.74	105.81	78.50	102.27	99.87
1990		103.72	104.17	102.23	100.47	109.13	105.46	102.19
1991		104.69	100.98	104.29	105.56	98.69	107.98	103.23
1992		107.39	104.01	107.61	105.59	117.04	109.56	105.80
1993		109.65	99.33	114.63	115.41	111.97	112.38	108.20
1994		108.12	103.60	107.88	110.60	98.30	111.11	106.63
1995		108.00	99.50	109.30	109.50	108.50	111.73	106.36
1996		108.72	103.70	110.61	107.00	125.10	109.64	107.12
1997		109.04	103.50	110.60	109.00	116.10	110.35	107.45
1998		108.92	103.50	111.49	109.00	119.50	109.12	107.33
1999		108.11	101.00	109.43	109.00	110.70	109.98	106.59
2000		108.94	96.00	111.70	110.00	116.60	111.59	107.49
2001		111.71	105.80	115.13	111.00	126.40	110.68	110.28
2002		112.08	104.50	116.46	115.10	119.70	110.49	110.79
2003		111.86	103.80	116.52	117.10	115.20	109.79	110.73
2004		112.27	103.80	116.80	122.10	104.40	110.30	111.22
2005		112.17	104.98	115.93	120.98	102.10	110.22	111.20
2006		112.20	103.50	115.80	118.70	106.00	110.50	111.26
2007		112.50	104.40	114.90	117.30	106.10	111.70	111.69
2008		112.70	103.90	116.50	119.50	104.30	110.00	112.08
西宁市	Xining City	114.70	105.00	119.20	122.90	101.00	110.60	113.34
海东地区	Haidong Prefecture	112.60	106.30	112.10	122.10	88.30	115.50	112.08
海北州	Haibei Zang A.P	115.60	104.10	128.20	148.60	108.40	110.20	114.63
黄南州	Huangnan Zang A.P	111.06	102.64	119.91	123.71	103.00	106.97	109.84
海南州	Hainan Zang A.P	113.80	105.70	119.50	122.00	117.00	113.20	111.71
果洛州	Golog Zang A.P	113.10	94.00	155.30	233.80	101.00	109.20	112.11
玉树州	Yushu Zang A.P	105.30	99.90	115.00	88.90	119.40	116.00	98.72
海西州	Haixi Mongolian & Zang A.P	120.00	106.00	122.00	123.00	111.70	114.40	117.93

注:1992-2004年数据根据经济普查数据进行调整和修订。

a) Data in 1992-2004 were adjusted and revised based on economic census data.

2-14 主要年份第三产业增加值

单位:亿元

年 份 Year / 地 区 Region	总 计 Total	交通运输,仓储及邮政业 Transport, Storage and Post	信息传输、计算机服务和软件业 Information Transmission, Computer Services and Software	批发,零售贸易业 Wholesale and Retail Trades	住宿和餐饮业 Hotels and Catering Services
1992	31.31	5.34	0.46	7.33	1.34
1993	39.34	6.17	0.51	9.07	1.73
1994	48.22	6.69	0.69	11.28	2.08
1995	63.60	8.59	1.02	15.73	2.36
1996	73.75	9.90	1.60	15.26	2.71
1997	84.36	11.36	2.08	16.09	3.83
1998	92.54	12.73	2.64	16.94	4.53
1999	103.32	15.45	3.12	17.37	5.36
2000	114.73	17.49	4.74	19.40	5.79
2001	130.29	19.50	7.46	21.22	6.37
2002	148.83	23.06	9.53	24.31	6.54
2003	169.81	26.87	12.26	27.21	7.85
2004	193.70	30.00	14.70	31.50	8.60
2005	213.37	31.88	14.20	35.63	9.38
2006	240.78	35.27	16.43	38.90	11.13
2007	282.42	40.90	20.46	44.75	12.35
2008	326.55	40.72	24.56	53.28	13.87
西宁市 Xining City	175.59	18.85	14.20	34.70	6.96
海东地区 Haidong Prefecture	52.39	8.97	3.14	5.81	2.73
海北州 Haibei Zang A.P	12.51	1.07	0.70	0.95	0.47
黄南州 Huangnan Zang A.P	9.79	0.32	0.51	0.65	0.31
海南州 Hainan Zang A.P	14.67	0.45	1.07	1.16	1.08
果洛州 Golog Zang A.P	5.38	0.26	0.38	0.19	0.04
玉树州 Yushu Zang A.P	4.77	0.33	0.05	0.88	0.26
海西州 Haixi Mongolian & Zang A.P	48.40	15.37	3.94	4.81	3.78

注:1.本表按当年价格计算。
2.1992-2004年数据根据经济普查数据进行调整和修订。
a) Data in this table are calculated at current prices.
b) Data in 1992-2004 were adjusted and revised based on economic census data.

Value-added of the Tertiary Industry in Main Years

(100 million yuan)

金融业 Financial Intermediation	房地产业 Real Estate	租赁和商务服务业 Rental and Business Services	科学研究、技术服务和地质勘查业 Scientific Research, Technical Services and Geological Prospecting	水利、环境和公共设施管理业 Management of Water, Environment and Public Facilities	居民服务和其他服务业 Residents Services and Other Services	教育 Education	卫生、社会保障和社会福利业 Health, Social Security and Social Welfare	文化、体育和娱乐业 Culture, Sports and Entertainment	公共管理和社会组织 Public Administration and Social Organizations
5.83	0.49	0.04	1.03	0.42	0.60	2.20	0.95	0.74	4.54
8.27	0.76	0.05	1.17	0.46	0.60	2.64	1.20	0.85	5.86
10.82	1.10	0.08	1.42	0.53	0.68	3.16	1.54	0.98	7.17
14.62	1.58	0.12	1.90	0.68	0.81	4.22	2.04	1.26	8.67
17.29	2.55	0.17	2.32	0.80	0.87	5.29	2.53	1.51	10.96
18.92	3.35	0.28	2.68	0.89	1.06	5.96	3.10	1.64	13.14
19.23	4.25	0.42	3.20	1.01	1.23	6.38	3.46	1.68	14.82
18.70	5.39	0.59	3.81	1.16	1.33	7.75	4.01	1.97	17.31
16.98	6.53	1.26	4.25	1.24	2.13	8.73	4.63	2.13	19.44
16.10	7.40	1.91	4.63	1.29	2.48	10.55	5.82	2.47	23.09
16.75	9.74	2.73	5.12	1.37	2.69	11.43	6.72	2.57	26.26
17.98	11.41	3.72	6.04	1.55	2.79	12.57	7.64	2.71	29.19
19.00	13.00	5.60	6.90	1.70	3.20	14.00	8.70	2.90	33.90
20.36	14.10	6.34	7.37	1.87	3.90	15.98	9.73	3.32	39.31
22.67	15.86	7.13	7.96	2.09	4.67	18.25	10.92	3.65	45.85
25.91	17.96	8.26	9.11	2.55	5.75	22.00	12.95	4.15	55.32
30.47	21.48	10.28	11.02	3.09	7.12	26.62	15.67	5.12	63.25
25.46	11.23	7.97	8.38	2.03	2.29	13.85	9.35	3.43	16.89
0.13	2.95	0.11	0.95	0.50	0.71	5.05	1.74	0.21	19.39
0.25	0.43	0.19	0.54	0.28	0.29	1.83	1.04	0.13	4.34
0.25	0.35	0.02	0.19	0.09	0.31	1.14	0.95	0.19	4.51
0.18	0.57	0.29	0.22	0.28	0.21	1.91	1.23	0.16	5.86
0.02	0.19	0.01	0.10	0.13		0.49	0.39	0.07	3.11
0.09	0.05	0.01	0.02	0.01	0.03	0.34	0.20	0.08	2.42
4.90	1.87	0.37	1.82	0.63	0.84	2.40	1.53	0.52	5.62

2-15 主要年份第三产业增加值构成及指数

年 份 Year	总 计 Total	交通运输,仓储及邮政业 Traffic, Transport, Storage and Post	信息传输、计算机服务和软件业 Information Transmission, Computer Services and Software	批发,零售贸易业 Wholesale and Retail Trades	住宿和餐饮业 Hotels and Catering Services	金融业 Financial Intermediation	房地产业 Real Estate
构成(%) Composition(%)							
1992	100.0	17.1	1.5	23.4	4.3	18.6	1.6
1993	100.0	15.7	1.3	23.1	4.4	21.0	1.9
1994	100.0	13.9	1.4	23.4	4.3	22.4	2.3
1995	100.0	13.5	1.6	24.7	3.7	23.0	2.5
1996	100.0	13.4	2.2	20.7	3.7	23.4	3.5
1997	100.0	13.5	2.5	19.1	4.5	22.4	4.0
1998	100.0	13.8	2.8	18.3	4.9	20.8	4.6
1999	100.0	15.0	3.0	16.8	5.2	18.1	5.2
2000	100.0	15.2	4.1	16.9	5.0	14.8	5.7
2001	100.0	15.0	5.7	16.3	4.9	12.4	5.7
2002	100.0	15.5	6.4	16.3	4.4	11.3	6.5
2003	100.0	15.8	7.2	16.0	4.6	10.6	6.7
2004	100.0	15.5	7.6	16.3	4.4	9.8	6.7
2005	100.0	14.9	6.7	16.7	4.4	9.5	6.6
2006	100.0	14.6	6.8	16.2	4.6	9.4	6.6
2007	100.0	14.5	7.2	15.8	4.4	9.2	6.4
2008	100.0	12.5	7.5	16.3	4.2	9.3	6.6
发展速度(上年=100) Speed of Development (preceding year=100)							
1992	109.6	122.5	136.7	109.7	109.7	104.6	111.6
1993	112.4	104.0	131.4	108.7	108.7	125.7	127.1
1994	111.1	106.0	99.8	98.1	98.1	122.6	126.2
1995	111.7	107.6	115.1	102.7	92.9	116.8	120.8
1996	109.6	112.4	91.4	102.2	100.5	113.0	135.5
1997	110.4	108.4	181.3	101.4	137.6	107.0	120.6
1998	109.1	106.8	157.7	102.4	130.4	102.2	120.4
1999	110.0	125.7	56.0	103.6	115.6	97.3	119.7
2000	111.6	109.7	262.5	110.3	109.6	89.8	113.7
2001	110.7	112.0	158.1	106.8	113.0	92.9	106.2
2002	110.5	105.7	152.2	109.3	116.5	100.7	122.7
2003	109.8	113.8	114.9	111.2	110.6	104.7	109.3
2004	110.3	105.3	131.0	109.7	109.3	102.0	104.0
2005	110.2	106.3	115.6	112.3	108.4	105.6	106.4
2006	110.5	104.2	122.7	107.0	115.7	108.9	106.6
2007	111.7	112.1	123.9	108.5	103.9	108.4	108.4
2008	110.0	97.7	122.8	107.7	99.3	106.6	107.1

注:1992-2004年数据根据经济普查数据进行调整和修订。

a) Data in 1992-2004 were adjusted and revised based on economic census data.

Composition and Indices of Value-added of the Tertiary Industry in Main Years

租赁和商务服务业 Rental and Business Services	科学研究、技术服务和地质勘查业 Scientific Research, Technical Services and Geological Prospecting	水利、环境和公共设施管理业 Management of Water, Environment and Public Facilities	居民服务和其他服务业 Residents Services and Other Services	教育 Education	卫生、社会保障和社会福利业 Health, Social Security and Social Welfare	文化、体育和娱乐业 Culture, Sports and Entertain-ment	公共管理和社会组织 Public Administra-tion and Social Organiza-tions
0.1	3.3	1.3	1.9	7.0	3.0	2.4	14.5
0.1	3.0	1.2	1.5	6.7	3.0	2.2	14.9
0.2	2.9	1.1	1.4	6.6	3.2	2.0	14.9
0.2	3.0	1.1	1.3	6.6	3.2	2.0	13.6
0.2	3.1	1.1	1.2	7.2	3.4	2.1	14.9
0.3	3.2	1.1	1.3	7.1	3.7	1.9	15.6
0.5	3.5	1.1	1.3	6.9	3.7	1.8	16.0
0.6	3.7	1.1	1.3	7.5	3.9	1.9	16.8
1.1	3.7	1.1	1.9	7.6	4.0	1.9	16.9
1.5	3.6	1.0	1.9	8.1	4.5	1.9	17.7
1.8	3.4	0.9	1.8	7.7	4.5	1.7	17.6
2.2	3.6	0.9	1.6	7.4	4.5	1.6	17.2
2.9	3.6	0.9	1.7	7.2	4.5	1.5	17.5
3.0	3.5	0.9	1.8	7.5	4.6	1.6	18.4
3.0	3.3	0.9	1.9	7.6	4.5	1.5	19.0
2.9	3.2	0.9	2.0	7.8	4.6	1.5	19.6
3.1	3.4	0.9	2.2	8.2	4.8	1.6	19.4
107.3	105.5	107.3	107.3	109.4	109.6	109.4	113.0
103.4	118.2	103.4	103.4	106.7	105.5	106.7	121.7
112.2	110.4	110.8	112.2	113.6	117.7	113.6	139.7
113.9	113.4	117.5	113.9	117.8	113.3	117.8	127.0
104.3	116.4	109.1	104.3	114.6	110.9	114.6	105.3
114.2	106.3	114.4	114.2	109.8	116.9	109.8	117.7
112.4	111.8	120.5	112.4	107.7	109.6	107.7	116.2
109.7	107.8	114.8	109.7	116.3	108.8	116.3	122.8
165.7	112.2	111.0	165.7	113.7	114.1	113.7	117.4
121.2	110.1	104.1	121.2	108.6	120.4	108.6	119.7
113.6	110.3	105.8	113.6	103.9	108.2	103.9	110.0
109.4	108.3	117.9	109.4	104.0	110.2	104.0	109.0
118.8	108.7	110.4	118.8	106.8	106.8	106.8	117.7
110.9	104.7	109.5	119.4	111.9	109.6	112.3	113.7
111.1	106.5	110.3	118.1	112.4	110.7	108.3	114.8
112.8	107.4	114.6	120.0	113.1	111.2	110.8	113.2
120.7	113.6	113.6	119.9	113.9	113.8	119.3	113.7

2-16 三次产业贡献率

Share of the Contribution of the Three Strata of Industry to the Increase of GDP

按可比价格计算

Data in this table are calculated at constant prices.

单位:% (%)

年 份 Year	生产总值 Gross Domestic Product	第一产业 Primary Industry	第二产业 Secondary Industry	工 业 Industry	第三产业 Tertiary Industry
1990	100.00	27.34	26.56	4.69	46.09
1991	100.00	5.60	35.60	37.68	58.80
1992	100.00	14.02	40.40	24.24	45.59
1993	100.00	-1.74	59.79	50.32	41.95
1994	100.00	10.04	41.65	43.29	48.30
1995	100.00	-1.36	47.80	40.27	53.55
1996	100.00	8.49	48.12	27.61	43.40
1997	100.00	7.39	48.29	33.69	44.33
1998	100.00	7.11	53.24	34.16	39.65
1999	100.00	2.21	50.21	37.58	47.58
2000	100.00	-7.20	56.40	38.20	50.80
2001	100.00	8.29	52.68	27.48	39.03
2002	100.00	5.93	56.98	36.37	37.09
2003	100.00	4.76	60.35	43.08	34.88
2004	100.00	4.27	61.28	56.34	34.45
2005	100.00	5.22	61.09	58.81	33.69
2006	100.00	0.26	64.81	59.12	34.92
2007	100.00	3.75	60.06	54.94	36.19
2008	100.00	3.06	66.72	63.37	30.22

注:1.产业贡献率指各产业增加值增量与GDP增量之比。

2.2006年第一产业数据根据农业普查数据进行了调整。

a) The contribution rate of industry refers to the ratio of increment of industrial added value to incremental of GDP.

b) Data on the primary industry in 2006 have been adjusted according to agricultural census data.

2-17 三次产业对生产总值增长的拉动
Contribution of the Three Strata Industry to GDP Growth

按可比价格计算

Data in this table are calculated at constant prices.

单位:百分点 (percentage points)

年 份 Year	生产总值 Gross Domestic Product	第一产业 Primary Industry	第二产业 Secondary Industry	工 业 Industry	第三产业 Tertiary Industry
1990	3.70	1.01	0.98	0.17	1.71
1991	4.69	0.26	1.67	1.77	2.76
1992	7.39	1.04	2.99	1.79	3.37
1993	9.65	-0.17	5.77	4.86	4.05
1994	8.12	0.82	3.38	3.52	3.92
1995	8.00	-0.11	3.83	3.22	4.29
1996	8.72	0.74	4.20	2.41	3.78
1997	9.04	0.67	4.37	3.05	4.01
1998	8.92	0.63	4.75	3.05	3.54
1999	8.11	0.18	4.07	3.05	3.86
2000	8.94	-0.64	5.04	3.41	4.54
2001	11.71	0.97	6.17	3.22	4.57
2002	12.08	0.72	6.88	4.39	4.48
2003	11.86	0.57	7.16	5.11	4.14
2004	12.27	0.52	7.52	6.91	4.23
2005	12.20	0.64	7.45	7.18	4.11
2006	12.20	0.34	7.71	7.03	4.15
2007	12.50	0.47	7.51	6.87	4.52
2008	12.68	0.39	8.47	8.05	3.84

注:1.产业拉动指GDP增长速度与各产业贡献率之乘积。
2.2006年数据根据农业普查数据进行调整和修订。

a) Industry driven means the product of GDP growth rate and contribution rate of industry.

b) Data in 2006 have been adjusted according to agricultural census data.

2-18 1990-2008年生产总值构成项目
Components of Gross Domestic Product (1990-2008)

(按当年价格计算)

Data in this table are calculated at current prices.

单位:亿元 (100 million yuan)

年 份 Year	生产总值 Gross Domestic Product	劳动者报酬 Compensation of Employees	生产税净额 Net Taxes on Production	固定资产折旧 Depreciation of Fixed Assets	营业盈余 Operating Surplus
1990	69.94	39.50	8.48	9.86	12.10
1991	75.10	43.75	9.54	10.34	11.47
1992	87.52	50.21	10.87	14.34	12.10
1993	109.68	62.58	12.16	14.67	20.27
1994	138.40	76.06	14.29	19.49	28.56
1995	167.80	90.48	16.85	26.38	34.09
1996	184.17	109.03	16.46	26.03	32.66
1997	202.79	119.93	22.05	32.46	28.36
1998	220.92	124.44	21.30	35.31	39.86
1999	239.38	134.20	25.79	39.11	40.29
2000	263.68	139.39	30.74	58.48	35.07
2001	300.13	156.77	34.23	54.68	54.44
2002	340.65	172.31	40.59	59.57	68.19
2003	390.20	189.75	46.80	70.29	83.35
2004	466.10	220.30	55.00	84.70	106.10
2005	543.32	258.53	64.53	102.17	118.09
2006	639.50	294.40	80.39	121.36	143.35
2007	783.61	356.39	99.85	149.43	177.94
2008	961.52	435.48	122.65	186.33	217.06

注:1.1992-2004年数据根据经济普查数据进行调整和修订。
　2.2006年数据根据农业普查数据进行了调整和修订。

a) Data in 1992-2004 were adjusted and revised based on economic census data.

b) Data in 2006 have been adjusted according to agricultural census data.

2-19 1990-2008年支出法生产总值

Gross Domestic Product by Expenditure Approach(1990-2008)

按当年价格计算

Data in value terms in this table are calculated at current prices

单位:亿元 (100 million yuan)

年 份 Year	支出法生产总值 Gross Domestic Product by Expenditure Approach	最终消费 Final Consumption Expenditures	资本形成总额 Gross Capital Formation		货物和服务净出口 Net Exports of Goods and Services	资本形成率 Capital Formation Rate (%)	最终消费率 Final Consumption Rate (%)
			固定资产形成 Gross Fixed Capital Formation	库存增加 Change in Inventories			
1990	69.94	53.79	20.44	8.16	-12.45	40.89	76.91
1991	75.10	60.76	23.91	9.45	-19.02	44.42	80.90
1992	87.52	65.18	29.04	8.99	-15.69	43.45	74.47
1993	109.68	73.06	41.03	10.46	-14.87	46.95	66.61
1994	138.40	92.83	47.76	12.34	-14.54	43.43	67.08
1995	167.80	113.40	57.48	20.19	-23.27	46.29	67.58
1996	184.17	130.71	79.24	11.50	-37.28	49.27	70.97
1997	202.79	135.53	101.55	12.64	-46.92	56.31	66.83
1998	220.92	142.88	116.38	13.07	-51.41	58.59	64.68
1999	239.38	155.17	131.12	9.17	-56.07	58.60	64.82
2000	263.68	171.70	156.97	3.49	-68.48	60.85	65.12
2001	300.13	202.88	202.17	5.22	-110.14	69.10	67.60
2002	340.65	227.58	244.00	10.09	-141.02	74.59	66.81
2003	390.20	257.75	282.18	9.02	-158.75	74.63	66.06
2004	466.10	309.76	314.93	8.72	-167.31	69.44	66.46
2005	543.32	360.72	364.08	5.20	-186.68	67.97	66.39
2006	639.50	423.49	411.68	15.95	-211.62	66.87	66.22
2007	783.61	509.45	480.43	16.28	-222.55	63.39	65.01
2008	961.52	593.51	583.20	59.99	-275.18	66.89	61.73

注:1.历年数据根据经济普查数据进行调整和修订。

2.2006年数据根据农业普查数据进行调整和修订。

a) Data in past year were adjusted and revised based on economic census data.

b) Data in 2006 have been adjusted according to agricultural census data.

2-20 1990-2008年生产总值消费额及构成
Consumption Expenditure and Its Composition of GDP(1990-2008)

按当年价格计算

Data in value terms in this table are calculated at current prices.

年份 Year	总消费(亿元) Final Consumption Expenditure (100 million yuan)	居民消费(亿元) Household Consumption (100 million yuan)		政府消费(亿元) Government Consumption (100 million yuan)	以总消费为100 Final Consumption Expenditures=100		人均消费水平(元/人) Per Capita Consumption Expenditure (yuan/person)		
		农村居民 Rural Household	城镇居民 Urban Household		居民消费 Household Consumption	政府消费 Government Consumption	全体居民 All Household	农村居民 Rural Household	城镇居民 Urban Household
1990	53.79	17.68	18.76	17.35	67.74	32.26	821	606	1235
1991	60.76	19.29	21.08	20.39	66.44	33.56	895	650	1367
1992	65.18	22.07	24.87	18.24	72.00	27.98	1026	732	1592
1993	73.06	24.76	29.85	18.45	74.75	25.25	1177	809	1893
1994	92.83	30.34	39.12	23.38	74.82	25.18	1477	976	2453
1995	113.40	34.82	48.01	30.57	73.04	26.96	1734	1103	2964
1996	130.71	37.56	58.80	34.35	73.72	26.28	1988	1175	3563
1997	135.53	38.98	61.51	35.03	74.15	25.85	2043	1209	3630
1998	142.88	39.75	67.09	36.04	74.78	25.22	2140	1213	3911
1999	155.17	40.79	73.64	40.73	73.75	26.25	2260	1227	4238
2000	171.70	41.74	80.60	49.37	71.25	28.75	2384	1245	4530
2001	202.88	44.06	91.00	67.82	66.57	33.43	2598	1315	4925
2002	227.58	46.33	102.36	78.89	65.34	34.66	2828	1399	5261
2003	257.75	48.70	116.22	92.83	63.98	36.02	3105	1477	5768
2004	309.76	52.33	132.28	125.15	59.60	40.40	3443	1583	6432
2005	360.72	64.15	146.14	150.43	58.30	41.70	3888	1941	6947
2006	423.49	70.51	160.18	192.80	54.47	45.53	4229	2128	7481
2007	509.45	81.36	192.28	235.81	53.71	46.29	4978	2453	8819
2008	593.51	102.75	219.65	271.11	54.32	45.68	5830	3121	9816

注:历年数据根据经济普查数据进行调整和修订。

a) Data in past year were adjusted and revised based on economic census data.

2-21 三大需求对生产总值增长的贡献率和拉动
Share and Contribution of the Three Components of GDP by Expenditure Approach to the Growth of GDP

按可比价格计算

Data in value terms in this table are calculated at constant prices

年 份 Year	最终消费支出 Final Consumption Expenditure		资本形成总额 Gross Capital Formation		货物和服务净出口 Net Exports of Goods and Services	
	贡献率 (%) Share (%)	拉动 (百分点) Contribution (percentage points)	贡献率 (%) Share (%)	拉动 (百分点) Contribution (percentage points)	贡献率 (%) Share (%)	拉动 (百分点) Contribution (percentage points)
1990	328.12	12.14	453.13	16.77	-681.20	-25.20
1991	126.43	5.94	60.06	2.82	-86.50	-4.07
1992	-9.45	-0.70	-3.45	-0.26	112.90	8.35
1993	19.71	1.91	27.37	2.65	52.90	5.13
1994	56.26	4.56	29.96	2.43	13.80	1.12
1995	18.47	1.48	58.31	4.66	23.20	1.90
1996	41.48	3.61	45.29	3.94	13.20	1.15
1997	-6.96	-0.63	92.84	8.36	14.10	1.27
1998	28.68	2.55	76.32	6.79	-5.00	-0.45
1999	57.89	4.69	46.22	3.74	-4.10	-0.33
2000	68.97	6.14	66.14	5.89	-35.10	-3.12
2001	75.48	8.83	140.64	16.45	-116.10	-13.58
2002	66.33	8.03	111.89	13.54	-78.20	-9.46
2003	61.29	7.29	65.31	7.77	-26.63	-3.17
2004	85.79	10.55	52.30	6.43	-38.10	-4.69
2005	91.85	11.21	75.77	9.24	-67.60	-8.25
2006	83.20	10.15	71.94	8.78	-55.14	-6.73
2007	71.52	8.94	68.27	8.53	-39.79	-4.97
2008	32.56	4.13	82.46	10.47	-15.02	-1.90

注:1.三大需求指支出法国内生产总值的三大构成项目，即最终消费支出、资本形成总额、货物和服务净出口。
2.贡献率指三大需求增量与支出法国内生产总值增量之比。
3.拉动指国内生产总值增长速度与三大需求贡献率的乘积。
4.2006年数据根据第一次农业普查数据进行了调整。

a) The three major demands means the three major items of GDP by expenditure approach, namely, final consumption expenditure, capital formation, net exports of goods and services.

b) The contribution rate Refers to the ratio of increment of the three major demands to the increment of GDP by expenditure approach.

c) Driven by the three major demands Means the product of the growth rate of GDP and the contribution rate of the three major demands.

d) Data in 2006 have been adjusted according to agricultural census data.

主要统计指标解释

国内生产总值(GDP) 指按市场价格计算的一个国家(或地区)所有常住单位在一定时期内生产活动的最终成果。国内生产总值有三种表现形态,即价值形态、收入形态和产品形态。从价值形态看,它是所有常住单位在一定时期内生产的全部货物和服务价值超过同期投入的全部非固定资产货物和服务价值的差额,即所有常住单位的增加值之和;从收入形态看,它是所有常住单位在一定时期内创造并分配给常住单位和非常住单位的初次收入之和;从产品形态看,它是所有常住单位在一定时期内最终使用的货物和服务价值减去货物和服务进口价值。在实际核算中,国内生产总值有三种计算方法,即生产法、收入法和支出法。三种方法分别从不同的方面反映国内生产总值及其构成。

三次产业 三产业的划分是世界上较为常用的产业结构分类,但各国的划分不尽一致。我国的三次产业划分是:

第一产业是指农业、林业、畜牧业、渔业和农林牧渔服务业。

第二产业是指采矿业,制造业,电力、煤气及水的生产和供应业,建筑业。

第三产业是指除第一、二产业以外的其他行业。

劳动者报酬 指劳动者因从事生产活动所获得的全部报酬。包括劳动者获得的各种形式的工资、奖金和津贴,既包括货币形式的,也包括实物形式的,还包括劳动者所享受的公费医疗和医药卫生费、上下班交通补贴、单位支付的社会保险费、住房公积金等。对于个体经济来说,其所有者所获得的劳动报酬和经营利润不易区分,这两部分统一作为劳动者报酬处理。

生产税净额 指生产税减生产补贴后的余额。生产税指政府对生产单位从事生产、销售和经营活动以及因从事生产活动使用某些生产要素(如固定资产、土地、劳动力)所征收的各种税、附加费和规费。生产补贴与生产税相反,指政府对生产单位的单方面转移支出,因此视为负生产税,包括政策亏损补贴、价格补贴等。

固定资产折旧 指一定时期内为弥补固定资产损耗按照规定的固定资产折旧率提取的固定资产折旧,或按国民经济核算统一规定的折旧率虚拟计算的固定资产折旧。它反映了固定资产在当期生产中的转移价值。各类企业和企业化管理的事业单位的固定资产折旧是指实际计提的折旧费;不计提折旧的政府机关、非企业化管理的事业单位和居民住房的固定资产折旧是按照统一规定的折旧率和固定资产原值计算的虚拟折旧。原则上,固定资产折旧应按固定资产当期的重置价值计算,但是目前我国尚不具备对全社会固定资产进行重估价的基础,所以暂时只能采用上述办法。

营业盈余 指常住单位创造的增加值扣除劳动者报酬、生产税净额和固定资产折旧后的余额。它相当于企业的营业利润加上生产补贴,但要扣除从利润中开支的工资和福利等。

支出法国内生产总值 是从最终使用的角度反映一个国家(或地区)一定时期内生产活动最终成果的一种方法,包括最终消费支出、资本形成总额及货物和服务净出口三部分。计算公式为:

支出法国内生产总值 = 最终消费支出 + 资本形成总额 + 货物和服务净出口

最终消费支出 指常住单位为满足物质、文化和精神生活的需要,从本国经济领土和国外购买的货物和服务的支出。它不包括非常住单位在本国经济领土内的消费支出。最终消费支出分为居民消费支出和政府消费支出。

居民消费支出 指常住住户在一定时期内对于货物和服务的全部最终消费支出。居民消费支出除了直接以货币形式购买的货物和服务的消费支出外,还包括以其他方式获得的货物和服务的消费支出,即所谓的虚拟消费支出。居民虚拟消费支出包括如下几种类型:单位以实物报酬及实物转移的形式提供给劳动者的货物和服务;住户生产并由本住户消费了的货物和服务,其中的服务仅指住户的自有住房服务;金融机构提供的金融媒介服务;保险公司提供的保险服务。

政府消费支出 指政府部门为全社会提供的公共服务的消费支出和免费或以较低的价格向居民住户提供的货物和服务的净支出,前者等于政府服务的产出价值减去政府单位所获得的经营收入的价值,后者等于政府部门免费或以较低价格向居民住户提供的货物和服务的市场价值减去向住户收取的价值。

资本形成总额 指常住单位在一定时期内获得减去处置的固定资产和存货的净额,包括固定资本形成总额和存货增加两部分。

固定资本形成总额 指常住单位在一定时期内获得的固定资产减处置的固定资产的价值总额。固定资产是通过生产活动生产出来的,且其使用年限在一年以上、单位价值在规定标准以上的资产,不包括自然资产。可分为有形固定资本形成总额和无形固定资本形成总额。有形固定资本形成总额包括一定时期内完成的建筑工程、安装工程和设备工器具购置(减处置)价值,以及土地改良、新增役、种、奶、毛、娱乐用牲畜和新增经济林木价值。无形固定资本形成总额包括矿藏的勘探、计算机软件等获得减处置。

存货增加 指常住单位在一定时期内存货实物量变动的市场价值,即期末价值减期初价值的差额,再扣除当期由于价格变动而产生的持有收益。存货增加可以是正值,也可以是负值,正值表示存货上升,负值表示存货下降。存货包括生产单位购进的原材料、燃料和储备物资等存货,以及生产单位生产的产成品、在制品和半成品等存货。

货物和服务净出口 指货物和服务出口减货物和服务进口的差额。出口包括常住单位向非常住单位出售或无偿转让的各种货物和服务的价值;进口包括常住单位从非常住单位购买或无偿得到的各种货物和服务的价值。由于服务活动的提供与使用同时发生,一般把常住单位从非常住单位得到的服务作为进口,非常住单位从常住单位得到的服务作为出口。货物的出口和进口都按离岸价格计算。

机构单位 指有权拥有资产和承担负债,能够独立地从事经济活动并与其他实体进行交易的经济实体。

机构部门 将相同性质的机构单位归并在一起,就形成机构部门。资金流量核算将常住机构单位划分为以下四个机构部门:非金融企业部门、金融机构部门、政府部门、住户部门。与常住单位发生经济往来关系的非常住单位组成国外部门,在资金流量核算中也视同机构部门。

非金融企业与非金融企业部门 非金融企业指主要从事市场货物生产和提供非金融市场服务的常住企业,它主要包括从事上述活动的各类法人企业。所有非金融企业归并在一起,就形成非金融企业部门。

金融机构与金融机构部门 金融机构指主要从事金融媒介以及与金融媒介密切相关的辅助金融活动的常住单位,它主要包括中央银行、商业银行和政策性银行、非银行信贷机构和保险公司。所有金融机构归并在一起,就形成金融机构部门。

政府单位与政府部门 政府单位指在我国境内通过政治程序建立的、在一特定区域内对其他机构单位拥有立法、司法和行政权的法律实体及其附属单位。政府单位的主要职能是利用征税和其他方式获得的资金向社会和公众提供公共服务。通过转移支付,对社会收入和财产进行再分配。它主要包括各种行政单位和非营利性事业单位。所有政府单位归并在一起,就形成政府部门。

住户与住户部门 住户指共享同一生活设施、部分或全部收入和财产集中使用、共同消费住房、食品和其他消费品与消费服务的常住个人或个人群体。所有住户。

初次分配总收入 初次分配是生产活动形成的净成果在参与生产活动的生产要素的所有者及政府之间的分配。生产活动的净成果是增加值。生产要素包括劳动力、土地、资本。劳动力所有者因提供劳动而获得劳动报酬;土地所有者因出租土地而获得地租;资本的所有者因资本的形态不同而获得不同形式的收入:借贷资本所有者获得利息收入;股权所有者获得红利或未分配利润;政府因直接或间接介入生产过程而获得生产税或支付补贴。初次分配的结果形成各个机构部门的初次分配总收入。各部门的初次分配总收入之和就等于国民总收入,亦即国民生产总值。

经常转移 转移是一个机构单位向另一个机构单位提供货物、服务或资产,而同时并没有从后一机构单位获得任何货物、服务或资产作为回报的一种交易。经常转移包括扣除资本转移外的所有转移。其形式有收入税、社会保险付款、社会补助和其他经常转移。

可支配总收入 在初次分配总收入的基础上,通过经常转移的形式对初次分配总收入进行再次分配。再分配的结果形成各个机构部门的可支配总收入。各部门的可支配总收入之和称为国民可支配总收入。

总储蓄 指可支配总收入用于最终消费后的余额。各部门的总储蓄之和称为国民总储蓄。

资本转移 指一个部门无偿地向另一个部门支付用于非金融投资的资金,是一种不从对方获取任何对应物作为回报的交易。资本转移具有不同于经常转移的两个特征,一是转移的目的是用于投资,而不是用于消费;二是资本转移其实物形式往往涉及除存货和现金以外资产所有权的转移;其现金形式往往涉及除存货以外的资产的处置。资本转移包括投资性补助和其他资本转移。

Explanatory Notes on Main Statistical Indicators

Gross Domestic Product (GDP) refers to the final products at market prices produced by all resident units in a country (or a region) during a certain period of time. Gross domestic product is expressed in three different perspectives, namely value, income, and products respectively. GDP in its value perspective refers to the total value of all goods and services produced by all resident units during a certain period of time, minus the total value of input of goods and services of the nature of non - fixed assets; in other words, it is the sum of the value - added of all resident units. GDP from the perspective of income includes the primary income created by all resident units and distributed to resident and non - resident units. GDP from the perspective of products refers to the value of all goods and services for final demand by all resident units minus the imports of goods and services during a given period of time. In the practice of national accounting, gross domestic product is calculated from three approaches, namely production approach, income approach and expenditure approach, which reflect gross domestic product and its composition from different angles.

Three Strata of Industry Classification of economic activities into three strata of industry is a common practice in the world, although the grouping varies to some extent from country to country. In China economic activities are categorized into the following three strata of industry:

Primary industry refers to agriculture, forestry, animal husbandry and fishery and services in support of these industries.

Secondary industry refers to mining and quarrying, manufacturing, production and supply of electricity, water and gas, and construction.

Tertiary industry refers to all other economic activities not included in the primary or secondary industries.

Compensation of Employees refers to the total payment of various forms to employees for the productive activities they are engaged in. It includes wages, bonuses and allowances, which the employees earn in cash or in kind. It also includes the free medical services provided to the employees and the medicine expenses, transport subsidies and social insurance, and housing fund paid by the employers. As regards the individual economy, since compensation of employees is not easily distinguishable from the operating surplus, both parts are treated as compensation of employees.

Net Taxes on Production refers to taxes on production less subsidies on production. The taxes on production refers to the various taxes, extra charges and fees levied on the production units on their production, sale and business activities as well as on the use of some factors of production, such as fixed assets, land and labour in the production activities they are engaged in. In contrast to taxes on production, subsidies on production refer to the unilateral government transfer to the production units and are therefore regarded as negative taxes on production. They include subsidies on the loss due to implementation of government policies, price subsidies, etc.

Depreciation of Fixed Assets refers to the depreciation of fixed assets in a given period, drawn in accordance with the stipulated depreciation rate for the purpose of compensating the wear - and - tear loss of the fixed assets or the depreciation of fixed assets imputed in accordance with the stipulated unified depreciation rate in the national economic accounting system. It reflects the value of transfer of the fixed assets in the production of the current period. The depreciation of fixed assets in various enterprises and institutions managed as enterprises refers to the depreciation expenses actually drawn. In government agencies and institutions not managed as enterprises which do not draw the depreciation expenses, as well as for the houses of residents, the depreciation of fixed assets is the imputed depreciation, which is calculated in accordance with the stipulated unified depreciation rate. In principle, the depreciation of fixed assets should be calculated on the basis of the re - purchased value of the fixed assets. However, currently the conditions in China do not facilitate the revaluation of all the fixed assets. Therefore, only the above - mentioned methods can be adopted at present.

Operating Surplus refers to the balance of the value added created by the resident units after deducting the labourers remuneration, net taxes on production and the depreciation of fixed assets. It is equivalent to the business profit of the enterprises plus subsidies to production, but the wages and welfare expenses paid from the profits should be deducted.

GDP by Expenditure Approach refers to the method of measuring the final results of production activities of a country (region) during a given period from the perspective of final uses. It includes final consumption expenditure, gross capital formation and net export of goods and services. The formula for computation is. :

GDP by expenditure approach = final consumption expenditure + gross capital formation + net export of goods and services

Final Consumption Expenditure refers to the total expenditure of resident units for purchases of goods and services from both the domestic economic territory and abroad to meet the needs of material, cultural and spiritual life. It does not include the expenditure of non - resident units on consumption in the economic territory of the country. The final consumption expenditure is broken down into household consumption expenditure and government consumption expenditure.

Household Consumption Expenditure refers to the total expenditure of resident households on the final consumption of goods and services. In addition to the consumption of goods and services bought by the households directly with money, the household consumption expenditure also includes expenditure on goods and services obtained by the households in other ways, i. e. the so - called imputed consumption expenditure, which includes the following: (a) the goods and services provided to households by employers in the form of payment in kind and transfer in kind; (b) goods and services produced and consumed by the households themselves, in which the services refer only to the owner - occupied housing; (c) financial intermediate services provided by financial institutions; (d) insurance services provided by insurance companies.

Government Consumption Expenditure refers to the consumption expenditure spent for the provision of public services provided by the government to the whole country and the net expenditure on the goods and services provided by the government to households free of charge or at reduced prices. The former equals to the output value of the government services minus the value of operating income obtained by the government departments. The latter equals to the market value of the goods and services provided by the government free of charge or at reduced prices to the households minus the value received by the government from the households.

Gross Capital Formation refers to the fixed assets acquired less disposals and the net value of inventory, thus including gross fixed capital formation and changes in inventories.

Gross Fixed Capital Formation refers to the value of acquisitions less those disposals of fixed assets during a given period. Fixed assets are the assets produced through production activities with unit value above a specified amount and which could be used for over one year. Natural assets are not included. Gross fixed capital formation can be categorized into total tangible fixed capital formation and total intangible fixed capital formation. Total tangible fixed capital formation includes the value of the construction projects and installation projects completed and the equipment, apparatus and instruments purchased (less those disposed) as well as the value of land improved, the value of draught animals, breeding stock and animals for milk, for wool and for recreational purposes and the newly increased forest with economic value. Total intangible fixed capital formation includes the prospecting of minerals and the acquisition of computer software minus the disposal of them.

Changes in Inventories refers to the market value of the change in the physical volume of inventory of resident units during a given period, i. e. the difference between the values at the beginning and at the end of the period minus the gains due to the change in prices. The changes in inventories can have a positive or a negative value. A positive value indicates an increase in inventory while a negative value indicates a decrease in inventory. The inventory includes raw materials, fuels and reserve materials purchased by the production units as well as the inventory of finished products, semi – finished products and work – in – progress.

Net Export of Goods and Services refers to the exports of goods and services subtracting the imports of goods and services. Exports include the value of various goods and services sold or gratuitously transferred by resident units to non – resident units. Imports include the value of various goods and services purchased or gratuitously acquired resident units from non – resident units. Because the provision of services and the use of them happen simultaneously, the acquisition of services by resident units from abroad is usually treated as import while the acquisition of services by non – resident units in this country is usually treated as export. The exports and imports of goods are calculated at FOB.

Institutional Units refer to economic entities that are in a position to own assets and incur liabilities; to engage independently in economic activities; and to conduct transactions with other entities.

Institutional Sectors refer to groups of institutional units that are homogenous in nature and have been grouped together. The following 4 institutional sectors are identified in the flow of funds accounts: non – financial corporations, financial institutions, general government and households. Also treated as an institutional sector is the rest of the world, which is composed of non – resident units that have economic relations with resident units.

Non – Financial Corporations and the Sector of Non – Financial Corporations Non – financial corporations refer to resident corporations that are engaged in the production of goods and the provision of non financial services in the market, mainly covering corporate enterprises of various types engaged in the above – mentioned activities. All non – financial corporations make up the sector of non – financial corporations.

Financial Institutions and the Sector of Financial Institutions Financial institutions refer to resident institutions that are engaged in the financial intermediary services or auxiliary financial activities that are closely related with financial intermediary services, mainly covering the Central Bank, commercial banks, policy banks, non – banking credit institutions and insurance companies. All financial institutions together make up the sector of financial institutions.

General Government and the Sector of General Governments General government refer to legal entities and their auxiliary units within the territory of China that are established through the political process and are empowered with legislative, administrative or judicial rights over other institutional within specific regions. The main function of general government is to acquire funds through taxation or other means in order to provide public services to society and households, and to conduct redistribution of income and properties of society through transfer payment. General government cover mainly administrative and non – profit institutional units of various types. All general government together make up the sector of general governments.

Households and the Sector of Households Households refer to resident individuals or groups of resident individuals who share common living facilities, pool together entire or part of their income and properties for their common disposal, and share their housing, food and other consumer goods and services. All households together make up the sector of households.

Total Income from Primary Distribution Primary distribution refers to the distribution of net results from production activities among the owners of factors of production and the governments. The net results from production activities is the value – added. Factors of production include labour force, land and capital. Owners of labour force gain remuneration by providing labour. Owners of land receive rents from leasing of land. Owners of capitals get income of various forms depending on the type of capital: owners of loan capital receive income from interests. Share holders receive dividends or non – distributed profits. Government either obtains production tax or pays subsidies in participating directly or indirectly in the production processes. Results of primary distribution generate the total income from primary distribution of each sector, and the sum of the total income of primary distribution of all sectors make up the Gross National Income, or the Gross National Product.

Current Transfers Transfer refers to the transaction in the form of provision of goods, services or assets by an institutional unit to another institutional unit without receiving any goods, services or assets in return from the recipient. Current transfers refer to all kinds of transfers other than capital transfers. They include income tax, payment to social securities, social allowances and other current transfers.

Total Disposable Income Total income from primary distribution is re – distributed through current transfer, resulting in the total disposable income of various institutional sectors. The sum of total disposable income of all institutional sectors makes up the total national disposable income.

Total Savings refer to total disposable income subtracting final consumption. Total savings of all sectors make up the total national savings.

Capital Transfer refers to the free payment from one sector to another sector of non – financial investment capital, and is a transaction that seeks no return from the recipient. Capital transfer differs from current transfer in 2 aspects: 1) The purpose of the capital transfer is investment rather than consumption. 2) Capital transfer features the transfer of the ownership of assets other than inventory and cash, and capital transfer in its monetary form involves the disposal of assets other than inventory. Capital transfer includes investment subsidies and other capital transfers.

2009

第3篇

CHAPTER 3

资源与环境

Resources and Environment

分行政区矿山企业数

2008年

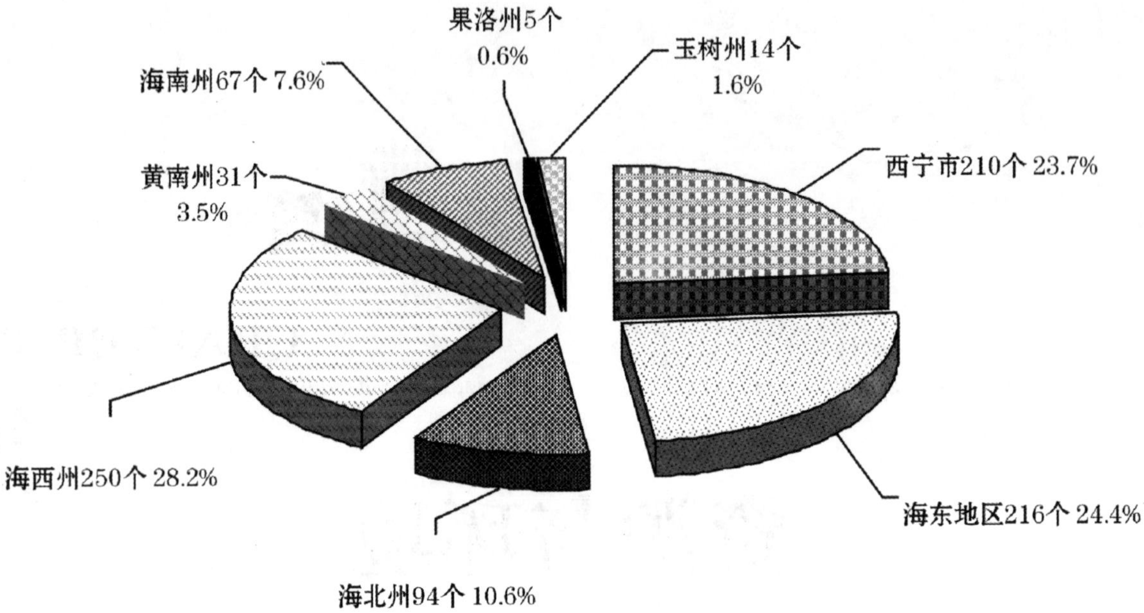

主要矿产资源年产矿量（万吨）

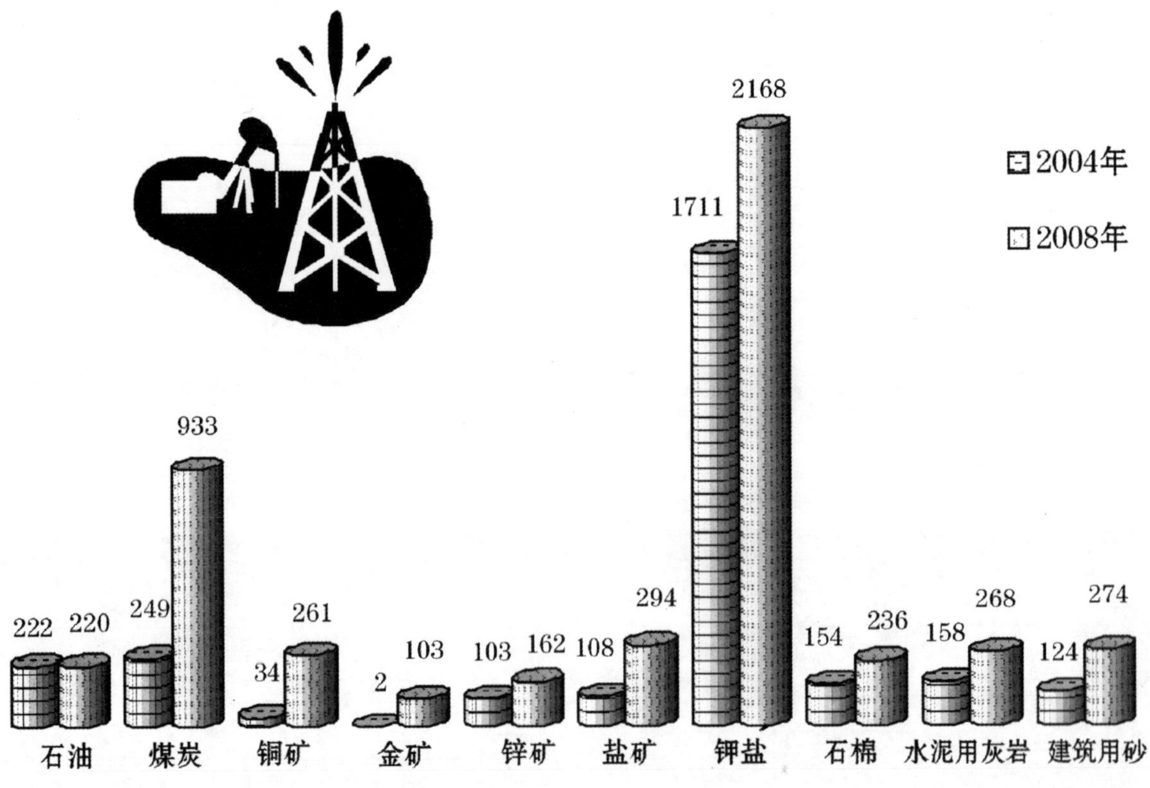

3-1 全省行政区划(2008年底)
Administrative Divisions of the Province (End of 2008)

地区 Region	县级区划数 Number of Counites	县级行政单位(地区)名称 Names of Cities and Counties (Districts under Cities)	乡镇数 Number of Townships and Towns					村级数 Number of village Levels	
			合计 Total	街道办事处 Urban Subdi-strict Office	镇 Town	乡 Town-ship	民族乡 National Town-ship	村(牧)民委员会 Village Committees	社区居民委员会 Urban Neighborhood Committees
全省总计 Total Provinces	**46**		**396**	**30**	**137**	**201**	**28**	**4164**	**362**
西宁市 Xining City	7	城东区、城中区、城西区、城北区、大通回族土族自治县、湟中县、湟源县 Chengdong Area、Chengzhong Area、Chengxi Area、Chengbei Area、Datong Hui&Tu County、Huangzhong County、Huangyuan County	72	22	27	17	6	931	170
海东地区行政公署 Haidong Prefecture	6	平安县、民和回族土族自治县、乐都县、互助土族自治县、化隆回族自治县、循化撒拉族自治县 Pingan County、Minhe Hui&Tu County、Ledu County、Huzhu Tu County、Hualong Hui County、Xunhua Salar County	94		35	40	19	1605	53
海北藏族自治州 Haibei Zang A.P	4	门源回族自治县、祁连县、海晏县、刚察县 Menyuan Hui County、Qilian County、Haiyan County、Gangcha County	30		11	17	2	210	14
黄南藏族自治州 Huangnan Zang A.P	4	同仁县、尖扎县、泽库县、河南蒙古族自治县 Tongren County、Jianzha County、Zeku County、Henan Mengolian A.C.	32		8	24		256	11
海南藏族自治州 Hainan Zang A.P	5	共和县、同德县、贵德县、兴海县、贵南县 Gonghe County、Tongde County、Guide County、Xinghai County、Guinan County	36		15	20	1	416	22
果洛藏族自治州 Golog Zang A.P	6	玛沁县、班玛县、甘德县、达日县、久治县、玛多县 Maqin County、Banma County、Gande County、Dari County、Jiuzhi County、Maduo County	44		8	36		183	9
玉树藏族自治州 Yushu Zang A.P	6	玉树县、杂多县、称多县、治多县、囊谦县、曲麻莱县 Yushu County、Zadou County、Chengduo County、Zhiduo County、Nangqian County、Qumalai County	45		12	33		258	18
海西蒙古族藏族自治州 Haixi Mongolian & Zang A.P	8	德令哈市、格尔木市、乌兰县、都兰县、天峻县、大柴旦行政委员会、冷湖行政委员会、茫崖行政委员会 Delingha City、Geermu City、Wulan County、Dulan County、Tianjun County、Dachaidan、Lenghu、Mangya	43	8	21	14		305	65

3-2 各级政府驻地海拔高程

Altitude of the Government Locations by Region

县(市、行委)名称 Names of Cities and Counties		海拔高程(米) Altitude(m)	驻地名称 Names of Locations	备 注 Remarks
西宁市	**Xining City**			
西宁市	Xining City	2250	西宁市	省政府驻地
大通县	Datong Hui&Tu County	2720	桥头镇	
湟中县	Huangzhong County	2645	鲁沙尔	
湟源县	Huangyuan County	2666	城关镇	
海东地区	**Haidong Prefecture**			
平安县	Pingan County	2114	平安镇	海东行署驻地
民和县	Minhe Hui&Tu County	1800	川口镇	
乐都县	Ledu County	2000	碾伯镇	
互助县	Huzhu Tu County	2520	威远镇	
化隆县	Hualong Hui County	2848	巴燕镇	
循化县	Xunhua Salar County	1860	积石镇	
海北州	**Haibei Zang A.P**			
海晏县	Haiyan County	3000	西海镇	海北州驻地
门源县	Menyuan Hui County	2880	浩 门	
祁连县	Qilian County	2810	八 宝	
海晏县	Haiyan County	3000	三角城	
刚察县	Gangcha County	3300	沙柳滩	
黄南州	**Huangnan Zang A.P**			
同仁县	Tongren County	2480	隆务镇	黄南州驻地
尖扎县	Jianzha County	1990	马克唐	
泽库县	Zeku County	3660	乃 亥	
河南县	Henan Mengolian A.C.	3510	优干宁	
海南州	**Hainan Zang A.P**			
共和县	Gonghe County	2880	恰卜恰镇	海南州驻地
同德县	Tongde County	2980	尕巴松多	
贵德县	Guide County	2205	河阴镇	
兴海县	Xinghai County	3306	子科滩	
贵南县	Guinan County	3100	茫 拉	
果洛州	**Golog Zang A.P**			
玛沁县	Maqin County	3730	大武镇	果洛州驻地
班玛县	Banma County	3560	赛来塘	
甘德县	Gande County	4020	吾 勒	
达日县	Dari County	3970	吉 迈	
久治县	Jiuzhi County	3628	智青松多	
玛多县	Maduo County	4300	玛查里	
玉树州	**Yushu Zang A.P**			
玉树县	Yushu County	3710	结 古	玉树州驻地
杂多县	Zadou County	4080	萨呼腾	
称多县	Chengduo County	3825	周 筠	
治多县	Zhiduo County	4193	加吉博洛格	
囊谦县	Nangqian County	3660	香 达	
曲麻莱县	Qumalai County	4223	约改滩	
海西州	**Haixi Mongolian & Zang A.P**			
德令哈市	Delingha City	2980	德令哈市	海西州驻地
格尔木市	Geermu City	2850	格尔木市	
乌兰县	Wulan County	2960	西里沟镇	
都兰县	Dulan County	3180	察汗乌苏镇	
天峻县	Tianjun County	3408	新 源	
大柴旦行委	Dachaidan	3176	大柴旦	
冷湖行委	Lenghu	2755	冷湖镇	
茫崖行委	Mangya	2940	花土沟镇	

3-3 主要旅游景点海拔高程

Altitude of the Main Senics in the Province

旅游景点名称 Names of Scenic Spots	海拔高程(米) Altitude(m)	地理位置 Geography of Place
东关清真大寺	2230	西宁市
塔尔寺	2680	湟中县
青海湖	3190	共和、刚察县交界处
瞿坛寺	2458	乐都县
坎布拉国家森林公园	2630	尖扎县
十世班禅故居	2530	循化县
孟达天池	2506	循化县
隆宝滩黑颈鹤自然保护区	4352	玉树县
长江源头	6564	格尔木市管辖区
察尔汗盐湖	2670	格尔木市
鸟岛	3228	青海湖
互助北山国家森林公园	2290	互助县
黄河源头	4780	曲麻莱县
阿尼玛卿山	6282	玛沁县
金银滩草原风光	3150	海晏县
布喀达坂峰(昆仑山最高点)	6860	新疆与玉树交界处
昆仑山口	4771	格尔木市与曲麻莱、治多县交界处
北禅寺	2330	西宁市
青海博物馆	2270	西宁市
老爷山	2928	大通县
互助北山国家森林公园	2740(场部2290)	互助县
街子清真大寺	1940	循化县
文都寺	2540	循化县
夏宗寺	2795	平安县
夏琼寺	2900	化隆县
佑宁寺	2640	互助县
日月山	3520	湟源县
倒淌河	3280	青海湖旅游区
龙羊峡	2480	龙羊峡工委
青海湖度假村	3190	青海湖旅游区
玉皇阁	2219	贵德县
茶卡盐湖	3061	乌兰县
原子城	3010	海晏县
李家峡	2060	李家峡工委
南宗寺	2320	尖扎县
隆务寺	2480	尖扎县
麦秀林场	2910	同仁县
土蕃葬墓	3225	都兰县
都兰国际狩猎场	4930	都兰县
可可西里无人区	5863--4750	格尔木市

3-3 续表 Continued

旅游景点名称 Names of Scenic Spots	海拔高程(米) Altitude(m)	地理位置 Geography of Place
万丈盐桥	2670	格尔木市
巴颜喀拉山	5267	玛多、称多县交界处
文城公主庙	4250	玉树县
西王母瑶池	4470	格尔木市
结古寺	3780	玉树县
骆驼泉撒拉族风情	1920	循化县
凤凰山公园	2420	西宁市
金塔寺	2253	西宁市
苏家堡城	2560	大通县
南佛山	3265	湟中县
哈城	3150	湟源县
城隍庙	2666	湟源县
七里寺药水泉	2465	民和县
官亭古文化遗址	2150	民和县
白马寺	2105	互助县
五峰寺	2860	互助县
却藏寺	3023	互助县
西海度假村	2155	平安县
十四世达赖故居	2850	平安县
古雷寺	2630	循化县
二郎剑	3190	青海湖旅游区
三块石	3211	青海湖旅游区
海心山	3266	青海湖旅游区
三角城	3215	青海湖旅游区
沙岛	3252--3195	青海湖旅游区
祁连山原始森林	3020	祁连县
祁连山鹿场	2870	祁连县
仙米寺	2990	门源县
珠固寺	2590	门源县
热贡艺术馆	2520	同仁县
二郎洞	3580	天峻县
石油城	2940	茫崖行委
扎陵湖	4610	玛多县
鄂陵湖	4309	玛多县
囊谦猕猴自然保护区	3974	囊谦县
晒经台	4120	玉树县
敦科尔寺	3170	湟源县
魔鬼城	2980	德令哈市
柳湾墓地	2060	乐都县

3-4 青海省对外开放山峰
Main Mountain Peaks Opened to the Outside

山峰名称 Names of Mountain Peak	海拔高程(米) Altitude(m)	所属山系 Mountain Range	地理位置 Geography of Place
阿尼玛卿峰	6282.0	昆仑山脉	果洛州玛沁县
格拉丹东峰	6621.0	唐古拉山脉	格尔木市
雅拉达则峰	5214.8	昆仑山脉	果洛州玛多县
新青峰	6860.0	昆仑山脉	海西州与新疆交界处
年保玉则峰	5369.0	昆仑山脉	果洛州久治县
错日尕则峰	4610.0	昆仑山脉	果洛州玛多县
玉珠峰	6178.6	昆仑山脉	格尔木市
玉虚峰	5933.1	昆仑山脉	格尔木市
马阑山	6056.0	昆仑山脉	玉树州治多县
湖北冰峰	5769.3	昆仑山脉	海西州与玉树州交界处
五雪峰	5805.0	昆仑山脉	玉树州治多县
大雪峰	5863.4	昆仑山脉	玉树州治多县
唐古拉山	6205.0	唐古拉山脉	格尔木市管辖区
龙亚拉峰	6104.0	唐古拉山脉	格尔木市管辖区

3–5 主要地区平均气温(2008年)
Average Temperature of Major Districts (2008)

单位:摄氏度 (°C)

月份 Month	地区 Region	西宁 Xining	海东 Haidong	门源 Menyuan	黄南 Huangnan	海南 Hainan	果洛 Golog	玉树 Yushu	海西 Haixi
年平均	**Annual Average**	**5.7**	**7.2**	**1.7**	**6.4**	**5.0**	**0.4**	**4.3**	**4.3**
一 月	Jan.	-9.6	-8.7	-12.2	-8.8	-8.9	-8.4	-3.8	-10.2
二 月	Feb.	-7.9	-6.6	-11.4	-7.3	-8.2	-12.3	-5.9	-9.5
三 月	Mar.	3.4	5.3	-1.5	4.2	2.1	-3.2	0.2	0.9
四 月	Apr.	8.3	9.9	3.5	8.9	7.6	1.9	4.9	6.3
五 月	May.	13.3	14.7	9.3	13.8	12.8	5.8	10	13
六 月	June	14.8	16.5	11.1	15	13.6	7.5	11.1	14.7
七 月	July	17.9	19.5	13.3	17.3	16.4	9.8	14.2	16.2
八 月	Aug.	15.4	17	11.2	15.7	14.4	9.2	12.1	14.9
九 月	Sept.	12.5	13.5	8.7	12.8	12	8	10.8	12.3
十 月	Oct.	7	8.4	2.8	7.7	5.9	0.9	3	5.2
十一月	Nov.	-0.3	1	-5.1	0.5	-1.6	-5.4	-1.2	-3.6
十二月	Dec.	-5.9	-4.6	-9.7	-3.4	-5.9	-9.5	-4.1	-8.5

3-6 主要地区降水量(2008年)
Monthly Precipitation of Major Districts (2008)

单位:毫米 (millimeters)

月份 Month	地区 Region	西宁 Xining	海东 Haidong	门源 Menyuan	黄南 Huangnan	海南 Hainan	果洛 Golog	玉树 Yushu	海西 Haixi
全 年	**Annual Total**	**378.6**	**389.1**	**437.0**	**473.5**	**353.6**	**581.0**	**513.3**	**246.1**
一 月	Jan.	2.6	1.6	4.3	13.4	4.9	15.2	9	16
二 月	Feb.	2.7	2.3	2.7	4.6	5.2	7.6	15.9	4
三 月	Mar.	7.7	7.4	28.8	5.9	4	2	2.2	
四 月	Apr.	32.2	17	49.2	21.2	9.9	12.5	13.2	1
五 月	May.	48.4	37.4	58.5	50.7	25	62.6	67.2	9.3
六 月	June	60.9	91	53.2	99.8	49.2	99.3	60	20.7
七 月	July	41.6	54.3	59.6	114.9	84.6	127.8	99.1	124.2
八 月	Aug.	99.7	66.2	69.2	61.7	79.3	95.4	102.4	13.9
九 月	Sept.	62.9	81.9	78.3	82.2	85.4	103.9	76.6	41.4
十 月	Oct.	19.7	29.8	26	13.5	3.5	48.8	65.5	4.8
十一月	Nov.	0.2	0.2	6.8	5.6	2.6	5.8	2.2	9.1
十二月	Dec.			0.4			0.1		1.7

3-7 主要地区平均日照时数(2008年)
Average Sunshine Hours of Major Districts (2008)

单位:小时 (hours)

月份 Month	地区 Region	西宁 Xining	海东 Haidong	门源 Menyuan	黄南 Huangnan	海南 Hainan	果洛 Golog	玉树 Yushu	海西 Haixi
全年	**Annual Total**	**2538.6**	**2814.5**	**2519.0**	**2532.9**	**2791.2**	**2511.2**	**2518.1**	**3033.4**
一月	Jan.	114.5	140.9	154.9	121.2	158.5	133.3	139.7	184.4
二月	Feb.	185.9	215.8	207.2	192.2	200.5	199.7	204	234.6
三月	Mar.	259.6	274.2	217.4	243.6	284.4	257.7	241.9	281.4
四月	Apr.	238.6	265.8	226.8	240.6	276.8	247.9	247.8	283.8
五月	May.	255.6	290.9	224.8	267.9	285.4	210.5	235.2	289.2
六月	June	223.3	257.2	254.7	238.6	242	200	227.2	269.6
七月	July	212.5	257.2	188.4	251.1	227	181.9	239	224.7
八月	Aug.	251	251.5	232.9	221.1	257.6	211.8	167.7	295.1
九月	Sept.	183.4	201.4	181.6	147.8	207.8	184.4	193.5	231
十月	Oct.	198.7	222	214	200.9	219.3	222.5	184	270.3
十一月	Nov.	191.1	210.6	199	181.4	199.9	236.7	219.6	228.6
十二月	Dec.	224.4	227	217.3	226.5	232	224.8	218.5	240.7

3-8 主要地区平均风速(2008年)
Average Wind Speed of Major Districts (2008)

单位:米/秒 (m/second)

月份 Month	地区 Region	西宁 Xining	海东 Haidong	门源 Menyuan	黄南 Huangnan	海南 Hainan	果洛 Golog	玉树 Yushu	海西 Haixi
全年	**Annual Total**	**1.0**	**2.5**	**1.5**	**1.2**	**1.5**	**1.9**	**1.1**	**1.7**
一月	Jan.	1	2.5	1	0.8	0.9	2	1.2	1
二月	Feb.	1	2.9	1.3	1	1.1	1.6	1.2	1.4
三月	Mar.	1.1	2.8	1.6	1.3	1.7	2	1.2	1.9
四月	Apr.	1.3	3	2	1.6	2	2.3	1.4	2
五月	May.	1.3	2.8	1.8	1.7	1.9	2	1.2	2.6
六月	June	1	2.6	1.5	1.2	1.7	1.9	1.1	2.2
七月	July	1	2.6	1.5	1.2	1.7	1.8	1	2.3
八月	Aug.	0.9	2.4	1.4	1.2	1.5	1.7	0.8	1.9
九月	Sept.	0.9	2.6	1.6	1.1	1.3	1.5	0.8	1.5
十月	Oct.	0.8	2.1	1.2	1	1.3	1.5	0.8	1.3
十一月	Nov.	0.9	2	1.3	1	1.4	1.8	1.1	1
十二月	Dec.	0.9	2.2	1.3	1	1.6	2.3	1	1

3-9 土地利用现状(2008年)
Land Characteristics of Qinghai(2008)

单位:亩 (acreage)

指 标	Item	年初面积 Land at Year-beginning	年内减少面积 Newly Decreased Land in Current Year	年内增加面积 Newly Increased Land in Current Year	年末面积 Land at Year-end
耕地	**Cultivated Land**	**8133029.8**	**11417.6**	**19176.7**	**8140788.9**
水浇地	Paddy Fields	2648872.8	8827.7	18547.5	2658592.6
旱地	Dry Fields	5362102.0	526.8	583.4	5362158.6
菜地	Vegetable Fields	122055.0	2231.6	214.3	120037.7
园地	**Garden Land**	**110987.4**	**135.3**	**83.2**	**110935.3**
果园	Orchard	88370.3	115.7		88254.6
其它园地	Others	22617.1	19.6	83.2	22680.7
林地	**Wood Land**	**39907840.3**	**4589.8**	**66780.6**	**39970031.1**
有林地	Wood Land	6634254.4	1332.1	584.2	6633506.5
灌木林地	Bush Woodland	25906104.0	1424.2	2000.0	25906679.8
疏林地	Sparse Woodland	3763813.6	411.1		3763402.5
未造成林林地	Not Caused by Forest Woodland	3570408.7	1380.0	64192.9	3633221.6
迹地	Forestry Slash	187.0			187.0
苗圃	Seedling Nursery	33072.6	42.4	3.5	33033.7
牧草地	**Grazing and Pasture Land**	**605239322.3**	**80534.0**	**53335.5**	**605212123.8**
天然草地	Natural Meadow	599768704.4	77510.0		599574100.6
改良草地	Improved Grassland	2484960.4	2498.2		2482462.2
人工草地	Artificial Pasture	2985657.5	525.8	53335.5	3155561.0
居民点及工矿用地	**Land for Inhabitation, Mining and Manufacturing**	**3695201.7**	**5081.6**	**19805.0**	**3709925.1**
城市	Cities	165487.8		3115.0	168602.8
建制镇	Towns	131841.5	97.5	3221.9	135865.9
农村居民点	Land for Inhabitation in Rural Area	989471.6	2342.8	4705.6	990934.4
独立工矿用地	Absolute Land for Industrial and Mining Use	316016.1	3404.2	9481.9	322093.8
盐田	Saltern	656941.0			656941.0
特殊用地	Special Use Area	1435443.7	12.5	56.0	1435487.2
交通运输用地	**Land for Transport Facilities**	**463046.9**	**53.7**	**16618.4**	**479665.3**
铁路	Railways	85480.4		12062.1	97542.5
公路	Highways	370920.3	53.7	4610.0	375476.6
管道运输	Pipeline Transport	164.2			164.2
民用机场	Civil Airports	6432.1			6432.1
港口码头	Ports	49.9			49.9
水利设施用地	**Land for Water Conservancy Facilities**	**710972.2**		**6009.1**	**716981.3**
水库水面	Reservoir Surface	673690.2		5724.0	679414.2
水工建筑用地	Land for Hydraulic Construction	37282.0		285.1	37567.1
未利用土地	**Land yet to be Used**	**369077420.8**	**91261.4**	**319.0**	**368986478.4**
荒草地	Wild Grass Ground	15334213.3	36905.9		15297307.4
盐碱地	Alkaline Soil	58659383.7	359.2		58659024.5
沼泽地	Everglade	4273019.2	29.9		4272989.3
沙地	Dene	91778591.5	53598.3		91724993.2
裸土地	Bare Ground	23361512.5	242.5		23361270.0
裸岩石砾地	Bare Rock and Gravel Ground	157502619.8	114.9	319.0	157502823.9
其他未利用土地	Other Unutilized Land	18168080.8	10.7		18168070.1

注:全省总面积为1076220784.4亩。
a)Total provinces land area are1076220784.4 acreages.

3-10 西宁市土地利用现状(2008年)
Land Characteristics of Xining (2008)

单位:亩 (acreage)

指 标	Item	年初面积 Land at Year-beginning	年内减少面积 Newly Decreased Land in Current Year	年内增加面积 Newly Increased Land in Current Year	年末面积 Land at Year-end
总 计	**Total**	**11136171.5**	**11785.7**	**11785.7**	**11136171.5**
耕地	Cultivated Land	2192944.2	8212.5	2060.0	2186791.8
园地	Garden Land	4369.0	79.2		4289.8
林地	Wood Land	1688014.5	468.2	3.5	1687549.8
牧草地	Grazing and Pasture Land	4960172.5	538.2		4959634.3
居民点及工矿用地	Land for Inhabitation, Mining and Manufacturing	418913.0	95.2	8479.2	427297.0
交通运输用地	Land for Transport Facilities	42839.0		900.6	43739.6
水利设施用地	Land for Water Conservancy Facilities	13462.5		12.7	13475.2
未利用土地	Land yet to be Used	1093677.5	1180.9		1092496.6

3-11 海东地区土地利用现状(2008年)
Land Characteristics of Haidong Region (2008)

单位:亩 (acreage)

指 标	Item	年初面积 Land at Year-beginning	年内减少面积 Newly Decreased Land in Current Year	年内增加面积 Newly Increased Land in Current Year	年末面积 Land at Year-end
总 计	**Total**	**19565992.6**	**22206.7**	**22206.7**	**19565992.6**
耕地	Cultivated Land	3019643.4	1560.6	1664.6	3019747.4
园地	Garden Land	76339.2	54.9		76284.3
林地	Wood Land	4120638.4	1445.7	17482.5	4136675.2
牧草地	Grazing and Pasture Land	7636699.2	24.1		7636675.1
居民点及工矿用地	Land for Inhabitation, Mining and Manufacturing	365066.1		2962.1	368028.2
交通运输用地	Land for Transport Facilities	56108.2		19.6	56127.8
水利设施用地	Land for Water Conservancy Facilities	78506.7			78506.7
未利用土地	Land yet to be Used	3040192.8	17927.1		3022265.7

3-12 海北州土地利用现状(2008年)
Land Characteristics of Haibei Region (2008)

单位:亩 (acreage)

指标	Item	年初面积 Land at Year-beginning	年内减少面积 Newly Decreased Land in Current Year	年内增加面积 Newly Increased Land in Current Year	年末面积 Land at Year-end
总 计	**Total**	**50024990.0**	**37332.3**	**37333.3**	**50024990.0**
耕地	Cultivated Land	721157.7	693.4	15336.0	735800.3
园地	Garden Land				
林地	Wood Land	3284221.1	19.9	19731.7	3303932.9
牧草地	Grazing and Pasture Land	33846320.5	20553.3		33825767.2
居民点及工矿用地	Land for Inhabitation, Mining and Manufacturing	1402917.5	104.3	395.1	1403208.3
交通运输用地	Land for Transport Facilities	49026.8		1869.5	50896.3
水利设施用地	Land for Water Conservancy Facilities	6996.0			6996.0
未利用土地	Land yet to be Used	6340851.0	15338.8		6325512.2

3-13 黄南州土地利用现状(2008年)
Land Characteristics of Huangnan Region (2008)

单位:亩 (acreage)

指标	Item	年初面积 Land at Year-beginning	年内减少面积 Newly Decreased Land in Current Year	年内增加面积 Newly Increased Land in Current Year	年末面积 Land at Year-end
总 计	**Total**	**26863328.6**	**502.3**	**503.3**	**26863328.6**
耕地	Cultivated Land	294474.7	110.6	70.2	294434.3
园地	Garden Land	2124.2			2124.2
林地	Wood Land	2584999.5			2584999.5
牧草地	Grazing and Pasture Land	22599904.7	321.5		22599583.2
居民点及工矿用地	Land for Inhabitation, Mining and Manufacturing	48323.7		110.6	48434.3
交通运输用地	Land for Transport Facilities	16006.6		321.5	16328.1
水利设施用地	Land for Water Conservancy Facilities	21936.8			21936.8
未利用土地	Land yet to be Used	1099933.0	70.2		1099862.8

3–14 海南州土地利用现状(2008年)
Land Characteristics of Hainan Region (2008)

单位:亩 (acreage)

指 标	Item	年初面积 Land at Year-beginning	年内减少面积 Newly Decreased Land in Current Year	年内增加面积 Newly Increased Land in Current Year	年末面积 Land at Year-end
总 计	**Total**	**65065667.9**	**29197.4**	**29198.4**	**65065667.9**
耕地	Cultivated Land	1159989.4	225.7		1159763.7
园地	Garden Land	9053.8	1.2		9052.6
林地	Wood Land	3461525.2	1187.0	19726.6	3480064.8
牧草地	Grazing and Pasture Land	50479696.0	24683.9		50455012.1
居民点及工矿用地	Land for Inhabitation, Mining and Manufacturing	200082.8	126.2	3539.9	203496.5
交通运输用地	Land for Transport Facilities	37116.8		31.6	37148.4
水利设施用地	Land for Water Conservancy Facilities	576225.6		5899.3	582124.9
未利用土地	Land yet to be Used	5050585.4	2815.3		5047770.1

3-15 果洛州土地利用现状(2008年)
Land Characteristics of Golog Region (2008)

单位:亩 (acreage)

指 标	Item	年初面积 Land at Year-beginning	年内减少面积 Newly Decreased Land in Current Year	年内增加面积 Newly Increased Land in Current Year	年末面积 Land at Year-end
总 计	**Total**	**114663576.4**	**9419.5**	**9419.5**	**114663576.4**
耕地	Cultivated Land	14877.0			14877.0
园地	Garden Land	12450.0			12450.0
林地	Wood Land	6077406.1		6046.9	6083453.0
牧草地	Grazing and Pasture Land	98051677.1	9081.0		98042596.1
居民点及工矿用地	Land for Inhabitation, Mining and Manufacturing	54268.3		201.1	54469.4
交通运输用地	Land for Transport Facilities	36714.4		283.1	36997.5
水利设施用地	Land for Water Conservancy Facilities	678.5			678.5
未利用土地	Land yet to be Used	6560761.2	55.4		6560705.8

3-16 玉树州土地利用现状(2008年)
Land Characteristics of Yushu Region (2008)

单位:亩 (acreage)

指 标	Item	年初面积 Land at Year-beginning	年内减少面积 Newly Decreased Land in Current Year	年内增加面积 Newly Increased Land in Current Year	年末面积 Land at Year-end
总 计	**Total**	**296930555.9**	**23144.3**	**23144.3**	**296930555.9**
耕地	Cultivated Land	206014.1	138.4	45.8	205921.5
园地	Garden Land	130.8			130.8
林地	Wood Land	8665747.2	216.0	2225.7	8667756.9
牧草地	Grazing and Pasture Land	231220614.2	17477.0	3328.0	231206465.2
居民点及工矿用地	Land for Inhabitation, Mining and Manufacturing	148743.4	4745.8	2178.3	146175.9
交通运输用地	Land for Transport Facilities	84180.3		3954.2	88134.5
水利设施用地	Land for Water Conservancy Facilities	3695.1		97.1	3792.2
未利用土地	Land yet to be Used	44747366.8	563.1	319.0	44747122.7

3-17 海西州土地利用现状(2008年)
Land Characteristics of Haixi Region (2008)

单位:亩 (acreage)

指 标	Item	年初面积 Land at Year-beginning	年内减少面积 Newly Decreased Land in Current Year	年内增加面积 Newly Increased Land in Current Year	年末面积 Land at Year-end
总 计	**Total**	**491970501.5**	**63005.6**	**63005.6**	**491970501.5**
耕地	Cultivated Land	523929.3	476.4		523452.9
园地	Garden Land	6520.4		83.2	6603.6
林地	Wood Land	10025288.3	1253.0	1563.7	10025599.0
牧草地	Grazing and Pasture Land	156444238.1	7855.0	50007.5	156486390.6
居民点及工矿用地	Land for Inhabitation, Mining and Manufacturing	1056886.9	10.1	1938.7	1058815.5
交通运输用地	Land for Transport Facilities	141054.8		9238.3	150293.1
水利设施用地	Land for Water Conservancy Facilities	9471.0			9471.0
未利用土地	Land yet to be Used	301144053.1	53310.6		301090742.5

3-18 矿产及产地数(2008年)
Number of Mineral and Habitats (2008)

矿产类别 Mineral Names	矿产总类 Total Mineral	单矿种产地数 Number Habitats				备注 Remarks
		合计 Total	矿床规模 Deposit Scale			
			大型 Large	中型 Medium-sized	小型 Small	
能源矿产小计 Subtotal of Energy Minerals	**4**	**112**	**19**	**13**	**80**	
煤 Coal	1	85	15	6	64	
石油 Petroleum	1	17	1	6	10	
天然气 Natural Gas	1	9	3	1	5	
油页岩 Oil Shale	1	1			1	
金属矿产小计 Subtotal of Metal Minerals	**32**	**250**	**22**	**65**	**163**	
黑色金属 Ferrous Metals	2	34		7	27	氯化镁和硫酸镁分别统计矿产地
有色金属 Nonferrous Metals	15	111	7	26	78	
贵金属 Precious Metals	5	66	2	21	43	
稀有、稀土、分散元素矿产 Unusual、Rare Eaths、Element Scatter of Minerals	10	39	13	11	15	
非金属矿产小计 Subtotal of NonMetal Minerals	**48**	**274**	**86**	**78**	**110**	
冶金辅助原料非金属矿产 Supplemental Raw Material in Metallurgical Industry	5	24	1	12	11	
化工原料非金属矿产 Chemical Raw Material	17	163	61	35	67	
建筑材料及其它非金属矿产 Construction Material and Others	26	87	24	31	32	
水气矿产小计 Subtotal of Steam Minerals	**3**	**52**	**7**	**18**	**27**	
矿泉水 Mineral Water	1	20	1	2	17	
地下水 Groundwater	1	27	6	16	5	
地下热水 Thermal Spring	1	5			5	
总计 Total	**87**	**688**	**134**	**174**	**380**	

3-19 青海省保有资源储量在全国占前十位的矿种(2007年)
Mineral Kinds of Qinghai Mineral Ensured Reserves Within the Top Ten Places in China (2007)

位次 Rank	矿种名称 Name	矿种数 Number
第一位 First	锂矿、锶矿、电石用灰岩、钾盐*、镁盐、石棉*、芒硝*、化肥用蛇纹岩、玻璃用石英岩*、冶金用石英岩 Lithium Ore、Strontium Ore、Limestone Used for Calcium Carbide、Sylvite*、Magnesium Salts、Asbestos*、Mirabilite*、Serpentinite Used Chenical Fertilzer、Quartzite Used for Glass*、Quartzite Used for Metallurgy	10
第二位 Second	盐矿*、溴矿、压电水晶、铸石用玄武岩、铌钽矿 Salt Ore*、Bromine Ore、Rock Crystal For Piezoelectricity、Piezoelectric Crystal、Basalt Used for Stone Casting、Niobium-tantalum Ore	5
第三位 Third	镁矿(炼镁白云岩)、自然硫、硼矿*、硅灰石、滑石*、水泥配料用板岩、饰面用蛇纹岩、碘矿、轻稀土矿、陶粒用粘土、石膏* Magnesium Ore (Dolomite for Mg Metal Smelting)、Natural Sulfur、Boron Rock*、Scale Stone、Talcum*、Slate Used for Ingredients of Cement、Serpentinite Used for Facing、Iodine Ore、Light Rare Earth、Clay Used for Haydite、Gesso*	11
第四位 Fourth	伴生硫、天然硫*、泥炭、长石、透辉石、铂钯矿 Associated Sulfur、Native Sulfur*、Turf、Feldspar、Diopside、Platinum-palladium Ore	6
第五位 Fifth	汞矿、铷矿、硒矿、制碱用灰岩、砖瓦用粘土、铟矿 Hydrargyrum Ore、Rubidium Ore、Selenium Ore、Limestone Used for Making Alkali、Clay Used for Tile、Indium Ore	6
第六位 Sixth	铬矿*、熔炼水晶、玉石、岩棉用玄武岩、钴矿、水泥配料用黄土、天然气*、铂矿、钯矿、砖瓦用粘土、 Chrome Ore*、Smelting Crystal、Bowlder、Basalt Used for Rock Wool、Cobalt Ore、Loess Used for Ingredients of Cement、Natural Gas*、Platinum Ore、Palladium Ore	10
第七位 Seventh	镍矿*、锡矿*、建筑用砂 Nickel Ore*、Stannum Ore*、Sand Used for Construction	3
第八位 Eighth		
第九位 Ninth	铅矿*、镉矿、磷矿*、铂族金属*、菱镁矿*、云母(片云母) Lead Ore、Cadmium Ore、Phosphorus Ore*、Platinum Group Metals*、Magnesite*、Mica (Fragmental Mica)	6
第十位 Tenth	砷矿 Arsenic Ore	1
合计 Total		**58**

注:*为该矿种列入在国民经济建设中占主要地位的45种矿产之中。
a) * shows that the minerals is included among the 45 kinds of mineral what hold a major position in the national economic construction.

3-20 分矿种矿产资源开发利用情况(2008年)
Utilization Situation of Mineral Resources (2008)

矿产名称	Name of Minerals	矿山企业数(个) Mining Enterprises (unit)	从业人数(人) Employees (person)	年产矿量 Output of Minerals (万吨) (10 000 tons)	(万立方米) (10 000 cu. m)	工业总产值(万元) Gross Industrial Output Value (10 000yuan)	综合利用产值(万元) Output Value of Comprehensive Utilization (10 000yuan)	利润总额(万元) Total Profit (10 000yuan)
合　计	**Total**	**887**	**78290**	**5995**	**436507**	**3287601**	**51766**	**1128406**
煤炭	Coal	55	10613	933		261529	1500	54842
石油、天然气	Petroleum and Natural Gas	1	22360	220	436507	1736900		578201
地下热水	Geothermal Water	3	55	1		149		19
铁矿	Iron Ore	31	2429	71		9619		1851
锰矿	Manganese Ore	6	120	1		230		45
铬矿	Chrome Ore	1	30	0		150		14
铜矿	Copper Ore	17	2491	261		95180	300	37245
铅矿	Lead Ore	27	1345	10		6338	382	721
锌矿	Zinc Ore	5	1365	162		148100	612	108732
镍矿	Nickel Ore	4	190	0		43		2
钨矿	Tungsten Ore	1	46					
锑矿	Antimony Ore	1	40					
金矿	Gold Ore	20	2149	103		68009		38562
锂矿	Lithium Ore	2	1951	219		66661	48410	30073
锶矿	Strontium Ore	2	27	5		810		56
普通萤石	Common Fluorite	9	181	1		66		7
熔剂用灰岩	Limestone Used for Flux	1	5					
冶金用白云岩	Dolomite Used for Metallurgy	6	132	5		90		16
冶金用石英岩	Quartzite Used for Metallurgy	54	1370	56		1443		165
自然硫	Native Sulfur	1	30					
芒硝	Mirabilite	5	90	0		47		3
天然碱	Natural Soda	2	13					
制碱用灰岩	Limestone Used for Making Alkali	11	694	144		3901		234
含钾岩石	Rock with Potassium	4	70	0		5		0
盐矿	Salt Ore	17	2347	294		46193		3875
镁盐	Magnesium Salts	4	518	45		800		99
钾盐	Kali Salt	14	5305	2168		712538		265944
硼矿	Boron Rock	1	360	8		2211		182
石墨	Graphite	2	3					
硅灰石	Scale Stone	1	5					
滑石	Talcum	1	23					
石棉	Asbestos	8	2007	236		18720		2057
云母	Mica	1	12					
长石	Feldspar	4	83	0		5		

3-20 续表 Continued

矿产名称	Name of Minerals	矿山企业数（个）Mining Enterprises (unit)	从业人数（人）Employees (person)	年产矿量 Output of Minerals（万吨）(10 000 tons)	（万立方米）(10 000 cu. m)	工业总产值（万元）Gross Industrial Output Value (10 000yuan)	综合利用产值（万元）Output Value of Comprehensive Utilization (10 000yuan)	利润总额（万元）Total Profit (10 000yuan)
石榴子石	Garnet	2	27					
石膏	Gesso	14	199	9.9		259.0		34.3
方解石	Calcite	2	34	0.5		20.0		1.4
玉石	Bowlder	4	156	0.2		1807.0	557.0	-182.0
水泥用灰岩	Limestone Used for Cement	30	2123	268.3		66056.0		1026.8
建筑石料用灰岩	Limestone Used for Building Stone	11	145	11.3		204.8		11.1
饰面用灰岩	Limestone Used for Facing	1	15					
制灰用石灰岩	Limestone Used for Making Lime	13	376	6.3		508.2		61.0
玻璃用白云岩	Dolomite Used for Glass	4	34	1.8		54.0		7.4
建筑用白云岩	Dolomite Used for Construction	6	65	2.6		30.0		3.2
玻璃用石英岩	Quartzite Used for Glass	5	108					
砖瓦用砂岩	Sandstone Used for Tile	1	56	0.2		21.0		3.0
建筑用砂岩	Sandstone Used for Construction	1	26	1.0		28.0		3.0
建筑用砂	Sand Used for Construction	155	2819	273.6		3864.0		511.3
砖瓦用砂	Sand Used for Tile	2	118	9.3		649.5		40.2
玻璃用脉石英	Vein Quartz Used for Glass	1	27					
陶粒页岩	Haydite Shale	1	30	1.0		25.0		2.5
高岭土	Kaoline	1	3					
膨润土	Bentonite	1	12					
砖瓦用粘土	Clay Used for Tile	224	10677	257.5		16352.2		1508.6
陶粒用粘土	Clay Used for Haydite	3	46	0.2		35.0		6.6
水泥配料用粘土	Clay Used for Ingredients of Cement	7	207	39.4		534.0		12.3
水泥配料用红土	Laterite Used for Ingredients of Cement	1	18	0.4		15.0		1.5
建筑用橄榄岩	Peridotite Used for Construction	1	23					
饰面用蛇纹岩	Serpentinite Used for Facing	16	194	0.0		116.3		-13.0
建筑用玄武岩	Basalt Used for Construction	1	36					
饰面用辉绿岩	Diabase Used for Facing	1	27					
建筑用辉长岩	Gabbro Used for Constrution	3	66	40.5		288.0		20.0
建筑用花岗岩	Granite Used for Constrution	24	771	73.4		1576.1		54.6
饰面用花岗岩	Granite Used for Facing	6	140	0.3		137.0		11.0
建筑用凝灰岩	Tuff Used for Construction	1	17					
饰面用大理岩	Marble Used for Facing	8	205	9.5		1820.0		7.8
建筑用大理岩	Marble Used for Construction	4	81					
水泥用大理岩	Marble Used for Cement	3	757	37.4		13383.4		2327.5
水泥配料用板岩	Slate Used for Ingredients of Cement	1	10	0.3		7.5		0.8
片麻岩	Gneiss	1	5					
矿泉水	Mineral Water	5	178			75.0		2.4

3-21 各地区矿产开发基本情况(2008年)
Mineral Utilization by Region (2008)

地 区	Region	矿产企业数 (个) Mining Enterprises (unit)	从业人数 (人) Employees (person)	年产矿量 Output of Minerals (万吨) (10 000 tons)	(万立方米) (10 000 cu. m)	工 业 总产值 (万元) Gross Industrial Output Value (10 000yuan)	综合利用产值 (万元) Output Value of Comprehensive Utilization (10 000yuan)	利 润 总 额 (万元) Total Profit (10 000yuan)
总 计	**Total**	**887**	**78290**	**5994**	**436507**	**3287601**	**51766**	**1128406**
西宁市	Xining City	210	13028	721		89143	1500	2270
海东地区	Haidong Prefecture	216	7935	271		35084	305	3287
海北州	Haibei Zang A.P	94	5210	151		12899	85	1448
黄南州	Huangnan Zang A.P	31	1006	15		1414	57	129
海南州	Hainan Zang A.P	67	3277	146		33891		10456
果洛州	Golog Zang A.P	5	663	175		57721		25845
玉树州	Yushu Zang A.P	14	325	2		1984		-19
海西州	Haixi Mongolian & Zang A.P	250	46846	4513	436507	3055463	49819	1084992

3-22 矿产资源开发利用情况(按经济类型分)(2008年)
Utilization Situation of Mineral Resources (by Economic Type)(2008)

项 目	Item	矿山企业数 (个) Mining Enterprises (unit)	从业人员 (人) Employees (person)	年产矿量 Output of Minerals (万吨) (10 000 tons)	(万立方米) (10 000 cu. m)	工业总总产值 (万元) Gross Industrial Output Value (10 000yuan)	综合利用产值 (万元) Output Value of Comprehensive Utilization (10 000yuan)	利 润 总 额 (万元) Total Profit (10 000yuan)
总 计	Total	**887**	**78290**	**5995**	**436507**	**3287601**	**51766**	**1128406**
内资企业	Domestic Funds	872	73668	5515	436507	3021104	51154	968960
国有企业	State-owned Enterprises	35	31949	849	436507	1822869	1500	590565
集体企业	Collective-owned Enterprises	102	5378	125		9618	300	683
股份合作企业	Cooperative Enterprises	18	2601	1376		529461		201454
联营企业	Joint Enterprises	4	92	1		240		21
国有独资公司	State Sole funded Enterprises	2	124	91		13641		402
有限责任公司	Limited Liability Enterprises	132	9408	1275		304983	562	82017
股份有限公司	Share-holding Enterprises	34	6692	959		282552	48440	85288
私营企业	Private Enterprises	510	16628	819		57113	352	8451
其他企业	Other Enterprises	35	796	19		628		78
港、澳、台商投资企业	Enterprises with Funds from Hong Kong, Macao and Taiwan	7	317	51		2064		135
外商投资企业	Foreign Funded Enterprises	8	4305	429		264433	612	159311

3-23 矿产资源储量(按矿种统计)(2008年)

Reserves of Mineral Resources (Statistics by Minerals) (2008)

项　目	Item		矿区数 Number of Mine Areas	资源储量 Reserves of Mineral Resources	
				保　有 Inventory	累计查明 Found Add Up
煤炭	(千吨) Coal	(1 000 tons)	85	5444734	5631716
油页岩	(千吨) Oil Shale	(1 000 tons)	1	16572	16572
铁矿	(矿石 千吨) Iron Ore	(ore 1 000 tons)	28	241317	245604
铬矿	(矿石 千吨) Chrome Ore	(ore 1 001 tons)	6	413	620
铜矿	(铜 吨) Copper Ore	(copper ton)	26	1706863	1905972
铅矿	(铅 吨) Lead Ore	(lead ton)	32	1934795	3108233
锌矿	(锌 吨) Zinc Ore	(zinc ton)	29	2713022	4014850
镁矿	(矿石 千吨) Magnesium Ore	(ore 1 001 tons)	4	35437	35437
镍矿	(镍 吨) Nickel Ore	(nickel ton)	4	166791	180630
钴矿	(钴 吨) Cobalt Ore	(cobalt ton)	6	36096	38484
钨矿	(W03吨) Tungsten Ore	(W03 ton)	3	18529	19640
锡矿	(锡 吨) Stannum Ore	(W04 ton)	5	39779	39788
铋矿	(铋 吨) Bismuth Ore	(W05 ton)	1	4229	4229
钼矿	(钼 吨) Molybdenum Ore	(W06 ton)	2	95330	95330
汞矿	(汞 吨) Hydrargyrum Ore	(W07 ton)	4	4376	4557
锑矿	(锑 吨) Antimony Ore	(W08 ton)	1	173	713
铂族金属	(金属 千克) Platinum Group Metals	(metal kg)	1	114	129
铂矿	(铂 千克) Platinum Ore	(platinum kg)	3	249	257
钯矿	(钯 千克) Palladium Ore	(palladium kg)	1	351	352
金矿	(岩金 金 千克) Gold Ore	(rock gold　gold kg)	21	83245	108681
金矿	(砂金 金 千克) Gold Ore	(placer gold　gold kg)	16	28452	34445
金矿	(伴生金 金 千克) Gold Ore	(associated gold　gold kg)	6	54965	71359
银矿	(银 吨) Argentine Ore	(Argentine ton)	20	4694	5943
铌钽矿	(Nb+Ta)2O5 吨 Niobium-Tantalum ore	(Nb+Ta)2O5 ton	1	2145	2145
锂矿	(LiCl 吨) Lithium Ore	(LiCl ton)	10	17785722	18382156
锶矿	(天青石 吨) Strontium Ore	(celestine ton)	4	26493455	26818254
铷矿	(Rb20 吨) Rubidium Ore	(Rb20 ton)	1	38748	39989
轻稀土矿	(轻稀土氧 吨) Light Rare Earth	(light rare earth ton)	2	346136	346136
锗矿	(锗 吨) Germanium Ore	(germanium ton)	1	160	160
镓矿	(镓 吨) Gallium Ore	(gallium ton)	4	940	956
铟矿	(铟 吨) Indium Ore	(indium ton)	3	988	1156
镉矿	(镉 矿) Cadmium Ore	(cadmium ton)	7	11571	13339
硒矿	(硒 吨) Selenium Ore	(selenium ton)	3	1185	1531
菱镁硫	(矿石 千吨) Magnesium Sulfur	(ore 1 000 tons)	1	1869	1869
普通萤石	(萤石或CAF2千吨) Common Fluorite	(fluorite or CAF2 1 000 tons)	5	435	454
熔剂用灰岩	(矿石 千吨) Limestone Used for Flux	(ore 1 000 tons)	2	31843	31843
冶金用白云岩	(矿石 千吨) Dolomite Used for Metallurgy	(ore 1 000 tons)	6	43443	43467
冶金用石英岩	(矿石 千吨) Quartzite Used for Metallurgy	(ore 1 000 tons)	10	306996	307491
自然硫	(硫 千吨) Native Sulfur	(sulfur 1 000 tons)	6	259	640
硫铁矿	(矿石 千吨) Pyrites	(ore 1 000 tons)	6	19956	21134
硫铁矿	(伴生硫 硫 千吨) Pyrites	(associated sulfur sulfur 1 000 tons)	12	25581	30728

3-23 续表 Continued

项 目	Item		矿区数 Number of Mine Areas	资源储量 Reserves of Mineral Resources 保 有 Inventory	累计查明 Found Add Up
芒硝	(Na2SO4千吨) Mirabilite	(Na2SO4 1 000 tons)	12	9828069	9828682
重晶石	(矿石 千吨) Barytes	(ore 1 000 tons)	2	1163	1172
天然碱	(千吨) Natural Soda	(1 000 tons)	3	482	482
电石用灰岩	(矿石 千吨) Limestone Used for Tourmaline	(ore 1 000 tons)	3	1382826	1382973
制碱用灰岩	(矿石 千吨) Limestone Used for Making Alkali	(ore 1 000 tons)	1	177725	179874
化肥用蛇纹岩	(矿石 千吨) Serpentinite Used for Chemical Fertilizer	(ore 1 000 tons)	7	8199527	8200172
泥炭	(矿石 万吨) Turf	(ore 10 000 tons)	2	17682	17682
盐矿	(NaCl 千吨) Salt Ore	(NaCl 1 000 tons)	27	321381030	321490167
镁盐	(MgSO4 千吨) Magnesium Salts	(MgSO4 1 000 tons)	14	1634161	1635257
镁盐	(MgC12 千吨) Magnesium Salts	(MgC12 1 001 tons)	21	3964137	4275235
钾盐	(KCl 千吨) Kali Salt	(KCl 1 000 tons)	23	734254	760306
碘矿	(碘 吨) Iodine Ore	(iodine ton)	2	12674	14005
溴矿	(溴 吨) Bromine Ore	(bromine ton)	3	249549	282748
砷矿	(砷 吨) Arsenic Ore	(arsenic ton)	4	70317	71264
硼矿	(B2O3千吨) Boron Rock	(B2O3 1 000 tons)	13	15835	16567
磷矿	(矿石 千吨) Phosphorite	(ore 1 000 tons)	2	511280	511280
石墨	(晶质石墨 千吨) Graphite	(scaly graphite 1 000 tons)	1	128	128
压电水晶	(单晶 千克) Piezoelectric Crystal	(single crystals kg)	1	29382	29698
熔炼水晶	(矿物 吨) Smelting Crystal	(mineral ton)	1	352	357
硅灰石	(矿石 千吨) Scale Stone	(ore 1 000 tons)	1	17578	17578
滑石	(矿石 千吨) Talcum	(ore 1 000 tons)	2	42222	42222
石棉	(石棉 千吨) Asbestos	(asbestos 1 000 tons)	7	57435	59786
云母	(吨) Mica	(ton)	1	1054	1054
碎云母	(碎云母 吨) Fragmental Mica	(fragmental mica ton)	1	367754	367800
长石	(矿石 千吨) Feldspar	(ore 1 000 tons)	2	62651	62657
透辉石	(矿石 千吨) Diopside	(ore 1 000 tons)	1	4017	4017
石膏	(矿石 千吨) Gesso	(ore 1 000 tons)	7	3055790	3058106
玉石	(矿石 吨) Bowlder	(ore ton)	3	31592	32630
水泥用灰	(矿石 千吨) Ash Used for Cement	(ore 1 000 tons)	18	1314148	1335905
玻璃用石	(矿石 千吨) Stone Used for Glass	(ore 1 000 tons)	5	1646257	1646890
建筑用砂	(矿石 千吨) Sand Used for Construction	(ore 1 000 tons)	1	17042	17790
粉石英	(矿石 千吨) Konilite	(ore 1 000 tons)	1	6341	6342
陶瓷土	(矿石 千吨) Ceramic Clay	(ore 1 000 tons)	1	2146	2146
砖瓦用粘土	(矿石 千立方米) Clay Used for Tile	(ore 1 000 cu.m)	2	17132	17600
陶粒用粘土	(矿石 千吨) Clay Used for Haydite	(ore 1 000 tons)	1	9433	9433
水泥配料用粘土	(矿石 千吨) Clay Used for Ingredients of Cement	(ore 1 000 tons)	10	63376	63825
水泥配料用黄土	(矿石 千吨) Loess Used for Ingredients of Cement	(ore 1 000 tons)	3	18382	19410
水泥配料用泥岩	(矿石 千吨) Mudstone Used for Ingredients of Cement	(ore 1 000 tons)	2	4250	4660
饰面用蛇纹岩	(矿石 千立方米) Serpentinite Used for Facing	(ore 1 000 cu.m)	1	5490	5490
铸石用玄武岩	(矿石 千吨) Basalt Used for Stone Casting	(ore 1 000 tons)	2	20810	20810
岩棉用玄武岩	(矿石 千吨) Basalt Used for Rock Wool	(ore 1 000 tons)	1	1100	1160
饰面用花岗岩	(矿石 千立方米) Granite Used for Facing	(ore 1 000 cu.m)	3	18063	18073
饰面用大理岩	(矿石 千立方米) Marble Used for Facing	(ore 1 000 cu.m)	2	24140	24264
水泥用大理岩	(矿石 千吨) Marble Used for Cement	(ore 1 000 tons)	4	55433	57962
水泥配料用板岩	(矿石 千吨) Slate Used for Ingredients of Cement	(ore 1 000 tons)	1	7640	7640

3-24 第五次人口普查分地区的每万人拥有各种受教育程度人口
Various Educational Population of Every 10 thousand People by Region (2000)

单位:人 (person)

地 区	Region	大专及以上 College and Higher Level	高中和中专 Senior and Technical Secondary School	初 中 Junior Secondary School	小 学 Primary School
全 国	**National Total**	**354**	**1113**	**3399**	**3554**
全 省	**Province Total**	**331**	**1036**	**2158**	**3083**
西宁市	Xining City	558	1456	2935	2978
海东地区	Haidong Prefecture	152	684	2036	3533
海北州	Haibei Zang A.P	172	807	1611	3587
黄南州	Huangnan Zang A.P	227	616	733	3024
海南州	Hainan Zang A.P	202	726	1250	3271
果洛州	Golog Zang A.P	135	549	758	1861
玉树州	Yushu Zang A.P	77	392	422	1484
海西州	Haixi Mongolian & Zang A.P	427	1647	2555	2882

3-25 第五次人口普查分地区的各种受教育程度人口和平均受教育年限
Various Educational Population and Average Educational Length by Region(2000)

单位:万人、年 (10 000 persons、year)

地 区	Region	6岁及以上人口数 Population Aged 6 and Over	各种受教育程度人数 Number by Educational Attainment				平均受教育年限 Average Educational Length
			大专及以上 College and Higher Level	高中和中专 Senior and Technical Secondary School	初 中 Junior Secondary School	小 学 Primary School	
全 国	**National Total**	**115670.03**	**4402.01**	**13828.35**	**42238.66**	**44161.34**	**7.62**
全 省	**Province Total**	**468.66**	**17.13**	**53.66**	**111.81**	**159.77**	**6.15**
西宁市	Xining City	181.94	11.05	28.82	58.09	58.93	7.69
海东地区	Haidong Prefecture	137.67	2.31	10.40	30.95	53.71	5.54
海北州	Haibei Zang A.P	24.61	0.47	2.23	4.46	9.93	5.45
黄南州	Huangnan Zang A.P	19.80	0.51	1.39	1.65	6.82	4.07
海南州	Hainan Zang A.P	35.56	0.81	2.92	5.02	13.14	4.84
果洛州	Golog Zang A.P	12.22	0.19	0.77	1.06	2.61	3.07
玉树州	Yushu Zang A.P	23.50	0.21	1.05	1.13	3.99	2.13
海西州	Haixi Mongolian & Zang A.P	33.37	1.58	6.08	9.43	10.64	7.40

3–26 环境基本情况(2005–2008年)

Basic Statistics on Environment (2005-2008)

指 标		Item		2005	2006	2007	2008
水环境		**Water**					
废水排放总量	(万吨)	Waste Water Discharge	(10 000 tons)	19360	19407	19948	19998
工业废水排放量		Industry		7619	7168	7318	7098
生活污水排放量		Non-industrial		11741	12239	12630	12900
化学需氧量(COD)排放量	(吨)	Discharge Amount of COD	(ton)	71580	74801	75796	74567
工业废水中COD排放量		Industry		33863	35319	38159	37305
生活污水中COD排放量		Non-industrial		37717	39482	37637	37262
氨氮排放量	(吨)	Ammonia Nitrogen Discharge	(ton)	6855	6944	7029	6942
工业废水中氨氮排放量		Industry		1407	1425	1480	1627
生活污水中氨氮排放量		Non-industrial		5448	5519	5549	5316
工业废水排放达标量	(万吨)	Industrial Waste Water Meeting Discharge Standards	(10 000 tons)	3396	3487	3677	3767
工业废水排放达标率	(%)	Percentage of Industrial Waste Water Meeting Discharge Standards	(%)	44.57	48.65	50.25	53.07
大气环境		**Atmosphere Environment**					
二氧化硫(SO_2)排放量	(吨)	Sulphur Dioxide Emission	(ton)	123667	129850	133923	134807
工业SO_2排放量		Industry		114528	121204	125259	126081
生活SO_2排放量		Non-industrial		9139	8646	8664	8726
烟尘排放量	(吨)	Soot Emission	(ton)	77174	72154	74479	76643
工业烟尘排放量		Industry		57422	52398	49561	54311
生活烟尘排放量		Non-industrial		19752	19756	24918	22332
工业粉尘排放量	(吨)	Industrial Dust Emission	(ton)	92943	89052	76272	76473
工业SO_2排放达标量	(吨)	Industrial Sulphur Dioxide Meeting Emission Standards	(ton)	60409	64085	63614	77151
工业SO_2排放达标率	%	Percentage of Industrial Sulphur Dioxide Meeting Emission Standards	(%)	52.75	52.87	50.79	61.19
工业烟尘排放达标量	(吨)	Industrial Soot Meeting Emission Standards	(ton)	17225	19442	19315	19357
工业烟尘排放达标率	(%)	Percentage of Industrial Soot Meeting Emission Standards	(%)	30.00	37.10	38.97	35.64
工业粉尘排放达标量	(吨)	Industrial Dust Meeting Emission Standards	(ton)	24473	21858	16762	32960
工业粉尘排放达标率	(%)	Percentage of Industrial Dust Meeting Emission Standards	(%)	26.33	24.55	21.98	43.1
固体废物		**Solid Wastes**					
工业固体废物产生量	(万吨)	Industrial Solid Wastes Produced	(10 000 tons)	649.15	881.94	1129.27	1337.14
危险废物产生量		Hazardous Wastes		76.78	75.92	74.98	76.45
工业固体废物排放量	(万吨)	Industrial Solid Wastes Discharged	(10 000 tons)	2.76	0.32	0.82	1.75
工业固体废物综合利用量	(万吨)	Industrial Solid Wastes Utilized	(10 000 tons)	142.12	259.57	337.89	416.31
危险废物综合利用量		Hazardous Wastes Utilized		0.14	0.31	0.69	3.43
综合利用往年贮存量		Storage Capacity Utilization in Previous Years		11.68	1.58	4.48	6.42

资料来源：省环保局、省建设厅、省林业局、省国土资源厅、省爱卫会。

a) Data come from Provincial Environmental Protection Bureau, Provincial Department of Construction, Provincial Forestry Bureau, Provincial Land and Resources Office, Provincial Patriotic Health Committee.

3-26 续表 1 Continued

指 标		Item		2005	2006	2007	2008
工业固体废物综合利用率	(%)	Ratio of Industrial Solid Wastes Utilized	(%)	21.51	29.38	29.76	30.99
工业固体废物处置量	(万吨)	Volume of Industrial Solid Wastes Treated	(10 000 tons)	0.62	0.75	0.77	3.71
危险废物处置量	(吨)	Hazardous Wastes	(ton)		160	168	100
工业固体废物处置率	(%)	Ratio of Industrial Solid Wastes Treated	(%)	0.09	0.08	0.07	0.27
"三废"综合利用产品产值	(万元)	Output Value of Products Made from Waste Gas, Wastewater & Solid Wastes	(10 000 yuan)	5289.7	10369.2	20431.2	46889.7
生态环境		**Eco-Environment Protection**					
人均耕地面积	(亩)	Per Capita Area of Cultivated Land	(acreage)	1.50	1.48	1.47	1.47
森林面积	(万公顷)	Forest Area	(10 000 hectares)	317.20	317.20	317.20	370.01
森林覆盖率	(%)	Forest Coverage Rate	(%)	4.40	4.40	4.40	5.20
人均森林面积	(公顷)	Per Capita Forest Area	(hectare)	0.66	0.66	0.58	0.68
活立木蓄积量	(万立方米)	Total Standing Forest Stock	(10 000 cu.m)	4101.40	4101.40	4101.40	5405.54
森林蓄积量	(万立方米)	Woodland Stock Volume	(10 000 cu.m)	3592.60	3592.60	3592.60	4423.10
当年营造林面积	(万公顷)	Total Area of Afforestation of the Year	(10 000 hectares)	12.34	2.17	4.52	5.36
当年造林		Area of Approach of the Year		4.67	0.54	3.00	3.20
本年新封山育林		Area without Forest or of Sparse Forest of the Year		6.45	1.63	1.51	2.16
自然保护区数	(个)	Number of Nature Reserves	(unit)	11	11	11	11
国家级		National Level		5	5	5	5
自然保护区面积	(万公顷)	Area of Nature Reserves	(10 000 hectares)	2175.9	2175.9	2182.2	2182.2
湿地面积	(千公顷)	Area of Wetland	(1 000 hectares)	4126.0	4126.0	4126.0	4126.0
自然灾害		**Natural Disaster**					
受灾面积	(公顷)	Area of Suffer from Disaster	(hectare)		239700	309880	231000
旱灾		Drought			122000	108400	142000
洪涝灾		Damage or Crop Failure Caused by Waterlogging			21800	10500	10690
风雹灾		Disaster Caused by Windstorm and Hail			87500	45000	31620
雪灾低温冷冻		Disaster Caused by Snow、Low Temperature and Refrigeration			8100	137800	31200
受灾人次	(万人次)	Personnel of Suffer from Disaster	(10 000 person times)		241	148	238.6
直接经济损失	(亿元)	Direct Economic Losses	(1 000 million yuan)		16.6	15.1	33.8
环境污染事故次数	(次)	Number of Pollution and Destruction Accidents	(time)	2	1		
直接经济损失	(万元)	Direct Economic Losses	(10 000 yuan)	2.40	1.50		

3-26 续表 2 Continued

指 标		Item		2005	2006	2007	2008
城市环境		**Urban Environment**					
城市面积	(平方公里)	**City Areas**	**(sq.km)**	482.28	512.28	512.28	512.28
建成区面积		Developed Areas		105.92	109.45	110.65	110.65
城市建设用地面积	(平方公里)	Urban Construction Land Areas	(sq.km)	105.92	107.76	108.99	108.99
城市供水总量	(万立方米)	Annual Volume of Tap Water Supply	(10 000 cu.m)	15116.0	16475.0	15641.2	17067.0
生活用水量		Water Consumption for Residential use		7308.0	5540.0	5195.4	5661.2
城市用水普及率	(%)	Coverage Rate of Urban Population with Access to Tap Water	(%)	100.00	100.00	100.00	100.00
城市污水排放量	(万立方米)	Consumption Waste Water Discharge	(10 000 cu.m)	1896	13178	9560	11686
城市污水处理量	(万立方米)	Consumption Waste Water Disposal	(10 000 cu.m)	2200	2200	3066	4662
城市污水处理率	(%)	Treatment Rate of Consumption Waste Water	(%)	18.49	16.69	32.07	39.89
城市生活垃圾清运量	(万吨)	Volume of Garbage Disposal	(10 000 tons)	54.00	59.80	64.71	63.55
城市生活垃圾无害化处理量	(万吨)	Volume of Wastes Disposed	(10 000 tons)	54.40	56.60	61.40	56.80
城市生活垃圾无害化处理率	(%)	Treatment Rate of Consumption Wastes	(%)	100.00	99.60	94.88	89.38
城市用气普及率	(%)	Coverage Rate of Urban Population with Access to Gas	(%)	72.00	88.89	89.41	94.78
城市集中供热面积	(万平方米)	Area of Centralized Heating	(100 million sq.m)	110.58	114.40	127.5	135.1
每万人拥有公共交通车辆	(标台)	Number of Public Transportation Vehicles Per 10 000 Population	(unit)	17.84	20.07	18.73	17.66
人均公共绿地面积	(平方米)	Per Capita Park Green Area	(sq.m)	5.82	8.55	8.47	8.53
建成区绿化覆盖率	(%)	Green Covered Area as % of Completed Area	(%)	24.02	26.72	27.47	28.17
农村环境		**Rural Environment**					
农村改水受益率	(%)	Beneficial Rate of the Water Renovation in Rural Areas	(%)	90.88	81.61	80.49	84.18
农村自来水普及率	(%)	Popularity Rate of Tap Water in Rural Areas	(%)	77.20	60.65	73.93	76.62
农村卫生厕所普及率	(%)	Popularity Rate of Sanitation Toilets	(%)	59.68	40.21	40.46	62.64
农村化肥施用量	(万吨)	Consumption of Chemical Fertilizers	(10 000 tons)	6.99	7.17	7.56	8.25
农药使用量	(吨)	Consumption of Pesticide	(ton)	1746.70	1856.70	1891.50	1953.90
农用塑料薄膜使用量	(吨)	Consumption of Agricultural Films	(ton)	1156.90	1123.50	958.60	1070.20
地膜使用量		Consumption of Ground Films		381.70	375.10	439.30	519.90
有效灌溉面积	(千公顷)	Effective Irrigated Area	(1 000 hectares)	176.54	176.32	176.59	177.24

3-27 环境污染治理投资情况(2005-2008年)
Treatment of Environment Pollution(2005-2008)

单位:万元、个 (10 000 yuan、unit)

指 标	Item	2005	2006	2007	2008
环境污染治理投资总额	**Total Investment in the Treatment of Environmental Pollution**	**51778.7**	**60739.1**	**106450.6**	**134244.2**
工业污染源治理投资	Investment in the Treatment of Industrial Pollution	4670.0	7773.2	7912.6	11165.3
本年施工项目数	Number of Projects under Construction of The Year	20	21	21	43
施工项目本年完成投额	Completed Investment for the Current Year	4670.0	7773.2	7912.6	11165
治理废水	Waste Water	206.0	292.2	1056.4	2193.5
治理废气	Waste Gas	4073.1	7481.0	6856.2	7493.4
治理固体废物	Solid Wastes	12.0			478.4
治理噪声	Noise Pollution				1000
治理其他	Others	378.9			
新改扩建"三同时"项目环保投资	**"Three Simultaneities" Environmental Investment for New Project**				
本年建成投产项目数	Number of Projects Completed	203	286	358	237
实际执行投资额	Investment in "Three Simultaneity" Projects	32556.7	14242.9	51458	62433.9
治理废水	Waste Water	4754.0	4762.7	3987	
治理废气	Waste Gas	11332.0	1569.2	19681	
治理固体废物	Solid Wastes	2699.4	409.9	393	
治理噪声	Noise Pollution	430.5	431.9	788	
治理其他	Others	13340.8	7069.2	26608	
城市环境基础设施建设投资	**Investment in Urban Environmental Infrastructure**	**14552.0**	**38723**	**47080**	**60645**
燃气	Gas Supply	463.0	14	3660	4105
集中供热	Centralized Heating	2579.0		2260	
排水	Drainage Works	4749.0	10465	5822	12767
污水处理	Volume of Waste Water	3763.0	4400	3675	
园林绿化	Gardening and Greening	4114.0	22026	28757	32196
市容环境卫生	Environmental Sanitation	2647.0	6218	6851	11577
垃圾处理	Volume of Garbage Disposal	2400.0	3550	5389	1440

注:1.工业污染源治理投资、新改扩建"三同时"项目环保投资来自青海省环境保护局,城市环境基础设施建设投资来自省建设厅。
2.按照国家统计局统一口径,城市环境基础设施建设投资仅为设市城市数据。

a) Investment in the treatment of industrial pollution and "Three Simultaneities" environmental investment for new project are from Qinghai Province Environmental Protection Bureau, investment in urban environmental infrastructure are from the Provincial Department of Construction.

b) In accordance with the National Bureau of Statistics, investment in urban environmental infrastructure are data of cities already founded.

3-28 2005-2008年城镇生活及其他污染情况

Discharge of Pollutants from Urban Daily Life(2005-2008)

指 标	Item	2005	2006	2007	2008
生活及其他煤炭含硫量	(%) Sulfur Content of Coal of Life and Other (%)		0.5	0.5	0.5
生活及其他煤炭灰份	(%) Ash Content of Coal of Life and Other (%)		23.4	28.0	28.0
城镇生活污水排放量	(万吨) Municipal Waste Water Discharge Amount (10 000 tons)	11741.0	12239.4	12630.5	12898.9
城镇生活污水中COD产生系数	(克/人.日) Producing Coefficient of COD in the Municipal Waste (g/person. day)	60.0	60.0	60.0	60.0
城镇生活污水中COD产生量	(吨) Producing Amount of COD in the Municipal Waste Water (%)	46697.4	47308.4	48856.7	50177.3
城镇生活污水中COD排放量	(吨) Discharge Amount of COD in the Municipal Waste Water (ton)	37716.7	39482.4	37637.4	37261.6
城镇生活污水中COD去除量	(吨) Removing Amount of COD in the Municipal Waste Water (ton)	8980.7	7826.0	11219.3	12915.7
城镇生活污水中氨氮产生系数	(克/人.日) Producing Coefficient of Ammonia Nitrogen in the Municipal Waste Water (g/person. day)	7.0	7.0	7.0	7.0
城镇生活污水中氨氮产生量	(吨) Ammonia Nitrogen Producing in the Municipal Waste Water(%)	5448.0	5519.3	5699.9	5854.1
城镇生活污水中氨氮排放量	(吨) Ammonia Nitrogen Discharge in the Municipal Waste Water (ton)	5448.0	5519.3	5548.9	5315.6
生活及其他二氧化硫排放量	(吨) Sulfur Dioxide Discharge of Life and Other (ton)	9139.0	8646.0	8664.0	8726.0
生活及其他烟尘排放量	(吨) Soot Discharge of Life and Other (ton)	19752.0	19756.0	24918.0	22332.0
生活及其他氮氧化物排放量	(吨) Discharge Amount of Nitrogen Oxides of Life and Other (ton)		24501.0	30247.0	29362.0
公路交通氮氧化物排放量	(吨) Highway Traffic (ton)		19361.0	21077.0	19080.0

3-29 2004-2008年城市污水处理情况

Sewage Treatment in Urban Areas (2004-2008)

指 标	Item	2004	2005	2006	2007	2008
污水处理厂	(座) Sewage Disposal Work (unit)	1	1	1	3	3
污水处理厂处理能力	(万吨/日) Handling Capacity of Sewage Disposal Work (10 000 tons/day)	4.53	6.71	8.50	17.75	17.75
当年新增	(万吨/日) Newly Increased in Current Yea (10 000 tons/day)	2.59	2.18		9.25	
污水处理量	(万吨) Sewage Disposal Amount (10 000 tons)	1644	2431	2600	3406	4702
处理生活污水量	(万吨) Domestic Sewage Disposal Amount (10 000 tons)	1644	2431	2600	3406	4702
化学需氧量去除量	(吨) Removing Amount of Chemical Oxygen Demand(ton)	9374	8981	7826	11219	12916
氨氮去除量	(吨) Removing Amount of Ammonia Nitrogen (ton)				151	539
总磷去除量	(吨) Removing Amount of Total Phosphorus (ton)	17	27		24	112
污泥产生量	(吨) Producing Amount of Sludge (ton)	1962	2140	2817	17929	28490
污泥利用量	(吨) Utilizing Amount of Sludge (ton)					8150
污泥排放量	(吨) Discharge Amount of Sludge (ton)	1962	2140	2817	13799	8070
本年运行费用	(万元) Running Expense in This Year (10 000 yuan)	1400	1400	1500	1701	1973

主要统计指标解释

自然资源 指人类可以直接从自然界获得,并用于生产和生活的物质资源。自然资源一般可以分成可再生资源和非再生资源两大类。可再生资源指在较短时间内可以再生、可以循环利用的资源,包括土地资源、水资源、气候资源、生物资源和海洋资源等。非再生资源指在使用后不能再生的资源,包括矿产资源和地热能源。

土地资源 土地指陆地的表层部分,它主要由岩石、岩石的风化物和土壤构成。土地资源按利用类型可以分为农用地、建筑用地和未利用地。农用地包括耕地、园地、林地、牧草地和水面。建筑用地包括居民点及工矿用地、交通用地和水利设施用地。未利用地指农用地和建筑用地以外的土地,包括滩涂、荒漠、戈壁、冰川和石山等。

耕地面积 指经过开垦用以种植农作物并经常进行耕耘的土地面积。包括种有作物的土地面积、休闲地、新开荒地和抛荒未满三年的土地面积。

林业用地面积 指生长乔木、竹类、灌木、沿海红树林等林木的土地面积,包括有林地、灌木林、疏林地、未成林造林地、迹地、苗圃等。

草地面积 指牧区和农区用于放牧牲畜或割草,植被盖度在5%以上的草原、草坡、草山等面积。包括天然的和人工种植或改良的草地面积。

森林资源 指森林、林木、林地以及依托森林、林木、林地生存的野生动物、植物和微生物。林木指树木和竹子。森林指以乔木为主体的植物群落,是集生的乔木及与共同作用的植物、动物、微生物和土壤、气候等的总体。

森林面积 指由乔木树种构成,郁闭度0.2以上(含0.2)的林地或冠幅宽度10米以上的林带的面积,即有林地面积。森林面积包括天然起源和人工起源的针叶林面积、阔叶林面积、针阔混交林面积和竹林面积,不包括灌木林地面积和疏林地面积。

森林覆盖率 指一个国家或地区森林面积占土地总面积的百分比。森林覆盖率是反映森林资源的丰富程度和生态平衡状况的重要指标。在计算森林覆盖率时,森林面积包括郁闭度0.2以上的乔木林地面积和竹林地面积,国家特别规定的灌木林地面积、农田林网以及四旁(村旁、路旁、水旁、宅旁)林木的覆盖面积。计算公式为:

$$\text{森林覆盖率}(\%)=\frac{\text{森林面积}}{\text{土地总面积}}\times100\%$$

水资源总量 指评价区内降水形成的地表和地下产水总量,即地表产流量与降水入渗补给地下水量之和,不包括过境水量。

矿产资源 矿产资源指由地质作用形成的,具有利用价值的,呈固态、液态、气态的自然资源,是社会生产发展的重要物质基础。目前我国已发现矿种有170多种,按其特点和用途,可分为能源矿产(如煤炭、石油、天然气、地热)、金属矿产(如铁矿、锰矿、铜矿、铅矿、铝土矿)、非金属矿产(如金刚石、石灰岩、粘土)和水气矿产(如地下水、矿泉水、二氧化碳气)四大类。其中:金属矿产按其物质成份和性质又可分为:黑色金属矿产、有色金属矿产、贵金属矿产、稀有金属矿产、稀土金属矿产、分散元素金属矿产六类。

矿产基础储量 基础储量是查明矿产资源的一部分。它能满足现行采矿和生产所需的指标要求,是控制的、探明的并通过可行性或预可行性研究认为属于经济的、边界经济的部分,用未扣除设计、采矿损失的数量表示。

气温 指空气的温度,我国一般以摄氏度(℃)为单位表示。气象观测的温度表是放在离地面约1.5米处通风良好的百叶箱里测量的,因此,通常说的气温指的是离地面1.5米处百叶箱中的温度。其统计计算方法为:

月平均气温是将全月各日的平均气温相加,除以该月的天数而得。

年平均气温是将12个月的月平均气温累加后除以12而得。

相对湿度 指空气中实际所含水蒸气密度和同温度下饱和水蒸气密度的百分比值。其统计方法与气温相同。

降水量 指从天空降落到地面的液态或固态(经融化后)水,未经蒸发、渗透、流失而在地面上积聚的深度。其统计计算方法为:

月降水量是将全月各日的降水量累加而得。

年降水量是将12个月的月降水量累加而得。

日照时数 指太阳实际照射地面的时间。其统计方法与降水量相同。

工业废水排放量 指经过企业厂区所有排放口排到企业外部的工业废水量。包括生产废水、外排的直接冷却水、超标排放的矿井地下水和与工业废水混排的厂区生活污水,不包括外排的间接冷却水(清污不分流的间接冷却水应计算在内)。

工业废水排放达标量 指报告期内废水中各项污染物指标都达到国家或地方排放标准的外排工业废水量,包括未经处理外排达标的,经废水处理设施处理后达标排放的,以及经污水处理厂处理后达标排放的。

工业废气排放量 指报告期内企业厂区内燃料燃烧和生产工艺过程中产生的各种排入大气的含有污染物的气体的总量,以标准状态(273K,101325Pa)计算。测算公式为:

$$\begin{matrix}\text{工业废气}\\\text{排放量}\end{matrix}=\begin{matrix}\text{燃料燃烧过程}\\\text{中废气排放量}\end{matrix}+\begin{matrix}\text{生产工艺过程}\\\text{中废气排放量}\end{matrix}$$

工业烟尘排放量 指企业厂区内燃料燃烧过程中产生的烟气中夹带的颗粒物排放量。

工业粉尘排放量 指企业在生产工艺过程中排放的能在空气中悬浮一定时间的固体颗粒物排放量。如钢铁企业的耐火材料粉尘、焦化企业的筛焦系统粉尘、烧结机的粉尘、石灰窑的粉尘、建材企业的水泥粉尘等。不包括电厂排入大气的烟尘。

Explanatory Notes on Main Statistical Indicators

Natural Resources refer to material resources that could be obtained from the nature by human being and used for production and living. Natural resources in general can be classified as renewable resources and non - renewable resources. Renewable resources refer to resources that could be renewed and recycled during a relatively short period of time, including land resource, water resource, climate resource, biology resource and marine resource. Non - renewable resources include resources that could not be renewed, such as minerals and geothermal resource.

Land Resource Land refers to the surface of the earth, consisting of mainly rocks and its weathering and earth. Land resource can be classified, by its utilization, as land for agriculture, land for construction and unused land. Land for agriculture includes cultivated land, plantation land, forestland, grassland and waters. Land for construction includes land for residential purpose, for manufacturing and mining, for transportation and for water - conservancy projects. Unused land refers to land other than land for agriculture and construction, including beaches, deserts, Gobi, glaciers and rock mountains.

Area of Cultivated Land refers to area of land reclaimed for the regular cultivation of various farm crops, including crop - cover land, fallow, newly reclaimed land and land laid idle for less than 3 years.

Area of Afforested Land refers to area for land for trees bamboo, bushes and mangrove, including forest - covered land, bush - covered land, sparse forest land, land planned for afforestation and nurseries of young trees.

Area of Grassland refers to area of grassland, grass - slopes and grass - covered hills with a vegetation - covering rate of over 5% that are used for animal husbandry or harvesting of grass. It includes natural, cultivated and improved grassland areas.

Forest Resource refers to forests, trees, forestland and wild animals, plants and microorganism that live on forest and trees. Trees include trees and bamboo. Forest refers to the population of clusters of trees and other plants, animals and microorganism as well as the earth and climate that have interactions with the trees.

Forest Area refers to the area of forest where trees and bamboo grow with canopy density above 0.2, including land of natural woods and planted woods, but excluding bush land and thin forest land. It reflects the total areas of afforestation.

Forest Coverage Rate refers to the ratio of area of afforested land to total land area. It is a very important indicator that reflects the status of abundance of forest resource and balance of the ecosystem. Forest area includes the area of trees and bamboo grow with canopy density above 0.2, the area of shrubby tree according to regulations of the government, the area of forest land inside farm land and the area of trees planted by the side of villages, farm houses and along roads and rivers. The formula for calculating forest coverage rate is as follows:

$$\text{Forestry coveragerate}(\%) = \frac{\text{Area of Afforested Land}}{\text{Area of Total Land}} \times 100\%$$

Total Water Resources refers to total volume of water resources measured as run - off for surface water from rainfall and recharge for groundwater in a given area, excluding transit water.

Mineral Resources refer to useful minerals, with solid state, liquid state, gaseity, due to the geological process. Minerals are important natural resources, and important material base for social development. At present, there are more than 170 types of minerals discovered in China. They can be categorized into four groups: energy producing minerals (including coal, petroleum, natural gas and terrestrial heat), metallic minerals (including iron, manganese, copper, lead and bauxite), non metallic minerals (including diamond, limestone and clay), and water/gas related minerals (including ground water, mineral water and carbon dioxide). Metallic minerals can be further classified as ferrous, non - ferrous, noble metal, rare metal, rare earth metal and dispersed metals.

Ensured Mineral Reserves refer to the actual mineral reserves, which equal to the proven mineral reserves (including industrial reserves and prospective reserves) minus extracted parts and underground losses.

Temperature refers to the air temperature. China uses centigrade as the unit. The thermometry used for weather observation is put in a breezy shutter, which is 1.5 meters high from the ground. Therefore, the commonly used temperature refers to the temperature in the breezy shutter 1.5 meters away from the ground. The calculation method is as follows:

Monthly average temperature is the summation of average daily temperature of one month divided by the actual days of that particular month. Annual average temperature is the summation of monthly average of a year divided by 12 months.

Relative Humidity refers to the ratio of actual water vapour pressure to the saturation water vapour density under the current temperature. The calculation method is the same as that of temperature.

Volume of Precipitation refers to the deepness of liquid state or solid state (thawed) water falling from the sky to the ground that has not been evaporated, infiltrated or run off. The calculation method is as follows:

Monthly precipitation is the summation of daily precipitation of a month.

Annual precipitation is the summation of 12 months precipitation of a year.

Sunshine Hours refer to the actual hours of sun irradiating the earth. The calculation method is the same as that of the precipitation.

Waste Water Discharged by Industry refers to the volume of waste water discharged by industrial enterprises through all their outlets, including waste water from production process, directly cooled water, groundwater from mining wells which does not meet discharge standards and sewage from households mixed with waste water produced by industrial activities, but excluding indirectly cooled water discharged (It should be included if the discharge is not separated from waste water).

Industrial Waste Water Meeting Discharge Standards refers to volume of industrial waste water discharge which, with or without treatment, reaches national or local standards with regard to all pollutants.

Industrial Waste Air Emission refers to the discharge into atmosphere of waste air containing pollutants generated from fuel burning and production processes in enterprises within a given period of time. It is calculated at standard status (273K, 101325Pa) as:

$$\text{Industrial waste air emission} = \text{emission through fuel burning} + \text{emission through production process}$$

Industrial Soot Emission refers to the volume of soot in smoke emitted in the process of fuel burning in the premises of enterprises.

Industrial Dust Emission refers to volume of dust emitted by production process of enterprises and suspended in the air for a given period of time, including dust from refractory material of iron and steel works, dust from coke - screening systems and sintering machines of coke plants, dust from lime kilns and dust from cement production in building material enterprises, but excluding soot and dust emitted from power plants.

第4篇

CHAPTER 4

人 口

Population

各民族人口构成

2008年

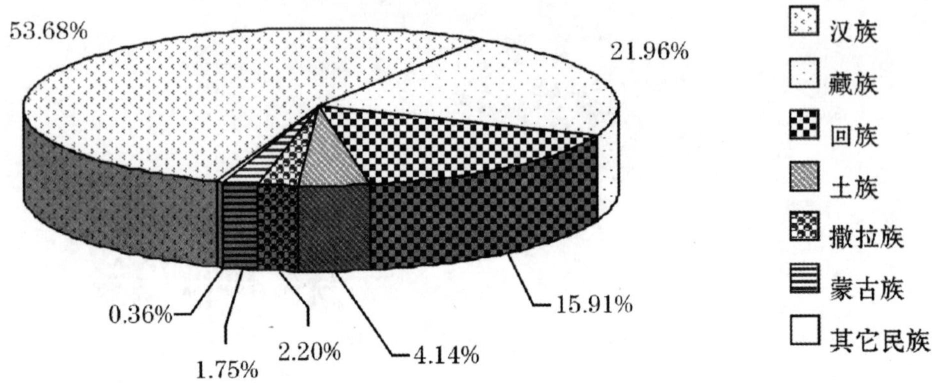

总人口（万人）

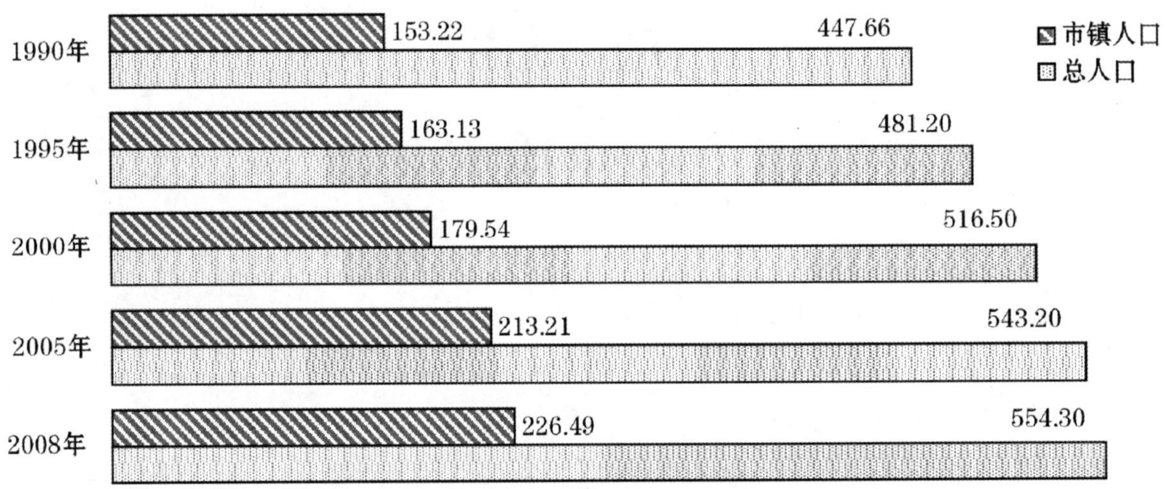

人口自然变动情况

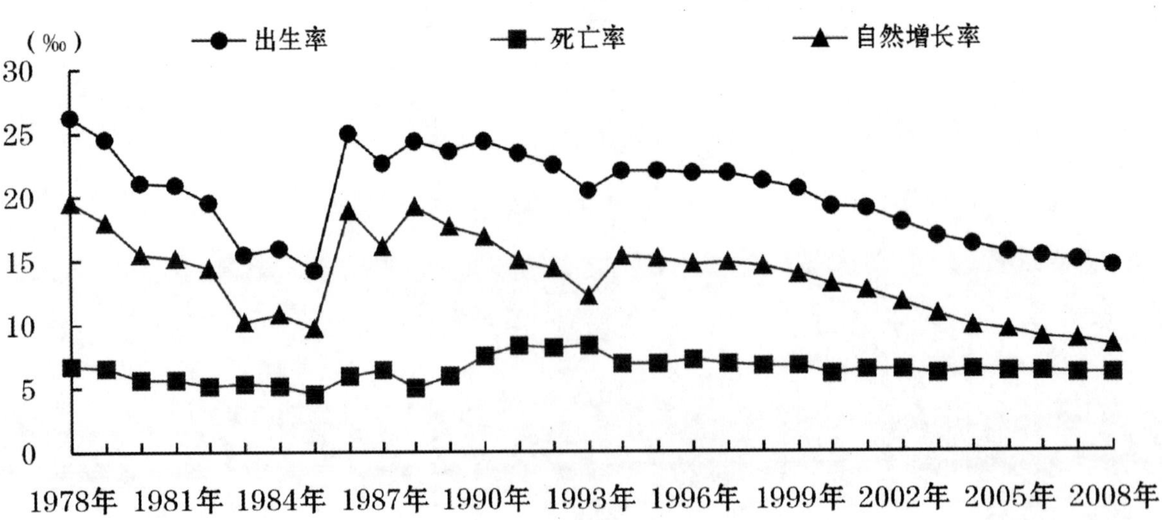

4-1 主要年份总人口及自然变动情况
Population and Natural Changes in Main Years

年 份 Year	总人口 (万人) Total Population (10 000 persons)	自然变动情况 Changes in the natural 出生 Birth 人数 (人) Population (person)	出生率 Birth Rate (‰)	死亡 Death 人数 (人) Population (person)	死亡率 Death Rate (‰)	自然增加 Natural Growth 人数 (人) Population (person)	自然增长率 Natural Growth Rate (‰)
1952	161.38	48052	30.25	22207	13.98	25845	16.27
1954	173.24	74469	44.16	22427	13.30	52042	30.86
1957	204.64	65094	32.20	21037	10.40	44057	21.78
1965	230.45	109596	48.72	20371	9.06	89225	39.66
1970	282.73	111111	40.06	20863	7.52	90248	32.54
1975	337.49	106448	31.95	27457	8.24	78991	23.71
1978	364.86	94353	26.15	24030	6.66	70322	19.49
1980	376.90	79167	21.14	21015	5.61	58152	15.53
1985	407.38	57471	14.24	18533	4.58	38938	9.63
1990	447.66	108052	24.34	33162	7.47	74890	16.87
1991	454.43	105409	23.37	37662	8.35	67747	15.02
1992	461.02	103171	22.54	37259	8.14	65912	14.40
1993	466.70	95091	20.50	38315	8.26	56776	12.24
1994	474.00	103759	22.06	32078	6.82	71681	15.24
1995	481.20	105000	22.01	33000	6.89	72000	15.12
1996	488.30	106000	21.89	35000	7.20	71000	14.69
1997	495.60	107000	21.80	34000	6.95	73000	14.85
1998	502.80	106130	21.26	33850	6.78	72280	14.48
1999	509.80	104703	20.68	34327	6.78	70376	13.90
2000	516.50	98781	19.25	31559	6.15	67222	13.10
2001	523.10	99074	19.06	33475	6.44	65599	12.62
2002	528.60	94916	18.05	33391	6.35	61525	11.70
2003	533.80	89985	16.94	32350	6.09	57635	10.85
2004	538.60	87508	16.32	34585	6.45	52923	9.87
2005	543.20	84921	15.70	33590	6.21	51331	9.49
2006	547.70	83127	15.24	34200	6.27	48927	8.97
2007	551.60	82063	14.93	33694	6.13	48369	8.80
2008	554.30	80122	14.49	33951	6.14	46171	8.35

4–2 主要年份人口变化情况

Changes of Population in Main Years

单位:万人 (10 000 persons)

年份 Year	年末总人口 Total Population (Year-end)	按性别分 By Sex		按城乡分 By Residence		按农业、非农业分 By Agricultural or Non-agricultural	
		男 Male	女 Female	市镇人口 Urban	乡村人口 Rural	农业人口 Agricultural Population	非农业人口 Non-agricultural Population
1952	161.38	81.82	79.56	8.38	153.00	145.08	16.30
1978	364.86	189.30	175.56	67.84	297.02	277.40	87.46
1979	372.02	192.25	179.77	71.06	300.96	279.70	92.32
1980	376.90	194.18	182.72	74.71	302.19	280.38	96.52
1981	381.60	196.62	184.98	76.78	304.82	284.12	97.48
1982	392.79	201.92	190.87	79.82	312.97	294.39	98.40
1983	392.57	201.64	190.93	77.25	315.32	292.96	99.61
1984	401.61	205.98	195.63	128.63	272.98	294.20	107.41
1985	407.38	208.43	198.95	137.75	269.63	291.24	116.14
1986	421.12	216.26	204.86	140.75	280.37	298.90	122.22
1987	427.90	219.16	208.74	143.00	284.90	303.50	124.40
1988	434.20	222.18	212.02	146.86	287.34	307.93	126.27
1989	440.20	225.27	214.93	150.69	289.51	313.46	126.74
1990	447.66	229.36	218.30	153.22	294.44	321.19	126.47
1991	454.43	232.80	221.63	155.11	299.32	329.76	124.67
1992	461.02	235.95	225.07	157.34	303.68	334.57	126.45
1993	466.70	238.95	227.75	158.04	308.66	341.70	125.00
1994	474.00	242.74	231.26	160.90	313.10	347.61	126.39
1995	481.20	246.37	234.83	163.13	318.07	352.72	128.48
1996	488.30	250.01	238.29	166.93	321.37	357.88	130.42
1997	495.60	252.76	242.84	171.94	323.66	363.81	131.79
1998	502.80	252.13	250.67	174.18	328.62	369.43	133.37
1999	509.80	259.29	250.51	176.33	333.47	374.57	135.23
2000	516.50	267.03	249.47	179.54	336.96	379.47	137.03
2001	523.10	266.09	257.01	190.00	333.10	382.91	140.19
2002	528.60	271.12	257.48	199.16	329.44	385.09	143.51
2003	533.80	272.33	261.47	203.80	330.00	387.06	146.74
2004	538.60	276.43	262.17	207.51	331.09	389.30	149.30
2005	543.20	277.58	265.62	213.21	329.99	391.76	151.44
2006	547.70	278.52	269.18	215.02	332.68	393.30	154.40
2007	551.60	279.50	272.10	221.02	330.58	395.83	155.77
2008	554.30	279.33	274.97	226.49	327.81	396.93	157.37

注:1990、2000年数据根据人口普查数据进行了调整，1990年以前数据为公安户籍统计数，其余年份数据为人口变动抽样调查推算数。
a)Data in 1990、2000 were adjusted on the basis of National Population Census.Data before 1990 were taken from the statistics of household registration.Data in the remaining years have been estimated on the basis of the annual national sample surveys on population changes.

4-3 主要年份人口机械变动情况

Mechanical Changes of Popualtion in Main Years

单位:人，% (person、%)

年 份 Year	迁 入 Move Into		迁 出 Move Out		机械增加 Machinery to Increase	
	人 数 Population	迁入率 Move Into Rate	人 数 Population	迁出率 Move Out Rate	人 数 Population	增长率 Growth Rate
1952	57027	3.59	32270	2.03	24757	1.56
1955	47126	2.62	37611	2.09	9515	0.53
1957	79101	3.91	75298	3.72	3803	0.19
1965	132814	5.90	115107	5.12	17707	0.79
1970	151266	5.45	130879	4.72	20387	0.74
1975	102755	3.08	95082	2.85	7673	0.23
1978	105991	2.94	95264	2.64	10727	0.30
1980	121385	3.24	124151	3.32	-2766	-0.07
1985	52358	1.29	33172	0.82	19186	0.47
1986	24530	0.59	27113	0.65	-2583	-0.06
1987	17493	0.41	26730	0.63	-9237	-0.22
1988	13204	0.31	33330	0.77	-20126	-0.46
1989	11910	0.27	27357	0.63	-15447	-0.36
1990	10306	0.23	24491	0.55	-14185	-0.32
1991	11201	0.25	26295	0.58	-15094	-0.33
1992	12040	0.27	27666	0.62	-15626	-0.35
1993	10824	0.23	25059	0.54	-14235	-0.31
1994	10871	0.24	19464	0.43	-8593	-0.19
1995	11439	0.25	17156	0.38	-5717	-0.13
1996	11209	0.24	17219	0.37	-6010	-0.13
1997	11043	0.24	14550	0.31	-3507	-0.08
1998	7687	0.16	12734	0.27	-5047	-0.11
1999	6872	0.15	12057	0.26	-5185	-0.11
2000	8749	0.17	17782	0.35	-9033	-0.18
2001	9789	0.19	20231	0.39	-10442	-0.20
2002	10601	0.22	19534	0.40	-8933	-0.18
2003	13736	0.28	22527	0.46	-8791	-0.18
2004	15809	0.32	22652	0.46	-6843	-0.14
2005	18097	0.36	26365	0.53	-8268	-0.17
2006	21875	0.43	24261	0.48	-2386	-0.05
2007	27418	0.53	25435	0.49	1983	0.04
2008	27365	0.52	25086	0.48	2279	0.04

注:1.以上数据系省公安厅年报数据。

2.1985年以后的迁入迁出人口均为省际间迁入迁出。

3.1952年数据根据《中国财经出版社》出版的《中国人口·青海分册》的有关资料推算。

a) The above figures are Annual Report data of Qinghai Provincial Public Security Department.

b)After the year of 1985,the population of move into and move out have been the population of provincial move into and move out.

c)1952 data were estimated based on "China's population in Qinghai branch" published in China Financial Publishing House.

4-4 分地区户籍统计人口数及变动情况(2008年)

单位:户、人

地区	Region	年末数 The Number of The Year-end					
		总户数 Total Number of Households	总人口 The Total Population			总人口中 In The Total Population	
			合计 Total	男 Male	女 Female	非农业人口 Non-agricultural Population	未落常住户口的人员 Non-resident Accounts Staff
全省	**Provincial Total**	**1508879**	**5317512**	**2713723**	**2603789**	**1601400**	**11572**
西宁市	**Xining City**	**549485**	**1923843**	**976276**	**947567**	**891675**	**2667**
城东区	Chengdong District	73062	238534	118869	119665	205711	407
城中区	Chengzhong District	71361	227255	112644	114611	187734	967
城西区	Chengxi District	60853	206656	101118	105538	187947	
城北区	Chengbei District	63812	210394	106544	103850	150934	75
大通县	Datong Hui & Tu County	114956	446703	229954	216749	92506	453
湟中县	Huangzhong County	124343	456945	236651	220294	35474	
湟源县	Huangyuan County	41098	137356	70496	66860	31369	765
海东地区	**Haidong Prefecture**	**416437**	**1575177**	**811123**	**764054**	**186753**	**1727**
平安县	Ping'an County	36975	118922	60157	58765	35860	888
民和县	Minhe Hai & Tu County	97410	395774	205076	190698	35954	
乐都县	Ledu County	84182	287953	147551	140402	46688	673
互助县	Huzhu Tu County	98234	381236	199645	181591	31631	
化隆县	Hualong Hui County	66049	260409	133162	127247	23032	
循化县	Xunhua Salar A.C.	33587	130883	65532	65351	13588	166
海北州	**Haibei Zang A.P**	**79697**	**278486**	**142448**	**136038**	**66742**	**20**
门源县	Menyuan Hui County	40366	153179	79019	74160	26205	14
祁连县	Qilian County	14925	48245	24050	24195	12287	
海晏县	Haiyan County	11158	34492	17580	16912	14726	6
刚察县	Gangcha County	13248	42570	21799	20771	13524	
黄南州	**Huangnan Zang A.P**	**67439**	**240279**	**120656**	**119623**	**48256**	**1079**
同仁县	Tongren County	21538	83465	41481	41984	24488	
尖扎县	Jianzha County	18133	56054	27776	28278	11655	
泽库县	Zeku County	18175	65511	32997	32514	6557	113
河南县	Henan Mongolian A.C.	9593	35249	18402	16847	5556	966

Household registration statistics and changes in population by Region (2008)

(household、person)

年内人口变动 Demographic Changes During The Year					
出生 Birth	死亡 Death	迁入 Move Into		迁出 Move Out	
		省内 Within the Province	省外 Outside the Province	省内 Within the Province	省外 Outside the Province
92725	**27893**	**89498**	**27365**	**61285**	**25086**
24757	**11415**	**26249**	**13921**	**16421**	**11249**
1757	1269	4204	3007	1825	2024
1934	1476	6005	2132	4112	1895
1746	891	2512	4223	1441	2219
1890	1261	4481	2087	2748	2025
7955	2867	2265	976	2216	1180
8009	3077	3052	1071	1396	1416
1466	574	3730	425	2683	490
27801	**9409**	**34893**	**4948**	**30013**	**6474**
1927	623	2086	684	1336	715
5576	1388	3115	1224	2119	1748
3630	2179	1908	1467	754	1832
5708	2775	13176	1098	13107	1750
7011	1715	11297	154	9651	276
3949	729	3311	321	3046	153
3170	**1253**	**2492**	**1190**	**2285**	**1335**
1272	574	477	595	622	653
764	242	517	155	531	173
388	155	549	138	414	136
746	282	949	302	718	373
4590	**756**	**2072**	**237**	**1373**	**457**
3228	404	1008	168	535	319
560	232	494	35	694	106
694	74	473	9	92	15
108	46	97	25	52	17

4-4 续表

单位:户、人

地区	Region	年末数 The Number of The Year-end					
		总户数 Total Number of Households	总人口 The Total Population			总人口中 In The Total Population	
			合计 Total	男 Male	女 Female	非农业人口 Non-agricultural Population	未落常住户口的人员 Non-resident Accounts Staff
海南州	**Hainan Zang A.P**	**121577**	**426772**	**215850**	**210922**	**95939**	**239**
共和县	Gonghe County	42529	130510	66583	63927	46771	
同德县	Tongde County	13621	54989	27647	27342	9786	33
贵德县	Guide County	29851	102529	51689	50840	15679	206
兴海县	Xinghai County	16540	65707	33424	32283	7224	
贵南县	Guinan County	19036	73037	36507	36530	16479	
果洛州	**Golog Zang A.P**	**45895**	**160023**	**82660**	**77363**	**31169**	**1939**
玛沁县	Maqin County	13833	42972	23214	19758	15652	532
班玛县	Banma County	6747	25459	12939	12520	4155	46
甘德县	Gande County	7066	26431	13609	12822	2663	23
达日县	Dari County	9350	29457	14938	14519	3498	246
久治县	Jiuzhi County	4992	22472	11370	11102	2220	981
玛多县	Maduo County	3907	13232	6590	6642	2981	111
玉树州	**Yushu Zang A.P**	**91327**	**331832**	**168006**	**163826**	**48222**	**816**
玉树县	Yushu County	29479	92702	46178	46524	21580	
杂多县	Zaduo County	11943	50588	25460	25128	5297	
称多县	Chengduo County	14923	55066	28822	26244	5744	816
治多县	Zhiduo County	8556	28683	14359	14324	4213	
囊谦县	Nangqian County	17785	77825	39596	38229	7506	
曲麻莱县	Qumalai County	8641	26968	13591	13377	3882	
海西州	**Haixi Mongolian & Zang A.P**	**137022**	**381100**	**196704**	**184396**	**232644**	**3085**
格尔木市	Geermu City	45646	119776	61924	57852	95308	622
德令哈市	Delingha City	24480	70072	36107	33965	41771	
乌兰县	Wulan County	38837	100897	52468	48429	77321	271
都兰县	Dulan County	21934	70715	36374	34341	12715	2110
天峻县	Tianjun County	6125	19640	9831	9809	5529	82

Continued

(household、person)

年内人口变动 Demographic Changes During The Year					
出生 Birth	死亡 Death	迁入 Move Into		迁出 Move Out	
		省内 Within the Province	省外 Outside the Province	省内 Within the Province	省外 Outside the Province
7469	**1383**	**9696**	**1037**	**4532**	**503**
1262	219	5877	272	1520	86
1014	175	1051	55	612	45
2182	529	692	376	432	256
1605	265	1141	40	1495	22
1406	195	935	294	473	94
2832	**417**	**809**	**155**	**953**	**134**
633	135	293	73	390	73
109	100	195	23	250	26
1679	42	91	13	74	14
99	30	90	28	63	5
88	33	37	5	49	6
224	77	103	13	127	10
18696	**2149**	**4776**	**447**	**821**	**172**
586	103	1124	318	179	31
1814	241	305	12	138	5
3491	1451	2090	89	279	129
1615	117	995		21	2
10897	149			78	
293	88	262	28	126	5
3410	**1111**	**8511**	**5430**	**4887**	**4762**
1146	282	1530	2241	1085	1675
521	158	2438	621	1161	629
677	199	3295	2311	1619	2249
857	382	1036	203	936	170
209	90	212	54	86	39

4-5 主要年份少数民族人口数

Population of Ethnic Minorities in Main Years

单位:人、%　　(person、%)

民 族	Ethnic Name	1952	1978	1982	1990	2000	2005	2007	2008
少数民族人口总计	Total Population of Ethnic Minorities	804773	1363488	1535780	1885100	2350592	2516102	2555011	2567518
占全省人口的	Percentage to Total Population of The Province	48.80	37.40	39.50	42.10	45.50	46.32	46.32	46.32
藏 族	Tibetan	454510	673790	753897	915900	1130618	1192867	1211313	1217243
占全省人口的	Percentage to Total Population of The Province	27.50	18.50	19.40	20.40	21.89	21.96	21.96	21.96
回 族	Hui	246777	477471	533859	641700	820719	864231	877596	881891
占全省人口的	Percentage to Total Population of The Province	15.00	13.10	13.70	14.30	15.89	15.91	15.91	15.91
土 族	Tu	51876	112026	129194	163800	198852	224885	228362	229480
占全省人口的	Percentage to Total Population of The Province	3.10	3.10	3.30	3.60	3.85	4.14	4.14	4.14
撒拉族	Salar	27102	52787	60981	77300	95553	119504	121352	121946
占全省人口的	Percentage to Total Population of The Province	1.60	1.50	1.60	1.70	1.85	2.20	2.2	2.2
蒙古族	Mongolian	23501	43319	50454	71800	88322	95060	96530	97003
占全省人口的	Percentage to Total Population of The Province	1.40	1.20	1.30	1.60	1.71	1.75	1.75	1.75
其它民族	Others	1007	4095	7395	14600	16528	19555	19858	19955
占全省人口的	Percentage to Total Population of The Province	0.10	0.10	0.20	0.30	0.32	0.36	0.36	0.36

注:2000年是第五次人口普查数据，2005年是1%人口抽样调查数，2007年-2008年是根据2005年1%人口抽样调查结果推算数。
a):Data in 2000 were from the fifth national census.Data in 2005 were the data of 1% population sample survey. Data in 2007- 2008 are estimated from 1% population sample survey in 2005.

4-6 人口计划生育情况(2008年)
Family Planning (2008)

单位:人、% (person、%)

指　标	Item	合　计 Total	西宁市 Xining City	海东地区 Haidong Prefecture	海北州 Haibei Zang A.P	黄南州 Huangnan Zang A.P	海南州 Hainan Zang A.P	果洛州 Golog Zang A.P	玉树州 Yushu Zang A.P	海西州 Haixi Mongolian & Zang A.P
计划生育率	Family Planning Rate	98.16	99.13	98.36	95.96	98.75	98.61	95.26	96.07	97.99
领取独生子女证的人数	The Number of People Receiving one-child certificate	114516	53787	20718	6470	3421	6009	2203	2955	18953
期末已婚育龄妇女人数	The Number of Married Women of Childbearing Age at the End of the Period	1116437	399220	316868	63280	52356	93443	32177	55157	103936
采取各种节育措施人数	The Number of People Taken Birth Control Measures	965330	360116	272345	55757	42380	77616	25190	41085	90841
男性绝育	Male Sterilization	1190	467	406	18	5	22		1	271
女性绝育	Female Sterilization	409312	153738	158859	34103	9230	17503	8022	2673	25184
放置宫内节育器	IUD Placement	453955	180287	100017	17218	28201	49055	8072	28282	42823
皮下埋植	Subcutaneous Implants	5038	765	828	561	215	1285	351	98	935
口服及注射避孕药	Oral and Injectied Contraceptives	41861	6884	7782	1441	2712	6001	5532	5116	6393
避孕套	Condoms	47441	17176	3481	1695	1550	2952	2803	3349	14435
外用药	External Medicine	5358	563	829	579	359	482	410	1566	570
其　它	Others	1175	236	143	142	108	316			230
节育率	Birth Control Rate	86.47	90.20	85.95	88.11	80.95	83.06	78.29	74.49	87.40

注:本表数据系省人口与计划生育委员会年报数据。

a) Data in this table are Annual Report data of the Department of Provincial Population and Family Planning Commission.

主要统计指标解释

人口数 指一定时点、一定地区范围内有生命的个人总和。

年度统计的年末人口数指每年12月31日24时的人口数。

城镇人口和乡村人口 城镇人口是指居住在城镇范围内的全部常住人口；乡村人口是除上述人口以外的全部人口。

出生率（又称粗出生率） 指在一定时期内（通常为一年）一定地区的出生人数与同期内平均人数（或期中人数）之比，用千分率表示。本资料中的出生率指年出生率，其计算公式为：

$$出生率 = \frac{年出生人数}{年平均人数} \times 1000‰$$

式中：出生人数指活产婴儿，即胎儿脱离母体时（不管怀孕月数），有过呼吸或其他生命现象。年平均人数指年初、年底人口数的平均数，也可用年中人口数代替。

死亡率（又称粗死亡率） 指在一定时期内（通常为一年）一定地区的死亡人数与同期内平均人数（或期中人数）之比，用千分率表示。本资料中的死亡率指年死亡率，其计算公式为：

$$死亡率 = \frac{年死亡人数}{年平均人数} \times 1000‰$$

人口自然增长率 指在一定时期内（通常为一年）人口自然增加数（出生人数减死亡人数）与该时期内平均人数（或期中人数）之比，用千分率表示。计算公式为：

$$人口自然增长率 = \frac{本年出生人数 - 本年死亡人数}{年平均人数} \times 1000‰ = 人口出生率 - 人口死亡率$$

Explanatory Notes on Main Statistical Indicator

Total Population refers to the total number of people alive at a certain point of time within a given area.

The annual statistics on total population is taken at midnight, the 31st of December.

Urban Population and Rural Population Urban population refers to all people residing in cities and towns, while rural population refers to population other than urban population.

Birth Rate (or Crude Birth Rate) refers to the ratio of the number of births to the average population (or mid-period population) during a certain period of time (usually a year), expressed in ‰. Birth rate in the chapter refers to annual birth rate. The following formula is used:

$$\text{Birth Rate} = \frac{\text{Number of Births}}{\text{Annual Average Population}} \times 1000‰$$

Number of births in the formula refers to live births, i. e. when a baby has breathed or showed any vital phenomena regardless of the length of pregnancy.

Annual average population is the average of the number of population at the beginning of the year and that at the end of the year. Sometimes it is substituted by the mid-year population.

Death Rate (or Crude Death Rate) refers to the ratio of the number of deaths to the average population (or mid-period population) during a certain period of time (usually a year), expressed in ‰. Death rate in the chapter refers to annual death rate. The following formula is used:

$$\text{Death Rate} = \frac{\text{Number of Deaths}}{\text{Annual Average Population}} \times 1000‰$$

Natural Growth Rate of Population refers to the ratio of natural increase in population (number of births minus number of deaths) in a certain period of time (usually a year) to the average population (or mid-period population) of the same period, expressed in ‰. The following formula is applied:

$$\text{Natural Growth Rate of Population} = \frac{\text{Number of Births} - \text{Number of Deaths}}{\text{Annual Average Population}} \times 1000‰$$

Natural Growth Rate of Population = Birth Rate - Death Rate

第5篇

CHAPTER 5

就业人员和职工工资

Employment and Wages

职工平均工资指数（上年为100）

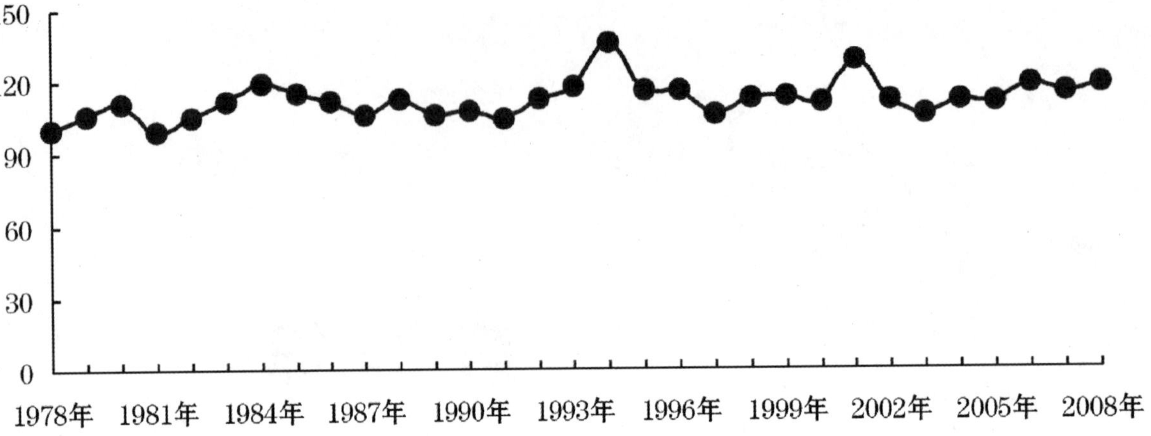

就业人员（万人）

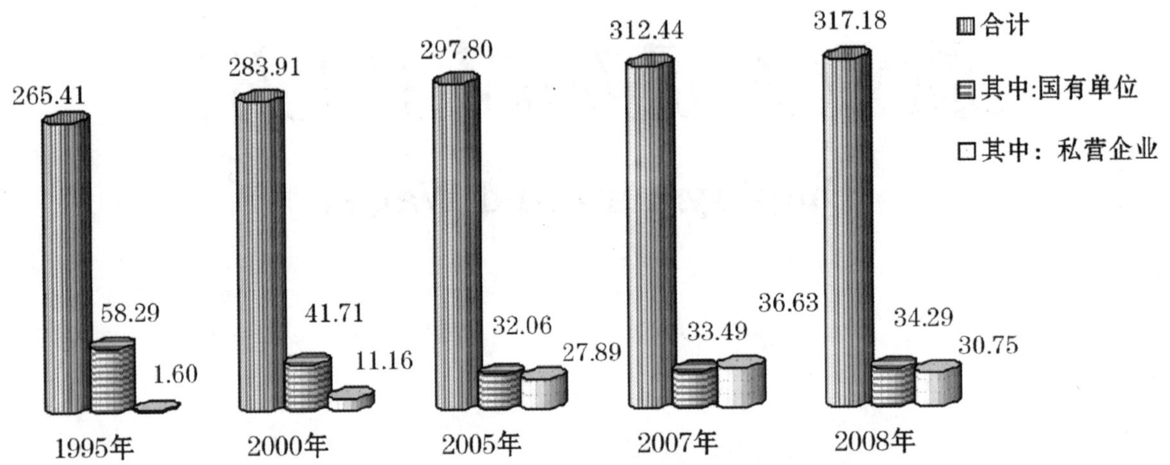

三次产业就业结构

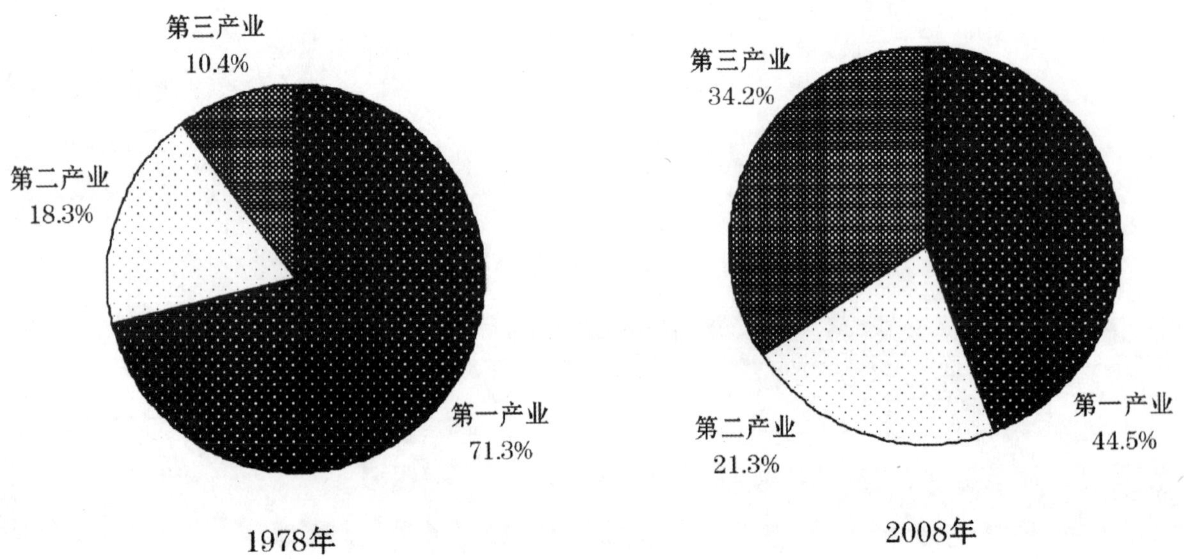

5-1 主要年份就业基本情况
Employment in Main Years

项　目	Item	2000	2005	2007	2008
就业人员总计 (万人)	**Total Number of Employed Persons (10 000 persons)**	**283.9**	**297.8**	**312.4**	**317.2**
第一产业	Primary Industry	158.5	147.4	138.5	141.3
第二产业	Secondary Industry	35.8	51.8	64.2	67.6
第三产业	Tertiary Industry	89.6	98.6	109.7	108.3
就业人员构成 (合计=100)	**Composition of Employed Persons (total=100)**				
第一产业	Primary Industry	55.8	49.5	44.3	44.5
第二产业	Secondary Industry	12.6	17.4	20.6	21.3
第三产业	Tertiary Industry	31.6	33.1	35.1	34.2
按城乡分就业人员 (万人)	**Number of Employed Persons by Urban and Rural Areas (10 000 persons)**				
城镇就业人员	**Urban Employed Persons**	**81.5**	**98.1**	**109.2**	**113.8**
国有单位	State-owned Units	41.7	32.1	33.5	34.3
城镇集体单位	Urban Collective-owned Units	4.2	2.2	2.2	2.2
股份合作单位	Cooperative Units	0.3	0.7	0.7	0.7
有限责任公司	Limited Liability Corporations	0.5	4.7	5.9	6.0
股份有限公司	Share-holding Corporations Ltd.	0.4	2.6	2.9	3.0
私营企业	Private Enterprises	8.1	19.2	23.6	16.8
港澳台商投资单位	Units with Funds from Hong Kong,Macao & Taiwan	0.1	0.2	0.1	0.2
外商投资单位	Foreign Funded Units			0.1	0.5
个体	Self-employed Individuals	10.5	19.7	18.0	19.3
乡村就业人员	**Rural Employed Persons**	**202.4**	**199.7**	**203.2**	**203.4**
#私营企业	Private Enterprises	3.1	8.7	13.0	14.0
个体	Self-employed Individuals	5.3	10.5	4.2	4.6
职工人数 (万人)	**Number of Staff and Workers (10 000 persons)**	**46.9**	**40.9**	**43.1**	**44.6**
国有单位	State-owned Units	40.8	30.9	31.9	32.6
城镇集体单位	Urban Collective-owned Units	4.5	2.0	2.0	2.1
其他单位	Units of Other Types of Ownership	1.6	8.0	9.2	9.9
城镇单位女性就业人员 (万人)	**Number of Female Employed Urban Units (10 000 persons)**	**17.3**	**15.5**	**16.6**	**17.2**
城镇登记失业人数 (万人)	**Number of Registered Unemployed Persons in Urban Areas (10 000 persons)**	**1.8**	**3.6**	**3.7**	**3.9**
城镇登记失业率 (%)	**Registered Unemployment Rate in Urban Areas (%)**	**2.4**	**3.9**	**3.8**	**3.8**

注:1.就业人员总计及城镇和乡村就业人员小计资料是根据人口普查和人口、劳动力抽样调查推算数。分经济类型、分行业的就业人员相加不等于总计。

2.城镇单位就业人员、职工人数统计口径详见本篇指标解释。

a)Total employment and employment of urban and rural Subtotal information is based on census and the projected number of population and labor force sample survey. The sum of the employment by economic types and by sector is not equal to the total.

b)The statistical caliber of employment in urban units and the nuber of employees is detailed in the indicators explanation notes of this chapter.

5-2 主要年份按三次产业分的年末就业人员数

Number of Employed Persons at the Year-end by Three Strata of Industry in Main Years

年 份 Year	就业人员(万人) Total Employed Persons (10 000 persons)	第一产业 Primary Industry	第二产业 Secondary Industry	第三产业 Tertiary Industry	构 成(合计=100) Composition in Percentage (Total=100) 第一产业 Primary Industry	第二产业 Secondary Industry	第三产业 Tertiary Industry
1952	71.66	62.41	1.07	8.18	87.1	1.5	11.4
1957	96.10	72.56	5.72	17.82	75.5	6.0	18.5
1965	102.49	86.65	7.32	8.52	84.5	7.1	8.3
1970	124.35	102.01	14.92	7.42	82.0	12.0	6.0
1975	136.31	105.47	21.27	9.57	77.4	15.6	7.0
1978	144.71	103.21	26.44	15.06	71.3	18.3	10.4
1980	157.62	108.31	28.24	21.07	68.7	17.9	13.4
1982	171.17	113.87	29.58	27.72	66.5	17.3	16.2
1983	174.31	115.42	30.04	28.85	66.2	17.2	16.6
1984	177.35	115.46	30.79	31.10	65.1	17.4	17.5
1985	182.70	112.20	36.70	33.80	61.4	20.1	18.5
1986	189.20	111.20	38.49	39.51	58.8	20.3	20.9
1987	193.70	113.90	38.09	41.71	58.8	19.7	21.5
1988	197.83	115.90	38.64	43.29	58.6	19.5	21.9
1989	200.83	120.43	38.02	42.38	60.0	18.9	21.1
1990	241.25	144.70	45.45	51.10	60.0	18.8	21.2
1991	245.21	147.28	45.49	52.44	60.1	18.6	21.3
1992	249.24	150.53	45.65	53.06	60.4	18.3	21.3
1993	253.33	142.69	43.10	67.54	56.3	17.0	26.7
1994	257.49	145.05	43.22	69.22	56.3	16.8	26.9
1995	261.71	146.73	44.22	70.76	56.1	16.9	27.0
1996	266.01	151.03	43.42	71.56	56.8	16.3	26.9
1997	270.38	151.47	40.41	78.50	56.0	15.0	29.0
1998	274.81	153.10	40.36	81.35	55.7	14.7	29.6
1999	279.32	152.15	40.36	86.81	54.5	14.4	31.1
2000	283.91	158.49	35.79	89.63	55.8	12.6	31.6
2001	287.32	171.36	38.14	77.82	59.6	13.3	27.1
2002	291.32	164.18	39.67	87.47	56.4	13.6	30.0
2003	295.38	159.82	46.79	88.77	54.1	15.8	30.1
2004	296.59	151.85	48.94	95.80	51.2	16.5	32.3
2005	297.80	147.41	51.82	98.57	49.5	17.4	33.1
2006	303.93	143.79	58.43	101.71	47.3	19.2	33.5
2007	312.44	138.47	64.24	109.73	44.3	20.6	35.1
2008	317.18	141.28	67.56	108.34	44.5	21.3	34.2

注:为了保持与《中国统计年鉴》口径一致，与历史数据有可比性，1990年及以后的就业人员总数是根据人口普查、人口和劳动力抽样调查推算数，分产业就业人数按全面报表结构推算。

a)In order to accord with the statistical caliber of "China Statistical Yearbook" and comparable with the historical data, the total number of employed persons are derived from the census, a sample survey of population and labor force since 1990, the number of employment by sector are derived from comprehensive statement of structure.

5-3 2007－2008年按城乡分的年末就业人员数
Number of Employment Persons at Year-end in Urban and Rural Areas(2007－2008)

单位:万人 (10 000 persons)

项 目	Item	2007			2008		
		合 计 Total	城 镇 Urban	乡 村 Rural	合 计 Total	城 镇 Urban	乡 村 Rural
全省就业人员	**Employed Persons of The Province's**	**312.44**	**109.17**	**203.27**	**317.18**	**113.82**	**203.36**
按经济类型分组	**By Economic Type**						
国有经济	The state-owned Economy	33.49	33.49		34.29	34.29	
集体经济	Collective Economy	174.22	2.17	172.05	177.33	2.20	175.13
私营经济	Private Economy	36.63	23.6	13.03	30.75	16.75	14.00
个体经济	Self-employed Individuals	22.22	17.95	4.27	23.89	19.28	4.61
联营经济	Joint Ownership Economy	0.03	0.03		0.08	0.08	
股份合作制经济	Cooperative Economy	0.67	0.67		0.73	0.73	
外商投资经济	Foreign Funded Economy	0.07	0.07		0.48	0.48	
港、澳、台投资经济	Economy with Funds from Hong Kong, Macao & Taiwan	0.11	0.11		0.15	0.15	
其他经济	Other Economy	8.85	8.85		9.09	9.09	
按国民经济行业分组	**By National Economic Sectors**						
农林牧渔业	Agriculture,Forestry,Animal Husbandry and Fishery	122.45	2.74	119.71	123.29	2.68	120.61
采矿业	Mining	4.05	2.31	1.74	4.29	2.67	1.62
制造业	Manufacturing	22.98	13.09	9.89	23.11	13.23	9.88
电力、燃气及水的生产和供应业	Production and Distribution of Electricity,Gas and Water	2.39	2.11	0.28	2.17	1.63	0.54
建筑业	Construction	27.38	6.25	21.13	29.39	6.22	23.17
交通运输、仓储及邮政业	Traffic, Transport, Storage and Post	11.44	4.98	6.46	11.52	4.81	6.71
信息传输、计算机服务和软件业	Information transmission, Computer Services and Software	1.56	1.30	0.26	1.59	1.38	0.21
批发和零售业	Wholesale and Retail Trades	23.90	16.69	7.21	23.13	15.63	7.50
住宿和餐饮业	Hotels and Catering Services	14.47	6.51	7.96	13.97	5.09	8.88
金融业	Financial Intermediation	1.53	1.53		1.66	1.63	0.03
房地产业	Real Estate	3.55	3.47	0.08	1.72	1.33	0.39
租赁和商务服务业	Leasing and Business Services	1.37	1.34	0.03	1.27	1.03	0.24
科学研究、技术服务和地质勘查业	Scientific Research, Technical Service and Geologic Prospecting	1.66	1.66		1.80	1.80	
水利、环境和公共设施管理业	Management of Water Conservancy, Environment and Public Facilities	0.81	0.81		1.00	0.98	0.02
居民服务和其他服务业	Services to Households and Other Services	17.52	3.01	14.51	16.89	3.05	13.84
教育	Education	6.40	6.40		6.83	6.83	
卫生、社会保障和社会福利业	Health, Social Security and Social Welfare	2.74	2.70	0.04	2.89	2.86	0.03
文化、体育和娱乐业	Culture, Sports and Entertainment	2.47	2.42	0.05	2.37	2.30	0.07
公共管理和社会组织	Public Management and Social Organization	7.62	7.62		7.90	7.90	

5-4 各地区按行业分城镇单位就业人员数

Number of Employed Persons in Urban Units at Year-end by Sector and Region

单位:人 (person)

项 目	Item	合 计 Total	农林牧渔业 Agriculture, Forestry, Animal Husbandry and Fishery	采矿业 Mining	制造业 Manufac -turing	电力、燃气及水的生产和供应业 Production and Distribution of Electricity, Gas and Water	建筑业 Constru -ction	交通运输、仓储和邮政业 Traffic, Transport, Storage and Post	信息传输、计算机服务和软件业 Information transmission, Computer services and software	批发和零售业 Wholesale and Retail Trades
2003		426758	22930	18713	68410	17277	29407	29067	7029	18138
2004		425212	22520	17948	67430	17424	28486	34636	7295	17083
2005		426362	22621	15848	66764	17388	29133	33910	7857	16551
2006		432057	22939	16769	67114	17395	29006	32957	8064	15476
2007		453903	22247	16124	71291	19055	34879	33065	8715	14635
2008		470164	23193	17850	79513	14281	35131	32239	8225	15859
西宁市	Xining City	250931	4376	3833	56722	6566	28284	24352	6203	11949
海东地区	Haidong Prefecture	56672	2970	490	5345	1866	2976	1235	582	1510
海北州	Haibei Zang A.P	24874	4530	2032	1606	1325	266	623	180	286
黄南州	Huangnan Zang A.P	16693	867		362	1572	646	256	309	211
海南州	Hainan Zang A.P	27216	5866	700	821	797	454	423	239	283
果洛州	Golog Zang A.P	11872	950	609	175	151	185	681	174	154
玉树州	Yushu Zang A.P	14646	1018	58	402	459	22	655	11	561
海西州	Haixi Mongolian & Zang A.P	67260	2616	10128	14080	1545	2298	4014	527	905

5-4 续表 Continued

单位:人 (person)

项 目	Item	住宿和餐饮业 Hotels and Catering Services	金融业 Financial Interme-diation	房地产业 Real Estate	租赁和商务服务业 Leasing and Business Services	科学研究、技术服务和地质勘查业 Scientific Research, Technical Service and Geologic Prospecting	水利、环境和公共设施管理业 Management of Water Conservancy, Environment and Public Facilities	居民服务和其他服务业 Services to House-holds and Other Services	教育 Educa-tion	卫生、社会保障和社会福利业 Health, Social Security and Social Welfare	文化、体育和娱乐业 Culture, Sports and Enter-tainment	公共管理和社会组织 Public Manage-ment and Social Organiza-tion
2003		5216	15034	1648	4897	19295	11840	2291	61072	21903	5767	66824
2004		4156	14294	1256	5247	20003	7847	1965	61132	22032	5581	68877
2005		4461	14021	1979	5900	18432	7607	2459	61672	24406	6415	68938
2006		4116	14530	1975	6962	17811	7701	2922	62753	25120	6457	71990
2007		3970	15269	2729	8011	16645	8054	6326	63971	25726	7007	76184
2008		3801	16240	5870	5208	17337	9345	5785	68033	26714	6582	78958
西宁市	Xining City	2380	9935	5342	4025	9346	5583	439	26420	14151	3817	27208
海东地区	Haidong Prefecture	55	1927	373	136	1020	1757	45	17143	3213	612	13417
海北州	Haibei Zang A.P	101	752	50	119	420	325	4	3825	1334	380	6716
黄南州	Huangnan Zang A.P	141	556	37	23	403	321		3888	1691	350	5060
海南州	Hainan Zang A.P	243	902	21	365	322	634	179	5977	1861	341	6788
果洛州	Golog Zang A.P	59	291	30	8	146	11		2071	1095	218	4864
玉树州	Yushu Zang A.P	260	218			183	21		3271	1191	266	6050
海西州	Haixi Mongolian & Zang A.P	562	1659	17	532	5497	693	5118	5438	2178	598	8855

5-5 城镇单位就业人员和劳动报酬(2008年)

Number of Staff and Earning of Employed Persons in Urban Units (2008)

项 目	Item	单位数 (个) Units (unit)	单位就业人员年末人数 (人) Total Number of Employed Persons at Year-end (person)	在岗职工人数 (人) Number of Staff and Workers (person)	单位就业人员劳动报酬 (千元) Earning of Employed Persons (1 000yuan)	在岗职工工资总额 (千元) Total Wages Bill of Staff and Workers (1 000yuan)	单位就业人员平均劳动报酬 (元) Average Earning of Employed Persons (yuan)	在岗职工平均工资 (元) Average Wage of Staff and Workers (yuan)
总 计	**Total**	**9139**	**470164**	**445531**	**14035661**	**13689506**	**30101**	**30983**
按企事业机关分组	Grouped by Enterprises, Institutions and Agencies							
企业	Enterprises	2107	247899	234206	6771688	6527754	27237	27852
事业	Institutions	3996	146634	139592	4718945	4645210	33063	34193
机关	Agencies & Organizations	3036	75631	71733	2545028	2516542	33962	35141
按国民经济行业分组	Grouped by Sector							
农、林、牧、渔业	Agriculture, Forestry, Animal Husbandry and Fishery	706	23193	22187	505590	498512	21849	22502
采矿业	Mining	60	17850	16248	589504	562255	33732	35273
制造业	Manufacturing	366	79513	76151	1860608	1797608	23742	24056
电力、燃气及水的生产和供应业	Production and Distribution of Electricity,Gas and Water	119	14281	13971	511211	507533	35955	36495
建筑业	Construction	166	35131	32507	697874	662820	18529	19100
交通运输、仓储和邮政业	Traffic, Transport, Storage and Post	279	32239	30961	1105131	1091913	33827	34830
信息传输、计算机服务和软件业	Information Transmission, Computer Services and Software	76	8225	6808	239209	211247	31454	34216
批发和零售业	Wholesale and Retail Trades	405	15859	15580	298112	294491	19153	19236
住宿和餐饮业	Hotels and Catering Services	73	3801	3636	54721	52826	14389	14521
金融业	Financial Intermediation	374	16240	13793	582870	522303	36723	38749
房地产业	Real Estate	105	5870	5760	140128	138625	24131	24397
租赁和商务服务业	Leasing and Business Services	170	5208	5058	95957	94437	18651	18880
科学研究、技术服务和地质勘查业	Scientific Research, Technical Service and Geologic Prospecting	325	17337	16950	784911	777211	44408	44824
水利、环境和公共设施管理业	Management of Water Conservancy, Environment and Public Facilities	270	9345	7559	190795	180360	21134	24925
居民服务和其他服务业	Services to Households and Other Services	43	5785	5725	265796	264471	45740	46027
教育	Education	1374	68033	65713	2395334	2360278	36426	37160
卫生、社会保障和社会福利业	Health, Social Security and Social Welfare	702	26714	25228	857454	839482	32695	33976
文化、体育和娱乐业	Culture, Sports and Entertainment	260	6582	6412	206524	204879	31526	32098
公共管理和社会组织	Public Management and Social Organization	3266	78958	75284	2653932	2628255	34068	35116
按地区分组	Grouped By Region							
西宁市	Xining City	2768	250931	239760	6635384	6470373	26556	27126
海东地区	Haidong Prefecture	1646	56672	53292	1777501	1746534	32208	33614
海北州	Haibei Zang A.P	757	24874	24315	693216	685876	28204	28614
黄南州	Huangnan Zang A.P	805	16693	16545	501825	500454	30058	30460
海南州	Hainan Zang A.P	944	27216	26714	762337	758092	28680	28890
果洛州	Golog Zang A.P	564	11872	11870	379273	379156	32188	32184
玉树州	Yushu Zang A.P	541	14646	13665	459607	454298	32219	33582
海西州	Haixi Mongolian & Zang A.P	1114	67260	59370	2826518	2694723	41980	45368

5-6 分地区分行业年末职工人数(2008年)

Number of Staff and Workers at Year-end by Sector and Region(2008)

单位:人 (person)

项 目	Item	全省合计 Province Total	西宁市 Xining City	海东地区 Haidong Prefecture	海北州 Haibei Zang A.P	黄南州 Huangnan Zang A.P	海南州 Hainan Zang A.P	果洛州 Golog Zang A.P	玉树州 Yushu Zang A.P	海西州 Haixi Mongolian & Zang A.P
合 计	**Total**	**445531**	**239760**	**53292**	**24315**	**16545**	**26714**	**11870**	**13665**	**59370**
农林牧渔业	Agriculture,Forestry,Animal Husbandry and Fishery	22187	4237	2650	4530	866	5820	950	973	2161
采矿业	Mining	16248	3784	290	161		700	609	58	9191
制造业	Manufacturing	76151	55446	5221	1606	362	821	175	402	12118
电力、燃气及水的生产和供应业	Production and Distribution of Electricity,Gas and Water	13971	6559	1642	1325	1555	797	151	458	1484
建筑业	Construction	32507	27357	2344	266	646	454	185	22	1233
交通运输、仓储和邮政业	Traffic, Transport, Storage and Post	30961	23603	1221	623	256	416	681	651	3510
信息传输、计算机服务和软件业	Information Transmission, Computer Services and Software	6808	4894	556	152	309	224	174	11	488
批发和零售业	Wholesale and Retail Trades	15580	11873	1487	286	211	283	154	561	725
住宿和餐饮业	Hotels and Catering Services	3636	2380	55	101	141	237	59	260	403
金融业	Financial Intermediation	13793	7840	1815	721	556	882	289	218	1472
房地产业	Real Estate	5760	5233	372	50	37	21	30		17
租赁和商务服务业	Leasing and Business Services	5058	3962	135	119	23	362	8		449
科学研究、技术服务和地质勘查业	Scientific Research, Technical Service and Geologic Prospecting	16950	9009	1000	418	403	321	146	183	5470
水利、环境和公共设施管理业	Management of Water Conservancy, Environment and Public Facilities	7559	4188	1533	325	321	512	11	21	648
居民服务和其他服务业	Services to Households and Other Services	5725	439	45	4		179			5058
教育	Education	65713	25745	16585	3813	3858	5944	2071	2997	4700
卫生、社会保障和社会福利业	Health, Social Security and Social Welfare	25228	13107	3007	1321	1613	1787	1095	1159	2139
文化、体育和娱乐业	Culture, Sports and Entertainment Social Organization	6412	3765	562	377	330	341	218	263	556
公共管理和社会组织	Public Management and Social Organization	75284	26339	12772	6662	5058	6613	4864	5428	7548

5-7 分登记注册类型和细行业年末职工人数(2008年)
Number of Staff and Workers at Year-end by Status of Registration and Sector in Detail(2008)

单位:人 (person)

项　目	Item	合计 Total	国有单位 State-owned Units	城镇集体单位 Urban Collective-owned units	其他单位 Units of Other Types of Ownership
全省总计	**Province Total**	**445531**	**326126**	**20350**	**99055**
按企、事业和机关分组	**Grouped by Enterprises, Institutions and Agencies**				
企业	Enterprises	234206	115672	19549	98985
事业	Institutions	139592	138721	801	70
机关	Agencies & Organizations	71733	71733		
按国民经济行业分组	**Grouped by Sector**				
农、林、牧、渔业	**Agriculture, Forestry, Animal Husbandry and Fishery**	**22187**	**18205**	**464**	**3518**
农业	Farming	7245	3946	60	3239
林业	Forestry	3030	2902	128	
畜牧业	Animal Husbandry	2835	2526	30	279
渔业	Fishery	41	41		
农、林、牧、渔服务业	Services in Support of Agriculture	9036	8790	246	
采矿业	**Mining**	**16248**	**6684**	**182**	**9382**
煤炭开采和洗选业	Mining and Washing of Coal	5956	1020		4936
石油和天然气开采业	Extraction of Petroleum and Natural Gas	3404	3404		
黑色金属矿采选业	Mining of Ferrous Metal Ores	335			335
有色金属矿采选业	Mining of Non-ferrous Metal Ores	2727	45	105	2577
非金属矿采选业	Mining and Processing of Nonmetal Ores	3808	2197	77	1534
其他采矿业	Mining of Other Ores	18	18		
制造业	**Manufacturing**	**76151**	**15405**	**6844**	**53902**
农副食品加工业	Processing of Food from Agricultural Products	1136	249	20	867
食品制造业	Manufacture of Foods	623	68		555
饮料制造业	Manufacture of Beverage	1992	851	54	1087
烟草制品业	Manufacture of Tobacco				
纺织业	Manufacture of Textile	1641	623	59	959
纺织服装、鞋、帽制造业	Manufacture of Textile Wearing Apparel, Footware and Caps	751	561	113	77
皮革、毛皮、羽毛(绒)及其制品业	Manufacture of Leather,Fur,Feather & Its Products				
木材加工及木、竹、藤、棕、草制品业	Processing of Timbers, Manufacture of Wood, Bamboo, Rattan, Palm, and Straw Products	33	21	12	
家具制造业	Manufacture of Furniture	10			10
造纸及纸制品业	Manufacture of Paper and Paper Products	234		6	228
印刷业和记录媒介的复制	Printing, Reproduction of Recording Media	1090	678	247	165
石油加工、炼焦及核燃料加工业	Processing of Petroleum , Coking, Processing of Nuclear Fuel	1462	1402	10	50
化学原料及化学制品制造业	Manufacture of Chemical Raw Material and Chemical Products	15350	7369	109	7872
医药制造业	Manufacture of Medicines	2345	1109		1236
橡胶制品业	Manufacture of Rubber	108	35		73
塑料制品业	Manufacture of Plastic	79		79	
非金属矿物制品业	Manufacture of Non-metallic Mineral Products	8646	915	1566	6165
黑色金属冶炼及压延加工业	Manufacture and Processing of Ferrous Metals	11399	161	185	11053
有色金属冶炼及压延加工业	Manufacture & Processing of Non-ferrous Metals	17996	356	2623	15017

5-7 续表 1 Continued

单位:人 (person)

项 目	Item	合计 Total	国有单位 State-owned Units	城镇集体单位 Urban Collective-owned units	其他单位 Units of Other Types of Ownership
金属制品业	Manufacture of Metal Products	3627	55	1347	2225
通用设备制造业	Manufacture of General Purpose Machinery	3655	55	50	3550
专用设备制造业	Manufacture of Special Purpose Machinery	1415	538	12	865
交通运输设备制造业	Manufacture of Transport Equipment	979	359	215	405
电气机械及器材制造业	Manufacture of Electrical Machinery & Equipment	520		56	464
仪器仪表及文化、办公用机械制造业	Manufacture of Measuring Instrument and Machinery for Cultural Activity & Office Work	32			32
工艺品及其他制造业	Manufacture of Artwork, Other Manufacture	775		81	694
废弃资源和废旧材料回收加工业	Recycling and Disposal of Waste	253			253
电力、燃气及水的生产和供应业	**Production and Distribution of Electricity, Gas and Water**	**13971**	**11965**	**576**	**1430**
电力、热力的生产和供应业	Production and Supply of Electric Power and Heat Power	11566	9981	558	1027
燃气生产和供应业	Production and Distribution of Gas	293	94		199
水的生产和供应业	Production and Distribution of Water	2112	1890	18	204
建筑业	**Construction**	**32507**	**17304**	**6087**	**9116**
房屋和土木工程建筑业	Construction of Building & Civil Engineering	28648	15947	4719	7982
建筑安装业	Architectural Installation	1931	246	1337	348
建筑装饰业	Architectural Decoration	187		26	161
其他建筑业	Other Construction	1741	1111	5	625
交通运输、仓储和邮政业	**Traffic, Transport, Storage and Post**	**30961**	**25403**	**17**	**5541**
铁路运输业	Transport Via Railway	13047	13047		
道路运输业	Transport Via Road	9571	8939		632
城市公共交通业	Urban Public Traffic	4612	21	17	4574
水上运输业	Water Transport	13	13		
航空运输业	Air Transport	142	142		
管道运输业	Transport Via Pipeline	535	535		
装卸搬运和其他运输服务业	Loading, Unloading, Portage and Other Transport Services	280	280		
仓储业	Storage	1243	908		335
邮政业	Post	1518	1518		
信息传输、计算机服务和软件业	**Information Transmission, Computer Services and Software**	**6808**	**5601**		**1207**
电信和其他信息传输服务业	Telecom & Other Information Transmission Services	6734	5543		1191
计算机服务业	Computer Services	45	33		12
软件业	Software Industry	29	25		4
批发和零售业	**Wholesale and Retail Trades**	**15580**	**8024**	**1355**	**6201**
批发业	Wholesale Trade	7967	4580	552	2835
零售业	Retail Trade	7613	3444	803	3366
住宿和餐饮业	**Hotels and Catering Services**	**3636**	**1599**	**469**	**1568**
住宿业	Hotels	2889	1257	469	1163
餐饮业	Catering Services	747	342		405
金融业	**Financial Intermediation**	**13793**	**10304**	**2661**	**828**
银行业	Bank	12413	9448	2661	304
证券业	Security Activities	38	38		
保险业	Insurance	1136	649		487
其他金融业	Other Financial Activities	206	169		37
房地产业	**Real Estate**	**5760**	**3114**	**171**	**2475**
其中:房地产开发经营	Development and Management of Real Estate	1876	443	26	1407
物业管理	Property Management	3606	2491	145	970
房地产中介服务	Agency Services for Real Estate	176	91		85

5-7 续表 2 Continued

单位:人 (person)

项　目	Item	合 计 Total	国有单位 State-owned Units	城镇集体单位 Urban Collective-owned units	其他单位 Units of Other Types of Ownership
租赁和商务服务业	**Leasing and Business Services**	**5058**	**2586**	**817**	**1655**
租赁业	Leasing	157		6	151
商务服务业	Business Services	4901	2586	811	1504
科学研究、技术服务和地质勘查业	**Scientific Research, Technical Service and Geologic Prospecting**	**16950**	**15747**	**29**	**1174**
研究与试验发展	Research and Experimental Development	5755	5682		73
自然科学研究与试验发展	Natural Science	535	535		
工程和技术研究与试验发展	Engineering and Technology	4437	4364		73
农业科学研究与试验发展	Agricultural Science	596	596		
社会人文科学研究与试验发展	Social Science and Humanities	187	187		
专业技术服务业	Professional Technical Services	5132	4748	29	355
其中:气象服务	Meteorological Services	1567	1567		
地震服务	Seismic Services	270	270		
测绘服务	Mapping Service	83	83		
技术检测	Technology Detection	757	697	29	31
环境监测	Environmental Monitoring	498	477		21
工程技术与规划管理	Engineering Technology and Management Planning	1829	1526		303
科技交流和推广服务业	Services of Science and Technology Exchanges and Promotion	647	621		26
地质勘查业	Geologic Prospecting	5416	4696		720
水利、环境和公共设施管理业	**Management of Water Conservancy, Environment and Public Facilities**	**7559**	**7085**	**128**	**346**
水利管理业	Management of Water Conservancy	4539	4259		280
环境管理业	Environmental Management	2520	2520		
公共设施管理业	Management of Public Facilities	500	306	128	66
居民服务和其他服务业	**Services to Households and Other Services**	**5725**	**5228**	**93**	**404**
居民服务业	Services to Households	5514	5106	93	315
其他服务业	Other Services	211	122		89
教育	**Education**	**65713**	**65637**	**30**	**46**
其中:初等教育	Primary Education	30440	30440		
中等教育	Secondary Education	26029	26013	16	
高等教育	Higher Education	6714	6714		
卫生、社会保障和社会福利业	**Health, Social Security and Social Welfare**	**25228**	**24734**	**294**	**200**
卫生	Health	23949	23455	294	200
社会保障业	Social Security	771	771		
社会福利业	Social Welfare	508	508		
文化、体育和娱乐业	**Culture, Sports and Entertainment**	**6412**	**6231**	**119**	**62**
新闻出版业	Journalism and Publishing Activities	855	736	119	
广播、电视、电影和音像业	Broadcasting,Movies,Television and Audiovisual Activities	2383	2383		
文化艺术业	Cultural and Art Activities	2610	2576		34
体育	Sports Activities	519	519		
娱乐业	Entertainment	45	17		28
公共管理和社会组织	**Public Management and Social Organization**	**75284**	**75270**	**14**	
中国共产党机关	Organs of Communist Party of China	5150	5150		
国家机构	Government Agencies	67477	67477		
人民政协和民主党派	People's Political Consultative Conference and Democratic Parties	1363	1363		
群众社团、社会团体和宗教组织	Governmental Organizations, Social Organizations and Religion Organizations	1294	1280	14	

5-8 国有单位分行业分地区年末职工人数(2008年)
Number of Staff and Workers in State-owned Units at Year-end by Sector(2008)

单位:人 (person)

项 目	Item	全省合计 Province Total	西宁市 Xining City	海东地区 Haidong Prefecture	海北州 Haibei Zang A.P	黄南州 Huangnan Zang A.P	海南州 Hainan Zang A.P	果洛州 Golog Zang A.P	玉树州 Yushu Zang A.P	海西州 Haixi Mongolian & Zang A.P
合 计	**Total**	**326126**	**147352**	**46126**	**20488**	**15288**	**20700**	**10898**	**13079**	**52195**
农林牧渔业	Agriculture,Forestry,Animal Husbandry and Fishery	18205	3866	2650	4441	866	2581	950	943	1908
采矿业	Mining	6684		21	381			14	58	6210
制造业	Manufacturing	15405	3978	1137	74	362	28	90	195	9541
电力、燃气及水的生产和供应业	Production and Distribution of Electricity,Gas and Water	11965	5537	1520	1100	1396	704	151	437	1120
建筑业	Construction	17304	14526	1487	19	70	87	165	17	933
交通运输、仓储和邮政业	Traffic, Transport, Storage and Post	25403	18278	1177	556	254	375	657	651	3455
信息传输、计算机服务和软件业	Information Transmission, Computer Services and Software	5601	3967	530	152	202	224	27	11	488
批发和零售业	Wholesale and Retail Trades	8024	5769	675	188	149	163	154	400	526
住宿和餐饮业	Hotels and Catering Services	1599	790	55	75	73	174	31	110	291
金融业	Financial Intermediation	10304	6259	1213	457	273	445	237	206	1214
房地产业	Real Estate	3114	2953	68	34	37	5	9		8
租赁和商务服务业	Leasing and Business Services	2586	1677	109	105	23	272	8		392
科学研究、技术服务和地质勘查业	Scientific Research, Technical Service and Geologic Prospecting	15747	7818	1000	406	403	321	146	183	5470
水利、环境和公共设施管理业	Management of Water Conservancy, Environment and Public Facilities	7085	3714	1533	325	321	512	11	21	648
居民服务和其他服务业	Services to Households and Other Services	5228	19	25	2		124			5058
教育	Education	65637	25669	16585	3813	3858	5944	2071	2997	4700
卫生、社会保障和社会福利业	Health, Social Security and Social Welfare	24734	12623	3007	1321	1613	1787	1095	1159	2129
文化、体育和娱乐业	Culture, Sports and Entertainment	6231	3584	562	377	330	341	218	263	556
公共管理和社会组织	Public Management and Social Organization	75270	26325	12772	6662	5058	6613	4864	5428	7548

5-9 城镇集体单位分行业分地区年末职工人数(2008年)
Number of Staff and Workers in Urban Collective-owend Units at Year-end by Sector(2008)

单位:人 (person)

项　目	Item	全省合计 Province Total	西宁市 Xining City	海东地区 Haidong Prefecture	海北州 Haibei Zang A.P	黄南州 Huangnan Zang A.P	海南州 Hainan Zang A.P	果洛州 Golog Zang A.P	玉树州 Yushu Zang A.P	海西州 Haixi Mongolian & Zang A.P
合　计	**Total**	**20350**	**15940**	**2098**	**555**	**719**	**309**	**72**	**194**	**463**
农林牧渔业	Agriculture,Forestry,Animal Husbandry and Fishery	464	345		89				30	
采矿业	Mining	182	77	35	70					
制造业	Manufacturing	6844	6196	370	79				113	86
电力、燃气及水的生产和供应业	Production and Distribution of Electricity,Gas and Water	576	451			107	10		8	
建筑业	Construction	6087	5024	540	63	322		20	5	113
交通运输、仓储和邮政业	Traffic, Transport, Storage and Post	17	10		5	2				
批发和零售业	Wholesale and Retail Trades	1355	696	570	6	43	8		26	6
住宿和餐饮业	Hotels and Catering Services	469	325		13	68	63			
金融业	Financial Intermediation	2661	1147	557	230	177	228	52	12	258
房地产业	Real Estate	171	171							
租赁和商务服务业	Leasing and Business Services	817	791	26						
科学研究、技术服务和地质勘查业	Scientific Research, Technical Service and Geologic Prospecting	29	29							
水利、环境和公共设施管理业	Management of Water Conservancy, Environment and Public Facilities	128	128							
居民服务和其他服务业	Services to Households and Other Services	93	93							
教育	Education	30	30							
卫生、社会保障和社会福利业	Health, Social Security and Social Welfare	294	294							
文化、体育和娱乐业	Culture, Sports and Entertainment	119	119							
公共管理和社会组织	Public Management and Social Organization	14	14							

5-10 其他单位分行业分地区年末职工人数(2008年)
Number of Staff and Workers in Other Ownership Units at Year-end by Sector and Region(2008)

单位:人 (person)

项 目	Item	全省合计 Province Total	西宁市 Xining City	海东地区 Haidong Prefecture	海北州 Haibei Zang A.P	黄南州 Huangnan Zang A.P	海南州 Hainan Zang A.P	果洛州 Golog Zang A.P	玉树州 Yushu Zang A.P	海西州 Haixi Mongolian & Zang A.P
总 计	**Total**	**99055**	**76468**	**5068**	**3272**	**538**	**5705**	**900**	**392**	**6712**
按登记注册类型分组	**Grouped by Status of Registration**									
股份合作单位	Cooperative Units	7222	4983	1372	64	80	80		72	571
联营单位	Joint Ownership Units	745	745							
有限责任公司	Limited Liability Corporations	56555	41319	2705	2589	223	5325	753	320	3321
股份有限公司	Share-holding Corporations Ltd.	28324	25497	492	595	216	300	147		1077
其他	Others	373	79	251	24	19				
港澳台商投资单位	Units with Funds from Hong Kong, Macao & Taiwan	1488	876	248						364
外商投资	Foreign Funded Units	4348	2969							1379
按国民经济行业分组	**Grouped by Sector**									
农林牧渔业	Agriculture,Forestry,Animal Husbandry and Fishery	3518	26				3239			253
采矿业	Mining	9382	3707	234	1165		700	595		2981
制造业	Manufacturing	53902	45272	3714	1453		793	85	94	2491
电力、燃气及水的生产和供应业	Production and Distribution of Electricity,Gas and Water	1430	571	122	225	52	83		13	364
建筑业	Construction	9116	7807	317	184	254	367			187
交通运输、仓储和邮政业	Traffic, Transport, Storage and Post	5541	5315	44	62		41	24		55
信息传输、计算机服务和软件业	Information Transmission, Computer Services and Software	1207	927	26		107		147		
批发和零售业	Wholesale and Retail Trades	6201	5408	242	92	19	112		135	193
住宿和餐饮业	Hotels and Catering Services	1568	1265		13			28	150	112
金融业	Financial Intermediation	828	434	45	34	106	209			
房地产业	Real Estate	2475	2109	304	16		16	21		9
租赁和商务服务业	Leasing and Business Services	1655	1494		14		90			57
科学研究、技术服务和地质勘查业	Scientific Research, Technical Service and Geologic Prospecting	1174	1162		12					
水利、环境和公共设施管理业	Management of Water Conservancy, Environment and Public Facilities	346	346							
居民服务和其他服务业	Services to Households and Other Services	404	327	20	2		55			
教育	Education	46	46							
卫生、社会保障和社会福利业	Health, Social Security and Social Welfare	200	190							10
文化、体育和娱乐业	Culture, Sports and Entertainment	62	62							

5-11 分行业分地区城镇单位年末女性就业人员(2008年)

Number of Female Employees in Urban Units at Year-end by Sector and Region(2008)

单位:人 (person)

项　目	Item	全省合计 Province Total	西宁市 Xining City	海东地区 Haidong Prefecture	海北州 Haibei Zang A.P	黄南州 Huangnan Zang A.P	海南州 Hainan Zang A.P	果洛州 Golog Zang A.P	玉树州 Yushu Zang A.P	海西州 Haixi Mongolian & Zang A.P
合　计	**Total**	**172072**	**94754**	**20069**	**8586**	**5924**	**10571**	**3814**	**5800**	**22554**
农林牧渔业	Agriculture,Forestry,Animal Husbandry and Fishery	7479	1532	701	1413	185	2344	266	298	740
采矿业	Mining	3530	631	49	460		19	122	15	2234
制造业	Manufacturing	24445	17355	1450	263	133	434	59	122	4629
电力、燃气及水的生产和供应业	Production and Distribution of Electricity,Gas and Water	4254	1964	609	334	446	284	40	98	479
建筑业	Construction	6827	5456	765	23	69	106	34	2	372
交通运输、仓储和邮政业	Traffic, Transport, Storage and Post	11895	9035	489	228	140	150	208	166	1479
信息传输、计算机服务和软件业	Information Transmission, Computer Services and Software	3820	3099	242	69	147	82	12	4	165
批发和零售业	Wholesale and Retail Trades	8324	6494	686	119	106	113	57	230	519
住宿和餐饮业	Hotels and Catering Services	2203	1321	24	63	89	175	53	138	340
金融业	Financial Intermediation	8385	5838	784	291	184	407	75	74	732
房地产业	Real Estate	2272	2055	129	32	19	13	19		5
租赁和商务服务业	Leasing and Business Services	1891	1495	46	37	13	145	3		152
科学研究、技术服务和地质勘查业	Scientific Research, Technical Service and Geologic Prospecting	5137	2885	325	169	229	139	48	65	1277
水利、环境和公共设施管理业	Management of Water Conservancy, Environment and Public Facilities	3777	2443	534	217	100	196	3	11	273
居民服务和其他服务业	Services to Households and Other Services	2398	167	11			67			2153
教育	Education	31223	13367	7119	1715	1596	2783	912	1676	2055
卫生、社会保障和社会福利业	Health, Social Security and Social Welfare	16186	8901	1870	755	996	1104	545	686	1329
文化、体育和娱乐业	Culture, Sports and Entertainment	2828	1585	253	168	180	151	81	116	294
公共管理和社会组织	Public Management and Social Organization	25198	9131	3983	2230	1292	1859	1277	2099	3327

5-12 分登记注册类型和细行业女性年末就业人员(2008年)
Number of Female Employees at Year-end by Status of Registration and Sector in Detail (2008)

单位:人、%

项　目	Item	合 计 Total	国 有 单 位 State-owned Units	城镇集体 单　位 Urban Collective-owned units	其 他 单 位 Units of Other Types of Ownership
全省总计	**Province Total**	**172072**	**132324**	**6962**	**32786**
按企、事业和机关分组	**Grouped by Enterprises, Institutions and Agencies**				
企业	Enterprises	82050	42810	6491	32749
事业	Institutions	66233	65725	471	37
机关	Agencies & Organizations	23789	23789		
按国民经济行业分组	**Grouped by Sector**				
农、林、牧、渔业	**Agriculture, Forestry, Animal Husbandry and Fishery**	**7479**	**5934**	**184**	**1361**
农业	Farming	3049	1722	12	1315
林业	Forestry	855	774	81	
畜牧业	Animal Husbandry	620	562	12	46
渔业	Fishery	12	12		
农、林、牧、渔服务业	Services in Support of Agriculture	2943	2864	79	
采矿业	**Mining**	**3530**	**1872**	**36**	**1622**
煤炭开采和洗选业	Mining and Washing of Coal	1097	153		944
石油和天然气开采业	Extraction of Petroleum and Natural Gas	911	911		
黑色金属矿采选业	Mining of Ferrous Metal Ores	56			56
有色金属矿采选业	Mining of Non-ferrous Metal Ores	613	5	10	598
非金属矿采选业	Mining and Processing of Nonmetal Ores	848	798	26	24
其他采矿业	Mining of Other Ores	5	5		
制造业	**Manufacturing**	**24445**	**6060**	**2322**	**16063**
农副食品加工业	Processing of Food from Agricultural Products	589	92	10	487
食品制造业	Manufacture of Foods	301	17		284
饮料制造业	Manufacture of Beverage	783	331	31	421
烟草制品业	Manufacture of Tobacco				
纺织业	Manufacture of Textile	990	182	41	767
纺织服装、鞋、帽制造业	Manufacture of Textile Wearing Apparel, Footware and Caps	422	273	95	54
皮革、毛皮、羽毛(绒)及其制品业	Manufacture of Leather,Fur,Feather & Its Products				
木材加工及木、竹、藤、棕、草制品业	Processing of Timbers, Manufacture of Wood, Bamboo, Rattan, Palm, and Straw Products	6	3	3	
家具制造业	Manufacture of Furniture	3			3
造纸及纸制品业	Manufacture of Paper and Paper Products	28		4	24
印刷业和记录媒介的复制	Printing, Reproduction of Recording Media	641	375	176	90
石油加工、炼焦及核燃料加工业	Processing of Petroleum , Coking, Processing of Nuclear Fuel	507	497	4	6
化学原料及化学制品制造业	Manufacture of Chemical Raw Material and Chemical Products	5714	2834	35	2845
医药制造业	Manufacture of Medicines	1254	567		687
橡胶制品业	Manufacture of Rubber	33	11		22
塑料制品业	Manufacture of Plastic	68		68	
非金属矿物制品业	Manufacture of Non-metallic Mineral Products	2728	354	946	1428
黑色金属冶炼及压延加工业	Manufacture and Processing of Ferrous Metals	2904	79	18	2807
有色金属冶炼及压延加工业	Manufacture & Processing of Non-ferrous Metals	3879	97	244	3538

5-12 续表 1 Continued

单位:人 (person)

项　目	Item	合计 Total	国有单位 State-owned Units	城镇集体单位 Urban Collective-owned units	其他单位 Units of Other Types of Ownership
金属制品业	Manufacture of Metal Products	1061	19	458	584
通用设备制造业	Manufacture of General Purpose Machinery	1022	38	4	980
专用设备制造业	Manufacture of Special Purpose Machinery	423	139	11	273
交通运输设备制造业	Manufacture of Transport Equipment	313	152	85	76
电气机械及器材制造业	Manufacture of Electrical Machinery & Equipment	131		25	106
仪器仪表及文化、办公用机械制造业	Manufacture of Measuring Instrument and Machinery for Cultural Activity & Office Work	19			19
工艺品及其他制造业	Manufacture of Artwork, Other Manufacture	551		64	487
废弃资源和废旧材料回收加工业	Recycling and Disposal of Waste	75			75
电力、燃气及水的生产和供应业	**Production and Distribution of Electricity, Gas and Water**	**4254**	**3469**	**278**	**507**
电力、热力的生产和供应业	Production and Supply of Electric Power and Heat Power	3335	2709	272	354
燃气生产和供应业	Production and Distribution of Gas	95	23		72
水的生产和供应业	Production and Distribution of Water	824	737	6	81
建筑业	**Construction**	**6827**	**4163**	**1031**	**1633**
房屋和土木工程建筑业	Construction of Building & Civil Engineering	6300	3946	894	1460
建筑安装业	Architectural Installation	260	91	125	44
建筑装饰业	Architectural Decoration	58		11	47
其他建筑业	Other Construction	209	126	1	82
交通运输、仓储和邮政业	**Traffic, Transport, Storage and Post**	**11895**	**9213**	**8**	**2674**
铁路运输业	Transport Via Railway	3736	3736		
道路运输业	Transport Via Road	3930	3615		315
城市公共交通业	Urban Public Traffic	2267	10	8	2249
水上运输业	Water Transport	7	7		
航空运输业	Air Transport	49	49		
管道运输业	Transport Via Pipeline	129	129		
装卸搬运和其他运输服务业	Loading, Unloading, Portage and Other Transport Services	56	56		
仓储业	Storage	409	299		110
邮政业	Post	1312	1312		
信息传输、计算机服务和软件业	**Information Transmission, Computer Services and Software**	**3820**	**3305**		**515**
电信和其他信息传输服务业	Telecom & Other Information Transmission Services	3800	3288		512
计算机服务业	Computer Services	14	12		2
软件业	Software Industry	6	5		1
批发和零售业	**Wholesale and Retail Trades**	**8324**	**4367**	**773**	**3184**
批发业	Wholesale Trade	3776	2359	360	1057
零售业	Retail Trade	4548	2008	413	2127
住宿和餐饮业	**Hotels and Catering Services**	**2203**	**942**	**314**	**947**
住宿业	Hotels	1841	781	314	746
餐饮业	Catering Services	362	161		201
金融业	**Financial Intermediation**	**8385**	**5429**	**1255**	**1701**
银行业	Bank	6016	4645	1255	116
证券业	Security Activities	11	11		
保险业	Insurance	2255	688		1567
其他金融业	Other Financial Activities	103	85		18
房地产业	**Real Estate**	**2272**	**1230**	**109**	**933**
其中:房地产开发经营	Development and Management of Real Estate	708	169	13	526
物业管理	Property Management	1431	968	96	367
房地产中介服务	Agency Services for Real Estate	81	47		34
租赁和商务服务业	**Leasing and Business Services**	**1891**	**898**	**189**	**804**
租赁业	Leasing	31		3	28
商务服务业	Business Services	1860	898	186	776

5-12 续表 2 continued

单位:人、% (person、%)

项目	Item	合计 Total	国有单位 State-owned Units	城镇集体单位 Urban Collective-owned units	其他单位 Units of Other Types of Ownership
科学研究、技术服务和地质勘查业	**Scientific Research, Technical Service and Geologic Prospecting**	**5137**	**4698**	**14**	**425**
研究与试验发展	Research and Experimental Development	1642	1632		10
自然科学研究与试验发展	Natural Science	166	166		
工程和技术研究与试验发展	Engineering and Technology	1210	1200		10
农业科学研究与试验发展	Agricultural Science	202	202		
社会人文科学研究与试验发展	Social Science and Humanities	64	64		
专业技术服务业	Professional Technical Services	1934	1817	14	103
其中:气象服务	Meteorological Services	685	685		
地震服务	Seismic Services	88	88		
测绘服务	Mapping Service	28	28		
技术检测	Technology Detection	301	277	5	19
环境监测	Environmental Monitoring	286	278		8
工程技术与规划管理	Engineering Technology and Management Planning	497	412	9	76
科技交流和推广服务业	Services of Science and Technology Exchangesand Promotion	269	255		14
地质勘查业	Geologic Prospecting	1292	994		298
水利、环境和公共设施管理业	**Management of Water Conservancy, Environment and Public Facilities**	**3777**	**3625**	**76**	**76**
水利管理业	Management of Water Conservancy	1401	1338		63
环境管理业	Environmental Management	2145	2145		
公共设施管理业	Management of Public Facilities	231	142	76	13
居民服务和其他服务业	**Services to Households and Other Services**	**2398**	**2203**	**31**	**164**
居民服务业	Services to Households	2349	2166	31	152
其他服务业	Other Services	49	37		12
教育	**Education**	**31223**	**31191**	**28**	**4**
其中:初等教育	Primary Education	15075	15075		
中等教育	Secondary Education	11515	11501	14	
高等教育	Higher Education	3057	3057		
卫生、社会保障和社会福利业	**Health, Social Security and Social Welfare**	**16186**	**15787**	**246**	**153**
卫生	Health	15640	15241	246	153
社会保障业	Social Security	299	299		
社会福利业	Social Welfare	247	247		
文化、体育和娱乐业	**Culture, Sports and Entertainment**	**2828**	**2746**	**62**	**20**
新闻出版业	Journalism and Publishing Activities	347	285	62	
广播、电视、电影和音像业	Broadcasting,Movies,Television and Audiovisual Activities	989	989		
文化艺术业	Cultural and Art Activities	1302	1294		8
体育	Sports Activities	170	170		
娱乐业	Entertainment	20	8		12
公共管理和社会组织	**Public Management and Social Organization**	**25198**	**25192**	**6**	
中国共产党机关	Organs of Communist Party of China	1417	1417		
国家机构	Government Agencies	22921	22921		
人民政协和民主党派	People's Political Consultative Conference and Democratic Parties	295	295		
群众社团、社会团体和宗教组织	Governmental Organizations, Social Organizations and Religion Organizations	565	559	6	

5-13 城镇单位就业人员变动情况(2008年)

Changes in the Number of Employees in Urban units (2008)

单位:人 (person)

类 别	Item	本年增加人数 Number of Persons Increased This Year							
		合 计 Total	从农村招收 Recruited from Rural Areas	从城镇招收 Recruited from Urban Areas	录用的退伍军人 Employ-ment of Demobili-zed Soldiers	录用的大中专技校毕业生 Employ-ment of Technical College Graduates	调 入 Transfer-red in	由外省、区、市调入 to other provinces, autonomous regions and municipalities	其 他 Others
总 计	**Total**	**46094**	**2655**	**2932**	**372**	**4730**	**7407**	**24**	**27998**
按登记注册类型分组	**Grouped by Status of registration**								
国有单位	State-owned Units	28183	1060	2124	305	4269	7341	13	13084
城镇集体单位	Urban Collective-owned Units	2638	212	69		41	15		2301
其他单位	Units of Other Types of Ownership	15273	1383	739	67	420	51	11	12613
按国民经济行业分组	Grouped by Sector								
农、林、牧、渔业	Agriculture, Forestry, Animal Husbandry and Fishery	893	198	146	3	149	202	1	195
采矿业	Mining	4563	425	324	20	515	11		3268
制造业	Manufacturing	9486	732	466	110	1091	149	7	6938
电力、燃气及水的生产和供应业	Production and Distribution of Electricity,Gas and Water	485	18	35	11	44	21		356
建筑业	Construction	2143	591	92	54	556	189		661
交通运输、仓储和邮政业	Traffic, Transport, Storage and Post	2797	21	186	9	55	1824	3	702
信息传输、计算机服务和软件业	Information Transmission, Computer Services and Software	113		10		16	49	2	38
批发和零售业	Wholesale and Retail Trades	3972	19	26		18	343		3566
住宿和餐饮业	Hotels and Catering Services	466	143	92		2	126		103
金融业	Financial Intermediation	620	24	173	6	107	59		251
房地产业	Real Estate	2690	63	25		12	1446	5	1144
租赁和商务服务业	Leasing and Business Services	3998	4	79	39	38	404		3434
科学研究、技术服务和地质勘查业	Scientific Research, Technical Service and Geologic Prospecting	1212		15	28	132	175	2	862
水利、环境和公共设施管理业	Management of Water Conservancy, Environment and Public Facilities	1280	105	122	1	12	111		929
居民服务和其他服务业	Services to Households and Other Services	214		6		30	5		173
教育	Education	3096		92	13	776	608		1607
卫生、社会保障和社会福利业	Health, Social Security and Social Welfare	1699	36	300	8	138	200	1	1017
文化、体育和娱乐业	Culture, Sports and Entertainment	432		40	3	101	54		234
公共管理和社会组织	Public Management and Social Organization	5935	276	703	67	938	1431	3	2520

5-13 续表 Continued

单位:人 (person)

类别	Item	本年减少人数 Number of Persons Decreased This Year 合计 Total	离休退休退职 Retired	开除除名辞职 Discharg-ed	终止解除合同 Contract Expirati-on	离开单位保留劳动关系职工 Leave Unit and Still Keep the Relation of Working	死亡 Death	调出 Transfe-rred out	调到外省、区、市 to other provinces, autonomous regions and municipa-lities	其他 Others
总计	**Total**	**31083**	**2672**	**643**	**2430**	**2006**	**317**	**7608**	**362**	**15407**
按登记注册类型分组	**Grouped by Status of registration**									
国有单位	State-owned Units	21977	2179	289	981	1784	289	7367	357	9088
城镇集体单位	Urban Collective-owned Units	1967	25	4	123	20	1	153		1641
其他单位	Units of Other Types of Ownership	7139	468	350	1326	202	27	88	5	4678
按国民经济行业分组	**Grouped by Sector**									
农、林、牧、渔业	Agriculture, Forestry, Animal Husbandry and Fishery	2419	198	9	223	54	25	558		1352
采矿业	Mining	4210	375	120	393		60	87		3175
制造业	Manufacturing	2235	234	321	636	192	24	64	4	764
电力、燃气及水的生产和供应业	Production and Distribution of Electricity,Gas and Water	5452	20	22	69	1	4	33		5303
建筑业	Construction	3436	463	19	473	11	35	255	43	2180
交通运输、仓储和邮政业	Traffic, Transport, Storage and Post	4049	487	35	160	704	44	1600	13	1019
信息传输、计算机服务和软件业	Information Transmission, Computer Services and Software	188	11	1	8	1	1	39	1	127
批发和零售业	Wholesale and Retail Trades	674	64	5	30	331	6	114	1	124
住宿和餐饮业	Hotels and Catering Services	223	3	2	185	8		22		3
金融业	Financial Intermediation	259	30	28	13	7	3	89		89
房地产业	Real Estate	1828	53		1	112	2	1632	1	28
租赁和商务服务业	Leasing and Business Services	1380	9	4	9	462		823		73
科学研究、技术服务和地质勘查业	Scientific Research, Technical Service and Geologic Prospecting	593	112	18	71	1	22	329	287	40
水利、环境和公共设施管理业	Management of Water Conservancy, Environment and Public Facilities	88	15	12	1		7	38		15
居民服务和其他服务业	Services to Households and Other Services	137	3	7	19		6	98		4
教育	Education	997	279		41	1	24	437		215
卫生、社会保障和社会福利业	Health, Social Security and Social Welfare	592	81		13	1	6	200	8	291
文化、体育和娱乐业	Culture, Sports and Entertainment	240	29	8	7		3	60		133
公共管理和社会组织	Public Management and Social Organization	2083	206	32	78	120	45	1130	4	472

5-14 主要年份分行业私营单位就业人员数
Number of Employed Persons in Private Enterprises by Sector in Main Years

行 业	Item	2000	2005	2006	2007	2008
总 计 (万人)	**Total (10 000 persons)**	**11.16**	**27.89**	**35.17**	**36.63**	**30.75**
按城乡分 (万人)	**By urban and Rural Areas (10 000 persons)**	**11.16**	**27.89**	**35.17**	**36.63**	**30.75**
城 镇	Urban	8.07	19.21	22.02	23.60	16.75
乡 村	Rural	3.09	8.68	13.15	13.03	14.00
按行业分 (人)	**By Sector (person)**	**111564**	**278852**	**351693**	**366319**	**307547**
农、林、牧、渔业	Agriculture, Forestry, Animal Husbandry and Fishery	6988	30157	15009	16292	12738
采掘业	Mining	3438	10431	16464	17060	15532
制造业	Manufacturing	33988	66133	109957	112381	84742
建筑业	Construction	20412	26555	3873	38715	49046
交通运输、仓储及邮电通信业	Traffic, Transport, Storage and Post	876	4099	36004	4216	3686
批发和零售贸易住宿和餐饮业	Wholesale and Retail Trades, Hotels and Catering Services	36917	85038	100715	72786	60410
其 他	Others	8945	56439	69671	104869	81393

5-15 主要年份分行业分城乡个体就业人员数
Number of Employed Persons Self-employed Individuals in Urban and Rural Areas by Sector in Main Years

行 业	Item	2000	2005	2006	2007	2008
总 计 (万人)	**Total (10 000 persons)**	**15.85**	**30.27**	**25.54**	**22.22**	**23.89**
城 镇	Urban	10.51	19.73	17.15	17.95	19.28
乡 村	Rural	5.34	10.54	8.39	4.27	4.61
其中:城镇按行业分 (人)	**Cities and towns by Sector (person)**	**105106**	**197328**	**171444**	**179474**	**192794**
农、林、牧、渔业	Agriculture, Forestry, Animal Husbandry and Fishery	7	826	651	606	133
采掘业	Mining	82	1005	938	773	790
制造业	Manufacturing	8350	16540	12935	13545	14836
建筑业	Construction	57	351	590	351	350
交通运输、仓储及邮电通信业	Traffic, Transport, Storage and Post	9236	3261	11283	13800	12821
批发和零售贸易业住宿和餐饮业	Wholesale and Retail Trades, Hotels and Catering Services	71357	143042	116412	90577	93460
其 他	Other	16017	32303	28635	59822	70404

5-16 主要年份职工工资总额和指数

Total Wages Bill of Staff and Workers and Related Indices in Main Years

年 份 Year / 地 区 Region		工资总额(万元) Total wages Bill (10 000yuan)				指 数(上年=100) Indices (preceding year=100)			
		合 计 Total	国有单位 State-owned Units	城镇集体单位 Urban Collective-owned units	其他单位 Units of Other Types of Ownership	合 计 Total	国有单位 State-owned Units	城镇集体单位 Urban Collective-owned units	其他单位 Units of Other Types of Ownership
1978		42928.97	39490.58	3438.39		116.51	117.25	108.57	
1980		57663.80	52032.71	5631.09					
1981		58892.79	52547.95	6344.84		102.13	100.99	112.68	
1982		63473.65	56398.55	7075.10		107.78	107.33	111.51	
1983		72821.90	64590.50	8231.40		114.73	114.53	116.34	
1984		88791.30	78482.80	10308.50		121.93	121.51	125.23	
1985		105034.00	93009.40	12016.80	7.80	118.29	118.51	116.57	
1986		121877.47	108385.92	13454.48	37.07	116.04	116.53	111.96	475.26
1987		131633.70	117302.42	14292.48	38.80	108.00	108.23	106.23	104.67
1988		149116.90	133290.30	15753.90	72.70	113.28	113.63	110.23	187.37
1989		160348.27	144330.50	15937.07	80.70	107.53	108.28	101.16	111.00
1990		173045.12	156406.08	16566.01	73.03	107.92	108.37	103.95	90.50
1991		184656.32	166116.63	18433.59	106.10	106.71	106.21	111.27	145.28
1992		209226.34	188042.65	21010.47	173.22	113.31	113.20	113.98	163.26
1993		243829.16	223340.61	20127.57	360.98	116.54	118.77	95.80	208.39
1994		327134.75	304604.01	21693.99	836.75	134.17	136.39	107.78	231.80
1995		380242.65	354554.31	24226.21	1462.13	116.23	116.40	111.67	174.74
1996		442899.48	413836.58	26867.96	2194.94	116.48	116.72	110.90	150.12
1997		459073.08	429768.50	25869.21	3435.37	103.65	103.85	96.28	156.51
1998		461574.07	428709.22	26231.45	6633.40	100.54	99.75	101.40	193.09
1999		486047.29	452903.20	25031.56	11292.22	102.38	102.36	90.81	139.19
2000		497630.44	463606.71	22731.51	11292.22	107.81	108.14	86.66	170.23
2001		573591.69	517030.47	23392.32	33168.90	115.26	111.52	102.91	293.73
2002		614001.50	544899.40	22328.30	46773.80	107.05	105.39	95.45	141.02
2003		634734.70	557899.90	20380.50	56454.30	103.38	102.39	91.28	120.70
2004		697129.50	612568.90	22446.30	62114.30	109.83	109.80	110.14	110.03
2005		780295.80	648092.30	20597.60	111605.90	111.93	105.80	91.76	179.68
2006		930521.40	774798.00	22496.60	133226.80	119.25	119.55	109.22	119.37
2007		1120644.00	934132.50	26933.10	159578.40	120.43	120.56	119.72	119.78
2008		1368950.60	1144330.00	31084.70	193535.90	122.16	122.50	115.41	121.28
西宁市	Xining City	647037.30	475110.60	21905.20	150021.50	118.91	119.81	117.93	116.29
海东地区	Haidong Prefecture	174653.40	160767.90	4179.70	9705.80	126.57	127.81	121.94	110.60
海北州	Haibei Zang A.P	68587.60	61348.70	903.00	6335.90	125.66	126.45	109.57	120.87
黄南州	Huangnan Zang A.P	50045.40	47321.30	1461.90	1262.20	112.06	113.39	114.58	76.45
海南州	Hainan Zang A.P	75809.20	68386.70	888.30	6534.20	124.57	125.73	112.00	115.19
果洛州	Golog Zang A.P	37915.60	35012.80	307.10	2595.70	121.55	112.92	162.83	
玉树州	Yushu Zang A.P	45429.80	44981.00	151.50	297.30	122.18	122.48	82.11	109.75
海西州	Haixi Mongolian & Zang A.P	269472.30	251401.00	1288.00	16783.30	128.30	126.07	77.36	187.35

注:1998年及以后工资总额为在岗职工工资总额，1998年及以后指数按可比口径计算(以下各表同)。

a)Data on tatal wages bill since 1998 refer to wages of fully employed staff and workers, and the indices since 1998 was calculated on the basis of constant coverage. The same applies to the tables following.

5–17 主要年份职工平均工资和指数
Average Wage of Staff and Workers and Related Indices in Main Years

年份 Year 地区 Region	平均工资(元) Average Wage (yuan)				指数(上年=100) Indices (preceding year=100)			
	合计 Total	国有单位 State-owned Units	城镇集体单位 Urban Collective-owned units	其他单位 Units of Other Types of Ownership	合计 Total	国有单位 State-owned Units	城镇集体单位 Urban Collective-owned units	其他单位 Units of Other Types of Ownership
1978	907	938	654		104.49	105.39	95.20	
1980	1065	1100	823		111.05	111.00	113.73	
1981	1059	1103	796		99.44	100.27	97.07	
1982	1111	1155	848		104.91	104.71	106.53	
1983	1246	1301	933		112.15	112.64	110.02	
1984	1490	1565	1091		119.58	120.29	116.93	
1985	1719	1811	1233	765	115.37	115.72	113.02	
1986	1917	2021	1353	1278	111.52	111.60	109.73	167.06
1987	2041	2143	1469	1470	106.47	106.04	108.57	115.02
1988	2305	2421	1644	1731	112.93	112.97	111.91	117.76
1989	2438	2580	1628	2028	105.77	106.57	99.03	117.16
1990	2632	2789	1722	1799	107.96	108.10	105.77	88.66
1992	3098	3290	2036	2892	112.57	112.79	111.44	160.31
1993	3658	3891	2201	3006	118.08	118.27	108.10	103.94
1994	4976	5348	2512	5642	136.03	137.45	114.13	187.69
1995	5753	6161	2928	5452	115.61	115.20	116.56	96.63
1996	6687	7146	3373	6176	116.24	115.99	115.20	113.28
1997	7091	7623	3419	4326	106.04	106.68	101.36	70.05
1998	8011	8511	4249	6187	112.97	111.65	124.28	143.02
1999	9081	9664	4570	6851	113.36	113.55	107.55	110.73
2000	10050	10744	4785	6989	110.67	111.18	104.70	102.01
2001	12906	14028	6101	8841	128.42	130.57	127.50	126.50
2002	14472	15816	7211	9585	112.13	112.75	118.19	108.42
2003	15356	16692	8306	10341	106.11	105.54	115.19	107.89
2004	17229	18686	10302	11291	112.20	111.95	124.03	109.19
2005	19084	21158	10080	13591	110.77	113.23	97.84	120.37
2006	22679	24984	11322	16588	118.84	118.08	112.32	122.05
2007	26166	29683	13228	17118	115.38	118.81	116.83	103.20
2008	30983	35454	15342	19857	118.41	119.44	115.98	116.00
西宁市 Xining City	27126	30640	13934	19783	114.93	110.70	114.02	110.51
海东地区 Haidong Prefecture	33614	35968	19217	19087	125.29	123.36	123.40	132.54
海北州 Haibei Zang A.P	28614	30628	15253	18924	128.47	129.10	158.62	115.48
黄南州 Huangnan Zang A.P	30460	31223	19729	23681	109.31	107.60	106.85	136.83
海南州 Hainan Zang A.P	28890	34175	29220	11026	112.74	117.23	134.11	91.91
果洛州 Golog Zang A.P	32184	32398	42653	28777	112.67	113.37	160.57	
玉树州 Yushu Zang A.P	33582	34740	7850	7682	122.97	122.96	102.96	106.34
海西州 Haixi Mongolian & Zang A.P	45368	48217	27819	24703	124.18	123.19	122.81	160.13

5-18 分行业分地区职工工资总额(2008年)

Total Wages Bill of Staff and Workers by Sector and Region(2008)

单位:万元 (10 000 yuan)

项　目	Item	全省合计 Province Total	西宁市 Xining City	海东地区 Haidong Prefecture	海北州 Haibei Zang A.P	黄南州 Huangnan Zang A.P	海南州 Hainan Zang A.P	果洛州 Golog Zang A.P	玉树州 Yushu Zang A.P	海西州 Haixi Mongolian & Zang A.P
合　计	**Total**	**1368951**	**647037**	**174654**	**68588**	**50045**	**75809**	**37916**	**45430**	**269472**
农林牧渔业	Agriculture,Forestry,Animal Husbandry and Fishery	49851	10166	8827	7881	2459	8873	3023	3214	5408
采矿业	Mining	56226	6966	780	3383		1175	1940	127	41855
制造业	Manufacturing	179761	112446	9490	2556	424	849	61	369	53566
电力、燃气及水的生产和供应业	Production and Distribution of Electricity,Gas and Water	50753	24793	5912	3626	3955	4797	189	793	6688
建筑业	Construction	66282	52483	4746	373	1227	386	438	33	6596
交通运输、仓储和邮政业	Traffic, Transport, Storage and Post	109191	81670	3246	1705	696	1020	2144	1891	16819
信息传输、计算机服务和软件业	Information Transmission, Computer Services and Software	21125	15684	1467	511	797	519	616	40	1491
批发和零售业	Wholesale and Retail Trades	29449	22030	3381	646	412	510	222	583	1665
住宿和餐饮业	Hotels and Catering Services	5283	3600	99	198	122	245	71	233	715
金融业	Financial Intermediation	52230	30696	6802	2410	1956	2582	1018	515	6251
房地产业	Real Estate	13863	12796	804	65	72	41	32		53
租赁和商务服务业	Leasing and Business Services	9444	7735	402	212	90	299	21		685
科学研究、技术服务和地质勘查业	Scientific Research, Technical Service and Geologic Prospecting	77721	30600	3450	1291	900	1030	520	726	39204
水利、环境和公共设施管理业	Management of Water Conservancy, Environment and Public Facilities	18036	9013	4272	604	815	1261	46	79	1946
居民服务和其他服务业	Services to Households and Other Services	26447	635	128	11		469			25204
教育	Education	236028	85203	65643	13999	12248	21011	6412	11013	20499
卫生、社会保障和社会福利业	Health, Social Security and Social Welfare	83948	41582	10548	4655	5062	5880	3871	4674	7676
文化、体育和娱乐业	Culture, Sports and Entertainment	20488	11408	1893	1047	1267	958	708	932	2275
公共管理和社会组织	Public Management and Social Organization	262825	87531	42764	23415	17543	23904	16584	20208	30876

5-19 分行业分地区职工平均工资(2008年)

Average Wage of Staff and Workers by Sector and Region(2008)

单位:元 (yuan)

项　目	Item	全省合计 Province Total	西宁市 Xining City	海东地区 Haidong Prefecture	海北州 Haibei Zang A.P	黄南州 Huangnan Zang A.P	海南州 Hainan Zang A.P	果洛州 Golog Zang A.P	玉树州 Yushu Zang A.P	海西州 Haixi Mongolian & Zang A.P
合 计	**Total**	**30983**	**27126**	**33614**	**28614**	**30460**	**28890**	**32184**	**33582**	**45368**
农林牧渔业	Agriculture,Forestry,Animal Husbandry and Fishery	22502	31594	32936	17980	28402	15315	32163	32594	23833
采矿业	Mining	35273	18404	26794	22099		16786	31849	21845	46682
制造业	Manufacturing	24056	20808	17871	15509	11707	10350	3441	8123	44965
电力、燃气及水的生产和供应业	Production and Distribution of Electricity,Gas and Water	36495	38008	35962	27366	25435	60264	12573	17275	45970
建筑业	Construction	19100	17943	20232	11401	17912	5898	23777	15227	53451
交通运输、仓储和邮政业	Traffic, Transport, Storage and Post	34830	34052	26392	27589	29613	23444	31489	29041	47837
信息传输、计算机服务和软件业	Information Transmission, Computer Services and Software	34216	36595	26617	35228	25793	23260	35785	36273	31273
批发和零售业	Wholesale and Retail Trades	19236	18981	22755	22523	19512	17972	14416	10533	22871
住宿和餐饮业	Hotels and Catering Services	14521	15047	18000	20000	8652	9777	12068	8973	18751
金融业	Financial Intermediation	38749	40000	37207	33805	37340	32154	36099	23935	43411
房地产业	Real Estate	24397	24850	21563	11351	19351	19333	10833		35533
租赁和商务服务业	Leasing and Business Services	18880	19583	30022	17907	39087	9492	26250		15086
科学研究、技术服务和地质勘查业	Scientific Research, Technical Service and Geologic Prospecting	44824	33910	34363	31330	22795	31486	35630	39661	67038
水利、环境和公共设施管理业	Management of Water Conservancy, Environment and Public Facilities	24925	22846	27612	18832	32353	24915	41909	37667	30741
居民服务和其他服务业	Services to Households and Other Services	46027	15691	28511	26000		29137			49121
教育	Education	37160	33461	43515	37411	31747	36510	31263	38254	43772
卫生、社会保障和社会福利业	Health, Social Security and Social Welfare	33976	32598	35161	36086	31555	32958	35517	41076	37517
文化、体育和娱乐业	Culture, Sports and Entertainment	32098	30512	33504	28454	38508	28331	32750	36140	39911
公共管理和社会组织	Public Management and Social Organization	35116	33250	33451	35575	34780	38112	34400	37562	40424

5-20 分细行业职工平均工资(2008年)
Average Wage of Staff and Workers by Sector in Detail(2008)

单位:元 (yuan)

项　目	Item	合 计 Total	国 有 单 位 State-owned Units	城镇集体 单　位 Urban Collective-owned units	其 他 单 位 Units of Other Types of Ownership
全省总计	**Province Total**	**30983**	**35454**	**15342**	**19587**
按企、事业和机关分组	**Grouped by Enterprises, Institutions and Agencies**				
企业	Enterprises	27852	37006	15147	19588
事业	Institutions	34193	34284	20100	18300
机关	Agencies & Organizations	35141	35141		
按国民经济行业分组	**Grouped by Sector**				
农、林、牧、渔业	**Agriculture, Forestry, Animal Husbandry and Fishery**	**22502**	**25084**	**14045**	**10273**
农业	Farming	12650	14577	8590	10320
林业	Forestry	27985	28635	13211	
畜牧业	Animal Husbandry	17395	18391	4200	9717
渔业	Fishery	22634	22634		
农、林、牧、渔服务业	Services in Support of Agriculture	30388	30767	17033	
采矿业	**Mining**	**35273**	**52912**	**10797**	**23686**
煤炭开采和洗选业	Mining and Washing of Coal	22849	36644		20016
石油和天然气开采业	Extraction of Petroleum and Natural Gas	77817	77817		
黑色金属矿采选业	Mining of Ferrous Metal Ores	25204			25204
有色金属矿采选业	Mining of Non-ferrous Metal Ores	25640	27145	12571	26142
非金属矿采选业	Mining and Processing of Nonmetal Ores	26096	23022	8377	31218
其他采矿业	Mining of Other Ores	22944	22944		
制造业	**Manufacturing**	**24056**	**40189**	**11520**	**21050**
农副食品加工业	Processing of Food from Agricultural Products	13645	6298	12900	15672
食品制造业	Manufacture of Foods	10745	11294		10676
饮料制造业	Manufacture of Beverage	13683	18074	5759	10639
烟草制品业	Manufacture of Tobacco				
纺织业	Manufacture of Textile	22482	44709	8725	10374
纺织服装、鞋、帽制造业	Manufacture of Textile Wearing Apparel, Footware and Caps	24229	29451	7558	10377
皮革、毛皮、羽毛(绒)及其制品业	Manufacture of Leather,Fur,Feather & Its Products				
木材加工及木、竹、藤、棕、草制品业	Processing of Timbers, Manufacture of Wood, Bamboo, Rattan, Palm, and Straw Products	17394	19714	13333	
家具制造业	Manufacture of Furniture	12200			12200
造纸及纸制品业	Manufacture of Paper and Paper Products	16538		6667	16798
印刷业和记录媒介的复制	Printing, Reproduction of Recording Media	14283	16161	9927	13130
石油加工、炼焦及核燃料加工业	Processing of Petroleum , Coking, Processing of Nuclear Fuel	72160	74501	8800	12889
化学原料及化学制品制造业	Manufacture of Chemical Raw Material and Chemical Products	32176	47681	14578	18686
医药制造业	Manufacture of Medicines	19465	21921		17419
橡胶制品业	Manufacture of Rubber	13128	9750		14795
塑料制品业	Manufacture of Plastic	3595		3595	
非金属矿物制品业	Manufacture of Non-metallic Mineral Products	15801	26481	9174	15888
黑色金属冶炼及压延加工业	Manufacture and Processing of Ferrous Metals	20984	11522	11220	21395
有色金属冶炼及压延加工业	Manufacture & Processing of Non-ferrous Metals	26016	12536	12799	29006

5-20 续表 1 Continued

单位:元 (yuan)

项　目	Item	合 计 Total	国有单位 State-owned Units	城镇集体单位 Urban Collective-owned units	其他单位 Units of Other Types of Ownership
金属制品业	Manufacture of Metal Products	14740	3598	12438	16695
通用设备制造业	Manufacture of General Purpose Machinery	18876	9036	2060	19263
专用设备制造业	Manufacture of Special Purpose Machinery	40653	63963	13931	27080
交通运输设备制造业	Manufacture of Transport Equipment	17482	17985	14991	18328
电气机械及器材制造业	Manufacture of Electrical Machinery & Equipment	22463		11123	24535
仪器仪表及文化、办公用机械制造业	Manufacture of Measuring Instrument and Machinery for Cultural Activity & Office Work	9594			9594
工艺品及其他制造业	Manufacture of Artwork, Other Manufacture	15517		16642	15386
废弃资源和废旧材料回收加工业	Recycling and Disposal of Waste	12759			12759
电力、燃气及水的生产和供应业	**Production and Distribution of Electricity, Gas and Water**	**36495**	**39147**	**15803**	**22526**
电力、热力的生产和供应业	Production and Supply of Electric Power and Heat Power	40445	43451	16042	24308
燃气生产和供应业	Production and Distribution of Gas	21588	25043		19990
水的生产和供应业	Production and Distribution of Water	16866	17046	8556	15935
建筑业	**Construction**	**19100**	**22703**	**12896**	**16422**
房屋和土木工程建筑业	Construction of Building & Civil Engineering	17255	19206	12445	16102
建筑安装业	Architectural Installation	22658	72320	14491	18421
建筑装饰业	Architectural Decoration	10119		11154	9958
其他建筑业	Other Construction	48470	65302	6200	21558
交通运输、仓储和邮政业	**Traffic, Transport, Storage and Post**	**34830**	**39109**	**11882**	**14946**
铁路运输业	Transport Via Railway	46153	46153		
道路运输业	Transport Via Road	29836	30769		16797
城市公共交通业	Urban Public Traffic	14353	28042	11882	14290
水上运输业	Water Transport	18308	18308		
航空运输业	Air Transport	25134	25134		
管道运输业	Transport Via Pipeline	81551	81551		
装卸搬运和其他运输服务业	Loading, Unloading, Portage and Other Transport Services	32341	32341		
仓储业	Storage	23493	24397		20362
邮政业	Post	27783	27783		
信息传输、计算机服务和软件业	**Information Transmission, Computer Services and Software**	**34216**	**35603**		**28411**
电信和其他信息传输服务业	Telecom & Other Information Transmission Services	34361	35733		28616
计算机服务业	Computer Services	22413	25265		14333
软件业	Software Industry	23032	24889		10500
批发和零售业	**Wholesale and Retail Trades**	**19236**	**24049**	**12292**	**14550**
批发业	Wholesale Trade	23717	28833	11409	17877
零售业	Retail Trade	14425	17497	12901	11666
住宿和餐饮业	**Hotels and Catering Services**	**14521**	**14835**	**10734**	**15348**
住宿业	Hotels	14181	13371	10734	16359
餐饮业	Catering Services	15980	21156		12243
金融业	**Financial Intermediation**	**38749**	**40432**	**33901**	**32913**
银行业	Bank	39856	41494	33901	40856
证券业	Security Activities	42368	42368		
保险业	Insurance	29664	29984		29232
其他金融业	Other Financial Activities	16000	16456		13919
房地产业	**Real Estate**	**24397**	**29427**	**21875**	**17245**
其中:房地产开发经营	Development and Management of Real Estate	17160	15833	9808	17765
物业管理	Property Management	27738	31696	23967	15974
房地产中介服务	Agency Services for Real Estate	26386	31678		21319

5-20 续表 2 Continued

单位:元 (yuan)

项　目	Item	合 计 Total	国有单位 State-owned Units	城镇集体单位 Urban Collective-owned units	其他单位 Units of Other Types of Ownership
租赁和商务服务业	**Leasing and Business Services**	**18880**	**22830**	**10483**	**17127**
租赁业	Leasing	9845		7167	9944
商务服务业	Business Services	19194	22830	10506	17947
科学研究、技术服务和地质勘查业	**Scientific Research, Technical Service and Geologic Prospecting**	**44824**	**46855**	**19207**	**18721**
研究与试验发展	Research and Experimental Development	62677	63376		22806
自然科学研究与试验发展	Natural Science	50913	50913		
工程和技术研究与试验发展	Engineering and Technology	67996	69017		22806
农业科学研究与试验发展	Agricultural Science	37793	37793		
社会人文科学研究与试验发展	Social Science and Humanities	42339	42339		
专业技术服务业	Professional Technical Services	30701	31555	19207	20095
其中:气象服务	Meteorological Services	32143	32143		
地震服务	Seismic Services	37489	37489		
测绘服务	Mapping Service	37976	37976		
技术检测	Technology Detection	31282	32330	19207	19032
环境监测	Environmental Monitoring	21756	22267		10000
工程技术与规划管理	Engineering Technology and Management Planning	30565	32439		20919
科技交流和推广服务业	Services of Science and Technology Exchangesand Promotion	34702	34787		32862
地质勘查业	Geologic Prospecting	39833	43320		16956
水利、环境和公共设施管理业	**Management of Water Conservancy, Environment and Public Facilities**	**24925**	**24784**	**23465**	**28310**
水利管理业	Management of Water Conservancy	27196	26881		32139
环境管理业	Environmental Management	20320	20320		
公共设施管理业	Management of Public Facilities	24304	27164	23465	12470
居民服务和其他服务业	**Services to Households and Other Services**	**46027**	**48664**	**15866**	**16394**
居民服务业	Services to Households	46615	48920	15866	14876
其他服务业	Other Services	28842	35574		21202
教育	**Education**	**37160**	**37180**	**9774**	**16947**
其中:初等教育	Primary Education	38603	38603		
中等教育	Secondary Education	35845	35863	5750	
高等教育	Higher Education	36258	36258		
卫生、社会保障和社会福利业	**Health, Social Security and Social Welfare**	**33976**	**34255**	**23541**	**15218**
卫生	Health	34299	34599	23541	15218
社会保障业	Social Security	26104	26104		
社会福利业	Social Welfare	30729	30729		
文化、体育和娱乐业	**Culture, Sports and Entertainment**	**32098**	**32684**	**12203**	**10220**
新闻出版业	Journalism and Publishing Activities	28381	31025	12203	
广播、电视、电影和音像业	Broadcasting,Movies,Television and Audiovisual Activities	35686	35686		
文化艺术业	Cultural and Art Activities	29979	30171		15412
体育	Sports Activities	33721	33721		
娱乐业	Entertainment	14762	31824		3160
公共管理和社会组织	**Public Management and Social Organization**	**35116**	**35119**	**14500**	
中国共产党机关	Organs of Communist Party of China	40354	40354		
国家机构	Government Agencies	34596	34596		
人民政协和民主党派	People's Political Consultative Conference and Democratic Parties	40236	40236		
群众社团、社会团体和宗教组织	Governmental Organizations, Social Organizations and Religion Organizations	36076	36314	14500	

5-21 国有单位分行业分地区职工平均工资(2008年)
Average Wage of Staff and Workers in State-owned Units by Sector and Region(2008)

单位:元　　(yuan)

项　目	Item	全省合计 Province Total	西宁市 Xining City	海东地区 Haidong Prefecture	海北州 Haibei Zang A.P	黄南州 Huangnan Zang A.P	海南州 Hainan Zang A.P	果洛州 Golog Zang A.P	玉树州 Yushu Zang A.P	海西州 Haixi Mongolian & Zang A.P
合　计	**Total**	**35454**	**30640**	**35968**	**30628**	**31223**	**34175**	**32398**	**34740**	**48217**
农林牧渔业	Agriculture,Forestry,Animal Husbandry and Fishery	25084	24813	32936	18168	28402	21647	32163	33485	25535
采矿业	Mining	52912		25273	14099			8357	21845	55308
制造业	Manufacturing	40189	25834	18728	9122	11707	8714	2578	9506	51818
电力、燃气及水的生产和供应业	Production and Distribution of Electricity,Gas and Water	39147	41452	37378	29204	25846	66731	12573	17749	51474
建筑业	Construction	22703	20012	23314	33389	13386	23000	25720	17882	65600
交通运输、仓储和邮政业	Traffic, Transport, Storage and Post	39109	39586	24826	29826	29773	24919	32020	29041	48394
信息传输、计算机服务和软件业	Information Transmission, Computer Services and Software	35603	38678	26747	35228	31535	23260	33960	36273	31273
批发和零售业	Wholesale and Retail Trades	24049	24285	30245	27799	23879	26466	14416	10539	24531
住宿和餐饮业	Hotels and Catering Services	14835	15703	18000	11535	10178	9263	12903	13027	18769
金融业	Financial Intermediation	40432	41364	39690	39095	37209	34176	31591	23779	44118
房地产业	Real Estate	29427	29519	40206	12147	19351	35400	5444		45500
租赁和商务服务业	Leasing and Business Services	22830	26211	31602	19433	39087	9596	26250		13466
科学研究、技术服务和地质勘查业	Scientific Research, Technical Service and Geologic Prospecting	46855	36299	34363	32270	22795	31486	35630	39661	67038
水利、环境和公共设施管理业	Management of Water Conservancy, Environment and Public Facilities	24784	22290	27612	18832	32353	24915	41909	37667	30741
居民服务和其他服务业	Services to Households and Other Services	48664	43526	29680	44000		31238			49121
教育	Education	37180	33503	43515	37411	31747	36510	31263	38254	43772
卫生、社会保障和社会福利业	Health, Social Security and Social Welfare	34255	33101	35161	36086	31555	32958	35517	41076	37488
文化、体育和娱乐业	Culture, Sports and Entertainment	32684	31455	33504	28454	38508	28331	32750	36140	39911
公共管理和社会组织	Public Management and Social Organization	35119	33260	33451	35575	34780	38112	34400	37562	40424

5-22 城镇集体单位分行业分地区职工平均工资(2008年)

Average Wage of Staff and Workers in Urban Collective-owned Units by Sector and Region(2008)

单位:元 (yuan)

项 目	Item	全省合计 Province Total	西宁市 Xining City	海东地区 Haidong Prefecture	海北州 Haibei Zang A.P	黄南州 Huangnan Zang A.P	海南州 Hainan Zang A.P	果洛州 Golog Zang A.P	玉树州 Yushu Zang A.P	海西州 Haixi Mongolian & Zang A.P
合 计	**Total**	**15342**	**13934**	**19217**	**15253**	**19729**	**29220**	**42653**	**7850**	**27819**
农林牧渔业	Agriculture,Forestry,Animal Husbandry and Fishery	14045	16223		8978				4200	
采矿业	Mining	10797	8377	13714	12000					
制造业	Manufacturing	11520	11332	16533	4646				5549	13391
电力、燃气及水的生产和供应业	Production and Distribution of Electricity,Gas and Water	15803	13412			26832	12400		3750	
建筑业	Construction	12896	12910	10554	15059	16445		7850	6200	11938
交通运输、仓储和邮政业	Traffic, Transport, Storage and Post	11882	8900		18200	11000				
批发和零售业	Wholesale and Retail Trades	12292	9318	16187	12333	7837	12750		15615	7667
住宿和餐饮业	Hotels and Catering Services	10734	11565		6154	7015	11246			
金融业	Financial Intermediation	33901	34507	32870	23057	29689	35864	56038	26818	40156
房地产业	Real Estate	21875	21875							
租赁和商务服务业	Leasing and Business Services	10483	10083	23462						
科学研究、技术服务和地质勘查业	Scientific Research, Technical Service and Geologic Prospecting	19207	19207							
水利、环境和公共设施管理业	Management of Water Conservancy, Environment and Public Facilities	23465	23465							
居民服务和其他服务业	Services to Households and Other Services	15866	15866							
教育	Education	9774	9774							
卫生、社会保障和社会福利业	Health, Social Security and Social Welfare	23541	23541							
文化、体育和娱乐业	Culture, Sports and Entertainment	12203	12203							
公共管理和社会组织	Public Management and Social Organization	14500	14500							

5-23 其他单位分行业分地区职工平均工资(2008年)
Average Wage of Staff and Workers in Other Ownership Units by Sector and Region(2008)

单位:元 (yuan)

项　目	Item	全省合计 Province Total	西宁市 Xining City	海东地区 Haidong Prefecture	海北州 Haibei Zang A.P	黄南州 Huangnan Zang A.P	海南州 Hainan Zang A.P	果洛州 Golog Zang A.P	玉树州 Yushu Zang A.P	海西州 Haixi Mongolian & Zang A.P
平　均	**Average**	**19587**	**19783**	**19087**	**18924**	**23681**	**11026**	**28777**	**7682**	**24703**
农林牧渔业	Agriculture,Forestry,Animal Husbandry and Fishery	10273	6231				10320			10080
采矿业	Mining	23686	18612	28893	24711		16786	32402		29117
制造业	Manufacturing	21050	21695	17770	16399		10407	4333	7585	21876
电力、燃气及水的生产和供应业	Production and Distribution of Electricity,Gas and Water	22526	23572	18303	18382	11519	11253		9615	29475
建筑业	Construction	16422	17089	22240	7686	20945	3753			16271
交通运输、仓储和邮政业	Traffic, Transport, Storage and Post	14946	14638	68591	8115		9268	16958		12745
信息传输、计算机服务和软件业	Information Transmission, Computer Services and Software	28411	28878	24000		14953		36095		
批发和零售业	Wholesale and Retail Trades	14550	14630	17190	12348	11684	6443		9500	18672
住宿和餐饮业	Hotels and Catering Services	15348	15568		72067			11143	6000	18708
金融业	Financial Intermediation	32913	33708	24000	35235	53869	24531			
房地产业	Real Estate	17245	17352	17407	10174		14313	13143		24143
租赁和商务服务业	Leasing and Business Services	17127	17361		6571		9233			26368
科学研究、技术服务和地质勘查业	Scientific Research, Technical Service and Geologic Prospecting	18721	18907							
水利、环境和公共设施管理业	Management of Water Conservancy, Environment and Public Facilities	28310	28310							
居民服务和其他服务业	Services to Households and Other Services	16394	13803	27050	8000		25600			
教育	Education	16947	16947							
卫生、社会保障和社会福利业	Health, Social Security and Social Welfare	15218	13711							43400
文化、体育和娱乐业	Culture, Sports and Entertainment	10220	10220							

5-24 职业介绍工作情况(2008年)
Situations of job Services(2008)

单位:人 (person)

指 标	Item	总 计 Total	劳动保障部门办 Holden by Labor and Social Security Department	其中:县(区)以上 Counties (districts) above	街 道 Street	乡 镇 Township	其他组织办 Holden by Other organi-zations	公民个人 Individual Citizens
年末职业介绍机构数(个)	Number of Job Services (unit)	315	271	57	31	183	3	41
年末职业介绍机构人数	Staff and Workers in Job Services	717	601	224	73	304	23	93
年登记招聘人数	Total Registered Job Vacancies This Year	482595	473775	101589	9125	363061	1753	7067
年登记求职人数	Total Registered Job-seekers This Year	490220	479059	77108	9567	392384	1283	9878
#女性	Female	137228	134824	25859	3892	105073	738	1666
#下岗职工	Laid-off Staff and Workers	7597	5344	2670	1707	967	200	2053
#失业人员	Unemployed Persons	48216	41265	35191	4212	1862	1083	5868
#获得职业资格人员	Persons with Qualification Certificates	20085	20085	3725	367	15993		
本年职业指导人数	Person-times of Vocational Guidance	420836	414324	59717	9550	345057	1430	5082
本年介绍成功人数	Placed Job-seekers	456436	450453	60921	8449	381083	901	5082
#女性	Female	122161	120977	21990	3298	95689	229	955
#下岗职工	Laid-off Staff and Workers	5778	4595	1979	1686	930	70	1113
#失业人员	Unemployed Persons	35844	31660	26740	3286	1634	215	3969
#获得职业资格人员	Persons with Qualification Certificates	16939	16939	4103	325	12511		

5-25 主要年份城镇登记失业人员变化情况

Changes of Urban Registered Unemployed Persons in Main Years

单位:万人、% (10 000 persons、%)

年份 Year	失业人员总数 Total Number of Unemployed Persons	上年结转人数 Number of Carry-over Last Year	本年新增加人数 Number of New Increase This Year	由就业转失业人数 From Employment into Unemployment	本年度安排失业人员就业的人数 Number of Arrangements for Employment of Unemployed Persons This Year	除安排就业外因其他原因减少的人数 Number of Decrease for Other Reasons in Addition to Arrangements for Employment	本年末实有失业人员数 Number of Actual Unemployed Persons at Year-end	女性 Female	城镇登记失业率 Registered Unemployment Rate in Urban Area
1980	4.89				1.64		3.25		5.68
1982	6.70	4.45	2.25		4.05		2.65		4.34
1983	6.96	2.65	4.31	0.10	2.39	0.11	4.46	1.74	6.97
1984	9.52	4.46	5.06	1.07	2.61	0.09	6.82	2.31	10.02
1985	10.66	6.82	3.84	0.48	5.18	0.09	5.39	1.99	7.67
1986	8.21	5.39	2.82	0.73	4.06	0.61	3.54	1.22	4.98
1987	7.45	3.54	3.91	1.15	2.84	0.25	4.36	1.99	5.94
1988	8.74	4.36	4.38	1.38	2.63	0.26	5.85	2.61	7.72
1989	8.45	5.85	2.60	0.34	3.60	0.51	4.34	2.07	5.65
1990	7.82	4.34	3.48	0.99	3.35	0.30	4.17	1.99	4.88
1992	6.68	3.32	3.36	0.76	3.65	0.39	2.64	1.36	3.35
1993	5.11	2.64	2.47	0.35	2.97	0.30	1.84	1.04	2.49
1994	4.40	1.84	2.56	0.27	2.61	0.15	1.64	0.98	2.21
1995	4.14	1.64	2.50	0.28	2.53	0.10	1.51	0.75	2.18
1996	4.39	1.51	2.88	0.41	2.93	0.12	1.34	0.80	1.87
1997	3.89	1.34	2.55	0.47	2.30	0.09	1.50	0.79	2.10
1998	3.84	1.50	2.34	0.59	1.95	0.07	1.82	0.86	2.50
1999	4.49	1.82	2.67	0.48	2.13	0.43	1.93	1.01	2.64
2000	4.54	1.93	2.61	1.13	2.38	0.36	1.80	0.94	2.40
2001	6.66	1.80	4.86	1.48	4.21		2.45	1.03	3.50
2002	6.92	2.45	4.47	1.37	3.98	0.09	2.85	1.46	3.60
2003	7.61	2.85	4.76	2.64	4.54		3.07	1.71	3.80
2004	8.58	3.07	5.51	3.17	5.10		3.48	1.79	3.92
2005	8.31	3.48	4.83	1.80	4.68		3.63	2.32	3.93
2006	8.60	3.63	4.97	2.01	4.87		3.73	1.89	3.90
2007	10.10	3.73	6.37	1.84	6.38		3.72	1.52	3.75
2008	8.73	3.73	5.00	2.20	4.86		3.87	1.89	3.80

5-26 2001-2008年基本养老保险情况

Statistics on Basic Pension Insurance(2001-2008)

单位:人、万元 (person、10 000 yuan)

指 标	Item	2001	2002	2003	2004	2005	2006	2007	2008
参保职工期末人数	Contributors of Staff and Workers at Year-end	370874	391970	405320	420614	430463	451017	472020	496678
实际缴费人员期末人数	Contributors at Year-end	320092	329579	327490	346667	357053	381642	389011	426015
离休、退休、退职人员期末人数	Retired at Year-end	148582	150262	159165	164580	169340	173621	179709	186348
离 休	Retired	4410	4457	3625	3323	3150	2931	2728	2523
退 休	Retirement	144030	145775	154493	159905	166190	170690	176981	183825
应发养老金金额	Amount of Pension Should be issued	145091	138432	155731	164184	167606	221480	255151	311382
实发养老金金额	Actual Amount of Pension	124056	138432	155731	164184	167606	221480	255151	311382

5-27 2001－2008年失业保险基本情况

Statistics of Unemployment Insurance(2001－2008)

项 目	Item	2001	2002	2003	2004	2005	2006	2007	2008
参保人数 (万人)	Contributors (10 000 persons)	35.72	32.22	33.24	33.06	33.23	34.02	34.72	35.43
企业	Enterprises	23.35	21.02	22.05	21.65	21.64	22.36	22.67	23.17
事业	Institutions	12.34	10.74	10.84	11.08	11.20	11.19	11.52	11.51
其他	Others	0.03	0.46	0.35	0.33	0.39	0.47	0.53	0.75
在参保人数中:	In Contributors:								
农民合同制工人	Farmers Contract Workers							0.21	0.21
缴费基数总额 (万元)	Total Pay Base(10 000 yuan)	337739	367788	412762	447351	510376	539791	660388	917954
企业	Enterprises	242822	243971	270690	296577	350734	367021	442124	633534
事业	Institutions	91581	120807	138417	145641	155273	167281	208427	267807
其他	Others	3336	3010	3655	5133	4369	5489	9837	16613
领取失业保险金人月数	Amount of Unemployment Insurance Every Month One Person	126342	138801	124747	104345	114934	147406	164536	307325
领取失业保险金年末人数 (人)	Beneficiaries of Unemployment Insurance Fund (person)	19583	22200	12942	11760	10638	10321	20976	23356

5-28 2005-2008年参加生育保险人员情况
Number of Contributors of Materity Insurance (2005-2008)

单位;人、人次 (person、person-times)

指 标	Item	2005	2006	2007	2008
参保人员	**Contributors**	**65191**	**70813**	**61836**	**62778**
女性	Female	29024	29187	24207	25080
本期享受生育保险待遇人次	**Beneficiaries of Maternity Insurance**	**1433**	**1568**	**1619**	**1449**
按待遇类别分	By Treatment Category				
本期生育人数	Number of Birghs at Year-end	693	645	753	606
计划生育手术人次	Number of Family Planning Operations	740	923	866	843

5-29 2007-2008年参加工伤保险人员
Number of Contributors of Work Injury Insurance(2007-2008)

单位:个、人 (household、person)

指 标	Item	2007	2008
参保单位户数	Contributors of Units	2521	5418
参保人员	Contributors	253186	299290
女性	Female	52133	25533
农民工人数	Farmer worker	31831	34640
享受工伤保险待遇的受伤或致残人数	Beneficiaries of Injured and Being Disabled	2913	2654
因公死亡人数	Deaths for Official Reason	92	128
供养亲属人数	Number of Dependent Relatives	1405	1791

5-30 2006-2008年城镇职工参加基本医疗保险人员及特殊人员情况

Number of Urban Staff and Workers contributors in Basic Medical Care Insurance and Specials(2006-2008)

单位:人 (person)

项　目	Item	2006	2007	2008
城镇职工参加医疗保险人数	Number of Urban Staff and Workers Contributors	645258	701325	721191
实施统帐结合	Integration Co-ordination Fund with Personal Account	616237	655577	677781
期末职工人数	Number of Staff and Workers Contributors at Year-end	397456	426572	434033
年平均职工人数	Everage Number of Staff and Workers	377914	407030	368031
期末退休人员	Number of Retirement at Year-end	218781	229005	243748
年平均退休人员	Everage Number of Retirement	198810	209034	201060
单建统筹基金	Separate Co-ordination Fund	29021	45748	43410
期末职工人数	Number of Staff and Workers Contributors at Year-end	28018	44650	42355
年平均职工人数	Everage Number of Staff and Workers	28018	44650	42355
期末退休人员	Number of Retirement at Year-end	1003	1098	1055
年平均退休人员	Everage Number of Retirement	1003	1098	1055
特殊人员人数	Number of Specials	8185	7875	7499
离休及老红军	Retired and Red Army Soldier	7929	7627	7235
1-6级革命伤残军人	1-6 Level Revolution Disabled Soldiers	256	248	264

5-31 2006-2008年新型农村合作医疗情况

Statistics on New Type of Rural Cooperative Medical Care of Qinghai(2006-2008)

项　目	Item	2006	2007	2008
开展合作医疗的乡(镇)数 (个)	Number of Townships (Towns)	387	368	392
开展合作医疗的行政村数 (个)	Number of Administrative Villages(Towns)	4161	4186	4169
参加合作医疗的户数 (户)	Number of Households(household)	696842	734550	780251
参加合作医疗的人数 (万人)	Number of persons(10 000 persons)	293.05	317.96	331.28
#贫困人口数	Poverty Population	87.07	96.16	88.33

5-32 2006-2008年城市居民最低生活保障情况

Minimum Living Allowance in Urban Areas(2006-2008)

项　目	Item	2006	2007	2008
保障对象户数 (户)	Number of Households of Security Object(household)	89359	94447	97696
年末保障对象人数 (人)	Number of Security Object at Year-end (person)	211617	219809	220153
在职职工	Staff and Workers	6428	6129	5551
学生	Students	51938	52089	52248
三无对象	Object of Three Non-target	3527	3702	4159
其他人员	Others	149724	157889	158195
全年资金支出 (万元)	Capital expenditures throughout the year(10 000yuan)	26233	30152	43388
月人均补助水平 (元)	Amount of subsidy Every Month One Person(yuan)	102	117	165
低保标准 (元)	Minimum Living Allowance Standards(yuan)	175	175	190

主要统计指标解释

经济活动人口　指在16周岁及以上，有劳动能力，参加或要求参加社会经济活动的人口。包括就业人员和失业人员。

就业人员　指在16周岁及以上，从事一定社会劳动并取得劳动报酬或经营收入的人员。这一指标反映了一定时期内全部劳动力资源的实际利用情况，是研究我国、我省基本国情国力的重要指标。

单位就业人员　指在各级国家机关、政党机关、社会团体及企业、事业单位中工作，取得工资或其他形式的劳动报酬的全部人员。包括在岗职工、再就业的离退休人员、民办教师以及在各单位中工作的外方人员和港澳台方人员、兼职人员、借用的外单位人员和第二职业者。不包括离开本单位仍保留劳动关系的职工。各单位的就业人员反映了各单位实际参加生产或工作的全部劳动力。

城镇私营和个体就业人员　城镇私营就业人员指在工商管理部门注册登记，其经营地址设在县城关镇（含县城关镇）以上的私营企业就业人员，包括私营企业投资者和雇工。城镇个体就业人员指在工商管理部门注册登记，并持有城镇户口或在城镇长期居住，经批准从事个体工商经营的就业人员，包括个体经营者和在个体工商户劳动的家庭帮工和雇工。

职工　指在国有、城镇集体、联营、股份制、外商和港、澳、台投资、其他单位及其附属机构工作，并由其支付工资的各类人员。不包括下列人员：(1)乡镇企业就业人员；(2)私营企业就业人员；(3)城镇个体劳动者；(4)离休、退休、退职人员；(5)再就业的离、退休人员；(6)民办教师；(7)在城镇单位中工作的外方及港、澳、台人员；(8)其他按有关规定不列入职工统计范围的人员。（1998年及以后的数据均为在岗职工数据，其他相关指标如职工工资总额，职工平均工资等指标也从1998年按此口径进行了相应调整）。

国有单位　指资产归国家所有的经济组织。包括按《中华人民共和国企业法人登记管理条例》规定登记注册的非公司制的经济组织，以及中央、地方各级国家机关、事业单位和社会团体。

集体单位　指生产资料归集体所有，并按《中华人民共和国企业法人登记管理条例》规定登记注册的经济组织。

其他单位　包括股份合作单位、联营单位、有限责任公司、股份有限公司、港澳台商投资单位以及外商投资单位等其他登记注册类型单位。

在岗职工　指在本单位工作并由单位支付工资的人员，以及有工作岗位，但由于学习、病伤产假等原因暂未工作，仍由单位支付工资的人员。

工资总额　指各单位在一定时期内直接支付给本单位全部职工的劳动报酬总额。工资总额的计算原则应以直接支付给职工的全部劳动报酬为根据。各单位支付给职工的劳动报酬以及其他根据有关规定支付的工资，不论是计入成本的还是不计入成本的，不论是按国家规定列入计征奖金税项目的，还是未列入计征奖金税项目的，不论是以货币形式支付的还是以实物形式支付的，均包括在工资总额内。

平均工资　指企业、事业、机关单位的职工在一定时期内平均每人所得的货币工资额。它表明一定时期职工工资收入的高低程度，是反映职工工资水平的主要指标。计算公式为：

$$平均工资=\frac{报告期实际支付的全部职工工资总额}{报告期全部职工平均人数}$$

平均工资指数　指报告期职工平均工资与基期职工平均工资的比率，是反映不同时期职工货币工资水平变动情况的相对数。计算公式为：

$$平均工资指数=\frac{报告期职工平均工资}{基期职工平均工资}\times 100\%$$

平均实际工资指数　职工平均实际工资指扣除物价变动因素后的职工平均工资。职工平均实际工资指数是反映实际工资变动情况的相对数，表明职工实际工资水平提高或降低的程度。计算公式为：

$$平均实际工资指数=\frac{报告期职工平均工资指数}{报告期城镇居民消费价格指数}\times 100\%$$

城镇单位就业人员劳动报酬　指各单位在一定时期内直接支付给本单位全部就业人员的劳动报酬总额。包括职工工资总额和其他就业人员劳动报酬总额。

平均劳动报酬　指企业、事业、机关等单位的全部就业人员在一定时期内平均每人所得的货币工资额。

计算公式为：

$$平均劳动报酬=\frac{报告期实际支付的全部就业人员劳动报酬}{报告期全部就业人员平均人数}$$

按照公务员管理或参照公务员管理的人员不统计为专业技术人员。

城镇登记失业人员　指有非农业户口，在一定的劳动年龄内（16周岁至退休年龄），有劳动能力，无业而要求就业，并在当地就业服务机构进行求职登记的人员。

城镇登记失业率　城镇登记失业人员与城镇单位就业人员（扣除使用的农村劳动力、聘用的离退休人员、港澳台及外方人员）、城镇单位中的不在岗职工、城镇私营业主、个体户主、城镇私营企业和个体就业人员、城镇登记失业人员之和的比。计算公式为：

$$城镇登记失业率=\frac{城镇登记失业人数}{(城镇单位就业人员-使用的农村劳动力-聘用的离退休人员-聘用的港澳台及外方人员)+不在岗职工+城镇私营业主+城镇个体户主+城镇私营企业及个体就业人员+城镇登记失业人数}\times 100\%$$

Explanatory Notes on Main Statistical Indicator

Economically Active Population refers to the population aged 16 and over who are capable of working, are participating in or willing to participate in economic activities, including employed persons and unemployed persons.

Employed Persons refer to persons aged 16 and over who are engaged in gainful employment and thus receive remuneration payment or earn business income. This indicator reflects the actual utilization of total labour force during a certain period of time and is often used for the research on China's and Qinghai's economic situation and national power.

Persons Employed in Various Units refer to all the persons working in government agencies of various levels, political and party organizations, social organizations, enterprises and institutions, and receiving wages or other forms of payment. They include fully - employed staff and workers, re - employed retirees, teachers in the schools run by the local people, foreigners and Chinese compatriots from Hong Kong, Macao, and Taiwan working in various units, part - time employees, employees of other units working temporarily at current posts, and employees holding the second job, but do not include persons who have left their working units while keeping their labour contract (employment relation) unchanged. This indicator reflects the total number of laborers actually engaged in production or other operations in various units.

Persons Employed in Private Enterprises and Self - Employed Individuals in Urban Areas Persons employed in private enterprises refer to the persons employed in the private enterprises which have been registered at the departments of industrial and commercial administration for which the business operation are situated at a county town (i. e. a town where the county government is located), or at urban areas with administrative hierarchy higher than a county town. The self - employed individuals in urban areas refer to persons who hold the certificates of residence in urban areas or have resided in the urban areas for a long time and have been registered at the departments of industrial and commercial administration and approved to be engaged in individual industrial or commercial business, including self - employed persons as well as helpers and hired labourers who work in individual households.

Staff and Workers refer to persons working in, and receive payment from units of state ownership, collective ownership, joint ownership, share holding ownership, foreign ownership, and ownership by entrepreneurs from Hong Kong, Macao, and Taiwan, and other types of ownership and their affiliated units. They do not include 1) persons employed in township enterprises, 2) persons employed in private enterprises, 3) urban self - employed persons, 4) retirees, 5) re - employed retirees, 6) teachers in the schools run by the local people, 7) foreigners and persons from Hong Kong, Macao and Taiwan who work in urban units, and 8) other persons not to be included by relevant regulations. (Data since 1998 refer to fully employed staff and workers. Other related statistics indicators, such as total wage bill and average wage are adjusted since 1998 accordingly).

State - owned Units refer to economic units whose assets are owned by the state, including non - corporation units registered according to Regulation of the People's Republic of China on the Registration of Enterprises and Corporations, state organs, institutions and social organizations at the central - level and local levels.

Collective - owned Units refer to economic units registered according to Regulation of the People's Republic of China on the Registration of Enterprises and Corporations where the means of production are collectively owned.

Units of Other Types of Ownership refer to units registered with other types of ownership, including cooperative units, joint ownership units, limited liability corporations, share holding corporations, units funded by entrepreneurs from Hong Kong, Macao, and Taiwan, and foreign - funded units.

Employed Staff and Workers refer to persons who work in, and receive wages from their working units, including persons who have their work posts but are temporarily absent from work for reasons of study or on sick, injury or maternal leave and still receive wages from their working units.

Total Wage Bill refers to the total remuneration payment to staff and workers in various units during a certain period of time. The calculation of total wage bill is based on the total remuneration payment to the staff and workers. Therefore, all the wages and salaries and other payments to staff and workers are included in the total wage bill regardless of sources, reckoning the cost of production or not, category, listing as items of premium taxation or not, and forms, paying in cash or in kind.

Average Wage refers to the average wage in money terms per person during a certain period of time for staff and workers in enterprises, institutions, and government agencies, which reflects the general level of wage income during a certain period of time and is calculated as follows:

$$\text{Average Wage} = \frac{\text{Total Wage Bill of Staff and Workers at Reference Time}}{\text{Average Number of Staff and Workers at Reference Time}}$$

Average Wage Indices refers to the ratio of average wage of staff and workers at the reference period to that at the base period, which reflects the change of wage of staff and workers at the different period. It is calculated as follows:

$$\text{Average Wage Indices} = \frac{\text{Average Wage of Staff and Workers at Reference Time}}{\text{Average Wage of Staff and Workers at Base Period}} \times 100\%$$

Average Real Wage Indices average real wage of staff and workers refers to the average wage of staff and workers after removing the effects of the price changes and average real wage indices of staff and workers refers to the change of real wage, which reflects the relative increasing or decreasing level of real wage of staff and workers, which is calculated as follows:

$$\text{Average Real Wage Indices} = \frac{\text{Average Wage Indices of Staff and Workers at the Reference Time}}{\text{Urban Consumer Price Indices at Reference Time}} \times 100\%$$

Earning refer to total remuneration payment to all employees in various units in urban areas (did not include urban private units and self - employed individuals) during a certain period of time, including staff and workers and other employees (i. e., re-employed retirees or those who are from Hong Kong, Macao, Taiwan province or other countries).

Average Earning refer to average earning level in money terms per employee in the enterprise, institution and government organ during a certain period of time, it is calculated as follows:

$$\text{Average Earning of Employees} = \frac{\text{Total Earnings of Employees at Reference Period}}{\text{Average Number of Employees at Reference Period}}$$

Registered Unemployed Persons in Urban Areas refer to the persons with non - agricultural household registration at certain working ages (16 years old to retirement age), who are capable of working, unemployed and willing to work, and have been registered at the local employment service agencies to apply for a job.

Registered Unemployment Rate in Urban Areas refers to the ratio of the number of the registered unemployed persons to the sum of the number of persons employed in various units (minus the employed rural labour force, re - employed retirees, and Hong Kong, Macao, Taiwan or foreign employees), laid - off staff and workers in urban units, owners of private enterprises in urban areas, owners of self - employed individuals in urban areas, employees of private enterprises in urban areas, employee of self - employed individuals in urban areas, and the registered unemployed persons in urban areas. The formula is as follows:

$$\text{Registered unemployment ratein urban areas} = \frac{\text{number of registered urban unemployed persons}}{\begin{array}{c}\text{number of persons employed in urban units} - \text{employed rurallabour force} \\ \text{re} - \text{employed retirees} - \text{Hong Kong, Macao, Taiwan or foreign employees} \\ + \text{laid} - \text{off staff and workers} + \text{owners of urban private enterprises} + \text{owners of} \\ \text{urban self} - \text{employed individuals} + \text{employees of urban private enterprises} + \text{employees of} \\ \text{urban self} - \text{employed individuals} + \text{registered unemployed persons in urban areas}\end{array}} \times 100\%$$

2009

第6篇

CHAPTER 6

人民生活

People's Living Conditions

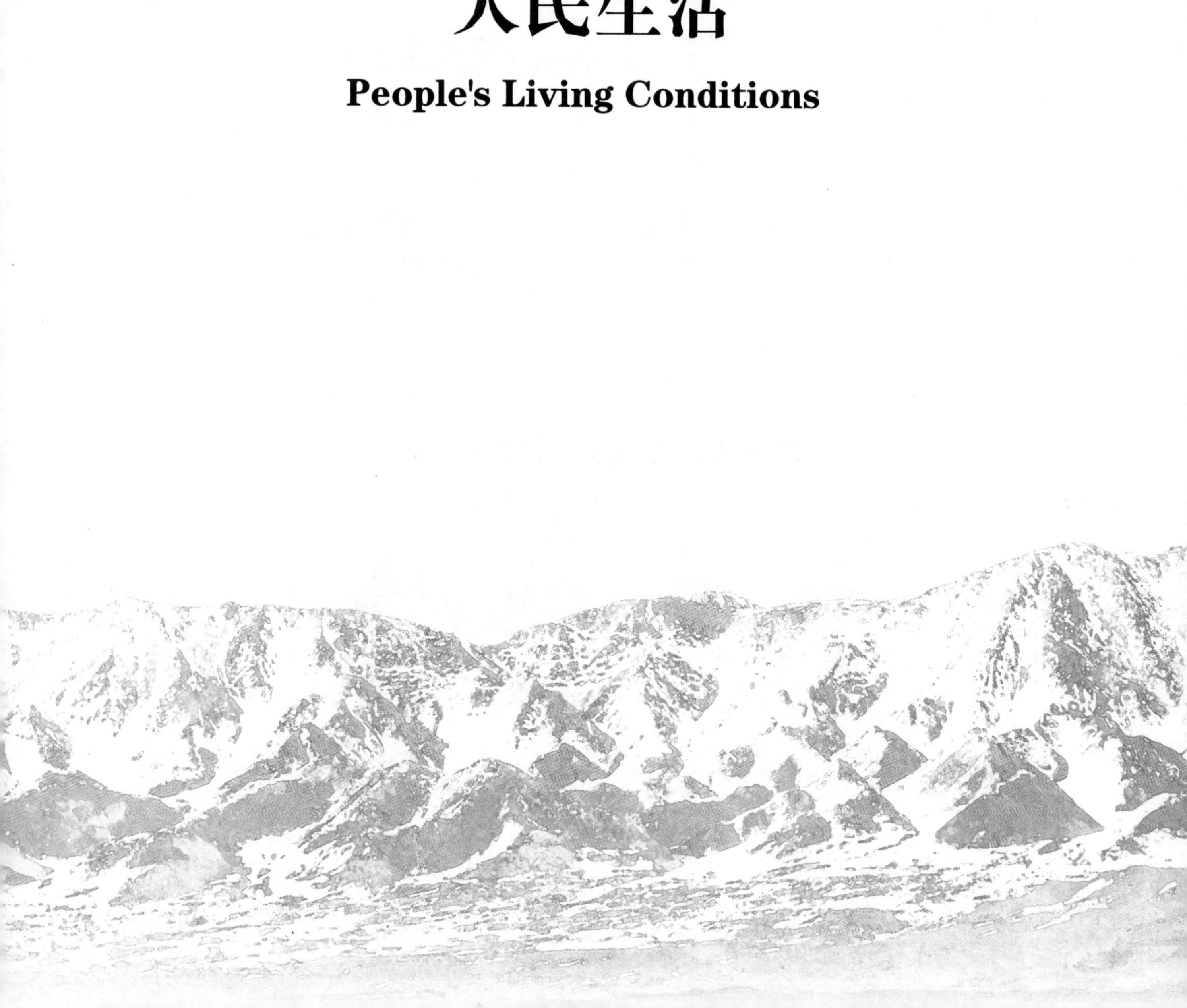

城乡居民家庭恩格尔系数

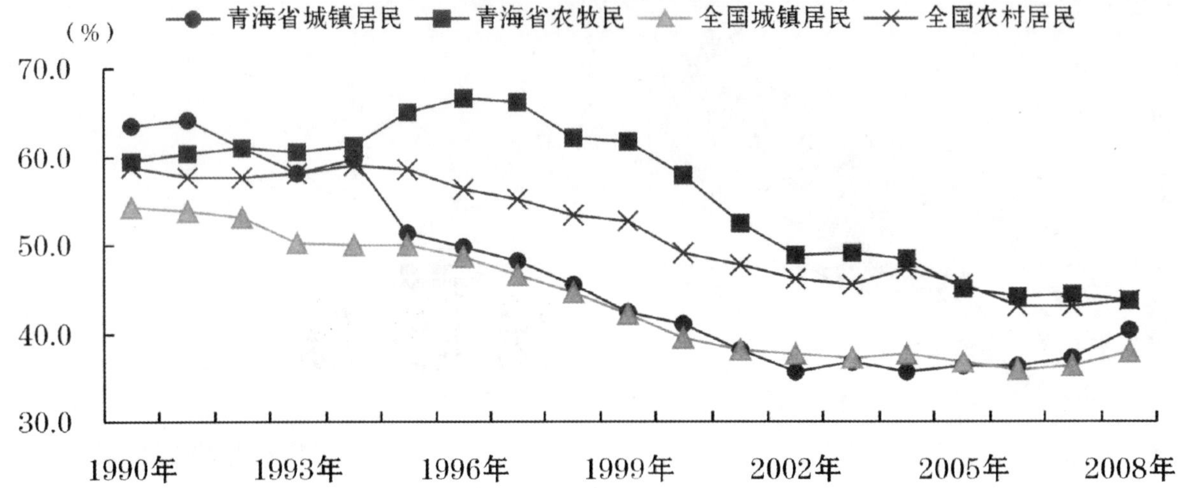

主要耐用消费品百户拥有量

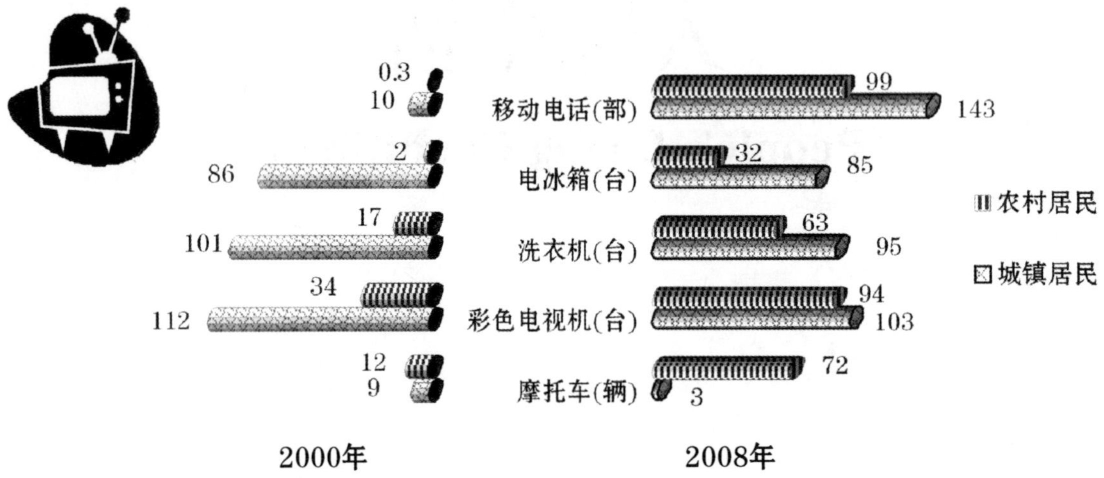

城乡居民家庭人均收入（元）

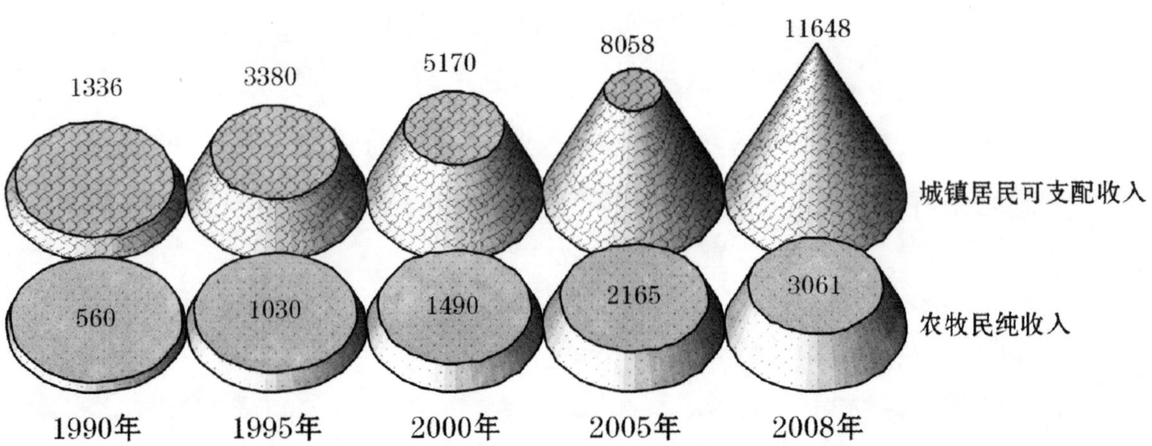

6–1 主要年份人民物质文化生活情况
Material and Cultural of People's Living Conditions in Main Years

项目		Item	1990	2000	2007	2008
就业		**Employment**				
每一农村劳动力负担人数	(人)	Number of Dependents per Laborer of Rural Household (person)	1.87	1.61	1.66	1.67
每一城镇就业者负担人数	(人)	Number of Dependents per Employee of Urban Household (person)	2.21	2.14	2.20	2.27
城镇登记失业率	(%)	Registered Urban Unemployment Rate (%)	4.88	2.40	3.77	3.80
收入		**Income**				
农村居民家庭人均纯收入	(元)	Annual Per Capita Net Income of Rural Households (yuan)	559.78	1490.49	2683.78	3061.24
农村居民人均纯收入指数	(80=100)	Index of Annual Per Capita Net Income (1980=100)	177.53	264.30	383.31	389.33
城镇居民家庭人均可支配收入	(元)	Annual Per Capita Disposable Income of Urban Households (yuan)	1335.88	5169.96	10276.10	11648.30
城镇居民人均可支配收入指数	(84=100)	Index of Annual Per Capita Disposable Income (1984=100)	104.45	174.48	318.25	360.75
职工年平均工资	(元)	Average Wage (yuan)	2632	10050	26166	30983
消费水平		**Consumption Level**				
农村居民	(元)	Rural Households (yuan)	474.75	1218.23	2475.77	2974.94
城镇居民	(元)	Urban Households (yuan)	1117.00	4185.73	7512.39	8203.17
储蓄		**Savings**				
城乡居民年底储蓄存款余额	(亿元)	Balance at Year-end in Urban and Rural Areas (100 million yuan)	27.42	146.28	468.72	610.38
平均每人储蓄存款余额	(元)	Average Balance of Savings Deposits (yuan)	617.71	2850.72	8527.59	11038.70
住房面积		**Per Capita Floor Space of Houses**				
农村平均每人居住	(平方米)	Per Capita Floor Space of Residential Building in Rural Areas (sq.m)	12.77	15.32	19.33	19.78
城市平均每人使用	(平方米)	Per Capita Floor Space of Residential Building in Urban Areas (sq.m)	9.53	12.06	18.58	24.80
交通		**Transport**				
城镇每百户拥有摩托车	(辆)	Number of Motor Cycles Per 100 Urban Households (units)		9.00	4.01	3.40
城市每万人拥有公共车辆	(辆)	Number of Public Transportation Vehicles per 10 000 Population in City (units)	4.84	13.90	11.98	17.08
城市公用事业		**City Public Utility Rate**				
自来水普及率	(%)	Percentage of Population with Access to Tap Water(%)	98.00	97.29	100.00	100.00
用气普及率	(%)	Percentage of Population with Access to Gas (%)		48.88	59.75	94.78
人均拥有公共绿地	(平方米)	Per Capita Public Green Area (sq.m)	1.40	3.74	6.36	8.53
文化		**Culture**				
城镇每百户有彩色电视机	(台)	Number of Color TV per 100 Urban Households (unit)	78.00	112.00	116.14	103.20
农村每百户有电视机	(台)	Number of TV per 100 Rural Households (unit)	36.09	75.16	100.17	101.50
广播人口综合覆盖率	(%)	Rate of Radio Broadcast Coverage of the Population (%)	50.00	63.00	88.00	88.50
电视人口综合覆盖率	(%)	Rate of TV Coverage of the Population (%)	72.00	86.00	93.50	94.00
教育		**Education**				
学龄儿童入学率	(%)	Net Enrollment Rate of School-Age Children (%)	81.50	94.20	98.60	99.40
每万人口中在校大学生数	(人)	Total Enrollment of Colleges and Universities per 10 000 Population (person)	14.00	25.70	92.40	100.70
卫生		**Health**				
每万人有医院、卫生院病床	(张)	Number of Hospital Beds per 10 000 Population (bed)	35.07	31.99	29.81	32.30
每万人有卫生技术人员数	(人)	Number of Medical and Technical Personnel per 10 000 Population (person)	44.44	41.63	37.02	39.74

6-2 1984－2008年城镇居民人均收支指数及恩格尔系数
Per Capita Annual Income, Expenditure and Engle Coefficient of Urban Households(1984-2008)

年份 地区 Year Region	可支配收入 (元) Disposable Income (yuan)				消费性支出 (元) Consumption Expenditure (yuan)		恩格尔系数 (%) Engle Coefficient (%)
		指数 (上年=100) Index (preceding year=100)	指数(上年=100) (扣除物价因素) Indices (preceding year=100)	定基指数 (1984=100) Fixed-base Indices (1984=100)		食品 (元) Food (yuan)	
1984	684.80	100.00	100.00	100.00	581.19	299.11	51.5
1985	849.20	124.00	112.01	124.00	678.70	348.50	55.1
1987	1084.00	108.20	100.84	158.30	828.38	456.37	60.3
1988	1153.80	106.40	89.71	168.50	1048.06	526.59	55.0
1989	1274.90	115.50	98.13	186.20	1069.44	603.03	62.5
1990	1335.90	104.80	100.29	195.10	1117.84	629.21	63.4
1991	1486.60	111.30	104.70	217.10	1260.58	723.94	64.1
1992	1756.03	118.30	111.18	256.70	1488.66	802.39	61.0
1993	2078.87	118.38	104.58	303.90	1817.68	949.03	58.2
1994	2769.36	133.21	109.37	404.40	2392.44	1225.57	59.7
1995	3379.85	122.04	103.42	493.50	2930.10	1507.10	51.4
1996	3829.78	113.31	102.26	559.20	3305.25	1641.00	49.7
1997	3999.36	104.43	99.65	586.30	3300.48	1593.48	48.3
1998	4240.08	106.02	105.28	621.70	3580.44	1625.88	45.4
1999	4703.52	110.93	111.49	690.30	3903.84	1654.68	42.4
2000	5169.96	109.91	110.46	758.80	4185.70	1711.10	40.9
2001	5853.72	113.23	110.36	859.10	4698.60	1790.30	38.1
2002	6199.88	111.11	108.61	950.70	5045.00	1799.00	35.7
2003	6731.88	108.58	106.45	1042.80	5389.40	1982.60	36.8
2004	7319.67	108.73	105.36	1136.70	5759.00	2056.00	35.7
2005	8057.85	110.08	109.99	1145.79	6245.26	2267.36	36.3
2006	9000.35	111.70	109.72	1279.83	6530.10	2366.40	36.2
2007	10276.06	114.18	107.41	1461.31	7512.39	2803.35	37.3
2008	11648.30	113.90	103.64	1664.43	8203.20	3315.60	40.4
西宁市 Xining City	11929.10	112.15	102.05	1743.88	8278.32	3412.35	41.2
海东地区 Haidong Prefecture	10655.21	115.08	104.71	1557.69	7684.27	3081.39	40.1
海北州 Haibei Zang A.P	12538.39	117.17	106.64	1834.69	8966.89	3568.82	39.8
黄南州 Huangnan Zang A.P	11761.25	116.41	105.92	1719.41	6824.85	2729.94	40.0
海南州 Hainan Zang A.P	10431.77	114.64	104.31	1525.02	7748.87	3184.76	41.1
果洛州 Golog Zang A.P	11093.73	110.00	100.10	1621.86	8970.40	3695.80	41.2
玉树州 Yushu Zang A.P	12015.37	111.02	101.02	1756.56	8076.73	3400.30	42.1
海西州 Haixi Mongolian & Zang A.P	13522.26	117.09	106.54	1976.86	8995.65	3571.21	39.7

6-3 主要年份城镇居民家庭基本情况
Basic Statistics of Urban Households in Main Years

项目	Item	1985	1995	2000	2005	2007	2008
调查户数 (户)	**Number of Households (household)**	**490**	**450**	**550**	**550**	**550**	**600**
平均每户家庭人口 (人)	**Average Household Size (person)**	**4.5**	**3.5**	**3.2**	**3.0**	**3.1**	**3.0**
平均每户就业人口 (人)	**Average household employment Employment Size (person)**	**2.1**	**1.8**	**1.5**	**1.3**	**1.4**	**1.3**
平均每户就业面 (%)	**Proportion of Employment per Household (%)**	**45.9**	**50.0**	**46.8**	**44.0**	**45.2**	**44.0**
平均每一就业者负担人数(包括就业者本人) (人)	**Number of Dependents per Employee (Including employment) (person)**	**2.2**	**2.0**	**2.1**	**2.3**	**2.2**	**2.3**
平均每人全部年收入 (元)	**Annual Per Capita Net Income (yuan)**	**849.20**	**3379.86**	**5196.60**	**8766.68**	**11511.63**	**12881.03**
其中:可支配收入	Disposable Income		3111.60	5169.96	8057.85	10276.10	11648.30
人均工薪收入	Per Capita Income from Wages and Salaries	768.00	2862.25	3607.00	5613.80	7849.44	8624.40
人均经营净收入	Per Capita Net Business Income	44.60	29.67	160.90	513.40	652.20	761.22
人均财产性收入	Per Capita Income from Properties	5.60	10.03	29.30	62.10	40.70	51.40
人均转移性收入	Per Capita Income from Transfer	31.00	477.80	1399.40	2577.40	2969.30	3444.01
平均每人消费性支出 (元)	**Per Capita Annual Consumption Expenditure (yuan)**	**678.70**	**2930.07**	**4185.73**	**6245.30**	**7512.40**	**8203.17**
食品	Food	348.40	1507.06	1711.05	2267.40	2803.40	3315.60
衣着	Clothing	112.90	408.79	458.57	690.76	898.50	943.42
家庭设备用品及服务	Household Facilities, Articles and Services	55.40	195.63	334.90	356.50	484.70	537.40
医疗保健	Health Care and Medical Services	6.70	162.03	307.24	554.10	613.20	611.50
交通通讯	Transport and Communication		138.62	297.72	691.30	785.30	791.10
娱乐教育文化服务	Education, Cultural and Recreation Services	72.40	231.97	495.34	803.10	953.90	889.50
居住	Residence	6.20	102.67	274.47	666.40	641.40	801.80
杂项商品与服务	Miscellaneous Goods and Services	76.70	183.30	306.44	215.80	331.40	312.90
平均每人消费性支出构成(人均消费支出=100)	**Composition of Per Capita Annual Consumption Expenditure (%)**	**100.0**	**100.0**	**100.0**	**100.0**	**100.0**	**100.0**
食品	Food	51.3	51.4	40.9	36.2	37.3	40.4
衣着	Clothing	16.6	14.0	11.0	11.1	12.0	11.5
家庭设备用品及服务	Household Facilities, Articles and Services	8.2	6.7	8.0	5.7	6.5	6.6
医疗保健	Health Care and Medical Services	1.0	5.5	7.3	8.9	8.2	7.5
交通通讯	Transport and Communication		4.7	7.1	11.1	10.5	9.6
娱乐教育文化服务	Education, Cultural and Recreation Services	10.7	7.9	11.8	12.9	12.6	10.8
居住	Residence	1.0	3.5	6.6	10.7	8.5	9.8
杂项商品与服务	Miscellaneous Goods and Services	11.2	6.2	7.3	3.4	4.4	3.8

6-4 城镇居民家庭基本情况(2008年)

项目	Item	全省 Province Total
调查户数	(户) Number of Households Surveyed (household)	600
比重	(%) Proportion (%)	100.0
平均每户家庭人口	(人) Average Household Size (person)	3.0
平均每户就业人口	(人) Average Number of Employed Persons Per Household (person)	1.3
平均每户就业面	(%) Proportion of Employment per Household (%)	43.3
每一就业者负担人数	(人) Number of Dependents per Employee (person)	2.3
平均每人可支配收入	(元) Annual Per Capita Disposable Income (yuan)	11648.3
平均每人消费性支出	(元) Annual Per Capita Consumption Expenditure (yuan)	8203.2
食　品	Food	3315.6
粮　油	Grain and Oil-bearing Crops	534.8
肉禽蛋及水产品	Poultry Eggs and Aquatic Products	842.5
蔬菜类	Vegetables	333.4
糖、烟 、酒饮料类	Sugar, Tobacco, Alcohol Beverage Category	361.4
奶及奶制品	Milk and Processed Products	141.7
衣　着	Clothing	943.4
服　装	Garments	679.8
家庭设备用品及服务	Household Facilities, Articles and Services	537.4
耐用消费品	Durable Consumer Goods	241.6
医疗保健	Health Care and Medical Services	611.5
交通通讯	Transport and Communications	791.1
娱乐教育文化服务	Education, Culture and Recreation Services	889.5
文娱耐用消费品	Consumer Goods for Recreational Use	246.7
居　住	Residence	801.8
住　房	Housing	196.7
杂项商品与服务	Miscellaneous Goods and Services	312.9
消费性支出构成	(%) Total Consumption Expenditures (%)	100.0
食　品	Food	40.4
衣　着	Clothing	11.5
家庭设备用品及服务	Household Facilities, Articles and Services	6.6
医疗保健	Health Care and Medical Services	7.5
交通通讯	Transport and Communications	9.6
娱乐教育文化服务	Education, Culture and Recreation Services	10.8
居　住	Residence	9.8
杂项商品与服务	Miscellaneous Goods and Services	3.8

Basic Statistics of Urban Households(2008)

按收入等级分 Grouped by Percentile of Households							
最低收入户 (10%) Lowest Income Households (first decile group)	更低户 (5%) Poor Households (first five percent group)	低收入户 (10%) Low Income Households (second decile group)	中等偏下户 (20%) Lower Middle Income Households (second quintile group)	中等收入户 (20%) Middle Income Households (third quintile group)	中等偏上户 (20%) Upper Middle Income Households (fourth quintile group)	高收入户 (10%) High Income Households (ninth decile group)	最高收入户 (10%) Highest Income Households (tenth decile group)
60	30	60	120	120	120	60	60
10.0	5.0	10.0	20.0	20.0	20.0	10.0	10.0
3.9	3.9	3.4	3.1	3.1	2.7	2.6	2.2
1.2	1.2	1.3	1.3	1.3	1.3	1.6	1.3
30.8	30.8	38.2	41.9	41.9	48.2	61.5	59.1
3.2	3.2	2.6	2.4	2.4	2.1	1.6	1.7
2518.5	2000.1	4281.7	6622.3	10765.6	16153.9	22229.4	32685.6
3207.5	2913.3	3998.9	5823.3	8200.8	10303.1	13513.2	19014.9
1457.7	1317.9	1989.1	2639.2	3383.5	4223.6	5173.1	5976.4
330.9	314.9	410.9	496.0	551.9	609.7	669.8	809.4
414.1	364.5	572.3	759.4	892.9	1038.1	1135.0	1289.8
188.7	177.3	238.3	292.9	352.3	392.5	462.9	500.6
152.5	123.8	198.1	301.0	339.5	520.9	566.8	582.6
67.3	60.9	91.5	116.8	145.6	187.9	187.1	245.5
257.3	219.7	367.9	607.7	888.1	1270.7	1612.7	2591.4
168.0	138.5	243.4	423.3	639.3	922.1	1170.1	1951.6
156.1	192.6	196.9	263.1	525.6	618.9	1089.2	1712.9
51.2	80.6	50.1	75.5	252.8	238.1	593.4	913.4
311.8	271.3	353.8	597.7	633.1	801.4	571.6	1118.3
200.2	187.8	314.7	478.1	832.6	991.4	1437.2	2104.3
363.2	278.8	265.1	480.0	853.2	1222.7	1516.8	2518.9
30.2	30.8	46.6	102.9	250.8	353.8	447.0	847.8
397.6	393.0	444.5	590.8	777.0	808.9	1610.2	1761.1
50.9	71.6	58.4	60.5	169.7	79.2	727.9	786.8
63.6	52.2	66.9	166.8	307.9	365.6	502.5	1231.5
100.0	100.0	100.0	100.0	100.0	100.0	100.0	100.0
45.5	45.2	49.7	45.3	41.3	41.1	38.3	31.4
8.1	7.5	9.2	10.4	10.8	12.3	11.9	13.6
4.9	6.6	4.9	4.5	6.4	6.1	8.1	9.0
9.7	9.3	8.8	10.3	7.7	7.8	4.3	5.9
6.2	6.5	7.8	8.2	10.2	9.6	10.6	11.1
11.3	9.6	6.6	8.3	10.4	11.8	11.2	13.2
12.4	13.5	11.2	10.1	9.5	7.9	11.9	9.3
1.9	1.8	1.7	2.9	3.7	3.4	3.7	6.5

6-5 2007-2008年城镇居民年人均现金收支平衡表
Balance of Per Capita Cash Income and Expenditure of Urban Households(2007-2008)

单位:元 (yuan)

指　　标	Item	2007	2008	2008比2007 增减%
期初手存现金	**Spot Cash at the Beginning of Period**	**158.8**	**174.5**	**9.9**
家庭总收入	**Annual Total Income**	**11511.6**	**12881.0**	**11.9**
工薪收入	Income from Wages and Salaries	7849.4	8624.4	9.9
工资及补贴收入	Wage and Income Subsidies	7618.4	8369.3	9.8
其它劳动收入	Other Income	231.0	255.1	10.4
经营净收入	Net Business Income	652.2	761.2	16.7
财产性收入	Income from Properties	40.7	51.4	26.3
股息与红利收入	Capital Bonus Income	23.7	11.0	-53.6
转移性收入	Income from Transfer	2969.3	3444.0	16.0
养老、离退休金	Retirees Revenue	2651.3	3021.8	14.0
赡养收入	Support Income	72.1	89.9	24.7
捐赠收入	Donation Income	64.5	62.1	-3.7
记帐补贴	Investigate Subsidy	44.9	122.2	1.7倍
出售财物收入	**The Sale of Property Income**	**0.7**	**0.8**	**14.3**
借贷收入	**Lending Income**	**6259.7**	**6877.1**	**9.8**
提取储蓄存款	Extraction of Savings Deposits	6176.1	6713.6	8.7
借入款	Borrow or Lend Money	51.0	96.3	88.8
住房贷款	Housing Loans	21.7	41.7	92.2
其它借货收入	Other Lending Income	2.4	1.3	-45.8
家庭总支出	**Total Expenditure**	**9861.8**	**10692.1**	**8.4**
消费性支出	**Consumption Expenditure**	**7512.4**	**8203.2**	**9.2**
食品	Food	2803.4	3315.6	18.3
衣着	Clothing	898.5	943.4	5.0
教育文化娱乐	Education, Cultural and Recreation Services	953.9	889.5	-6.8
居住	Residence	641.4	801.8	25.0
转移性支出	Expenses on Transfers	1104.1	1126.2	2.0
捐赠支出	Gift Expenditures	695.9	657.7	-5.5
赡养支出	Support Expenditures	282.9	344.3	21.7
财产性支出	Expenses on Properties	0.2	3.8	18倍
社会保障支出	Social Security Insurance	1064.3	1073.1	0.8
个人交纳养老金	Annuities	327.6	372.1	13.6
个人交纳的住房公积金	**Housing Accumulation Fund**	**555.5**	**500.1**	**-10.0**
个人交纳医疗基金	**Iatrical Accumulation Fund**	**141.4**	**158.6**	**12.2**
借贷支出	**Debit and Credit Expenditure**	**7922.5**	**9077.6**	**14.6**
存入储蓄款	Deposit Money in Bank	7444.4	8624.3	15.8
归还借款	Returning Loans	116.8	93.9	-19.6
归还住房货款	Return Housing Loans	226.6	243.9	7.6
期末手存现金	**Spot Cash at the End of the Period**	**146.1**	**163.2**	**11.7**

6-6 主要年份城镇居民家庭人均年购买的主要商品数量
Per Capita Annual Purchases of Major Commodities of Urban Households in Main Years

项目	Item	1985	1990	1995	2000	2005	2006	2007	2008
粮食 (千克)	Grain (kg)	126.00	187.51	140.59	93.04	80.69	76.38	47.84	63.26
鲜菜 (千克)	Vegetables (kg)	112.68	155.96	132.84	88.63	100.89	96.88	101.20	116.18
食用植物油 (千克)	Edible Vegetable Oil (kg)	7.44	9.77	8.50	9.59	9.40	8.74	8.74	10.69
猪肉 (千克)	Pork (kg)	10.98	15.56	15.45	11.54	11.31	11.70	10.19	12.41
牛肉 (千克)	Beef (kg)	3.73	4.70	3.43	3.95	4.37	4.87	4.27	3.46
羊肉 (千克)	Mutton (kg)	8.70	11.10	10.10	9.26	8.18	8.42	6.02	5.82
家禽 (千克)	Poultry (kg)	1.02	0.71	2.05	3.24	4.26	4.25	3.91	4.18
鲜蛋 (千克)	Fresh Eggs (kg)	4.92	4.00	7.96	8.37	7.96	7.32	7.25	8.35
鱼 (千克)	Fish (kg)	3.10	3.03	4.41	3.35	3.41	3.24	3.79	3.53
虾 (千克)	Shrimp (kg)			0.11	0.25	0.49	0.45	0.45	0.43
白酒 (千克)	Liquor (kg)	2.53	3.89	3.41	3.25	2.06	2.12	1.90	1.92
果酒 (千克)	Fruit Wine (kg)	1.50	0.89	0.78	0.12	0.19	0.19	0.21	0.13
啤酒 (千克)	Beer (kg)	1.21	2.70	2.65	2.30	2.14	2.30	2.01	1.65
茶叶 (千克)	Tea (kg)	0.70	0.76	0.51	0.60	0.23	0.22	0.23	0.28
鲜奶 (千克)	Milk (kg)	5.79	13.11	15.64	16.20	26.57	24.72	29.07	21.40
奶粉 (千克)	Milk Powder (kg)				0.37	0.25	0.21	0.25	0.18
酸奶 (千克)	Yogurt (kg)				1.10	2.51	3.21	3.66	3.22
鲜瓜果 (千克)	Fresh Melons & Fruits (kg)	31.40	41.67	42.82	43.34	37.10	45.00	33.52	43.00
糕点 (千克)	Cake (kg)	3.08	2.99	2.79	1.86	3.36	3.37	4.12	3.45
鞋 (双)	Shoes (pair)	2.06	1.30	1.35	1.15	2.36	2.36	2.37	2.50
服装 (件)	Clothing (piece)			4.34	4.89	6.11	5.87	8.39	6.90

6–7 主要年份城镇居民家庭平均每百户年底耐用消费品拥有量
Ownership of Major Durable Consumer Goods Per 100 Urban Households at Year-end in Main Years

项 目	Item		1985	1990	1995	2000	2005	2006	2007	2008
摩托车 (辆)	Motorcycle	(unit)		3	6	9	7	7	4	3
家用汽车 (辆)	Automobile	(unit)					2	2	2	3
洗衣机 (台)	Washing Machine	(unit)	58	86	96	101	98	99	101	95
电冰箱 (台)	Refrigerator	(unit)	3	15	47	86	87	92	90	85
彩色电视机 (台)	Color Television Set	(set)	47	78	94	112	112	113	116	103
空调器 (台)	Air Conditioner	(unit)						1	1	2
家用电脑 (台)	Computer	(set)				2	22	31	34	35
组合音响 (套)	Hi-Fi Stereo Component System	(set)			7	22	21	20	21	12
摄像机 (台)	Video Camera	(set)						3	4	3
照相机 (台)	Camera	(set)	10	17	35	43	42	38	40	23
微波炉 (台)	Microwave Oven	(unit)				7	38	43	48	41
钢琴 (台)	Piano	(set)						2	2	1
健身器 (台)	Health Equipment	(unit)						2	1	1
移动电话 (部)	Mobile Telephone	(unit)				10	126	148	148	143
淋浴热水器 (台)	Water Heater for Shower	(unit)			7	18	44	48	51	42

6-8 按收入等级分城镇居民家庭每百户消费品拥有量(2008年)
Ownership of Consumer Goods Owned Per 100 Urban Households at Year-end by Level of Income(2008)

项 目		Item		总平均 Average	最低收入户 Lowest Income Households	更低户 Poor Households	低收入户 Low Income Households	中等偏下户 Lower Middle Income Households	中等收入户 Middle Income Households	中等偏上户 Upper Middle Income Households	高收入户 High Income Households	最高收入户 Highest Income Households
摩托车	(辆)	Motorcycle	(unit)	3			2	4	2	2	3	3
家用汽车	(辆)	Automobile	(unit)	3				2	3	5		7
洗衣机	(台)	Washing Machine	(unit)	95	88	89	89	90	96	100	103	98
电冰箱	(台)	Refrigerator	(unit)	85	68	75	67	80	86	95	101	91
彩色电视机	(台)	Color Television Set	(set)	103	100	100	101	102	102	102	105	113
空调器	(台)	Air Conditioner	(unit)	2				4		5		
家用电脑	(台)	Computer	(set)	35	7	7	4	15	38	49	70	71
组合音响	(套)	Hi-Fi Stereo Component System	(set)	12	6	3	2	8	13	14	17	22
摄像机	(台)	Video Camera	(set)	3				2	4	1	7	7
照相机	(台)	Camera	(set)	23			2	13	17	34	47	51
微波炉	(台)	Microwave Oven	(unit)	41	13	16	13	35	44	52	52	69
钢琴	(台)	Piano	(set)	1					2	1	2	2
健身器	(台)	Health Equipment	(unit)	2				1		3	3	5
移动电话	(部)	Mobile Telephone	(unit)	143	80	84	112	131	150	158	174	186
淋浴热水器	(台)	Water Heater for Shower	(unit)	42	14	9	15	21	40	59	76	75

6–9 城镇居民住房情况(2008年)
Housing Conditions of Urban Households (2008)

项 目	Item	调查户数(户) Households Surveyed (Household)	比 重(%) Percentage (%)
按住宅建筑式样分	**By Style of House Construction**	**600**	**100.00**
单栋住宅	Individual Storied Building		
四居室	Four-bedroom	22	3.62
三居室	Three-bedroom	138	22.93
二居室	Two-bedroom	332	55.47
一居室	One-bedroom	17	2.91
普通楼房	Ordinary Storied Building	26	4.34
平房及其他	Single-story Building and other	65	10.74
按房屋产权分	**By Building Property Right**	**600**	**100.00**
租赁公房	Public House Rented	25	4.08
租赁私房	Private House Rented	37	6.23
原有私房	Private House Formerly Owned	36	6.06
房改私房	Private House from Housing Reform	328	54.58
商品房	Commercial House	165	27.55
其他	Others	9	1.50
按饮水情况分	**By Water Drinking**	**600**	**100.00**
自来水	Tap Water	597	99.51
纯净水	Purified Water	1	0.21
河水	River-water	2	0.28
其他	Others		
按用水情况分	**By Water Using**	**600**	**100.00**
独用自来水	Tap Water for Separate Use	589	98.25
公用自来水	Public Tap Water	8	1.37
河水	River-water	3	0.38
按取暖设备分	**By Possession of Heating Equipment**	**600**	**100.00**
无取暖设备	No heating Equipment	1	0.08
空调设备	Air Conditioner	1	0.08
暖气	Central Heating	445	74.23
其他	Others	153	25.61
按用燃料使用情况分	**By Using of Cooking Fuel**	**600**	**100.00**
管道煤气	Pipeline Gas	85	14.14
液化石油气	Liquefied Petroleum Gas	61	10.18
煤	Coal	57	9.49
其他	Others	397	66.19
按信息化使用情况分	**By Using of Informationization**	**600**	**100.00**
接入有线电视网络的电视机	TV Sets Accessing to Cable TV Network	560	93.44
固定电话	Fixed Line Telephones	483	80.46
接入使用互联网的计算机	Computers Accessing to Internet	152	25.28
按卫生设备分	**By Possession of Sanitary Equipment**	**600**	**100.00**
无卫生设备	No Sanitary Equipment	12	1.93
有浴室厕所	Having Bathroom and Lavatory	249	41.43
有厕所无浴室	Having Lavatory and No Bathroom	301	50.14
公用	Public Sanitary Equipment	38	6.50

6-10 主要年份农村居民家庭基本情况

Basic Conditions of Rural Households in Main Years

项　目	Item	1985	1990	1995	2000	2005	2007	2008
调查户数 (户)	**Number of Households Surveyed (household)**	**450**	**460**	**600**	**600**	**600**	**600**	**600**
调查户常住人口 (人)	**Number of Residents Surveyed (person)**	**2912**	**2878**	**3579**	**3190**	**3094**	**3019**	**3023**
平均每户常住人口	Average Number of Permanent Residents Per Household	6.5	6.3	6.0	5.3	5.2	5.0	5.0
平均每户整半劳力	Average Number of Full/Semi Labour Force Per Household	3.4	3.5	3.5	3.3	3.1	3.0	3.0
平均每个劳动力负担人口	Average Number of Dependents per Labour Force	1.9	1.8	1.7	1.6	1.7	1.7	1.7
平均每人年收入 (元)	**Per Capita Annual Income (yuan)**							
总收入	**Total Income**	**470.4**	**782.7**	**1382.2**	**2000.3**	**2955.5**	**3663.5**	**4126.4**
工资性收入	Income from Wages and Salaries	49.9	73.0	96.7	312.3	561.3	878.6	1067.3
家庭经营收入	Income from Household Operations	381.5	664.2	1253.5	1597.0	2198.0	2454.3	2682.0
财产性收入	Income from Properties	30.4	27.3	3.0	24.7	40.2	69.2	81.7
转移性收入	Income from Transfers	8.6	18.1	29.0	66.3	156.0	261.4	295.4
现金收入	**Cash Income**	**279.0**	**541.1**	**733.2**	**1365.7**	**2296.0**	**2909.0**	**3130.0**
工资性收入	Income from Wages and Salaries	49.4	71.6	96.5	311.0	561.2	878.6	1066.9
家庭经营收入	Income from Household Operations	194.9	403.2	573.9	974.1	1566.4	1713.6	1701.7
财产性收入	Income from Properties	16.6	48.2	21.1	24.7	34.2	57.3	72.4
转移性收入	Income from Transfers	18.1	18.1	41.7	55.9	134.2	259.5	289.0
平均每人年支出 (元)	**Per Capita Annual Expenditures (yuan)**							
总支出	**Total Expenditure**	**409.6**	**683.0**	**1306.4**	**1928.1**	**3075.4**	**3667.8**	**4334.5**
家庭经营费用支出	Expenditure for Household Operations	85.5	120.6	258.3	348.1	643.0	795.9	879.5
购置生产性固定资产	Purchase of Productive Fixed Assets	28.7	40.4	69.5	136.4	145.3	190.2	260.6
税费支出	Taxes and Fees	12.5	23.6	39.2	46.9	4.4	2.9	0.4
生活消费支出	Expenses on Household Consumption	274.7	474.8	913.8	1218.2	2085.5	2475.8	2974.9
转移性和财产性支出	Expenses on Properties and Expenses on Transfers	8.2	23.7	25.6	96.2	196.8	202.3	219.1
现金支出	**Cash Expenditure**	**237.9**	**486.5**	**779.8**	**1327.2**	**2386.8**	**2920.6**	**3408.3**
家庭经营费用支出	Expenditure for Household Operations	42.1	126.6	165.6	285.2	496.4	642.8	722.4
购买生产性固定资产	Purchase of Productive Fixed Assets	28.6	40.4	69.5	136.4	145.3	190.2	260.6
税费支出	Taxes and Fees	11.8	23.3	38.8	46.9	4.4	2.9	0.4
生活消费支出	Expenses on Household Consumption	141.0	256.6	458.7	765.5	1545.6	1883.2	2208.1
转移性和财产性支出	Expenses on Properties and Expenses on Transfers	14.4	39.6	47.2	93.2	194.7	200.8	216.8
平均每人年纯收入 (元)	**Per Capita Annual Net Income (yuan)**	**342.9**	**559.8**	**1029.8**	**1490.5**	**2165.1**	**2683.8**	**3061.2**
工资性收入	Income from Wages and Salaries	49.9	73.0	96.7	312.3	561.3	878.6	1067.3
家庭经营纯收入	Income from Household Operations	260.4	448.8	908.2	1119.8	1428.5	1506.8	1641.2
财产性收入	Income from Properties	24.0	19.9	3.0	24.7	40.2	69.2	81.7
转移性收入	Income from Transfers	8.6	18.1	21.9	33.8	135.1	229.2	271.0

6-11 主要年份农村居民按纯收入分组的户数占调查户比重
Percentage of Rural Households Grouped by Per Capita Annual Net Income

项　目	Item	1985	1990	1995	2000	2005	2006	2007	2008
按纯收入分组户数	**Percentage of Households Grouped**	**450**	**460**	**600**	**600**	**600**	**600**	**600**	**600**
占调查户比重(%)	**by Per Capita Annual Net Income (%)**	**100**	**100**	**100**	**100**	**100**	**100**	**100**	**100**
400元以下	Less Than 400 Yuan	70.0	34.3	4.8	7.0	2.0	1.8	1.8	-
400–500元	400-500 Yuan	13.3	13.0	5.3	3.5	0.5	0.5	0.3	-
500–600元	500-600 Yuan	5.6	17.2	9.5	5.0	0.8	1.3	1.7	-
600–800元	600-800 Yuan	6.4	16.7	21.3	13.2	5.0	3.0	2.2	6.2
800–1000元	800-1000 Yuan	2.0	8.5	16.3	10.8	5.0	4.7	4.2	3.7
1000–1200元	1000-1200 Yuan		8.0	15.3	11.5	7.0	8.5	3.5	2.7
1200–1300元	1200-1300 Yuan		1.5	3.5	5.0	4.5	4.2	1.8	1.8
1300–1500元	1300-1500 Yuan	2.2	0.7	7.8	9.5	8.2	8.5	6.8	2.5
1500–1700元	1500-1700 Yuan	0.4		5.2	6.5	10.5	7.0	7.2	4.7
1700–2000元	1700-2000 Yuan			4.5	6.3	11.2	12.2	9.7	7.7
2000–2500元	2000-2500 Yuan			2.8	8.2	14.3	13.0	12.8	12.0
2500–3000元	2500-3000 Yuan			2.2	5.2	9.5	12.5	10.7	13.2
3000–3500元	3000-3500 Yuan			0.2	2.3	7.5	6.5	10.7	11.1
3500–4000元	3500-4000 Yuan				1.2	5.0	4.2	8.3	9.1
4000–4500元	4000-4500 Yuan			0.3	0.7	2.8	3.8	5.3	6.3
4500–5000元	4500-5000 Yuan			0.2	0.8	1.5	1.2	1.8	4.8
5000元以上	5000 Yuan and over			0.7	3.3	4.7	7.2	11.2	14.2

6-12 主要年份农村居民家庭平均每人纯收入及构成

Composition of Per Capita Net Income of Rural Households in Main Years

单位:元、% (yuan、%)

项 目	Item	1985	1990	1995	2000	2005	2006	2007	2008
按收入来源分	**By Source**								
农村居民人均纯收入	**Per Capita Annual Net Income of Rural Households**	**342.9**	**559.8**	**1029.8**	**1490.5**	**2165.1**	**2358.4**	**2683.8**	**3061.2**
工资性收入	Wages Income	49.9	73.0	96.7	312.3	561.3	710.5	878.6	1067.3
家庭经营纯收入	Net Income from Household Operations	260.4	448.8	908.2	1119.8	1428.5	1429.1	1506.8	1641.2
农业收入	Farming	128.3	243.9	508.8	398.3	605.7	605.9	668.9	744.9
林业收入	Forestry	1.8	2.0	4.0	4.4	10.1	10.7	8.0	9.9
牧业收入	Animal Husbandry	87.9	150.9	258.1	519.2	589.9	597.3	622.3	652.7
渔业收入	Fishery	0.1	0.3		18.9	3.5	7.0	3.0	8.7
工业收入	Industry	3.3	6.1	6.7	13.6	8.1	9.7	14.8	20.3
建筑业收入	Construction	3.7	4.6	8.6	9.0	28.8	7.4	19.0	22.7
交通运输邮电业收入	Transport, Postal and Telecommunication Services	14.4	22.0	28.4	73.3	76.2	62.2	34.3	35.9
批发零售贸易及餐饮业收入	Wholesale and Retail Trades and Catering Services	9.4	10.5	30.5	27.7	64.4	80.0	90.6	106.3
社会服务业收入	Social Services	4.9	5.8	7.5	2.8	17.7	6.7	0.9	5.0
文教卫生业收入	Culture, Education and Health Care				11.6	7.5	18.8	15.6	20.2
其他收入	Others	6.7	2.7	55.7	41.0	16.9	23.5	29.5	14.6
转移性和财产性收入	Property and Transfer Income	32.6	38.0	24.8	58.5	175.3	218.8	298.4	352.7
农村居民人均纯收入构成	**Composition of Per Capita Net Income of Rural Households**	**100.0**	**100.0**	**100.0**	**100.0**	**100.0**	**100.0**	**100.0**	**100.0**
工资性收入	Wages Income	14.6	13.0	9.4	21.0	25.9	30.1	32.7	34.9
家庭经营纯收入	Net Income from Household Operations	75.9	80.2	88.2	75.1	66.0	60.6	56.2	53.6
农业收入	Farming	49.3	54.3	56.0	35.6	28.0	25.7	24.9	24.3
林业收入	Forestry	0.7	0.4	0.4	0.4	0.5	0.5	0.3	0.3
牧业收入	Animal Husbandry	33.7	33.6	28.4	46.4	27.2	25.3	23.2	21.3
渔业收入	Fishery	…	0.1		1.7	0.2	0.3	0.1	0.3
工业收入	Industry	1.3	1.4	0.7	1.2	0.4	0.4	0.6	0.7
建筑业收入	Construction	1.4	1.0	1.0	0.8	1.3	0.3	0.7	0.7
交通运输邮电业收入	Transport, Postal and Telecommunication Services	5.5	4.9	3.1	6.5	3.5	2.6	1.3	1.2
批发零售贸易及餐饮业收入	Wholesale and Retail Trades and Catering Services	3.6	2.3	3.4	2.5	3.0	3.4	3.4	3.5
社会服务业收入	Social Services	1.9	1.3	0.8	0.3	0.8	0.3	0.03	0.10
文教卫生业收入	Culture, Education and Health Care				1.0	0.3	0.8	0.6	0.7
其他收入	Others	2.6	0.6	6.1	3.7	0.8	1.0	1.1	0.5
转移性和财产性收入	Property and Transfer Income	9.5	6.8	2.4	3.9	8.1	9.3	11.1	11.5

6–13 主要年份农村居民家庭平均每人生活消费总支出及构成
Composition of Per Capita Consumption Expenditure of Rural Households in Main years

单位:元、%　　(yuan、%)

指　标	Item	1985	1990	1995	2000	2005	2006	2007	2008
生活消费总支出	**Consumption Expenditure**	**274.7**	**474.8**	**913.8**	**1218.2**	**2085.5**	**2214.9**	**2475.8**	**2974.9**
食品	Food	176.1	282.6	593.9	705.2	941.3	978.0	1098.3	1298.3
衣着	Clothing	37.9	61.6	85.5	93.4	177.1	170.8	191.8	200.2
居住	Residence	30.9	59.7	88.8	126.2	329.3	362.8	359.7	568.8
家庭设备用品及服务	Household Facilities, Articles and Services	10.6	30.2	34.3	44.8	84.2	94.7	122.2	110.4
医疗保健	Health Care and Medical Services	6.3	18.4	34.7	78.2	172.2	192.8	229.3	270.0
交通通讯	Transport and Communication	2.5	4.0	22.5	53.2	208.4	255.8	292.1	316.8
文教娱乐用品及服务	Education, Cultural and Recreation Services	7.5	17.8	33.7	79.4	109.5	118.7	135.1	148.9
其他商品及服务	Miscellaneous Goods and Services	3.0	0.3	20.5	37.9	63.4	41.3	47.2	61.5
生活消费总支出构成	**Composition of Per Capita Consumption Expenditure**	**100.0**	**100.0**	**100.0**	**100.0**	**100.0**	**100.0**	**100.0**	**100.0**
食品	Food	64.1	59.5	65.0	57.9	45.1	44.2	44.4	43.6
衣着	Clothing	13.8	13.0	9.4	7.7	8.5	7.7	7.7	6.7
居住	Residence	11.3	12.6	9.7	10.3	15.8	16.4	14.5	19.1
家庭设备用品及服务	Household Facilities, Articles and Services	3.8	6.4	3.7	3.7	4.0	4.3	4.9	3.7
医疗保健	Health Care and Medical Services	2.3	3.9	3.8	6.4	8.3	8.7	9.3	9.1
交通通讯	Transport and Communication	0.9	0.8	2.5	4.4	10.0	11.5	11.8	10.7
文教娱乐用品及服务	Education, Cultural and Recreation Services	2.7	3.7	3.7	6.5	5.3	5.3	5.5	5.0
其他商品及服务	Miscellaneous Goods and Services	1.1	0.1	2.2	3.1	3.0	1.9	1.9	2.1

6–14 主要年份农村居民家庭平均每人主要消费品消费量
Per Capita Consumption of Major Consumer Goods of Rural Households in Main Years

单位:公斤 (kg)

品 名	Name	1985	1990	1995	2000	2005	2006	2007	2008
粮食(原粮)	Grain	226.1	247.8	240.8	270.8	236.9	222.8	213.4	214.8
小麦	Wheat	174.0	176.2	196.2	222.7	199.6	182.7	176.9	177.8
豆类及豆制品	Beans and Soybean Products			1.8	1.4	2.0	2.8	2.7	3.1
蔬菜及制品	Vegetables and Products	49.3	54.4	35.0	42.6	43.8	42.6	42.6	38.5
食油	Edible Oil	5.7	6.4	8.5	9.1	10.0	9.9	10.3	10.6
植物油	Vegetable Oil	4.6	5.5	8.1	8.7	9.8	9.7	10.0	10.3
肉禽及制品	Meats And products	15.7	16.2	12.2	20.1	24.0	26.4	25.2	20.5
猪肉	Pork	7.0	8.1	7.1	8.6	10.4	11.2	10.2	9.7
牛肉	Beef	3.6	3.7	2.0	4.5	5.1	5.1	5.2	3.7
羊肉	Mutton	5.0	4.0	3.0	6.5	7.4	8.7	8.0	5.6
家禽	Poultry	0.1	0.5	0.2	0.4	0.6	0.8	1.0	1.1
蛋类及蛋制品	Eggs and Processed Products	0.5	0.7	0.5	0.7	0.5	0.9	0.7	0.8
奶和奶制品	Milk and Processed Products	25.5	17.3	12.8	21.7	27.9	23.1	26.7	21.6
水产品	Aquatic Products	0.0	0.1	0.1	0.8	0.4	0.3	0.3	0.3
鱼类	Fish	0.0	0.1	0.1	0.2	0.3	0.2	0.2	0.3
糖类	Sugar	0.7	0.6	1.1	1.1	1.5	1.5	1.5	1.6
水果及制品	Fruits and Processed Products	1.2	1.6	2.4	6.0	6.6	5.8	6.5	5.2
坚果及制品	Nuts and Processed Products	0.1	0.3	0.3	0.6	1.3	1.5	1.6	1.2

6-15 主要年份农村居民家庭平均每百户年底耐用消费品拥有量
Ownership of Durable Consumer Goods Owned Per 100 Rural Households at Year-end in Main Years

品名	Name	1985	1990	1995	2000	2005	2006	2007	2008
洗衣机 (台)	Washing Machine (set)	0.7	6.1	8.8	17.3	44.0	45.8	56.7	63.2
电冰箱 (台)	Refrigerator (set)			0.8	1.8	18.0	20.5	27.8	32.0
抽油烟机 (台)	Exhaust Fan (unit)					1.3	0.5	0.3	1.3
自行车 (辆)	Bicycle (unit)	41.3	77.6	82.7	58.8	39.3	37.0	37.7	37.5
摩托车 (辆)	Motorcycle (unit)	0.2	2.2	3.3	11.5	52.8	56.8	65.5	71.5
电话机 (部)	Telephone (unit)				4.0	46.7	56.5	60.5	67.0
移动电话 (部)	Mobile Telephone (unit)				0.3	46.2	53.0	76.3	98.5
黑白电视机 (台)	Black and white Television Set (set)	6.0	32.0	43.2	40.8	12.7	10.8	9.7	7.5
彩色电视机 (台)	Color Television Set (set)	0.9	4.1	12.7	34.3	81.2	86.5	90.5	94.0
影碟机 (台)	Video Disc Player (set)					29.8	34.8	39.7	43.2
照相机 (架)	Camera (set)	0.4	1.7	1.7	2.2	2.5	2.3	3.3	1.7

6-16 主要年份农村居民家庭平均每百户年底拥有主要固定资产
Ownership of Main Fixed Assets Owned Per 100 Rural Households at Year-end in Main Years

品名	Name	1985	1990	1995	2000	2005	2006	2007	2008
汽车 (辆)	Vehicles (unit)	0.1	1.0	1.0	2.8	3.8	2.2	2.5	3.2
大中型拖拉机 (台)	Large and Medium-sized Tractors (unit)	1.6	2.0		1.1	1.0	3.5	4.0	4.5
小型和手扶拖拉机 (台)	Small and Walking Tractor (unit)	7.9	18.0	29.0	41.7	58.8	52.8	57.4	58.9
机动脱粒机 (台)	Mobile Thresher (unit)	6.9	4.0	2.0	3.3	3.5	3.5	4.9	5.8
收割机 (台)	Harvester (unit)				0.7	0.5	1.0	0.5	0.7
农用动力机械 (台)	Farm Power Machinery (unit)				1.8	11.2	2.8	6.0	5.2
胶轮大车 (辆)	Rubber tire Crane (unit)	18.4	16.0	16.0	24.0	3.5	3.2	3.0	4.2
水泵 (台)	Pump (unit)	0.2	1.0	1.0	1.0	0.2	0.3	0.5	0.5
役畜 (头)	Draught Animals (head)	212.6	201.0	181.0	123.7	52.7	50.5	52.5	51.3
产品畜 (头)	Animal products (head)	186.3	144.0	161.0	135.7	111.7	145.0	138.7	136.2

6–17 主要年份农村居民家庭住房情况
Housing Conditions of Rural Households in Main Years

项 目	Item	1985	1990	1995	2000	2005	2007	2008
本年新建房屋	Houses Newly Built This Year							
住房面积 (平方米/人)	Per Capita Floor Space of Houses (sq.m/person)	0.49	0.34	0.38	0.62	0.86	0.88	0.97
住房价值 (元/平方米)	Value of Houses (yuan/sq.m)				130.11	269.72	353.40	379.21
住房结构 (平方米/人)	Structure of Houses (sq.m/person)							
钢筋混凝土结构	Reinforced Concrete Structure			0.03		0.18	0.24	0.19
砖木结构	Brick and Wood Structure	0.16	0.08	0.10	0.29	0.63	0.61	0.65
年末住房情况	Houses at the End of Year							
住房面积 (平方米/人)	Per Capita Floor Space of Houses (sq.m/person)	10.54	12.77	14.98	15.32	17.95	19.33	19.78
住房价值 (元/平方米)	Value of Houses (yuan/sq.m)	18.97	26.87	40.16	94.98	157.84	172.34	182.16
住房结构 (平方米/人)	Structure of Houses (sq.m/person)							
钢筋混凝土结构	Reinforced Concrete Structure			0.10	0.19	0.99	1.14	1.41
砖木结构	Brick and Wood Structure	0.73	1.15	1.58	1.75	4.71	5.26	6.47

注：本表为农村住户抽样调查资料。
a) Data in this table are obtained form the sample surveys on rural households.

6–18 分地区(县县调查数据)农村居民人均纯收入
Per Capita Net Income of Rural Households by Region

单位：元 (yuan)

地 区	Region	2000	2001	2002	2003	2004	2005	2006	2007	2008
全 省	**Province**	**1490.5**	**1610.9**	**1710.8**	**1817.4**	**2004.6**	**2165.1**	**2358.4**	**2683.8**	**3061.2**
西宁市	Xining City	1513.1	1671.4	1839.1	2054.0	2321.1	2592.8	2951.0	3397.7	3943.6
海东地区	Haidong Prefecture	1120.2	1248.2	1393.5	1547.2	1764.0	2011.2	2315.2	2727.5	3219.2
海北州	Haibei Zang A.P	1357.4	1477.8	1580.7	1705.1	1848.9	2083.6	2269.0	2697.9	3386.2
黄南州	Huangnan Zang A.P	1253.3	1347.8	1434.1	1537.9	1659.4	1806.5	2002.9	2187.9	2369.3
海南州	Hainan Zang A.P	1577.7	1748.6	1915.9	2083.9	2258.3	2442.1	2640.1	2904.4	3216.3
果洛州	Golog Zang A.P	1387.3	1491.2	1591.7	1697.0	1807.9	1916.9	2038.9	2161.5	2291.2
玉树州	Yushu Zang A.P	1203.7	1335.8	1398.8	1495.9	1662.4	1793.9	1922.8	2047.6	2176.6
海西州	Haixi Mongolian & Zang A.P	1924.8	2050.9	2189.9	1972.0	2120.3	2302.7	2586.9	3058.6	3724.8

注：从2003年开始海西州农牧民人均纯收入含移民人口收入。
a) Since 2003 the per capita Annual net income of farmers and herdsmen of Haixi Mongolian & Zang A.P has included income of immigrant population.

6-19 1980－2008年农村居民家庭人均收支及恩格尔系数
Per Capita Annual Income, Expenditure and Engle Coefficient of Rural Households (1980－2008)

年 份 Year	纯收入 (元) Net Income (yuan)	指 数 (上年=100) Index (preceding year=100)	指数 (上年=100) (扣除物价因素) Indices (preceding year=100)	定基指数 (1980年=100) Fixed-base Indices (1980=100)	消费性支出 (元) Consumption Expenditure (yuan)	食 品 (元) Food (yuan)	恩格尔系数 (%) Engle Coefficient (%)
1980	204.31	100.00	100.00	100.00			
1981	191.56	93.76	93.32	93.32			
1982	223.39	116.62	116.15	108.39			
1983	252.45	113.01	112.53	121.97			
1984	281.22	111.39	109.39	133.43	225.2	141.2	62.71
1985	342.94	121.95	118.37	157.94	274.7	176.1	64.11
1986	369.15	107.64	104.21	164.59	313.5	193.1	61.58
1987	392.15	106.23	103.45	170.27	344.9	199.5	57.84
1988	492.82	125.67	114.19	194.43	399.5	223.7	56.00
1989	463.52	94.05	86.04	167.29	413.3	244.4	59.13
1990	559.78	120.77	106.12	177.53	474.8	282.6	59.52
1991	555.56	99.25	96.73	171.72	486.3	293.8	60.42
1992	603.40	108.61	105.67	181.46	495.9	302.3	60.95
1993	672.56	111.46	103.77	188.30	585.2	354.4	60.56
1994	869.34	129.26	106.63	200.78	745.7	456.8	61.25
1995	1029.77	118.45	102.30	205.40	913.8	593.9	64.99
1996	1173.80	113.99	104.00	213.62	1052.3	700.8	66.59
1997	1320.63	112.51	104.40	223.02	1085.4	719.5	66.29
1998	1426.00	107.98	109.70	244.65	1117.8	694.6	62.14
1999	1486.31	104.23	107.60	263.25	1133.6	699.4	61.70
2000	1490.49	100.28	100.40	264.30	1218.2	705.2	57.89
2001	1610.87	108.08	106.03	280.24	1345.6	704.7	52.37
2002	1710.80	106.20	108.79	304.87	1411.7	690.3	48.90
2003	1817.38	106.23	102.95	313.86	1572.0	771.4	49.07
2004	2004.59	110.30	103.82	325.85	1676.4	813.4	48.52
2005	2165.11	108.01	105.50	343.77	2085.5	941.3	45.13
2006	2358.37	108.93	107.10	368.18	2214.9	978.0	44.16
2007	2683.78	113.80	104.11	383.31	2475.8	1098.3	44.36
2008	3061.24	114.06	101.57	389.33	2974.9	1298.3	43.64

6-20 2001-2008年农村贫困监测调查户人均收支情况

Per Capita Annual Net Income and Expenditure of Surveyed Indigent Rural Households(2001－2008)

指 标	Item	2001	2004	2005	2006	2007	2008
调查村数 (个)	**Number of Villages Surveyed (unit)**	112	116	116	116	116	116
调查户数 (户)	**Number of Households Surveyed (household)**	560	840	840	840	840	840
调查人数 (人)	**Number of Residents Surveyed (person)**	3277	4329	4404	4374	4319	4294
整、半劳动力 (人)	**The whole, Semi-labor (person)**	1970	2649	2665	2608	2685	2668
全年总收入 (元)	**Total Income (yuan)**	**1571.76**	**2044.00**	**2293.40**	**2521.47**	**2877.46**	**3262.90**
工资性收入	Income from Wages and Salaries	227.69	405.29	488.54	603.74	706.42	851.99
家庭经营收入	Income from Household Operations	1259.85	1500.82	1628.96	1730.33	1940.76	2147.28
农业收入	Income from Agriculture	279.46	754.39	839.02	864.90	926.63	1048.47
牧业收入	Income from Animal Husbandry	578.06	542.05	518.52	557.66	660.86	652.37
二、三产业收入	Income from Secondary and Tertiary	96.74	194.75	261.55	299.59	339.71	434.12
转移性收入	Income from Transfers	63.84	98.00	134.77	113.03	152.56	207.84
财产性收入	Income from Properties	20.38	39.89	41.12	74.38	77.72	55.80
全年总支出 (元)	**Expenditure (yuan)**	**1441.43**	**1710.52**	**2136.11**	**2314.60**	**2493.49**	**3035.08**
家庭经营生产费用	Family-run Production Costs	200.89	327.30	399.39	460.75	510.37	615.34
农业支出	Expenditure of Agricultural	90.49	143.30	174.58	176.04	198.70	215.37
牧业支出	Expenditure of Animal Husbandry	86.65	111.00	144.92	164.04	165.89	241.07
二、三产业费用支出	Expenditure of Secondary and Tertiary	16.93	71.70	79.17	116.82	143.36	157.42
购买生产性固定资产	Purchase of Productive Fixed Assets	69.74	89.86	106.85	89.21	46.18	115.52
税费支出	Taxes and Fees	36.16	13.25	1.80	1.42	0.60	0.42
生活消费支出	Consumption Expenditure	1088.40	1230.82	1522.09	1648.22	1810.10	2166.55
食品消费支出	Food	631.92	677.45	816.48	841.58	954.50	1131.06
衣着消费支出	Clothing	76.47	98.39	122.53	130.56	149.89	134.71
居住消费支出	Residence	200.03	151.80	201.77	210.12	206.09	320.00
家庭设备用品及服务消费	Household Facilities, Articles and Services	35.35	40.80	45.07	64.54	66.35	65.93
医疗保健支出	Health Care and Medical Services	59.12	76.72	102.72	121.56	143.21	167.36
交通通讯支出	Transport and Communications	32.40	84.53	120.93	178.22	177.63	194.32
文化教育、娱乐用品及服务	Education, Cultural and Recreation and Services	36.27	76.02	81.22	64.77	71.44	106.23
其他商品及服务支出	Miscellaneous Goods and Services	16.85	25.10	31.38	36.86	40.99	46.94
转移性支出	Expenses on Transfers	46.25	45.07	89.18	108.60	120.78	133.65
财产性支出	Expenses on Properties		4.23	16.82	6.40	5.46	3.59
生产性固定资产折旧 (元)	**Production of Depreciation of Fixed Assets (yuan)**	**50.00**	**113.82**	**115.85**	**114.87**	**106.57**	**107.78**
全年纯收入 (元)	**Annual Net Income (yuan)**	**1275.11**	**1558.72**	**1742.80**	**1929.10**	**2241.01**	**2527.44**

6–21 主要年份城乡居民储蓄存款年末余额
Savings Deposit of Urban and Rural Areas at Year-end in Main Years

单位:万元 (10 000 yuan)

年 份 Year	合 计 Total	城 镇 Urban	农牧民储蓄 Farmers and Herdsmen Savings	城乡居民人均储蓄 (元/人) Per Capita Savings of Urban and Rural Residents (yuan/person)
1952	128	128		0.81
1957	3662	2453	1209	18.10
1965	10448	4274	6174	46.44
1970	15790	6195	9595	56.94
1975	27028	10617	16411	81.14
1978	34176	14874	19302	94.72
1980	46588	25782	20806	124.41
1985	96999	75904	21095	239.80
1990	274222	246249	27973	617.71
1995	768898	754251	14647	1609.92
1996	890603	874877	15726	1837.24
1997	1033223	1016854	16369	2100.26
1998	1188728	1168088	20640	2381.27
1999	1313892	1286714	27178	2595.09
2000	1462849	1424066	38783	2850.72
2001	1774555	1696971	77584	3413.92
2002	2073077	2008176	64901	3942.34
2003	2415404	2350585	64819	4547.07
2004	3122740	2992865	129875	5823.83
2005	3615052	3489389	125663	6683.40
2006	4223541	4062721	160820	7743.22
2007	4687191	4422987	264204	8527.59
2008	6103847	5804726	299121	11038.70

主要统计指标解释

一、城镇住户

城镇家庭人口 指居住在一起，经济上合在一起共同生活的家庭成员。凡计算为家庭人口的成员其全部收支都包括在本家庭中。

城镇就业面 指就业人口占家庭人口的百分比。

城镇就业者负担人数 指家庭人口与就业人口之比。

城镇家庭总收入 指家庭成员得到的工薪收入、经营净收入、财产性收入、转移性收入之和，不包括出售财物收入和借贷收入。

城镇家庭可支配收入 指家庭成员得到可用于最终消费支出和其它非义务性支出以及储蓄的总和，即居民家庭可以用来自由支配的收入。它是家庭总收入扣除交纳的个人所得税、个人交纳的社会保障支出以及记账补贴后的收入。计算公式为：

可支配收入 = 家庭总收入 - 交纳个人所得税 - 个人交纳的社会保障支出 - 记账补贴

城镇家庭总支出 指除借贷支出以外的全部家庭支出。包括消费性支出、购房建房支出、转移性支出、财产性支出、社会保障支出。

城镇家庭消费性支出 指家庭用于日常生活的支出，包括食品、衣着、居住、家庭设备用品及服务、医疗保健、交通和通信、娱乐教育文化服务、其他商品和服务等八大类支出。

城镇家庭服务性消费支出 指家庭用于支付社会提供的各种非商品性服务费用。

城镇家庭收入分组方法 是将所有调查户按户人均可支配收入由低到高排队，按 10%，10%，20%，20%，20%，10%，10% 的比例依次分成：最低收入户、低收入户、中等偏下收入户、中等收入户、中等偏上收入户、高收入户、最高收入户等七组。总体中最低 5% 的户为困难户。

恩格尔系数 指食物支出金额在消费性总支出金额中所占的比例。计算公式为：

$$恩格尔系数 = \frac{食品支出金额}{消费性总支出金额} \times 100\%$$

二、农村住户

农村住户 指农村常住户。农村常住户指长期（一年以上）居住在乡镇（不包括城关镇）行政管理区域内的住户，以及长期居住在城关镇所辖行政村范围内的农村住户。户口不在本地而在本地居住一年及以上的住户也包括在本地农村常住户范围内；有本地户口，但举家外出谋生一年以上的住户，无论是否保留承包耕地都不包括在本地农村住户范围内。

常住人口 指全年经常在家或在家居住 6 个月以上，而且经济和生活与本户连成一体的人口。外出从业人员在外居住时间虽然在 6 个月以上，但收入主要带回家中，经济与本户连为一体，仍视为家庭常住人口；在家居住，生活和本户连成一体的国家职工、退休人员也为家庭常住人口。但是现役军人、中专及以上（走读生除外）的在校学生、以及常年在外（不包括探亲、看病等）且已有稳定的职业与住场所的外出从业人员，不算家庭常住人口。家庭常住人口主要作为计算农村住户平均每人收入、消费和积累水平及分析家庭人口状况的依据。

整、半劳动力 整劳动力指男子 18 周岁到 50 周岁，女子 18 周岁到 45 周岁；半劳动力指男子 16 周岁到 17 周岁，51 周岁到 60 周岁；女子 16 周岁到 17 周岁，46 周岁到 55 周岁，同时具有劳动能力的人。虽然在劳动年龄之内，但已丧失劳动能力的人，不应算为劳动力；超过劳动年龄，但能经常参加劳动，计入半劳动力数内。常住人口中的职工，若这些职工为劳动力，就包括在本户的整半劳动力中。

总收入 指调查期内农村住户和住户成员从各种来源渠道得到的收入总和。按收入的性质划分为工资性收入、家庭经营收入、财产性收入和转移性收入。

工资性收入 指农村住户成员受雇于单位或个人，靠出卖劳动而获得的收入。

家庭经营收入 指农村住户以家庭为生产经营单位进行生产筹划和管理而获得的收入。农村住户家庭经营活动按行业划分为农业、林业、牧业、渔业、工业、建筑业、交通运输业邮电业、批发和零售贸易餐饮业、社会服务业、文教卫生业和其他家庭经营。

财产性收入 指金融资产或有形非生产性资产的所有者向其他机构单位提供资金或将有形非生产性资产供其支配，作为回报而从中获得的收入。

转移性收入 指农村住户和住户成员无须付出任何对应物而获得的货物、服务、资金或资产所有权等，不包括无偿提供的用于固定资本形成的资金。一般情况下，是指农村住户在二次分配中的所有收入。

现金收入 指农村住户和住户成员在调查期内得到以现金形态表现的收入。按来源分成工资性收入、家庭经营现金收入、财产性收入、转移性收入。

纯收入 指农村住户当年从各个来源得到的总收入相应地扣除所发生的费用后的收入总和。计算方法：

纯收入 = 总收入 - 税费支出 - 家庭经营费用支出 - 生产性固定资产折旧 - 赠送农村亲友支出

纯收入主要用于再生产投入和当年生活消费支出，也可用于储蓄和各种非义务性支出。“农民人均纯收入”按人口平均的纯收入水平，反映的是一个地区或一个农户农村居民的平均收入水平。

总支出 指农村住户用于生产、生活和再分配的全部支出。家庭经营费用支出、购置生产性固定资产支出、生产性固定资产折旧、税费支出、生活消费支出、财产性支出和转移性支出。

Explanatory Notes on Main Statistical Indicator

I. Urban Households

Population of Urban Households refer to members of households living and sharing economically together in the urban areas. All the income and expenditure of all the members of such households are included in the income and expenditure of the household.

Proportion of Urban Employment refers to the proportion of employed population to the population of urban households.

Number of Dependents per Urban Employee refers to the ratio between number of persons in an urban household and the number of employed persons.

Total Income of Urban Households refers to the sum of wage and salary; net business income; income from properties; and income from transfers of members of the households. Income from selling of properties and income from borrowing are not included.

Disposable Income of Urban Households refers to the actual income at the disposal of members of the households which can be used for final consumption, other non – compulsory expenditure and savings. This equals to total income minus income tax, personal contribution to social security and subsidy for keeping diaries in being a sample household. The following formula is used:

Disposable income = total household income – income tax – personal contribution to social security – subsidy for keeping diaries for a sampled household

Total Expenditure of Urban Households refers to all expenditure of households except expenditure on lending. It includes expenditure on consumption; on purchasing or building houses; on transfers; on properties; and on social security.

Consumption Expenditure of Urban Households refers to total expenditure of households for consumption in daily life, including expenditure on the eight categories of food; clothing; housing; household appliances and services; health care and medical services; transport and communications; recreation, education and cultural services; and miscellaneous goods and services.

Expenditure of Urban Households on Consumption of Services refers to expenditure of households on various kinds of non – commercial services provided by society.

Urban Households by Income Group All households in the sample are grouped, by per capita disposable income of the household, into groups of lowest income, low income, lower middle income, middle income, upper middle income, high income and highest income, each group consisting of 10% , 10% , 20% , 20% , 20% , 10% and 10% of all households respectively. The lowest 5% of households are also referred to as poor households.

Engel's Coefficient refers to the percentage of expenditure on food in the total consumption expenditure, using the following formula: Engel's

$$\text{Coefficient} = \frac{\text{expenditure on food}}{\text{totalconsumption expenditure}} \times 100\%$$

II. Rural Household

Rural Households refer to usual resident households in rural areas. Usual resident households in rural areas are households residing on a long term basis (for more than one year) in the areas under the administration of township governments (not including county towns), and in the areas under the administration of villages in county towns. Households residing in the current addresses for over one year with their household registration in other places are still considered as resident households of the locality. For households with their household registration in one place but all members of the households having moved away to make a living in another place for over one year, they will not be included in the rural households of the area where they are registered, irrespective of whether they still keep their contracted land.

Usual Resident Population refers to persons staying at home regularly or for over 6 months during a year and integrated with the household economically and in terms of living.. Members of the household staying away from the household for over 6 months but keeping a close economic relation with the household by sending the majority of income to the household are regarded as usual resident of the household. Government staff and workers or retirees living as close members of the household are also considered as usual resident. However, servicemen, students of secondary technical schools or schools of higher education and persons with stable jobs and residence outside the household (excluding those visiting relatives or seeking medical service) are not included as resident population of the household. Resident population is used in calculating income, consumption, accumulation on per capita basis of rural households and in analyzing composition of rural households.

Full/Semi Labour Force Full labour force refers to persons capable of work, aged 18 – 50 for males and 18 – 45 for females. Semi labour force refers to persons capable of work, aged 16 – 17 and 51 – 60 for males and 16 – 17 and 46 – 55 for females. Persons at their working ages but not capable of work are not to be included as labour force. Persons not at working ages but participating regularly in work are included in semi labour force. For staff and workers who are usual residents, are included as full or semi labour force of the household if they are in the labour force.

Total Income refers to the sum of income earned from various sources by the rural households and their members during the reference period, and is classified as income from wages and salaries, income from household operations, income from properties and income from transfers.

Income from Wages and Salaries refers to income from labour earned by the members of rural households employed by other units or individuals.

Income from Household Operations refers to income by the rural households as units of production and operation. Operations by rural households are classified according to their economic activities namely agriculture, forestry, animal husbandry, fishery, manufacturing, construction, transportation, post and telecommunications, wholesale, retail and catering, social service, culture, education, health, and other household operations.

Income from Properties refers to the income received as returns by owners of financial assets or tangible non – productive assets by providing capitals or tangible non – productive assets to other institutional units.

Income from Transfers refers to the receipt by rural households and their members of goods, services, capital or rights of assets without giving or repaying accordingly, excluding capital provided to them for the formation of fixed assets. In general, it refers to all income received by rural households through redistribution.

Cash Income refers to income received by rural households and their members in the form of cash during the reference period. It is classified, by source of income, into income from wages and salaries, cash income from household operations, income from properties and income from transfers.

Net Income refers to the total income of rural households from all sources minus all corresponding expenses. The formula for calculation is as follows:

Net income = total income – taxes and fees paid – household operation expenses – taxes and fees depreciation of fixed assets for production – gifts to non – rural relatives

Net income is mainly used as input for reinvestment in production and as consumption expenditure of the year, and also used for savings and non – compulsory expenses of various forms. "Per capita net income of farmers" is the level of net income averaged by population, reflecting the average income level of rural households in a given area.

Total Expenditure refers to total expenses of rural households on production, consumption and redistribution, including expenditure on household operations,; purchase of productive fixed assets; depreciation of productive fixed assets; taxes and fees; expenses on household consumption; expenses on properties; and expenses on transfers.

第7篇

CHAPTER 7

物价

Price Indices

各种物价总指数（以上年为100）

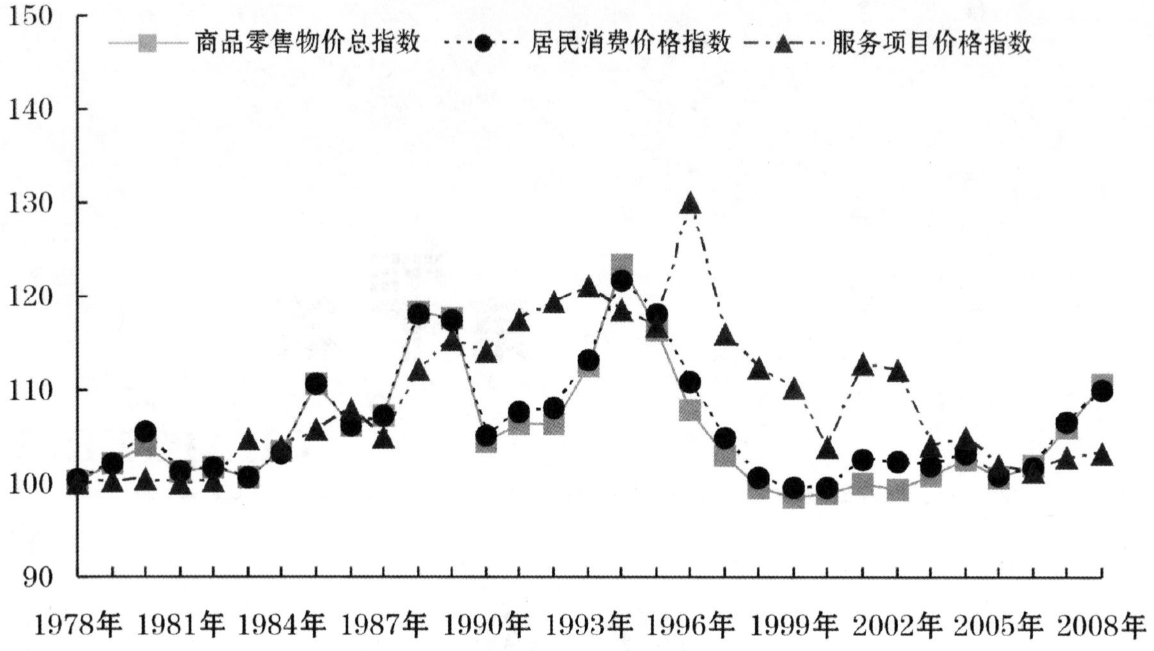

各种物价总指数（以1978年价格为100）

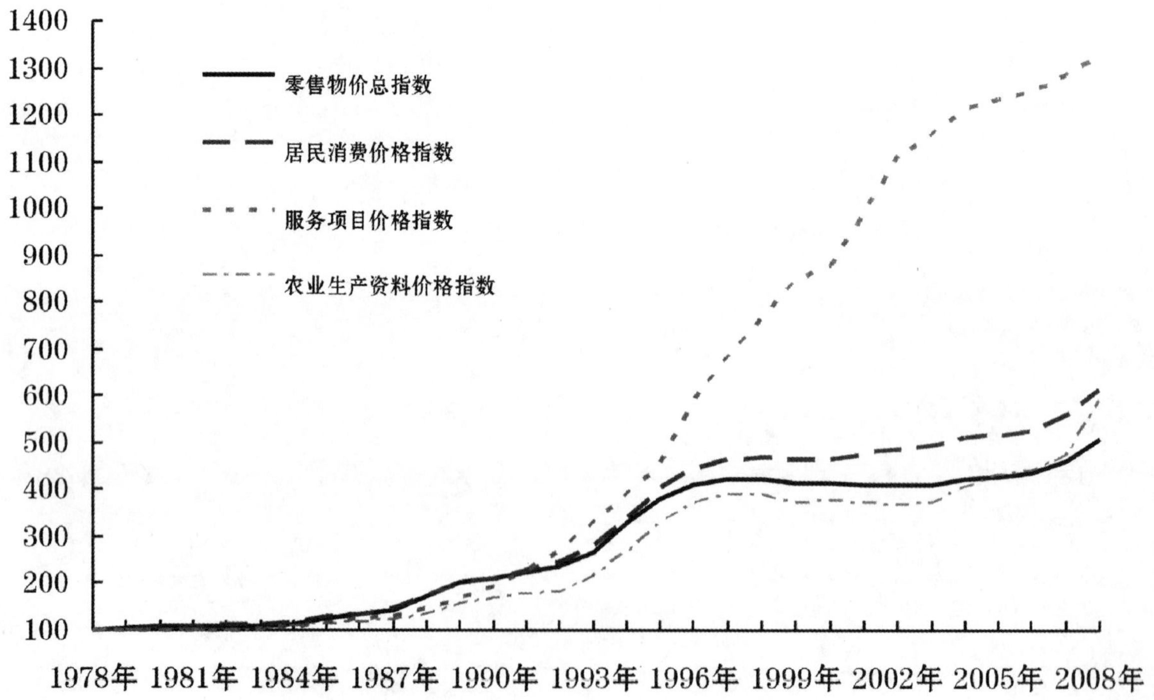

7-1 1978–2008年各种价格总指数
Price Indices (1978-2008)

（上年=100） (preceding year=100)

年份 Year	商品零售价格指数 Retail Price Index	居民消费价格指数 Consumer Price Index	城市居民消费价格指数 Urban Areas	农村居民消费价格指数 Rural Areas	服务项目价格指数 Service Price Index	农业生产资料价格指数 Price Index for Means of Agricultural Production
1978	100.22	100.35	100.23	100.50	100.00	100.04
1979	102.22	102.15	103.38	100.31	100.11	99.16
1980	104.08	105.59	105.59	101.30	100.44	99.23
1981	101.37	101.30	101.30	100.67	100.00	100.52
1982	101.80	101.77	102.07	100.88	100.20	100.88
1983	100.65	100.74	100.62	101.40	104.73	100.36
1984	103.40	103.10	103.10	102.40	103.86	107.90
1985	110.70	110.70	111.80	106.20	105.80	103.70
1986	106.10	106.20	106.40	105.70	107.80	102.60
1987	107.30	107.20	107.80	105.20	104.80	104.10
1988	118.30	118.00	118.60	116.20	112.20	111.00
1989	117.70	117.50	117.30	118.00	115.30	116.40
1990	104.50	105.10	104.70	107.60	114.10	108.70
1991	106.30	107.60	108.70	105.20	117.50	104.10
1992	106.40	108.00	108.60	106.60	119.30	103.80
1993	112.50	113.20	114.00	110.50	121.00	117.60
1994	123.30	121.80	123.20	120.70	118.50	124.10
1995	116.30	118.00	119.70	115.70	116.80	123.90
1996	107.80	110.80	111.40	108.80	129.90	112.60
1997	103.00	104.80	105.10	104.20	116.00	105.00
1998	99.60	100.70	100.60	101.00	112.30	100.30
1999	98.50	99.50	99.50	99.60	110.30	95.60
2000	99.00	99.50	99.60	99.40	103.80	100.70
2001	99.90	102.60	103.00	101.20	112.70	99.60
2002	99.30	102.30	102.10	102.90	112.20	98.00
2003	100.80	102.00	101.80	102.50	104.00	101.10
2004	102.60	103.20	102.10	105.50	104.80	109.20
2005	100.70	100.80	99.70	103.10	102.00	106.50
2006	102.00	101.60	101.80	101.10	101.30	102.10
2007	106.00	106.60	106.30	107.30	102.70	108.10
2008	110.60	109.90	108.90	112.30	103.20	124.20

7-2 1978–2008年各种价格总指数
Price Indices (1978-2008)

(1978年=100) (year of 1978=100)

年 份 Year	商品零售价格指数 Retail Price Index	居民消费价格指数 Consumer Price Index	城市居民消费价格指数 Urban Areas	农村居民消费价格指数 Rural Areas	服务项目价格指数 Service Price Index	农业生产资料价格指数 Price Index for Means of Agricultural Production
1978	100.00	100.00	100.00	100.00	100.00	100.00
1979	102.22	102.15	103.38	100.31	100.11	99.16
1980	106.39	107.86	109.16	101.61	100.55	98.40
1981	107.85	109.26	110.58	102.29	100.55	98.91
1982	109.79	111.20	112.87	103.20	100.75	99.78
1983	110.50	112.02	113.57	104.64	105.52	100.14
1984	114.26	115.49	117.09	107.15	109.59	108.05
1985	126.49	127.85	130.90	113.79	115.95	112.05
1986	134.20	135.78	139.28	120.28	124.99	114.96
1987	144.00	145.55	150.15	126.54	130.99	119.67
1988	170.35	171.75	178.07	147.03	146.97	132.84
1989	200.50	201.81	208.88	173.50	169.46	154.62
1990	209.52	212.10	218.70	186.69	193.35	168.07
1991	222.72	228.22	237.30	196.39	227.19	174.97
1992	236.98	246.48	258.17	209.36	271.03	181.61
1993	266.60	279.01	294.31	231.34	327.95	213.58
1994	328.72	339.84	362.59	279.23	388.62	265.05
1995	381.99	401.01	434.02	323.06	453.91	328.40
1996	412.12	444.32	483.50	351.49	589.63	369.78
1997	424.48	465.65	508.16	366.25	683.97	388.27
1998	422.79	468.91	511.21	369.92	768.10	389.43
1999	416.44	466.57	508.65	368.44	847.21	372.29
2000	412.28	464.24	506.62	366.23	879.41	374.90
2001	411.87	476.31	521.82	370.62	991.09	373.40
2002	408.98	487.25	532.77	381.37	1112.00	365.93
2003	412.25	497.00	542.36	390.90	1156.48	369.96
2004	422.97	512.90	553.75	412.40	1211.99	404.00
2005	425.93	517.00	552.09	412.41	1236.23	430.26
2006	434.45	525.27	562.03	416.95	1252.30	439.30
2007	460.52	559.94	597.44	447.39	1286.11	474.88
2008	509.34	615.37	650.61	502.42	1327.27	589.80

7–3 居民消费价格分类指数(2008年)
Consumer Price Indices by Category (2008)

(上年=100) (preceding year=100)

项　目	Item	全　省 Province	城　市 Urban	农　村 Rural
居民消费价格总指数	**General Index**	**109.9**	**108.9**	**112.3**
非食品价格指数	**Non-food Price Index**	**105.6**	**104.0**	**108.6**
服务项目价格指数	**Service Price Index**	**103.2**	**102.2**	**105.3**
工业品价格指数	**Consumer Price Index of Industrial Production**	**107.0**	**105.2**	**110.1**
扣除食品和能源价格指数	**Excluding Food and Energy Price Index**	**104.6**	**103.2**	**107.3**
扣除鲜菜鲜果总指数	**Excluding Fresh Vegetables and Fresh Fruit Price Index**	**109.9**	**108.7**	**112.2**
消费品价格指数	**Consumer Price Index**	**112.3**	**111.2**	**114.2**
食品	**Food**	**119.0**	**118.4**	**120.0**
粮食	Grain	111.6	111.1	112.1
油脂	Oil or Fat	126.8	123.7	130.8
肉禽及其制品	Meat, Poultry and Processed Products	128.1	129.8	125.5
蛋	Eggs	104.9	105.4	104.2
水产品	Aquatic Products	123.1	123.7	118.7
菜	Vegetables	118.6	116.1	124.3
鲜菜	Fresh Vegetables	118.3	117.6	119.7
干鲜瓜果	Dried and Fresh Melons and Fruits	112.6	110.0	122.5
鲜瓜果	Fresh Fruits	111.2	110.2	115.4
液体乳及乳制品	Milk and Its Products	127.3	128.7	121.1
在外用膳食品	Dining Out	114.7	113.8	117.6
炒菜	Fried Dishes	111.0	108.5	116.5
烟酒及用品	**Tobacco, Liquor and Articles**	**105.6**	**106.2**	**104.7**
衣着	**Clothing**	**104.4**	**106.7**	**99.8**
服装	Garments	106.2	108.9	99.1
家庭设备用品及维修服务	**Household Facilities, Articles and Services**	**102.9**	**102.5**	**103.7**
耐用消费品	Durable Consumer Goods	100.7	99.9	102.3
家庭日用杂品	Daily Use Household Articles	108.4	108.8	107.0
医疗保健和个人用品	**Health Care and Personal Articles**	**106.1**	**105.5**	**107.1**
医疗保健	Health Care	106.1	106.6	105.5
中药材及中成药	Traditional Chinese Medicine	113.6	116.7	104.3
西药	Western Medicine	103.5	102.9	104.9
医疗保健服务	Health Care Services	104.3	102.9	106.2
交通和通讯	**Transportation and Communication**	**99.8**	**97.5**	**104.5**
交通	Transportation	103.6	100.9	107.2
通信	Communication	94.4	94.0	96.2
娱乐教育文化用品及服务	**Recreation, Education and Culture Articles**	**101.0**	**101.3**	**100.7**
教育	Education	104.1	104.8	102.6
旅游	Touring and Outing	100.4	100.3	100.5
居住	**Residence**	**115.8**	**109.0**	**126.0**
建房及装修材料	Building and Building Decoration Materials	122.7	110.8	131.1
租房	Renting	116.7	108.7	118.0
自有住房	Private Housing	104.1	104.4	103.4
水、电、燃料	Water, Electricity and Fuels	113.0	109.4	123.9

7-4 2001－2008年居民消费价格分类指数

(2000年=100)

项 目	Item	2001	2002
居民消费价格总指数	**General Index**	**103.8**	**105.6**
非食品价格指数	**Non-food Price Index**	**104.6**	**107.5**
服务项目价格指数	**Service Price Index**	**120.0**	**131.2**
扣除鲜菜鲜果总指数	**Excluding Fresh Vegetables and Fresh Fruit Price Index**	**104.2**	**105.8**
消费品价格指数	**Consumer Price Index**	**99.3**	**98.6**
食品	**Food**	**102.0**	**101.7**
粮食	Grain	94.8	91.3
油脂	Oil or Fat	91.7	93.3
肉禽及其制品	Meat, Poultry and Processed Products	115.6	112.4
蛋	Eggs	113.9	110.3
水产品	Aquatic Products	97.7	101.7
菜	Vegetables	94.2	103.2
鲜菜	Fresh Vegetables	94.1	105.3
干鲜瓜果	Dried and Fresh Melons and Fruits	93.8	96.0
鲜瓜果	Fresh Melons and Fruits	94.5	96.8
液体乳及乳制品	Milk and Its Products	100.6	99.8
在外用膳食品	Dining Out	102.5	102.0
炒菜	Fried Dishes	102.4	101.2
烟酒及用品	**Tobacco, Liquor and Articles**	**99.2**	**99.5**
衣着	**Clothing**	**98.2**	**99.8**
服装	Garments	97.1	99.9
家庭设备用品及维修服务	**Household Facilities, Articles and Services**	**95.5**	**94.8**
耐用消费品	Durable Consumer Goods	94.6	94.1
家庭日用杂品	Daily Use Household Articles	92.9	89.4
医疗保健和个人用品	**Health Care and Personal Articles**	**99.0**	**108.2**
医疗保健	Health Care	99.3	112.1
中药材及中成药	Traditional Chinese Medicine	101.0	98.7
西药	Western Medicine	94.5	88.2
医疗保健服务	Health Care Services	109.8	263.6
交通和通讯	**Transportation and Communication**	**102.2**	**103.4**
交通	Transportation	105.3	110.6
通信	Communication	98.0	95.1
娱乐教育文化用品及服务	**Recreation, Education and Culture Articles**	**124.8**	**128.6**
教育	Education	148.6	156.2
旅游	Touring and Outing	107.0	116.8
居住	**Residence**	**102.2**	**103.1**
建房及装修材料	Building and Building Decoration Materials	100.0	98.1
租房	Renting	100.0	100.0
自有住房	Private Housing	101.4	95.3
水、电、燃料	Water, Electricity and Fuels	104.9	113.1

Consumer Price Indices by Category (2001－2008)

(year of 2000=100)

2003	2004	2005	2006	2007	2008
108.8	**111.2**	**112.4**	**116.7**	**124.1**	**130.0**
108.2	**110.8**	**111.4**	**114.5**	**115.5**	**121.3**
133.9	**140.6**	**144.3**	**147.8**	**149.7**	**150.5**
108.3	**111.6**	**112.0**	**116.3**	**123.4**	**129.5**
101.9	**103.2**	**103.8**	**108.1**	**116.8**	**123.8**
110.2	**112.2**	**114.8**	**121.6**	**143.2**	**149.4**
101.5	108.2	111.1	118.5	129.1	130.2
119.4	113.3	103.5	119.2	139.0	128.2
123.7	132.6	126.8	141.3	199.1	197.1
122.3	130.9	121.2	149.2	125.9	132.0
103.3	117.1	125.0	122.2	139.0	160.7
124.6	107.2	130.8	137.1	149.9	152.6
128.4	108.3	133.7	140.3	154.9	153.2
102.7	96.7	101.1	103.6	114.0	123.7
105.7	94.4	95.9	95.8	109.2	114.9
104.3	107.6	106.2	106.2	122.7	139.8
102.3	104.4	107.0	109.0	122.7	136.4
99.7	99.5	100.0	101.4	113.1	122.8
99.3	**101.9**	**101.9**	**105.2**	**104.5**	**109.7**
104.8	**106.0**	**101.5**	**106.7**	**102.5**	**109.2**
105.5	106.9	101.6	108.6	102.8	111.0
94.8	**95.1**	**94.5**	**94.3**	**97.4**	**100.6**
93.4	91.3	89.4	88.7	89.5	90.6
88.0	91.1	92.0	91.8	99.0	109.2
106.7	**112.6**	**114.5**	**119.5**	**123.2**	**126.7**
110.1	116.5	116.9	121.9	126.3	129.9
99.3	93.3	90.6	99.0	109.3	117.1
83.4	81.9	80.6	80.3	83.9	87.4
270.0	327.3	338.9	359.6	357.4	358.6
101.8	**100.1**	**90.0**	**92.1**	**89.9**	**89.2**
110.2	111.3	112.2	118.5	114.7	118.3
92.4	87.6	67.1	65.6	64.8	60.6
131.3	**132.3**	**140.6**	**138.8**	**139.6**	**140.8**
166.5	171.5	195.7	183.2	201.9	212.4
115.7	109.3	110.0	130.5	113.0	107.7
102.6	**108.4**	**115.1**	**120.4**	**126.3**	**144.7**
93.4	97.7	107.3	113.6	119.6	143.9
100.2	100.2	100.2	100.2	121.9	132.9
95.2	99.1	102.1	104.6	110.9	103.2
117.6	128.0	134.9	140.8	143.8	167.6

7-5 商品零售价格分类指数(2008年)
Retail Price Indices by Category (2008)

(上年=100) (preceding year=100)

项 目	Item	全 省 Province	城 市 Urban	农 村 Rural
商品零售价格总指数	**Retail Price Index**	**110.6**	**110.2**	**111.3**
食品类	**Food**	**118.3**	**117.9**	**118.9**
饮料、烟酒	**Beverages, Tobacco and Liquor**	**106.6**	**107.1**	**105.4**
服装、鞋帽类	**Garments, Shoes and Hats**	**103.0**	**104.9**	**99.6**
纺织品类	**Textiles**	**99.6**	**99.4**	**100.0**
家用电器及音像器材	**Household Appliances, Music and Video Equipment**	**98.1**	**98.2**	**97.8**
家庭设备	Household Equipment	101.7	102.1	100.7
文娱用耐用消费品	Culture and Entertainment with Consumer Durable Goods	92.8	91.7	94.7
音像器材类	Music and Video Equipment	99.6	98.6	100.0
文化办公用品	**Cultural and Office Appliances**	**96.1**	**93.3**	**104.1**
日用品	**Articles for Daily Use**	**105.7**	**106.1**	**104.6**
日用百货	General Merchandise for Daily Use	107.2	107.8	105.8
日用杂品	Miscellaneous for Daily Use	102.4	102.0	103.6
洗涤用品	Cleaning Products	108.3	108.5	107.6
体育娱乐用品	**Sports and Recreation Articles**	**99.1**	**98.6**	**100.3**
交通、通信用品	**Transportation and Communication Appliances**	**98.0**	**99.2**	**94.9**
交通运输机械	Transport Machinery	103.6	103.6	103.6
通信器材类	Communications Equipment	84.0	81.1	86.8
家具	**Furniture**	**99.5**	**97.5**	**103.0**
化妆品类	**Cosmetics**	**100.2**	**100.7**	**97.6**
金银珠宝类	**Gold, Silver and Jewelry**	**134.4**	**146.5**	**124.6**
中西药品及医疗保健用品类	**Traditional Chinese and Western Medicines and Health Care Articles**	**108.1**	**109.4**	**105.2**
书报杂志及电子出版物类	**Books, Newspapers, Magazines and Electronic Publications**	**102.5**	**99.4**	**107.4**
教材及参考书	Textbooks and Reference Books	104.2	98.8	112.5
书报杂志	Books, Newspapers Magazines	101.8	100.1	105.3
电子音像制品	Electronic Audio-video Products	99.5	98.1	100.9
燃料类	**Fuels**	**121.3**	**119.4**	**126.4**
煤炭及制品类	Coal and Coal Products	139.3	140.5	136.9
石油及制品类	Petroleum and Petroleum Products	114.7	114.0	117.5
建筑材料及五金电料类	**Building Materials and Hardware**	**115.0**	**110.0**	**126.0**
建筑装潢材料	Building Decoration Materials	118.9	113.2	129.7
五金电料类	Hardware	104.3	102.7	110.1

7-6 调查市、县商品零售价格指数(2008年)

Retail Price Indices of Surveyed Cities and Counties(2008)

(上年=100) (preceding Year=100)

项 目	Ietm	西宁市 Xining City	大通县 Datong Hui & Tu County	乐都县 Ledu County	共和县 Gonghe County	格尔木市 Geermu City
商品零售价格总指数	**Retail Price Index**	**110.1**	**112.5**	**110.6**	**110.0**	**110.9**
食品类	**Food**	**117.5**	**120.5**	**118.4**	**117.1**	**121.4**
饮料、烟酒	**Beverages, Tobacco and Liquor**	**107.9**	**108.3**	**103.7**	**104.3**	**102.9**
服装、鞋帽类	**Garments, Shoes and Hats**	**105.2**	**100.1**	**101.1**	**97.1**	**104.2**
纺织品类	**Textiles**	**99.2**	**99.5**	**99.8**	**100.7**	**100.0**
家用电器及音像器材	**Household Appliances, Music and Video Equipment**	**97.4**	**98.0**	**98.6**	**94.9**	**102.4**
家庭设备	Household Equipment	101.6	101.3	100.5	97.8	106.1
文娱用耐用消费品	Culture and Entertainment with Consumer Durable Goods	89.2	93.0	97.4	90.5	99.7
音像器材类	Music and Video Equipment	98.6	100.0	100.0		
文化办公用品	**Cultural and Office Appliances**	**91.4**	**103.7**	**102.1**	**107.9**	**102.2**
日用品	**Articles for Daily Use**	**105.7**	**104.1**	**105.6**	**104.3**	**109.6**
日用百货	General Merchandise for Daily Use	106.7	107.1	107.3	101.8	116.2
日用杂品	Miscellaneous for Daily Use	102.1	100.4	109.6	101.7	100.0
洗涤用品	Cleaning Products	108.0	106.5	106.4	109.8	112.9
体育娱乐用品	**Sports and Recreation Articles**	**98.8**	**100.4**	**100.0**	**100.3**	**97.0**
交通、通信用品	**Transportation and Communication Appliances**	**98.9**	**99.2**	**98.2**	**84.9**	**100.5**
交通运输机械	Transport Machinery	103.5	105.0	101.2	104.8	104.0
通讯器材类	Communications Equipment	76.1	92.5	94.1	75.8	93.5
家具	**Furniture**	**97.0**	**102.5**	**100.5**	**111.5**	**105.5**
化妆品类	**Cosmetics**	**100.6**	**96.2**	**99.7**	**98.5**	**103.0**
金银珠宝类	**Gold, Silver and Jewelry**	**121.2**	**126.6**	**122.5**	**122.3**	**190.8**
中西药品及医疗保健用品类	**Traditional Chinese and Western Medicines and Health Care Articles**	**109.1**	**106.0**	**105.2**	**102.3**	**110.6**
书报杂志及电子出版物类	**Books, Newspapers, Magazines and Electronic Publications**	**99.2**	**108.0**	**111.2**	**100.5**	**100.5**
教材及参考书	Textbooks and Reference Books	98.5	110.0	118.5	101.8	101.1
书报杂志	Books, Newspapers Magazines	100.0	107.2	100.7	100.0	100.5
电子音像制品	Electronic Audio-video Products	96.9	100.0	103.4	100.0	100.0
燃料类	**Fuels**	**119.6**	**128.8**	**129.4**	**122.1**	**114.0**
煤炭及制品类	Coal and Coal Products	141.7	134.4	146.3	132.5	115.4
石油及制品类	Petroleum and Petroleum Products	114.1	116.3	117.5	118.3	113.6
建筑材料及五金电料类	**Building Materials and Hardware**	**109.4**	**140.8**	**115.5**	**123.9**	**119.1**
建筑装潢材料	Building Decoration Materials	112.6	155.5	116.8	120.0	124.0
五金电料类	Hardware	102.7	101.3	103.2	139.4	102.6

7-7 调查市、县居民消费价格指数(2008年)

Consumer Price Indices of Surveyed Cities and Counties(2008)

(上年=100) (preceding Year=100)

项　目	Item	西宁市 Xining City	大通县 Datong Hui & Tu County	乐都县 Ledu County	共和县 Gonghe County	格尔木市 Geermu City
居民消费价格总指数	**General Index**	**108.2**	**111.8**	**110.7**	**107.9**	**110.8**
非食品价格指数	**Non-food Price Index**	**103.3**	**107.9**	**106.1**	**103.0**	**105.4**
服务项目价格指数	**Service Price Index**	**101.6**	**105.5**	**104.4**	**103.2**	**106.0**
工业品价格指数	**Consumer Price Index of Industrial Production**	**104.5**	**109.2**	**106.9**	**102.9**	**105.0**
扣除食品和能源价格指数	**Excluding Food and Energy Price Index**	**102.6**	**106.6**	**104.3**	**102.1**	**105.2**
扣除鲜菜鲜果总指数	**Excluding Fresh Vegetables and Fresh Fruit Price Index**	**108.0**	**111.7**	**110.4**	**107.3**	**110.1**
消费品价格指数	**Consumer Price Index**	**110.6**	**113.8**	**112.5**	**109.4**	**112.3**
食品	**Food**	**117.8**	**119.7**	**119.8**	**117.5**	**122.0**
粮食	Grain	111.1	111.2	111.0	110.0	111.6
油脂	Oil or Fat	122.6	134.6	124.0	135.8	131.0
肉禽及其制品	Meat, Poultry and Processed Products	130.2	125.4	129.7	119.4	125.4
蛋	Eggs	106.0	103.8	99.5	101.2	103.4
水产品	Aquatic Products	123.3	117.6	125.6	114.5	128.0
菜	Vegetables	116.3	132.0	115.2	124.9	125.8
鲜菜	Fresh Vegetables	116.2	117.1	118.5	127.9	125.9
干鲜瓜果	Dried and Fresh Melons and Fruits	107.4	118.4	119.8	123.2	123.5
鲜瓜果	Fresh Fruits	107.6	114.1	116.6	124.1	121.9
液体乳及乳制品	Milk and Its Products	128.0	120.4	129.9	114.1	135.5
在外用膳食品	Dining Out	111.8	120.4	116.7	115.0	122.0
炒菜	Fried Dishes	107.5	116.4	120.5	106.6	114.5
烟酒及用品	**Tobacco, Liquor and Articles**	**106.6**	**107.7**	**101.8**	**103.6**	**102.1**
衣着	**Clothing**	**105.0**	**100.0**	**101.2**	**95.5**	**104.3**
服装	Garments	107.4	99.9	100.2	92.9	105.0
家庭设备用品及维修服务	**Household Facilities, Articles and Services**	**103.2**	**105.3**	**102.4**	**104.1**	**105.2**
耐用消费品	Durable Consumer Goods	99.7	102.1	100.4	105.1	105.6
家庭日用杂品	Daily Use Household Articles	114.5	109.1	104.9	108.9	105.2
医疗保健和个人用品	**Health Care and Personal Articles**	**105.3**	**108.5**	**106.1**	**103.5**	**105.9**
医疗保健	Health Care	107.0	108.4	104.4	102.7	103.8
中药材及中成药	Traditional Chinese Medicine	116.8	105.4	113.2	106.3	116.6
西药	Western Medicine	102.6	108.6	100.4	101.7	107.0
医疗保健服务	Health Care Services	102.9	113.4	100.4	102.8	99.1
交通和通讯	**Transportation and Communication**	**96.7**	**101.7**	**107.0**	**101.8**	**96.0**
交通	Transportation	100.3	105.1	114.0	108.7	101.1
通信	Communication	93.5	98.5	98.0	92.6	92.4
娱乐教育文化用品及服务	**Recreation, Education and Culture Articles**	**99.3**	**102.5**	**100.0**	**100.1**	**112.0**
教育	Education	102.3	105.5	101.4	99.9	118.5
旅游	Touring and Outing	94.6	100.2	97.1	106.4	113.8
居住	**Residence**	**106.8**	**122.9**	**117.6**	**111.6**	**108.4**
建房及装修材料	Building and Building Decoration Materials	108.6	156.6	114.7	115.5	115.9
租房	Renting	102.4	114.5	104.6	120.7	111.3
自有住房	Private Housing	103.5	103.0	106.3	103.5	105.6
水、电、燃料	Water, Electricity and Fuels	109.8	115.5	125.8	111.5	105.6

7-8 全省及调查县农业生产资料价格指数(2008年)
Price Indices for Means of Agricultural Production in the Province and Counties Surveyed(2008)

(上年=100) (preceding year=100)

项 目	Item	全 省 Province Total	大通县 Datong Hui & Tu County	乐都县 Ledu County	共和县 Gonghe County
农业生产资料价格指数	Price Indices of Agricultural Means	124.2	125.9	126.0	117.3
农用手工工具	Farm Handtools	107.9	103.1	107.2	122.3
饲料	Forage	112.8	113.5	113.1	112.4
混合饲料	Mixed Forage	111.3	106.7	113.5	112.4
产品畜	Production Livestock	167.8	193.4	147.2	252.9
半机械化农具	Semi-mechanized Farm Tools	112.6	117.9	104.8	115.8
机械化农具	Mechanized Farm Machinery	122.2	121.4	121.8	123.9
化学肥料	Chemical Fertilizer	128.1	125.6	133.9	118.6
氮肥	Nitrogen	120.1	123.0	124.9	104.3
磷肥	Phosphate	143.6	153.4	142.5	127.3
钾肥	Potassium	102.5	100.0		
复合肥料	Compound fertilizer	122.2	108.2	131.6	
农药及农药械	Pesticide and Its Appliances	112.5	116.1	106.1	104.8
化学农药	Chemical Pesticides	115.0	117.6	109.0	105.3
农药器械	Pesticide Equipment	100.4	100.8	100.0	100.0
农用机油	Oil for Farm Machinery	116.0	113.9	122.5	115.7
其他农业生产资料	Other Means of Agricultural Production	117.3	121.2	114.3	104.7
农用种子	Farm Seeds	120.6	127.5	119.3	102.2
农业生产服务	Service for Agricultural Production	116.2	116.8	111.1	117.5

7-9 城乡居民消费价格指数(2008年)

Consumer Price Indices of Qinghai in Urban and Rural Areas(2008)

(2005年=100) (year of 2005=100)

项 目	Item	全 省 Province	城 市 Urban	农 村 Rural
居民消费价格总指数	**General Index**	**121.1**	**119.7**	**123.7**
非食品价格指数	**Non-food Price Index**	**112.5**	**110.6**	**116.1**
服务项目价格指数	**Service Price Index**	**108.1**	**105.9**	**113.3**
工业品价格指数	**Consumer Price Index of Industrial Production**	**115.0**	**113.6**	**117.3**
扣除食品和能源价格指数	**Excluding Food and Energy Price Index**	**110.2**	**109.0**	**112.8**
扣除鲜菜鲜果总指数	**Excluding Fresh Vegetables and Fresh Fruit Price Index**	**120.0**	**118.6**	**122.7**
消费品价格指数	**Consumer Price Index**	**125.3**	**124.6**	**126.5**
食品	**Food**	**140.4**	**139.4**	**142.5**
粮食	Grain	126.8	127.7	125.6
油脂	Oil or Fat	135.4	136.1	134.9
肉禽及其制品	Meat, Poultry and Processed Products	162.4	164.3	158.7
蛋	Eggs	120.5	123.7	112.8
水产品	Aquatic Products	125.9	127.5	113.6
菜	Vegetables	148.0	144.2	156.9
鲜菜	Fresh Vegetables	149.6	147.6	154.3
干鲜瓜果	Dried and Fresh Melons and Fruits	139.6	136.8	150.3
鲜瓜果	Fresh Fruits	137.4	134.9	149.1
液体乳及乳制品	Milk and Its Products	130.8	131.1	129.7
在外用膳食品	Dining Out	132.0	129.6	139.5
炒菜	Fried Dishes	125.1	119.7	138.3
烟酒及用品	**Tobacco, Liquor and Articles**	**111.5**	**115.1**	**106.3**
衣着	**Clothing**	**113.0**	**121.4**	**96.6**
服装	Garments	117.5	127.6	93.5
家庭设备用品及维修服务	**Household Facilities, Articles and Services**	**106.4**	**106.3**	**106.6**
耐用消费品	Durable Consumer Goods	100.4	98.8	103.7
家庭日用杂品	Daily Use Household Articles	119.2	120.6	114.4
医疗保健和个人用品	**Health Care and Personal Articles**	**117.4**	**115.8**	**120.0**
医疗保健	Health Care	118.0	117.7	119.1
中药材及中成药	Traditional Chinese Medicine	138.0	147.3	114.6
西药	Western Medicine	109.2	108.7	110.5
医疗保健服务	Health Care Services	117.5	111.7	126.0
交通和通信	**Transportation and Communication**	**98.6**	**91.7**	**110.9**
交通	Transportation	111.6	106.8	117.3
通信	Communication	82.2	80.4	90.4
娱乐教育文化用品及服务	**Recreation, Education and Culture Articles**	**99.6**	**102.4**	**91.7**
教育	Education	106.4	111.3	96.4
旅游	Touring and Outing	115.7	116.0	99.3
居住	**Residence**	**135.0**	**123.9**	**152.1**
建房及装修材料	Building and Building Decoration Materials	145.7	129.3	156.6
租房	Renting	132.7	110.2	141.0
自有住房	Private Housing	103.8	104.6	104.3
水、电、燃料	Water, Electricity and Fuels	134.5	127.1	157.6

7-10 城乡商品零售价格指数(2008年)

Retail Price Indices of Qinghai in Urban and Rural Areas(2008)

(2005年=100) (year of 2005=100)

项目	Item	全省 Province	城市 Urban	农村 Rural
商品零售价格总指数	**Retail Price Index**	**121.7**	**121.8**	**121.5**
食品	**Food**	**139.6**	**138.6**	**141.1**
饮料、烟酒	**Beverages, Tobacco and Liquor**	**113.4**	**115.3**	**110.0**
服装、鞋帽	**Garments, Shoes and Hats**	**111.1**	**121.8**	**94.6**
纺织品	**Textiles**	**101.4**	**102.8**	**99.3**
家用电器及音像器材	**Household Appliances, Music and Video Equipment**	**89.2**	**89.3**	**88.6**
家庭设备	Household Equipment	99.3	99.6	98.1
文娱用耐用消费品	Culture and Entertainment with Consumer Durable Goods	75.7	73.3	78.6
音像器材	Music and Video Equipment	100.0	99.2	100.1
文化办公用品	**Cultural and Office Appliances**	**85.8**	**79.7**	**103.2**
日用品	**Articles for Daily Use**	**113.4**	**114.5**	**110.5**
日用百货	General Merchandise for Daily Use	110.1	109.3	111.4
日用杂品	Miscellaneous for Daily Use	109.7	110.4	108.2
洗涤用品	Cleaning Products	119.0	120.1	115.7
体育娱乐用品	**Sports and Recreation Articles**	**96.3**	**97.0**	**94.9**
交通、通信用品	**Transportation and Communication Appliances**	**89.4**	**90.4**	**86.5**
交通运输机械	Transport Machinery	102.6	101.8	105.2
通信器材	Communications Equipment	62.0	52.3	71.2
家具	**Furniture**	**99.6**	**96.8**	**104.7**
化妆品	**Cosmetics**	**100.9**	**103.1**	**92.1**
金银珠宝	**Gold, Silver and Jewelry**	**164.0**	**188.5**	**146.0**
中西药品及医疗保健用品	**Traditional Chinese and Western Medicines and Health Care Articles**	**118.8**	**122.3**	**111.4**
书报杂志及电子出版物	**Books, Newspapers, Magazines and Electronic Publications**	**101.1**	**96.2**	**109.0**
教材及参考书	Textbooks and Reference Books	96.1	87.8	108.9
书报杂志	Books, Newspapers Magazines	105.2	100.7	114.5
电子音像制品	Electronic Audio-video Products	102.7	106.7	99.7
燃料	**Fuels**	**156.1**	**150.5**	**170.6**
煤炭及制品	Coal and Coal Products	185.9	177.8	191.9
石油及制品	Petroleum and Petroleum Products	143.7	141.7	151.5
建筑材料及五金电料	**Building Materials and Hardware**	**123.9**	**116.8**	**140.2**
建筑装潢材料	Building Decoration Materials	131.3	123.7	146.0
五金电料	Hardware	104.9	101.7	116.7

7-11 全省及调查县农业生产资料定基价格指数(2008年)
Fixed Base Price Indices of Means of Agricultural production in the Province and Counties Surveyed(2008)

(2005年=100) (year of 2005=100)

项　目	Item	全　省 Province Total	大通县 Datong Hui & Tu County	乐都县 Ledu County	共和县 Gonghe County
农业生产资料价格指数	**Price Indices of Agricultural Means**	**139.5**	**141.6**	**134.5**	**128.6**
农用手工工具	**Farm Handtools**	**112.6**	**104.9**	**115.2**	**151.6**
饲料	**Forage**	**125.6**	**126.4**	**126.5**	**123.1**
混合饲料	Mixed Feed	126.1	122.1	129.5	124.9
产品畜	**Production Livestock**	**180.7**	**213.9**	**156.0**	**341.6**
半机械化农具	**Semi-mechanized Farm Tools**	**118.7**	**126.9**	**107.3**	**121.8**
机械化农具	**Mechanized Farm Machinery**	**137.7**	**141.7**	**129.8**	**140.6**
化学肥料	**Chemical Fertilizer**	**128.8**	**132.1**	**135.9**	**106.8**
氮肥	Nitrogen	125.2	130.0	134.7	101.0
磷肥	Phosphate	135.6	157.3	136.5	101.5
钾肥	Potassium	109.9	106.8	114.3	
复合肥料	Compound fertilizer	127.6	114.5	134.5	134.8
农药及农药械	**Pesticide and Its Appliances**	**118.9**	**123.2**	**109.5**	**112.7**
化学农药	Chemical Pesticides	120.0	125.1	114.0	106.5
农药器械	Pesticide Equipment	111.8	103.4	100.0	166.7
农用机油	**Oil for Farm Machinery**	**169.2**	**163.4**	**158.0**	**179.3**
其他农业生产资料	**Other Means of Agricultural Production**	**122.2**	**129.1**	**113.1**	**115.5**
农用种子	Farm Seeds	122.0	136.2	111.0	104.2
农业生产服务	**Service for Agricultural Production**	**142.1**	**150.8**	**120.3**	**161.0**

7–12 调查市、县居民消费价格指数(2008年)

Consumer Price Indices of Cities and Counties Surveyed (2008)

(2005年=100) (year of 2005=100)

项 目	Item	西宁市 Xining City	大通县 Datong Hui & Tu County	乐都县 Ledu County	共和县 Gonghe County	格尔木市 Geermu City
居民消费价格总指数	**General Index**	**118.0**	**122.0**	**116.2**	**116.2**	**123.3**
非食品价格指数	**Non-food Price Index**	**108.8**	**114.1**	**106.1**	**105.0**	**114.6**
服务项目价格指数	**Service Price Index**	**103.6**	**114.5**	**96.8**	**105.7**	**115.5**
工业品价格指数	**Consumer Price Index of Industrial Production**	**112.2**	**113.8**	**111.6**	**104.5**	**113.6**
扣除食品和能源价格指数	**Excluding Food and Energy Price Index**	**107.4**	**111.2**	**102.3**	**102.0**	**113.9**
扣除鲜菜鲜果总指数	**Excluding Fresh Vegetables and Fresh Fruit Price Index**	**116.8**	**120.4**	**115.0**	**114.6**	**122.3**
消费品价格指数	**Consumer Price Index**	**123.5**	**124.4**	**123.1**	**119.8**	**125.7**
食品	**Food**	**138.2**	**139.8**	**141.0**	**143.2**	**143.4**
粮食	Grain	128.4	124.4	124.4	122.0	125.9
油脂	Oil or Fat	134.7	137.2	124.6	149.4	144.8
肉禽及其制品	Meat, Poultry and Processed Products	166.3	155.7	159.0	152.5	147.3
蛋	Eggs	123.9	112.3	108.0	113.8	125.3
水产品	Aquatic Products	121.5	106.6	119.7	117.7	154.1
菜	Vegetables	145.1	155.7	139.8	169.5	146.3
鲜菜	Fresh Vegetables	146.8	151.2	142.7	177.0	150.4
干鲜瓜果	Dried and Fresh Melons and Fruits	133.3	154.1	145.8	150.5	164.4
鲜瓜果	Fresh Fruits	134.1	155.2	146.3	137.0	140.5
液体乳及乳制品	Milk and Its Products	130.6	127.5	141.0	119.9	137.3
在外用膳食品	Dining Out	126.1	139.1	140.9	141.9	143.4
炒菜	Fried Dishes	118.4	138.9	133.1	141.5	127.5
烟酒及用品	**Tobacco, Liquor and Articles**	**116.7**	**108.5**	**100.7**	**112.0**	**104.0**
衣着	**Clothing**	**118.4**	**99.3**	**101.4**	**84.7**	**125.5**
服装	Garments	125.9	98.3	100.6	76.2	125.7
家庭设备用品及维修服务	**Household Facilities, Articles and Services**	**107.0**	**107.8**	**104.6**	**109.5**	**108.0**
耐用消费品	Durable Consumer Goods	99.0	103.0	99.7	111.3	107.5
家庭日用杂品	Daily Use Household Articles	130.1	116.3	109.4	122.5	108.9
医疗保健和个人用品	**Health Care and Personal Articles**	**116.3**	**119.5**	**114.0**	**108.6**	**113.3**
医疗保健	Health Care	119.4	121.0	113.7	110.1	110.8
中药材及中成药	Traditional Chinese Medicine	148.7	126.4	144.6	99.5	129.1
西药	Western Medicine	109.5	119.1	94.7	99.6	101.0
医疗保健服务	Health Care Services	112.1	126.3	117.9	121.9	112.0
交通和通信	**Transportation and Communication**	**88.5**	**103.9**	**113.8**	**107.8**	**95.2**
交通	Transportation	104.4	113.8	131.9	123.8	105.1
通信	Communication	77.1	93.7	92.8	87.0	88.5
娱乐教育文化用品及服务	**Recreation, Education and Culture Articles**	**96.5**	**106.8**	**79.6**	**92.4**	**124.5**
教育	Education	105.0	124.1	74.5	88.6	134.9
旅游	Touring and Outing	105.7	96.9	92.4	110.9	139.8
居住	**Residence**	**117.3**	**140.6**	**136.4**	**130.2**	**119.4**
建房及装修材料	Building and Building Decoration Materials	125.9	182.0	127.6	131.5	128.0
租房	Renting	102.5	135.1	106.3	148.8	114.0
自有住房	Private Housing	101.9	99.7	110.5	103.0	100.5
水、电、燃料	Water, Electricity and Fuels	129.1	136.5	157.5	146.0	119.7

7-13 调查市、县商品零售价格指数(2008年)
Retail Price Indices of Cities and Counties Surveyed (2008)

(2005年=100) (year of 2005=100)

项 目	Item	西宁市 Xining City	大通县 Datong Hui & Tu County	乐都县 Ledu County	共和县 Gonghe County	格尔木市 Geermu City
商品零售价格总指数	**Retail Price Index**	**121.8**	**121.2**	**118.4**	**122.9**	**122.1**
食品	**Food**	**138.1**	**140.8**	**139.3**	**142.6**	**143.0**
饮料、烟酒	**Beverages, Tobacco and Liquor**	**117.8**	**108.7**	**104.1**	**114.2**	**104.6**
服装、鞋帽	**Garments, Shoes and Hats**	**120.9**	**99.6**	**100.7**	**83.7**	**125.8**
纺织品	**Textiles**	**103.1**	**96.7**	**99.6**	**102.5**	**101.2**
家用电器及音像器材	**Household Appliances, Music and Video Equipment**	**87.4**	**87.7**	**93.2**	**85.3**	**98.0**
家庭设备	Household Equipment	98.6	100.3	97.6	94.0	106.9
文娱用耐用消费品	Culture and Entertainment with Consumer Durable Goods	67.5	70.3	90.4	73.0	91.8
音像器材	Music and Video Equipment	99.2	100.0	100.5		
文化办公用品	**Cultural and Office Appliances**	**74.9**	**100.8**	**89.4**	**106.6**	**104.6**
日用品	**Articles for Daily Use**	**114.0**	**111.0**	**108.6**	**111.0**	**118.5**
日用百货	General Merchandise for Daily Use	107.5	114.1	111.4	108.2	123.4
日用杂品	Miscellaneous for Daily Use	111.3	104.6	114.7	106.5	100.4
洗涤用品	Cleaning Products	119.4	111.6	113.0	122.4	125.8
体育娱乐用品	**Sports and Recreation Articles**	**97.0**	**88.0**	**99.9**	**104.4**	**96.3**
交通、通信用品	**Transportation and Communication Appliances**	**87.8**	**93.0**	**88.6**	**73.5**	**100.7**
交通运输机械	Transport Machinery	100.5	108.0	98.6	110.4	109.3
通信器材	Communications Equipment	40.9	77.5	75.2	59.3	84.9
家具	**Furniture**	**96.0**	**104.3**	**96.5**	**127.4**	**108.6**
化妆品	**Cosmetics**	**102.8**	**88.2**	**98.0**	**94.8**	**105.8**
金银珠宝	**Gold, Silver and Jewelry**	**129.5**	**146.2**	**143.1**	**146.7**	**330.2**
中西药品及医疗保健用品	**Traditional Chinese and Western Medicines and Health Care Articles**	**124.5**	**118.2**	**109.0**	**99.0**	**113.2**
书报杂志及电子出版物	**Books, Newspapers, Magazines and Electronic Publications**	**96.2**	**111.1**	**113.0**	**97.8**	**96.2**
教材及参考书	Textbooks and Reference Books	86.9	103.9	121.5	94.1	94.4
书报杂志	Books, Newspapers Magazines	100.0	118.4	105.5	101.9	104.4
电子音像制品	Electronic Audio-video Products	123.1	100.0	93.4	97.6	88.5
燃料	**Fuels**	**151.3**	**168.6**	**160.9**	**170.2**	**137.8**
煤炭及制品	Coal and Coal Products	178.4	174.2	191.0	223.9	144.2
石油及制品	Petroleum and Petroleum Products	142.3	152.8	138.2	152.6	135.7
建筑材料及五金电料	**Building Materials and Hardware**	**116.1**	**156.8**	**125.0**	**144.4**	**129.9**
建筑装潢材料	Building Decoration Materials	123.2	178.4	127.2	138.5	137.9
五金电料	Hardware	101.6	102.5	104.8	165.8	104.2

7–14 1991–2008年固定资产投资价格指数

Link Relative Price Indices for Investment in Fixed Assets (1991-2008)

(上年=100) (preceding year=100)

年 份 Year	固定资产投资价格总指数 Price Indices for Investment in Fixed Assets	建筑安装、装饰工程 Construction and Installation	设备、工器具购置 Purchase of Equipment and Instruments	其他费用 Others
1991	119.5	123.5	109.5	114.2
1992	115.1	114.5	111.2	124.8
1993	125.9	129.6	120.2	112.5
1994	108.4	107.6	111.2	107.9
1995	105.3	104.3	106.7	108.7
1996	103.5	104.4	99.6	102.1
1997	103.0	104.5	97.9	100.6
1998	98.5	99.0	95.9	98.7
1999	100.1	101.0	96.2	100.0
2000	101.6	102.7	97.9	100.3
2001	100.3	101.0	97.3	100.0
2002	103.2	104.7	97.3	101.5
2003	102.0	102.9	97.8	101.9
2004	102.8	103.2	100.1	104.4
2005	102.1	102.1	100.7	104.2
2006	102.4	102.6	101.8	102.0
2007	104.2	104.6	102.9	102.6
2008	110.5	113.3	101.5	104.1

7–15 1991–2008年固定资产投资价格指数

A Fixed Base Price Indices for Investment in Fixed Assets(1991-2008)

(1990年=100) (year of 1990=100)

年 份 Year	固定资产投资价格总指数 Price Indices for Investment in Fixed Assets	建筑安装、装饰工程 Construction and Installation	设备、工器具购置 Purchase of Equipment and Instruments	其他费用 Others
1991	119.5	123.5	109.5	114.2
1992	137.5	141.4	121.8	142.5
1993	173.2	183.3	146.4	160.3
1994	187.7	197.2	162.8	173.0
1995	197.7	205.7	173.7	188.1
1996	204.6	214.7	172.9	192.0
1997	210.7	224.4	169.3	193.2
1998	207.6	222.1	162.4	190.6
1999	207.8	224.4	156.2	190.6
2000	211.1	230.4	152.9	191.2
2001	211.7	232.7	148.8	191.2
2002	218.5	243.6	144.8	194.1
2003	222.9	250.7	141.6	197.8
2004	229.1	258.7	141.7	206.5
2005	233.9	264.1	142.7	215.2
2006	239.5	271.0	145.3	219.5
2007	249.6	283.5	149.5	225.2
2008	275.8	321.2	151.7	234.4

7–16 1989–2008年工业品出厂价格分行业、类别指数

PPI by Sector and Categroy(1989-2008)

(上年=100) (preceding year=100)

年份 Year	总指数 General Index	轻工业 Light Industry	重工业 Heavy Industry	生产资料 Means of Production	采掘工业 Mining & Quarrying Industry	原料工业 Raw Materials Industry	加工工业 Processing Industry	煤炭开采和洗选业 Mining and Washing of Coal
1989	112.66	112.40	113.22	113.16	113.30	107.71	126.82	111.08
1990	109.48	114.89	107.75	107.76	105.92	108.49	107.53	103.58
1991	108.70	108.98	109.19	109.11	124.93	109.57	101.33	121.29
1992	103.64	107.73	101.88	102.03	104.17	100.24	104.19	106.38
1993	124.37	112.94	127.94	127.58	122.17	128.58	128.07	108.74
1994	124.86	121.30	126.00	125.54	143.65	126.02	115.57	144.19
1995	114.58	119.76	112.23	112.55	123.49	108.68	110.75	124.55
1996	106.66	107.21	106.06	106.74	103.31	107.92	107.70	109.91
1997	103.54	102.08	103.78	103.77	102.18	104.65	102.04	113.69
1998	100.67	97.32	101.26	101.27	99.31	102.11	100.16	105.86
1999	102.81	98.74	104.05	103.99	111.34	101.08	102.04	102.36
2000	108.05	92.21	111.09	110.89	137.85	102.05	95.04	103.03
2001	93.74	94.96	93.50	93.60	94.33	93.02	96.38	112.05
2002	97.57	100.91	97.23	97.29	97.11	96.24	102.18	101.81
2003	105.46	99.99	106.19	105.84	114.10	101.65	101.95	102.45
2004	111.23	102.99	112.54	111.83	116.98	106.48	113.56	103.80
2005	110.24	101.02	111.73	111.05	130.73	100.34	102.77	120.66
2006	109.49	99.97	110.41	109.86	118.87	110.38	100.22	114.33
2007	104.15	104.19	104.15	104.07	106.35	102.86	104.69	103.96
2008	107.60	111.56	107.22	107.50	107.27	97.87	124.00	118.23

7-16 续表 Continued

年 份 Year	石油和天然气开采业 Extraction of Petroleum and Natural Gas	有色金属矿采选业 Mining and Processing of Non-Ferrous Metal Ores	电力、热力的生产和供应业 Production and Supply of Electric Power and Heat Power	生活资料 Consumer Goods	食品类 Food	衣着类 Clothing	一般日用品 Articles for Daily Use	耐用消费品 Durable Consumer Goods
1989	114.01			112.48	104.58	125.31	124.88	
1990	119.79			114.96	116.63	116.49	100.81	
1991	122.77			109.25	108.08	112.06	103.85	
1992	105.88	114.78		107.72	114.86	102.44	103.43	
1993	135.08	121.66		113.33	122.09	104.20	110.44	
1994	173.75	106.54		122.40	123.29	126.45	114.91	
1995	133.09	133.28		119.41	122.74	117.95	114.63	
1996	95.70	96.30		106.52	112.50	100.99	104.28	
1997	97.74	98.85	125.92	102.10	104.53	99.54	97.27	
1998	100.31	89.46	121.68	97.12	97.19	97.58	97.50	
1999	121.61	93.75	101.41	98.73	99.05	99.67	97.64	
2000	171.81	108.41	95.18	91.65	88.34	99.99	97.21	94.48
2001	79.75	109.61	94.21	94.46	92.94	92.93	101.04	93.89
2002	91.67	102.27	98.60	100.67	99.16	103.67	101.75	98.08
2003	116.74	106.52	99.47	100.67	100.13	95.27	105.40	100.00
2004	113.83	150.07	99.90	104.79	104.55	101.52	108.37	101.15
2005	133.91	121.07	97.37	101.79	102.11	98.54	103.87	105.75
2006	117.94	134.11	97.12	101.48	100.97	99.97	103.90	98.37
2007	105.46	114.69	100.84	106.46	111.14	99.81	101.53	99.90
2008	115.53	68.60	100.45	110.39	113.22	102.61	110.81	103.55

7–17 1989–2008年原材料、燃料、动力购进价格指数

Purchasing Price Indices for Raw Materials，Fuels and Power(1989-2008)

（上年=100） (preceding year=100)

年 份 Year	总指数 General Index	燃料、动力类 Fuel and Power	黑色金属材料类 Ferrous Metals	有色金属材料类 Nonferrous Metals	化工原料类 Raw Chemical Materials	木材及纸浆类 Timber and Paper Pulp	建材及非金属矿类 Building materials and non-metallic mineral	其它工业原材料及半成品类 Other Categories of Industrial Raw Materials and Semi-finished Products	农副产品类 Agricultural Products	纺织原料类 Textile Material
1989	123.81	121.91	136.38		126.79	114.68				
1990	113.87	119.42	107.38		96.46	106.66				
1991	112.76	113.92	115.67		95.22	105.49				
1992	108.43	134.60	109.08	116.76	90.41	99.85			102.80	98.57
1993	138.86	129.35	164.77	121.67	135.72	131.97			120.33	99.29
1994	112.33	115.65	102.84	112.66	108.10	113.72			121.73	102.25
1995	110.22	112.76	98.63	126.60	124.53	109.12			129.02	145.69
1996	108.81	112.62	97.47	96.12	111.44	108.33			111.80	104.49
1997	110.93	121.15	100.67	101.90	103.21	104.33	104.87	106.54	97.10	90.26
1998	101.32	105.08	95.48	101.26	104.55	102.42	96.53	99.93	89.48	98.48
1999	99.06	100.50	96.46	95.60	95.04	98.49	99.66	98.48	96.79	100.00
2000	98.93	100.26	101.06	129.35	105.55	99.30	100.15	100.92	90.34	103.51
2001	99.09	102.70	97.94	85.60	99.71	102.23	107.01	105.11	88.68	100.00
2002	102.75	102.07	100.63	92.45	96.63	112.70	95.88	99.24	106.39	99.59
2003	101.84	101.63	107.57	111.48	98.80	107.81	96.04	97.26	98.04	94.21
2004	108.51	104.36	128.64	138.23	101.80	100.50	112.83	99.75	110.35	99.64
2005	105.28	104.56	104.05	101.00	106.04	110.67	105.03	100.02	108.26	99.96
2006	102.76	102.26	94.46	112.25	102.43	102.38	143.75	100.13	97.46	100.04
2007	104.44	104.10	102.11	97.13	109.70	109.18	101.44	104.71	108.76	96.61
2008	110.43	108.38	119.55	97.74	107.53	115.92	111.27	113.36	132.60	99.37

07–18 主要年份农产品生产价格总指数

Producer's Prices Indices for Farm Products in Main Years

年 份	农产品生产价格指数 Producer's Price Index for Farm Products	
	环比指数(上年=100) Linked Index(preceding year=100)	定基指数(1952=100) Fixed-base Index(1952=100)
1952	106.90	100.00
1957	101.90	99.30
1965	98.60	96.30
1970	110.93	100.01
1975	100.13	128.53
1978	99.76	128.47
1980	101.19	166.32
1985	106.90	189.47
1986	104.40	202.54
1987	111.70	226.24
1988	136.90	309.72
1989	110.70	342.86
1990	100.70	345.26
1991	103.30	356.65
1992	109.40	390.18
1993	123.10	480.31
1994	148.60	713.74
1995	115.40	823.66
1996	95.40	785.77
1997	91.90	722.12
1998	93.70	676.62
1999	94.60	640.08
2000	100.70	644.56
2001	103.20	665.19
2002	101.16	672.90
2003	105.75	711.60
2004	108.75	773.86
2005	103.28	799.24
2006	104.54	835.53
2007	118.95	993.86
2008	114.93	1142.24

注:2001年以前数据为农产品收购价格指数。

a)Number of 2001 Before to be Sprocurement Price Index for Farm Product.

7–19　2003–2008年主要农产品生产价格指数
Producer's Prices Indices for Major Farm Products(2003-2008)

(上年=100) (preceding year=100)

指　标	Item	2003	2004	2005	2006	2007	2008
总指数	**General Index**	**105.75**	**108.75**	**103.28**	**104.54**	**118.95**	**114.93**
种植业产品	**Planting Products**	**110.05**	**111.51**	**102.24**	**108.32**	**121.57**	**109.76**
谷物及其他作物	Cereal and Other Crops	116.80	111.12	99.70	106.71	114.07	111.17
谷物(原粮)	Cereal	101.21	115.63	105.57	103.89	101.63	111.44
小麦	Wheat	98.41	118.27	104.05	103.75	104.76	109.57
杂粮	Grains	103.71	113.27	106.93	104.17	96.54	114.49
薯类	Tubers	117.22	91.07	105.41	133.39	105.44	109.69
豆类	Beans	103.72	115.82	104.37	103.80	121.40	113.16
油料	Oil-bearing Crops	123.58	111.28	97.07	105.65	141.86	111.75
蔬菜	Vegetable	99.01	100.30	103.92	111.35	114.11	114.61
中药材	Chinese Herbal Medicines	103.75	114.43	106.34	110.40	167.65	98.99
畜牧业产品	**Animal Husbandry Products**	**102.10**	**106.67**	**104.07**	**101.68**	**116.97**	**118.83**
牲畜的饲养	Number of Livestock	101.99	105.10	104.27	102.39	115.61	117.02
猪(毛重)	Pig (gross weight)	103.61	123.90	101.44	94.77	131.30	137.21
牛(毛重)	Cattle and Buffaloes (gross weight)	105.11	101.80	106.48	102.08	122.55	131.63
羊(毛重)	Sheep and Goats (gross weight)	101.15	103.27	103.04	101.06	121.76	129.65
家禽(毛重)	Poultry (gross weight)	98.54	103.52	103.15	104.38	111.59	112.67
奶类	Milk	98.85	100.48	102.48	101.19	104.39	118.70
毛绒类	Cashmere	102.15	110.02	105.50	104.87	102.91	88.96
蛋类	Eggs	101.21	108.21	108.54	91.03	123.97	98.87

7-20 1997-2008年西宁市区房地产价格总指数
Price Indices for Real Estate in Xining(1997-2008)

(上年=100) (preceding year=100)

年 份 Year	房地产价格总指数 Price Indices for Real Estate	房屋销售价格指数 Sales Price Indices of Houses	新建房 Commer-cialized Houses	二手房 Second-hand House	房地产租赁价格指数 Renting Price Indices of Houses	住宅 Residential Buildings	办公用房 Office Buildings	商业用房 Business Buildings	土地交易价格指数 Transactions Price Indices of Land
1997	114.7	110.7	100.4	100.0	136.7	197.6	105.1	100.9	100.8
1998	104.0	101.5	100.8	100.7	117.9	146.2	100.0	100.5	99.4
1999	100.9	101.0	99.2	100.5	100.5	100.0	99.5	96.8	94.4
2000	103.0	101.1	99.9	99.3	114.3	133.4	99.2	116.2	100.4
2001	102.3	100.5	100.8	102.5	112.2	126.4	102.1	103.4	99.7
2002	103.0	102.2	101.2	111.2	107.3	117.4	104.2	99.8	102.7
2003	102.1	101.9	102.1	106.1	103.1	106.5	104.2	98.9	106.2
2004	103.5	104.0	104.2	100.0	100.4	100.0	99.2	100.5	106.1
2005	102.7	103.2	102.4	104.3	99.9	100.9	97.7	100.2	102.9
2006	102.4	102.8	102.3	103.4	101.1	100.7	102.6	100.3	102.5
2007	103.8	103.8	104.1	103.3	104.2	104.6	102.2	105.4	103.2
2008	106.7	107.5	107.5	107.6	102.4	101.4	100.6	104.4	103.2

主要统计指标解释

定基价格指数 在一个价格指数数列中，每个指数都以同一时期为基期计算的价格指数。通常以某一年为基期来计算。其特点是无论计算期如何变动，其基期固定不变（通常每5年更换一次基期）。从2001年起，我国改用国际通用方法计算定基价格指数，首轮固定对比基期选为2000年，即以2000年平均价格作基数。编制定基价格指数的目的在于观察物价变动的长期趋势和变动程度及其规律。

同比价格指数 同比指数是根据报告期的定基指数除以上年同期的定基指数取得的。

居民消费价格指数 是反映一定时期内城乡居民所购买的生活消费品价格和服务项目价格变动趋势和程度的相对数，是对城市居民消费价格指数和农村居民消费价格指数进行综合汇总计算的结果。该指数可以观察和分析消费品的零售价格和服务项目价格变动对城乡居民实际生活费支出的影响程度。

城市居民消费价格指数 是反映一定时期内城市居民家庭所购买的生活消费品价格和服务项目价格变动趋势和程度的相对数。该指数可以观察和分析消费品的零售价格和服务项目价格变动对城镇职工货币工资的影响，作为研究职工生活和确定工资政策的依据。

农村居民消费价格指数 是反映一定时期内农村居民家庭所购买的生活消费品价格和服务项目价格变动趋势和程度的相对数。该指数可以观察农村消费品的零售价格和服务项目价格变动对农村居民生活消费支出的影响，直接反映农村居民生活水平的实际变化情况，为分析和研究农村居民生活问题提供依据。

商品零售价格指数 是反映一定时期内城乡商品零售价格变动趋势和程度的相对数。商品零售价格的变动直接影响到城乡居民的生活支出和国家的财政收入，影响居民购买力和市场供需的平衡，影响到消费与积累的比例关系。因此，该指数可以从一个侧面对上述经济活动进行观察和分析。

农业生产资料价格指数 指反映一定时期内农业生产资料价格变动趋势和程度的相对数。其编制目的是了解农业生产中物质资料投入价格的变动状况，服务于国民经济核算。1994年以前，农业生产资料价格指数仅仅是商品零售价格指数的一个类别，此后，从商品零售价格指数中分离出来，单独编制。

农产品生产价格指数 是反映一定时期内，农产品生产者出售农产品价格水平变动趋势及幅度的相对数。该指数可以客观反映全国农产品生产价格水平和结构变动情况，满足农业与国民经济核算需要。其中某代表品生产价格指数是通过对全部有出售该产品行为的调查单位的个体指数进行几何平均求得的，类价格指数是通过对其所属的类（或代表品）的价格指数进行加权平均求得的。季度累计价格指数的计算方法与分季指数的计算方法相同。

工业品出厂价格指数 是反映一定时期内全部工业产品出厂价格总水平的变动趋势和程度的相对数，包括工业企业售给本企业以外所有单位的各种产品和直接售给居民用于生活消费的产品。该指数可以观察出厂价格变动对工业总产值及增加值的影响。

原材料、燃料和动力购进价格指数 是反映工业企业作为生产投入，而从物资交易市场和能源、原材料生产企业购买原材料、燃料和动力产品时，所支付的价格水平变动趋势和程度的统计指标，是扣除工业企业物质消耗成本中的价格变动影响的重要依据。

目前，我国编制的原材料、燃料和动力购进价格指数所调查的产品包括燃料动力、黑色金属、有色金属、化工、建材等九大类的近1800种产品。

固定资产投资价格指数 是反映一定时期内固定资产投资品及取费项目的价格变动趋势和程度的相对数。固定资产投资额是由建筑安装工程投资完成额、设备工器具购置投资完成额和其他费用投资完成额三部分组成的。编制固定资产投资价格指数应首先分别编制上述三部分投资的价格指数，然后采用加权算术平均法求出固定资产投资价格总指数。

该指数可以准确地反映固定资产投资中涉及的各类投资品和取费项目价格变动趋势和变动幅度，消除按现价计算的固定资产投资指标中的价格变动因素，真实地反映固定资产投资的规模、速度、结构和效益，为国家科学地制定、检查固定资产投资计划并提高宏观调控水平，为完善国民经济核算体系提供科学的、可靠的依据。

房地产价格指数 是反映一定时期内房地产价格变动趋势和程度的相对数，包括房屋销售价格指数、房屋租赁价格指数、土地交易价格指数和物业管理价格指数。这四套指数的计算方法相似，均采用由下到上逐级汇总的方法。

Explanatory Notes on Main Statistical Indicator

Consumer Price Indices reflect the trend and degree of changes in prices of consumer goods and services purchased by urban and rural households during a given period. They are obtained by combining Consumer Price Indices of Urban Household and Consumer Price Indices of Rural Household. The Indices enable the observation and analysis of the degree of impact of the changes in the prices of retailed goods and services on the actual living expenses of urban and rural residents.

Consumer Price Indices of Urban Household reflect the trend and degree of changes in prices of consumer goods and services purchased by urban households during a given period. It can be used to observe and analyze the impact of price changes in consumer goods and services on wages (in monetary terms) of urban staff and workers, and provide a basis for research on the livelihood of staff and workers and policy - making concerning wages.

Consumer Price Indices of Rural Household reflect the trend and degree of changes in prices of consumer goods and services purchased by rural households during a given period. It can be used to observe the impact of change in retail prices of consumer goods and service prices in rural areas on living expenditure of rural households, and to show the changes in the living standard of rural households. It provides a basis for analysis and research on the condition of life in rural areas.

Retail Price Indices reflect the trend and degree of change in retail prices of commodities during a given period. The change in retail prices of commodities directly affect the living expenses of urban and rural residents, government revenue, purchasing power of residents and the equilibrium of market supply and demand, and the ratio of consumption to accumulation. Therefore, the retail price indices are useful from an oblique perspective for observing and analyzing the changes of the above economic activities.

Price Indices for Means of Agricultural Production reflect the trend and degree of changes in the prices of the means of agricultural production during a given period. Compilation of these indices helps to understand the changes in prices of input into agricultural production and facilitate the compilation of national accounts statistics. Before 1994, price indices for means of agricultural production were a sub - category in the retail price indices for commodities, and it has been compiled separately since 1994.

Producer Prices Indices for Farm Products reflect the trend and degree of changes in producers′ prices received by farmers when they sell farm products during a given period. These indices depict the change in the level and structure of producer prices for farm products of the country and meet the needs of agricultural statistics and national accounts statistics. The producer price index for a given product is calculated as the geometrical mean of individual indices for all surveyed units which sell such product, and the indices for a product category is obtained as the weighted mean of price indices for all products in the category. Method for calculating accumulative quarterly indices is the same as for calculating the individual quarterly indices.

Producer Price Indices for Manufactured Goods reflect the trend and degree of changes in general ex - factory prices of all manufactured goods during a given period, including sales of manufactured goods by an industrial enterprise to all units outside the enterprise, as well as sales of consumer goods to residents. It can be used to analyze the impact of ex - factory prices on gross output value and value - added of the industrial sector.

Purchasing Price Indices for Raw Materials, Fuels and Power reflect changes in the level and degree of prices paid by industrial enterprises when they purchase production input such as raw materials, fuels and power from the market or from other energy or raw materials producing enterprises. These indices provide an important basis for measuring the material consumption of industrial enterprises after removing the influence of price changes.

At present, close to 1,800 products in 9 categories, including fuels and power, ferrous metals, non - ferrous metals, chemicals, building materials, are covered in China for the survey to produce indices for purchasing prices of raw materials, fuels and power.

Price Indices for Investment in Fixed Assets reflect the trend and degree of changes in prices of investment goods and projects in fixed assets during a given period. The investment in fixed assets consists of three components, namely the investment in construction and installation, the investment in purchases of equipment and instrument, and the investment in other items. Price indices for investment in fixed assets are calculated as the weighted arithmetic mean of the price indices for the three components of investment in fixed assets.

Removing the factor of price change in the aggregates of investment at current prices, this indicator shows the changes in the prices of commodities and fees involved in the investment of fixed assets, and can be used to observe the actual size, growth, structure, and efficiency of investment in fixed assets and provides reliable and scientific data for government planning, management, decision - making, and further improving the current national accounting system.

Price Indices for Real Estate reflect the trend and degree of changes in prices of real estate during a given period, including sale price indices for houses, price indices for renting houses, price indices for land transactions and price indices for management of properties. The methods for the compilation of these four sets of indices are similar in that they all use the bottom - up approach under which data are reported from lower level to higher level.

第8篇

CHAPTER 8

能 源

Energy

能源生产消费情况（万吨标准煤）

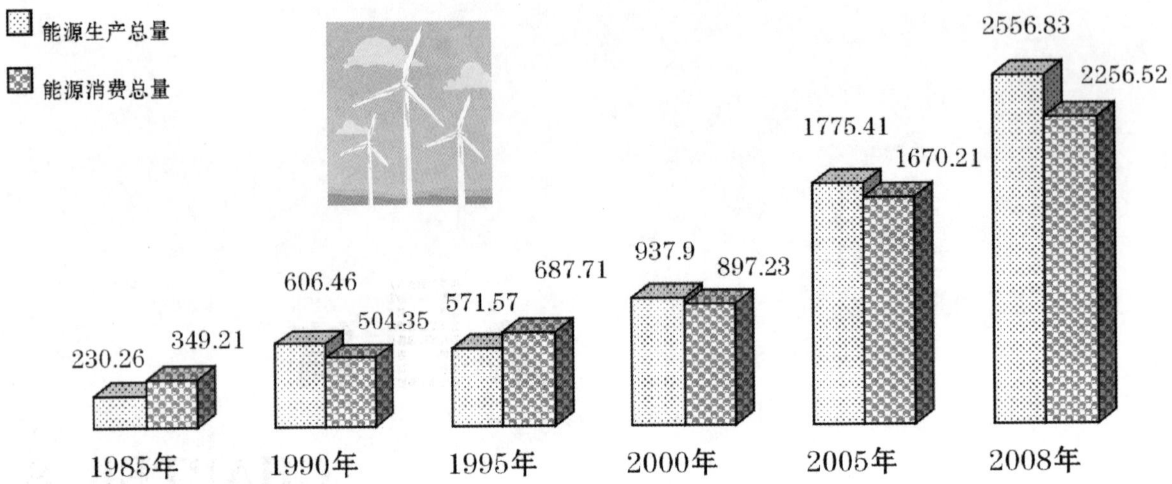

能源消费构成（%）

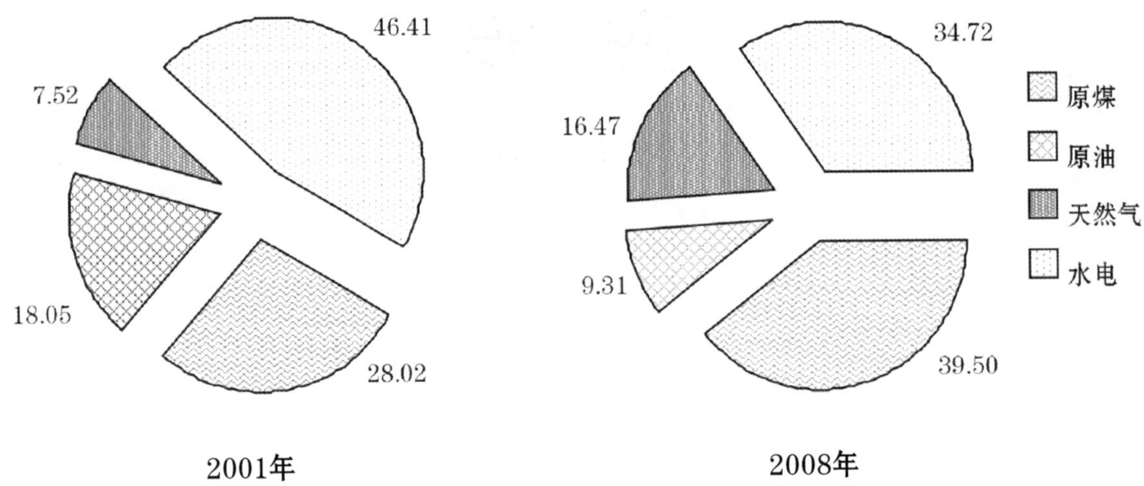

能源自给率

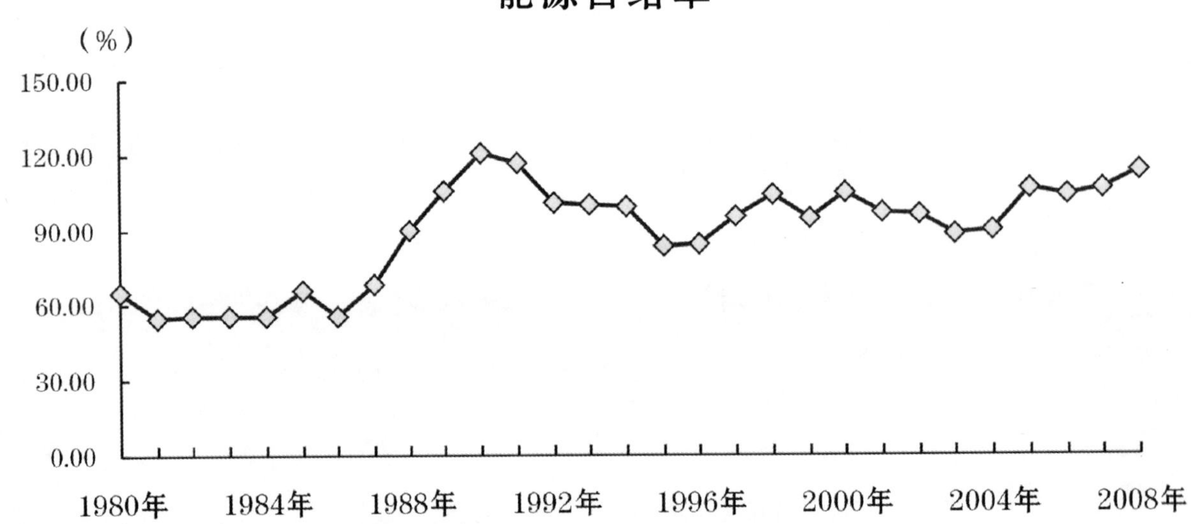

8-1　1990-2008年能源生产总量及构成
Total Production of Energy and Its Composition(1990-2008)

年　份 Year	能源生产总量 (万吨标准煤) Total Energy Production (10 000 tons of SCE)	占能源生产总量的比重(%) As Percentage of Total Energy Production(%)			
		原　煤 Coal	原　油 Crude Oil	天然气 Natural Gas	水　电 Hydropower
1990	606.46	32.28	19.08	1.02	47.62
1991	552.26	31.82	26.39	1.65	40.14
1992	504.85	34.32	30.00	1.25	34.43
1993	559.17	25.29	27.69	1.00	46.01
1994	619.47	26.12	26.06	1.31	46.50
1995	571.57	29.74	30.41	1.36	38.49
1996	584.71	35.34	33.32	2.49	28.85
1997	672.89	28.79	34.02	3.97	33.22
1998	771.00	24.90	32.63	4.22	38.25
1999	885.89	23.00	30.57	4.76	41.67
2000	937.90	16.79	30.46	5.06	47.69
2001	907.05	13.31	32.44	8.76	45.49
2002	974.46	18.31	31.38	14.34	35.97
2003	990.14	22.40	31.75	18.90	26.95
2004	1226.30	23.92	25.86	17.76	32.46
2005	1775.41	22.32	17.82	16.68	43.18
2006	1975.03	21.44	16.13	16.86	45.62
2007	2235.92	28.63	14.10	20.40	36.87
2008	2556.83	33.05	12.31	22.71	31.93

注：1.电力折算标准煤的系数根据当年平均发电煤耗计算。
　　2.生产、消费量按等价值计算。下表同。

a) The coefficient for conversion of electric power into SCE (standard coal equivalent) is calculated on the basis of the data on average coal consumption in generating electric power in the same year.

b) The indices of enery production and consumption in this table is at equalance prices. The same applies to the tables following.

8-2 1990-2008年能源消费总量及构成

Total Consumption of Energy and Its Composition(1990-2008)

年 份 Year	能源消费总量 (万吨标准煤) Total Energy Consumption (10 000 tons of SCE)	占能源消费总量的比重(%) As Percentage of Total Energy Consumption(%)			
		原 煤 Coal	原 油 Crude Oil	天然气 Natural Gas	水 电 Hydropower
1990	504.35	51.54	12.47	1.03	32.97
1991	474.29	44.08	11.25	2.24	42.43
1992	499.29	42.53	7.80	1.85	47.82
1993	559.98	38.57	8.69	1.00	51.74
1994	625.38	40.27	8.24	1.30	50.19
1995	687.71	41.64	8.42	1.13	48.81
1996	698.25	40.75	8.57	2.07	48.61
1997	706.78	45.45	19.15	3.77	31.63
1998	738.88	39.78	17.92	4.40	37.90
1999	938.68	37.29	16.84	4.38	41.49
2000	897.23	30.18	18.96	4.83	46.03
2001	939.33	28.02	18.05	7.52	46.41
2002	1018.83	26.42	15.77	13.25	44.56
2003	1122.70	28.72	13.47	15.07	42.74
2004	1364.38	27.56	14.07	15.79	42.58
2005	1670.21	32.36	5.53	17.61	44.50
2006	1903.22	37.94	5.90	15.92	40.24
2007	2094.89	37.77	6.80	12.86	42.57
2008	2256.52	39.50	9.31	16.47	34.72

8-3 综合能源平衡表
Overall Energy Balance Sheet

单位:万吨标准煤 (10 000 tons of SCE)

项 目	Item	2000	2005	2006	2007	2008
可供本地区消费的能源量	**Total Energy Available for Consumption**	**895.23**	**1666.22**	**1902.68**	**2113.88**	**2256.85**
年初库存量	Early stocks	57.08	35.30	26.00	93.96	121.20
一次能源生产量	Primary Energy Output	937.90	1775.41	1975.03	2235.92	2556.83
回收能	Recovery of Energy					23.56
外省(区、市)调入量	Inflow from other Provinces	270.62	243.73	458.91	436.54	549.44
进口量	Imports					
本省(区、市)调出量(-)	Outflow(-)	-310.51	-376.17	-493.39	-532.16	-837.38
出口量(-)	Exports (-)					
年末库存量(-)	The End of Inventories	-59.82	-12.04	-63.87	-120.38	-156.79
加工转换投入(-)产出(+)量	**Losses During the Process of Energy Conversion**	**5.30**	**-14.09**	**-5.24**	**-17.29**	**-32.35**
火力发电	Thermal Power					
供 热	Heating					
煤炭洗选	Coal Washing		-0.19		-0.10	-21.44
炼 焦	Coking		-0.84	-1.47	-14.40	-5.63
炼 油	Petroleum Refining	-2.63	-9.81	-2.78	-2.78	-5.28
制 气	Gas Production	7.93	-3.26	-0.91		
煤制品加工	Coal Goods of Process				-0.01	
终端消费量	**End-use Consumption**	**872.48**	**1643.49**	**1883.58**	**2062.91**	**2182.34**
第一产业	Primary Industry	12.95	10.50	10.54	10.50	10.89
农、林、牧、渔业	Agriculture, Forestry, Animal Husbandry, Fishery and Water Conservancy	12.95	10.50	10.54	10.50	10.89
第二产业	Secondary Industry	858.90	1206.13	1445.12	1619.52	1729.46
工 业	Industry	646.00	1188.95	1426.35	1600.51	1709.79
用作原料.材料	For raw materials and Materials		10.25	50.33	54.27	136.12
建筑业	Construction	12.91	17.18	18.77	19.01	19.67
第三产业	Tertiary Industry	75.03	190.13	194.62	226.53	232.91
交通运输、仓储和邮政业	Transport, Storage and Post	30.50	40.37	42.94	74.25	74.70
批发、零售业和住宿、餐饮业	Wholesale and Retail Trades, Hotels and Catering Services	9.53	44.62	44.72	46.37	48.73
其 他	Others	35.00	105.14	106.96	105.90	109.49
生活消费	Household Consumption	125.62	236.72	233.31	206.35	209.08
城 镇	Urban	75.01	186.64	179.41	150.35	136.69
乡 村	Rural	50.60	50.08	53.90	56.00	72.38
消费量合计	**Total consumption**	**897.23**	**1670.21**	**1903.22**	**2094.89**	**2256.52**

注:1.电力、热力按等价热值折算。
2.村办工业包括在工业中。
a) Electric power and heat are converted on the basis of equal caloric value.
b) Energy consumption of industry include that of village industry.

8-4　1990-2008年能源生产弹性系数
Elasticity Ratio of Energy Production(1990-2008)

年　份 Year	能源生产比上年增长(%) Growth Rate of Energy Production over Preceding Year (%)	电力生产比上年增长(%) Growth Rate of Electricity Production over Preceding Year (%)	生产总值比上年增长(%) Growth Rate of Gross Domestic Product (GDP) over Preceding Year (%)	能源生产弹性系数 Elasticity Ratio of Energy Production	电力生产弹性系数 Elasticity Ratio of Electricity Production
1990	17.24	21.30	3.72	4.63	5.73
1991	-8.94	-15.40	4.69		
1992	-8.58	-16.70	7.39		
1993	10.76	36.50	9.61	1.12	3.80
1994	10.80	7.40	8.20	1.31	0.90
1995	-7.70	-17.40	8.00		
1996	2.30	2.20	8.60	0.27	0.26
1997	15.08	36.45	9.00	1.68	4.04
1998	14.60	19.26	9.00	1.62	2.14
1999	14.90	13.80	8.20	1.82	1.68
2000	5.87	17.00	9.00	0.65	1.89
2001	-3.29	2.90	12.00		0.24
2002	7.40	-4.10	12.10	0.60	
2003	1.60	-14.90	12.10	0.13	
2004	23.85	41.23	12.30	1.94	3.35
2005	44.78	47.45	12.20	3.67	3.89
2006	11.24	30.26	12.20	2.48	0.92
2007	13.21	-1.89	12.50	1.06	
2008	14.35	18.46	12.70	1.13	1.45

注：生产总值增长速度按可比价格计算，下表同。
a) The growth rates of GDP are calculated at constant prices. The same applies to the tables following.

8-5　1990-2008年能源消费弹性系数
Elasticity Ratio of Energy Consumption(1990-2008)

年　份 Year	能源消费比上年增长(%) Growth Rate of Energy Consumption over Preceding Year (%)	电力消费比上年增长(%) Growth Rate of Electricity Consumption over Preceding Year (%)	生产总值比上年增长(%) Growth Rate of Gross Domestic Product (GDP) over Preceding Year (%)	能源消费弹性系数 Elasticity Ratio of Energy Consumption	电力消费弹性系数 Elasticity Ratio of Electricity Consumption
1990	6.81		3.72	1.83	
1991	-5.96		4.69		
1992	5.27		7.39	0.71	
1993	12.16		9.61	1.27	
1994	11.68	9.78	8.20	1.42	1.19
1995	9.97	3.59	8.00	1.25	0.44
1996	1.53	4.40	8.60	0.18	0.51
1997	1.22	21.68	9.00	0.14	2.41
1998	4.54	7.61	9.00	0.50	0.85
1999	27.04	13.66	8.20	3.30	1.66
2000	-4.42	8.13	9.00		0.90
2001	4.69	-3.58	12.00	0.39	
2002	8.46	18.15	12.40	0.68	1.46
2003	10.19	19.65	12.10	0.92	1.62
2004	21.53	26.36	12.30	1.75	2.14
2005	22.43	8.85	12.20	1.84	0.73
2006	13.95	18.33	12.20	1.43	1.50
2007	10.07	16.80	12.50	0.81	1.34
2008	7.71	6.10	12.70	0.61	0.48

8-6 分行业终端能源消费总量和主要能源品种消费量(2008年) Terminal Consumption of Energy and Major Variety energy consumption by Sector(2008)

行　业	Sector	能源消费总量(万吨标准煤) Total Energy Consumption (10 000 tons of SCE)	原煤消费量(万吨) Coal Consumption (10 000 tons)	汽油消费量(万吨) Gasoline Consumption (10 000 tons)	电力消费量(亿千瓦小时) Electricity Consumption (100 million kwh)
消费总量	**Total Consumption**	**2182.34**	**1199.38**	**19.48**	**313.23**
农林牧渔业	**Agriculture, Forestry, Animal Husbandry, Fishery and Water Conservancy**	**10.89**	**3.61**	**1.36**	**0.72**
工业	**Industry**	**1709.79**	**289.13**	**2.61**	**276.83**
采掘业	**Mining**	**210.75**	**8.94**	**0.42**	**10.62**
煤炭采选业	Mining and Washing of Coal	15.59	3.65	0.07	0.74
石油和天然气开采业	Extraction of Petroleum and Natural Gas	159.62	0.22	0.21	2.28
黑色金属矿采选业	Mining and Processing of Ferrous Metal Ores	2.63	0.76	0.01	0.49
有色金属矿采选业	Mining and Processing of Non-Ferrous Metal Ores	12.55	0.58	0.02	2.75
非金属矿采选业	Mining and Processing of Non-metal Ores	19.37	3.58	0.11	4.12
其他矿采选业	Mining of Other Ores	0.98	0.13		0.23
制造业	**Manufacturing**	**1450.98**	**279.21**	**1.94**	**253.99**
食品加工业	Processing of Food	6.83	4.07	0.03	0.77
食品制造业	Manufacture of Foods	1.55	0.91	0.05	0.14
饮料制造业	Manufacture of Beverages	1.79	1.63	0.04	0.13
纺织业	Manufacture of Textile	2.07	1.33	0.01	0.29
服装及其他纤维制品制造	Manufacture of Textile Wearing Apparel, Footwear and Caps	0.83	0.18	0.03	0.10
皮革毛皮羽绒及其制品业	Manufacture of Leather, Fur, Feather and Related Products	0.02			
家具制造业	Manufacture of Furniture	0.26			0.07
造纸及纸制品业	Manufacture of Paper and Paper Products	0.38	0.09		0.07
印刷业记录媒介的复制	Printing, Reproduction of Recording Media	0.40	0.03	0.03	0.05
文教体育用品制造业	Manufacture of Articles For Culture, Education and Sport Activities	0.01			
石油加工及炼焦业	Processing of Petroleum, Coking, Processing of Nuclear Fuel	23.95	10.27	0.02	2.14
化学原料及制品制造业	Manufacture of Raw Chemical Materials and Chemical Products	147.20	103.72	1.25	7.92
医药制造业	Manufacture of Medicines	3.61	1.94	0.14	0.39
橡胶制品业	Manufacture of Rubber	0.35	0.03		0.09
塑料制品业	Manufacture of Plastics	0.32	0.19	0.01	0.04
非金属矿物制品业	Manufacture of Non-metallic Mineral Products	128.60	118.76	0.09	6.85
黑色金属冶炼压延加工业	Smelting and Pressing of Ferrous Metals	476.82	20.87	0.07	79.71
有色金属冶炼压延加工业	Smelting and Pressing of Non-ferrous Metals	632.21	7.18	0.04	153.54
金属制品业	Manufacture of Metal Products	2.53	1.01	0.03	0.40
普通机械制造业	Manufacture of General Purpose Machinery	7.75	6.31	0.03	0.70
专用设备制造业	Manufacture of Special Purpose Machinery	10.36	0.02	0.01	
交通运输设备制造业	Manufacture of Transport Equipment	0.24	0.04		0.05
电气机械及器材制造业	Manufacture of Electrical Machinery and Equipment	0.53	0.16	0.01	0.10
仪器仪表文化办公用机械	Manufacture of Measuring Instruments and Machinery for Cultural Activity and Office Work	0.08		0.01	
其他制造业	Other manufacturing industries	2.11	0.45	0.04	0.41
废弃资源和废旧材料回收加工业	Recycling and Disposal of Waste	0.17	0.03	0.02	0.03
电力煤气水生产供应业	**Electric Power, Gas and Water Production and Supply**	**48.05**	**0.99**	**0.25**	**12.22**
电力蒸汽热水生产供应业	Production and Supply of Electric Power and Heat Power	43.16	0.35	0.23	11.10
煤气的生产和供应业	Production and Supply of Gas	0.92			0.24
自来水的生产和供应业	Production and Supply of Water	3.97	0.65	0.02	0.88
建筑业	**Construction**	**19.67**	**0.30**	**0.66**	**3.10**
交通运输仓储邮电通信业	**Transport, Storage and Post**	**74.70**	**10.88**	**6.05**	**1.16**
批发和零售贸易餐饮业	**Wholesale and Retail Trades, Hotels and Catering Services**	**48.73**	**3.06**	**1.62**	**2.76**
其他行业	**Others**	**109.49**	**5.50**	**5.10**	**6.29**
生活消费	**Household Consumption**	**209.08**	**107.45**	**2.04**	**12.00**

注：工业能源消费量中包括村办工业。
a) Energy consumption of industry include that of village industry.

8-7 1990–2008年能源自给率
Energy Self-sufficiency Rate(1990-2008)

单位:万吨标准煤 (10 000 tons of SCE)

年 份 Year	能源生产总量 Total Energy Production	能源消费总量 Total Energy Consumption	能源自给率(%) Energy self-sufficiency rate(%)
1990	606.46	504.35	120.24
1991	552.26	474.29	116.44
1992	504.85	499.29	101.11
1993	559.17	559.98	99.85
1994	619.47	625.38	99.05
1995	571.57	687.71	83.11
1996	584.71	698.25	83.74
1997	672.89	706.78	95.21
1998	771.00	738.88	104.35
1999	885.89	938.68	94.38
2000	937.90	897.23	104.53
2001	907.05	939.33	96.56
2002	974.46	1018.83	95.65
2003	990.14	1122.70	88.19
2004	1226.30	1364.38	89.88
2005	1775.41	1670.21	106.30
2006	1975.03	1903.22	103.77
2007	2235.92	2094.89	106.73
2008	2556.83	2256.52	113.31

主要统计指标解释

能源生产总量 指一定时期内，全国一次能源生产量的总和。该指标是观察全国能源生产水平、规模、构成和发展速度的总量指标。一次能源生产量包括原煤、原油、天然气、水电、核能及其他动力能（如风能、地热能等）发电量，不包括低热值燃料生产量、生物质能、太阳能等的利用和由一次能源加工转换而成的二次能源产量。

能源消费总量 指一定时期内，全国各行业和居民生活消费的各种能源的总和。该指标是观察能源消费水平、构成和增长速度的总量指标。能源消费总量包括原煤和原油及其制品、天然气、电力，不包括低热值燃料、生物质能和太阳能等的利用。能源消费总量分为终端能源消费量、能源加工转换损失量和能源损失量三部分。

（1）终端能源消费量：指一定时期内，全国生产和生活消费的各种能源在扣除了用于加工转换二次能源消费量和损失量以后的数量。

（2）能源加工转换损失量：指一定时期内，全国投入加工转换的各种能源数量之和与产出各种能源产品之和的差额。该指标是观察能源在加工转换过程中损失量变化的指标。

（3）能源损失量：指一定时期内，能源在输送、分配、储存过程中发生的损失和由客观原因造成的各种损失量，不包括各种气体能源放空、放散量。

能源生产弹性系数 是研究能源生产增长速度与国民经济增长速度之间关系的指标。计算公式：

$$\text{能源生产弹性系数}=\frac{\text{能源生产总量年平均增长速度}}{\text{国民经济年平均增长速度}}$$

国民经济年平均增长速度，可根据不同的目的或需要，用国民生产总值、国内生产总值等指标来计算，本年鉴是采用国内生产总值指标计算的。

电力生产弹性系数 是研究电力生产增长速度与国民经济增长速度之间关系的指标。一般来说，电力的发展应当快于国民经济的发展，也就是说电力应超前发展。计算公式为：

$$\text{电力生产弹性系数}=\frac{\text{电力生产量年平均增长速度}}{\text{国民经济年平均增长速度}}$$

能源消费弹性系数 反映能源消费增长速度与国民经济增长速度之间比例关系的指标。计算公式为：

$$\text{能源消费弹性系数}=\frac{\text{能源消费量年平均增长速度}}{\text{国民经济年平均增长速度}}$$

电力消费弹性系数 反映电力消费增长速度与国民经济增长速度之间比例关系的指标。计算公式为：

$$\text{电力消费弹性系数}=\frac{\text{电力消费量年平均增长速度}}{\text{国民经济年平均增长速度}}$$

能源加工转换效率 指一定时期内，能源经过加工、转换后，产出的各种能源产品的数量与同期内投入加工转换的各种能源数量的比率。该指标是观察能源加工转换装置和生产工艺先进与落后、管理水平高低等的重要指标。计算公式为：

$$\text{能源加工转换效率}=\frac{\text{能源加工转换产出量}}{\text{能源加工转换投入量}}\times 100\%$$

单位国内生产总值能耗 指一定时期内，一个国家或地区每生产一个单位的国内生产总值所消耗的能源。计算公式为：

$$\text{单位国内生产总值能耗}=\frac{\text{能源消费总量}}{\text{国内生产总值}}$$

单位国内生产总值电耗 指一定时期内，一个国家或地区每生产一个单位的国内生产总值所消耗的电力。计算公式为：

$$\text{单位国内生产总值电耗}=\frac{\text{全社会用电量}}{\text{国内生产总值}}$$

单位工业增加值能耗 指一定时期内，一个国家或地区每生产一个单位的工业增加值所消耗的能源。计算公式为：

$$\text{单位工业增加值能耗}=\frac{\text{工业能源消费量}}{\text{工业增加值}}$$

Explanatory Notes on Main Statistical Indicator

Total Energy Production refers to the total production of primary energy by all energy producing enterprises in the country in a given period of time. It is acomprehensive indicator to show the level, scale, composition and pace of development of energy production of the country. The production of primary energy includes that of coal, crude oil, natural gas, hydro - power and electricity generated by nuclear energy and other means such as wind power and geothermal power. However, it does not include the production of fuels of low calorific value, bio - energy, solar energy and secondary energy converted from primary energy.

Total Energy Consumption refers to the total consumption of energy of various kinds by the production sectors and the households in the country in a given period of time. It is a comprehensive indicator to show the scale, composition and pace of increase of energy consumption. Total energy consumption includes that of coal, crude oil and their products, natural gas and electricity. However, it does not include the consumption of fuel of low calorific value, bio - energy and solar energy. Total energy consumption can be divided into three parts: end - use energy consumption; loss during the process of energy conversion; and energy loss.

(1) End - use Energy Consumption: It refers to the total energy consumption by the production sectors and the households in the country (region) in a given period of time. It does not include the consumption during the conversion of primary energy into secondary energy and the loss in the process of energy conversion.

(2) Loss During the Process of Energy Conversion: It refers to the total input of various kinds of energy for conversion, minus the total output of various kinds of energy in the country in a given period of time. It is an indicator to show the loss that occurs during the process of energy conversion.

(3) Energy Loss: It refers to the total of the loss of energy during the course of energy transport, distribution and storage and the loss caused by any objective reason in a given period of time. The loss of various kinds of gas due to gas discharges and stocktaking is not included.

Elasticity Ratio of Energy Production is an indicator to show the relationship between the growth rate of energy production and the growth rate of the national economy. The formula is:

$$\text{Elasticity Ratio of Energy Production} = \frac{\text{Average Annual Growth Rate of Energy Production}}{\text{Average Annual Growth Rate of National Economy}}$$

The average annual growth rate of the national economy can be measured by indicators such as the Gross National Product and the Gross Domestic Product, depending on the purposes or needs. The Gross Domestic Product has been used in the calculation of the ratio in this Yearbook.

Elasticity Ratio of Electricity Production is an indicator to show the relationship between the growth rate of electricity production and the growth rate of the national economy. Generally speaking, the growth rate of electricity production should be higher than that of the national economy.

Its formula is:

$$\text{Elasticity Ratio of Electricity Production} = \frac{\text{Average Annual Growth Rate of Electricity Production}}{\text{Average Annual Growth Rate of National Economy}}$$

Elasticity Ratio of Energy Consumption is an indicator to show the relationship between the growth rate of energy consumption and the growth rate of the national economy. The formula is:

$$\text{Elasticity Ratio of Energy Consumption} = \frac{\text{Average Annual Growth Rate of Energy Consumption}}{\text{Average Annual Growth Rate of National Economy}}$$

Elasticity Ratio of Electricity Consumption is an indicator to show the relationship between the growth rate of electricity consumption and the growth rate of the national economy. The formula is:

$$\text{Elasticity Ratio of Electricity Consumption} = \frac{\text{Average Annual Growth Rate of Electricity Consumption}}{\text{Average Annual Growth Rate of National Economy}}$$

Efficiency of Energy Processing and Conversion refers to the ratio of the total output of energy products of various kinds after processing and conversion to the total input of energy of various kinds for processing and conversion in the same reference period. It is an important indicator to show the current conditions of energy processing and conversion equipment, production technique and management. The formula is:

$$\text{Efficiency of Energy Processing \& Conversion} = \frac{\text{Output of Energy After Processing \& Conversion}}{\text{Input of Energy for Processing \& Conversion}} \times 100\%$$

Energy Consumption per Unit of GDP refers to the energy consumption per unit of Gross Domestic Product in a country or the Gross Regional Product in a region in the same reference period. The formula is:

$$\text{Energy Consumption per Unit of GDP} = \frac{\text{Total Energy Consumption}}{\text{Gross Domestic Product}}$$

Electricity Consumption per Unit of GDP refers to the electricity consumption per unit of Gross Domestic Product in a country or the Gross Regional Product in a region in the same reference period. The formula is:

$$\text{Electricity Consumption per Unit of GDP} = \frac{\text{Total Electricity Consumption}}{\text{Gross Domestic Product}}$$

Energy Consumption per Unit of Industrial Value - added refers to the energy consumption per unit of industrial value - added in a country or region in the same reference period. The formula is:

$$\text{Energy Consumption per Unit of Industrial Value - added} = \frac{\text{Total Energy Consumption}}{\text{Industrial Value - added}}.$$

2009

第9篇

CHAPTER 9

固定资产投资

Investment in Fixed Assets

全社会固定资产投资总额及增速

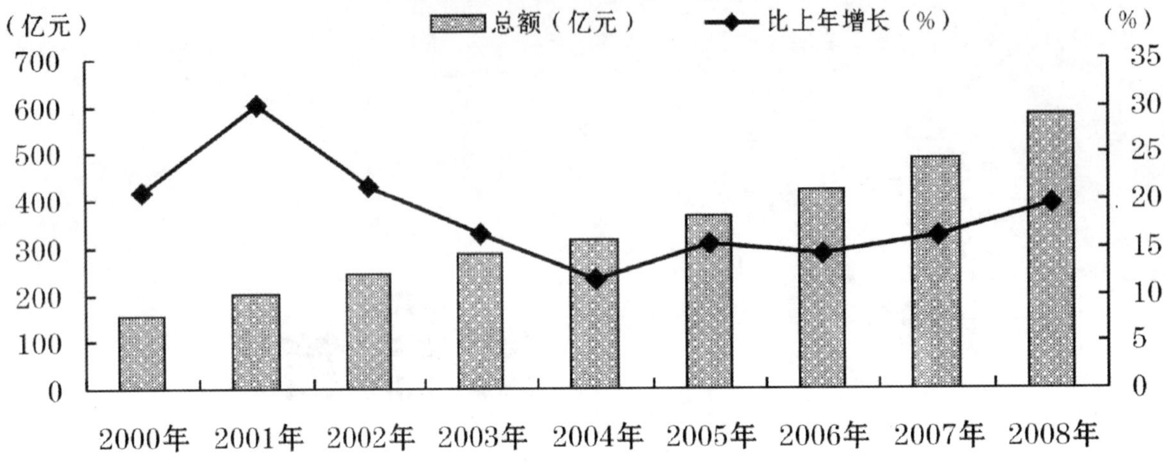

全社会固定资产投资构成（%）

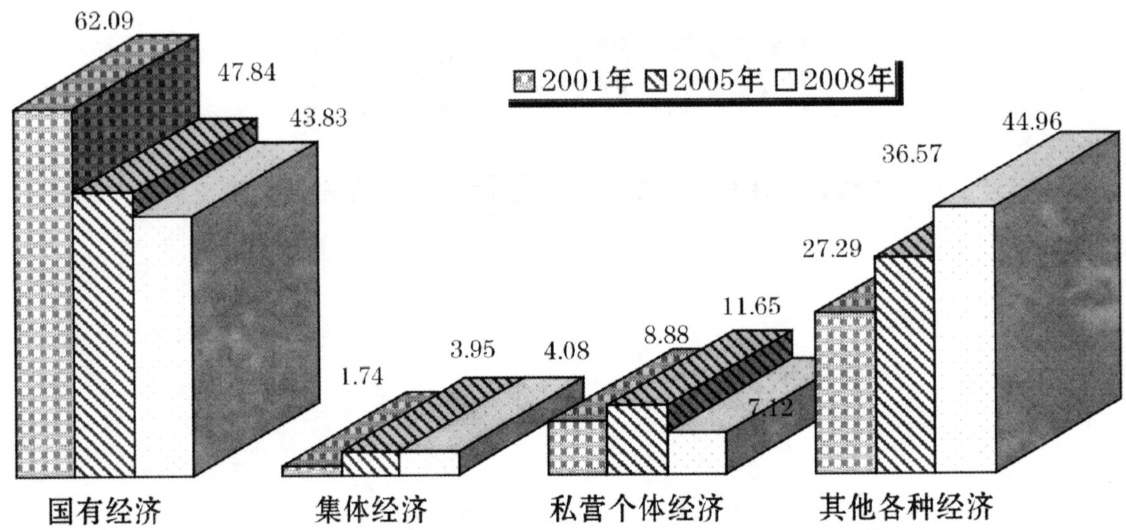

本年到位资金按来源分比重（%）

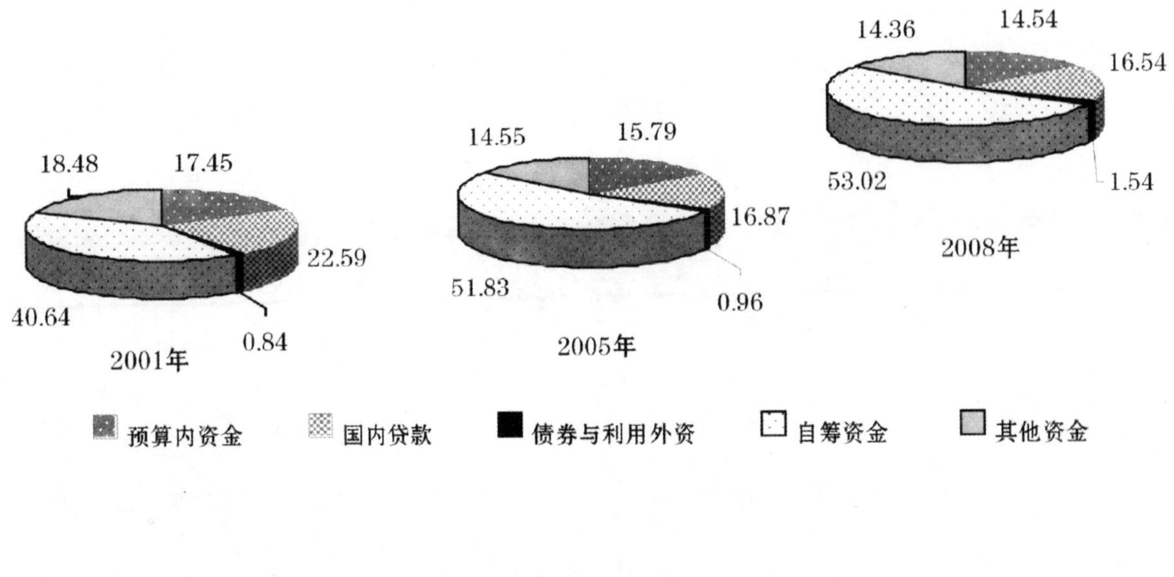

9-1 2005-2008年全社会固定资产投资
Total Investment in Fixed Assets(2005-2008)

单位:亿元 (100 million yuan)

指　标	Item	2005	2006	2007	2008
投资总额	**Total Investment**	**367.15**	**419.62**	**487.47**	**582.85**
按经济类型分	**By Economic Type Groups**				
国有经济	The state-owned Economy	175.64	196.73	201.21	255.48
联营经济	Joint Ownership Economy	0.53	1.79	1.81	1.01
股份有限及有限责任公司	Limited Liability Corporations and Share-holding Corporations Limited	121.55	140.81	201.74	240.89
其他内资	Other Funded	2.74	10.16	9.38	8.67
外商投资经济	Foreign Funded Economy	8.32	5.07	8.51	9.57
港、澳、台投资经济	Economy with Funds from Hong Kong, Macao and Taiwan	1.11	3.11	1.84	1.92
按构成分	**Grouped by Use of Funds**				
建筑安装工程	Construction and Installation	266.14	312.85	363.41	440.46
设备工具器具购置	Purchase of Equipment and Instruments	69.14	69.87	76.72	87.38
其他费用	Others	31.87	36.89	47.35	55.01
本年资金到位小计按来源分	**Grouped by Sources of Funds**	**378.42**	**401.20**	**479.14**	**563.89**
国家预算内资金	State Budget	59.75	59.10	61.93	81.98
国内贷款	Domestic Loans	63.84	67.35	66.05	93.29
利用外资	Foreign Investment	2.09	2.03	7.49	8.70
自筹资金	Self-raising Funds	196.15	189.84	263.34	298.95
其他资金	Others	55.05	82.89	80.33	80.96
房屋建筑面积（万平方米）	**Floor Space of Buildings (10 000 sq.m)**				
施工面积	Floor Space under Construction	1165.74	1203.86	1414.78	1695.03
住宅	Residential Buildings	724.02	739.21	927.39	1048.34
竣工面积	Floor Space Completed	571.79	650.64	622.05	679.77
住宅	Residential Buildings	367.99	391.34	461.71	505.91

9-2 1985-2008年全社会固定资产投资(按经济类型分)
Total Investment in Fixed Assets by Ownership(1985-2008)

指　标 Item	总　计 Total	国有经济 State-owned	集体经济 Collective-owned	私营个体经济 Private and Self-employed Individual	其他经济 Others
投资额(亿元) Investment(100 million yuan)					
1985	17.17	14.61	1.00	1.56	
1986	17.81	15.98	0.59	1.24	
1987	21.99	19.68	0.49	1.82	
1988	25.67	22.51	1.06	2.10	
1989	21.53	18.83	0.67	2.03	
1990	22.25	19.92	0.54	1.79	
1991	23.94	21.49	0.56	1.89	
1992	30.27	27.46	0.68	2.13	
1993	44.73	40.02	1.07	3.50	0.14
1994	45.20	39.45	1.48	3.49	0.78
1995	55.58	45.15	5.34	4.34	0.75
1996	77.66	64.42	5.08	4.62	3.54
1997	97.66	76.24	4.60	10.24	6.58
1998	116.38	89.01	3.99	10.89	12.49
1999	128.13	94.09	7.05	15.02	11.97
2000	154.83	102.83	6.61	13.08	32.31
2001	201.61	125.18	3.50	17.90	55.03
2002	245.02	153.88	2.72	21.26	67.16
2003	285.12	176.31	9.03	31.57	68.21
2004	318.06	168.39	10.38	37.24	102.05
2005	367.15	175.64	14.50	42.76	134.25
2006	419.62	196.73	20.12	41.82	160.95
2007	487.47	201.21	26.52	36.46	223.28
2008	582.85	255.48	23.79	41.52	262.06
增长速度(上年=100) Growth Rate(preceding year=100)					
1985	27.09	29.18	49.25	1.96	
1986	3.73	9.38	-41.00	-20.51	
1987	23.47	23.15	-16.95	46.77	
1988	16.73	14.38	116.33	15.38	
1989	-16.13	-16.35	-36.79	-3.33	
1990	3.34	5.79	-19.40	-11.82	
1991	7.60	7.88	3.70	5.59	
1992	26.44	27.78	21.43	12.70	
1993	47.77	45.74	57.35	64.32	
1994	1.05	-1.42	38.32	-0.29	457.14
1995	22.96	14.45	260.81	24.36	-3.85
1996	39.73	42.68	-4.87	6.45	372.00
1997	25.75	18.35	-9.45	121.65	85.88
1998	19.17	16.75	-13.26	6.35	89.82
1999	10.10	5.71	76.69	37.92	-4.16
2000	20.84	9.29	-6.24	-12.92	170.43
2001	30.21	21.73	-45.45	36.85	70.32
2002	21.53	2.93	77.71	18.77	22.04
2003	16.37	14.58	231.99	48.49	1.56
2004	11.55	-4.49	15.00	17.96	49.61
2005	15.43	4.31	39.60	14.82	31.55
2006	14.29	12.01	38.76	-2.20	19.89
2007	16.17	2.28	-37.67	20.61	38.73
2008	19.57	26.97	-10.29	13.88	17.37

9-3 2000-2008年全社会固定资产投资构成及资金到位情况

Structrue and Availability of Funds of Total Investment in Fixed Assets (2000-2008)

单位:亿元、%　　(100 million yuan、%)

年份 Year	按资金来源分 By Source of Funds							按构成分 By Structure of Funds		
	资金来源总额 Total Funds This Year	国家预算内资金 State Budget	国内贷款 Domestic Loans	债券 Financial Bond	利用外资 Foreign Investment	自筹 Self-raising Fund	其他资金 Others	建筑安装工程 Construction	设备工具器具购置 Purchase of Equipment and Instruments	其他费用 Others
投资额 Investment										
2000	148.99	25.38	36.25	0.41	2.07	53.78	31.09	117.00	25.47	12.36
2001	191.21	33.36	43.19	0.10	1.51	77.72	35.34	146.39	34.55	20.67
2002	250.92	55.17	68.18	0.01	2.56	77.59	47.40	192.49	35.16	17.37
2003	257.82	59.04	29.89	0.21	3.44	119.31	45.94	222.87	41.34	20.91
2004	312.88	42.58	33.22	0.28	2.98	177.60	56.23	251.46	47.46	19.14
2005	378.43	59.75	63.84	1.54	2.09	196.15	55.05	266.14	69.14	31.87
2006	401.20	59.10	67.35		2.03	189.84	82.89	312.86	69.87	36.89
2007	479.14	61.93	66.05		7.49	263.34	80.33	363.41	76.72	47.35
2008	563.89	81.98	93.29		8.70	298.95	80.96	440.46	87.38	55.01
构成 Percentage										
2000	100	17.04	24.33	0.27	1.39	36.09	20.87	75.57	16.45	7.98
2001	100	17.45	22.59	0.05	0.79	40.64	18.48	72.61	17.14	10.25
2002	100	21.99	27.17	…	1.02	30.92	18.89	78.56	14.35	7.09
2003	100	22.90	11.59	0.08	1.33	46.27	17.82	78.17	14.50	7.33
2004	100	13.61	10.62	0.09	0.95	56.76	17.97	79.06	14.92	6.02
2005	100	15.79	16.87	0.41	0.55	51.83	14.55	72.49	18.83	8.68
2006	100	14.73	16.79		0.51	47.32	20.66	74.56	16.65	8.79
2007	100	12.93	13.78		1.56	54.96	16.77	74.56	15.74	9.70
2008	100	14.54	16.54		1.54	53.02	14.36	75.57	14.99	9.44

9-4 2000-2008年分地区固定资产投资完成额

Actually Completed Investment in Fixed Assets by Region(2000-2008)

单位:亿元　　(100 million yuan)

年份 Year	西宁市 Xining City	海东地区 Haidong Prefecture	海北州 Haibei Zang A.P	黄南州 Huangnan Zang A.P	海南州 Hainan Zang A.P	果洛州 Golog Zang A.P	玉树州 Yushu Zang A.P	海西州 Haixi Mong-olian & Zang A.P
2000	53.82	14.12	4.27	3.31	5.81	1.85	3.01	28.25
2001	69.30	26.39	6.10	4.80	10.90	4.70	3.60	39.70
2002	77.70	32.79	7.50	4.70	14.09	2.20	4.30	49.00
2003	85.40	39.54	8.80	7.50	17.29	3.70	4.80	54.70
2004	98.50	43.55	10.60	11.70	21.79	3.00	5.80	57.30
2005	115.60	43.69	12.60	11.50	24.68	3.70	7.30	66.90
2006	141.04	45.93	15.65	10.61	28.13	6.13	8.76	87.30
2007	178.91	45.41	19.50	12.25	21.05	6.46	10.58	119.82
2008	221.98	54.62	25.60	15.28	24.94	7.50	14.02	125.53

注:本表未包括跨地区项目。

a) Data in this table do not include trans-regional items.

9–5 按地区分的全社会固定资产投资完成情况(2008年)
Total Investment in Fixed Assets by Region(2008)

单位:万元、平方米 (10 000 yuan、sq.m)

类型	Type	西宁市 Xining City	海东地区 Haidong Prefecture	海北州 Haibei Zang A.P	黄南州 Huangnan Zang A.P	海南州 Hainan Zang A.P	果洛州 Golog Zang A.P	玉树州 Yushu Zang A.P	海西州 Haixi Mongolian & Zang A.P
投资完成额	**Investment**	**2219820**	**546237**	**256030**	**152755**	**249399**	**75036**	**140210**	**1255266**
按登记注册类型分	**By Registration type**								
国有投资	State-owned Investment	901491	230640	144012	85510	166392	65335	134602	198264
集体投资	Collective-owned Investment	45435	58479	6887	9212	3984			1315
股份合作企业	Cooperative Investment	10835			1600				800
私营个体投资	Private and Self-employed Individuals Investment	262003	26397	14460	7611	32046	1086	2219	69359
联营经济投资	Joint Ownership	8278	152						1700
有限责任公司	Limited Liability Corporations	658567	186188	83134	4990	28071	8615	120	443108
股份有限公司	Share Holding Corporations Ltd.	187025	42163	1200	22991	5511			531367
港澳台投资	Funds from Hong Kong, Macao and Taiwan	18147				1050			
外商投资	Foreign Funded	91343	1265	1574		170			1336
其他投资	Others	36696	953	4763	20841	12175		3269	8017
按资金来源分	**By Sources of Funds**								
国家预算内资金	State Budget	145345	174019	53820	37413	145584	61445	85272	56673
国内贷款	Domestic Loans	456393	25867	57290	22428	13735	587	1470	2911
利用外资	Foreign Investment	67547		135	274	440		26	18626
自筹资金	Self-raising Fund	1591269	253622	128969	34256	73047	17793	32508	603732
其他资金	Others	108925	115636	10207	52064	29217	2677	20934	469946
按构成分	**By Structure of Funds**								
建筑安装工程	Construction and Installation	1574467	471983	188155	106716	236494	74075	137134	836947
设备、工具、器具购置	Purchase of Equipment and Instruments	369629	35289	37995	33394	9500	961	3076	307173
其他费用	Others	275724	38965	29880	12645	3405			111146
本年新增固定资产	**Add Fixed Assets of This Year**	**1362794**	**362463**	**251915**	**284326**	**152860**	**51979**	**96328**	**782824**
房屋建筑面积	**Floor Space of Buildings**								
施工面积	Floor Space under Construction	10490804	1360452	771657	403673	169745	466253	286583	710243
竣工面积	Floor Space Completed	3014138	315639	434510	240635	55051	31864	160542	250093
住宅	Residential Buildings	2161458	103187	168434	153753	50589	10835	41820	68677

注:本表未含跨省区项目,按资金来源分为财务拨款数。

a) Data in this table do not include trans-provincial items. The data divided by source of funds are financial appropriating funds.

9-6　2003–2008年城镇固定资产投资

Total Investment in Fixed Assets in Urban Area(2003-2008)

单位:亿元、万平方米　　(100 million yuan、10 000 sq.m)

指　标	Item	2003	2004	2005	2006	2007	2008
投资总额	**Total Investment**	**235.25**	**273.77**	**310.83**	**384.61**	**443.69**	**514.05**
按经济类型分	**By Economic type**						
国有经济	State-owned Investment	151.00	151.42	154.58	192.07	183.86	220.36
集体经济	Collective-owned Investment	3.90	3.83	4.86	6.94	5.76	2.62
联营经济	Joint Ownership	0.89	0.16	0.82	1.79	1.81	0.70
有限责任公司	Limited Liability Corporations	27.36	56.05	79.91	88.72	145.17	161.29
股份制经济	Share Holding Corporations Ltd.	35.36	34.71	41.00	51.52	54.31	73.64
私营个体	Private and Self-employed Individuals Investment	12.35	17.35	17.58	28.75	35.41	38.91
其他内资	Others	0.82	1.26	2.65	6.80	7.02	5.18
外商投资经济	Foreign Funded	2.23	5.77	8.32	3.08	8.51	9.43
港澳台投资经济	Funds from Hong Kong, Macao and Taiwan	1.34	3.22	1.11	4.93	1.84	1.92
按隶属关系分	**By Jurisdiction of Management**						
中央项目	Central	54.89	71.20	79.65	99.52	81.12	102.83
地方项目	Local	180.36	202.57	231.18	285.10	362.57	411.22
按资金来源分	**By Sources of Funds**						
国家预算内资金	State Budget	38.13	27.11	46.48	55.75	50.54	56.56
国内贷款	Domestic Loans	27.03	31.94	52.30	66.09	61.70	88.82
利用外资	Foreign Investment	3.44	2.88	1.90	1.98	7.44	8.64
自筹资金	Self-raising Fund	97.05	151.07	153.92	161.18	236.64	262.12
其他资金	Others	45.17	55.32	52.68	80.80	78.52	74.74
按构成分	**By Composition of Funds**						
建筑安装工程	Construction and Installation	184.12	198.47	228.69	299.41	334.67	386.36
设备、工具、器具购置	Purchase of Equipment and Instruments	32.23	47.46	55.66	53.77	67.51	77.95
其他费用	Others	18.90	27.84	26.48	31.43	41.51	49.74
按建设性质分	**By Construction of nature**						
新　建	New Construction	136.62	156.58	172.93	218.68	289.31	327.88
扩　建	Extension	50.72	61.02	61.63	70.24	74.66	99.97
改　建	Reconstruction	20.61	24.73	43.06	59.85	71.71	76.09
房屋建筑面积	**Floor Space of Buildings**						
施工面积	Floor Space under Construction	777.09	771.11	816.27	896.68	1121.72	1369.61
住宅	Residential Buildings	425.68	439.51	433.77	534.04	685.96	783.42
竣工面积	Floor Space Completed	294.54	300.76	269.63	360.53	352.21	384.08
住宅	Residential Buildings	180.08	172.84	240.14	196.47	234.59	259.71
竣工房屋价值	Cost of Buildings Completed	27.82	32.85	31.48	41.32	43.58	55.24
住宅	Residential Buildings	16.01	17.02	12.33	21.02	29.29	37.87

注:按资金来源分为财务拨款数；除房地产外投资均为50万元以上项目。

a) The data divided by source of funds are financial appropriating funds. All the investment projects are above 500 000 yuan in addition to real estate.

9-7 按各种口径分50万元以上项目固定资产投资完成情况(2008年)
Completion of Investment in Fixed Assets of Projects over 500 Thousand Yuan by Various Calibres (2008)

单位:万元 (10 000yuan)

指标	Item	合计 Total	地方 Local	城镇 Urban	地方 Local	非农户 Non-farmer	地方 Local
总计	**Total**	**5147053**	**4104979**	**4628601**	**3600274**	**518452**	**504705**
按登记注册类型分	**By Registration Type**						
内资	Domestic Funds	5046227	4021987	4532058	3520365	514169	501622
国有	State-owned	2511443	2183794	2160261	1844199	351182	339595
集体	Collective-owned	55072	55072	14771	14771	40301	40301
股份合作	Cooperative	10085	8085	8300	6300	1785	1785
联营	Joint	10130	4852	6978	1700	3152	3152
国有联营	State-owned Joint	1500	1500	1500	1500		
集体联营	Collective-owned Joint						
国有与集体联营	State-owned and Collective Joint	5630	352	5478	200	152	152
其他联营	Others	3000	3000			3000	3000
有限责任公司	Limited Liability	1506256	1208350	1454708	1156802	51548	51548
国有独资公司	State-owned Sole Proprietorship	18603	18603	18603	18603		
其他有限责任公司	Others	1487653	1189747	1436105	1138199	51548	51548
股份有限公司	Share-holding	671729	280322	663617	273170	8112	7152
私营	Private	196938	196938	173770	173770	23168	23168
其他内资	Others	84574	84574	49653	49653	34921	34921
港澳台投资	Funds from Hong Kong, Macao and Taiwan	16110	1050	16110	1050		
港澳台合作经营	Cooperative	1000	1000	1000	1000		
港澳台独资	Wholly-owned	15110	50	15110	50		
外商投资	Foreign Investment	78179	75405	76809	75235	1370	170
外商合资经营	Joint Venture	69924	69924	69834	69834	90	90
外商独资	Wholly-owned	4145	4145	4065	4065	80	80
外商股份有限	Share-holding	4110	1336	2910	1336	1200	
个体经营	Self-employed Individual	6537	6537	3624	3624	2913	2913
个体户	Self-employed	4931	4931	2218	2218	2713	2713
个人合伙	Individual Partners	1606	1606	1406	1406	200	200
按隶属关系分	**By Jurisdiction of Management**						
中央	Central	1042074		1028327		13747	
地方	Local	4104979	4104979	3600274	3600274	504705	504705
省	Province	805491	805491	791260	791260	14231	14231
地市县属	Region, city and county						
地区	Region	918561	918561	882781	882781	35780	35780
县	County	1417922	1417922	1045960	1045960	371962	371962
乡镇	Township						
其他	Others	963005	963005	880273	880273	82732	82732

9-7 续表 1 Continued

单位:万元 (10 000yuan)

指 标	Item	合 计 Total	地方 Local	城 镇 Urban	地方 Local	非农户 Non-farmer	地方 Local
按建设性质分	**By Character of Construction**						
新建	New Construction	3040740	2592779	2766886	2322959	273854	269820
扩建	Extension	1083918	555702	999715	471499	84203	84203
改建	Reconstruction	906366	849278	760947	713572	145419	135706
单纯建造生活设施	The Construction of Living Facilities	23049	22484	22978	22413	71	71
迁建	Moving	4165	4165	3565	3565	600	600
恢复	Resumption	28704	28704	26541	26541	2163	2163
单纯购置	Purchase	60111	51867	47969	39725	12142	12142
按建设阶段分	**By Construction Phase**						
筹建	Prepare to Build	1000	1000			1000	1000
本年正式施工	Started to Work This Year	5075289	4041459	4571393	3551310	503896	490149
本年收尾	Wind up This Year	10653	10653	9239	9239	1414	1414
单纯购置	Purchase	60111	51867	47969	39725	12142	12142
按注册控股类型分	**By Registration Categories**						
国有控股	State-holding	3565639	2549637	3194518	2190103	371121	359534
集体控股	Collective-Holding	315403	312443	265949	263949	49454	48494
私人控股	Private-holding	1194938	1189660	1098431	1093153	96507	96507
港澳台商控股	Hong Kong, Macao and Taiwan-holding	18410	3350	18410	3350		
外商控股	Foreign-holding	52663	49889	51293	49719	1370	170
按国民经济行业分	**By Sector**						
农、林、牧、渔业	Agriculture, Forestry, Animal Husbandry and Fishery	275083	274963	109563	109443	165520	165520
农业	Farming	33251	33251	13929	13929	19322	19322
林业	Forestry	26014	26014	14733	14733	11281	11281
畜牧业	Animal Husbandry	46406	46406	20586	20586	25820	25820
渔业	Fishery						
农、林、牧、渔服务业	Services in Support of Agriculture	169412	169292	60315	60195	109097	109097
采矿业	Mining	607377	236406	581850	210879	25527	25527
煤炭开采和洗选业	Mining and Washing of Coal	101861	101861	101861	101861		
石油和天然气开采业	Extraction of Petroleum and Natural Gas	376821	5850	376821	5850		
黑色金属矿采选业	Mining and Processing of Ferrous Metal Ores	41064	41064	38484	38484	2580	2580
有色金属矿采选业	Mining and Processing of Non-Ferrous Metal Ores	64315	64315	43508	43508	20807	20807
非金属矿采选业	Mining and Processing of Nonmetal Ores	23316	23316	21176	21176	2140	2140
其他采矿业	Mining of Other Ores						
制造业	Manufacturing	1473113	1444069	1421663	1392619	51450	51450
农副食品加工业	Processing of Food from Agricultural Products	50487	50487	41070	41070	9417	9417
食品制造业	Manufacture of Foods	22646	22646	21571	21571	1075	1075
饮料制造业	Manufacture of Beverages	35502	35502	35502	35502		
烟草制品业	Manufacture of Tobacco						
纺织业	Manufacture of Textile	54136	54136	50840	50840	3296	3296
纺织服装、鞋、帽制造业	Manufacture of Textile Wearing Apparel, Footwear and Caps	3810	3810	3570	3570	240	240
皮革、毛皮、羽毛(绒)及其制品业	Manufacture of Leather, Fur, Feather and Related Products						
木材加工及木、竹、藤、棕、草制品业	Processing of Timber, Manufacture of Wood, Bamboo, Rattan, Palm and Straw Products	1300	1300	1200	1200	100	100
家具制造业	Manufacture of Furniture	1280	1280	1280	1280		
造纸及纸制品业	Manufacture of Paper and Paper Products	200	200	200	200		

9-7 续表 2 Continued

单位:万元 (10 000yuan)

指标	Item	合计 Total	地方 Local	城镇 Urban	地方 Local	非农户 Non-farmer	地方 Local
印刷业和记录媒介的复制	Printing, Reproduction of Recording Media	4000	4000	4000	4000		
文教体育用品制造业	Manufacture of Articles For Culture, Education and Sport Activities	359	359	359	359		
石油加工、炼焦及核燃料加工业	Processing of Petroleum, Coking, Processing of Nuclear Fuel	20890	20890	20890	20890		
化学原料及化学制品制造业	Manufacture of Raw Chemical Materials and Chemical Products	501935	497645	501490	497200	445	445
医药制造业	Manufacture of Medicines	14922	14922	14922	14922		
化学纤维制造业	Manufacture of Chemical Fibers						
橡胶制品业	Manufacture of Rubber	400	400	400	400		
塑料制品业	Manufacture of Plastics	920	920	760	760	160	160
非金属矿物制品业	Manufacture of Non-metallic Mineral Products	187735	182457	178875	173597	8860	8860
黑色金属冶炼及压延加工业	Smelting and Pressing of Ferrous Metals	102374	102374	86110	86110	16264	16264
有色金属冶炼及压延加工业	Smelting and Pressing of Non-ferrous Metals	400874	381398	397474	377998	3400	3400
金属制品业	Manufacture of Metal Products	7011	7011	6211	6211	800	800
通用设备制造业	Manufacture of General Purpose Machinery	19561	19561	19411	19411	150	150
专用设备制造业	Manufacture of Special Purpose Machinery	6265	6265	6265	6265		
交通运输设备制造业	Manufacture of Transport Equipment	4055	4055	4055	4055		
电气机械及器材制造业	Manufacture of Electrical Machinery and Equipment	11157	11157	11157	11157		
通信设备、计算机及其他电子设备制造业	Manufacture of Communication Equipment, Computers and Other Electronic Equipment	2164	2164	2064	2064	100	100
仪器仪表及文化、办公用机械制造业	Manufacture of Measuring Instruments and Machinery for Cultural Activity and Office Work	1180	1180	1180	1180		
工艺品及其他制造业	Manufacture of Artwork and Other Manufacturing	10658	10658	6715	6715	3943	3943
废弃资源和废旧材料回收加工业	Recycling and Disposal of Waste	7292	7292	4092	4092	3200	3200
电力、燃气及水的生产和供应业	Production and Supply of Electricity, Gas and Water	804387	305055	760169	272424	44218	32631
电力、热力的生产和供应业	Production and Supply of Electric Power and Heat Power	783888	284556	742756	255011	41132	29545
燃气生产和供应业	Production and Supply of Gas	9172	9172	8612	8612	560	560
水的生产和供应业	Production and Supply of Water	11327	11327	8801	8801	2526	2526
建筑业	Construction	86611	80411	73082	66882	13529	13529
房屋和土木工程建筑业	Construction of Buildings and Civil Engineering	79777	73577	67048	60848	12729	12729
建筑安装业	Building Installation	206	206	206	206		
建筑装饰业	Building Decoration	360	360	360	360		
其他建筑业	Other Construction	6268	6268	5468	5468	800	800
交通运输、仓储和邮政业	Transport, Storage and Post	994189	883114	869787	758712	124402	124402
铁路运输业	Railway Transport	204492	100000	204492	100000		
道路运输业	Road Transport	745975	745855	623538	623418	122437	122437
城市公共交通业	Urban Public Transport						
水上运输业	Water Transport						
航空运输业	Air Transport	25672	25672	25672	25672		
管道运输业	Transport Via Pipelines						
装卸搬运和其他运输服务业	Loading, Unloading and Other Transport Services	1965	1965			1965	1965
仓储业	Storage	16085	9622	16085	9622		
邮政业	Post						
信息传输、计算机服务和软件业	Information Transmission, Computer Services and Software	30119	10255	26904	9200	3215	1055
电信和其他信息传输服务业	Telecommunications and Other Information Transmission Services	29719	9855	26504	8800	3215	1055
计算机服务业	Computer Services	400	400	400	400		
软件业	Software						

9-7 续表 3 Continued

单位:万元 (10 000yuan)

指 标	Item	合 计 Total	地方 Local	城 镇 Urban	地方 Local	非农户 Non-farmer	地方 Local
批发和零售业	Wholesale and Retail Trades	76530	76530	72050	72050	4480	4480
批发业	Wholesale Trade	20357	20357	16357	16357	4000	4000
零售业	Retail Trade	56173	56173	55693	55693	480	480
住宿和餐饮业	Hotels and Catering Services	30902	30902	26232	26232	4670	4670
住宿业	Hotels	16500	16500	16030	16030	470	470
餐饮业	Catering Services	14402	14402	10202	10202	4200	4200
金融业	Financial Intermediation	3006	3006	3006	3006		
银行业	Bank	746	746	746	746		
证券业	Security Activities						
保险业	Insurance	1000	1000	1000	1000		
其他金融活动	Other Financial Activities	1260	1260	1260	1260		
房地产业	Real Estate	21896	21896	21834	21834	62	62
房地产业	Real Estate	21896	21896	21834	21834	62	62
租赁和商务服务业	Leasing and Business Services	13319	13319	13319	13319		
租赁业	Leasing						
商务服务业	Business Services	13319	13319	13319	13319		
科学研究、技术服务和地质勘查业	Scientific Research, Technical Service and Geologic Prospecting	23224	20992	13216	10984	10008	10008
研究与试验发展	Research and Experimental Development	1601	1601	1601	1601		
专业技术服务业	Professional Technical Services	5064	4718	5064	4718		
科技交流和推广服务业	Services of Science and Technology Exchanges and Promotion	2640	2640	2640	2640		
地质勘查业	Geologic Prospecting	13919	12033	3911	2025	10008	10008
水利、环境和公共设施管理业	Management of Water Conservancy, Environment and Public Facilities	294262	293307	276816	275861	17446	17446
水利管理业	Management of Water Conservancy	59450	58495	49537	48582	9913	9913
环境管理业	Environmental Management	26386	26386	23567	23567	2819	2819
公共设施管理业	Management of Public Facilities	208426	208426	203712	203712	4714	4714
居民服务和其他服务业	Services to Households and Other Services	15637	15637	14887	14887	750	750
居民服务业	Services to Households	10907	10907	10157	10157	750	750
其他服务业	Other Services	4730	4730	4730	4730		
教育	Education	77631	77631	68494	68494	9137	9137
教育	Education	77631	77631	68494	68494	9137	9137
卫生、社会保障和社会福利业	Health, Social Security and Social Welfare	27076	27076	23321	23321	3755	3755
卫生	Health	22813	22813	19817	19817	2996	2996
社会保障业	Social Security	150	150	150	150		
社会福利业	Social Welfare	4113	4113	3354	3354	759	759
文化、体育和娱乐业	Culture, Sports and Entertainment	72818	72818	70558	70558	2260	2260
新闻出版业	Journalism and Publishing Activities	3015	3015	3015	3015		
广播、电视、电影和音像业	Broadcasting, Movies, Television and Audiovisual Activities	2036	2036	1416	1416	620	620
文化艺术业	Cultural and Art Activities	50106	50106	49966	49966	140	140
体育	Sports Activities	4312	4312	4312	4312		
娱乐业	Entertainment	13349	13349	11849	11849	1500	1500
公共管理和社会组织	Public Management and Social Organization	219873	217592	181850	179569	38023	38023
中国共产党机关	Organs of Communist Party of China	1568	1568	929	929	639	639
国家机构	Government Agencies	193291	191010	171782	169501	21509	21509
人民政协和民主党派	People's Political Consultative Conference and Democratic Parties	159	159	159	159		
群众团体、社会团体和宗教组织	Non-Governmental Organizations, Social Organizations and Religion Organizations	10056	10056	8580	8580	1476	1476
基层群众自治组织	Grass Roots Self-governing Organizations	14799	14799	400	400	14399	14399
国际组织	International Organizations						

9-8 2001-2008年按行业和四大支柱分组的城镇固定资产投资
Investment in Fixed Assets in Urban Area by Sector and Four Pillar Industries(2001-2008)

单位:亿元 (100 million yuan)

指　标	Item	2001	2002	2003	2004	2005	2006	2007	2008
全省总计	**Total Province**	**165.57**	**195.21**	**212.94**	**247.53**	**281.72**	**365.95**	**409.49**	**462.86**
按行业分	**By Sector**								
农林牧渔业	Agriculture, Forestry, Animal Husbandry and Fishery	6.86	12.88	11.26	9.79	8.21	15.99	12.67	10.96
采矿业	Mining	18.18	19.63	23.76	33.72	37.46	49.48	47.78	58.19
制造业	Manufacturing	21.64	25.01	45.46	55.84	68.89	71.51	115.49	142.17
电力、煤气及水的生产和供应业	Production and Supply of Electricity, Gas and Water	27.47	35.75	32.01	52.40	55.62	77.91	73.50	76.02
建筑业	Construction	3.66	7.32	8.77	6.14	8.24	7.54	8.71	7.31
交通运输、仓储及邮政业	Traffic, Transport, Storage and Post	42.47	47.24	41.11	48.65	54.79	70.89	77.78	86.98
信息传输、计算机服务和软件业	Information Transmission, Computer Services and Software Industry	8.30	5.32	5.09	4.09	1.72	4.29	3.00	2.69
批发和零售业	Wholesale and Retail Trades	2.12	3.45	4.09	4.74	4.84	5.68	6.86	7.20
住宿、餐饮业	Hotels and Catering Services	1.18	1.90	1.54	2.11	1.69	4.25	3.84	2.62
金融业	Financial Intermediation	0.58	0.42	0.38	0.48	0.54	1.01	0.56	0.30
房地产业	Real Estate	0.13	0.38	0.31	0.47	1.70	0.86	2.53	2.18
租赁和商务服务业	Rental and Business Services	0.08	0.20	0.16	0.04	1.00	1.62	2.44	1.33
科学研究、技术服务和地质勘查业	Scientific Research, Technical Services and Geological Prospecting Industry	0.39	0.49	0.93	0.71	1.19	1.64	2.84	1.32
水利、环境和公共设施管理业	Water, Environment and Public facilities Management Industries	15.72	13.59	15.63	10.59	11.33	21.38	24.70	27.68
居民服务和其他服务业	Residents Services and Other Services	1.21	0.70	0.12	0.15	0.15	1.53	1.81	1.49
教育	Education	2.62	3.58	3.43	3.80	5.39	7.66	4.62	6.85
卫生、社会保障和社会福利业	Health, Social Security and Social Welfare Sector	0.99	1.39	1.49	1.42	1.70	1.81	0.95	2.33
文化、体育和娱乐业	Culture, Sports and Entertainment	1.34	0.52	0.76	0.71	1.65	2.75	3.70	7.06
公共管理和社会组织	Public Administration and Social Organizations	10.63	15.44	16.64	11.68	15.61	18.13	15.71	18.18
国际组织	International Organizations								
按四大支柱产业分	**By Four Pillar Industries**	**59.20**	**65.02**	**63.54**	**109.12**	**107.34**	**112.02**	**182.45**	**206.98**
石油天然气开采业	Extraction of Petroleum and Natural Gas	17.18	17.78	19.09	28.74	26.19	27.84	29.41	38.13
水利发电业	Hydropower Industry	26.39	34.57	20.39	46.01	37.69	36.61	73.48	73.34
有色金属业	Non-Ferrous Metal Ores	6.07	5.00	15.79	21.36	21.93	19.90	32.67	44.10
盐化工	Salt Chemical Industry	9.56	7.67	8.27	13.01	21.53	27.67	46.89	51.42

注:本表为50万元以上项目投资完成情况。2006年含非农户50万元以上项目投资完成情况。2007年以后四大支柱水力发电为电力行业。

a) Data in this table are completion condition of investment projects above 500 000 yuan. Data in 2006 included projects above 500 000 yuan of non-farmer. Since 2007, hydropower in the four pillar industries is power industry.

9–9 按行业分地区的城镇固定资产投资(2008年)

Investment in Fixed Assets in Urban Area by Sector and Region (2008)

单位:万元 (10 000yuan)

指 标	Item	西宁市 Xining City	海东地区 Haidong Prefecture	海北州 Haibei Zang A.P	黄南州 Huangnan Zang A.P	海南州 Hainan Zang A.P	果洛州 Golog Zang A.P	玉树州 Yushu Zang A.P	海西州 Haixi Mongolian & Zang A.P
全省总计	**Total Province**	**1583576**	**370095**	**182468**	**124536**	**107993**	**74968**	**139321**	**1124194**
按行业分	**By Sector**								
农林牧渔业	Agriculture, Forestry, Animal Husbandry and Fishery	11434	32365	754	8420	4404	12407	30049	9730
采矿业	Mining	9862	11790	54320		5269	8715		491894
制造业	Manufacturing	786697	158600	8195	3345	14400	80	1936	448410
电力、煤气及水的生产和供应业	Production and Supply of Electricity, Gas and Water	123209	44816	74037	54398	28038	10471	8510	36298
建筑业	Construction	53551	2675		60	5727	1206		9863
交通运输、仓储及邮政业	Traffic, Transport, Storage and Post	177517	36583	9814	18370	8312	23208	59865	5160
信息传输、计算机服务和软件业	Information Transmission, Computer Services and Software Industry	19774	1540	2714	2198	219	459		
批发和零售业	Wholesale and Retail Trades	47203	2830	1920	9168	1428	240	1936	7325
住宿、餐饮业	Hotels and Catering Services	17085	1800	1990	933	1748	410	916	1350
金融业	Financial Intermediation	2260	200				75	426	45
房地产业	Real Estate	3807	1500	6200		8401			1926
租赁和商务服务业	Rental and Business Services	11480	700	85		186	38		830
科学研究、技术服务和地质勘查业	Scientific Research, Technical Services and Geological Prospecting Industry	6252	965	741	1780	1846	465	79	1088
水利、环境和公共设施管理业	Water, Environment and Public facilities Management Industries	165073	30162	7867	7004	7409	1317	2530	45354
居民服务和其他服务业	Residents Services and Other Services	8960	4225	178	100	135			1289
教育	Education	30770	7949	2819	3735	9229	2274	4920	6798
卫生、社会保障和社会福利业	Health, Social Security and Social Welfare Sector	8870	3861	1362	2596	2056	1315	2073	1188
文化、体育和娱乐业	Culture, Sports and Entertainment	39967	10464	5549	4882	3051	833	1179	4633
公共管理和社会组织	Public Administration and Social Organizations	59805	17070	3923	7547	6135	11455	24902	51013
国际组织	International Organizations								
按四大支柱产业分	**By Four Pillar Industries**	**560710**	**132618**	**97260**	**62670**	**59941**	**17097**	**7138**	**817787**
石油天然气开采业	Extraction of Petroleum and Natural Gas		5850	4445					370971
水利发电业	Hydropower Industry	113414	44652	80794	53444	46213	8482	7138	39974
有色金属业	Non-Ferrous Metal Ores	311845	78206	12021	9226	13728	8615		31548
盐化工	Salt Chemical Industry	135451	3910						375294

注:本表为50万元以上项目投资完成情况未含省直报项目,未含跨地区直报项目。

a) Data in this table are completion condition of investment projects above 500 000 yuan, and do not include provincial and trans-regional items reporting directly.

9–10 2000–2008年城镇固定资产投资项目新增主要生产能力
Newly Increased Production Capacity of Investment in Fixed Assets in Urban Area(2000-2008)

能力名称	Item	2000	2005	2006	2007	2008
原煤开采	(万吨/年) Coal Mining (10 000 tons/year)	4.2	281.0	274.0	155.0	210.0
洗　煤	(万吨/年) Coal washing (10 000 tons/year)					
天然原油	(万吨/年) Petroleum Extraction (10 000 tons/year)	40	26	26	38	35
天然气开采	(亿立方米/年) Extraction of Petroleum and Natural Gas (10 000 cu.m/year)	2	9	10	15	21
铁矿开采(原矿)	(万吨/年) Iron Ore Mining (10 000 tons/year)	6	11	21	1	2
铁矿石成品矿	(万吨/年) Finished Products of Iron Ore Mine (10 000 tons/year)			5		
炼　铁	(万吨/年) Iron-making (10 000 tons/year)	141				
炼　钢	(万吨/年) Steel-making (10 000 tons/year)	60				
初　轧	(万吨/年) Rolling Early (10 000 tons/year)					
铁合金	(万吨/年) Iron Alloy (10 000 tons/year)	1	11	1.77	3.05	0.47
热轧钢材	(万吨/年) Hot-rolled Steel (10 000 tons/year)			5		
钢　丝	(万吨/年) Wire Steel (10 000 tons/year)		400			
铜采矿(原矿)	(万吨/年) Copper Ore Mining (10 000 tons/year)	2	1	53	26	70
铜选矿:处理原矿	(万吨/年) Copper Ore Dressing:Crude Ore Dressing (10 000 tons/year)			5		
铜含量	(吨/年) Copper Content (ton/year)					
铜冶炼	(吨/年) Copper Smelting (ton/year)					
其中:电解铜	(吨/年) Electrolytic Copper (ton/year)					
铅锌采矿(原矿)	(万吨/年) Plumbum/Zinc Ore Mining (10 000 tons/year)			67	5	1
铅锌选矿:处理原矿	(万吨/年) Plumbum and Zinc Ore Dressing:Crude Ore Dressing (10 000 tons/year)	3	12		10	
铅含量	(吨/年) Plumbum Content (ton/year)					
锌含量	(吨/年) Zinc Content (ton/year)					
铅冶炼	(吨/年) Plumbum Smelting (ton/year)				10000	
其中:电解铅	(吨/年) Electrolytic Plumbum (ton/year)					
镍采矿	(吨/年) Nickel Ore Mining (ton/year)		1	2		
氧化铝	(吨/年) Aluminum Oxide (ton/year)					
铅冶炼	(吨/年) Plumbum Smelting (ton/year)					
电解铝	(吨/年) Electrolytic Aluminum (ton/year)	7000	50000	235000		
粗　铅	(吨/年) Crude Plumbum (ton/year)		15000			
铝加工	(吨/年) Aluminum Processing (ton/year)	5000	1000	26928	10000	
金采矿(原矿)	(万吨/年) Gold Ore Mining (10 000 tons/year)					
金选矿:处理原矿	(吨/年) Gold Ore Dressing: Crude Ore Dressing (10 000 tons/year)		240			
金含量	(公斤/年) Gold Content (kg/year)		30			
黄　金	(公斤/年) Gold (kg/year)					
矿山成品金	(公斤/年) Gold finished (kg/year)	25				
水力发电	(万千瓦) Hydraulic Power (10 000 kw)	0.32	71	50	65	30
火力发电	(万千瓦) Fire Power (10 000 kw)			30	10	27
输电线路长度(11万伏及以上)	(公里) Length of Transmission Line (km)	247	275	384	309	259
变电设备能力(11万伏及以上)	(万千伏安) Substation Equipment Capacity (10 000kVA)	28	232			

9–10 续表 1 continued

能力名称	Item	2000	2005	2006	2007	2008
水　泥 (万吨/年)	Cement (10 000 tons/year)	39	128	90	141	20
胶合板 (万立方米/年)	Plywood (10 000 cu.m/year)		7			
刨花板 (万立方米/年)	Flakeboard (10 000 cu.m/year)		4			
平板玻璃 (万重量箱/年)	Plate Glass (10 000 Weight-box/year)			1		
硫　酸 (吨/年)	Sulphuric Acid (ton/year)					
烧　碱 (吨/年)	Caustic Soda (ton/year)					
纯　碱 (吨/年)	Soda Ash (ton/year)		900000			
电　石 (吨/年)	Calcium Carbide (ton/year)		4800		396	396
磷　肥 (吨/年)	Phosphate Fertilizer (ton/year)	10400				
钾　肥 (吨/年)	Potash Fertilizer (ton/year)	1	32500	395000	221450	20000
塑料树脂及共聚物 (吨/年)	Plastic Colophony and Polymer (ton/year)		800	2		
化学原料药 (吨/年)	Chemical Medicinal Materials (ton/year)			150		
中成药 (吨/年)	Traditional Chinese medicine (ton/year)		35			
毛纺锭 (锭)	Wool Spindles (unit)		30			3
原　盐 (吨/年)	Salt (ton/year)		3000			
食用植物油	Vegetable Oil		5			
日处理原料:吨	Stock Dressing in Every Day (ton)					
日精炼油:吨	Refined Edible in Every Day (ton)		3			
其他乳制品 (吨/年)	Other Dairy Products (ton/year)		225			
机制纸 (万吨/年)	Machine-made Paper (10 000 cu.m/year)		1	2		
肉加工品 (吨/年)	Fiesh Manufactures (ton/year)	200				
制皮革(折合牛皮) (万张/年)	Leather(Cowhide) (10 000 sheet/year)	20				
移动通信基站设备 (个/年)	Mobile Communicating Base Station Equipment (unit/year)		4	1295	20	
程控交换机 (万线/年)	Program-Controlled Telephone Exchange (10 000 lines/year)					
新建公路 (公里)	Length of New Highways (km)	448	1627	326	1612	257
其中:高速公路 (公里)	Express Way (km)				44	
一级公路 (公里)	First Class (km)			28		
二级公路 (公里)	Second Class (km)	29		29		
改建公路 (公里)	Length of Reconstructed Highways (km)	1160	2751	4227	3623	3929
其中:高速公路 (公里)	Express Way (km)					
一级公路 (公里)	First Class (km)	452				
二级公路 (公里)	Second Class (km)	24	893	920	103	
新建独立公路桥梁 (延长米)	New-Built Seoarate Highway and Bridge (Extended Length)	540	2010	2475	5875	1748
(座)	(unit)	12	45	66	124	41
新(扩)建客、货运站 (个)	Number of newly-Built or Expanded Passenger and Freight Stations (unit)	2	2	4	2	
(平方米)	(sq.m)	3193	2850	2115	1783	

9–11 1995–2008年城镇50万元以上固定资产投资

Investment in Fixed Assets over 500 Thousand yuan in Urban Area(1995-2008)

年 份 Year 地 区 Region	施工项目（个）Number of Projects under Construction (unit)	新开工项目（个）Number of Projects Started This Year (unit)	全部建成投产项目（个）Number of Projects Completed and Put into Use (unit)	项目建成投产率 Rate of Construction Projects Completed and Put into Use (%)	固定资产投资额（亿元）Investment in Fixed Assets (100 million yuan)	新增固定资产（亿元）Newly Increased Fixed Assets (100 million yuan)	交付使用率 Rate of Projects of Fixed Assets Completed and Put into Use (%)
1995	1122	788	748	66.7	44.97	32.92	73.2
1996	1243	985	841	67.7	66.80	50.14	75.1
1997	1227	855	742	60.5	77.55	72.78	93.9
1998	1419	1026	785	55.3	91.94	62.30	67.8
1999	1544	998	901	58.4	94.85	77.72	81.9
2000	1646	1215	970	58.9	122.42	59.15	48.3
2001	1932	1459	1155	59.8	163.65	113.03	69.1
2002	2106	1588	1285	61.0	195.22	92.24	47.2
2003	2287	1802	1261	55.1	212.94	74.17	34.8
2004	2275	1681	1427	62.7	247.53	147.54	59.6
2005	2550	1695	1548	60.7	281.72	151.46	53.8
2006	2472	1757	1758	71.1	353.43	290.78	82.3
2007	2238	1601	1363	60.9	409.49	219.80	53.7
2008	2394	1617	1527	63.8	462.86	286.28	61.9
西宁市 Xining City	498	252	271	54.4	158.36	90.38	57.1
海东地区 Haidong Prefecture	424	291	274	64.6	37.01	29.45	79.6
海北州 Haibei Zang A.P	215	140	119	55.3	18.25	19.62	107.5
黄南州 Huangnan Zang A.P	167	125	130	77.8	12.45	26.36	211.7
海南州 Hainan Zang A.P	191	137	130	68.1	10.80	6.01	55.6
果洛州 Golog Zang A.P	224	160	131	67.4	7.50	5.19	69.2
玉树州 Yushu Zang A.P	317	253	262	82.6	13.93	9.54	68.5
海西州 Haixi Mongolian & Zang A.P	307	234	169	55.0	112.42	66.57	59.2
不分地区 Not Classified by Region	51	25	21	41.20	92.14	33.16	36.0

注：本表为50万元以上项目投资完成情况。

a) Data in this table are completion condition of investment projects above 500 000 yuan.

9-12 按行业分城镇50万元施工、投产项目个数(2008年)
Number of Construction Projects over 500 Thousand Yuan under Construction and Projects Completed and Projects Put Into Use in Urban Area by Sector(2008)

单位:个、%　　(unit、%)

行业	Sector	施工项目 Number of Projects under Construction	新开工 Started This Year	全部建成投产项目 Number of Projects Completed and Put into Use	项目建成投产率 Rate of Projects Completed and Put into Use
全省总计	**Total Province**	**2394**	**1617**	**1527**	**63.8**
农、林、牧、渔业	**Agriculture, Forestry, Animal Husbandry and Fishery**	**262**	**210**	**221**	**84.4**
农业	Agriculture	27	17	19	70.4
采矿业	**Mining**	**73**	**31**	**33**	**45.2**
煤炭开采和洗选业	Mining and Washing of Coal	25	6	7	28.0
石油和天然气开采业	Extraction of Petroleum and Natural Gas	4		4	100.0
黑色金属矿采选业	Mining and Processing of Ferrous Metal Ores	7	3	3	42.9
有色金属矿采选业	Mining and Processing of Non-Ferrous Metal Ores	27	12	11	40.7
制造业	**Manufacturing**	**295**	**170**	**148**	**50.2**
农副食品加工业	Processing of Food from Agricultural Products	32	21	17	53.1
食品制造业	Manufacture of Foods	17	12	6	35.3
饮料制造业	Manufacture of Beverages	11	6	6	54.5
烟草制品业	Manufacture of Tobacco				
纺织业	Manufacture of Textile	12	4	2	16.7
纺织服装、鞋、帽制造业	Manufacture of Textile Wearing Apparel, Footwear and Caps	3	3	1	33.3
皮革、毛皮、羽毛(绒)及其制品业	Manufacture of Leather, Fur, Feather and Related Products				
木材加工及木、竹、藤、棕、草制品业	Processing of Timber, Manufacture of Wood, Bamboo, Rattan, Palm and Straw Products	1	1	1	100.0
家具制造业	Manufacture of Furniture	3	2	3	100.0
造纸及纸制品业	Manufacture of Paper and Paper Products	1		1	100.0
印刷业和记录媒介的复制	Printing, Reproduction of Recording Media				
文教体育用品制造业	Manufacture of Articles For Culture, Education and Sport Activities	1	1	1	100.0
石油加工、炼焦及核燃料加工业	Processing of Petroleum, Coking, Processing of Nuclear Fuel	3	2	1	33.3
化学原料及化学制品业	Manufacture of Raw Chemical Materials and Chemical Products	34	17	13	38.2
医药制造业	Manufacture of Medicines	4	3	1	25.0
化学纤维制造业	Manufacture of Chemical Fibres				
橡胶制品业	Manufacture of Rubber	1	1	1	100.0
塑料制品业	Manufacture of Plastics	2	2	2	100.0
非金属矿物制品业	Manufacture of Non-metallic Mineral Products	54	30	41	75.9
黑色金属冶炼及压延加工业	Smelting and Pressing of Ferrous Metals	40	30	17	42.5
有色金属冶炼及压延加工业	Smelting and Pressing of Non-ferrous Metals	33	12	8	24.2

9-12 续表 continued

单位:个、% (unit、%)

行 业	Sector	施工项目 Number of Projects under Construction	新开工 Started This Year	全部建成投产项目 Number of Projects Completed and Put into Use	项目建成投产率 Rate of Projects Completed and Put into Use
金属制品业	Manufacture of Metal Products	8	4	5	**62.5**
通用设备制造业	Manufacture of General Purpose Machinery	9	3	5	**55.6**
专用设备制造业	Manufacture of Special Purpose Machinery	3	1	3	**100.0**
交通运输设备制造业	Manufacture of Transport Equipment	6	4	5	**83.3**
电气机械及器材制造业	Manufacture of Electrical Machinery and Equipment	5	4	1	**20.0**
通信设备、计算机及其他电子设备制造业	Manufacture of Communication Equipment, Computers and Other Electronic Equipment	1	1		
仪器仪表及文化、办公用机械制造业	Manufacture of Measuring Instruments and Machinery for Cultural Activity and Office Work	1			
工艺品及其他制造业	Manufacture of Artwork and Other Manufacturing	6	5	4	**66.7**
废弃资源和废旧材料回收加工业	Recycling and Disposal of Waste	4	1	3	**75.0**
电力燃气水的生产供应业	**Production and Supply of Electricity, Gas and Water**	**153**	**86**	**98**	**64.1**
电力、热力的生产和供应业	Production and Supply of Electric Power and Heat Power	123	62	79	**64.2**
建筑业	**Construction**	**76**	**47**	**49**	**64.5**
交通运输、仓储和邮政业	**Transport, Storage and Post**	**315**	**186**	**213**	**67.6**
仓储业	Storage	6	4	4	**66.7**
邮政业	Post				
信息传输、计算机服务和软件业	**Information Transmission, Computer Services and Software**	**36**	**30**	**32**	**88.9**
批发和零售业	**Wholesale and Retail Trades**	**48**	**27**	**34**	**70.8**
住宿和餐饮业	**Hotels and Catering Services**	**40**	**31**	**25**	**62.5**
金融业	**Financial Intermediation**	**7**	**6**	**3**	**42.9**
房地产业	**Real Estate**	**42**	**26**	**20**	**47.6**
租赁和商务服务业	**Leasing and Business Services**	**10**	**4**	**5**	**50.0**
科学研究、技术服务和地质勘查业	**Scientific Research, Technical Service and Geologic Prospecting**	**30**	**17**	**20**	**66.7**
水利、环境和公共设施管理业	**Management of Water Conservancy, Environment and Public Facilities**	**258**	**186**	**142**	**55.0**
居民服务和其他服务业	**Services to Households and Other Services**	**14**	**9**	**7**	**50.0**
教育	**Education**	**166**	**135**	**116**	**69.9**
卫生、社会保障和社会福利业	**Health, Social Security and Social Welfare**	**78**	**66**	**57**	**73.1**
文化、体育和娱乐业	**Culture, Sports and Entertainment**	**65**	**43**	**31**	**47.7**
公共管理和社会组织	**Public Management and Social Organization**	**426**	**307**	**273**	**64.1**
国际组织	**International Organizations**				

9-13 城镇主要产品建设规模(2008年)
Construction Size of Main Production in Urban Area (2008)

能力名称	Item	建设规模 Total Constru-ction Size	本年施工规模 Under Constru-ction This Year	本年新开工 Started This Year	累计新增 Accumu-lated Newly Increased	本年新增 Newly Increased This Year
原煤开采 (万吨 / 年)	Coal Mining (10 000 tons/year)	1952	1282	210	895	210
天然原油开采 (万吨 / 年)	Petroleum Extraction (10 000 tons/year)	35	35	35	35	35
天然气开采 (亿立方米 / 年)	Extraction of Petroleum and Natural Gas (10 000 cu.m/year)	21	21	21	21	21
铁矿开采(原矿) (万吨 / 年)	Iron Ore Mining (10 000 tons/year)	501.5	501.5	101.5	301.5	1.5
铁矿选矿处理量 (万吨 / 年)	Iron Ore Dressing: Crude Ore Dressing (10 000 tons/year)	210	210			
铁合金 (折标吨 / 年)	Iron Alloy (10 000 tons/year)	19173.3	477.3	4766.5	4705	4703
铜采矿(原矿) (万吨 / 年)	Copper Ore Mining (10 000 tons/year)	81.16	81.16	70.16	70.16	70.16
铜选矿:处理原矿 (万吨 / 年)	Copper Ore Dressing: Crude Ore Dressing (10 000 tons/year)	11.3	11.3	0.3		
铅锌采矿(原矿) (万吨 / 年)	Plumbum/Zinc Ore Mining (10 000 tons/year)	172.83	172.83	125.41	1.5	1.41
电解铝 (吨 / 年)	Electrolytic Aluminum (ton/year)	328000	228000	170000	28000	
铝加工 (吨 / 年)	Aluminum Processing (ton/year)	243000	243000		43000	
水力发电 (万千瓦)	Hydraulic Power (10 000 kw)	735.36	134.76	20.89	30.79	30.19
火力发电 (万千瓦)	Fire Power (10 000 kw)	129	129	27	97	27
其他发电 (万千瓦)	Other Power (10 000 kw)	10.59	10.59	9.43	10.56	9.46
输电线路长度(11万伏及以上) (公里)	Length of Transmission Line (110 000V) (km)	1005.8	988.6	158.8	298.8	258.8
水泥 (万吨 / 年)	Cement (10 000 tons/year)	540	500	420	20	20
钾肥 (吨 / 年)	Potash Fertilizer (ton/year)	635000	455000	140000	108000	20000
新建公路 (公里)	Length of New Highways (km)	483.8	483.8	258.3	299.8	256.8
改建公路 (公里)	Length of Reconstructed Highways (km)	10389.7	10253.7	4399.6	7244.4	3928.8
新建独立公路 (延长米)	New-Built Separate (Extended Length)	2428.05	2428.05	913.98	2052.05	1748.05
桥梁 (座)	Highway and Bridge (unit)	72	72	26	68	41
新(扩)建客、 (个)	Number of newly-Built or Expanded (unit)	6	6	6		
货运站 (平方米)	Passenger and Freight Stations (sp.m)	6730	6730	6730		
城市自来水供水能力 (万吨/日)	Tap Water Supply Capacity (10 000 tons/day)	95.2	95.2	95.2	90.8	90.8

9–14 1985–2008年农村个人固定资产投资和建房
Indivdual Investment in Fixed Assets and Building Construction in Rural Areas(1985-2008)

年份 Year	投资总额(万元) Total Investment (10 000yuan)	按投资来源分 By Sources of Funds			按投资方向分 By Investment orientation			施工房屋建筑面积(万平方米) Floor Space of Buildings under Construction (10 000 sq.m)	竣工房屋建筑面积(万平方米) Floor Space of Buildings Completed (10 000 sq.m)		竣工房屋造价(元/平方米) Value of Buildings Completed (yuan/sq.m)	
		国内贷款 Domestic Loans	自筹资金 Self-raising Funds	其他资金 Others	第一产业 Primary Industry	第二产业 Secondary Industry	第三产业 Tertiary Industry			住宅 Residential Buildings		住宅 Residential Buildings
1985	9567							211.77	214.63	206.04		
1986	9467							109.31	109.31	109.31		
1987	11388							596.78	192.13	160.11		
1988	19950							167.82	167.82	126.60		
1989	17508							151.95	148.98	140.04		
1990	14747							124.64	121.60	112.48		
1991	16079							197.36	197.36	181.94		
1992	18259							113.00	113.00	113.00		
1993	31972							208.66	189.69	145.43		
1994	30580							176.25	176.25	163.96		
1995	35128							122.50	122.50	115.65		
1996	37359							150.41	150.41	122.90		
1997	36965							149.00	147.93	130.90		
1998	41852							198.09	198.09	172.37		
1999	40441							142.00	137.00	129.00	138.58	140.57
2000	77197	9124	62334	5739	11970	2085	63142	197.07	197.07	197.07	158.76	164.39
2001	81595	3509	74823	3264	18992	4018	58585	181.89	180.70	160.56	163.36	170.58
2002	98620	30474	63215	4931	19261	408	78951	141.45	141.28	127.05	181.06	176.11
2003	93563	9833	76727	7002	47676		45887	233.72	217.53	196.92	175.70	175.38
2004	97231	3563	87921	5748	46519	1685	49027	171.02	168.86	154.07	208.87	212.46
2005	101134	2899	85496	12739	30844	544	69746	252.74	252.74	201.03	217.44	250.72
2006	114113	1740	#####	3676	37755	393	75965	281.56	276.15	184.81	252.75	323.32
2007	140144	9198	#####	4536	41455	781	97908	257.34	252.80	219.70	328.79	361.00
2008	173472	13076	#####	9400	40129	652	132691	225.56	224.68	180.67	374.68	433.68

注：本表为抽样调查数。

a) Data in this table are taken from sample survey.

9–15　2000–2008年房地产开发主要指标
Main Indicators of Real Estate Development(2000-2008)

指　标	Item	2000	2005	2006	2007	2008
企业个数	**(个) Number of Enterprises (unit)**	**177**	**249**	**288**	**299**	**370**
内　资	Domestic Funded	170	219	273	285	356
国　有	State-owned Enterprises	18	11	11	11	13
集　体	Collective-owned Enterprises	7	10	12	5	1
港、澳、台投资	Enterprises with Funds from Hong Kong, Macao and Taiwan	7	11	12	11	10
外商投资	Foreign Funded	6	19	3	3	4
平均从业人数	**(人) Average Number of Employed Persons (persons)**	**8110**	**5381**	**6557**	**6279**	**8469**
内　资	Domestic Funded	7744	5099	6393	5979	8182
国　有	State-owned Enterprises	150	420	560	523	324
集　体	Collective-owned Enterprises	460	533	272	152	22
港、澳、台投资	Enterprises with Funds from Hong Kong, Macao and Taiwan	179	219	275	204	136
外商投资	Foreign Funded	535	63	101	96	151
土地开发及购置	**(万平方米) Land Development and Purchase (10 000 sq.m)**					
本年土地开发面积	Land Space Developed This Year	36.61	65.49	52.26	97.10	119.70
本年土地购置面积	Land Space Purchased This Year	39.33	112.24	47.50	91.55	111.24
本年完成投资额	**(亿元) Investment Completed This Year (100 million yuan)**	**13.50**	**29.11**	**31.18**	**34.21**	**51.19**
住　宅	Residential Buildings	8.14	16.57	22.94	28.06	42.88
经济适用房屋	Economically Affordable Housing	2.20	2.68	1.49	2.73	2.58
资金来源小计	**(亿元) Sources of Funds (100 million yuan)**	**12.89**	**3.09**	**35.77**	**44.34**	**59.93**
国内贷款	Domestic Loans	2.17	2.08	3.53	8.25	10.26
利用外资	Foreign Investment	0.31	0.04	0.03		
自筹资金	Self-raising Fund	8.57	18.53	23.99	21.85	41.09
房屋建筑面积	**(万平方米) Floor Space of Buildings (10 000 sq.m)**					
施工面积	Floor Space under Construction	218.63	422.87	457.81	584.22	698.21
竣工面积	Floor Space Completed	74.26	104.11	133.08	171.21	225.30
住　宅	Residential Buildings	59.08	74.62	111.94	148.58	205.19
商品房销售面积	**(万平方米) Floor Space of Commercialized Buildings Sold (10 000 sq.m)**	**39.91**	**121.04**	**119.69**	**154.53**	**147.89**
住　宅	Residential Buildings	36.84	108.46	110.96	147.34	141.23
商品房平均销售价格	**(元/平方米) Selling Price of Commercialized Buildings (yuan/sq.m)**	**1238**	**1832**	**1921**	**2311**	**2460**
住　宅	Residential Buildings	1136	1681	1861	2206	2384
实收资本合计	**(亿元) Total Capital Held (100 million yuan)**	**18.91**	**58.26**	**69.74**	**74.19**	**54.62**
国家资本金	State Capital	0.06	2.56	1.62	2.93	8.09
资产负债率	(%) Ratio of Liabilities to Assets (%)	49.45	49.94	47.66	52.84	68.97
经营总收入	**(亿元) Total Revenue (100 million yuan)**	**5.56**	**19.00**	**18.12**	**30.71**	**32.42**
土地转让收入	Land Transferred			0.04	0.02	0.14

9–16 2000–2008年按用途分房地产开发企业(单位)投资完成额
Investment Actually Completed by Enterprises for Real Estate Development by Use (2000-2008)

单位:万元 (10 000yuan)

年份 地区 Year Region	本年完成投资额 Investment Completed This Year	住宅 Residential Buildings	经济适用房 Economically Affordable Housing	办公室 Office	商业营业用房 Houses for Business Use	其他 Others
2000	134990	81416	21979	8369	24031	21174
2001	153558	85985	41919	11482	28707	27384
2002	169171	94830	49297	14657	13913	45771
2003	223121	154604	53412	21610	21205	25702
2004	262394	166081	37770	27476	35841	32996
2005	291130	165786	26836	19280	43828	62236
2006	311794	229397	14854	7414	48459	26524
2007	342057	280506	27333	7094	31633	22824
2008	511881	428812	25848	5227	38627	39215
西宁市 Xining City	453923	377589	22854	4736	32469	39129
海东地区 Haidong Prefecture	32359	29050		491	2818	
海北州 Haibei Zang A.P	7757	7122			549	86
海南州 Hainan Zang A.P	15088	13077	1020		2011	
海西州 Haixi Mongolian & Zang A.P	2754	1974	1974		780	

注:本表2004年数据为常规报表数。
a) Data in 2004 in this table were taken from routine account.

9–17 2000–2008年房地产开发企业(单位)的资金来源
Sources of Funds of Enterprises for Real Estate Development(2000-2008)

单位:万元 (10 000 yuan)

年份 地区 Year Region	本年资金来源小计 Total Funds This Year	国家预算内资金 State Budget	国内贷款 Domestic Loans	债券 Bonds	利用外资 Foreign Investment	外商直接投资 Foreign Direct Investment	自筹资金 Self-raising Funds	其他资金来源 Others
2000	128862		21719		3105	3105	85719	18319
2001	164288		27458		2239	2239	98673	35918
2002	179958		25469		5001	3241	93406	56032
2003	230688		41998	2100	3550	3550	97984	85056
2004	409130	2826	59935	78	3175	3175	187639	155477
2005	309008		20764		375	375	185255	102614
2006	357658		35338		250		239909	82161
2007	443366		82493				218491	142382
2008	599312		102594				410936	85782
西宁市 Xining City	541675		101972				364774	74929
海东地区 Haidong Prefecture	32563		300				24113	8150
海北州 Haibei Zang A.P	7856						7107	749
海南州 Hainan Zang A.P	14464						12902	1562
海西州 Haixi Mongolian & Zang A.P	2754		322				2040	392

注:本表2004年数据为第一次经济普查数。在分地区中未包括直报单位数据。
a) Data in 2004 in this table were taken from the first economic census. Data by region does not include data of unit reporting directly.

9-18　2000-2008年房地产开发建设房屋建筑面积和造价
Floor Space and Cost of Buildings Developed for Real Estate Development(2000-2008)

年　份 地　区 Year Region	施工房屋面积(万平方米) Floor Space of Buildings under Construction (10 000 sq.m)	竣工房屋面积(万平方米) Floor Space of Buildings Completed (10 000 sq.m)	房屋建筑面积竣工率 Rate of Floor Space of Buildings Completed (%)	竣工房屋价值(万元) Value of Buildings Completed (10 000 yuan)	竣工房屋造价(元/平方米) Cost of Buildings Completed (yuan/sq.m)
2000	218.64	74.26	34.0	74089	997.70
2001	267.58	105.99	39.6	92126	869.19
2002	342.38	133.60	39.0	133285	997.64
2003	412.08	156.99	38.1	152522	971.50
2004	511.02	240.60	47.1	267381	1111.31
2005	422.87	104.11	24.6	126588	1215.90
2006	457.81	133.08	29.07	174446	1310.81
2007	584.22	171.21	29.30	248771	1453.02
2008	698.21	225.30	32.27	359510	1595.69
西宁市 Xining City	587.96	210.39	35.78	343110	1630.83
海东地区 Haidong Prefecture	74.99	3.19	4.25	4033	1264.26
海北州 Haibei Zang A.P	15.74	5.17	32.85	5619	1086.85
海南州 Hainan Zang A.P	16.89	5.51	32.62	5874	1066.06
海西州 Haixi Mongolian & Zang A.P	2.62	1.04	39.69	874	840.38

注：本表2004年数据为第一次经济普查数。
a) Data in 2004 in this table were taken from the first economic census.

9-19　2000-2008年按用途分房地产开发企业(单位)新开工房屋面积
Floor Space of Buildings Started This Year by Enterprises for Real Estate Development by Use(2000-2008)

单位：万平方米　　(10 000 sq.m)

年　份 地　区 Year Region	本年新开工房屋面积 Floor Space Started This Year	住　宅 Residential Buildings	经济适用房 Economically Affordable Housing	办公楼 Office Buildings	商业营业用房 Houses for Business Use	其　他 Others
2000	127.88	96.44		7.51	21.40	2.53
2001	127.62	84.29		12.43	30.19	0.71
2002	168.08	135.14		16.34	13.91	2.69
2003	236.34	185.34	69.04	17.00	30.84	3.15
2004	199.86	169.78	47.50	8.42	17.60	4.07
2005	243.06	201.04	45.50	11.56	26.43	4.03
2006	209.89	173.44	6.98	8.06	25.38	3.01
2007	273.99	242.04	13.46	7.69	18.05	6.21
2008	299.11	274.96	21.86	1.40	19.45	3.30
西宁市 Xining City	226.92	207.35	18.98	1.40	15.15	3.02
海东地区 Haidong Prefecture	46.20	45.01			1.19	
海北州 Haibei Zang A.P	11.87	10.29			1.30	0.28
海南州 Hainan Zang A.P	11.50	10.60	1.17		0.90	
海西州 Haixi Mongolian & Zang A.P	2.62	1.71	1.71		0.91	

注：本表2004年数据为第一次经济普查数。
a) Data in 2004 in this table were taken from the first economic census.

9-20 2000-2008年按用途分的商品房屋实际销售面积
Actually Floor Space Of Commercialized Buildings Sold by Use(2000-2008)

单位:万平方米 (10 000 sq.m)

年 份 地 区 Year Region	房屋销售面积 Floor Space of Commercialized Buildings Sold	住 宅 Residential Buildings	经济适用房 Economically Affordable Housing	办公楼 Office Buildings	商业营业用房 Houses for Business Use	其 他 Others
2000	39.91	36.84		0.37	2.50	0.20
2001	33.66	31.86		0.08	1.57	0.15
2002	68.04	61.17		1.08	3.24	2.54
2003	83.51	70.34	20.99	4.14	8.27	0.76
2004	145.76	125.05	43.10	8.65	11.18	0.87
2005	121.04	108.46	14.96	8.73	3.57	0.28
2006	119.69	110.96	5.15	1.87	6.21	0.66
2007	154.53	147.34	2.44	1.60	5.26	0.34
2008	147.89	141.23	1.17	0.94	5.55	0.18
西宁市 Xining City	108.31	103.64	0.01	0.92	3.58	0.18
海东地区 Haidong Prefecture	21.33	20.37		0.02	0.94	
海北州 Haibei Zang A.P	5.66	5.28			0.38	
海南州 Hainan Zang A.P	12.17	11.52	0.93		0.65	
海西州 Haixi Mongolian & Zang A.P	0.42	0.42	0.23			

注:本表2004年数据为第一次经济普查数。在分地区中未包括直报单位数据。
a) Data in 2004 in this table were taken from the first economic census. Data by region does not include data of unit reporting directly.

9-21 2000-2008年按用途分的商品房屋实际销售额
Actually Sale of Commercialized Buildings by Use(2000-2008)

单位:万元 (10 000 yuan)

年 份 地 区 Year Region	房屋销售额 Total Sale of Buildings	住 宅 Residential Buildings	经济适用房 Economically Affordable Housing	办公楼 Office Buildings	商业营业用房 Houses for Business Use	其 他 Others
2000	49413	41847		1395	5633	538
2001	40670	35796		167	4452	255
2002	87898	71375		1420	11845	3258
2003	835083	703417		41427	82702	7537
2004	241004	183485	53384	22682	33500	1337
2005	221768	182320	18916	24132	14706	610
2006	229877	204230	7248	4689	20267	691
2007	357123	324986	3417	4924	26783	430
2008	363745	336669	1417	3083	23531	462
西宁市 Xining City	314137	291996	18	3043	18636	462
海东地区 Haidong Prefecture	25312	23120		40	2152	
海北州 Haibei Zang A.P	6041	5282			759	
海南州 Hainan Zang A.P	17711	15727	1119		1984	
海西州 Haixi Mongolian & Zang A.P	544	544	280			

注:本表2004年数据为第一次经济普查数。
a) Data in 2004 in this table were taken from the first economic census.

9-22 2000-2008年按用途分的商品房屋平均销售价格
Average Selling Price of Commercialized Buildings by Use (2000-2008)

单位:元/平方米 (yuan/sq.m)

年 份 地 区 Year Region	房屋平均销售价格 Average Selling Price of Buildings	住 宅 Residential Buildings	经济适用房 Economically Affordable Housing	办公楼 Office Buildings	商业营业用房 Houses for Business Use	其 他 Others
2000	1238.16	1135.89		3770.27	2257.26	2662.05
2001	1208.33	1123.54		2174.48	2840.92	1700.00
2002	1291.85	1166.90		1310.69	3650.56	1004.10
2003	1465.30	1341.99		2125.91	2275.64	451.11
2004	1653.40	1460.29	1238.67	7330.96	2995.16	1536.78
2005	1832.19	1681.03	1264.27	2765.62	2801.87	1636.23
2006	1920.56	1840.50	1408.61	2511.52	3266.03	1054.16
2007	2311.00	2205.75	1403.05	3075.00	5093.08	1278.62
2008	2459.56	2383.83	1211.11	3279.79	4239.82	2566.67
西宁市 Xining City	2900.35	2817.41	1800.00	3307.61	5205.59	2566.67
海东地区 Haidong Prefecture	1186.69	1135.00		2000.00	2289.36	
海北州 Haibei Zang A.P	1067.31	1000.38			1997.37	
海南州 Hainan Zang A.P	1455.30	1365.19	1203.23		3052.31	
海西州 Haixi Mongolian & Zang A.P	1295.24	1295.24	1217.39			

注:本表2004年数据为第一次经济普查数。

a) Data in 2004 in this table were taken from the first economic census.

9-23 在建大中型项目基本情况(2008年)

Basic Situation of Large and Medium-sized Projects under Construction(2008)

单位: 万元 (10 000 yuan)

单位名称 Unit Name	项目名称 Project Name	开工时间 On-stream Time	投产时间 Time of Going into Production	计划总投资 Total Investment of Planning	累计完成投资 Total Investment	本年完成投资 Investment This Year
青海省三江水电开发有限公司	康扬水电站	200307		169966	169860	22991
省交通厅	西过境高速公路	200704		170351	122502	73102
青海宁北铝电有限责任公司	青海桥头老厂2*13.5万千瓦改扩建工程	200704		118080	34254	17945
青海华电大通发电有限公司	2*30万千瓦机组	200507	200805	256780	256780	20419
浙江玻璃集团公司	90万吨纯碱二期	200707		150000	149327	84327
青海黄河水电开发公司	年产2500吨多晶硅生产线	200703		1500000	78527	47248
青海新能源分公司						
青海西矿联合铜箔有限公司	2万吨高档电解铜箔生产线	200708		120000	44659	44657
青海省交通厅	当金山至大柴旦	200806		134900	33750	33750
青海赛德钛业有限公司	年产2万吨海绵钛	200710		120000	11000	9500
青海省交通厅	格尔木至老茫崖	200605		189000	56709	17329
甘河工业园管理委员会	基础设施项目	200704		190000	179849	35299
亚洲硅铁青海有限公司	年产3000吨多晶硅	200703		1000000	110500	60000
海北州西海火电厂	海北州2*13.5万千瓦火电机组项目	200501	200806	132920	132920	28824
青海瑞合铝业有限公司	2400万平方米高性能中高压化成箔生产线	200811		125931	12834	12834
黄河上游水电开发有限责任公司	拉西瓦水电站	200403		1498565	986359	292876
青海省交通厅	柴达尔至木里地方铁路	200606		240220	225600	100000
青海中信国安科技发展有限公司	西台钾锂硼综合开发	200303		279394	271915	37676
青海省交通厅	绿草山—黄瓜梁	200504	200810	120610	120601	60301
青海省引大济黄工程建设管理局	青海省湟水北干渠扶贫灌溉一期工程	200604		104000	58320	17460
青海省电力公司	750KV电网建设项目	200701		152654	99093	57705
青藏铁路公司	西格二线	200802		1061728	101748	101748
青海省投资公司	高精铝扳带项目	200508		260700	106283	66100
百万吨综合利用项目二期指挥部	综合利用项目二期	200706		406825	72364	49583
百万吨综合利用项目指挥部	百万吨综合利用	200505		307397	277693	21964
青海中浩天然气化工有限公司	甲醇项目	200505		157000	78020	57051
中国石油天然气股份有限公司						
青海油田分公司	油气田勘探开发	200801	200812	458000	458000	458000

主要统计指标解释

全社会固定资产投资 是以货币形式表现的在一定时期内全社会建造和购置固定资产的工作量以及与此有关的费用的总称。该指标是反映固定资产投资规模、结构和发展速度的综合性指标,又是观察工程进度和考核投资效果的重要依据。全社会固定资产投资按登记注册类型可分为国有、集体、个体、联营、股份制、外商、港澳台商、其他等。

城镇固定资产投资 指城镇各种登记注册类型的企业、事业、行政单位及个体户进行的计划总投资(或实际需要总投资)50万元及50万元以上的建设项目投资和房地产开发投资。县城及以上区域内发生的投资,县及县以上各级政府及主管部门直接领导、管理的建设项目和企业事业单位的投资均为城镇固定资产投资。

房地产开发投资 指各种登记注册类型的房地产开发公司、商品房建设公司及其他房地产开发法人单位和附属于其他法人单位实际从事房地产开发或经营活动的单位统一开发的包括统代建、拆迁还建的住宅、厂房、仓库、饭店、宾馆、度假村、写字楼、办公楼等房屋建筑物和配套的服务设施,土地开发工程(如道路、给水、排水、供电、供热、通讯、平整场地等基础设施工程)的投资;不包括单纯的土地交易活动。

农村投资 包括在农村区域范围内进行固定资产投资活动的企业、事业、行政单位及农户投资。

建设总规模 是指在报告期内所有施工项目的计划总投资。这个指标和施工项目相对应。

在建总规模 是指在报告期末所有在建项目的计划总投资。

在建净规模 是指报告期末所有在建项目建成投产尚需的投资总量。

在建净规模 = 在建总规模 - 未投产项目(期末在建)累计完成投资。

固定资产投资的资金来源 根据固定资产投资的资金来源不同,分为国家预算内资金、国内贷款、利用外资、自筹资金和其他资金。

(1)国家预算内资金:分为财政拨款和财政安排的贷款两部分。包括中央财政的基本建设基金(分经营性基金和非经营性基金两部分)、专项支出(如煤代油专项等)、收回再贷、贴息资金,财政安排的挖潜改造和新产品试制支出、城建支出、商业部门简易建筑支出、不发达地区发展基金等资金中用于固定资产投资的资金;地方财政中由国家统筹安排的资金等。

(2)国内贷款:指报告期固定资产投资单位向银行及非银行金融机构借入的用于固定资产投资的各种国内借款,包括银行利用自有资金及吸收的存款发放的贷款、上级主管部门拨入的国内贷款、国家专项贷款、地方财政专项资金安排的贷款、国内储备贷款、周转贷款等。

(3)利用外资:指报告期收到的用于固定资产建造和购置的国外资金(包括设备、材料、技术在内)。包括对外借款(外国政府、国际金融组织贷款、出口信贷、外国银行商业贷款、对外发行债券和股票)、外商直接投资及外商其他投资。不包括我国自有外汇资金(国家外汇、地方外汇、留成外汇、调剂外汇和中国银行自有资金发行的外汇贷款等)。计算利用外资时,需要折算成人民币,折算中所使用的外汇汇率按现汇计算,即按使用外汇时的汇率计算。

(4)自筹资金:指固定资产投资单位报告期收到的,由各地区、各部门及企、事业单位筹集用于固定资产投资的预算外资金,包括中央各部门、各级地方和企、事业单位的自筹资金。

(5)其他资金:指在报告期收到的除以上各种资金之外其他用于固定资产投资的资金,包括企业或金融机构通过发行各种债券筹集到的资金、群众集资、个人资金、无偿捐赠的资金及其他单位拨入的资金等。**固定资产投资按国民经济行业分** 根据建设项目建成投产后的主要产品或主要用途及社会经济活动性质来确定国民经济行业。一般情况下,一个建设项目或一个企业、事业单位只能属于一种国民经济行业。

固定资产投资按隶属关系分 是按建设单位或企业、事业、行政单位的主管上级机关确定的。

(1)中央:是指中共中央、人大常委会和国务院各部、委、局、总公司以及直属机构直接领导的建设项目和企业、事业、行政单位。这些单位的固定资产投资计划由国务院各部门直接编制和下达,建设中所需物资、主要设备以及建设中的问题都由中央有关部门安排和解决。

(2)地方:是由省(自治区、直辖市)、地区(州、盟、省辖市)、县(旗、县级市)三级政府及业务主管部门直接领导和管理的建设项目、企业、事业、行政单位。地方项目还包括不隶属以上各级政府及主管部门的建设项目和企业、事业单位,如外商投资企业和无主管部门的企业等。

固定资产投资按建设性质分 根据整个建设项目情况来确定。建设项目的性质一般分为新建、扩建、改建和技术改造、迁建、恢复。房地产开发单位、农村投资、城镇工矿区私人建房投资不划分建设性质。

(1)新建:一般指从无到有开始建设的企业、事业和行政单位或建设项目。现有企业、事业、行政单位一般不属于新建。但如有的单位原有基础很小,经过建设后新增的固定资产价值超过该企、事业、行政单位原有固定资产价值(原值)三倍以上的也应作为新建。

(2)扩建:指在厂内或其他地点,为扩大原有产品的生产能力(或效益)或增加新的产品生产能力,而增建主要的生产车间(或主要工程)、分厂、独立的生产线。行政、事业单位在原单位增建业务用房(如学校增建教学用房、医院增建门诊部、病房等)也作为扩建。

现有企、事业单位为扩大原有主要产品生产能力或增加新的产品生产能力,增建一个或几个主要生产车间(或主要工程)、分厂,同时进行一些更新改造工程的,也应作为扩建。

(3)改建和技术改造:指现有企业、事业单位,对原有设施进行技术改造或更新(包括相应配套的辅助性生产、生活福利设施)的建设项目。现有企业、事业单位为适应市场变化的需要,而改变企业的主要产品种类(如军工企业转产民用品等)的建设项目,应作为改建。原有产品生产作业线由于各工序(车间)之间能力不平衡,为填平补齐充分发挥原有生产能力而增建不增加本企业主要产品设计能力的车间,也应作为改建。技术改造是指企业、事业单位在现有基础上,用先进的技术代替落后的技术,用先进的工艺和装备代替落后的工艺和装备,以改变企业落后的技术经济面貌,实现以内涵为主的扩大再生产,达到提高产品质量、促进产品更新换代、节约能源、降低消耗、扩大生产规模、全面提高社会经济效益的目的。技术改造具体包括以下内容:机器设备和工具的更新改造;生产工艺改革、节约能源和原材料的改造;厂房建筑和公共设施的改造;劳动条件和生产环境的改造等。

固定资产投资按构成分 固定资产投资活动按其工作内容和实现方式分为建筑安装工程,设备、工具、器具购置,其他费用三个部分。

(1)建筑安装工程(建筑安装工作量):指各种房屋、建筑物的建造工程和各种设备、装置的安装工程。包括各种房屋建造工程;各种用途设备基础和各种工业窑炉的砌筑工程及金属结构工程;为施工而进行的各种准备工作和临时工程以及完工后的清理工作等;铁路、道路的铺设,矿井的开凿及石油管道的架设等;水利工程;防空地下建筑等特殊工程;列入房屋工程预算内的暖气、卫生、通风、照明、煤气等设备的价值及装设油饰工程;列入建筑工程预算内的各种管道(蒸汽、压缩空气、石油、给排水等管道)、电力、电讯电缆导线等的敷设工程;以及各种机械设备的安装工程;为测定安装工程质量,对设备进行的试运工作;房地产开发单位进行的商品房屋开发建设工程、土地开发工程。

在安装工程中,不包括被安装设备本身的价值。

(2)设备、工具、器具购置:指建设单位或企、事业单位购置或自制的,达到固定资产标准的设备、工具、器具的价值。新建单位及扩建单位的新建车间,按照设计或计划要求购置或自制的全部设备、工具、器具,不论是否达到固定资产标准均计入"设备、工具、器具购置"中。

(3)其他费用:指在固定资产建造和购置过程中发生的,除上述几项内容以外的各种应分摊计入固定资产的费用。

施工项目 指报告期内进行过建筑或安装施工活动的项目。凡是报告期内施过工的建设项目,不论施工时间长短,均作为施工项目统计。施工项目个数可以反映一定时期固定资产投资的实际规模,与同期全部建成投产项目个数相比,可以从建设速度的角度反映固定资产投资的效果。根据建设项目施工活动的不同性质,施工项目又分为:本年正式施工项目、本年收尾项目和以前年度全部停缓建项目。

全部建成投产项目 工业项目指设计文件规定形成生产能力的主体工程及其相应配套的辅助设施全部建成,经负荷试运转,证明具备生产设计规定合格产品的条件,并经过验收鉴定合格或达到竣工验收标准,与生产性工程配套的生活福利设施可以满足近期正常生产的需要,正式移交生产的建设项目。非工业项目指设计文件规定的主体工程和相应的配套工程全部建成,能够发挥设计规定的全部效益,经验收鉴定合格或达到竣工验收标准,正式移交使用的建设项目。

新增生产能力(或工程效益) 指通过固定资产投资活动而增加的设计能力(或工程效益),该指标是以实物形态表现的反映固定资产投资成果的指标,也是考核投资经济效果的重要依据之一。

新增生产能力(或工程效益)一般有以下几种表现形式:

(1)用产品数量表示,以工程在单位时间内(一般是一年)所能生产的产品数量(即年产量)表示。如原煤开采用万吨/年表示,化学农药用吨/年表示,拖拉机制造用台/年表示等。某些化工产品由于含量差别较大,按其设计含量计算折合量表示,如硫酸、纯碱、烧碱等。

(2)用单位时间内所能处理的原料数量表示,以工程每天(或小时)所能处理原料的数量表示。如机制糖工程日处理原料吨,食用植物油日处理原料吨,城市污水处理能力用万吨/日表示等。

(3)用新增加的主要设备的数量或容量表示,如新增棉布织机、丝织机等台数,毛纺锭等锭数,发电厂新增发电机组容量用千瓦表示等。

(4)用建筑物容积、容量、面积、长度表示,是非工业项目或工程新增效益的一种表现形式。如铁路投产里程、新建公路、水库容量、粮食仓库、学校学生席位、医院病床、有效灌溉面积等。

根据工程的特点,有时需要用两种或两种以上的复合计量单位表示新增生产能力(或工程效益),如新增内燃机生产能力同时用年产台数、千瓦数表示等。

为了规范新增生产能力(或工程效益)的名称和计算单位,国家统计局制订了《新增生产能力(或工程效益)目录及代码》。各固定资产投资单位在统计新增生产能力(或工程效益)时,必须按目录中规定的名称、计量单位和代码填报。

房屋建筑面积 指房屋建筑物勒脚以上外墙外围的水平截面面积,包括房屋建筑物的有效面积和结构面积。该指标是从实物形态上反映建设规模和建设成果的重要指标之一,也是检查工程形象进度、计算工程造价、分析投资效果、研究施工任务和建筑材料之间平衡情况的重要依据。

住宅建筑面积 指施工和竣工房屋建筑面积中供居住用的房屋建筑面积。

施工面积 指报告期内施工的全部房屋建筑面积。包括本期新开工的面积和上期开工跨入本期继续施工的房屋面积,以及上期已停建在本期恢复施工的房屋面积。本期竣工和本期施工后又停缓建的房屋,其建筑面积仍计入本期房屋施工面积中。

竣工面积 指在报告期内房屋建筑按照设计要求已经全部完工,达到住人和使用条件,经验收鉴定合格(或达到竣工验收标准),正式移交使用单位的各栋房屋建筑面积的总和。

房屋建筑面积竣工率 指一定时期内房屋竣工面积占同期房屋施工面积的比率。

新增固定资产 指报告期内已经完成建造和购置过程,并已交付生产或使用单位的固定资产价值。该指标是表示固定资产投资成果的价值指标,也是反映建设进度,计算固定资产投资效果的重要指标。

项目建成投产率 指一定时期内全部建成投产项目个数与同期施工项目个数的比率。该指标是从建设单位建设速度的角度反映投资效果的指标。

固定资产交付使用率 指一定时期新增固定资产与同期完成投资额的比率。该指标是反映固定资产动用速度,衡量建设过程中宏观投资效果的综合指标。由于新增固定资产是较长时期内形成的结果,而投资额则是当年完成的,因此,该指标一般适宜于反映较长时期内固定资产的动用情况。

商品房销售面积 指报告期内出售商品房屋的合同总面积(即双方签署的正式买卖合同中所确定的建筑面积)。由现房销售建筑面积和期房销售建筑面积两部分组成。

商品房销售额 指报告期内出售商品房屋的合同总价款(即双方签署的正式买卖合同中所确定的合同总价)。该指标与商品房销售面积同口径,由现房销售额和期房销售额两部分组成。

经济适用房 指根据经济适用房计划安排建设的政策性住宅。经济是指房屋建筑造价和销售价格低于一般商品住宅;适用是指适合中低收入家庭购买使用。经济适用房主要是由国家统一下达投资计划,房地产公司开发,对外销售;用地一般采用行政划拨或招标投标方式,免收土地出让金;对各种经批准的收费减半征收,开发利润不超过3%;销售价格实行政府指导价。该指标可以分析房地产投资结构,反映中低收入家庭商品住宅的供求平衡情况。

Explanatory Notes on Main Statistical Indicator

Total Investment in Fixed Assets in the Whole Country refers to the volume of activities in construction and purchases of fixed assets of the whole country and related fees, expressed in monetary terms during the reference period. It is a comprehensive indicator which shows the size, structure and growth of the investment in fixed assets, providing a basis for observing the progress of construction projects and evaluating results of investment. Total investment in fixed assets in the whole country includes, by type of ownership, the investment by State - owned units, collective - owned units, individuals, joint ownership units, share - holding units, as well as investments by entrepreneurs from foreign countries and from Hong Kong, Macao and Taiwan, and by other units.

Urban Investment in Fixed Assets refers to construction projects involving a total planned (or required) investment of 500,000 yuan and over by enterprises of various types of ownership, institutions, administrative units and individuals in urban areas, investment in real estate development. In other words, all investments that take place in county towns and urban areas, investment in construction projects under the direct leadership and management of government agencies at and above county levels and investments by enterprises and institutions at and above county levels are covered in urban investment in fixed assets.

Investment in Real Estate Development refers to investment by real estate development companies, commercialized buildings construction companies and other real estate development units of various types of ownership in the construction of buildings, such as residential buildings, factory buildings, warehouses, hotels, guesthouses, holiday villages, office buildings, and the complementary service facilities and land development projects, such as roads, water supply, water drainage, power supply, heating supply, telecommunications, land leveling and other infrastructural projects. It does not include activities in pure land transactions.

Investment in Rural Areas refers to investment in fixed assets by enterprises, institutions, administrative units and households in rural areas.

Total Size of Construction refers to the planned total investment for all construction projects during the reference period. This item should correspond with projects under work.

Total Size of Investment in Projects under Construction refers to the planned total investment of all projects under construction at the end of the reference period.

Net Size of Investment in Projects under Construction refers to the outstanding requirement of investment of all projects under construction at the end of the reference period.

Net size of investment in projects under construction = Total size of investment - Accumulated completed investment of projects under construction

Sources of Funds for Investment in Fixed Assets are categorized as funds from the State budget, domestic loans, foreign investment, self - raised funds, and others, depending on the sources of investment.

(1) Fund from the State budget consists of budgetary appropriation and loans from the State budget. More specifically, it includes, from the budget of the central government, capital construction fund (operation fund and non - operational fund), special expenses (e. g. expenses on substituting petroleum with coal), loans from repayment, discount fund, expenses on innovation and trial production of new products, expenses on urban construction, expenses on temporary construction from business departments, development fund for less developed areas, as well as local budgetary fund transferred from the central budget.

(2) Domestic loans refer to loans of various forms borrowed by investing units from banks and non - bank financial institutions during the reference period for the purpose of investment in fixed assets, including loans issued by banks from their self - owned funds and deposit, loans appropriated by higher authorities, special loans by government, loans arranged by local government from special funds, domestic reserve loan, and working loan.

(3) Foreign investment refers to foreign funds received during the reference period for the construction and purchase of investment in fixed assets (covering equipment, materials and technology), including foreign borrowings (loans from foreign governments and international financial institutions, export credit, commercial loans from foreign banks, issue of bonds and stocks overseas), foreign direct investment and other foreign investments. Excluded from this category is capital in foreign exchanges owned by China (foreign exchanges owned by the central and local governments, foreign exchanges retained by enterprises, foreign exchanges by enterprises through the regulating mechanism, loans in foreign exchanges issued by the Bank of China with its own fund, etc.). In calculating the utilization of foreign capital, foreign currencies are converted into Chinese Renminbi applying the current exchange rate when the foreign capitals are actually used.

(4) Self - raised funds refer to extra - budgetary funds for investment in fixed assets received during the reference period by investing units from central government ministries, local governments, enterprises and institutions, including their self - raised funds.

(5) Others refer to funds for investment in fixed assets received from sources other than those listed above, including cap-

ital raised through issuing bonds by enterprises or financial institutions, funds raised from individuals and through donations, and funds transferred from other units.

Investment in Fixed Assets by Sector The classification of construction projects by sector is determined by the major products or the purpose of the projects when they are put into production or use, and by the nature of their social economic activities. In general, one project or one enterprise or institution can only be classified into one sector.

Investment in Fixed Assets by Jurisdiction of Management refers to the classification of investment by the competent authorities under which investment is made by construction units, enterprises, institutions or administrative units.

(1) Central investment refers to the investment in projects or by enterprises, institutions or administrative units which are under the direct leadership and management of the State Council and of the national commissions, ministries, agencies and State – owned large corporations. Various ministries and departments of the State Council prepare and implement plans for investment in fixed assets by those departments, and arrange and ensure the supply of materials and key equipment required for the projects.

(2) Local investment refers to the investment in projects or by enterprises, institutions or administrative units which are under the direct leadership and management of departments under the provincial, prefecture and county governments. Also included are projects by foreign – invested enterprises and enterprises without competent managing authorities.

Investment in Fixed Assets by Type of Construction Construction projects in general can be classified, by the type of construction, into new construction, expansion, reconstruction and technical transformation, moving and restoration. However, investment by type of construction is not applied to investment by real – estate development units, investment in rural areas and private investment in housing construction in urban areas and in industrial and mining areas.

(1) New construction in general refers to construction projects, which start from scratch, of enterprises, institutions, administrative agencies. Construction in existing enterprises, institutions or agencies is generally not considered as new construction. In case the size of the existing unit is quite small, and the value of newly added fixed assets is more than three times of the the original value, the expansion will be considered as new construction.

(2) Expansion refers to construction of new major production workshop, branch factory or independent production line within a factory or in other locations, for the purpose of increasing the production capacity (or improving efficiency) or adding new production capacity. Newly constructed accommodation for the operation of institutions and administrative organizations (such as newly constructed buildings for teaching in schools, buildings for clinics or wards in hospitals, etc.) are also classified as expansion.

Also included in expansion are investments by existing enterprises or institutions in building major production line(s) or branch factory(ies) along with some work on innovation, for the purpose of expanding the production capacity of original products or producing new products.

(3) Reconstruction and technical transformation refers to construction projects by existing enterprises or institutions in innovation or technical transformation of the old facilities (including auxiliary production equipment and welfare facilities). Also considered as reconstruction is the construction of new workshops by the existing enterprises or institutions to change the variety of products to meet the market demand (such as the production of civil products by defence industries), or to bring the designed production capacity into full play through a more balanced production process on production lines. Technical transformation refers to replacement of old technology or equipment by new technology or equipment, in order to expand the reproduction through improvement of technology contents in production, to improve product quality, to promote new products, to save energy, to reduce consumption, to expand the production scale and to improve overall social – economic efficiency. Contents of technical transformation include: updating of machinery, equipment and tools; reforming production process by using energy or materials saving technology; construction of factory workshops and transformation of public facilities; improvement of working conditions and environment, etc.

Investment in Fixed Assets by Structure By their contents and the mode of implementation, investment activities are classified into 3 categories, i. e. construction and installation, purchase of equipment and instrument, and other expenses.

(1) Construction and installation (work volume of construction and installation) refers to the construction of houses and buildings and the installation of various kinds of equipment and instruments. They include construction of houses; equipment foundations, industrial kilns and stoves, and metal structure work; preparation works and temporary works for project construction, and clearing up works post project construction; pavement of railways and roads, drilling of mines and putting up of oil pipes; construction of water conservancy; construction of underground air – raid shelters and construction of other special projects; value of equipment for heating, sanitation, ventilation, lighting, gas, painting, etc. that are covered by the budget of housing projects; laying out of various pipelines (for steam, compressed air, petroleum, tap water and sewage) and wiring and cabling for electric power and for communications; installation of various machinery and equipment; testing operation for pre – testing the quality of installation projects, and land and other development work conducted by real estate developers for commercialized housing. The value of equipment installed is itself not included in the value of installation projects.

(2) Purchase of equipment and instruments refers to the total value of equipment, tools, and instruments purchased or self – produced which come up to the cut – off point for fixed assets by the construction units or investing enterprises or institutions.

Equipment, tools and instruments purchased or self - produced for new workshops by newly established or expanded units are categorized as "purchase of equipment and instruments" no matter whether they come up to the cut - off point for fixed assets.

(3) Other expenses refer to expenses arising during the construction or purchase of fixed assets other than those mentioned above.

Projects under Construction refer to projects with construction and installation activities undertaken in the reference period. All projects that have construction activities undertaken during the reference period are reported as projects under construction irrespective of the length of construction work. The number of projects under construction can reflect the actual size of investment in fixed assets during a given period, and when compared with the number of projects completed and put into use during the same period, it demonstrates the results of investment in fixed assets from the angle of the speed of the construction. Depending on the nature of construction activities, projects under construction can also be classified into projects beginning construction in current year, winding - up projects in current year and stopped or suspended projects in previous years (with resumption of work in current year).

Projects Completed and Put into Use Industrial projects refer to the major projects and anxilliary facilities having been completed in accordance with the design documents, resulting in forming production capacity and having checked and accepted after relevant tests, while the living and welfare facilities having been completed and being capable of ensuring normal production. Non - industrial projects refer to the major projects and anxilliary facilities which have been completed in accordance with the design documents ; have been checked, accepted after relevant examination; and have been formally delivered for use.

Newly Increased Production Capacity (or Project Efficiency) refers to the increase in design capacity (or project efficiency) through investment in fixed assets, which reflects the accomplishment of investment in fixed assets in physical form and serves as an important basis for evaluating the economic efficiency of investment.

The newly increased production capacity (project efficiency) are usually expressed in one of the following forms:

(1) volume of output of products, i. e. the volume of output that the project can produce during a given period (usually a year). For instance, the capacity in coal mining is expressed in 10,000 tons/year, the capacity in producing chemical pesticides expressed in ton/year, the capacity in producing tractors in tractor/year, etc. For some chemical products where the effective contents differ significantly, the production capacity is expressed as the designed effective content equivalent, such as in the case of sulphuric acid, soda ash, caustic soda, etc;

(2) volume of raw materials processed per unit of time, i. e. the volume of raw materials that could be processed by the project per day (or per hour), such as tons of materials processed per day by a sugar refining project or edible vegetable oil project, or tons of urban sewage processed per day;

(3) number or capacity of major equipment increased, such as number of cotton or silk looms increased, wool spindles increased, or capacity (in kilowatts) of power generators increased; and

(4) physical measures (volume, capacity, area, and length) of construction, which is typical for non - industrial projects, for instance, the length of railways put into operation, the length of highways, the capacity of reservoirs, the capacity of warehouses, the floor space of housing projects, capacity for new students in schools or beds in hospitals, areas under new irrigation project, etc.

The special features of projects may sometimes call for the combined use of two or more measurements to reflect the increase in production capacity (or project efficiency); for instance, the new capacity for the production of internal combustion engines is expressed in sets per year and kilowatts per year simultaneously.

To standardize the nomenclature and unit of measurement for newly increased production capacity (or project efficiency), the National Bureau of Statistics has developed the Nomenclature and Codes for New Production Capacity (Project Efficiency). All reporting units with investment activities are required to follow these two nomenclatures in reporting statistics on new production capacity (project efficiency).

Floor Space of Buildings under Construction refers to the total floor space of the horizontal section of outer walls above the plinth of the building, including the effective area and the area occupied by the structure. This indicator is one of the important indicators in physical terms to reflect the scale and accomplishment of the construction industry and also an important basis for monitoring the progress, calculating the cost, analyzing the efficiency and studying the supply of building materials in relation to the construction projects.

Floor Space of Residential Buildings refers to the floor space of the residential buildings among the total space of buildings under construction or completed.

Floor Space under Construction refers to total floor space of all buildings under construction during the reference period, including floor space of newly started buildings during the reference period, floor space of construction extended from the previous period to the current period, and floor space of construction suspended during the previous period and resumed in the current period. Floor space of construction completed in the current period, and floor space of construction started and then suspended in the current period are also included in the floor space under construction of the current year.

Floor Space Completed refers to the floor space of all buildings completed in the reference period, which have been appraised and accepted (or come up to the designed standards) and have been transferred to owner units.

Completion Rate of Floor Space of Buildings refers to the ratio of the floor space of buildings completed in a certain period of time to the floor space of buildings under construction in the same period.

Newly Increased Fixed Assets refer to the newly increased value of fixed assets, constructed or purchased, that have been transferred to the investors. This is an indicator that demonstrates the results of investment in fixed assets in monetary terms, and an important indicator to reflect the speed of construction and to calculate the efficiency of investment.

Rate of Construction Projects Completed and Put into Use refers to the ratio of the number of construction projects completed and put into use in a certain period of time to the number of projects under construction in the same period. This reflects the investment efficiency from the perspective of the speed of projects construction.

Rate of Projects of Fixed Assets Completed and Put into Operation refers to the ratio of the newly increased fixed assets to the total investment made in the same period. This is a comprehensive indicator reflecting the speed of the employment of fixed assets and the investment efficiency at the macro – level. As the newly increase fixed assets is the result of a long period while the investment is completed in the current year, this indicator is expected to be used to reflect the employment of fixed assets over a long period of time.

Area of Commercialized Housing Sold refers to total contracted area of commercialized housing (i. e. area of floor space as designated in the formal contracts signed by both sides) during the reference time. It constitutes floor space of completed housing and floor space of future housing.

Value of Commercialized Housing Sold refers to the total contracted value (i. e. value of sales/purchase for selling/purchase of commercialized housing as designated in the contract signed by both sides) during the reference time. This indicator has the same coverage as the area of commercialized housing sold, which constitutes floor space of completed housing and floor space of housing yet to be completed.

Economically Affordable Housing refers to housing constructed according to the State Plan for economically affordable housing. The features of houses of this category are low cost of construction and low prices, and therefore are affordable to mid – income and low income households. Economically affordable housing projects are developed by real estate companies under the State Investment Plan, with the land provided through government allocation or tendering procedures. Developers are exempted from land utilization fees and enjoy another 50% exemption of all other legitimate fees, while their profits are limited to less than 3%, and the completed houses are sold under government – guided prices. This indicator helps to analyze the investment structure of the real estate industry and the demand and supply of housing for mid – income and low income households.

第10篇

CHAPTER 10

财政、金融和保险

Government Finance, Banking and Insurance

财政收入与支出（亿元）

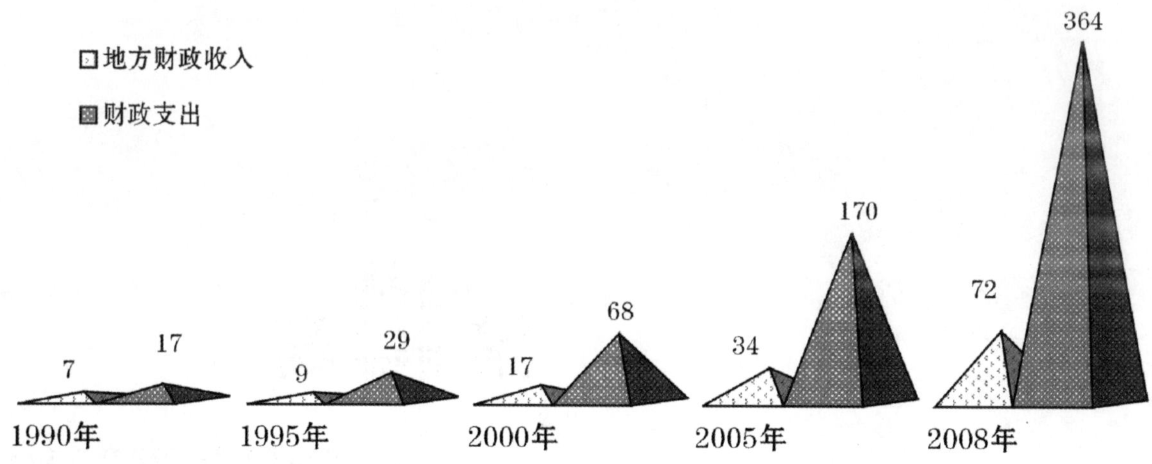

金融机构人民币存款余额（亿元）

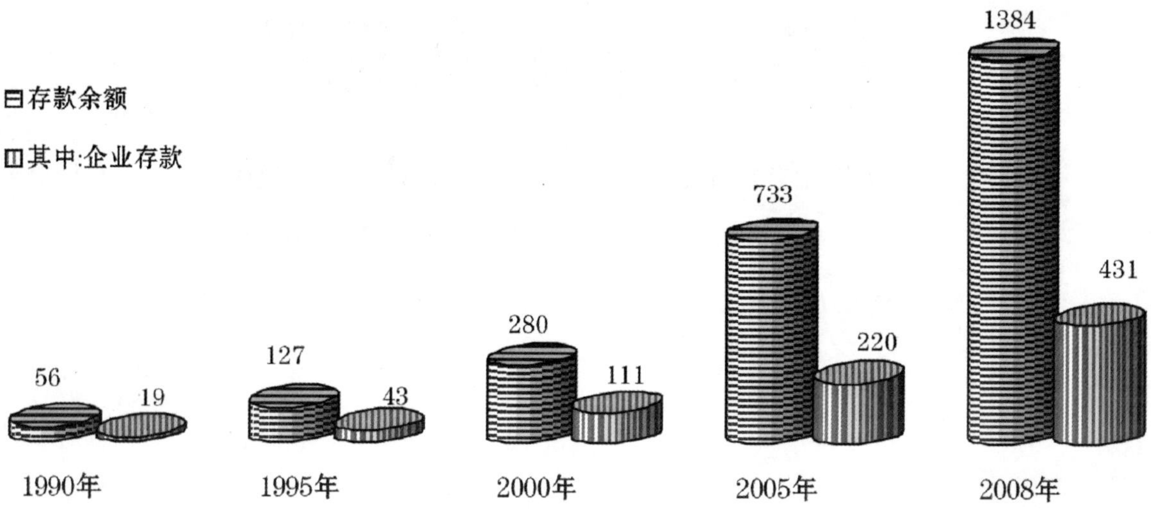

金融机构人民币贷款余额（亿元）

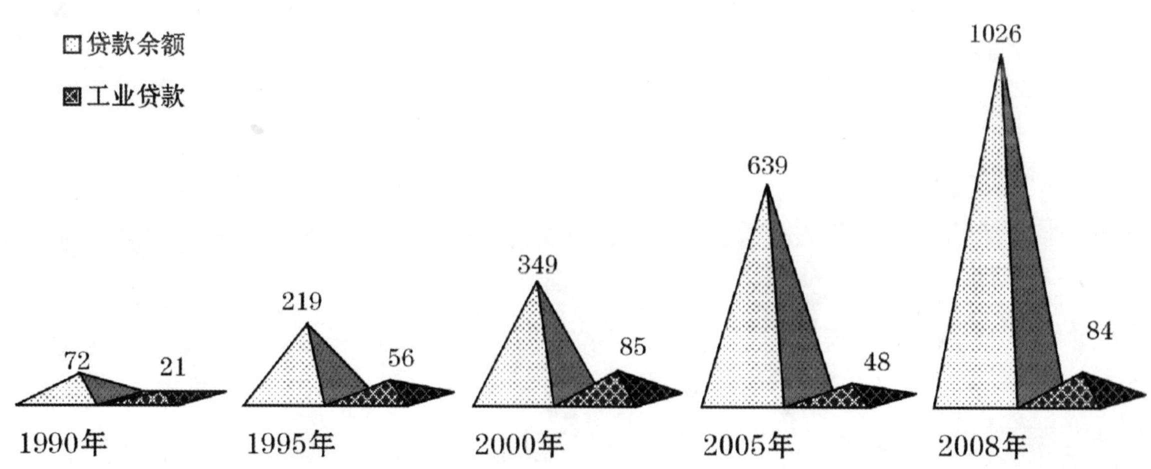

10-1 主要年份财政收支情况

Financial Revenue and Expenditure in Main Years

单位:万元、% (10 000 yuan、%)

年份 地区	Year Region	财政总收入 Total Government Revenue	国家财政补贴及其他收入 State Financial Subsidies and Other Revenue	财政一般预算收入 The General Budget Revenues	中央 Central Government	地方 Local Government	财政支出 Government Expenditure	地方一般预算收入 Revenue of Local Governments 占收入合计的比重 The Proportion of Total Revenue	地方一般预算收入 Revenue of Local Governments 占支出合计的比重 The Proportion of Total Expenditure
1957		16358	10187	6171		6171	16212	37.7	38.1
1965		17585	7008	10577		10577	18738	60.1	56.4
1970		26228	14254	11975		11975	27105	45.7	44.2
1975		47928	27450	20478		20478	45173	42.7	45.3
1978		70301	41261	29040		29040	68010	41.3	42.7
1980		63684	47191	16493		16493	58841	25.9	28.0
1985		105053	81082	23971		23971	100911	22.8	23.8
1986		123875	91763	32112		32112	122231	25.9	26.3
1987		141025	100936	40088		40088	122555	28.4	32.7
1988		143165	92481	50684		50684	142802	35.4	35.5
1989		162836	95929	66906		66906	156668	41.1	42.7
1990		169745	97375	72369		72369	171334	42.6	42.2
1991		184729	96821	87908		87908	182272	47.6	48.2
1992		179833	98275	81558		81558	186197	45.4	43.8
1993		215325	101643	113682		113682	225395	52.8	50.4
1994		241980	171906	151899	81825	70074	253649	29.0	28.0
1995		276662	190686	170820	84844	85976	288021	31.1	29.9
1996		314159	218361	177073	81275	95798	327145	30.5	29.3
1997		353100	243900	198143	88943	109200	364713	30.9	29.9
1998		457668	329950	212742	85024	127718	440914	27.9	29.0
1999		667176	525440	230407	88671	141736	557191	21.2	25.4
2000		813082	647239	260944	95101	165843	682614	20.4	24.3
2001		1283790	1085549	325603	127362	198241	1012951	15.4	19.6
2002		1416571	1205606	381441	170476	210965	1187280	14.9	17.8
2003		1425380	1184969	436935	196524	240411	1220438	16.9	19.7
2004		1663816	1393856	512939	242979	269960	1373363	16.2	19.7
2005		2186018	1847796	633937	295715	338222	1697547	15.5	19.9
2006		2669398	2246961	830409	407972	422437	2146628	15.8	19.7
2007		3411001	2843918	1104683	537600	567083	2821993	16.6	20.1
2008		4466049	3750357	1365148	649456	715692	3635950	16.0	19.7
西宁市	Xining City	733348	498880			234468	672512	32.0	34.9
海东地区	Haidong Prefecture	421928	385990			35938	404794	8.5	8.9
海北州	Haibei Zang A.P	138790	117790			12000	136683	8.6	8.8
黄南州	Huangnan Zang A.P	135958	126904			9054	133558	6.7	6.8
海南州	Hainan Zang A.P	201621	180462			21159	209547	10.5	10.1
果洛州	Golog Zang A.P	126732	122591			4141	120397	3.3	3.4
玉树州	Yushu Zang A.P	176185	170718			5467	168216	3.1	3.2
海西州	Haixi Mongolian & Zang A.P	371377	186482			184895	370928	49.8	49.8

注:1.1992年财政收支为调整后口径。

2.1994年以后的数据是按照财税体制改革后的口径计算的。

a) Revenue and expenditure for 1992, adjusted caliber.

b) Data since 1994 calculated by new caliber after the taxation system reform.

10-2 主要年份财政收入占国内生产总值的比重

Percentage of Financial Revenue on GDP in Main Years

单位:万元、% (10 000 yuan、%)

年 份 地 区	Year Region	财政收入合 计 Total Financial Revenue	地方财政收 入 Revenue of Local Governments	生产总值 Gross Domestic Product	财政收入合计占生产总值的比重 Percentage of Financial Revenue on GDP	地方财政收入占生产总值的比重 Percentage of Revenue of Local Governments on GDP
1957		16358	6171	39500	41.4	15.6
1965		17585	10577	61400	28.6	17.2
1970		26228	11975	81500	32.2	14.7
1975		47928	20478	124200	38.6	16.5
1978		70301	29040	155400	45.2	18.7
1980		63684	16493	177900	35.8	9.3
1985		105053	23971	330100	31.8	7.3
1986		123875	32112	384400	32.2	8.4
1987		141025	40088	433800	32.5	9.2
1988		143165	50684	549600	26.0	9.2
1989		162836	66906	603700	27.0	11.1
1990		169745	72369	699400	24.3	10.3
1991		184729	87908	751000	24.6	11.7
1992		179833	81558	875200	20.5	9.3
1993		215325	113682	1096800	19.6	10.4
1994		241980	70074	1384000	17.5	5.1
1995		276662	85976	1678000	16.5	5.1
1996		314159	95798	1841700	17.1	5.2
1997		353100	109200	2027900	17.4	5.4
1998		457668	127718	2209200	20.7	5.8
1999		667176	141736	2393800	27.9	5.9
2000		813082	165843	2636800	30.8	6.3
2001		1283790	198241	3001300	42.8	6.6
2002		1416571	210965	3406500	41.6	6.2
2003		1425380	240411	3902000	36.5	6.2
2004		1663816	269960	4661000	35.7	5.8
2005		2186018	338222	5433200	40.2	6.2
2006		2669398	422437	6395000	41.7	6.6
2007		3411001	567083	7836100	43.5	7.2
2008		4466049	715692	9615200	46.4	7.4
西宁市	Xining City	733348	234468	4221885	17.4	5.6
海东地区	Haidong Prefecture	421928	35938	1223603	34.5	2.9
海北州	Haibei Zang A.P	138790	12000	381891	36.3	3.1
黄南州	Huangnan Zang A.P	135958	9054	339508	40.0	2.7
海南州	Hainan Zang A.P	201621	21159	516010	39.1	4.1
果洛州	Golog Zang A.P	126732	4141	126630	100.1	3.3
玉树州	Yushu Zang A.P	176185	5467	245153	71.9	2.2
海西州	Haixi Mongolian & Zang A.P	371377	184895	2731112	13.6	6.8

注:生产总值按当年价格计算。1992-2004年数据根据经济普查数据进行调整和修订。

a) GDP is calculated at current prices. Data in 1992-2004 were adjusted and revised based on economic census data.

10-3 2006-2008年财政收支情况
Financial Revenue and Expenditure(2006-2008)

单位:万元 (10 000 yuan)

收 入	Revenue	2006	2007	2008
税收收入	Taxes Revenue	331192	432855	558966
增值税	Value Added Tax	97547	124811	145676
营业税	Business Tax	112690	147086	184903
企业所得税	Company Income Tax	36065	47526	71292
企业所得税退税	Tax Rebate to Company Income Tax		-47	
个人所得税	Personal Income Tax	14538	21406	25850
资源税	Resource Tax	19422	27063	39363
固定资产投资方向调节税	Fixed Assets Investment Adjustment Tax	5		
城市维护建设税	Tax on City Maintenance and Construction	26547	34507	38685
房产税	Tax on Real Estates	9576	10194	11897
印花税	Stamp Tax	3771	5296	6865
城镇土地使用税	Tax on the Use of Urban Land	903	2431	17376
土地增值税	Land Value Added Tax	401	1454	1334
车船税	Tax on the Use of Vehicles and Ships	458	909	2488
耕地占用税	Tax on the Occupancy of Cultivated Land	2351	2008	2928
契税	Contract Tax	6872	8211	10309
烟叶税	Tobacco Tax			
其他税收收入	Other Revenues	46		
非税收入	Non-tax Revenue	91245	134228	156726
专项收入	Special Revenue	37407	69465	82850
行政事业性收费收入	Revenue of Administrative and Institutional Units	23713	30419	37229
罚没收入	Confiscation of Revenue	10394	13754	16736
国有资本经营收入	State-owned Capital Operating Revenue	2737	4066	2475
国有资源(资产)有偿使用收入	Paid Use of State-owned Resources (Assets)	5300	7938	9825
其他收入	Other Revenues	11694	8586	7611
本年收入合计	**Total Revenue of This Year**	**422437**	**567083**	**715692**

10-3 续表 1 continued

单位:万元 (10 000 yuan)

支 出	Expenditure	2006	2007	2008
一般公共服务	Expenditure for General Public Services	419921	579441	694155
外交	Expenditure for Foreign Affairs	2	8	
国防	Expenditure for National Defense	3739	3147	5178
公共安全	Expenditure for Public Security	124321	159854	203753
教育	Expenditure for Education	274702	348523	488084
科学技术	Expenditure for Science and Technology	14347	25239	39664
文化体育与传媒	Expenditure for Culture, Sport and Media	36363	69447	98912
社会保障和就业	Expenditure for Social Safety Net and Employment Effort	439478	511790	655673
医疗卫生	Expenditure for Medical and Health Care	121230	195046	246615
环境保护	Expenditure for Environment Protection	165503	189838	195484
城乡社区事务	Expenditure for Urban and Rural Community Affairs	78408	96861	204838
农林水事务	Expenditure for Agriculture, Forestry and Water Conservancy	255293	292656	424407
交通运输	Expenditure for Transportation	89962	159886	110455
工业商业金融等事务	Expenditure for Industry, Commerce and Banking	71395	123563	181974
地震灾后恢复重建支出	Expenditure for Post-earthquake Reconstruction			50
其他支出	Other Expenditure	60964	66694	86708
预备费	Prepare Expenses			
本年支出合计	**Total Government Expenditure of This Year**	**2146628**	**2821993**	**3635950**

10-4 各时期地方财政收入主要项目

Main Items of Local Financial Revenue in Different Periods

单位:万元 (10 000 yuan)

时期(年份) Period(Year)	地方财政收入合计 Total Revenue Local Covernments	企业收入 Revenue of Enterprises	国企所得税调节税 State-owned Enterprises of Income and Regulate Tax	税收收入 Tax Revenue	工商税收 Industrial and Commercial Taxes	农牧业税 Agricultural and Livestock Taxes	其他 Others
"恢复"时期	1358	168		779	656	123	411
1952	958	128		430	430		400
"一五"时期	18879	3315		14070	9608	4462	1494
1953	1061	227		560	453	107	274
1957	6171	1169		4551	3329	1222	451
"二五"时期	84133	45598		30410	24586	58240	8125
"三年"调整	29813	9241		15679	12627	3051	4893
1965	10577	3394		5628	4586	1042	1516
"三五"时期	50247	14925		30938	24350	6588	4384
1970	11975	4033		7478	5946	1532	464
"四五"时期	76897	19614		55626	48019	7607	1657
1975	20478	6314		13887	12316	1571	227
"五五"时期	106032	18866		80348	72906	7442	6818
1978	29040	9361		17322	15734	1588	393
1980	16493	-1803		16679	15384	1295	471
"六五"时期	79583	-31663	27226	103440	96503	6937	7806
1985	23971	-6666	11051	29561	28031	1530	1076
"七五"时期	262159	-23221	54199	258095	246002	12093	27285
1986	32112	-3267	9877	33798	32110	1688	1581
1990	72369	-6336	9603	67833	64553	3280	10872
"八五"时期	439198	-20180	39339	398643	369399	29244	60735
1991	87908	-2981	10804	71741	68419	3322	19148
1995	85976	-1379	7007	73313	64477	8836	14042
"九五"时期	640295	41413	62402	491057	430528	60529	107825
1996	95798	-2381	5991	80826	69519	11307	17353
1997	109200	3659	8824	89154	76885	12269	16387
1998	127718	5677	11939	97514	84146	13368	24503
1999	141736	12121	13402	106629	95565	11064	22986
2000	165843	22337	22246	116934	104413	12521	26572
"十五"时期	1257799	117763	96853	928300	863340	64960	211736
2001	198241	32562	28928	132185	123665	8520	33494
2002	210965	19340	13412	158181	141381	16800	33444
2003	240411	17021	12177	184095	166374	17721	39295
2004	269960	20197	16940	205194	191791	13403	44569
2005	338222	28643	25396	248645	240129	8516	60934
"十一五"时期							
2006	422437	39652	36066	295126	285903	9223	87659
2007	567083	47479	47526	385376	375157	10219	134228
2008	715692	71292	71292	487674	474437	13237	156726

注:1.企业收入系企业所得税，国有企业上缴利润，国有企业计划亏损补贴及所得税退税之和。
2.各项税收按1988年口径整理，工商税收中包括盐税、建筑税等。农牧业税中包括耕地占用税和契税。
3.国家从1994年起取消调节税。

a)Revenue of enterprises,namely enterprise income tax, is the sum of profit delivery, plan subsidies to loss-making and the tax rebate of state-owned enterprises.
b) Revenues are arranged according to the caliber in 1988. Industrial and commercial tax include Salt tax, construction tax,and soon. Agriculture and livestock tax include arable land occupation tax and deed tax.
c) The nation abolished regulatory tax in 1994.

10-5 2007-2008年银行系统机构、人员数
Number of Institution and Employees in Bank System(2007-2008)

项 目	Item	机构数(个) Number of Institutions(unit)		年末人数(人) Number of Employees(person)	
		2007	2008	2007	2008
全省金融机构合计	**Total Financial Institutions Throughout the Province**	**991**	**976**	**13720**	**13979**
中国人民银行	People's Bank of China	18	18	1055	1082
中国工商银行	Industrial and Commercial Bank of China	87	86	2067	2067
中国农业银行	Agricultural Bank of China	163	164	2773	2801
中国银行	Bank of China	42	42	836	857
中国建设银行	China Construction Bank	103	103	2486	2587
中国农业发展银行	Agricultural Development Bank of China	26	26	409	395
国家开发银行	China Development Bank	1	1	86	117
城市商业银行	Urban commercial banks	47	48	768	797
省农村信用联合社	Rural credit cooperatives of Province	361	345	2214	2134
省邮政储汇局	Postal Savings Bureau of Province	143	143	1026	1142

10-6 2000-2008年金融机构人民币信贷收支(年底余额)

RMB Credit Balance of Payments Financial Institutions at year-end (2000-2008)

单位:亿元 (100 million yuan)

项　目	Item	2000	2005	2006	2007	2008
资金来源总计	Funds Sources	376.61	853.85	1018.19	1017.24	1274.26
各项存款	Total Deposits	308.39	733.05	896.78	1092.62	1383.68
企业存款	Deposits by Enterprises	118.66	220.38	274.61	361.05	430.51
活期存款	Demand Deposits	92.46	185.39	229.14	282.04	344.43
定期存款	Regular Deposits	26.20	34.99	45.47	79.00	86.08
财政存款	Fiscal Deposits	3.87	55.26	68.55	71.65	101.77
机关团体存款	Deposits of Government Departments & Organizations	10.65	58.15	78.72	114.84	140.97
城镇储蓄存款	Urban and Rural Household Savings Deposits	159.08	348.94	406.27	442.30	580.47
活期储蓄	Demand Savings	54.63	146.03	181.17	221.66	281.67
定期储蓄	Regular savings	104.44	202.91	225.10	220.64	298.81
农业存款	Agricultural Deposits	6.86	12.57	16.08	26.42	29.91
其他类存款	Other Deposits	9.27	37.76	52.55	76.40	100.03
其他	Other Items	68.22	120.80	121.41	-75.41	-109.41
资金运用总计	Funds Uses	376.61	853.85	1018.19	1017.24	1274.26
各项贷款	Total Loans	365.94	638.59	723.18	873.15	1025.63
短期贷款	Short-term Loans	170.24	188.68	206.21	272.06	299.15
工业贷款	Loans to Industrial Sector	77.12	48.19	62.67	87.08	83.80
商业贷款	Loans to Commercial Sector	39.96	26.31	28.38	30.92	33.51
建筑业贷款	Loans to Construction Sector	4.34	4.22	4.04	3.28	3.35
农业贷款	Loans to Agricultural Sector	9.33	25.36	26.56	32.87	35.14
乡镇企业贷款	Loans to Township Enterprises	6.66	7.49			
三资企业贷款	Loans to Enterprises with Foreign Funds	0.38			0.08	
私营企业及个体贷款	Loans to Private Enterprises and Self-employed Individuals	2.34	0.65	0.76	0.57	1.65
其他短期贷款	Other Short-term Loans	30.10	76.47	83.79	117.27	141.72
中长期贷款	Medium & Long-term Loans	171.55	434.88	499.13	575.95	700.45
其它类贷款	Other Loans	24.15	15.02	17.84	25.14	26.02
有价证券及投资	Portfolio Investment	4.02	5.63	12.29	23.03	25.23
同业往来	Contacts with Industry		0.22	0.22	1.19	1.08
金银占款	Position for Bullion & Silver Purchase	2.55				
外汇占款	Position for Foreign Exchanges Purchase	0.04	0.15	0.19	0.15	-0.24
其他	Others	4.06	209.26	282.31	119.72	222.57

注:本表统计口径同金融机构人民币信贷收支表。

a) Statistical caliber in this table is the same as RMB loans of financial institutions balance sheet.

10-7 主要年份金融机构人民币存款余额
RMB Deposits Balance of Financial Institutions in Main Years

单位:万元 (10 000 yuan)

年份 Year / 地区 Region	合计 Total	企业存款 Deposits by Enterprises	财政性存款 Fiscal Deposits	城镇储蓄存款 Urban and Rural Household Savings Deposits Deposits	农村牧区存款 The Rural and Pastoral Areas Deposits	其他存款 Other Deposits
1952	2099	217	1749	128		5
1957	8953	2588	2697	2453	1209	6
1965	46481	13535	22498	4274	6174	
1970	57131	14406	26935	6195	9595	
1975	82110	22364	32718	10617	16411	
1978	100339	33516	32647	14874	19302	
1980	136134	38969	50577	25782	20806	
1985	266332	106574	52570	75904	21095	10189
1990	560559	193233	75295	246249	27973	17809
1995	1269563	426289	69016	754251	14647	5360
1996	1509996	545665	70922	874877	15726	2806
1997	1833930	697237	80226	1016854	16369	23244
1998	2120501	815584	84040	1168088	20640	32149
1999	2422371	923216	121434	1286714	27178	63829
2000	2801666	1111325	144392	1424066	38783	83100
2001	3470085	1257920	308811	1696971	77584	128799
2002	4194101	1540601	331618	2008176	64901	248805
2003	4805055	1708327	365941	2350585	64819	315383
2004	6017480	2125645	273306	2992865	129875	495789
2005	7330545	2203810	552647	3489389	125663	959036
2006	8967816	2746067	685471	4062721	160820	1312737
2007	10926494	3610464	716479	4422987	264204	1912360
2008	13836757	4305114	1017749	5804726	299121	2410048
西宁市 Xining City	9988212	3304528	928541	3956199	106436	1692508
海东地区 Haidong Prefecture	987664	167270	26544	607974	54669	131206
海北州 Haibei Zang A.P	280412	41772	6754	128626	27565	75696
黄南州 Huangnan Zang A.P	193059	27956	13370	94174	7164	50395
海南州 Hainan Zang A.P	344162	34664	6973	185847	34145	82532
果洛州 Golog Zang A.P	158429	23872	12343	51983	9114	61117
玉树州 Yushu Zang A.P	187914	25074	12376	73621	6886	69957
海西州 Haixi Mongolian & Zang A.P	1696905	679977	10848	706302	53142	246637

注:1.由于口径变动,2003年(包括2003年)以前表中人民币存款余额为信贷收支表中国家银行存款余额.

2.1984年以前的财政性存款中包括基本建设存款、机关团体、部队存款，自1985年起建设银行信贷资金全部纳入国家信贷计划，基本建设存款项日予以取消。

3.历年存款余额均按当年口径整理。财政性存款中包括机关团体存款，其他存款中包括部队、委托存款等。

4.分地区数据为当年年度数，以下各表同。

a) Because of the changing of caliber, Before 2003 (including 2003) , the balance of RMB deposits in this table is the balance of national bank deposits in the Balance sheet credit.

b) Before 1984, the fiscal deposits included capital construction deposits, deposits of government agencies and organizations, troop deposits. Since 1985, all of China Construction Bank credit funds have been brought into the national credit schemes, capital construction deposit project have been scrapped.

c) The balance of deposits over the years were arranged by the year caliber. Fiscal deposits include Organization deposits, other deposits include force,entrusted deposits.

d) Sub-regional data are annual number of years ago. The same applies to the tables following.

10-8 主要年份金融机构人民币贷款余额

RMB Loans Balance of Financial Institutions in Main Years

单位：万元 (10 000yuan)

年份 Year / 地区 Region		合计 Total	工业贷款 Loans to Industrial Sector	工业生产企业 Industrial Production Enterprises	商业贷款 Loans to Commercial Sector	农业贷款 Loans to Agricultural Sector	中长期贷款 Medium & Long-term Loans
1952		723	22	11	137	564	
1957		18504	1084	593	15639	1781	
1965		18584	2955	1530	12685	2944	
1970		43836	12823	8837	27889	3124	
1975		52619	17184	10374	32971	2464	
1978		68615	22575	12999	41235	4805	
1980		76666	25274	16621	42379	7905	1108
1985		211460	41799	31201	76082	13279	51032
1990		722182	210602	186310	191329	28877	228825
1995		2193031	562209	528963	395580	27788	996438
1996		2678707	703042	651941	462468	40775	1253046
1997		2525677	791822	731042	533269	49954	886492
1998		2800249	1045417	973103	538743	52935	999267
1999		2906699	1086389	998343	543349	47314	1043500
2000		3485654	849095	771103	391630	38955	1866413
2001		3946845	793411	721359	399922	37331	2414551
2002		4432375	818721	755737	339188	40569	2842025
2003		5142880	846115		364087	44475	2966423
2004		6198529	800223		327897	236293	3541552
2005		6385881	481885		263130	253544	4348826
2006		7231790	626698		283824	265634	4991278
2007		8731493	870759		309174	328655	5759492
2008		10256310	837972		335122	351365	7004546
西宁市	Xining City	8573432	563499		192450	119861	6109992
海东地区	Haidong Prefecture	309073	3930		49526	82991	116999
海北州	Haibei Zang A.P	68928			4581	20023	29009
黄南州	Huangnan Zang A.P	59319			2239	45043	33831
海南州	Hainan Zang A.P	69860			8348	19808	9289
果洛州	Golog Zang A.P	28861			1403	9195	12876
玉树州	Yushu Zang A.P	27798			2114	11988	8800
海西州	Haixi Mongolian & Zang A.P	1119040	270543		74461	42456	683750

注：1.由于口径变动，2003年(包括2003年)以前表中人民币贷款余额为信贷收支表中国家银行贷款余额.
2.工业贷款中包括乡镇企业、三资企业、私营企业及个体企业贷款。
3.1987年以前农村贷款中包括预购定金贷款，农村托放专用贷款；农村集体农户贷款中不包括预购定金贷款和农村托放专用贷款。自1989年起贷款合计中不再包括农村托放专用贷款，农业贷款中不再包括乡镇企业贷款。
4.历年贷款余额均按当年口径整理，中长期贷款中包括中期流动资金贷款。

a) Because of the changing of caliber, Before 2003 (including 2003) , the balance of RMB loans in this table is the balance of national bank loans in the Balance sheet credit.
b) Industrial loans include township enterprises, funded enterprises, private enterprises and individual business loans.
c) before 1987, Loans in rural areas included pre-deposit loans, special loans take care in rural areas. Rural collective farmers loans were not included the pre-deposit loans and loans in rural areas special care place. Since 1989, total loans no longer included special loans take care in rural areas, agricultural loans no longer included township enterprises loans.
d) The balance of loans over the years were arranged by the year caliber.Medium & long-term loans include medium-term working capital loans.

10-9 主要年份金融机构人民币现金收支情况
Cash Income and Expenditure of Financial Institutions in Main Years

单位:万元 (10 000 yuan)

年份 地区	Year Region	收入合计 Total Income	商品销售收入 Income from Commodity Sales	货币投放或回笼 Currency Issue and Cash Withdrawn	支出合计 Total Expenditure	工资性支出 Wages
1954		11125	6360	655	11780	1947
1957		36128	19779	3390	39518	13875
1965		38351	21003	3514	41865	18614
1970		49005	28672	1760	50765	22736
1975		65085	40687	6805	71890	31258
1978		78641	47563	9540	88181	38012
1980		111379	63273	14250	125629	50606
1985		263420	128824	24484	287904	91559
1990		615664	225256	41468	657132	162513
1991		702506	246830	49219	751725	282791
1995		2320186	506652	125809	2445995	568831
1996		2678687	534585	207880	2886567	610895
1997		3344125	514491	292803	3636928	610811
1998		3716018	503063	313150	4029168	629626
1999		4367183	506174	338177	4705360	645902
2000		5244030	606005	378372	5622402	677493
2001		6414717	702681	349264	6763981	721022
2002		7850012	872998	431295	8281307	1144744
2003		9629703	1031051	378255	10007958	1111979
2004		12996898	1192521	518881	13515779	1236884
2005		13853968	1151968	582915	14436883	1136975
2006		14738098	1162074	771986	15510084	1165399
2007		19159872	1322129	700062	19859933	1292024
2008		20482657	1546337	843671	21326328	1396317
西宁市	Xining City	13947962	1097290	78296	14026258	792124
海东地区	Haidong Prefecture	2035131	146370	265369	2300500	163992
海北州	Haibei Zang A.P	499957	34338	65625	565582	34522
黄南州	Huangnan Zang A.P	312680	18877	68644	381323	25157
海南州	Hainan Zang A.P	724781	53245	74191	798972	48336
果洛州	Golog Zang A.P	272613	14875	48059	320673	35840
玉树州	Yushu Zang A.P	385101	26096	75407	460508	132405
海西州	Haixi Mongolian & Zang A.P	2304431	155246	168080	2472510	163938

10-10 主要年份信用合作社存、贷款年末余额

Deposits and Loans Balance of Credit Cooperatives at Year-end in Main Years

单位:万元 (10 000 yuan)

项　目	Item	1990	1995	2000	2005	2006	2007	2008
存款合计	**Total Deposits**	**32438**	**111417**	**290052**	**669002**	**952304**	**1394756**	**1791023**
城市信用社存款	Urban Credit Cooperatives Deposits	2998	39089	133456	338779	485655	694408	906246
企业存款	Deposits by Enterprises	1747	8707	72364	108240	197268	353914	463986
机关团体存款	Deposits of Government Departments & Organizations				45525	35594	66468	82577
居民储蓄存款	Residents Savings Deposits	569	15999	45490	110147	145682	183944	287480
其他存款	Other Deposits	682	14383	15602	74867	107111	90082	72203
农村信用社存款	Rural Credit Cooperatives Deposits	29440	72328	156596	330223	466649	700348	884777
企业存款	Deposits by Enterprises	10306	15462	2943	2819	2932	3291	8797
机关团体存款	Deposits of Government Departments & Organizations				1442	783	8352	15658
储蓄存款	Savings Deposits	19134	56866	121226	245340	302945	426919	561935
活期储蓄存款	Demand Savings		16742	52717	132493	173125	254780	322477
定期储蓄存款	Regular Savings		40124	68509	112847	129820	172139	239458
农业存款	Agricultural Deposits			29784	69234	158028	259395	293277
其他存款	Other Deposits			2643	11388	1961	2391	5110
贷款合计	**Total Loans**	**13091**	**56040**	**171451**	**570753**	**705826**	**1085643**	**1398772**
城市信用社贷款	Urban Credit Cooperatives Loans	1212	17600	80160	277962	358001	457725	590420
农村信用社贷款	Rural Credit Cooperatives Loans	11879	38440	91291	292791	347825	627918	808352

注:1.城市信用社存贷款中包括商业银行存贷款。

2.自2001年9月份起，部分城市信用社并入农村信用社。2001年以后城市信用社科目下的数为西宁市商业银行的存贷款。

a) Urban credit cooperatives deposits and loans include deposits and loans of Commercial Banks.

b) Since September in 2001, some rural credit were cooperated into urban credit cooperatives. The data of subjects under Urban credit cooperatives are deposits and loans of Xining City Commercial Bank since 2001.

10-11 资金流量表(实物交易)(2007年)

单位:亿元

机构部门 交易项目	Sectors Items	非金融企业部门 Non-financial Corporations 运用 Uses	来源 Sources	工业企业部门 Industrial Enterprises 运用 Uses	来源 Sources
净出口	Net Exports				
增加值	Value Added		525.5		328.02
劳动者报酬	Compensation of Employees	264.74		90.59	
工资及工资性收入	Wages and Salaries	247.43		84.67	
单位社会保险付款	Employers' Social Contributions	17.31		5.92	
生产税净额	Taxes on Production, Net	87.11		61.79	
生产税	Taxes on Products	87.11		61.79	
生产补贴(-)	Subsidies on Production				
财产收入	Income from Properties	37.11	15.57	22.81	6.82
利息	Interest	37.11	15.23	22.81	6.59
红利	Distributed Income of Corporations				
土地租金	Rent on Land Use				
其他	Others		0.34		0.23
初次分配总收入	Total Income from Primary Distribution		152.11		159.65
经常转移	Current Transfer	4.85	1.15	4.25	0.64
收入税	Taxes on Income	4.82		4.24	
社会保险缴款	Payment to Social Security				
社会保险福利	Social Security Welfare				
社会补助	Allowances	0.03		0.01	
其他	Others		1.15		0.64
可支配总收入	Total Disposable Income		148.41		156.04
最终消费	Final Consumption Expenditure				
居民消费	Household Consumption				
政府消费	Government Consumption				
总储蓄	Savings		148.41		156.04
资本转移	Capital Transfers		26.97		16.17
投资性补助	Investment Allowances		26.97		16.17
其他	Others				
资本形成总额	Gross Capital Formation	402.39		250.84	
固定资产形成总额	Gross Fixed Capital Formation	386.19		242.1	
存货增加	Changes in Inventories	16.2		8.74	
其他非金融资产获得减处置	Acquisitions Less Disposals of Other Non-financial Assets				
净金融投资	Net Financial Investment	175.38		172.21	
统计误差	Error Statistics				

Flow of Funds Table(Physical Transaction)(2007)

(100 million yuan)

其他非金融企业部门 Other Non-financial Corporations		金融企业部门 Financial Institutions									
		运 用 Uses	来 源 Sources	银行部门 Banks		证券部门 Security Activities		保险部门 Insurance		其他非金融企业部门 Other Non-financial Corporations	
运 用 Uses	来 源 Sources			运用 Uses	来源 Sources	运用 Uses	来源 Sources	运用 Uses	来源 Sources	运用 Uses	来源 Sources
	197.48		25.91		24.62		-0.62		1.91		
174.15		9.48		7.91		0.22		1.35			
162.76		8.86		7.39		0.21		1.26			
11.39		0.62		0.52		0.01		0.09			
25.32		4.96		3.04		1.65		0.27			
25.32		4.96		3.04		1.65		0.27			
14.3	8.75	21.7	44.3	21.7	44.3						
14.3	8.64	20.76	44.3	20.76	44.3						
	0.11	0.94		0.94							
	-7.54		34.07		36.27		-2.49		0.29		
0.6	0.51	4.5	0.05	0.15				4.35			
0.58		0.15		0.15							
0.02											
	0.51	4.35	0.05		0.05			4.35			
	-7.63		29.62		36.12		-2.49		-4.06		
	-7.63		29.62		36.12		-2.49		-4.06		
	10.8										
	10.8										
151.55		0.55		0.55							
144.09		0.55		0.55							
7.46											
3.17		29.62		36.12		-2.49		-4.06			

10-11 续表

单位:亿元

机构部门 交易项目	Sectors Items	政府部门 General Governments 运用 Uses	政府部门 General Governments 来源 Sources	住户部门 Households 运用 Uses	住户部门 Households 来源 Sources
净出口	Net Exports				
增加值	Value Added		95.25		136.95
劳动者报酬	Compensation of Employees	82.18			356.40
工资及工资性收入	Wages and Salaries	82.18			338.47
单位社会保险付款	Employers' Social Contributions				17.93
生产税净额	Taxes on Production, Net	1.43	99.84	6.34	
生产税	Taxes on Products	1.43	99.84	6.34	
生产补贴 (-)	Subsidies on Production				
财产收入	Income from Properties	2.06	0.77	5.13	5.36
利息	Interest	2.06	0.77	5.13	4.76
红利	Distributed Income of Corporations				
土地租金	Rent on Land Use				
其他	Others				0.6
初次分配总收入	Total Income from Primary Distribution		110.19		487.24
经常转移	Current Transfer	28.16	249.15	14.89	31.15
收入税	Taxes on Income		8.06	3.09	
社会保险缴款	Payment to Social Security		11.8	11.8	
社会保险福利	Social Security Welfare	25.98			25.98
社会补助	Allowances	2.18			2.21
其他	Others		229.29		2.96
可支配总收入	Total Disposable Income		331.18		503.5
最终消费	Final Consumption Expenditure	235.81		273.64	
居民消费	Household Consumption			273.64	
政府消费	Government Consumption	235.81			
总储蓄	Savings		331.18		503.5
资本转移	Capital Transfers	26.97			
投资性补助	Investment Allowances	26.97			
其他	Other				
资本形成总额	Gross Capital Formation	47.19		46.58	
固定资产形成总额	Gross Fixed Capital Formation	47.19		46.5	
存货增加	Changes in Inventories			0.08	
其他非金融资产获得减处置	Acquisitions Less Disposals of Other Non-financial Assets				
净金融投资	Net Financial Investment	304.21		503.5	
统计误差	Error Statistics				

Continued

(100 million yuan)

住户部门 Households				省内合计 Provincial		国内省外 Outside of Province		国外部门 Abroad		合计 Total	
城镇住户部门 Urban		农村住户部门 Rural									
运用 Uses	来源 Sources	运用 Uses	来源 Sources	运用 Uses	来源 Sources	运用 Uses	来源 Sources	运用 Uses	来源 Sources	运用 Uses	来源 Sources
							222.55				222.55
	45.75		91.2		783.61						783.61
	17.93			356.40	356.40					356.40	356.40
				338.47	338.47					338.47	338.47
	17.93			17.93	17.93					17.93	17.93
6.34				99.84	99.84					99.84	99.84
6.34				99.84	99.84					99.84	99.84
5.01	5.34	0.12	0.02	66.00	66.00					66.00	66.00
5.01	4.74	0.12	0.02	65.06	65.06					65.06	65.06
	0.6			0.94	0.94					0.94	0.94
	57.67		91.1		783.61						783.61
14.89	29.72		1.43	52.40	281.50	229.1				281.50	281.50
3.09				8.06	8.06					8.06	8.06
11.8				11.80	11.80					11.80	11.80
	25.96		0.02	25.98	25.98					25.98	25.98
	0.8		1.41	2.21	2.21					2.21	2.21
	2.96			4.35	233.45	229.1				233.45	233.45
	72.5		92.53		1012.71						1012.71
192.28		81.36		509.45						509.45	
192.28		81.36		273.64						273.64	
				235.81						235.81	
	72.5		92.53		1012.71						1012.71
				26.97	26.97					26.97	26.97
				26.97	26.97					26.97	26.97
46.5		0.08		496.71						496.71	
46.5				480.43						480.43	
		0.08		16.28						16.28	
72.5		92.53		1012.71						1012.71	

10-12 2005－2008年保险业务基本情况

Basic Statistics of Insurance Business(2005－2008)

单位:万元　　(10 000 yuan)

项　目	Item	2005	2006	2007	2008
财产保险公司保费收入	**Premium of Property Insurance Companies**	**37139**	**42733**	**55852**	**66131**
企业财产保险	Enterprise Property Insurance	7444	5863	7606	8904
家庭财产保险	Family Property Insurance	307	177	134	147
机动车辆保险	Motor Vehicle Insurance	24145	29307	37977	45793
责任保险	Liability Insurance	1891	2231	3098	3559
工程保险	Engineering Insurance	1082	2259	2140	2329
保证保险	Guarantee Insurance	85	36	24	50
船舶保险	Ship Insurance	18	30	34	16
货运险	Freight Transport Insurance	559	692	649	596
特殊风险保险	Special Risks Insurance			27	23
农业保险	Agriculture Insurance			1014	1356
短期健康险	Short-term Health Insurance	367	355	183	1053
意外伤害保险	Accident Injury Insurance	1222	1705	2965	2306
其 他	Other Insurance	19	78		
人寿保险公司保费收入	**Premium of Life Insurance Companies**	**41442**	**44509**	**51592**	**74933**
意外险	Personal Accident Insurance	1346	1461	1629	1960
健康险	Health Insurance	4085	4818	5104	6231
寿险	Life Insurance	36011	38230	44859	66741
财产保险公司赔款支出	**Claim of Property Insurance Companies**	**17633**	**18472**	**26874**	**34672**
企业财产保险	Enterprise Property Insurance	3356	2372	4568	4544
家庭财产保险	Family Property Insurance	55	35	47	80
机动车辆保险	Motor Vehicle Insurance	12210	13853	18242	24811
责任保险	Liability Insurance	542	643	1302	2152
工程保险	Engineering Insurance	668	650	791	805
保证保险	Guarantee Insurance	167	116	3	
船舶保险	Ship Insurance			2	7
货运险	Freight Transport Insurance	234	145	180	296
特殊风险保险	Special Risks Insurance			0	4
农业保险	Agriculture Insurance			791	368
短期健康险	Short-term Health Insurance	88	146	149	519
意外伤害保险	Accident Injury Insurance	294	501	798	1088
其 他	Other Insurance	19	11		
人寿保险公司赔款支出与给付	**Claim of Life Insurance Companies**	**2283**	**12756**	**19374**	**25303**
意外险	Personal Accident Insurance	558	497	709	666
健康险	Health Insurance	993	1525	1732	2209
寿险	Life Insurance	732	10734	16933	22428

注:本资料为中保、平安保险公司业务之和。

a) Data in this table is the sum of People's Insurance Company of China and Ping An Insurance Company of China.

主要统计指标解释

财政收入　指国家财政参与社会产品分配所取得的收入，是实现国家职能的财力保证。主要包括：

(1)各项税收：包括国内增值税、国内消费税、进口货物增值税和消费税、出口货物退增值税和消费税、营业税、企业所得税、个人所得税、资源税、城市维护建设税、房产税、印花税、城镇土地使用税、土地增值税、车船税、船舶吨税、车辆购置税、关税、耕地占用税、契税、烟叶税等。

(2)非税收入：包括专项收入、行政事业性收费、罚没收入和其他收入。

财政支出　指国家财政将筹集起来的资金进行分配使用，以满足经济建设和各项事业的需要。主要包括：

(1)一般公共服务：指政府提供基本公共管理与服务的支出，包括人大事务、政协事务、政府办公厅(室)及相关机构事务、发展与改革事务、统计信息事务、财政事务、税收事务、审计事务、海关事务、人力资源事务、纪检监察事务、人口与计划生育事务、商贸事务、知识产权事务、工商行政管理事务、国土资源事务、海洋管理事务、测绘事务、地震事务、气象事务、民族事务、宗教事务、港澳台侨事务、档案事务、共产党事务、民主党派事务及工商联事务、群众团体事务、彩票事务等。

(2)外交：指政府外交事务支出，包括外交行政管理、驻外机构、对外援助、国际组织、对外合作与交流、边界勘界联检等方面的支出。

(3)国防：指政府用于国防方面的支出，包括用于现役部队、预备役部队、民兵、国防科研事业、专项工程、国防动员等方面的支出。

(4)公共安全：指政府维护社会公共安全方面的支出，包括武装警察、公安、国家安全、检察、法院、司法行政、监狱、劳教、国家保密、缉私警察等。

(5)教育：指政府教育事务支出，包括教育行政管理、学前教育、小学教育、初中教育、普通高中教育、普通高等教育、初等职业教育、中专教育、技校教育、职业高中教育、高等职业教育、广播电视教育、留学生教育、特殊教育、干部继续教育、教育机关服务等。

(6)科学技术：指用于科学技术方面的支出，包括科学技术管理事务、基础研究、应用研究、技术研究与开发、科技条件与服务、社会科学、科学技术普及、科技交流与合作等。

(7)文化教育与传媒：指政府在文化、文物、体育、广播影视、新闻出版等方面的支出。

(8)社会保障和就业：指政府在社会保障与就业方面的支出，包括社会保障和就业管理事务、民政管理事务、财政对社会保险基金的补助、补充全国社会保障基金、行政事业单位离退休、企业改革补助、就业补助、抚恤、退役安置、社会福利、残疾人事业、城市居民最低生活保障、其他城镇社会救济、农村社会救济、自然灾害生活救助、红十字事务等。

(9)医疗卫生：指政府医疗卫生方面的支出，包括医疗卫生管理事务支出、医疗服务支出、医疗保障支出、疾病预防控制支出、卫生监督支出、妇幼保健支出、农村卫生支出等。

(10)环境保护：指政府环境保护支出，包括环境保护管理事务支出、环境监测与监察支出、污染治理支出、自然生态保护支出、天然林保护工程支出、退耕还林支出、风沙荒漠治理支出、退牧还草支出、已垦草原退耕还草、能源节约利用、污染减排、可再生能源和资源综合利用等支出。

(11)城乡社区事务：指政府城乡社区事务支出，包括城乡社区管理事务支出、城乡社区规划与管理支出、城乡社区公共设施支出、城乡社区住宅支出、城乡社区环境卫生支出、建设市场管理与监督支出等。

(12)农林水事务：指政府农林水事务支出，包括农业支出、林业支出、水利支出、扶贫支出、农业综合开发支出等。

(13)交通运输：指政府交通运输和邮政业方面的支出，包括公路运输支出、水路运输支出、铁路运输支出、民用航空运输支出、邮政业支出等。

(14)工业商业金融等事务：指政府对工业、商业及金融等方面的支出，包括采掘业支出、制造业支出、建筑业支出、工业和信息产业监管支出、国有资产监管支出、商业流通事务支出、金融业监管支出、旅游业管理与服务支出等。

地方财政收入　指按现行分税制财政体制划分的地方本级收入。包括营业税(不含铁道部门、各银行总行、各保险公司总公司集中交纳的营业税)，地方企业上交利润，城市维护建设税(不含铁道部门、各银行总行、各保险公司总公司集中交纳的部分)，房产税，城镇土地使用税，土地增值税，车船税，耕地占用税，契税，烟叶税，印花税，增值税25%部分，纳入共享范围的企业所得税40%部分，个人所得税40%部分，证券交易印花税3%部分，海洋石油资源税以外的其他资源税，地方非税收入等。

信贷资金　指金融机构以信用方式积聚和分配的货币资金。金融机构信贷资金的来源有各项存款、金融债券、对国际金融机构负债、流通中现金、其他项目等；信贷资金的运用有各项贷款、有价证券及投资、金银占款、外汇占款、财政借款及在国际金融机构中的资产等。

存款　指企业、机关、团体或居民根据资金必须收回的原则，把货币资金存入银行或其他信贷机构保管并取得一定利息的一种信用活动形式。根据存款对象或性质的不同可划分为企业存款、财政存款、机关团体存款、城乡储蓄存款、农业存款、信托及委托类存款、其他存款等科目。它是银行信贷资金的主要来源。

贷款　指银行或其他信贷机构根据资金必须归还的原则，按一定利率，为企业、个人等提供资金的一种信用活动形式。我国银行贷款分为短期贷款、委托及信托类贷款、其他类贷款等。

保险公司　在中国境内的、经过保险监督管理部门批准设立，并依法登记注册的各类商业保险公司。

保险金额　指保险人承担赔偿或者给付保险金责任的最高限额。

保费　指投保人为取得保险人在约定范围内所承担赔偿责任而支付给保险人的费用。

赔款　指保险人根据保险合同的规定，向被保险人支付的赔偿保险责任损失的金额。

给付　包括死伤医疗给付和满期给付。死伤医疗给付是指保险人根据人寿保险及长期健康保险合同的规定，因被保险人在保险期内发生保险责任范围内的保险事故支付给被保险人(或受益人)的金额。满期给付是指被保险人生存期满，保险人按人寿保险合同规定支付给被保险人的满期保险金额。

Explanatory Notes on Main Statistical Indicator

Government Revenue refers to income for the government finance through participating in the distribution of social products. It is the financial guarantee to ensure government functioning. The contents of government revenue include the following main items:

(1) Various tax revenues, including domestic value added tax (VAT), domestic consumption tax, VAT and consumption tax from imports, VAT and consumption tax rebate for exports, business tax, corporate income tax, individual income tax, resource tax, city maintenance and construct tax, house property tax, stamp tax, urban land use tax, land appreciation tax, tax on vehicles and boat operation, ship tonnage tax, vehicle purchase tax, tariffs, farm land occupation tax, deed tax, and tobacco leaf tax, etc.

(2) Non – tax revenue, including special program receipts, charge of administrative and institutional units, penalty receipts and others non – tax receipts.

Government Expenditure refers to the distribution and use of the funds which the government finance has raised, so as to meet the needs of economic construction and various causes. It includes the following main items:

(1) Expenditure for general public services: It refers to the spending on the basic public management and services which provided by governments, including the expense on affairs of People's Congress, affairs of People's Political Consultative Conference, affairs of government general office and relative institutions, affairs of development and reform, affairs of statistics, affairs of finance, affairs of taxation, affairs of audit, affairs of customs, affairs of human resources and social security, affairs of discipline inspection and supervision, affairs of population and family planning, affairs of commerce and trade, affairs of intellectual property, affairs of administration for industry and commerce, affairs of land and resources, affairs of oceanic administration, affairs of surveying and mapping, affairs of earthquake, ethnic affairs, religious affairs, affairs of Hong Kong, Macao, Taiwan, and Overseas Chinese, affairs of archives administration, affairs of Chinese Communist Party, affairs of democratic parties and federation of industry and commerce, affairs of mass organization, and affairs of lottery, etc.

(2) Expenditure for foreign affairs: It refers to the spending of government on foreign affairs, including the expense on administration of foreign affairs, missions overseas, external assistance, international organizations, foreign cooperation and communication, surveying and joint inspection on borderline, etc.

(3) Expenditure for national defence: It refers to the spending of government on national defence, including the expense on active force, reserve force, militia, scientific research on national defence, special projects, mobilization of national defence, etc.

(4) Expenditure for public security: It refers to the spending of government on maintaining social and public security, including the expense on armed police force, public security, state security, prosecution, courts, justice, prison, labour education and rehabilitation, protection of state secrecy, anti – smuggling police, etc.

(5) Expenditure for education: It refers to the spending of government on education, including the expense on the administration of education, pre – primary education, primary education, secondary education, high school education, regular higher education, primary vocational education, secondary vocational education, technical school education, vocational high school education and higher vocational education, radio and television education, student abroad education, special education, on the job training of cadres, education authorities services, etc.

(6) Expenditure for science and technology: It refers to the spending of government on science and technology (S&T), including the expense on the administration of S&T, basic research, applied research, research and development, conditions and services of S&T, popularization of social science, science and technology, exchanges and cooperation of S&T, etc.

(7) Expenditure for culture, sport and media: It refers to the spending of government on culture, cultural heritage, sports, radio, film, television, press and publication, etc.

(8) Expenditure for social safety net and employment effort: It refers to the spending of government on social safety net and employment, including the expense on administration of social safety net and employment, civil affairs, budgetary subsidy on the social insurance funds, subsidy on National Social Security Fund, retirees of administrative units and institutions, subsidy on enterprise reform, subsidy on employment effort, pension, placement of ex – serviceman, social welfare, the handicapped undertakings, the system of cost of living allowances for urban residents, other urban social relief, rural social relief, living relief of natural disasters, affairs of Red Cross Society, etc.

(9) Expenditure for medical and health care: It refers to the spending of government on medical and health care, including the expense on administration of medical and health care, medical services, health care, disease prevention and control, health inspection and supervision, women and children's health, rural health care, etc.

(10) Expenditure for environment protection: It refers to the spending of government on environment protection, including the expense on administration of environment protection, environment monitoring and supervision, pollution control, natural e-

cology protection, project of virgin forests protection, reforesting farmland, controlling the sources of dust storms, returning pastureland to grassland, returning pastureland to grassland, returning cultivated land to grassland, energy conservation, emissions reduction, comprehensive utilization of renewable energy and resources, etc.

(11) Expenditure for urban and rural community affairs: It refers to the spending of government on urban and rural community affairs, including the expense on administration of urban and rural community, planning and management of urban and rural community, public facilities of urban and rural community, housing of urban and rural community, sanitation of urban and rural community, management and supervision on the construction market, etc.

(12) Expenditure for agriculture, forestry and water conservancy: It refers to the spending of government on agriculture, forestry and water conservancy, including the expense on agriculture, forestry, water conservancy, poverty alleviation, comprehensive agricultural development, etc.

(13) Expenditure for transportation: It refers to the spending of government on transportation and postal services, including the expense on road transportation, waterway transportation, railway transportation, civil aviation transportation, and postal services.

(14) Expenditure for industry, commerce and banking: It refers to the spending of government on industry, commerce and banking, including the expense on mining, manufacturing, construction, industry and information technology supervision and administration, State - owned assets supervision and administration, commerce and circulation affairs, financial intermediation supervision and administration, tourism administration and service, etc.

Revenue of the Local Governments refers to the revenue collected that by the local governments as defined by the decentralized taxation system. The revenue of the local governments includes business tax (excluding the part of the Ministry of Railways, head offices of banks, head offices of insurance company, which are handed over to the government in a centralized way), profit handed in by the local enterprises, city maintenance and construct tax (excluding the part of the Ministry of Railways, head offices of banks, head offices of insurance company, which are handed over to the government in a centralized way), house property tax, urban land use tax, land appreciation tax, tax on vehicles and boat operation, farm land occupation tax, deed tax, and tobacco leaf tax, stamp tax, 25% of the value added tax, 40% the share part of the corporate income tax, 40% of individual income tax, 3% of stamp tax on securities transactions, resource tax other than the tax on offshore petroleum resources, local non - tax revenue, etc.

Credit Funds refer to the monetary funds accumulated and distributed in the means of credit by the financial institutions. The sources of c[illegible] funds include various deposits, financial bonds, liabilities to international financial institutions, currency in circulation, other items. The uses of credit funds include loans, securities and investment, position for bullion and silver purchase, position for foreign exchange purchase, advances to treasury, and assets with international financial institutions.

Deposit is a form of credit by which enterprises, institutions, organizations or households can put money into banks and other credit institutions for safekeeping and interest earning under the principle of free withdrawal. According to different depositors, deposits are divided into enterprise deposits, fiscal deposits, deposits of government agencies and organizations, savings deposits of rural and urban households, agricultural savings deposits, entrusted deposits and other deposits. Deposits are major sources of the credit funds of banks.

Loan is a form of credit by which banks and other credit institutions provide funds at certain interest rate to enterprises and individuals in the light of the principle of unconditional repayment. Loans from Chinese banks include short - term loan, medium - term and long - term loans, entrusted loans, and other loans.

Insurance Companies refer to commercial insurance companies of various forms registered by law and established in China with the approval of insurance regulatory agencies.

Amount Insured refers to the maximum that the insurant will get for the claim of the case insured.

Premium is the fee paid by the insurant to the insurer to obtain the obligation of compensation from the insurance within the agreed terms.

Settled Claim is the compensation paid by the insurer to the insurant in accordance with the insurance contract.

Payment includes payment for death, injury or medical treatment and payment at maturity. Payment for death, injury or medical treatment refers to the money paid to the insurant (or the beneficiary) in accordance with the life or health insurance contract when the insurant encounters accidents within the insured period covered in the contract. Payment at maturity refers to the payment to the insurant in accordance with the life insurance contract at the end of the insured period.

2009

第11篇

CHAPTER 11

农 业

Agriculture

农业总产值（当年价·万元）

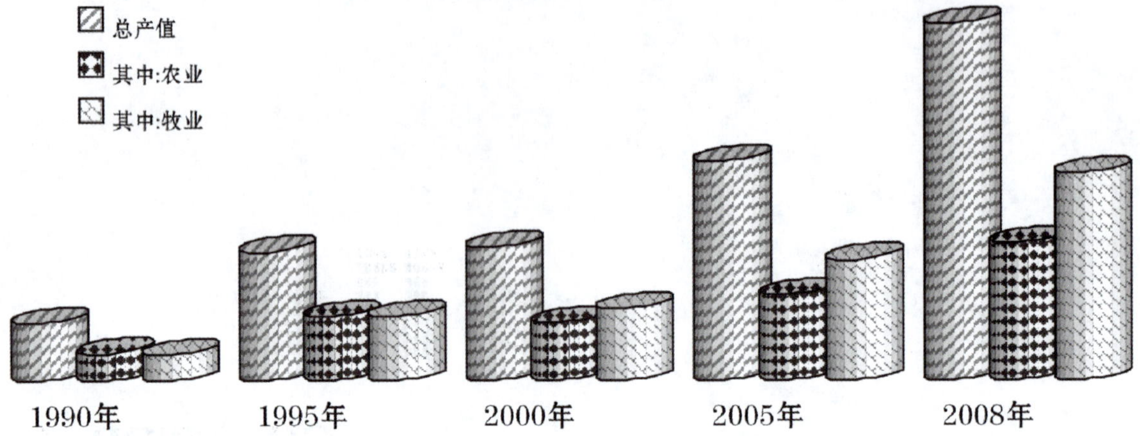

主要牲畜出栏数（万头、只）

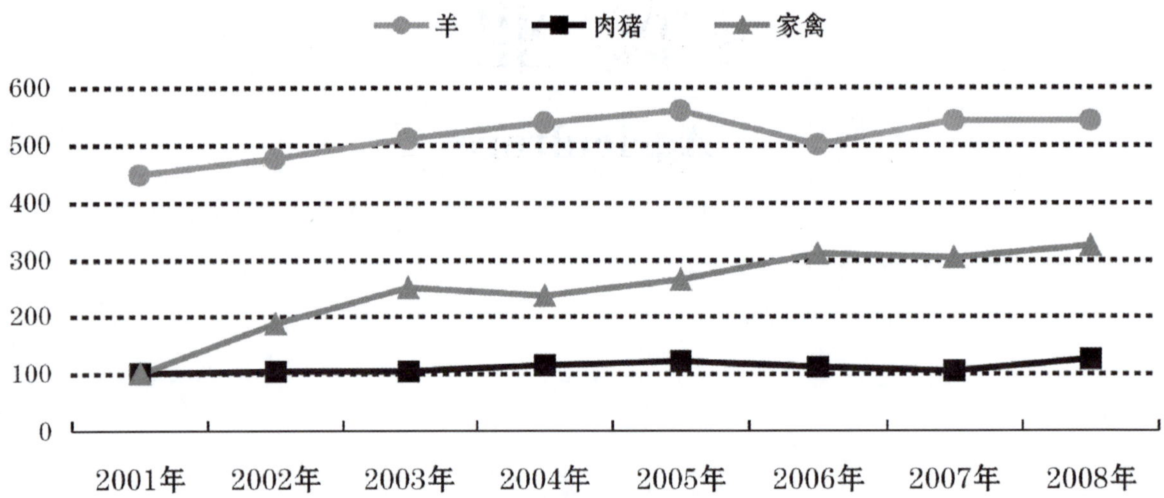

主要农牧产品产量（万吨）

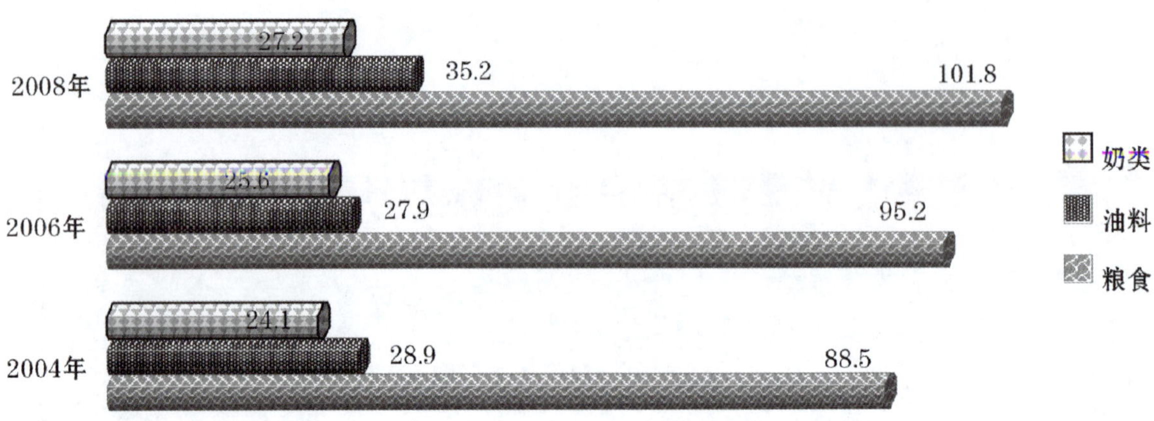

11–1 农村基本情况及乡村从业人员
Basic Statistics of Rural Laborers

指 标	Item	2000	2005	2006	2007	2008
农村基层组织情况 （个）	**Basic Conditions of Rural Grass-root Units (unit)**					
乡镇数	Number of Township and Town Governments	430	392	369	367	366
镇数	Number of Town Governments	40	109	128	129	132
村民委员会	Number of Villagers' Committees	4120	4161	4162	4173	4161
牧业	Animal Husbandry	880	879	878	885	889
户数及人口情况	**The Number and Situation of the Population**					
乡村户数 （万户）	Number of Rural Households (10 000 units)	69.9	77.6	77.8	80.2	82.9
乡村人口数 （万人）	Number of Rural population (10 000 persons)	336.6	357.3	353.3	359.5	367.0
乡村从业人员 （万人）	**Number of Rural Laborers (10 000 persons)**					
乡村劳动力资源数	Number of Rural Labor Resources	180.7	201.3	201.5	205.3	211.6
乡村从业人员	Number of Rural Laborers	172.0	186.0	185.3	189.4	193.7
按性别分	By sex					
男	Male	88.7	98.2	98.8	101.0	103.6
女	Female	83.3	87.8	86.6	88.4	90.1
按国民经济行业分	By National Economic Sectors					
农林牧渔业	Agriculture, Forestry, Animal Husbandry & Fishery	142.3	128.7	124.0	119.8	120.6
工 业	Industry	6.1	10.1	11.4	11.9	12.0
建筑业	Construction	5.0	15.2	17.7	21.1	23.2
交通运输、仓储及邮政业	Transport, Storage and Post	3.9	5.7	6.2	6.5	6.7
信息传输、计算机服务和软件业	Information Transmission, Computer Services and Software Industry				0.3	0.2
批发与零售业	Wholesale and Retail Trades	3.6	5.9	6.8	7.2	7.5
住宿和餐饮业	Hotels and Catering Services		5.3	5.7	8.0	8.9
其他行业	Others	11.0	15.1	13.5	14.6	14.6

11-2 1978–2008年农村基层组织及从业人员

Basic Conditions of Rural Grass-roots Units and Laborers (1978-2008)

年份 地区	Year Region	乡镇数(个) Number of Township and Town Govern-ments (unit)	乡 Township	镇 Town	村民委员会(个) Number of Villagers' Committees (unit)	乡村户数(万户) Number of Rural Households (10 000 units)	乡村人口数(万人) Number of Rural population (10 000 persons)	乡村从业人员(万人) Number of Rural Laborers (10 000 persons)	男 Male	女 Female
1978		399			3545	46.35	263.77	97.15		
1980		403			3688	47.70	271.80	103.63	51.53	52.10
1981		418			3743	48.75	276.77	109.59	54.54	55.05
1982		420			3729	49.13	282.23	112.89	56.74	56.15
1983		422			3749	49.52	284.67	116.25	60.55	55.70
1984		428			3880	50.30	286.56	118.47	60.77	57.70
1985		428	403	25	3933	50.72	286.17	120.17	61.31	58.86
1986		429	404	25	3940	51.44	287.67	121.65	61.85	59.80
1987		429	404	25	3970	52.52	291.11	124.60	63.41	61.19
1988		429	403	26	3977	53.55	294.43	127.81	64.93	62.88
1989		430	403	27	4022	54.81	297.95	131.79	67.36	64.43
1990		430	403	27	4021	57.35	304.13	135.88	69.00	66.88
1991		430	403	27	4027	58.70	308.38	139.80	71.34	68.46
1992		430	403	27	4039	59.93	314.60	143.74	73.38	70.36
1993		431	404	27	4002	61.01	316.15	146.02	74.55	71.47
1994		431	404	27	4002	62.19	319.65	150.02	76.56	73.46
1995		432	404	28	4008	63.34	322.86	152.65	78.01	74.64
1996		432	404	28	4008	64.80	325.99	158.33	81.21	77.12
1997		432	404	28	4046	65.73	328.30	161.40	82.93	78.47
1998		432	402	30	4054	67.08	331.11	162.38	83.33	79.05
1999		430	390	40	4056	68.48	334.06	173.25	88.60	84.65
2000		430	390	40	4120	69.90	336.59	171.97	88.68	83.29
2001		422	349	73	4123	71.16	339.48	174.01	89.75	84.26
2002		392	285	107	4129	72.50	342.89	177.32	91.66	85.66
2003		392	285	107	4133	73.82	347.28	180.55	94.60	85.95
2004		392	285	107	4158	75.88	354.10	184.55	97.52	87.03
2005		392	283	109	4161	77.60	357.33	186.04	98.24	87.80
2006		369	241	128	4162	77.82	353.30	185.34	98.76	86.58
2007		367	238	129	4173	80.19	359.48	189.35	100.96	88.39
2008		366	234	132	4161	82.85	367.01	193.74	103.64	90.10
西宁市	Xining City	50	23	27	931	24.13	102.74	58.99	32.00	26.98
海东地区	Haidong Prefecture	96	61	35	1587	29.86	134.04	69.55	36.77	32.79
海北州	Haibei Zang A.P	29	19	10	214	4.68	21.33	11.46	6.49	4.96
黄南州	Huangnan Zang A.P	33	25	8	256	4.03	19.65	9.79	4.99	4.80
海南州	Hainan Zang A.P	36	21	15	424	6.89	32.81	16.37	8.80	7.58
果洛州	Golog Zang A.P	44	36	8	188	3.07	12.45	5.77	2.90	2.87
玉树州	Yushu Zang A.P	46	35	11	258	6.84	29.68	13.94	7.32	6.62
海西州	Haixi Mongolian & Zang A.P	32	14	18	303	3.35	14.31	7.87	4.37	3.50

11-2 续表 Continued

单位:万人 (10 000 persons)

年 份 地 区	Year Region	农林牧渔业 Agriculture, Forestry, Animal Husbandry & Fishery	工业 Industry	建筑业 Construction	交通运输，仓储及邮政业 Transport, Storage and Post	信息传输、计算机服务和软件业 Information Transmission, Computer Services and Software Industry	批发，零售贸易业 Wholesale and Retail Trades	住宿和餐饮业 Hotels and Catering Services	其他行业 Others
1978		95.67	1.47						
1980		101.49	1.31						
1981		108.21	0.90						
1982		108.89	0.67						
1983		110.44	0.65	0.45	0.43		0.42		0.22
1984		109.68	0.72	0.89	0.69		0.68		1.79
1985		107.09	3.48	2.77	1.83		1.10		2.34
1986		106.13	3.60	3.49	2.33		1.35		3.01
1987		109.09	3.37	3.05	2.52		1.43		3.45
1988		111.87	3.67	2.77	2.67		1.62		3.51
1989		116.50	3.79	2.38	2.62		1.61		3.30
1990		119.65	3.94	2.47	2.92		1.69		3.64
1991		123.10	3.98	2.78	2.97		1.87		3.54
1992		126.59	4.03	2.79	3.15		1.92		3.70
1993		127.01	4.66	3.21	3.34		2.43		5.35
1994		130.18	5.11	3.02	3.68		2.60		5.43
1995		131.83	5.62	3.39	3.82		2.81		5.18
1996		137.09	5.67	3.07	3.52		2.82		6.16
1997		138.20	6.04	3.38	3.84		3.00		6.94
1998		138.16	6.09	3.65	3.85		3.01		7.62
1999		144.03	6.09	4.43	4.45		3.61		10.64
2000		142.25	6.14	5.01	3.93		3.63		11.01
2001		141.57	6.27	5.33	4.31		4.07		12.46
2002		136.50	6.94	6.86	5.11		4.99		16.92
2003		134.80	8.87	9.98	5.14		5.64		16.12
2004		131.85	9.74	13.29	5.62		5.32	4.17	14.56
2005		128.73	10.09	15.17	5.73		5.89	5.34	15.09
2006		124.03	11.35	17.69	6.21		6.82	5.73	13.50
2007		119.82	11.92	21.13	6.46	0.25	7.21	7.96	14.60
2008		120.61	12.04	23.17	6.72	0.20	7.50	8.88	14.62
西宁市	Xining City	27.96	6.83	10.01	3.37	0.02	3.38	2.81	4.61
海东地区	Haidong Prefecture	38.11	4.06	10.18	2.30	0.18	2.76	4.91	7.07
海北州	Haibei Zang A.P	8.50	0.50	0.74	0.18	0.00	0.32	0.26	0.96
黄南州	Huangnan Zang A.P	8.15	0.26	0.46	0.18	0.00	0.25	0.27	0.21
海南州	Hainan Zang A.P	12.30	0.17	1.40	0.34	0.01	0.40	0.47	1.29
果洛州	Golog Zang A.P	5.56			0.05		0.05	0.00	0.11
玉树州	Yushu Zang A.P	13.47	0.00	0.03	0.08		0.08	0.03	0.23
海西州	Haixi Mongolian & Zang A.P	6.55	0.21	0.35	0.22		0.26	0.13	0.15

注:1.工业劳动力中包括村及村以下办的工业的劳动力。
2.本表分行业劳动力是按从事的主行业划分的，如以农业为主、兼营商业的，仍作为农林牧渔业劳动力。
3.2004年新增加了两个行业,把“住宿、餐饮业”从“批发零售贸易餐饮业”中分出，把“信息传输计算机服务和软件业”从“交通运输仓储和邮电业”中分出，与历史资料的口径有所不同。

a) Industrial labor force include industrial workforce run by village and below.
b) Laborers Grouped by sector in this table is based on the division of the main industries, such as agricultural, run concurrently commercial , is still as agriculture, forestry, animal husbandry and fishery workers.
c) 2004,two new industry increased, "hotels and catering services" separated from the "wholesale and retail trades" , "information transmission, comput services and software" separated from the "traffic, transport, storage and post". There is a different caliber from the historical data.

11-3　农业机械年末拥有量
Number of Agricultural Machinery at Year-end

指　标	Item	2000	2005	2006	2007	2008
农业机械总动力　（万千瓦）	**Total Agricultural Machinery Power　(10 000 kw)**	**256.2**	**327.3**	**335.1**	**348.6**	**362.4**
柴油发动机动力	Diesel Engine	178.2	273.4	282.3	294.3	305.7
汽油发动机动力	Gasoline Engine	46.7	23.7	22.2	24.0	25.6
电动机动力	Motor	25.1	27.4	28.2	28.2	28.8
其他机械动力	Other Machinery Power	6.2	2.8	2.4	2.1	2.3
主要农业机械与设备	**Major Agricultural Machinery and Equipment**					
大中型拖拉机　（台）	Number of Large and Medium-sized Tractors　(unit)	2409	2745	3063	3002	3417
（万千瓦）	(10 000 kw)	10.5	10.4	10.9	10.4	12.9
小型拖拉机　（万台）	Number of Small Tractors　(10 000 unit)	16.4	22.2	23.1	24.5	25.2
（万千瓦）	(10 000 kw)	150.7	204.4	215.4	228.6	232.3
大中型拖拉机配套农具(台)	Number of Large and Medium-sized Tractor Towing Farm Machinery　(unit)	4296	3055	3263	3424	3561
小型拖拉机配套农具(万台)	Small Tractor Towing Farm Machinery　(10 000 unit)	11.3	15.5	16.3	18.1	18.7
农用排灌动力　（台）	Capacity of Engines　(unit)	2725	2129	2965	3018	2975
（万千瓦）	(10 000 kw)	8.7	8.7	9.9	10.1	10.1
联合收割机　（台）	Combine Harvesters　(unit)	670	657	667	736	886
（万千瓦）	(10 000 kw)	5.0	4.6	4.5	5.0	5.9
机动脱粒机　（台）	Motorized Threshing Machines　(unit)	8946	12289	13187	13763	15603
农用运输车　（辆）	Trucks for Agricultural Use　(unit)	37	27762	27724	27996	27330
渔用机动船　（艘）	Number of Motorized Fishing Boats　(unit)	1075	70	70	73	69
（千瓦）	(kw)	8906	812	812	892	795
农用排灌设施	Machinery for Agricultural Drainage and Irrigation					
机电井　（眼）	Motor-pumped Set　(unit)	38	295	229	228	233
节水灌溉机械　（套）	Water-saving Irrigation Machinery　(unit)		1972	1984	2012	1931
农用水泵　（台）	Pumps　(unit)	2167	3548	3348	3284	5144

11-4 主要年份农业机械年末拥有量

Number of Agricultural Machinery at Year-end in Main Years

年份 Year / 地区 Region		农机总动力（万千瓦）Total Power of Agricultural Machinery (10 000 kw)	大中型拖拉机（混合台）Large and Medium-sized Agricultural Tractors (unit)	大中型拖拉机（万千瓦）(10 000 kw)	小型和手扶拖拉机（台）Small and Walking Tractor (unit)	小型和手扶拖拉机（万千瓦）(10 000 kw)	排灌动力机械（台）Machinery for Agricultural Drainage and Irrigation (unit)	排灌动力机械（万千瓦）(10 000 kw)	联合收割机（台）Combine Harvesters (unit)	农用运输车（辆）Trucks for Agricultural Use (unit)
1957			138	0.48			24	0.05	6	
1965			775	2.66	6	0.01	127	0.50	100	
1970			1296	3.02	749	1.12	263	1.40	98	
1975		30.47	3434	12.02	5776	4.26	1716	4.41	113	
1980		69.62	6364	23.07	13933	12.48	4552	8.46	363	
1985		88.03	5018	17.91	28589	25.21	3117	7.77	439	
1990		126.86	4232	15.44	63143	56.91	2919	7.01	479	
1995		188.47	3149	11.89	112907	100.67	2963	8.53	533	
1996		199.21	2980	11.25	124629	111.12	3081	8.87	541	
1997		207.85	2772	10.92	127796	111.45	4922	9.05	549	
1998		219.43	2750	11.06	138187	122.01	5074	9.38	626	
1999		241.94	2548	11.02	158867	135.97	2974	8.71	650	
2000		256.18	2409	10.46	167830	150.66	2725	8.65	670	8906
2001		264.66	2469	10.69	178638	160.66	2858	8.89	676	13433
2002		281.39	2787	11.04	190581	174.77	3080	9.06	651	16320
2003		292.43	2808	10.53	200714	177.24	2874	8.80	665	21192
2004		328.77	2861	10.94	230496	196.65	3066	10.03	632	25862
2005		327.34	2745	10.35	221664	204.41	2876	9.81	657	27762
2006		335.07	3063	10.85	230866	215.42	2965	9.92	667	27724
2007		348.57	3002	10.44	245443	228.63	3018	10.12	736	27996
2008		362.41	3417	12.95	251531	232.32	2975	10.08	886	27330
西宁市	Xining City	130.75	525	3.08	98931	91.68	202	0.97	88	9651
海东地区	Haidong Prefecture	121.69	409	1.42	92365	84.68	1220	5.21	38	10919
海北州	Haibei Zang A.P	22.85	249	1.39	12878	11.47	65	0.13	176	169
黄南州	Huangnan Zang A.P	9.73	48	0.21	5140	4.70	123	0.93	11	1113
海南州	Hainan Zang A.P	33.90	650	2.97	18795	16.79	602	1.88	438	2506
果洛州	Golog Zang A.P	3.12			1288	1.38				345
玉树州	Yushu Zang A.P	6.50	42	0.14	3815	3.79	561	0.59	4	382
海西州	Haixi Mongolian & Zang A.P	33.88	1494	3.74	18319	17.84	202	0.36	131	2245

11-5 农村电力、农田水利建设和物资消耗
Rural Electric Power, Construction of Farmland Irrigation Water Conservancy and Material Consumption

指　标	Item	2000	2005	2006	2007	2008
农村电力	**Rural Electrific Power**					
乡村办水电站　(个)	Hydropower Station in Rural Areas (unit)	57	50	51	46	43
发电能力　(万千瓦)	Generating Capacity (10 000 kw)	1.64	4.26	4.28	2.70	2.65
发电量　(万千瓦时)	Amount of Electric Power Generation (10 000 kwh)	5249	49403	49696	10598	10676
农村用电量　(万千瓦时)	Electricity Consumed in Rural Areas (10 000 kwh)	23005	29923	31838	34533	36939
农田水利建设情况 (千公顷)	**Construction of Farmland Irrigation Water Conservancy (10 000 hectares)**					
有效灌溉面积	Effective Irrigated Area	211.42	176.54	176.32	176.59	177.24
旱涝保收面积	Farmland with Stable Yields Despite of Drought or Waterlogging	19.36	70.28	53.10	57.30	58.42
机电排灌面积	Pumping Irrigation and Drainage Area	80.35	16.48	17.32	22.08	23.46
农用化肥施用量　(折纯) (万吨)	**Consumption of Chemical Fertilizer (100% Purity) (10 000 tons)**	**7.17**	**6.99**	**7.17**	**7.56**	**8.25**
氮肥(实物量)	Nitrogenous Fertilizer	7.42	6.80	7.10	7.15	7.18
折纯量	(100% Purity)	3.34	3.13	3.20	3.23	3.30
磷肥(实物量)	Phosphate Fertilizer	5.38	5.71	6.77	6.88	6.55
折纯量	(100% Purity)	1.38	1.62	1.52	1.47	1.31
钾肥(实物量)	Potash Fertilizer	0.71	0.58	0.54	0.59	0.49
折纯量	(100% Purity)	0.28	0.27	0.26	0.27	0.27
复合肥(实物量)	Compound Fertilizer	4.73	4.52	5.10	5.17	5.86
折纯量	(100% Purity)	2.16	1.97	2.19	2.58	3.72
农用塑料薄膜使用量　(吨)	**Consumption of Agricultural Plastic Film (ton)**	**635.56**	**1156.90**	**1123.50**	**958.62**	**1070.24**
地膜使用量　(吨)	Consumption of Plastic Mulching (ton)	320.40	381.67	375.10	439.30	519.91
地膜覆盖面积　(公顷)	Area of Plastic Mulching (hectare)	7046	5737	6253	6901	6865
农用柴油使用量　(万吨)	**Consumption of Agricultural Diesel Oil (10 000 tons)**	**5.94**	**5.37**	**5.47**	**5.60**	**5.56**
农药使用量　(吨)	**Consumption of Pesticide (ton)**	**1919.7**	**1746.7**	**1856.7**	**1891.5**	**1953.92**

11-6 1978-2008年农村电力、灌溉面积、化肥施用量

Rural Electric Power, Irrigated Area and Consumption of Chemical Fertilizers (1978-2008)

年份 地区	Year Region	乡村办水电站 Hydropower Station in Rural Areas 个数 Number	装机容量(万千瓦) Installed Capacity (10 000 kw)	农村用电量(万千瓦时) Electricity Consumed in Rural Areas (10 000 kwh)	化肥施用量(实物吨) Consumption of Chemical Fertilizer	有效灌溉面积(千公顷) Irrigated Area (1 000 hectares)
1978		128	0.55	7442	158394	164.33
1980		138	0.77	8664	159014	159.62
1985		93	1.18	8292	117845	160.15
1990		67	0.76	14758	158840	171.56
1991		52	0.59	14856	160662	175.36
1992		43	0.48	15730	165501	175.05
1993		40	0.56	18647	171517	176.65
1994		41	0.69	21563	167100	176.99
1995		46	0.73	20377	179250	177.31
1996				20952	175006	176.12
1997		47	1.21	21446	181104	176.12
1998		48	1.26	21144	179885	187.43
1999		49	1.28	21420	185318	189.72
2000		57	1.64	23005	182439	211.42
2001		56	1.84	24427	182397	208.33
2002		54	2.73	22468	176458	193.55
2003		52	4.23	28789	171386	181.73
2004		49	4.07	29486	170655	180.33
2005		50	4.26	29923	176088	176.54
2006		51	4.28	31838	195053	176.32
2007		46	2.70	34533	197809	176.59
2008		43	2.65	36939	200804	177.24
西宁市	Xining City	9	1.15	11137	79329	35.40
海东地区	Haidong Prefecture	2	0.96	14215	71029	44.56
海北州	Haibei Zang A.P	1	0.02	1681	11572	17.19
黄南州	Huangnan Zang A.P			1033	2500	5.97
海南州	Hainan Zang A.P	11	0.19	6634	19068	36.64
果洛州	Golog Zang A.P			139	3	
玉树州	Yushu Zang A.P	14	0.06	361	742	2.93
海西州	Haixi Mongolian & Zang A.P	6	0.28	1739	16561	34.55

11-7 2004-2008年各地区耕地面积及占全省的比重

Area of Cultivated Land and Its Ratio of Whole Province by Region(2004-2008)

单位:公顷 (hectares)

地 区	Region	耕地面积(总资源) Cultivated Land (Total Area)					比重 Proportion(%)
		2004	2005	2006	2007	2008	2008
全省总计	**Total Province**	**542049.48**	**542245.95**	**542151.05**	**542201.99**	**542719.26**	**100.00**
西宁市	Xining City	146741.62	146462.82	146448.36	146196.28	145786.12	26.86
海东地区	Haidong Prefecture	202138.43	201501.18	201405.09	201309.56	201316.49	37.09
海北州	Haibei Zang A.P	47595.29	47696.94	47692.19	48077.18	49053.35	9.04
黄南州	Huangnan Zang A.P	19741.83	19539.23	19640.99	19631.65	19628.95	3.62
海南州	Hainan Zang A.P	73272.53	77352.54	77290.73	77332.63	77317.58	14.25
果洛州	Golog Zang A.P	1199.96	991.80	991.80	991.80	991.80	0.18
玉树州	Yushu Zang A.P	15071.03	13757.51	13753.28	13734.27	13728.10	2.53
海西州	Haixi Mongolian & Zang A.P	36288.79	34943.93	34928.62	34928.62	34896.86	6.43

11-8 2002－2008年耕地面积增减变动情况

Changing Situation of Increased and Decreased Cultivated Land(2002－2008)

单位:千公顷 (1 000 hectares)

指 标	Item	2002	2003	2004	2005	2006	2007	2008
年初耕地总资源	**Total Area of Cultivated Land in Early Year**	**652.5**	**604.7**	**555.2**	**542.0**	**542.2**	**542.1**	**542.2**
年内增加	**During the Year Increased**	**1.7**	**0.9**	**0.3**	**8.0**	**0.5**	**0.8**	**1.3**
新开发地	Newly Reclaimed Wildland Land	1.3			2.0	0.5	0.5	
年内减少	**During the Year Decreased**	**49.5**	**50.4**	**13.5**	**7.8**	**0.6**	**0.7**	**0.8**
国家基建占地	National Capital Construction Occupied	0.6	0.6	0.3	2.9	0.5	0.7	
其他基建占地	Other Capital Construction Occupied	0.8	0.2		0.1			
退耕还林还草占地	Grain for Green Occupied	33.3	49.3	13.1	2.8			
耕地改为园地	Arable Land to Garden	0.1						
年末耕地总资源	**Total Area of Cultivated Land Year-and**	**604.7**	**555.2**	**542.0**	**542.2**	**542.1**	**542.2**	**542.7**
常用耕地面积	Cultivated Land Often Used	338.0	337.8	337.7	340.7	340.6	340.7	371.2
水浇地	Irrigable Land	193.5	181.7	180.3	176.5	176.3	176.6	177.2
临时性耕地	Temporary Cultivated Land	266.7	217.4	204.3	201.5	201.5	201.5	201.5

11-9 主要年份农业机械化与草原建设
Agricultural Mechanization and Grassland Construction in Main Years

单位:千公顷 (1 000 hectares)

指　标	Item	1990	1995	2000	2005	2006	2007	2008
农业机械化情况	**Agricultural Mechanization**							
当年实际机耕面积	Machine-ploughed Area	211	256	274	207	215	247	262
当年机械播种面积	Machine-sown Area	176	233	257	176	178	198	189
当年机械收割面积	Machine-harvested Area	83	101	90	62	68	81	93
草原建设情况	**Grassland Construction**							
围栏草场面积	Area of Fenced Grassland	742	1453	3153	5921	6719	7259	8211
当年新围面积	New Fenced in This Year	93	251	280	934	952	704	813
人工种草面积	Area of Artificially Sown Grass	94	208	1626	682	667	691	724
当年新种面积	New Sown in This Year	19	41	55	116	75	85	76
年内鼠害发生面积	Area with Rats	2675	6433	6834	7464	8853	9090	6355
年内灭鼠面积	Deratization Area	654	554	1282	2727	4050	3248	1835
年内虫害发生面积	Area with Pests	575	630	677	615	1166	941	1096
年内灭虫面积	Disinfestation Area	29	75	32	169	420	339	307

11-10 2000－2008年水果、渔业生产情况
Production of Fruit and Fishery(2000－2008)

指　标	Item	2000	2001	2002	2003	2004	2005	2006	2007	2008
水果	**Fruit**									
水果产量合计 (吨)	Total Output of Fruit (ton)	22415	17252	16301	14603	14686	14772	13308	13846	13241
苹果	Apple	14144	9661	9078	8246	7198	7316	5939	5804	5823
梨	Pear	5963	5525	5228	4418	5362	5105	4912	4894	4680
葡萄	Grape	106	117	106	74	102	80	114	112	106
年末实有果园面积 (公顷)	Orchard Area at Year-end(hectare)	5189	5127	5056	5105	7045	4298	4055	4282	4127
苹果园	Applegrove	3987	3908	3872	3869	5304	2806	2924	2658	2518
梨园	Pear Orchard	1084	1055	1142	1168	1609	1226	1065	1049	848
葡萄园	Grapery	30	24	37	54	54	7	66	17	23
年末实有零星果树 (万株)	Sporadic Fruit Trees at Year-end (10 000 trees)	271	261	223	218	325	312	325	319	320
苹果树	Apple Trees	199	175	132	130	186	171	174	176	168
梨树	Pear Trees	53	70	70	70	118	87	100	102	95
渔业	**Fishery**									
水产品总产量 (吨)	Total Aquatic Products (ton)	1166	1989	1796	1253	1058	878	1985	1780	2129
养殖产量	Cultured Output	1074	1886	1717	1195	996	816	1924	1704	2090
养殖面积 (千公顷)	Culture Area (1 000 hectares)	6	44	43	43	43	43	43	43	44

11-11 农作物播种面积及种植结构
Total Sown Areas of Farm Crops and Its Planting Structure

单位:千公顷、% (1 000 hectares、%)

指 标	Item	播种面积 Sown Areas								种植结构 Planting Structure	
		2000	2002	2003	2004	2005	2006	2007	2008	2007	2008
农作物总播种面积	**Total Sown Area**	**553.68**	**494.36**	**466.80**	**473.30**	**476.73**	**517.20**	**516.70**	**513.63**	**100.00**	**100.00**
粮食作物	**Grain Crops**	**322.72**	**284.74**	**248.00**	**244.70**	**245.57**	**278.81**	**274.94**	**271.99**	**53.21**	**52.95**
谷物	Cereal	225.91	175.83	142.60	136.80	129.37	151.29	148.30	147.28	53.94	54.15
小麦	Wheat	165.54	142.50	107.00	102.20	96.80	104.87	105.00	104.40	70.80	70.89
青稞	Highland Barley	53.96	29.68	32.36	31.04	29.33	43.35	40.87	38.97	27.56	26.46
玉米	Corn	2.07	1.83	1.33	1.58	1.09	1.03	0.83	2.06	0.56	1.40
其它	Others	4.34	1.82	1.91	1.98	2.15	2.04	1.60	1.85	1.08	1.26
豆类	Soybeans	50.54	48.21	39.70	40.10	40.87	41.88	40.54	39.11	14.75	14.38
蚕豆	Horsebean	23.74	27.36	23.92	25.56	27.39	29.35	28.57	28.23	70.47	72.18
豌豆	Pea	26.80	20.85	15.78	14.54	13.48	12.53	11.97	10.88	29.53	27.82
薯类	Tubers	46.27	60.70	65.70	67.80	75.33	85.64	86.10	85.60	31.32	31.47
经济作物	**Economic Crops**	**192.23**	**159.35**	**155.90**	**164.14**	**165.68**	**170.23**	**174.57**	**177.16**	**33.79**	**34.49**
油料	Oil-bearing Crops	191.58	152.93	152.10	159.80	161.86	168.42	172.40	172.73	98.76	97.50
油菜籽	Rapeseeds	185.51	148.23	149.20	157.70	159.74	165.57	169.53	169.80	98.34	98.30
胡麻	Benne	6.07	4.70	2.90	2.10	2.12	2.85	2.87	2.93	1.66	1.70
其它	Others	0.65	6.42	3.80	4.34	3.82	1.81	2.17	4.43	1.24	2.50
药材	Medicinal Materials	0.51	2.79	3.60	4.20	3.63	1.57	1.80	4.24	82.95	95.71
蔬菜	**Vegetables**	**15.78**	**20.61**	**24.11**	**25.05**	**25.83**	**27.71**	**30.12**	**34.16**	**5.83**	**6.65**
瓜类	**Melon**	**0.24**		**0.28**	**0.41**	**0.37**	**0.36**	**0.50**	**0.44**	**0.10**	**0.09**
其他农作物	**Other Farm Crops**	**22.71**	**29.66**	**38.51**	**39.00**	**39.28**	**40.09**	**36.57**	**29.88**	**7.08**	**5.82**
青饲料	Succulence	19.98	27.89	35.97	37.69	37.96	38.73	35.82	28.68	97.95	95.98
果园面积	**Area of Orchard**	**5.00**	**5.06**	**5.11**	**7.05**	**4.30**	**4.18**	**4.28**	**4.13**	—	—

注:2006年数据根据农业普查结果已作修正。

a) Data in 2006 has been amended based on the results of the census of agriculture.

11-12 主要年份农作物总播种面积
Total Sown Areas of Farm Crops in Main Years

单位:千公顷 (1 000 hectares)

年 份 Year / 地 区 Region		总播种面积 Total Sown Area	粮食作物 Grain Crops	小麦 Wheat	杂粮 Cereal Crops	薯类 Tubers	经济作物 Economic Crops	油料 Oil-bearing Crops	蔬菜 Vegetables
1978		514.58	434.76	207.03	190.39	37.00	62.11	61.18	7.19
1980		508.73	411.96	201.14	174.47	36.35	78.89	78.77	5.58
1985		500.46	386.57	200.69	154.87	31.01	95.19	94.89	4.49
1986		507.81	386.98	200.98	154.41	31.59	100.74	100.53	4.95
1987		507.79	384.46	201.37	152.04	31.05	102.89	102.57	5.27
1988		514.30	385.72	204.78	149.07	31.87	106.69	106.43	5.43
1989		532.22	395.21	209.99	151.53	33.69	110.24	109.75	6.89
1990		544.71	400.33	213.46	152.51	34.36	114.39	113.91	6.89
1991		543.46	401.95	217.62	149.01	35.33	117.38	117.01	7.36
1992		546.55	401.26	220.74	143.21	37.31	118.05	117.75	8.19
1993		548.17	389.83	209.92	143.23	36.68	129.20	129.02	10.18
1994		562.10	386.85	204.99	143.55	38.31	144.67	144.60	10.11
1995		568.81	384.25	205.98	140.56	37.71	149.88	149.77	12.44
1996		564.37	394.79	210.58	146.29	37.92	136.04	135.93	11.61
1997		567.96	394.72	213.46	144.00	37.26	137.89	137.76	12.61
1998		566.93	384.85	211.91	135.44	37.50	147.95	147.78	12.48
1999		571.02	344.83	182.89	117.81	44.13	192.45	192.36	13.94
2000		553.68	322.72	165.54	110.91	46.27	192.23	191.58	15.78
2001		526.72	309.87	149.75	100.94	59.18	154.67	168.74	17.81
2002		494.36	284.74	142.50	81.54	60.70	159.35	152.93	20.61
2003		466.80	248.00	107.00	75.30	65.70	155.90	152.10	24.11
2004		473.70	244.70	102.20	74.70	67.80	164.95	159.80	25.05
2005		476.73	245.57	96.80	73.44	75.33	165.68	161.86	25.83
2006		517.20	278.81	104.87	88.30	85.64	170.23	168.42	27.71
2007		516.70	274.93	105.00	83.83	86.10	174.57	172.40	30.12
2008		513.63	271.99	104.40	81.99	85.60	177.16	172.73	34.16
西宁市	Xining City	121.19	62.53	27.36	17.39	17.78	40.46	40.34	13.69
海东地区	Haidong Prefecture	206.82	117.66	38.89	19.22	59.56	67.40	67.14	17.00
海北州	Haibei Zang A.P	52.55	11.99	1.11	9.43	1.45	28.48	28.48	0.58
黄南州	Huangnan Zang A.P	17.32	7.88	4.66	1.85	1.38	4.52	4.52	0.30
海南州	Hainan Zang A.P	79.62	31.53	10.32	19.45	1.76	37.04	36.97	1.91
果洛州	Golog Zang A.P	0.57	0.49	0.03	0.40	0.06	0.05	0.05	0.00
玉树州	Yushu Zang A.P	12.10	9.91	0.07	9.17	0.68	0.32	0.32	0.37
海西州	Haixi Mongolian & Zang A.P	28.37	14.39	7.24	5.46	1.69	12.32	8.34	0.97

注:2006年数据根据农业普查结果已作修正。

a) Data in 2006 has been amended based on the results of the census of agriculture.

11-13 主要年份主要农产品产量

年 份 地 区	Year Region	粮 食 (万吨) Grain (10 000 tons)	小 麦 Wheat	杂 粮 Cereal Crops	薯 类 Tubers
1978		90.30	53.30	28.77	8.24
1980		95.60	56.31	31.67	7.62
1985		100.32	62.96	28.96	8.40
1986		98.35	60.89	28.26	9.20
1987		104.15	67.60	27.72	8.83
1988		105.82	68.40	27.10	10.32
1989		110.84	70.59	29.24	11.01
1990		114.56	74.18	29.51	10.87
1991		114.63	76.92	29.41	8.30
1992		118.50	74.90	31.41	12.19
1993		118.63	73.92	32.69	12.02
1994		116.84	68.64	33.59	14.61
1995		114.19	69.49	29.92	14.78
1996		123.83	76.66	33.36	13.81
1997		127.55	78.29	35.24	14.02
1998		128.20	79.94	33.41	14.85
1999		103.61	59.37	29.46	14.78
2000		82.70	47.58	20.23	14.89
2001		103.20	52.70	23.89	26.61
2002		91.28	45.20	21.68	24.40
2003		86.80	36.80	21.80	28.20
2004		88.47	37.11	22.33	29.03
2005		93.26	39.32	21.49	32.45
2006		95.17	41.06	21.10	33.01
2007		99.02	41.76	23.10	34.16
2008		101.80	42.03	23.59	36.18
西宁市	Xining City	26.45	10.75	9.17	6.53
海东地区	Haidong Prefecture	45.83	16.00	23.70	6.12
海北州	Haibei Zang A.P	4.11	0.46	0.73	2.92
黄南州	Huangnan Zang A.P	2.86	1.75	0.65	0.46
海南州	Hainan Zang A.P	10.44	4.76	0.73	4.96
果洛州	Golog Zang A.P	0.14	0.01	0.02	0.12
玉树州	Yushu Zang A.P	1.84	0.01	0.18	1.65
海西州	Haixi Mongolian & Zang A.P	7.85	4.02	0.98	2.85

注:1.全省粮食、油料总产量为抽样调查数，故各州、地、市数相加不等于全省合计数。
2.2006年数据根据农业普查结果已作修正。
a) The grain and oil production of total province are data from sample survey, it states that the sum of regional data is not equal to provincial total.
b) Data in 2006 has been amended based on the results of the census of agriculture.

Output of Major Farm Products in Main Years

油料 (万吨) Oil-bearing Crops (10 000 tons)	油菜籽 Rapeseeds	蔬菜 (万吨) Vegetables (10 000 tons)	水果 (吨) Fruits (ton)	苹果 Apple	梨 Pear	葡萄 Grape	水产品产量 (吨) Output of Aquatic Products (ton)
4.53	4.18	19.77					
7.07	6.81	14.33	7434	4281	3014	22	3245
9.92	9.57	16.15	19825	11552	6880	41	4350
10.36	10.01	15.71	19281	11571	4885	58	4580
10.38	9.98	16.46	21154	12770	6830	37	2260
10.45	10.14	19.01	25717	15974	8090	138	2380
10.55	10.26	22.48	22679	12971	7299	70	2781
12.04	11.74	22.85	22019	14431	6210	95	3356
13.21	12.92	23.34	21365	14471	5148	77	3943
14.03	13.68	28.59	26049	17388	6632	127	3994
15.21	14.69	30.45	27180	18677	6236	69	3886
18.44	18.05	34.00	25704	17444	6460	56	3602
16.21	15.82	38.31	26831	17446	7116	72	2444
17.09	16.56	39.26	29062	18935	7807	159	2213
18.36	17.80	42.37	27179	18884	5891	189	1752
21.04	20.42	46.26	24766	16138	6585	67	1416
28.50	27.85	56.63	24144	15897	5931	106	1488
19.40	19.08	60.28	22415	14144	5963	106	1166
23.00	22.60	63.72	17252	9661	5525	117	1989
23.40	22.66	67.63	16301	9078	5228	106	1796
26.20	25.70	77.11	14603	8246	4418	74	1253
28.89	28.26	78.44	14686	7198	5362	102	1058
31.85	31.57	84.46	14772	7316	5105	80	878
27.94	27.67	90.44	13308	5939	4912	114	1985
32.03	31.63	98.27	13846	5804	4894	112	1780
35.22	34.80	110.08	13241	5823	4680	106	2129
11.01	10.99	47.31	1297	740	152		36
13.31	12.57	51.71	7804	3445	2865	87	182
4.66	4.66	0.61					
0.58	0.56	1.02	1040	506	315	19	
5.12	4.99	4.79	3100	1132	1348		1611
0.01	0.01	0.01					
0.03	0.03	0.21					
1.83	1.83	4.44					300

11-14 2000-2008年主要农作物产品产量

Output of Major Farm Products (2000-2008)

单位:吨 (ton)

指 标	Item	2000	2001	2002	2003	2004	2005	2006	2007	2008
粮 食(万吨)	**Grain (10 000 tons)**	**82.7**	**103.2**	**91.28**	**86.80**	**88.47**	**93.26**	**95.17**	**99.02**	**101.80**
谷 物	Cereal	61.3	66.8	55.98	49.70	48.19	49.06	52.66	53.94	54.74
小 麦	Wheat	47.6	52.7	45.20	36.80	37.11	39.32	41.06	41.76	42.03
青 稞	Highland Barley	11.8	12.5	9.40	9.66	8.85	8.46	10.72	11.35	10.78
其 它	Others	1.9	1.5	1.38	3.24	2.23	1.28	0.88	0.83	1.93
豆 类	Soybeans	6.6	9.8	10.90	8.90	11.25	11.75	9.50	10.92	10.88
蚕 豆	Horsebean	3.1	5.8	6.19	5.36	7.35	8.94	8.22	8.81	9.10
豌 豆	Pea	3.5	4.1	4.71	3.54	3.90	2.81	1.28	2.11	1.78
薯 类	Tubers	14.9	26.6	24.40	28.20	29.03	32.45	33.01	34.16	36.18
油 料(万吨)	**Oil-bearing Crops (10 000 tons)**	**19.4**	**23.0**	**23.40**	**26.20**	**28.89**	**31.85**	**27.95**	**32.03**	**35.22**
油菜籽	Rapeseeds	19.1	22.6	22.66	25.70	28.60	31.57	27.67	31.63	34.80
胡 麻	Benne	0.3	0.4	0.74	0.50	0.29	0.28	0.28	0.40	0.42
麻 类	**Fiber Crops**	**13**	**34**	**3928**	**1032**		**12**		**5**	
甜 菜	**Beetroots**	**904**	**90**				**437**	**3341**	**6859**	
烟 叶	**Tobacco**	**179**	**465**	**407**	**540**	**678**	**733**	**717**	**941**	**741**
蔬 菜	**Vegetables**	**602809**	**637203**	**676257**	**771088**	**784365**	**844618**	**904432**	**982673**	**1100799**
瓜 果	**Melons**	**5476**	**4598**	**7811**	**9429**	**13307**	**11249**	**10395**	**19135**	**19396**
水 果	**Fruits**	**22415**	**17252**	**16301**	**14603**	**14686**	**14772**	**13308**	**13846**	**13241**

注:2006年数据根据农业普查结果已作修正。

a) Data in 2006 has been amended based on the results of the census of agriculture.

11-15 2000-2008年林业生产情况
Basic Statistics of Afforestation(2000-2008)

单位:千公顷 (1 000 hectares)

指 标	Item	2000	2001	2002	2003	2004	2005	2006	2007	2008
营林情况	**Forest Management**									
当年造林面积	Planting Area in the Current Year	45.3	56.0	133.4	96.9	52.5	46.8	5.4	45.2	32.0
按主要林种用途分	By Function of Forest									
用材林	Timber Forest	2.3								
经济林	Economic Forest	0.9		0.1						
防护林	Windbreak	27.0	55.0	133.3	96.9	51.8	46.4	5.4	45.2	32.0
薪炭林	Firewood Forest	13.4				0.7	0.4			
其他林	Others									
迹地更新面积	Renewing Area in Slash		2.0							
人工更新面积	Renewing manually Area									
封山育林面积	Area Fenced Off for Afforestation	429.8	525.0	389.9	406.7	414.7	457.2	425.2	555.3	579.2
本年新封面积	Newly Increased Area This Year	205.7	204.0	60.0	69.3	70.2	64.4	16.3	15.1	23.9
零星(四旁)植树 (万株)	Fragmentary Planting (10 000 trees)	2183.0	3598.0	1303.0	1341.8	1278.5	1263.5	1174.9	1237.9	1093.2
育苗面积	Actual Sapling Breeding Area	3.1	3.0	3.0	3.2	3.7	3.0	2.8	2.3	2.3
本年新育面积	Newly Breeded Area This Year	1.1	1.0	1.3	1.4	1.1	0.8	0.9	0.9	0.9
幼林抚育作业面积	Tending Area of Young Growth	91.5	102.0	108.2	80.8	86.0	95.4	63.5	67.3	78.4
成林抚育面积	Tending Area of Full Growth		19.0		10.8	1.8		18.2	12.0	
主要林产品产量	**Output of Main Forest Product**									
花椒 (吨)	Bunge prickly ash (ton)	87.0	63.0	74.0	81.3	86.4	99.4	91.2	120.4	106.3
核桃 (吨)	Walnut Output (ton)	93.0	27.0	72.0	82.7	88.0	118.5	102.5	198.0	208.8
木材采伐量 (万立方米)	**Timber Felling Output in Village or Below (10 000 cu.m)**	**2.4**	**3.0**	**2.9**	**2.9**	**2.3**	**2.4**	**2.5**	**2.1**	**2.2**

11-16 2000－2008年畜牧业生产情况及主要畜产品产量
Livestock and Its Major Products(2000-2008)

单位:万头只 (10 000 heads)

指 标	Item	2000	2001	2002	2003	2004	2005	2006	2007	2008
牲畜年末头数	**Animals (year-end)**									
草食畜合计	Total of Herbivores	2083.4	2130.5	2195.0	2217.7	2216.5	2219.1	1987.9	1976.0	1981.2
大牲畜	Large Animals	441.4	454.3	462.2	456.0	452.8	453.5	486.1	478.9	484.2
牛	Cattle and Buffaloes	391.0	400.7	410.7	405.6	403.8	406.2	450.3	447.1	445.4
羊	Sheep and Goats	1642.0	1676.2	1732.9	1761.7	1763.7	1765.7	1501.8	1497.1	1496.9
绵羊	Sheep	1369.5	1396.7	1437.2	1446.0	1434.9	1435.2	1265.9	1266.4	1267.5
猪	Hogs	103.6	103.2	104.8	101.0	106.4	105.1	89.0	88.8	107.2
肉用畜出栏数	**Slanghtered Fattened Animals**									
草食畜合计	Total of Herbivores	492.6	538.0	570.6	604.5	636.2	655.9	616.5	638.6	637.8
大牲畜	Large Animals	75.6	89.0	95.2	95.9	97.2	96.8	115.4	96.0	95.8
牛	Cattle and Buffaloes	71.3	86.5	91.3	93.5	94.2	95.1	111.4	92.7	92.1
羊	Sheep and Goats	417.0	449.0	475.4	508.6	539.0	559.1	501.1	542.6	542.0
绵羊	Sheep	395.3	424.2	437.3	466.5	485.4	497.6	434.2	463.4	461.8
猪	Hogs	99.7	101.4	104.6	105.4	114.4	121.8	111.3	105.3	123.6
肉类产量(万吨)	**Output of Meat (10 000 tons)**	**20.8**	**22.1**	**22.8**	**23.7**	**24.8**	**25.8**	**24.4**	**24.3**	**25.5**
猪 肉	Pork	7.0	7.0	7.2	7.4	8.0	8.6	7.9	7.6	8.7
牛 肉	Beef	6.4	7.0	7.0	7.1	7.3	7.4	7.7	7.3	7.3
羊 肉	Mutton	7.0	7.6	8.0	8.5	8.8	9.2	8.3	8.7	8.7
奶 类 (万吨)	**Milk (10 000 tons)**	**21.3**	**22.8**	**23.5**	**23.5**	**24.1**	**25.0**	**25.6**	**26.5**	**27.2**
牛 奶	Cow Milk	20.6	21.7	22.0	22.1	22.8	23.6	23.8	25.0	25.3
羊 毛 (吨)	**Wool (tons)**	**15588**	**15775**	**15903**	**17349**	**17734**	**17652**	**17661**	**15378**	**15369**
绵羊毛	Sheep Wool	15588	15775	15903	16483	16629	16501	16505	14551	14560
羊 绒 (吨)	**Cashmere (tons)**	**310**	**313**	**314**	**319**	**341**	**355**	**357**	**355**	**347**
禽 蛋 (吨)	**Poultry Eggs (tons)**	**13392**	**12941**	**13672**	**14005**	**14062**	**13884**	**14631**	**13865**	**14913**

注:2006年数据根据农业普查结果已作修订。

a) Data in 2006 has been amended based on the results of the census of agriculture.

11-17 主要年份牲畜饲养情况

Number of Livestock in Main Years

单位:万头(只) (10 000 heads)

年 份 地 区	Year Region	大牲畜年末存栏 Large Animals (year-end)	牛 Cattle and Buffaloes	马 Horses	羊年末存栏 Sheep and Goats	绵羊 Sheep	猪年末存栏 Hogs
1978		568.8	497.3	46.6	1645.0	1475.2	84.5
1980		553.9	486.8	41.9	1612.8	1447.0	68.3
1985		589.4	515.9	44.0	1328.2	1197.4	83.0
1990		612.3	538.6	44.8	1608.3	1404.7	96.5
1992		622.6	550.7	41.7	1648.1	1436.7	97.7
1993		575.1	509.1	38.2	1635.1	1421.7	102.6
1994		587.4	524.2	37.2	1677.1	1463.3	101.6
1995		559.0	500.9	34.6	1666.3	1466.2	108.9
1996		505.5	443.2	37.3	1569.5	1368.6	107.1
1997		481.3	421.7	37.4	1601.2	1372.9	108.9
1998		451.7	394.3	36.9	1638.9	1378.8	113.3
1999		431.4	378.2	35.1	1639.5	1372.5	109.2
2000		441.4	390.5	33.8	1642.0	1369.5	103.6
2001		454.3	400.7	28.9	1676.2	1396.7	103.2
2002		462.2	410.7	27.3	1732.9	1437.7	104.8
2003		455.9	405.6	26.8	1761.7	1446.0	101.0
2004		452.8	403.8	27.1	1763.7	1434.9	106.4
2005		453.5	406.2	24.5	1765.7	1435.2	105.1
2006		486.1	450.3	18.5	1501.8	1265.9	89.0
2007		487.8	447.1	22.2	1497.1	1266.4	88.8
2008		484.2	445.4	21.8	1496.9	1267.5	107.2
西宁市	Xining City	31.5	26.3	2.3	3.1	75.9	37.9
海东地区	Haidong Prefecture	38.2	26.6	1.2	22.4	107.6	60.5
海北州	Haibei Zang A.P	54.5	50.2	4.0	3.7	276.4	2.6
黄南州	Huangnan Zang A.P	62.1	58.2	2.2	8.1	144.1	0.6
海南州	Hainan Zang A.P	73.5	69.7	3.2	71.9	335.0	2.9
果洛州	Golog Zang A.P	98.3	95.2	3.1	0.4	86.9	
玉树州	Yushu Zang A.P	115.9	113.0	2.9	29.2	114.5	0.0
海西州	Haixi Mongolian & Zang A.P	20.0	16.1	3.0	65.3	139.0	2.8

注:1.全省大牲畜、羊年底存栏数为抽样调查数，与各州、地、市相加数不等。
2.2006年数据根据农业普查结果已作修订。

a) The number of livestock of large animals, sheep and Goats of total province are data from sample survey, it states that the sum of regional data is not equal to provincial total.

b) Data in 2006 has been amended based on the results of the census of agriculture.

11-18 2001－2008年畜牧业生产及经济效益指标

Production and Main Economic Benefit Indicators of Livestock (2001-2008)

单位:万头(只) (10 000 heads)

指 标	Item	2001	2002	2003	2004	2005	2006	2007	2008
年末能繁殖母畜数	**Fertile Female Animals at Year-end**								
草食畜合计	Total of Herbivores	980.17	1032.20	1065.18	1086.87	1110.44	994.94	998.97	991.18
大牲畜	Large Animals	173.50	178.86	165.58	167.45	175.38	189.77	187.18	193.44
羊	Sheep and Goats	806.67	853.37	899.60	919.42	935.06	805.17	801.79	797.74
猪	Hogs	7.28	7.59	7.59	8.70	9.16	7.09	7.08	10.06
当年繁殖仔畜数	**Newborn Animals This Year**								
草食畜合计	Total of Herbivores	737.53	764.28	789.75	831.41	849.78	782.62	786.66	788.38
大牲畜	Large Animals	101.71	101.71	96.87	104.43	106.74	98.70	91.42	95.26
羊	Sheep and Goats	635.82	662.57	692.88	726.98	743.04	683.93	695.24	693.12
猪	Hogs	64.34	69.20	66.64	74.16	70.15	73.00	73.07	106.93
当年育活仔畜数	**Newborn Animals Survived**								
草食畜合计	Total of Herbivores	656.91	682.68	707.80	730.70	753.94	696.22	701.77	693.38
大牲畜	Large Animals	95.60	92.63	89.20	90.17	93.08	87.70	81.40	84.98
羊	Sheep and Goats	561.31	590.05	618.60	640.53	660.86	608.52	620.38	608.40
猪	Hogs	58.53	63.40	61.19	68.94	65.09	69.88	69.77	100.74
成幼畜死亡数	**Deaths of Young Animals**								
草食畜合计	Total of Herbivores	54.05	49.30	49.73	52.30	51.85	40.37	38.37	59.74
大牲畜	Large Animals	10.54	10.07	10.16	10.77	10.50	6.21	5.90	12.78
羊	Sheep and Goats	43.51	39.23	39.57	41.53	41.35	34.16	32.47	46.96
猪	Hogs	2.08	1.76	1.43	1.31	1.12	2.89	2.91	2.09
牲畜出栏数	**Slanghtered Fattened Animals**								
草食畜合计	Total of Herbivores	582.03	603.29	639.46	663.89	693.02	634.68	670.73	673.65
大牲畜	Large Animals	96.31	98.31	102.94	98.39	98.81	118.35	98.69	102.18
羊	Sheep and Goats	485.72	504.98	536.52	565.50	594.21	516.33	572.04	571.47
猪	Hogs	111.41	113.27	116.58	123.55	131.75	119.39	113.34	136.57
出售牲畜数	**Livestock Sold**								
草食畜合计	Total of Herbivores	466.21	491.21	521.19	543.02	571.23	539.05	562.10	570.80
大牲畜	Large Animals	72.31	73.88	85.61	80.71	81.00	107.83	88.17	91.02
羊	Sheep and Goats	393.90	417.33	435.58	462.31	490.23	431.22	473.93	479.47
猪	Hogs	76.16	78.40	80.17	86.59	95.25	85.72	83.75	101.03

注:2006年数据根据农业普查结果已作修正。

a) Data in 2006 has been amended based on the results of the census of agriculture.

11-18 续表 Continued

单位:% (%)

指 标	Item	2001	2002	2003	2004	2005	2006	2007	2008
牲畜总增率	**Gross Rate of Increase of Livestock**								
草食畜合计	Total of Herbivores	28.94	29.73	29.98	30.59	31.68	32.92	33.37	31.92
大牲畜	Large Animals	19.27	18.17	17.10	17.41	18.24	15.98	15.53	14.80
羊	Sheep and Goats	31.53	32.86	33.41	34.00	35.13	38.75	39.15	37.50
猪	Hogs	54.47	59.72	57.04	66.96	60.13	70.40	75.10	110.79
牲畜出栏率	**Rate of Livestock for Sale**								
草食畜合计	Total of Herbivores	27.94	28.32	29.13	29.94	31.27	32.70	33.74	33.94
大牲畜	Large Animals	21.82	21.64	22.27	21.58	21.82	23.26	20.30	20.95
羊	Sheep and Goats	29.58	30.13	30.96	32.10	33.69	35.12	38.09	38.17
猪	Hogs	107.50	109.75	111.28	122.33	123.85	125.46	127.33	153.38
牲畜商品率	**Rate of Commercialization of Livestock**								
草食畜合计	Total of Herbivores	22.38	23.06	23.74	24.49	25.77	27.06	28.28	28.76
大牲畜	Large Animals	16.38	16.26	18.52	17.70	17.89	21.14	18.14	18.66
羊	Sheep and Goats	23.99	24.90	25.14	26.24	27.80	29.09	31.56	32.03
猪	Hogs	73.49	75.96	76.53	85.73	89.54	90.08	94.09	113.47
能繁母畜比重	**Proportion of Fertile Female Animals**								
草食畜合计	Total of Herbivores	46.01	47.03	48.03	49.03	50.04	50.05	50.05	50.05
大牲畜	Large Animals	38.19	38.70	36.32	36.98	38.68	39.04	39.09	40.03
羊	Sheep and Goats	48.12	49.25	51.06	52.13	52.89	53.61	53.56	53.26
猪	Hogs	7.05	7.25	7.59	8.18	8.71	7.97	7.97	11.83
母畜繁殖率	**breeding rateof Female Animals**								
草食畜合计	Total of Herbivores	77.20	77.97	76.51	78.05	78.19	78.49	79.07	79.42
大牲畜	Large Animals	59.20	58.62	54.17	63.07	63.74	50.67	48.17	48.44
羊	Sheep and Goats	81.15	82.14	81.19	80.81	80.82	85.74	86.35	86.45
猪	Hogs	897.35	950.55	878.00	977.08	806.32	959.26	1029.96	1534.15
母畜繁殖成活率	**Survival Rate of Breeding of Female Animals**								
草食畜合计	Total of Herbivores	68.76	69.65	68.57	68.60	69.37	69.82	70.53	69.80
人牲畜	Large Animals	55.64	53.39	49.88	54.46	55.59	43.96	42.89	43.21
羊	Sheep and Goats	71.64	73.15	72.49	71.20	71.88	76.29	77.05	75.88
猪	Hogs	816.32	870.88	806.19	908.30	748.16	918.27	984.06	1445.34
仔畜成活率	**Survival Rate of Newborn Animals**								
草食畜合计	Total of Herbivores	89.07	89.32	89.62	87.89	88.72	88.96	89.21	87.95
大牲畜	Large Animals	93.99	91.07	92.08	86.34	87.20	88.86	89.04	89.21
羊	Sheep and Goats	88.28	89.05	89.28	88.11	88.94	88.97	89.23	87.78
猪	Hogs	90.97	91.62	91.82	92.96	92.79	95.73	95.49	94.21
成幼畜死亡率	**Death Rate of Young Animals**								
草食畜合计	Total of Herbivores	2.59	2.31	2.27	2.36	2.34	2.03	1.93	3.01
大牲畜	Large Animals	2.39	2.22	2.20	2.36	2.32	1.22	1.21	2.62
羊	Sheep and Goats	2.65	2.34	2.28	2.36	2.34	2.30	2.16	3.14
猪	Hogs	2.01	1.71	1.37	1.30	1.05	3.04	3.27	2.35

11-19 主要年份主要畜产品产量

单位:吨

年 份 Year / 地 区 Region	肉类总产量 Total Output of Meat Products	猪肉 Pork	牛肉 Beef	羊肉 Mutton	其他 Others
1978	59900				
1980	84857	19635	24920	39696	606
1985	111602	27825	35790	45783	2204
1990	153442	43985	52088	55518	1851
1991	157360	45787	52611	56120	2842
1992	163405	45994	57173	57790	2448
1993	159082	46725	54768	54633	2956
1994	178407	51688	58186	64946	3587
1995	183743	56114	62922	61346	3361
1996	187226	57813	63378	63834	2201
1997	198382	64047	68514	63211	2610
1998	205296	68022	68735	64325	4214
1999	201493	69923	60529	66508	4533
2000	208323	69530	63529	70011	5253
2001	220692	70419	69973	76269	4031
2002	227885	71703	70293	80001	5888
2003	236651	74195	70932	84919	6605
2004	248077	80136	72893	88438	6610
2005	257522	85506	74356	91581	6079
2006	244100	79000	77000	83000	5100
2007	243316	75777	73201	86814	7524
2008	255445	87409	72767	86723	8546
西宁市 Xining City	63646	30428	19776	10204	3238
海东地区 Haidong Prefecture	83994	47989	15702	16406	3897
海北州 Haibei Zang A.P	38137	3178	10725	24150	84
黄南州 Huangnan Zang A.P	33591	724	18058	14809	
海南州 Hainan Zang A.P	53313	2799	20402	29489	623
果洛州 Golog Zang A.P	21929		16380	5549	
玉树州 Yushu Zang A.P	29009	14	19780	9215	
海西州 Haixi Mongolian & Zang A.P	21209	2407	4482	13616	704

注:1.部分数据为抽样调查数，与各州、地、市相加数不等。
2.2006年数据根据农业普查结果已作修订。

Output of Major Livestock Products in Main Years

(ton)

奶类 Milk	牛奶 Cow Milk	羊毛 Sheep and Goat Wool	绵羊毛 Sheep Wool	羊绒 Cashmere	牛毛绒 Beef Hair Down	蜂蜜 Honey	禽蛋 Poultry Eggs
125260	116030						
119179	115614	17040	16662	113	1742	203	
159108	154527	15293	14956	107	1874	119	9160
209610	201312	17575	17155	157	2048	73	10690
210296	203234	18237	17736	189	2125	19	11068
214454	208438	18515	17887	190	2287	70	11132
195945	188922	17578	17044	173	1950	80	11281
201233	193769	17974	17390	209	2236	60	12394
205951	200184	17907	17302	211	2263	97	12444
185641	181421	16481	15974	195	2098	109	11739
190638	186035	16398	15861	225	2041	103	13284
204596	198677	16463	15904	221	2087	94	13683
196435	190405	15593	14980	281	1890	96	13495
212852	206132	16333	15588	310	1897	51	13392
228289	216514	16566	15775	313	1836	48	12941
235277	220342	16740	15930	314	1868	480	13672
235113	221398	17349	16483	319	2090	484	14005
240950	227500	17734	16629	341	2243	746	14062
250233	236166	17652	16501	355	2097	548	13884
255545	238000	17661	16505	357	2058	546	14631
265054	249826	15378	14551	355	2040	561	13865
272283	252757	15369	14560	347	2076	1030	14913
95387	95387	1105	1075	3783	123	4	4939
36522	36467	2592	2371	41286	61	21	9413
34175	34175	4089	4061	5216	264	1000	364
37061	36599	937	862	2538	287		
45503	45347	5092	4632	118385	401	5	139
36345	36345	693	692	100	501		
73669	59244	927	851	47940	397		
14254	9826	2314	2064	184496	44		58

a) Some data are from sample survey, it states that the sum of regional data is not equal to provincial total.
b) Data in 2006 has been amended based on the results of the census of agriculture.

11-20 主要年份主要牲畜出栏情况
Major Livestock Slaughtered in Main Years

单位:万头(只) (10 000 heads)

年 份 Year / 地 区 Region		肉用畜出栏数 Slaughtered Fattened Animals 大牲畜 Large Animals	羊 Large Animals	肉猪出栏头数 Slaughtered Fattened Hogs	家禽出栏数 Poultry
1978		33.12	184.94	37.62	
1980		36.48	248.14	35.67	
1985		47.98	294.61	42.39	
1990		61.87	326.35	61.59	
1991		63.51	349.93	62.64	
1992		76.44	366.79	63.56	
1993		71.31	351.40	66.27	
1994		61.29	385.29	73.10	
1995		82.68	397.20	80.65	
1996		81.41	399.46	85.17	
1997		87.81	393.84	89.04	
1998		90.06	397.33	95.03	
1999		73.37	400.10	98.53	
2000		75.57	417.01	99.72	
2001		89.01	448.97	101.36	100.71
2002		91.69	475.35	104.55	188.56
2003		95.91	508.58	105.35	248.82
2004		94.44	538.99	114.24	236.71
2005		96.79	559.08	121.75	264.68
2006		115.40	501.10	111.30	309.17
2007		95.96	542.59	105.25	302.59
2008		95.81	542.02	123.58	320.81
西宁市	Xining City	18.32	61.12	40.66	83.56
海东地区	Haidong Prefecture	14.86	101.55	71.27	221.22
海北州	Haibei Zang A.P	13.29	138.25	4.12	4.31
黄南州	Huangnan Zang A.P	21.52	87.31	0.91	
海南州	Hainan Zang A.P	28.54	193.58	3.60	4.92
果洛州	Golog Zang A.P	20.54	34.84		
玉树州	Yushu Zang A.P	26.59	61.43	0.02	
海西州	Haixi Mongolian & Zang A.P	6.09	86.72	3.16	6.80

注:1.全省肉用畜出栏数为抽样调查数，与各州、地、市相加数不等。
2.2006年数据根据农业普查结果已作修订。

a) The number of slaughtered fattened animals of total province are data from sample survey, it states that the sum of regional data is not equal to provincial total.

b) Data in 2006 has been amended based on the results of the census of agriculture.

11-21 主要年份农林牧渔业总产值

Gross Output Value of Farming,Forestry,Animal Husbandry and Fishery in Main Years

单位：万元 (10 000yuan)

年 份 地 区	Year Region	按当年现行价格计算 Data in value terms in this table are calculated at current prices						
		农林牧渔业总产值 Total	农 业 Farming	林 业 Forestry	牧 业 Animal Husbandry	副 业 Sideline	渔 业 Fishery	农林牧渔服务业 Output Value of Services for Farming, Animal Husbandry and Fishery
1952		16071						
1978		59898	29069	545	29218	940	126	
1980		77772	47170	683	28725	1085	109	
1981		72958	40265	685	30736	1148	124	
1985		122515	61968	4709	50091	5220	527	
1990		245270	114837	6944	109548	13271	670	
1991		252406	115579	6787	116486	12762	792	
1992		272619	120585	6839	129816	14580	799	
1993		309975	151834	7463	149779		899	
1994		448723	218100	7699	221601		1323	
1995		550982	265469	8630	275705		1178	
1996		561574	299864	9099	251409		1220	
1997		590148	306163	9735	273363		887	
1998		607924	314152	9993	283127		652	
1999		590200	293093	13840	282361		906	
2000		569850	249055	15056	304939		800	
2001		632975	289023	18206	324693		1053	
2002		655019	285919	26555	341463		1082	
2003(旧)		681200	297347	27617	355361		875	
2003(新)		769492	297384	26377	407062		875	37795
2004		866478	342201	17980	464983		695	40618
2005		940416	364408	17521	516985		620	40881
2006		976369	386153	19919	540833		1043	28421
2007		1212521	491608	19608	670122		1105	30077
2008		1534004	587380	20477	891517		1439	33190
西宁市	Xining City	344967	156058	3809	180106		36	4959
海东地区	Haidong Prefecture	391983	198471	6802	178079		161	8470
海北州	Haibei Zang A.P	126290	38531	343	84065			3350
黄南州	Huangnan Zang A.P	125877	31332	498	89933			4114
海南州	Hainan Zang A.P	214996	68581	3359	137182		992	4882
果洛州	Golog Zang A.P	44638	7131	164	36110			1232
玉树州	Yushu Zang A.P	182703	54608	2019	123893			2182
海西州	Haixi Mongolian & Zang A.P	102550	32668	3481	62150		251	4001

注:2006年数据根据农业普查结果已作修订。

a) Data in 2006 has been amended based on the results of the census of agriculture.

11-22 主要年份农业总产值构成及环比指数(按可比价格计算)

Structure of Gross Output Value of Agriculture and Its Chain Indices in Main Years

单位:% (%)

年 份 Year	农业总产值构 成 Total	农 业 Farming	林 业 Forestry	牧 业 Animal Husbandry	副 业 Sideline	渔 业 Fishery	农林牧渔服务业 Output Value of Services for Farming, Animal Husbandry and Fishery
1952	100	43.50	0.15	49.52	6.73	0.10	
1978	100	48.53	0.91	48.78	1.57	0.21	
1980	100	50.29	0.90	47.23	1.42	0.16	
1985	100	47.96	4.26	42.75	4.86	0.17	
1990	100	48.22	3.35	43.02	5.26	0.15	
1995	100	48.25	2.61	48.84		0.30	
1996	100	51.92	2.64	45.17		0.27	
1997	100	52.08	2.57	45.20		0.15	
1998	100	51.53	2.51	45.83		0.13	
1999	100	50.15	3.48	46.24		0.13	
2000	100	46.66	3.70	49.48		0.16	
2001	100	47.15	3.53	49.08		0.24	
2002	100	44.91	4.97	49.89		0.23	
2003	100	38.65	3.43	52.90		0.11	4.91
2004	100	39.73	2.78	52.66		0.12	4.71
2005	100	38.75	1.86	54.97		0.07	4.35
2006	100	39.55	2.04	55.39		0.11	2.91
2007	100	40.54	1.62	55.27		0.09	2.48
2008	100	38.29	1.34	58.12		0.09	2.16

注:2006年数据根据农业普查结果已作修订。

a) Data in 2006 has been amended based on the results of the census of agriculture.

11-22 续表 Continued

上年=100 (Preceding year=100)

年 份 Year	农业总产值环比指数 Total	农 业 Farming	林 业 Forestry	牧 业 Animal Husbandry	副 业 Sideline	渔 业 Fishery	农林牧渔服务业 Output Value of Services for Farming, Animal Husbandry and Fishery
1952	111.86	112.27	216.67	110.21	120.98	114.29	
1978	99.38	103.39	88.78	95.51	116.47	86.86	
1980	111.02	119.12	114.88	105.82	62.67	91.59	
1985	111.11	104.73	123.76	109.77	292.32	111.32	
1990	104.86	105.21	87.49	105.77	107.00	127.34	
1995	99.78	97.20	102.30	102.49		78.74	
1996	103.91	111.81	105.22	96.11		93.07	
1997	105.69	106.03	102.60	105.76		60.33	
1998	104.52	103.43	102.31	105.97		88.30	
1999	100.23	97.54	138.88	101.13		105.30	
2000	97.46	90.67	103.65	104.30		117.16	
2001	105.38	106.51	100.30	104.51		159.18	
2002	103.45	98.52	145.81	105.17		98.53	
2003	102.96	102.33	82.70	106.07		73.60	98.36
2004	103.70	104.32	71.76	105.58		77.32	106.02
2005	105.37	104.07	97.45	107.14		89.18	99.95
2006	100.36	97.88	113.68	104.11		168.14	68.29
2007	104.79	105.29	98.44	104.93		105.95	99.56
2008	104.51	108.90	104.43	101.40		130.28	101.33

注:2006年数据根据农业普查结果已作修订。

a) Data in 2006 has been amended based on the results of the census of agriculture.

11-23 分项目农业总产值
Gross Output Value of Agriculture by Project

单位:万元 (10 000 yuan)

指 标	Item	按当年价格计算 Data in this table are calculated at current prices		按可比价格计算 Data in this table are calculated at constant prices	
		2007	2008	2007	2008
农林牧渔业总产值	**Total**	**1212521.0**	**1534003.5**	**1023114.8**	**1267330.5**
农业产值	**Farming**	**491608.3**	**587350.3**	**406585.7**	**528749.9**
谷物及其他作物	Cereal and Other Crops	413217.7	470373.2	336386.9	424908.0
谷物	Cereal	82137.9	93545.0		
薯类	Tubers	80625.6	92294.8		
油料	Oil-bearing	114744.1	132801.8		
豆类	Soybeans	19814.8	26647.3		
棉花	Cotton				
麻类	Fiber Crops	1.2			
糖料	Sugar Crops	396.1			
烟草	Tobacco	290.0	215.7		
其他农作物	Other Farm Crops	115208.0	124868.6		
蔬菜园艺作物	Vegetables and Horticulture Crops	72847.7	105552.6	64655.8	92387.4
蔬菜	Vegetables	71310.4	101792.0		
花卉	Flowers and Plants	1455.7	3760.6		
其他园艺作物	Other Horticulture Crops	81.6			
水果	Fruits	3543.9	5415.2	3543.9	5415.2
中药材	Medicinal Meterials	1999.1	6039.3	1999.1	6039.3
林业产值	**Forestry**	**19608.1**	**20477.2**	**19608.1**	**20477.2**
林木的培育和种植	Forest of Cultivate and Raise	17589.5	18138.0	17589.5	18138.0
育种育苗	Breeding of Seedlings	1766.1	1709.8		
造林	Forestation	7933.9	8590.1		
抚育和管理	Foster and Control	7889.5	7838.1		
竹木采运	Forest of Fell and Transport	1038.6	1360.7	1038.6	1360.7
林产品	Forest Products	980.0	978.6	980.0	978.6
牧业产值	**Animal Husbandry**	**670122.4**	**891516.7**	**567521.4**	**686186.6**
牲畜饲养	Number of Livestock	543407.2	702484.2	469912.8	543718.4
牛的饲养	Cattle and Buffaloes	191844.2	261837.9		
羊的饲养	Sheep and Goats	238410.4	289639.1		
其他牲畜饲养	Other Livestock	3700.1	5487.4		
奶产品	Milk Products	84358.5	119896.8		
毛绒产品	Down Products	25094.0	25623.0		
其他牲畜副产品	Other by-products				
猪的饲养	Hogs	105891.9	166273.7	78759.3	121883.7
家禽饲养	poultry	17893.8	20600.5	15919.8	18426.2
狩猎和捕捉动物	Hunting Animal	1432.3	213.5	1432.3	213.5
其他畜牧业	Other Animal Husbandry	1497.2	1944.8	1497.2	1944.8
渔业产值	**Fishery**	**1104.7**	**1439.2**	**1104.7**	**1439.2**
农林牧渔服务业	**Output Value of Services for Farming, Forestry, Animal Husbandry and Fishery**	**30077.5**	**33190.0**	**28294.9**	**30477.5**

11-24 2000－2008年农业增加值(按当年价格计算)

Value-added of Agriculture (Calculated at Current Prices)(2000－2008)

单位:万元 (10 000 yuan)

指 标	Item	2000	2003	2004	2005	2006	2007	2008
农业总产值	**Gross Output Value of Agriculture**	**569850**	**769493**	**866478**	**940416**	**976369**	**1212521**	**1534004**
农 业	Farming	249055	297384	342201	364408	386153	491608	587380
种植业	Cultivate	187240	231544	269941	284996	299227	390451	477439
林 业	Forestry	15056	26377	17980	17521	19919	19608	20477
牧 业	Animal Husbandry	304939	407062	464983	516985	540833	670122	891517
渔 业	Fishery	800	875	695	620	1043	1105	1439
农林牧渔服务业	Output Value of Services for Farming, Forestry, Animal Husbandary and Fishery		37795	40618	40881	28421	30077	33190
中间消耗	**Between Consume**	**184569**	**232905**	**261909**	**287057**	**300868**	**378467**	**478264**
农 业	Farming	116210	113315	124277	131843	142833	183522	224029
种植业	Cultivate	108309	113315	124277	129231	141340	176915	217381
林 业	Forestry	4104	10086	8118	8204	8558	9163	8805
牧 业	Animal Husbandry	63995	95786	114715	131224	137819	173421	231748
渔 业	Fishery	260	529	268	324	316	326	407
农林牧渔服务业	Output Value of Services for Farming, Forestry, Animal Husbandary and Fishery		13189	14531	15462	11342	12035	13276
增加值	**Value-added**	**385281**	**536588**	**604569**	**653359**	**675500**	**834054**	**1055739**
农 业	Farming	132845	184069	217925	232565	243320	308086	363352
种植业	Cultivate	78931	118229	145664	155765	157887	213537	260058
林 业	Forestry	10952	16291	9862	9317	11361	10445	11673
牧 业	Animal Husbandry	240944	311276	350268	385762	403014	496702	659769
渔 业	Fishery	540	346	427	296	727	779	1033
农林牧渔服务业	Output Value of Services for Farming, Forestry, Animal Husbandary and Fishery		24606	26087	25419	17078	18043	19914

注:1.2003年以后的数据以国家统计局新方案计算。

2.2006年数据根据农业普查结果已作修订。

a) Data since 2003 were calculated based on the new program of National Bureau of Statistics.

b) Data in 2006 has been amended based on the results of the census of agriculture.

11-25 2007-2008年乡镇企业主要经济指标

Main Economic Indicators of Township Enterprises(2007-2008)

单位:个、人、万元 (unit,person,10 000 yuan)

指 标	Item	企业个数 Number of Enterprises		从业人员年末数 Number of Employee Persons Year-end		总产值 Total Output Value		增加值 Value-added	
		2007	2008	2007	2008	2007	2008	2007	2008
总 计	**Total**	**10881**	**7606**	**101911**	**79866**	**1061104**	**1054248**	**265157**	**249245**
按注册登记类型分组	**By Status of Registration**								
内资企业	**Domestic Funded**	**10880**	**7604**	**101815**	**79700**	**1057084**	**1049646**	**263721**	**247911**
集体企业	Collective-owned Enterprises	760	347	12153	8151	131374	62524	23372	14083
股份合作企业	Cooperative Enterprises	120	71	4190	1865	13245	6335	3507	1393
联营企业	Joint Ownership Enterprises	52	46	3406	1008	32811	8915	11504	2454
有限责任公司	Limited Liability Corporations	506	269	24003	15309	365922	450197	95951	94526
股份有限公司	Share-holding Corporations Limited	49	288	2663	3670	56264	65009	10905	17702
私营企业	Private Enterprises	9393	6583	55400	49697	457468	456666	118482	117753
港、澳、台商投资企业	**Enterprises with Funds from Hong Kong, Macao and Taiwan**		**1**		**39**		**180**		**51**
外商投资企业	**Foreign Funded Enterprises**	**1**	**1**	**96**	**127**	**4020**	**4422**	**1436**	**1283**
按国民经济行业分组	**By National Economic Sector**								
农林牧渔业	Agriculture, Forestry, Animal Husbandry and Fishery	87	86	1070	1025	4490	3670	1283	1019
工业	Industry	3780	3479	58074	53264	782773	910484	207538	208857
建筑业	Construction	361	128	9620	7676	73843	42452	15289	11606
交通运输仓储业	Traffic, Transport, Storage and Post	1920	696	5921	2911	33106	18067	8087	6345
批发与零售业	Wholesale and Retail Trades	3064	1787	16257	6635	70199	31188	14925	8430
住宿及餐饮业	Hotels and Catering Services	1039	1154	6904	5049	64922	34338	10918	9463
社会服务业	Society Services	318	263	3209	3087	10128	7271	3893	3181
其他	Others	312	13	856	219	21643	6778	3224	344

注:总产值、增加值为现价；2008年不包括个体工商户。

a) Output value and added value were calculated at current prices, privately or individually-owned business were not included in 2008.

11-25 续表 Continued

单位:万元 (10 000 yuan)

指 标	Item	营业收入 Business Income		利润总额 Total Profits		上缴税金 Turn over to the Higher Authorities Tax		劳动者报酬 Earnings of Employed Persons	
		2007	2008	2007	2008	2007	2008	2007	2008
总 计	**Total**	**1024496**	**951870**	**48332**	**42369**	**25233**	**23569**	**62228**	**62426**
按注册登记类型分组	**By Status of Registration**								
内资企业	**Domestic Funded**	**1020756**	**948062**	**48560**	**42262**	**25166**	**23498**	**62093**	**62218**
集体企业	Collective-owned Enterprises	113859	54122	5340	4078	2478	1593	8747	5070
股份合作企业	Cooperative Enterprises	13229	4816	762	277	487	160	1972	595
联营企业	Joint Ownership Enterprises	35327	8482	1045	227	978	278	1007	538
有限责任公司	Limited Liability Corporations	355159	411398	19074	17337	7928	8559	14182	18407
股份有限公司	Share-holding Corporations Limited	58153	54150	2177	2280	2291	2324	2017	2875
私营企业	Private Enterprises	445029	415094	20162	18063	11004	10584	34168	34733
港、澳、台商投资企业	**Enterprises with Funds from Hong Kong, Macao and Taiwan**		**160**		**20**				**21**
外商投资企业	**Foreign Funded Enterprises**	**3740**	**3648**	**-228**	**87**	**67**	**71**	**135**	**187**
按国民经济行业分组	**By National Economic Sector**								
农林牧渔业	Agriculture, Forestry, Animal Husbandry and Fishery	3355	3248	582	438	130	82	521	461
工业	Industry	750361	820052	33761	33149	18945	18986	41049	47066
建筑业	Construction	71269	37670	4795	2776	1689	1388	6734	6333
交通运输仓储业	Traffic, Transport, Storage and Post	31782	16608	2204	1454	996	593	3537	1503
批发与零售业	Wholesale and Retail Trades	71709	32183	2407	1669	1295	881	4059	2593
住宿及餐饮业	Hotels and Catering Services	62666	31732	3332	2072	1104	1088	3683	2430
社会服务业	Society Services	9592	6403	730	457	665	247	2110	1858
其他	Others	23762	3974	524	354	629	304	535	192

11-26 主要年份农业经济效益主要指标

Major Indicators of Agriculture Economy in Main Years

年 份 Year	人均粮食产量 (千克/人) Per Output of Grain			人均油料产量 (千克/人) Per Output of Oil-bearing Corps			人均农业总产值 (元/人) Per Output of Gross Output Value of Agriculture		
	按总人口 By Total Population	按乡村人口 By Rural Population	按农业从业人员 By Rural Laborers	按总人口 By Total Population	按乡村人口 By Rural Population	按农业从业人员 By Rural Laborers	按总人口 By Total Population	按乡村人口 By Rural Population	按农业从业人员 By Rural Laborers
1952	231	258	595	10	11	26	383	425	972
1957	285	354	806	10	12	28	462	566	1285
1965	291	373	752	15	19	39	527	718	1367
1970	230	292	651	9	12	26	429	545	1192
1975	276	362	904	13	16	40	486	637	1569
1978	248	326	875	12	16	44	476	626	1663
1980	254	341	883	19	25	65	492	658	1701
1985	246	343	894	25	34	88	585	808	2109
1990	258	361	952	27	38	100	576	806	2127
1995	239	362	854	34	51	121	591	854	2111
1996	254	371	886	35	51	122	601	880	2099
1997	257	383	911	37	55	131	626	930	2214
1998	255	379	908	42	62	149	645	957	2295
1999	203	303	706	56	84	194	637	951	2212
2000	160	244	577	38	57	135	613	933	2210
2001	197	298	714	44	66	159	638	962	2309
2002	173	261	656	44	67	168	653	987	2478
2003	163	250	644	49	75	194	662	1017	2620
2004	164	250	671	54	82	219	680	1034	2777
2005	172	261	724	59	89	247	1731	2632	7305
2006	174	269	768	51	79	225	1783	2764	7874
2007	180	275	827	58	89	267	2198	3373	10121
2008	184	277	844	64	96	292	2767	4180	12719

注:人均产值2004年以前按1990年不变价格计算，2005年后为当年现行价格。

a) Per output of gross output value of agriculture was calculated at 1990 constant prices before 2004, and calculated at the current price since 2005.

主要统计指标解释

农林牧渔业总产值 指以货币表现的农、林、牧、渔业全部产品和对农林牧渔业生产活动进行的各种支持性服务活动的价值总量,它反映一定时期内农林牧渔业生产总规模和总成果。1957年以前的农林牧渔业总产值中包括了厩肥和农民自给性手工业(如农民自制衣服、鞋、袜,自己从事粮食初步加工等)。1958年及以后,林业中增加了村及村以下竹木采伐产值;牧业中取消了厩肥产值;副业中取消了农民自给性手工业产值,增加了村及村以下办的工业产值;渔业中增加了海洋捕捞水产品产值。1980年及以后,在副业中增加了农民家庭兼营工业商品部分的产值。从1984年起村及村以下工业产值划归工业。从1993年起取消副业,将野生动物的捕猎划入牧业,野生植物采集和农民家庭兼营商品性工业划归农业。从2003年起,执行新的国民经济行业分类标准,农林牧渔业总产值中包括了农林牧渔服务业产值。林业中增加了森林采运业产值。农业中取消了家庭兼营商品性工业产值,将野生林产品的采集划归林业。第一次农业普查以后,由于畜牧业产品年报数据与普查数据之间存在一定的差距,国家统计局农调总队对畜牧业年报数据与普查数据进行衔接,对畜牧业产值进行相应调整。

农林牧渔业总产值的计算方法通常是按农、林、牧、渔业产品及其副产品的产量分别乘以各自单位产品价格求得;少数生产周期较长,当年没有产品或产品产量不易统计的,则采用间接方法匡算其产值;然后将四业产品产值及农林牧渔服务业产值相加即为农林牧渔业总产值。

粮食产量 指全社会的产量。包括国有经济经营的、集体统一经营的和农民家庭经营的粮食产量,还包括工矿企业办的农场和其他生产单位的产量。粮食除包括稻谷、小麦、玉米、高粱、谷子及其他杂粮外,还包括薯类和豆类。其产量计算方法,豆类按去豆荚后的干豆计算;薯类(包括甘薯和马铃薯,不包括芋头和木薯)1963年以前按每4公斤鲜薯折1公斤粮食计算,从1964年开始改为按5公斤鲜薯折1公斤粮食计算。城市郊区作为蔬菜的薯类(如马铃薯等)按鲜品计算,并且不作粮食统计。其他粮食一律按脱粒后的原粮计算。1989年以前全国粮食产量数据主要靠全面报表取得,1989年开始使用抽样调查数据。

油料产量 指全部油料作物的生产量。包括花生、油菜籽、芝麻、向日葵籽、胡麻籽(亚麻籽)和其他油料。不包括大豆、木本油料和野生油料。花生以带壳干花生计算。

猪、牛、羊肉产量 指当年出栏并已屠宰、除去头蹄下水后带骨肉(即胴体重)的重量。包括全社会范围内的产量。1996年前为各级逐级上报数据。1996年第一次农业普查以后,由于畜牧业产品年报数据与普查数据之间存在一定的差距,国家统计局农调总队对畜牧业年报数据与普查数据进行衔接。1999年以后,国家统计局在部分地区开展了猪、牛、羊、禽等主要畜禽品种的抽样调查,并用抽样数据作为国家定案数据使用。未开展抽样调查的地区和品种,仍使用各级统计部门逐级上报数据。

期初(末)畜禽存栏头(只)数 指报告期初(末)农村各种合作经济组织和国营农场、农民个人、机关、团体、学校、工矿企业、部队等单位以及城镇居民饲养的大牲畜、猪、羊、家禽等畜禽的存栏数。数据上报方式及数据调整情况同猪、牛、羊肉产量。

农作物播种面积 指实际播种或移植有农作物的面积。凡是实际种植有农作物的面积,不论种植在耕地上还是种植在非耕地上,均包括在农作物播种面积中。在播种季节基本结束后,因遭灾而重新改种和补种的农作物面积,也包括在内。它是反映我国耕地面积利用情况的一个重要指标。目前,农作物播种面积主要包括粮食、棉花、油料、糖料、麻类、烟叶、蔬菜和瓜类、药材和其他农作物九大类。

有效灌溉面积 指具有一定的水源,地块比较平整,灌溉工程或设备已经配套,在一般年景下,当年能够进行正常灌溉的耕地面积。在一般情况下,有效灌溉面积应等于灌溉工程或设备已经配备,能够进行正常灌溉的水田和水浇地面积之和。它是反映我国耕地抗旱能力的一个重要指标。

农用化肥施用量 指本年内实际用于农业生产的化肥数量,包括氮肥、磷肥、钾肥和复合肥。化肥施用量要求按折纯量计算数量。折纯量是指把氮肥、磷肥、钾肥分别按含氮、含五氧化二磷、含氧化钾的百分之百成份进行折算后的数量。复合肥按其所含主要成分折算。公式为:

折纯量=实物量×某种化肥有效成份含量的百分比

农业机械总动力 指主要用于农、林、牧、渔业的各种动力机械的动力总和。包括耕作机械、排灌机械、收获机械、农用运输机械、植物保护机械、牧业机械、林业机械、渔业机械和其他农业机械〔内燃机按引擎马力折成瓦(特)计算、电动机按功率折成瓦(特)计算〕。不包括专门用于乡、镇、村、组办工业、基本建设、非农业运输、科学试验和教学等非农业生产方面用的动力机械与作业机械。这个指标的统计数据主要来源于农机部门。

Explanatory Notes on Main Statistical Indicator

Gross Output Value of Agriculture, Forestry, Animal Husbandry and Fishery refers to the total value of products of agriculture, forestry, animal husbandry and fishery, and total value of services in support of agriculture, forestry, animal husbandry and fishery activities. It reflects the total scale and results of agricultural production during a given period. Prior to 1957, China's gross agricultural output value included barnyard manure and handicraft products for self – consumption (clothes, shoes, stockings, and initial grain processing undertaken by peasants). Since 1958, cutting and felling of bamboo and trees by villages and other cooperative organizations under villages have been included in forestry; value of barnyard manure has been excluded from animal husbandry; self consumed handicrafts have not been included from sideline occupations, while the output value of industries run by villages and cooperative organizations under village has been included in sideline occupations; and the output value of fish catches by motor fishing boats has been added to fishery. Since 1980, the value of handicraft products made for sale by individuals in households has been added to sideline occupations. Since 1984, industries run by villages and under villages have been included in the sector of industry. Since 1993, the subdivision of sideline occupations has been cancelled, and the hunting of wild animals has been classified into animal husbandry, and the gathering of wild plants and commodity industry run by rural household have been included in farming. A new industrial classification of economic activities was introduced in 2003. Under the new classification, value of services to agriculture, forestry, animal husbandry and fishery is included in the gross output value of agriculture, value of wood felling and transport is included in forestry, value of industrial output by rural households is not included in agriculture, and the collection of wild forest products is taken from agriculture and included in forestry. The First Agriculture Census of China revealed some discrepancy between the production of animal products from the annual reports and that from the census. Efforts were made by the Rural Survey of NBS to adjust the output value of animal husbandry to make the figures from the annual reports consistent with the census data.

Gross output value of agriculture is obtained by multiplying the output of each product or by – product by its price, resulting in the output value of each single item. For a small number of products, annual output of which is not available or difficult to get due to the long production (growing) process involved, the output value is estimated through an indirect approach. The sum of output values of all products of agriculture, forestry, animal husbandry and fishery and services in support to those industries is then equal to the gross output value of agriculture.

Grain Output refers to the total output in the whole country including grains produced by State farms, collective units, rural households, as well as by farms affiliated to industrial and mining enterprises and other production units. Grain includes rice, wheat, corn, sorghum, millet and other miscellaneous grains as well as tubers and beans. Output of beans refers to dry beans without pods. The output of tubers (sweet potatoes and potatoes, not including taros and cassava) are converted into that of grain at the ratio 4:1, i. e. 4 kilograms of fresh tubers were equivalent to 1 kilogram of grain up to 1963. Since 1964 the ratio for conversion has been 5:1. Tubers supplied as vegetables (such as potatoes) in cities and suburbs are calculated as fresh vegetables and their output is not included in the output of grain. Output of all other grains refers to husked grain. Data on grain production before 1989 were obtained through the Comprehensive Statistical Reporting System. Since 1989, data from sample surveys are used.

Output of Oil – bearing Crops refers to the total production of oil – bearing crops of various kinds, including peanuts (dry, in shell), rapeseeds, sesame, sunflower seeds, flax seeds, and other oil – bearing crops. Soybeans, oil – bearing woody plants, and wild oil – bearing crops are not included.

Output of Pork, Beef, and Mutton refers to the meat of slaughtered hogs, cattle, sheep and goats with head, feet, and offal taken away. Data refers to the production of the whole country. The First Agricultural Census of China in 1996 revealed some discrepancy between the production of animal products from the annual reports and that from the census. Efforts were made by the Rural Survey Organization of the NBS to adjust the output value of animal husbandry to make the figures from the annual reports consistent with the census data. Since 1999, the NBS conducted sample surveys for the major animal husbandry products, such as hogs, cattle, sheep and goats and fowls, and the data from sample surveys are used as national finalized data. Those products, which are not covered by the sample survey, are still reported by statistical agencies level by level.

Number of Livestock or Poultry in Stock at Beginning (or End) of Period refers to the total number of large animals, pigs, sheep, fowls, etc. raised by rural cooperative organizations, State farms, rural individuals, government agencies, schools, industrial and mining enterprises, army, and urban residents at the beginning (or end) of the reference period. Data reporting system and data adjustment are the same as that in the output of pork, beef and mutton.

Sown Area of Crops refers to area of land sown or transplanted with crops regardless of being in cultivated area or non – cultivated area. Area of land re – sown due to natural disasters is also included. This is an important indicator that can reflect the utilization condition of the cultivated land in China. At present, the sown area of crops mainly include the following 9 categories of crops: grain, cotton, oil – bearing crops, sugar crops, flax crops, tobacco, vegetables and melons, medicinal materials and other farm crops.

Irrigated Area refers to area of land that are effectively irrigated, i. e. relatively level land, where there are water sources or complete sets of irrigation facilities to lift and move adequate water for irrigation purpose under normal conditions. Under normal situations, irrigated area is the sum of watered fields and irrigated fields where irrigation systems or equipment have been installed for regular irrigation purpose. This important indicator reflects drought resistance capacity of the cultivated land in China.

Consumption of Chemical Fertilizers in Agriculture refers to the quantity of chemical fertilizers applied in agriculture in the year, including nitrogenous fertilizer, phosphate fertilizer, potash fertilizer, and compound fertilizer. The consumption of chemical fertilizers is calculated in terms of volume of effective components by means of converting the gross weight of the respective fertilizers into weight containing effective component (e. g. nitrogen content in nitrogenous fertilizer, phosphorous pentoxide contents in phosphate fertilizer, and potassium oxide contents in potash fertilizer). Compound fertilizer is converted in regard to its major components. The formula is:

Volume of effective component = physical quantity × effective component of certain chemical fertilizer (%)

Total Power of Agricultural Machinery refers to total mechanical power of machinery used in agriculture, forestry, animal husbandry and fishery, including machinery for ploughing, irrigation and drainage, harvesting, transport, plant protection, animal husbandry, forestry and fishery and other agricultural machineries. (For the power of internal combustion engines, it is converted from its horsepower into watts while for electric motors the output power is converted into watts.) Machinery employed for non – agricultural purposes, such as the machines used in township – run and village – run industry, construction, non – agricultural transport, scientific experiments and teaching, are not included. Data are mainly from agricultural machinery agencies.

2009

第12篇

CHAPTER 12

工 业

Industry

规模以上轻、重工业比重

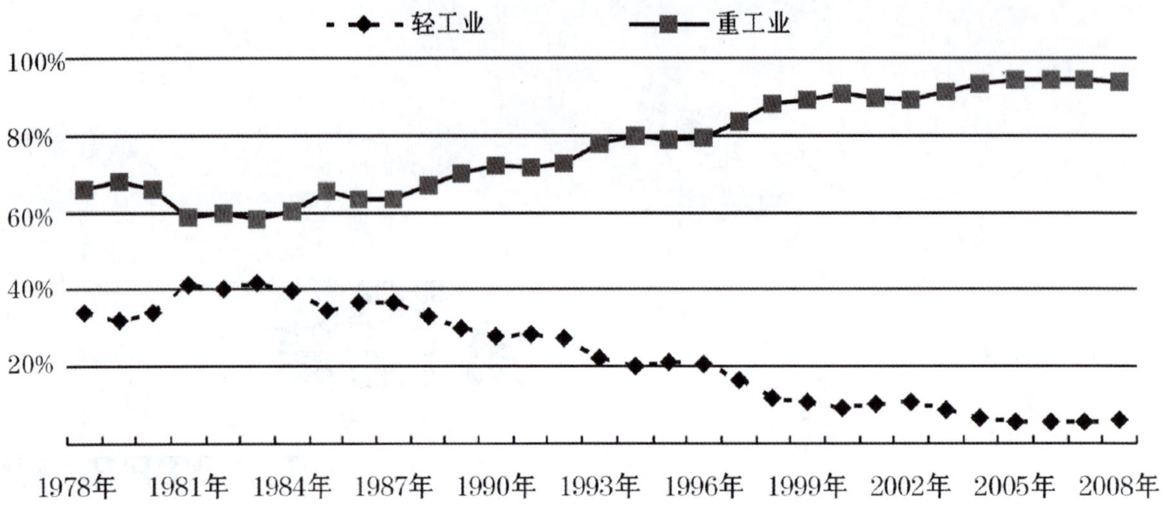

大中小企业产值构成（%）

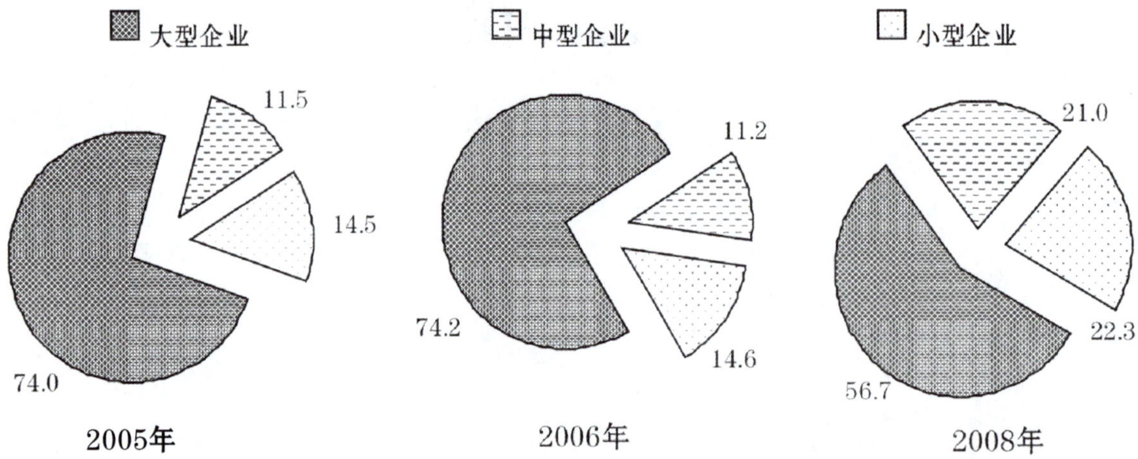

主要工业产品产量

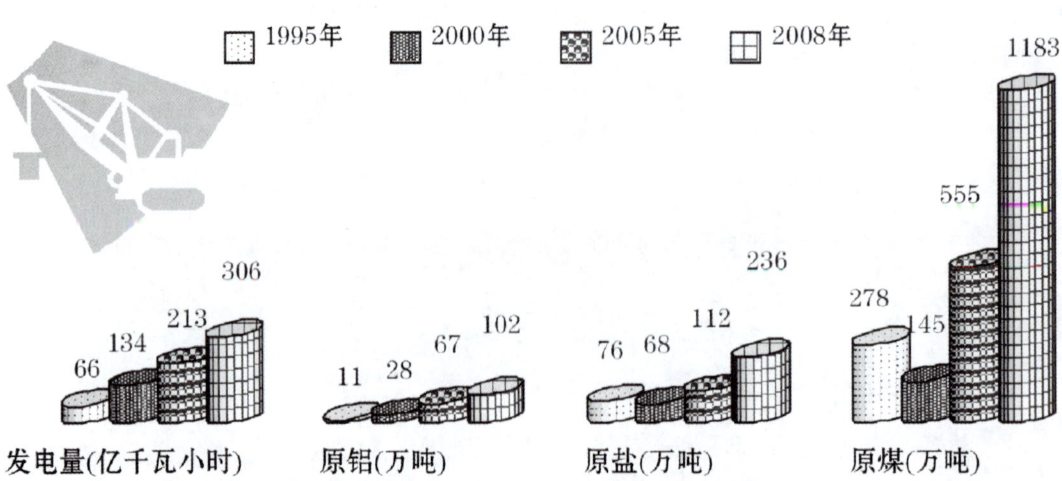

12-1 2007-2008年全部工业企业单位数和总产值
Number of Total Industry Enterprises and Its Gross Output Value (2007-2008)

指 标	Item	2007 企业单位数（个）Number of Enterprises (unit)	2007 工业总产值（万元）Gross Industrial Output Value (10 000 yuan)	2008 企业单位数（个）Number of Enterprises (unit)	2008 工业总产值（万元）Gross Industrial Output Value (10 000 yuan)
全部工业企业总计	**Total of All Industrial Enterprises**	**21141**	**9061096**		
规模以上工业企业(下同)	**Industrial Enterprises above Designated Size**	**471**	**8227222**	**515**	**11030969**
按登记注册类型分组:	**By Status of Registration**				
内资企业	Domestic Funded	**450**	**8006215**	**491**	**9484771**
国有企业	State-owned Enterprises	75	759167	80	2004014
中央企业	Central	2	653223	3	825205
地方企业	Local	73	105944	77	1178809
集体企业	Collective-owned Enterprises	17	41877	12	74521
股份合作企业	Cooperative Enterprises	17	869729	12	66877
联营企业	Joint Ownership Enterprises	4	16579	2	2893
国有联营企业	State Joint Ownership Enterprises	1	7587	1	
集体联营企业	Collective Joint Ownership Enterprises				
其他联营企业	Other Joint Ownership Enterprises	2	8992	1	2893
有限责任公司	Limited Liability Corporations	146	2324502	191	2980932
国有独资公司	State Sole funded Corporations	4	32164	8	69455
其他有限责任公司	Other Limited Liability Corporations	142	2292339	183	2911477
股份有限公司	Share-holding Corporations Limited	29	2974535	35	3287884
私营企业	Private Enterprises	161	1014933	157	1049026
私营独资企业	Private-funded Enterprises	20	55648	25	86044
私营合伙企业	Private Partnership Enterprises	2	1703	4	4259
私营有限责任公司	Private Limited Liability Corporations	127	827998	115	736080
私营股份有限公司	Private Share-holding Corporations Ltd.	12	129584	13	222644
其他企业	Other Eenterprises			2	18624
港、澳、台商投资企业	Enterprises with Funds from Hong Kong,	9	77024	8	60410
	Macao and Taiwan	7	66703	6	56569
合资经营企业(港或澳、台资)	Joint-ventures Enterprises				
港澳台商独资经营企业	Enterprises with Sole Investment	2	10321	1	645
港澳台商投资股份有限公司	Share-holding Corporations Ltd.			1	3196
外商投资企业	Foreign Funded Enterprises	12	143983	16	1485788
中外合资经营企业	Joint-venture Enterprises	6	40116	9	1350618
中外合作经营企业	Cooperation Enterprises	1	66995	1	68929
外资企业	Enterprises with Sole Funds	3	17645	6	66241
外商投资股份有限公司	Share-holding Corporations Ltd.	2	19227		
亏损企业	**Loss-making Enterprises**	**167**	**832729**	**163**	**1746194**
国有控股企业	**State-holding Enterprises**	**138**	**6106696**	**146**	**7482699**
按轻重工业分	**Grouped by Light & Heavy Industries**				
轻工业	**Light Industry**	**136**	**483214**	**147**	**666644**
重工业	**Heavy Industry**	**335**	**7744008**	**368**	**10364325**
按企业规模分	**Grouped by Size of Enterprises**				
大型企业	**Large Enterprises**	**9**	**5425932**	**9**	**6253993**
中型企业	**Medium-sized Enterprises**	**64**	**1350576**	**69**	**2322533**
小型企业	**Small Enterprises**	**398**	**1450714**	**437**	**2454443**

注：1.规模以上工业企业是指主营业务收入在500万元以上的工业企业(下同)。
2.工业总产值按当年价格计算。

a)Industrial enterprises above designated size are those with annual revenue from principal business over 5 million yuan. The same applies to the tables following.

b)Gross industrial output value is calculated at current prices.

12-2　2000-2008年规模以上以上工业企业工业增加值

Value-added of Industry of Industrial Enterprises above Designated Size(2000-2008)

本表绝对数按当年价格计算，指数按不变价格计算。

Absolute data in this table are calculated at current prices while indices at constant prices.

单位:亿元　　(100 million yuan)

类　型	Type	2000	2002	2003	2004	2005	2006	2007	2008
工业增加值	**Value-added of Industry**	**64.96**	**80.07**	**95.53**	**132.45**	**179.54**	**240.34**	**315.39**	**438.83**
比上年增长(%)	**Growth over the previous year (%)**	**9.94**	**14.55**	**15.90**	**24.80**	**22.70**	**20.40**	**18.40**	**21.50**
在总计中:	Categories of the Total								
轻工业	Light Industry	8.17	6.21	6.15	8.46	9.47	14.17	20.06	30.18
比上年增长(%)	Growth over the previous year (%)	5.01	17.28	17.70	12.20	24.90	31.50	18.90	18.40
重工业	Heavy Industry	56.79	73.86	89.38	123.99	170.08	226.17	295.33	408.65
比上年增长(%)	Growth over the previous year (%)	12.17	14.33	15.80	25.80	22.60	19.70	18.40	21.80
在总计中:	Categories of the Total								
国有企业	State-owned Enterprises	27.42	23.38	17.44	19.16	22.76	19.85	24.89	57.54
比上年增长(%)	Growth over the previous year (%)	8.49	-33.91	18.20	23.40	18.30	14.50	16.00	34.00
集体企业	Collective-owned Enterprises	2.09	1.27	0.83	1.32	1.10	0.95	1.58	1.34
比上年增长(%)	Growth over the previous year (%)	18.77	-20.62	-5.50	5.30	-14.70	-17.90	46.60	-1.10
股份合作企业	Cooperative Enterprises	1.88	0.02	0.45	2.16	1.67	2.07	3.09	2.42
比上年增长(%)	Growth over the previous year (%)	10.59	-86.25	-1.80	-2.20	-0.10	10.50	55.50	9.30
股份制企业	Joint-stock Enterprises	31.46	51.35	72.87	104.55	148.04	207.99	270.21	358.39
比上年增长(%)	Growth over the previous year (%)	8.94	79.38	15.30	25.30	25.10	20.10	16.60	20.40
外商及港澳台投资企业	Enterprises with Funds from Hong Kong,Macao and Taiwan and Foreign Funded Enterprises	1.72	1.26	1.69	3.96	4.17	6.44	12.12	13.93
比上年增长(%)	Growth over the previous year (%)	12.45	-54.81	36.40	48.90	-2.70	41.10	72.10	16.10
其他经济类型	Other Enterprises	0.40	2.79	2.25	1.29	1.79	3.04	3.49	5.22
比上年增长(%)	Growth over the previous year (%)	4.27	107.63	20.50	22.00	37.70	90.60	24.70	18.40
在总计中:	Categories of the Total								
国有控股企业	State-holding Enterprises	55.77	73.40	84.55	110.46	150.95	190.69	230.98	269.77
比上年增长(%)	Growth over the previous year (%)	10.21	17.57	14.50	24.80	24.50	16.70	13.00	13.20
在总计中:	Categories of the Total								
非公有工业	Non-public-owned Industries						44.79	66.39	117.51
比上年增长(%)	Growth over the previous year (%)						39.00	51.50	37.00
在总计中:	Categories of the Total								
大中型工业企业	Large and Medium-sized Industrial Enterprises	44.60	59.84	81.76	93.74	148.43	188.08	224.77	270.32
比上年增长(%)	Growth over the previous year (%)	10.11	21.03	13.40	20.20	21.70	15.70	9.80	9.90
国有企业	State-owned Enterprises	17.40	21.44	13.83	7.28	20.12	16.52	20.33	19.89
比上年增长(%)	Growth over the previous year (%)	11.19	2.21	21.90	9.40	21.00	12.90	9.60	15.40
在总计中:	Categories of the Total								
私营企业	Private Enterprises						16.71	30.81	51.63
比上年增长(%)	Growth over the previous year (%)						34.30	31.70	25.50

注：本表均为快报数据。

Data in this table are from express report forms.

12-3 四大支柱工业企业主要指标(2008年)
Main Indicators of Four Pillar Industries Enterprises(2008)

本表按当年价格计算。
Data in this table are calculated at current prices.

单位:万元 (10 000 yuan)

指标	Item	工业总产值 Gross Industrial Output Value	工业增加值 Value-added of Industry	主营业务收入 Revenue from Principal Business	利润总额 Total Profits	利税总额 Total Profits and Taxes
总计	Total	7466961	3405184	7042142	1393847	1932841
石油和天然气开采业	Extraction of Petroleum and Natural Gas	1738264	1167056	1357661	601635	775883
天然原油和天然气开采业	Crude Oil and Natural Gas Exploitation Industry	1738237	1167048	1357392	601676	775923
石油加工业	Petroleum Processing	27	8	269	-41	-40
电力工业	Power Industry	1226107	422316	1226701	4884	126369
电力生产	Power Production	486280	203754	486874	7202	69829
电力供应	Power Supply	739827	218562	739827	-2318	56540
有色金属工业	Non-ferrous Metals Industry	2917807	975171	3140889	167399	279438
有色金属矿采选业	Mining and Processing of Non-Ferrous Metal Ores	953040	292141	1420013	130983	188233
有色金属冶炼及压延加工业	Smelting and Pressing of Non-ferrous Metals	1964767	683031	1720875	36416	91205
盐化工业	Salt Industry	1584783	840641	1316892	619930	751150
化学原料及化学制品制造业	Manufacture of Raw Chemical Materials and Chemical Products	1543729	817973	1285292	617134	744644
采盐	Mining of Salt	32889	19889	27205	2321	5470
盐加工	Salt Processing	8165	2779	4396	475	1036

注:表中工业增加值是成本费用调查年报资料,是按照生产企业主要产品填写的行业,运用生产法计算的工业增加值。
a)Added-value Industry in this table is the annual survey data of cost, is calculated by production method. Sectors are filled in accordance with main products of enterprises.

12-4 四大优势工业企业主要指标(2008年)
Main Indicators of Four Competitive Industries Enterprises(2008)

本表按当年价格计算。
Data in this table are calculated at current prices.

单位:万元 (10 000 yuan)

指标	Item	工业总产值 Gross Industrial Output Value	工业增加值 Value-added of Industry	主营业务收入 Revenue from Principal Business	利润总额 Total Profits	利税总额 Total Profits and Taxes
总计	Total	2107188	732410	1939838	113207	214403
冶金业	Metallurgical Industry	1558706	510693	1352020	74030	138342
黑色金属矿采选业	Mining and Processing of Ferrous Metal Ores	43498	22635	46985	8232	12836
黑色金属冶炼及压延加工业	Smelting and Pressing of Ferrous Metals	1515208	488059	1305035	65798	125506
医药制造业	Manufacture of Medicines	128081	65705	102688	3308	9535
畜产品加工业	Animal Products Processing Industry	77547	29073	76962	-300	279
屠宰及肉、蛋类加工业	Slaughtering and Processing of Meat and Egg	52813	18191	52577	-556	-147
乳制品制造业	Manufacture of Dairy Products	24734	10882	24385	257	426
建材业	Building Materials Industry	342854	126939	408168	36168	66246
非金属矿物制品业	Manufacture of Non-metallic Mineral Products	317790	115003	381054	34390	62665
土砂石开采	Soil Gravel Mining	1036	478	777	-72	64
石棉及其他非金属矿采选业	Mining and Processing of Asbestos and Other Non-metal Ores	24028	11458	26337	1850	3517

注:表中工业增加值是成本费用调查年报资料,是按照生产企业主要产品填写的行业,运用生产法计算的工业增加值。
a)Added-value Industry in this table is the annual survey data of cost, is calculated by production method. Sectors are filled in accordance with main products of enterprises.

12-5 2005-2008年按行业分规模以上工业企业工业增加值

行业名称	Sector	2005 工业增加值(万元) Added Value of Industry (10 000yuan)	2005 比上年增长(%) Growth Over the Previous Year (%)	2005 占总量(%) Percentage of Total (%)
合计	Total	1795443	22.69	100
煤炭开采和洗选业	Mining and Washing of Coal	29614	28.22	1.65
石油和天然气开采业	Extraction of Petroleum and Natural Gas	398600	9.99	22.20
黑色金属矿采选业	Mining and Processing of Ferrous Metal Ores	9475	18.73	0.53
有色金属矿采选业	Mining and Processing of Non-Ferrous Metal Ores	42529	21.36	2.37
非金属矿采选业	Mining and Processing of Nonmetal Ores	15851	49.77	0.88
其他采矿业	Mining of Other Ores			
农副食品加工业	Processing of Food from Agricultural Products	15730	7.36	0.88
食品制造业	Manufacture of Foods	9507	52.63	0.53
饮料制造业	Manufacture of Beverages	6649	-14.37	0.37
纺织业	Manufacture of Textile	11827	72.32	0.66
纺织服装、鞋、帽制造业	Manufacture of Textile Wearing Apparel, Footwear and Caps	5462	43.12	0.30
皮革、毛皮、羽毛(绒)及其制品业	Manufacture of Leather, Fur, Feather and Related Products	380	7.24	0.02
家具制造业	Manufacture of Furniture	388	-10.63	0.02
造纸及纸制品业	Manufacture of Paper and Paper Products	155	-60.35	0.01
印刷业和记录媒介的复制	Printing, Reproduction of Recording Media	2129	38.85	0.12
石油加工、炼焦及核燃料加工业	Processing of Petroleum, Coking, Processing of Nuclear Fuel	154944	28.15	8.63
化学原料及化学制品制造业	Manufacture of Raw Chemical Materials and Chemical Products	207873	39.87	11.58
医药制造业	Manufacture of Medicines	24646	40.47	1.37
化学纤维制造业	Manufacture of Chemical Fibers	32	-30.55	…
橡胶制品业	Manufacture of Rubber			
塑料制品业	Manufacture of Plastics	903	-2.67	0.05
非金属矿物制品业	Manufacture of Non-metallic Mineral Products	55459	14.48	3.09
黑色金属冶炼及压延加工业	Smelting and Pressing of Ferrous Metals	119220	10.26	6.64
有色金属冶炼及压延加工业	Smelting and Pressing of Non-ferrous Metals	296228	14.82	16.50
金属制品业	Manufacture of Metal Products	8877	79.80	0.49
通用设备制造业	Manufacture of General Purpose Machinery	26068	17.85	1.45
专用设备制造业	Manufacture of Special Purpose Machinery	573	-24.48	0.03
交通运输设备制造业	Manufacture of Transport Equipment	9894	44.78	0.55
电气机械及器材制造业	Manufacture of Electrical Machinery and Equipment	2601	80.87	0.14
通信设备、计算机及其他电子设备制造业	Manufacture of Communication Equipment, Computers and Other Electronic Equipment	478	24.50	0.03
仪器仪表及文化、办公用机械制造业	Manufacture of Measuring Instruments and Machinery for Cultural Activity and Office Work	3369	31.58	0.19
工艺品及其他制造业	Manufacture of Artwork and Other Manufacturing	6162	-11.40	0.34
废弃资源和废旧材料回收加工业	Recycling and Disposal of Waste			
电力、热力的生产和供应业	Production and Supply of Electric Power and Heat Power	316754	38.66	17.64
燃气生产和供应业	Production and Supply of Gas	1468	29.19	0.08
水的生产和供应业	Production and Supply of Water	11599	22.96	0.65

注：1.此表为年快报数据。
2.表中的工业增加值是生产企业的各种产品归属的行业按当年价格计算。
3.增长速度均按可比价格计算(价格缩减法)，根据当年的企业增减变动后的行业数计算的。

Value-added of Industrial Enterprises above Designated Size by Industrial Sector(2005-2008)

2006			2007			2008		
工 业 增加值 (万元) Added Value of Industry (10 000yuan)	比上年 增 长 (%) Growth Over the Previous Year (%)	占总量 (%) Percentage of Total (%)	工 业 增加值 (万元) Added Value of Industry (10 000yuan)	比上年 增 长 (%) Growth Over the Previous Year (%)	占总量 (%) Percentage of Total (%)	工 业 增加值 (万元) Added Value of Industry (10 000yuan)	比上年 增 长 (%) Growth Over the Previous Year (%)	占总量 (%) Percentage of Total (%)
2403366	20.40	100	3153918	18.40	100	4388280	21.50	100
47720	18.77	1.99	85532	52.00	2.71	231986	118.20	5.29
480663	6.28	20.00	500401	2.70	15.87	640051	9.80	14.59
11082	-4.28	0.46	6602	-14.20	0.21	16430	12.40	0.37
75581	21.79	3.14	145367	45.90	4.61	176381	67.80	4.02
18427	7.31	0.77	25781	4.80	0.82	35292	38.30	0.80
						1966	53.70	0.04
15716	-0.41	0.65	18996	-16.10	0.60	39317	22.80	0.90
9238	55.46	0.38	13291	-3.30	0.42	24903	14.20	0.57
16970	45.08	0.71	42781	50.20	1.36	51080	11.10	1.16
17695	47.90	0.74	14178	-3.80	0.45	34338	121.50	0.78
6250	145.20	0.26	13093	81.20	0.42	20540	35.50	0.47
573	25.78	0.02	793	39.90	0.03	431	-39.60	0.01
115	-48.40	…	1027	550.30	0.03	590	-51.70	0.01
439	205.76	0.02	365	-30.10	0.01	541	48.10	0.01
3339	36.45	0.14	6443	69.60	0.20	12636	23.90	0.29
135766	4.36	5.65	224325	14.80	7.11	329492	11.00	7.51
308560	28.93	12.84	424377	27.90	13.46	754141	22.50	17.19
53024	28.73	2.21	64091	12.80	2.03	86411	6.60	1.97
106	70.57	…	78	-32.90	…	154	160.80	…
			564.60	-52.00	0.02	272.80	-35.10	0.01
1808	2.07	0.08	2152	47.40	0.07	3267	14.60	0.07
61741	10.44	2.57	108933	38.90	3.45	150049	12.00	3.42
177090	54.40	7.37	276861	32.70	8.78	466771	19.80	10.64
482564	24.68	20.08	613595	19.10	19.46	675725	21.40	15.40
13765	8.80	0.57	27651	113.80	0.88	23666	-6.10	0.54
31699	20.35	1.32	32155	-16.00	1.02	50549	30.00	1.15
9816	23.43	0.41	8377	-5.20	0.27	7916	-9.70	0.18
6849	56.44	0.28	5905	-19.50	0.19	8404	122.10	0.19
14174	563.43	0.59	20493	52.40	0.65	36775	12.00	0.84
						1734	56.50	0.04
6064	41.83	0.25	7836	46.20	0.25	11405	12.40	0.26
5119	-4.65	0.21	10528	49.20	0.33	15093	-2.00	0.34
637	22.93	0.03	752	16.20	0.02	795	-0.20	0.02
377946	16.55	15.73	436174	10.50	13.83	467504	11.40	10.65
2617	17.20	0.11	3155	9.70	0.10	2666	-3.30	0.06
10211	8.84	0.42	11261	11.10	0.36	9006	25.00	0.21

a)Data in this table are annual express report data.

b)Added-value of industry in the table are calculated by current prices. Sectors are sorted by mail products of enterprise.

c)Growth rate is calculated according to comparable prices (price reduction method), according to the number of sector after industrial enterprises changes increase or decrease in the same year.

12-6 规模以上工业企业主要指标(2008年)

单位:万元

项　目	Item	企业单位数(个) Number of Enterprises (unit)	亏损企业 Loss-making Enterprises
总 计	**Total**	**515**	**163**
国有控股企业	State-holding Enterprises	146	44
轻工业	Light Industry	147	53
重工业	Heavy Industry	368	110
大型企业	Large Enterprises	9	1
中型企业	Medium-sized Enterprises	69	8
小型企业	Small Enterprises	437	154
按登记注册类型分组	**By Status of Registration**		
集体企业	Collective-owned Enterprises	12	4
股份合作企业	Cooperative Enterprises	12	5
联营企业	Joint Ownership Enterprises	2	
有限责任公司	Limited Liability Corporations	191	49
股份有限公司	Share-holding Corporations Limited	35	13
私营企业	Private Enterprises	157	52
其他企业	Other Enterprises	2	
港、澳、台商投资企业	Enterprises with Funds from Hong Kong, Macao and Taiwan	8	3
外商投资企业	Foreign Funded Enterprises	16	4
按工业行业分组	**Grouped by Sector**		
采掘业	**Mining**	**65**	**18**
煤炭开采和洗选业	Mining and Washing of Coal	21	5
石油和天然气开采业	Extraction of Petroleum and Natural Gas	2	1
黑色金属矿采选业	Mining and Processing of Ferrous Metal Ores	11	4
有色金属矿采选业	Mining and Processing of Non-Ferrous Metal Ores	20	6
非金属矿采选业	Mining and Processing of Nonmetal Ores	9	2
其他采矿业	Mining of Other Ores	2	
制造业	**Manufacture**	**374**	**107**
农副食品加工业	Processing of Food from Agricultural Products	35	8
食品制造业	Manufacture of Foods	20	5
饮料制造业	Manufacture of Beverages	8	2
纺织业	Manufacture of Textile	7	3
纺织服装、鞋、帽制造业	Manufacture of Textile Wearing Apparel, Footwear and Caps	4	
皮革、毛皮、羽毛(绒)及其制品业	Manufacture of Leather,Fur,Feather and Related Products	1	1
家具制造业	Manufacture of Furniture	1	
造纸及纸制品业	Manufacture of Paper and Paper Products	2	2
印刷业和记录媒介的复制	Printing, Reproduction of Recording Media	10	6
石油加工、炼焦及核燃料加工业	Processing of Petroleum,Coking,Processing of Nuclear Fuel	3	1
化学原料及化学制品制造业	Manufacture of Raw Chemical Materials and Chemical Products	75	19
医药制造业	Manufacture of Medicines	24	9
橡胶制品业	Manufacture of Rubber	1	1
塑料制品业	Manufacture of Plastics	5	1
非金属矿物制品业	Manufacture of Non-metallic Mineral Products	56	12
黑色金属冶炼及压延加工业	Smelting and Pressing of Ferrous Metals	43	14
有色金属冶炼及压延加工业	Smelting and Pressing of Non-ferrous Metals	23	8
金属制品业	Manufacture of Metal Products	19	6
通用设备制造业	Manufacture of General Purpose Machinery	11	2
专用设备制造业	Manufacture of Special Purpose Machinery	5	3
交通运输设备制造业	Manufacture of Transport Equipment	4	1
电气机械及器材制造业	Manufacture of Electrical Machinery and Equipment	10	1
通信设备、计算机及其他电子设备制造业	Manufacture of Communication Equipment, Computers and Other Electronic Equipment	1	1
仪器仪表及文化、办公用机械制造业	Manufacture of Measuring Instruments and Machinery for Cultural Activity and Office Work	1	
工艺品及其他制造业	Manufacture of Artwork and Other Manufacturing	5	1
废弃资源和废旧材料回收加工业	Recycling and Disposal of Waste		
电力、燃气及水的生产和供应业	**Production and Distribution of Electricity, Gas and Water**	**76**	**38**
电力、热力的生产和供应业	Production and Supply of Electric Power and Heat Power	47	22
燃气生产和供应业	Production and Supply of Gas	1	
水的生产和供应业	Production and Supply of Water	28	16

Main Indicators of Industrial Enterprises above Designated Size(2008)

(10 000 yuan)

工业总产值 Gross Industrial Output Value	资产总计 Total Assets	流动资产合计 Total Working Capitals	流动资产年平均余额 Annual Average Balance of Working Capitals	固定资产原价 Original Value of Fixed Assets	累计折旧 Accumulated Depreciation	固定资产净值年平均余额 Annual Average Balance of Net Value of Fixed Assets
11030969	**20926710**	**6185651**	**5368408**	**13159424**	**3898161**	**8788498**
7482699	16182807	3921465	3525219	11434593	3546745	7462689
666644	888894	342725	305482	440755	104486	312337
10364325	20037816	5842926	5062926	12718669	3793675	8476161
6253993	13455668	3186315	2851059	9668156	3291691	6000796
2322533	3761115	1600142	1335164	1640864	309358	1284496
2454443	3709928	1399195	1182185	1850403	297112	1503206
74521	97467	64967	57688	31289	12747	18611
66877	95476	58261	44184	28998	8202	19301
2893	1247	1012	454	95	23	193
2980932	7382831	1517766	1295703	4536143	1338850	3127140
3287884	5099014	1842487	1324549	3519048	1230860	2076310
1049026	1668806	873631	698985	611806	111162	465767
18624	2352	1224	1224	1281	153	1128
60410	52271	38912	36676	14172	5019	7516
1485788	2830145	1051849	1080675	1359536	467714	854635
3255362	**5229394**	**1872041**	**1741365**	**3414185**	**1040477**	**2210589**
452286	754510	416170	336072	124256	28192	87303
1738237	2249432	515839	446014	2420511	846436	1471503
43498	52371	38950	36552	14014	5838	10376
953040	2004211	822529	860119	785324	139837	595634
60163	165733	76987	61303	68075	19742	44202
8138	3137	1565	1306	2004	432	1570
6523889	**9305152**	**4033408**	**3224396**	**4100227**	**1142690**	**2721723**
155588	164496	85147	73882	66696	16859	47664
79748	72138	31092	30274	35528	7183	27413
77490	83341	43373	32286	35961	6392	27710
83251	102556	34236	33203	61484	15251	43366
54892	44114	20476	17088	19856	2979	17641
1970	3122	1983	2014	899	127	890
1964	2916	1630	1630	1391	203	1287
1083	1388	178	182	792	201	1008
25335	27140	11640	11300	20318	6989	13442
95179	214526	88375	43780	126697	6347	120351
1543729	4070381	1870920	1301271	1220421	136143	924398
128081	201302	70279	64400	90919	22836	64704
876	1568	1033	936	590	76	514
6014	5531	3359	3288	1800	338	1495
317790	335234	159989	148291	177011	65317	111647
1515208	1508349	622892	605812	758230	165296	561625
1964767	1858485	678794	574047	1250236	628032	603272
116798	93452	48289	45805	38123	3983	34232
182652	345269	168709	154533	134981	43586	85524
9036	23217	11606	11071	8029	2386	7395
27676	26264	15046	11982	6487	1805	2802
92647	75298	38422	32508	27013	5485	11769
5388	4588	408	41	106	12	9
14893	15867	9371	8796	8116	2875	4926
21834	24608	16163	15977	8545	1988	6639
1251718	**6392165**	**280203**	**402647**	**5645012**	**1714994**	**3856186**
1227966	6253480	262288	383439	5555032	1690970	3794013
4681	6267	1766	1495	4180	974	2925
19070	132419	16150	17714	85800	23050	59248

12-6 续表 1

单位:万元

项 目	Item	负债合计 Total Liabilities	流动负债合计 Total Working Liabilities
总 计	**Total**	**12890773**	**6987711**
国有控股企业	State-holding Enterprises	10191933	5091236
轻工业	Light Industry	464378	315207
重工业	Heavy Industry	12426396	6672504
大型企业	Large Enterprises	8608094	4163090
中型企业	Medium-sized Enterprises	2359131	1486744
小型企业	Small Enterprises	1923549	1337877
按登记注册类型分组	**By Status of Registration**		
集体企业	Collective-owned Enterprises	74153	67481
股份合作企业	Cooperative Enterprises	42700	39880
联营企业	Joint Ownership Enterprises	696	696
有限责任公司	Limited Liability Corporations	5317219	2375658
股份有限公司	Share-holding Corporations Limited	2824040	1619325
私营企业	Private Enterprises	971162	728321
其他企业	Other Enterprises	1291	1291
港、澳、台商投资企业	Enterprises with Funds from Hong Kong, Macao and Taiwan	26395	15669
外商投资企业	Foreign Funded Enterprises	1465295	785791
按工业行业分组	**Grouped by Sector**		
采掘业	**Mining**	**2607363**	**1600291**
煤炭开采和洗选业	Mining and Washing of Coal	400295	332674
石油和天然气开采业	Extraction of Petroleum and Natural Gas	1268280	687088
黑色金属矿采选业	Mining and Processing of Ferrous Metal Ores	16472	11963
有色金属矿采选业	Mining and Processing of Non-Ferrous Metal Ores	811046	482866
非金属矿采选业	Mining and Processing of Nonmetal Ores	108687	83178
其他采矿业	Mining of Other Ores	2584	2523
制造业	**Manufacture**	**5513339**	**3730350**
农副食品加工业	Processing of Food from Agricultural Products	100359	87763
食品制造业	Manufacture of Foods	36383	24033
饮料制造业	Manufacture of Beverages	41909	25893
纺织业	Manufacture of Textile	46126	26099
纺织服装、鞋、帽制造业	Manufacture of Textile Wearing Apparel, Footwear and Caps	22535	17097
皮革、毛皮、羽毛(绒)及其制品业	Manufacture of Leather,Fur,Feather and Related Products	2520	2520
家具制造业	Manufacture of Furniture	2042	1202
造纸及纸制品业	Manufacture of Paper and Paper Products	709	36
印刷业和记录媒介的复制	Printing, Reproduction of Recording Media	11229	10940
石油加工、炼焦及核燃料加工业	Processing of Petroleum,Coking,Processing of Nuclear Fuel	182890	147890
化学原料及化学制品制造业	Manufacture of Raw Chemical Materials and Chemical Products	2038385	1221776
医药制造业	Manufacture of Medicines	75677	64173
橡胶制品业	Manufacture of Rubber	398	390
塑料制品业	Manufacture of Plastics	3034	2648
非金属矿物制品业	Manufacture of Non-metallic Mineral Products	190228	157276
黑色金属冶炼及压延加工业	Smelting and Pressing of Ferrous Metals	966119	770711
有色金属冶炼及压延加工业	Smelting and Pressing of Non-ferrous Metals	1433511	923877
金属制品业	Manufacture of Metal Products	47362	38416
通用设备制造业	Manufacture of General Purpose Machinery	215983	128964
专用设备制造业	Manufacture of Special Purpose Machinery	15044	10788
交通运输设备制造业	Manufacture of Transport Equipment	17672	17593
电气机械及器材制造业	Manufacture of Electrical Machinery and Equipment	40574	39559
通信设备、计算机及其他电子设备制造业	Manufacture of Communication Equipment, Computers and Other Electronic Equipment	282	282
仪器仪表及文化、办公用机械制造业	Manufacture of Measuring Instruments and Machinery for Cultural Activity and Office Work	3849	3849
工艺品及其他制造业	Manufacture of Artwork and Other Manufacturing	18520	6578
废弃资源和废旧材料回收加工业	Recycling and Disposal of Waste		
电力、燃气及水的生产和供应业	**Production and Distribution of Electricity, Gas and Water**	**4770071**	**1657070**
电力、热力的生产和供应业	Production and Supply of Electric Power and Heat Power	4677804	1622765
燃气生产和供应业	Production and Supply of Gas	1095	-264
水的生产和供应业	Production and Supply of Water	91173	34568

continued

(10 000 yuan)

长期负债合计 Total Long-term Liabilities	所有者权益合计 Total Owners' Equity	实收资本 Paid-up Capital	主营业务收入 Revenue from Principal Business	主营业务成本 Cost of Principal Business	主营业务税金及附加 Taxes and Other Charges on Principal Business	其他业务利润 Other Operating Profit
5208803	**8035937**	**3465655**	**10449410**	**7697177**	**140084**	**11641**
4496753	5990874	2507552	7182058	5194349	104426	5305
127684	424517	274689	619783	477183	8501	2409
5081120	7611421	3190966	9829627	7219995	131583	9232
3863812	4847574	1817477	6046782	4418781	83324	-4429
814873	1401985	804142	2257905	1639318	28433	10931
530119	1786379	844036	2144723	1639078	28326	5140
1651	23315	11207	140995	128368	1667	563
2818	52776	19197	86615	48291	1954	88
	551	430	1646	1590	2	
2910489	2065613	1198444	2617108	1897564	36748	10391
621046	2274974	547020	2807992	1543436	62749	1726
192909	697644	371080	911304	747639	7745	2194
	1061	120	21653	20951	105	-29
9725	25876	8948	54585	42203	411	209
666282	1364850	444803	1969180	1679374	10070	-1706
420465	**2622030**	**427903**	**3419837**	**2053916**	**61404**	**779**
66673	354215	91636	531812	261169	14002	1274
	981151	5037	1357392	554272	36921	
4496	35899	9968	46985	26780	1095	714
325620	1193165	281282	1420013	1172930	8185	-1334
23616	57046	38292	55969	33354	1191	120
60	554	1688	7666	5412	10	5
1689734	**3791813**	**1994645**	**5780198**	**4559323**	**66464**	**12189**
10100	64137	39745	156506	128173	118	85
11801	35755	18072	73878	56144	693	114
5503	41431	22632	76232	46629	6533	249
15728	56430	29720	77173	75280	30	417
5429	21579	8096	52219	39327	54	104
	602	1000	2151	2227		
840	875	300	1564	1343	48	147
642	679	628	1025	626	2	
288	15911	9388	23894	17388	44	130
35000	31636	50665	74730	53649	421	502
812358	2031997	865242	1285292	698416	38009	330
8025	125625	71298	102688	68172	750	-67
8	1170	408	814	724	3	
386	2497	1927	5349	4489	13	
13074	145007	73766	381054	315077	2662	534
182552	542231	360870	1305035	1116791	6638	1091
475196	424975	268927	1720875	1572723	6141	843
8792	46091	22400	103150	94163	160	245
86958	129286	116497	176526	141298	571	6816
4255	8173	4957	6720	5641	11	6
32	8592	3563	26440	19990	2977	87
898	34724	16466	90363	71173	530	52
	4306	100	5958	5388		
	12019	1500	11427	7523	34	-1
11871	6088	6480	19136	16970	25	506
3098604	**1622094**	**1043107**	**1249375**	**1083939**	**12215**	**-1327**
3041036	1575676	978415	1229103	1069849	12029	-2020
1000	5172	1000	4653	2844	62	20
56569	41246	63692	15620	11246	125	674

12-6 续表 2

单位:万元

项 目	Item	营业费用 Operating Expenses	营业利润 Operating Profit
总 计	**Total**	**244311**	**1619830**
国有控股企业	State-holding Enterprises	118789	1213725
轻工业	Light Industry	38033	26622
重工业	Heavy Industry	206278	1593208
大型企业	Large Enterprises	62448	1015915
中型企业	Medium-sized Enterprises	102560	345992
小型企业	Small Enterprises	79303	257923
按登记注册类型分组	**By Status of Registration**		
集体企业	Collective-owned Enterprises	10373	5360
股份合作企业	Cooperative Enterprises	6177	24081
联营企业	Joint Ownership Enterprises	2	31
有限责任公司	Limited Liability Corporations	93916	359004
股份有限公司	Share-holding Corporations Limited	50801	959513
私营企业	Private Enterprises	28715	88810
其他企业	Other Enterprises	135	261
港、澳、台商投资企业	Enterprises with Funds from Hong Kong, Macao and Taiwan	984	6397
外商投资企业	Foreign Funded Enterprises	33394	115329
按工业行业分组	**Grouped by Sector**		
采掘业	**Mining**	**55407**	**914753**
煤炭开采和洗选业	Mining and Washing of Coal	19891	198714
石油和天然气开采业	Extraction of Petroleum and Natural Gas	6089	587579
黑色金属矿采选业	Mining and Processing of Ferrous Metal Ores	1541	7622
有色金属矿采选业	Mining and Processing of Non-Ferrous Metal Ores	24314	115774
非金属矿采选业	Mining and Processing of Nonmetal Ores	2879	4685
其他采矿业	Mining of Other Ores	694	379
制造业	**Manufacture**	**183007**	**722477**
农副食品加工业	Processing of Food from Agricultural Products	7089	1041
食品制造业	Manufacture of Foods	7184	2692
饮料制造业	Manufacture of Beverages	5004	9480
纺织业	Manufacture of Textile	402	814
纺织服装、鞋、帽制造业	Manufacture of Textile Wearing Apparel, Footwear and Caps	2285	2744
皮革、毛皮、羽毛(绒)及其制品业	Manufacture of Leather,Fur,Feather and Related Products	69	-178
家具制造业	Manufacture of Furniture	59	60
造纸及纸制品业	Manufacture of Paper and Paper Products		-89
印刷业和记录媒介的复制	Printing, Reproduction of Recording Media	900	731
石油加工、炼焦及核燃料加工业	Processing of Petroleum,Coking,Processing of Nuclear Fuel	1514	14484
化学原料及化学制品制造业	Manufacture of Raw Chemical Materials and Chemical Products	55748	549664
医药制造业	Manufacture of Medicines	13769	7385
橡胶制品业	Manufacture of Rubber	46	-28
塑料制品业	Manufacture of Plastics	204	55
非金属矿物制品业	Manufacture of Non-metallic Mineral Products	19729	21313
黑色金属冶炼及压延加工业	Smelting and Pressing of Ferrous Metals	19153	65383
有色金属冶炼及压延加工业	Smelting and Pressing of Non-ferrous Metals	29316	34469
金属制品业	Manufacture of Metal Products	2968	2295
通用设备制造业	Manufacture of General Purpose Machinery	10221	3229
专用设备制造业	Manufacture of Special Purpose Machinery	181	-18
交通运输设备制造业	Manufacture of Transport Equipment	1680	520
电气机械及器材制造业	Manufacture of Electrical Machinery and Equipment	4595	4000
通信设备、计算机及其他电子设备制造业	Manufacture of Communication Equipment, Computers and Other Electronic Equipment	13	-3
仪器仪表及文化、办公用机械制造业	Manufacture of Measuring Instruments and Machinery for Cultural Activity and Office Work	753	1966
工艺品及其他制造业	Manufacture of Artwork and Other Manufacturing	125	464
废弃资源和废旧材料回收加工业	Recycling and Disposal of Waste		
电力、燃气及水的生产和供应业	**Production and Distribution of Electricity, Gas and Water**	**5897**	**-17400**
电力、热力的生产和供应业	Production and Supply of Electric Power and Heat Power	4659	-18295
燃气生产和供应业	Production and Supply of Gas	318	1214
水的生产和供应业	Production and Supply of Water	920	-318

continued

(10 000 yuan)

利润总额 Total Profits	应交所得税 Income Tax Payable	亏损企业亏损总额 The Total Loss of Loss-making Enterprises	利税总额 Total Profits and Taxes	本年应交增值税 Value Added Tax Payable	全部从业人员年平均人数(人) Annual Average Employed Persons (person)
1771733	**148684**	**66524**	**2520818**	**609001**	**174217**
1316987	101755	34471	1888467	467053	106049
23132	1638	11141	46923	15289	26387
1748601	147046	55383	2473895	593712	147830
1078713	62451	2318	1552598	390560	72875
405990	50760	20338	558528	124105	55388
287030	35473	43869	409692	94336	45954
9964	842	129	19563	7933	4536
24916	1337	1186	35038	8168	1519
31			43	10	16
431360	49035	19184	617814	149707	55345
1013259	63953	8746	1289775	213768	47762
97461	10025	12942	136588	31382	20527
265	4		1604	1234	220
7012	1026	117	12156	4733	1327
113217	8680	891	188774	65486	16109
959438	**47015**	**7614**	**1271854**	**251011**	**46503**
213822	27774	5639	284642	56818	7402
601676	5996	510	775923	137326	22668
8232	927	448	12836	3509	1111
130983	12246	894	188233	49065	10422
4280	71	123	9365	3894	4798
445			854	399	102
808776	**100881**	**40363**	**1122629**	**247389**	**111205**
2033	238	991	3226	1074	2265
1449	145	349	3252	1110	2355
11452		57	21556	3571	1955
1262	558	1586	1926	634	5556
2489			3277	734	3099
-175		175	-175		106
69			201	85	101
-89		89	-69	18	74
1127	2	163	1595	424	1160
14572		41	19859	4866	1320
617134	82168	6707	744644	89501	23225
3308	613	3742	9535	5477	4025
-28		28	9	33	73
60	13	1	156	83	326
34390	5658	1588	62665	25614	12927
65798	3043	2270	125506	53071	20057
36416	7054	20998	91205	48649	15717
2576	168	108	4285	1550	2312
8244	736	1143	15473	6659	8124
24	65	175	748	714	776
570		113	3962	414	534
3583	64	25	5436	1323	951
-3		3	249	251	30
1734	294		2762	995	685
781	62	11	1346	540	3452
3519	**788**	**18547**	**126335**	**110601**	**16509**
4660	807	14569	126172	109482	14508
1212	-19		1477	204	93
-2353		3979	-1314	915	1908

12-7 地方规模以上工业企业主要指标(2008年)

单位:万元

项 目	Item	企业单位数(个) Number of Enterprises (unit)	亏损企业 Loss-making Enterprises
总 计	**Total**	**508**	**159**
国有控股企业	State-holding Enterprises	139	40
轻工业	Light Industry	147	53
重工业	Heavy Industry	361	106
大型企业	Large Enterprises	5	
中型企业	Medium-sized Enterprises	68	7
小型企业	Small Enterprises	435	152
按工业行业分组	**Grouped by Sector**		
采掘业	**Mining**	**64**	**18**
煤炭开采和洗选业	Mining and Washing of Coal	21	5
石油和天然气开采业	Extraction of Petroleum and Natural Gas	1	1
黑色金属矿采选业	Mining and Processing of Ferrous Metal Ores	11	4
有色金属矿采选业	Mining and Processing of Non-Ferrous Metal Ores	20	6
非金属矿采选业	Mining and Processing of Nonmetal Ores	9	2
其他采矿业	Mining of Other Ores	2	
制造业	**Manufacture**	**372**	**106**
农副食品加工业	Processing of Food from Agricultural Products	35	8
食品制造业	Manufacture of Foods	20	5
饮料制造业	Manufacture of Beverages	8	2
纺织业	Manufacture of Textile	7	3
纺织服装、鞋、帽制造业	Manufacture of Textile Wearing Apparel, Footwear and Caps	4	
皮革、毛皮、羽毛(绒)及其制品业	Manufacture of Leather,Fur,Feather and Related Products	1	1
家具制造业	Manufacture of Furniture	1	
造纸及纸制品业	Manufacture of Paper and Paper Products	2	2
印刷业和记录媒介的复制	Printing, Reproduction of Recording Media	10	6
石油加工、炼焦及核燃料加工业	Processing of Petroleum,Coking,Processing of Nuclear Fuel	3	1
化学原料及化学制品制造业	Manufacture of Raw Chemical Materials and Chemical Products	74	18
医药制造业	Manufacture of Medicines	24	9
橡胶制品业	Manufacture of Rubber	1	1
塑料制品业	Manufacture of Plastics	5	1
非金属矿物制品业	Manufacture of Non-metallic Mineral Products	56	12
黑色金属冶炼及压延加工业	Smelting and Pressing of Ferrous Metals	43	14
有色金属冶炼及压延加工业	Smelting and Pressing of Non-ferrous Metals	22	8
金属制品业	Manufacture of Metal Products	19	6
通用设备制造业	Manufacture of General Purpose Machinery	11	2
专用设备制造业	Manufacture of Special Purpose Machinery	5	3
交通运输设备制造业	Manufacture of Transport Equipment	4	1
电气机械及器材制造业	Manufacture of Electrical Machinery and Equipment	10	1
通信设备、计算机及其他电子设备制造业	Manufacture of Communication Equipment, Computers and Other Electronic Equipment	1	1
仪器仪表及文化、办公用机械制造业	Manufacture of Measuring Instruments and Machinery for Cultural Activity and Office Work	1	
工艺品及其他制造业	Manufacture of Artwork and Other Manufacturing	5	1
废弃资源和废旧材料回收加工业	Recycling and Disposal of Waste		
电力、燃气及水的生产和供应业	**Production and Distribution of Electricity, Gas and Water**	**72**	**35**
电力、热力的生产和供应业	Production and Supply of Electric Power and Heat Power	43	19
燃气生产和供应业	Production and Supply of Gas	1	
水的生产和供应业	Production and Supply of Water	28	16

Main Indicators of all State-owned and Non-state-owned Local Industrial Enterprises Above Designated Size (2008)

(10 000 yuan)

工业总产值 Gross Industrial Output Value	资产总计 Total Assets	流动资产合计 Total Working Capitals	流动资产年平均余额 Annual Average Balance of Working Capitals	固定资产原价 Original Value of Fixed Assets	累计折旧 Accumulated Depreciation	固定资产净值年平均余额 Annual Average Balance of Net Value of Fixed Assets
7567245	**12546395**	**5237818**	**4405380**	**5210919**	**1164283**	**3763629**
4018975	7802492	2973631	2562191	3486088	812867	2437820
666644	888894	342725	305482	440755	104486	312337
6900602	11657501	4895093	4099898	4770165	1059798	3451292
2883060	5450740	2263306	1915814	2091170	599346	1306200
2315120	3732237	1592159	1326319	1622044	300896	1273850
2369065	3363419	1382353	1163247	1497705	264041	1183579
1518495	**2984954**	**1356676**	**1295826**	**996966**	**194851**	**741568**
452286	754510	416170	336072	124256	28192	87303
1370	4992	475	475	3292	810	2482
43498	52371	38950	36552	14014	5838	10376
953040	2004211	822529	860119	785324	139837	595634
60163	165733	76987	61303	68075	19742	44202
8138	3137	1565	1306	2004	432	1570
5943333	**8787545**	**3806360**	**3028929**	**3538698**	**845954**	**2443332**
155588	164496	85147	73882	66696	16859	47664
79748	72138	31092	30274	35528	7183	27413
77490	83341	43373	32286	35961	6392	27710
83251	102556	34236	33203	61484	15251	43366
54892	44114	20476	17088	19856	2979	17641
1970	3122	1983	2014	899	127	890
1964	2916	1630	1630	1391	203	1287
1083	1388	178	182	792	201	1008
25335	27140	11640	11300	20318	6989	13442
95179	214526	88375	43780	126697	6347	120351
1536316	4041503	1862938	1292426	1201601	127682	913752
128081	201302	70279	64400	90919	22836	64704
876	1568	1033	936	590	76	514
6014	5531	3359	3288	1800	338	1495
317790	335234	159989	148291	177011	65317	111647
1515208	1508349	622892	605812	758230	165296	561625
1391624	1369757	459729	387425	707527	339757	335527
116798	93452	48289	45805	38123	3983	34232
182652	345269	168709	154533	134981	43586	85524
9036	23217	11606	11071	8029	2386	7395
27676	26264	15046	11982	6487	1805	2802
92647	75298	38422	32508	27013	5485	11769
5388	4588	408	41	106	12	9
14893	15867	9371	8796	8116	2875	4926
21834	24608	16163	15977	8545	1988	6639
105417	**773896**	**74782**	**80625**	**675256**	**123479**	**578729**
81665	635211	56866	61417	585276	99455	516556
4681	6267	1766	1495	4180	974	2925
19070	132419	16150	17714	85800	23050	59248

12–7 续表 1

单位:万元

项 目	Item	负 债 合 计 Total Liabilities	流动负债 合 计 Total Working Liabilities
总 计	**Total**	**6784100**	**4443703**
国有控股企业	State-holding Enterprises	4085260	2547228
轻工业	Light Industry	464378	315207
重工业	Heavy Industry	6319722	4128496
大型企业	Large Enterprises	2849972	1783523
中型企业	Medium-sized Enterprises	2345711	1478435
小型企业	Small Enterprises	1588417	1181745
按工业行业分组	**Grouped by Sector**		
采掘业	**Mining**	**1339689**	**913808**
煤炭开采和洗选业	Mining and Washing of Coal	400295	332674
石油和天然气开采业	Extraction of Petroleum and Natural Gas	605	605
黑色金属矿采选业	Mining and Processing of Ferrous Metal Ores	16472	11963
有色金属矿采选业	Mining and Processing of Non-Ferrous Metal Ores	811046	482866
非金属矿采选业	Mining and Processing of Nonmetal Ores	108687	83178
其他采矿业	Mining of Other Ores	2584	2523
制造业	**Manufacture**	**5087741**	**3440849**
农副食品加工业	Processing of Food from Agricultural Products	100359	87763
食品制造业	Manufacture of Foods	36383	24033
饮料制造业	Manufacture of Beverages	41909	25893
纺织业	Manufacture of Textile	46126	26099
纺织服装、鞋、帽制造业	Manufacture of Textile Wearing Apparel, Footwear and Caps	22535	17097
皮革、毛皮、羽毛(绒)及其制品业	Manufacture of Leather,Fur,Feather and Related Products	2520	2520
家具制造业	Manufacture of Furniture	2042	1202
造纸及纸制品业	Manufacture of Paper and Paper Products	709	36
印刷业和记录媒介的复制	Printing, Reproduction of Recording Media	11229	10940
石油加工、炼焦及核燃料加工业	Processing of Petroleum,Coking,Processing of Nuclear Fuel	182890	147890
化学原料及化学制品制造业	Manufacture of Raw Chemical Materials and Chemical Products	2024965	1213468
医药制造业	Manufacture of Medicines	75677	64173
橡胶制品业	Manufacture of Rubber	398	390
塑料制品业	Manufacture of Plastics	3034	2648
非金属矿物制品业	Manufacture of Non-metallic Mineral Products	190228	157276
黑色金属冶炼及压延加工业	Smelting and Pressing of Ferrous Metals	966119	770711
有色金属冶炼及压延加工业	Smelting and Pressing of Non-ferrous Metals	1021332	642686
金属制品业	Manufacture of Metal Products	47362	38416
通用设备制造业	Manufacture of General Purpose Machinery	215983	128964
专用设备制造业	Manufacture of Special Purpose Machinery	15044	10788
交通运输设备制造业	Manufacture of Transport Equipment	17672	17593
电气机械及器材制造业	Manufacture of Electrical Machinery and Equipment	40574	39559
通信设备、计算机及其他电子设备制造业	Manufacture of Communication Equipment, Computers and Other Electronic Equipment	282	282
仪器仪表及文化、办公用机械制造业	Manufacture of Measuring Instruments and Machinery for Cultural Activity and Office Work	3849	3849
工艺品及其他制造业	Manufacture of Artwork and Other Manufacturing	18520	6578
废弃资源和废旧材料回收加工业	Recycling and Disposal of Waste		
电力、燃气及水的生产和供应业	**Production and Distribution of Electricity, Gas and Water**	**356670**	**89046**
电力、热力的生产和供应业	Production and Supply of Electric Power and Heat Power	264403	54741
燃气生产和供应业	Production and Supply of Gas	1095	-264
水的生产和供应业	Production and Supply of Water	91173	34568

continued

(10 000 yuan)

长期负债合计 Total Long-term Liabilities	所有者权益合计 Total Owners' Equity	实收资本 Paid-up Capital	主营业务收入 Revenue from Principal Business	主营业务成本 Cost of Principal Business	主营业务税金及附加 Taxes and Other Charges on Principal Business	其他业务利润 Other Operating Profit
2227330	**5762295**	**2566162**	**7365503**	**5604131**	**89597**	**13272**
1515280	3717232	1608060	4098150	3101303	53939	6936
127684	424517	274689	619783	477183	8501	2409
2099646	5337779	2291473	6745720	5126949	81096	10863
1066449	2600768	963991	3057152	2407618	33641	-2778
809762	1386526	779761	2248928	1632144	28416	10910
351119	1775002	822411	2059423	1564370	27539	5140
420465	**1645265**	**427903**	**2063602**	**1501168**	**24495**	**779**
66673	354215	91636	531812	261169	14002	1274
	4386	5037	1158	1524	11	
4496	35899	9968	46985	26780	1095	714
325620	1193165	281282	1420013	1172930	8185	-1334
23616	57046	38292	55969	33354	1191	120
60	554	1688	7666	5412	10	5
1553637	**3699804**	**1893715**	**5198749**	**4031481**	**64417**	**11744**
10100	64137	39745	156506	128173	118	85
11801	35755	18072	73878	56144	693	114
5503	41431	22632	76232	46629	6533	249
15728	56430	29720	77173	75280	30	417
5429	21579	8096	52219	39327	54	104
	602	1000	2151	2227		
840	875	300	1564	1343	48	147
642	679	628	1025	626	2	
288	15911	9388	23894	17388	44	130
35000	31636	50665	74730	53649	421	502
807247	2016538	840861	1276315	691242	37992	309
8025	125625	71298	102688	68172	750	-67
8	1170	408	814	724	3	
386	2497	1927	5349	4489	13	
13074	145007	73766	381054	315077	2662	534
182552	542231	360870	1305035	1116791	6638	1091
344209	348425	192377	1148404	1052055	4112	419
8792	46091	22400	103150	94163	160	245
86958	129286	116497	176526	141298	571	6816
4255	8173	4957	6720	5641	11	6
32	8592	3563	26440	19990	2977	87
898	34724	16466	90363	71173	530	52
	4306	100	5958	5388		
	12019	1500	11427	7523	34	-1
11871	6088	6480	19136	16970	25	506
253228	**417226**	**244545**	**103152**	**71483**	**685**	**749**
195660	370808	179854	82880	57393	498	56
1000	5172	1000	4653	2844	62	20
56569	41246	63692	15620	11246	125	674

12-7 续表 2

单位:万元

项 目	Item	营业费用 Operating Expenses	营业利润 Operating Profit
总 计	**Total**	**228221**	**1028187**
国有控股企业	State-holding Enterprises	102700	622082
轻工业	Light Industry	38033	26622
重工业	Heavy Industry	190188	1001565
大型企业	Large Enterprises	47317	410894
中型企业	Medium-sized Enterprises	101742	347464
小型企业	Small Enterprises	79162	269829
按工业行业分组	**Grouped by Sector**		
采掘业	**Mining**	**49318**	**326667**
煤炭开采和洗选业	Mining and Washing of Coal	19891	198714
石油和天然气开采业	Extraction of Petroleum and Natural Gas		-507
黑色金属矿采选业	Mining and Processing of Ferrous Metal Ores	1541	7622
有色金属矿采选业	Mining and Processing of Non-Ferrous Metal Ores	24314	115774
非金属矿采选业	Mining and Processing of Nonmetal Ores	2879	4685
其他采矿业	Mining of Other Ores	694	379
制造业	**Manufacture**	**173510**	**692979**
农副食品加工业	Processing of Food from Agricultural Products	7089	1041
食品制造业	Manufacture of Foods	7184	2692
饮料制造业	Manufacture of Beverages	5004	9480
纺织业	Manufacture of Textile	402	814
纺织服装、鞋、帽制造业	Manufacture of Textile Wearing Apparel, Footwear and Caps	2285	2744
皮革、毛皮、羽毛(绒)及其制品业	Manufacture of Leather,Fur,Feather and Related Products	69	-178
家具制造业	Manufacture of Furniture	59	60
造纸及纸制品业	Manufacture of Paper and Paper Products		-89
印刷业和记录媒介的复制	Printing, Reproduction of Recording Media	900	731
石油加工、炼焦及核燃料加工业	Processing of Petroleum,Coking,Processing of Nuclear Fuel	1514	14484
化学原料及化学制品制造业	Manufacture of Raw Chemical Materials and Chemical Products	54931	551136
医药制造业	Manufacture of Medicines	13769	7385
橡胶制品业	Manufacture of Rubber	46	-28
塑料制品业	Manufacture of Plastics	204	55
非金属矿物制品业	Manufacture of Non-metallic Mineral Products	19729	21313
黑色金属冶炼及压延加工业	Smelting and Pressing of Ferrous Metals	19153	65383
有色金属冶炼及压延加工业	Smelting and Pressing of Non-ferrous Metals	20637	3500
金属制品业	Manufacture of Metal Products	2968	2295
通用设备制造业	Manufacture of General Purpose Machinery	10221	3229
专用设备制造业	Manufacture of Special Purpose Machinery	181	-18
交通运输设备制造业	Manufacture of Transport Equipment	1680	520
电气机械及器材制造业	Manufacture of Electrical Machinery and Equipment	4595	4000
通信设备、计算机及其他电子设备制造业	Manufacture of Communication Equipment, Computers and Other Electronic Equipment	13	-3
仪器仪表及文化、办公用机械制造业	Manufacture of Measuring Instruments and Machinery for Cultural Activity and Office Work	753	1966
工艺品及其他制造业	Manufacture of Artwork and Other Manufacturing	125	464
废弃资源和废旧材料回收加工业	Recycling and Disposal of Waste		
电力、燃气及水的生产和供应业	**Production and Distribution of Electricity, Gas and Water**	**5393**	**8541**
电力、热力的生产和供应业	Production and Supply of Electric Power and Heat Power	4155	7645
燃气生产和供应业	Production and Supply of Gas	318	1214
水的生产和供应业	Production and Supply of Water	920	-318

continued

(10 000 yuan)

利润总额 Total Profits	应交所得税 Income Tax Payable	亏损企业亏损总额 The Total Loss of Loss-making Enterprises	利税总额 Total Profits and Taxes	本年应交增值税 Value Added Tax Payable	全部从业人员年平均人数(人) Annual Average Employed Persons (person)
1142098	**138040**	**53210**	**1576586**	**344892**	**132974**
687352	91112	21156	944235	202944	64806
23132	1638	11141	46923	15289	26387
1118965	136403	42069	1529664	329603	106587
438081	51807		608240	136517	33593
406664	50760	19664	558355	123276	53701
297353	35473	33546	409992	85100	45680
357252	**41018**	**7614**	**495575**	**113829**	**23856**
213822	27774	5639	284642	56818	7402
-510		510	-355	144	21
8232	927	448	12836	3509	1111
130983	12246	894	188233	49065	10422
4280	71	123	9365	3894	4798
445			854	399	102
778073	**96312**	**39689**	**1066441**	**223951**	**104524**
2033	238	991	3226	1074	2265
1449	145	349	3252	1110	2355
11452		57	21556	3571	1955
1262	558	1586	1926	634	5556
2489			3277	734	3099
-175		175	-175		106
69			201	85	101
-89		89	-69	18	74
1127	2	163	1595	424	1160
14572		41	19859	4866	1320
617808	82168	6033	744472	88672	21538
3308	613	3742	9535	5477	4025
-28		28	9	33	73
60	13	1	156	83	326
34390	5658	1588	62665	25614	12927
65798	3043	2270	125506	53071	20057
5038	2485	20998	35189	26039	10723
2576	168	108	4285	1550	2312
8244	736	1143	15473	6659	8124
24	65	175	748	714	776
570		113	3962	414	534
3583	64	25	5436	1323	951
-3		3	249	251	30
1734	294		2762	995	685
781	62	11	1346	540	3452
6773	**710**	**5907**	**14570**	**7113**	**4594**
7915	729	1928	14407	5994	2593
1212	-19		1477	204	93
-2353		3979	-1314	915	1908

12-8 规模以上国有及国有控股工业企业主要经济指标(2008年)

单位:万元

项目	Item	企业单位数(个) Number of Enterprises (unit)	亏损企业 Loss-making Enterprises
总计	**Total**	**146**	**44**
国有控股企业	State-holding Enterprises	146	44
轻工业	Light Industry	45	21
重工业	Heavy Industry	101	23
大型企业	Large Enterprises	9	1
中型企业	Medium-sized Enterprises	21	3
小型企业	Small Enterprises	116	40
按工业行业分组	**Grouped by Sector**		
采掘业	**Mining**	**21**	**4**
煤炭开采和洗选业	Mining and Washing of Coal	8	2
石油和天然气开采业	Extraction of Petroleum and Natural Gas	2	1
黑色金属矿采选业	Mining and Processing of Ferrous Metal Ores	1	
有色金属矿采选业	Mining and Processing of Non-Ferrous Metal Ores	6	1
非金属矿采选业	Mining and Processing of Nonmetal Ores	4	
制造业	**Manufacture**	**69**	**13**
农副食品加工业	Processing of Food from Agricultural Products	8	1
食品制造业	Manufacture of Foods	1	
纺织服装、鞋、帽制造业	Manufacture of Textile Wearing Apparel, Footwear and Caps	1	
印刷业和记录媒介的复制	Printing, Reproduction of Recording Media	4	4
石油加工、炼焦及核燃料加工业	Processing of Petroleum,Coking,Processing of Nuclear Fuel	1	
化学原料及化学制品制造业	Manufacture of Raw Chemical Materials and Chemical Products	20	5
医药制造业	Manufacture of Medicines	3	
非金属矿物制品业	Manufacture of Non-metallic Mineral Products	6	1
黑色金属冶炼及压延加工业	Smelting and Pressing of Ferrous Metals	2	
有色金属冶炼及压延加工业	Smelting and Pressing of Non-ferrous Metals	10	1
金属制品业	Manufacture of Metal Products	1	
通用设备制造业	Manufacture of General Purpose Machinery	7	
专用设备制造业	Manufacture of Special Purpose Machinery		
交通运输设备制造业	Manufacture of Transport Equipment	2	1
电气机械及器材制造业	Manufacture of Electrical Machinery and Equipment	2	
工艺品及其他制造业	Manufacture of Artwork and Other Manufacturing	1	
电力、燃气及水的生产和供应业	**Production and Distribution of Electricity, Gas and Water**	**56**	**27**
电力、热力的生产和供应业	Production and Supply of Electric Power and Heat Power	28	11
水的生产和供应业	Production and Supply of Water	28	16

Main Economic Indicators of State-owned and State-holding Industrial Enterprises(2008)

(10 000 yuan)

工 业 总产值 Gross Industrial Output Value	资 产 总 计 Total Assets	流动资 产合计 Total Working Capitals	流动资产 年平均余额 Annual Average Balance of Working Capitals	固定资 产原价 Original Value of Fixed Assets	累计折旧 Accumulated Depreciation	固定资产净值 年平均余额 Annual Average Balance of Net Value of Fixed Assets
7482699	**16182807**	**3921465**	**3525219**	**11434593**	**3546745**	**7462689**
7482699	16182807	3921465	3525219	11434593	3546745	7462689
80004	224062	53705	45369	142001	35961	89173
7402695	15958745	3867760	3479850	11292591	3510784	7373516
6253993	13455668	3186315	2851059	9668156	3291691	6000796
592211	1254262	381580	339669	780193	140220	607037
636495	1472878	353570	334490	986243	114834	854855
2802127	**4490308**	**1444479**	**1412703**	**3296578**	**1014735**	**2122265**
154663	278315	120158	111891	99809	23800	72892
1738237	2249432	515839	446014	2420511	846436	1471503
8577	9467	6707	5949	1538	1222	2749
852439	1839259	766116	813339	714407	125926	533980
48211	113836	35659	35509	60315	17351	41140
3466637	**5592102**	**2236939**	**1750910**	**2745284**	**863190**	**1700572**
27092	20927	8258	9301	8755	3504	4849
1292	485	244	215	247	6	241
7703	8514	6882	5714	2212	751	1434
5477	10824	5334	5187	8471	2992	5369
991757	2550360	1127857	703711	722494	37912	545522
11957	29637	8229	3486	23683	5118	16655
44540	69011	25755	24220	52017	22748	29768
1008955	1194450	432887	425790	669678	144691	506186
1190684	1390260	467390	430768	1123350	604221	509187
492	4533	4198	4198	491	159	332
144784	270549	127329	120684	112506	36325	74174
910	3028	658	581	1744	537	1225
30057	35089	18463	13821	18717	3979	4960
938	4435	3454	3235	920	248	672
1213934	**6100397**	**240047**	**361606**	**5392730**	**1668820**	**3639852**
1194864	5967979	223897	343892	5306930	1645770	3580604
19070	132419	16150	17714	85800	23050	59248

12-8 续表 1

单位:万元

项 目	Item	负 债 合 计 Total Liabilities	流动负债 合 计 Total Working Liabilities
总 计	**Total**	**10191933**	**5091236**
国有控股企业	State-holding Enterprises	10191933	5091236
轻工业	Light Industry	139524	77369
重工业	Heavy Industry	10052410	5013867
大型企业	Large Enterprises	8608094	4163090
中型企业	Medium-sized Enterprises	784981	460219
小型企业	Small Enterprises	798859	467927
按工业行业分组	**Grouped by Sector**		
采掘业	**Mining**	**2240314**	**1296313**
煤炭开采和洗选业	Mining and Washing of Coal	177460	120175
石油和天然气开采业	Extraction of Petroleum and Natural Gas	1268280	687088
黑色金属矿采选业	Mining and Processing of Ferrous Metal Ores	7150	5771
有色金属矿采选业	Mining and Processing of Non-Ferrous Metal Ores	723421	442637
非金属矿采选业	Mining and Processing of Nonmetal Ores	64002	40642
制造业	**Manufacture**	**3371952**	**2177814**
农副食品加工业	Processing of Food from Agricultural Products	10614	9315
食品制造业	Manufacture of Foods	99	99
纺织服装、鞋、帽制造业	Manufacture of Textile Wearing Apparel, Footwear and Caps	3174	2655
印刷业和记录媒介的复制	Printing, Reproduction of Recording Media	7149	6925
石油加工、炼焦及核燃料加工业	Processing of Petroleum,Coking,Processing of Nuclear Fuel		
化学原料及化学制品制造业	Manufacture of Raw Chemical Materials and Chemical Products	1203969	693595
医药制造业	Manufacture of Medicines	10278	7593
非金属矿物制品业	Manufacture of Non-metallic Mineral Products	36532	34970
黑色金属冶炼及压延加工业	Smelting and Pressing of Ferrous Metals	774380	596889
有色金属冶炼及压延加工业	Smelting and Pressing of Non-ferrous Metals	1120785	685012
金属制品业	Manufacture of Metal Products	2540	2468
通用设备制造业	Manufacture of General Purpose Machinery	171125	107816
专用设备制造业	Manufacture of Special Purpose Machinery		
交通运输设备制造业	Manufacture of Transport Equipment	1231	1229
电气机械及器材制造业	Manufacture of Electrical Machinery and Equipment	27160	27136
工艺品及其他制造业	Manufacture of Artwork and Other Manufacturing	2915	2112
电力、燃气及水的生产和供应业	**Production and Distribution of Electricity, Gas and Water**	**4579667**	**1617109**
电力、热力的生产和供应业	Production and Supply of Electric Power and Heat Power	4488495	1582540
水的生产和供应业	Production and Supply of Water	91173	34568

continued

(10 000 yuan)

长期负债合计 Total Long-term Liabilities	所有者权益合计 Total Owners' Equity	实收资本 Paid-up Capital	主营业务收入 Revenue from Principal Business	主营业务成本 Cost of Principal Business	主营业务税金及附加 Taxes and Other Charges on Principal Business	其他业务利润 Other Operating Profit
4496753	**5990874**	**2507552**	**7182058**	**5194349**	**104426**	**5305**
4496753	5990874	2507552	7182058	5194349	104426	5305
58168	84539	93650	82181	54152	340	1195
4438586	5906335	2413902	7099876	5140197	104086	4111
3863812	4847574	1817477	6046782	4418781	83324	-4429
319302	469281	380367	505490	336739	9402	8291
313640	674019	309708	629786	438828	11700	1443
359974	**2249994**	**340913**	**2913282**	**1802806**	**51689**	**-209**
56340	100855	50364	186063	100064	6283	994
	981151	5037	1357392	554272	36921	
1379	2317	2580	14675	7176	129	610
280784	1115838	251732	1310683	1115785	7302	-1928
21471	49834	31200	44469	25509	1054	115
1187440	**2220150**	**1195608**	**3057140**	**2326113**	**40671**	**6852**
34	10313	7945	33269	19895	28	
	386	385	1270	1085	1	
519	5340	1746	8442	5427	49	55
224	3676	2124	5386	4240	27	97
508064	1346390	537749	809882	399840	29993	-22
	19358	16167	11060	8146	35	
1462	32479	23171	45379	30104	357	136
177492	420070	294900	783892	655674	5318	-850
435504	269475	215904	1180298	1063092	3996	424
72	1993	1993	1414	1230	17	
63247	99423	86459	145798	114855	509	6638
	1798	548	1007	894	5	6
20	7929	5518	29397	21298	327	
802	1520	1000	647	333	10	369
2949339	**1520730**	**971031**	**1211636**	**1065430**	**12066**	**-1337**
2892771	1479484	907339	1196017	1054184	11942	-2011
56569	41246	63692	15620	11246	125	674

12-8 续表 2

单位:万元

项 目	Item	营业费用 Operating Expenses	营业利润 Operating Profit
总 计	**Total**	**118789**	**1213725**
国有控股企业	State-holding Enterprises	118789	1213725
轻工业	Light Industry	4881	2698
重工业	Heavy Industry	113909	1211027
大型企业	Large Enterprises	62448	1015915
中型企业	Medium-sized Enterprises	31089	77932
小型企业	Small Enterprises	25253	119878
按工业行业分组	**Grouped by Sector**		
采掘业	**Mining**	**42409**	**720136**
煤炭开采和洗选业	Mining and Washing of Coal	10292	50311
石油和天然气开采业	Extraction of Petroleum and Natural Gas	6089	587579
黑色金属矿采选业	Mining and Processing of Ferrous Metal Ores	120	422
有色金属矿采选业	Mining and Processing of Non-Ferrous Metal Ores	23412	78576
非金属矿采选业	Mining and Processing of Nonmetal Ores	2495	3248
制造业	**Manufacture**	**70969**	**517085**
农副食品加工业	Processing of Food from Agricultural Products	2345	319
食品制造业	Manufacture of Foods	10	5
纺织服装、鞋、帽制造业	Manufacture of Textile Wearing Apparel, Footwear and Caps	194	585
印刷业和记录媒介的复制	Printing, Reproduction of Recording Media	27	-170
石油加工、炼焦及核燃料加工业	Processing of Petroleum,Coking,Processing of Nuclear Fuel		
化学原料及化学制品制造业	Manufacture of Raw Chemical Materials and Chemical Products	28086	423421
医药制造业	Manufacture of Medicines	1254	769
非金属矿物制品业	Manufacture of Non-metallic Mineral Products	3037	4427
黑色金属冶炼及压延加工业	Smelting and Pressing of Ferrous Metals	4418	35010
有色金属冶炼及压延加工业	Smelting and Pressing of Non-ferrous Metals	21810	45628
金属制品业	Manufacture of Metal Products	51	-7
通用设备制造业	Manufacture of General Purpose Machinery	7762	5125
专用设备制造业	Manufacture of Special Purpose Machinery		
交通运输设备制造业	Manufacture of Transport Equipment		-117
电气机械及器材制造业	Manufacture of Electrical Machinery and Equipment	1962	2214
工艺品及其他制造业	Manufacture of Artwork and Other Manufacturing	13	-123
电力、燃气及水的生产和供应业	**Production and Distribution of Electricity, Gas and Water**	**5412**	**-23496**
电力、热力的生产和供应业	Production and Supply of Electric Power and Heat Power	4492	-23178
水的生产和供应业	Production and Supply of Water	920	-318

continued

(10 000 yuan)

利 润 总 额 Total Profits	应 交 所得税 Income Tax Payable	亏损企业 亏损总额 The Total Loss of Loss-making Enterprises	利 税 总 额 Total Profits and Taxes	本年应交 增 值 税 Value Added Tax Payable	全部从业人员年 平均人数(人) Annual Average Employed Persons (person)
1316987	**101755**	**34471**	**1888467**	**467053**	**106049**
1316987	101755	34471	1888467	467053	106049
1362	34	4047	5451	3748	5121
1315625	101721	30424	1883016	463305	100928
1078713	62451	2318	1552598	390560	72875
105480	16353	7963	151373	36491	22035
132794	22952	24190	184496	40002	11139
744932	**23533**	**6345**	**1007813**	**211192**	**42305**
49399	10907	5479	78358	22676	6401
601676	5996	510	775923	137326	22668
757	55		1619	734	299
90279	6568	355	144569	46988	8663
2821	7		7344	3469	4274
574710	**78115**	**10039**	**764103**	**148723**	**48314**
488	13	3	975	458	380
5			22	17	28
649			1190	492	561
-66		66	217	256	635
479323	69890	4400	565766	56450	14344
793	21		1673	845	756
5264	856	75	9398	3777	2200
32563	25		75859	37978	10354
45396	6534	5383	91088	41696	11183
			177	159	221
8441	736		14632	5682	6562
-112		113	-60	47	150
1736	40		2839	777	168
230			327	88	772
-2654	**108**	**18087**	**116551**	**107138**	**15430**
-301	107	14108	117864	106223	13522
-2353		3979	-1314	915	1908

12-9 规模以上集体工业企业主要经济指标(2008年)

单位:万元

项目	Item	企业单位数(个) Number of Enterprises (unit)	亏损企业 Loss-making Enterprises
总计	**Total**	**12**	**4**
重工业	Heavy Industry	12	4
中型企业	Medium-sized Enterprises	4	
小型企业	Small Enterprises	8	4
按工业行业分组	**Grouped by Sector**		
采掘业	**Mining**	**1**	**1**
有色金属矿采选业	Mining and Processing of Non-Ferrous Metal Ores	1	1
制造业	**Manufacture**	**11**	**3**
化学原料及化学制品制造业	Manufacture of Raw Chemical Materials and Chemical Products	2	
塑料制品业	Manufacture of Plastics	1	
非金属矿物制品业	Manufacture of Non-metallic Mineral Products	4	1
有色金属冶炼及压延加工业	Smelting and Pressing of Non-ferrous Metals	1	
金属制品业	Manufacture of Metal Products	1	
专用设备制造业	Manufacture of Special Purpose Machinery	1	1
电气机械及器材制造业	Manufacture of Electrical Machinery and Equipment	1	1

Main Indicators of Collective Industrial Enterprises(2008)

(10 000 yuan)

工业总产值 Gross Industrial Output Value	资产总计 Total Assets	流动资产合计 Total Working Capitals	流动资产年平均余额 Annual Average Balance of Working Capitals	固定资产原价 Original Value of Fixed Assets	累计折旧 Accumulated Depreciation	固定资产净值年平均余额 Annual Average Balance of Net Value of Fixed Assets
74521	**97467**	**64967**	**57688**	**31289**	**12747**	**18611**
74521	97467	64967	57688	31289	12747	18611
51155	54339	38050	36183	15026	7537	7672
23366	43129	26917	21505	16263	5210	10939
1622	**1611**	**243**	**710**	**2065**	**1219**	**939**
1622	1611	243	710	2065	1219	939
72899	**95857**	**64724**	**56977**	**29224**	**11528**	**17672**
18377	32913	22442	16501	10649	2647	7940
986	1442	1013	1011	261	76	180
36976	41173	26005	25109	13289	6577	6966
3122	4783	3247	3347	1890	875	1015
11930	10495	9546	8500	1773	913	821
525	3570	1805	1725	933	518	432
983	1482	666	785	429	-78	318

12-9 续表 1

单位:万元

项 目	Item	负债合计 Total Liabilities	流动负债合计 Total Working Liabilities
总 计	**Total**	**74153**	**67481**
重工业	Heavy Industry	74153	67481
中型企业	Medium-sized Enterprises	41446	37639
小型企业	Small Enterprises	32707	29842
按工业行业分组	**Grouped by Sector**		
采掘业	**Mining**	**3350**	**1514**
有色金属矿采选业	Mining and Processing of Non-Ferrous Metal Ores	3350	1514
制造业	**Manufacture**	**70803**	**65967**
化学原料及化学制品制造业	Manufacture of Raw Chemical Materials and Chemical Products	21753	21158
塑料制品业	Manufacture of Plastics	1057	927
非金属矿物制品业	Manufacture of Non-metallic Mineral Products	33475	29697
有色金属冶炼及压延加工业	Smelting and Pressing of Non-ferrous Metals	1823	1600
金属制品业	Manufacture of Metal Products	8812	8812
专用设备制造业	Manufacture of Special Purpose Machinery	2706	2706
电气机械及器材制造业	Manufacture of Electrical Machinery and Equipment	1177	1068

continued

(10 000 yuan)

长期负债合计 Total Long-term Liabilities	所有者权益合计 Total Owners' Equity	实收资本 Paid-up Capital	主营业务收入 Revenue from Principal Business	主营业务成本 Cost of Principal Business	主营业务税金及附加 Taxes and Other Charges on Principal Business	其他业务利润 Other Operating Profit
1651	**23315**	**11207**	**140995**	**128368**	**1667**	**563**
1651	23315	11207	140995	128368	1667	563
900	12893	6949	119145	111864	1053	512
751	10422	4258	21850	16504	614	51
	-1739	**810**	**1780**	**1745**	**11**	
	-1739	810	1780	1745	11	
1651	**25054**	**10397**	**139215**	**126624**	**1656**	**563**
576	11160	1500	17283	12285	595	20
130	385	495	794	784	2	
945	7698	4402	102209	97166	1004	398
	2960	1350	3516	2919	25	72
	1683	1450	14101	12362	28	72
	864	1100	400	320	1	
	305	100	912	788	2	

12-9 续表 2

单位:万元

项 目	Item	营业费用 Operating Expenses	营业利润 Operating Profit
总 计	**Total**	**10373**	**5360**
重工业	Heavy Industry	10373	5360
中型企业	Medium-sized Enterprises	8848	1922
小型企业	Small Enterprises	1525	3437
按工业行业分组	**Grouped by Sector**		
采掘业	**Mining**	**2**	**-40**
有色金属矿采选业	Mining and Processing of Non-Ferrous Metal Ores	2	-40
制造业	**Manufacture**	**10371**	**5399**
化学原料及化学制品制造业	Manufacture of Raw Chemical Materials and Chemical Products	1375	3726
塑料制品业	Manufacture of Plastics	1	
非金属矿物制品业	Manufacture of Non-metallic Mineral Products	8804	911
有色金属冶炼及压延加工业	Smelting and Pressing of Non-ferrous Metals		155
金属制品业	Manufacture of Metal Products	105	721
专用设备制造业	Manufacture of Special Purpose Machinery	11	-51
电气机械及器材制造业	Manufacture of Electrical Machinery and Equipment	75	-63

continued

(10 000 yuan)

利 润 总 额 Total Profits	应 交 所得税 Income Tax Payable	亏损企业 亏损总额 The Total Loss of Loss-making Enterprises	利 税 总 额 Total Profits and Taxes	本年应交 增 值 税 Value Added Tax Payable	全部从业人员年 平均人数(人) Annual Average Employed Persons (person)
9964	**842**	**129**	**19563**	**7933**	**4536**
9964	842	129	19563	7933	4536
4476	842		11490	5961	3597
5488		129	8074	1972	939
-40		**40**	**-29**		**70**
-40		40	-29		70
10003	**842**	**89**	**19592**	**7933**	**4466**
5616			8055	1845	354
			17	15	81
3559	676	51	10131	5568	2924
158			370	187	600
708	166		1019	283	315
-13		13	-8	5	128
-25		25	7	30	64

12–10 大中型企业主要经济指标(2008年)

单位:万元

项目	Item	企业单位数(个) Number of Enterprises (unit)	亏损企业 Loss-making Enterprises
总计	**Total**	**78**	**9**
国有控股企业	State-holding Enterprises	30	4
轻工业	Light Industry	16	2
重工业	Heavy Industry	62	7
大型企业	Large Enterprises	9	1
中型企业	Medium-sized Enterprises	69	8
按工业行业分组	**Grouped by Sector**		
采掘业	**Mining**	**12**	**1**
煤炭开采和洗选业	Mining and Washing of Coal	5	1
石油和天然气开采业	Extraction of Petroleum and Natural Gas	1	
黑色金属矿采选业	Mining and Processing of Ferrous Metal Ores	1	
有色金属矿采选业	Mining and Processing of Non-Ferrous Metal Ores	3	
非金属矿采选业	Mining and Processing of Nonmetal Ores	2	
制造业	**Manufacture**	**61**	**7**
农副食品加工业	Processing of Food from Agricultural Products	1	
食品制造业	Manufacture of Foods	1	
饮料制造业	Manufacture of Beverages	2	
纺织业	Manufacture of Textile	4	1
纺织服装、鞋、帽制造业	Manufacture of Textile Wearing Apparel, Footwear and Caps	3	
印刷业和记录媒介的复制	Printing, Reproduction of Recording Media	1	
石油加工、炼焦及核燃料加工业	Processing of Petroleum,Coking,Processing of Nuclear Fuel	1	
化学原料及化学制品制造业	Manufacture of Raw Chemical Materials and Chemical Products	10	2
医药制造业	Manufacture of Medicines	3	1
非金属矿物制品业	Manufacture of Non-metallic Mineral Products	8	
黑色金属冶炼及压延加工业	Smelting and Pressing of Ferrous Metals	10	
有色金属冶炼及压延加工业	Smelting and Pressing of Non-ferrous Metals	8	2
金属制品业	Manufacture of Metal Products	2	
通用设备制造业	Manufacture of General Purpose Machinery	5	1
交通运输设备制造业	Manufacture of Transport Equipment	1	
仪器仪表及文化、办公用机械制造业	Manufacture of Measuring Instruments and Machinery for Cultural Activity and Office Work	1	
电力、燃气及水的生产和供应业	**Production and Distribution of Electricity, Gas and Water**	**5**	**1**
电力、热力的生产和供应业	Production and Supply of Electric Power and Heat Power	4	1
水的生产和供应业	Production and Supply of Water	1	

Main Indicators of Large and Medium-sized Industrial Enterprises(2008)

(10 000 yuan)

工业总产值 Gross Industrial Output Value	资产总计 Total Assets	流动资产合计 Total Working Capitals	流动资产年平均余额 Annual Average Balance of Working Capitals	固定资产原价 Original Value of Fixed Assets	累计折旧 Accumulated Depreciation	固定资产净值年平均余额 Annual Average Balance of Net Value of Fixed Assets
8576526	**17216783**	**4786457**	**4186223**	**11309021**	**3601049**	**7285292**
6846204	14709929	3567895	3190728	10448350	3431911	6607833
268409	336744	143457	122388	201818	47725	145382
8308117	16880039	4643000	4063835	11107202	3553324	7139910
6253993	13455668	3186315	2851059	9668156	3291691	6000796
2322533	3761115	1600142	1335164	1640864	309358	1284496
3010917	**4873308**	**1670427**	**1590509**	**3337177**	**1020838**	**2152155**
295521	557525	306121	253177	109441	25073	76033
1736867	2244440	515365	445540	2417219	845626	1469021
16796	25430	22458	20667	3283	1268	1997
916978	1940112	793302	838093	752637	132767	568433
44755	105800	33181	33032	54598	16104	36671
4473941	**6916246**	**2910476**	**2269998**	**3192328**	**971320**	**2060729**
17377	34388	16771	12429	16537	834	12902
8165	5478	3646	3300	3730	2026	1704
50253	57654	34514	24616	20374	4560	15392
80032	83322	30060	29247	40343	7217	32425
50433	39759	20124	17053	19845	2972	17641
14362	11920	4473	4426	9479	2578	7070
95152	211428	85872	43217	125557	5786	119771
994703	3022595	1320736	815698	858916	75254	656287
36089	58073	27242	22181	35202	10753	20886
104693	132474	62933	58889	74431	32527	42801
1299268	1411356	576127	563334	722497	156049	537342
1480475	1457390	527991	491696	1101757	623579	486080
61069	59703	22705	22101	30279	1978	28568
150797	301761	156222	141885	123061	41392	75613
16180	13078	11691	11131	2204	940	1323
14893	15867	9371	8796	8116	2875	4926
1091667	**5427229**	**205554**	**325716**	**4779515**	**1608891**	**3072407**
1079969	5381079	198926	316579	4723207	1592105	3035044
11698	46150	6628	9137	56308	16786	37363

12–10 续表 1

单位:万元

项 目	Item	负债合计 Total Liabilities	流动负债合计 Total Working Liabilities
总 计	**Total**	**10967225**	**5649834**
国有控股企业	State-holding Enterprises	9393075	4623310
轻工业	Light Industry	179317	127768
重工业	Heavy Industry	10787908	5522067
大型企业	Large Enterprises	8608094	4163090
中型企业	Medium-sized Enterprises	2359131	1486744
按工业行业分组	**Grouped by Sector**		
采掘业	**Mining**	**2427452**	**1440303**
煤炭开采和洗选业	Mining and Washing of Coal	324961	267765
石油和天然气开采业	Extraction of Petroleum and Natural Gas	1267675	686483
黑色金属矿采选业	Mining and Processing of Ferrous Metal Ores	4841	1841
有色金属矿采选业	Mining and Processing of Non-Ferrous Metal Ores	770538	445638
非金属矿采选业	Mining and Processing of Nonmetal Ores	59436	38575
制造业	**Manufacture**	**4356394**	**2770830**
农副食品加工业	Processing of Food from Agricultural Products	23645	23480
食品制造业	Manufacture of Foods	3568	3292
饮料制造业	Manufacture of Beverages	30715	21052
纺织业	Manufacture of Textile	40911	21004
纺织服装、鞋、帽制造业	Manufacture of Textile Wearing Apparel, Footwear and Caps	22506	17077
印刷业和记录媒介的复制	Printing, Reproduction of Recording Media	2562	2560
石油加工、炼焦及核燃料加工业	Processing of Petroleum,Coking,Processing of Nuclear Fuel	180088	145088
化学原料及化学制品制造业	Manufacture of Raw Chemical Materials and Chemical Products	1602685	823384
医药制造业	Manufacture of Medicines	27541	24846
非金属矿物制品业	Manufacture of Non-metallic Mineral Products	82322	71247
黑色金属冶炼及压延加工业	Smelting and Pressing of Ferrous Metals	902561	721628
有色金属冶炼及压延加工业	Smelting and Pressing of Non-ferrous Metals	1190760	744721
金属制品业	Manufacture of Metal Products	28853	20619
通用设备制造业	Manufacture of General Purpose Machinery	202288	115452
交通运输设备制造业	Manufacture of Transport Equipment	11543	11534
仪器仪表及文化、办公用机械制造业	Manufacture of Measuring Instruments and Machinery for Cultural Activity and Office Work	3849	3849
电力、燃气及水的生产和供应业	**Production and Distribution of Electricity, Gas and Water**	**4183378**	**1438701**
电力、热力的生产和供应业	Production and Supply of Electric Power and Heat Power	4155509	1424244
水的生产和供应业	Production and Supply of Water	27869	14457

continued

(10 000 yuan)

长期负债合计 Total Long-term Liabilities	所有者权益合计 Total Owners' Equity	实收资本 Paid-up Capital	主营业务收入 Revenue from Principal Business	主营业务成本 Cost of Principal Business	主营业务税金及附加 Taxes and Other Charges on Principal Business	其他业务利润 Other Operating Profit
4678685	**6249558**	**2621619**	**8304687**	**6058099**	**111758**	**6501**
4183114	5316855	2197845	6552272	4755520	92726	3862
34826	157427	117159	252982	194883	6304	947
4643859	6092131	2504460	8051706	5863216	105454	5554
3863812	4847574	1817477	6046782	4418781	83324	-4429
814873	1401985	804142	2257905	1639318	28433	10931
403212	**2445855**	**378090**	**3126029**	**1900448**	**54393**	**-288**
56340	232564	76210	329200	169894	8569	1419
	976765		1356235	552748	36910	
3000	20589	2096	16350	8656	132	104
324901	1169573	269784	1382997	1145675	7801	-1926
18971	46364	30000	41246	23475	980	115
1530797	**2559852**	**1410118**	**4089904**	**3202245**	**46479**	**8439**
	10744	10000	16856	13620		
272	1910	1862	4396	6350	205	
6	26939	11500	49941	27200	5619	
15707	42411	19658	74785	72244	29	417
5429	17253	8046	49665	38926	50	104
	9358	5357	13932	9724	7	31
35000	31341	50000	74461	53380	420	502
779094	1419910	588135	811508	380667	27074	27
	30532	27736	34155	20468	336	27
8134	50152	27043	168000	140987	1547	368
180234	508795	336448	1091618	923130	6136	-494
411870	266630	227719	1464230	1317057	4421	497
8233	30851	10330	60106	55804	44	223
86808	99473	83597	145471	118975	558	6656
9	1535	1187	19354	16191		81
	12019	1500	11427	7523	34	-1
2744677	**1243851**	**833412**	**1088755**	**955407**	**10886**	**-1649**
2731264	1225570	800412	1079502	949056	10828	-2017
13412	18281	33000	9253	6351	59	368

12-10 续表 2

单位:万元

项 目	Item	营业费用 Operating Expenses	营业利润 Operating Profit
总 计	**Total**	**165008**	**1361907**
国有控股企业	State-holding Enterprises	93537	1093848
轻工业	Light Industry	15831	17362
重工业	Heavy Industry	149177	1344545
大型企业	Large Enterprises	62448	1015915
中型企业	Medium-sized Enterprises	102560	345992
按工业行业分组	**Grouped by Sector**		
采掘业	**Mining**	**45231**	**818801**
煤炭开采和洗选业	Mining and Washing of Coal	13094	111035
石油和天然气开采业	Extraction of Petroleum and Natural Gas	6089	588086
黑色金属矿采选业	Mining and Processing of Ferrous Metal Ores	547	5389
有色金属矿采选业	Mining and Processing of Non-Ferrous Metal Ores	23388	111052
非金属矿采选业	Mining and Processing of Nonmetal Ores	2112	3240
制造业	**Manufacture**	**118909**	**551196**
农副食品加工业	Processing of Food from Agricultural Products	1203	350
食品制造业	Manufacture of Foods	491	452
饮料制造业	Manufacture of Beverages	3645	6570
纺织业	Manufacture of Textile	255	2064
纺织服装、鞋、帽制造业	Manufacture of Textile Wearing Apparel, Footwear and Caps	2266	1969
印刷业和记录媒介的复制	Printing, Reproduction of Recording Media	754	403
石油加工、炼焦及核燃料加工业	Processing of Petroleum,Coking,Processing of Nuclear Fuel	1514	14526
化学原料及化学制品制造业	Manufacture of Raw Chemical Materials and Chemical Products	36602	406199
医药制造业	Manufacture of Medicines	6727	4524
非金属矿物制品业	Manufacture of Non-metallic Mineral Products	11984	7846
黑色金属冶炼及压延加工业	Smelting and Pressing of Ferrous Metals	14350	61804
有色金属冶炼及压延加工业	Smelting and Pressing of Non-ferrous Metals	27812	37700
金属制品业	Manufacture of Metal Products	1090	1077
通用设备制造业	Manufacture of General Purpose Machinery	7823	3111
交通运输设备制造业	Manufacture of Transport Equipment	1639	637
仪器仪表及文化、办公用机械制造业	Manufacture of Measuring Instruments and Machinery for Cultural Activity and Office Work	753	1966
电力、燃气及水的生产和供应业	**Production and Distribution of Electricity, Gas and Water**	**868**	**-8090**
电力、热力的生产和供应业	Production and Supply of Electric Power and Heat Power	379	-9122
水的生产和供应业	Production and Supply of Water	489	1032

continued

(10 000 yuan)

利　润 总　额 Total Profits	应　交 所得税 Income Tax Payable	亏损企业 亏损总额 The Total Loss of Loss-making Enterprises	利　税 总　额 Total Profits and Taxes	本年应交 增 值 税 Value Added Tax Payable	全部从业人员年 平均人数(人) Annual Average Employed Persons (person)
1484703	**113211**	**22656**	**2111126**	**514665**	**128263**
1184194	78803	10281	1703971	427051	94910
16918	1210	4181	30814	7593	12681
1467785	112000	18475	2080312	507072	115582
1078713	62451	2318	1552598	390560	72875
405990	50760	20338	558528	124105	55388
861064	**37209**	**1906**	**1141827**	**226371**	**42218**
124285	19090	1906	170308	37454	6382
602187	5996		776278	137182	22647
5518	828		7190	1541	335
126265	11288		181060	46994	8879
2810	7		6990	3200	3975
610149	**75660**	**18432**	**849059**	**192431**	**72881**
445	4		465	20	300
475	70		1036	356	622
8544			16351	2188	1052
2233	558	614	2879	617	4663
1713			2463	700	3071
685			692		300
14614			19899	4865	1300
455054	61653	679	548244	66117	15692
1255	579	3566	4753	3161	1840
14167	1964		27673	11959	5892
61600	2862		114847	47111	15381
38535	6777	13075	90370	47414	13584
962	166		1446	440	800
7452	734	497	14135	6125	7384
682			1045	363	315
1734	294		2762	995	685
13490	**342**	**2318**	**120240**	**95863**	**13164**
11922	342	2318	118063	95313	12331
1568			2177	550	833

12–11 规模以上非公有工业企业主要指标(2008年)

单位:万元

项 目	Item	企业单位数(个) Number of Enterprises (unit)	亏损企业 Loss-making Enterprises
总 计	**Total**	**307**	**103**
轻工业	Light Industry	91	31
重工业	Heavy Industry	216	72
中型企业	Medium-sized Enterprises	34	4
小型企业	Small Enterprises	273	99
按登记注册类型分组	**By Status of Registration**		
股份合作企业	Cooperative Enterprises	5	4
联营企业	Joint Ownership Enterprises	1	
有限责任公司	Limited Liability Corporations	119	38
股份有限公司	Share-holding Corporations Limited	12	5
私营企业	Private Enterprises	151	50
其他企业	Other Enterprises	1	
港、澳、台商投资企业	Enterprises with Funds from Hong Kong, Macao and Taiwan	7	2
外商投资企业	Foreign Funded Enterprises	11	4
按工业行业分组	**Grouped by Sector**		
采掘业	**Mining**	**42**	**13**
煤炭开采和洗选业	Mining and Washing of Coal	13	3
黑色金属矿采选业	Mining and Processing of Ferrous Metal Ores	9	4
有色金属矿采选业	Mining and Processing of Non-Ferrous Metal Ores	13	4
非金属矿采选业	Mining and Processing of Nonmetal Ores	5	2
其他采矿业	Mining of Other Ores	2	
制造业	**Manufacture**	**254**	**83**
农副食品加工业	Processing of Food from Agricultural Products	22	7
食品制造业	Manufacture of Foods	17	5
饮料制造业	Manufacture of Beverages	7	2
纺织业	Manufacture of Textile	7	3
纺织服装、鞋、帽制造业	Manufacture of Textile Wearing Apparel, Footwear and Caps	3	
皮革、毛皮、羽毛(绒)及其制品业	Manufacture of Leather,Fur,Feather and Related Products	1	1
家具制造业	Manufacture of Furniture	1	
造纸及纸制品业	Manufacture of Paper and Paper Products	2	2
印刷业和记录媒介的复制	Printing, Reproduction of Recording Media	5	2
石油加工、炼焦及核燃料加工业	Processing of Petroleum, Coking, Processing of Nuclear Fuel	2	1
化学原料及化学制品制造业	Manufacture of Raw Chemical Materials and Chemical Products	48	14
医药制造业	Manufacture of Medicines	19	8
橡胶制品业	Manufacture of Rubber	1	1
塑料制品业	Manufacture of Plastics	4	1
非金属矿物制品业	Manufacture of Non-metallic Mineral Products	36	8
黑色金属冶炼及压延加工业	Smelting and Pressing of Ferrous Metals	34	11
有色金属冶炼及压延加工业	Smelting and Pressing of Non-ferrous Metals	10	6
金属制品业	Manufacture of Metal Products	16	6
通用设备制造业	Manufacture of General Purpose Machinery	4	2
专用设备制造业	Manufacture of Special Purpose Machinery	3	1
交通运输设备制造业	Manufacture of Transport Equipment		
电气机械及器材制造业	Manufacture of Electrical Machinery and Equipment	6	
通信设备、计算机及其他电子设备制造业	Manufacture of Communication Equipment, Computers and Other Electronic Equipment	1	1
仪器仪表及文化、办公用机械制造业	Manufacture of Measuring Instruments and Machinery for Cultural Activity and Office Work	1	
工艺品及其他制造业	Manufacture of Artwork and Other Manufacturing	4	1
电力、燃气及水的生产和供应业	**Production and Distribution of Electricity, Gas and Water**	**11**	**7**
电力、热力的生产和供应业	Production and Supply of Electric Power and Heat Power	10	7
燃气生产和供应业	Production and Supply of Gas	1	

Main Indicators of all Non-public Industrial Enterprises Above Designated Size (2008

(10 000 yuan)

工业总产值 Gross Industrial Output Value	资产总计 Total Assets	流动资产合计 Total Working Capitals	流动资产年平均余额 Annual Average Balance of Working Capitals	固定资产原价 Original Value of Fixed Assets	累计折旧 Accumulated Depreciation	固定资产净值年平均余额 Annual Average Balance of Net Value of Fixed Assets
2855934	**3702881**	**1865865**	**1511862**	**1332837**	**255965**	**1028092**
504235	558773	221725	203023	254725	49582	197760
2351699	3144107	1644140	1308839	1078111	206383	830332
1379176	1831917	969469	793679	591278	108996	463747
1476758	1870964	896397	718183	741558	146969	564345
19852	37998	20495	19079	15801	3846	11074
2893	1247	1012	454	95	23	193
1438631	1418114	780883	622453	365965	77589	268929
127691	227316	83905	74185	118817	33308	85622
1044637	1659689	868659	693995	607572	110238	462255
584	659	479	479	218	38	180
58739	47829	38000	35774	12155	4593	7090
162907	310029	72433	65442	212214	26328	192749
450546	**736286**	**426753**	**327393**	**114877**	**24366**	**86855**
297623	476195	296013	224181	24448	4392	14411
33855	41716	31678	30043	11812	4460	7098
98979	163341	56169	46070	68853	12691	60714
11952	51897	41328	25794	7760	2391	3062
8138	3137	1565	1306	2004	432	1570
2377723	**2723678**	**1418034**	**1162978**	**1006072**	**200104**	**752685**
109247	121836	62717	52164	49875	8611	37374
70069	65090	26651	26249	30523	4657	24938
52950	46184	16472	13275	26233	2593	22198
83251	102556	34236	33203	61484	15251	43366
47190	35600	13594	11375	17643	2229	16207
1970	3122	1983	2014	899	127	890
1964	2916	1630	1630	1391	203	1287
1083	1388	178	182	792	201	1008
18888	15357	6241	5913	11363	3771	7806
95179	214526	88375	43780	126697	6347	120351
337414	921475	554071	456148	255746	57241	174305
86866	132018	40088	39262	46242	10063	36099
876	1568	1033	936	590	76	514
5028	4090	2346	2277	1539	262	1315
200655	201113	95243	86760	98550	30591	67088
407720	273954	158285	148853	79277	18532	48287
617640	337897	193297	128079	111327	22348	82842
100957	77730	34052	32544	35825	2902	33056
37868	74721	41381	33849	22475	7261	11350
7944	16238	6940	6981	6381	1537	6571
51788	33672	16733	15928	5371	673	4931
5388	4588	408	41	106	12	9
14893	15867	9371	8796	8116	2875	4926
20896	20174	12708	12742	7625	1740	5968
27665	**242917**	**21078**	**21491**	**211888**	**31496**	**188552**
22983	236650	19313	19997	207709	30522	185628
4681	6267	1766	1495	4180	974	2925

12-11 续表 1

单位:万元

项 目	Item	负债合计 Total Liabilities	流动负债合计 Total Working Liabilities
总 计	**Total**	**2110020**	**1536814**
轻工业	Light Industry	265355	179405
重工业	Heavy Industry	1844665	1357409
中型企业	Medium-sized Enterprises	1162714	803134
小型企业	Small Enterprises	947306	733680
按登记注册类型分组	**By Status of Registration**		
股份合作企业	Cooperative Enterprises	22540	19944
联营企业	Joint Ownership Enterprises	696	696
有限责任公司	Limited Liability Corporations	778056	654486
股份有限公司	Share-holding Corporations Limited	140234	86751
私营企业	Private Enterprises	963922	722718
其他企业	Other Enterprises	609	609
港、澳、台商投资企业	Enterprises with Funds from Hong Kong,Macao and Taiwan	21510	11079
外商投资企业	Foreign Funded Enterprises	182454	40531
按工业行业分组	**Grouped by Sector**		
采掘业	**Mining**	**363607**	**302371**
煤炭开采和洗选业	Mining and Washing of Coal	222835	212498
黑色金属矿采选业	Mining and Processing of Ferrous Metal Ores	9229	6100
有色金属矿采选业	Mining and Processing of Non-Ferrous Metal Ores	84275	38714
非金属矿采选业	Mining and Processing of Nonmetal Ores	44684	42536
其他采矿业	Mining of Other Ores	2584	2523
制造业	**Manufacture**	**1575888**	**1202409**
农副食品加工业	Processing of Food from Agricultural Products	74331	63739
食品制造业	Manufacture of Foods	32046	19997
饮料制造业	Manufacture of Beverages	20852	4841
纺织业	Manufacture of Textile	46126	26099
纺织服装、鞋、帽制造业	Manufacture of Textile Wearing Apparel, Footwear and Caps	19361	14442
皮革、毛皮、羽毛(绒)及其制品业	Manufacture of Leather,Fur,Feather and Related Products	2520	2520
家具制造业	Manufacture of Furniture	2042	1202
造纸及纸制品业	Manufacture of Paper and Paper Products	709	36
印刷业和记录媒介的复制	Printing, Reproduction of Recording Media	3601	3580
石油加工、炼焦及核燃料加工业	Processing of Petroleum, Coking, Processing of Nuclear Fuel	182890	147890
化学原料及化学制品制造业	Manufacture of Raw Chemical Materials and Chemical Products	462260	350843
医药制造业	Manufacture of Medicines	47087	38279
橡胶制品业	Manufacture of Rubber	398	390
塑料制品业	Manufacture of Plastics	1977	1721
非金属矿物制品业	Manufacture of Non-metallic Mineral Products	107071	82395
黑色金属冶炼及压延加工业	Smelting and Pressing of Ferrous Metals	163826	148065
有色金属冶炼及压延加工业	Smelting and Pressing of Non-ferrous Metals	288090	224513
金属制品业	Manufacture of Metal Products	35760	20906
通用设备制造业	Manufacture of General Purpose Machinery	44058	21147
专用设备制造业	Manufacture of Special Purpose Machinery	9606	5351
交通运输设备制造业	Manufacture of Transport Equipment		
电气机械及器材制造业	Manufacture of Electrical Machinery and Equipment	10740	9858
通信设备、计算机及其他电子设备制造业	Manufacture of Communication Equipment, Computers and Other Electronic Equipment	282	282
仪器仪表及文化、办公用机械制造业	Manufacture of Measuring Instruments and Machinery for Cultural Activity and Office Work	3849	3849
工艺品及其他制造业	Manufacture of Artwork and Other Manufacturing	15606	4466
电力、燃气及水的生产和供应业	**Production and Distribution of Electricity, Gas and Water**	**170526**	**32034**
电力、热力的生产和供应业	Production and Supply of Electric Power and Heat Power	169431	32297
燃气生产和供应业	Production and Supply of Gas	1095	-264

continued

(10 000 yuan)

长期负债合计 Total Long-term Liabilities	所有者权益合计 Total Owners' Equity	实收资本 Paid-up Capital	主营业务收入 Revenue from Principal Business	主营业务成本 Cost of Principal Business	主营业务税金及附加 Taxes and Other Charges on Principal Business	其他业务利润 Other Operating Profit
491769	**1592861**	**758750**	**2640117**	**2031368**	**24842**	**4007**
69169	293419	146152	458988	370882	3560	1070
422600	1299442	612598	2181130	1660487	21281	2936
310713	669203	274642	1343799	1010962	13102	2019
181056	923657	484108	1296319	1020406	11740	1988
2596	15458	13455	14482	14191	51	83
	551	430	1646	1590	2	
103595	640058	231391	1338685	1010029	13813	761
53482	87082	59959	155122	119418	708	622
191279	695768	369619	907094	743833	7732	2189
	50	50	533	509	3	
9430	26319	7288	53507	41266	411	209
131386	127575	76558	169050	100533	2123	141
60491	**372679**	**85680**	**504342**	**249090**	**9692**	**988**
10333	253360	41273	345749	161105	7719	281
3117	32486	6888	31878	19328	954	104
44836	79066	28740	107550	55400	872	594
2145	7213	7092	11500	7846	137	5
60	554	1688	7666	5412	10	5
293387	**1147791**	**617017**	**2107351**	**1768614**	**15039**	**3008**
10066	47505	29890	103463	89814	78	-28
11505	33043	15354	67825	48422	485	109
5497	25332	12632	51234	36268	2493	249
15728	56430	29720	77173	75280	30	417
4910	16239	6350	43777	33901	5	50
	602	1000	2151	2227		
840	875	300	1564	1343	48	147
642	679	628	1025	626	2	
19	11756	6941	17518	12332	10	33
35000	31636	50665	74730	53649	421	502
109702	459215	218574	267941	183363	6565	332
8025	84930	34809	63560	44156	381	-95
8	1170	408	814	724	3	
256	2112	1433	4555	3705	11	
9959	94042	39659	198089	155643	1049	
2906	110129	62004	413787	363911	923	405
29692	49807	39274	508208	482629	2115	347
8720	41970	18657	86636	79791	113	173
23710	29863	30038	30728	26442	62	178
4255	6632	3823	5721	4742	10	1
878	22932	7778	50978	40098	189	52
	4306	100	5958	5388		
	12019	1500	11427	7523	34	-1
11069	4568	5480	18489	16636	16	137
137891	**72391**	**56053**	**28425**	**13664**	**110**	**11**
136891	67219	55053	23772	10820	49	-9
1000	5172	1000	4653	2844	62	20

12–11 续表 2

单位:万元

项 目	Item	营业费用 Operating Expenses	营业利润 Operating Profit
总 计	**Total**	**90097**	**329234**
轻工业	Light Industry	24666	13708
重工业	Heavy Industry	65431	315526
中型企业	Medium-sized Enterprises	41384	211868
小型企业	Small Enterprises	48714	117366
按登记注册类型分组	**By Status of Registration**		
股份合作企业	Cooperative Enterprises	127	-1046
联营企业	Joint Ownership Enterprises	2	31
有限责任公司	Limited Liability Corporations	48713	191943
股份有限公司	Share-holding Corporations Limited	7955	8884
私营企业	Private Enterprises	28582	88872
其他企业	Other Enterprises	3	11
港、澳、台商投资企业	Enterprises with Funds from Hong Kong,Macao and Taiwan	729	6899
外商投资企业	Foreign Funded Enterprises	3987	33640
按工业行业分组	**Grouped by Sector**		
采掘业	**Mining**	**12996**	**194582**
煤炭开采和洗选业	Mining and Washing of Coal	9599	148403
黑色金属矿采选业	Mining and Processing of Ferrous Metal Ores	1421	7125
有色金属矿采选业	Mining and Processing of Non-Ferrous Metal Ores	900	37238
非金属矿采选业	Mining and Processing of Nonmetal Ores	384	1436
其他采矿业	Mining of Other Ores	694	379
制造业	**Manufacture**	**76616**	**131701**
农副食品加工业	Processing of Food from Agricultural Products	4378	557
食品制造业	Manufacture of Foods	6644	2234
饮料制造业	Manufacture of Beverages	3205	3974
纺织业	Manufacture of Textile	402	814
纺织服装、鞋、帽制造业	Manufacture of Textile Wearing Apparel, Footwear and Caps	2091	2160
皮革、毛皮、羽毛(绒)及其制品业	Manufacture of Leather,Fur,Feather and Related Products	69	-178
家具制造业	Manufacture of Furniture	59	60
造纸及纸制品业	Manufacture of Paper and Paper Products		-89
印刷业和记录媒介的复制	Printing, Reproduction of Recording Media	872	892
石油加工、炼焦及核燃料加工业	Processing of Petroleum, Coking, Processing of Nuclear Fuel	1514	14484
化学原料及化学制品制造业	Manufacture of Raw Chemical Materials and Chemical Products	15768	70171
医药制造业	Manufacture of Medicines	6723	2535
橡胶制品业	Manufacture of Rubber	46	-28
塑料制品业	Manufacture of Plastics	204	55
非金属矿物制品业	Manufacture of Non-metallic Mineral Products	7041	15328
黑色金属冶炼及压延加工业	Smelting and Pressing of Ferrous Metals	11730	24051
有色金属冶炼及压延加工业	Smelting and Pressing of Non-ferrous Metals	7109	-9370
金属制品业	Manufacture of Metal Products	2734	1491
通用设备制造业	Manufacture of General Purpose Machinery	2459	-1897
专用设备制造业	Manufacture of Special Purpose Machinery	170	70
交通运输设备制造业	Manufacture of Transport Equipment		
电气机械及器材制造业	Manufacture of Electrical Machinery and Equipment	2519	1836
通信设备、计算机及其他电子设备制造业	Manufacture of Communication Equipment, Computers and Other Electronic Equipment	13	-3
仪器仪表及文化、办公用机械制造业	Manufacture of Measuring Instruments and Machinery for Cultural Activity and Office Work	753	1966
工艺品及其他制造业	Manufacture of Artwork and Other Manufacturing	112	588
电力、燃气及水的生产和供应业	**Production and Distribution of Electricity, Gas and Water**	**485**	**2951**
电力、热力的生产和供应业	Production and Supply of Electric Power and Heat Power	167	1738
燃气生产和供应业	Production and Supply of Gas	318	1214

continued

(10 000 yuan)

利润总额 Total Profits	应交所得税 Income Tax Payable	亏损企业亏损总额 The Total Loss of Loss-making Enterprises	利税总额 Total Profits and Taxes	本年应交增值税 Value Added Tax Payable	全部从业人员年平均人数(人) Annual Average Employed Persons (person)
367568	**40837**	**25716**	**495661**	**103251**	**52912**
12185	938	3528	23010	7265	18276
355383	39898	22188	472651	95986	34636
236874	30908	8808	308152	58176	23171
130694	9928	16907	187509	45075	29741
-1052		1074	-565	436	850
31			43	10	16
213568	23523	8761	284554	57173	24736
13116	1545	2068	19824	6000	3558
97501	10023	12885	136529	31296	20123
11			46	32	40
7092	1026	38	12157	4655	1214
37302	4720	891	43074	3649	2375
214486	**23482**	**1230**	**263949**	**39771**	**4092**
164423	16867	160	206285	34143	1001
7415	872	448	11096	2727	776
40743	5678	499	43693	2078	1689
1459	65	123	2021	425	524
445			854	399	102
150046	**17098**	**24150**	**225616**	**60531**	**48076**
781	210	988	1475	616	1660
968	75	349	2178	726	1690
3971		57	8759	2296	1338
1262	558	1586	1926	634	5556
1840			2087	242	2538
-175		175	-175		106
69			201	85	101
-89		89	-69	18	74
1185		97	1363	168	435
14572		41	19859	4866	1320
76744	10238	2308	96354	13045	5793
1660	14	175	4040	1999	1848
-28		28	9	33	73
60	13	1	140	69	245
23950	4019	1428	39309	14311	6231
24687	1010	1763	35514	9904	7991
-7200	518	13670	1531	6615	3259
1776	2	108	2979	1090	1734
-197		1143	841	976	1562
68	65	131	777	700	573
1860	20		2489	441	554
-3		3	249	251	30
1734	294		2762	995	685
551	62	11	1019	453	2680
3036	**257**	**336**	**6096**	**2950**	**744**
1825	276	336	4619	2746	651
1212	-19		1477	204	93

12-12 2007-2008年规模以上工业企业主要经济效益指标

指 标	Item	工业增加值率(%) Ratio of Value Added to Gross Industrial Output Value (%) 2007	2008
总 计	**Total**	**41.66**	**43.95**
国有控股企业	State-holding Enterprises	41.62	43.47
轻工业	Light Industry	46.99	45.90
重工业	Heavy Industry	41.32	43.83
大型企业	Large Enterprises	41.18	42.61
中型企业	Medium-sized Enterprises	40.96	44.53
小型企业	Small Enterprises	44.06	46.85
按登记注册类型分组	**By Status of Registration**	**41.66**	**43.95**
集体企业	Collective-owned Enterprises	33.33	33.20
股份合作企业	Cooperative Enterprises	36.45	54.21
联营企业	Joint Ownership Enterprises	51.48	49.91
有限责任公司	Limited Liability Corporations	44.60	46.08
股份有限公司	Share-holding Corporations Limited	44.45	54.50
私营企业	Private Enterprises	41.90	41.97
其他企业	Other Enterprises	45.93	7.26
港、澳、台商投资企业	Enterprises with Funds from Hong Kong, Macao and Taiwan	54.99	46.48
外商投资企业	Foreign Funded Enterprises	42.57	30.50
按工业行业分组	**Grouped by Sector**		
采掘业	**Mining**	**49.78**	**55.22**
煤炭开采和洗选业	Mining and Washing of Coal	52.89	61.75
石油和天然气开采业	Extraction of Petroleum and Natural Gas	57.11	67.14
黑色金属矿采选业	Mining and Processing of Ferrous Metal Ores	57.22	52.04
有色金属矿采选业	Mining and Processing of Non-Ferrous Metal Ores	36.62	30.65
非金属矿采选业	Mining and Processing of Nonmetal Ores	50.42	54.83
其他采矿业	Mining of Other Ores		43.30
制造业	**Manufacture**	**37.94**	**40.06**
农副食品加工业	Processing of Food from Agricultural Products	30.40	40.44
食品制造业	Manufacture of Foods	55.16	45.64
饮料制造业	Manufacture of Beverages	48.58	47.05
纺织业	Manufacture of Textile	47.91	41.54
纺织服装、鞋、帽制造业	Manufacture of Textile Wearing Apparel, Footwear and Caps	33.58	43.12
皮革、毛皮、羽毛(绒)及其制品业	Manufacture of Leather,Fur,Feather and Related Products	14.79	47.02
家具制造业	Manufacture of Furniture	32.65	54.55
造纸及纸制品业	Manufacture of Paper and Paper Products	37.47	30.65
印刷业和记录媒介的复制	Printing, Reproduction of Recording Media	57.64	48.83
石油加工、炼焦及核燃料加工业	Processing of Petroleum,Coking,Processing of Nuclear Fuel	45.06	51.40
化学原料及化学制品制造业	Manufacture of Raw Chemical Materials and Chemical Products	51.35	52.99
医药制造业	Manufacture of Medicines	54.39	51.30
橡胶制品业	Manufacture of Rubber	31.23	19.83
塑料制品业	Manufacture of Plastics	36.35	41.02
非金属矿物制品业	Manufacture of Non-metallic Mineral Products	34.84	36.19
黑色金属冶炼及压延加工业	Smelting and Pressing of Ferrous Metals	34.31	32.22
有色金属冶炼及压延加工业	Smelting and Pressing of Non-ferrous Metals	30.53	34.76
金属制品业	Manufacture of Metal Products	23.42	33.43
通用设备制造业	Manufacture of General Purpose Machinery	32.18	34.61
专用设备制造业	Manufacture of Special Purpose Machinery	37.55	26.36
交通运输设备制造业	Manufacture of Transport Equipment	19.90	42.84
电气机械及器材制造业	Manufacture of Electrical Machinery and Equipment	61.38	47.75
通信设备、计算机及其他电子设备制造业	Manufacture of Communication Equipment, Computers and Other Electronic Equipment		32.32
仪器仪表及文化、办公用机械制造业	Manufacture of Measuring Instruments and Machinery for Cultural Activity and Office Work	91.57	67.26
工艺品及其他制造业	Manufacture of Artwork and Other Manufacturing	85.46	50.90
废弃资源和废旧材料回收加工业	Recycling and Disposal of Waste	50.41	
电力、燃气及水的生产和供应业	**Production and Distribution of Electricity, Gas and Water**	**38.04**	**34.91**
电力、热力的生产和供应业	Production and Supply of Electric Power and Heat Power	38.13	34.49
燃气生产和供应业	Production and Supply of Gas	35.60	37.30
水的生产和供应业	Production and Supply of Water	32.90	61.18

备注:2007年以前工业增加值率是采用年报,2008年工业增加值率是采用企业成本费用调查资料;均使用生产法计算。下表同。

Main Indicators on Economic Benefit of All Industrial Enterprises above Designated Size(2007-2008)

总资产贡献率(%) Ratio of Total Assets to Industrial Output Value (%)		资产负债率(%) Assets-Liability Ratio (%)		流动资产周转率(次/年) Number of Times of Annual of Turnover Working Capitals (times/year)		成本费用利润率(%) Ratio of Profits to Industrial Cost (%)		全员劳动生产率(元/人·年) Overall Labour Productivity (yuan/person·yaer)		产品销售率(%) Proportion of Products Sold (%)	
2007	2008	2007	2008	2007	2008	2007	2008	2007	2008	2007	2008
13.52	**22.32**	**62.80**	**61.60**	**1.88**	**1.95**	**21.95**	**20.36**	**220251**	**278205**	**97.11**	**95.12**
14.58	19.89	63.15	62.98	1.92	2.04	26.59	22.41	270664	306582	98.11	95.24
6.31	14.26	49.02	52.24	1.78	2.03	4.94	3.98	97935	115756	93.24	95.42
13.84	22.56	63.40	62.01	1.88	1.94	23.02	21.53	241665	307201	97.35	95.10
15.68	19.24	62.75	63.97	1.98	2.12	28.87	22.01	359207	365667	99.49	95.07
8.12	35.01	65.66	62.72	1.55	1.69	9.55	21.24	113152	186703	91.54	95.42
8.98	26.60	60.07	51.85	1.87	1.81	9.83	15.19	143655	249792	93.39	94.98
13.52	**22.32**	**62.80**	**61.60**	**1.88**	**1.95**	**21.95**	**20.36**	**220251**	**278205**	**97.11**	**95.12**
11.91	90.52	62.76	76.08	1.21	2.44	16.18	6.88	33019	54539	84.84	96.13
19.41	149.74	33.38	44.72	1.43	1.96	31.24	41.73	279815	238654	99.36	104.37
24.20	59.36	63.12	55.81	1.17	3.63	47.20	1.94	584568	902500	86.22	100.00
10.06	14.25	70.41	72.02	1.78	2.02	20.77	19.04	202073	248156	94.32	96.62
24.34	42.00	63.04	55.38	2.43	2.12	35.87	57.43	329898	375167	100.16	93.28
9.14	25.50	60.12	58.20	1.69	1.30	10.68	11.94	168046	214539	91.82	90.89
5.30	142.73	78.69	54.88	0.54	17.69	13.80	1.24	100326	61491	100.00	99.59
11.69	112.50	53.45	50.50	1.56	1.49	8.87	14.42	188926	211587	97.31	98.37
3.65	27.38	67.90	51.77	1.89	1.82	-1.38	6.12	152445	281323	96.14	96.94
24.82	**49.48**	**49.87**	**49.86**	**1.89**	**1.96**	**51.19**	**41.07**	**328887**	**386564**	**101.13**	**98.93**
17.40	192.47	61.20	53.05	1.52	1.58	26.68	67.59	111432	377337	108.67	100.04
34.59	44.88	60.02	56.38	3.01	3.04	90.95	95.47	507660	514844	101.75	99.89
21.76	115.32	29.15	31.45	1.05	1.29	24.08	25.62	171434	203733	102.47	95.96
18.15	31.74	36.79	40.47	1.43	1.65	30.68	10.06	328482	280311	98.95	96.62
5.48	16.81	55.62	65.58	0.96	0.91	6.97	8.75	49861	68754	97.47	100.50
	54.34		82.35		5.87		6.50		345422		107.12
14.02	**30.12**	**59.71**	**59.25**	**1.86**	**1.79**	**16.31**	**15.85**	**172931**	**234978**	**94.20**	**92.47**
3.53	7.07	58.53	61.01	1.78	2.12	2.41	1.38	75898	275601	96.72	94.40
12.19	12.03	47.77	50.44	2.33	2.44	5.36	2.04	157856	154544	93.41	94.89
13.37	73.00	46.58	50.29	2.20	2.36	9.03	19.19	152121	186509	82.54	97.67
0.88	7.40	58.57	44.98	0.93	2.32	-2.23	1.57	67035	62238	89.78	93.30
8.82	19.51	62.16	51.08	3.19	3.06	3.01	5.21	58029	76377	89.95	97.25
-2.11	-22.65	59.11	80.72	1.70	1.07	-2.00	-7.41	31010	87387	111.59	128.15
8.31	15.64	56.46	70.00	2.32	0.96	13.43	4.55	147436	106089	97.82	118.73
-1.71	-5.82	61.00	51.08	0.52	5.64	-9.37	-13.54	25178	44878	93.50	96.67
7.69	11.52	46.46	41.38	0.97	2.11	6.72	5.31	71159	106643	92.68	94.44
0.33	17.56	82.68	85.25	0.23	1.71	-4.05	24.17	72154	370587	43.67	76.01
16.94	21.53	50.01	67.42	0.88	2.38	57.80	4.20	239834	128691	83.72	97.18
9.45	13.16	33.56	37.59	1.61	1.59	15.65	3.46	162756	163242	95.90	95.15
2.79	3.29	20.36	25.38	0.75	0.87	1.35	-3.29	25551	23795	91.56	92.96
4.80	9.93	52.25	54.85	1.95	1.63	2.41	1.18	47452	75663	84.32	87.29
4.87	50.17	54.84	56.74	1.87	2.57	0.93	9.55	59141	88964	93.85	93.66
7.68	20.72	63.01	64.05	2.10	2.15	2.50	5.52	206360	243336	98.59	95.78
21.60	19.22	77.97	77.13	4.71	3.00	15.30	2.19	348299	434581	98.47	98.94
6.64	12.82	49.33	50.68	2.40	2.25	3.71	2.51	96969	168896	91.65	95.94
6.27	16.13	62.35	62.56	0.97	1.14	3.78	4.71	50106	77824	94.47	98.62
-0.64	37.51	106.93	51.12	0.92	2.52	-4.81	4.74	42815	10828	83.57	97.19
1.22	87.47	71.28	67.29	1.00	2.21	-1.82	2.48	30750	220007	97.62	111.47
5.55	22.56	43.33	53.88	2.94	2.78	4.17	4.18	495684	465203	98.60	95.93
	266.60		6.14		146.03		-0.05		580433		110.58
43.54	54.57	27.73	24.25	1.76	1.30	21.79	18.39	168027	146229	95.74	73.66
4.12	4.80	66.22	74.62	1.62	3.10	2.08	0.28	86396	3366	102.86	99.02
37.55		25.74		1.47		33.06		34284		100.00	
4.47	**4.80**	**76.19**	**74.62**	**1.92**	**3.10**	**1.77**	**0.28**	**251941**	**264152**	**99.83**	**99.02**
4.59	4.84	76.50	74.80	1.94	3.21	2.06	0.38	279813	291412	99.99	99.06
15.25	47.79	38.58	17.47	2.04	3.11	29.69	34.55	156514	187763	78.39	100.00
-1.81	-0.54	65.38	68.85	1.03	0.88	-23.85	-13.30	29208	60592	97.14	96.80

a)Ratio of value added to gross industrial output value before 2007 are from annual report, and in 2008 is from cost survey data.

They are all calculated by production approach.or decrease changes of industrial enterprises.

12–13 2007–2008年地方规模以上工业企业经济效益指标

指 标	Item	工 业 增加值率 (%) Ratio of Value Added to Gross Industrial Output Value (%) 2007	2008
总 计	**Total**	**39.60**	**41.40**
国有控股企业	State-holding Enterprises	38.06	38.25
轻工业	Light Industry	46.99	45.90
重工业	Heavy Industry	38.83	40.97
大型企业	Large Enterprises	36.57	33.96
中型企业	Medium-sized Enterprises	40.96	44.50
小型企业	Small Enterprises	43.50	47.45
按工业行业分组	**Grouped by Sector**		
采掘业	**Extractive Industries**	**39.55**	**41.58**
煤炭开采和洗选业	Mining and Washing of Coal	52.89	61.75
石油和天然气开采业	Extraction of Petroleum and Natural Gas	28.84	58.50
黑色金属矿采选业	Mining and Processing of Ferrous Metal Ores	44.53	52.04
有色金属矿采选业	Mining and Processing of Non-Ferrous Metal Ores	36.62	30.65
非金属矿采选业	Mining and Processing of Nonmetal Ores	50.42	54.83
其他采矿业	Mining of Other Ores		43.30
制造业	**Manufacture**	**39.32**	**41.11**
农副食品加工业	Processing of Food from Agricultural Products	30.40	40.44
食品制造业	Manufacture of Foods	55.16	45.64
饮料制造业	Manufacture of Beverages	48.58	47.05
纺织业	Manufacture of Textile	47.91	41.54
纺织服装、鞋、帽制造业	Manufacture of Textile Wearing Apparel,Footwear and Caps	33.58	43.12
皮革、毛皮、羽毛(绒)及其制品业	Manufacture of Leather,Fur,Feather and Related Products	14.79	47.02
家具制造业	Manufacture of Furniture	32.65	54.55
造纸及纸制品业	Manufacture of Paper and Paper Products	37.47	30.65
印刷业和记录媒介的复制	Printing, Reproduction of Recording Media	57.64	48.83
石油加工、炼焦及核燃料加工业	Processing of Petroleum,Coking,Processing of Nuclear Fuel	45.06	51.40
化学原料及化学制品制造业	Manufacture of Raw Chemical Materials and Chemical Products	51.35	52.99
医药制造业	Manufacture of Medicines	54.39	51.30
橡胶制品业	Manufacture of Rubber	31.23	19.83
塑料制品业	Manufacture of Plastics	36.35	41.02
非金属矿物制品业	Manufacture of Non-metallic Mineral Products	34.84	36.19
黑色金属冶炼及压延加工业	Smelting and Pressing of Ferrous Metals	34.31	32.22
有色金属冶炼及压延加工业	Smelting and Pressing of Non-ferrous Metals	31.06	37.11
金属制品业	Manufacture of Metal Products	23.42	33.41
通用设备制造业	Manufacture of General Purpose Machinery	32.18	34.61
专用设备制造业	Manufacture of Special Purpose Machinery	37.55	26.36
交通运输设备制造业	Manufacture of Transport Equipment	19.90	42.84
电气机械及器材制造业	Manufacture of Electrical Machinery and Equipment	61.38	47.75
通信设备、计算机及其他电子设备制造业	Manufacture of Communication Equipment,Computers and Other Electronic Equipment		32.32
仪器仪表及文化、办公用机械制造业	Manufacture of Measuring Instruments and Machinery for Cultural Activity and Office Work	91.57	67.26
工艺品及其他制造业	Manufacture of Artwork and Other Manufacturing	85.46	50.90
废弃资源和废旧材料回收加工业	Recycling and Disposal of Waste	50.41	
电力、燃气及水的生产和供应业	**Production and Supply of Electric Power,Gas and Water**	**52.38**	**55.51**
电力、热力的生产和供应业	Production and Supply of Electric Power and Heat Power	58.23	55.24
燃气生产和供应业	Production and Supply of Gas	35.60	37.30
水的生产和供应业	Production and Supply of Water	32.90	61.18

Main Indicators on Economic Benefit of All State-owned and Non-state-owned Local Industrial Enterprises above Designated Size(2007-2008)

总资产贡献率(%) Ratio of Total Assets to Industrial Output Value (%)		资产负债率(%) Assets-Liability Ratio (%)		流动资产周转率(次/年) Number of Times of Annual of Turnover Working Capitals (times/year)		成本费用利润率(%) Ratio of Profits to Industrial Cost (%)		全员劳动生产率(元/人·年) All-personnel Labour Productivity (yuan/person·yaer)		产品销售率(%) Proportion of Products Sold (%)	
2007	2008	2007	2008	2007	2008	2007	2008	2007	2008	2007	2008
12.89	**32.49**	**54.58**	**54.07**	**1.61**	**1.67**	**18.18**	**17.96**	**165979**	**235448**	**94.87**	**93.03**
14.83	30.16	51.01	52.36	1.51	1.60	24.33	19.44	189067	236965	95.34	91.40
6.31	14.26	49.02	52.24	1.78	2.03	4.94	3.98	97935	115756	93.24	95.42
13.42	33.86	55.03	54.21	1.59	1.65	19.49	19.36	181993	265079	95.04	92.80
17.25	31.37	47.55	52.29	1.54	1.60	27.22	16.41	301651	291416	97.84	89.78
8.12	35.20	65.66	62.85	1.55	1.70	9.55	21.39	113152	191856	91.54	95.28
9.23	31.05	56.64	47.23	1.81	1.77	10.99	16.61	136037	245537	93.01	94.80
17.32	**57.94**	**42.23**	**44.88**	**1.41**	**1.59**	**29.04**	**20.92**	**195922**	**264668**	**100.28**	**97.82**
17.40	192.47	61.20	53.05	1.52	1.58	26.68	67.59	111432	377337	108.67	100.04
2.57	-7.86	99.79	12.13	3.78	2.44	-0.49	-30.87	279435	381524	100.00	86.46
21.41	115.32	27.28	31.45	0.93	1.29	29.16	25.62	150429	203733	101.71	95.96
18.15	31.74	36.79	40.47	1.43	1.65	30.68	10.06	328482	280311	98.95	96.62
5.48	16.81	55.62	65.58	0.96	0.91	6.97	8.75	49861	68754	97.47	100.50
	54.34		82.35		5.87		6.50		345422		107.12
12.29	**30.78**	**58.15**	**57.90**	**1.72**	**1.72**	**14.90**	**17.09**	**161657**	**233655**	**93.29**	**91.71**
3.53	7.07	58.53	61.01	1.78	2.12	2.41	1.38	75898	275601	96.72	94.40
12.19	12.03	47.77	50.44	2.33	2.44	5.36	2.04	157856	154544	93.41	94.89
13.37	73.00	46.58	50.29	2.20	2.36	9.03	19.19	152121	186509	82.54	97.67
0.88	7.40	58.57	44.98	0.93	2.32	-2.23	1.57	67035	62238	89.78	93.30
8.82	19.51	62.16	51.08	3.19	3.06	3.01	5.21	58029	76377	89.95	97.25
-2.11	-22.65	59.11	80.72	1.70	1.07	-2.00	-7.41	31010	87387	111.59	128.15
8.31	15.64	56.46	70.00	2.32	0.96	13.43	4.55	147436	106089	97.82	118.73
-1.71	-5.82	61.00	51.08	0.52	5.64	-9.37	-13.54	25178	44878	93.50	96.67
7.69	11.52	46.46	41.38	0.97	2.11	6.72	5.31	71159	106643	92.68	94.44
0.33	17.56	82.68	85.25	0.23	1.71	-4.05	24.17	72154	370587	43.67	76.01
16.94	21.48	50.01	65.28	0.88	2.29	57.80	3.91	239834	139011	83.72	96.77
9.45	13.16	33.56	37.59	1.61	1.59	15.65	3.46	162756	163242	95.90	95.15
2.79	3.29	20.36	25.38	0.75	0.87	1.35	-3.29	25551	23795	91.56	92.96
4.80	9.93	52.25	54.85	1.95	1.63	2.41	1.18	47452	75663	84.32	87.29
4.87	50.17	54.84	56.74	1.87	2.57	0.93	9.55	59141	88964	93.85	93.66
7.68	20.72	63.01	64.05	2.10	2.15	2.50	5.52	206360	243336	98.59	95.78
14.35	17.41	76.14	74.56	6.26	2.96	9.59	0.45	328404	481572	97.71	98.57
6.64	12.82	49.33	50.68	2.40	2.25	3.71	2.51	96969	167358	91.65	95.94
6.27	16.13	62.35	62.56	0.97	1.14	3.78	4.71	50106	77824	94.47	98.62
-0.64	37.51	106.93	51.12	0.92	2.52	-4.81	4.74	42815	10828	83.57	97.19
1.22	87.47	71.28	67.29	1.00	2.21	-1.82	2.48	30750	220007	97.62	111.47
5.55	22.56	43.33	53.88	2.94	2.78	4.17	4.18	495684	465203	98.60	95.93
	266.60		6.14		146.03		-0.05		580433		110.58
43.54	54.57	27.73	24.25	1.76	1.30	21.79	18.39	168027	146229	95.74	73.66
4.12	4.29	66.22	46.09	1.62	1.28	2.08	6.66	86396	12095	102.86	98.85
37.55		25.74		1.47		33.06		34284		100.00	
3.32	**4.29**	**64.08**	**46.09**	**0.94**	**1.28**	**11.95**	**6.66**	**109275**	**124522**	**97.98**	**98.85**
4.15	4.60	64.29	41.62	0.89	1.35	22.01	9.83	162961	169295	99.92	99.26
15.25	47.79	38.58	17.47	2.04	3.11	29.69	34.55	156514	187763	78.39	100.00
-1.81	-0.54	65.38	68.85	1.03	0.88	-23.85	-13.30	29208	60592	97.14	96.80

12-14 2007-2008年规模以上国有及国有控股工业企业主要经济效益指标

指 标	Item	工 业 增加值率 (%) Ratio of Value Added to Gross Industrial Output Value (%)	
		2007	2008
总 计	**Total**	**41.62**	**43.47**
国有控股企业	State-holding Enterprises	41.62	43.47
轻工业	Light Industry	42.74	53.38
重工业	Heavy Industry	41.61	43.37
大型企业	Large Enterprises	41.18	42.61
中型企业	Medium-sized Enterprises	45.16	47.42
小型企业	Small Enterprises	44.94	48.31
按工业行业分组	**Grouped by Sector**		
采掘业	**Extractive Industries**	**50.05**	**54.50**
煤炭开采和洗选业	Mining and Washing of Coal	55.62	55.85
石油和天然气开采业	Extraction of Petroleum and Natural Gas	57.11	67.14
黑色金属矿采选业	Mining and Processing of Ferrous Metal Ores		42.98
有色金属矿采选业	Mining and Processing of Non-Ferrous Metal Ores	36.06	28.60
非金属矿采选业	Mining and Processing of Nonmetal Ores	40.98	54.25
制造业	**Manufacture**	**36.10**	**37.99**
农副食品加工业	Processing of Food from Agricultural Products	25.42	51.83
食品制造业	Manufacture of Foods	0.26	18.44
纺织服装、鞋、帽制造业	Manufacture of Textile Wearing Apparel,Footwear and Caps	45.21	44.26
印刷业和记录媒介的复制	Printing, Reproduction of Recording Media	68.44	56.19
石油加工、炼焦及核燃料加工业	Processing of Petroleum,Coking,Processing of Nuclear Fuel		
化学原料及化学制品制造业	Manufacture of Raw Chemical Materials and Chemical Products	55.17	53.14
医药制造业	Manufacture of Medicines	53.89	54.70
非金属矿物制品业	Manufacture of Non-metallic Mineral Products	36.68	39.31
黑色金属冶炼及压延加工业	Smelting and Pressing of Ferrous Metals	33.12	33.25
有色金属冶炼及压延加工业	Smelting and Pressing of Non-ferrous Metals	30.05	29.36
金属制品业	Manufacture of Metal Products	19.71	48.51
通用设备制造业	Manufacture of General Purpose Machinery	27.28	31.18
专用设备制造业	Manufacture of Special Purpose Machinery	42.00	
交通运输设备制造业	Manufacture of Transport Equipment		40.18
电气机械及器材制造业	Manufacture of Electrical Machinery and Equipment		46.78
工艺品及其他制造业	Manufacture of Artwork and Other Manufacturing		41.14
电力、燃气及水的生产和供应业	**Production and Supply of Electric Power,Gas and Water**	**36.93**	**33.67**
电力、热力的生产和供应业	Production and Supply of Electric Power and Heat Power	37.00	33.23
水的生产和供应业	Production and Supply of Water	32.48	61.18

Main Indicators on Economic Benefit of State-owned and State-holding Industrial Enterprises(2007-2008)

总资产贡献率(%) Ratio of Total Assets to Industrial Output Value (%)		资产负债率(%) Assets-Liability Ratio (%)		流动资产周转率(次/年) Number of Times of Annual of Turnover Working Capitals (times/year)		成本费用利润率(%) Ratio of Profits to Industrial Cost (%)		全员劳动生产率(元/人·年) All-personnel Labour Productivity (yuan/person·yaer)		产品销售率(%) Proportion of Products Sold (%)	
2007	2008	2007	2008	2007	2008	2007	2008	2007	2008	2007	2008
14.58	**19.89**	**63.15**	**62.98**	**1.92**	**2.04**	**26.59**	**22.41**	**270664**	**306582**	**98.11**	**95.24**
14.58	19.89	63.15	62.98	1.92	2.04	26.59	22.41	270664	306582	98.11	95.24
1.59	6.09	60.67	62.27	1.44	1.81	-2.29	1.79	45916	82111	94.21	97.60
14.77	20.03	63.19	62.99	1.92	2.04	26.95	22.68	285954	317971	98.15	95.21
15.68	19.24	62.75	63.97	1.98	2.12	28.87	22.01	359207	365667	99.49	95.07
5.10	24.12	65.35	62.59	1.36	1.49	6.51	24.02	88113	127440	95.28	97.48
10.23	23.36	66.51	54.24	1.77	1.88	15.75	24.70	111861	274405	76.19	94.82
26.32	**42.22**	**48.54**	**49.89**	**1.94**	**2.06**	**56.97**	**36.57**	**357593**	**360958**	**101.02**	**99.12**
12.61	100.54	66.44	63.76	1.42	1.66	14.50	38.10	65527	134940	97.75	102.03
34.59	44.88	60.02	56.38	3.01	3.04	90.95	95.47	507660	514844	101.75	99.89
32.68	61.90	85.99	75.53	18.87	2.47	-1.95	9.43	217268	123291	105.07	110.08
19.37	29.19	33.97	39.33	1.38	1.61	35.49	7.34	382469	281392	99.80	96.68
3.80	13.89	49.38	56.22	1.25	1.25	0.16	7.25	27698	61193	106.19	103.36
16.70	**31.56**	**59.89**	**60.30**	**1.85**	**1.75**	**21.94**	**22.03**	**213634**	**272458**	**94.89**	**90.78**
2.05	17.18	47.02	50.72	0.89	3.58	3.52	1.85	39284	352692	90.28	96.08
4.52	9.30	44.65	20.49	3.37	5.91	0.81	0.41	1292	85107	100.00	98.64
11.88	81.39	62.60	37.28	2.42	1.48	9.43	8.27	60448	60774	91.44	102.61
1.33	3.94	61.39	66.04	1.10	1.04	-3.46	-1.13	53166	48463	91.16	87.77
19.54	19.16	44.28	71.51	0.74	2.15	93.73	4.54	263883	168499	79.29	96.92
5.60	9.66	41.09	34.68	1.23	3.17	9.71	7.50	53613	86516	102.75	101.86
3.01	38.14	55.33	52.94	1.08	1.87	0.87	12.84	34032	79578	97.49	100.02
7.23	15.54	61.97	64.83	1.88	1.84	1.85	4.61	245998	324045	100.27	94.29
23.31	23.34	78.74	80.62	5.20	2.74	16.79	4.00	362112	312584	98.94	98.50
-1.90	52.66	59.56	56.04	0.37	0.34	-7.74	0.01	12433	10805	76.05	233.08
6.90	17.05	63.43	63.25	0.97	1.21	4.63	5.91	43665	68806	94.39	100.41
-0.74	16.19	186.38	74.48	0.14	2.11	-10.80	5.59	42099		72.21	96.38
	-4.88		40.64		1.73		-10.96		17680		100.00
	17.83		77.40		2.13		6.19		836899		96.27
	4.66		75.07		3.35		-0.22		125		99.02
4.44	**4.66**	**76.29**	**75.07**	**2.03**	**3.35**	**0.95**	**-0.22**	**254634**	**264346**	**99.96**	**99.02**
4.59	4.72	76.55	75.21	2.05	3.48	1.32	-0.02	282951	293096	99.99	99.05
-1.77	-0.54	64.91	68.85	1.03	0.88	-23.75	-13.30	29616	60592	97.38	96.80

12-15　2007-2008年规模以上集体工业企业经济效益指标

指　标	Item	工　业 增加值率 (%) Ratio of Value Added to Gross Industrial Output Value (%) 2007	2008
总　计	**Total**	**33.33**	**33.20**
重工业	Heavy Industry	33.23	33.20
中型企业	Medium-sized Enterprises	23.53	31.21
小型企业	Small Enterprises	43.11	37.55
按工业行业分组	**Grouped by Sector**	**33.33**	**33.20**
采掘业	**Mining**	**52.35**	**43.92**
有色金属矿采选业	Mining and Processing of Non-Ferrous Metal Ores	50.48	43.92
制造业	**Manufacture**	**30.83**	**32.96**
化学原料及化学制品制造业	Manufacture of Raw Chemical Materials and Chemical Products	48.23	38.18
塑料制品业	Manufacture of Plastics	-14.70	4.19
非金属矿物制品业	Manufacture of Non-metallic Mineral Products	35.62	32.73
有色金属冶炼及压延加工业	Smelting and Pressing of Non-ferrous Metals	42.87	41.43
金属制品业	Manufacture of Metal Products	9.08	25.37
专用设备制造业	Manufacture of Special Purpose Machinery		30.87
电气机械及器材制造业	Manufacture of Electrical Machinery and Equipment		39.12

Main Indicators on Economic Benefit of Collective Industrial Enterprises(2007-2008)

总资产贡献率(%) Ratio of Total Assets to Industrial Output Value (%)		资产负债率(%) Assets-Liability Ratio (%)		流动资产周转率(次/年) Number of Times of Annual of Turnover Working Capitals (times/year)		成本费用利润率(%) Ratio of Profits to Industrial Cost (%)		全员劳动生产率(元/人·年) All-personnel Labour Productivity (yuan/person·yaer)		产品销售率(%) Proportion of Products Sold (%)	
2007	2008	2007	2008	2007	2008	2007	2008	2007	2008	2007	2008
11.91	**90.52**	**62.76**	**76.08**	**1.21**	**2.44**	**16.18**	**6.88**	**33019**	**54539**	**84.84**	**96.13**
12.27	90.52	61.68	76.08	1.22	2.44	16.97	6.88	33581	54539	84.76	96.13
7.31	159.63	62.98	76.27	1.19	3.29	7.80	3.57	19887	44381	88.23	93.69
17.74	55.23	62.48	75.84	1.24	1.02	29.43	28.10	51570	93448	81.44	101.45
11.91	**90.52**	**62.76**	**76.08**	**1.21**	**2.44**	**16.18**	**6.88**	**33019**	**54539**	**84.84**	**96.13**
5.27	**-2.08**	**61.70**	**207.95**	**17.09**	**2.51**	**-1.23**	**-2.22**	**52563**	**101786**	**100.00**	**100.00**
8.54	-2.08	3.60	207.95	947.00	2.51	-0.41	-2.22	50033	101786	100.00	100.00
12.26	**96.61**	**62.08**	**73.86**	**1.11**	**2.44**	**18.45**	**6.99**	**30887**	**53798**	**82.99**	**96.04**
26.30	136.37	69.40	78.02	1.10	3.18	86.66	3.49	98798	17898	60.88	93.33
1.72	9.02	68.90	73.31	1.28	0.79	0.02	0.03		5099	100.00	75.42
4.99	157.20	62.73	81.30	1.01	4.07	6.33	3.24	16598	41387	81.38	92.99
25.36	36.47	41.60	38.11	1.28	1.05	21.70	4.65	26929	21560	80.78	77.57
6.93	118.43	80.86	83.96	1.51	1.66	3.59	5.43	26758	96105	100.00	100.00
	1.24		79.44		1.16		-2.55		25313		92.81
	1.24		79.44		1.16		-2.55		60063		92.81

12-16 2007-2008年大中型工业企业经济效益指标

指　标	Item	工　业 增加值率 (%) Ratio of Value Added to Gross Industrial Output Value (%)	
		2007	2008
总 计	**Total**	**41.14**	**43.13**
国有控股企业	State-holding Enterprises	41.45	43.03
轻工业	Light Industry	38.99	43.48
重工业	Heavy Industry	41.21	43.12
大型企业	Large Enterprises	41.18	42.61
中型企业	Medium-sized Enterprises	40.96	44.53
按工业行业分组	**Grouped by Sector**		
采掘业	**Extractive Industries**	**49.69**	**55.46**
煤炭开采和洗选业	Mining and Washing of Coal	58.56	65.19
石油和天然气开采业	Extraction of Petroleum and Natural Gas	57.15	67.15
黑色金属矿采选业	Mining and Processing of Ferrous Metal Ores	41.78	56.78
有色金属矿采选业	Mining and Processing of Non-Ferrous Metal Ores	36.31	30.20
非金属矿采选业	Mining and Processing of Nonmetal Ores	51.83	55.05
制造业	**Manufacture**	**36.37**	**37.02**
农副食品加工业	Processing of Food from Agricultural Products		44.10
食品制造业	Manufacture of Foods	48.05	34.03
饮料制造业	Manufacture of Beverages	48.63	46.71
纺织业	Manufacture of Textile	31.48	41.94
纺织服装、鞋、帽制造业	Manufacture of Textile Wearing Apparel,Footwear and Caps	33.58	42.46
印刷业和记录媒介的复制	Printing, Reproduction of Recording Media	50.80	42.18
石油加工、炼焦及核燃料加工业	Processing of Petroleum,Coking,Processing of Nuclear Fuel	46.49	51.40
化学原料及化学制品制造业	Manufacture of Raw Chemical Materials and Chemical Products	55.67	52.97
医药制造业	Manufacture of Medicines	31.27	38.81
非金属矿物制品业	Manufacture of Non-metallic Mineral Products	31.65	37.98
黑色金属冶炼及压延加工业	Smelting and Pressing of Ferrous Metals	34.87	32.59
有色金属冶炼及压延加工业	Smelting and Pressing of Non-ferrous Metals	30.25	28.62
金属制品业	Manufacture of Metal Products	19.96	31.73
通用设备制造业	Manufacture of General Purpose Machinery	32.49	32.55
交通运输设备制造业	Manufacture of Transport Equipment	9.81	38.96
仪器仪表及文化、办公用机械制造业	Manufacture of Measuring Instruments and Machinery for Cultural Activity and Office Work	91.57	67.26
电力、燃气及水的生产和供应业	**Production and Supply of Electric Power,Gas and Water**	**36.59**	**34.12**
电力、热力的生产和供应业	Production and Supply of Electric Power and Heat Power	36.24	33.78
水的生产和供应业	Production and Supply of Water	70.39	66.21

Main Indicators on Economic Benefit of Large and Medium-sized Industrial Enterprises(2007-2008)

总资产贡献率(%) Ratio of Total Assets to Industrial Output Value (%)		资产负债率(%) Assets-Liability Ratio (%)		流动资产周转率(次/年) Number of Times of Annual of Turnover Working Capitals (times/year)		成本费用利润率(%) Ratio of Profits to Industrial Cost (%)		全员劳动生产率(元/人·年) All-personnel Labour Productivity (yuan/person·yaer)		产品销售率(%) Proportion of Products Sold (%)	
2007	2008	2007	2008	2007	2008	2007	2008	2007	2008	2007	2008
14.32	**21.65**	**63.27**	**63.70**	**1.88**	**1.98**	**24.61**	**21.80**	**250929**	**288385**	**97.90**	**95.16**
14.84	19.58	62.95	63.86	1.92	2.05	27.18	22.18	293099	310358	99.20	95.28
9.85	20.84	53.81	53.25	1.74	2.07	7.53	7.18	76625	92026	88.72	95.73
14.41	21.66	63.48	63.91	1.88	1.98	25.19	22.32	269691	309928	98.20	95.15
15.68	19.24	62.75	63.97	1.98	2.12	28.87	22.01	359207	365667	99.49	95.07
8.12	35.01	65.66	62.72	1.55	1.69	9.55	21.24	113152	186703	91.54	95.42
25.14	**46.51**	**49.15**	**49.81**	**1.89**	**1.97**	**53.89**	**39.96**	**348624**	**395567**	**100.75**	**98.94**
3.91	197.44	65.84	58.29	0.85	1.30		59.13	45811	301879	96.89	99.97
34.69	45.01	59.90	56.48	3.00	3.04	91.33	95.81	507977	514967	101.75	99.90
17.42	292.16	24.80	19.04	0.77	0.79	27.92	50.47	146812	284684	107.68	95.11
18.29	31.97	36.44	39.72	1.41	1.65	31.40	9.95	394772	311888	99.31	96.60
7.22	14.20	54.36	56.18	1.05	1.25	10.83	7.86	44112	61976	95.67	104.14
15.39	**28.96**	**61.22**	**62.99**	**1.84**	**1.80**	**18.89**	**17.08**	**195277**	**227273**	**95.31**	**91.69**
	2.96		68.76		1.36		2.74		255433		98.03
19.28	58.85	59.57	65.14	1.05	1.33	10.22	6.31	72030	44674	68.97	74.08
22.31	101.94	55.54	53.27	2.40	2.03	9.63	22.95	203884	223126	76.96	98.99
-0.96	12.53	51.94	49.10	0.93	2.56	-4.17	2.96	61537	71974	93.71	93.65
8.82	15.06	62.16	56.61	3.19	2.91	3.01	3.62	58029	69723	89.95	97.01
21.01	9.29	33.69	21.49	0.91	3.15	29.08	5.93	99242	201923	93.78	95.41
0.36	17.67	82.59	85.18	0.19	1.72	-4.23	24.35	74948	376226	33.44	76.02
17.43	22.32	48.95	71.16	0.75	2.28	80.85	4.45	245939	117400	86.53	97.31
15.64	19.00	43.35	47.42	1.08	1.54	23.15	4.07	53692	76123	96.27	96.53
6.21	63.15	54.14	62.14	1.87	2.85	2.72	8.56	47958	67487	94.36	97.88
7.81	20.00	63.24	63.95	1.90	1.94	3.07	6.23	226716	275299	98.36	95.62
22.71	24.27	78.34	81.70	4.82	2.98	16.37	2.76	353040	311870	98.90	98.61
9.35	5.06	48.43	48.33	3.53	2.72	5.29	1.60	171563	242221	92.91	96.44
8.18	16.26	59.62	67.04	1.08	1.03	4.01	5.13	68478	66471	94.17	99.37
1.75	116.04	77.73	88.26	0.84	1.74	-1.48	3.63	15428	200102	98.07	119.61
43.54	54.57	27.73	24.25	1.76	1.30	21.79	18.39	168027	146229	95.74	73.66
4.59	**4.77**	**76.68**	**77.08**	**1.98**	**3.34**	**2.12**	**1.24**	**264420**	**282982**	**100.00**	**98.97**
4.63	4.75	77.01	77.22	1.99	3.41	2.05	1.11	273435	295817	100.00	98.96
2.70	7.10	58.52	60.39	1.50	1.01	12.36	16.80	100735	92984	100.00	100.00

12-17 2007-2008年规模以上非公有工业企业经济效益指标

指 标	Item	工业增加值率(%) Ratio of Value Added to Gross Industrial Output Value (%) 2007	2008
总 计	**Total**	**42.52**	**45.01**
轻工业	Light Industry	51.76	46.37
重工业	Heavy Industry	40.47	44.71
中型企业	Medium-sized Enterprises	40.90	44.15
小型企业	Small Enterprises	43.75	45.81
按登记注册类型分组	**By Status of Registration**	**42.52**	**45.01**
股份合作企业	Cooperative Enterprises	53.96	51.43
联营企业	Joint Ownership Enterprises	79.62	49.91
有限责任公司	Limited Liability Corporations	41.23	46.35
股份有限公司	Share-holding Corporations Limited	37.45	44.21
私营企业	Private Enterprises	41.90	42.05
其他企业	Other Enterprises		29.08
港、澳、台商投资企业	Enterprises with Funds from Hong Kong,Macao and Taiwan	54.99	46.11
外商投资企业	Foreign Funded Enterprises	42.57	51.47
按工业行业分组	**Grouped by Sector**		
采掘业	**Mining**	**46.73**	**59.77**
煤炭开采和洗选业	Mining and Washing of Coal	50.46	64.82
黑色金属矿采选业	Mining and Processing of Ferrous Metal Ores	44.53	54.14
有色金属矿采选业	Mining and Processing of Non-Ferrous Metal Ores	40.81	48.15
非金属矿采选业	Mining and Processing of Nonmetal Ores	56.62	57.18
其他采矿业	Mining of Other Ores		43.30
制造业	**Manufacture**	**41.53**	**41.89**
农副食品加工业	Processing of Food from Agricultural Products	30.97	39.18
食品制造业	Manufacture of Foods	60.18	47.54
饮料制造业	Manufacture of Beverages	48.58	50.23
纺织业	Manufacture of Textile	47.82	41.54
纺织服装、鞋、帽制造业	Manufacture of Textile Wearing Apparel, Footwear and Caps	34.67	42.93
皮革、毛皮、羽毛(绒)及其制品业	Manufacture of Leather, Fur, Feather and Related Products	14.79	47.02
家具制造业	Manufacture of Furniture	32.65	54.55
造纸及纸制品业	Manufacture of Paper and Paper Products	37.47	30.65
印刷业和记录媒介的复制	Printing, Reproduction of Recording Media	50.80	46.22
石油加工、炼焦及核燃料加工业	Processing of Petroleum, Coking, Processing of Nuclear Fuel	45.06	51.40
化学原料及化学制品制造业	Manufacture of Raw Chemical Materials and Chemical Products	47.09	54.47
医药制造业	Manufacture of Medicines	58.58	56.49
橡胶制品业	Manufacture of Rubber	45.26	19.83
塑料制品业	Manufacture of Plastics	49.42	48.24
非金属矿物制品业	Manufacture of Non-metallic Mineral Products	34.68	34.31
黑色金属冶炼及压延加工业	Smelting and Pressing of Ferrous Metals	37.64	33.28
有色金属冶炼及压延加工业	Smelting and Pressing of Non-ferrous Metals	31.76	38.02
金属制品业	Manufacture of Metal Products	25.25	34.27
通用设备制造业	Manufacture of General Purpose Machinery	24.30	47.73
专用设备制造业	Manufacture of Special Purpose Machinery	29.65	25.61
交通运输设备制造业	Manufacture of Transport Equipment	12.27	
电气机械及器材制造业	Manufacture of Electrical Machinery and Equipment	61.38	50.89
通信设备、计算机及其他电子设备制造业	Manufacture of Communication Equipment,Computers and Other Electronic Equipment		32.32
仪器仪表及文化、办公用机械制造业	Manufacture of Measuring Instruments and Machinery for Cultural Activity and Office Work	91.57	67.26
工艺品及其他制造业	Manufacture of Artwork and Other Manufacturing	93.84	51.34
电力、燃气及水的生产和供应业	**Production and Distribution of Electricity, Gas and Water**	**59.34**	**72.74**
电力、热力的生产和供应业	Production and Supply of Electric Power and Heat Power	63.37	79.96
燃气生产和供应业	Production and Supply of Gas	35.60	37.30

Main Indicators on Economic Benefit of Non-public Industrial Enterprises by Sector(2007-2008)

总资产贡献率(%) Ratio of Total Assets to Industrial Output Value (%)		资产负债率(%) Assets-Liability Ratio (%)		流动资产周转率(次/年) Number of Times of Annual of Turnover Working Capitals (times/year)		成本费用利润率(%) Ratio of Profits to Industrial Cost (%)		全员劳动生产率(元/人·年) All-personnel Labour Productivity (yuan/person·yaer)		产品销售率(%) Proportion of Products Sold (%)	
2007	2008	2007	2008	2007	2008	2007	2008	2007	2008	2007	2008
9.02	**40.24**	**61.52**	**56.98**	**1.79**	**1.75**	**9.53**	**16.13**	**161837**	**242906**	**94.57**	**95.29**
7.36	11.63	44.16	47.49	1.78	2.26	6.45	2.79	126402	127932	94.19	96.26
9.32	46.46	64.67	58.67	1.79	1.67	10.14	19.29	175859	303572	94.65	95.09
9.84	53.47	66.10	63.47	1.61	1.69	11.70	21.10	155230	262795	90.19	95.57
8.28	29.05	57.42	50.63	1.96	1.80	7.78	11.31	166871	227410	97.89	95.04
9.02	**40.24**	**61.52**	**56.98**	**1.79**	**1.75**	**9.53**	**16.13**	**161837**	**242906**	**94.57**	**95.29**
18.34	-3.41	49.15	59.32	1.52	0.76	10.67	-6.63	154851	120125	101.30	99.43
-16.71	59.36	40.13	55.81	18.27	3.63	-2.90	1.94	4772400	902500	91.80	100.00
10.77	78.18	62.22	54.87	1.99	2.15	12.15	18.84	157437	269509	97.84	98.38
5.69	18.92	65.32	61.69	1.74	2.09	4.44	9.45	103148	158656	99.25	93.21
9.14	25.67	60.12	58.08	1.69	1.31	10.68	12.00	168046	218354	91.82	90.87
	25.33		92.41		1.11		2.01		42450		97.60
11.69	158.31	53.45	44.97	1.56	1.50	8.87	15.08	188926	223111	97.31	98.33
3.65	23.09	67.90	58.85	1.89	2.58	-1.38	28.88	152445	353058	96.14	96.37
13.53	**151.88**	**59.92**	**49.38**	**1.54**	**1.54**	**16.87**	**72.20**	**192191**	**658053**	**102.32**	**97.88**
20.90	298.45	57.37	46.79	1.60	1.54	36.04	88.08	352120	1927373	118.33	99.00
21.41	138.86	27.28	22.12	0.93	1.06	29.16	31.21	150429	236204	101.71	94.13
0.99	49.12	76.99	51.59	2.45	2.33	-5.20	58.43	221467	282167	91.05	96.12
6.41	41.39	57.44	86.10	0.81	0.45	13.64	14.53	82145	130433	91.41	88.96
	54.34		82.35		5.87		6.50		345422		107.12
8.84	**26.19**	**59.22**	**57.86**	**1.90**	**1.81**	**7.93**	**7.67**	**156765**	**207143**	**93.49**	**94.76**
4.07	4.49	60.62	61.01	2.21	1.98	2.02	0.77	86596	257879	96.48	98.96
10.87	9.34	45.30	49.23	2.78	2.58	4.81	1.56	227980	197083	100.24	97.00
13.37	37.87	46.58	45.15	2.20	3.86	9.03	8.96	152121	198786	82.54	95.61
0.88	7.40	58.30	44.98	0.94	2.32	-2.23	1.57	74598	62238	89.81	93.30
9.10	14.14	47.19	54.39	1.67	3.85	7.09	4.61	22188	79825	99.88	96.37
-2.11	-22.65	59.11	80.72	1.70	1.07	-2.00	-7.41	31010	87387	111.59	128.15
8.31	15.64	56.46	70.00	2.32	0.96	13.43	4.55	147436	106089	97.82	118.73
-1.71	-5.82	61.00	51.08	0.52	5.64	-9.37	-13.54	25178	44878	93.50	96.67
21.01	16.79	33.69	23.45	0.91	2.96	29.08	8.18	99242	200710	93.78	96.53
0.33	17.56	82.68	85.25	0.23	1.71	-4.05	24.17	72154	370587	43.67	76.01
11.21	24.67	61.41	62.47	1.18	2.76	22.43	3.60	244582	80105	89.96	97.53
6.86	9.92	35.73	35.67	1.64	1.62	11.38	2.77	195265	265514	95.45	94.54
7.65	3.29	3.35	25.38	0.48	0.87	4.50	-3.29	27800	23795	99.43	92.96
6.88	10.03	40.98	48.35	2.60	2.00	3.66	1.39	84027	98992	80.30	89.62
5.81	47.29	52.65	53.24	2.47	2.28	0.94	13.73	87594	110498	94.54	95.32
10.02	51.55	66.21	59.80	2.99	2.78	3.19	6.43	165726	169722	95.79	96.43
11.29	2.51	75.46	85.26	3.38	3.97	6.59	-1.44	345363	720638	96.27	100.12
7.29	9.34	44.80	46.01	3.08	2.66	4.01	2.04	137016	199538	91.18	95.71
-6.59	10.27	47.23	60.03	0.46	0.91	-30.84	-0.61	21390	115711	101.78	91.80
2.04	54.27	56.56	27.47	5.55	2.76	-0.35	5.69	42377	16035	95.63	92.64
1.62		73.88		0.85		-1.54		17056		96.94	
5.55	50.04	43.33	31.90	2.94	3.20	4.17	3.90	495684	475756	98.60	96.23
	266.60		6.14		146.03		-0.05		580433		110.58
43.54	54.57	27.73	24.25	1.76	1.30	21.79	18.39	168027	146229	95.74	73.66
7.82	7.19	82.21	70.20	2.73	1.32	2.66	11.98	105169	72090	105.94	99.08
4.21	**7.19**	**76.52**	**70.20**	**0.86**	**1.32**	**22.68**	**11.98**	**213952**	**270492**	**96.86**	**99.08**
3.89	6.55	77.62	71.60	0.80	1.19	21.76	8.36	221713	282310	100.00	98.89
15.25	47.79	38.58	17.47	2.04	3.11	29.69	34.55	156514	187763	78.39	100.00

12-18 地区规模以上工业企业主要经济指标(2008年)

单位:万元

指 标	Item	企业单位数(个) Number of Enterprises	亏损企业 Loss-making Enterprises
西宁市	**Xining City**	**219**	**71**
国有控股企业	State-holding Enterprises	54	15
轻工业	Light Industry	89	31
重工业	Heavy Industry	130	40
集体企业	Collective-owned Enterprises	10	3
股份合作企业	Cooperative Enterprises	6	3
联营企业	Joint Ownership Enterprises	1	
有限责任公司	Limited Liability Corporations	107	36
股份有限公司	Share-holding Corporations Limited	17	5
私营企业	Private Enterprises	40	10
其他企业	Other Enterprises	1	
港、澳、台商投资企业	Enterprises with Funds from Hong Kong,Macao and Taiwan	5	2
外商投资企业	Foreign Funded Enterprises	11	4
海东地区	**Haidong Prefecture**	**89**	**36**
国有控股企业	State-holding Enterprises	14	7
轻工业	Light Industry	20	8
重工业	Heavy Industry	69	28
股份合作企业	Cooperative Enterprises	1	1
联营企业	Joint Ownership Enterprises	1	
有限责任公司	Limited Liability Corporations	34	9
股份有限公司	Share-holding Corporations Limited	5	4
私营企业	Private Enterprises	37	15
其他企业	Other Enterprises	1	
外商投资企业	Foreign Funded Enterprises	1	
海北藏族自治州	**Haibei Zang A.P**	**54**	**21**
国有控股企业	State-holding Enterprises	16	8
轻工业	Light Industry	10	3
重工业	Heavy Industry	44	18
集体企业	Collective-owned Enterprises	1	1
有限责任公司	Limited Liability Corporations	11	2
股份有限公司	Share-holding Corporations Limited	3	2
私营企业	Private Enterprises	29	11
外商投资企业	Foreign Funded Enterprises	1	
黄南藏族自治州	**Huangnan Zang A.P**	**8**	**1**
重工业	Heavy Industry	8	1
有限责任公司	Limited Liability Corporations	6	
股份有限公司	Share-holding Corporations Limited	1	1
外商投资企业	Foreign Funded Enterprises	1	
海南藏族自治州	**Hainan Zang A.P**	**23**	**8**
国有控股企业	State-holding Enterprises	7	4
轻工业	Light Industry	12	4
重工业	Heavy Industry	11	4
有限责任公司	Limited Liability Corporations	7	2
股份有限公司	Share-holding Corporations Limited	1	1
私营企业	Private Enterprises	10	2
外商投资企业	Foreign Funded Enterprises	1	
果洛藏族自治州	**Golog Zang A.P**	**13**	**2**
国有控股企业	State-holding Enterprises	13	2
轻工业	Light Industry	7	2
重工业	Heavy Industry	6	
有限责任公司	Limited Liability Corporations	2	
玉树藏族自治州	**Yushu Zang A.P**	**10**	
国有控股企业	State-holding Enterprises	10	
轻工业	Light Industry	2	
重工业	Heavy Industry	8	
海西蒙古族藏族自治州	**Haixi Mongolian & Zang A.P**	**99**	**24**
国有控股企业	State-holding Enterprises	32	8
轻工业	Light Industry	7	5
重工业	Heavy Industry	92	19
集体企业	Collective-owned Enterprises	1	
股份合作企业	Cooperative Enterprises	5	1
有限责任公司	Limited Liability Corporations	24	
股份有限公司	Share-holding Corporations Limited	8	
私营企业	Private Enterprises	41	14
港、澳、台商投资企业	Enterprises with Funds from Hong Kong,Macao and Taiwan	3	1
外商投资企业	Foreign Funded Enterprises	1	

Main Economic Indicators of Industrial Enterprises by Region(2008)

(10 000 yuan)

工 业 总产值 Gross Industrial Output Value	工 业 增加值 Value Added of Industry	资 产 总 计 Total Assets	流动资 产合计 Total Working Capitals	固定资 产原价 Original Value of Fixed Assets	累计折旧 Accumulated Depreciation	固定资产净值 年平均余额 Annual Average Balance of Net Value of Fixed Assets
6235302	**2229072**	**12170281**	**2846570**	**8307943**	**2697750**	**5392887**
4435527	1432597	10558376	2109157	7748771	2574650	4985782
558458	270404	730478	272357	350240	78616	250013
5676844	1958669	11439803	2574214	7957703	2619133	5142874
57574	18499	65307	43015	20385	9484	10955
20394	10374	40864	21151	16809	3759	12147
2893	1444	1247	1012	95	23	193
1784031	824298	5212155	677581	3649182	1182464	2409276
817054	251186	904311	396624	725538	354951	381630
345140	130374	303077	106032	93003	17971	69446
584	170	659	479	218	38	180
39773	16562	22603	13497	9962	3661	5097
1398344	406355	2580872	1011193	1176520	446612	686464
589121	**188874**	**485588**	**225979**	**252766**	**70780**	**176617**
24759	8507	47969	12341	32681	8112	25645
59414	21221	75703	42075	34567	9393	23682
529707	167654	409885	183904	218199	61386	152935
201	66	658	363	1286	1010	305
243323	82073	194044	93350	83299	22605	59576
21916	10210	26456	15363	16809	6082	10759
295294	91955	248339	112906	137847	37066	96284
18040	1183	1694	745	1063	114	949
6329	1788	2299	1072	1486	497	989
243750	**87803**	**382816**	**159292**	**141120**	**50451**	**114036**
82020	23156	198885	59938	98428	33567	83179
17181	3698	13474	6405	12817	8949	5101
226570	84105	369342	152888	128304	41502	108936
1622	713	1611	243	2065	1219	939
202005	72178	290146	129435	73019	28021	62558
5433	2403	26608	6773	13148	2779	16620
24665	8428	33584	16929	23005	8774	15556
56018	**16651**	**172515**	**25910**	**168825**	**22968**	**148899**
56018	16651	172515	25910	168825	22968	148899
43400	6325	37932	17028	30620	10460	20942
432	238	2688	503	2405	221	2223
12186	10087	131894	8380	135800	12287	125734
69192	**16827**	**181523**	**34727**	**142989**	**9310**	**132267**
12640	5467	117955	2003	113541	4909	108729
17159	5005	32159	10052	19151	2381	16798
52033	11822	149365	24675	123839	6929	115469
16394	5033	23973	5927	16181	2321	13392
393	38	5973	2465	2584	98	2522
40149	6517	34984	24503	12630	2764	8881
58904	**20690**	**94894**	**12106**	**49811**	**3795**	**30940**
58904	20690	94894	12106	49811	3795	30940
933	277	7429	3097	4222	825	1967
57971	20414	87466	9009	45589	2969	28973
57661	20245	84300	8664	42066	2136	26234
3848	**1983**	**53747**	**1076**	**36966**	**2920**	**32775**
3848	1983	53747	1076	36966	2920	32775
1233	983	1393	198	362	15	46
2615	1000	52353	878	36604	2906	32729
3774833	**2286885**	**7385347**	**2879991**	**4059004**	**1040188**	**2760076**
2864999	1760853	5110981	1724844	3354395	918791	2195639
12266	4842	28259	8543	19397	4306	14731
3762567	2282043	7357088	2871449	4039607	1035882	2745346
15325	5527	30550	21709	8838	2044	6717
46282	25811	53955	36746	10904	3433	6849
634118	363270	1540282	585781	641776	90843	535163
2442657	1527796	4132978	1420760	2758563	866729	1662555
343779	203110	1048822	613260	345322	44587	275600
20637	11516	29668	25415	4210	1358	2419
68929	34953	115080	31203	45731	8319	41449

12-18 续表 1

单位:万元

指 标	Item	负 债 合 计 Total Liabilities	流动负债 合 计 Total Working Liabilities
西宁市	**Xining City**	**8161029**	**4027679**
国有控股企业	State-holding Enterprises	7261161	3374637
轻工业	Light Industry	368459	249599
重工业	Heavy Industry	7792570	3778080
集体企业	Collective-owned Enterprises	49985	45167
股份合作企业	Cooperative Enterprises	24167	21546
联营企业	Joint Ownership Enterprises	696	696
有限责任公司	Limited Liability Corporations	4080485	1561275
股份有限公司	Share-holding Corporations Limited	673992	439998
私营企业	Private Enterprises	144454	87770
其他企业	Other Enterprises	609	609
港、澳、台商投资企业	Enterprises with Funds from Hong Kong,Macao and Taiwan	19828	12103
外商投资企业	Foreign Funded Enterprises	1313695	763046
海东地区	**Haidong Prefecture**	**295258**	**226504**
国有控股企业	State-holding Enterprises	22011	19870
轻工业	Light Industry	41758	35538
重工业	Heavy Industry	253500	190966
股份合作企业	Cooperative Enterprises	193	193
联营企业	Joint Ownership Enterprises		
有限责任公司	Limited Liability Corporations	110023	95062
股份有限公司	Share-holding Corporations Limited	11701	6083
私营企业	Private Enterprises	166081	119831
其他企业	Other Enterprises	683	683
外商投资企业	Foreign Funded Enterprises	2021	2001
海北藏族自治州	**Haibei Zang A.P**	**235373**	**157407**
国有控股企业	State-holding Enterprises	156662	93955
轻工业	Light Industry	7558	7087
重工业	Heavy Industry	227815	150321
集体企业	Collective-owned Enterprises	3350	1514
有限责任公司	Limited Liability Corporations	180716	125910
股份有限公司	Share-holding Corporations Limited	15381	12814
私营企业	Private Enterprises	14495	14080
外商投资企业	Foreign Funded Enterprises		
黄南藏族自治州	**Huangnan Zang A.P**	**112050**	**23903**
重工业	Heavy Industry	112050	23903
有限责任公司	Limited Liability Corporations	21397	17350
股份有限公司	Share-holding Corporations Limited	1135	1035
外商投资企业	Foreign Funded Enterprises	89519	5519
海南藏族自治州	**Hainan Zang A.P**	**147926**	**136855**
国有控股企业	State-holding Enterprises	109522	109151
轻工业	Light Industry	18951	9565
重工业	Heavy Industry	128975	127290
有限责任公司	Limited Liability Corporations	14632	6822
股份有限公司	Share-holding Corporations Limited	1067	1067
私营企业	Private Enterprises	23608	20438
外商投资企业	Foreign Funded Enterprises		
果洛藏族自治州	**Golog Zang A.P**	**51000**	**46846**
国有控股企业	State-holding Enterprises	51000	46846
轻工业	Light Industry	3363	887
重工业	Heavy Industry	47637	45959
有限责任公司	Limited Liability Corporations	45256	45167
玉树藏族自治州	**Yushu Zang A.P**	**2499**	**559**
国有控股企业	State-holding Enterprises	2499	559
轻工业	Light Industry	724	
重工业	Heavy Industry	1775	559
海西蒙古族藏族自治州	**Haixi Mongolian & Zang A.P**	**3885637**	**2367958**
国有控股企业	State-holding Enterprises	2589078	1446218
轻工业	Light Industry	23565	12532
重工业	Heavy Industry	3862072	2355426
集体企业	Collective-owned Enterprises	20818	20800
股份合作企业	Cooperative Enterprises	18340	18141
有限责任公司	Limited Liability Corporations	864709	524073
股份有限公司	Share-holding Corporations Limited	2120766	1158329
私营企业	Private Enterprises	622524	486202
港、澳、台商投资企业	Enterprises with Funds from Hong Kong,Macao and Taiwan	6567	3566
外商投资企业	Foreign Funded Enterprises	60060	15225

continued

(10 000 yuan)

长期负债合计 Total Long-term Liabilities	所有者权益合计 Total Owners' Equity	实收资本 Paid-up Capital	主营业务收入 Revenue from Principal Business	主营业务成本 Cost of Principal Business	主营业务税金及附加 Taxes and Other Charges on Principal Business	其他业务利润 Other Operating Profit
4061284	**4009251**	**2184531**	**6218629**	**5379395**	**40233**	**7736**
3878352	3297215	1846851	4648113	4033803	28680	4190
99452	362018	231001	511163	397299	4106	2243
3961832	3647233	1953530	5707466	4982096	36127	5493
1651	15321	9047	123890	116128	1073	543
2621	16697	13218	15316	14807	57	88
	551	430	1646	1590	2	
2502096	1131670	810675	1437424	1159272	13955	8928
233984	230319	182739	838741	726025	3260	477
21799	158623	58027	299425	259419	585	1175
	50	50	533	509	3	
6725	2775	6460	35012	31587	2	105
537447	1267177	386471	1873077	1635387	9548	-1707
49381	**190329**	**121809**	**569593**	**497485**	**5418**	**1064**
2142	25958	22604	29306	21253	170	260
6188	33945	19866	59801	38879	4071	303
43193	156385	101943	509792	458606	1347	762
	465	780	163	195	1	
6626	84021	53424	235347	182345	4670	47
5618	14755	11089	21881	20397	101	532
35232	82258	46742	280860	264471	518	262
	1011	70	21120	20442	102	-29
	278	849	6292	5689		
64920	**147443**	**65086**	**260964**	**191816**	**2959**	**295**
52514	42223	43376	82884	73398	1054	270
330	5916	2579	17098	16331	36	38
64590	141527	62507	243866	175485	2923	257
	-1739	810	1780	1745	11	
49686	109430	41749	219934	155359	2411	313
1990	11227	4269	5420	4763	10	
64	19089	9941	23846	21288	443	
88147	**60464**	**47421**	**56820**	**42644**	**53**	**222**
88147	60464	47421	56820	42644	53	222
4047	16535	8003	43281	37714	52	222
100	1554	1418	432	369	1	
84000	42375	38000	13107	4561		
9336	**33597**	**26289**	**63649**	**50553**	**385**	**224**
367	8433	8675	12548	5297	215	14
8752	13208	10577	15575	12413	50	-114
585	20390	15712	48074	38141	335	338
7680	9341	2909	13955	11304	25	-7
	4906	5000	193	215	1	-1
1569	11376	10226	37335	34061	146	219
3609	**43895**	**16733**	**56951**	**16290**	**1231**	**26**
3609	43895	16733	56951	16290	1231	26
1934	4066	3948	1065	835	3	14
1675	39828	12785	55886	15455	1228	11
89	39044	12000	55599	15332	1216	
113	**51247**	**14092**	**12564**	**6761**	**13**	**48**
113	51247	14092	12564	6761	13	48
	669	785	7770	3193	2	
113	50578	13307	4795	3568	12	48
932013	**3499710**	**989694**	**3210241**	**1512233**	**89791**	**2027**
559657	2521904	555222	2339691	1037547	73063	499
11028	4694	5933	7312	8232	234	-75
920985	3495016	983761	3202929	1504000	89557	2102
	9732	1350	15325	10496	583	20
197	35615	5198	71136	33288	1896	
340265	675573	269684	611569	336239	14418	889
379355	2012212	342504	1941324	791666	59375	718
134244	426298	246144	269837	168401	6053	539
3000	23101	2488	19573	10616	410	104
44836	55020	19484	76705	33737	522	1

12-18 续表 2

单位:万元

指 标	Item	营业费用 Operating Expenses	营业利润 Operating Profit
西宁市	**Xining City**	**128067**	**180552**
国有控股企业	State-holding Enterprises	62245	135074
轻工业	Light Industry	34152	18603
重工业	Heavy Industry	93916	161949
集体企业	Collective-owned Enterprises	9120	1583
股份合作企业	Cooperative Enterprises	157	-1025
联营企业	Joint Ownership Enterprises	2	31
有限责任公司	Limited Liability Corporations	42658	39205
股份有限公司	Share-holding Corporations Limited	27301	39800
私营企业	Private Enterprises	5772	9069
其他企业	Other Enterprises	3	11
港、澳、台商投资企业	Enterprises with Funds from Hong Kong,Macao and Taiwan	435	759
外商投资企业	Foreign Funded Enterprises	33129	82589
海东地区	**Haidong Prefecture**	**19053**	**9676**
国有控股企业	State-holding Enterprises	1272	1892
轻工业	Light Industry	2057	7490
重工业	Heavy Industry	16996	2186
股份合作企业	Cooperative Enterprises	1	-96
联营企业	Joint Ownership Enterprises		
有限责任公司	Limited Liability Corporations	8940	14982
股份有限公司	Share-holding Corporations Limited	1175	-425
私营企业	Private Enterprises	8422	-4280
其他企业	Other Enterprises	133	250
外商投资企业	Foreign Funded Enterprises	266	92
海北藏族自治州	**Haibei Zang A.P**	**5629**	**44682**
国有控股企业	State-holding Enterprises	2583	-2207
轻工业	Light Industry	161	213
重工业	Heavy Industry	5469	44469
集体企业	Collective-owned Enterprises	2	-40
有限责任公司	Limited Liability Corporations	4516	44959
股份有限公司	Share-holding Corporations Limited	1	76
私营企业	Private Enterprises	690	-28
外商投资企业	Foreign Funded Enterprises		
黄南藏族自治州	**Huangnan Zang A.P**	**301**	**4806**
重工业	Heavy Industry	301	4806
有限责任公司	Limited Liability Corporations	301	4412
股份有限公司	Share-holding Corporations Limited		-3
外商投资企业	Foreign Funded Enterprises		398
海南藏族自治州	**Hainan Zang A.P**	**1289**	**2007**
国有控股企业	State-holding Enterprises	49	-182
轻工业	Light Industry	742	574
重工业	Heavy Industry	547	1433
有限责任公司	Limited Liability Corporations	348	1350
股份有限公司	Share-holding Corporations Limited	4	-319
私营企业	Private Enterprises	912	1112
外商投资企业	Foreign Funded Enterprises		
果洛藏族自治州	**Golog Zang A.P**	**8707**	**14105**
国有控股企业	State-holding Enterprises	8707	14105
轻工业	Light Industry	43	26
重工业	Heavy Industry	8665	14079
有限责任公司	Limited Liability Corporations	8664	14031
玉树藏族自治州	**Yushu Zang A.P**	**65**	**62**
国有控股企业	State-holding Enterprises	65	62
轻工业	Light Industry	7	33
重工业	Heavy Industry	58	29
海西蒙古族藏族自治州	**Haixi Mongolian & Zang A.P**	**81200**	**1363940**
国有控股企业	State-holding Enterprises	43868	1064982
轻工业	Light Industry	872	-316
重工业	Heavy Industry	80328	1364256
集体企业	Collective-owned Enterprises	1251	3816
股份合作企业	Cooperative Enterprises	6019	25202
有限责任公司	Limited Liability Corporations	28490	240066
股份有限公司	Share-holding Corporations Limited	22319	920384
私营企业	Private Enterprises	12920	82938
港、澳、台商投资企业	Enterprises with Funds from Hong Kong,Macao and Taiwan	548	5639
外商投资企业	Foreign Funded Enterprises		32250

continued

(10 000 yuan)

利润总额 Total Profits	应交所得税 Income Tax Payable	亏损企业亏损总额 The Total Loss of Loss-making Enterprises	利税总额 Total Profits and Taxes	本年应交增值税 Value Added Tax Payable	全部从业人员年平均人数(人) Annual Average Employed Persons (person)
202582	**15346**	**37526**	**523201**	**280386**	**98665**
153358	10621	19435	421935	239897	60262
13307	1490	9592	30053	12640	21232
189275	13856	27934	493148	267746	77433
4409	842	89	11712	6230	4188
-1043		1066	-502	485	922
31			43	10	16
52662	2692	12913	134556	67938	36701
38295	6383	7951	77265	35709	13496
11119	1140	674	16936	5232	6625
11			46	32	40
1201	165	110	4155	2952	806
77004	3959	891	149706	63154	15526
19569	**3745**	**12691**	**45312**	**20325**	**14914**
2536	383	836	4647	1942	1627
9252	55	465	15031	1708	2522
10317	3690	12226	30281	18617	12392
-89		89	-80	8	67
20842	2527	705	35413	9902	6426
282		617	1582	1199	1118
-980	1214	10443	7192	7653	6653
254	4		1558	1202	180
90			193	103	96
49787	**4106**	**6645**	**61834**	**9088**	**4959**
-2023	1948	5732	1716	2685	2894
204	9	90	364	125	419
49583	4097	6556	61470	8963	4540
-40		40	-29		70
49800	3952	5496	60248	8038	2900
74		22	98	14	240
154	153	861	1326	730	1041
4719	**698**	**37**	**7829**	**3057**	**560**
4719	698	37	7829	3057	560
4358	698		5217	808	448
-37		37	-10	26	37
398			2621	2223	75
2279	**180**	**400**	**6931**	**4267**	**2020**
-169		171	2532	2486	212
522	1	190	830	258	995
1757	179	211	6101	4008	1025
1149	180	70	1543	368	605
-119		119	-107	11	126
1385		74	2956	1425	1129
30549	**4591**	**18**	**36799**	**5019**	**737**
30549	4591	18	36799	5019	737
88	13	18	101	10	144
30460	4578		36698	5009	593
30412	4574		36619	4990	501
76	**4**		**210**	**120**	**543**
76	4		210	120	543
33			35		79
43	4		175	120	464
1462173	**120016**	**9208**	**1838704**	**286740**	**51819**
1132661	84209	8278	1420629	214905	39774
-274	70	787	509	549	996
1462446	119946	8420	1838195	286191	50823
5594			7880	1703	278
26048	1337	32	35619	7676	530
272137	34412		344219	57664	7764
974763	57569		1210947	176809	32745
85782	7518	890	108179	16343	5079
5811	861	8	8001	1780	521
35726	4720		36254	6	412

12-19 规模以上工业主要产品生产能力
Production Capacity of Major Industrial Products of of Industrial Enterprises above Designated Size

能力名称	Item		年末生产能力 Production Capacity at Year-end			能力利用率(%) Capacity Utilization Ratio (%)		
			2006	2007	2008	2006	2007	2008
原煤开采	(万吨) Coal Mining	(10 000 tons)	1041	1215	1344	56.44	73.75	97.56
天然原油开采	(万吨) Petroleum Extraction	(10 000 tons)	226	227	224	98.74	97.42	98.63
发电设备容量	(万千瓦) Generating Capacity	(10 000 kw)	655	698	726	47.29	47.20	47.90
棉纺锭(环锭纺)	(万锭) Cotton Spindles	(10 000 unit)	3	6	10			
焦炭	(万吨) Coke	(10 000 tons)		160	156		52.39	91.25
电石(折300升/千克)	(万吨) Calcium Carbide	(10 000 tons)	10	11	25	95.86	75.25	90.88
农用氮磷钾肥料(折纯)	(万吨) Chemical Fertilizers	(10 000 tons)	228	364	374	85.51	67.21	66.16
水泥熟料	(万吨) Cement Chamotte	(10 000 tons)	23	306	440		74.85	83.45
其中:预分解窑熟料	(万吨) Decompose Cellar Chamotte	(10 000 tons)			327			84.90
立窑熟料	(万吨) Cellar Chamotte	(10 000 tons)	23	156	93		82.34	69.80
湿法窑熟料	(万吨) Wet Cellar Chamotte	(10 000 tons)			20			87.23
水泥	(万吨) Cement	(10 000 tons)	428	569	563	80.41	76.77	82.69
平板玻璃	(万重量箱) Plate Glass	(10 000 Weight-box)	98	98	110	99.04	94.85	99.02
生铁	(万吨) Pig Iron	(10 000 tons)	106	107	107	46.91	84.20	86.25
粗钢	(万吨) Steel-making	(10 000 tons)	130	130	130	61.23	88.24	88.52
钢材	(万吨) Rolled Steel	(10 000 tons)	131	137	163	58.77	79.87	76.32
铁合金	(万吨) Iron Alloy	(10 000 tons)	64	89	107	60.03	57.38	68.12
电解铝	(万吨) Electrolytic Aluminum	(10 000 tons)	87	96	103	92.73	98.61	101.96
金属切削机床	(台) Metal-cutting Machine Tools	(unit)	1057	1105	1324	75.02	92.76	75.75

12–20 主要年份主要工业产品产量

Output of Major Industrial Products in Main Years

产品名称	Item	1978	1985	1990	1995	2000	2005	2006	2007	2008
原 煤(万吨)	Coal (10 000 tons)	245	277	320	278	145	555	592	896	1183
原 油(万吨)	Crude Petroleum Oil (10 000 tons)	14	20	81	122	200	221	223	221	220
天然气(亿立方米)	Natural Gas (100 million cu.m)					4	22	25	34	44
铜选矿含铜(吨)	Content of Cuprum in Cuprum Concentration (ton)	703	1371	1336	1536	1079	6314	5128	17629	22739
锌精矿含锌(万吨)	Content of Zinc in Zinc Concentrate (10 000 tons)			2	4	6	8	8	8	9
铅精矿含铅(万吨)	Content of Lead in Lead Concentrate (10 000 tons)			2	3	5	7	6	6	6
碳酸钠(纯碱)(万吨)	Soda Ash (10 000 tons)					1	17	71	102	116
原 盐(万吨)	Salt (10 000 tons)	39	37	104	76	68	112	143	162	236
碳化钙(电石)(万吨)	Raw Coal (10 000 tons)	…	1	1	1		6	9	8	22
发电量(亿千瓦小时)	Electricity (100 million kwh)	7	11	71	66	134	213	277	289	306
水 电	Hydropower		1	57	43	108	157	205	197	203
火 电	Thermal Power		10	13	18	26	56	72	92	103
食用植物油(万吨)	Refined Edible Vegetable Oil (10 000 tons)	1	2	3	4	1	2	1	1	3
乳制品(吨)	Dairy Products (ton)					1152	11372	15676	45981	66076
饮料酒(万吨)	Alcohol Beverage (10 000 tons)					2	1	5		10
白 酒(千升)	Liquor (kilo-liter)	2422	5904	7910	17003	18536	8071	8404	9163	10399
啤 酒(万吨)	Beer (10 000 tons)			1	2	1			6	9
棉 纱(吨)	Pure Cotton Yarn (ton)	2900	3900	5145	6830	3025	3613	5404	562	3194
毛 线(吨)	Knitting Wool (ton)	455	1611	1436	501	267	650	450	4473	1261
轻 革(万平方米)	Light Leather (10 000 sq.m)					3	12	19	22	8
皮 鞋(万双)	Leather Shoes (10 000 pairs)	55	101	76	56	3	4	4	5	4
机制纸及纸板(吨)	Machine-made Paper and Paperboard (ton)	5300	6456	7100	14310	3657		8989	230	1991
原油加工量(万吨)	Processed Crude Oil (10 000 tons)	6	17	15	84	62	95	100	105	100
汽 油	Gasoline	2				21	29	32	33	31
柴 油	Diesel Oil	3				23	44	48	50	47
硫 酸(折100%)(万吨)	Sulfuric Acid (10 000 tons)	3	1	2	4	2	6	7	11	15
氢氧化钠(烧碱)(万吨)	Caustic Soda (10 000 tons)	1	1	1	1	1	1	1	1	1
农用化肥(万吨)	Chemical Fertilizers (10 000 tons)	2	2	7	21	67	159	205	245	247
钾 肥(实物量)(万吨)	Potash Fertilizer (10 000 tons)						241	337	405	399
中成药(吨)	Traditional Chinese Medicine (ton)					310	361	266	460	908
水 泥(万吨)	Cement (10 000 tons)	18	48	51	64	124	371	371	437	458
平板玻璃(万重量箱)	Plain Glass (10 000 weight cases)					100	90	97	93	103
粗 钢(万吨)	Crude Steel (10 000 tons)	18	21	32	36	43	51	80	115	115
钢 材(万吨)	Rolled Steel (10 000 tons)	14	17	28	31	36	48	77	109	115
焦 炭(万吨)	Coke (10 000 tons)							34	84	144
铁合金(万吨)	Ferroalloy (10 000 tons)			8	18	15	31	42	51	70
十种有色金属(万吨)	Ten Kinds of Nonferrous Metals (10 000 tons)					30	72	89	108	114
铅	Lead						3	3	5	1
锌	Zinc					1	3	4	8	11
原 铝(电解铝)	Electrolyzed Aluminum			5	11	28	67	82	95	102
黄 金(千克)	Gold (kg)					689	7	176	3912	3713
铝 材(万吨)	Aluminum Material (10 000 tons)						1	4	7	4
金属切削机床(台)	Metal-cutting Machine Tools (unit)	1258	1114	1297	453	192	743	793	1025	920
数控机床(台)	Numerical Control Machine (unit)					60	253	395	529	461
粮食加工机械(台)	Grain-processing Machines (unit)						93418	110007	99837	95319
环境保护专用设备(台(套))	Environmental Protection Equipment (unit)						804	1008	734	739
变压器(千伏安)	Transformer (kva)						39775	49470	26211	23738

主要统计指标解释

工业 指从事自然资源的开采,对采掘品和农产品进行加工和再加工的物质生产部门。具体包括:(1)对自然资源的开采,如采矿、晒盐等(但不包括禽兽捕猎和水产捕捞);(2)对农副产品的加工、再加工,如粮油加工、食品加工、缫丝、纺织、制革等;(3)对采掘品的加工、再加工,如炼铁、炼钢、化工生产、石油加工、机器制造、木材加工等,以及电力、自来水、煤气的生产和供应等;(4)对工业品的修理、翻新,如机器设备的修理、交通运输工具(如汽车)的修理等。

工业统计调查单位为独立核算法人工业企业。

独立核算法人工业企业指从事工业生产经营活动的单位。独立核算法人工业企业应同时具备以下条件:①依法成立,有自己的名称、组织机构和场所,能够承担民事责任;②独立拥有和使用资产,承担负债,有权与其他单位签订合同;③独立核算盈亏,并能够编制资产负债表。

本年鉴中涉及的企业登记注册类型:

国有及国有控股企业 指国有企业加上国有控股企业。国有企业(即原全民所有制工业或国营工业)指企业全部资产归国家所有,并按《中华人民共和国企业法人登记管理条例》规定登记注册的非公司制的经济组织。包括国有企业、国有独资公司和国有联营企业。1957年以前的公私合营和私营工业,后均改造为国营工业,1992年改为国有工业,这部分工业的资料不单独分列时,均包括在国有企业内。国有控股企业是对混合所有制经济的企业进行的"国有控股"分类。它是指这些企业的全部资产中国有资产(股份)相对其他所有者中的任何一个所有者占资(股)最多的企业。该分组反映了国有经济控股情况。

集体企业 指企业资产归集体所有,并按《中华人民共和国企业法人登记管理条例》规定登记注册的经济组织。是社会主义公有制经济的组成部分。包括城乡所有使用集体投资举办的企业,以及部分个人通过集资自愿放弃所有权并依法经工商行政管理机关认定为集体所有制的企业。

股份合作企业 指以合作制为基础,由企业职工共同出资入股,吸收一定比例的社会资产投资组建,实行自主经营,自负盈亏,共同劳动,民主管理,按劳分配与按股分红相结合的一种集体经济组织。

联营企业 指两个及两个以上相同或不同所有制性质的企业法人或事业单位法人,按自愿、平等、互利的原则,共同投资组成的经济组织。联营企业包括:

国有联营企业指国有企业与国有企业间的联营;

集体联营企业指集体企业与集体企业间的联营;

国有与集体联营企业指国有企业与集体企业间的联营。

有限责任公司 指根据《中华人民共和国公司登记管理条例》规定登记注册,由两个以上,五十个以下的股东共同出资,每个股东以其所认缴的出资额对公司承担有限责任,公司以其全部资产对其债务承担责任的经济组织。

有限责任公司包括国有独资公司以及其他有限责任公司。

股份有限公司 指根据《中华人民共和国企业法人登记管理条例》规定登记注册,其全部注册资本由等额股份构成并通过发行股票筹集资本,股东以其认购的股份对公司承担有限责任,公司以其全部资产对其债务承担责任的经济组织。

私营企业 指由自然人投资设立或由自然人控股,以雇佣劳动为基础的营利性经济组织。包括按照《公司法》、《合伙企业法》、《私营企业暂行条例》规定登记注册的私营有限责任公司、私营股份有限公司、私营合伙企业和私营独资企业。

港、澳、台商投资企业 指企业注册登记类型中的港、澳、台资合资、合作、独资经营企业和股份有限公司之和。

外商投资企业 指企业注册登记类型中的中外合资、合作经营企业、外资企业和外商投资股份有限公司之和。

轻工业 指主要提供生活消费品和制作手工工具的工业。按其所使用的原料不同,可分为两大类:(1)以农产品为原料的轻工业,是指直接或间接以农产品为基本原料的轻工业。主要包括食品制造、饮料制造、烟草加工、纺织、缝纫、皮革和毛皮制作、造纸以及印刷等工业;(2)以非农产品为原料的轻工业,是指以工业品为原料的轻工业。主要包括文教体育用品、化学药品制造、合成纤维制造、日用化学制品、日用玻璃制品、日用金属制品、手工工具制造、医疗器械制造、文化和办公用机械制造等工业。

重工业 指为国民经济各部门提供物质技术基础的主要生产资料的工业。按其生产性质和产品用途,可以分为下列三类:(1)采掘(伐)工业,是指对自然资源的开采,包括石油开采、煤炭开采、金属矿开采、非金属矿开采等工业;(2)原材料工业,指向国民经济各部门提供基本材料、动力和燃料的工业。包括金属冶炼及加工、炼焦及焦炭、化学、化工原料、水泥、人造板以及电力、石油和煤炭加工等工业;(3)加工工业,是指对工业原材料进行再加工制造的工业。包括装备国民经济各部门的机械设备制造工业、金属结构、水泥制品等工业,以及为农业提供的生产资料如化肥、农药等工业。

根据上述划分原则,修理业中以重工业产品为修理作业对象的划为重工业,反之划为轻工业。

工业总产值

(1)定义:

工业总产值是以货币形式表现的,工业企业在一定时期内生产的工业最终产品或提供工业性劳务活动的总价值量。它反映一定时间内工业生产的总规模和总水平。

(2)计算原则:

工业生产的原则,即凡是企业在报告期生产的经检验合格的产品,不管是否在报告期销售,均包括在内。

最终产品的原则,即凡是计入工业总产值的产品,必须是本企业生产的经检验合格的,不需要再进行任何加工的最终产品。如果企业有中间产品(半成品)对外销售,则对外销售的中间产品应视为企业的最终产品。

工厂法原则，即工业总产值是以工业企业作为基本计算（核算）单位，即按企业的最终产品计算工业总产值。按这种方法计算的工业总产值，不允许同一产品价值在企业内部重复计算，不能把企业内部各个车间（分厂）生产的成果相加，但允许企业间的重复计算。

（3）内容及计算方法：

1995 年全国工业普查对工业总产值（原规定）的内容及计算原则和方法做了某些修订，修订后的工业总产值（新规定）包括三项内容：即本期生产成品价值、对外加工费收入、在制品半成品期末期初差额价值三部分。

本期生产成品价值：指企业本期生产，并在报告期内不再进行加工，经检验、包装入库的全部工业成品（半成品）价值合计，包括企业生产的自制设备及提供给本企业在建工程、其他非工业部门和福利部门等单位使用的成品价值。本期生产成品价值为按自备原材料生产的产品的数量乘以本期不含增值税（销项税额）的产品实际销售平均单价计算；会计核算中按成本价格转帐的自制设备和自产自用的成品，按成本价格计算生产成品价值。生产成品价值中不包括用定货者来料加工的成品（半成品）价值。

对外加工费收入：指企业在报告期内完成的对外承接的工业品加工（包括用定货者来料加工产品）的加工费收入和对外工业修理作业所取得的加工费收入。对外加工费收入按不含增值税（销项税额）的价格计算，可根据会计“产品销售收入”科目的有关资料取得。

对于本企业对内非工业部门提供的加工修理、设备安装的劳务收入，如果企业会计核算基础较好，能取得这部分资料，而且这部分价值所占比重较大，应包括在对外加工费收入中。

自制半成品在制品期末期初差额价值：指企业报告期在制品期末减期初的差额价值，本指标一般可以从会计核算资料中取得。如果会计产品成本核算中不计算半成品、在制品的成本，则总产值中也不包括这部分价值，反之则包括。

（4）工业总产值统计范围变化和计算方法修订情况：

1984 年以前工业总产值不包括村办工业，村办工业总产值划归农业。1984 年以后工业总产值包括村办工业。

1995 年工业普查对工业总产值计算方法做了修订，即从 1995 年始按新修订（新规定）方法计算工业总产值。新规定与原规定的区别如下：

全价与加工费的计算原则不同：新规定为凡自备原材料，不论其生产繁简程度如何，一律按全价计算工业总产值；凡来料加工，允许按加工费计算工业总产值。原规定则视生产加工的繁简程度不同，规定哪些行业按全价，哪些行业按加工费计算工业总产值。

自制半成品、在产品期末期初差额价值的计算原则不同：新规定要求，凡会计产品成本核算时计算了成本的差额价值，总产值中就应包括，否则可不包括；原规定则按生产周期六个月的界限区分，凡生产周期六个月以上的企业，总产值计算中应包括这部分差额价值，否则可不包括。

计算价格不同：新规定按不含增值税（销项税额）的价格计算；原规定则按含增值税（销项税额）的价格计算。

工业增加值　指工业企业在报告期内以货币表现的工业生产活动的最终成果。

工业增加值有两种计算方法：一是生产法，即工业总产出减去工业中间投入加上应交增值税；二是收入法，即从收入的角度出发，根据生产要素在生产过程中应得到的收入份额计算，具体构成项目有固定资产折旧、劳动者报酬、生产税净额、营业盈余，这种方法也称要素分配法。本年鉴中的工业增加值是以生产法计算的。

生产法工业增加值的计算方法为：

工业增加值 = 工业总产出 - 工业中间投入 + 应交增值税

（1）工业总产出：指工业企业在一定时期内工业生产活动的总成果。工业总产出包括：成品生产价值，对外加工费收入，自制半成品、在产品期末期初差额价值。1995 年后用新规定计算的工业总产值代替。

（2）工业中间投入：指工业企业在工业生产活动中消耗的外购物质产品和对外支付的服务费用。服务费用包括支付给物质生产部门（工业、农业、批发零售贸易业、建筑业、运输邮电业）的服务费用和支付给非物质生产部门（如保险、金融、文化教育、科学研究、医疗卫生、行政管理等）的服务费用。工业中间投入的确定须遵循以下原则：必须从外部购入的，并已计入工业总产出的产品和服务价值；必须是本期投入生产，并一次性消耗掉（包括本期摊销的低值易耗品等）的产品和服务价值。

工业中间投入包括直接材料费用、制造费用中的工业中间投入、管理费用中的工业中间投入、销售费用中的工业中间投入和利息支出五部分。

资产总计　指企业拥有或控制的能以货币计量的经济资源，包括各种财产、债权和其他权利。资产按流动性分为流动资产、长期投资、固定资产、无形资产、递延资产和其他资产。该指标根据企业会计“资产负债表”中“资产总计”项目的期末数增列。

流动资产　指企业可以在一年内或者超过一年的一个生产周期内变现或者耗用的资产，包括现金及各种存款、短期投资，应收及预付款项、存货等。

流动资产平均余额　指企业在报告期内全部流动资产的平均余额。

固定资产原价　指企业在建造、购置、安装、改建、扩建、技术改造某项固定资产时所支出的全部货币总额。它一般包括买价、包装费、运杂费和安装费等。

固定资产净值年平均余额　指固定资产净值在报告期内余额的平均数。计算公式为：

$$\text{固定资产净值年平均余额} = \frac{\text{1 至 12 月各月月初、月末固定资产净值之和}}{24}$$

该指标根据“资产负债表”中“固定资产原价”、“累计折旧”指标的期初、期末数计算填列。

固定资产净值指固定资产原价减去历年已提折旧额后的净额。计算公式为：

固定资产净值 = 固定资产原价 - 累计折旧

负债合计　指企业所承担的能以货币计量，将以资产或劳务偿付的债务，偿还形式包括货币、资产或提供劳务。负债一般按偿还期长短分为流动负债和长期负债。根据会计“资产负债表”中“负债合计”的年末数填列。

所有者权益　指企业投资人对企业净资产的所有权。企业净资产等于企业全部资产减去全部负债后的余额，包括企业投资人对企业的最初投入的实际到位的资产及资本公积金、盈余公积金和未分配利润。所有者权益合计数小于零,表示企业资不抵债。

主营业务收入 指会计"利润表"中对应指标的本年累计数。未执行2001年《企业会计制度》的企业,用"产品销售收入"的本期累计数代替。

主营业务成本 指会计"利润表"中对应指标的本年累计数。未执行2001年《企业会计制度》的企业,用"产品销售成本"的本期累计数代替。

主营业务税金及附加 指会计"利润表"中对应指标的本年累计数。未执行2001年《企业会计制度》的企业,用"产品销售税金及附加"的本期累计数代替。

利润总额 指企业生产经营活动的最终成果,是企业在一定时期内实现的盈亏相抵后的利润总额(亏损以"-"号表示),它等于营业利润加上补贴收入加上投资收益加上营业外净收入再加上以前年度损益调整。

本年应交增值税 指企业在报告期内应交纳的增值税额。它等于本年销项税额加上出口退税加上进项税额转出数减去本年进项税额。小规模纳税企业直接按全年计税销售额乘以征收率计算取得。

从业人员平均人数 是指报告期内每天拥有的从业人员人数。其计算公式为:

$$月平均人数=\frac{报告月内每天实有人数和}{报告月日历日数}$$

$$季平均人数=\frac{季内各月平均人数之和}{3}$$

$$年平均人数=\frac{年内各月平均人数之和}{12}$$

总资产贡献率 反映企业全部资产的获利能力,是企业经营业绩和管理水平的集中体现,是评价和考核企业盈利能力的核心指标。计算公式为:

$$总资产贡献率(\%)=\frac{利润总额+税金总额+利息支出}{平均资金总额}\times 100\%$$

公式中:税金总额为产品销售税金及附加与应交增值税之和;平均资产总额为期初期末资产之和的算术平均值。

资产负债率 该指标既反映企业经营风险的大小,也反映企业利用债权人提供的资金从事经营活动的能力。计算公式为:

$$资产负债率(\%)=\frac{负债总额}{资产总额}\times 100\%$$

资产与负债均为报告期期末数。

流动资产周转次数 指一定时期内流动资产完成的周转次数,反映投入工业企业流动资金的周转速度。计算公式为:

$$流动资产周转次数=\frac{产品销售收入}{全部流动资产平均余}$$

公式中:全部流动资产平均余额为期初和期末的流动资产之和的算术平均值。

成本费用利润率 反映企业投入的生产成本及费用的经济效益,同时也反映企业降低成本所取得的经济效益。计算公式为:

$$成本费用利润率(\%)=\frac{利润总额}{成本费用总额}\times 100\%$$

公式中:成本费用总额为产品销售成本、销售费用、管理费用、财务费用之和。

产品销售率 该指标反映工业产品已实现销售的程度,是分析工业产销衔接情况,研究工业产品满足社会需求的指标。计算公式为:

$$产品销售率(\%)=\frac{现价工业销售产值}{现价工业总产值}\times 100\%$$

Explanatory Notes on Main Statistical Indicator

Industry refers to the material production sector which is engaged in the extraction of natural resources and processing and reprocessing of minerals and agricultural products, including (1) extraction of natural resources, such as mining, salt production (but not including hunting and fishing); (2) processing and reprocessing of farm and sideline produces, such as rice husking, flour milling, wine making, oil pressing, silk reeling, spinning and weaving, and leather making; (3) manufacture of industrial products, such as steel making, iron smelting, chemicals manufacturing, petroleum processing, machine building, timber processing; water and gas production and electricity generation and supply; (4) repairing of industrial products such as the repairing of machinery and means of transport (including cars).

In industrial statistics surveys, the units of enquiry are corporate industrial enterprises with independent accounting systems.

Corporate industrial enterprises with independent accounting systems refer to enterprises engaging in industrial production activities, which meet the following requirements: (1) They are established legally, having their own names, organizations, location and able to take civil liability; (2) They possess and use their assets independently, assume liabilities and are entitled to sign contracts with other units; (3) They are financially independent and compile their own balance sheets.

Enterprises covered in the industrial statistics in the Yearbook include the following categories by their registration:

State - owned and State - holding Enterprises refer to state - owned enterprises plus State - holding enterprises. State - owned enterprises (originally known as State - run enterprises with ownership by the whole society) are non - corporate economic entities registered in accordance with the Regulation of the People's Republic of China on the Management of Registration of Legal Enterprises, where all assets are owned by the State. Included in this category are State - owned enterprises, State - funded corporations and State - owned joint - operation enterprises. Joint State - private industries and private industries, which existed before 1957, were transformed into state - run industries since 1957, and into State - owned industries after 1992. Statistics on those enterprises are included in the State - owned industries instead of being grouped them separately. State - holding enterprises are a sub - classification of enterprises with mixed ownership, referring to enterprises where the percentage of State assets (or shares by the State) is larger than any other single share holder of the same enterprise. This sub - classification illustrates the control of the State over a particular industry.

Collective - owned Enterprises refer to economic entities registered in accordance with the Regulation of the People's Republic of China on the Management of Registration of Legal Enterprises, where assets are owned collectively. Collective enterprises constitute an integral part of the socialist economy with public ownership. They include urban and rural enterprises invested collectively, and some enterprises registered in industrial and commercial administration agency as collective units where funds are pooled together by individuals who voluntarily give up their right of ownership.

Cooperative Enterprises refer to economic units set up on a cooperative basis, with funding partly from employees of the enterprise and partly from outside investment, where the operation and management is decided by all the members who also participate in the production, and the distribution of income is based both on work (labour input) and on shares (capital input).

Joint Ownership Enterprises refer to economic units that are established by joint investment by two or more corporate enterprises or institutions of the same or different types of ownership on voluntary, equal and mutual - beneficial basis. They include:

a) State - owned joint - operation enterprises (joint operation between State - owned enterprises);

b) Collective joint - operation enterprises (joint operation between collective enterprises; and

c) State - collective joint - operation enterprises (joint operation between state and collective enterprises).

Limited Liability Corporations refer to economic units registered in accordance with the Regulation of the People's Republic of China on the Management of Registration of Corporations, with capital from 2 to 49 investors, each investor bears limited liability to the corporation depending on his/her holding of shares, and the corporation bears liability to its debt to the maximum of its total assets.

Limited liability corporations include state sole funded corporations and other limited liability corporations.

Share - holding Corporations Ltd. refer to economic units registered in accordance with the Regulation of the People's Republic of China on the Management of Registration of Corporate Enterprises, with total registered capital divided into equal shares and raised through issuing stocks. Each investor bears limited liability to the corporation depending on the holding of shares, and the corporation bears liability to its debt to the maximum of its total assets.

Private Enterprises refer to economic units invested or controlled (by holding the majority of the shares) by natural persons who hire labours for profit - making activities. Included in this category are private limited liability corporations, private share – holding corporations Ltd., private partnership enterprises and private sole investment enterprises registered in accordance with the Corporation Law, Partnership Enterprise Law and Tentative Regulation on Private Enterprises.

Enterprises with Funds from Hong Kong, Macao and Taiwan refers to all industrial enterprises registered as the joint – venture, cooperative, sole (exclusive) investment industrial enterprises and limited liability corporations with funds from Hong Kong, Macao and Taiwan.

Foreign Funded Enterprises refer to all industrial enterprises registered as the joint – venture, cooperative, sole (exclusive) investment industrial enterprises and limited liability corporations with foreign funds.

Light Industry refers to the industry that produces consumer goods and hand tools. It consists of two categories, depending on the materials used:

(1) Industries using farm products as raw materials. These are the branches of light industry which directly or indirectly use farm products as basic raw materials, including the manufacture of food and beverages, tobacco processing, textile, clothing, fur and leather manufacturing, paper making, printing, etc.

(2) Industries using non – farm products as raw materials. These are the branches of light industry which use manufactured goods as raw materials, including the manufacture of cultural, educational articles and sports goods, chemicals, synthetic fibre, chemical products for daily use, glass products for daily use, metal products for daily use, hand tools, medical apparatus and instruments, and the manufacture of cultural and office machinery.

Heavy Industry refers to the industry which produces capital goods, and provides various sectors of the national economy with necessary material and technical basis for production. It consists of the following three branches according to the purpose of production or the use of products:

(1) Mining, quarrying and logging industry, which refers to the industry that extracts natural resources, including extraction of petroleum, coal, metal and non – metal ores.

(2) Raw materials industry refers to the industry that provides various sectors of the national economy with raw materials, fuels and power. It includes smelting and processing of metals, coking and coke chemistry, chemical materials and building materials such as cement, plywood, and power, petroleum refining and coal dressing.

(3) Manufacturing industry which refers to the industry that processes raw materials. It includes machine – building industries which equip sectors of the national economy; industries producing metal structure and cement products; and industries producing means of agricultural production, such as chemical fertilizers and pesticides.

In accordance with the above principles of classification, the repairing trades, which are engaged primarily in repairing products of heavy industry, are classified as heavy industry while those which are engaged in repairing products of light industry are classified as light industry.

Gross Industrial Output Value

(1) Definition: Gross industrial output value is the total volume of final industrial products produced and industrial services provided during a given period. It reflects the total achievements and overall scale of industrial production during a given period.

(2) Principles for calculation:

Statistics on industrial production follow the principle that all products produced by the enterprises and accepted through quality check during the reference period are to be included no matter whether they are sold or not during the reference period.

Determination of final products follows the principle that all products that are included in the calculation of gross industrial output value are the final products of the enterprise which have been accepted through quality check and require no further processing. If an enterprise has intermediate (semi – finished) products to sell, these intermediate products are considered as the final products of the enterprise.

Gross industrial output value is calculated following the principle of factory approach, i. e. industrial enterprise is used as the basic accounting unit in calculating the gross industrial output value. By this approach, value of the same product is not to be double – counted, and the output value of different workshops (branch factories) within the enterprise should not be added. However, this approach allows the possibility of double counting between enterprises.

(3) Content and method of calculation: The old definition of gross industrial output value was modified during the 1995 National Industrial Census. The revised (new) definition of gross industrial output value consists of 3 components: value of the finished products during the reference period, income from processing for external parties, and value of change in semi – finished products between the end and the beginning of the reference period.

Value of finished products during the reference period: refers to the value of all finished (semi – finished) industrial products that are produced during the reference period without the need for further processing, checked for acceptance, packed and put into the warehouse of the enterprise, including the value of own – produced equipment and the value of products provided to the projects under construction of the enterprise, and to other non – industrial or welfare units. Value of finished products during the reference period is calculated by the quantity of products produced using own materials multiplied by the average unit prices at which products are sold (excluding value – added tax). Own – produced equipment and products produced for own use are valued at cost prices as in the case of enterprise accounting. Value of finished products does not include the value of finished products (semi – finished products) that are produced using the materials from the clients who place the orders.

Income from external processing: refers to income from contracted external processing of industrial products (including processing of industrial products using materials from the clients), and the income from industrial repairing work provided to other parties. Income from external processing is calculated using information from the item "products sales income" in the enterprise accounting at the prices with value – added tax excluded.

For income from services such as processing, repairing and installation of equipment provided to non – industrial units within the enterprise, if the accounting work of the enterprise is good enough to separate it from other records, and the share of such services is significant, it should also be included in the income from external processing.

Value of change in semi – finished products between the end and the beginning of the reference period: refers to the value of change in semi – finished products between the end and the beginning of the reference period, which generally can be obtained from accounting records of enterprises. If the enterprise accounting excludes the cost of semi – finished products, then it should not be included in the gross industrial output value, and the reverse if otherwise.

(4) Changes in the scope and method of calculation of the gross industrial output value

Prior to 1984, the value of rural industry run by villages was classified into agriculture instead of industry. Since 1984, it has been included in the gross industrial output value. Method of calculation for the gross industrial output value was modified in the industrial census in 1995. The difference in the new method as compared with the old one is outlined below:

Principle in using full value vs. processing fee: The new method stipulates that all products produced using own materials are to be calculated with full value in reporting the gross industrial output value irrespective of the complexity of production, and for external processing, it allows calculation using processing fee. In the old method, however, the use of full value or processing fee was determined by the degree of complexity of production in different branches of industries.

Principle in determining the value of change in semi – finished products: The new method requires that value of change in semi – finished products should be included in the gross industrial output value if it is included in the accounting record of the enterprise, otherwise it should not be included. In the old method, it is determined by the type of enterprises in terms of production cycle. If the production cycle is over 6 months, the value of change in semi – finished products is included in the gross industrial output value, otherwise it is not.

Difference in prices: The new method uses prices excluding value – added tax in the calculation of gross industrial output value, while the old method used prices including value – added tax.

Value – added of Industry refers to the final results of industrial production of industrial enterprises in money terms during the reference period.

Industrial value – added can be calculated by two approaches: the production approach, i. e. gross industrial output value minus intermediate input plus value – added tax, and the income approach, i. e. income for various factors used in the course of production, including depreciation of fixed assets, remuneration of labourers, net of production tax, and operating surplus. Value – added of industry in the Yearbook is calculated by the production approach as follows:

Value – added of industry = gross industrial output – industrial intermediate input + value – added tax

(1) Gross industrial output: refers to the total achievements of industrial production activities during a given period. Gross industrial output includes value of finished products, income from external processing, and value of change in semi – finished products between the end and the beginning of the reference period. Since 1995, the gross industrial output value obtained by the new method is used in the calculation.

(2) Industrial intermediate input: refers to purchased goods and paid services consumed during the industrial production of enterprises. Fees paid for services include fees paid for the services provided by material production sectors (industry, agriculture, wholesale and retail trade, construction, transport, post and telecommunications) and by non – material production sectors (insurance, banking, culture, education, scientific research, health and medical care, public administration, etc.). The determination of industrial intermediate input follows the principle that the goods and services must be purchased from outside and included in the gross industrial output, and that the goods and services are inputted into production and consumed (include low – value consumables) during the reference period.

Industrial intermediate input includes 5 components, namely direct consumption of materials, industrial intermediate input in manufacturing cost, industrial intermediate input in management cost, industrial intermediate input in marketing cost and expenditure on interest.

Total Assets refer to all economic resources, in monetary term, these are owned or controlled by enterprises, including properties, creditor's equity and other economic rights of all forms. Classified by the degree of liquidity, total assets include working capitals, long – term investment, fixed assets, intangible assets, deferred assets and other assets. Data on this indicator can be obtained by the year – end figures of total assets in the Assets and Liability Table of accounting records of enterprises.

Working Capital refers to capital that an enterprise can cash or use during one year or one production cycle that may exceed one year, including cash and savings deposits of various forms, short – term investment, money receivable and prepaid money, inventories, etc.

Annual Average Value of Working Capital refers to the average value of all working capital of the enterprise during the reference period.

Original Value of Fixed Assets refers to the total value, in monetary terms, that an enterprise spent on fixed assets, through construction, purchase, installation, transformation, expansion or technical upgrading. Generally, it covers cost of purchase, packing, transportation and installation, etc.

Annual Average of Net Value of Fixed Assets refers to the average of the net value of fixed assets during the reference period, calculated with the following formula:

$$\text{Annual Average of Net Value of Fixed Assets} = \frac{\text{sum of net value of fixed assets at the beginning and at the end of each month from January to December}}{24}$$

Information on this indicator can be obtained from the beginning and ending figures of the original value of fixed assets and cumulative depreciation from the Assets and Liability Table of enterprises.

Net value of fixed assets refers to the original value of fixed assets minus depreciation over the years, i. e. :

Net value of fixed assets = original value of fixed assets - cumulative depreciation

Total Liabilities refer to payable liabilities of enterprises that have to be repaid in terms of money, assets or labour services. In terms of payment, it can be divided into liquid liabilities and long - term liabilities. Data on this item is obtained from the ending figures on total liabilities from the Assets and Liability Table from the enterprises.

Owner's Equity refers to the ownership of net assets of enterprise by its investors. Net assets equal total assets minus total liabilities of the enterprise, including the actual assets invested into the enterprise by investors, accumulation of capital and operating surplus and non - distributed profits. The enterprise's assets are less than its liabilities if the sum of owner's equity is smaller than zero.

Revenue from Principal Business refers to the annual accumulation of the corresponding item in the "profit table" of the accountant. For enterprises that do not follow the 2001 Enterprise Accounting Standards, the year - end accumulation of revenue from the sales of products is used as a substitute.

Cost of Principal Business refers to the annual accumulation of the corresponding item in the "profit table" of the accountant. For enterprises that do not follow the 2001 Enterprise Accounting Standards, the year - end accumulation of cost for the sales of products is used as a substitute.

Tax and Extra Charges from Principal Business refer to the annual accumulation of the corresponding item in the "profit table" of the accountant. For enterprises that do not follow the 2001 Enterprise Accounting Standards, the year - end accumulation of tax and extra charges from the sales of products is used as a substitute.

Total Profits refer to the final achievement of production and operation activities of the enterprises, represented by total profits after deducting losses (loss is expressed by the negative figure). It is the sum of profits from operation, income from subsidies, investment earnings, net income from activities other than operation, and adjustment of profits and losses of previous years.

Value - added Tax Payable in the Current Year refers to the amount of the value - added tax which should be paid by the enterprises during the reference period. It is the sum of tax on sales, export rebate, and transferred tax on purchases of the current year, minus the tax on purchases of the current year. Value - added tax payable of small - size enterprises is determined by the taxable sales of the year multiplied by the tax rate.

Average Annual Number of Employed Persons Employed persons refer to all those who are employed in enterprises and receive remunerations there from, including currently working employees, retirees who are re - employed, teachers of local - run schools, as well as foreigners, staff from Hong Kong, Macao and Taiwan, part - time employees and persons with second job who are employed by the enterprise, and employees of other units temporarily working in the enterprises, but excluding former employees who left the enterprise with their employment records still being kept by the enterprises.

Average number of employed persons refers to the number of employee everyday during the reference period, calculated with the following formula:

$$\text{Monthly average number} = \frac{\text{sum of actual employees everydayin reference month}}{\text{number of calendar dates in reference month}}$$

$$\text{Quarterly average number} = \frac{\text{sum of monthly average number in reference quarter}}{3}$$

$$\text{Annual average number} = \frac{\text{sum of monthly average number in reference year}}{12}$$

Ratio of Profits, Taxes and Interests to Average Assets reflects the profit - making capability of all assets of the enterprise and is a key indicator manifesting the performance and management and evaluating the profit - making potential of the enterprise. It is calculated as follows:

$$\text{Ratio of Profits, Taxes and Interests to Average Assets(\%)} = \frac{\text{total profits + total taxes + interest payment}}{\text{average assets}} \times 100\%$$

In the above formula, total taxes is the sum of tax and extra charges on the sales of products and value - added tax payable; and average assets is the arithmetic mean of the sum of beginning assets and ending assets.

Ratio of Debts to Assets reflects both the operation risk and the capability of the enterprise in making use of the capital from the creditors. It is calculated as follows:

$$\text{Ratio of Debts to Assets(\%)} = \frac{\text{total debts}}{\text{total assets}} \times 100\%$$

Both assets and debts are figures at the end of the reference period. Turnover of Working Capital refers to the number of times of turnover of working capital in a given period of time, which reflects the speed of the turnover of working capital of industrial enterprises, and is calculated as follows:

$$\text{Turnover of Working Capital} = \frac{\text{sales revenue of products}}{\text{average balance of total working capital}}$$

In the above formula, average balance of total working capital refers to the arithmetic mean of the sum of working capital at the beginning and at the end of the reference period.

Ratio of Profits to Total Industrial Costs refers to the ratio of profits realized in a given period to the total costs in the same period, which reflects the economic efficiency of input cost and is calculated as follows:

$$\text{Ratio of Profits to Total Industrial Cost}(\%) = \frac{\text{total profits}}{\text{total costs}} \times 100\%$$

Total costs in the above formula are the sum of cost of products sold, marketing cost, management cost and financial cost.

Sales Ratio of Products is an indicator reflecting the actual sale of industrial products, analyzing the production – selling and supply – demand relations. It is calculated as:

$$\text{Sales Ratio of Products}(\%) = \frac{\text{value of industrial sales}}{\text{gross industrial output value(current prices)}} \times 100\%$$

2009

第13篇

CHAPTER 13

建筑业

Construction

建筑安装施工企业单位数（个）

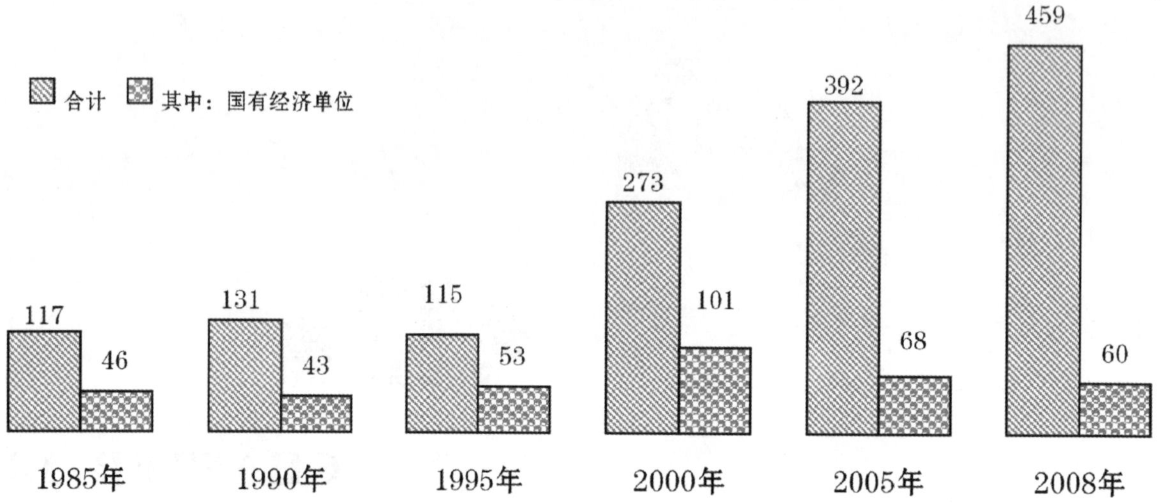

建筑业总产值构成（%）

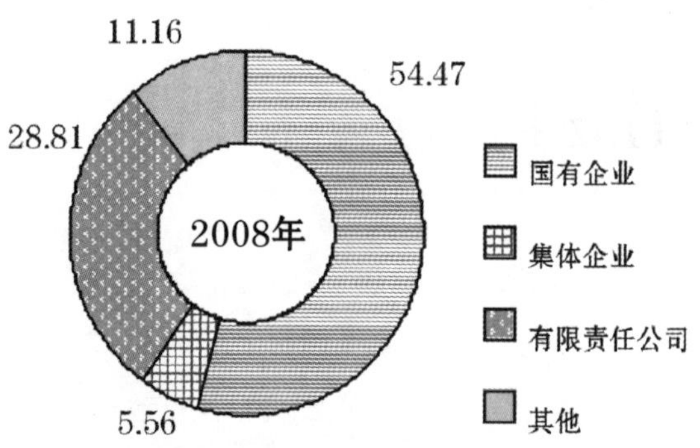

建筑业总产值143亿元

房屋建筑面积（平方米）

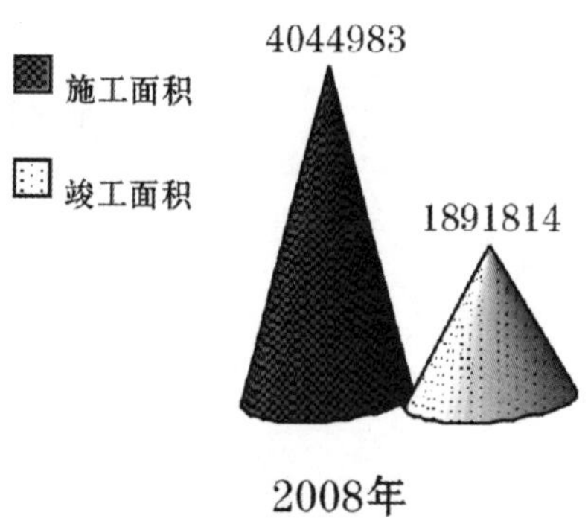

建筑安装施工企业从业人员（人）

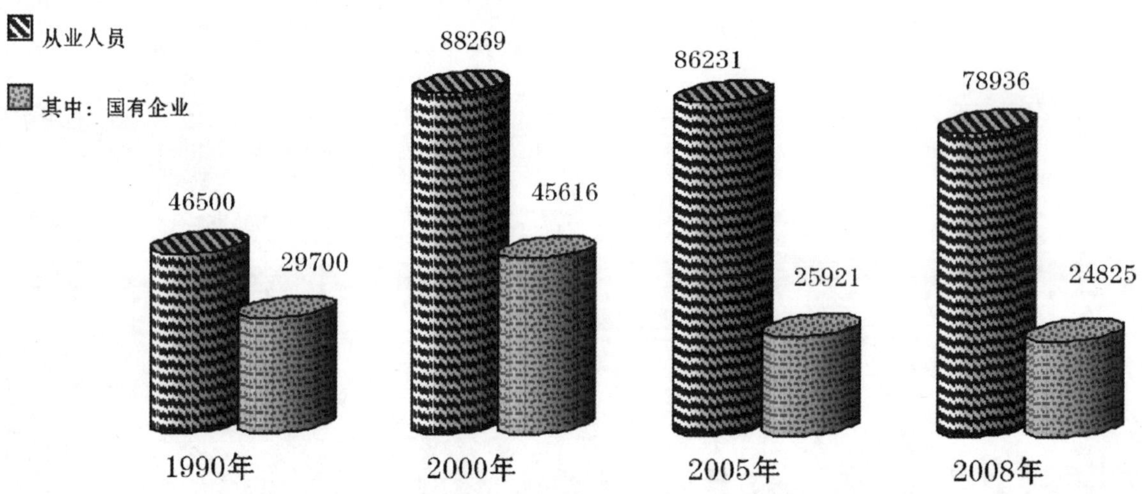

13–1 主要年份建筑安装施工企业概况
Main Indicators on Construction Enterprises in Main Years

年份 Year	总计 Total	国有企业 State-owned	集体企业 Collective-owned	有限责任公司 Limited Liability Corporation	股份有限公司 Share-holding Corporations Limited	私营企业 Private Enterprise	港澳台及外商投资企业 Funded from Hong Kong, Macao, Taiwan and Foreign
企业单位数(个) Number of Enterprises							
1985	117	46	71				
1990	131	43	88				
1995	115	53	62				
1996	212	84	109		9	3	4
1997	202	82	94		18	3	3
1998	215	78	100	13	11	10	3
1999	214	75	98	15	13	12	1
2000	273	101	104	25	16	25	2
2001	270	75	86	64	11	31	2
2002	374	83	75	91	39	84	2
2003	373	79	70	105	36	81	2
2004	399	74	51	133	6	131	3
2005	392	68	47	133	12	128	3
2006	417	67	49	137	14	147	3
2007	425	64	48	138	16	156	2
2008	459	60	39	171	10	177	2
从业人员(人) Number of Persons Employed (persons)							
1985	80066	65558	14508				
1990	46500	29700	16800				
1997	309340	253287	48667		5350	856	407
1998	355576	267658	60818	13442	7327	5992	339
1999	81376	45662	24179	4646	4539	2300	50
2000	88269	45616	25873	7277	5236	4193	74
2001	86023	33927	23379	21939	1426	5153	78
2002	97294	35680	17262	19415	10753	14125	59
2003	101501	38509	18705	22887	9378	11847	175
2004	93847	28307	12480	31359	1109	20071	211
2005	86231	25921	10549	30018	3133	16454	144
2006	92565	30496	9619	29936	4035	18233	246
2007	95190	32046	7500	32204	3377	20012	51
2008	78936	24825	7162	28903	933	17082	31
建筑业总产值(万元) Gross Output Value (10 000 yuan)							
1985	69714	61674	8040				
1990	65492	50981	14511				
1995	204865	180731	24134				
1996	277727	227313	47292		1131	201	349
1997	309340	253287	48667		5350	856	407
1998	355576	267658	60818	13442	7327	5992	339
1999	396528	299034	60490	16890	13652	6264	198
2000	447163	329320	68189	23110	14862	11457	225
2001	543383	292003	81499	142010	10171	17167	248
2002	733830	427401	101675	81562	50946	72145	101
2003	747325	431290	70417	134071	48198	62009	1340
2004	886406	448422	46145	278362	6031	104731	1339
2005	909337	495063	47415	257143	20541	87864	1311
2006	1083718	617117	61000	291618	21878	91124	981
2007	1254431	718053	79896	318459	24104	113863	56
2008	1429970	778884	79537	411936	26421	132607	585

注：本表1985年至1992年数据为全民和集体所有制建筑业企业数据；1993年至1995年数据为各种经济成分的建制镇以上建筑业企业数据；1996年至2001年数据为资质等级(旧资质)四级及四级以上建筑业企业数据；2002年及以后数据为具有资质等级的施工总承包、专业承包建筑业企业(不含劳务分包建筑业企业)数据，(以下各表同)。

a) Data from 1985 to 1992 are the figures of State-owned and collective-owned construction enterprises. Data from 1993 to 1995 are the figures of construction enterprises of all economic types above town level. Data from 1996 to 2001 included construction enterprises at fourth or higher quality grades(old classification of grades). Data since 2002 included all general construction contractors and professional contractors (not including construction enterprises of worker subcontractors) which possess qualification grades.The same applies to the following tables.

13-2 2000-2008年建筑业企业主要经济指标
Main Economic Indicators on Construction Enteprises(2000-2008)

指 标	Item	2000	2005	2006	2007	2008
企业单位数 (个)	Number of Construction Enterprises (unit)	273	392	417	425	459
期末从业人员 (人)	Number of Employed Persons (persons)	88269	86231	92565	95190	78936
建筑业总产值 (万元)	Gross Output Value of Construction (10 000 yuan)	447163	909337	1083718	1254431	1429970
自有固定资产原值 (万元)	Fixed Assets Owned (original value) (10 000 yuan)	256152	493369	534104	528339	571739
本年提取固定资产折旧 (万元)	Depreciation of Fixed Assets (10 000 yuan)	18096	30910	40552	30101	35250
自有机械设备台数 (台)	Number of Machinery and Equipment Owned (set)	32302	47889	53948	38591	38012
自有机械设备净值 (万元)	Net Value of Machinery and Equipment Owned (10 000 yuan)	80796	152819	164240	143365	177577
自有机械设备总功率 (千瓦)	Total Power of Machinery and Equipment Owned (kw)	499349	923933	1055721	948670	965551
工程结算税金及附加 (万元)	Taxes and Extra Charges on Project Settle Accounts (10 000 yuan)	13311	27212	28989	43594	57729
管理费用中的税金 (万元)	Taxes in Management Expenses (10 000 yuan)	1189	2502	2915	1784	1930
工程结算利润 (万元)	Profits of Project Settlement Accounts (10 000 yuan)	51717	67866	66628	103057	119796
应付工资总额 (万元)	Wages Payable from Principal Business (10 000 yuan)	66524	103878	135564	137920	191711
应付福利费总额 (万元)	Welfare Expenses Payable from Principal Business(10 000 yuan)	9964	19978	13989	7937	10005
利润总额 (万元)	Total Profits (10 000 yuan)	3812	5685	8623	23919	35840
税金总额 (万元)	Total Tax (10 000 yuan)	14500	29714	34891	45377	59659
施工面积 (万平方米)	Floor Space of Buildings under Construction (10 000 sq.m)	339.43	407.55	346.80	384.67	404.50
竣工面积 (万平方米)	Floor Space of Buildings Completed (10 000 sq.m)	192.90	194.02	160.56	173.97	189.18
劳动生产率	Overall Labor Productivity					
按总产值计算 (元/人)	In Terms of Gross Output Value (yuan/person)	42284	87203	103128	120027	144721
技术装备率 (元/人)	Value of Machines per Laborer (yuan/person)	9153	14655	15629	15061	17972
动力装备率 (千瓦/人)	Power of Machines per Laborer (kw/person)		8.86	10.05	9.97	9.77
房屋建筑面积竣工率 (%)	Rate of Floor Space of Buildings Completed (%)	56.83	47.60	46.30	45.23	46.77
产值利润率 (%)	Ratio of Profit to Gross Output Value (%)	0.85	0.60	0.80	1.91	2.50
产值利税率 (%)	Ratio of Pre-tax Profit to Gross Output Value (%)	3.24	3.90	3.22	3.60	4.20

注：建筑业总产值为现价。本表为所有具有资质等级的施工总承包、专业承包建筑业企业(不含劳务分包建筑业企业)数据。

a) Gross output value of construction is calculated at current prices. Data in this table included all general construction contractors and professional contractors (not including construction enterprises of worker subcontractors) which possess qualification grades.

13-3 各种分组总专包企业生产汇总表

Production Summary of General and Professional Contractors with Diversified Grouping

单位:个、万元 (unit、10 000 yuan)

指 标	Item	建筑业企业个数 Number of Construction Enterprises	有工作量的 Having Workload	合同情况 Total Value of Contracts	建筑业总产值 Gross Output Value of Construction	在外省完成的产值 Completed in Other Provinces	竣工产值 Completed Output Value
总 计	**Total**	**459**	**411**	**2899942**	**1429970**	**434161**	**652364**
国有及国有控股企业	**Stated-owned and State-holding Enterprises**	**73**	**67**	**2046386**	**877428**	**412349**	**324848**
按登记注册类型分组	**By Status of Registration**						
内资企业	Domestic Funded	457	409	2899361	1429384	434161	651782
国有企业	State-owned Enterprises	60	57	1911573	778884	369424	281060
集体企业	Collective-owned Enterprises	36	34	95612	77060		27116
股份合作企业	Cooperative Enterprises	3	3	4292	2477		2149
有限责任公司	Limited Liability Corporations	171	152	638581	411936	53245	237803
股份有限公司	Share-holding Corporations Limited	10	9	37969	26421	11491	20983
私营企业	Private Enterprises	177	154	211334	132607		82671
港、澳、台商投资企业	Enterprises with Funds from Hong Kong, Macao and Taiwan	1	1		4		
外商投资企业	Foreign Funded Enterprises	1	1	582	582		582
按国民经济行业分组	**By Sector**						
房屋和土木工程建筑业	Construction of Building & Civil Engineering	284	258	2788988	1298067	417852	582586
房屋工程建筑业	Building	165	146	496578	325277	1368	220722
土木工程建筑业	Civil Engineering	119	112	2292409	972791	416484	361865
建筑安装业	Construction Installation	83	76	81681	104082	7949	52169
建筑装饰业	Construction Decoration	70	57	15075	14266		7435
其他建筑业	Other Construction	22	20	14199	13555	8360	10174
按隶属关系分组	**By Jurisdiction of Management**						
中央	Central	9	9	1575450	544554	345048	97964
地方	Local	450	402	1324492	885416	89113	554399
按企业资质等级分组	**By Qualification Criteria of Enterprises**						
施工总承包	General Contractors	278	253	2781599	1304180	420188	566578
特级	Special Grade	1	1	1429186	391250	297643	43006
一级	First Grade	12	11	363851	251665	75779	98228
二级	Second Grade	96	93	814177	530708	46767	331266
三级及以下	Third Grade and below	169	148	174386	130557		94078
专业承包	Professional Contractors	181	158	118343	125790	13972	85786
一级	First Grade	2	2	10308	30352	13972	30352
二级	Second Grade	55	54	50429	42412		30530
三级及以下	Third Grade and below	124	102	57605	53026		24903

13-4 总承包和专业承包建筑业企业财务情况

单位:万元

指 标	Item	企业单位数(个) Number of Construction Enterprises (unit)	资产合计 Total Assets
总 计	**Total**	**459**	**1799581**
按行业中类分组	**By Sector sub-categories**		
房屋和土木工程建筑业	Construction of Building & Civil Engineering	284	1613670
房屋工程建筑业	Building	165	458072
土木工程建筑业	Civil Engineering	119	1155598
建筑安装业	Construction Installation	83	136920
建筑装饰业	Construction Decoration	70	30181
其他建筑业	Other Construction	22	18811
工程准备	Project Preparation	12	9820
提供施工设备服务	Provision of Construction Equipment Services	2	3967
其他未列明的建筑活动	Other Not Listed Construction Activities	8	5025
按登记注册类型分组	**By Status of Registration**		
内资企业	Domestic Funded	457	1798723
国有企业	State-owned Enterprises	60	853120
集体企业	Collective-owned Enterprises	36	87290
股份合作企业	Cooperative Enterprises	3	2034
有限责任公司	Limited Liability Corporations	171	516426
股份有限公司	Share-holding Corporations Limited	10	49390
私营企业	Private Enterprises	177	290463
港、澳、台商投资企业	Enterprises with Funds from Hong Kong,Macao and Taiwan	1	551
外商投资企业	Foreign Funded Enterprises	1	307
按控股情况分组	**By Shareholdings**		
国有控股	State-holding	73	988336
集体控股	Collective-holding	50	116953
私人控股	Private-holding	287	565476
港澳台商控股	Hong Kong,Macao and Taiwan-holding	1	551
外商控股	Foreign-holding	1	307
其他控股	Other-holding	47	127959
按企业资质等级分组	**By Qualification Criteria of Enterprises**		
施工总承包	General Contractors	278	1614252
特级	Special Grade	1	528346
一级	First Grade	12	301232
二级	Second Grade	96	536140
三级及以下	Third Grade and below	169	248534
专业承包	Professional Contractors	181	185329
一级	First Grade	2	12418
二级	Second Grade	55	77016
三级及以下	Third Grade and below	124	95896
按隶属关系分组	**By Jurisdiction of Management**		
中央	Central	9	659947
地方	Local	450	1139634

(10 000 yuan)

流动资产合计 Total Current Assets	存货 Inventory	长期投资 Long-term Investment	固定资产合计 Total Fixed Assets	固定资产原价 Original Value of Fixed Assets	累计折旧 Accumulated Depreciation	本年折旧 Depreciation of Fixed Assets	在建工程 Construction in Progress
1169638	**240040**	**127649**	**431401**	**571739**	**209395**	**35250**	**51002**
1059531	215825	118139	369107	482764	179527	30112	48784
264684	50999	24805	144833	156118	38762	5755	23363
794847	164826	93335	224274	326646	140765	24358	25421
78663	16671	7081	48192	70950	25090	4047	1664
19301	4012	2288	7703	10188	2798	448	11
12143	3532	140	6400	7837	1981	642	543
6253	2256		3447	4214	1232	471	464
2449	510	120	1389	1599	210	102	
3442	766	20	1563	2024	539	69	79
1169103	239938	127649	431078	571300	209280	35247	51002
600043	135392	72225	165448	249880	104502	16009	15302
50903	14541	3339	28453	36570	17641	1983	1577
747	28		1215	1234	200	76	180
324795	55033	28290	137132	173800	57784	10288	18344
31941	3914	9384	7950	12737	4787	2528	
160673	31030	14411	90880	97079	24365	4365	15599
275	13		276	322	46		
260	89		47	117	70	2	
687426	151402	84060	187119	280486	114195	18502	15837
67308	17696	4798	39196	49832	20866	2662	2020
323585	59013	32185	175772	196000	55925	9737	32041
275	13		276	322	46		
260	89		47	117	70	2	
90784	11827	6606	28991	44982	18294	4348	1104
1059647	220200	116116	374232	493916	186338	31088	49368
373848	114793	70198	76004	89985	28568	68	14588
185758	38455	14291	63691	69738	25353	4515	19306
353690	38408	25472	145863	227296	105672	19769	12201
146352	28545	6155	88674	106897	26745	6736	3273
109991	19840	11533	57169	77823	23057	4162	1634
6776	2086		5641	9283	3641	777	
43456	8222	7162	24695	34064	10199	1759	684
59759	9533	4370	26833	34476	9217	1626	951
461550	134960	71141	112685	153031	58445	7866	15284
708088	105080	56507	318717	418708	150951	27384	35718

13-4 续表1

单位:万元

指标	Item	无形及递延资产小计 Intangible and Deferred Asscts	无形资产 Intangible Assets
总计	**Total**	**66919**	**59614**
按行业中类分组	**By Sector sub-categories**		
房屋和土木工程建筑业	Construction of Building & Civil Engineering	23247	22098
房屋工程建筑业	Building	40170	34800
土木工程建筑业	Civil Engineering	2667	1940
建筑安装业	Construction Installation	826	767
建筑装饰业	Construction Decoration		
其他建筑业	Other Construction	8	8
工程准备	Project Preparation		
提供施工设备服务	Provision of Construction Equipment Services		
其他未列明的建筑活动	Other Not Listed Construction Activities	66919	59614
按登记注册类型分组	**By Status of Registration**	**14401**	**13834**
内资企业	Domestic Funded	4571	146
国有企业	State-owned Enterprises		
集体企业	Collective-owned Enterprises		
股份合作企业	Cooperative Enterprises	23895	22719
有限责任公司	Limited Liability Corporations	115	115
股份有限公司	Share-holding Corporations Limited	23937	22799
私营企业	Private Enterprises		
港、澳、台商投资企业	Enterprises with Funds from Hong Kong,Macao and Taiwan		
外商投资企业	Foreign Funded Enterprises		
按控股情况分组	**By Shareholdings**		
国有控股	State-holding	26789	26219
集体控股	Collective-holding	5490	1065
私人控股	Private-holding	33077	31123
港澳台商控股	Hong Kong,Macao and Taiwan-holding		
外商控股	Foreign-holding		
其他控股	Other-holding	1563	1207
按企业资质等级分组	**By Qualification Criteria of Enterprises**		
施工总承包	General Contractors	60791	54274
特级	Special Grade	7322	7322
一级	First Grade	35699	30942
二级	Second Grade	10676	10310
三级及以下	Third Grade and below	7094	5700
专业承包	Professional Contractors	6128	5340
一级	First Grade		
二级	Second Grade	1702	1647
三级及以下	Third Grade and below	4426	3693
按隶属关系分组	**By Jurisdiction of Management**		
中央	Central	12052	11714
地方	Local	54867	47900

Continued

(10 000 yuan)

负 债 合 计 Total Liabilities	流动负债 合 计 Total Liquid Liabilities	长期负债 合 计 Total Long-term Liabilities	所有者权益 合 计 Total Owners' Equity	实 收 资 本 Paid-in Capitals	工程结算 收 入 Revenue of Project Settlement Accounts	工程结算 税金及附加 Taxes and Extra Charges on Project Settlement Accounts	工程结算 利 润 Profits of Project Settlement Accounts
1113407	**947922**	**165485**	**686174**	**631338**	**1515417**	**57729**	**119796**
186814	180422	6392	271259	248481	277789	10226	11265
856373	699157	157216	299225	270656	1116935	38347	100400
52226	51201	1025	84694	82240	92531	8150	5898
8325	7920	405	21856	21343	14459	520	1547
5227	4929	298	4593	4478	11281	410	649
2036	1936	100	1931	1300	1411	47	75
2408	2358	50	2617	2840	1011	30	
1113221	947735	165485	685502	630638	1514832	57712	119719
659706	**527807**	**131899**	**193413**	**145631**	**937746**	**37158**	**75912**
40745	34292	6454	46545	42380	92319	2979	9317
795	787	8	1240	1112	2292	37	213
285186	271975	13211	231240	245028	321290	11330	19840
29433	18514	10919	19957	29514	28277	1057	2121
97356	94362	2994	193107	166972	132909	5150	12317
128	128		423	400	4	0	
59	59		249	300	582	18	81
761702	618506	143196	226633	206051	1022417	40150	79055
52850	44857	7992	64103	57468	112389	3671	10585
234584	220521	14063	330892	315855	319004	11888	24827
128	128		423	400	4	0	
59	59		249	300	582	18	81
64085	63851	235	63873	51264	61022	2002	5253
1043373	880480	162893	570879	519823	1402116	54214	110939
462022	332622	129400	66325	30100	518126	20149	58232
184627	167349	17279	116604	129241	257315	7184	12845
290669	281652	9018	245471	231081	500472	22056	30103
106055	98858	7197	142478	129401	126203	4825	9759
70034	67442	2592	115295	111515	113301	3515	8857
9675	9407	268	2743	2732	23867	443	478
22367	22078	289	54649	57213	40580	1342	3248
37993	35957	2036	57904	51569	48854	1730	5131
560963	431563	129400	98984	61635	674966	22461	56760
552444	516359	36086	587190	569703	840451	35268	63036

13-4 续表2

单位：万元

指　标	Item	其他业务收入 Revenue from Other Businesses	管理费用 Management Expenses	税金 Taxes
总　计	**Total**	**34517**	**73869**	**1930**
按行业中类分组	**By Sector sub-categories**			
房屋和土木工程建筑业	Construction of Building & Civil Engineering	8731	15240	467
房屋工程建筑业	Building	19149	50786	1066
土木工程建筑业	Civil Engineering	6313	5276	302
建筑安装业	Construction Installation	35	1525	43
建筑装饰业	Construction Decoration	209	684	32
其他建筑业	Other Construction		79	5
工程准备	Project Preparation	80	280	15
提供施工设备服务	Provision of Construction Equipment Services			
其他未列明的建筑活动	Other Not Listed Construction Activities	34517	73801	1929
按登记注册类型分组	**By Status of Registration**	**28373**	**44955**	**852**
内资企业	Domestic Funded	707	2709	149
国有企业	State-owned Enterprises		242	14
集体企业	Collective-owned Enterprises			
股份合作企业	Cooperative Enterprises	4649	17434	431
有限责任公司	Limited Liability Corporations		1182	60
股份有限公司	Share-holding Corporations Limited	788	7279	424
私营企业	Private Enterprises			
港、澳、台商投资企业	Enterprises with Funds from Hong Kong,Macao and Taiwan		1	
外商投资企业	Foreign Funded Enterprises		68	
按控股情况分组	**By Shareholdings**			
国有控股	State-holding	31070	49161	955
集体控股	Collective-holding	767	3942	184
私人控股	Private-holding	2528	16088	679
港澳台商控股	Hong Kong,Macao and Taiwan-holding		1	
外商控股	Foreign-holding		68	
其他控股	Other-holding	152	4610	112
按企业资质等级分组	**By Qualification Criteria of Enterprises**			
施工总承包	General Contractors	31534	65428	1639
特级	Special Grade	13955	23620	357
一级	First Grade	2391	12672	242
二级	Second Grade	6679	21110	664
三级及以下	Third Grade and below	8510	8026	376
专业承包	Professional Contractors	2983	8442	291
一级	First Grade	209	452	38
二级	Second Grade	1523	3473	93
三级及以下	Third Grade and below	1251	4516	160
按隶属关系分组	**By Jurisdiction of Management**			
中央	Central	21054	32726	517
地方	Local	13463	41144	1413

Contined

(10 000 yuan)

营业利润 Operating Profit	利润总额 Total Profits	劳动、失业保险费 Labor, Unemployment Insurance	住房公积金及住房补贴 Housing Provident Funds and Housing Subsidies	本年应付工资总额 Total Wages Payable	本年应付福利费总额 Total Welfare Expenses Payable	应收工程款 Receivable Project Funds	竣工工程 Completed Projects
33002	**35840**	**13391**	**4677**	**191711**	**10005**	**178997**	**92135**
		1241	443	58141	3271	53692	35214
39141	39484	10903	3446	110664	5163	100883	37640
	1703	1208	719	18910	1329	19107	16919
		7	37	2727	107	2509	1093
46	66	3	30	809	80	2158	723
		20		291	30	340	340
		9	2	169	25	308	207
32994	35832	13391	4677	191670	10002	178989	92128
18300	**23226**	**9502**	**4012**	**96345**	**5286**	**58989**	**22535**
6076	6314	622	65	11029	624	13549	2486
		2		237	15	858	353
3203	1818	3032	552	54045	2579	75162	44026
1550	1202	40	18	1822	85	722	693
3900	3307	193	32	28192	1413	29709	22034
				2			
13	13			40	2	8	8
19053	23576	10668	4394	105338	5757	72331	28029
6094	6283	781	75	14265	821	16031	4337
7487	5626	1654	182	62808	2971	79379	48902
				2			
13	13			40	2	8	8
360	348	287	27	9259	453	11248	10859
31099	35092	13110	4157	173979	8824	156700	75043
25418	25250	6066	1612	41560	1967		
958	3383	3079	840	26379	890	40577	13633
2497	4109	3649	1433	74141	3892	96244	48989
2226	2350	316	273	31900	2075	19879	12421
1903	749	281	520	17732	1181	22297	17093
109	59	64	398	4331	423	5081	5081
695	53	102	44	5793	185	8691	5505
1099	637	116	78	7609	573	8525	6507
12763	15260	9108	3481	63193	3103	22538	10734
20239	20581	4283	1197	128518	6902	156459	81401

13-5 按行业分建筑企业主要指标(2008年)

Main Indicators of Construction Enterprises by Sector(2008)

类别	Item	企业数(个) Number of Enterprises (unit)	从业人员(人) Number of Employed Persons (person)	建筑业总产值(万元) Gross Output Value of Construction (10 000 yuan)	建筑工程 Output Value of Construction	安装工程 Output Value of Installation
总计	**Total**	**459**	**78936**	**1429970**	**1124530**	**195204**
房屋和土木工程建筑业	Construction of Building & Civil Engineering	284	67155	1298067	1097399	131852
房屋工程建筑	Building	165	33494	325277	311932	8302
土木工程建筑	Civil Engineering	119	33661	972791	785467	123550
建筑安装业	Construction Installation	83	8994	104082	14272	60548
建筑装饰业	Construction Decoration	70	1804	14266	8772	2334
其他建筑业	Other Construction	22	983	13555	4088	471
工程准备	Project Preparation	12	528	11120	2062	142
提供工程设备服务	Provision of Construction Equipment Services	2	160	1353	1312	
其他未列明的建筑活动	Other Not Listed Construction Activities	8	295	1081	713	329

注:本表为数据为具有资质等级的施工总承包、专业承包建筑业企业(不含劳务分包建筑业企业)数据。

a)Data in this table included all general construction contractors and professional contractors (not including construction enterprises of worker subcontractors) which possess qualification grades.

13-5 续表 Continued

类别	Item	竣工产值(万元) Output Value of Completed (10 000 yuan)	房屋建筑面积(平方米) Floor Space of Buildings(sq.m) 施工面积 Floor Space under Construction	竣工面积 Floor Space Completed	年末自有机械设备 Machinery and Equipment Owned 总台数(台) Total Number (set)	总功率(千瓦) Total Power (kw)
总计	**Total**	**652364**	**4044983**	**1891814**	**38012**	**965551**
房屋土木工程建筑业	Construction of Building & Civil Engineering	582586	3979911	1854879	32596	888201
房屋工程建筑业	Building	220722	3814658	1810224	15851	193518
土木工程建筑业	Civil Engineering	361865	165253	44655	16745	694683
建筑安装业	Construction Installation	52169	61172	33035	2221	57246
建筑装饰业	Construction Decoration	7435			2283	6109
其他建筑业	Other Construction	10174	3900	3900	912	13995
工程准备	Project Preparation	9457.1	3900	3900	738	12222
提供工程设备服务	Provision of Construction Equipment Services				50	377
其他未列明的建筑活动	Other Not Listed Construction Activities	717			124	1396

13-6 2003-2008年建筑业企业房屋竣工面积
Floor Space of Building Completed in Construction Enterprises(2003-2008)

项 目	Item	房屋建筑竣工面积(平方米) Floor Space of Buildings Completed (sq.m)					
		2003	2004	2005	2006	2007	2008
总 计	**Total**	**2428775**	**2633053**	**1940163**	**1605557**	**1739663**	**1891814**
按房屋主要用途分	By Purpose of Housing						
厂 房	Workshop	58918	179998	88722	198741	107262	97664
住 宅	Residential Buildings	1465144	1778400	1242154	761649	927091	1153854
办公用房	Office	405469	332411	225465	190832	297757	250707
批发零售用房	Wholesale and Retail	44128	60857	21794	30992	28334	12305
住宿和餐饮用房	Hotel and Catering	24857	47650	16896	18720	4771	11272
居民服务业用房	Services to Households	34970	19161	27481	48109	15367	20443
教育用房	Education	158337	67191	146357	219379	183269	186786
文化、体育娱乐用房	Culture, Sports and Entertainment	51251	20333	17996	16449	23166	10222
医疗用房	Medical	40179	11534	15551	30055	19056	47364
科研用房	Research	20420	2564	4615			3380
其他用房	Others	125102	112954	133132	90631	133590	97817

13-7 2000-2008年建筑业经济效益指标
Main Indicators on Economic Benefit of Construction Enterprises(2000-2008)

指 标		Item		2000	2005	2006	2007	2008
按总产值计算的劳动生产率	(元/人)	Overall Labor Productivity in Terms of Gross Output Value	(yuan/person)	42284	86988	102960	120027	145192
房屋建筑面积竣工率	(%)	Rate of Floor Space of Buildings Completed	(%)	56.83	47.60	46.30	45.20	46.77
产值利润率	(%)	Ratio of Profit to Gross Output Value	(%)	0.85	0.63	0.80	1.91	2.44
人均竣工产值	(元/人)	Gross Output Value Completed Per Capita	(yuan/person)	30491	48736	42692	43259	66023
人均施工面积	(平米/人)	Floor Space under Construction Per Capita	(sq.m/person)	38.45	39.08	33.00	36.81	40.94
人均竣工面积	(平米/人)	Floor Space Completed Per Capita	(sq.m/person)	21.85	18.61	15.28	16.65	19.15
人均利润	(元/人)	Profits Per Capita	(yuan/person)	431.88	545.00	818.56	2288.58	3536.09
资产负债率	(%)	Assets-liability Ratio	(%)	72.93	61.04	59.22	58.40	61.79
技术装备率	(元/人)	Value of Machines per Laborer	(yuan/person)	9153	14655	15629	15061	17972

注：本表2004年为经济普查数据，其他年份为年报。本表包含劳务分包企业

a)Data in this table in 2004 are data of economic gerneral survey, in other year are data of annual report. This table contain construction enterprises of worker subcontractors.

13-8 按资质等级分的建筑业主要经济指标(2008年)
Main Economic Indicators of Construction Enterprises by Qualification Grade(2008)

单位:万元、人 (10 000 yuan 、person)

指 标	Item	企业数(个) Number of Enterprises (unit)	有工作量的 Having Workload	年末从业人员 Number of Employed Persons	工程技术人员 Engineering and Technical Personnel	计算劳动生产率的平均人数 Average Number of Calculating Labor Productivity	签订合同额 Total Value of Contracts
按资质等级关系分组	**By Qualification Criteria of Enterprises**	**459**	**411**	**78936**	**16781**	**98809**	**2899942**
施工总承包	General Contractors	278	253	68447	14612	87471	2781599
特级	Special Grade	1	1	10097	2940	8096	1429186
一级	First Grade	12	11	7405	1874	13780	363851
二级	Second Grade	96	93	30172	6102	42353	814177
三级及以下	Third Grade and below	169	148	20773	3696	23242	174386
专业承包	Professional Contractors	181	158	10489	2169	11338	118343
一级	First Grade	2	2	978	141	1132	10308
二级	Second Grade	55	54	3900	898	4625	50429
三级及以下	Third Grade and below	124	102	5611	1130	5581	57605

13-8 续表 1 Continued

单位:万元 (10 000 yuan)

指 标	Item	建筑业总产值 Total Gross Output Value	建筑工程产值 Output Value of Construction	安装工程产值 Output Value of Installation	其他产值 Output Value of Others	竣工产值 Output Value of Completed	企业总收入 Total Income of Enterprises
按资质等级关系分组	**By Qualification Criteria of Enterprises**	**1429970**	**1124530.3**	**195204**	**110235**	**652363.6**	**1549934**
施工总承包	General Contractors	1304180	1070656.1	139478	94046	566578	1433649.6
特级	Special Grade	391249.8	366054	10278	14918	43006	532080.6
一级	First Grade	251665	148097	103567.6		98228	259706.4
二级	Second Grade	530708	445719	14340	70650	331266.1	507150.6
三级及以下	Third Grade and below	130557	110786.9	11292	8478	94077.5	134712
专业承包	Professional Contractors	125790	53874	55727	16189	85786	116284.4
一级	First Grade	30352	4060	17933	8360	30352.4	24076.1
二级	Second Grade	42412	27341	13022	2049	30530	42103.4
三级及以下	Third Grade and below	53026	22474	24771.3	5780	24903	50104.9

13-8 续表 2 Continued

单位:万元 (10 000 yuan)

项 目	Item	税金总额 Total Taxes	利润总额 Total Profits	自有施工机械设备年末净值 Net Value of Machinery and Equipment Owned	自有施工机械设备年末总台数(台) Number of Machinery and Equipment Owned (set)	自有施工机械设备年末总功率(千瓦) Total Power of Machinery and Equipment Owned (kw)
按企业资质等级分组	**By Qualification Criteria of Enterprises**	**59659**	**35840.2**	**177577**	**38012**	**965551**
施工总承包	General Contractors	55853	35091.6	160713	32978	891326
特级	Special Grade	20506	25250.2	56165	5171	351263
一级	First Grade	7425	3382.5	20940	5667	131637
二级	Second Grade	22721	4108.9	55714	10267	253682
三级及以下	Third Grade and below	5201	2350	27895	11873	154744
专业承包	Professional Contractors	3806	748.6	16864	5034	74225
一级	First Grade	481	58.7	4242	795	25995
二级	Second Grade	1435	52.5	5403	3070	18358
三级及以下	Third Grade and below	1890	637.4	7218	1169	29872

13-8 续表 3

项 目	Item	房屋建筑施工面积(平方米) Floor Space of Buildings Under Construction (sq.m)	房屋建筑竣工面积(平方米) Floor Space of Buildings Completed (sq.m)	住宅 Residential Buildings	竣工房屋价值(万元) Value of Buildings Completed (10 000 yuan)	住宅 Residential Buildings
按企业资质等级分组	**By Qualification Criteria of Enterprises**	**4044983**	**1891814**	**1153854**	**186579**	**101464**
施工总承包	General Contractors	3926324	1820190	1130536	179490.1	98925
特级	Special Grade					
一级	First Grade	794393	270735	162356	26603	14125
二级	Second Grade	1983410	872256	534127	90403	47347
三级及以下	Third Grade and below	1148521	677199	434053	62484	37453
专业承包	Professional Contractors	118659	71624	23318	7089	2539
一级	First Grade					
二级	Second Grade	101234	67724	19418	6686	2136
三级及以下	Third Grade and below	17425	3900	3900	403	403

13-9 分地区建筑业企业主要经济指标(2008年)
Basic Statistics of Construction Enterprises Production by Region(2008)

单位:万元 (10 000 yuan)

地 区	Region	企业数(个) Number of Enterprises (unit)	有工作量的 Having Workload	签订合同额 Total Value of Contracts	建筑业总产值 Total Gross Output Value	竣工产值 Output Value of Completed	房屋建筑施工面积(平方米) Floor Space of Buildings Under Construction (sq.m)	房屋建筑竣工面积(平方米) Floor Space of Buildings Completed (sq.m)
总 计	**Total**	**459**	**411**	**2899942**	**1429970**	**652364**	**4044983**	**1891814**
国有及国有控股企业	State-owned and State-holding Enterprises	73	67	2046386	877428	324848	668458	332639
西宁市	Xining City	345	311	2605823	1182334	448762	2896405	1278853
海东地区	Haidong Prefecture	39	33	135064	80507	58162	559138	244246
海北州	Haibei Zang A.P	11	11	13727	10368	9551	103024	76410
黄南州	Huangnan Zang A.P	10	10	12410	9683	8655	102611	50568
海南州	Hainan Zang A.P	9	9	15980	10682	9144	96937	63609
果洛州	Golog Zang A.P	4	4	2234	2184	2184	15459	15459
玉树州	Yushu Zang A.P	5	2	505	505	505	375	375
海西州	Haixi Mongolian & Zang A.P	36	31	114201	133708	115401	271034	162294

13-9 续表 1 Continued

单位:万元 (10 000 yuan)

地 区	Region	资产总计 Total Asscts	无形及递延资产小计 Intangible and Deferred Assets	负债合计 Total Liabilities	流动负债合计 Total Liquid Liabilities	长期负债合计 Total Long-term Liabilities	所有者权益合计 Total Owners' Equity
总 计	**Total**	**1799581**	**66919**	**1113407**	**947922**	**165485**	**686174**
国有及国有控股企业	State-owned and State-holding Enterprises	988336	26789	761702	618506	143196	226633
西宁市	Xining City	1496579	63174	955419	797776	157643	541160
海东地区	Haidong Prefecture	77863	2699	35086	33742	1344.3	42777
海北州	Haibei Zang A.P	14302	6	5391	4207	1184.1	8912
黄南州	Huangnan Zang A.P	16389	27	5971	2741	3230	10418
海南州	Hainan Zang A.P	13533	473	4924.4	4636	288	8609
果洛州	Golog Zang A.P	3080		1715	1499	216	1365
玉树州	Yushu Zang A.P	2228	11	790.7	780.7	10	1437
海西州	Haixi Mongolian & Zang A.P	175607	530	104110	102541	1570	71496

13-9 续表 2 Continued

单位:万元 (10 000 yuan)

地 区	Region	实收资本 Paid-in Capitals	工程结算收入 Revenue of Project Settlement Accounts	工程结算税金及附加 Taxes and Extra Charges on Project Settlement Accounts	工程结算利润 Profits of Project Settlement Accounts	其他业务收入 Revenue from Other Businesses	营业利润 Business Profits
总 计	**Total**	**631338**	**1515417**	**57729**	**119796**	**34517**	**33002**
国有及国有控股企业	State-owned and State-holding Enterprises	206051	1022417	40150	79055	31070	19053
西宁市	Xining City	517582	1247728	49823	102892	22510	34863
海东地区	Haidong Prefecture	38867	71986	2127	8503	240	5819
海北州	Haibei Zang A.P	7210	10348	807	1386	15	1051
黄南州	Huangnan Zang A.P	8088	9935	182	709	34	130
海南州	Hainan Zang A.P	7097	10733	391	1130		186
果洛州	Golog Zang A.P	1333.2	1574	89	141		36
玉树州	Yushu Zang A.P	1392	400	3	57	89	49
海西州	Haixi Mongolian & Zang A.P	49768	162715	4307	4978	11630	

13-9 续表 3 Continued

单位:万元 (10 000 yuan)

地 区	Region	管理费用 Management Expenses	税金 Taxes	利润总额 Total Profits	劳动、失业保险费 Labor, Unemployment Insurance	应付工资总额 Total Wages Payable	应付福利费总额 Total Welfare Expenses Payable
总 计	**Total**	**73869**	**1930**	**35840**	**13391**	**191711**	**10005**
国有及国有控股企业	State-owned and State-holding Enterprises	49161	955	23576	10668	105338	5757
西宁市	Xining City	58596	1431	35654	11960	143501	6397
海东地区	Haidong Prefecture	2471	151	5266	90	18260	1107
海北州	Haibei Zang A.P	340	17	1050	1	1886	231
黄南州	Huangnan Zang A.P	566	24	139	15	1726	109
海南州	Hainan Zang A.P	922	13	184	18	2030	29
果洛州	Golog Zang A.P	100	7	36	13	394	28
玉树州	Yushu Zang A.P	96	1		1	61	18
海西州	Haixi Mongolian & Zang A.P	10778	286		1294	23855	2086

13-9 续表 4 Continued

单位:万元 (10 000 yuan)

地 区	Region	应收工程款 Receivable Project Funds	住房公积金 Housing Provident Funds	本年折旧 Depreciation of Fixed Assets	自有施工机械设备年末净值 Net Value of Machinery and Equipment Owned	自有施工机械设备年末总台数(台) Number of Machinery and Equipment Owned (set)	自有施工机械设备年末总功率(千瓦) Total Power of Machinery and Equipment Owned (10 000 kw)
总 计	**Total**	**178997**	**4677**	**35250**	**177577**	**38012**	**965551**
国有及国有控股企业	State-owned and State-holding Enterprises	72331	4394	18502			
西宁市	Xining City	112312	2949	24203	139145	28908	750950
海东地区	Haidong Prefecture	22927	11	2077	10277	4446	64505
海北州	Haibei Zang A.P	493	32	601	3128	504	8468
黄南州	Huangnan Zang A.P	1950	2	293	1874	919	19595
海南州	Hainan Zang A.P	165		359	1911	768	20507
果洛州	Golog Zang A.P			180	187	144	1718
玉树州	Yushu Zang A.P			36	353	94	442
海西州	Haixi Mongolian & Zang A.P	41150	1683	7501	20703	2229	99366

13-9 续表 5 Continued

地 区	Region	主要建筑材料消耗量 Main Construction Materials Consumption					
		钢材(吨) Rolled Steel (tons)	木材(立方米) Timber (cu.m)	水泥(吨) Cement (tons)	玻璃(重量箱) Plain Glass (weight cases)	玻璃(平方米) Plain Glass (sq.m)	铝材(吨) Rolled Aluminum (tons)
总 计	**Total**	**815538**	**89842**	**2740401**	**69695**	**888605**	**3642**
国有及国有控股企业	State-owned and State-holding Enterprises						
西宁市	Xining City	766967	59187	2399069	52414	212963	1939
海东地区	Haidong Prefecture	14094	9242	164487	6247	64040	384
海北州	Haibei Zang A.P	2091	919	21988	4707	25475	71
黄南州	Huangnan Zang A.P	4303	1674	14647	1578	41340	163
海南州	Hainan Zang A.P	3567	2295	8978	215	3718	1053
果洛州	Golog Zang A.P	338	2224	4180	1010	5052	
玉树州	Yushu Zang A.P	140	105	400	100	1825	3
海西州	Haixi Mongolian & Zang A.P	24038	14196	126652	3424	534192	29

主要统计指标解释

建筑业统计单位 指从事房屋、构筑物建造和设备安装活动的法人企业。建筑业法人企业应具有建筑业资质并能够独立核算,同时其应具备以下条件:①依法成立,有自己的名称、组织机构和场所,能够承担民事责任;②独立拥有和使用资产,承担负债,有权与其他单位签订合同;③独立核算盈亏,能够编制资产负债表。

建筑业总产值 是以货币形式表现的建筑业企业在一定时期内生产的建筑业产品和提供的服务的总和。建筑业总产值包括:

(1)建筑工程产值:指列入建筑工程预算内的各种工程价值。

(2)安装工程产值:指设备安装工程价值,不包括被安装设备本身的价值。

(3)其他产值:建筑业总产值中除建筑工程、安装工程以外的产值。包括房屋构筑物修理产值、非标准设备制造产值、总包企业向分包企业收取的管理费以及不能明确划分的施工活动所完成的产值。

a. 房屋构筑物修理产值:指房屋和构筑物修理所完成的产值,但不包括被修理房屋、构筑物本身价值和生产设备的修理产值。

b. 非标准设备制造产值:指加工制造没有定型的非标准生产设备的加工费和原材料价值(如化工厂、炼油厂用的各种罐、槽,矿井生产统一使用的各种漏斗、三角槽、阀门等)以及附属加工厂为本企业承建工程制作的非标准设备的价值。

建筑业增加值 指建筑业企业在报告期内以货币形式表现的建筑业生产经营活动的最终成果。

从2004年第一次全国经济普查开始,建筑业现价增加值按生产法和分配法(收入法)两种方法计算,以收入法的计算结果为准,即从收入的角度出发,根据生产要素在生产过程中应得的收入份额计算。具体计算方法:经济普查年度建筑业增加值按照《经济普查年度GDP核算方案》计算,非经济普查年度建筑业增加值按照《非经济普查年度GDP核算方案》计算。

房屋建筑施工面积 指在报告期内施过工的全部房屋建筑面积,包括本期新开工的房屋面积、上期施工跨入本期继续施工的房屋面积、上期停缓建在本期恢复施工的房屋面积、本期竣工的房屋面积及本期施工后又停缓建的房屋面积。

房屋建筑竣工面积 指在报告期内房屋建筑按照设计要求全部完工,达到了使用条件,经验收鉴定合格,正式移交使用单位的房屋建筑面积。

Explanatory Notes on Main Statistical Indicator

Statistical Unit in the Construction Industry refers to a corporate enterprise engaged in the construction of buildings and structures and in the installation of equipment. A corporate construction enterprise should have qualification certificates with independent accounting system, and should meet the following 3 requirements: a) being set up in line with relevant legal basis, having its full name, organization and location, and capable of taking civil liabilities; b) independently possessing and using its assets and assuming its liabilities, and entitled to sign contracts with other institutions; and c) making independent accounts of its profits and losses, and capable of compiling its own balance sheet.

Gross Output Value of Construction refers to total of construction products and services, expressed in money terms, produced or rendered by construction and installation enterprises during a given period of time. It includes:

(1) Output value of construction projects: the value of projects covered by the project budgets;

(2) Output value of installation projects: the value of the installation of equipment, (excluding the value of the equipment to be installed);

(3) Other output values: the output value of construction industry apart from that of construction projects and installation projects. It includes: output value of repair of buildings and structures; output value of non – standard equipment manufacturing; overhead expenses received by contracted enterprises from the sub – contracted enterprises and the completed output value of construction activities for which there is no clear definition.

a. Output value of repair of buildings and structures: the value created through the repairs of buildings or structures. It does not include the value of buildings or structures being repaired and the value of the repair of production equipment;

b. Output value of manufactured non – standard equipment: the value of non – standard production equipment, including raw materials and manufacturing cost, made for the construction project (i. e., chemical plant; kettles or tanks used by refineries; various fillers, triangle tanks, valves used by mines). It also includes the output value of equipment manufactured by subsidiary workshops.

Value – added of Construction refers to the final result of the activities of production and operation of enterprises of the construction industry in monetary terms during the reference period.

Starting from the 2004 economic census, value – added of construction is calculated by both production approach and income approach, with the figures from the income approach as the final figures. , Under the income approach, , calculation starts from the perspective of income and is based on the share of income derived from the production process by the relevant factors of production. . Specifically, value – added of construction for the Census years is calculated in accordance with the Programme of Compilation of GDP and National Accounts for the Year of Economic Census, and value – added of construction for other years is calculated in accordance with the Programme of Compilation of GDP and National Accounts for the Non Economic Census Years.

Floor Space of Buildings Under Construction refers to floor space of buildings under construction during the reference period, including the floor space of buildings for which construction has newly started; buildings for which construction has started earlier and is continuing during the reference period; and buildings for which construction has been suspended earlier but has restarted during the reference period; buildings completed during the reference period; and buildings under construction but construction has subsequently been during the reference period.

Floor Space of Buildings Completed refers to the floor space of buildings that are completed in the reference period in accordance with the requirements of the design, up to the standard for being put into use, and having been checked and accepted by departments concerned as qualified ones.

2009

第14篇

CHAPTER 14

交通运输和邮电通信

Transport, Postal and Telecommunication Services

货物周转量（万吨公里）

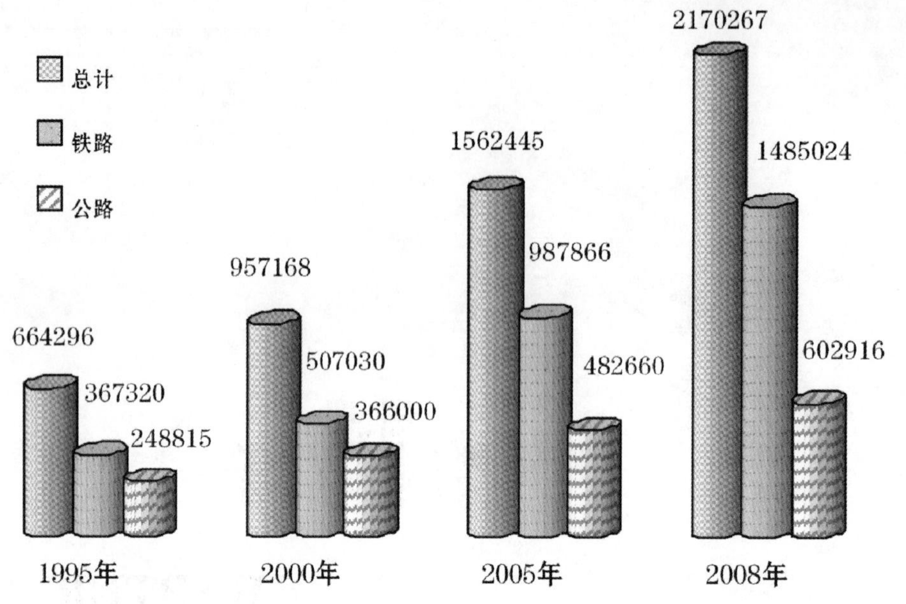

旅客周转量（万人公里）

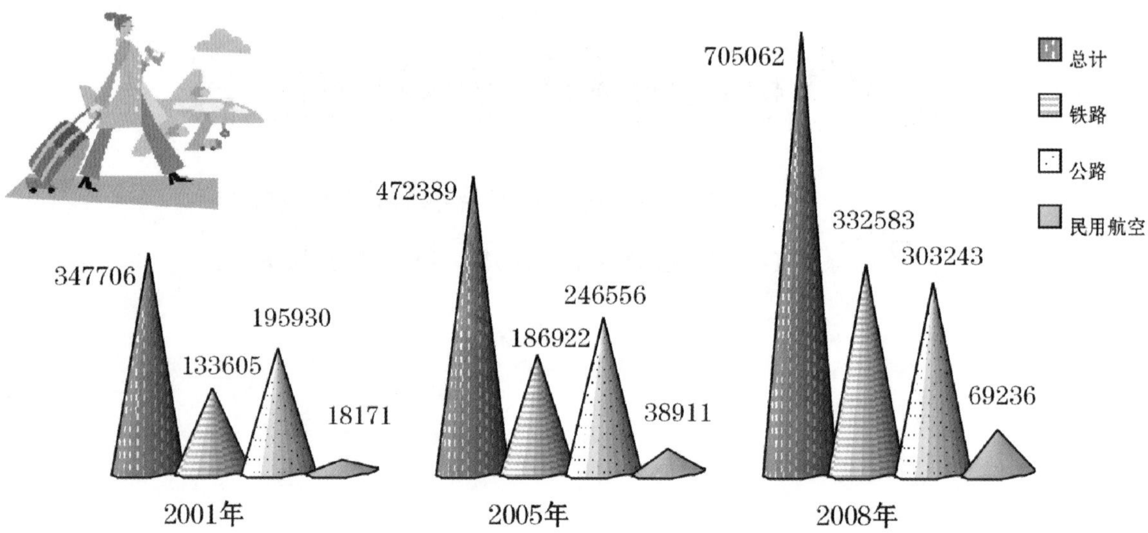

移动、固定电话年末用户（万户）

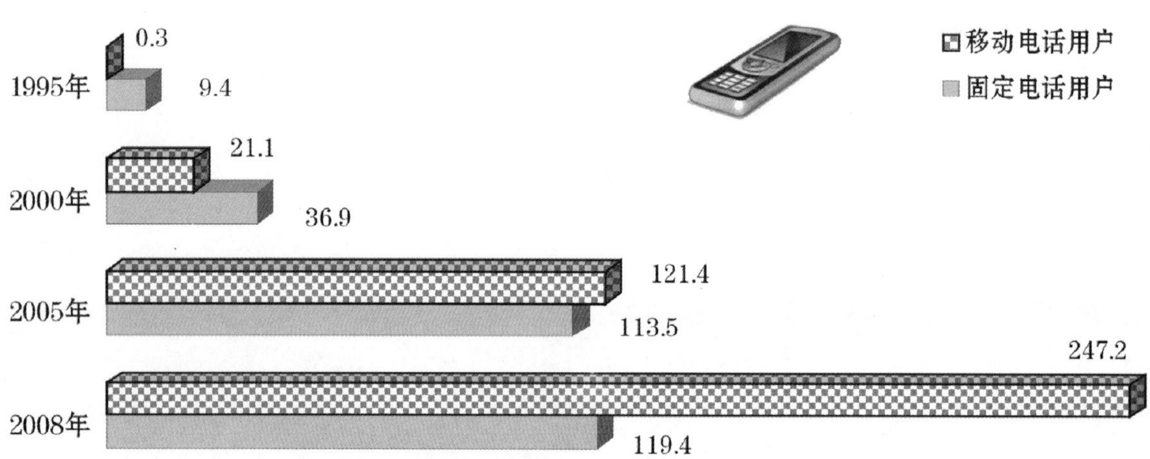

14-1 主要年份交通运输业基本情况
Basic Conditions of Transport in Main Years

指 标	Item	1995	2000	2005	2006	2007	2008
客运量总计 (万人)	**Total Passenger Traffic (10 000 persons)**	**2388**	**3612**	**4920**	**5310**	**5655**	**9447**
铁路	Railways	220	352	368	411	393	404
公路	Highways	2165	3250	4525	4861	5218	8996
民用航空	Civil Aviation	3	10	27	38	44	47
旅客周转量总计 (万人公里)	**Total Passenger-Kilometers (10 000 passenger-km)**	**198391**	**312497**	**472389**	**598831**	**744085**	**826430**
铁路	Railways	64027	115090	186922	283518	386640	332583
公路	Highways	129270	182000	246556	262333	293940	424611
民用航空	Civil Aviation	5094	15407	38911	52980	63505	69236
货运量总计 (万吨)	**Total Freight Traffic (10 000 tons)**	**3529**	**5076**	**7152**	**7641**	**8260**	**9318**
铁路	Railways	532	833	1453	1572	1772	2310
公路	Highways	2887	4050	5491	5864	6280	6805
民用航空	Civil Aviation	…	…	…	1	1	1
管道	Petroleum and Gas Pipelines	110	193	208	205	207	202
货物周转量总计 (万吨公里)	**Total Freight Ton-kilometers (10 000 ton-km)**	**664296**	**957168**	**1562445**	**1549176**	**1851758**	**3433354**
铁路	Railways	367320	507030	987866	944456	1207432	1485024
公路	Highways	248815	366000	482660	514149	552563	1866003
民用航空	Civil Aviation	57	140	563	743	811	1016
管道	Petroleum and Gas Pipelines	48104	83998	91356	89828	90952	81311
民用汽车拥有量 (辆)	**Possession of Civil Motor Vehicles (units)**	**57582**	**87121**	**125824**	**244035**	**270287**	**225645**
载客汽车	Passenger Vehicles	23665	45344	70750	81833	99444	135364
载货汽车	Trucks	31801	39324	48468	48278	52462	61467
普通载货汽车	Ordinary Trucks	31205	38171	33435	37101	40258	46411
#私人汽车	Private Vehicles	13612	27166	56266	79318	98225	130467

注：1、从2007年起铁路为境内统计数，2006年之前为铁路部门管理辖区数。
2、2008年公路及车辆管理部门进行了部门普查，故公路运输和车辆数据使用了部门普查数。以下各表同。

a)Data about railway are cisborder since 2007, 2006 and before they are data of management popedom of railway department.

b)2008 Highway and vehicle management department conducted a census, so data on road transport and vehicles are census data of departments. The same applies to the tables following.

14-2 主要年份客运量
Passenger Traffic in Main Years

单位:万人、万人公里 (10 000 persons、10 000 passenger-km)

年 份 Year	客运量 合 计 Total Passenger Traffic	铁 路 Railways	公 路 Highways	民用航空 Civil Aviation	旅客周转量 合 计 Total Passener-Kilometers	铁 路 Railways	公 路 Highways	民用航空 Civil Aviation
1952	5		5		381		381	
1978	328	170	158		103241	85259	17982	
1985	1288	295	993		127647	73123	54524	
1986	1633	289	1344	0.2	147911	76260	71414	237
1987	1749	296	1453	0.2	161244	79430	81552	262
1988	1844	323	1521		182477	93796	88422	259
1989	1864	275	1589		169501	82658	86696	147
1990	1843	209	1634		153736	61220	92411	105
1991	1899	196	1703		154238	55314	98817	107
1992	2010	197	1812	1	161839	54785	105760	1294
1993	2227	208	2017	2	186261	59608	123432	3221
1994	2292	217	2073	2	193057	62980	126527	3550
1995	2388	220	2165	3	198391	64027	129270	5094
1996	2690	185	2500	5	205356	53923	144088	7345
1997	2885	200	2680	5	220469	59275	153000	8194
1998	3157	261	2889	7	245574	73025	161569	10980
1999	3359	297	3055	7	275227	93634	171219	10374
2000	3612	352	3250	10	312497	115090	182000	15407
2001	3832	392	3428	12	347706	133605	195930	18171
2002	4007	436	3556	15	372837	150444	200720	21673
2003	4324	408	3900	16	407362	163987	220000	23375
2004	4601	386	4193	22	451229	186281	232035	32913
2005	4920	368	4525	27	472389	186922	246556	38911
2006	5310	411	4861	38	598831	283518	262333	52980
2007	5655	393	5218	44	744085	386640	293940	63505
2008	9447	404	8996	47	826430	332583	424611	69236

14–3 主要年份货运量
Freight Traffic in Main Years

单位:万吨、万吨公里 (10 000 tons、10 000 ton-km)

年 份 Year	货运量合计 Total Freight Traffic	铁路 Railways	公路 Highways	民用航空 Civil Aviation	管道输油(气)量 Petroleum and Gas Pipelines	货物周转量合计 Total Freight Ton-Kilometers	铁路 Railways	公路 Highways	民用航空 Civil Aviation	管道输油(气)量 Petroleum and Gas Pipelines
1952	3		3			553		553		
1978	1326	546	780			321164	274437	46727		
1985	2033	334	1699			244198	141109	103089		
1986	1823	337	1486			299403	208001	91400	2	
1987	2234	390	1844			348903	229900	119000	3	
1988	2072	411	1661			400524	259532	140989	3	
1989	2254	427	1837			468089	293183	174904	2	
1990	2434	454	1957		23	498544	298810	187665	3	10066
1991	2998	502	2413	…	83	565197	329657	199435	2	36103
1992	3071	518	2471	…	82	559774	317891	205994	15	35670
1993	3127	550	2533	…	89	578134	327642	211633	35	38824
1994	3328	538	2694	…	96	613271	335860	235274	41	42096
1995	3529	532	2887	…	110	664296	367320	248815	57	48104
1996	3909	535	3247	…	127	702042	357686	289646	86	54624
1997	4180	585	3450	…	145	760636	390821	306500	99	63216
1998	4502	590	3743	…	169	816028	409500	333172	101	73255
1999	4654	607	3865	…	182	883310	459448	344629	93	79140
2000	5076	833	4050	…	193	957168	507030	366000	140	83998
2001	5456	957	4305	…	194	1067872	598885	384419	178	84390
2002	5652	1000	4450	0.10	202	1120184	694370	397538	189	88087
2003	6189	1092	4890	0.15	207	1337595	814313	433000	237	90045
2004	6656	1308	5136	0.23	212	1394733	848590	453129	385	92629
2005	7152	1453	5491	0.33	208	1562445	987866	482660	563	91356
2006	7641	1572	5864	0.50	205	1549176	944456	514149	743	89828
2007	8260	1772	6280	0.50	207	1851758	1207432	552563	811	90952
2008	9318	2310	6805	0.60	202	3433354	1485024	1866003	1016	81311

14-4 2000-2008年民用车拥有量
Possession of Civil Vehicles(2000-2008)

单位:辆 (units)

指　标	Item	2000	私人 Private	2007	新注册 New Registrations	私人 Private	2008	新注册 New Registrations	私人 Private
民用汽车合计	**Total**	**87121**	**27166**	**270287**	**2139**	**98225**	**225645**	**2425**	**130647**
载客汽车	Passenger Vehicles	45344	14051	99444	1432	52513	135364	1783	75047
大型	Large	3189	371	4910	22	380	5329	12	346
中型	Medium			5417	16	1551	5956	11	1732
小型	Small			82732	1386	45786	117137	1715	67840
微型	Minicar			6385	8	4796	6942	45	5129
轿车	Car	38519	13680	49569	893	31205	71008	1226	45599
载货汽车	Trucks	39324	12958	52462	423	25920	61467	429	32242
重型	Heavy	25069	8086	11185	48	4265	13457	16	5220
中型	Medium			12470	25	6628	12986	24	7015
轻型	Light			26259	341	13646	32842	384	18765
微型	Mini			2548	9	1381	2182	5	1242
普通载货	Ordinary Trucks	38171	12915	40258	332	21027	46411	349	25734
其他汽车	Others	2453	157	24126	284	19792	28814	213	23178
摩托车	Motorcycle	94467	66099	92724	788	90398	96933	403	94481
普通	General			90634	785	88332	95058	395	92633
轻便	Light			2090	3	2066	1875	8	1848
农用运输车	Farm Vehicles			24126	284	19792	28814	213	23178
三轮	Three Wheels			5733	118	5699	6766	127	6733
四轮	Four Wheels			14257	92	13659	16400	63	15800
拖拉机	Tractors	145654	136165	242100	13800		250030	9100	250030
大型	Large			3600	5800		4473	268	4473
小型	Smail	134402	129232	10900	400		11865	1356	11865
挂车	Trailers	788	86	1465		138	1845	1	207
其他类型车	Other Vehicles			42			42		

补充资料:2000年机动车驾驶员345333人,其中汽车驾驶员210635人。
2007年机动车驾驶员526326人,其中汽车驾驶员350399人。
2008年机动车驾驶员720254人,其中汽车驾驶员525956人。

a) 345 333 Motor Vehicle drivers in 2000, of whom 210 635 were Automobile drivers.
b) 526 326 Motor Vehicle drivers in 2007, of whom 350 399 were Automobile drivers.
c) 720 254 Motor Vehicle drivers in 2008, of whom 525 956 were Automobile drivers.

14-5 主要年份铁路、公路、民航里程年末达到数
Total Length of Railway, Highway,Civil Aviation at Year-end in Main Years

单位:公里、公里/万平方公里 (km、km/10000 sq.km)

年 份 Year	铁 路 Railway		公 路 Highway								民用航空航线里程 Total Civil Aviation Routes
	营业里程 Length of Railways in Operation	线路密度 Railway Density	通车里程 Total Length of Highways	线路密度 Highway Density	有路面里程 Length of Railways with Road Surface	高、次高级 High and Senior Hihgways	等级路合计 Expressway and Class I to IV Highways	高速 Express way	一、二级 First and Second Class	等外路 Highways Below Class IV	
1952			1346	18.69	547						
1957			8259	114.71	4426						188
1965	198	2.75	11981	166.40	6643	182					1949
1970	409	5.68	12584	174.78	7244	367					1949
1975	497	6.90	12979	180.26	9141	1268					4893
1978	503	6.99	13675	189.93	9837	1958					4893
1980	505	7.01	15497	215.24	11624	2105					4251
1985	1095	15.21	15933	221.29	12252	2939					4972
1990	1095	15.21	16732	232.39	14212	3408	11974		1156	4758	4972
1991	1095	15.21	16769	232.90	14249	3435	12026		1156	4743	4748
1992	1100	15.28	16854	234.08	14334	3617	12151		1202	4703	4892
1993	1097	15.24	16963	235.60	14491	3640	12354		1202	4609	5942
1994	1097	15.24	17089	237.35	14646	3911	12509		1202	4552	5942
1995	1100	15.28	17223	239.21	14887	4028	12734		1202	4462	8869
1996	1100	15.28	17383	241.43	15047	4284	13056		1202	7327	11442
1997	1100	15.28	17640	245.00	15451	4494	13485		1236	4155	14700
1998	1100	15.28	17936	249.11	15866	4818	14024		1306	3912	14700
1999	1100	15.28	18268	253.72	16252	5191	14549		1412	3719	14700
2000	1100	15.28	18679	259.43	16713	5313	15178		1837	3501	16490
2001	1100	15.28	23328	315.24	19849	6452	17424	26	2544	5904	27636
2002	1100	15.28	24003	333.38	20868	7910	18484	35	3084	5519	31413
2003	1097	15.24	24377	338.57	21278	8745	21568	118	3449	2809	23423
2004	1097	15.24	28059	389.70	25032	10420	25322	171	3697	2737	20855
2005	1097	15.24	29719	412.76	26692	11787	26811	171	4146	2737	21458
2006	1651	22.92	47726	662.59	13371	13371	24638	171	4180	23088	23996
2007	1651	22.92	52625	730.60	16019	16019	30636	215	5045	21990	33264
2008	1651	22.92	56642	783.88	17331	17331	32649	215	5190	23994	32149

注:2006年交通部门对公路进行了普查,将乡村公路列入了等外公路。

a) Department of Transportation carried out a general survey on the highway in 2006, rural roads were included in below Class Ⅳ.

14-6 1985-2008年邮电业务情况

年 份 Year	邮电业务总量(万元) Business Volume of Postal and Telecommunication Services (10 000 yuan)	邮政业务总量 Business Volume of Postal Services	电信业务总量 Business Volume of Telecommunication Services	函件(万件) Number of Letters (10 000 pcs)	特快专递(万件) Pieces of Express Mail Services (10 000 pcs)	报刊期发数(万份) Issue of Newspapers and Magazines (10 000 copies)	集邮业务(万枚) Stamps for Collection (10 000 pcs)	长途电话(万次) Long-distance Calls (10 000)
1985				2344		154		168
1986	1866			2607		151		200
1987	2023			2829		150		207
1988	2480			3222		147		226
1989	3020			3221		81		271
1990	3457			2778		70		315
1991	6223			2074		69		378
1992	7510			2186		74		567
1993	9541			2864		79		834
1994	11592			3389		114		1203
1995	15595			3354		262		1987
1996	23901			3156		80		3408
1997	32718			2664		75		4582
1998	47018			2966		74		6110
1999	67672	5212	32608	2108	12	52	1741	5731
2000	49181	6206	42974	2762	17	47	2361	7854
2001	64792	14078	50714	2961	31	45		9577
2002	199104	14728	184376	3580	40	44		8759
2003	229811	15343	214468	3800	48	67		8948
2004	339801	16262	323539	2836	48	75	599	17689
2005	314330	17710	296620	1886	49	51	490	14090
2006	396898	20229	376669	981	55	49	591	13901
2007	537416	20956	516460	627	65	42	592	10555
2008	699514	22514	677000	566	78	47	720	11200

注:电信业务总量1985-1989年按1980年不变价格计算,1990-2000年的业务总量按1990年不变价格计算,2001年后的业务量按2000年不变价格计算。2002-2004年数据中含铁通、网通业务量。

Basic Conditions of Postal and Telecommunication Services(1985－2008)

移动电话年末用户(万户) Number of Mobile Telephone Subscribers at Year-end (10 000 subscribers)	固定电话年末用户(万户) Number of Subscribers of Fixed Telephone at Year-end (10 000 subscribers)	城市电话用户 Number of Urban Fixed Telephone Subscribers	住宅电话 Household Fixed Telephone Subscribers	乡村电话用户 Rural Fixed Telephone Subscribers	住宅电话 Household Fixed Telephone Subscribers	公用电话(万户) Public Telephone (10 000 subscribers)	邮政局所(处) Number of Postal Offices (unit)	信筒信箱(个) Number of Post Boxes (unit)	邮路总长度(公里) Length of Postal Routes (km)	农村投递线路(公里) Rural Delivery Routes (km)
	2.22	1.50		0.72		0.01				
	2.50	1.66		0.84						
	2.83	1.86		0.97						
	3.15	2.04	0.03	1.10		0.02				
	2.43	2.19	0.10	0.24		0.02				
	2.74	2.49	0.12	0.25		0.02				
	2.91	2.73	0.35	0.17		0.03				
	3.45	3.29	0.57	0.16		0.03				
	4.31	4.13	1.38	0.18	0.02	0.04				
0.16	5.38	5.39	2.31	0.22		0.05				
0.26	9.40	9.12	5.61	0.28	0.08	0.15				
0.65	13.84	13.43	9.18	0.41	0.17	0.24	521	717	22431	11601
1.41	17.57	17.10	12.55	0.47	0.25	0.49	217		21994	
3.53	21.56	20.80	16.03	0.77	0.57	0.61	292	705	20683	12619
6.59	27.55	26.14	20.08	1.41	1.03	0.83	208	663	25488	11596
21.07	36.87	34.35	27.68	2.51	2.13	1.09	201	574	26978	11563
42.10	46.81	42.52	34.72	4.29	3.75	1.33	198	576	28090	12081
77.14	57.92	50.21	38.52	7.67	7.12	1.53	220	598	35351	12737
100.36	76.42	64.91	51.87	11.51	10.94	3.23	210	600	24107	12728
117.73	94.35	77.66	56.91	16.69	15.16	5.60	211	601	24101	13138
121.36	113.50	92.90	65.70	20.60	18.50	6.80	219	571	23721	14278
172.20	126.30	99.50	68.40	25.90	23.70	7.60	233	584	20680	14207
222.00	123.00	96.00	65.00	27.00	25.00	7.60	245	593	24587	12526
247.20	119.40	92.50	62.40	27.00	24.50	7.30	288	457	24508	12740

a)The business volume of postal and telecommunication services in 1985-1989 was calculated at 1990 constant prices and that since 2001 was calculated at 2000 constant prices.Data in2002-2004 contain business volume of China Tietong and China Netcom.

14-7 邮电业务通信水平
Communication Level of Postal and Telecommunication Services

指　标	Item	2000	2005	2006	2007	2008
邮政通信水平	**Postal Services Available**					
平均每一邮政局所服务面积 (平方公里)	Average Area Served by Every Postal Office (sq.km)	3570	3276	3090	2844	2420
平均每一邮政局所服务人口 (万人)	Average People Served by Every Postal Office (10 000 persons)	2.57	2.48	2.35	2.24	2.26
平均每人每年发函件数 (件)	Annual Average Number of Letters Mail per Capita (piece)	5.35	3.47	1.80	1.14	1.03
平均每百人每年订报刊数 (份)	Annual Average Number of Newspaper and Magazine Subscribed per 100 Persons (piece)	9.10	9.45	9.00	9.86	8.54
设有邮政局、所的乡(镇)比重 (%)	Percentage of Townships with Postal Offices (%)	23.00	39.00	33.76	35.79	35.90
已通邮的行政村比重 (%)	Percentage of Administrative Village with Posts (%)		59.76	59.99	64.75	65.68
电信通信水平	**Telecommunication Services Available**					
电话普及率(包括移动电话) (部/百人)	Popularization Rate of Telephone (Include Mobile Telephone) (scts/100 persons)		46.00	54.68	62.53	66.50
农　村 (部/百人)	Rural (scts/100 persons)		6.26	7.78	4.33	8.24
移动电话普及率 (部/百人)	Popularization Rate of Mobile Telephone (scts/100 persons)		24.00	31.44	40.19	44.90
每千人拥有公用电话数 (部)	Public Telephone owned Per 1 000 Person (scts)		12.53	13.87	13.78	13.17
已通固定电话的行政村比重 (%)	Percentage of Administrative Village with Telephone (%)	24.0	86.0	93.4	100.00	100.00

主要统计指标解释

铁路营业里程 又称营业长度(包括正式营业和临时营业里程),指办理客货运输业务的铁路正线总长度。凡是全线或部分建成双线及以上的线路,以第一线的实际长度计算;复线、站线、段管线、岔线和特殊用途线以及不计算运费的联络线都不计算营业里程。该指标可以反映铁路运输业基础设施的发展水平,也是计算客货周转量、运输密度和机车车辆运用效率等指标的基础资料。

铁路电气化里程 指在全部铁路营业里程中已安装了供电线路及设备,可以供电力机车牵引列车运行的区段的总里程。

公路里程 指在一定时期内实际达到《公路工程[WT-BZ]技术标准JTJ01－88》规定的等级公路,并经公路主管部门正式验收交付使用的公路里程数。包括大中城市的郊区公路以及通过小城镇街道部分的公路里程和桥梁、渡口的长度,不包括大中城市的街道、厂矿、林区生产用道和农业生产用道的里程。两条或多条公路共同经由同一路段,只计算一次,不得重复计算里程长度。该指标可以反映公路建设的发展规模,也是计算运输网密度等指标的基础资料。

民用航空航线里程 指统计期间内全部民用航空航线的航线总长度。航线长度指民用航空航线的计费距离。计算航线里程可按重复和不重复两种方法,前者是指各航线长度相加的总和;后者则要扣除各航线之间相同航段重复计算的部分。

输油(气)管道长度 也称输油(气)里程,指油品(或天然气)的实际输送距离,一般按输油(气)管道的单线长度计算。若包括复线和备用线长度则称为输油(气)管道延展长度,是指管道铺设的实际长度。我们通常使用的是不包括复线的"输油(气)管道里程",该指标可以反映管道运输的发展规模和水平。

货(客)运量 指在一定时期内,各种运输工具实际运送的货物(旅客)数量。该指标是反映运输业为国民经济和人民生活服务的数量指标,也是制定和检查运输生产计划、研究运输发展规模和速度的重要指标。货运按吨计算,客运按人计算。货物不论运输距离长短、货物类别,均按实际重量统计。旅客不论行程远近或票价多少,均按一人一次客运量统计;半价票、小孩票也按一人统计。

货(客)运密度 指在一定时期内某种运输方式在营运线路的某一区段平均每公里线路通过的货物(旅客)运输周转量。计算公式为:

$$货(客)运密度=\frac{货物(旅客)周转量}{营业线路长度}$$

该指标可以反映交通运输线路上的货物(旅客)运输量运输繁忙程度,是平衡运输线路运输能力和通过能力,规划线路建设及改造、配备技术设备,研究运输网布局的重要依据。

货物(旅客)周转量 指在一定时期内,由各种运输工具运送的货物(旅客)数量与其相应运输距离的乘积之总和。该指标可以反映运输业生产的总成果,也是编制和检查运输生产计划,计算运输效率、劳动生产率以及核算运输单位成本的主要基础资料。计算货物周转量通常按发出站与到达站之间的最短距离,也就是计费距离计算。计算公式为:

货物(旅客)周转量 = $\sum$(货物(旅客)运输量×运输距离)

民用汽车拥有量 指报告期末,在公安交通管理部门按照《机动车注册登记工作规范》,已注册登记领有民用车辆牌照的全部汽车数量。汽车拥有量统计的主要分类:根据汽车结构分为载客汽车、载货汽车及其他汽车;根据汽车所有者不同分为个人(私人)汽车、单位汽车;根据汽车的使用性质分为营运汽车、非营运汽车;根据汽车大小规格不同载客汽车分为大型、中型、小型和微型,载货汽车分为重型、中型、轻型和微型。

邮电业务总量 指以货币形式表示的邮电企业为社会提供各类邮电服务的总数量,是用于观察邮电业务发展变化总趋势的综合性总量指标。分别按邮政业务总量和电信业务总量统计。邮电业务总量是以各类业务的实物量分别乘以相应的不变单价,得出各类业务的货币量再加总求得。

移动电话用户 指在电信运营企业营业网点办理开户登记手续,通过移动电话交换机进入移动电话网,占用移动电话号码的各类电话用户。包括GSM数字移动电话用户、CDMA数字移动电话用户和电信运营企业发行的报告期末已激活充值的能异地漫游的各种智能卡用户。

互联网上网人数 指平均每周使用互联网至少1小时的6周岁以上中国公民人数。

固定电话用户 指在电信运营企业营业网点办理开户登记手续并已接入固定电话网上的全部电话用户。包括普通电话用户、公用电话用户、窄带综合业务数字网(N－ISDN)用户、智能网专用接入终端用户等。按行政区划分为城市电话用户和农村电话用户。

城市电话用户 指直辖市、省辖市、地级市、县级市的市区、市郊区及县城范围内接入局用交换机的电话用户。包括分布在农村地区县团级以上建制的独立工矿区、林区、驻军等电话用户。

农村电话用户 指县城关区以下的集镇和农村接入局用交换机的电话用户。

住宅电话用户 指安装在居民住宅或农民家里并按照住宅电话用户登记注册和收费的各类电话用户。包括私人付费、单位付费和按规定免费安装的住宅电话用户。

长途电话交换机容量 指用于接入长途电话网的电话交换机的设备额定容量,包括国际电话交换机容量。

局用交换机容量 指安装在电信运营企业内用于接续本地固定电话的电话交换机容量,有倍增设备按倍增后的数量计数。包括现用和备用的人工或自动交换机的全部容量。不包括用户交换机容量。

移动电话交换机容量 指移动电话交换机根据一定话务模型和交换机处理能力计算出来的最大同时服务用户的数量。

互联网宽带接入端口 指用于接入互联网用户的各类实际安装运行的接入端口数量,包括xDSL用户接入端口、LAN接入端口以及其他类型接入端口等,不包括窄带拨号接入端口。

Length of Railways in Operation refers to the total length of the trunk line for passenger and freight transportation (including both full operation and temporary operation). The calculation is based on the actual length of the first line if this line has a full or partial double (or more). Not included are double tracks, station sidings, tracks under the charge of stations, branch lines, special - purpose lines and non - payable connecting lines. The length of railways in operation is an important indicator to show the development of the infrastructure of railway transport. It is also essential data to calculate volume of passenger freight transport, traffic density and utilization efficiency of locomotives and carriages.

Length of Electrified Railways refers to the length of the section of railways in operation in which the power supply lines and other equipment are installed for the running of electrified locomotives. The proportion of the length of electrified railways to the total length of railways in operation is an important indicator to show the modernization of railways.

Length of Highways refers to the length of highways which are built in conformity with the grades specified by the highway engineering standard [Highways WTBZ - Technical Standard JTJ01 - 88] formulated by the Ministry of Transport, and have been formally checked and accepted by the departments of highways and put into use. The length of highways includes that of the suburb highways at large and medium - sized cities, highways passing through streets at small cities and towns, and also the length of bridges and ferry piers. It does not include the length of streets in big and medium - sized cities and highways built for the production purpose at factories, mines, forest areas and agricultural areas. If two or more highways go the same section of the way, the length of the section is only calculated for once and no duplication is allowed. The length of highways is an indicator to show the development of the scale of highway construction and to provide essential information to calculate the transport network density.

Length of Civil Aviation Routes refers to the length of all routes for civil aviation flights, which is used to account the freight, during the period of statistics.. There are usually two ways to calculate the route length: duplicated calculation and non - duplicated calculateion, the former is the sum of length of all civil aviation routes, and the latter should deduct the duplication length of same route among all routes.

Length of Oil (Gas) Pipelines is used as an indicator to show the development, scale and level of the pipeline transportation. It refers to the actual transport distance of oil (or gas) products, and is in general calculated according to the length of single pipeline. If the length of the double pipelines and alternate pipeline are included, it is called the extension length of the oil (gas) pipelines, which indicates the actual length of the pipelines built. The commonly used indicator, the "length of " oil (gas)" pipelines, does not include the double pipelines. It can reflect the extent and level of development of pipeline transport.

Freight (Passenger) Traffic refers to the volume of freight (passenger) transported with various means within a specific period of time. This indicator reflects the service of the transport industry towards the national economy and people's living conditions, as well as an important indicator used in formulating and monitoring transport production plans and research into the scale and pace of transport development. Freight transport is calculated in tons and passenger traffic is calculated in terms of number of persons. Freight transport is calculated in terms of the actual weight of the goods and takes no account of the type of freight and distance of travel. Passenger traffic is calculated by the principle that one person can be counted only once in one trip and takes no account of the travelling distance and ticket price. The passengers who travel with a half price ticket or a child's ticket is also calculated as one person.

Freight (Passenger) Traffic Density refers to the freight (passenger) traffic volume carried by a particular means of transportation during a given period through one kilometre of a specific section of transportation route. The formula is as follows:

$$\text{Freight(Passenger) traffic density} = \frac{\text{freight to n - kilometres (passenger - kilometres)}}{\text{length of route in operation}}$$

Freight (passenger) traffic density reflects how busy freight (passenger) traffic is on transportation routes. It provides an important basis for balancing transport capability and throughput capability, planning construction and upgrading of transport routes, installing technical facilities and studying the distribution of transport networks.

Freight Ton - kilometres (Passenger - kilometres) refers to the sum of the product of the volume of transported cargo (passengers) multiplied by the transport distance. It is an important indicator to reflect the achievement of the transportation industry. This is an important indicator to show the total results of the transport industry; to prepare and examine the transport plan; and to serve as the main basic data for calculating the efficiency, labour productivity and unit cost of transport. Normally, the shortest distance between the departure station and the destination station (i. e., the payable distance) is the basis in calculating the freight ton - kilometres. The formula is as follows:

$$\frac{\text{Freight to n - kilometres}}{\text{(passenger - kilometres)}} = \Sigma \frac{\text{freight}}{\text{(passenger) traffic}} \times \frac{\text{distance of}}{\text{transport ation}}$$

Possession of Civil Motor Vehicles refer to the total numbers of vehicles that are registered and received vehicles license tags according to the Work Standard for Motor Vehicles Registration formulated by the Transport Management Office under the department of public security at the end of the reference period. They are divided into categories. According to the structure of motor vehicles, they are divided into passenger vehicles, trucks and others; according to ownership into private vehicles and vehicles for the unit's use; according to kind of usage into working vehicles and non – working vehicles; and according to size of vehicles into large passenger vehicles, medium – sized passenger vehicles, small passenger vehicles and mini passenger vehicles, heavy trucks, light – heavy trucks, light trucks and mini – trucks.

Business Volume of Post and Telecommunications refers to the total amount of postal and telecommunication services, expressed in value terms, provided by the post and telecommunications departments for society. This indicator reflects the overall results of development of postal and telecommunication services. It can be classificated as postal services and and telecommunication services. Business volume of post and telecommunications is the sum of all services in kind multiplying with the unit price (constant price) to get the total business value.

Mobile Telephone Subscribers refer to persons who have gone through registration procedures in the operation points of enterprises engaged in telecommunications and are hence connected with the mobile telephone communication network through the mobile telephone switchboards and occupy mobile phone numbers. Included are GSM digital mobile phone subscribers, CDMA digital mobile phone subscribers and subscribers to intelligent phone cards with roaming facility issued by telecommunications enterprises and which have been subscribed to and activated at the end of the reference period.

Internet Users refer to the number of Chinese citizens aged 6 and over who use the Internet at least for one hour each week.

Local Telephone Subscribers refer to all subscribers who have gone through registration procedures in the operation points of enterprises engaged in telecommunications and are hence connected to the local telecommunications service provider through fixed line network. Included are general subscribers, public telephones subscribers, N – ISDN subscribers and intelligent network terminal subscribers. They are also classified in terms of administrative districts as urban telephone subscribers and rural telephone subscribers according to location.

Urban Telephone Subscribers refer to the number of telephone subscribers, located at the different administrative districts of municipalities directly under the Central Government, cities under the jurisdiction of province, cities at prefecture level, downtown and suburb of city at county level town and county towns, that are connected to the public line telephone network, including rural mineral area, forest area, military area.

Rural Telephone Subscribers refer to telephone subscribers, located at the towns below the level of county town and villages, that are connected to the public line telephone network.

Household Telephone Subscribers refer to telephone sets installed in the dwelling units of urban or rural residents, and registered as residence subscribers for payment, including three types of payment for the service: private payment, public payment and free service in accordance with relevant regulations.

Capacity of Long Distance Telephone Exchanges refers to the rated capacity of telephone exchanges to connect long distance telephone network, including capacity of international telephone exchanges.

Capacity of Office Telephone Exchanges refers to the capacity (measured in gate) of telephone exchanges installed in the offices of telecommunication service providers for communication between fixed telephones. It includes the capacity of both manual and automatic exchanges in use and for stand – by purpose. The capacity of subscriber exchanges is not included.

Capacity of Mobile Telephone Exchanges refers to the capacity of the maximum services provided to subscribers at any one time as computed based on a certain model of calls distribution and transacting capacity of the mobile telephone exchanges.

Broadband Connection Terminals refer to the connection terminals to internet users actually installed and put into operation, including connection terminals for xDSL, connection terminals for LAN, and other connection terminals for xDSL. N – ISDN connection terminals are not included.

2009

第15篇

CHAPTER 15

国内贸易

Domestic Trade

社会消费品零售总额（亿元）

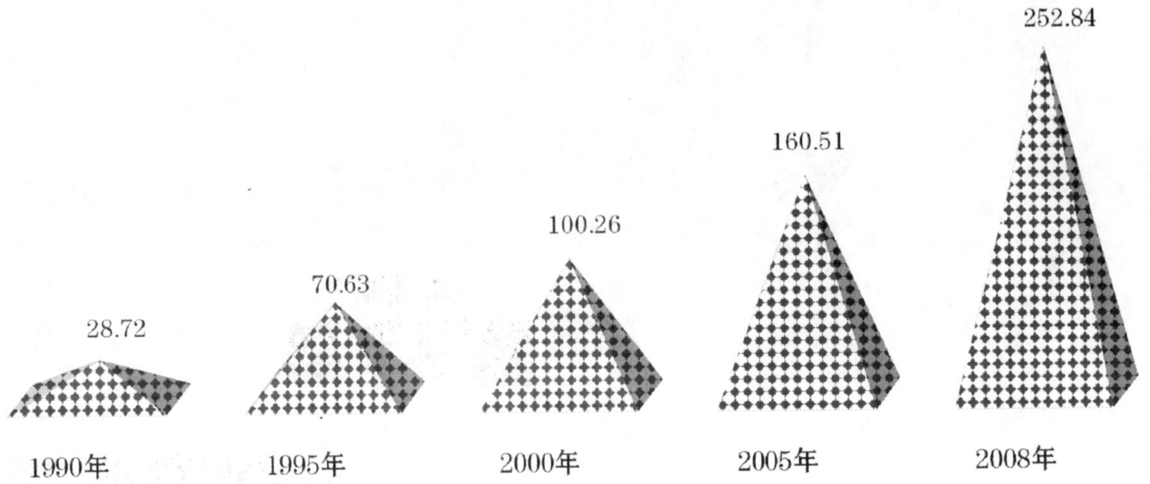

社会消费品零售总额构成（%）

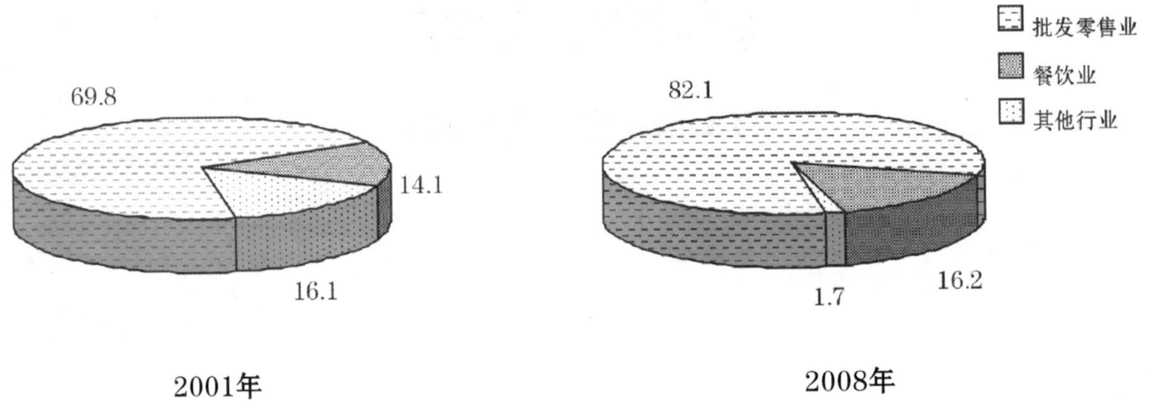

社会消费品零售总额
按销售单位所在地分（亿元）

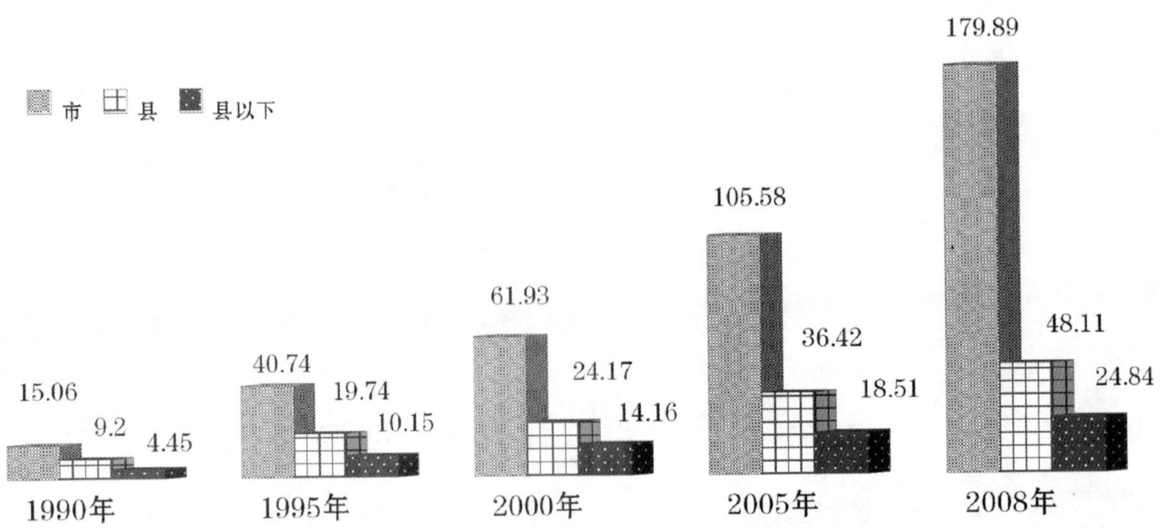

15–1 国内贸易基本情况
Basic Conditions of Domestic Trade

指 标	Item	2001	2002	2003	2004	2005	2006	2007	2008
法人机构	**Number of Corporation Enterprises**	**78**	**70**	**71**	**207**	**217**	**216**	**232**	**386**
（个）	**(unit)**								
批发零售贸易业	Wholesale and Retail Trades	69	61	59	167	140	136	127	277
住宿餐饮业	Hotels and Catering Services	9	9	12	40	77	80	105	109
从业人员	**Engaged Persons**		**1.30**	**1.22**	**1.67**	**2.13**	**2.45**	**2.50**	**3.29**
（万人）	**(10 000 persons)**								
批发零售贸易业	Wholesale and Retail Trades		1.30	1.22	1.67	1.38	1.59	1.19	2.06
住宿餐饮业	Hotels and Catering Services					0.75	0.86	1.01	1.23
批发零售贸易业	**Wholesale and Retail Trades**								
（亿元）	**(100 million yuan)**								
商品购进总额	Total Purchases	47.56	48.12	52.71			107.78	147.19	329.81
商品销售总额	Total Sales	52.46	57.86	59.59	101.67	129.47	166.40	167.65	368.79
商品库存总额	Total Stock	13.52	7.25	12.48		9.79	16.44	18.86	35.61
社会消费品零售总额	**Total Retail Sales of Consumer Goods**	**110.36**	**123.37**	**125.40**	**141.20**	**160.51**	**180.11**	**208.32**	**252.84**
（亿元）	**(100 million yuan)**								
按销售单位所在地分	By Location of Establishments								
市	City	68.97	77.80	80.79	91.57	105.58	122.78	146.24	179.89
县	County	26.28	29.28	30.17	33.53	36.42	37.74	40.81	48.11
县以下	Under County Level	15.11	16.29	14.44	16.10	18.51	19.59	21.27	24.84
按行业分	By Sector								
批发零售贸易业	Wholesale and Retail Trades	76.99	86.67	101.84	115.40	132.15	145.96	170.37	207.57
住宿餐饮业	Hotels and Catering Services	15.57	18.00	20.08	22.14	24.40	30.29	34.12	41.01
其他行业	Others	17.80	18.70	3.48	3.66	3.96	3.85	3.83	4.26

15-2 主要年份社会消费品零售总额
Retail Sale of Consumer Goods in Main Years

单位:万元 (10 000 yuan)

年份 Year 地区 Region	社会消费品零售总额 Total Retail Sales of Consumer Goods	按销售单位所在地分 By Location			按行业分 By Sector		
		市 City	县 County	县以下 Under County Level	批发零售贸易业 Wholesale and Retail Trade	住宿餐饮业 Hotels and Catering Services	其他行业 Others
1985	163903	74571	50379	38953	141625	7032	15246
1986	190154	91738	65373	33043	162635	9349	18170
1987	213758	115489	78619	33703	185218	9856	18684
1988	267965	133491	90571	43903	231763	11997	24205
1989	268978	132768	92603	43607	239737	8669	20572
1990	287193	150671	92031	44491	254247	13842	19104
1991	319869	157814	102502	59553	283174	15417	21278
1992	352897	185142	113086	54669	312414	17009	23474
1993	490480	257322	157174	75983	434213	22419	33848
1994	595815	343364	167003	85447	442557	44416	108842
1995	706331	407437	197377	101517	523013	51055	132263
1996	763068	452684	192243	118141	540763	57605	164699
1997	814859	493213	203222	118424	561462	81846	171550
1998	862361	523777	210106	128479	576974	109815	175573
1999	917987	558374	223142	136470	618881	127177	171929
2000	1002576	619278	241713	141585	694802	137913	169862
2001	1103644	689681	262831	151131	769924	155745	177975
2002	1233703	777959	292836	162908	866629	180013	187063
2003	1253967	807900	301657	144410	1018371	200825	34771
2004	1411984	915712	335285	160987	1153985	221388	36611
2005	1605119	1055786	364193	185140	1321458	244021	39640
2006	1801065	1227755	377449	195861	1459610	302925	38530
2007	2083226	1462369	408145	212712	1703742	341175	38309
2008	2528413	1798920	481095	248398	2075704	410081	42628
西宁市 Xining City	1699948	1559862	87370	52716	1448131	231755	20062
海东地区 Haidong Prefecture	269998		158989	111009	201560	60422	8016
海北州 Haibei Zang A.P	63366		54222	9144	52719	10576	71
黄南州 Huangnan Zang A.P	31815		22958	8857	23316	7430	1069
海南州 Hainan Zang A.P	100385		65368	35017	79786	18649	1950
果洛州 Golog Zang A.P	21057		16114	4943	15102	4416	1539
玉树州 Yushu Zang A.P	35110		25097	10013	24851	6481	3778
海西州 Haixi Mongolian & Zang A.P	310944	243868	50377	16699	236848	70569	3527

注:1993年以后数据为经济普查衔接数。
a) Since 1993, Data cohere with economic census data.

15-3 限额以上批发零售贸易业商品销售总额(2008年)

Total Sales of Enterprises above Designated Size in Wholesale and Retail Trades(2008)

指　标	Item	法人企业数(个) Number of Corporation Enterprises (unit)	从业人员(人) Engaged Persons (person)	销售总额(万元) Total Sales Value (10 000 yuan)	批发 Wholesale Value	零售 Retail Value
总　计	**Total**	**276**	**20562**	**3687927**	**2658331**	**1029596**
批发业	**Wholesale Trade**	**152**	**9421**	**2975921**	**2649651**	**326270**
按登记注册类型分组	**By Status of Registration**					
内资企业	Domestic Funded Enterprises	150	9104	2762692	2461461	301230
国有企业	State-owned Enterprises	18	1984	738790	694457	44333
集体企业	Collective-owned Enterprises	3	78	12347	12347	
股份合作企业	Cooperative Enterprises	1	7	2023	2023	
有限责任公司	Limited Liability Corporations	60	2438	770082	767670	2412
国有独资公司	State Sole Funded Corporations	1	12	2345	2345	
其他有限责任公司	Other Limited Liability Corporations	59	2426	767737	765326	2412
股份有限公司	Share-holding Corporations Ltd.	5	2824	711493	461247	250245
私营企业	Private Enterprises	62	1730	521855	517615	4240
私营有限责任公司	Private Limited Liability Corporations	50	1195	408566	406863	1703
私营股份有限公司	Private Share-holding Corporations Ltd.	5	370	64853	64853	
外商投资企业	Foreign Funded Enterprises	1	305	67217	42178	25040
外资企业	Enterprises with Sole Fund	1	305	67217	42178	25040
按国民经济行业分组	**Grouped by Sector**					
食品、饮料及烟草制品批发业	Wholesale of Food, Beverages and Tobaccos	16	1602	463914	461612	2302
纺织、服装及日用品批发业	Wholesale of Textiles, Garments and Daily Consumer Articles	3	56	35201	35201	
医药及医疗器材批发业	Wholesale of Medicines and Medical Appliances	9	237	35441	35441	
矿产品、建材及化工产品批发业	Wholesale of Mineral Products, Building Materials and Chemical Products	103	6557	2226612	1904490	322122
机械设备、五金交电及电子产品批发业	Wholesale of Machinery, Hardware and Electronic Equipment	19	896	203583	201736	1846
其他批发业	Other Wholesale not Classified Elsewhere	2	73	11171	11171	

15-3 续表 Continued

指 标	Item	法人企业数（个） Number of Corporation Enterprises (unit)	从业人员（人） Engaged Persons (person)	销售总额（万元） Total Sales Value (10 000 yuan)	批发 Wholesale Value	零售 Retail Value
零售业	**Retail Trade**	**124**	**11141**	**712005**	**8679**	**703326**
按登记注册类型分组	**By Status of Registration**					
内资企业	**Domestic Funded Enterprises**	124	11141	712005	8679	703326
国有企业	State-owned Enterprises	12	873	183522	308	183214
集体企业	Collective-owned Enterprises	1	1047	29768		29768
股份合作企业	Cooperative Enterprises	4	789	22248	1733	20514
有限责任公司	Limited Liability Corporations	43	4203	244553	2678	241875
其他有限责任公司	Other Limited Liability Corporations	41	3470	231169	2678	228492
股份有限公司	Share-holding Corporations Ltd.	12	2458	99358		99358
私营企业	Private Enterprises	50	1651	120704	3961	116743
私营独资企业	Private-funded Enterprises	5	175	11645		11645
私营合伙企业	Private Partnership Enterprises	2	28	2126		2126
私营有限责任公司	Private Limited Liability Corporations	38	1344	91719	3961	87759
私营股份有限公司	Private Share-holding Corporations Ltd.	5	104	15214		15214
其他企业	Other Enterprises	2	120	11853		11853
按国民经济行业分组	**Grouped by Sector**					
综合零售业	Integrated Retail	14	4560	162981	1733	161248
食品、饮料及烟草制品专门零售业	Retail of Food, Beverages and Tobaccos	3	141	2633	309	2324
纺织、服装及日用品专门零售业	Special Retail of Textiles, Garments and Daily Consumer Articles	5	1086	19379		19379
文化、体育用品及器材专门零售业	Retail of Culture, Sports Appliances and Equipments	3	885	15136		15136
医药及医疗器材专门零售业	Retail of Medicines and Medical Appliances	13	1118	30602	448	30154
汽车、摩托车、燃料及零配件专门零售业	Retail of Motor Vehicles, Motorcycles, Fuel and Parts	54	2017	359379	3220	356159
家用电器及电子产品专门零售业	Special Retail of Household Electric Appliances and Electronic Products	18	793	70010	2969	67041
计算机、软件及辅助设备零售业	Retail of Computer, Software and Assistant Appliances	12	370	24331	1400	22931
五金、家具及室内装修材料专门零售业	Special Retail of Hardware, Furniture and Decoration Materials	1	20	622		622
无店铺及其他零售业	Non-shop and Other Retails	12	459	50265		50265

15-4 2008年限额以上批发零售贸易企业商品销售类值
Total Sales of Enterprises above Designated Size in Wholesale and Retail Trades by Category of Commodities(2008)

单位:万元 (10 000 yuan)

项 目	Item	批发业 Wholesale		零售业 Retail	
		销售额 Sales Value	零售额 Retail Value	销售额 Sales Value	零售额 Retail Value
合 计	**Total**	**1266674.8**	**208157**	**379507.9**	**367342.4**
食品、饮料、烟酒类	Food, Beverages, Tobacco and Liquor	386800.6	356.4	88628.4	86258.5
服装、鞋帽、针纺织品类	Clothing, Shoes, Hats and Textiles	22095.7	95	36898.5	36898.5
化妆品类	Cosmetics			9784	9784
金银珠宝类	Gold, Silver and Jewellery			4369.2	4369.2
日用品类	Articles for Daily Use			18674.7	18674.7
五金、电料类	Hardware and Electrical Materials			1471	1471
体育、娱乐用品类	Sports and Recreation Articles			1308.3	1308.3
书报杂志类	Newspapers and Magazines	10864.4	2594.3	1738.5	1738.5
电子出版物及音像制品类	E-journals and Video Products	366.2	366.2	18.3	18.3
家用电器和音像器材类	Household Appliances and Video Appliances	4514.1	4514.1	42183.2	41339.4
中西药品类	Traditional Chinese and Western Medicines	2920.1		30933.1	27559.8
文化办公用品类	Cultural and Offices Appliances			12111.4	9189
家具类	Furniture	212.9		2.1	2.1
通讯器材类	Communication Appliances			682.1	682.1
煤炭及制品类	Coal and Related Products	44.9		5075.8	5075.8
木材及制品类	Wood and Wooden Products	1289			
石油及制品类	Petroleum and Related Products	394833.3	177726.8	17955	17955
化工材料及制品类	Chemical Materials and Related Products	76260			
金属材料类	Metal Materials	196268.2	2766.6		
建筑及装潢材料类	Building and Decoration Materials	313.6	27.1		
机电产品及设备类	Mechanical and Electrical Products	40774.8		4315.6	4315.6
汽车类	Automobiles	49574.4	2220	97538.2	94882.1
种子饲料类	Seeds and Feedstuff				
棉麻类	Cotton, Hemp				
其他类	Others	79542.6	17490.5	5820.5	5820.5

15–5 限额以上批发零售贸易业财务状况(2008年)

单位:万元

指 标	Item	企业个数（个）Number of Enterprises (unit)	流动资产合计 Working Capitals
总 计	**Total**	**277**	**1444131**
批发业	**Wholesale Trade**	**153**	**1262671**
按登记注册类型分组	**By Status of Registration**		
内资企业	Domestic Funded Enterprises	150	943434
国有企业	State-owned Enterprises	18	191680
集体企业	Collective-owned Enterprises	3	13231
股份合作企业	Cooperative Enterprises	1	1048
有限责任公司	Limited Liability Corporations	60	502467
国有独资公司	State Sole Funded Corporations	1	2296
其他有限责任公司	Other Limited Liability Corporations	59	500171
股份有限公司	Share-holding Corporations Ltd.	5	97127
私营企业	Private Enterprises	62	136093
私营独资企业	Private-funded Enterprises	7	30907
私营有限责任公司	Private Limited Liability Corporations	50	98887
私营股份有限公司	Private Share-holding Corporations Ltd.	5	6300
其他企业	Other Enterprises	1	1789
港、澳、台投资企业	Enterprises with Funds from Hong Kong, Macao and Taiwan	1	295239
合资经营企业	Joint-venture Enterprises	1	295239
外商投资企业	Foreign Funded Enterprises	1	23998
按国民经济行业分组	**Grouped by Sector**		
食品、饮料及烟草制品批发业	Wholesale of Food, Beverages and Tobaccos	16	171052
纺织、服装及日用品批发业	Wholesale of Textiles, Garments and Daily Consumer Articles	3	15191
医药及医疗器材批发业	Wholesale of Medicines and Medical Appliances	9	20765
矿产品、建材及化工产品批发业	Wholesale of Mineral Products, Building Materials and Chemical Products	104	966299
机械设备、五金交电及电子产品批发业	Wholesale of Machinery, Hardware and Electronic Equipment	18	89322
其他批发业	Other Wholesale not Classified Elsewhere	2	41

Main Financial Indicators of Enterprises above Designated Size in Wholesale and Retail Trades(2008)

(10 000 yuan)

固定资产原价 Original Value of Fixed Assets	累计折旧 Depreciation of Fixed Assets	资产总计 Total Assets	负债合计 Total Liabilities	实收资本 Paid-in Capitals	主营业务收入 Revenue from Principal Business
340298	**85648**	**2191887**	**1313728**	**344936**	**3671476**
226350	**52730**	**1896185**	**1126498**	**251824**	**2987925**
205142	48281	1448523	854661	170237	2791771
63782	13222	309614	107267	34496	682631
2541	1019	16068	14900	2104	27588
		1134	1044	86	2023
21528	5472	617442	441853	67855	833097
55	8	2343	2382	459	2345
21474	5465	615099	439470	67396	830752
89364	24067	181411	141660	5067	714163
27852	4490	320997	146967	59628	526168
12808	1920	65923	31205	13506	52404
13884	1926	191493	62789	42398	408911
1160	643	63581	52972	3723	64853
76	12	1858	970	1000	6101
70	4	393500	234825	75000	146301
70	4	393500	234825	75000	146301
21138	4446	54162	37012	6587	49853
33085	10089	219328	42316	17799	421594
12163	1660	48250	18682	9185	35201
2121	307	24086	16690	4986	35715
173671	39691	1504656	982738	207410	2287628
5231	969	99469	65986	11894	196778
78	14	397	86	550	11009

15-5 续表 1

单位:万元

指 标	Item	主营业务成本 Cost of Principal Business	主营业务利润 Profits from Principal Business
总 计	**Total**	**3018990**	**386398**
批发业	**Wholesale Trade**	**2433055**	**324920**
按登记注册类型分组	**By Status of Registration**		
内资企业	Domestic Funded Enterprises	2264440	297479
国有企业	State-owned Enterprises	470347	70614
集体企业	Collective-owned Enterprises	25925	1545
股份合作企业	Cooperative Enterprises	2012	11
有限责任公司	Limited Liability Corporations	744873	76582
国有独资公司	State Sole Funded Corporations	2179	163
其他有限责任公司	Other Limited Liability Corporations	742693	76420
股份有限公司	Share-holding Corporations Ltd.	576294	64181
私营企业	Private Enterprises	440814	82632
私营独资企业	Private-funded Enterprises	46894	4717
私营有限责任公司	Private Limited Liability Corporations	336820	70258
私营股份有限公司	Private Share-holding Corporations Ltd.	57100	7656
其他企业	Other Enterprises	4176	1915
港、澳、台投资企业	Enterprises with Funds from Hong Kong, Macao and Taiwan	139015	7187
合资经营企业	Joint-venture Enterprises	139015	7187
外商投资企业	Foreign Funded Enterprises	29600	20253
按国民经济行业分组	**Grouped by Sector**		
食品、饮料及烟草制品批发业	Wholesale of Food, Beverages and Tobaccos	351364	68734
纺织、服装及日用品批发业	Wholesale of Textiles, Garments and Daily Consumer Articles	32224	3517
医药及医疗器材批发业	Wholesale of Medicines and Medical Appliances	28729	6735
矿产品、建材及化工产品批发业	Wholesale of Mineral Products, Building Materials and Chemical Products	1832841	226635
机械设备、五金交电及电子产品批发业	Wholesale of Machinery, Hardware and Electronic Equipment	179064	17246
其他批发业	Other Wholesale not Classified Elsewhere	8833	2053

continued

(10 000 yuan)

营业费用 Operating Expenses	管理费用 Overhead	营业利润 Business Profit	利润总额 Total Profits	应交所得税 Income Tax Payable	全部从业人员年平均人数(人) Annual Average Employed Persons (person)
128807	**90637**	**549914**	**136050**	**16060**	**20334**
91559	**66063**	**546890**	**126997**	**14849**	**9299**
90991	62879	530116	104689	14849	8979
10202	17084	46735	46276	11018	1942
326	940	-119	-77	1	71
4	3	-50	1	0	7
23563	22343	31590	42704	3345	2372
37	116	115	104	17	11
23526	22227	31475	42600	3328	2361
34447	13839	11566	7029	56	2804
20728	8486	440397	8827	428	1729
4245	1875	-1817	1120	31	157
12786	4664	440594	7814	393	1190
3697	1947	1620	-107	5	382
1721	182	-3	-70		54
78	2185	-1190	13808		15
78	2185	-1190	13808		15
490	1000	17963	8500		305
9208	26751	35268	47998	11330	1565
1808	1257	252	1065	28	65
2011	1038	3829	2760	647	231
74639	33867	495660	62992	2805	6492
3772	1849	11141	11445	40	889
121	1301	740	737		57

15-5 续表 2

单位:万元

指　标	Item	企业个数(个) Number of Enterprises (unit)	流动资产合　计 Working Capitals
零售业	**Retail Trade**	**124**	**18146**
按登记注册类型分组	**By Status of Registration**		
内资企业	**Domestic Funded Enterprises**	124	18146
国有企业	State-owned Enterprises	12	925
集体企业	Collective-owned Enterprises	1	610
股份合作企业	Cooperative Enterprises	4	655
有限责任公司	Limited Liability Corporations	43	9092
国有独资公司	State Sole Funded Corporations	2	920
其他有限责任公司	Other Limited Liability Corporations	41	8172
股份有限公司	Share-holding Corporations Ltd.	12	2548
私营企业	Private Enterprises	50	3698
私营独资企业	Private-funded Enterprises	5	195
私营合伙企业	Private Partnership Enterprises	2	12
私营有限责任公司	Private Limited Liability Corporations	38	3219
私营股份有限公司	Private Share-holding Corporations Ltd.	5	272
其他企业	Other Enterprises	2	617
按国民经济行业分组	**Grouped by Sector**		
综合零售业	Integrated Retail	14	3820
食品、饮料及烟草制品专门零售业	Retail of Food, Beverages and Tobaccos	3	254
纺织、服装及日用品专门零售业	Special Retail of Textiles, Garments and Daily Consumer Articles	5	682
文化、体育用品及器材专门零售业	Retail of Culture, Sports Appliances and Equipments	3	1068
医药及医疗器材专门零售业	Retail of Medicines and Medical Appliances	13	2233
汽车、摩托车、燃料及零配件专门零售业	Retail of Motor Vehicles, Motorcycles, Fuel and Parts	54	5856
家用电器及电子产品专门零售业	Special Retail of Household Electric Appliances and Electronic Products	18	2776
五金、家具及室内装修材料专门零售业	Special Retail of Hardware, Furniture and Decoration Materials	2	280
无店铺及其他零售业	Non-shop and Other Retails	12	1178

continued

(10 000 yuan)

固定资产原价 Original Value of Fixed Assets	累计折旧 Depreciation of Fixed Assets	资产总计 Total Assets	负债合计 Total Liabilities	实收资本 Paid-in Capitals	主营业务收入 Revenue from Principal Business
11395	**3292**	**29570**	**18723**	**9311**	**68355**
11395	3292	29570	18723	9311	68355
2102	396	2702	917	1561	18381
1863	772	2102	1842	315	2544
799	191	1534	938	442	1895
4558	1416	12908	8338	4229	22708
852	290	1526	1133	314	1338
3706	1126	11382	7205	3916	21370
819	196	3619	2867	737	9535
1119	304	5956	3247	1906	12088
63	17	607	81	102	1201
3	0	14	22	3	213
1022	283	4759	2770	1619	9172
31	3	576	374	183	1502
134	15	750	574	121	1203
4820	1549	8138	5852	1939	13550
112	38	337	197	54	263
595	81	1500	1046	385	1678
1215	505	1889	1412	424	1514
645	308	2759	1731	856	3125
2897	551	9142	4799	3577	35947
354	66	3171	2039	1147	6705
41	21	338	97	250	198
715	175	2297	1551	679	5374

15-5 续表 3

单位:万元

指 标	Item	主营业务成 本 Cost of Principal Business	主营业务利 润 Profits from Principal Business
零售业	**Retail Trade**	**58594**	**6148**
按登记注册类型分组	**By Status of Registration**		
内资企业	**Domestic Funded Enterprises**	58594	6148
国有企业	State-owned Enterprises	16959	1043
集体企业	Collective-owned Enterprises	2201	340
股份合作企业	Cooperative Enterprises	1437	221
有限责任公司	Limited Liability Corporations	18551	2858
国有独资公司	State Sole Funded Corporations	1036	299
其他有限责任公司	Other Limited Liability Corporations	17515	2558
股份有限公司	Share-holding Corporations Ltd.	7000	890
私营企业	Private Enterprises	11253	786
私营独资企业	Private-funded Enterprises	1103	85
私营合伙企业	Private Partnership Enterprises	189	14
私营有限责任公司	Private Limited Liability Corporations	8524	620
私营股份有限公司	Private Share-holding Corporations Ltd.	1437	67
其他企业	Other Enterprises	1191	11
按国民经济行业分组	**Grouped by Sector**		
综合零售业	Integrated Retail	11356	1986
食品、饮料及烟草制品专门零售业	Retail of Food, Beverages and Tobaccos	243	17
纺织、服装及日用品专门零售业	Special Retail of Textiles, Garments and Daily Consumer Articles	1167	504
文化、体育用品及器材专门零售业	Retail of Culture, Sports Appliances and Equipments	1159	349
医药及医疗器材专门零售业	Retail of Medicines and Medical Appliances	2688	432
汽车、摩托车、燃料及零配件专门零售业	Retail of Motor Vehicles, Motorcycles, Fuel and Parts	32473	1850
家用电器及电子产品专门零售业	Special Retail of Household Electric Appliances and Electronic Products	6207	468
五金、家具及室内装修材料专门零售业	Special Retail of Hardware, Furniture and Decoration Materials	149	46
无店铺及其他零售业	Non-shop and Other Retails	3151	495

continued

(10 000 yuan)

营业费用 Operating Expenses	管理费用 Overhead	营业利润 Business Profit	利润总额 Total Profits	应交所得税 Income Tax Payable	全部从业人员年平均人数(人) Annual Average Employed Persons (person)
3725	**2457**	**302**	**905**	**121**	**11035**
3725	2457	302	905	121	11035
614	311	396	473	27	1112
160	312	-67	-68		960
105	132	106	100	15	799
1682	1023	-54	271	14	4142
149	206	10	17	3	733
1533	818	-64	253	11	3409
728	368	-117	-44	45	2252
374	280	126	119	4	1650
64	20	15	15	0	173
12	5	-2	-3		28
281	230	89	78	4	1346
16	25	24	29	0	103
61	31	-88	55	15	120
1252	813	-129	-69	8	4250
78	31	-90	-21		146
293	175	-6	-3	38	1085
167	234	23	31	5	885
207	176	30	32	1	1080
886	686	617	672	50	2259
636	164	-290	110	3	789
36	20	-7	-7		82
171	159	154	159	17	459

15-6 2007–2008年限额以上住宿餐饮业销售情况

Business of Hotels and Catering Services above Designated Size (2007-2008)

项 目	Item	法人企业数(个) Number of Corporation Enterprises (unit)		营业总收入(万元) Number of Revenue (10 000 yuan)	
		2007	2008	2007	2008
总 计	**Total**	**105**	**109**	**60416**	**83181**
住宿业	**Hotels**	**70**	**69**	**36821**	**53940**
按登记注册类型分组	**By Status of Registration**				
内资企业	Domestic Funded Enterprises	68	67	34063	52844
国有企业	State-owned Enterprises	21	18	8660	16676
集体企业	Collective-owned Enterprises	4	6	1120	7481
股份合作企业	Cooperative Enterprises	1	1	277	241
有限责任公司	Limited Liability Corporations	8	14	8949	11184
其他有限责任公司	Other Limited Liability Corporations	8	14	8949	11184
股份有限公司	Share-holding Corporations Ltd.	4	1	4835	3680
私营企业	Private Enterprises	27	27	6321	13583
私营独资企业	Private-funded Enterprises	6	8	1198	1714
私营合伙企业	Private Partnership Enterprises	5	3	482	818
私营有限责任公司	Private Limited Liability Corporations	13	11	4326	8885
私营股份有限公司	Private Share-holding Corporations Ltd.	3	5	316	2167
外商投资企业	Enterprises With Foreign Investment	1	2	555	1096
中外合资经营	Joint-venture Enterprises	1	1	555	480
按国民经济行业分组	**Grouped by Sector**				
旅游饭店	Tourist Hotel	61	57	34659	48787
一般旅馆	Ordinary Hotel	8	9	2068	3590
其他住宿服务	others	1	3	94	1563
餐饮业	**Catering Services**	**35**	**40**	**23595**	**29242**
按登记注册类型分组	**By Status of Registration**				
内资企业	Domestic Funded Enterprises	35	37	20355	25655
国有企业	State-owned Enterprises	1	3	1110	1366
股份合作企业	Cooperative Enterprises	2	2	1323	1778
有限责任公司	Limited Liability Corporations	8	9	3168	6097
其他有限责任公司	Other Limited Liability Corporations	8	9	3168	6097
私营企业	Private Enterprises	20	20	13949	14655
私营独资企业	Private-funded Enterprises	8	9	3688	5434
私营有限责任公司	Private Limited Liability Corporations	6	10	1645	8910
其他企业	Other Enterprises	3	2	751	1447
按国民经济行业分组	**Grouped by Sector**				
正餐服务业	Dinner	35	36	20355	25804

15-7 城乡个体工商业基本情况(2008年)

Basic Statistics of Individual Industry and Commerce in Urban and Rural Areas(2008)

项目	Item	户数（个）Number of Stores (unit)	从业人员（人）Engaged Persons (person)	销售总额或营业收入（万元）Total Sales Value and Revenue (10 000 yuan)	城镇 Urban	社会消费品零售总额（万元）Total Retail Sales of Consumer Goods (10 000 yuan)	城镇 Urban
合计	**Total**	**108068**	**238949**	**1978592**	**1249189**	**928773**	**694679**
农、林、牧、渔业	Agriculture, Forestry, Animal Husbandry and Fishery	253	841	13752	3747	2870	1397
采矿业	Mining	224	1645	667	375	14283	6040
制造业	Manufacturing	7004	18839	7631	5900	61453	34889
建筑业	Construction	27	440	71320	71320	1420	1320
交通运输、仓储和邮政业	Transport, Storage and Post	10469	14740	47759	29860	31569	15192
批发和零售业	Wholesale and Retail Trades	57249	117036	1041938	673757	559484	449296
住宿餐饮业	Hotels and Catering Services	14847	44545	356820	220356	147937	106391
居民服务和其他服务业	Services to Households and Other Services	9984	22205	128646	61928	56839	38886
其他行业	Others	4010	9068	153967	144992	23057	15747

15-8 城乡私营企业基本情况(2008年)

Basic Statistics of Private Enterprises in Urban and Rural Areas(2008)

单位:个、万元 (unit、10 000 yuan)

项目	Item	合计 Total		#独资 Funded		#城镇 Urban	
		单位数 Number of Enterprises	注册资金 Registered Capital	单位数 Number of Enterprises	注册资金 Registered Capital	单位数 Number of Enterprises	注册资金 Registered Capital
合计	**Total**	**12604**	**2719124**	**1859**	**105980**	**8887**	**2070676**
农、林、牧、渔业	Agriculture, Forestry, Animal Husbandry and Fishery	474	64260	116	9257	191	29739
采矿业	Mining	417	185644	130	7260	217	150619
制造业	Manufacturing	1751	528263	424	29836	1163	322818
建筑业	Construction	694	287376	30	709	523	264187
交通运输、仓储和邮政业	Transport, Storage and Post	212	22883	19	442	182	18327
批发和零售业	Wholesale and Retail Trades	4782	802498	395	18594	3824	679549
住宿餐饮业	Hotels and Catering Services	649	68936	143	10366	543	56643
居民服务和其他服务业	Services to Households and Other Services	748	50849	150	6561	617	40756
其他行业	Others	942	184599	79	2764	388	74731

主要统计指标解释

社会消费品零售总额 指批发和零售业、餐饮业、新闻出版业、邮政业和其他服务业等，售予城乡居民用于生活消费的商品和社会集团用于公共消费的商品之总量。社会消费品零售总额包括：

一、批发和零售业企业（单位）售予城乡居民用于生活消费和社会集团用于公共消费的商品。包括：

1. 售予城乡居民的各种生活消费品；

2. 售予入境旅游的外国人、华侨、港澳台同胞的各类商品；

3. 售予行政事业单位、社会团体、军队和武警等机构的商品，以及以零售方式售予各类企业的商品。具体包括：用于非生产和社会交往的办公用品，如通讯设备、计算器具和设备、电讯网络设备、文印设备、音像视听器材和设备、纸张、本册、文具及装订文印材料、家具、日用电器、针纺织品、清洁卫生用品、文体用品、奖品、纪念品、礼品等；供内部人员乘坐的交通工具和燃料；用于办公设施修缮的各类配件、材料、工具等；用于取暖和防暑降温的设备、燃料、材料及食品等；专用于教学的用品和设备；非营利医疗机构的中、西药品、中药材和医疗设备器材；非专用的劳动保护用品；不对外营业的内部食堂用的餐具、炊具、设备、清洁卫生工具和食品、燃料等；军队、武警用于其人员生活的衣着品和个人用品；其他各类非生产性设备和用品。

二、餐饮业出售的主食、菜肴、烟酒饮料和其他商品。

三、新闻出版业、邮政业售予城乡居民、企事业单位、军队和武警等机构的书报杂志、音像制品、邮品等。

四、其他服务业出售的食品、烟酒饮料、服装鞋帽、日常生活用品、医药保健用品、艺术品、工艺美术品、玩具、殡葬用品以及其他消费品。

批发和零售业商品购进、销售、库存总额 指各种登记注册类型的批发和零售业企业（单位）以本企业（单位）为总体的，从国内、国外市场购进的商品总量，销售和出口的商品总量、库存的商品总量等情况。该指标可以反映商品流转过程中商品的购进、销售、库存之间的比例关系和存在的问题。

购进总额 指从本企业（单位）以外的单位和个人购进（包括从境外直接进口）作为转卖或加工后转卖的商品总额。它反映批发和零售业从国内、国外市场上购进商品的总量。商品购进包括：（1）从工农业生产者购进的商品；（2）从出版社、报社的出版发行部门购进的图书、杂志和报纸；（3）从各种登记注册类型的批发和零售业企业（单位）购进的商品；（4）从其他单位购进的商品，如从机关、团体、企业等单位购进的剩余物资，从住宿和餐饮业、其他服务业购进的商品，从海关、市场管理部门购进的缉私和没收的商品，从居民手中收购的废旧商品等；（5）从国（境）外直接进口的商品。不包括企业（单位）为自身经营用和未通过买卖行为而收入的商品以及销售退回、商品升溢等。

销售总额 指对本企业（单位）以外的单位和个人出售（包括对境外直接出口）的商品总额。它反映批发和零售业在国内市场上销售商品以及出口商品的总量。商品销售包括：（1）售给城乡居民和社会集团消费用的商品；（2）售给工业、农业、建筑业、运输邮电业、批发和零售业、住宿和餐饮业、其他服务业等作为生产、经营使用的商品；（3）售给批发和零售业作为转卖或加工后转卖的商品；（4）对国（境）外直接出口的商品。不包括出售本企业（单位）自用的废旧包装用品，未通过买卖行为付出的商品，经本单位介绍、由买卖双方直接结算、本单位只收取手续费的业务，购货退出的商品以及商品损耗和损失等。

库存总额 指报告期末各种登记注册类型的批发和零售业企业（单位）已取得所有权的商品。它反映批发和零售业企业（单位）的商品库存情况和对市场商品供应的保证程度。商品库存包括：（1）存放在批发和零售业经营单位（如门市部、批发站、经营处）仓库、货场、货柜和货架中的商品；（2）挑选、整理、包装中的商品；（3）已记入购进而尚未运到本单位的商品，即发货单或银行承兑凭证已到而货未到的商品；（4）寄放他处的商品，如因购货方拒绝承付而暂时存放在购货方的商品和已办完加工成品收回手续而未提回的商品；（5）委托其他单位代销（未作销售或调出）尚未售出的商品；（6）代其他单位购进尚未交付的商品。不包括所有权不属于本单位的商品、委托外单位加工生产尚未收回成品的商品、外贸企业代理其他单位从国外进口尚未付给订货单位的商品、代国家物资储备部门保管的商品等。

住宿和餐饮业营业额 指住宿和餐饮业法人企业（单位）在经营活动中因提供服务或销售商品等取得的收入。包括：客房收入、餐费收入、商品销售额和其他收入。客房收入指住宿和餐饮业法人企业（单位）在经营活动中因提供住宿服务取得的收入。餐费收入指住宿和餐饮业法人企业、（单位）因为顾客提供就餐服务取得的收入，包括经烹饪、调制加工后出售的各种食品，如主食、炒菜、凉拌菜等的收入。商品销售额指住宿和餐饮业法人企业（单位）伴随服务而出售商品所取得的收入（含增值税）。其他收入指营业收入中除客房收入、餐费收入、商品销售额以外的其他收入，包括娱乐、健身和商务服务等。

Explanatory Notes on Main Statistical Indicator

Total Retail Sales of Consumer Goods refer to the sum of retail sales of commodities sold by wholesale and retail trades, catering services, publishing, post and telecommunications and other service industries to urban and rural households for household consumption and to social institutions for public consumption. Retail sales of consumer goods include:

1) Sales sold by wholesale and retail trades to urban and rural households for household consumption and to social institutions for public consumption.

a) of commodities to urban and rural households;

b) of commodities to foreigners, overseas Chinese and Chinese compatriots from Hong Kong, Macao and Taiwan visiting China;

c) of commodities to government agencies, institutions, social organizations, military and armed police units, and commodities to enterprises in the form of retail sales. More specifically, they include: office facilities and articles for non – production purposes such as communications equipment, computing equipment and instruments, TV and network equipment, printing and copying equipment, audio – visual equipment and instruments, paper, notebooks, stationeries, furniture, electric appliances, knitwear, sanitation and cleaning articles, cultural and sport articles, articles for prizes, souvenirs, etc. ; transport vehicles and fuels for employees; materials, spare parts and tools for the maintenance of office facilities; equipment, fuels, materials and food for winter heating or summer cooling purposes; articles and equipment for teaching purpose; Chinese and western medicines and medical equipment and facilities purchased by non profit – making medical institutes; non – specialized work safety articles; cooking utensils, tableware, equipment, cleaning articles, food and fuels purchased by in – house cafeterias; clothes and personal articles purchased by military or armed police units for their officials and soldiers; and other equipment and articles for non – production purposes.

2) Sales of stable food, cooked dishes, beverages, tobaccos and other articles by catering units.

3) Sales of books, newspapers, magazines, audio – visual products and post products by publishing, post and telecommunications departments to urban and rural households and to enterprises, institutions, military and armed police units.

4) Sales of food, beverages, tobaccos, clothing, hats, footwear, articles for daily use, medicines, medical and health articles, work of art, handicrafts, toys, funeral articles and other articles by other service industries.

Purchase, Sales and Stock of Commodities by Wholesale and Retail Trades refer to the total volume of commodities purchased, total volume of sales and exports, and the stock of commodities by wholesale and retail enterprises (establishments) of different status of registration from domestic and overseas markets. This indicator reflects the relationship among purchase, sales and stock of commodities in the circulation of goods and reveals the existing problems.

Total Purchases of Commodities refer to the total value of purchases of commodities by enterprises (establishments) from other establishments or individuals (including direct import from abroad) for the purpose of re – selling, either with or without further processing of the commodities purchased. This indicator is used to show the total value of purchases of commodities by wholesale and retail establishments from domestic and overseas markets. The purchases include: (1) agricultural and industrial products purchased from producers; (2) books, magazines and newspapers purchased from distribution departments of the publishers; (3) commodities purchased from wholesale and retail establishments of different status of registration; (4) commodities purchased from other units, such as surplus materials purchased from government agencies, enterprises or institutions, commodities purchased from hotels and catering services establishments, confiscated goods purchased from customs authorities or market management agencies, second – hand goods and wastes purchased from residents; and (5) commodities directly imported from abroad. Excluded are commodities purchased by enterprises (establishments) for use in their own business operation, commodities obtained without buying or selling procedures, rejected commodities, etc.

Total Sales of Commodities refer to value of commodities sold by the establishments to other establishments and individuals (including direct export to abroad). This indicator is used to show the total value of sales of commodities at domestic markets and export. The sales include: (1) commodities sold to urban and rural residents and social groups for their consumption; (2) commodities sold to establishments in industry, agriculture, construction, transportation, post and telecommunications, wholesale and retail trades, hotels and catering services, and public utility for their production and operation; (3) commodities sold to wholesale and retail establishments for re – selling, with or without further processing; and (4) commodities for direct export to abroad. Excluded are selling of waste packaging materials used by the establishments (units) themselves, commodities transferred without buying or selling procedures, commission income from brokerage in transactions for which settlement is directly handled by buyers and sellers, rejected commodities in the purchase, loss in commodities, etc.

Total Stock of Commodities refers to total commodities possessed by wholesale and retail enterprises (units) of various types of registration status at the end of the reference period, reflecting the commodity stock level of various wholesale and retail enterprises and the potential for market supply. It includes: (1) commodities located in storage, garages, counters, and shelves of operating units (such as sale stores, wholesale centres, and operating offices) of wholesale and retail enterprises; (2) commodities in the process of being selected, sorted, and packed; (3) commodities not arrived but recorded as purchase in the account, i. e. commodities not arrived but payment receipts for the commodities from the sellers or the banks arrived; (4) commodities deposited in other places rather than places mentioned above, for instance: commodities in the hold of purchasers temporarily due to the refusal of payment and commodities not taken back after going through the formalities; (5) commodities entrusted to other units to sell but not sold yet; (6) commodities purchased for other units but not delivered yet. Commodities not included as stock are those not owned by the enterprises (units), commodities on commission for processing but not yet delivered, imported commodities of agency of foreign trade enterprise but not yet delivered to ordering units and finally those put in stock on behalf of the state material reserves units.

Business Revenue of Hotels and Catering Services refers to revenue received from providing services or selling commodities by corporate enterprises and establishments engaged in hotels and catering services, including income from hotels, from catering services, from selling of commodities and from other services. Income from hotels refers to income of corporate enterprises and establishments engaged in hotels and catering services by providing lodging services. Income from catering services refers to income of corporate enterprises and establishments engaged in hotels and catering services by providing catering services, including selling of cooked or prepared foods such as staple food, cooked dishes or cold dishes. Income from selling of commodities refers to income of corporate enterprises and establishments engaged in hotels and catering services by selling commodities (including value – added tax) that accompany the services they provide. Income from other activities refers to income received other than income from hotels, catering services or selling of commodities, such as income from providing recreation, fitness or business services.

2009

第16篇

CHAPTER 16

对外经济贸易和旅游

Foreign Trade , Economic Cooperation and Tourism

进出口贸易（万美元）

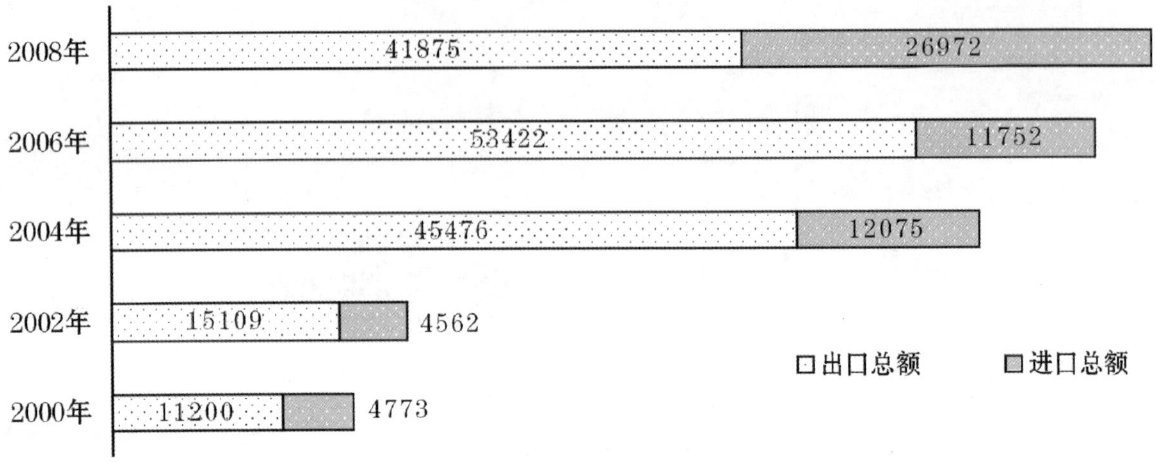

利用外资概况（万美元）

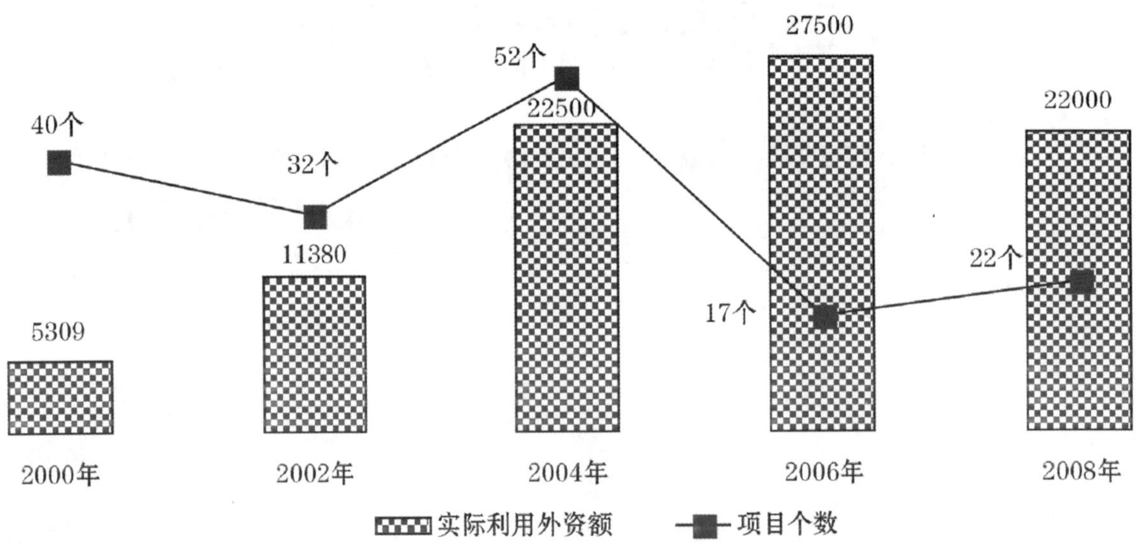

旅游外汇收入（万美元）

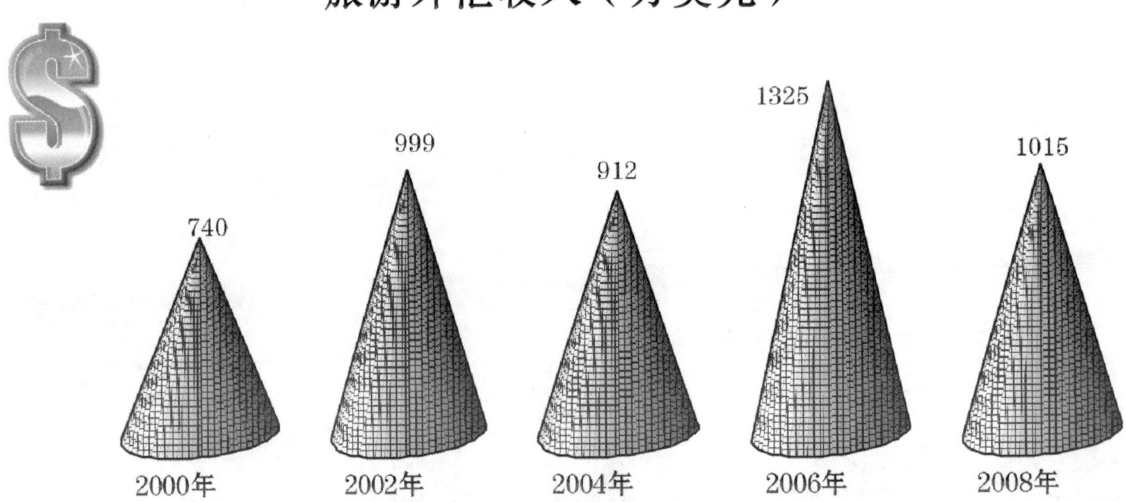

16–1 主要年份进出口贸易总额
Total Value of Imports and Exports in Main Years

单位:万美元 (USD 10 000)

年 份 Year	进出口总额 Total Value of Imports and Exports	进口总额 Total Exports	出口总额 Total Imports
1985	3411	1288	2123
1986	4320	1677	2643
1987	5142	1127	4015
1988	5384	826	4558
1989	6488	639	5849
1990	7027	222	6805
1991	7791	240	7552
1992	10399	1356	9043
1993	12442	2268	10174
1994	14331	1981	12350
1995	16226	2419	13807
1996	22497	9017	13480
1997	16476	4036	12440
1998	11405	974	10431
1999	10785	2099	8686
2000	15973	4773	11200
2001	20490	5577	14913
2002	19671	4562	15109
2003	33913	6526	27387
2004	57551	12075	45476
2005	41338	9014	32324
2006	65175	11752	53422
2007	61207	22616	38591
2008	68847	26972	41875

16-2 2007－2008年海关进口主要商品量值表

Total Amount and Value of Major Import Commodities by Customs(2007－2008)

金额单位:万美元 (USD 10 000)

商品名称		Item		2007 数 量 Volume	2007 金 额 Value	2008 数 量 Volume	2008 金 额 Value
天然橡胶(包括乳胶)	(吨)	Natural Rubber (including Latex)	(ton)	100	11	202	27
氧化铝	(吨)	Aluminum Oxide	(ton)	425000	19372	369123	15998
液泵及液体提升机	(台)	Liquid Pump and Liquid Elevator	(set)	20	84	10	
机械提升搬运装卸设备及零件		Mechanical Handling Equipment and Parts		1	36	2	37
建筑及采矿用机械及零件		Construction and Mining Machinery and Parts		101	20	211	1
纺织机械及零件		Textile Machinery		11	236	121	325
金属加工机床	(台)	Machine Tools	(set)			45	814
阀门	(套)	Valves	(set)	268	24	700	504
自动数据处理设备及其部件	(台)	Automatic Data Processing Machines and Components	(set)			3	52
发电机组及旋转式变流机	(台)	Electrical Generators and Circles Converters	(set)	7	29	1	22
通断及保护电路装置	(个)	Electrical Apparatus for Switching or Protecting Electrical Circuits	(unit)	59	36	35578	1337
二极管、晶体管及类似半导体	(个)	Diode and Semi Conductors	(unit)	34880	5		
汽车及汽车地盘	(辆)	Motor Vehicles and Chassis	(unit)	38	299	5	31
医疗仪器及器械		Medical Instruments and Appliances		6281	309	1758	
计量监测分析自控仪器及器具		Measurement of Self-control Monitoring and Analysis Instruments and Apparatus		1134	249	584	301
冷冻机和制冷设备	(台)	Compressors for Refrigerating Equipment	(set)			1	5
制造纸及纸制品用机械		Paper and Paper Products Manufacturing Machinery				2	5.0
金属冶炼铸造设备及零件		Metal Smelting Foundry Equipment and Parts		310	1	2608	9
数字式自动数据处理设备	(台)	Digital Automatic Data Processing Equipment	(set)			1	52.0
电动机及发电机	(台)	Electric Motors and Generators	(set)			6	2

注:表中无计量单位的商品，原因是计量单位不统一，数量值为参考值。

a) Some goods without unit of measurement in this table are due to nonuniform unit of measurement, the number value is reference value.

16-3 2007-2008年海关出口主要商品量值表

Amount and Value of Major Export Commodities by Customs(2007－2008)

金额单位:万美元 (USD 10 000)

商品名称	Item	2007 数 量 Volume	2007 金 额 Value	2008 数 量 Volume	2008 金 额 Value
硅 （吨）	Silicon (ton)	4321	568	2910	629
硅铁 （吨）	Ferro-silicon (ton)	95913	8127	124584	18684
活牛 （头）	Live Beef (head)	398	31		
氯化镁 （吨）	Magnesia (ton)	3344	79	1852	53
镁 （吨）	Magnesium (ton)	225	67	43	18
干豆 （吨）	Dried Beans (ton)	2646	108	1804	106
未锻造的铝及铝材 （吨）	Unwrought Aluminum and Rolled Aluminum (ton)	38672	9584	18094	5437
地毯 （万平方米）	Carpets (10 000 sq.m)	225	3279	262	3485
钢材 （吨）	Rolled Steel (ton)	8364	592	6467	743
人造花 （吨）	Artificial Flowers (ton)	3		18	14
汽车零件	Parts of Motor Vehicles			1940605	476
绵羊肠衣 （吨）	Sheep Casings (ton)	169	394	49	186
铅 （吨）	Lead (ton)	2008	388		
山羊绒 （吨）	Cashmere (ton)	167	1541	144	1284
碳化硅 （吨）	Carborundum (ton)	23122	2016	10839	982
铣床 （台）	Milling Machine (set)	2	19		
鞋 （万双）	Shoes (10 000 pairs)	34	75	2	4
针织或钩编的服装 （万件）	Garments, Knitted or Crocheted (10 000 unit)	969	5944	437	2477
织物制服装 （万件）	Clothing Made by Fabric (10 000 unit)	1002	6113	471	2652
药材 （吨）	Medical Materials (ton)	1	1	11	7
纺织纱线、织物及制品	Textile Yarn, Fabrics and Related Products	6152381	4001	8511299	4784
玻璃制品	Glass Products	297760	65	1794092	242
皮革手套 （万双）	Leather Gloves (10 000 pairs)	890	444	365	274
塑料制品 （吨）	Plastic Articles (ton)	215	26	143	39

16-4 2007－2008年海关按国别(地区)分出口总值

Total Value of Export by State and Region From the Customs (2007－2008)

单位:万美元 (USD 10 000)

国 家(地区)	Country (Region)	2007	2008
亚 洲	**Asia**		
孟加拉国	Bangladesh	26.45	14.96
中国香港	Hong Kong, China	1911.22	2965.37
印 度	India	63.17	200.13
印度尼西亚	Indonesia	27.34	285.57
伊 朗	Iran	64.15	74.62
以色列	Israel	49.28	
日 本	Japan	7615.93	17177.39
约 旦	Jordan	17.88	21.39
科威特	Kuwait	1.59	
老 挝	Laos	100.74	4.34
黎巴嫩	Lebanon	10.13	11.38
马来西亚	Malaysia	311.64	290.65
阿 曼	Oman	4.87	
巴基斯坦	Pakistan	231.04	824.07
菲律宾	Philippines	19.23	12.69
沙特阿拉伯	Saudi Arabia	433.29	926.41
新加坡	Singapore	1320.96	524.19
韩 国	Korea Rep.	4739.79	3885.34
斯里兰卡	Sri Lanka		1.37
泰 国	Thailand	414.15	709.83
土耳其	Turkey	1007.93	1018.88
阿联酋	United Arab Emirates	188.18	311.06
也门共和国	Republic of Yemen		1.71
越 南	Vietnam	358.95	11.86
中国台湾	Taiwan, China	3085.22	343.70
非 洲	**Africa**		
阿尔及利亚	Algeria	17.44	25.56
埃 及	Egypt	41.57	57.74
尼日利亚	Nigeria	12.95	
南非(阿扎尼亚)	South Africa	183.62	7.93
欧 洲	**Europe**		
比利时	Belgium	79.33	40.58
丹 麦	Denmark	7.41	27.89
英 国	United Kingdom	1494.12	1439.80
德 国	Germany	878.89	697.37
法 国	France	242.82	150.16
意大利	Italy	1355.02	871.23
荷 兰	Netherlands	533.20	631.44
希 腊	Greece	2078.85	95.05
葡萄牙	Portugal	23.71	0.33
西班牙	Spain	53.62	22.76
奥地利	Austria	0.30	0.21
芬 兰	Finland	5.89	27.92
挪 威	Norway	117.23	13.33
波 兰	Poland	85.05	60.14
罗马尼亚	Romania	31.37	11.79
瑞 典	Sweden	50.20	29.09
瑞 士	Switzerland	7.89	10.36
俄罗斯	Russia	1767.27	255.21
乌克兰	Ukraine	98.94	83.59
斯洛文尼亚	Slovenia	17.37	8.22
捷 克	Czech	1.05	4.16
拉丁美洲	**Latin America**		
阿根廷	Argentina	1.73	12.72
巴 西	Brazil	75.66	244.31
智 利	Chile	63.91	77.58
哥伦比亚	Colombia	0.35	0.30
古 巴	Cuba		6.69
多米尼加共和国	Dominica Rep.		18.69
厄瓜多尔	Ecuador		21.14
委内瑞拉	Venezuela	8.92	
危地马拉	Guatemala	2.19	5.54
墨西哥	Mexico	49.87	86.80
巴拿马	Panama	29.59	157.34
秘 鲁	Peru	77.41	135.58
波多黎各	Puerto Rico		1.62
萨尔瓦多	El Salvador	5.95	3.51
北美洲	**North America**		
加拿大	Canada	166.23	108.13
美 国	United States	5915.27	5256.26
大洋洲及太平洋岛屿	**Oceanic and Pacific Islands**		
澳大利亚	Australia	514.60	1053.71
新西兰	New Zealand	33.66	62.67

16-5 主要年份利用外资概况
Utilization of Foreign Capital in Main Years

单位：万美元 (USD 10 000)

年 份 Year	外商直接投资 Foreign Direct Investment		
	项 目(个) Number of Projects (unit)	合同利用外资额 Total Amount of Contracted Foreign Investment	实际利用外资额 Total Amount of Foreign Investment Actually Utilized
1985	4	318.0	108.3
1991	2	19.0	13.0
1992	11	399.0	191.1
1993	54	4300.0	899.8
1994	19	2143.5	964.5
1995	28	5447.0	1064.0
1996	18	2799.0	1113.6
1997	22	7284.0	2179.0
1998	24	12583.0	5065.7
1999	15	2821.0	2670.5
2000	40	15312.0	5309.0
2001	47	15961.0	5586.0
2002	32	21268.4	11380.4
2003	44	35767.0	19167.0
2004	52	35330.0	22500.0
2005	29	35562.0	26600.0
2006	17	40608.3	27500.0
2007	37	41601.3	31000.0
2008	22	30898.6	22000.0

16-6 2005－2008年按行业分外商直接投资合同外资额

Foreign Direct Investment by Sector(2005－2008)

行 业	Sector	项 目(个) Number of Projects (unit)				金 额(万美元) Value (USD 10 000)			
		2005	2006	2007	2008	2005	2006	2007	2008
总 计	**Total**	**29**	**17**	**37**	**22**	**35562**	**38057**	**41601**	**30899**
农、林、牧、渔业	Agriculture, Forestry, Animal Husbandry and Fishery	6		2	4	2771		3807	1513
采掘业	Mining	1	3	1	1	1601	2005	5187	44
制造业	Manufacturing	12	6	17	6	29187	24924	16665	4952
电力、煤气及水的生产和供应业	Production and Supply of Electricity, Gas and Water	2		2	2	1057	8000	7549	290
建筑业	Construction				1				2999
交通运输、仓储和邮政业	Transport, Storage and Post	1	2			6	927		
住宿和餐饮业	Hotels and Catering Services	1	2	3	3	1	756	30	1472
房地产业	Real Estate	3	1	2		714	1019	2639	
租赁和商务服务业	Leasing and Business Services	1				31			
科学研究、技术服务和地质勘查业	Scientific Research, Technical Service and Geologic Prospecting				1				9
水利、环境和公共设施管理业	Management of Water Conservancy, Environment and Public Facilities	2		1	1	194		112	3500
居民服务和其他服务业	Services to Households and Other Services		2	9	3		5	5612	2911
卫生体育和社会福利业	Health, Social Security and Social Welfare		1				421		
其 他	Others								13209

16-7　2005－2008年利用外资额(按方式和国别分)

Utilization of Foreign Capital (by Method and Country) (2005－2008)

单位:万美元　　(USD 10 000)

指　标	Item	合同数(个) Number of Projects (unit)				外方直接投资合同金额 Contracted Value of Foreign Direct Investment			
		2005	2006	2007	2008	2005	2006	2007	2008
总　计	**Total**	**29**	**17**	**37**	**22**	**35562**	**38057**	**41601**	**30899**
按投资方式分组	**By Form**								
合资经营企业	Equity Joint Venture	15	8	21	11	28787	23963	14891	19282
合作经营企业	Contractural Joint Venture	5	4	4	1	3946	3360	2644	747
外资企业	Wholly Foreign-owned Enterprise	9	5	12	10	2750	10734	19158	10870
股份制	FDI Shareholding Inc.					79		4908	
其　它	Others								
按投资国别(地区)分组	**By Country or Region**								
亚　洲	**Asia**	**20**	**8**	**26**	**17**	**7549**	**11235**	**24855**	**17325**
中国香港	Hong Kong, China	12	6	20	13	5665	10795	24643	12376
印度尼西亚	Indonesia	1				1000			
马来西亚	Malaysia	1		1		40		2	
韩　国	Republic of Korea	1	1	1	1	150	140	10	10
日　本	Japan	3	1		1	77	300		44
新加坡	Singapore				2				4895
泰　国	Thailand	1				605			
欧　洲	**Europe**	**4**		**6**	**1**	**26838**		**1574**	**72**
德　国	Germany			1				2	
荷　兰	Netherlands				1				1
英　国	United Kingdom	3		3		26832		1560	61
法　国	France	1				6			10
瑞　士	Switzerland			1				12	
美　洲	**North America**	**1**	**4**	**6**	**1**	**800**	**17111**	**15172**	**13002**
加拿大	Canada	1	1	1		800	2150	391	501
美　国	United States			2	1			7922	3021
维尔京群岛	Virgin Islands		3	3			14961	6859	9480
大洋洲及太平洋诸岛	**Oceanic and Pacific Islands**	**2**			**1**	**8**			**1**
澳大利亚	Australia	2				8			
新西兰	New Zealand				1				1
其他(外商投资企业再投资)	**Others**	**2**	**5**		**2**	**287**	**9711**		**499**

16-8 2001－2008年旅游事业发展情况

Development of Tourism (2001－2008)

指 标	Item	2001	2002	2003	2004	2005	2006	2007	2008
年末旅行社数 （个）	**Number of Travel Agencies (unit)**	**104**	**101**	**125**	**129**	**132**	**155**	**183**	**198**
国际旅行社	International Travel Agencies	11	11	11	11	16	17	18	20
国内旅行社	Domestic Travel Agencies	93	90	114	118	116	138	165	178
年末旅行社从业人员 （人）	**Engaged Persons of Travel Agencies (person)**	**406**	**1100**	**1418**	**1463**	**1490**	**1730**	**1880**	**1900**
国际旅行社	International Travel Agencies	110	143	143	220	320	440	465	469
国内旅行社	Domestic Travel Agencies	296	957	1275	1243	1170	1290	1415	1431
星级饭店总数 （个）	**Number of Star-rated Hotel (unit)**	**29**	**39**	**50**	**58**	**84**	**96**	**106**	**117**
旅游人数合计 （万人次）	**Number of Tourists (10 000 persons-time)**	**379**	**422**	**396**	**512**	**637**	**815**	**1002**	**905**
国际旅游者	Number of Overseas Visitor Arrivals	4	4	2	3	4	4	5	3
外国人	Foreigners	2	2	1	1	2	3	4	2
港、澳、台湾同胞	Chinese Compatriots From Hong Kong、Macao and Taiwan	2	2	1	2	2	1	1	1
国内旅游者	Number of Domestic Visitors	370	418	394	509	633	810	997	902
旅游总收入 （亿元）	**Total Tourism Earnings (100 million yuan)**	**13**	**15**	**15**	**20**	**26**	**36**	**47**	**48**
国内旅游收入 （亿元）	Earnings from Domestic Tourism (100 million yuan)	12	14	14	19	25	35	46	47
国内旅游者人均花费 （元）	Per Capita Expenditure from Domestic Tourism (yuan)	338	344	361	382	392	427	461	517
国际旅游外汇收入（万美元）	Foreign Exchange Earnings from International Tourism (10 000 USD)	902	999	472	912	1102	1325	1591	1015
国际旅游人均花费 （美元）	Per Capita Expenditure from International Tourism (USD)	227	230	267	316	313	314	318	338

16-9 2005－2008年接待外国旅游人数(按国别分)
Number of Oversea Visitor Arrivals by Country(2005－2008)

单位:人次 (person-time)

国家(地区)	Country(Region)	2005	2006	2007	2008
总　计	**Total**	**15076**	**27708**	**36226**	**20591**
亚洲小计	**Total Asia**	**6026**	**10164**	**23638**	**8728**
日　本	Japan	1665	6461	16338	3889
韩　国	Republic of Korea	866	795	3969	2201
蒙　古	Mongolia	201	196	20	189
印度尼西亚	Indonesia	428	278	25	42
马来西亚	Malaysia	535	460	498	479
菲律宾	Philippines	156	119	76	99
新加坡	Singapore	224	870	2177	577
泰　国	Thailand	356	95	322	406
印　度	India	250	131	35	43
缅　甸	Myanmar	90	28		131
越　南	Viet Nam	253	6	12	62
朝　鲜	Korea DPR	84	34	63	120
巴基斯坦	Pakistan	96	37	31	43
其　他	Others	272	654	72	447
欧洲小计	**Total Europe**	**5384**	**8481**	**5755**	**6256**
英　国	United Kingdom	847	1183	1729	1324
法　国	France	1548	1939	1389	1216
德　国	Germany	980	1872	961	1810
意大利	Italy	419	521	489	322
瑞　典	Sweden	210	132	139	148
瑞　士	Switzerland	464	466	294	543
荷　兰	Netherlands				
俄罗斯	Russia	220	433	237	316
西班牙	Spain	217	234	55	205
其　它	Others	479	1701	453	372
美洲小计	**Total America**	**2292**	**5895**	**5611**	**3905**
美　国	United States	1747	3591	4840	3161
加拿大	Canada	339	1319	683	702
其　它	Others	206	985	88	42
大洋洲小计	**Total Oceanic**	**811**	**1429**	**737**	**1238**
澳大利亚	Australia	424	969	484	1174
新西兰	New Zealand	287	172	145	55
其　它	Others	100	288	108	9
非洲小计	**Total Africa**	**124**	**471**	**29**	**230**
其　它	**Others**	**439**	**1268**	**456**	**234**

16-10 2008年进入青海省自驾车量及排名
Volume and Rank of Cars of Self-driving Tourists (2008)

车源地	Car Source	自驾车数量（辆）Volume (unit)	同比增减（±%）Increase or Decrease in the Same Period Last Year (±%)	排名 Rank
合　计	**Total**	**123240**	**0.65**	
甘　肃	Gansu	58539	30.20	1
陕　西	Shaanxi	10968	-1.20	2
宁　夏	Ningxia	6901	-2.00	3
四　川	Sichuan	4560	-28.60	4
河　南	Henan	3944	-2.70	5
内蒙古	Inner Mongolia	3820	-22.40	6
北　京	Beijing	3820	-27.80	6
西　藏	Tibet	2342	-28.00	7
新　疆	Xinjiang	2218	-12.50	8
山　西	Shanxi	1972	-26.00	9
重　庆	Chongqing	863	-59.60	10
其　他	Others	23293	-17.20	11

16-11 2008年星级饭店基本信息
Basic Conditions of Star-rated Hotel (2008)

指标	Item	星级饭店（个）Number of Star-rated Hotel (unit)	客房数（间）Number of Rooms (unit)	床位数（张）Number of Beds (unit)	从业人数（人）Employed Persons (person)
合　计	Total	117	10651	20626	9650
五星级	Five-star Hotel	1	316	439	400
四星级	Four-star Hotel	12	2016	3799	3098
三星级	Three-star Hotel	43	4639	9175	3868
二星级	Two-star Hotel	53	3281	6250	2091
一星级	One-star Hotel	8	399	963	193

16–12 青海省A级旅游景区名录
Catalogue of State Class Scenic Spots, Qinghai

景区名称	Scenic Spot Name	地　址
4A级景区	**AAAA State Class Scenic Spots**	
青海省博物馆	Qinghai Museum	西宁市西关大街新宁广场
塔尔寺景区	Ta'er Lamasery	湟中县鲁沙尔镇
格尔木昆仑文化旅游区	Golmud Kunlun Culture Area	青海省格尔木市八一中路
互助土族故土园旅游区	Huzhu Tu Nationality Customs Theme Park	互助县威远镇北大街
青海湖景区	Qinghai Lake	青海湖管理与保护局
循化撒拉族绿色家园	Xuhua Sala Nationality Gardens	循化县积石镇
马步芳公馆景区	Mabufang Residence	西宁市为民巷
金银滩景区	Jinyintan Pasture	海北州西海镇
青海省藏医药博物馆	Qinghai Tibetan Medicine and Culture Museum	西宁市生物园区
百里油菜花海景区	Hundred Miles of Rapeseeds Flower Field	门源县东街
祁连风光旅游景区	Qilian Mountains	祁连县祁连广场
热贡国家级历史文化名城旅游区	Tongren-State Historical and Cultural City	同仁县热贡宾馆
久治年宝玉则景区	Jiuzhi Nianbaoyuze Mountain	久治县智青松多镇
3A级景区	**AAA State Class Scenic Spots**	
青海赛纳德滑(草)雪场	Qinghai Sainade Skiing (grass) Ground	西宁市经济开发区
西宁市人民公园	Xining People's Park	西宁市胜利路
平安峡夏群寺景区	Ping'an Xiaqun Lamasery	平安县国有林场
西宁市东关清真大寺	Xining Dongguan the Great Mosque	西宁市东关大街
西宁市南山旅游风景区	Xining South Hill	西宁市南山公园
青海赞普林卡旅游景区	Qinghai Zanpulinka Palace	西宁市湟源县县城入口处
青海日月山旅游景区	Qinghai Riyue Mountain	西宁市湟源县
青海省藏毯展览中心	Qinghai Tibet Blankets Exhibition Center	西宁市城南新区
大通老爷山风景名胜区	Datong Laoyeshan Mountain	大通县桥头镇
贵德黄河奇石苑	Guide the Yellow River Rare Stones Garden	贵德县河西镇
龙羊峡旅游景区	Longyangxia Reservoir	共和县龙羊峡库区
青海茶卡盐湖旅游景区	Qinghai Chaka Salt Lake	乌兰县茶卡镇
可鲁克湖—托素湖高原生态旅游景区	Twin-sister Lakes Plateau Ecological Area	德令哈市
玛多黄河源旅游区	Maduo the Yellow River Origin	玛多县
玉树新寨嘉那嘛呢景区	Yushu Xinzhai Jiana Mini Stones City	玉树州玉树县结古镇
勒巴沟—文成公主庙景区	Lebagou Valley Stone Drawing-the Temple of Princess Wencheng	玉树州玉树县结古镇
玉树当卡寺旅游景区	Yushu Dangka Lamasery	玉树州玉树县结古镇
玉树结古寺旅游景区	Yushu Jiegu Lamasery	玉树州玉树县结古镇
玉树称多拉布民俗村	Yushu Chengduo Labu Folk Customs Village	玉树州称多拉布村
2A级景区	**AA State Class Scenic Spots**	
民和桃花园	Minghe Peach Blossom Garden	民和县马场垣高速公路口
北山土楼观旅游景区	Beichan Temple	西宁市祁连路
玉树治多贡萨寺文化旅游区	Yushu Zhiduo Gongsa Lamasery	玉树州治多县
玉树称多赛巴寺旅游景区	Yushu Chengduo Saiba Lamasery	玉树州称多拉布村
民和药泉山旅游景区	Minghe Medical Spring	民和县古鄯镇七里寺
兴海赛宗寺文化旅游区	Xinghai Saizong Lamasery	兴海县南38公里处赛宗寺
同德石藏文化旅游区	Tongde Tibetan Stone Carving and Embroidery	同德县河北乡

主要统计指标解释

进出口总额 指实际进出我国国境的货物总金额。包括对外贸易实际进出口货物,来料加工装配进出口货物,国家间、联合国及国际组织无偿援助物资和赠送品,华侨、港澳台同胞和外籍华人捐赠品,租赁期满归承租人所有的租赁货物,进料加工进出口货物,边境地方贸易及边境地区小额贸易进出口货物(边民互市贸易除外),中外合资企业、中外合作经营企业、外商独资经营企业进出口货物和公用物品,到、离岸价格在规定限额以上的进出口货样和广告品(无商业价值、无使用价值和免费提供出口的除外),从保税仓库提取在中国境内销售的进口货物,以及其他进出口货物。该指标可以观察一个国家在对外贸易方面的总规模。我国规定出口货物按离岸价格统计,进口货物按到岸价格统计。

商品经营单位所在地进、出口额 指在所在地海关注册登记的有进出口经营权的企业实际进、出口额。

商品目的地进口额和商品货源地出口额 目的地进口额指进口货物的消费、使用或最终抵运地的实际进口额;货源地出口额指出口货物的产地或原始发货地的实际出口额。

利用外资 指我国各级政府、部门、企业和其他经济组织通过对外借款、吸收外商直接投资以及用其他方式筹措的境外现汇、设备、技术等。

对外借款 指通过对外正式签订借款协议,从境外筹措的资金,包括外国政府贷款、国际金融组织贷款、外国银行商业贷款、出口信贷以及对外发行债券等。1996 年及以前还包括对外发行股票。该指标是我国利用外资的重要部分。

外商直接投资 指外国企业和经济组织或个人(包括华侨、港澳台胞以及我国在境外注册的企业)按我国有关政策、法规,用现汇、实物、技术等在我国境内开办外商独资企业、与我国境内的企业或经济组织共同举办中外合资经营企业、合作经营企业或合作开发资源的投资(包括外商投资收益的再投资),以及经政府有关部门批准的项目投资总额内企业从境外借入的资金。

外商其他投资 指除对外借款和外商直接投资以外的各种利用外资的形式。包括企业在境内外股票市场公开发行的以外币计价的股票(目前主要是在香港证券市场发行的 H 股和在境内证券市场发行的 B 股)发行价总额,国际租赁进口设备的应付款,补偿贸易中外商提供的进口设备、技术、物料的价款,加工装配贸易中外商提供的进口设备、物料的价款。

旅游人数

(1)入境旅游人数:指报告期内来我国观光、度假、探亲访友、就医疗养、购物、参加会议或从事经济、文化、体育、宗教活动的外国人、港澳台同胞等入境游客。统计时,外国人、港澳台同胞每入境一次统计 1 人次。

(2)出境人数:指中国(大陆)居民因公或因私出境前往其他国家、中国香港特别行政区、澳门特别行政区和台湾省观光、度假、探亲访友、就医疗养、购物、参加会议或从事经济、文化、体育、宗教活动的人数,即出境游客。统计时,按每出境一次统计 1 人次。

(3)国内旅游人数:指在报告期内在中国(大陆)观光游览、度假、探亲访友、就医疗养、购物、参加会议或从事经济、文化、体育、宗教活动的中国(大陆)居民人数,其出游的目的不是通过所从事的活动谋取报酬。统计时,国内游客按每出游一次统计 1 人次。

国际旅游(外汇)收入 指入境游客在中国(大陆)境内旅行、游览过程中用于交通、参观游览、住宿、餐饮、购物、娱乐等全部花费。

国内旅游收入 又称旅游总花费指国内游客在国内旅行、游览过程中用于交通、参观游览、住宿、餐饮、购物、娱乐等全部花费。

国际旅行社 指经营业务范围包括入境旅游业务、出境旅游业务和国内旅游业务的旅行社。

国内旅行社 指经营范围仅限于国内旅游业务的旅行社。

星级饭店 指设备、设施、服务符合《旅游饭店星级的划分与评定》(GB/T14308－2003),通过相关旅游管理部门评定,并取得星级饭店称号的饭店(含预备星级饭店)。

Explanatory Notes on Main Statistical Indicator

Total Imports and Exports at Customs refer to the real value of commodities imported and exported across the border of China. They include the actual imports and exports through foreign trade, imported and exported goods under the processing and assembling trades and materials, supplies and gifts as aid given gratis between governments and by the United Nations and other international organizations, and contributions donated by overseas Chinese, compatriots in Hong Kong and Macao and Chinese with foreign citizenship, leasing commodities owned by tenant at the expiration of leasing period, the imported and exported commodities processed with imported materials, commodities trading in border areas (excluding mutual exchange goods), the imported and exported commodities and articles for public use of the Sino - foreign joint ventures, cooperative enterprises and ventures with sole foreign investment. Also included is import or export of samples and advertising goods for which CIF or FOB value are beyond the permitted ceiling (excluding goods of no trading or use value and free commodities for export), imported goods sold in China from bonded warehouses and other imported or exported goods. The indicator of the total imports and exports at customs can be used to observe the total size of external trade in a country. In accordance with the stipulation of the Chinese government, imports are calculated at CIF, while exports are calculated at FOB.

Import Export Value by Location of China's Foreign Trade Managing Units refers to actual value of imports and exports carried out by corporations which have been registered by the local Customs house and are vested with right to run import export business.

Import Value of Commodities by Place of Destination and Export Value of Commodities by Place of Origin in China The former indicator refers to the value of import commodities of the places of their consumption, utilization or the places of their final destination. The latter indicator refers to the value of export commodities of the places of their origin or the places of the commodities dispatched.

Utilization of Foreign Capitals refers to remittance, equipment and technology financed from abroad, by loans, foreign direct investment and other forms undertaken by the Chinese governments at all levels, by various departments, enterprises and other economic units.

Foreign Borrowings refer to funds borrowed from abroad through formal signing of borrowing agreements with foreign institutions, including loans of foreign governments, loans of international financial institutions, commercial loans of foreign banks, export credit, and funds raised by Chinese bonds (and shares before 1996) issued abroad. It is an important part of China's utilization of foreign capitals.

Foreign Direct Investment refers to the investments inside China by foreign enterprises and economic organizations or individuals (including overseas Chinese, compatriots from Hong Kong, Macao and Taiwan, and Chinese enterprises registered abroad), following the relevant policies and laws of China, for the establishment of ventures exclusively with foreign own investment, Sino - foreign joint ventures and cooperative enterprises or for co - operative exploration of resources with enterprises or economic organizations in China. It includes the re - investment of the foreign entrepreneurs with the profits gained from the investment and the funds that enterprises borrow from abroad in the total investment of projects which are approved by the relevant department of the government.

Other Foreign Investment refers to all forms of utilization of foreign capitals other than foreign borrowings and foreign direct investment. It includes the total value of stock shares in foreign currencies issued by enterprises at domestic or foreign stock exchanges (now mainly consisting of H shares issued at Hong Kong Security Market and B shares issued at domestic security markets), rent payable for the imported equipment through international leasing arrangement, cost of imported equipment, technology and materials provided by foreign counterparts in compensation trade and processing and assembly trade.

Number of Tourists

(1) Visitor arrivals refer to the number of foreigners, Chinese compatriots from Hong Kong, Macao and Taiwan Chinese (mainland) who come to China (mainland) for sight - seeing, vacation, visiting relatives, medical treatment, shopping, attending conference, or to engage in economic, cultural, sports and religious activities. In compiling statistics, each time of entering China is counted as one person - time.

(2) Number of Chinese residents going abroad refer to the number of Chinese (mainland) residents going to other countries, Hong Kong Special Administrative region, Macao Special Administrative region and Taiwan for on official or private purposes, for sight - seeing, vacation, visiting relatives, medical treatment, shopping, attending conference, or to engage in economic, cultural, sports and religious activities. In compiling statistics, each time of leaving is counted as one person - time.

(3) Number of domestic tourists refers to the number of Chinese (mainland) residents who travel within China (mainland) for sight - seeing, vacation, visiting relatives, medical treatment, shopping, attending conference, or to engage in economic, cultural, sports and religious activities. In compiling statistics, each time of travelling is counted as one person - time.

Foreign Exchange Earnings from International Tourism

refer to the total expenditure of foreigners, overseas Chinese, Chinese compatriots from Hong Kong, Macao and Taiwan during their stay in the mainland of China on transportation, sighting, accommodation, food, shopping and entertainment.

Income from Domestic Tourism refer to expenditure of domestic tourists on transportation, sighting, accommodation, food, shopping and entertainment while they travel.

International Travel Agencies refer to travel agencies engaged in tourism entering China, Chinese residents going abroad and domestic tourism.

Domestic Travel Agencies refer to travel agencies only engaged in domestic tourism.

Star - rated Hotels refer to hotels rated with stars as assessed by the relevant tourism authorities according to GB/T14308 - 2003 standard with reference to their infrastructure, facilities and service levels.

2009

第17篇

CHAPTER 17

科 技

Science and Technology

国家级星火计划项目

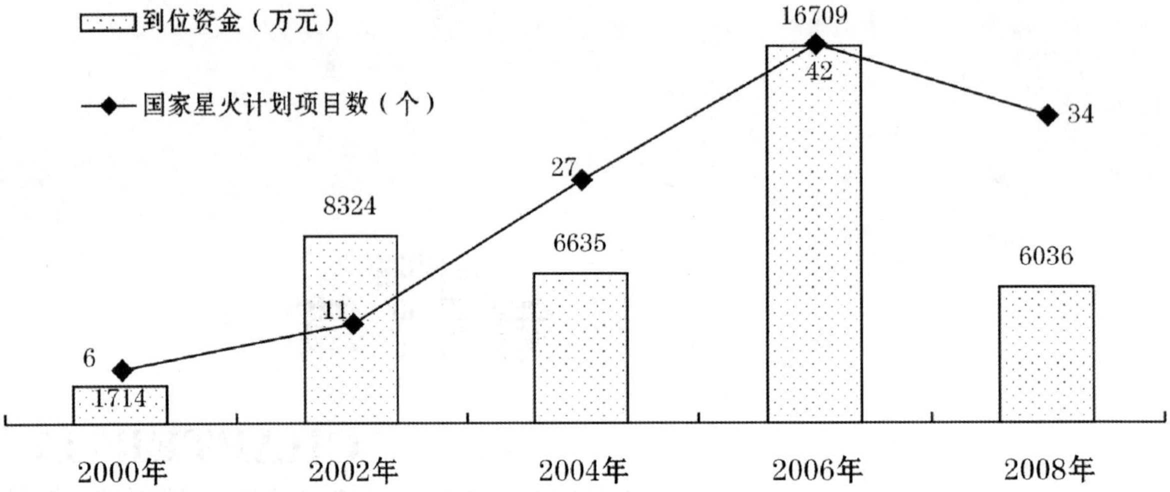

各类技术合同成交额（万元）

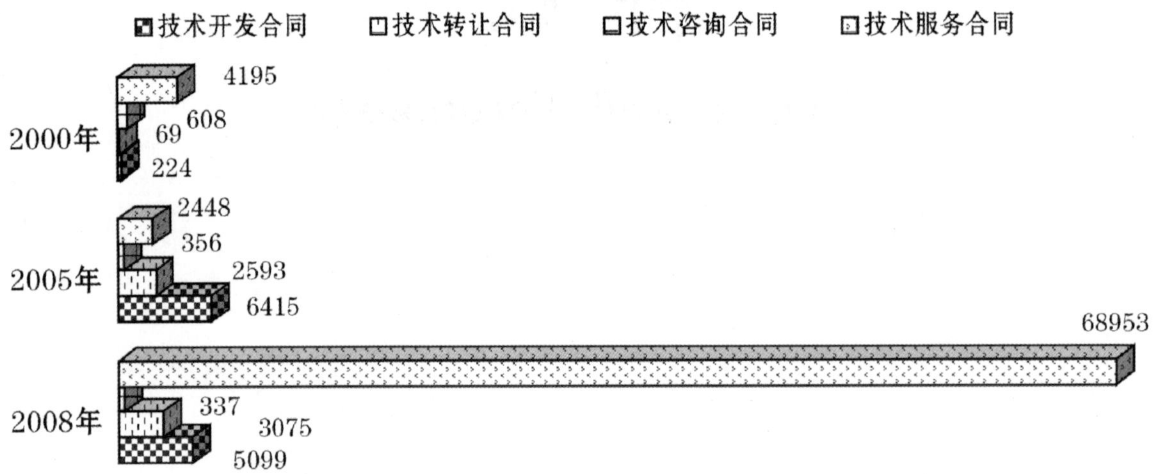

国有企、事业单位专业技术人员（人）

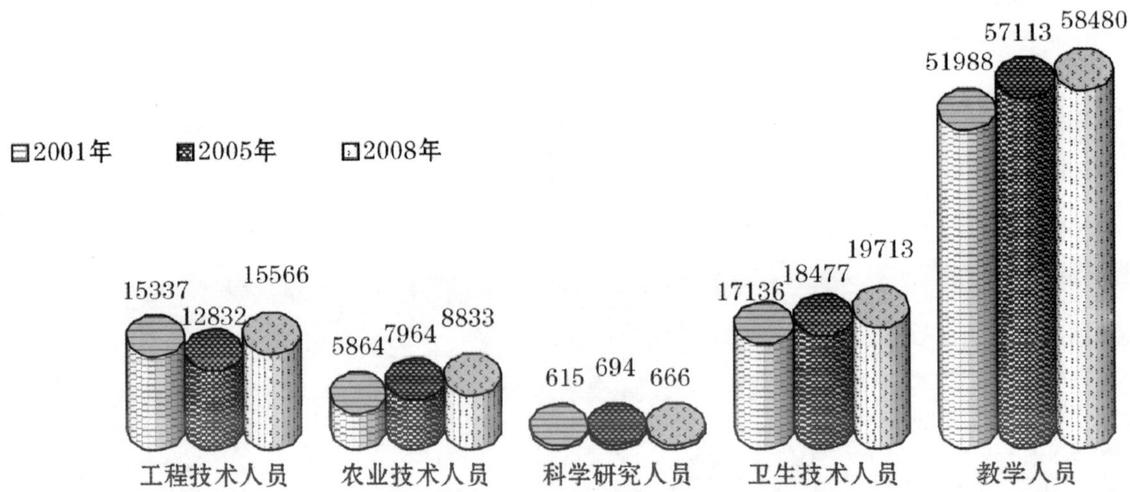

17–1 主要年份县以上研究与开发机构科技活动情况
Basic Statistics on Scientific and Technological Activities of R&D Institutions at County Level and Above in Main Years

指 标	Item	1990	2000	2005	2006	2007	2008
研究与开发机构数 （个）	R&D Institutions (unit)	60	52	50	50	50	49
从事科技活动人数 （人）	Personnel Engaged in S&T Activities (person)	3161	2335	2047	2080	2043	2108
科技管理人员	Number of Persons in Science and Technology Manage	640	451	376	376	391	410
课题活动人员	Number of Persons in Research and Experiment	1771	1346	1324	1380	1242	1297
科技服务人员	Number of Persons in Science and Technology Service	750	538	347	324	410	401
研究与开发经费收入(万元)	Income or Research and Development (10 000 yuan)	4846	14027	22391	24473	37395	41623
研究与开发经费支出(万元)	Expenditure or Research and Development (10 000 yuan)	4703	13142	20652	21543	30266	34920
研究与开发课题 （项）	Number of Research and Development (item)	391	323	335	405	414	421
基础研究	Basic Research	37	49	53	59	59	76
应用研究	Applied Research	55	44	83	73	86	64
试验发展	Experimental Development	46	75	36	83	71	88

注:2005年县以上政府部门属研究与开发机构增加了情报领域中的机构数据。
a) Research and development institutions directly under government departments above the county level included the data of intelligence agencies in 2005.

17–2 2001–2008年国有事业、企业单位各类专业技术人员情况
Scientific and Technical Personnel in Public Institutions and Enterprises(2001-2008)

单位:人 (person)

指 标	Item	2001	2003	2004	2005	2006	2007	2008
总 计	**Total**	**107864**	**105029**	**106734**	**109589**	**114396**	**115120**	**115649**
市(地、州)	City (Region、Prefecture)		12949	12885	12726	13414	12932	13792
县(市、区)	County (City、District)		46799	49412	50722	46394	46316	45830
乡(镇)	Villages (Towns)		23624	21625	22221	27096	26908	26666
高级职务	Senior technical position	4664	5417	6221	7528	9232	11389	13765
正高级职务	Senior Technical Position	301	396	546	619	763	871	1013
中级职务	Intermediate Technical Position	28087	32199	35699	39222	44124	46394	49018
初级职务	Elementary Technical Position	68882	62797	59088	56760	55399	52806	48237

17-3 国有企、事业单位分行业各类专业技术人员情况(2008年)

单位:人

行业	Sector	合计 Total 事业 Institutions	企业 Enterprises
总计	**Total**	**104419**	**11230**
农、林、牧、渔业	Farming, Forestry, Animal Husbandry and Fishery	10254	392
采矿业	Mining	4	2041
制造业	Manufacturing	1	3984
电力、蒸汽及水的生产、供应业	Production and Distribution of Electricity, Gas and Water	14	619
建筑业	Construction	318	1429
交通运输仓储邮政业	Transport, Storage and Post	2103	542
信息传输计算机服务和软件业	Information Transmission, Computer Service and Software	68	227
批发和零售业	Wholesale and Retail Trades	7	107
住宿和餐饮业	Hotels and Catering Services	26	33
金融业	Financial Intermediation	71	277
房地产业	Real Estate	198	261
租赁和商务服务业	Leasing and Business Services	71	9
科学研究技术服务地质勘查业	Scientific Research, Technology Service and Geological Prospecting	3702	557
水利环境和公共设施管理业	Water Conservancy, Environment and Public Facility Management	2852	349
居民服务和其他服务业	Services to households and Other Services	197	9
教育	Education	58808	
卫生社会保障和社会福利业	Health, Social Security and Social Welfare	20002	271
文化体育和娱乐业	Culture, Sports and Entertainment	4173	120
公共管理和社会组织	Public Management and Social Organizations	1550	3

Scientific and Technical Personnel in Public Institution by Sector(2008)

(person)

工程技术人员 Engineering		农业技术人员 Agriculture		科研人员 Scientific Research		卫生技术人员 Health Care		教学人员 Teaching	
事业 Institutions	企业 Enterprises	事业 Institutions	企业 Enterprises	事业 Institutions	企业 Enterprises	事业 Institutions	企业 Enterprises	事业 Institutions	企业 Enterprises
9005	**6561**	**8723**	**110**	**530**	**136**	**19153**	**560**	**58354**	**126**
799	78	8529	105	6		63	15	289	1
4	1025				14		235		44
1	2867				2		10		79
13	413								
295	1092						27		
1361	105					21	4	29	
43	215			1					
	4								
16	1						1		2
18	9								
125	76								
31	1								
2541	341	22	3	445	120	58		51	
2646	306	16	2	1		4			
20		2				72		2	
122		2		28		139		57782	
96	1	3		33		18759	267	53	
516	27	5		15		8	1	132	
358		144		1		29		16	

17-4 自然科学研究机构、人员和经费情况(2008年)

单位:人、个、千元

指 标	Item	机 构 Number of Institutions	从业人员 Number of Employed Persons	从事科技活动人员 Personnel Engaged in S&T Activities
总 计	**Total**	**16**	**737**	**583**
按机构隶属关系分	Grouped by Administrative Relationship			
地方部门属	Local Regions	14	363	298
地市级部门属	Prefectural Departments	14	363	298
中央部门属	Central	2	374	285
中国科学院	Chinese Academy of Sciences	2	374	285
按机构所在地域分	Grouped by Region			
西宁市	Xining City	7	520	400
海东地区	Haidong Prefecture	1	8	7
海北州	Haibei Zang A.P	2	57	50
黄南州	Huangnan Zang A.P	2	34	30
海南州	Hainan Zang A.P	1	25	15
果洛州	Golog Zang A.P	1	34	27
玉树州	Yushu Zang A.P			
海西州	Haixi Mongolian & Zang A.P	2	59	54
按机构所属行业分	Grouped by Sector			
农、林、牧、渔业	Agriculture, Forestry, Animal Husbandry and Fishery	10	267	205
农业	Farming	3	78	61
林业	Forestry	1	35	10
农、林、牧、渔服务业	Services in Support of Agriculture	6	154	134
采矿业	Mining			
煤炭开采和洗选业	Mining and Washing of Coal			
制造业	Manufacturing	1	6	6
农副食品加工业	Processing of Food from Agricultural Products			
化学原料及化学制品制造业	Manufacture of Chemical Raw Material and Chemical Products	1	6	6
通用设备制造业	Manufacture of General Purpose Machinery			
电力、燃气及水的生产和供应业	Production and Supply of Electric Power, Gas and Water			
电力、热力的生产和供应业	Production and Supply of Electric Power and Heat Power			
建筑业	Construction			
房屋和土木工程建筑业	Construction of Building & Civil Engineering			
信息传输、计算机服务和软件业	Information Transmission, Computer Services and Software			
电信和其他信息传输服务业	Telecom & Other Information Transmission Services			
软件业	Software Industry			
科学研究、技术服务和地质勘查业	Scientific Research, Technical Service and Geologic Prospecting	3	442	351
研究与试验发展	Research and Experimental Development	2	374	285
专业技术服务业	Professional Technical Services	1	68	66
水利、环境和公共设施管理业	Management of Water Conservancy, Environment and Public Facilities	1	8	7
水利管理业	Management of Water Conservancy	1	8	7
卫生、社会保障和社会福利业	Health, Social Security and Social Welfare	1	14	14
卫生	Health	1	14	14
文化、体育和娱乐业	Culture, Sports and Entertainment			
体育	Sports Activities			

Basic Statistics on Research Institutions and Personnel and Funds of Natural Science(2008)

(person、unit、1000 yuan)

科学家和工程师 Scientists and Engineers	课题组折合全时人员 Full-time Equivalent of R&D Personnel	科学家和工程师 Scientists and Engineers	经费收入 总额 Total Funding	政府资金 Government Funds	经费支出 总额 Total Expenditures	科技经费支出 Expenditures on S&T Activities
470	**431**	**396**	**142738**	**123475**	**128029**	**119448**
192	72	42	41951	35940	40524	35106
192	72	42	41951	35940	40524	35106
278	359	354	100787	87535	87505	84342
278	359	354	100787	87535	87505	84342
352	368	361	119146	100828	105657	97655
7			503	503	474	474
27	16	6	6291	5962	5531	5531
18	17	11	3096	3096	3096	3096
9	15	9	4759	4303	4759	4180
22			2782	2782	2761	2761
35	15	9	6161	6001	5751	5751
136	72	42	29185	26956	28506	27174
41	36	20	9396	8831	9908	9329
6			3970	2686	3970	3217
89	37	21	15819	15439	14628	14628
2			1033	963	1066	1066
2			1033	963	1066	1066
311	359	354	111686	94722	97423	90174
278	359	354	100787	87535	87505	84342
33			10899	7187	9918	5832
7			503	503	474	474
7			503	503	474	474
14			331	331	560	560
14			331	331	560	560

17–5 自然科学研究机构人员按学位、学历及技术职称分类(2008年)

Classification of Personnel in Natural science Research Institutions in Accordance with Their Degrees, Educational Background and Academic Titles(2008)

单位:人 (person)

指标	Item	学位 Academic Degree		学历 Educational Background			职称 Professional Title		
		博士 Doctor	硕士 Master	研究生 Postgraduate	大学 University	大专 College	高级 Senior	中级 Middle	初级 Primary
总　计	**Total**	**55**	**71**	**131**	**232**	**129**	**184**	**211**	**140**
按机构隶属关系分	Grouped by Administrative Relationship								
地方部门属	Local Regions		**3**	5	120	97	56	125	92
省级部门属	Provincial Department								
地市级部门属	Prefectural Department		**3**	5	120	97	56	125	92
中央部门属	Central	55	68	126	112	32	128	86	48
中国科学院	Chinese Academy of Sciences	55	68	126	112	32	128	86	48
按机构所在地域分	Grouped by Region								
西宁市	Xining City	55	71	130	165	73	147	136	84
海东地区	Haidong Prefecture				4	2	2	3	2
海北州	Haibei Zang A.P			1	22	18	7	19	24
黄南州	Huangnan Zang A.P				9	9	4	14	10
海南州	Hainan Zang A.P				5	2	4	5	
果洛州	Golog Zang A.P				4	8	10	10	7
玉树州	Yushu Zang A.P								
海西州	Haixi Mongolian & Zang A.P				23	17	10	24	13

17-6 2007-2008年社会、人文科学研究机构人员情况

Basic Statistics on Personnel in Social and Human Science Institution(2007-2008)

单位:人 (person)

名 称	Appellation	全部从业人数 Number of Engaged Persons		从事科技活动人员 Personnel Engaged in S&T Activities		女 性 Female		科学家和工程师 Scientists and Engineers	
		2007	2008	2007	2008	2007	2008	2007	2008
总 计	**Total**	**178**	**177**	**144**	**145**	**55**	**53**	**120**	**134**
青海省文化厅	Qinghai Provincial Department of Culture								
青海省文物考古研究所	Institute of Cultural and Historical Relics and Archaeology, Qinghai Pro.	45	45	44	44	21	22	35	36
青海省艺术研究所	Arts Research Institute, Qinghai Pro.	12	14	10	12	5	5	8	10
青海省委宣传部	Qinghai Provincial Publicity Department								
青海省社会科学院	Qinghai Academy of Social Sciences	92	90	66	65	21	19	54	65
青海省教育厅	Qinghai Education Department								
青海教育科学研究所	Qinghai Education Scientific Research Institute	7	7	5	5	1	1	4	4
青海省文学艺术联合会	Qinghai Federation of Literary and Art Circles								
青海省《格萨尔》史诗研究所	Qinghai Gesar Epic Research Institute	7	7	7	7	3	3	7	7
青海省发展和改革委员会	Qinghai Provincial Development and Reform Commission								
青海省经济研究院	Qinghai Economic Institute	15	14	12	12	4	3	12	12

17-7 2008年全省重大科技成果登记基本情况

Basic Statistics of Important Achievements in Scientific Research(2008)

单位:项、万元 (item, 10 000 yuan)

指 标	Item	合 计 Total	科研机构 Scientific Research Institutes	大专院校 University and Colleges	企 业 Enterprises	医疗机构 Medical Treatment Institutes	其 他 Others
总 计	**Total**	**205**	**42**	**22**	**55**	**23**	**63**
按成果水平分类	By Scientific Fruits Level						
国际领先	International Leading	7		3	4		
国际先进	International Advanced	14	2	2	6	1	3
国内领先	Domestic Leading	54	9	8	23	5	9
国内先进	Domestic Advanced	47	5	8	13	10	11
国内一般	Domestic Common	74	24		9	1	40
按应用行业分类	**By Applied Sector**						
农、林、牧、渔业	Agriculture, Forestry, Animal Husbandry and Fishery	78	26	4	7		41
采矿业	Mining	11			9		2
制造业	Manufacturing	29	7	1	21		
电力燃气及水生产供应业	Production and Supply of Electricity, Gas and Water	4			4		
建筑业	Construction	8		1	4		3
交通运输、仓储及邮电通信业	Transport, Storage and Post	3			1		2
信息传输、计算机服务和软件业	Information Transmission, Computer Services and Software	18		7	1		10
科学研究、技术服务和地质勘察业	Scientific Research, Technical Services and Geologic Prospecting	5	1		2		2
水利、环境和公共设施管理业	Management of Water Conservancy, Environment and Public Facilities	6		2	3		1
教育	Education	1		1			
卫生、社会保障和社会福利业	Health, Social Security and Social Welfare	31	6	4	3	17	1
公共管理和社会组织	Public Management and Social Organizations	2		1			1
按应用情况分类	**By Application Instance**						
已应用项目数	Number of Applied Projects	176	33	15	52	15	61
未应用项目数	Number of Not Applied Projects	20	7	6	3	2	2
资金问题	Capital Reason	5		2	1	1	1
技术问题	Technique Reason	4	1	1		1	1
市场问题	Market Reason	10	6	2	2		
管理问题	Management Reason						
政策因素	Policy Reason	1		1			
经济效益的项目数	Cost-effective Projects	38	2	6	22	1	7
应用后本年度取得的经济效益	Economic Profits Made after Application This year						
净利润	Retained Profits	56035	269	2088	51726	390	1562
实交税金	Actual Tax Payments	1056	27	124	887		18
出口创汇	Earning Foreign Exchange Through Exports	25			25		
节约资金	Saving Capital	29231		345	28886		

17-8 主要年份国家级星火计划项目执行情况
Performance of State Level Spark Program Projects in Main Years

指 标	Item	2000	2005	2006	2007	2008
国家级星火计划项目数 (项)	State Level Spark Program Projects (item)	6	42	42	37	34
参加项目工作的主要人 (人)	Persons Participated in projects (person)	218	397	595	627	327
其中:高级职称	Senior Professional Title	6	150	130	138	116
中级职称	Middle Professional Title	22	229	210	234	126
本年度资金落实及支出情况(万元)	Expenditure of Funds This Year (10 000 yuan)					
到位资金合计	Total Funds Available	1714	10451	16709	26751	6036
政府资金	Government Funds	83	661	396	283	680
其中:科技部拨款	Appropriating Funds of Ministry Science and Technology Development			105	255	667
科技活动事业单位资金	Funds of Institutions of Scientific and Technological Activities		407	155		
企业资金	Self-raising Funds by Enterprises				14112	2831
金融机构贷款	Loans From Finance Institutions	363	6540	4873	11743	1650
国外资金	Foreign Funds	1268	2819	11285	12291	
其它资金	Other Funds		24		65	183
项目支出合计	Total Project Expenditure	1292	6954	6444	20031	4363
其中:研究开发费	Expenditure on R&D	208	1888	1547	1038	935
已偿还项目贷款	Repaid Loans	411	820	200	900	372
本年度项目效益及成果	Effectiveness and Results of This Year's Projects					
本项目已取得的直接经济效益 (万元)	Direct Economic Benefits (10 000 yuan)					
新增产值	Added Value	2817	9052	12920	8902	3167
出口额 (万美元)	Exports (USD 10 000)	200	35		700	7
净利润额	Retained Profits	60	1415	950	570	1341
实交税金总额	Actual Tax Payments	79	503	741	150	132
项目专利申请和授权情况 (项)	Number of Patents Application Acceptance and Granted (item)					
专利申请数	Number of Patents Application Acceptance	1	11	1	1	5
其中:发明	Inventions		10		1	2
其中:国外授权	Foreign					
专利授权数	Number of Patents Application Granted	1	7			1
其中:发明	Inventions	1	7			1
其中:国外授权	Foreign					

17-9 大中型工业企业科技活动情况(2008年)

指 标	Item	有科技活动企业数(个) Number of Enterprises Having S&T Activities (unit)	企业科技活动人员(人) Personnel Engaged in S&T Activities (person)	研究试验发展人员 R&D Personnel
总 计	**Total**	**23**	**5142**	**1336**
按企业规模分组	**Grouped by Size of Enterprises**			
大型企业	Large Enterprises	9	4091	1131
中型企业	Medium-sized Enterprises	14	1051	205
按登记注册类型分组	**By Status of Registration**			
内资企业	**Domestic Funded Enterprises**	20	4392	958
国有企业	State-owned Enterprises	2	509	61
集体企业	Collective-owned Enterprises	1	5	
有限责任公司	Limited Liability Corporations	9	766	123
国有独资公司	State Sole Funded Corporations	2	172	10
其他有限责任公司	Other Limited Liability Corporations	7	594	113
股份有限公司	Share-holding Corporations Ltd.	6	2780	764
私营企业	Private Enterprises	2	332	10
私营有限责任公司	Private Limited Liability Corporations	2	332	10
外商投资企业	**Foreign Funded Enterprises**	3	750	378
中外合资经营企业	Joint-venture Enterprises	3	750	378
按工业行业大类分组	Grouped by Sector			
采矿业	Mining and Quarrying	4	1711	627
煤炭开采和洗选业	Mining and Washing of Coal	1	159	
石油和天然气开采业	Extraction of Petroleum and Natural Gas	1	815	262
有色金属矿采选业	Mining and Processing of Non-Ferrous Metal Ores	1	722	350
非金属矿采选业	Mining and Processing of Nonmetal Ores	1	15	15
制造业	Manufacturing	17	3032	658
饮料制造业	Manufacture of Beverages	1	63	45
纺织业	Manufacture of Textile	2	23	17
化学原料及化学制品制造业	Manufacture of Raw Chemical Materials and Chemical Products	3	1293	118
医药制造业	Manufacture of Medicines	1	14	14
非金属矿物制品业	Manufacture of Non-metallic Mineral Products	3	431	50
黑色金属冶炼及压延加工业	Smelting and Pressing of Ferrous Metals	1	294	10
有色金属冶炼及压延加工业	Smelting and Pressing of Non-ferrous Metals	2	341	185
通用设备制造业	Manufacture of General Purpose Machinery	4	573	219
电力、燃气及水的生产和供应业	Production and Supply of Electricity, Gas and Water	2	399	51
电力、热力的生产和供应业	Production and Supply of Electric Power and Heat Power	2	399	51

Scientific and Technological Activities in Large and Medium-sized Industrial Enterprises(2008)

科学活动经费筹集总额 (千元) Funding for S&T Activities (1 000 yuan)	科学活动经费支出总额 (千元) Expenditures on S&T Activities (1 000 yuan)	研究与试验发展经费内部支出 (千元) Intramural Expenditure on R&D (1 000 yuan)	全部科技项目数 (项) Number of Science and Technology (item)	专利申请数 (个) Patent Applications (item)	技术改造经费支出 (千元) Expenditure for Technical Renovation (1 000 yuan)	引进国外技术经费支出 (千元) Expenditure for Purchase of Foreign Technology (1 000 yuan)	企业科技机构情况 (个) Number of Scientific and Technological Institutions (item)
1278437	**1390056**	**251256**	**300**	**81**	**393428**	**900**	**29**
1172271	1293134	233452	253	62	334464	900	21
106166	96922	17804	47	19	58964		8
894907	840382	177185	248	70	276244	900	19
215560	213384	10868	63	13	190680		2
400	850		1				1
121911	129035	11581	55	18	38214		5
51564	44564	2000	5		36564		1
70347	84471	9581	50	18	1650		4
555187	494886	154396	126	39	30350	900	10
1849	2227	340	3		17000		1
1849	2227	340	3				1
383530	549674	74071	52	11	117184		10
383530	549674	74071	52	11	117184		10
436926	595507	71023	121	11	153748		13
36564	36564		4		36564		1
25892	17666	5946	68				2
371750	537894	62291	48	11	117184		10
2720	3383	2786	1				
784829	717808	174365	112	57	49000	900	15
1800	1800	1800	4	17			1
1895	1895	1148	2				
390500	394730	108084	29	6	1540		3
1667	1667	1667	8	1			1
7482	10510	2289	6	1	3750		3
186720	184544	5000	13				1
101806	65409	26961	12	17			1
92959	57253	27416	38	15	43710	900	5
56682	76741	5868	67	13	190680		1
56682	76741	5868	67	13	190680		1

17-10 主要年份大中型工业企业科研与开发情况
Basic Statistics on Scientific Research and Development of Large and Medium-sized Industrial Enterprises in Main Years

指 标	Item	2000	2005	2006	2007	2008
大中型工业企业数 (个)	Large and Medium-sized Industrial Enterprises (unit)	63	56	61	73	84
大 型	Large	25	10	10	9	9
中 型	Medium-sized	38	46	51	64	75
企业办技术开发机构 (个)	Technology Development Institutions Run by Enterprises (unit)	34	35	28	36	29
从事科技活动人员 (人)	Personnel Engaged in S&T Activities (person)	3945	3888	4121	4835	5142
当年筹集的科技经费 (万元)	Funding for S&T Activities (10 000 yuan)	25344	61861	72428	91099	127844
科技经费内部支出 (万元)	Intramural Expenditures on S&T Activities (10 000 yuan)	24566	63289	71231	90691	139006
用于新产品	Expenditure on New Product Development	1484	19182	19109	22508	26097
技术开发项目 (项)	Number of Technology (item)	251	256	323	346	300
基础研究	Basic Research	1	4	3	1	1
应用研究	Applied Research	15	54	19	2	21
试验发展	Experimental Development	85	77	73	73	65
技术开发项目经费 (万元)	Funding for Technology Development Projects	14264	39429	46353	38737	69351
技术开发项目投入人员 (人)	Staff for Technology Development Projects	2243	1893	1985	2608	2690
专利申请数 (项)	Number of Patents Applications Acceptance (item)	27	74	99	115	81

17-11 主要年份科协系统科技活动基本情况

Basic Statistics on Scientific and Technological Activities of Science and Technology Associations in Main Years

指标	Item	2000	2005	2006	2007	2008
学术活动(次)	Academic Activities (time)	70	40	43	35	70
国内学术会议	Domestic Academic Conference	1	38	41	32	66
国内举行的国际会议	International Conference Held in China	47	2	2	3	
赴国外参加的国际会议(人次)	International Conference Went Abroad (person-time)	5				4
科技培训	Trainings in Science and Technique					
办培训班(次)	Training Courses(time)	166	119	815	668	337
培训人次(人次)	Training Person-times(person-time)	12961	11151	112027	10600	31360
科普活动	Activity to Popularize Scientific Knowledge					
科普讲座次数(次)	lectures(time)	1474	540	749	626	211
参加人次(人次)	Person-times Participating in (person-time)	222015	190302	300030	304813	97814
科普展览次数(次)	Exhibitions (time)	65	469	487	501	1482
参观人次(万人次)	Person-times Visiting(10 000 person-times)	34.5	78.9	83.3	75.7	44.9
咨询活动	Scientific and Technological Consulting Service					
参加咨询的科技人员数(人)	Scientists and Engineers Participating in (person)		3100	1245	481	246
完成合同数(项)	Number of Completed Contracts (item)	107	170	222	213	228
无偿咨询项目数(项)	Number of Items Free of Charge Consultation (item)	182	77	128	92	204
出版	Publishing					
科技期刊年发行册数(册)	Number of Books Issued of Scientific and Technical Journals (volume)	42396	73400	119250	725208	90050
发表学术论文(篇)	Scientific Papers Issued(piece)	483	2254	2480	1612	1931
论文集(种)	Memoir(kind)	7	9	5	13	7
发表学术论文(篇)	Scientific Papers Issued(piece)	483	824	200	516	1067

17-12 2007-2008年高等院校科技活动基本情况
Basic Statistics on Higher Education for Scientific Techological Activities (2007-2008)

指 标	Item	理工农医类 Engineering, Agriculture and Medicine		人文、社科类 Human and Social Science	
		2007	2008	2007	2008
参加科技统计的高校 (所)	Uuniversities and Colleges Participating in Science and Technology Statistics (unit)	8	8	4	4
从事科技活动人数 (人)	Number of Personnel Engaged in S&T Activities (person)	3815	3921	1537	1572
教师	Teachers	1763	1828	1519	1552
其他技术人员	Other S&T Personnel	2052	2093	18	20
研究与发展经费收入 (万元)	Revenue on R&D (10 000 yuan)	2343	3169	683	419
研究与发展经费支出	Expenditure on R&D	1901	2454	665	390
研究与发展机构 (个)	R&D Institutions (unit)	14	30	9	12
科技活动人员 (人)	Personnel Engaged in S&T Activities (person)	200	352	85	130
研究与发展课题 (项)	Questions for Discussion Research and Development (item)	225	299	172	249
基础研究	Basic Research	41	40	101	192
应用研究	Applied Research	152	155	71	57
实验发展	Experimental Development	32	54		
研究与发展成果	Research and Development Achievements				
出版科学专著 (部)	Monographs of Science Published (unit)	2	1	39	46
发表学术论文 (篇)	Scientific Papers Issued (piece)	1580	1635	1309	849
鉴定科技成果 (项)	Appraisal of Scientific and Technical Achievement (item)	41	48		
获奖成果数 (项)	Prize Scientific and Technological Achievements (item)	4	4		
科技成果转让 (项)	Transfer of Scientific and Technological Achievements (item)				

17-13 主要年份技术市场基本情况
Basic Statistics of Technical Market in Main Years

单位:项、万元 (item、10 000 yuan)

指 标	Item	1990	1995	2000	2005	2006	2007	2008
合同数	Number of Contracts	219	415	552	318	273	488	427
技术开发合同	Technology Development	13	36	39	72	93	157	105
技术转让合同	Technology Transfer	32	6	6	66	87	69	54
技术咨询合同	Technology Consultation	68	171	111	18	20	43	35
技术服务合同	Technology Service	106	202	396	162	73	219	233
技术合同成交额	Transaction Value in Technical Market	213.7	1054.8	5096.0	11811.6	24958.8	53446.0	77462.9
技术开发合同	Technology Development	24.3	82.0	224.2	6415.2	20329.5	18404.1	5098.5
技术转让合同	Technology Transfer	40.8	201.0	68.5	2593.3	2767.2	3730.6	3074.6
技术咨询合同	Technology Consultation	74.2	45.8	607.9	355.6	285.2	431.3	336.9
技术服务合同	Technology Service	74.4	726.0	4195.4	2447.6	1578.0	30880.0	68952.9

17-14 主要年份专利申请受理量及授权量
Number of Patent Applications Accepted and Granted in Main Years

单位:件 (piece)

年 份 Year	受理量 Application Accepted	发 明 Inventions	实用新型 Utility Models	外观设计 Designs	授权量 Application Granted	发 明 Inventions	实用新型 Utility Models	外观设计 Designs
1985	14	8	6					
1990	111	26	82	3	59	4	55	
1995	100	24	66	10	65	2	61	2
2000	174	36	90	48	117	16	67	34
2001	162	44	75	43	101	15	58	28
2002	151	40	56	55	85	14	48	23
2003	173	70	60	43	91	17	36	38
2004	124	49	44	31	70	21	30	19
2005	216	103	83	30	79	24	34	21
2006	325	79	98	148	97	30	45	22
2007	387	91	115	181	222	28	84	110
2008	431	148	120	163	228	23	100	105

17–15 2005–2008年全省科技活动基本情况
Basic statistics on Scientific and Technological Activities in Qinghai(2005-2008)

指 标	Item	2005	2006	2007	2008
科技活动单位 (个)	Units of scientific and technological activities (unit)	182	178	186	177
科技活动人员 (人)	Personnel Engaged in S&T Activities (person)	10116	10721	11170	11519
科学家和工程师	Scientists and Engineers	6249	6992	7415	8465
R&D人员折合全时人员	Full-time Equivalent of R&D Personnel	2572	2592	2897	2537
科技活动经费筹集总额 (万元)	Funding for S&T Activities (10 000 yuan)	94276	112137	136835	181015
科技活动经费支出总额 (万元)	Intramural Expenditures on S&T Activities(10 000 yuan)	92896	108571	130303	186898
R&D经费内部支出	Expenditure on R&D	29552	33413	38091	39495
专利申请数 (件)	Number of Patent Applications Accepted (case)	127	149	176	134
发明专利申请数	Patent Applications Accepted	61	68	87	69
拥有发明专利数	Owning Inventive Patents	78	109	139	316
发表科技论文	Scientific Papers Published	3329	3867	4022	3716
出版科技著作	Numbers of Scientific and Technological Books	85	97	90	77
项目(课题)数	Number of Projects (questions for discussion)	1027	1263	1327	1405
科技活动机构数 (个)	Number of S&T Agencies (unit)	143	133	141	144
科技活动机构从事 科技活动人员 (人)	Number of Personnel Engaged in S&T Activities Science and Technology Activities Personnel (person)	5307	5377	5156	5219

主要统计指标解释

科技活动 指在自然科学、农业科学、医药科学、工程与技术科学、人文与社会科学领域(简称科学技术领域)中,与科技知识的产生、发展、传播和应用密切相关的有组织的活动。可分为研究与试验发展(R&D)、研究与试验发展成果应用及相关的科技服务三类活动。该定义是联合国教科文组织考虑成员国特别是发展中国家开展科技统计工作的需要,而对科技活动所作的统计界定。

科技活动人员 指直接从事科技活动、以及专门从事科技活动管理和为科技活动提供直接服务,累计的实际工作时间占全年制度工作时间10%及以上的人员。(1)直接从事科技活动的人员包括:在独立核算的科学研究与技术开发机构、高等学校、各类企业及其他事业单位内设的研究室、实验室、技术开发中心及中试车间(基地)等机构中从事科技活动的研究人员、工程技术人员、技术工人及其它人员;虽不在上述机构工作,但编入科技活动项目(课题)组的人员;科技信息与文献机构中的专业技术人员;从事论文设计的研究生等。(2)专门从事科技活动管理和为科技活动提供直接服务的人员,包括:独立核算的科学研究与技术开发机构、科技信息与文献机构、高等学校、各类企业及其他事业单位主管科技工作的负责人,专门从事科技活动的计划、行政、人事、财务、物资供应、设备维护、图书资料管理等工作的各类人员,但不包括保卫、医疗保健人员、司机、食堂人员、茶炉工、水暖工、清洁工等为科技活动提供间接服务的人员。该指标用来反映投入科技活动人力的规模。

科学家与工程师 指科技活动人员中具有高、中级技术职称(职务)的人员和不具有高、中级技术职称(职务)的大学本科及以上学历人员。该指标用来反映投入科技活动人力的素质。

研究与试验发展(R&D) 指在科学技术领域,为增加知识总量,以及运用这些知识去创造新的应用进行的系统的创造性的活动,包括基础研究、应用研究、试验发展三类活动。国际上通常采用R&D活动的规模和强度指标反映一国的科技实力和核心竞争力。

基础研究 指为了获得关于现象和可观察事实的基本原理的新知识(揭示客观事物的本质、运动规律,获得新发现、新学说)而进行的实验性或理论性研究,它不以任何专门或特定的应用或使用为目的。其成果以科学论文和科学著作为主要形式。用来反映知识的原始创新能力。

应用研究 指为获得新知识而进行的创造性研究,主要针对某一特定的目的或目标。应用研究是为了确定基础研究成果可能的用途,或是为达到预定的目标探索应采取的新方法(原理性)或新途径。其成果形式以科学论文、专著、原理性模型或发明专利为主。用来反映对基础研究成果应用途径的探索。

试验发展 指利用从基础研究、应用研究和实际经验所获得的现有知识,为产生新的产品、材料和装置,建立新的工艺、系统和服务,以及对已产生和建立的上述各项作实质性的改进而进行的系统性工作。其成果形式主要是专利、专有技术、具有新产品基本特征的产品原型或具有新装置基本特征的原始样机等。在社会科学领域,试验发展是指把通过基础研究、应用研究获得的知识转变成可以实施的计划(包括为进行检验和评估实施示范项目)的过程。人文科学领域没有对应的试验发展活动。主要反映将科研成果转化为技术和产品的能力,是科技推动经济社会发展的物化成果。

研究与试验发展人员 指参与研究与试验发展项目研究、管理和辅助工作的人员,包括项目(课题)组人员,企业科技行政管理人员和直接为项目(课题)活动提供服务的辅助人员。反映投入从事拥有自主知识产权的研究开发活动的人力规模。

研究与试验发展人员全时当量 指全时人员数加非全时人员按工作量折算为全时人员数的总和。例如:有两个全时人员和三个非全时人员(工作时间分别为20%、30%和70%),则全时当量为2+0.2+0.3+0.7=3.2人年。为国际上比较科技人力投入而制定的可比指标。

专业技术人员 指从事专业技术工作和专业技术管理工作的人员,即企事业单位中已经聘任专业技术职务从事专业技术工作和专业技术管理工作的人员,以及未聘任专业技术职务,现在专业技术岗位上工作的人员。包括工程技术人员,农业技术人员,科学研究人员,卫生技术人员,教学人员,经济人员,会计人员,统计人员,翻译人员,图书资料、档案、文博人员,新闻出版人员,律师、公证人员,广播电视播音人员,工艺美术人员,体育人员,艺术人员及企业政治思想工作人员,共十七个专业技术职务类别。用来反映科技人力资源情况。

科技活动经费筹集 指从各种渠道筹集到的计划用于科技活动的经费,包括政府资金、企业资金、事业单位资金、金融机构贷款、国外资金和其他资金等。反映各社会经济主体对促进科技进步所做的努力。

政府资金 指从各级政府部门获得的计划用于科技活动的经费,包括科学事业费、科技三项费、科研基建费、科学基金、教育等部门事业费中计划用于科技活动的经费以及政府部门预算外资金中计划用于科技活动的经费等。

企业资金 指从自有资金中提取或接受其他企业委托的,科研院所和高校等事业单位接受企业委托获得的,计划用于科研和技术开发的经费。不包括来自政府、金融机构及国外的计划用于科技活动的资金。

金融机构贷款 指从各类金融机构获得的用于科技活动的贷款。

科技活动经费内部支出 指报告年内用于科技活动的实际支出,包括劳务费、科研业务费、科研管理费,非基建投资购建的固定资产、科研基建支出以及其他用于科技活动的支出。不包括生产性活动支出、归还贷款支出及转拨外单位支出。反映科技投入实际完成情况。

劳务费 指以货币或实物形式直接或间接支付给从事科技活动人员的劳动报酬及各种费用。包括各种形式的工资、津贴、奖金、福利、离退休人员费用、人民助学金等。反映改善科技人员待遇情况。

固定资产购建费 指报告年内使用非基建投资购建的固定资产和用于科研基建投资的实际支出额,即固定资产实际支出和科研基建投资实际完成额之和。固定资产是指长期使用而不改变原有实物形态的主要物资设备、图书资料、实验材料和标本以及其他设备和家具、房屋、建筑物。反映用于改善科研条件和科研手段方面的投入情况。

新产品 指采用新技术原理、新设计构思研制、生产的全新产品,或在结构、材质、工艺等某一方面比原有产品有明显改进,从而显著提高了产品性能或扩大了使用功能的产品。既包括政府有关部门认定并在有效期内的新产品,也包括企业自行研制开发,未经政府有关部门认定,从投产之日起一年之内的新产品。用来反映科技产出及对经济增长的直接贡献。

专利 是专利权的简称,是对发明人的发明创造经审查合格后,由专利局依据专利法授予发明人和设计人对该项发明创造享有的专有权。包括发明、实用新型和外观设计。反映拥有自主知识产权的科技和设计成果情况。

发明(专利) 指对产品、方法或者其改进所提出的新的技术方案。是国际通行的反映拥有自主知识产权技术的核心指标。

实用新型(专利) 指对产品的形状、构造或者其结合所提出的适于实用的新的技术方案。反映具有一定技术含量的技术成果情况。

外观设计(专利) 指对产品的形状、图案、色彩或者其结合所作出的富有美感并适于工业上应用的新设计。反映拥有自主知识产权的外观设计成果情况。

Explanatory Notes on Main Statistical Indicator

Scientific and Technological Activities (S&T Activities) refer to organized activities which are closely related with the creation, development, dissemination and application of the scientific and technical knowledge in the fields of natural sciences, agricultural science, medical science, engineering and technological science, humanities and social sciences (referred to as scientific and technological fields). S&T activities can be classified into 3 categories: research and development (R&D) activities, application of R&D results, and related S&T services. This statistical definition is made by UNICHIEF for scientific and technological activities to meet the need of carrying out statistical work in this field for its member countries particularly the developing countries.

Personnel Engaged in S&T Activities refer to personnel directly engaged in S&T activities, in the management of S&T activities, and in providing direct service to S&T activities, with over 10% of the total working hours in a year spent on S&T activities. (1) Personnel directly engaged in S&T activities include researchers, engineers, technicians and other related personnel engaged in S&T activities in independent - accounting R&D institutions, institutions of higher learning, and in research institutes, laboratories, technology development centres and central experiment workshops under enterprises and institutions. Also included are people working in S&T research project teams, professional and technical personnel working in S&T information archiving institutes, and graduate students working on the design of their thesis. (2) Personnel engaged in the management of S&T activities and in providing direct service to S&T activities include senior management people responsible for S&T activities in independent - accounting R&D institutions, S&T information archiving institutes, institutions of higher learning and in enterprises and institutions where S&T activities are undertaken. Also included are people responsible for the planning, administration, personnel management, financial management, logistics supply, equipment maintenance, information and library management that are related with S&T activities. People providing indirect services are excluded, such as security, medical service, drivers, plumbers, cleaners and those providing catering and related service. This indicator reflects the size of personnel engaged in S&T activities.

Scientists and Engineers refer to persons engaged in S&T activities either having obtained titles of senior and middle level professional positions, or those without such positions but have completed university or higher education. This indicator reflects the quality of personnel engaged in S&T activities.

Research and Development (R&D) refers to systematic and creative activities in the field of science and technology aiming at increasing the knowledge and using the knowledge for new application. R&D includes 3 categories of activities: basic research, applied research and experimentation for development. The scale and intensity of R&D are widely used internationally to reflect the strength of S&T and the core competitiveness of a country in the world.

Basic Research refers to empirical or theoretical research aiming at obtaining new knowledge on the fundamental principles regarding phenomena or observable facts to reveal the intrinsic nature and underlying laws and to acquire new discoveries or new theories. Basic research takes no specific or designated application as the aim of the research. Results of basic research are mainly released or disseminated in the form of scientific papers or monographs. This indicator reflects the innovation capacity for original knowledge.

Applied Research refers to creative research aiming at obtaining new knowledge on a specific objective or target. Purpose of the applied research is to identify the possible uses of results from basic research, or to explore new (fundamental) methods or new approaches. Results of applied research are expressed in the form of scientific papers, monographs, fundamental models or invention patents. This indicator reflects the exploration of ways to apply the results of basic research.

Experiments and Development refer to systematic activities aiming at using the knowledge from basic and applied researches or from practical experience to develop new products, materials and equipment, to establish new production process, systems and services, or to make substantial improvement on the existing products, process or services. Results of experiment and development activities are embodied in patents, exclusive technology, and monotype of new products or equipment. In social sciences, experiment and development activities refer to the process of converting the knowledge from basic or applied researches into feasible programmes (including conduct of demonstration projects for assessment and evaluation). There are no experiment and development activities in the science of humanities. This indicator reflects the capability of transferring the results of

S&T into technique and products, and measures the realization of S&T in spearheading the economic and social development.

R & D Personnel refer to persons engaged in research, management and supporting activities of R & D, including persons in the project teams, persons engaged in the management of S&T activities of enterprises and supporting staff providing direct service to the research projects. This indicator reflects the size of personnel engaged in R&D activities with independent intellectual property.

Full – time Equivalent of R&D Personnel refers to the sum of the full – time persons and the full – time equivalent of part – time persons converted by workload. For instance, if there are 2 full – time persons and 3 part – time workers (20%, 30% and 70% of working hours respectively on R&D activities), the full – time equivalent are 2 + 0. 2 + 0. 3 + 0. 7 = 3. 2 person – years. This is an internationally comparable indicator of S&T manpower input.

Professional and Technical Personnel refer to persons engaged in professional and technical work or in the management of professional and technical activities, i. e., people with professional or technical positions who are engaged in professional and technical work or in the management of professional and technical activities, and people without professional or technical positions but are working on professional or technical posts. They include professionals and technicians working in 17 categories of technical occupations including engineering, agriculture, scientific researches, medical service, teaching, economic research and application, accounting, statistics, translation, libraries, archives, cultural and museum service, journalism and publication, lawyers, notarization service, radio and television broadcasting, handicraft and fine arts, sports, performing art, and political workers in enterprises. This indicator reflects the condition of human resources in S&T.

Funding for S&T Activities refers to funds obtained from various sources for S&T activities, including government funds, self – raised funds by enterprises, self – raised funds by institutions, loans from financial institutions, foreign funds and other funds. This indicator reflects the efforts made by various social economic entities in promoting the development of S&T.

Government Funds refer to funds obtained from government agencies at all levels to be used for S&T activities, including fund for scientific undertakings, 3 kinds of fund for S&T activities, fund for capital construction for scientific researches, science fund, funds from education expenditures by education departments for S&T activities, and extra – budget fund from government agencies for S&T activities.

Funds of Enterprises refers to funds of enterprises from their own budget; funds from other enterprises; or funds received by universities or research institutions from enterprises for scientific research or technical development projects. Excluded from this category are funds from government agencies, financial institutions or from foreign institutions.

Loans from Financial Institutions refer to loans from various financial institutions for S&T activities.

Internal Expenditure on S&T activities refer to the actual expenditure on S&T activities during the reference year, including service fees, expenditure on research activities, expenditure on research management, purchase or construction of fixed assets not included in the investment for capital construction, expenditure on capital construction for scientific researches, and other expenditure on S&T activities. Not included are expenditure on production activities, repayment of loans and transfer expenditure. This indicator reflects the net investment in S&T more accurately.

Service Fees refer to direct or indirect payment, in cash or in kind, made to personnel engaged in S&T activities as remuneration and other fees. They include, in various forms, salaries, subsidies, bonus, benefits, retirement pension, stipend, etc. This indicator reflects the improvement of the remuneration package for S&T personnel.

Purchase or Construction of Fixed Assets refers to the fixed assets purchased or constructed using funds other than the investment in capital construction, and the actual expenditure on capital construction for scientific researches. In other words, it is the sum of the actual expenditure on fixed assets and the accomplished investment in capital construction for scientific researches. Fixed assets refer to main materials and equipment, literatures and documents in libraries, materials for experiments, specimen, instruments, furniture, buildings and constructions that can be used for a long time without changing the form and shape of those articles or constructions. This indicator reflects the input in improving the condition of S&T and the means of scientific research.

New Products refer to brand new products produced with new technology and new design, or products that represent noticeable improvement in terms of structure, material, or production process for improving significantly the character or function of the older versions. They include new products certified by relevant government agencies within the period of certification, as well as new products designed and produced by enterprises within a year without certification by government agencies. This indicator reflects the direct contribution of S&T output to economic growth.

Patent is an abbreviation for the patent right and refers to the exclusive right of ownership by the inventors or designers for the creation or inventions, given from the patent offices after due process of assessment and approval in accordance with the Patent Law. Patents are granted for inventions, utility models and designs. This indicator reflects the achievements of S&T and design with independent intellectual property.

Patented Inventions refer to new technical proposals to the products or methods or their modifications. This is universal core indicator reflecting the technologies with independent intellectual property.

Patented Utility Models refer to the practical and new technical proposals on the shape and structure of the product or the combination of both. This indicator reflects the condition of technological results with certain technical content.

Designs refer to the aesthetics and industrially applicable new designs for the shape, pattern and colour of the product, or their combinations. This indicator reflects the appearance design achievements with independent intellectual property.

2009

第18篇

CHAPTER 18

教育和文化

Education and Culture

每万人口中在校学生数（人）

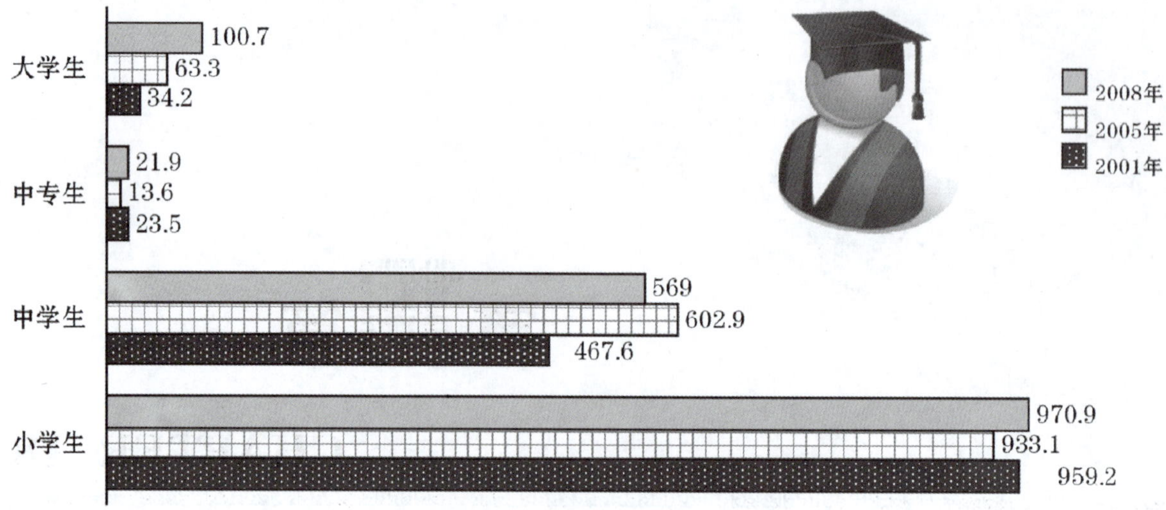

各级各类学校数（所）

基础教育升学率

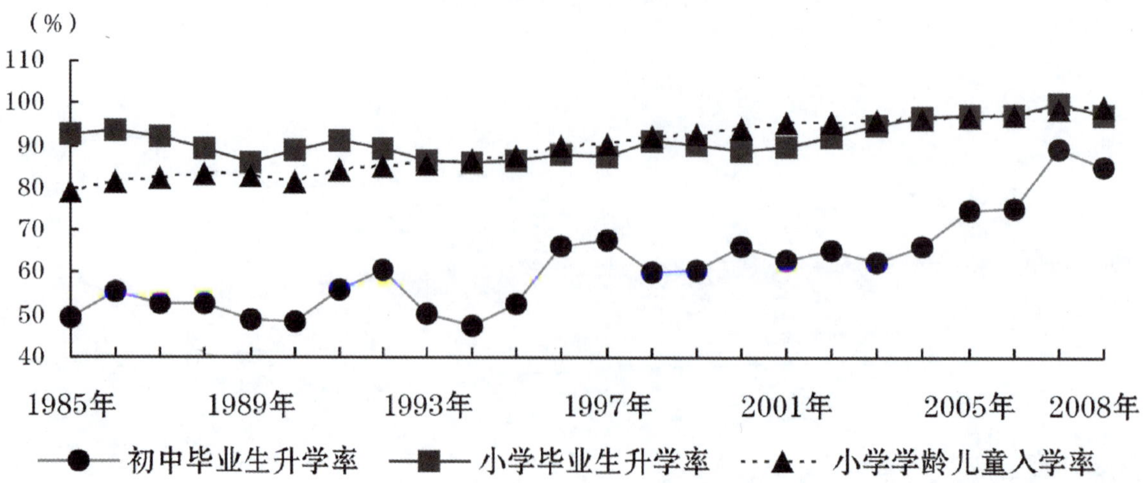

18-1 主要年份各级各类学校数
Number of Schools by Level and Type of School in Main Years

单位:所 (unit)

年份 地区	Year Region	普通高等学校 Regular Institutions of Higher Education	中等职业教育 Secondary Vocational Education	普通中学 Regular Secondary Schools	普通小学 Regular Primary Schools
1952			7	4	1065
1957		1	18	14	1441
1965		1	14	30	5847
1970		3	9	49	3097
1975		4	11	540	6531
1978		6	27	818	6577
1980		6	33	582	5207
1985		7	37	435	4256
1990		7	39	484	3839
1995		7	34	471	3437
1996		7	34	467	3451
1997		6	35	459	3473
1998		6	35	449	3465
1999		6	35	448	3448
2000		8	15	448	3429
2001		6	16	486	3159
2002		8	15	444	3120
2003		9	17	504	2998
2004		9	14	507	2995
2005		8	47	511	2898
2006		8	50	498	2841
2007		8	45	495	2727
2008		8	43	491	2556
西宁市	Xining City	8	24	145	588
海东地区	Haidong Prefecture		6	165	1044
海北州	Haibei Zang A.P		4	23	154
黄南州	Huangnan Zang A.P		1	26	184
海南州	Hainan Zang A.P		2	36	275
果洛州	Golog Zang A.P		3	16	53
玉树州	Yushu Zang A.P		1	21	181
海西州	Haixi Mongolian & Zang A.P		2	59	77

18-2 主要年份普通高等学校基本情况

Basic Statistics on Regular Institution of Higher Education in Main Years

单位:人 (person)

年 份 Year 地 区 Region	毕业人数 Graduates	招生人数 New Enrollment	在校学生数 Total Enrollment	教职工人数 Teachers and Staff	专任教师 Full-time Teashers	生师比 Student-Teacher Ratio
1957		102	178	113	55	3.2
1965	297	176	566	634	326	1.7
1970	323	368	616	792	351	1.8
1975	688	861	2709	1350	625	4.3
1978	785	1314	3538	1663	819	4.3
1980	692	1208	4238	1970	999	4.2
1985	1159	2037	6414	2559	1253	5.1
1990	1930	1725	6241	2805	1470	4.2
1995	2133	2339	7332	2965	1410	5.2
1996	2033	2460	7780	2973	1398	5.6
1997	2135	2619	8202	3108	1587	5.2
1998	2241	2787	8691	3399	1678	5.2
1999	2490	3172	7347	3454	1711	5.5
2000	2130	6105	13307	4229	2107	6.3
2001	2561	7032	17918	4669	2094	8.6
2002	2763	7123	22198	5314	2580	8.6
2003	4771	9075	26124	5589	2769	9.9
2004	5802	9452	29483	5820	3079	9.6
2005	8344	12812	34374	5830	3051	11.3
2006	8773	12318	37146	6038	3296	11.3
2007	9842	12493	39066	6127	3156	12.4
2008	13986	20505	55792	6242	3368	16.6
西宁市 Xining City	13986	20505	55792	6242	3368	16.6

注：2008年普通高校毕业生数、招生数、在校生数含成人本专科生。

a) Graduates, new enrollment and total enrollment of regular institution of higher education in 2008 include adult undergraduates and adult college students.

18–3 主要年份中等职业教育基本情况
Basic Statistics on Secondary Vocational Schools in Main Years

单位:人 (person)

年份 地区	Year Region	毕业人数 Graduates	招生人数 New Enrollment	在校学生数 Total Enrollment	教职工人数 Teachers and Staff	专任教师 Full-time Teashers	生师比 Student-Teacher Ratio
1952		134	499	1602	236	88	18.2
1957		465	1486	5856	862	330	17.8
1965		510	1644	3825	753	313	12.2
1970		970	1677	2210	578	261	8.5
1975		1502	2006	5703	989	436	13.1
1978		1778	3459	7966	1374	657	12.1
1980		2484	2922	9615	1917	955	10.5
1985		2872	4512	12159	2555	1283	9.5
1990		4216	3378	11286	3102	1670	6.8
1995		3280	4217	13643	3048	1691	8.1
1996		4296	4186	13479	3062	1701	7.9
1997		4121	3867	13215	3048	1719	7.7
1998		4215	4019	12925	3079	1758	7.4
1999		4252	4050	12600	3072	1777	7.1
2000		4093	4781	13406	2398	1363	9.8
2001		3477	3006	12296	2252	1307	9.4
2002		3266	2881	11382	1159	713	16.0
2003		4204	1829	8107	773	470	10.2
2004		2401	1466	5028	546	342	14.7
2005		5836	13216	24656	2227	1588	15.5
2006		7939	21173	36886	2408	1723	21.4
2007		9175	30861	54566	2569	1906	28.6
2008		13798	30968	67917	3100	2379	28.5
西宁市	Xining City	8649	18784	42940	1837	1406	30.5
海东地区	Haidong Prefecture	3288	6974	15093	467	425	35.5
海北州	Haibei Zang A.P	416	1600	2765	202	142	19.5
黄南州	Huangnan Zang A.P	589	1116	2039	35	23	88.7
海南州	Hainan Zang A.P	97	1002	2231	80	57	39.1
果洛州	Golog Zang A.P	116	254	554	107	36	15.4
玉树州	Yushu Zang A.P	125	470	849	195	162	5.2
海西州	Haixi Mongolian & Zang A.P	518	768	1446	177	128	11.3

18-4 主要年份普通中学基本情况

Basic Statistics on Regular Secondary Schools in Main Years

单位:人 (person)

年份 Year / 地区 Region		毕业人数 Graduates	招生人数 New Enrollment	在校学生数 Total Enrollment	教职工人数 Teachers and Staff	专任教师 Full-time Teashers	生师比 Student-Teacher Ratio
1952		193	454	1221	137	60	8.9
1957		1026	4111	9382	539	400	17.4
1965		2182	4403	11978	1122	767	10.7
1970		8096	14374	38913	1700	1375	22.9
1975		26410	53092	120724	7528	5857	16.0
1978		49600	78600	209100	11512	9791	18.2
1980		58600	70597	199200	14058	10779	18.5
1985		58200	76200	230700	16599	12917	17.9
1990		67074	76269	217470	20161	16023	13.6
1995		57835	69755	193862	19190	15691	12.4
1996		55389	67599	192854	19046	15638	12.3
1997		58488	70944	194628	19440	16089	12.1
1998		58703	72987	195037	18884	16009	12.2
1999		56712	78901	207214	19090	16260	12.7
2000		57812	86540	224660	19378	16645	13.5
2001		61357	93034	244629	19835	16857	14.5
2002		56820	85181	220921	16670	14801	14.9
2003		75421	110325	294400	21257	18613	15.8
2004		83727	111830	315284	21853	19402	16.3
2005		93478	116340	327502	22370	20050	16.3
2006		100558	111044	328027	23047	20765	15.8
2007		101883	112097	327039	23357	21038	15.5
2008		106574	106538	315371	23429	21194	14.9
西宁市	Xining City	41018	39056	116025	9600	8842	13.1
海东地区	Haidong Prefecture	35962	31868	99331	7059	6629	15.0
海北州	Haibei Zang A.P	5392	6035	15457	1085	916	16.9
黄南州	Huangnan Zang A.P	3819	4851	14583	899	758	19.2
海南州	Hainan Zang A.P	8073	8502	23004	1566	1375	16.7
果洛州	Golog Zang A.P	1577	2315	8210	443	381	21.5
玉树州	Yushu Zang A.P	3018	4331	12253	632	524	23.4
海西州	Haixi Mongolian & Zang A.P	7715	9580	26508	2145	1769	14.9

18-5 主要年份小学基本情况

Basic Statistics on Primary Schools in Main Years

单位:万人、人 (10 000 persons、person)

年份 地区	Year Region	毕业人数 Graduates	招生人数 New Enrollment	在校学生数 Total Enrollment	教职工人数 Teachers and Staff	专任教师 Full-time Teashers	生师比 Student-Teacher Ratio
1952		0.6	0.9	8.8	2542	2375	
1957		2.3	4.1	15.4	4661	4401	34.9
1965		1.7	14.8	31.0	11148	10812	28.6
1970		2.3	3.4	23.1	10196	10057	23.0
1975		4.8	18.3	54.1	20512	19485	27.7
1978		6.5	13.4	59.9	24933	23918	25.0
1980		6.3	11.5	57.5	27049	25162	22.8
1985		6.1	9.6	54.2	26818	24649	22.0
1990		6.5	7.7	49.0	28582	26515	18.5
1995		5.9	8.3	44.8	28810	26881	16.7
1996		5.9	8.7	46.0	29298	27350	16.8
1997		6.1	8.9	47.1	29490	27611	17.1
1998		6.3	9.1	48.7	29433	27702	17.6
1999		6.9	9.6	50.1	29130	27452	18.2
2000		7.6	9.4	50.5	29371	27706	18.2
2001		7.9	9.5	50.2	29377	27870	18.0
2002		8.1	10.3	50.7	29546	28215	18.0
2003		8.2	9.5	50.7	29692	28496	17.8
2004		8.1	9.9	51.3	28926	27832	18.4
2005		8.1	8.9	50.7	28551	27478	18.4
2006		7.6	10.2	52.2	29209	28124	18.6
2007		7.1	10.1	53.1	28393	27303	19.4
2008		6.9	9.3	53.8	28115	27318	19.7
西宁市	Xining City	2.2	2.8	16.6	8357	8215	20.2
海东地区	Haidong Prefecture	2.0	2.4	14.0	8001	7968	17.6
海北州	Haibei Zang A.P	0.5	0.6	3.3	1646	1557	21.2
黄南州	Huangnan Zang A.P	0.5	0.6	3.4	1950	1932	17.6
海南州	Hainan Zang A.P	0.6	0.9	5.1	3033	2954	17.3
果洛州	Golog Zang A.P	0.2	0.3	2.0	1094	962	20.8
玉树州	Yushu Zang A.P	0.3	0.8	4.8	1634	1512	31.7
海西州	Haixi Mongolian & Zang A.P	0.6	0.8	4.5	2400	2218	20.3

18-6 主要年份幼儿教育事业基本情况
Basic Statistics on Kindergartens in Main Years

单位：人 (person)

年份 Year / 地区 Region		幼儿园数(所) Kindergartens (unit)	在园幼儿数 Total Enrollment	教职工人数 Teachers and Staff	幼师 Full-time Teashers	生师比 Student-Teacher Ratio
1952		3	560	46	25	22.4
1957		4	882	121	40	22.1
1965		13	2007	212	65	30.9
1980		46	15561	1053	408	38.1
1985		219	29140	1417	843	34.6
1990		203	44320	1820	1275	34.8
1995		203	72030	2694	1719	41.9
1996		192	70467	2443	1690	41.7
1997		185	73735	2947	2141	34.4
1998		192	70908	2643	1883	37.7
1999		189	66795	2784	1999	33.4
2000		201	63711	2721	2115	30.1
2001		183	67387	2646	1491	45.2
2002		215	69402	3079	1704	40.7
2003		220	74075	3243	1825	40.6
2004		240	77512	3518	1955	39.6
2005		284	82558	3978	2211	37.3
2006		317	88006	4265	2386	36.9
2007		318	88985	4384	2484	35.8
2008		374	94274	4701	2676	35.2
西宁市	Xining City	265	50077	3097	1745	28.7
海东地区	Haidong Prefecture	33	22099	489	292	75.7
海北州	Haibei Zang A.P	10	5391	176	113	47.7
黄南州	Huangnan Zang A.P	11	2500	108	79	31.6
海南州	Hainan Zang A.P	18	4239	223	134	31.6
果洛州	Golog Zang A.P	5	781	39	32	24.4
玉树州	Yushu Zang A.P	4	882	42	33	26.7
海西州	Haixi Mongolian & Zang A.P	28	8305	527	248	33.5

18-7 主要年份基础教育基本情况
Basic Statistics on Basic Education in Main Years

单位:% (%)

年份 Year / 地区 Region		初中毕业生升学率 Promotion Rate from Junior Secondary Schools to Senior Seconday Schools	小学毕业生升学率 Promotion Rate from Primary Schools to Junior Secondary Schools	小学学龄儿童入学率 Net Enrollment Ratio of Primany Schools
1952		82.1	45.1	
1957		113.0	58.1	
1965		93.7	106.7	73.1
1970		46.8	53.4	51.4
1975		63.0	89.5	89.8
1978		58.8	92.1	85.5
1980		40.2	86.9	82.4
1985		49.9	92.6	79.2
1990		48.4	88.9	81.5
1995		52.5	86.5	87.4
1996		66.5	87.9	89.6
1997		67.9	87.4	90.4
1998		60.1	91.1	92.1
1999		60.5	90.5	92.7
2000		66.4	88.7	94.2
2001		63.1	89.6	95.4
2002		65.5	92.0	95.4
2003		62.5	95.2	96.1
2004		66.5	96.9	96.6
2005		74.6	97.3	97.0
2006		75.1	97.3	97.1
2007		89.3	100.1	98.6
2008		85.0	97.5	99.4
西宁市	Xining City	109.6	102.4	99.6
海东地区	Haidong Prefecture	78.0	94.3	99.8
海北州	Haibei Zang A.P	66.9	94.2	99.2
黄南州	Huangnan Zang A.P	85.1	74.6	99.0
海南州	Hainan Zang A.P	50.2	94.0	99.4
果洛州	Golog Zang A.P	38.6	129.8	98.5
玉树州	Yushu Zang A.P	54.3	108.9	98.4
海西州	Haixi Mongolian & Zang A.P	71.3	100.6	99.6

18-8 主要年份全省每万人口中在校学生数

Students Enrollment per 10 Thousand People in Main Years

单位:人 (person)

年份 Year	普通高等学校 Regular Institutions of Higher Education	中等职业学校 Secondary Vocational Schools	普通中专 Regular Specialzed Secondary Schools	普通中学 Regular Secondary Schools	普通小学 Primary Schools
1952		10.0	10.0	8.0	547.0
1957	0.9	30.0	30.0	46.0	749.0
1965	3.0	16.0	16.0	52.0	1343.0
1970	2.0	8.0	8.0	138.0	818.0
1975	8.0	17.0	17.0	358.0	1602.0
1978	10.0	22.0	22.0	573.0	1642.0
1980	11.0	25.0	25.0	529.0	1525.0
1985	15.9	30.3	30.3	556.4	1350.6
1990	14.0	25.4	25.4	489.9	1104.6
1995	15.4	28.6	28.6	406.0	938.2
1996	15.9	27.6	27.6	421.6	941.1
1997	16.5	26.7	26.7	392.7	951.2
1998	17.3	25.7	25.7	387.9	967.9
1999	18.3	24.7	24.7	406.5	982.1
2000	25.7	25.9	25.9	433.7	974.5
2001	34.2	23.5	23.5	467.6	959.2
2002	42.0	21.5	21.5	499.8	958.4
2003	48.9	19.7	15.2	551.5	949.6
2004	54.7	34.9	9.3	585.4	951.7
2005	63.3	45.4	13.6	602.9	933.1
2006	92.7	67.3	16.5	598.9	953.1
2007	92.4	98.9	21.9	592.9	963.1
2008	100.7	122.5	21.9	569.0	970.9

18-9 2005-2008年各级学校女学生和女教师数

Number of Female Students and Teachers in All Schools(2005-2008)

单位:人 (person)

指标	Iten	普通高等学校 Regular Institutions of Higher Education				中等职业学校 Secondary Vocational Schools			
		2005	2006	2007	2008	2005	2006	2007	2008
毕业生数	**Graduates**	**8227**	**8609**	**9455**	**13986**	**5836**	**7939**	**9175**	**13798**
女性	Females	4034	3990	4648	7250	3241	4283	4320	6087
招生数	**New Enrollment**	**11682**	**11856**	**11955**	**20505**	**13216**	**21173**	**30861**	**30968**
女性	Females	6245	5143	6029	10065	6742	9745	13702	14019
在校生数	**Total Enrollment**	**32753**	**35983**	**37654**	**55792**	**24656**	**36886**	**54566**	**67917**
女性	Females	16499	17220	17854	27310	12439	17366	24384	30898
教职工数	**Teachers and Staff**	**5830**	**6038**	**6127**	**6862**	**2227**	**2408**	**2569**	**3100**
女性	Females	2544	2689	2726	3047	981	1039	1123	1344
专任教师	**Full-time Teachers**	**3051**	**3296**	**3156**	**3769**	**1588**	**1723**	**1906**	**2379**
女性	Females	1461	1582	1549	1861	699	757	857	1085

注：2008年普通高校毕业生数、招生数、在校生数含成人本专科生。

a) Graduates, new enrollment and total enrollment of regular institution of higher education in 2008 include adult undergraduates and adult college students.

18-10 各级学校基本情况(2008)
Basic Statistics of General Education Schools at All Levels (2008)

单位:人 (person)

项目	Item	学校数(所) Number of Schools (unit)	毕业生人数 Graduates	招生人数 New Enrollment	在校学生数 Total Enrollment	教职工人数 Teachers and Staff	专任教师 Full-time Teashers
总计	**Total**	**3484**	**261596**	**326551**	**1082584**	**66355**	**57457**
高等教育	**Higher Education**	**10**	**14223**	**20956**	**56779**	**6862**	**3769**
普通高校	**Regular Institutions of Higher Education**	**8**	**13986**	**20505**	**55792**	**6242**	**3368**
研究生	Postgraduates		321	511	1332		
普通本专科	Regular Undergradustes and College Students	8	9742	14444	42177		
本科	Enrolled in Full Undergraduate Courses		4775	6923	25148		
成人本专科	Adult Undergradustes and College Students		3923	5550	12283		
本科	Enrolled in Full Undergraduate Courses		2262	3789	8415		
成人高校	**Adult Institutions of Higher Education**	**2**	**237**	**451**	**987**	**620**	**401**
中等职业教育	**Secondary Vocational Education**	**43**	**13798**	**30968**	**67917**	**3100**	**2379**
调整后中职学校	Secondary Vocational School After Adjusted	27	6099	16504	35902	1857	1410
普通中专	Regular Specialized Secondary Schools	5	3587	5394	12128	507	360
成人中专	Adult Specialized Secondary Schools	4	1826	3621	8621	511	408
职业高中	Vocational Senior Secondary Schools	7	2286	5449	11266	225	201
普通中学	**Regular Secondary Schools**	**491**	**106574**	**106538**	**315371**	**23429**	**21194**
高中	Senior Secondary Schools	138	33651	38824	108140		7515
初中	Junior Secondary Schools	353	72923	67714	207231		13679
普通小学	**Primary Schools**	**2556**	**69450**	**93110**	**538193**	**28115**	**27318**
特殊教育学校	**Special Schools**	**10**	**178**	**286**	**2442**	**148**	**121**
幼儿园	**Kindergartens**	**374**	**57373**	**71355**	**94274**	**4701**	**2676**

18-11 技工学校学生情况统计表(2008年)

Basic Statistics on Students of Technical Schools(2008)

单位:人 (person)

项 目	Item	总 计 Total	地方劳动保障部门办校 Run by Department of Local Labor and Social Security	地方国有经济单位办校 Run by Local State-owned Units	行业办校 Run by Sector	民 办 Run by Private Institutions
学校数	**Number of Schools (unit)**	**16**	**3**	**7**	**3**	**3**
招生学校数	Number of Schools of Having New Enrollment students	13	3	6	2	1
教职工人数	**Testhers and Staff**	**1872**	**367**	**912**	**504**	**89**
女性	Female	920	154	448	290	28
文化技术理论课教师	Classroom Teachers	1009	251	528	206	24
高级讲师	Senior Prelector	312	68	192	50	2
讲师	Prelector	411	123	200	87	1
助理讲师	Assistant Prelector	203	60	105	38	
大学本科以上	Above Undergraduate	691	153	451	81	6
招生数	**New Enrollment**	**8020**	**2129**	**2989**	**2735**	**167**
高级班学生	Senior Students	874		540	334	
农业户口学生	Students of Agricultural Registered Permanent Residence	6765	6765	2077	2061	167
在校生数	**Total Enrollment**	**18358**	**3907**	**7817**	**6424**	**210**
女生	Female	5459	1654	2531	1244	30
高级班学生	Senior Students	2214		1363	851	
农业户口学生	Students of Agricultural Registered Permanent Residence	14750	3278	5431	5832	209
毕业生数	**Gradustes**	**3887**	**536**	**2149**	**1202**	
高级班学生	Senior Students	441		365	76	
获得中级职业资格	Access to Intermediate Professional Qualification	3164	517	1521	1126	
获得高级职业资格	Access to Senior Professional Qualification	412		336	76	
培训社会人员人次数	**Number of Training Community Staff**	**24732**	**3366**	**8444**	**5961**	**6961**
女性	Female	10534	1305	4637	1659	2933
培训社会人员结业人数	**Number of Completed Course of Training Community Staff**	**24476**	**3110**	**8444**	**5961**	**6961**
按培训对象分组	**Grouped by Training Object**					
下岗职工	Laid-off Staff and Works					
失业人员	Unemployed Persons	1675		330	179	1166
劳动预备制学员	Persons of Work Preparation Training	1083			410	673
在职职工	Staff and Workers	13967	875	7724	5094	274
农村劳动者	Rural Labor	7685	2235	390	263	4797
大学毕业生	Graduate	66			15	51
按获取证书分组	**Grouped by Certificate Obtained**					
初级职业资格	Primary Professional Qualification	4741	1119	552	73	2997
中级职业资格	Intermediate Professional Qualification	2727	5	684	1725	313
高级职业资格	Senior Professional Qualification	3839	57	2594	843	345
就业人数	**Number of Employed Persons**	**3843**	**536**	**2131**	**1176**	

18-12 2007-2008年教育事业办学条件
Education Conditions for Running Schools(2007-2008)

项 目	Item	2007	2008
学校校舍面积 （万平方米）	**Schoolhouse Area (10 000 square meter)**	**703.43**	**720.24**
高等学校校舍面积	Schoolhouse Area of Institutions of Higher Education	144.67	157.30
危房	Danger Schoolhouse	0.89	0.89
普通高校	Regular Institutions of Higher Education	133.24	145.80
成人高校	Adult Institutions of Higher Education	11.42	11.48
中等职业教育校舍面积	Schoolhouse Area of Secondary Vocational Education	46.13	46.78
危房	Danger Schoolhouse	1.63	2.40
普通中学校舍面积	Schoolhouse Area of Regular Secondary Schools	256.99	249.43
危房	Danger Schoolhouse	15.34	16.38
小学校舍面积	Schoolhouse Area of Regular Primary Schools	255.64	266.73
危房	Danger Schoolhouse	21.18	19.38
学校固定资产 （万元）	**Fixed Assets of Schools (10 000 yuan)**	**311273.00**	**530069.10**
高等学校固定资产	Institutions of Higher Education	100855.00	114894.00
中等职业教育固定资产	Secondary Vocational Education	35172.40	48712.90
普通中学固定资产	Regular Secondary Schools	15965.10	182261.90
小学固定资产	Regular Primary Schools	159280.50	184200.30
学校图书藏量 （万册）	**School Book Reserves (10 000 volume)**	**1392.75**	**1482.07**
高等学校图书	Institutions of Higher Education	395.24	412.68
中等职业教育图书	Secondary Vocational Education	57.91	70.48
普通中学图书	Regular Secondary Schools	439.80	455.61
小学图书	Regular Primary Schools	499.80	543.30

18-13 2007－2008年文化事业机构、人员情况

Basic Statistics of Cultural Institutions and Personnel(2007－2008)

类 别	Category	机构数(个) Number of Institutions (unit)		从业人员(人) Number of Employed Persons (person)	
		2007	2008	2007	2008
总 计	**Total**	**361**	**361**	**3005**	**2686**
艺术事业	**Arts**	**13**	**12**	**911**	**862**
艺术表演团体	Arts Performance Troupes	11	12	875	862
话剧团	Drama Troupe				
歌剧、舞剧、歌舞剧团	Opera, Ballet and Dance Troupe	1	1	226	180
歌舞团、轻音乐团	Song and Dance Troupe, Light Music Troupe	7	8	354	397
文工团、文宣队、乌兰牧骑	Cultural and Performance Troupes and Ulanmuchi (equestrian art troupes)	1	1	18	29
戏曲剧团	Local Opera Troupes	2	2	277	256
京剧团	Beijing Opera Troupes				
艺术表演场所	Arts Performance Places	2		36	
图书馆事业	**Public Libraries**	**43**	**43**	**382**	**392**
文物事业	**Cultural Relics**	**43**	**43**	**317**	**322**
文物机构	Historical Relics Agencies	24	25	137	154
文物保护机构	Agencies of Historical Relics Preservation	23	24	92	109
博物馆	Museums	18	18	161	168
文物商店	Cultural Relics Shops	1		12	
群众文化事业	**Mass Culture**	**249**	**254**	**692**	**720**
群众艺术馆	Mass Art Centers	10	9	173	163
文化馆	Cultural Centers	44	45	334	346
文化站	Cultural Stations	195	200	185	211
艺术教育事业	**Culture and Education**	**1**	**1**	**80**	**77**
中等专业学校	Specialized Secondary Schools	1	1	80	77
其他文化事业	**Other Cultural Units**	**12**	**11**	**623**	**145**
艺术科研机构	Art Research Institutions	1	1	12	14
其他	Others	11	10	611	131

18–14 主要年份报刊、杂志、图书出版情况

Basic Statistics of Newspapers,Magazines,Books Published in Main Years

年 份 Year	报 纸 Newspapers Published		杂 志 Magazines Published		图 书 Books Published	
	种 数 (种) Number of Publication (kind)	总印数 (万份) Total Printed Copies (10 000 Copies)	种 数 (种) Number of Publication (kind)	总印数 (万册) Total Printed Copies (10 000 Copies)	种 数 (种) Number of Publication (kind)	总印数 (万册) Total Printed Copies (10 000 Copies)
1957		565.4			23	15.1
1970					80	312.0
1975	2	2991.1			196	1167.9
1978	2	2966.0	1	6.0	204	1051.5
1980	3	3160.0	1	64.7	586	2231.4
1985	10	4312.8	17	111.1	339	960.7
1990	12	3894.4	17	51.9	527	1081.9
1992	15	4773.5	25	63.1	624	1128.3
1993	15	4335.0	27	67.5	628	864.7
1994	15	4316.9	37	78.9	764	1024.8
1995	16	5677.0	39	78.5	735	1226.7
1996	16	4254.0	39	70.3	667	1025.3
1997	16	4054.0	40	81.1	479	1081.9
1998	14	3792.0	39	85.3	501	1295.2
1999	17	4002.0	45	88.0	450	1126.9
2000	21	4800.2	50	91.2	195	586.2
2001	19	4235.8	31	280.8	148	507.0
2002	20	4494.2	43	59.2	142	397.5
2003	20	4752.0	41	73.8	156	827.7
2004	21	4384.0	49	220.0	377	504.0
2005	19	4486.0	40	204.0	390	840.4
2006	27	4400.0	52	108.0	392	1077.0
2007	25	9757.0	52	196.0	576	1143.0
2008	26	8859.0	52	281.0	656	987.0

18–15 广播播出公共节目时间(2008年)
Public Program Time of Propaganda on Broadcast(2008)

单位:时、分 (hour、minyte)

地 区	Region	合 计 Total	新闻资讯类 News	专题服务类 Special Subject	综 艺 类 General Entertainment	广播剧类 Radio Drama	广 告 类 Advertising	其 他 类 Others
合 计	**Total**	**53734.20**	**10431.15**	**11835.15**	**11408.0**	**5000.0**	**3364.3**	**11695.2**
省 级	Provincial	28926.0	3528.3	6777.0	5114.0	4083.0	2386.0	7037.3
青海广播电台	Qinghai Broadcasting Station	28926	3528.3	6777.0	5114.0	4083.0	2386.0	7037.3
地市级	Regional	24808.2	6902.45	5058.15	6294.0	2988.0	978.3	4657.5
西宁市	Xining City	18329.3	5096.0	4237.0	2717.0	917.0	978.3	4384.0
玉树州	Yushu Zang A.P	2098.5	456.15	456.15	912.3			273.5
海西州	Haixi Mongolian & Zang A.P	4380.0	1350.3	365.0	2664.3			0.0

18–16 电视播出公共节目时间(2008年)
Public Program Time of Propaganda on Television(2008)

单位:时、分 (hour、minyte)

地 区	Region	合 计 Total	新闻资讯类 News	专题服务类 Special Subject	综艺益智类 General Entertainment	影视剧类 Radio Drama	广 告 类 Advertising	其 他 类 Others
合 计	**Total**	**68220.55**	**6026.60**	**6773.45**	**5515.00**	**35712.00**	**8305.25**	**5888.25**
省 级	Provincial	31760.30	1825.30	3438.00	2909.00	14235.00	4843.00	4510.00
青海电视台	Qinghai Broadcasting Station	31760.30	1825.30	3438.00	2909.00	14235.00	4843.00	4510.00
地市级	Regional	29982.25	4045.30	3145.45	2354.00	16267.00	2972.25	1198.25
西宁电视台	Xining Broadcasting Station	12635.00	1155.00	1723.00	456.00	6569.00	2552.00	180.00
海北电视台	Haibei Broadcasting Station	2406.00	548.00	365.00		1275.00	36.00	182.00
黄南电视台	Huangnan Broadcasting Station	3668.00	487.00	183.00	120.00	2555.00	123.00	200.00
海南电视台	Hainan Broadcasting Station	2498.00	360.00	120.00	110.00	1743.00	140.00	25.00
果洛电视台	Golog Broadcasting Station	2973.25	720.00	185.00	180.00	1445.00		443.25
玉树电视台	Yushu Broadcasting Station	2873.40	426.00	294.15	973.00	1095.00	1.25	84.00
海西电视台	Haixi Broadcasting Station	2929.60	349.30	275.30	515.00	1585.00	120.00	84.00
县 级	Prefectural	6478.00	156.00	190.00	252.00	5210.00	490.00	180.00
格尔木电视台	Haibei Broadcasting Station	6478.00	156.00	190.00	252.00	5210.00	490.00	180.00

18-17 广播节目制作情况(2008年)
Production of Radio Programs(2008)

单位:小时 (hour)

项 目	Item	总 计 Total	青 海 广播电台 Qinghai Broadcasting Station	地市级广播电台 Region and City Broadcasting Station	西宁市 Xining City	玉树州 Yushu Zang A.P	海西州 Haixi Mongolian & Zang A.P
本年制作广播节目	**Production of Radio Programs**	**37642**	**18209**	**19433**	**13836**	**1217**	**4380**
新闻资讯	News Programs	9239	3502	5737	4113	274	1350
专题服务	Special Subject Programs	11844	7230	4614	3975	274	365
综艺类	General Entertainment Programs	7844	2591	5253	2040	548	2665
广播剧类	Radio Play Programs	391	391				
广告	Advertising Programs	1712	734	978	978		
其他类	Others	6612	3761	2851	2730	121	

18-18 2007-2008年有线电视基本情况
Basic Statistics on Cable Television(2007-2008)

地 区	Region	总户数(万户) Total Households (10 000 households)		总用户数(万户) Number of Users of CATV (10 000 households)		有线电视入户率(%) CATV Coverage of Household (%)	
		2007	2008	2007	2008	2007	2008
合 计	Total	140.63	144.93	34.50	35.89	24.52	24.76
西宁市	Xining City	54.85	58.45	30.60	32.28	55.87	55.23
海东地区	Haidong Prefecture	39.01	38.29				
海北州	Haibei Zang A.P	7.34	7.34	0.80	0.53	10.51	7.22
黄南州	Huangnan Zang A.P	5.79	5.8	0.45	0.38	7.73	6.55
海南州	Hainan Zang A.P	10.76	11.2	0.20	0.2	1.67	1.61
果洛州	Golog Zang A.P	4.07	4.24	0.29	0.31	7.24	7.31
玉树州	Yushu Zang A.P	7.28	7.65	0.16	0.21	2.14	2.75
海西州	Haixi Mongolian & Zang A.P	11.52	11.96	1.98	1.98	17.25	16.56

18-19 主要年份广播、电视事业发展和普及情况
Basic Statistics on Development and Popularization of Radio and Television in Main Years

年份 Year	广播电台数（座） Number of Broadcasting Stations (set)	广播发射台和转播台（座） Broadcast Transmission Stations and Relaying Stations (set)	广播节目套数（套） Number of Broadcast Programs (set)	广播人口覆盖率(%) Radio Coverage of Population (%)	电视台数（座） Number of Television Stations (set)	电视发射台和转播台（座） Television Transmission Stations and Relaying Stations (set)	电视节目套数（套） Number of Television Programs (set)	电视人口覆盖率(%) TV Coverage of Population (%)
1952	1	1	1					
1965	1	1	2					
1978	1	5	2	25.0	1	10	1	20.0
1980	1	5	3	25.0	1	17	1	22.0
1985	3	7	6	48.0	1	120	1	46.0
1990	4	7	7	50.0	4	186	5	72.0
1992	4	8	7	50.0	4	235	5	73.0
1993	4	8	7	58.0	5	260	6	75.0
1994	4	8	7	58.0	5	273	6	75.0
1995	4	8	7	59.0	5	323	6	76.0
1996	4	8	7	59.0	5	335	6	76.0
1997	4	8	7	58.5	5	392	6	78.4
1998	4	8	7	59.3	5	410	6	78.8
1999	4	8	8	60.1	5	832	6	82.3
2000	4	7	8	63.0	5	1274	6	86.0
2001	4	8	8	80.5	6	1206	11	87.8
2002	4	8	8	84.4	8	1208	12	88.9
2003	4	8	8	84.5	9	1415	13	90.4
2004	4	8	8	86.4	9	1393	13	92.0
2005	4	8	8	86.5	8	1495	13	92.5
2006	4	8	8	87.5	8	1480	13	93.0
2007	4	8	8	88.0	8	1440	13	93.5
2008	4	8	9	88.5	8	1584	13	94

主要统计指标解释

普通高等学校 指按国家规定的设置标准和审批程序批准举办的，通过全国普通高等学校统一招生考试，招收高中毕业生为主要培养对象，实施高等学历教育的全日制大学、独立设置的学院和高等专科学校、高等职业学校及其他机构(独立学院和分校、大专班)。

大学、独立设置的学院主要实施本科层次以上教育。高等专科学校、高等职业学校实施专科层次教育。其他机构是承担国家普通招生计划任务不计校数的机构，包括独立学院、普通高等学校分校、大专班和批准筹建的普通高等学校等。独立学院指由普通本科高校按新机制、新模式举办的本科层次的二级学院，一些普通本科高校按公办机制和模式建立的二级学院，"分校"或其他类似的二级办学机构不属此范畴。

成人高等学校 指按照国家规定的设置标准和审批程序批准举办的，通过全国成人高等教育统一招生考试，招收具有高中毕业或同等学历的人员为主要培养对象，利用函授、业余、脱产等多种形式对其实施高等学历教育的学校。包括职工高等学校、农民高等学校、管理干部学院、教育学院、独立函授学院、广播电视大学、其他机构等。其他机构是承担国家成人招生计划任务不计校数的机构。

小学学龄儿童净入学率 指调查范围内已入小学学习的学龄儿童占校内外学龄儿童总数(包括弱智儿童，不包括盲聋哑儿童)的比重。计算公式为：

$$\begin{matrix}\text{小学学龄儿童}\\\text{净入学率}\end{matrix}=\frac{\text{已入学的小学学龄儿童数}}{\text{校内外小学学龄儿童总数}}\times 100\%$$

国家财政性教育经费 包括国家财政预算内教育经费，各级政府征收用于教育的税费，企业办学校教育经费，校办产业、勤工俭学和社会服务收入用于教育的经费。

财政预算内教育经费 指中央、地方各级财政或上级主管部门在年度内安排，并计划拨到教育部门和其他部门主办的各级各类学校、教育事业单位，列入国家预算支出科目的教育经费，包括教育事业拨款、科研经费拨款、基建拨款和其他经费拨款。

文化及相关产业 指为社会公众提供文化、娱乐产品和服务的活动以及与这些活动有关联的活动的集合。根据提供文化、娱乐产品和服务活动的属性特点，划分为公益性文化活动和经营性文化活动两大类。

文化及相关产业是第三产业的重要组成部分。是在我国《国民经济行业分类》基础上的派生分类，有文化服务和相关文化服务两大类：

文化服务 主要指新闻服务，出版发行和版权服务，广播、电视、电影服务，文化艺术服务，网络文化服务，文化休闲娱乐服务，其他文化服务。

相关文化服务 主要指文化用品、设备及相关文化产品的生产，文化用品、设备及相关文化产品的销售。

非文化及相关产业 由文化部门主办的不属于文化及相关产业的其他各类行业活动。

艺术表演团体 由文化部门主办或实行行业管理(经文化市场行政部门审批或已申报登记并领取相关许可证)，专门从事表演艺术等活动的各类专业艺术表演团体，含民间职业剧团。如话剧团、方言话剧团、滑稽剧团、儿童剧团、歌剧团、木偶团、皮影团等以及由若干剧种组成的综合性专业艺术表演团体。不包括半工半艺、半农半艺的剧团。

艺术表演场馆 指由文化部门主办或实行行业管理(经文化市场行政部门审批或已申报登记并领取相关许可证)，有观众席、舞台、灯光设备，公开售票、专供文艺团体演出的文化活动场所。包括剧院(场)、音乐厅、歌剧院(场)、舞剧院(场)、话剧院(场)、戏院、马戏场、影剧院等进行文艺表演的场所。不包括电影院、礼堂、体育场馆、美术馆及绘画、雕塑等艺术馆。

文化市场经营机构 经文化市场行政部门审批或已申报登记并领取相关许可证的、从事文化经营和文化服务活动的机构。

广播节目综合人口覆盖率 指根据国家广电总局制定的《广播电视人口覆盖率统计技术标准和方法》进行统计调查的，在对象区内采用无线、有线、卫星等技术手段能够收听到包括中央、省、地市、县广播节目其中任意一套的人口数占全国总人口数的百分比。

电视节目综合人口覆盖率 指根据国家广电总局制定的《广播电视人口覆盖率统计技术标准和方法》进行统计调查的，在对象区内采用无线、有线、卫星等技术手段能够收看到包括中央、省、地市、县级电视节目中任意一套的人口数占全国总人口数的百分比。

有线电视入户率 通过广播电视有线传输网收看电视节目的用户数占全国总户数的百分比。

国家综合档案馆 归口中央或地方各级档案行政管理部门直接管理的，按行政区划或历史时期设置的，收集和管理所辖范围内多种门类档案的档案馆。

Explanatory Notes on Main Statistical Indicator

Regular Institutions of Higher Education refer to educational establishments set up according to the government evaluation and approval procedures, recruiting graduates from senior secondary schools as the main target by National Matriculation TEST. They include full - time universities, colleges, institutions of higher professional education, institutions of higher vocational education, institutions of higher vocational education and others (non - university tertiary, branch schools and undergraduate classes).

Universities and colleges primarily provide undergraduate courses; institutions of higher professional education and institutions of higher vocational education primarily provide professional trainings; and others refer to educational establishments, which are responsible for enrolling higher education students under the State Plan but not enumerated in the total number of schools, including: branch schools of universities and colleges, and universities and colleges that have been approved and under plan for construction. Non - university tertiary refers to the regular undergraduate branch college which is running in new mechanism and mode, excluding the branch schools and other similar branches of educational institutions.

Institutions of Higher Education for Adults refer to educational establishments, set up in line with relevant rules approved by the government, enrolling staff and workers with senior secondary school or equivalent education, and providing higher education courses in many forms of correspondence, spare time, or full time for adults. Professionals thus trained receive a qualification equivalent to graduates studying regular courses at regular universities, colleges and professional colleges. Institutions of higher learning for adults include schools of higher education for staff and workers, schools of higher education for peasants, colleges for management cadres, pedagogical colleges, independent correspondence colleges, Radio and TV universities and other educational establishments. Other educational establishments have undertakings to enrol adult students but not enumerated in the schools under the State Plan.

Net Enrolment Ratio of Primary Schools refers to the proportion of school age children enrolled at schools to the total number of school age children both in and outside schools (including retarded children, but excluding blind, deaf and mute children). The formula is:

$$\text{Net Enrolment Ratio of Primary Schools} = \frac{\text{Total Primary School - age Children at Schools}}{\text{Total Primary School - age Children Whether or Not Attending School}} \times 100\%$$

Government Appropriation for Education refers to State budgetary fund for education, taxes and fees collected by governments at all levels that are used for education purpose, education fund for enterprise - run schools, income from school - run enterprises, work - study programme and social services that are used for education purpose.

Budgetary Fund for Education refers to education funding that is planned to be allocated to various schools and education institutions by central and local financial departments at various levels within the reference year, which is within the State budgetary expenditure, including: appropriated funds for education, for science and research, for capital construction and others.

Culture and Related Industries refer to the aggregate of activities, providing the mass with culture goods, amusement goods and services. According to the characteristics of culture goods, amusement goods and services, they can be classified into two categories, or nonprofit cultural activities and profit cultural activities.

Culture and related industries is the important component of the tertiary industry. These are the derivative sector from the Industrial Classification of the National Economy and are composed of two categories of culture services and related cultural services.

Culture services mainly include news services, publishing and copyright services, radio, television, film, arts, network, recreation, and other cultural services.

Related cultural services mainly include cultural stationery, equipment and related cultural goods, and the sales of cultural stationery, equipment and related cultural goods.

Non - culture and Related Industries refer to the other activities sponsored by the cultural sectors, which do not belong to the culture and related industries.

Arts Performance Troupes refer to the various professional performing arts groups, which sponsored by the cultural sectors or guided by the cultural society (approved by the cultural market administration, or registered and permitted with the relative certificate), including non - governmental troupes, such as drama troupes, dialect troupes, comedy troupes, children troupes, Opera troupes, puppetry troupes, Shadowgraph troupes, etc., comprehensive professional arts performance troupes. The semi – working and semi – farming arts troupes are not included.

Arts Performance Places refer to the various sites for cultural activities, which sponsored by the cultural sectors or guided by the cultural society (approved by the cultural market administration, or registered and permitted with the relative certificate), with the facility of auditorium, stage, and lighting, and selling tickets in public, specially performed by arts troupes, including theatre, concert halls, opera halls, dance halls, drama halls, cinemas, circus fields, and other showplaces for the performing arts. The cinemas, auditoriums, stadiums, and arts museums, such as art galleries, painting houses, sculpture houses, are not included.

Cultural Market Operating Units refer to the units dealing in culture and cultural services, which registered and permitted with the relative certificate by cultural market administration.

Radio Coverage of Population refers to the percentage of population, which can listen to one of central, provincial, city, prefecture, and county radio programs by wireless, cable, satellite and other technical means, in the surveying area, to national total population, according to Statistical Standard and Method on Television and Radio Coverage of Population established by the State Administration of Broadcasting, Film and Television.

Television Coverage of Population refers to the percentage of population, which can watch one of central, provincial, city, prefecture, and county television programs by wireless, cable, satellite and other technical means, in the surveying area, to national total population, according to Statistical Standard and Method on Television and Radio Coverage of Population established by the State Administration of Broadcasting, Film and Television.

Cable Television Coverage of Household refers to the percentage of household, which can watch television by cable of radio and television network, to national total household.

National Comprehensive Archives refer to all archives institution, which are directly conducted by the central and local levels archives administration, collecting and keeping various documents and materials by administrative regions or historical periods

第19篇

CHAPTER 19

卫生和体育

Public Health and Sports

卫生机构（个）

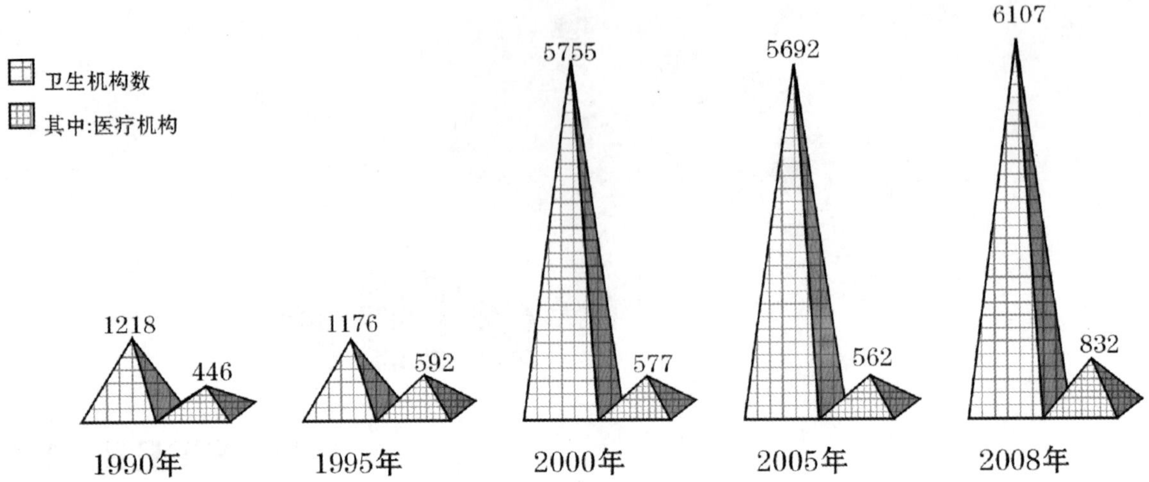

卫生机构病床及技术人员数

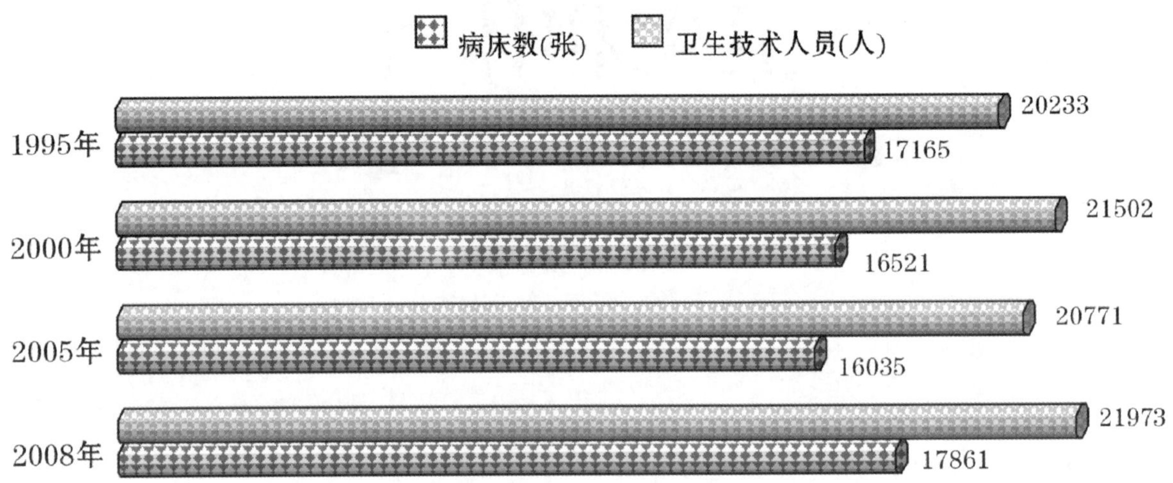

青少年业余体校在校学生数（人）

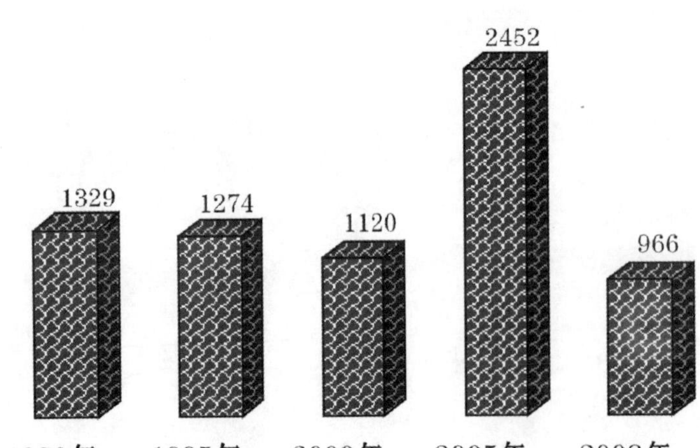

19-1 主要年份卫生事业机构、床位、人员数
Number of Health Care Institutions, Beds and Medical Technical Personnel in Main Years

年份 Year	卫生机构数（个） Health Care Institutions (unit)	医疗机构 Medical Institutions	病床数（张） Beds (unit)	卫生技术人员（人） Medical Technical Personnel (person)
1952	67	28	529	513
1957	215	45	2115	2605
1965	822	63	6634	6114
1970	818	80	8212	8217
1975	920	499	10222	11390
1978	1032	507	10951	13090
1980	1047	511	11941	15115
1985	1253	518	13743	18031
1986	1282	454	14417	18906
1987	1302	433	15119	19759
1988	1276	445	15093	19780
1989	1226	436	15511	20103
1990	1218	446	15698	19893
1992	1187	510	16828	20239
1993	1172	494	16684	19891
1994	1177	592	16896	20116
1995	1176	592	17165	20233
1996	1201	590	17461	20216
1997	1201	592	17176	21418
1998	1263	591	17096	21159
1999	1259	586	16862	21825
2000	5755	577	16521	21502
2001	5488	564	16464	20119
2002	5462	549	16127	19294
2003	5570	536	16652	23036
2004	5677	535	16461	20002
2005	5692	562	16035	20771
2006	5793	687	16273	20119
2007	5827	688	16383	20347
2008	6128	832	17861	21973

19-2 医疗机构、床位及人员数(2008年)

Number of Medical Institutions, Beds and Medical Technical Personnel(2008)

医疗机构	Medical Institutions	机构数(个) Number of Institutions (unit)	床位数(张) Beds (unit)	卫生技术人员(人) Medical Technical Personnel (person) 小计 Total	执业医师 Licensed Doctors	助理医师 Assistant Doctors	注册护士 Registered Nurses	药剂人员 Pharmacist	检验人员 Laboratory Technician	其他 Others
总　计	**Total**	**832**	**17811**	**20411**	**7237**	**1404**	**6913**	**1305**	**1345**	**2207**
医　院	Hospital	128	14169	13826	5091	573	5510	956	920	776
社区卫生服务中心(站)	Community Health Service Centers (Stations)	157	724	1160	416	84	426	134	44	56
卫生院	Health Centers	406	2662	2904	851	558	611	155	73	565
采供血机构	Blood Collection and Supply Agencies	9		107	12	11	24	3	46	11
妇幼保健院(所、站)	Women and Children Care Agencies	22	170	460	223	40	115	22	32	28
疾病预防控制中心(防疫站)	Centers for Disease Control and Prevention (Anti-Epidemic Stations)	56	86	1424	644	138	227	35	230	150
卫生监督所	Health Authority	54		530						530

19-3 分地区卫生机构、人员(2008年)

Health Care Institutions, Medical Technical Personnel by Region(2008)

单位:个、人 (unit、person)

地区 / 项目	Region / Item	全省总计 Province Total	西宁市 Xining City	海东地区 Haidong Prefecture	海北州 Haibei Zang A.P	黄南州 Huangnan Zang A.P	海南州 Hainan Zang A.P	果洛州 Golog Zang A.P	玉树州 Yushu Zang A.P	海西州 Haixi Mongolian & Zang A.P
卫生机构数总计	**Total Health Care Institutions**	**1592**	**670**	**283**	**96**	**65**	**132**	**92**	**112**	**142**
医院	Hospital	128	45	12	11	8	12	11	12	17
卫生院	Health Centers	406	59	108	34	36	41	45	47	36
采供血机构	Blood Collection and Supply Agencies	9	1	1	1	1	1	1	1	2
妇幼保健院(所、站)	Women ang Children Care Agencies	22	9	6	1				5	1
疾病预防控制中心(防疫站)	Centers for Disease Control and Prevention (Anti-Epidemic Stations)	56	10	7	5	5	6	7	7	9
卫生监督所	Health Authority	54	9	7	5	5	6	7	6	9
其他卫生机构	Other Health Care Institutions	917	537	142	39	10	66	21	34	68
卫生技术人员	**Total Medical Technical Personnel**	**21973**	**12398**	**2613**	**1041**	**858**	**1289**	**722**	**884**	**2168**
执业医师	Licensed Doctors	8007	4642	909	375	281	522	241	310	727
执业助理医师	Assistant Doctors	1551	437	288	112	119	151	91	137	216
注册护士	Registered Nurses	7346	4596	688	275	240	384	255	218	690
药剂人员	Pharmacist	1384	804	198	67	64	59	24	18	150
检验人员	Laboratory Technician	1355	773	158	62	48	64	49	44	157
其他	Others	2330	1146	372	150	106	109	61	158	228

注:卫生机构、人员数不含村卫生室、诊所。

a) Health care institutions and medical technical personnel don't include village health clinic.

19-4 诊所基本情况(2008年)
Basic Statistics of Clinics(2008)

项　目	Item	机构数(个) Number of Institutions (unit)	卫生技术人员(人) Medical Technical Personnel (person) 小计 Total	执业医师 Licensed Doctors	助理医师 Assistant Doctors	注册护士 Registered Nurses	药剂人员 Pharmacist	检验人员 Laboratory Technician	其他 Others
总　计	**Total**	**796**	**1615**	**785**	**160**	**436**	**66**	**3**	**165**
按管理类别分	**By Management Category**								
非营利性	Non-profit	177	452	210	35	154	13	2	38
营利性	Profit	619	1163	575	125	282	53	1	127
按经济类型分	**By Economic Type**								
国有	State-owned	104	306	149	14	113	7	2	21
集体办	Collective-owned	70	118	38	27	26	3		24
股份制	Cooperative								
私营	Private	512	929	456	98	207	49	1	118
其他	Others	110	272	142	21	90	7		2
按诊所类别分	**By Clinic Type**								
普通	General	353	669	337	48	167	34	1	82
中医	Traditional Chinese Medicine	47	120	54	14	34	8		10
中西医结合	Integrate Traditional Chinese Therapeutics with Western Therapeutics in Practice	47	114	55	11	31	8		9
民族医	Ethnologic Medicine	54	93	59	5	21	3		5
口腔	Stomatology	22	40	20	1	8	8	2	1
其他	Others	273	579	260	81	175	5		58

19-5 分地区村卫生室机构数(2008年)
Number of Health Institutions at Village Level by Region(2008)

单位:个　　(unit)

地　区	Region	总　计 Total	按设置/主办单位分 By setting / host unit 村　办 Village Run	乡卫生院设点 Under the Township Hospital	联合办 Jointly Run	私人办 Privately Run	其　他 Others	按行医方式分 By Way to Practice Medicine 西医为主 Western Medicine-oriented	中医为主 Traditional Chinese Medicine-oriented	中西医 Traditional Chinese and Western Medicine
机构数	**Number of Infirmary**	**4504**	**1988**	**424**	**545**	**1246**	**301**	**2428**	**184**	**1892**
西宁市	Xining City	1052	241	13	193	526	79	881	18	153
海东地区	Haidong Prefecture	1690	1016	153	42	457	22	784	6	900
海北州	Haibei Zang A.P	267	70	39		141	17	125	13	129
黄南州	Huangnan Zang A.P	267	39		83	63	82	107	11	149
海南州	Hainan Zang A.P	426	250	5	129	14	28	222	30	174
果洛州	Golog Zang A.P	188	89	10	32	29	28	59	1	128
玉树州	Yushu Zang A.P	287	206	78	3			119	79	89
海西州	Haixi Mongolian & Zang A.P	327	77	126	63	16	45	131	26	170

19-6 分地区医疗机构门诊服务情况(2008年)
Out-Patient Service Conditions by Region(2008)

单位:个、人 (unit、person)

地区	Region	机构数 Number of Infirmary	诊疗人次数总计 Total Patients Treated	门、急诊人次数合计 Total Number of Out-Patients and Emergency Treatment	门诊人次数 Number of Out-Patients	急诊人次数 Number of Emergency Treatment	死亡 Death	观察室收容人数 Number of Patients Accepted to Observe	死亡 Death	健康检查人数 Health Check
总计	**Total**	**1655**	**11743664**	**11321738**	**10817683**	**504055**	**448**	**386948**	**207**	**706774**
西宁市	Xining City	696	6774382	6525587	6192216	333371	252	271848	186	481760
海东地区	Haidong Prefecture	297	1661903	1636802	1593483	43319	31	62552	4	83685
海北州	Haibei Zang A.P	97	607889	560766	547497	13269	7	11719	5	20907
黄南州	Huangnan Zang A.P	66	383446	377538	367883	9655	14	925	5	5208
海南州	Hainan Zang A.P	144	852877	833802	812432	21370	51	4828	6	13076
果洛州	Golog Zang A.P	96	227343	217414	207623	9791	48	5581		4859
玉树州	Yushu Zang A.P	115	448336	402188	383418	36770	6	194	1	7842
海西州	Haixi Mongolian & Zang A.P	144	787488	749641	713131	36510	39	29301		89437

19-7 分地区医疗机构住院服务情况(2008年)
In-Patient Service Conditions by Region(2008)

单位:人 (person)

地区	Region	入院人数 In-patients	出院人数总计 Total Leaving Hospital	治愈 Recovering	好转 Mending	未愈 Not Cured	死亡 Death	其他 Others	住院病人手术人次 Operations of In-Patient	危重病人抢救人次 Salvages of Critically Ill Patients	抢救成功 Successful Salvages
总计	**Total**	**455548**	**460197**	**304939**	**129887**	**10492**	**2621**	**12258**	**82714**	**45895**	**42935**
西宁市	Xining City	247706	253912	152057	84500	5986	2121	9248	63197	38976	36825
海东地区	Haidong Prefecture	91609	91810	70112	19049	1748	104	797	7116	1742	1612
海北州	Haibei Zang A.P	17823	17490	13251	3950	170	22	97	2098	186	161
黄南州	Huangnan Zang A.P	10777	10673	6593	3283	201	16	580	1803	385	315
海南州	Hainan Zang A.P	32178	31497	21288	7912	792	132	1373	4046	2724	2509
果洛州	Golog Zang A.P	5354	5247	4375	658	175	34	5	436	920	665
玉树州	Yushu Zang A.P	27667	27632	19172	7325	1029	80	26	1457	163	161
海西州	Haixi Mongolian & Zang A.P	22434	21936	18091	3210	391	112	132	2561	799	687

19-8 分地区医疗机构床位利用情况(2008年)
Usage Conditions of Hospital Beds by Region(2008)

单位:张、% (unit、%)

地区	Region	实有床位 Actual Beds	实际开放总床日数 Actual Number of Days of Beds Opening	平均开放病床 Average Number of Days of Beds Opening	实际占用总床日数 Actual Number of Days of Beds Occupying	出院者占用总床日数 Number of Days of Beds Occupying by Patients Leaving Hospital	病床使用率 Utilization Rate
总 计	**Total**	**17457**	**6269619**	**17177**	**4332354**	**3815050**	**69.10**
西宁市	Xining City	9803	3605863	9879	2901110	2647322	80.46
海东地区	Haidong Prefecture	2285	765762	2098	549231	409655	71.72
海北州	Haibei Zang A.P	923	297330	815	155695	149571	52.36
黄南州	Huangnan Zang A.P	574	204995	562	84787	80500	41.36
海南州	Hainan Zang A.P	1390	506330	1387	265979	263974	52.53
果洛州	Golog Zang A.P	514	172535	473	58264	18558	33.77
玉树州	Yushu Zang A.P	667	187406	513	101503	96096	54.16
海西州	Haixi Mongolian & Zang A.P	1301	529398	1450	215785	149374	40.76

19-9 体育综合资料(2008年)
Overall Physical Culture Data(2008)

单位:万元、人次、个 (10 000 yuan、person-time、unit)

项目	Item	总计 Total	直属小计 Directly under	地方小计 Region Total	西宁市 Xining City	海东地区 Haidong Prefecture	海北州 Haibei Zang A.P	黄南州 Huangnan Zang A.P	海南州 Hainan Zang A.P	果洛州 Golog Zang A.P	玉树州 Yushu Zang A.P	海西州 Haixi Mongolian & Zang A.P
体育彩票总销售额	Total Sales of Sport Lottery	22900			14879	1339	456	83	992	1096	437	2304
即开型体育彩票	Instant Games of Sport Lottery	12500			8461	687	259	13	476	284	370	1858
电脑型体育彩票	Sales of Computer Sport Lottery	10400			6418	653	197	70	516	811	67	446
体育彩票销售点	Points of Sale of Sport Lottery	478										
举办培训班次数	Number of Training Courses	11	34	55								
参加培训班人次	Number of Persons to participate in training courses	8145		8145								
职业俱乐部个数	Number of Professional Clubs	89	34	55								
团体会员个数	Number of Group Members	28510	14000	14510								

19–10 主要年份青少年业余体校
Juvenile Amateur Sports Schools in Main Years

年 份 Year	学校数(所) Number of Schools (unit)	在校学生(人) Total Enrollment (person)	教练员(人) Full-time Coaches (person)	重点业余学校 Amateur Sports Schools 学校数(所) Number of Schools (unit)	在校学生(人) Total Enrollment (person)
1963	3	116		1	103
1978	2	546	15	1	86
1980	9			1	
1985	15	1130	116	1	81
1990	18	1329	113	3	352
1992	20	1409	124	1	90
1993	20	1352	114	1	156
1994	20	1374	110	3	664
1995	20	1274	109	3	670
1996	21	1351	105	1	70
1997	21	1248	114	1	95
1998	21	1157	125	1	117
1999	21	1211	201	1	39
2000	20	1120	109	1	49
2001	20	1783	112	1	98
2002	23	4059	138	15	2099
2003	22	2175	133	15	
2004	20	2647	128	20	2647
2005	19	2452	125	19	2452
2006	20	1874	133	20	1874
2007	17	1808	123	17	1808
2008	15	966	115	15	966

19–11 优秀运动队机构、人员(2008年)
Excellent Exercise Brigades and Personel(2008)

单位:人 (person)

项 目	Item	机构数(个) Number of Institutions (unit)	运动员 Athletes	在队 In Brigage	待分配 Waiting to Be Allocated	教练员 Full-time Coaches	科研人员 Scientific Technical Personnel	医务人员 Medical personnel	管理人员 Administrative Personnel	其他人员 Others
总 计	**Total**	**3**	**283**	**64**	**219**	**227**	**10**	**7**	**162**	**123**
省体委直属	Directly Under Provincial Sports Commission	2	283	64	219	176	10	7	138	101
西宁市	Xining City	1				51			24	22

19-12 分项目在队优秀运动员达到等级运动员人数(2008年)

Number of Certified Athletes In Brigades by Sports Item(2008)

单位:人 (person)

项 目	Item	合 计 Total	女 Female	国际级健将 International Master	女 Female	国家级运动健将 National Master	女 Female	一 级 First Grade Athletes	女 Female	二 级 Second Grade Athletes	女 Female
总 计	**Total**	**367**		**1**		**6**	**5**	**41**	**19**	**319**	**117**
田 径	Track and Field			1		2		4		23	
拳 击	Boxing					1		4		163	
摔	Wrestling					1		15		112	
柔 道	Judo					1		17		1	
拳道	Tae Kwon Do									1	
射 箭	Archery									10	
举 重	Weight Lifting					1					

19-13 各地区举办体育业务(2008年)

Physical Exercise Operational Situation by Region(2008)

单位:人、次 (person、time)

地 区	Region	群众体育现代体育项目活动情况 Modern Sports Activities of Mass Sports		群众体育民间传统体育活动情况 Traditional Sports Activities of Mass Sports			体育国际交流情况 Sport International Exchange	
		次数 Number of Times	人数 Person-times	次数 Number of Times	平均人次 Average Person-times	人数 Person-Times	出访起次 Number of Visit Times	出访人数 Number of Visit Persons
合 计	**Total**	**411**	**298025**	**1023**	**4000**	**357405**	**12**	**13**
省直属小计	Directly Under Province	5	620	500	120	60000	12	13
地区小计	Region Total	406	297405	523	3880	297405		
西宁市	Xining City	350	200000	200	1000	200000		
海东地区	Haidong Prefecture	1						
海北州	Haibei Zang A.P	4	800	5	160	800		
黄南州	Huangnan Zang A.P	32	90000	300	300	90000		
海南州	Hainan Zang A.P	4	3205	10	320	3205		
果洛州	Golog Zang A.P		1500	1	1500	1500		
玉树州	Yushu Zang A.P	6	1500	3	500	1500		
海西州	Haixi Mongolian & Zang A.P	9	400	4	100	400		

19–14 各地区体育俱乐部情况
Instance of Sports Clubs by Region

单位:个、人 (unit、person)

地 区	Region	级次 Grade 省级 Provincial	地级 Regional	县级 County	数量 Number	教练员数 Number of Coaches	会员数 Number of Member	年培训数 Number about Training 次数 Number of Times	人数 Persons-Times	年组织活动 Activities 次数 Number of Times	人数 Persons-Times
合 计	Total			10	17	71	28510	11	8145	90	40090
省直属小计	Directly Under Province				7	35	14000				
地区小计	Region Total			10	10	36	14510	11	8145	90	40090
西宁市	Xining City						12000	4	7600	30	30000
海东地区	Haidong Prefecture			4	4	25	950	4	360	51	2850
海南州	Hainan Zang A.P					5	1260	3	185	5	2240
海西州	Haixi Mongolian & Zang A.P			6	6	6	300			4	5000

19–15 各地区国民体质监测站点基本情况
Basic Situation of National Physique Monitoring Sites by Region

单位:人 (person)

地 区	Region	站点数（个） Number of Sites (Unit)	组建测试队（支） Test Teams Organizing (Branch)	测试工作人员数 Number of test staff	累计受测人员数 Accumulative Total Number of Tested Persons	本年度受测人员数 Number of Tested Persons This Year	本年度测试达标人数 Number of Persons Within The Standard This Year	本年度测试达标率（%） Attainment Rate (%)
合 计	Total	3635	5	51	3410	3380	2543	75
省直属小计	Directly Under Province	1	1	2	110	80	43	53
地区小计	Region Total	3634	4	49	3300	3300	2500	75
西宁市	Xining City	3631	1	30	1300	1300	1000	76
海东地区	Haidong Prefecture	1	1	7	1000	1000	560	56
海西州	Haixi Mongolian & Zang A.P	2	2	12	1000	1000	940	94

主要统计指标解释

卫生机构 指从卫生行政部门取得《医疗机构执业许可证》，或从民政、工商行政、机构编制管理部门取得法人单位登记证书，为社会提供医疗保健、疾病控制、卫生监督服务或从事医学科研和教育等工作的单位。卫生机构包括医院、疗养院、社区卫生服务中心（站）、卫生院、门诊部、诊所（卫生所、医务室）、急救中心（站）、采供血机构、妇幼保健院（所、站）、专科疾病防治院（所、站）、疾病预防控制中心（防疫站）、卫生监督所、卫生监督检验（监测、检测）机构、医学科研机构、医学在职培训机构、健康教育所（站）等其他卫生机构。

医疗机构 指从卫生行政部门取得《医疗机构执业许可证》的机构，包括医院、疗养院、社区卫生服务中心（站）、卫生院、门诊部、诊所（卫生所、医务室）、妇幼保健院（所、站）、专科疾病防治院（所、站）、急救中心（站）和临床检验中心。

社区卫生服务中心（站） 指为本社区居民提供预防、医疗、保健、康复、健康教育、计划生育技术服务等的基层卫生机构。包括社区卫生服务中心和社区卫生服务站。

卫生人员 指在医疗、预防保健、医学科研和在职教育等卫生机构工作的职工，包括卫生技术人员、其他技术人员、管理人员和工勤人员。

卫生技术人员 包括执业（助理）医师、注册护士、药剂人员、检验和影像人员等卫生专业人员。不包括从事管理工作的卫生技术人员（一律计入管理人员）。

执业医师 指具有《医师执业证》及其“级别”为“执业医师”且实际从事医疗、预防保健工作的人员，不包括实际从事管理工作的执业医师。执业医师类别分为临床、中医、口腔和公共卫生。

执业助理医师 指具有《医师执业证》及其“级别”为“执业助理医师”且实际从事医疗、预防保健工作的人员，不包括实际从事管理工作的执业助理医师。执业助理医师类别同样分为临床、中医、口腔和公共卫生四类。

Explanatory Notes on Main Statistical Indicator

Health Care Institutions refer to the units which have been qualified the Certification of Health Care Institution by the administration of public health, or qualified the Certification of Corporate Unit by the civil affairs, administration for industry and commerce, commission office for public sector reform, and engaging in medical care, disease prevention and control, health supervision and inspection, medicine research and health education, etc. , including: hospitals, sanatoriums, community health service centers (stations), health centers, clinics (health stations and infirmaries), first – aid centres (stations), blood gathering and supplying institutions, women and children care agencies (centres and stations), special disease prevention and curing agencies (centres and stations), disease prevention and control centres (epidemic prevention stations), health supervision and inspection agencies, sanitary inspection institutions, medicinal scientific research and on – job training institutions, health education centres and so on.

Medical Organizations refer to the institutions which have been qualified the Certification of Health Care Institution by the administration of public health, including: hospitals, sanatoriums, community health service centers (stations), health centers, clinics (health stations and infirmaries), women and children care agencies (centres and stations), special disease prevention and curing agencies (centres and stations), first – aid centres (stations) and clinic inspection centers.

Community Health Service Centres (stations) refer to the primary units that provide the health care for community residents, such as disease prevention and control, medical treatment, health care, rehabilitation, health education, family planning technical services, including community health service centres and community health service stations.

Health Care Employee refer to all employee engaged in the health care institutions, such as medical organizations, disease prevention and control centres, health care agencies, medicinal scientific research and on – job training institutions, including medical technical personnel, other technical personnel, manager and labour.

Medical Technical Personnel refer to the professional staff engaged in health care, including licensed (assistant) doctors, registered nurse, pharmacists, laboratory technician, and imaging staff, excluding the medical technical personnel engaged in management job (included as the management staff).

Licensed Doctors refer to the medical workers who have obtained the licenses of qualified doctors and are employed in medical treatment, disease prevention or healthcare institutions, excluding the licensed doctors engaged in management job. The classification of licensed doctors is clinician, Chinese medicine, dentist and public health.

Licensed Assistant Doctors refer to the medical workers who have obtained the licenses of qualified assistant doctors and are employed in medical treatment, disease prevention or healthcare institutions, excluding the licensed assistant doctors engaged in management job. The classification of licensed assistant doctors is clinician, Chinese medicine, dentist and public health.

第20篇

CHAPTER 20

其他社会活动

Other Social Activities

20-1 主要年份各党派党员(成员)数

Numbers of Members of All Parties in Main Years

单位:人 (person)

名 称	Name	1990	1995	2000	2005	2006	2007	2008
中国共产党 (万人)	Communist Party of China (10 000 persons)	22.6	24.2	28.0	31.3	31.8	32.0	32.4
中国国民党革命委员会	Revolutionary Committee of Chinese Kuomintang	233	297	321	388	396	400	401
中国民主同盟	China Democratic League	673	713	827	1083	1155	1241	1266
中国民主建国会	China Democratic National Construction Association	169	254	396	513	551	581	600
中国农工民主党	Peasants and Workers Democratic Party	244	329	456	597	642	684	787
九三学社	Jiu San Society	441	533	745	925	969	1005	1067

20-2 历届青海省人民代表大会的代表人数

Numbers of Deputies to All the Previous People's Congresses of Qinghai Province

单位:人、% (person、%)

届 别	Congress	年份 Year	代表总数 Total Number of Deputies	女代表 Female Deputies	少数民族代表 Ethnic Minority Deputies	占代表总数的比重 As Percentage to Total Deputies: 女代表 Female Deputies	少数民族代表 Ethnic Minority Deputies
一届	First Congress	1954	300	21	152	7.0	50.7
二届	Second Congress	1958	303				
三届	Third Congress	1963	355	48	127	13.5	35.8
五届	Fifth Congress	1977	715	157	277	22.0	38.8
六届	Sixth Congress	1983	450	97	182	21.6	40.4
七届	Seventh Congress	1988	381	71	148	18.6	38.4
八届	Eighth Congress	1993	376	71	169	18.9	45.0
九届	Ninth Congress	1998	392	77	174	19.6	44.4
十届	Tenth Congress	2003	391	75	157	19.2	40.2
十一届	Eleventh Congress	2008	394	77	167	19.5	42.4

20-3 历届青海省政治协商会议的委员人数

Numbers of Deputies to All the Previous People's Political Consultative Conferences of Qinghai Province

单位:人、% (person、%)

届 别	Congress	年份 Year	委员总数 Total Number of Deputies	女委员 Female Deputies	少数民族委员 Ethnic Minority Deputies	占委员总数的比重 As Percentage to Total Deputies: 女委员 Female Deputies	少数民族委员 Ethnic Minority Deputies
一届	First Congress	1949	77		30		39.0
二届	Second Congress	1954	64		32		50.0
三届	Third Congress	1959	139		70		50.4
四届	Fourth Congress	1979	177				
五届	Fifth Congress	1983	275		134		48.7
六届	Sixth Congress	1988	275	30	138	10.9	50.2
七届	Seventh Congress	1993	289	30	136	10.4	47.1
八届	Eighth Congress	1998	289	39	116	13.5	40.1
九届	Ninth Congress	2003	344	57	139	16.6	40.4
十届	Tenth Congress	2008	390	82	158	21.0	40.5

20-4 2007-2008年妇联工作情况

Statistics for Work of Women's Federation(2007－2008)

单位:人、亩、个 (person、acre、unit)

项 目	Item	2007	2008
双学双比活动	**Learning and Competing Campaign Activities**		
科技培训	Training of Science and Technology		
接受技术培训人数	Number of Technical Training	351398	527820
获绿色证书人数	Number of Persons Obtained Green Certificates	348	983
女农民技术人员人数	Number of Women Farmer Technical Personnel	16388	16472
妇代会主任是农民技术员数	Number of Director of Women's Congress Who are Farmer Technical Personnels	116	109
建立农业科技指导合作组织	Establishment of Agricultural Science and Technology Guidance and Cooperation Organization		
农村妇女科技指导中心	Rural Women Science and Technology Guidance Center	9	8
农村妇女专业技术协会	Rural Women Professional Technical Associations	15	17
专业合作社	Professional Cooperatives	1	1
妇联自(联)办农业基地	Agricultural Bases Organized by Women's Federation	4	6
三八绿色工程	38 Green Projects		
基地个数	Number of Bases	91	45
基地亩数	Area of Bases	15489	6436
巾帼扶贫	**Women's Poverty Relief**		
脱贫户数	Households Out of Poverty	7141	1954
扶贫项目数	Poverty Relief Projects	6	4
农村妇女学校数	Number of Schools for Rural Women	131	152
巾帼建功活动	**Activities of Making Great Achievements of Women**		
巾帼建功	Making Great Achievements of Women		
评选巾帼建功标兵数	Number of Persons Dubbed Pacesetters	158	177
巾帼建功先进工作者数	Number of Persons Dubbed Advanced Workers	4	39
巾帼建功先进协调单位数	Number of Advanced Coordination Units	2	9
巾帼文明示范岗数	Number of Civilization Model Stations	58	184
失业妇女再就业	Re-employment Persons of Unemployed Women		
妇联培训失业妇女人数	Number of Unemployed Women trained by Women's Federation	5306	6889
建立培训基地或学校数	Number of Training Bases and Schools	36	31
帮助失业妇女就业人数	Number of Re-employment Persons of Unemployed Women	3041	2942
社区妇女工作	Community-based Women's Work		
社区服务实体数	Number of Community Services Entities	32	33
中华巾帼志愿者人数	Number of Chinese Women Volunteers	2730	2750
中华巾帼志愿者队伍数	Numbers of Ranks of Chinese Women Volunteers	97	99

20–5 2006－2008年妇联干部情况

Basic Statistics Cadres of the Women's Federations(2006－2008)

单位：人 (person)

项　目	Item	2006	2007	2008
干部总数	**Total Number of Cadres**	**682**	**645**	**645**
其中：少数民族干部	Number of Ethnic Minority Cadres	367	355	332
按行政级别分	By Administration Level			
司局级	Department/Bureau Level	7	5	6
领导职数	Leadership	5	4	4
非领导职数	Non-Leadership	2	1	2
县处级	County Level		41	36
领导职数	Leadership	29	38	35
非领导职数	Non-Leadership	13	3	1
科以下	Section Chief and Below	633	599	603
领导职数	Leadership	52	50	51
非领导职数	Non-Leadership	581	549	552
按干部年龄分	By Age Group			
35岁以下	35 and Below	298	314	302
36－45岁	36-45	315	263	250
46－55岁	46-55	64	67	90
56岁以上	56 and Over	5	1	3
按干部政治面貌分	By Political Status			
共产党员	Chinese Communist Party	505	476	481
共青团员	Communist Youth League	74	60	65
民主党派	Democratic Parties	1	3	
群众	Mass	102	106	99
按干部文化程度分	By Education Attainments			
博士生	Doctorate Degree			
研究生	Master Degree	11	13	12
大学本科	University	215	239	272
大专或同等学历	College	306	293	274
高中、中专及以下	Senior Middle School and Below	150	100	87
按行政编制分	By Organization Types			
行政编制	Administration	554	534	514
事业编制	Institution	87	59	77
招聘干部	Recruitment	41	52	54
干部参加学历教育情况	**Cadres Attending the Formal Education**			
博士生	Doctorate Degree			
研究生	Master Degree	3	6	9
大学本科	University	24	10	32
大专及同等学历	College	11	11	6
干部参加非学历教育情况	**Cadres Attending the Non-formal Education**			
党校培训	Training at Party School	**163**	**164**	**181**
参照公务员管理培训	Training for Civil Servant	198	199	150
岗位培训	Vocational Training	115	140	204
干部流动	**Movement of Cadres**			
调入	In	**58**	**59**	**45**
调出	Out	49	52	40

20-6 主要年份各级在职女领导干部情况
Basic Statistics on Women Leaders at All Levels in Main Years

单位：人 、%　　(person、%)

年 份 Year	总 数 Total	省 级 Provincial Level		厅局级 Department/Bureau Level		县(处)级 County Level		科 级 Section Level	
		女干部数 Female Cadre	占同级数的比重 As Percentage to the Same Level Total	女干部数 Female Cadre	占同级数的比重 As Percentage to the Same Level Total	女干部数 Female Cadre	占同级数的比重 As Percentage to the Same Level Total	女干部数 Female Cadre	占同级数的比重 As Percentage to the Same Level Total
1998	4537	3	5.8	48	7.9	540	11.9	3946	21.3
1999	4909	3	7.5	46	9.3	595	16.6	4265	42.8
2000	4927	3	7.1	50	10.0	554	12.5	4320	21.8
2001	5293	3	7.1	63	10.5	611	13.2	4616	22.4
2002	5260	2	5.4	63	9.9	632	13.9	4563	23.6
2003	5415	3	7.3	69	10.4	673	14.1	4670	23.9
2004	5971	4	9.1	67	9.8	730	14.4	5170	24.9
2005	6446	3	6.5	68	9.7	786	14.8	5589	25.5
2006	6908	3	6.5	82	10.7	832	14.9	5991	25.9
2007	7236	3	6.9	78	10.8	898	15.8	6257	26.2
2008	8524	4	8.6	76	10.7	1038	16.4	7406	28.5

20-7 主要年份共青团组织情况
Basic Statistics on the Communist Youth League in Main Years

年 份 Year	共青团基层组织个数(个) Number of Grassroot Organizations (unit)	全省青年人数(万人) Number of Youth (10 000 person)	全省团员人数(万人) Number of Communist Youth League (10 000 person)	女团员 Female	专职团干部(人) Full-time Cadres of Communist Youth League (person)
1991	1004	109.2	26.9	10.3	1266
1992	1020	107.6	27.2	10.2	1323
1993	1013	103.8	25.1	9.7	1197
1994	1038	108.5	26.0	9.8	1109
1995	1118	103.0	26.4	9.3	1098
1996	1059	107.4	27.2	10.1	1181
1997	1134	107.3	28.3	10.0	1231
1998	1016	111.0	28.9	10.4	1231
1999	816	100.6	25.3	10.2	596
2000	1010	134.8	26.2	9.9	540
2001	875	135.9	27.0	10.7	480
2002	1882	146.2	36.7	17.4	667
2003	1894	146.1	37.1	17.3	566
2004	1994	206.3	37.6	17.3	700
2005	8824	210.3	38.2	17.6	700
2006	8824	212.4	42.8	18.1	930
2007	8824	163.1	40.9	17.7	904
2008	8816	200.9	37.1	16.9	770

20–8 2006–2008年律师、公证、调解工作基本情况

Basic Statistics on Lawyers, Notarization and Mediation(2006－2008)

项 目		Item		2006	2007	2008
律师工作		**Lawyers**				
律师事务所	（个）	Number of Law Offices	(unit)	70	73	68
律师工作者	（人）	Lawyers	(person)	518	426	421
专职律师		Full-time Lawyers		354	305	349
兼职律师		Part-time Lawyers		81	102	72
公职律师		Government Lawyers			4	4
法律援助律师		Legal Aid Lawyers			15	16
聘请担任常年法律顾问的单位	（处）	Number of Units With Permanent Legal Advisors	(unit)	513	550	592
刑事诉讼辩护及代理	（件）	Defender of Criminal Cases	(case)	1120	1428	1783
民事案件诉讼代理	（件）	Agent of Civil Cases	(case)	2768	2973	3339
经济案件诉讼代理	（件）	Agent of Economic Cases	(case)	754		
行政案件诉讼代理	（件）	Agent of Administrative Action	(case)	131	974	165
非诉讼法律事务	（件）	Agent of Non-Litigious Legal Affairs	(case)	1271	468	361
代写法律事务文书	（件）	Agent of Legal Documents Written on Behalf of Clients	(case)	7845	24624	19264
解答法律咨询	（人次）	Agent of Legal Advisory Services	(person-time)	24584		
公证工作		**Notarization**				
公证处	（个）	Number of Notary Offices	(unit)	50	44	31
办理涉外的公证处	（个）	Number of Foreign Notary Offices	(unit)	2	2	2
公证人员	（人）	Notarial Personnel	(person)	182	178	148
公证员	（人）	Notaries	(person)	139	129	105
办理国内公证	（件）	Domestic Notarization	(case)	33889	119664	25840
办理涉外公证	（件）	Foreign-related Notarization	(case)	1556	1825	1797
办理涉港、澳、台公证	（件）	Hong Kong, Macao, Taiwan-related Notarization	(case)	58	59	58
接待来访	（人次）	Receipted Visits	(person-time)	68569	57594	
处理来信	（件）	Handled Letters	(case)	29	3134	
外地公证处委托	（件）	Notarization Entrusted Outside	(case)	1	5	
公证费收入	（万元）	Notary Fees	(10 000 yuan)	325.4	328.4	345.4
国内公证收费		Domestic Notarization		306.5	314.5	330.9
涉外公证收费		Foreign-related Notarization		18.9	13.9	14.4
人民调解工作		**Number of People's Mediation**				
人民调解委员会	（个）	Number of People's Mediation Committees	(unit)	5340	5520	5675
调解人员	（人）	Number of Mediators	(person)	22023	23807	24539
调解民间纠纷	（件）	Number of Civil Disputes Mediated	(case)	31710	31017	28310
调解成功		Successful Mediation		30701	29776	27524
已配司法助理员	（人）	Number of Full-time Judicial Assistants	(person)		294	

20-9 2006－2008年国内公证文书分类
Classification of Domestic Notarial Documents(2006－2008)

项　目	Item	办证件数(件) Number of Notarial Documents Issued(pieces)		
		2006	2007	2008
全省总计	**Total**	**33889**	**24235**	**25848**
经济公证	**Notarized Documents on Economic Affairs**	**17410**	**14738**	**14938**
购销合同	Purchases and Sales of Products	7	2	
联营合同	Joint Business	8		
拍卖	Auctions	2		3
贷款合同	Loans	9959	11527	11492
担保书	Guarantees	3241	1401	1406
招标、投标	Bidding	200	141	69
科技协作	Scientific and Technological Contracts			20
供用电合同	Supply and Use of Electric Power			
劳务合同	Labour Contracts	88	51	54
建筑工程承包	Construction Project Contracts	31	20	25
工商服务业承包	Industrial and Commercial Service Contracts		199	52
农林牧副渔业承包	Agriculture, Forestry, Animal Husbandry, Sideline Production and Fishery Contracts	28	6	7
乡镇企业承包	Township Enterprise Contracts	1	2	1
财产租赁	Property Leases	53	1	3
企业租赁	Leases of Enterprise			
资产经营责任制	Asset Business Contracts			
还款协议	Payment Contracts	69	11	288
土地使用权出让转让	Selling or Transfer of Right of Land Utilization	755	3	19
其他经济合同	Other Business Contracts	691	355	237
法人(代表)资格	Artificial Person (agent) Identification	55	19	1
法人委托书	Trust Deeds of Artificial Person	469	109	288
公司章程	Corporation Constitutions			
执行许可证明	Operating Permits	19		
提存	Drawing	13		4
登记抵押	Mortgage Registration	1450	1	152
公司会议记录	Minutes of Corporation Meetings		236	1
其他	Others	870	654	816
民事公证	**Notarized Documents on Civil Legal Relations**	**16479**	**9497**	**10902**
收养	Child Adoption	4	6	3
解除收养	Adoption Renouncements			
继承权	Rights of Inheritance	776	919	947
遗嘱	Testaments	151	138	140
产权	Property Rights	25		
亲属关系	Kinship Confirmation	67	14	14
死亡	Death Certificates	10	4	5
房屋买卖	Purchases and Sales of Houses	144	31	66
房屋租赁	House Leases	413	59	122
留学协议	Foreign Study Contracts	11	4	4
遗赠扶养协议	Donations and Family Fostering	4	15	2
委托书	Trust Deeds	1816	1903	1931
赠与书	Presentation Documents			
声明书	Declarations	214	317	283
现场监督	Field Supervision	1353	922	1007
签名印鉴属实	Confirmation of Signatures and Seals	43	17	16
文本相符	Confirmation of Copies and Photo-offset Copies	160	99	88
	to Originals	365	99	715
宅基地使用权	Rights to Housing Site	1	3	6
证据保全	Evidence Preservation	52	36	31
拆迁协议	Housing Demolition Agreements	16	57	10
计划生育	Family Planning	2065	1731	2536
其他合同	Other Contracts	2996		950
赡养协议	Agreements on Supporting Parents	253		302
合伙协议	Partnership Agreements	2	2	1
夫妻财产协议	Property Agreements Between Spouses	18	15	17
其他民事协议	Other Civil Agreements	2079	916	896
其他	Others		2140	810

20–10 2006－2008年社会福利事业、企业单位基本情况及其他
Basic Statistics and Others on Social Welfare Institution and Enterprises (2006-2008)

项 目		Item		2006	2007	2008
社会福利事业		**Social Welfare Services**				
收养类单位数	(个)	Residential Institutions	(unit)	165	167	136
年末职工人数	(人)	Number of Staff at Year-end	(person)	883	381	541
床位数	(张)	Beds	(unit)	8319	3349	3751
年末在院人数	(人)	Number of Persons in Residential Institutions	(person)	8166	3049	3140
老人		Elders		6939	2119	1921
社会福利院数	(个)	Number of Social Welfare Homes	(unit)	2	4	6
职工人数	(人)	Number of Staff	(person)	76	108	130
床位数	(张)	Beds	(unit)	297	405	517
年在院总人天数	(人天)	Total Number of Person-day	(person-day)	102580	103715	110985
年末在院人数	(人)	Number of Persons in Residential Institutions	(person)	302	389	352
老人		Elders		179	212	293
青壮年		Young Adults		106	116	131
少年儿童		Children		17	17	11
福利企业单位数	(个)	Number of Welfare Enterprises	(unit)	38	33	18
职工数	(人)	Number of Staff	(person)	1597	1393	1432
残疾职工		Handicapped Persons		1424	627	312
销售(营业)收入	(万元)	Sales (Business) Income	(10 000 yuan)	1185	2140.6	3333.1
其他福利单位数	(个)	Other Social Welfare Units	(unit)	16	22	14
职工人数	(人)	Number of Staff	(person)	1018	1014	1347
残疾职工		Handicapped Persons		959	413	312
销售(营业)收入	(万元)	Sales (Business) Income	(10 000 yuan)	189	639	3333.1
民政发离退休退职金人员数	**(人)**	**Number of Persons Receiving Retirement Payments from Civil Administration**	**(person)**	**1346**	**1371**	**1383**
军队干部		Army Cadres		136	419	458
离休		Retired		53	90	85
退休		Retirement		115	329	373
军队无军籍职工		Army Staff without Military Service		1095	949	922
烈士纪念建筑物管理单位	**(个)**	**Martyrs Memorial Building Management Unit**	**(unit)**	**8**	**6**	**5**
职工人数	(人)	Number of Staff	(person)	17	15	15
救助类单位	**(个)**	**Salvation Institutions**	**(unit)**	**9**	**10**	**10**
职工人数	(人)	Number of Staff	(person)	60	64	59
本年救助人次数	(人)	Number of Persons Receiving Salvation This Year	(person)	7642	11800	16708
葬服务单位	**(个)**	**Funeral service Units**	**(unit)**	**24**	**20**	**20**
职工人数	(人)	Number of Staff	(person)	135	123	130

20-11 残疾人事业基本情况-2008年
Basic Information of People with Disabilities(2008)

指 标	Item		2008
康复	**Rehabilitation**		
视力残疾康复	Rehabilitation of Persons with Sight Disability		
白内障复明手术(例)	Sight-restoring Cataract Surgeries	(Cases)	2791
贫困白内障患者免费手术(例)	Free Surgeries for Poor Cataract Patients	(Cases)	2791
低视力者配用助视器(人)	Vision-aids Provided for Individuals with Low-vision	(person)	977
盲人定向行走训练数(人)	Number of blind people who got Orientation & Mobility training	(person)	98
聋儿康复	Rehabilitation of Children with Hearing Disability		
年收训聋儿(人)	Hearing and Speech Training	(person)	45
机构数(个)	Number of Institutions	(person)	4
在岗专业人员教师	Employed Special Personnel Teachers	(person)	9
资助贫困聋儿	Children with Hearing Disability Remained in Poverty Supported	(person)	25
精神病防治康复	Prevention and Treatment of Psychiatric Diseases		
开展精神病防治康复工作市县数(个)	Counties Carried on the Works of Prevention and Treatment of Psychiatric Diseases	(units)	9
综合防治康复精神病人数(人)	Prevention and Treatment Provided for Patients	(person)	3926
孤独症儿童训练数(人)	Number of autism children trained	(person)	14
肢体残疾康复(人)	Rehabilitation of people with physical disability	(person)	
肢体残疾人社区康复训练数	Number of people with physical disability who got CBR		772
肢体残疾儿童机构康复训练数	Number of children with physical disability who got rehabilitation training at institutions		98
智力残疾康复(人)	Rehabilitation of people with intellectual disability	(person)	
智残儿童康复训练数	Rehabilitation Training Provided to Children with		123
智残儿童家长培训数	Number of trained parents of children with intellectual disability		105
用品用具供应服务	Supplies Equipment Supply Services		
发放辅助用具(件)	Assistant Devices Provided	(piece)	19000
教育	**Education**		
未入学适龄残疾儿童少年(人)	School-age Disabled Children without Schooling	(person)	2754
职业教育与培训机构数(个)	Vocational Education and Training Facilities	(unit)	2
教育与培训人数(人)	Number of Educated and Trained	(person)	4021
就业	**Employment**		
城镇残疾人就业状况(人)	Employment of Urban Handicapped	(person)	
当年安排就业	Persons Employed in the Year		985
未安排就业	Unemployed		4042
农村残疾人就业状况(人)	Employment of Rural Handicapped	(person)	
就 业	Employed		63154
未就业	Unemployed		19406
残疾人就业服务机构(个)	Employment Placement Service Facilities for Disabled Jobseekers	(unit)	55
盲人医疗按摩员培训(人)	Massage by Persons with Visual Disability Keep-fit Massager Training	(person)	20
扶贫	**Poverty Alleviation**		
扶贫开发解决温饱残疾人(人)	Rural Handicapped Overcome Poverty by Government's Poverty Reduction Program	(person)	3238
绝对贫困残疾人(人)	Disabled Persons in Absolute Poverty	(person)	23046
相对贫困残疾人(人)	Disabled Persons in Relative Poverty	(person)	34291
当地低收入残疾人(人)	Disabled Persons at the Local Low-income Level	(person)	19238
残疾人工作者数(人)	Workers for Handicapped	(person)	818

注:根据2006年全省残疾人抽样调查的结果推算，目前全省各类残疾人的总数约30万人。
a) According to the Second China National Sample Survey on Disability, there are 30 million people with disabilities in Province Indices.

20–12 2006–2008年优抚、城镇、农村低保情况
Basic Conditions of Social Pension and Receiving Minimum Living Allowance in Urban and Rural Areas (2006-2008)

单位:人、户 (person、household)

项 目	Item	2006	2007	2008
抚恤、补助优抚对象总人数	**Total Number of Persons Receiving Compensation, Allo-wance and Social Pension**	**10326**	**12353**	**12358**
享受定期抚恤年末人数	Number of Persons Receiving Periodic Compensation at Year-end	1219	1224	1231
烈士家属	Families of Martyrs	620	622	626
享受定期补助人数	Number of Persons Receiving Periodic Allowance	5769	7875	7575
在乡复员军人	Demobilized Soldiers in Hometown	4551	4447	4341
在乡退伍军人	Veterans in Hometown	1188	1091	1113
在乡红军老战士等	Red Army Veterans and Other in Hometown		24	
优待优抚对象户数	Number of Households Receiving Preferential Treatment	5164	1878	1251
优待军属户数	Dependents of Armyman	4659	1474	1227
优待总金额 (万元)	Total Amount of Preferential Treatment (10 000 yuan)	163.0	642.6	220.9
优待军属金额 (万元)	Dependents of Armyman (10 000 yuan)	135	285	193
城乡社会救助	**Social Relief in Urban and Rural Area**			
城镇居民最低生活保障人数	Number of Persons Receiving Minimum Living Allowance in Urban Areas	211617	219809	220153
在职人员	Fully Employed Staff and Workers	7265	7532	5748
城镇居民最低生活保障家庭数	Number of Households Receiving Minimum Living Allowance in Urban Areas	89629	93518	97175
农村居民最低生活保障人数	Number of Persons Receiving Minimum Living Allowance in Rural Areas	229184	345000	345000
农村居民最低生活保障家庭数	Number of Households Receiving Minimum Living Allowance in Rural Areas		108823	112390
农村临时救济人次数	Number of Poor Persons Receiving Temporary Relief in Rural Areas	1871	976	2527
农村医疗救助总人次数	Total Number of Persons Receiving Medical Assistance in Rural Areas	258831	461429	722658
社会捐赠情况	**Community Donations**			
直接捐赠数额 (万元)	Amount of Direct Donations (10 000 yuan)	1819.0	1636.7	6262.9
受益人次数	Number of Beneficiaries	49423	68688	92937

20-13 分地区城镇农村低保情况(2008年)
Basic Conditions of Receiving Minimum Living Allowance in Urban and Rural Area by Region (2008)

单位:人、户

指标	Item	合计 Total	西宁市 Xining City	海东地区 Haidong Prefecture	海北州 Haibei Zang A.P	黄南州 Huangnan Zang A.P	海南州 Hainan Zang A.P	果洛州 Golog Zang A.P	玉树州 Yushu Zang A.P	海西州 Haixi Mongolian & Zang A.P
城镇居民最低生活保障人数	Number of Persons Receiving Minimum Living Allowance in Urban Areas	220153	75068	39640	15039	11507	28248	8628	11962	30061
城镇居民最低生活保障家庭数	Number of Persons Receiving Minimum Living Allowance in Urban Areas	97175	32347	16305	6974	6793	11930	2853	6928	13045
农村居民最低生活保障人数	Number of Persons Receiving Minimum Living Allowance in Rural Areas	345000	83600	123500	18000	24300	30000	16500	36300	12800
农村居民最低生活保障家庭数	Number of Persons Receiving Minimum Living Allowance in Rural Areas	112390	25689	35100	6324	7454	9680	6552	17432	4159
农村集中五保供养户数	Number of Households Receiving Livelihood Guaranteed in Five Aspects in Rural Areas	2119	67	104	127	26	167	611	957	60
农村集中五保供养人数	Number of Persons Receiving Livelihood Guaranteed in Five Aspects in Rural Areas	2211	68	137	129	27	171	611	1005	63
城市医疗救助总人次数	Total Number of Persons Receiving Medical Assistance in Urban Areas	392994	149028	73699	19177	16128	53016	24999	2580	54367
农村医疗救助总人次数	Total Number of Persons Receiving Medical Assistance in Rural Areas	722658	181706	273790	38990	48699	54708	57876	39417	27472

20-14　婚姻登记情况(2008年)
Basic Statistics on Marriage Registration(2008)

地　区	Region	内地居民登记结婚(对) Registered Marriages in the Mainland (couples)	初　婚(人) First Marriages (person)	再　婚(人) Re-marriages (person)	复　婚(对) Restoration of Marriages (couples)	准　予登记离婚(对) Quantity of Registered Divorces (couples)
合　计	**Province Total**	**33796**	**60857**	**6735**	**201**	**3549**
厅本级	Departments Themselves	31	60	2		3
西宁市	Xining City	13567	23329	3805	150	1718
海东地区	Haidong Prefecture	11149	20633	1665	13	701
海北州	Haibei Zang A.P	2348	4303	393	27	197
黄南州	Huangnan Zang A.P	262	468	56	3	44
海南州	Hainan Zang A.P	2876	5577	175		109
果洛州	Golog Zang A.P	350	644	56	7	136
玉树州	Yushu Zang A.P	228	455	1		11
海西州	Haixi Mongolian & Zang A.P	2985	5388	582	1	630

20-15　2006－2008年调解民间纠纷分类
Classification of Medicated Civil Disputers(2006－2008)

项　目	Item	调解纠纷(件) Civil Disputes (case)			各类纠纷所占比重(%) Percentage (%)		
		2006	2007	2008	2006	2007	2008
合　计	**Province Total**	**26679**	**31339**	**28310**	**100**	**100**	**100**
婚姻家庭	Family Disputes	10533	8732	9110	39.50	27.86	32.18
劳动	Labour		1320	1006		4.21	3.55
合同	Contracts		1244	967		3.97	3.42
房屋宅基地	Housing and Housing Sites	1342	2169	292	5.00	6.92	1.03
土地承包	Land		1219	457		3.89	1.61
征地拆迁	Requisitioned Land Demolition		694	354		2.21	1.25
邻里	Neighbor Disputes	6353	7244	9012	23.80	23.11	31.83
损害赔偿	Compensation for Damages	1979	1968	1168	7.40	6.28	4.13
计划生育	Family Planning		246	72		0.78	0.25
施工扰民	Construction Noise		512	141		1.63	0.49
村务管理纠纷	Village-affair Management		736	182		2.30	0.64
其他	Others	6472	5280	6549	24.30	16.85	23.13

20-16 档案行政管理部门(2008年)
Department Archives(2008)

项 目 Item	单 位 (个) Units (unit)	人 员 (人) Personnel (person)	文化程度 Educational Level: 大 学 University	文化程度 Educational Level: 大 专 College	文化程度 Educational Level: 中专以下 Vocational Secondary School and Below	档案专业程度 Professional Level on Archives: 大 学 University	档案专业程度 Professional Level on Archives: 大 专 College	档案专业程度 Professional Level on Archives: 在职培训 Training in active service	事业费 (万元) Expenditure (10 000 yuan)
合 计 Total	**54**	**233**	**79**	**104**	**453**		**31**	**56**	**287.4**
省级部门 Provincial Level	1	24	17	6	1		11		121.00
地级部门 Regional Level	7	41	12	20	9		5	9	30.40
县级部门 County Level	46	168	47	78	443		15	47	136.00

20-17 各级各类档案馆(2008年)
Different Kinds and Levels of Archives(2008)

项 目	Item	数 量 (个) Institution (unit)	人 员 (人) Personnel (person)	馆藏档案 Number of Archives: 建国前 (卷) Before the Founding of PRC (volume)	馆藏档案 Number of Archives: 建国后 (卷) After the Founding of PRC (volume)	案卷排架长度 (米) Length of Shelfs Placed Files (meter)	馆 藏 资 料 (册) Information Stored in Room (volume)	档案资料利用 (卷册) Volumes Utilized Archives (volume)	馆 库 面 积 (平方米) Area of Archives and Storages (sq.m)	事业费 (万元) Expenditure (10 000 yuan)
省级国家综合档案馆	National Comprehensive Archives of Provincial	1	24	91562	177412	3846	36676	3556/0	4196	121.0
地级国家综合档案馆	National Comprehensive Archives of Municipality	8	43	36724	293194	7152	52981	5638/284	10689	30.4
县级国家综合档案馆	National Comprehensive Archives of County-level	46	157	13068	699328	14248	170051	9880/4535	17562	136.0
国家专门档案馆	National Special Archives	1	9		37454	1877	2234	680/0	1714	
部门档案馆	Department Archives	4	20	298	30935	1356	7511	9409/0	1861	
企业档案馆	Enterprise Archives	2	11		41669	2064	3407	9175/507	4332	

20–18 各类档案室(2008年)
Archives(2008)

项 目	Item	档案室数量(个) Number of Institution (unit)	专职人员(人) Full-time Personnel (person)	兼职人员(人) Personnel (person)	室藏档案(卷) Archives Stored in Room (volume)	案卷排架(米) Files Placed in Shelf (m)	室藏资料(册) Information Stored in Room (volume)	档案资料利用(卷、册) Utilized (volume)
总 计	**Total**	**229**	**318**	**848**	**1063039**	**32919**	**182622**	**119338**
省直机关	Departments Directly under Provinc	112			287455	14352	55347	46258
大型企业	Large Enterprises	101			669970	16387	120700	67070
省部属文化事业单位	Cultural Institutions of Provincial L	9			48860	1509	5710	3007
地师级科技事业单位	Scientific and Technical Institions of Regional Level	6			25576	594	656	2912
县团级科技事业单位	Scientific and Technical Institions of County Level	4			4178	77	209	91

20–19 2007－2008年各类事故
Classification of Accidents(2007－2008)

类 别	Type	2007				2008			
		事故起数(起) Number of Accidents (case)	死亡人数(人) Number of Deaths (person)	重伤人数(人) Number of Injuries (person)	直接经济损失(万元) Losses Converted into Cash (10 000 yuan)	事故起数(起) Number of Accidents (case)	死亡人数(人) Number of Deaths (person)	重伤人数(人) Number of Injuries (person)	经济损失(万元) Losses Converted into Cash (10 000 yuan)
合 计	**Total**	**1655**	**760**	**397**	**2141.1**	**2562**	**719**	**630**	**2933.3**
工交建企事业工伤事故	Work Accidents of Industry, Traffic and Construction Enterprise	72	91	6	1385.0	65	84	7	1834.7
交通事故	Traffic Accidents	797	632	369	311.0	1121	608	606	269.6
农机肇事	Farm Machinery Accidents	12	12			2	11	1	0.4
铁路路外事故	Rail-road Accidents	19	18	13	10.0	22	12	8	25.0
火灾事故	Fire Accidents	754	6	9	435.4	1352	3	8	703.7

注:工交建企事业工伤事故包括县以下集体企业和私营企业伤亡情况。
a) Work accidents of industry, traffic and construction enterprise include casualties of collective-owned enterprises and private enterprises below county.

20-20 交通事故(2008年)
Traffic Accidents(2008)

项 目	Item	合 计 Total	西宁市 Xining City	海东地区 Haidong Prefecture	海北州 Haibei Zang A.P	黄南州 Huangnan Zang A.P	海南州 Hainan Zang A.P	果洛州 Golog Zang A.P	玉树州 Yushu Zang A.P	海西州 Haixi Mongolian & Zang A.P	高速支队 High-speed Detachment
交通事故次数（次）	Number of Traffic Accidents (case)	1121	369	358	43	12	57	35	14	164	69
比上年增减	Increase or Decrease over Previous Year	80	72	11	-13	-8	-10	6	-1	13	10
增减百分比（%）	Percentage of Increase or Decrease (%)	7.7	24.2	3.2	-23.2	-40.0	-14.9	20.7	-6.7	8.6	16.9
死亡人数 （人）	Number of Deaths (person)	608	129	137	41	12	62	22	17	135	53
比上年增减	Increase or Decrease over Previous Year	-24	-1	-4	-9	-1	-2	-7	-7	-3	16
增减百分比（%）	Percentage of Increase or Decrease (%)	-3.8	-0.8	-2.8	-18.0	-7.7	-3.1	-37.1	-29.2	-2.2	43.2
受伤人数 （人）	Number of Injuries (person)	1293	363	387	51	30	72	47	16	232	95
比上年增减	Increase or Decrease over Previous Year	184	64	18	1	2	-18	21	8	64	24
增减百分比（%）	Percentage of Increase or Decrease (%)	16.6	21.4	4.9	2.0	7.1	-27.3	80.8	100.0	38.1	33.8
经济损失 （万元）	Losses Coverted Into Cash (10 000yuan)	269.6	30.4	52.3	5.0	6.2	14.6	10.3	1.6	87.3	61.9
比上年增减	Increase or Decrease over Previous Year	-41.4	-5.3	2.3	-3.9	0.3	2.0	6.4	0.3	-41.1	-2.4
增减百分比（%）	Percentage of Increase or Decrease (%)	-13.3	-14.1	4.6	-43.8	5.1	15.9	164.1	23.1	-32.0	-3.7

20-21 工、交、建企业工伤事故及事故类别情况(2008年)
Basic Statistics on Industrial Injury Accident and Accident Classification(2008)

单位:人 (person)

类 别	Type	死 亡 Deaths	重 伤 Injuries	类 别	Type	死 亡 Deaths	重 伤 Injuries
总 计	**Total**	**84**	**7**				
物体打击	Hit by Object	12		冒顶片邦	Tunnel Edge Fall and Roof Fall	5	2
车辆伤害	Vehicle Damage	4		透 水	Permeability		
机械伤害	Mechanical Injury	15		放 炮	Shooting		
起重伤害	Lifting Injury	1		瓦斯煤尘爆炸	Gas and Coal Dust Explosion	6	
触 电	Electric Shock	2		容器爆炸	Container Explosion		
淹 溺	Drowned			其他爆炸	Other Explosion		
灼 烫	Burned or Scalded	2		煤与瓦斯突出	Coal and Gas Outburst		1
高空坠落	High-altitude Fall	21	1	中毒和窒息	Poisoning and Suffocation	4	1
坍 塌	Collapse	11	2	锅炉容器爆炸	Boiler Vessel Explosion		

20-22 火灾事故(2008年)
Fire Accidents(2008)

类 别	Type	全省合计 Province Total	西宁市 Xining City	海东地区 Haidong Prefe-cture	海北州 Haibei Zang A.P	黄南州 Huangnan Zang A.P	海南州 Hainan Zang A.P	果洛州 Golog Zang A.P	玉树州 Yushu Zang A.P	海西州 Haixi Mong-olian & Zang A.P
火灾起数(起)	Number of Fires (case)	1352	783	331	19	33	36	14	16	120
死亡人数(人)	Number of Deaths(person)	3	1	1			1			
受伤人数(人)	Number of Injuries(person)	8	4				2			2
损失折款 （万元）	Losses Converted Into Cash (10 000 yuan)	703.7	318.1	111.8	35.1	11.8	29.1	5.5	35.4	156.9
火灾原因(起)	Fire Reason(case)	1352	783	331	19	33	36	14	16	120
放 火	Incendi-arism	30	16	8	3			1	1	1
电器设备原因	Electrical Appara-tus	208	136	30	1	9	10	5	1	16
生产作业	Production	46	23	12	2		3			6
用 火不 慎	Carelessness in Fire Use	525	343	111	3	6	10	3	10	39
吸 烟	Smoking	136	70	44		4	3		1	14
玩 火	Fire Playing	263	145	81	4	10	5	2		16
自 燃	Spontaneous Combustion	17		4	2	2	3		1	5
不 明	Unknown	81	31	31	1		2		2	14
其 他	Others	46	19	10	3	2		3		9

主要统计指标解释

公证人员 指在公证处工作的人员总称，包括公证处主任、副主任、公证员、公证员助理（助理公证员）和其他从事辅助性工作的人员。

公证文书 指公证处根据当事人申请，依照事实和法律，按照法定程序制作的，具有法律效力的司法证明文书。

特大交通事故 指一次造成死亡3人以上，或者重伤11人以上，或者死亡1人，同时重伤8人以上，或者死亡2人，同时重伤5人以上，或者财产损失6万元以上的交通事故。

重大交通事故 指一次造成死亡1至2人，或者重伤3人以上10人以下，或者财产损失3万元以上不足6万元的交通事故。

特大火灾 指造成30人以上死亡，或者100人以上重伤，或者1亿元以上直接财产损失的火灾。

重大火灾 指造成10人以上30人以下死亡，或者50人以上100人以下重伤，或者5000万元以上1亿元以下直接财产损失的火灾。

较大火灾 指造成3人以上10人以下死亡，或者10人以上50人以下重伤，或者1000万元以上5000万元以下直接财产损失的火灾。

一般火灾 指造成3人以下死亡，或者10人以下重伤，或者1000万元以下直接财产损失的火灾。

城镇居民最低生活保障人数 指在报告期末家庭平均收入在当地规定的最低生活保障线以下的城镇居民数。包括"三无"对象，失业人员和在职、下岗、退休人员等。

农村居民最低生活保障人数 指报告期末在建立农村最低生活保障制度的地区，得到当地政府或集体给予最低生活保障的农业人口家庭人数。

五保户 指无法定抚养义务人，或者虽有法定抚养义务人，但是抚养人无抚养能力的；无劳动能力的；无生活年人来源的老年人、残疾人和未成年人。

农村传统救济人数 指未开展最低生活保障制度的农村地区，仍沿用传统救济制度救济的贫困人口数量。

社会福利企业 指以集中安置有一定劳动能力的残疾人员就业为目（残疾职工占生产人员10%以上）、带有社会福利性质的企业总称。主要包括福利工厂、假肢厂和其他福利企业。

城镇社区服务设施数 指报告期末城镇（街道办事处、居委会）设立的以非盈利为目的，为本社区居民服务，特别是为老年人、残疾人、儿童服务的社区服务中心、活动站、服务站、养老院、老年公寓（托老所），残疾人工疗站、残疾儿童日托所、家务服务站、婚姻介绍所等福利性设施以及职工社会保险管理服务的机构数。几种不同类型的社区服务单位，共用一个场所的，只能统计为一个社区服务设施。成为社区服务设施的条件：（1）是独立核算单位；（2）有固定的从业人员；（3）有一定的服务项目；（4）有一定的场所。

粗离婚率 指当年离婚对数占年平均人口的比重，计算公式为：

$$粗离婚率=\frac{当年离婚对数}{年平均人口数}\times 100\%$$

Explanatory Notes on Main Statistical Indicator

Notary Personnel refers to people working for notary offices including: directors, deputy directors, notaries, assistant notaries and other people providing assistance.

Notary Documents refer to the judicial notary documents drawn up at the request of the interested party and are in accordance with facts and the law and following certain legal proceedings.

Extraordinarily Serious Traffic Accident refers to an accident which has caused three or more deaths; or over 11 serious injuries; or one death and over 8 serious injuries; or two deaths and over 5 serious injuries; or a loss over 60 thousand yuan.

Serious Traffic Accident refers to an accident which has caused one or two deaths; or three to ten serious injuries; or a loss over 30 thousand yuan to 60 thousand yuan.

Extraordinarily Serious Fire Case refers to a case which has caused over 30 deaths; or over 100 serious injuries; or a direct property loss over 100 million yuan.

Serious Fire Case refers to a case which has caused over 10 to 30 deaths; or over 50 to 100 serious injuries; or a direct property loss over 50 million to 100 million yuan.

Comparatively Serious Fire Case refers to a case which has caused over three to ten deaths; or over 10 to 50 serious injuries; or a direct property loss over 10 million to 50 million yuan.

Ordinary Fire Case refers to a case which has caused less than three deaths; or less than 10 serious injuries; or a direct property loss less than 10 million yuan.

Number of Urban Residents Entitled to Minimum Living Allowances refers to the number of those whose average family income is below a minimum local standard by the end of the reporting period, including both the employed and unemployed, laid off and retired, and those jobless people without stable residence or valid IDs.

Number of Rural Residents Entitled to Minimum Living Allowances refers to the number of those receiving the minimum living allowances from the local government or community in the rural areas where this allowances system is in place as of the end of the reporting period.

Households Enjoying Five Guarantees refers to those senior citizens, handicapped or under – aged who, without labour ability, can not make a living by themselves and whose statutory providers are unable to support them or who have no statutory providers at all.

Number of Rural Recipients of Traditional Relief refers to the poor people entitled to traditional relief in rural areas where the minimum living allowances system is not in place.

Social Welfare Enterprises refers to those welfare – oriented enterprises employing a significant number of handicapped people with certain labour ability (handicapped employees shall exceed 10% of the production staff), including welfare factories, artificial limb plants as well as other welfare enterprises.

Number of Service Facilities in Urban Communities refers to the number non – profit welfare facilities set up by urban communities (community offices and residents' committees) to serve the community residents, including, among others, community – based centers that serve senior citizens, the handicapped or children, recreational centers, service centers, nursing homes, apartments for the elderly (nursery for the aged), work and treatment stations for the handicapped, day – care centers for handicapped children, domestic help agencies and dating services, as well as social insurance management agencies for the employees. Different types of community service providers that share the same premise are regarded as one community service facility. The requirements for a social service facility of communities include: (1) independent accounting; (2) fixed employees; (3) provision of services; and (4) premises.

Crude Divorce Rate refers to ratio of divorced couples to the annual average population for the reference year, the formula is:

$$\text{Crude Divorce rate} = \frac{\text{number of couples divorced for the reference year}}{\text{annual average population}} \times 100\%$$

Explanatory Notes on Main Statistical Indicators

2009

第21篇

CHAPTER 21

城市概况

General Survey of Cities

21-1 城市公用事业基本情况(2008年)
Basic Statistics on Urban Public Utilities(2008)

指 标	Item	全 省 Province Total	西宁市 Xining City	格尔木市 Geermu City	德令哈市 Delingha City
人口密度(人/平方公里)	Population Density of City Districts(persons/sq.km)	2051	2316	1964	714
拥有城市维护建设资金(元)	Fund Expenditures on Urban Maintenance Construction(yuan)	104869	77881	10718	16270
人均生活用水量(升/日)	Per Capita Water Consumption for Residential Use(liter/day)	182.50	182.95	173.90	194.85
用水普及率(%)	Coverage Rate of Urban Population with Access to Tap Water (%)	100.00	100.00	100.00	100.00
每万人拥有公共交通车辆(标台)	Number of Public Transportation Vehicles Per 10 000 Population(unit)	17.66	19.37	10.93	3.93
使用天然气普及率(%)	Percentage of Population with Access to Gas (%)	94.78	99.41	89.40	27.31
人均拥有道路面积(平方米)	Per Capita Area of Paved Roads (sq.m)	11.16	7.25	25.88	44.20
排水管道密度(公里/平方公里)	Density of City Sewage Pipes(km/sq.km)	1.69	1.47	2.92	1.87
人均公共绿地面积(平方米)	Per Capita Park Green Area (sq.m)	8.53	9.25	4.51	5.50
建成区绿地率(%)	Percentage of Developed Green Areas (%)	27.43	34.27	15.83	21.48
建成区绿化覆盖率(%)	Green Covrage Rate in Completed Areas (%)	28.17	35.12	16.06	22.80
道路长度(公里)	Length of Paved Roads (km)	649.60	403.20	158.10	88.30
道路面积(万平方米)	Area of Paved Roads(10 000 sq.m)	1173	638	310	225
人行道面积(万平方米)	Area of Sidewalks(10 000 sq.m)	338	159	106	73
桥梁数(座)	Number of Bridges(unit)	63	50		13
立交桥(座)	Number of Bridge Flyover(unit)	4	4		
路灯数(盏)	Number of Street Light(unit)	65263	58225	3861	3177
排水管道长度(公里)	Length of City Sewage Pipes(km)	868	557	178	133
污水年排放量(万立方米)	Non-industrial of Waste Water Discharge(10 000 cu.m)	11686	7583	1929	2174
防洪堤长度(公里)	Length of Dyke for Control of Flood(km)	38	34		4
自来水综合生产能力(万立方米/日)	Production Capacity of Tap Water Supply(10 000 cu.m/day)	78.59	47.89	19.00	11.70
供水管道长度(公里)	Length of Water Supply Pipelines(km)	1294.47	772.46	330.55	191.46
供水总量(万立方米)	Annual Volume of Tap Water Supply(10 000 cu.m)	17067.90	12097.74	2412.16	2558.00
用水人口(万人)	Number of Residents with Access to Tap Water(10 000 persons)	105.09	88.02	11.98	5.09
运营车辆(辆)	Number of Public Vehicles under Operation(unit)	1899	1712	158	29
标准运营车辆(标台)	Number of Public Vehicles(unit)	1856	1705	131	20
运营线路网长度(公里)	Lengh of Business Transportation Routes(km)	522	379	85	58
客运总量(万人次)	Number of Passengers Carried(10 000 persons)	60037	58761	1051	225
出租汽车数(辆)	Taxis (unit)	6599	5116	1081	403
绿化覆盖面积(公顷)	Green Covered Area of Completed Area(hectare)	3179	2280	552	347
园林绿地面积(公顷)	Area of Parks and Green land(hectare)	3130	2258	545	327
公共绿地面积(公顷)	Public Green Aress(hectare)	896	814	54	28
公园个数(个)	Number of Parks and Zoos(unit)	19	16	2	1
公园面积(公顷)	Area of Parks (hectare)	464	424	23	17

21-2 城市基本情况(2008年)

Basic Statistics on Cities (2008)

指标	Item	地区包括市辖县 Prefecture Included Counties	西宁地区 Xining Prefecture	市区不包括市辖县 Cities Not Included Counties	西宁市 Xining City	格尔木市 Geermu City	德令哈市 Delingha City
人口、劳动力及土地面积	**Population, Labor Force and Land Area**						
年末总人口(万人)	Population (year-end) (10000 persons)	246.01	217.79	140.43	112.21	21.21	7.01
非农业人口	Non-agricultural Population	128.76	115.05	111.19	97.48	9.53	4.18
年平均人口	Annual Average Population	244.55	216.57	139.18	111.2	21.05	6.93
常住人口	Reaident Population	236.78	217.79	131.2	112.21	11.98	7.01
暂住人口(一个月以上)	People Stayed Temporarily	29.06	14.7	26.56	12.2	14.36	
年出生人口(人)	Annual Birth Population	25187	23520	11608	9941	1146	521
年死亡人口(人)	Annual Death Population	10191	9205	4637	3651	828	158
年末总户数(万户)	Total Households at the Year-end (10 000 households)	72.6	65.57	39.16	32.13	4.58	2.45
年末单位从业人员数(万人)	Employed Persons in Various Units (year-end) (10 000 persons)	31.31	24.66	24.61	17.96	5.59	1.06
其中:长期职工	permanent staff						
第一产业	Primary Industry	0.58	0.44	0.29	0.15	0.08	0.06
第二产业	Secondary Industry	11.56	9.3	8.02	5.76	2.08	0.18
采矿业	Mining	0.46	0.38	0.09	0.01	0.08	
制造业	Manufacturing	7.2	5.46	4.51	2.77	1.64	0.1
电力、燃气及水的生产和供应业	Production and Distribution of Electricity, Gas and Water	0.77	0.66	0.65	0.54	0.09	0.02
建筑业	Construction	3.13	2.8	2.77	2.44	0.27	0.06
第三产业	Tertiary Industry	19.18	14.92	16.31	12.05	3.43	0.83
交通运输、仓储及邮政业	Traffic, Transport, Storage and Post	2.72	2.21	2.62	2.11	0.31	0.2
信息传输、计算机服务和软件业	Information transmission, Computer Services and Software	0.76	0.62	0.75	0.61	0.11	0.03
批发和零售业	Wholesale and Retail Trades	2.53	1.2	2.37	1.04	1.31	0.02
住宿、餐饮业	Hotels and Catering Services	0.96	0.24	0.95	0.23	0.7	0.02
金融业	Financial Intermediation	1.14	0.99	1.05	0.9	0.09	0.06
房地产业	Real Estate	0.51	0.51	0.5	0.5		
租赁和商业服务业	Leasing and Business Services	0.76	0.68	0.52	0.44	0.07	0.01
科学研究、技术服务和地质勘查业	Scientific Research, Technical Service and Geologic Prospecting	1.02	0.93	1	0.91	0.06	0.03
水利、环境和公共设施管理业	Management of Water Conservancy, Environment and Public Facilities	0.59	0.56	0.4	0.37	0.02	0.01
居民服务和其他服务业	Services to Households and Other Services	0.17	0.04	0.17	0.04	0.13	
教育	Education	2.94	2.64	1.81	1.51	0.2	0.1
卫生、社会保障和社会福利业	Health, Social Security and Social Welfare	1.59	1.42	1.34	1.17	0.12	0.05
文化、体育和娱乐业	Culture, Sports andEntertainment	0.45	0.38	0.38	0.31	0.05	0.02
公共管理和社会组织	Public Management and Social Organization	3.04	2.5	2.45	1.91	0.26	0.28
城镇私营和个体从业人员(人)	Self-employed Individuals in Urban Areas (person)	236770	196828	188941	148999	30915	9027
年末城镇登记失业人员数(人)	**Number of Registered Unemployed Persons in Urban Areas(person)**	28917	23019	24733	18835	1406	4492
行政区域土地面积(平方公里)	Land Area(sq.km)	153961	7649	146692	380	118954	27358
建成区面积	Developed Area			113.3	66	31	16.3
城市建设用地面积	Urban Construction Land Areas			111.67	66	31	14.67
居住用地面积	Land Areas of Living			43.12	30	10	3.12
公共设施用地面积	Land Areas of Public Facilities			6.4	2	3	1.4
工业用地面积	Land Areas of Industry			16.95	11	3	2.95
水资源总量(万立方米)	Water Resources(10 000 cu.m)	139312	131400				

21-2 续表 1 Continued

指 标	Item	地区包括市辖县 Prefecture Included Counties	西宁地区 Xining Prefecture	市区不包括市辖县 Cities Not Included Counties	西宁市 Xining City	格尔木市 Geermu City	德令哈市 Delingha City
综合经济	Total Economy						
地区生产总值(万元)	Gross Domestic Product(10 000 yuan)	5810059	4221885	4483258	2895084	1369971	218203
第一产业	Primary Industry	213041	192074	46941	25974	9133	11834
第二产业	Secondary Industry	3467880	2273914	2464177	1270211	1085946	108020
工业	Industry	2975971	1937460	2079923	1041412	963449	75062
第三产业	Tertiary Industry	2129138	1755897	1972140	1598899	274892	98349
交通运输仓储及邮政业	Transport,Storage and Post	298897	188531	277715	167349	86963	23403
信息传输、计算机服务和软件业	Information transmission,Computer services and software industry	176150	142026	171952	137828	19269	14855
金融业	Financial Intermediation	303288	254630	280068	231410	41152	7506
房地产业	Real Estate	128413	112250	113555	97392	14072	2091
科学研究、综合技术服务和地质勘查业	Scientific Research, Technical Services and Geological Prospecting	100841	83774	93786	76719	15943	1124
地区生产总值(2005年价格)	Gross Domestic Product(price=2005)	4848871	3654676	3779441	2585246	989537	204658
人均地区生产总值(元)	Per Capita GDP(yuan)	23755	19494	31999	25801	65072	31140
地区生产总值增长率(%)	Growth Pate of GDP(%)	17.01	14.70	19.53	15.00	21.60	21.40
财政、金融、保险(万元)	Public Finance、Finance and Insurance(10 000 yuan)						
地方财政一般预算内收入	Local Budgetary Revenue	311687	234468	152036	74817	68439	8780
各项税收	Taxes	271176	203333	140311	72468	61523	6320
企业所得税	Company Income Tax	18069	12673	8027	2631	5256	140
个人所得税	Personal Income Tax	17103	12032	10158	5087	4496	575
地方财政一般预算内支出	Local Budgetary Expenditure	828138	672512	276961	121335	103335	52291
一般性公共服务支出	Expenditure for General Public Services	110218	83994	45395	19171	20859	5365
科学技术支出	Expenditure for Science and Technology	14930	14069	4301	3440	491	370
教育支出	Expenditure for Education	136455	114645	43017	21207	13987	7823
文化体育与传媒支出	Expenditure for Culture, Sport and Media	32147	28723	4579	1155	1780	1644
医疗卫生支出	Expenditure for Medical and Health Care	54636	48662	12657	6683	4717	1257
环境保护支出	Expenditure for Environment Protection	27684	16248	12893	1457	5449	5987
城乡社区事务支出	Expenditure for Urban and Rural Community Affairs	91500	67144	44530	20174	16200	8156
交通运输支出	Expenditure for Transportation	4216	3101	1155	40	858	257
社会保障和就业支出	Expenditure for Social Safety Net and Employment Effort	120408	100200	48840	28632	12475	7733
社会保险基金支出	Expenditure of Social Insurance Funds	189051	187586	25223	23758		1465
年末金融机构存款余额	Total Deposits	11402399	9988212	10736803	9322616	1137716	276471
城乡居民储蓄年末余额	Savings Deposit of Urban and Rural Areas	4524885	3956199	4096367	3527681	457808	110878
年末金融机构各项贷款余额	Total Loans	9583911	8573432	8850298	7839819	733801	276678
保费收入	Premium Income	119651	107997				
财产险	Property Insurance	47618	43521				
人身险	Life Insurance	69034	64476				
赔款、给付	Indemnity	29426	25408				
财产险	Property Insurance	25962	22288				
人身险	Life Insurance	3465	3120				
农业	Agriculture						
蔬菜产量(吨)	Output of Vegetable(ton)	535608	495491				
水果产量(吨)	Output of Fruit(ton)	1396	1297				
肉类总产量(吨)	Output of Meat Products(ton)	69512	63646				
奶类产量(吨)	Output of Milk(ton)	98558	95381				
水产品产量(吨)	Output of Aquatic Products(ton)	336	36				

21-2 续表 2 Continued

指标	Item	地区包括市辖县 Prefecture Included Counties	西宁地区 Xining Prefecture	市区不包括市辖县 Cities Not Included Counties	西宁市 Xining City	格尔木市 Geermu City	德令哈市 Delingha City
工业	Industry						
规模以上工业法人企业	Industrial Business Corporation above Designated Size						
工业企业数(个)	Number of Industrial Business(unit)	276	218	196	138	48	10
内资企业	Domestic Funded	260	203	183	126	47	10
国有企业	State-owned Enterprises	29	22	25	18	4	3
私营企业	Private Enterprises	71	40	52	21	24	7
私营独资企业	Private-funded Enterprises	5	3	3	1	2	
私营股份有限公司	Private Share-holding Corporations Ltd.	11	8	8	5	3	
港、澳、台商投资企业	Enterprises with Funds from Hong Kong, Macao and Taiwan	6	5	5	4	1	
外商投资企业	Foreign Funded Enterprises	10	10	8	8		
工业总产值(当年价)(万元)	Gross Industrial Output Value (current Prices)(10 000 yuan)	6783452	5466931	4307038	2990517	1118844	197677
内资企业	Domestic Funded	6135077	4819201	4187315	2871439	1118199	197677
国有企业	State-owned Enterprises	1642945	1535702	1565331	1458088	40129	67114
私营企业	Private Enterprises	626860	345140	393831	112111	151157	130563
私营独资企业	Private-funded Enterprises	32018	26900	14760	9642	5118	
私营股份有限公司	Private Share-holding Corporations Ltd.	198840	184033	40653	25846	14807	
港、澳、台商投资企业	Enterprises with Funds from Hong Kong, Macao and Taiwan	40419	39774	24219	23574	645	
外商投资企业	Foreign Funded Enterprises	607956	607956	95504	95504		
从业人员年平均人数(万人)	Annual Average Number of Employed Persons(10 000 persons)	10.43	8.57	6.49	4.63	1.53	0.33
流动资产年平均余额	Annual Average Value of Working Capitals	3078444	2003103	2223770	1148429	966423	108918
固定资产净值年平均余额	Annual Average of Net Value of Fixed Assets	3615335	2679021	2538306	1601992	729978	206336
主营业务收入	Revenue from Principal Business	5784979	4708167	3502045	2425233	920189	156623
主营业务税金及附加	Taxes and Other Charges on Principal Business	62872	28704	53847	19679	33889	279
本年应交增值税	Value Added Tax Payable	263466	188721	177527	102782	58725	16020
利润总额	Total Profits	772074	118289	706194	52409	609634	44151
交通运输、邮电通信、能源电力	Traffic and Transport, Post and Telecommunication,Energy and Power						
铁路旅客运量(万人)	Railways Passenger Traffic(10 000 persons)	394	311				
铁路货物运量(万吨)	Railways Freight Traffic(10 000 tons)	1743	383				
境内铁路营业里程(公里)	Length of Territory Railways in Operation(km)	4023	3127				
民用汽车拥有量(辆)	Possession of Civil Motor Vehicles(unit)	174576	143230				
私人汽车拥有量(辆)	Private Vehicles(unit)	59308	48197				
公路客运量(万人)	Highways Passenger Traffic(10 000 persons)	3781	3127				
公路货运量	Highways Freight Traffic(10 000 tons)	3137	2258				
境内等级公路里程(公里)	Length of Territory Class Ⅰ to Ⅳ Highways(km)	9141	5845				
境内高速公路里程(公里)	Length of Territory Expressways(km)	346	346				
民用航空货邮运量(吨)	Freight Traffic of Civil Aviation(ton)	6200	6200				
民用航空客运量(人)	Passenger Traffic of Civil Aviation(person)	479400	458200				
年末邮政局(所)数(处)	Number of Post and Telecommunication at Year-end(unit)	93	75	60	55		5
邮政业务收入(万元)	Business Income of Post(10 000 yuan)	13682	11848				
电信业务收入(万元)	Business Income of Telecommunication Services(10 000 yuan)	293715	274193				
年末固定电话用户数(万户)	Number of Local Telephone Subscribers at Year-end(10 000 subscribers)	79.84	70.10	66.58	56.84	7.08	2.66
年末移动电话用户数(万户)	Number of Mobile Telephone Subscribers at Year-end(10 000 subscribers)	126.05	108.66	106.08	88.69	13.77	3.62
国际互联网用户数(万户)	Number of Internet Users(10 000 subscriber)	16.97	15.16	15.76	13.94	1.38	0.43

21-2 续表 3 Continued

指 标	Item	地区包括市辖县 Prefecture Included Counties	西宁地区 Xining Prefecture	市区不包括市辖县 Cities Not Included Counties	西宁市 Xining City	格尔木市 Geermu City	德令哈市 Delingha City
能源消费量(万吨/标准煤)	Total Energy Consumption (10 000 tons of SCE)	1459	1288	560	389	89	82
全年用电量(万千瓦时)	Demand for Electricity thought the Year(10 000 kwh)	2205957	2101319	2119989	2015351	86290	18348
工业用电	Industry Electricity	2035098	1944620	2029906	1939428	77634	12844
居民生活用电	Living Electricity for Resident	91699	79960	78151	66412	6235	5504
内外贸易、外经、旅游	Domestic and Foreign Trade, Foreign Economic Cooperation, Tourism						
限额以上批发和零售业商品销售总额(万元)	Total Sales of Goods of Wholesale and Retail Trades Above Designated Size(10 000 yuan)	2271441	2212187	2114740	2055486	53633	5621
社会消费品零售总额(万元)	Total Retail Sales of Consumer Goods(10 000 yuan)	1953203	1699948	1814117	1560862	216580	36675
限额以上批发和零售企业数(法人数)(个)	Number of Enterprises of Wholesale and Retail Trades Above Designated Size(unit)	193	146	186	139	42	5
零售业(个)	Retail Trades(unit)	83	70	77	64	11	2
货物进口额(万美元)	Total Value of Imports(USD 10 000)	24502	24502				
货物出口额(万美元)	Total Value of Exports(USD 10 000)	38352	38352				
外商直接投资:	Foreign Direct Investments						
当年新签项目(合同)个数(个)	Number of New-signed Projects (Contracts) at Current Year(unit)	11	11	11	11		
当年实际使用外资金额(万美元)	Foreign Capitals Actually Utilized at Current Year(USD 10 000)	6693	6693	6693	6693		
海外游客人数(含一日游游客)(人)	Number of International Tourists (Daily Tours Included)(person)	31967	22515				
外国人	Foreigners	23099	16267				
港、澳、台同胞	Compatriots from Hong Kong, Macao and Taiwan	6548	6248				
旅游(外汇)收入(万美元)	Tourism Foreign Exchange Earnings(USD 10 000)	1253	675				
星级饭店数(个)	Number of Star-rated Hotel(unit)	65	45				
固定资产投资	Investment in Fixed Assets						
全社会固定资产投资总额(万元)	Total Investment in Fixed Assets in the Whole Country(10 000 yuan)	3098425	2213061	2944257	2058893	720573	164791
城镇固定资产投资额	Urban Investment in Fixed Assets	2881436	2030740	2727268	1876572	705905	144791
房地产开发投资额	Investment in Rel Estate Development	449164	447164	449164	447164		2000
住宅	Residential Buildings	375804	375804	375804	375804		
全年新增固定资产	Newly Increased Fixed Assets thought the Year	941067	820469	941067	820469	99627	20971
商品房屋销售面积(万平方米)	Floor Sqace of Selling House(10 000 sq.m)	108.66	105.46	108.66	105.46		3.20
住宅	Residential Buildings	103.98	100.78	103.98	100.78		3.20
别墅、高档公寓	Villadom and High-grade Apartments	7.40	7.40	7.40	7.40		
商品房屋销售额(万元)	Total Sale of Commercial Buildings(10 000 yuan)	294264	291704	294264	291704		2560
住宅	Residential Buildings	272123	269563	272123	269563		2560
别墅、高档公寓	Villadom and High-grade Apartments	20758	20758	20758	20758		
商品房屋空置面积(万平方米)	Floor Sqace of Vacancy House(10 000 sq.m)	25.76	25.76	25.76	25.76		
教育、科技、文化、卫生	Education, Science and Technology, Culture and Public Health						
学校数(所)	Number of Schools(unit)						
普通高等学校	Regular Institutions of Higher Education	8	8	8	8		
中等职业教育学校	Vocational Secondary Education	6	4	6	4	1	1
普通中学	Regular High School	177	145	78	46	22	10
小 学	Primary Schools	614	588	90	64	14	12
专任教师数(人)	Full-time Teachers(person)	6242	6242	6242	6242		
普通高等学校	Regular Institutions of Higher Education	773	641	773	641	28	104
中等职业教育学校	Vocational Secondary Education	10808	9500	5599	4291	969	339
普通中学	Regular High School	9503	8357	4464	3318	741	405
小 学	Primary Schools						

注:能源消费量为上年实际数。
a) Total energy consumption is the actural data in the previous year.

21-2 续表 4 Continued

指 标	Item	地区包括市辖县 Prefecture Included Counties	西宁地区 Xining Prefecture	市区不包括市辖县 Cities Not Included Counties	西宁市 Xining City	格尔木市 Geermu City	德令哈市 Delingha City
在校学生数	Number of Students						
普通高等学校(人)	Regular Institutions of Higher Education(person)	42177	42177	42177	42177		
高中阶段在校学生数(人)	Number of Students in Senior Secondary Education(person)	51767	46437	27356	22026	3717	1613
中等职业教育学校(人)	Vocational Secondary Education	18814	17690	18814	17690	325	799
普通中学(万人)	Regular High School(10 000 persons)	13.29	11.60	7.24	5.55	1.23	0.46
小 学(万人)	Primary Schools(10 000 persons)	19.34	16.56	9.55	6.77	2.08	0.70
初中毕业生升学率(%)	Promotion Rate from Junior Secondary Schools to Senior Secondary Schools(%)	85.0	81.0	95.0	90.0	97.0	100.0
从事科技活动人员数(人)	Personnel Engaged in S&T Activities(person)	28245	27040	12339	11134	139	1066
专利申请受理量(项)	Total Patent Applications Examined(item)	258	258				
专利申请授权量(项)	Total Patent Applications Certified(item)	137	137				
发 明	Inventions	18	18				
体育场馆数(个)	Number of Stadiums and Gymnasiums(unit)	5	3	4	2	1	1
剧场、影剧院数(个)	Number of Cinemas, Theaters and Music Halls(unit)	11	5	10	4	5	1
公共图书馆图书总藏量(千册件)	Collection of Books of Public Libraries(1 000 copies)	2323	2203	410	290	50	70
医院、卫生院数(个)	Number of Hospitals and Health Centers(unit)	470	454	91	75	9	7
医院、卫生院床位数(张)	Number of Beds of Hospitals and Health Centers(unit)	10224	9500	1855	1131	490	234
医生数(人)	Number of Doctors (person)	4713	4209	3354	2850	336	168
注册护士	Number of Registered Nurses	4877	4500	4176	3799	258	119
人民生活、社会保障	People's Livelihood, Social Security						
在岗职工平均人数(万人)	Average Number of Fully Employed Staff and Workers(10 000 persons)	26.27	23.48	20.07	17.28	1.90	0.89
在岗职工工资总额(万元)	Total Wages Bill of Fully Employed Staff and Workers(10 000 yuan)	738316	621320	589430	472434	86115	30881
城镇居民人均可支配收入(元)	Annual Per Capita Disposable Income of Urban Households(yuan)			12253	11929	13587	13400
城镇居民人均消费支出(元)	Annual Per Capita Consumption Expenditure of Urban Households(yuan)			8705	8278	10328	10637
食 品	Food			3513	3412	3926	3879
衣着用品	Clothing			966	850	1560	1032
家庭设备、用品及服务	Household Appliances and Service			836	827	793	1112
医疗保健	Health Care and Medical Services			567	535	700	672
交通和通讯	Transport and Communications			612	636	505	559
娱乐、教育、文化服务	Education, Cultural and Recreation Services			890	771	1244	1729
居 住	Residence			947	901	1147	1069
每百户居民家庭拥有:	Number of Major Durable Consumer Goods Owned Per 100 Urban Households						
家用汽车(辆)	Automobile(unit)				2	3	8
家用电脑(台)	Computer(set)				34	58	21
人均住房使用面积(平方米)	Per Capita Building Space(sq.m)			25	24	26	27
居民消费价格指数(上年为100)(%)	Consumer Price Indices(%)				108	111	
基本养老保险参保人数(人)	Population Covered Basic Pension Insurance(person)	290869	257710	262658	229499	23090	10069
基本医疗保险参保人数(人)	Population Covered Basic Medical Insurance(person)	224359	178897	183411	137949	26700	18762
失业保险参保人数(人)	Population Covered Unemployment Insurance(person)	166136	148700	135521	118085	12944	4492
社会福利院数(个)	Number of Social Welfare Homes(unit)	12	9	5	2	2	1
社会福利院床位数(张)	Number of Beds of Social Welfare Homes(unit)	720	624	506	410	24	72
社区服务设施数(个)	Number of Community Service Facilities(unit)	253	173	211	131	69	11
城镇居民最低生活保障人数(人)	Number of Persons Receiving Lowest Cost-of-living(person)	94940	75068	63930	44058	9962	9910

21-2 续表 5 Continued

指 标	Item	地区包括市辖县 Prefecture Included Counties	西宁地区 Xining Prefecture	市区不包括市辖县 Cities Not Included Counties	西宁市 Xining City	格尔木市 Geermu City	德令哈市 Delingha City
社会治安	Security of Society						
交通事故死亡人数(人)	Number of Deaths of Traffic Accident(person)	168	129	111	72	24	15
交通事故损失额(万元)	Losses Converted into Cash of Traffic Accident(10 000 yuan)	102	30	85	13	14	58
火灾事故死亡人数(人)	Number of Deaths of Fires(person)	8	1	8	1	3	4
火灾事故损失额(万元)	Losses Converted into Cash of Fires(10 000 yuan)	350	276	270	196	26	48
刑事案件立案数(件)	Number of Criminal Cases Registered	5456	5179	3576	3299	210	67
犯罪人数(人)	Number of Perpetrators(person)	2887	2400	1768	1281	380	107
青少年人数	Number of Adolescents	1059	1025	675	641		34
市政公用事业	City Public Utilities						
城市维护建设资金支出(万元)	Funds Expenditure for Urban Construction and Maintenance(10 000 yuan)			88936	77881	10718	337
年末实有城市道路面积(万平方米)	Area of Paved Road at Year-end(10 000 sq.m)			1173	638	310	225
排水管道长度(公里)	Length of Sewage Pipes(km)			868	557	178	133
供水综合生产能力(万平方米/日)	Production Capacity of Tap Water Supply(10 000 cu.m/day)			94.88	58.77	24.41	11.70
供水总量(万吨)	Total Volume of Water Supply(10 000 tons)			17068	12098	2412	2558
居民家庭用水量	Consumption of Tap Water for Residential Use			4363	3450	641	272
用水人口(万人)	Number of Residents with Access to Tap Water(10 000 persons)			105.09	88.02	11.98	5.09
供气总量(人工、天然气)(万立方米)	Volume of Gas Supply (Manpower and Natural Gas)(10 000 cu.m)			118383	48473	68827	1083
家庭用量	Consumption of Gas for Residential Use			5026	4513	494	19
用气人口(人)	Number of Residents with Access to Gas(person)			799900	730000	65800	4100
液化石油气供气量(吨)	Volume of Liquefied Petroleum gas Supply(ton)			65442	63007	2165	270
家庭用量	Consumption of Gas for Residential Use			65166	63000	1910	256
用液化气人口(人)	Number of Residents with Access to Liquefied Petroleum Gas(person)			196100	145000	41300	9800
年末实有公共汽(电)车营运车辆数(辆)	Number of Public Vehicles under Operation at Year-end(unit)			1899	1712	158	29
全年公共汽(电)车客运总量(万人次)	Number of Passengers Carried of Public Vehicles(10 000 person-times)			60037	58761	1051	225
年末出租汽车数(辆)	Number of Taxis at Year-end(unit)			6600	5116	1081	403
绿地面积(公顷)	Green Areas(hectare)			3130	2258	545	327
公园绿地面积(公顷)	Area of Parks			896	814	54	28
建成区绿化覆盖面积(公顷)	Greening Coverage of the Current Urban Areas(hectare)			3180	2350	483	347
环境保护	Environmental Protection						
三废综合利用产品产值(万元)	Output Value of Products Made from Waste Gas, Waste Water and Solid Wastes(10 000 yuan)	9753	9753				
工业废水排放量(万吨)	Waste Water Discharged by Industry(10 000 tons)	4299	4139				
工业废水排放达标量(万吨)	Industrial Waste Water Meeting Discharge Standards(10 000 tons)	3607	3463				
二氧化硫去除量(吨)	Industrial Sulfur Dioxide Removing(ton)	11725	11725				
二氧化硫排放量(吨)	Industrial Sulfur Dioxide Emission(ton)	72994	67480				
工业烟尘去除量(吨)	Industrial Soot Removing(ton)	1163012	1162183				
工业烟尘排放量(吨)	Industrial Soot Emission(ton)	25178	23040				
工业固体废物综合利用率(%)	Comprehensive Utilization Rate of Industrial Solid Wastes (%)		73.79				
污水处理率(%)	Treatment Rate of Consumption Waste Water(%)		52.35				
生活垃圾无害化处理率(%)	Innocent Treatment Rate of Domestic Garbage(%)		100				

21-3 主要年份西宁市公共交通客运情况

Basic Statistics on Urban Public Traffic in Xining in Main Years

年 份 Year	年底车辆总数（辆） Number of Public Vehicles for Business Transportation (unit)	年底营运线路网长度（公里） Length of Business Transportation Routes (km)	客运总量（万人次） Number of Passengers Carried of Bus, Trolley Bus (10 000 person-times)	社会出租汽车（辆） Number of Taxis (unit)
1980	171	466	6942	
1982	190	466	8812	
1983	192	467	10162	
1984	211	467	11930	
1985	230	467	14832	
1986	219	481	16710	
1987	222	498	16876	
1988	250	481	17759	
1989	252	481	15216	
1990	266	481	15612	371
1991	268	482	16430	458
1992	282	510	17641	784
1993	403	316	17345	1282
1994	385	259	17833	1836
1995	386	259	18054	3354
1996	372	259	18218	4160
1997	410	255	17616	4236
1998	575	258	17808	4275
1999	659	274	19566	4412
2000	667	291	15369	5785
2001	1020	307	20748	5144
2002	1086	307	20857	5116
2003	1142	307	23760	5116
2004	1277	437	25111	5116
2005	1605	437	36098	5116
2006	1927	415	41355	5644
2007	1888	415	55739	5694
2008	1712	379	58761	5116

21-4 主要年份西宁市自来水供水情况

Basic Statistics on Tap Water Supply in Xining in Main Years

年 份 Year	年底自来水管道总长度（公里） Length of Water Supply Piplines (km)	供水总量（万立方米） Total Annual Volume of Water Supply (10 000 cu.m)	售水总量（万立方米） Total Annual Volume of Water Market (10 000 cu.m)	生产用水 For Productive Use	综合生产能力（万立方米/日） Production Capacity of Tap Water Supply (10 000cu.m /day)	用水总人数（万人） Number of Residents with Access to Tap Water (10 000 persons)	用水普及率（%） Coverage Rate of Urban Population with Access to Tap Water (%)
1980	240	3740	3541	1979	14.5	42.0	92.4
1982	246	4649	4295	2598	14.5	43.4	94.6
1983	251	5222	4817	3121	34.5	43.5	94.0
1984	259	5526	5098	3161	35.5	48.0	92.0
1985	255	5577	5145	3190	36.4	348.0	95.0
1986	255	5863	5583	3461	26.4	49.0	99.0
1987	285	6308	6008	3604	36.6	53.0	96.4
1988	297	7111	6755	4062	34.4	53.5	98.0
1989	300	7824	7200	4464	34.4	53.9	98.0
1990	300	7934	7301	4527	34.4	54.7	98.0
1991	300	8279	7619	4785	34.4	55.7	98.0
1992	301	8359	7692	4769	34.4	56.1	98.8
1993	305	8605	7918	4909	39.0	56.2	99.1
1994	306	12961	12273	8339	39.0	66.1	99.3
1995	307	13251	12540	8176	39.0	66.9	98.0
1996	311	13036	12342	7460	38.4	67.7	97.0
1997	419	13036	12238	6200	38.0	67.8	96.0
1998	433	11966	11516	6939	37.0	70.9	97.4
1999	444	12561	11904	6893	49.0	70.8	97.0
2000	596	12610	14325	6734	48.9	71.4	97.2
2001	433	12452	6910	5833	44.9	74.8	99.3
2002	450	11403	5912	4693	44.9	76.6	100.0
2003	476	11559	10188	3470	44.9	78.9	100.0
2004	505	12175	10176	3481	44.9	80.1	100.0
2005	541	11192	9142	3546	44.9	80.9	100.0
2006	965	12010	10548	3861	50.1	90.3	99.6
2007	974	11542	10228	3743	54.3	102.3	99.7
2008	772	12098		3853	47.9	88.0	100.0

21–5 主要年份西宁市道路、排水、养护情况
Basic Statistics on Paved Roads ,Drainage and Maintenance in Xining in Main Years

年　份 Year	年末实有铺装道路长度（公里） Length of Paved Roads (year-end) (km)	铺装道路面　积（万平方米） Area of Paved Roads (10 000 sq.m)	人行道面　积（万平方米） Area of Sidewalks (10 000 sq.m)	年底实有下水道长度（公里） Length of Sewer Pipelines (year-end) (km)	养护下水道长度（公里） Length of Sewer Pipelines for Conserve (km)	"两项"维护建设资金支出(万元) Two Special Progiam of Maintenance Expenses (10 000 yuan)
1980	157	159		67	67	959
1982	163	161		74	74	558
1983	169	166		78	78	552
1984	169	166		78	78	742
1985	175	176		85	85	721
1986	175	176	31	86	86	378
1987	177	177	31	86	86	1509
1988	177	189	39	87	87	1761
1989	179	195	41	90	90	2509
1990	179	219	49	117	117	2185
1991	180	220	50	117	117	4603
1992	181	223	53	118	118	4663
1993	203	225	53	123	123	3851
1994	208	228	53	123	123	2800
1995	263	263	97	139	139	6760
1996	268	262	97	144	144	4659
1997	284	270	98	146	151	9583
1998	288	291	99	161	155	34747
1999	298	317	99	161	140	91758
2000	310	405	62	208	143	78120
2001	288	408	64	209	148	98638
2002	324	408	64	400	194	58473
2003	346	490	103	400	120	51249
2004	359	521	106	420	140	63979
2005	370	551	109	424	214	83087
2006	489	682	149	532	307	76573
2007	496	700	196	571	319	79116
2008	403	638	159	557	320	77881

21-6 主要年份西宁市集中供热情况
Basic Statistics on Heating in Xining in Main Years

指 标	Item	1990	1995	2000	2005	2006	2007	2008
供热能力-热气（MW/小时）	Heating Capacity-Hot Water (1 billion kw/hour)	13.5	28.0	31.0	43.0	45.0	103.0	
供热总量 （万吉焦）	Quantity of Heating Supplied (10 000 gigajoules)	13.5	14.8	31.0	236.0	236.0	236.0	236.0
集中供热面积（万平方米）	Area of Centralized Heating (10 000 sq.m)	12.0	18.0	27.0	27.5	33.3	38.5	31.0
住宅	Residential Buildings			24.0	13.0	24.9	25.8	22.2
供热管道总长度 （公里）	Length of Heating Pipelines (km)	5.0	5.0	5.0	7.0	9.0	10.0	7.0

21-7 主要年份西宁市环境卫生基本情况
Basic Statistics on Sanitation in Xining in Main Years

指 标	Item	1985	1990	1995	2000	2005	2006	2007	2008
当年完成工作量 （万吨）	Completed Workload the Same Year(10 000 tons)								
清运生活垃圾	Volum of Garbage Disposal	12.70	23.60	39.30	80.70	48.00	63.8	67.3	76.89
清运粪便	Volum of Excrement and Urine Disposal	0.80	2.00	2.60	6.54	28.00	34.3	1.76	1.35
实际清扫面积(万平方米)	Area under Cleaning Program (10 000 sq.m)	92	166	233	281	878	955	1047	1062
环境卫生专用车辆 （辆）	Environmental Special Purpose Vehicle Equipment (unit)	58	85	121	85	154	175	216	242
环境卫生设施 （座）	Environmental Sanitation Installations (unit)								
公共厕所	Number of Public Lavatories (unit)	157	158	221	290	364	484	486	455
水冲式	Wash out Water			66	227	364	484	486	455

21–8 主要年份西宁市城市建设用地情况
Basic Statistics on Utilization of Land for City Construction of Xining in Main Years

单位:平方公里 (sq.km)

指 标	Item	1985	1990	1995	2000	2005	2006	2007	2008
市区人口(万人)	Total Populatian of Urban District	59.90	65.00	68.70	94.14	80.88	82.43	107.17	112.21
非农业人口	Non-agricultural Population	50.40	55.00	57.80	62.49	69.25	70.62	72.21	97.48
市区面积	Total Areas of Urban District	350	350	350	350	350	350	448.68	380
建成区面积	Developed Areas	49.40	51.50	52.80	57.17	63.73	86.62	87.7	64.92
城市建设用地面积	Urban Construction Land Areas	49.40	51.50	52.70	57.17	63.73	85.68	86.89	64.92
工业用地	Land Areas of Industry	10.10	10.50	10.70	11.00	11.34	15.25	15.3	11.39
仓储用地	Land Areas of Storage	2.50	2.60	2.70	3.00	3.20	4.4	4.42	3.22
对外交通用地	Land Areas of Transport Facilities	5.60	5.80	6.40	6.00	7.56	9.22	9.22	7.56
生活居住用地	Land Areas of Living	20.50	21.80	22.20	24.17	28.70	34.62	34.76	28.96
其他城建用地	Other	10.70	10.70	10.80	13.00	12.93	22.19	23.19	13.79
本年征用土地面积	Land Put in Requisition for Construction Projects this Year	0.50	0.10	0.07	3.00	0.44	0.1	1.4	

21–9 主要年份西宁市园林绿化情况
Basic Statistics on Parke Gardens and Green Areas in Xining in Main Years

指 标	Item	1985	1990	1995	2000	2005	2006	2007	2008
建成区内绿化覆盖面积(公顷)	Green Covered Area of Completed Area(hectare)	407	511	665	1068	1920	3101	3192	2280
年底园林绿地面积 (公顷)	Area of Parks and Green land at Year-end(hectare)	414	471	653	1034	1785	2304	2674	2258
公共绿地	Public Green Aress(hectare)	64	78	173	246	498	871	888	814
建成区内绿化覆盖率 (%)	Green Covrage Rate in Completed Areas (%)	9.3	10.2	12.4	18.7	30.1	32.34	32.92	35.12
人均公共绿地面积 (平方米)	Per Capita Park Green Area (sq.m)	1.20	1.40	3.00	3.67	6.16	8.7		9.25
公园个数 (个)	Number of Parks and Zoos(unit)	1	2	8	10	11	25	26	16
公园面积 (公顷)	Area of Parks (hectare)	36	46	142	203	226	496	518	424

主要统计指标解释

水综合生产能力 指按供水设施取水、净化、送水、出厂输水干管等环节设计能力计算的综合生产能力。包括在原设计能力的基础上，经挖、革、改增加的生产能力。计算时，以四个环节中最薄弱的环节为主确定能力。

年末供水管道长度 指从送水泵至用户水表之间所有管道的长度。不包括新安装尚未使用、水厂内以及用户建筑物内的管道。

全年供水总量 指报告期供水企业（单位）供出的全部水量。包括有效供水量和漏损水量。

生活用水量 包括公共服务用水和居民家庭用水。公共服务用水指为城市社会公共生活服务的用水。包括行政事业单位、部队营区和公共设施服务、社会服务业、批发零售贸易业、旅馆饮食业以及其他公共服务业等单位的用水。居民家庭用水指城市范围内所有居民家庭的日常生活用水。包括城市居民、农民家庭、公共供水站用水。

用水普及率 指城市用水人口数与城市人口总数的比率。计算公式：

$$用水普及率=\frac{城市用水人口数}{城市人口总数}\times 100\%$$

人工煤气生产能力 指报告期末人工煤气生产厂制气、净化、输送等环节的综合生产能力，不包括备用设备能力。一般按设计能力计算，如果实际生产能力大于设计能力时，应按实际测定的生产能力计算。测定时应以制气、净化、输送三个环节中最薄弱的环节为主。

供气管道长度 指报告期末从气源厂压缩机的出口或门站出口至各类用户引入管之间的全部已经通气投入使用的管道长度。不包括煤气生产厂、输配站、液化气储存站、灌瓶站、储配站、气化站、混气站、供应站等厂（站）内的管道。

全年供气总量 指全年燃气企业（单位）向用户供应的燃气数量。包括销售量和损失量。

燃气普及率 指报告期末使用燃气的城市人口数与城市人口总数的比率。计算公式为：

$$燃气普及率=\frac{城市用气人口数}{城市人口总数}\times 100\%$$

城市供热能力 指供热企业（单位）向城市热用户输送热能的设计能力。

城市供热总量 指在报告期供热企业（单位）向城市热用户输送全部蒸汽和热水的总热量。

城市供热管道长度 指从各类热源到热用户建筑物接入口之间的全部蒸汽和热水的管道长度。不包括各类热源厂内部的管道长度。

年末道路长度 指年末道路长度和与道路相通的桥梁、隧道的长度，按车行道中心线计算。在统计时只统计路面宽度在3.5米（含3.5米）以上的各种铺装道路，包括开放型工业区和住宅区道路在内。

城市桥梁 指为跨越天然或人工障碍物而修建的构筑物。包括跨河桥、立交桥、人行天桥以及人行地下通道等。按使用年限分为永久性桥和半永久性桥。

城市排水管道长度 指所有排水总管、干管、支管、检查井及连接井进出口等长度之和。

城市污水日处理能力 指污水处理厂（或污水处理装置）每昼夜处理污水量的设计能力。

年末运营车数 指年末城市用于公共交通运营业务的全部车辆数。新购、新制和调入的运营车辆，自投入之日起开始计算；调出、报废和调作他用的运营车辆，自上级主管机关批准之日起不再计入。

城市绿地面积 指报告期末用作园林和绿化的各种绿地面积。包括公园绿地、生产绿地、防护绿地、附属绿地和其他绿地的面积。

公园绿地 城市中向公众开放的以游憩为主要功能，有一定的游憩设施和服务设施，同时兼有健全生态、美化景观，防灾减灾等综合作用的绿化用地。包括综合公园、社区公园、专类公园、带状公园和街旁绿地。其中综合公园、专类公园和带状公园面积之和为公园面积。

清扫保洁面积 指报告期末对城市道路和公共场所（主要包括城市行车道、人行道、车行隧道、人行过街地下通道、道路附属绿地、地铁站、高架路、人行过街天桥、立交桥、广场、停车场及其他设施等）进行清扫保洁的面积。一天清扫多次的，按清扫保洁面积最大的一次计算。

市容环卫专用车辆 指用于环境卫生作业、监察的专用车辆和设备，包括用于道路清扫、冲洗、洒水、除雪、垃圾粪便清运、市容监察以及与其配套使用的车辆和设备。

每万人拥有公共交通车辆 指报告期末城区内每万人平均拥有的公共交通车辆标台数。计算公式：

$$每万人拥有公共交通车辆=\frac{公共交通运营车标台数}{城市人口总数}$$

Explanatory Notes on Main Statistical Indicator

Production Capacity of Water Supply refers to the designed overall production capacity of water facilities, covering the four segments of water collection, purification, conveyance, and outflow through trunk pipelines. Increased capacity through transformation and innovation projects is included as well. The capacity is determined mainly on the weakest of the above – mentioned four segments.

Length of Water Supply Pipelines at Year – end refers to the total length of all the pipelines between the water pumps and the user water meters, excluding pipelines newly installed but not used yet, pipeline in the water factory, and pipeline in the user's buildings.

Annual Volume of Water Supply refers to the total volume of water supplied by water – works (units) during the reference period, including both the effective water supply and loss during the water supply.

Consumption of Water for Residential Use refers to water consumption of households for daily life and water consumption of public service facilities. The latter refers to water consumption for urban public services, including the consumption of government agencies and public institutions, military barracks, public facilities, wholesale and retail outlets, restaurants, hotels, and other units providing public services. Household water consumption refers to consumption of water for daily life of all households within the boundary of cities, including households of urban residents and farmers, and public water supply stations.

Coverage Rate of Urban Population with Access to Tap Water refers to the ratio of the urban population with access to tap water to the total urban population. The formula is:

$$\text{Coverage of urban population with access to tap water} = \frac{\text{Urban population with access to tap water}}{\text{Urban population}} \times 100\%$$

Production Capacity of Gaswork Gas refers to the overall production capacity of the urban gasworks in gas generation, purification and delivery at the end of the reference period, excluding capacity of the reserved facilities. In general, it is determined by the designed capacity, and when actual production capacity is larger than the designed capacity, the capacity is determined by the actual measurement on the weakest segment in the production, purification and delivery.

Length of Gas Pipelines refers to the total length of pipelines in use between the outlet of the compressor of gas – work or outlet of gas stations and the leading pipe of users, excluding pipelines within gasworks, delivery stations, LPG storage stations, refilling stations, gas – mixing stations and supply stations.

Volume of Gas Supply refers to the total volume of gas provided to users by gas – producing enterprises (units) in a year, including the volume sold and the volume lost.

Coverage Rate of Urban Population with Access to Gas refers to the ratio of the urban population with access to gas to the total urban population at the end of the reference period. The formula is:

$$\text{Coverage rate of urban population with access to gas} = \frac{\text{Urban population with access to gas}}{\text{Urban population}} \times 100\%$$

Heating Capacity in Urban Areas refers to the designed capacity of heating enterprises (units) in supplying heating energy to urban users during the reference period.

Quantity of Heat Supplied in Urban Areas refers to the total quantity of heat from steam and hot water supplied to urban users by heating enterprises (units) during the reference period.

Length of Urban Heating Pipelines refers to the total length of steam or hot water pipelines for sources of heat to the leading pipelines of the buildings of the users, excluding internal pipelines in heat generating enterprises.

Length of Paved Roads at Year – end refers to the length of roads with paved surface including bridges and tunnels connected with roads by the end of the year. Length of the roads is measured by the central lines for vehicles for paved roads with a width of 3.5 meters and over, including roads in open – ended factory compounds and residential quarters.

Urban Bridges refer to bridges built to cross over natural or man – made barriers, including bridges over rivers, overpasses for traffic and for pedestrians, underpasses for pedestrians, etc. Both permanent and semi – permanent bridges are included.

Length of Urban Sewage Pipes refers to the total length of general drainage, trunks, branch and inspection wells, connection wells, inlets and outlets, etc.

Daily Disposal Capacity of Urban Sewage refers to the designed 24 – hour capacity of sewage disposal by the sewage treatment works or facilities.

Number of Vehicles under Operation at Year – end refers to the total number of vehicles under operation by public transport enterprises (units) at the end of the year, based on the records of operational vehicles by the enterprises (units).

Area of Urban Green Areas refers to the total area occupied for green projects at the end of the reference period, including park green land, production green land, protection green land, green land attached to institutions, and other green areas.

Park Green Area refers to green areas open to the public for amusement and rest with the facilities of amusement, rest and services. Its function includes perfecting ecology, beautifying landscape, and preventing and reducing disaster. Park green areas include comprehensive park, community park, topic park, belt – shaped park and green area nearby street. Total areas of comprehensive park, topic park and belt – shaped is the area of park.

Area Cleaned refers to the area which are regularly cleaned, as at the end of the reference period, at urban roads and public places (mainly including urban roadways, pedestrian walkways, vehicular tunnels, pedestrian underpasses, underground railway stations, lifted roads, pedestrians walk bridges, overpasses, plazas, carparks and other facilities). If there are several times of cleaning in a day at a location, the area of that time of cleaning with the largest area cleaned will be taken.

Vehicles Dedicated to Urban Cleanliness and Environmental Sanitation refer to vehicles and facilities dedicated for use in the operation, management and monitoring of environmental hygiene work. They include vehicles for road cleaning, washing, showering, ice removal, disposal of garbage and human wastes, cleanliness monitoring and related activities.

Public Transportation Vehicles per 10000 Population refers to the number of public transportation vehicles, at the end of the reference period, per 10000 population in the city district. The formula for calculation is:

$$\text{Public Transportation Vehicles per 10000Population} = \frac{\text{Number of Public Transportation Vehicles}}{\text{City District Population}}$$

2009

第22篇

CHAPTER 22

企业资料

Records of Enterprises

22-1 2000－2008年全省规模以下工业抽样调查主要经济指标

Main Indicators of Sample Investigation of Industry Under Designated Size(2000－2008)

单位:个、人、万元 (unit、person、10 000 yuan)

指　标	Item	2000	2001	2002	2003	2004	2005	2006	2007	2008
规模以下工业总体	**Total of Industry Under Designated Size**									
企业(单位数)	Number of Enterprises	20028	19501	21269	20235	22263	22600	20346	20670	21678
全部从业人员年末数	Employed Persons at Year-end	90655	91820	90688	85274	102172	92800	69535	72503	71618
工业总产值	Gross Industrial Output Value	376975	422608	475701	553252	619620	697500	748958	833874	862705
资产总计	Total Assets						504600	506004	618431	606374
企业子总体	**Enterprises Collectivity**									
企业数	Number of Enterprises	1169	1169	1169	1206	1325	1300	1156	1289	1201
全部从业人员年末数	Employed Persons at Year-end	33784	37641	35187	37878	49713	42800	30973	35238	33571
工业总产值	Gross Industrial Output Value	203260	227188	261201	294153	326078	378100	408019	443277	458600
产品销售收入	Sales Revenue of products	173428	224421	248600	264212	310909	361900	373408	412096	426341
应交税金	Due Tax	8809	11295	11580	12090	14371	15700	13550	10404	9624
所得税	Due Income Tax	1567	1895	1905	1917	1569	2300	1077	661	580
营业利润	Business Profit	-6645	1080	1350	1110	1452	4100	15266	15124	13520
应付工资	Due Wage	19482	24352	23308	17090	25496	38500	41339	32467	37585
本年折旧	Depreciation in the Year	18902	20246	18006	30830	36996	36700	21428	19746	20576
资产总计	Total Assets						416300	417553	522768	512450
固定资产原价	Original Value of Fixed Assets						266600	180929	311635	310356
固定资产净值	Net Value of Fixed Assets						188300	147284	241158	235312
个体经营单位子总体	**Individual Business Units Collectivity**									
单位数	Number of Units	18859	18332	20100	19029	20938	21300	19190	19381	20477
全部从业人员年末数	Employed Persons at Year-end	56871	54179	55501	47396	52459	50000	38562	37265	38047
营业收入	Business Income	173715	195420	214500	259099	293542	319400	340939	390597	404105
上交税金	Taxes	2277	5801	3522	4514	3650				
资产总计	Total Assets						88300	88451	95663	93924
工业增加值	**Value-added of Industry**	**125960**	**141200**	**159500**	**185400**	**208500**	**235100**	**262300**	**287500**	**290921**

22-2 重点企业集团主要经济指标(2008年)

单位:万元

指标	Item	集团数(个) Number of Enterprises (unit)	资产总计 Total Assets	累计折旧 Accumulative Depreciation
总 计	**Total**	**21**	**5643694**	**913469**
按集团审批部门分	**Grouped by Examining and Approving Department**			
省级人民政府	Provincial Governments	5	1366529	159661
省级人民政府主管部门	Responsible Department of Provincial Government	12	3491675	456518
其他	Others	3	296762	9015
按控股情况分	**Grouped by Share- holding Situation Parent Company**			
国有控股	State-holding Enterprises	10	5042442	886170
集体控股	Collective- holding Enterprises	4	123700	14585
私人控股	Private- holding Enterprises	7	477552	12714
按主营行业分	**Grouped by Sector of Major Business**			
第一产业合计	Total First Industry	1	87896	11356
农、林、牧、渔业	Farming, Forestry, Animal Husbandry and Fishery	1	87896	11356
第二产业合计	Total Second Industry	11	3554554	377013
工业小计	Total Industry	10	3492090	374405
采矿业	Mining and Quarrying	1	77938	12004
制造业	Manufacturing	8	3272015	331935
电力、燃气及水的生产和供应业	Production and Distribution of Electricity, Gas and Water	1	142137	30466
建筑业	Construction	1	62464	2608
第三产业合计	Total Tertiary Industry	9	2001244	525100
交通运输、仓储和邮政业	Transport, Storage and post	1	27885	3423
批发和零售业	Wholesale and Retail Trades	3	142750	7209
金融业	Financial Intermediation	1	1271867	221894
房地产业	Real Estate	2	33352	706
其他合计	Total Others	2	525390	291868
水利、环境和公共设施管理业	Management of Water Conservancy, Environment and Public Facilities	1	36662	3593
国际组织	International Organizations	1	488728	288275
按登记注册类型分	**Grouped by Registration Status of Parent Company**			
国有企业	State-owned	4	2420422	498422
公司制企业小计	Total Corporation of Enterprises	17	3223272	415047
国有独资企业	State-owned Exclusive Investment Company	4	1440154	239929
其他有限责任公司	Other Limited Liability Corporations	9	391101	25608
股份有限公司	Share-holding Corporation Ltd.	4	1392017	149510

Main Economic Indicators of Major Enterprises (2008)

(10 000 yuan)

研究开发费用 Expenditure on Research and Development	年末少数股东权益 Minority Share-holders' Equity at Year-end	从业人员年末数(人) Employees at Year-end (person)	在岗职工(人) Number of Staff and Workers (person)	利润总额 Total Profits	固定资产投资额 Sum of Completed Investment in Fixed Asset	投资收益 Investment Income	股本 Capital Stock
54672	**587475**	**53750**	**50277**	**432502**	**305024**	**6209**	**1028474**
18988	171711	14396	14354	38951	42447	1019	330539
34705	415764	31679	28250	356839	171246	5190	555558
478		2728	2726	5335	71997		65827
53490	587475	43153	40882	420434	223056	5603	899936
167		4329	3127	7155	4868	606	45191
1015		6268	6268	4913	77100		83347
	420	6166	5826	3024		10	30270
	420	6166	5826	3024		10	30270
54171	452536	31116	29272	375543	283187	5103	726290
54171	452475	29047	27297	376298	283187	5077	707207
335		4326	2742	706	2743	-250	13313
53836	452475	24167	24001	372687	280444	5327	671323
		554	554	2905			22571
	61	2069	1975	-755		26	19083
501	134519	16468	15179	53935	21837	1096	271914
		985	938	312		65	
	4624	1541	1499	3162		10	41159
	129895	6976	6976	20783		1021	135900
		199	199	-1179	2503		9261
501		6767	5567	30857	19334		85594
		1820	620	-520			9044
501		4947	4947	31377	19334		76550
34701	285808	19075	18571	367584	185334	4328	436152
19971	301667	34675	31706	64918	119690	1881	592322
335	129956	14356	12631	21046	2743	862	168296
871	4624	8930	7686	14481	2600	10	103894
18765	167087	11389	11389	29391	114347	1009	320132

22-2 续表

单位:万元

指　标	Item	营业收入 Business Income	营业成本 Cost of Business	其他从业人员(人) Others of Employed Persons (person)
总　计	**Total**	**2913536**	**2181879**	**3473**
按集团审批部门分	**Grouped by Examining and Approving Department**			
省级人民政府	Provincial Governments	920255	767850	42
省级人民政府主管部门	Responsible Department of Provincial Government	1291304	779271	3429
其他	Others	129505	114090	2
按控股情况分	**Grouped by Share- holding Situation Parent Company**			
国有控股	State-holding Enterprises	2574281	1887543	2271
集体控股	Collective- holding Enterprises	82017	63418	1202
私人控股	Private- holding Enterprises	257238	230918	
按主营行业分	**Grouped by Sector of Major Business**			
第一产业合计	Total First Industry	29186	19612	340
农、林、牧、渔业	Farming, Forestry, Animal Husbandry and Fishery	29186	19612	340
第二产业合计	Total Second Industry	1647948	1079570	1844
工业小计	Total Industry	1548452	987649	1750
采矿业	Mining and Quarrying	50733	37836	1584
制造业	Manufacturing	1478159	938900	166
电力、燃气及水的生产和供应业	Production and Distribution of Electricity, Gas and Water	19560	10913	
建筑业	Construction	99496	91921	94
第三产业合计	Total Tertiary Industry	1236402	1082697	1289
交通运输、仓储和邮政业	Transport, Storage and post	10316	5121	47
批发和零售业	Wholesale and Retail Trades	94301	84311	42
金融业	Financial Intermediation	549952	465364	
房地产业	Real Estate	7582	6102	
其他合计	Total Others	574251	521799	1200
水利、环境和公共设施管理业	Management of Water Conservancy, Environment and Public Facilities	1779	1131	1200
国际组织	International Organizations	572472	520668	
按登记注册类型分	**Grouped by Registration Status of Parent Company**			
国有企业	State-owned	1113691	665776	504
公司制企业小计	Total Corporation of Enterprises	1799845	1516103	2969
国有独资企业	State-owned Exclusive Investment Company	710497	600242	1725
其他有限责任公司	Other Limited Liability Corporations	264133	224850	1244
股份有限公司	Share-holding Corporation Ltd.	825215	691011	

Continued

(10 000 yuan)

从业人员劳动报酬 Earning of Employed Persons	在岗职工劳动报酬 Earning of Staff and Workers	流动资产年平均余额 Average Balance of Circulating Assets	负债合计 Total Liabilities	流动负债 Liquid Liabilities	年末股东(所有者)权益 Share-holders' (or Owners') Equity at Year-end
164228	**158865**	**1775226**	**3599748**	**2212161**	**2043946**
44158	43997	471036	847200	645161	519329
90481	85282	999507	2161036	1180093	1330639
4316	4313	118061	179334	105716	117428
149895	145617	1557367	3244050	2021361	1798392
6761	5676	46344	67499	60203	56201
7572	7572	171515	288199	130597	189353
9674	9621	44790	48393	31343	39503
9674	9621	44790	48393	31343	39503
95905	91856	1038446	1986331	1211294	1568223
93014	89354	991403	1910728	1146471	1581362
10121	6648	26355	56416	27476	21522
79254	79067	935070	1747940	1109910	1524075
3639	3639	29978	106372	9085	35765
2891	2502	47043	75603	64823	-13139
58649	57388	691990	1565024	969524	436220
2160	2142	7825	20211	14862	7674
2941	2780	90129	79580	68128	63170
26236	26236	371084	997516	578017	274351
242	242	27108	23969	1800	9383
27070	25988	195844	443748	306717	81642
1797	715	9222	31570	25526	5092
25273	25273	186622	412178	281191	76550
71054	70817	681292	1345317	734738	1075105
93174	88048	1093934	2254431	1477423	968841
41408	37528	452307	1149746	685178	290408
12346	11100	159439	204491	125036	186610
39420	39420	482188	900194	667209	491823

22-3 重点企业集团主要财务指标(2008年)

单位:万元、人

企业名称	年末资产总计 Total Assets at Year-end	固定资产净价 Net Value of Fixed Assets	流动资产年平均余额 Annual Average Balance of Working Capitals	年末负债合计 Total Liabilities at Year-end	年末股东(所有者)权益合计 Share-holders' (or Owners') Equity at Year-end
青海煤业集团有限责任公司	77938	39694	26355	56416	21522
青海藏羊地毯(集团)有限公司	37400	10465	15102	17925	19475
青海西北铝合金材料(集团)有限公司	185157	137084	36266	116304	68853
青海华德集团	24803	2414	20855	22097	2706
西宁张氏实业(集团)有限公司	81822	12136	70628	58336	23486
青海物通(集团)实业有限公司	97823	10269	11549	58126	39697
青海雪舟三绒集团	38134	22762	16017	10724	27410
中国铝业股份有限公司青海分公司	488728	254435	186622	412178	76550
青海省公路桥梁工程集团有限公司	62464	8976	47043	75603	-13139
青海省物资产业集团总公司	48515	19098	18403	16557	31958
青海省三江集团有限责任公司	87896	20329	44790	48393	39503
青海制药(集团)有限责任公司	29783	12894	11167	4694	25089
青海华电铁合金股份有限公司	48706	16284	19702	29363	19343
青海兴旺建工贸(集团)有限责任公司	36662	9008	9222	31570	5092
青海省汽车运输集团有限公司	27885	9950	7825	20211	7674
青海盐湖工业集团股份有限公司	1701661	282914	419902	778374	923287
青海省投资集团有限公司	1271867	631253	371084	997516	274351
西宁特殊钢集团有限责任公司	1133351	496563	405365	732430	400921
青海宏基投资(集团)股份有限公司	8549	198	6253	1872	6677
西宁钢源集团实业有限公司	12413	690	1098	4687	7726
青海省水利水电集团有限责任公司	142137	64166	29978	106372	35765

Main Financial Indicators of Major Enterprises (2008)

(10 000 yuan、person)

股本 Capital Stock	营业收入 Business Income	营业成本 Cost of Business	营业费用 Business Expenses	管理费用 Administrative Expenses	财务费用 Financial Expenses	利润总额 Total Profits	应缴增值税 Due Value Added Tax	从业人员年末人数（人） Employees at Year-end (person)	从业人员劳动报酬 Earning of Employed Persons
13313	50733	37836	1839	8433	1195	706	3532	4326	10121
8835	27827	24382	377	1722	564	1057		1100	1193
24480	80823	74851	809	1136	3975	299	217	1147	1457
3581	2725	2333	56	286	2	-1717		156	205
24051	28388	27514	496	415	84	-81	2	472	569
10000	94679	82751	7269	1064	571	2895	730	2000	3120
11880	20396	16781	133	899	765	2232	312	1317	968
76550	572472	520668	8679	8204	2516	31377	22609	4947	25273
19083	99496	91921	12	3624	1508	-755	12	2069	2891
16588	63513	54491	1959	3345	399	3015	1216	993	2312
30270	29186	19612	1130	6070	291	3024	138	6166	9674
17296	20294	11725	459	2546	24	5117	1957	1109	2290
13171	55087	46793	4421	1465	832	2020	1610	1357	2637
9044	1779	1131		557	549	-520	263	1820	1797
	10316	5121	7	4670	29	312	503	985	2160
306761	492473	114583	12288	37115	12884	330278	53817	7408	32468
135900	549952	465364	14314	9846	40310	20783		6976	26236
278900	686580	567034	17228	26191	34507	28789	35517	8729	35121
5680	4857	3769	7	181		538		43	37
520	2400	2306	262	26	175	228	10	76	60
22571	19560	10913	58	2433	3568	2905	121	554	3639

22–4 2007－2008年企业景气调查企业宏观经营景气指数
Macroscopic Economic Climate Indices of Enterprise Climate Investigation(2007-2008)

指 标	Item	2007				2008			
		一季度 First Quarter	二季度 Second Quarter	三季度 Third Quarter	四季度 Fourth Quarter	一季度 First Quarter	二季度 Second Quarter	三季度 Third Quarter	四季度 Fourth Quarter
全省情况	**Basic Condition of Province**	**132.1**	**134.3**	**137.0**	**135.9**	**134.5**	**139.2**	**137.1**	**112.9**
按经济类型分	Grouped by Status of Registration								
国有经济	State-owned Enterprises	133.2	132.9	127.3	132.4	111.7	139.9	137.1	99.0
集体经济	Collective-owned Enterprises	133.3	111.1	144.4	125.0	120.0	150.0	130.0	110.0
私营经济	Private Enterprises	181.8	172.7	181.8	163.6	141.7	141.7	166.7	133.3
个体经济	Individual Enterprises								
股份合作企业	Cooperative Enterprises	118.8	118.8	137.5	125.0	120.0	140.0	146.7	113.3
联营经济	Joint Ownership Enterprises	100.0	100.0	100.0	100.0	100.0	100.0	100.0	100.0
有限责任公司	Limited-Liability Corporations	129.3	135.9	137.1	136.7	144.8	143.3	136.7	101.6
股份有限公司	Share-holding Corporations Ltd.	157.8	164.1	167.6	154.3	153.0	162.5	151.1	91.7
外商及港、澳、台投资经济	Enterprises with Funds from Foreigner, Hong Kong, Macao and Taiwan	100.0	100.0	75.0	100.0	100.0	100.0	100.0	144.5
按行业门类分	Grouped by Sector								
工业	Industry	141.0	147.7	148.4	148.7	139.3	156.8	146.5	105.7
采掘业	Mining	188.3	188.3	186.3	186.8	186.9	186.9	186.3	61.0
制造业	Manufacturing	139.1	146.7	149.3	142.4	136.0	150.8	132.5	110.5
电力、煤气及水的生产供应业	Production and Distribution of Electricity, Gas and Water	110.9	123.4	117.1	142.5	104.2	149.7	156.3	102.8
建筑业	Construction	128.2	151.1	142.8	143.6	122.1	151.3	139.0	100.0
交通运输、仓储及邮政业	Transportation, Storage, Post and Telecommunications	144.4	122.1	123.5	137.5	152.9	141.1	152.7	112.4
批发和零售业	Wholesale and Retail Trades	145.2	127.6	142.6	138.3	136.2	132.5	140.2	127.2
房地产业	Real Estate	121.4	123.1	138.5	141.7	129.5	143.8	143.8	107.1
社会服务业	Social Services	115.4	141.7	138.5	138.5	128.6	115.4	107.7	107.7
信息传输、计算机服务和软件业	Information Transmission, Computer Service and Software Industries	140.0	140.0	140.0	160.0	160.0	180.0	160.0	150.0
住宿和餐饮业	Hotels and Catering Services	121.4	121.4	121.4	78.6	107.1	92.9	107.1	92.9
按企业规模分	Grouped by Size of Enterprises								
特大型	Particularly Large	186.5	186.5	186.5	150.7	168.2	200.0	168.2	68.2
大 型	Large	156.0	168.6	162.7	182.6	138.4	172.7	161.6	71.5
中 型	Medium-sized	137.5	135.6	141.2	135.6	135.2	138.5	137.5	112.9
小 型	Small	119.5	124.3	127.0	124.7	123.6	129.2	123.9	112.7
国家重点联系企业	State Emphatically Contacted Enterprises	183.4	200.0	200.0	165.5	100.0	100.0	100.0	100.0
试点企业集团	Pioneer Enterprises	104.4	200.0	195.6	200.0	100.0	100.0	100.0	100.0
乡镇企业	Township Enterprises	140.0	150.0	160.0	140.0	145.5	154.6	150.0	90.0
上市公司	Quoted Companies	143.3	190.4	190.5	190.5	178.9	178.9	161.6	76.2
国有控股企业	State-owned and State-holding Enterprises	**140.8**	**146.0**	**140.4**	**146.0**	136.4	150.0	139.8	100.5

22-5 2007－2008年企业景气调查企业综合经营景气指数
Comprehensive Economic Climate Indices of Enterprise of Enterprise Climate Investigation(2007－2008)

指 标	Item	2007				2008			
		一季度 First Quarter	二季度 Second Quarter	三季度 Third Quarter	四季度 Fourth Quarter	一季度 First Quarter	二季度 Second Quarter	三季度 Third Quarter	四季度 Fourth Quarter
全省情况	**Basic Condition of Province**	**116.5**	**127.4**	**133.6**	**123.5**	**113.5**	**125.3**	**128.7**	**114.6**
按经济类型分	Grouped by Status of Registration								
国有经济	State-owned Enterprises	104.8	125.5	130.6	125.6	99.6	125.5	111.9	99.6
集体经济	Collective-owned Enterprises	100.0	100.0	155.6	112.5	108.1	140.0	130.0	128.1
私营经济	Private Enterprises	163.6	136.4	127.3	172.7	133.3	116.7	125.0	141.7
个体经济	Individual Enterprises								
股份合作企业	Cooperative Enterprises	112.5	125.0	137.5	106.3	113.3	133.3	106.7	93.3
联营经济	Joint Ownership Enterprises	100.0	100.0	100.0	100.0	100.0	100.0	100.0	100.0
有限责任公司	Limited-Liability Corporations	126.0	133.3	138.0	132.8	130.2	135.4	133.0	104.8
股份有限公司	Share-holding Corporations Ltd.	140.9	160.8	161.3	148.0	150.2	156.1	153.8	89.6
外商及港、澳、台投资经济	Enterprises with Funds from Foreigner, Hong Kong, Macao and Taiwan	100.0	75.0	75.0	50.0	100.0	80.0	80.0	152.3
按行业门类分	Grouped by Sector								
工业	Industry	128.6	142.1	147.3	142.3	137.5	143.2	130.7	101.8
采掘业	Mining	188.3	188.3	161.8	174.3	174.4	174.4	173.8	114.1
制造业	Manufacturing	126.5	144.6	150.5	134.9	133.2	143.1	126.6	99.3
电力、煤气及水的生产供应业	Production and Distribution of Electricity, Gas and Water	92.1	97.9	114.6	146.0	124.0	121.4	116.7	78.1
建筑业	Construction	65.8	145.7	117.8	134.5	94.7	137.0	148.5	129.3
交通运输、仓储及邮政业	Transportation, Storage, Post and Telecommunications	144.4	133.3	129.4	131.4	141.1	141.3	141.1	100.2
批发和零售业	Wholesale and Retail Trades	132.6	135.2	153.7	130.4	136.8	140.4	139.9	112.8
房地产业	Real Estate	121.4	84.6	115.4	116.7	115.2	115.2	122.4	115.2
社会服务业	Social Services	84.6	116.7	107.7	100.0	85.7	92.3	92.3	100.0
信息传输、计算机服务和软件业	Information Transmission, Computer Service and Software Industries	140.0	140.0	140.0	140.0	140.0	140.0	140.0	150.0
住宿和餐饮业	Hotels and Catering Services	114.3	121.4	157.1	92.9	57.1	92.9	114.3	107.1
按企业规模分	Grouped by Size of Enterprises								
特大型	Particularly Large	186.5	186.5	186.5	150.7	200.0	200.0	200.0	68.2
大 型	Large	143.4	155.7	161.8	172.1	151.6	168.3	146.7	86.4
中 型	Medium-sized	122.1	127.9	133.3	133.7	112.4	122.1	121.2	105.0
小 型	Small	103.9	123.0	132.4	111.0	111.1	120.8	115.5	116.9
国家重点联系企业	State Emphatically Contacted Enterprises	183.4	200.0	200.0	165.5	100.0	100.0	100.0	100.0
试点企业集团	Pioneer Enterprises	104.4	200.0	200.0	200.0	100.0	100.0	100.0	100.0
乡镇企业	Township Enterprises	150.0	140.0	160.0	140.0	118.2	136.4	140.0	60.0
上市公司	Quoted Companies	143.2	190.3	190.5	200.0	178.9	198.1	180.8	119.0
国有控股企业	State-owned and State-holding Enterprises	122.9	139.3	138.2	135.1	125.0	145.0	133.8	102.1

22-6 2007－2008年企业景气调查产品订货景气指数

Climate Indices of Production Orders of Enterprise Climate Investigation(2007－2008

指 标	Item	2007				2008			
		一季度 First Quarter	二季度 Second Quarter	三季度 Third Quarter	四季度 Fourth Quarter	一季度 First Quarter	二季度 Second Quarter	三季度 Third Quarter	四季度 Fourth Quarter
全省情况	**Basic Condition of Province**	**95.4**	**119.9**	**127.7**	**102.6**	**104.6**	**120.2**	**118.1**	**80.3**
按经济类型分	Grouped by Status of Registration								
国有经济	State-owned Enterprises	75.7	127.7	133.2	103.4	103.6	127.2	117.7	72.4
集体经济	Collective-owned Enterprises	77.8	100.0	111.1	162.5	120.0	110.0	130.0	80.0
私营经济	Private Enterprises	109.1	109.1	109.1	109.1	75.0	100.0	108.3	116.7
个体经济	Individual Enterprises								
股份合作企业	Cooperative Enterprises	112.5	93.8	118.8	81.3	120.0	113.3	106.7	73.3
联营经济	Joint Ownership Enterprises	100.0	100.0	100.0	100.0	100.0	100.0	100.0	100.0
有限责任公司	Limited-Liability Corporations	101.8	120.5	117.8	104.0	108.0	126.1	114.7	81.6
股份有限公司	Share-holding Corporations Ltd.	143.1	155.6	153.0	133.8	128.3	152.6	127.3	57.5
外商及港、澳、台投资经济	Enterprises with Funds from Foreigner, Hong Kong, Macao and Taiwan	125.0	125.0	150.0	162.0	140.0	140.0	120.0	40.0
按行业门类分	Grouped by Sector								
工业	Industry	109.5	137.6	128.7	125.2	117.0	137.8	121.3	72.1
采掘业	Mining	140.2	188.3	129.7	187.3	200.0	187.5	187.5	13.6
制造业	Manufacturing	114.0	134.6	132.6	122.3	106.5	129.4	108.4	78.1
电力、煤气及水的生产供应业	Production and Distribution of Electricity, Gas and Water	74.3	100.0	112.5	87.5	106.3	122.2	114.8	74.3
建筑业	Construction	48.5	140.7	145.0	81.9	106.7	158.7	166.5	82.9
交通运输、仓储及邮政业	Transportation, Storage, Post and Telecommunications	111.0	138.8	129.5	112.6	129.3	123.6	129.3	81.4
批发和零售业	Wholesale and Retail Trades	118.5	88.2	114.3	116.3	127.1	101.3	81.9	98.5
房地产业	Real Estate	114.3	107.7	123.1	125.0	100.9	115.2	108.1	84.8
社会服务业	Social Services	76.9	133.3	138.5	76.9	78.6	92.3	84.6	69.2
信息传输、计算机服务和软件业	Information Transmission, Computer Service and Software Industries	120.0	120.0	100.0	140.0	120.0	140.0	160.0	125.0
住宿和餐饮业	Hotels and Catering Services	64.3	92.9	142.9	42.9	57.1	92.9	92.9	28.6
按企业规模分	Grouped by Size of Enterprises								
特大型	Particularly Large	186.5	150.7	135.8	150.7	154.6	168.2	154.6	13.6
大　型	Large	92.0	153.1	153.2	151.3	151.5	144.6	131.1	46.8
中　型	Medium-sized	102.9	114.4	126.5	100.0	101.9	119.2	117.3	73.3
小　型	Small	90.9	129.7	120.3	102.7	91.7	123.6	104.2	94.4
国家重点联系企业	State Emphatically Contacted Enterprises	183.4	165.5	151.1	165.5	100.0	100.0	100.0	100.0
试点企业集团	Pioneer Enterprises	104.4	200.0	195.6	200.0	100.0	100.0	100.0	100.0
乡镇企业	Township Enterprises	110.0	140.0	100.0	90.0	100.0	136.4	140.0	60.0
上市公司	Quoted Companies	156.2	189.1	198.6	184.3	168.2	179.8	160.6	40.0
国有控股企业	State-owned and State-holding Enterprises	102.8	136.4	130.3	119.6	116.5	138.4	120.8	62.9

22-7 2007－2008年企业景气调查企业生产景气指数

Climate Indices of Production of Enterprise Climate Investigation(2007－2008)

指标	Item	2007				2008			
		一季度 First Quarter	二季度 Second Quarter	三季度 Third Quarter	四季度 Fourth Quarter	一季度 First Quarter	二季度 Second Quarter	三季度 Third Quarter	四季度 Fourth Quarter
全省情况	**Basic Condition of Province**	**106.7**	**135.5**	**145.5**	**113.0**	**105.9**	**122.6**	**127.8**	**91.1**
按经济类型分	Grouped by Status of Registration								
国有经济	State-owned Enterprises	85.5	144.9	140.6	122.2	99.1	133.5	131.8	82.8
集体经济	Collective-owned Enterprises	100.0	133.3	155.6	150.0	106.2	106.2	130.0	108.1
私营经济	Private Enterprises	109.1	72.7	118.2	118.2	108.3	125.0	125.0	116.7
个体经济	Individual Enterprises								
股份合作企业	Cooperative Enterprises	118.8	125.0	143.8	106.3	133.3	120.0	113.3	93.3
联营经济	Joint Ownership Enterprises	100.0	100.0	100.0	100.0	100.0	100.0	100.0	100.0
有限责任公司	Limited-Liability Corporations	99.9	133.2	139.6	110.2	108.4	131.2	126.2	84.0
股份有限公司	Share-holding Corporations Ltd.	111.3	145.9	127.3	133.1	120.4	167.9	137.2	62.1
外商及港、澳、台投资经济	Enterprises with Funds from Foreigner, Hong Kong, Macao and Taiwan	50.0	125.0	137.0	175.0	20.0	100.0	100.0	124.5
按行业门类分	Grouped by Sector								
工业	Industry	98.7	139.9	129.3	130.6	108.6	149.6	129.8	87.3
采掘业	Mining	119.4	177.3	142.6	173.4	114.3	174.4	173.2	61.6
制造业	Manufacturing	107.5	135.5	127.5	122.5	96.8	147.7	115.9	93.5
电力、煤气及水的生产供应业	Production and Distribution of Electricity, Gas and Water	69.9	117.5	117.8	129.6	150.0	147.7	147.7	70.4
建筑业	Construction	55.2	149.6	157.3	134.2	77.3	161.9	173.2	113.0
交通运输、仓储及邮政业	Transportation, Storage, Post and Telecommunications	105.6	122.2	147.1	131.4	135.3	117.9	141.1	62.7
批发和零售业	Wholesale and Retail Trades	154.6	111.2	140.2	110.2	156.5	105.6	124.7	77.9
房地产业	Real Estate	85.7	130.8	146.2	125.0	86.7	115.2	135.7	129.5
社会服务业	Social Services	115.4	141.7	153.9	76.9	92.9	92.3	92.3	61.5
信息传输、计算机服务和软件业	Information Transmission, Computer Service and Software Industries	160.0	160.0	140.0	160.0	140.0	160.0	140.0	125.0
住宿和餐饮业	Hotels and Catering Services	78.6	128.6	150.0	35.7	50.0	78.6	85.7	71.4
按企业规模分	Grouped by Size of Enterprises								
特大型	Particularly Large	71.6	150.7	113.6	137.1	113.6	200.0	168.2	86.4
大　型	Large	135.1	175.1	153.4	157.0	156.8	185.1	167.2	54.5
中　型	Medium-sized	110.6	128.9	142.2	118.8	99.1	122.1	111.5	82.2
小　型	Small	80.5	125.7	125.7	105.5	87.5	116.7	122.5	102.8
国家重点联系企业	State Emphatically Contacted Enterprises	102.2	165.5	116.6	165.5	100.0	100.0	100.0	100.0
试点企业集团	Pioneer Enterprises	195.6	200.0	200.0	191.2	100.0	100.0	100.0	100.0
乡镇企业	Township Enterprises	80.0	110.0	110.0	90.0	90.9	127.3	140.0	40.0
上市公司	Quoted Companies	165.1	174.7	141.2	156.8	137.9	186.6	165.6	61.9
国有控股企业	State-owned and State-holding Enterprises	102.2	145.7	137.0	129.6	107.5	151.3	137.1	79.5

22-8 2007－2008年企业景气调查产品销售景气指数

Climate Indices of Production Sales of Enterprise Climate Investigation(2007－2008)

指 标	Item	2007				2008			
		一季度 First Quarter	二季度 Second Quarter	三季度 Third Quarter	四季度 Fourth Quarter	一季度 First Quarter	二季度 Second Quarter	三季度 Third Quarter	四季度 Fourth Quarter
全省情况	**Basic Condition of Province**	**104.3**	**138.3**	**129.8**	**115.8**	**96.1**	**147.2**	**125.9**	**71.8**
按经济类型分	Grouped by Status of Registration								
国有经济	State-owned Enterprises	83.2	149.0	126.4	117.9	96.0	160.1	147.6	74.7
集体经济	Collective-owned Enterprises	100.0	80.0	60.0	120.0	83.3	150.0	83.3	33.3
私营经济	Private Enterprises	125.0	75.0	87.5	137.5	77.8	133.3	122.2	122.2
个体经济	Individual Enterprises								
股份合作企业	Cooperative Enterprises	114.3	114.3	171.4	85.7	142.9	128.6	100.0	85.7
联营经济	Joint Ownership Enterprises	100.0	100.0	100.0	100.0	100.0	100.0	100.0	100.0
有限责任公司	Limited-Liability Corporations	97.2	131.4	116.6	110.5	106.9	135.1	118.0	73.8
股份有限公司	Share-holding Corporations Ltd.	121.1	160.4	160.4	125.1	101.1	168.6	141.9	57.3
外商及港、澳、台投资经济	Enterprises with Funds from Foreigner, Hong Kong, Macao and Taiwan	133.3	84.0	66.7	133.3	100.0	75.0	25.0	90.3
按行业门类分	Grouped by Sector								
工业	Industry								
采掘业	Mining	171.9	177.3	161.8	174.5	140.9	161.3	148.8	26.6
制造业	Manufacturing	107.8	136.5	128.4	105.7	75.3	144.4	116.2	81.8
电力、煤气及水的生产供应业	Production and Distribution of Electricity, Gas and Water	54.9	115.1	112.1	97.7	146.2	141.2	141.2	49.4
建筑业	Construction								
交通运输、仓储及邮政业	Transportation, Storage, Post and Telecommunications								
批发和零售业	Wholesale and Retail Trades								
房地产业	Real Estate								
社会服务业	Social Services								
信息传输、计算机服务和软件业	Information Transmission, Computer Service and Software Industries								
住宿和餐饮业	Hotels and Catering Services								
按企业规模分	Grouped by Size of Enterprises								
特大型	Particularly Large	122.2	186.5	186.5	114.9	81.8	200.0	200.0	
大 型	Large	133.7	179.5	155.5	158.4	141.8	177.7	159.6	24.8
中 型	Medium-sized	115.2	119.6	131.8	120.5	91.3	134.8	108.7	88.9
小 型	Small	75.0	127.9	102.3	93.0	81.0	131.0	107.3	97.6
国家重点联系企业	State Emphatically Contacted Enterprises	151.1	200.0	200.0	114.4	100.0	100.0	100.0	100.0
试点企业集团	Pioneer Enterprises	200.0	200.0	200.0	100.0	100.0	100.0	100.0	100.0
乡镇企业	Township Enterprises	77.8	122.2	77.8	88.9	80.0	130.0	100.0	22.2
上市公司	Quoted Companies	152.1	181.8	181.8	116.8	123.0	199.0	180.4	78.3
国有控股企业	State-owned and State-holding Enterprises	110.0	155.7	135.6	120.5	98.5	156.4	142.6	63.8

22-9 2007－2008年企业景气调查资金情况景气指数

Climate Indices of Finance Situation of Enterprise Climate Investigation(2007－2008)

指 标	Item	2007				2008			
		一季度 First Quarter	二季度 Second Quarter	三季度 Third Quarter	四季度 Fourth Quarter	一季度 First Quarter	二季度 Second Quarter	三季度 Third Quarter	四季度 Fourth Quarter
全省情况	**Basic Condition of Province**	**80.3**	**77.8**	**82.7**	**80.1**	**84.5**	**83.6**	**84.4**	**71.7**
按经济类型分	Grouped by Status of Registration								
国有经济	State-owned Enterprises	76.3	88.1	94.9	85.8	84.9	82.4	68.7	60.9
集体经济	Collective-owned Enterprises	44.4	22.2	33.3	50.0	56.2	68.1	58.1	86.2
私营经济	Private Enterprises	100.0	72.7	54.6	63.6	75.0	83.3	83.3	66.7
个体经济	Individual Enterprises								
股份合作企业	Cooperative Enterprises	50.0	31.3	62.5	37.5	40.0	40.0	53.3	40.0
联营经济	Joint Ownership Enterprises	100.0	100.0	100.0	100.0	100.0	100.0	100.0	100.0
有限责任公司	Limited-Liability Corporations	62.4	70.6	73.7	66.3	70.1	68.4	62.4	41.7
股份有限公司	Share-holding Corporations Ltd.	82.5	84.5	100.7	100.5	97.3	91.0	90.8	85.1
外商及港、澳、台投资经济	Enterprises with Funds from Foreigner, Hong Kong, Macao and Taiwan	25.0	25.0	62.0	25.0	40.0	20.0	60.0	40.0
按行业门类分	Grouped by Sector								
工业	Industry	71.8	77.3	86.7	87.7	78.9	82.2	77.8	59.9
采掘业	Mining	113.2	125.2	128.4	114.9	73.8	86.7	85.8	113.2
制造业	Manufacturing	70.5	74.8	86.9	85.8	84.1	87.5	84.6	52.2
电力、煤气及水的生产供应业	Production and Distribution of Electricity, Gas and Water	39.9	52.7	65.5	75.6	75.7	69.1	55.6	36.9
建筑业	Construction	53.7	53.3	55.6	53.7	90.2	62.0	39.1	65.5
交通运输、仓储及邮政业	Transportation, Storage, Post and Telecommunications	94.3	94.3	76.4	74.9	70.4	93.7	93.7	43.5
批发和零售业	Wholesale and Retail Trades	91.2	88.4	105.0	99.1	115.8	104.1	109.5	112.7
房地产业	Real Estate	64.3	61.5	53.9	58.3	79.5	79.5	79.5	65.2
社会服务业	Social Services	61.5	41.7	76.9	76.9	64.3	76.9	76.9	69.2
信息传输、计算机服务和软件业	Information Transmission, Computer Service and Software Industries	120.0	120.0	100.0	140.0	120.0	120.0	120.0	100.0
住宿和餐饮业	Hotels and Catering Services	85.7	85.7	107.1	50.0	57.1	50.0	78.6	57.1
按企业规模分	Grouped by Size of Enterprises								
特大型	Particularly Large	122.2	122.2	122.2	122.2	118.2	118.2	118.2	54.6
大 型	Large	112.6	115.9	126.5	129.2	125.4	116.7	98.8	110.1
中 型	Medium-sized	74.0	66.4	78.4	77.2	73.3	76.0	72.1	55.5
小 型	Small	45.5	59.5	63.5	56.2	55.6	55.6	62.0	49.3
国家重点联系企业	State Emphatically Contacted Enterprises	118.0	118.0	151.1	151.1	100.0	100.0	100.0	100.0
试点企业集团	Pioneer Enterprises		8.8	195.6	191.2	100.0	100.0	100.0	100.0
乡镇企业	Township Enterprises	30.0	70.0	70.0	60.0	36.4	54.6	70.0	40.0
上市公司	Quoted Companies	83.8	69.5	166.4	163.9	140.0	115.0	108.3	146.2
国有控股企业	State-owned and State-holding Enterprises	74.4	82.8	88.4	88.1	81.6	83.9	77.0	66.2

22-10 2007－2008年企业景气调查劳动力景气指数

Climate Indices of Labour Force of Enterprise Climate Investigation(2007－2008)

指 标	Item	2007				2008			
		一季度 First Quarter	二季度 Second Quarter	三季度 Third Quarter	四季度 Fourth Quarter	一季度 First Quarter	二季度 Second Quarter	三季度 Third Quarter	四季度 Fourth Quarter
全省情况	**Basic Condition of Province**	**94.8**	**114.4**	**115.7**	**97.4**	**98.2**	**117.6**	**116.2**	**85.6**
按经济类型分	Grouped by Status of Registration								
国有经济	State-owned Enterprises	73.3	105.1	115.9	90.5	79.1	140.3	129.5	82.7
集体经济	Collective-owned Enterprises	88.9	155.6	133.3	125.0	96.2	140.0	138.1	68.1
私营经济	Private Enterprises	100.0	72.7	118.2	109.1	83.3	100.0	108.3	108.3
个体经济	Individual Enterprises								
股份合作企业	Cooperative Enterprises	100.0	100.0	125.0	87.5	113.3	113.3	106.7	80.0
联营经济	Joint Ownership Enterprises	100.0	100.0	100.0	100.0	100.0	100.0	100.0	100.0
有限责任公司	Limited-Liability Corporations	106.8	119.3	111.0	102.0	103.5	112.8	106.5	77.7
股份有限公司	Share-holding Corporations Ltd.	87.2	126.4	109.8	83.9	93.9	115.4	111.7	87.2
外商及港、澳、台投资经济	Enterprises with Funds from Foreigner, Hong Kong, Macao and Taiwan	113.0	150.0	100.0	100.0	80.0	120.0	80.0	60.0
按行业门类分	Grouped by Sector								
工业	Industry	92.9	109.5	110.3	97.4	94.6	111.6	106.8	82.7
采掘业	Mining	122.9	101.1	125.6	80.9	113.2	101.2	100.7	87.1
制造业	Manufacturing	97.0	111.5	106.9	98.4	97.4	109.6	102.2	78.5
电力、煤气及水的生产供应业	Production and Distribution of Electricity, Gas and Water	55.8	106.3	119.2	116.7	74.0	126.0	132.3	87.5
建筑业	Construction	60.3	154.9	127.4	75.9	82.2	171.0	158.9	75.8
交通运输、仓储及邮政业	Transportation, Storage, Post and Telecommunications	105.7	111.1	100.0	112.5	94.2	117.7	111.8	100.0
批发和零售业	Wholesale and Retail Trades	100.7	109.5	110.5	112.6	106.7	94.4	102.8	106.4
房地产业	Real Estate	92.9	84.6	84.6	91.7	94.7	115.2	100.9	107.1
社会服务业	Social Services	100.0	91.7	115.4	84.6	114.3	115.4	100.0	76.9
信息传输、计算机服务和软件业	Information Transmission, Computer Service and Software Industries	120.0	140.0	120.0	140.0	120.0	80.0	120.0	100.0
住宿和餐饮业	Hotels and Catering Services	85.7	114.3	157.1	64.3	78.6	135.7	128.6	35.7
按企业规模分	Grouped by Size of Enterprises								
特大型	Particularly Large	100.0	100.0	100.0	49.3	100.0	100.0	100.0	68.2
大 型	Large	79.4	112.5	115.7	123.3	86.7	126.1	121.7	105.3
中 型	Medium-sized	103.9	109.6	120.6	86.1	97.1	114.4	105.8	70.3
小 型	Small	84.4	117.6	106.8	102.7	95.8	116.7	118.3	91.6
国家重点联系企业	State Emphatically Contacted Enterprises	100.0	100.0	100.0	51.1	100.0	100.0	100.0	100.0
试点企业集团	Pioneer Enterprises	100.0	100.0	100.0	100.0	100.0	100.0	100.0	100.0
乡镇企业	Township Enterprises	110.0	120.0	110.0	90.0	90.9	127.3	150.0	70.0
上市公司	Quoted Companies	100.0	114.3	100.1	109.5	100.9	100.0	98.2	112.5
国有控股企业	State-owned and State-holding Enterprises	91.4	111.4	117.8	95.7	96.7	119.0	114.7	87.1

22-11　2007－2008年企业景气调查投资情况景气指数

Climate Indices of Investment of Enterprise Climate Investigation(2007－2008)

指　标	Item	2007				2008			
		一季度 First Quarter	二季度 Second Quarter	三季度 Third Quarter	四季度 Fourth Quarter	一季度 First Quarter	二季度 Second Quarter	三季度 Third Quarter	四季度 Fourth Quarter
全省情况	**Basic Condition of Province**	**87.6**	**115.4**	**120.8**	**113.1**	**101.1**	**123.7**	**125.9**	**113.7**
按经济类型分	Grouped by Status of Registration								
国有经济	State-owned Enterprises	82.9	112.0	119.4	104.9	87.5	123.7	126.4	120.1
集体经济	Collective-owned Enterprises	111.1	122.2	111.1	125.0	66.2	128.1	78.1	120.0
私营经济	Private Enterprises	109.1	100.0	109.1	100.0	91.7	91.7	141.7	108.3
个体经济	Individual Enterprises								
股份合作企业	Cooperative Enterprises	87.5	112.5	118.8	131.3	106.7	120.0	100.0	106.7
联营经济	Joint Ownership Enterprises	100.0	100.0	100.0	100.0	100.0	100.0	100.0	100.0
有限责任公司	Limited-Liability Corporations	104.9	120.3	115.5	120.8	104.9	118.4	111.8	95.7
股份有限公司	Share-holding Corporations Ltd.	65.7	118.8	123.6	110.1	95.3	142.5	131.2	83.4
外商及港、澳、台投资经济	Enterprises with Funds from Foreigner, Hong Kong, Macao and Taiwan	125.0	100.0	125.0	100.0	100.0	132.3	132.3	80.0
按行业门类分	Grouped by Sector								
工业	Industry	97.1	125.7	124.0	126.5	97.8	127.4	115.9	99.2
采掘业	Mining	71.0	187.3	185.2	135.5	119.6	186.9	186.3	65.9
制造业	Manufacturing	105.5	109.9	110.0	124.3	100.9	111.4	92.4	95.4
电力、煤气及水的生产供应业	Production and Distribution of Electricity, Gas and Water	77.1	133.5	125.4	134.4	70.1	147.4	147.4	132.6
建筑业	Construction	55.8	90.5	108.3	71.5	114.4	146.3	140.0	106.2
交通运输、仓储及邮政业	Transportation, Storage, Post and Telecommunications	94.5	127.7	129.4	131.3	82.5	129.3	135.1	137.4
批发和零售业	Wholesale and Retail Trades	77.1	112.5	115.6	123.6	88.6	91.2	118.6	79.0
房地产业	Real Estate	78.6	92.3	100.0	108.3	79.5	115.2	115.2	122.4
社会服务业	Social Services	92.3	100.0	107.7	92.3	100.0	100.0	107.7	115.4
信息传输、计算机服务和软件业	Information Transmission, Computer Service and Software Industries	120.0	160.0	160.0	180.0	160.0	180.0	160.0	150.0
住宿和餐饮业	Hotels and Catering Services	85.7	114.3	121.4	71.4	85.7	100.0	114.3	100.0
按企业规模分	Grouped by Size of Enterprises								
特大型	Particularly Large	49.3	150.7	150.7	49.3	45.5	168.2	136.4	
大　型	Large	64.4	140.7	141.2	161.7	116.7	153.4	148.4	110.0
中　型	Medium-sized	101.9	112.5	113.7	111.9	96.2	110.6	111.5	108.9
小　型	Small	93.5	112.2	114.9	109.6	95.8	116.7	108.5	107.0
国家重点联系企业	State Emphatically Contacted Enterprises	34.5	132.3	132.3	34.5	100.0	100.0	100.0	100.0
试点企业集团	Pioneer Enterprises		4.4		8.8	100.0	100.0	100.0	100.0
乡镇企业	Township Enterprises	130.0	120.0	140.0	140.0	136.4	136.4	120.0	80.0
上市公司	Quoted Companies	43.2	57.6	67.2	81.5	111.0	133.9	133.9	119.0
国有控股企业	State-owned and State-holding Enterprises	86.6	121.1	120.0	110.9	100.9	135.1	127.2	101.6

22–12　2007－2008年企业景气调查产成品库存景气指数
Climate Indices of Production Repertory of Enterprise Climate Investigation(2007－2008)

指　标	Item	2007				2008			
		一季度 First Quarter	二季度 Second Quarter	三季度 Third Quarter	四季度 Fourth Quarter	一季度 First Quarter	二季度 Second Quarter	三季度 Third Quarter	四季度 Fourth Quarter
全省情况	**Basic Condition of Province**	**119.6**	**123.1**	**121.7**	**108.3**	**119.4**	**98.7**	**112.0**	**100.8**
按经济类型分	Grouped by Status of Registration								
国有经济	State-owned Enterprises	85.5	95.2	93.9	84.2	84.6	83.3	116.7	100.0
集体经济	Collective-owned Enterprises	100.0	80.0	80.0	120.0	66.7	66.7	83.3	83.3
私营经济	Private Enterprises	137.5	125.0	112.5	137.5	133.3	100.0	144.4	122.2
个体经济	Individual Enterprises								
股份合作企业	Cooperative Enterprises	114.3	128.6	142.9	100.0	114.3	128.6	100.0	100.0
联营经济	Joint Ownership Enterprises	100.0	100.0	100.0	100.0	100.0	100.0	100.0	100.0
有限责任公司	Limited-Liability Corporations	133.9	132.7	129.1	119.0	140.8	116.8	124.1	110.9
股份有限公司	Share-holding Corporations Ltd.	120.3	125.3	126.0	99.7	127.9	89.4	100.1	95.6
外商及港、澳、台投资经济	Enterprises with Funds from Foreigner, Hong Kong, Macao and Taiwan		33.3	33.3	33.3	75.0	75.0	100.0	75.0
按行业门类分	Grouped by Sector								
工业	Industry								
采掘业	Mining	110.6	99.8	87.9	87.4	87.1	87.1	75.5	100.5
制造业	Manufacturing	124.4	130.7	130.7	108.3	124.4	95.3	111.2	94.8
电力、煤气及水的生产供应业	Production and Distribution of Electricity, Gas and Water	112.5	106.3	110.0	106.3	112.5	100.0	125.0	100.0
建筑业	Construction								
交通运输、仓储及邮政业	Transportation, Storage, Post and Telecommunications								
批发和零售业	Wholesale and Retail Trades								
房地产业	Real Estate								
社会服务业	Social Services								
信息传输、计算机服务和软件业	Information Transmission, Computer Service and Software Industries								
住宿和餐饮业	Hotels and Catering Services								
按企业规模分	Grouped by Size of Enterprises								
特大型	Particularly Large	135.8	135.8	135.8	64.2	63.2	63.2	63.2	63.2
大　型	Large	99.3	98.9	108.4	100.0	135.8	78.8	94.8	64.1
中　型	Medium-sized	126.1	123.9	122.7	113.6	131.8	100.0	124.4	114.3
小　型	Small	118.2	130.2	123.3	116.3	112.2	115.0	118.0	113.2
国家重点联系企业	State Emphatically Contacted Enterprises	118.0	118.0	151.1	48.9	100.0	100.0	100.0	100.0
试点企业集团	Pioneer Enterprises		8.8	200.0	4.4	100.0	100.0	100.0	100.0
乡镇企业	Township Enterprises	133.3	111.1	111.1	88.9	88.9	77.8	100.0	75.0
上市公司	Quoted Companies	111.0	111.0	152.1	127.5	157.3	106.5	106.5	110.8
国有控股企业	State-owned and State-holding Enterprises	109.3	114.6	112.0	95.0	106.3	93.4	99.8	92.9

22-13 2007－2008年企业景气调查税后利润景气指数

Climate Indices of Profit after Tax of Enterprise Climate Investigation(2007－2008)

指 标	Item	2007				2008			
		一季度 First Quarter	二季度 Second Quarter	三季度 Third Quarter	四季度 Fourth Quarter	一季度 First Quarter	二季度 Second Quarter	三季度 Third Quarter	四季度 Fourth Quarter
全省情况	**Basic Condition of Province**	**104.8**	**117.2**	**125.9**	**117.3**	**98.2**	**109.2**	**115.2**	**83.6**
按经济类型分	Grouped by Status of Registration								
国有经济	State-owned Enterprises	111.7	121.8	130.5	125.1	77.6	142.1	110.5	80.7
集体经济	Collective-owned Enterprises	122.2	100.0	144.4	150.0	118.1	130.0	130.0	130.0
私营经济	Private Enterprises	109.1	72.7	90.9	90.9	91.7	125.0	108.3	125.0
个体经济	Individual Enterprises								
股份合作企业	Cooperative Enterprises	100.0	100.0	118.8	93.8	86.7	113.3	126.7	80.0
联营经济	Joint Ownership Enterprises	100.0	100.0	100.0	100.0	100.0	100.0	100.0	100.0
有限责任公司	Limited-Liability Corporations	109.5	121.2	131.0	119.2	114.7	123.7	109.7	72.1
股份有限公司	Share-holding Corporations Ltd.	111.2	150.2	136.6	133.4	142.7	146.5	132.9	65.6
外商及港、澳、台投资经济	Enterprises with Funds from Foreigner, Hong Kong, Macao and Taiwan	100.0	75.0	75.0	75.0	80.0	80.0	80.0	132.3
按行业门类分	Grouped by Sector								
工业	Industry	115.6	125.9	127.6	130.4	116.7	143.8	113.2	79.4
采掘业	Mining	159.2	177.2	142.7	161.8	161.0	174.4	173.8	74.2
制造业	Manufacturing	113.8	124.1	123.3	119.8	110.3	139.7	101.5	82.1
电力、煤气及水的生产供应业	Production and Distribution of Electricity, Gas and Water	97.6	78.0	125.1	138.6	110.2	141.2	104.2	58.2
建筑业	Construction	105.1	130.0	114.6	130.3	63.0	123.4	136.1	122.4
交通运输、仓储及邮政业	Transportation, Storage, Post and Telecommunications	116.8	100.0	123.3	118.8	99.9	129.6	117.8	50.2
批发和零售业	Wholesale and Retail Trades	115.0	143.7	161.2	129.1	123.0	127.2	151.0	88.6
房地产业	Real Estate	100.0	130.8	123.1	141.7	123.3	94.7	94.7	93.8
社会服务业	Social Services	100.0	141.7	100.0	69.2	50.0	69.2	100.0	84.6
信息传输、计算机服务和软件业	Information Transmission, Computer Service and Software Industries	100.0	80.0	100.0	140.0	160.0	100.0	80.0	100.0
住宿和餐饮业	Hotels and Catering Services	85.7	85.7	157.1	78.6	50.0	85.7	128.6	50.0
按企业规模分	Grouped by Size of Enterprises								
特大型	Particularly Large	122.2	137.1	100.0	137.1	200.0	200.0	200.0	54.6
大 型	Large	149.9	138.3	157.4	153.2	119.5	175.9	115.8	54.1
中 型	Medium-sized	111.5	123.1	129.4	117.8	100.0	114.4	106.7	70.3
小 型	Small	96.1	113.5	121.6	115.1	88.9	111.1	114.1	109.9
国家重点联系企业	State Emphatically Contacted Enterprises	151.1	165.5	116.6	165.5	100.0	100.0	100.0	100.0
试点企业集团	Pioneer Enterprises	200.0	200.0	200.0	200.0	100.0	100.0	100.0	100.0
乡镇企业	Township Enterprises	100.0	130.0	130.0	130.0	127.3	118.2	120.0	50.0
上市公司	Quoted Companies	179.4	189.0	189.2	171.1	165.9	186.5	160.7	76.2
国有控股企业	State-owned and State-holding Enterprises	113.7	126.4	129.8	127.8	107.3	143.6	116.4	72.3

22–14 2007－2008年企业景气调查企业融资景气指数

Financing Climate Indices of Enterprise Climate Investigation(2007－2008)

指 标	Item	2007				2008			
		一季度 First Quarter	二季度 Second Quarter	三季度 Third Quarter	四季度 Fourth Quarter	一季度 First Quarter	二季度 Second Quarter	三季度 Third Quarter	四季度 Fourth Quarter
全省情况	**Basic Condition of Province**	**67.9**	**65.3**	**69.4**	**70.3**	**74.8**	**71.9**	**70.1**	**73.1**
按经济类型分	Grouped by Status of Registration								
国有经济	State-owned Enterprises	79.7	77.9	92.4	84.6	71.7	65.1	70.0	69.0
集体经济	Collective-owned Enterprises	44.4	44.4	66.7	87.5	48.1	38.1	48.1	78.1
私营经济	Private Enterprises	54.6	45.5	81.8	45.5	50.0	50.0	83.3	83.3
个体经济	Individual Enterprises								
股份合作企业	Cooperative Enterprises	37.5	43.8	43.8	37.5	33.3	33.3	33.3	40.0
联营经济	Joint Ownership Enterprises	100.0	100.0	100.0	100.0	100.0	100.0	100.0	100.0
有限责任公司	Limited-Liability Corporations	63.8	66.5	63.5	66.9	66.5	62.0	62.2	63.8
股份有限公司	Share-holding Corporations Ltd.	90.1	69.7	70.9	69.8	90.9	105.0	91.0	78.8
外商及港、澳、台投资经济	Enterprises with Funds from Foreigner, Hong Kong, Macao and Taiwan	25.0	62.0	25.0	25.0	40.0	72.3	60.0	40.0
按行业门类分	Grouped by Sector								
工业	Industry	75.5	67.6	74.6	70.3	73.2	73.3	75.6	66.9
采掘业	Mining	152.4	114.1	127.4	127.4	125.7	147.1	138.6	113.2
制造业	Manufacturing	62.9	63.4	70.6	62.2	65.1	64.7	68.1	57.1
电力、煤气及水的生产供应业	Production and Distribution of Electricity, Gas and Water	66.6	47.7	58.1	68.1	70.3	49.2	68.8	52.3
建筑业	Construction	56.6	76.2	39.4	42.5	56.0	53.2	65.7	65.7
交通运输、仓储及邮政业	Transportation, Storage, Post and Telecommunications	61.0	61.0	70.6	87.5	82.1	76.3	41.0	56.3
批发和零售业	Wholesale and Retail Trades	86.0	69.1	73.9	93.5	87.2	94.0	94.4	104.9
房地产业	Real Estate	64.3	53.9	53.9	58.3	78.6	64.3	78.6	57.1
社会服务业	Social Services	53.9	50.0	76.9	46.2	64.3	76.9	61.5	69.2
信息传输、计算机服务和软件业	Information Transmission, Computer Service and Software Industries	60.0	80.0	80.0	100.0	100.0	80.0	80.0	100.0
住宿和餐饮业	Hotels and Catering Services	85.7	64.3	85.7	64.3	57.1	57.1	64.3	64.3
按企业规模分	Grouped by Size of Enterprises								
特大型	Particularly Large	186.5	135.8	135.8	100.0	100.0	154.6	100.0	68.2
大 型	Large	120.1	98.8	112.8	119.9	129.6	132.5	130.2	119.2
中 型	Medium-sized	55.8	51.0	52.9	53.5	51.4	51.0	53.9	53.5
小 型	Small	53.3	63.5	70.3	67.1	65.3	55.6	63.4	63.4
国家重点联系企业	State Emphatically Contacted Enterprises	166.8	118.0	134.5	100.0	100.0	100.0	100.0	100.0
试点企业集团	Pioneer Enterprises		4.4	95.6	95.6	100.0	100.0	100.0	100.0
乡镇企业	Township Enterprises	20.0	50.0	50.0	30.0	18.2	18.2	30.0	30.0
上市公司	Quoted Companies	85.1	85.1	118.0	90.4	128.3	151.0	151.0	136.9
国有控股企业	State-owned and State-holding Enterprises	81.3	73.4	80.3	80.1	77.7	82.5	78.0	73.8

主要统计指标解释

企业集团:是以母子公司为主体,通过投资及生产经营协作等多种方式,与众多的企事业单位共同组成的经济联合体。

母 公 司:是企业集团中起主导作用的核心企业,通过投资和生产经营协作等多种联结纽带,决定和影响着集团内其他成员企业,是居于控制地位的控股公司。

所属成员企业(单位):指企业集团所属的成员企事业单位,包括企业集团的母公司、全资子公司(单位)、绝对控股子公司(单位)、相对控股子公司(单位),不包括参股企业、协作企业(单位)。但如果企业集团的子公司(单位)是一个纯粹管理型的公司,那么该子公司的二级控股子公司(单位)可作为企业集团所属成员单位进行统计。上述企业集团的各类子公司(单位)中应包括在中国境内和境外的子公司(单位)。

登记注册类型:是指在工商行政管理机关登记注册的具有法人资格的各类企业。包括国有企业、国有独资公司、其他有限责任公司、股份有限公司、中外合资企业、港澳台合资企业、其它。

国有企业:是指企业全部资产归国家所有,并按《中华人民共和国企业法人登记管理条例》规定登记注册的非公司制的经济组织。不包括有限责任公司中的国有独资公司。

国有独资公司:是指国家授权的投资机构或者国家授权的部门单独投资设立的有限责任公司。

其他有限责任公司:是指根据《中华人民共和国公司登记管理条例》规定登记注册,由两个以上,五十个以下的股东共同出资,每个股东以其所认缴的出资额对公司承担有限责任,公司以其全部资产对其债务承担责任的经济组织。其他有限责任公司不包括国有独资公司。

股份有限公司:是指根据《中华人民共和国公司登记管理条例》规定登记注册,其全部注册资本由等额股份构成并通过发行股票筹集资本,股东以其认购的股份对公司承担有限责任,公司以其全部资产对其债务承担责任的经济组织。

中外合资企业:是指外国企业或外国人与中国内地企业依照《中华人民共和国中外合资经营企业法》及有关法律的规定,按合同规定的比例投资设立,分享利润和分担风险的企业。

港澳台合资企业:是指港澳台地区投资者与内地企业依照《中华人民共和国中外合资经营企业法》及有关法律的规定,按规定的比例投资设立,分享利润和分担风险的企业。

少数股东权益:指子公司所有者权益中由母公司以外的其他投资者拥有的份额,在合并资产负债表中应单独列示。

股东(所有者)权益合计:指企业集团投资人对企业净资产的所有权,企业集团净资产等于企业集团全部资产减去负债合计和少数股东权益后的余额,其中包括企业投资人对企业的最初投入以及资本公积金、盈余公积金和未分配利润。

股本(实收资本):指股份制企业集团以发行股票的方式筹集的资本。非股份制企业集团指实际收到的投资人投入的资本。

主营业务收入:指企业集团从事某种主要生产、经营活动所取得的营业收入。本项指标在各行业会计制度中的名称叫法不同,但一律按各行业会计制度或报表定义的口径进行填报。农业企业是指"主营业务收入";工业企业是指"产品销售收入";交通运输企业指"主营业务收入";建筑企业指"工程结算收入";批发零售贸易企业指"商品销售收入";房地产企业指"房地产经营收入";其他企业指"经营(营业)收入"。

从业人员:指在企业集团(包括母公司和子公司)工作并领取工资或其他形式的劳动报酬的全部人员数,包括在岗职工、再就业的离退休人员以及在企业集团中工作的外方人员和港澳台方人员、兼职人员、借用的外单位人员和第二职业者。不包括离开本企业集团仍保留劳动关系的职工。

企业景气调查:是通过对部分企业家定期进行问卷调查,并根据企业家对企业经营状况及宏观经济形势的判断和预期来编制景气指数,从而对现实经济运行状况及其发展趋势进行分析和预测的一种统计调查方法。

景气指数:又称为景气度,它是对企业景气调查中的定性指标通过定量方法加工汇总,综合反映某一特定调查群体或某一社会经济现象所处的状态或发展趋势的一种指标。通过其上升和下降的动态变化,反映经济发展状态及其变化过程。景气指数取值于0－－200之间,100为景气指数的临界值;当景气指数大于100时,表明经济状况趋于上升或改善,处于景气状态;当景气指数小于100时,表明经济状况趋于下降或恶化,处于不景气状态。

企业家信心指数:也称宏观经济景气指数,是根据企业家对企业外部市场经济环境与宏观政策的认识、看法、判断与预期而编制的指数,用以综合反映企业家对宏观经济环境的感受与信心。

企业景气指数:也称企业综合生产经营景气指数,是根据企业家对本企业综合生产经营情况的判断与预期而编制的指数,用以反映企业的综合生产经营状况。

Explanatory Notes on Main Statistical Indicator

Enterprises Group an economic association consists of numerous enterprises and institution, with parent company and subsidiary company as its main body, they join together by means of various methods, investment and business cooperation, etc.

Parent Company the nuclear enterprise, which plays a leading role in enterprises group. It occupies the holding company position, determines and affects other members of group by various ties of join, investment and business cooperation, etc.

Subordinate Enterprises (Units) refer to enterprises and institutions under enterprises group, include parent company of enterprises group, subsidiary companies(units) with exclusive investment, absolutely holding shares companies(units), relatively holding shares companies(units), exclude own shares enterprises, cooperate enterprises(units), If the subsidiary company(unit) is a pure management company, the companies(units) under the subsidiary company can be statistics as subordinate enterprises(units). The above – mention subsidiary company (units) include all companies those within and out of the boundaries of China.

Registration Status of Enterprises refer to different enterprises, which have registered in industrial and commercial administration agencies. Include state – owned enterprises, Sole State – Funded enterprises, other limited liability corporation, share – holding corporation Ltd. Joint – venture enterprises with foreign investment, Joint – venture enterprises with funds from Hong Kong, Macao and Taiwan, and Others.

State – owned Enterprises refer to non – corporation economic units where the entire assets are owned by the state and which have registered in accordance with the Regulation of the People's Republic of China on the Management of Registration of Corporation Enterprises. Excluded from this category are sole state – funded corporation in the limited liability corporations.

Exclusive State – Funded Company refer to limited liability corporations established with exclusive investment from investment institutions or departments authorized by the state.

Other Limited Liability Corporations refer to economic units established with investment from 2 – 50 investors and registered in accordance with the Regulation of the People's Republic of China on the Management of Registration of Corporations, each investor bearing limited liability to the corporation depending on its share of investment, and the corporation bearing liability to its debt to the maximum of its total assets. Excluded from this category are exclusive state – funded corporations.

Share – holding Corporations Ltd. Refer to economic units registered in accordance with the Regulation of the People's Republic of China on the Management of Registration of Corporations, with total registered capitals divided into equal shares and raised through issuing stocks. Each investor bears limited liability to the corporation depending on the holding shares, and the corporation bears liability to its debt to the maximum of its total assets.

Joint – venture Enterprises with Foreign Investment refer to enterprises jointly established by foreign enterprises or foreigners with enterprises in the mainland of China in accordance with the Low of the People's Republic of China on Sino – foreign Joint Venture Enterprises and other relevant lows, where the share of investment, profits and risks is stipulated in the contract.

Joint – venture Enterprises with Funds from Hong Kong, Macao and Taiwan refer to enterprises jointly established by investor from Hong Kong, Macao and Taiwan with enterprises in the mainland of China in accordance with the Low of the People's Republic of China on Sino – foreign Joint Venture Enterprises and other relevant lows, where the share of investment, profits and risks is stipulated in the contract.

Minority Share – holder's Equity refer to the owner shares of subsidiary company which not owned to parent company but to other investors, it must be arranged independently on merge balance sheet.

Total of Share – holder's (or Owner's) Equity refer to enterprises group investor's title to net funds, the balance of total liabilities and minority share – holding equity from entire funds is net funds, it includes initial investment, accumulation fund, surplus of accumulation and undistributed profits.

Capital Stock (Capital Obtained) refer to capital raised through issuing stocks by the joint – stock enterprises group. It refers to capital actually received from investors in non – joint – stock enterprises group.

Major Business Revenue refer to the revenue earned from certain major action of production and management by enterprises group. This indicator has different account name in various sectors, but it must be filled and submitted in accordance with account system of various sector, or the concepts, definitions and coverage of report schedule. It refers to major business revenue in agriculture enterprises; It refers to production sales revenue in industry enterprises; It refers to major business revenue in transport enterprises; It refers to revenue of project settle accounts in construction; It refers to commodity sales revenue in wholesale and retail Trades enterprises; It refers to real estate operation revenue in real estate Trades enterprises; In other enterprises it refers to business revenue.

Employed Persons refer to all persons who work in , and receive wages or other remuneration payment from enterprises group(include parent company and subsidiary company), they include fully employed staff and workers, re – employed retirees, foreigners and Chinese compatriots from Hong Kong, Macao and Taiwan part – time employees, employees of other units working temporarily at current posts, and employees holding the second job, but exclude staff and workers who have left their work units while keeping their labour contract (employment relation) unchanged.

Enterprises Climate Survey It is a statistics survey, which compile the climate index by regular paper survey to a section of entrepreneurs, based on entrepreneur's judgement and forecast to the production situation of their own enterprises and the macro – economy situation, and thus we can analyse and predict the current situation and future trend of the economic performance.

Business climate index It is the quantitative disposition and compilation of the qualitative economic indicators of the business climate survey, which can improve a comprehensive description of the real situation or the future trend of a special survey group or a social and economic phenomenon. The business climate index is ranging from 0 to 200. 100 is the critical value, when the climate index is larger than 100, it shows that the economic performance is picking up or improving. When it is lower than 100, it shows that the economic performance is declining or worsening.

Entrepreneur confidence index also called as the macro – economy climate index. It is a index based on entrepreneur's recognition, opinion, judgement and forecast to the market circumstances and macro – policies, It is a comprehensive description of the entrepreneur's impression and confidents of the macro – economy circumstances .

Business climate index also called as the comprehensive production and management climate index of enterprises. It is compiled basing on entrepreneur's judgement on production situation of their own expectation for the future performance. It is the description of the comprehensive production and management situation of the enterprises.

2009

第23篇

CHAPTER 23

月度资料

Monthly Data

23-1 各月主要经济统计指标(2008年)
Monthly Main Economic Indicators (2008)

指 标	Item	1月	2月	3月
生产总值(亿元)	**Gross Product(100 million yuan)**			**165.03**
第一产业	Primary Industry			7.75
第二产业	Secondary Industry			82.75
第三产业	Tertoary Industry			74.53
生产总值增长速度(%)	Rate of Gross Product(%)			13.6
第一产业	Primary Industry			3.2
第二产业	Secondary Industry			21.2
第三产业	Tertoary Industry			8.0
工业(规模以上)	**Industry**			
工业增加值(当年价)(亿元)	Value Added to Gross Industrial Output(100 million yuan)	24.85	26.84	32.50
轻工业	Light industry	2.38	1.61	2.07
重工业	Heavy industry	22.47	25.23	30.43
国有企业	State -owned Enterprises	1.96	2.39	4.46
集体企业	Collective-owned Enterprises	0.03	0.01	0.04
股份制企业	Joint-stock Enterprises	21.32	22.66	25.93
外商及港澳台投资	Enterprises with Funds from Hong kong, Macao,Taiwan and Foreign	0.84	1.36	1.42
国有控股企业	State-holding Enterprises	18.18	19.37	22.55
工业增加值增长速度(%)	Rate of Value-added of Indusrry	24.9	24.7	21.7
轻工业	Light industry	36.9	20.3	-7.1
重工业	Heavy industry	23.8	25.0	24.4
国有企业	State -owned Enterprises	22.8	35.3	35.4
集体企业	Collective-owned Enterprises	-1.9	-66.7	2.6
股份制企业	Joint-stock Enterprises	24.2	23.0	20.0
外商及港澳台投资	Enterprises with Funds from Hong kong, Macao,Taiwan and Foreign	38.3	55.9	31.2
国有控股企业	State-holding Enterprises	15.5	17.0	11.3
工业经济效益(累计数)	Industrial Efficiency(accumulative total)			
企业单位数(户)	Number of Enterprises(household)		529	527
亏损企业户数(户)	Number of Loss-making Enterprises(household)		126	164
亏损面(%)	Loss Surface(%)		23.82	31.12
主营业务收入(亿元)	Revenue from Principal Business(100 million yuan)		111.73	192.07
利润总额(亿元)	Total Profits(100 million yuan)		17.20	37.90
亏损企业亏损额(亿元)	Losses of Loss-making Enterprises(100 million yuan)		1.24	1.73
产成品库存(亿元)	Finished Goods Inventory(100 million yuan)		38.07	44.09
全部从业人员(万人)	All Employees(10 000 persons)		185.91	14.94
工业产销率(%)	Rate of Industrial Production and Sales (%)	88.74	91.31	96.12
轻工业	Light industry	85.19	94.12	92.52
重工业	Heavy industry	89.11	91.09	96.38
国有企业	State -owned Enterprises	98.89	100.27	103.43
集体企业	Collective-owned Enterprises	50.66	60.72	67.42
股份制企业	Joint-stock Enterprises	87.02	89.39	94.60
外商及港澳台投资	Enterprises with Funds from Hong kong, Macao,Taiwan and Foreign	95.20	100.89	107.29
国有控股企业	State-holding Enterprises	89.47	92.26	97.43
主要产品产量	**Main Output of Products**			
发电量(亿千瓦小时)	Electricity(100 million kmh)		22.21	22.01
水电	Hydropower		13.12	12.56
天然原油(万吨)	Crude Petroleum Oil(10 000 tons)		16.85	17.78
原油加工量(万吨)	Volume of Crude Oil Processed(10 000 tons)		8.48	11.13
天然气(亿立方米)	Natural Gas(100 million cu.m)		4.51	3.53
原盐(万吨)	Salt(10 000 tons)		0.40	7.10
原煤(万吨)	Coal(10 000 tons)		96.07	101.89
钾肥(万吨)	Potash Fertilizer(10 000 tons)		0.84	21.34
粗钢(万吨)	Crude Stssl(10 000 tons)		10.28	11.00
钢材(万吨)	Rolled Steel(10 000 tons)		8.96	10.57
生铁(万吨)	Pig Iron(10 000 tons)		8.31	8.43
原铝(电解铝)(万吨)	Electrolyzed Aluminum(10 000 tons)		8.31	8.38
水泥(万吨)	Cement(10 000 tons)		10.88	37.78
碳酸钠(纯碱)(万吨)	Soda Ash(10 000 tons)		6.81	15.54

23-1 续表 1 continued

指 标	Item	1月	2月	3月
乳制品(吨)	Dairy(ton)		4728	4898
中成药(吨)	Proprietary Chinese Medicines(ton)		56	57
金属切削机床(台)	Metal Cutting Machine Tool(unit)		62	84
固定资产投资	**Investment in Fixed Assets**			
(累计数)(亿元)	**(accumulative total)(100 million yuan)**			
全社会固定资产投资	Total Fixed Asset Investment	2.33	6.68	27.75
地方投入	Local Input		2.97	23.54
按登记注册类型分	According to the Type of Sub-register			
国有投资	State-owned Investment	0.45	2.17	7.61
集体投资及私营个体投资	Collective Investment and Individual Investment in Private Sector			1.65
联营经济	Associated Economic			0.24
股份经济	Shares of Economic	1.88	4.50	16.68
港澳台投资	Investment in Hong Kong, Macao and Taiwan			
外商投资	Foreign Investment			1.42
其他投资	Other Investment			0.15
按投资类型分	According to the Investment Type			
国有及国有控股投资	State-owned and State-controlled Investment	2.33	6.36	16.02
民间投资	Private Investment		0.31	10.30
港澳台及外商投资	Investment in Hong Kong, Macao and foreign			1.42
按产业分	According to Industry			
第一产业	Primary Industry		0.01	0.87
第二产业	Secondary Industry	1.88	5.92	21.09
工业	Industry	1.88	5.92	20.63
第三产业	Tertiary Industry	0.45	0.75	5.79
社会消费品(亿元)	**Social Consumer Goods(100 million yuan)**			
社会消费品零售额	Retail Sales of Social Consumer Goods	18.65	18.33	16.41
市的零售额	City's retail sales	12.65	13.37	12.21
县的零售额	County's Retail Sales	3.92	3.29	2.84
县以下的零售额	County's Retail Sales of the Following	2.08	1.67	1.36
批发业	Wholesale Trade	3.83	3.79	3.01
零售业	Retail	12.58	12.28	10.35
住宿和餐饮业	Accommodation and Catering Industry	2.01	2.00	2.83
其他	Other	0.23	0.26	0.23
进出口(万美元)	**The Import and Export(USD 10 000)**			
海关进出口总额	Customs Import and Export Volume	2879	4119	4705
进口总额	Total Imports	1693	2114	2469
出口总额	Total Export	1186	2005	2236
财政(累计数)(亿元)	**The Financial(accumulative total)(100 million yuan)**			
财政收入	Financial Income			
一般预算收入	General Budget Revenue	13.85	25.42	38.36
地方一般预算收入	Local General Budget Revenue	7.13	13.13	18.93
增值税	Valued Added Tax	1.61	3.10	4.32
营业税	Business Tax	2.71	3.36	4.79
企业所得税	Corporate Income Tax	0.69	1.19	1.78
个人所得税	Individual Tax	0.34	0.55	0.94
资源税	Resource Tax	0.34	0.59	1.13
中央一般预算收入	Central General Budget Revenue	6.72	12.29	19.43
财政支出	Financial Expenditure			
一般预算支出	General Budget Expenditure	15.62	21.16	37.46
一般公共服务	Expenditure for General Public Services	3.34	4.08	7.24
教育	Expenditure for Education	2.57	3.68	6.09
社会保障与就业	Expenditure for Social Safety Net and Employment Effort	4.13	5.32	10.21
医疗卫生	Expenditure for Medical and Health Case	0.87	1.74	3.28
环境保护	Expenditure for Environment Protection			
城乡社区事务	Expenditure for Urban and Rural Community Affairs	0.65	0.80	1.30
农林水事务	Expenditure for Agriculture,Forestry and Water Conservancy	0.77	1.00	2.03
交通运输	Expenditure for Transportation	0.12	0.14	0.27
金融(亿元)	**Financial(100 million yuan)**			
各项存款余额	Total Deposits Balance	109.28	1100.11	1148.11
企业存款	Deposits by Enterprises	345.41	341.47	370.03
储蓄存款	Deposits by Savings	458.56	465.36	472.65

23-1 续表 2 continued

指 标	Item	1月	2月	3月
各项贷款余额	Total Loans Balances	896.51	899.38	908.42
短期贷款	Short-term Loans	283.57	283.40	282.70
中长期贷款	Medium & Long-term Loans	587.92	594.98	608.83
金融机构现金收入	Income form Financial Institutions	181.19	289.54	464.31
商品销售收入	Income form Commodity Sales	12.47	21.03	35.15
金融机构现金支出	Expenditure form Financial Institutions	196.08	297.90	472.01
工资性支出	Wages	14.71	21.55	30.85
金融机构现金投放(+)或回笼(-)	Financial Institutions to Invest in Cash (+) or Return (-)	14.89	8.36	7.70
交通运输邮电(累计数)	**Transport, Posts and Telecommunications(accumulative total)**			
货物运输量(万吨)	Freight traffic(10 000 tons)		1481.47	2166.47
铁路	Railways		390.40	538.90
公路	Highways		1058.00	1578.00
民航	Civil Aviation		0.07	0.10
货物周转量(亿吨公里)	Total Freight Ton-kilometers(100 milliom ton-km)		34.48	45.44
铁路	Railways		24.19	29.98
公路	Highways		8.83	13.27
民航	Civil Aviation		0.01	0.02
客运量(万人)	Passenger Traffic(10 000 persons)		948.16	1375.01
铁路	Railways		92.00	109.60
公路	Highways		851.00	1258.00
民航	Civil Aviation		5.16	7.41
客运周转量(亿人公里)	Passenger Ton-kilometers(100 million passenger-km)		13.96	17.22
铁路	Railways		8.57	9.23
公路	Highways		4.69	6.93
民航	Civil Aviation		0.70	1.06
邮电(累计数)	**Posts and Telecommunications(accumulative total)**			
电信业务量(亿元)	Business Volume of Postal and Telecommunication(100 million yuan)		9.22	13.59
移动电话用户(万户)	Mobile Phone Subscribers(10 000 subscribers)		225.10	227.10
固定电话用户(万户)	Fixed Telephone Subscribers(10 000 subscribers)		123.60	122.10
邮政业务量(万元)	The Volume of Postal Services		3403.82	5289.46
建筑业	**Construction**			
建筑企业个数(个)	The Number of Construction Enterprises(%)			422
建筑业总产值(亿元)	Gross Output Value of Construction(100 million yuan)			16.13
竣工产值(亿元)	Ontput of Completion (100 million yuan)			2.04
房屋建筑施工面积(万平米)	Floor Space of Buildings under Construction(10 000 sq.m)			78.70
房屋建筑竣工面积(万平米)	Floor Space of Buildings Completed(10 000 sq.m)			9.07
人民生活(元)	**People's Lives(yuan)**			
城镇居民人均可支配收入	Annual Per Capita Disposable Income of Urban Households			2839.28
城镇居民人均消费性支出	Annual Per Capita Living Expenditure of Rural			2119.17
农村住户人均现金收入	Annual Per Capita Net Income of Rural Households			740.28
农村住户人均现金支出	Annual Per Capita Cash Expenditure of Rural			600.24
物价指数(上年=100)(%)	**Price Indices(preceding year=100)(%)**			
居民消费价格指数	Price Indices of Consumer	110.8	113.6	112.4
城市	City	109.3	111.7	111.0
农村	Rural	113.6	117.2	114.9
食品	Food	124.7	132.3	126.9
烟酒及用品	Alcohol, Tobacco and Supplies	103.6	105.2	105.1
衣着	Clothing	100.8	100.9	105.9
家庭设备用品及维修服务	Household Appliances and Maintenance Services	102.3	101.9	102.0
医疗保健和个人用品	Health Care and Personal Products	107.9	107.6	107.3
交通和通讯	Transport and Communications	100.5	99.7	98.6
娱乐教育文化用品及服务	Recreation, Education and Culture and Services	101.1	100.6	101.7
居住	Living	109.5	112.9	112.7
农业生产资料价格指数	Price indices of Agricultural Means of Production	118.5	124.0	125.4
商品零售价格指数	The Retail Price Indices	109.9	112.4	111.6
工业品出厂价格指数	Producer Price Indices	105.4	105.6	109.1
轻工业	Light Industry	107.8	107.8	109.4
重工业	Heavy Indusrry	105.2	105.4	109.1
原材料燃料动力购进价格指数	Driving Force for the Purchase of Raw Materials, Fuel Price Index	105.8	106.6	108.3

23-1 续表 3 continued

指 标	Item	4月	5月	6月
生产总值(亿元)	**Gross Product(100 million yuan)**			**417.00**
第一产业	Primary Industry			19.43
第二产业	Secondary Industry			246.82
第三产业	Tertoary Industry			150.75
生产总值增长速度(%)	Rate of Gross Product(%)			13.6
第一产业	Primary Industry			3.5
第二产业	Secondary Industry			19.0
第三产业	Tertoary Industry			8.0
工业(规模以上)	**Industry**			
工业增加值(当年价)(亿元)	Value Added to Gross Industrial Output(100 million yuan)	33.90	38.15	43.15
轻工业	Light industry	1.96	2.17	2.69
重工业	Heavy industry	31.94	35.97	40.46
国有企业	State -owned Enterprises	4.25	5.85	5.06
集体企业	Collective-owned Enterprises	0.05	0.13	0.12
股份制企业	Joint-stock Enterprises	27.44	29.85	36.07
外商及港澳台投资	Enterprises with Funds from Hong kong, Macao,Taiwan and Foreign	1.47	1.60	1.24
国有控股企业	State-holding Enterprises	22.15	25.65	25.23
工业增加值增长速度(%)	Rate of Value-added of Indusrry	23.7	23.7	29.6
轻工业	Light industry	6.3	-0.3	23.3
重工业	Heavy industry	25.0	25.0	30.0
国有企业	State -owned Enterprises	10.2	44.9	43.1
集体企业	Collective-owned Enterprises	19.9	10.0	-18.3
股份制企业	Joint-stock Enterprises	27.8	20.0	28.5
外商及港澳台投资	Enterprises with Funds from Hong kong, Macao,Taiwan and Foreign	-0.4	47.2	31.5
国有控股企业	State-holding Enterprises	12.7	17.6	23.6
工业经济效益(累计数)	Industrial Efficiency(accumulative total)			
企业单位数(户)	Number of Enterprises(household)	532	525	526
亏损企业户数(户)	Number of Loss-making Enterprises(household)	163	158	168
亏损面(%)	Loss Surface(%)	30.54	30.10	31.90
主营业务收入(亿元)	Revenue from Principal Business(100 million yuan)	280.74	365.12	479.17
利润总额(亿元)	Total Profits(100 million yuan)	49.40	69.10	89.67
亏损企业亏损额(亿元)	Losses of Loss-making Enterprises(100 million yuan)	1.81	2.00	1.97
产成品库存(亿元)	Finished Goods Inventory(100 million yuan)	44.04	50.48	58.46
全部从业人员(万人)	All Employees(10 000 persons)	15.68	15.56	15.22
工业产销率(%)	Rate of Industrial Production and Sales (%)	95.88	94.80	94.65
轻工业	Light industry	92.62	93.29	93.78
重工业	Heavy industry	96.10	94.89	94.71
国有企业	State -owned Enterprises	99.57	95.99	91.71
集体企业	Collective-owned Enterprises	176.38	171.64	152.99
股份制企业	Joint-stock Enterprises	95.08	94.27	94.81
外商及港澳台投资	Enterprises with Funds from Hong kong, Macao,Taiwan and Foreign	95.65	95.00	96.64
国有控股企业	State-holding Enterprises	97.28	95.27	94.92
主要产品产量	**Main Output of Products**			
发电量(亿千瓦小时)	Electricity(100 million kmh)	26.89	28.39	32.79
水电	Hydropower	18.08	20.80	25.15
天然原油(万吨)	Crude Petroleum Oil(10 000 tons)	17.72	19.22	19.43
原油加工量(万吨)	Volume of Crude Oil Processed(10 000 tons)	4.06	10.77	8.56
天然气(亿立方米)	Natural Gas(100 million cu.m)	2.99	3.55	4.11
原盐(万吨)	Salt(10 000 tons)	22.87	28.86	19.79
原煤(万吨)	Coal(10 000 tons)	111.57	121.89	125.90
钾肥(万吨)	Potash Fertilizer(10 000 tons)	26.95	24.25	31.92
粗钢(万吨)	Crude Stssl(10 000 tons)	10.42	11.47	6.82
钢材(万吨)	Rolled Steel(10 000 tons)	10.29	11.25	6.65
生铁(万吨)	Pig Iron(10 000 tons)	7.89	8.61	6.27
原铝(电解铝)(万吨)	Electrolyzed Aluminum(10 000 tons)	8.32	8.48	8.40
水泥(万吨)	Cement(10 000 tons)	41.98	49.98	51.35
碳酸钠(纯碱)(万吨)	Soda Ash(10 000 tons)	10.26	10.24	9.72

23-1 续表 4 continued

指　标	Item	4月	5月	6月
乳制品(吨)	Dairy(ton)	4871	4917	4913
中成药(吨)	Proprietary Chinese Medicines(ton)	74	67	57
金属切削机床(台)	Metal Cutting Machine Tool(unit)	80	89	85
固定资产投资	**Investment in Fixed Assets**			
(累计数)(亿元)	**(accumulative total)(100 million yuan)**			
全社会固定资产投资	Total Fixed Asset Investment	86.48	156.96	242.97
地方投入	Local Input	71.73	129.78	204.46
按登记注册类型分	According to the Type of Sub-register			
国有投资	State-owned Investment	31.14	60.25	95.71
集体投资及私营个体投资	Collective Investment and Individual Investment in Private Sector	6.11	9.74	22.40
联营经济	Associated Economic	0.37	0.37	0.55
股份经济	Shares of Economic	45.24	78.45	112.00
港澳台投资	Investment in Hong Kong, Macao and Taiwan	0.50	1.38	1.39
外商投资	Foreign Investment	2.22	4.75	6.38
其他投资	Other Investment	0.91	2.03	4.53
按投资类型分	According to the Investment Type			
国有及国有控股投资	State-owned and State-controlled Investment	52.20	95.43	144.39
民间投资	Private Investment	31.56	55.40	90.81
港澳台及外商投资	Investment in Hong Kong, Macao and foreign	2.72	6.13	7.77
按产业分	According to Industry			
第一产业	Primary Industry	2.78	5.83	14.69
第二产业	Secondary Industry	56.17	94.67	133.56
工业	Industry	55.14	92.78	130.22
第三产业	Tertiary Industry	27.53	56.47	94.71
社会消费品(亿元)	**Social Consumer Goods(100 million yuan)**			
社会消费品零售额	Retail Sales of Social Consumer Goods	17.31	20.28	21.16
市的零售额	City's retail sales	12.73	14.97	15.08
县的零售额	County's Retail Sales	3.05	3.55	4.00
县以下的零售额	County's Retail Sales of the Following	1.53	1.77	2.08
批发业	Wholesale Trade	3.25	3.99	3.96
零售业	Retail	11.13	12.94	12.91
住宿和餐饮业	Accommodation and Catering Industry	2.52	3.07	3.85
其他	Other	0.41	0.29	0.45
进出口(万美元)	**The Import and Export(USD 10 000)**			
海关进出口总额	Customs Import and Export Volume	3799	5095	6221
进口总额	Total Imports	2623	3254	4140
出口总额	Total Export	1176	1841	2081
财政(累计数)(亿元)	**The Financial(accumulative total)(100 million yuan)**			
财政收入	Financial Income			
一般预算收入	General Budget Revenue	51.45	64.23	78.20
地方一般预算收入	Local General Budget Revenue	25.76	31.72	38.88
增值税	Valued Added Tax	5.43	6.62	8.45
营业税	Business Tax	6.58	7.91	9.36
企业所得税	Corporate Income Tax	2.59	3.35	3.95
个人所得税	Individual Tax	1.17	1.36	1.60
资源税	Resource Tax	1.67	1.98	2.32
中央一般预算收入	Central General Budget Revenue	25.69	32.51	39.32
财政支出	Financial Expenditure			
一般预算支出	General Budget Expenditure	59.99	89.42	123.56
一般公共服务	Expenditure for General Public Services	11.97	20.34	26.60
教育	Expenditure for Education	9.38	13.97	17.50
社会保障与就业	Expenditure for Social Safety Net and Employment Effort	14.13	19.99	25.38
医疗卫生	Expenditure for Medical and Health Case	4.61	5.74	8.68
环境保护	Expenditure for Environment Protection	0.59	1.69	3.52
城乡社区事务	Expenditure for Urban and Rural Community Affairs	3.30	3.39	5.31
农林水事务	Expenditure for Agriculture,Forestry and Water Conservancy	4.43	9.85	16.12
交通运输	Expenditure for Transportation	1.37	1.47	1.70
金融(亿元)	**Financial(100 million yuan)**			
各项存款余额	Total Deposits Balance	1161.01	1182.08	1234.67
企业存款	Deposits by Enterprises	374.39	384.76	407.46
储蓄存款	Deposits by Savings	478.44	483.90	492.95

23-1 续表 5 continued

指 标	Item	4月	5月	6月
各项贷款余额	Total Loans Balances	931.10	953.81	968.33
短期贷款	Short-term Loans	293.28	293.37	288.15
中长期贷款	Medium & Long-term Loans	617.99	638.48	658.19
金融机构现金收入	Income form Financial Institutions	634.98	802.97	969.60
商品销售收入	Income form Commodity Sales	48.66	60.91	73.72
金融机构现金支出	Expenditure form Financial Institutions	649.33	825.45	998.67
工资性支出	Wages	41.21	51.07	61.38
金融机构现金投放(+)或回笼(-)	Financial Institutions to Invest in Cash (+) or Return (-)	14.34	22.48	29.07
交通运输邮电(累计数)	**Transport, Posts and Telecommunications(accumulative total)**			
货物运输量(万吨)	Freight traffic(10 000 tons)	2911.82	2637.36	4390.37
铁路	Railways	723.70	901.90	1087.80
公路	Highways	2124.00	2654.00	3204.00
民航	Civil Aviation	0.13	0.17	0.23
货物周转量(亿吨公里)	Total Freight Ton-kilometers(100 milliom ton-km)	62.08	77.48	99.70
铁路	Railways	41.10	50.86	67.26
公路	Highways	18.15	22.98	28.08
民航	Civil Aviation	0.02	0.03	0.04
客运量(万人)	Passenger Traffic(10 000 persons)	1825.20	2295.61	2766.61
铁路	Railways	118.30	165.30	195.50
公路	Highways	1696.00	2116.00	2553.00
民航	Civil Aviation	10.90	14.31	18.11
客运周转量(亿人公里)	Passenger Ton-kilometers(100 million passenger-km)	22.94	30.80	33.04
铁路	Railways	11.93	16.79	15.97
公路	Highways	9.42	11.82	14.42
民航	Civil Aviation	1.59	2.19	2.65
邮电(累计数)	**Posts and Telecommunications(accumulative total)**			
电信业务量(亿元)	Business Volume of Postal and Telecommunication(100 million yuan)		25.52	30.70
移动电话用户(万户)	Mobile Phone Subscribers(10 000 subscribers)		232.60	235.60
固定电话用户(万户)	Fixed Telephone Subscribers(10 000 subscribers)		121.70	121.50
邮政业务量(万元)	The Volume of Postal Services	7088.06	9000.00	10928.23
建筑业	**Construction**			
建筑企业个数(个)	The Number of Construction Enterprises(%)			425
建筑业总产值(亿元)	Gross Output Value of Construction(100 million yuan)			51.89
竣工产值(亿元)	Ontput of Completion (100 million yuan)			5.30
房屋建筑施工面积(万平米)	Floor Space of Buildings under Construction(10 000 sq.m)			249.97
房屋建筑竣工面积(万平米)	Floor Space of Buildings Completed(10 000 sq.m)			249.97
人民生活(元)	**People's Lives(yuan)**			
城镇居民人均可支配收入	Annual Per Capita Disposable Income of Urban Households			5476.95
城镇居民人均消费性支出	Annual Per Capita Living Expenditure of Rural			3891.73
农村住户人均现金收入	Annual Per Capita Net Income of Rural Households			1331.95
农村住户人均现金支出	Annual Per Capita Cash Expenditure of Rural			1030.66
物价指数(上年=100)(%)	**Price Indices(preceding year=100)(%)**			
居民消费价格指数	Price Indices of Consumer	112.9	112.6	111.3
城市	City	111.9	111.4	110.0
农村	Rural	114.9	114.7	114.0
食品	Food	127.3	125.4	121.2
烟酒及用品	Alcohol, Tobacco and Supplies	105.6	105.7	105.7
衣着	Clothing	108.3	107.6	106.4
家庭设备用品及维修服务	Household Appliances and Maintenance Services	102.5	103.1	103.4
医疗保健和个人用品	Health Care and Personal Products	108.2	108.2	107.5
交通和通讯	Transport and Communications	98.7	99.0	99.9
娱乐教育文化用品及服务	Recreation, Education and Culture and Services	101.5	101.8	100.9
居住	Living	113.1	114.8	117.1
农业生产资料价格指数	Price indices of Agricultural Means of Production	125.2	126.0	126.4
商品零售价格指数	The Retail Price Indices	112.1	112.0	111.6
工业品出厂价格指数	Producer Price Indices	112.6	108.9	110.1
轻工业	Light Industry	112.3	113.0	113.2
重工业	Heavy Indusrry	112.7	108.5	109.8
原材料燃料动力购进价格指数	Driving Force for the Purchase of Raw Materials, Fuel Price Index	109.7	110.4	110.7

23-1 续表 6 continued

指 标	Item	7月	8月	9月
生产总值(亿元)	**Gross Product(100 million yuan)**			**683.65**
第一产业	Primary Industry			62.29
第二产业	Secondary Industry			390.58
第三产业	Tertoary Industry			230.78
生产总值增长速度(%)	Rate of Gross Product(%)			13.20
第一产业	Primary Industry			3.50
第二产业	Secondary Industry			18.80
第三产业	Tertoary Industry			8.00
工业(规模以上)	**Industry**			
工业增加值(当年价)(亿元)	Value Added to Gross Industrial Output(100 million yuan)	37.49	44.05	46.58
轻工业	Light industry	2.25	2.85	2.90
重工业	Heavy industry	35.24	41.20	43.68
国有企业	State -owned Enterprises	4.74	6.33	5.99
集体企业	Collective-owned Enterprises	0.15	0.11	0.15
股份制企业	Joint-stock Enterprises	30.96	35.92	38.74
外商及港澳台投资	Enterprises with Funds from Hong kong, Macao,Taiwan and Foreign	1.13	1.04	1.05
国有控股企业	State-holding Enterprises	23.27	26.04	24.25
工业增加值增长速度(%)	Rate of Value-added of Indusrry	26.1	31.6	18.9
轻工业	Light industry	38.3	29.9	4.9
重工业	Heavy industry	25.4	31.8	20.1
国有企业	State -owned Enterprises	49.1	51.1	24.4
集体企业	Collective-owned Enterprises	39.6	7.6	43.0
股份制企业	Joint-stock Enterprises	22.1	29.6	19.0
外商及港澳台投资	Enterprises with Funds from Hong kong, Macao,Taiwan and Foreign	74.7	8.6	-2.6
国有控股企业	State-holding Enterprises	19.0	19.1	4.7
工业经济效益(累计数)	Industrial Efficiency(accumulative total)			
企业单位数(户)	Number of Enterprises(household)	526	526	526
亏损企业户数(户)	Number of Loss-making Enterprises(household)	155	156	167
亏损面(%)	Loss Surface(%)	29.50	29.66	31.75
主营业务收入(亿元)	Revenue from Principal Business(100 million yuan)	576.48	680.63	799.89
利润总额(亿元)	Total Profits(100 million yuan)	107.76	126.18	151.52
亏损企业亏损额(亿元)	Losses of Loss-making Enterprises(100 million yuan)	2.10	2.80	4.00
产成品库存(亿元)	Finished Goods Inventory(100 million yuan)	68.06	67.79	65.79
全部从业人员(万人)	All Employees(10 000 persons)	15.84	15.97	14.43
工业产销率(%)	Rate of Industrial Production and Sales (%)	94.50	94.50	94.62
轻工业	Light industry	94.32	94.57	94.94
重工业	Heavy industry	94.51	94.50	94.60
国有企业	State -owned Enterprises	88.46	85.31	88.84
集体企业	Collective-owned Enterprises	131.65	127.11	119.15
股份制企业	Joint-stock Enterprises	95.35	96.03	95.63
外商及港澳台投资	Enterprises with Funds from Hong kong, Macao,Taiwan and Foreign	95.52	96.56	94.62
国有控股企业	State-holding Enterprises	94.16	93.90	94.76
主要产品产量	**Main Output of Products**			
发电量(亿千瓦小时)	Electricity(100 million kmh)	27.80	26.25	23.19
水电	Hydropower	20.82	21.13	17.40
天然原油(万吨)	Crude Petroleum Oil(10 000 tons)	18.79	19.02	18.37
原油加工量(万吨)	Volume of Crude Oil Processed(10 000 tons)	0.44	4.01	11.71
天然气(亿立方米)	Natural Gas(100 million cu.m)	3.45	3.31	3.29
原盐(万吨)	Salt(10 000 tons)	26.86	12.90	24.27
原煤(万吨)	Coal(10 000 tons)	126.10	109.81	118.67
钾肥(万吨)	Potash Fertilizer(10 000 tons)	47.72	54.29	72.30
粗钢(万吨)	Crude Stssl(10 000 tons)	11.37	9.67	7.79
钢材(万吨)	Rolled Steel(10 000 tons)	11.49	9.74	9.67
生铁(万吨)	Pig Iron(10 000 tons)	9.04	8.10	5.19
原铝(电解铝)(万吨)	Electrolyzed Aluminum(10 000 tons)	8.35	9.02	8.85
水泥(万吨)	Cement(10 000 tons)	52.77	51.38	44.97
碳酸钠(纯碱)(万吨)	Soda Ash(10 000 tons)	9.74	9.36	10.83

23-1 续表 7 continued

指 标	Item	7月	8月	9月
乳制品(吨)	Dairy(ton)	5103.0	5100.0	5570.0
中成药(吨)	Proprietary Chinese Medicines(ton)	62.0	67.0	63.0
金属切削机床(台)	Metal Cutting Machine Tool(unit)	68.0	72.0	92.0
固定资产投资	**Investment in Fixed Assets**			
(累计数)(亿元)	**(accumulative total)(100 million yuan)**			
全社会固定资产投资	Total Fixed Asset Investment	318.33	386.27	465.31
地方投入	Local Input	266.29	325.97	390.89
按登记注册类型分	According to the Type of Sub-register			
国有投资	State-owned Investment	128.17	162.01	200.63
集体投资及私营个体投资	Collective Investment and Individual Investment in Private Sector	29.00	36.03	44.63
联营经济	Associated Economic	0.59	0.80	0.87
股份经济	Shares of Economic	146.42	171.74	201.86
港澳台投资	Investment in Hong Kong, Macao and Taiwan	1.50	1.63	1.63
外商投资	Foreign Investment	7.19	7.89	8.42
其他投资	Other Investment	5.46	6.17	7.57
按投资类型分	According to the Investment Type			
国有及国有控股投资	State-owned and State-controlled Investment	188.36	232.46	285.27
民间投资	Private Investment	121.27	14.43	169.99
港澳台及外商投资	Investment in Hong Kong, Macao and foreign	8.69	9.51	10.05
按产业分	According to Industry			
第一产业	Primary Industry	21.86	26.84	33.72
第二产业	Secondary Industry	172.63	205.16	244.07
工业	Industry	167.57	199.21	236.69
第三产业	Tertiary Industry	123.83	154.26	187.53
社会消费品(亿元)	**Social Consumer Goods(100 million yuan)**			
社会消费品零售额	Retail Sales of Social Consumer Goods	21.19	23.43	22.37
市的零售额	City's retail sales	15.05	16.89	15.55
县的零售额	County's Retail Sales	4.05	4.36	4.51
县以下的零售额	County's Retail Sales of the Following	2.09	2.18	2.31
批发业	Wholesale Trade	3.97	4.09	4.30
零售业	Retail	13.50	14.81	14.33
住宿和餐饮业	Accommodation and Catering Industry	3.41	4.04	3.52
其他	Other	0.31	0.49	0.22
进出口(万美元)	**The Import and Export(USD 10 000)**			
海关进出口总额	Customs Import and Export Volume	9791	7100	5377
进口总额	Total Imports	4784	5400	4502
出口总额	Total Export	5007	1700	875
财政(累计数)(亿元)	**The Financial(accumulative total)(100 million yuan)**			
财政收入	Financial Income			
一般预算收入	General Budget Revenue	90.29	99.42	108.83
地方一般预算收入	Local General Budget Revenue	45.72	50.56	55.60
增值税	Valued Added Tax	9.62	10.78	11.88
营业税	Business Tax	11.44	12.90	14.29
企业所得税	Corporate Income Tax	4.84	5.18	5.72
个人所得税	Individual Tax	1.85	2.00	2.19
资源税	Resource Tax	2.74	3.07	3.30
中央一般预算收入	Central General Budget Revenue	44.58	48.86	53.23
财政支出	Financial Expenditure			
一般预算支出	General Budget Expenditure	157.08	178.27	211.05
一般公共服务	Expenditure for General Public Services	31.67	35.34	40.58
教育	Expenditure for Education	20.75	23.50	27.82
社会保障与就业	Expenditure for Social Safety Net and Employment Effort	29.29	32.81	38.22
医疗卫生	Expenditure for Medical and Health Case	10.53	11.71	14.54
环境保护	Expenditure for Environment Protection	4.46	4.95	8.22
城乡社区事务	Expenditure for Urban and Rural Community Affairs	7.10	8.00	10.13
农林水事务	Expenditure for Agriculture,Forestry and Water Conservancy	20.63	24.85	27.74
交通运输	Expenditure for Transportation	8.54	8.70	9.12
金融(亿元)	**Financial(100 million yuan)**			
各项存款余额	Total Deposits Balance	1245.23	1269.76	1277.09
企业存款	Deposits by Enterprises	384.43	400.17	401.91
储蓄存款	Deposits by Savings	505.11	511.64	526.99

23-1 续表 8 continued

指 标	Item	7月	8月	9月
各项贷款余额	Total Loans Balances	979.37	985.80	1005.35
短期贷款	Short-term Loans	280.85	285.64	289.82
中长期贷款	Medium & Long-term Loans	674.78	675.03	694.24
金融机构现金收入	Income form Financial Institutions	1142.46	1313.60	1497.34
商品销售收入	Income form Commodity Sales	87.6	100.63	115.90
金融机构现金支出	Expenditure form Financial Institutions	1178.13	1356.88	1550.50
工资性支出	Wages	73.33	84.83	96.63
金融机构现金投放(+)或回笼(-)	Financial Institutions to Invest in Cash (+) or Return (-)	35.67	43.28	53.16
交通运输邮电(累计数)	**Transport, Posts and Telecommunications(accumulative total)**			
货物运输量(万吨)	Freight traffic(10 000 tons)	5132.50	5925.22	6721.37
铁路	Railways	1252.70	1465.10	1682.30
公路	Highways	3764.00	4326.00	4887.00
民航	Civil Aviation	0.31	0.27	0.50
货物周转量(亿吨公里)	Total Freight Ton-kilometers(100 milliom ton-km)	118.25	138.00	158.30
铁路	Railways	79.85	93.57	107.87
公路	Highways	33.28	38.50	43.70
民航	Civil Aviation	0.05	0.07	0.08
客运量(万人)	Passenger Traffic(10 000 persons)	3175.54	3795.04	4294.83
铁路	Railways	139.00	286.20	318.30
公路	Highways	3013.00	3479.00	3941.00
民航	Civil Aviation	23.54	29.84	35.53
客运周转量(亿人公里)	Passenger Ton-kilometers(100 million passenger-km)	38.71	47.19	53.65
铁路	Railways	18.10	22.90	25.72
公路	Highways	17.14	19.89	22.64
民航	Civil Aviation	3.47	4.40	5.28
邮电(累计数)	**Posts and Telecommunications(accumulative total)**			
电信业务量(亿元)	Business Volume of Postal and Telecommunication(100 million yuan)	36.90	42.90	49.00
移动电话用户(万户)	Mobile Phone Subscribers(10 000 subscribers)	236.80	238.50	241.30
固定电话用户(万户)	Fixed Telephone Subscribers(10 000 subscribers)	119.80	119.70	119.50
邮政业务量(万元)	The Volume of Postal Services	12726	14570	16000
建筑业	**Construction**			
建筑企业个数(个)	The Number of Construction Enterprises(%)			425
建筑业总产值(亿元)	Gross Output Value of Construction(100 million yuan)			85.69
竣工产值(亿元)	Ontput of Completion (100 million yuan)			13.49
房屋建筑施工面积(万平米)	Floor Space of Buildings under Construction(10 000 sq.m)			318.33
房屋建筑竣工面积(万平米)	Floor Space of Buildings Completed(10 000 sq.m)			49.38
人民生活(元)	**People's Lives(yuan)**			
城镇居民人均可支配收入	Annual Per Capita Disposable Income of Urban Households			8107.82
城镇居民人均消费性支出	Annual Per Capita Living Expenditure of Rural			5938.03
农村住户人均现金收入	Annual Per Capita Net Income of Rural Households			2365.20
农村住户人均现金支出	Annual Per Capita Cash Expenditure of Rural			2321.30
物价指数(上年=100)(%)	**Price Indices(preceding year=100)(%)**			
居民消费价格指数	Price Indices of Consumer	110.3	109.9	109.7
城市	City	108.7	108.3	108.5
农村	Rural	113.2	113.1	112.0
食品	Food	118.3	116.6	116.6
烟酒及用品	Alcohol, Tobacco and Supplies	105.7	106.6	106.5
衣着	Clothing	103.7	103.9	102.8
家庭设备用品及维修服务	Household Appliances and Maintenance Services	103.3	103.5	102.4
医疗保健和个人用品	Health Care and Personal Products	106.9	107.0	104.7
交通和通讯	Transport and Communications	100.3	100.6	101.0
娱乐教育文化用品及服务	Recreation, Education and Culture and Services	100.9	100.0	100.9
居住	Living	118.2	119.7	120.4
农业生产资料价格指数	Price indices of Agricultural Means of Production	127.0	127.0	127.5
商品零售价格指数	The Retail Price Indices	111.7	111.4	111.5
工业品出厂价格指数	Producer Price Indices	113.8	111.4	114.3
轻工业	Light Industry	113.6	114.5	115.1
重工业	Heavy Indusrry	113.9	111.1	114.2
原材料燃料动力购进价格指数	Driving Force for the Purchase of Raw Materials, Fuel Price Index	113.6	112.6	113.4

23-1 续表 9 continued

指 标	Item	10月	11月	12月
生产总值(亿元)	**Gross Product(100 million yuan)**			**961.53**
第一产业	Primary Industry			105.58
第二产业	Secondary Industry			529.40
第三产业	Tertoary Industry			326.55
生产总值增长速度(%)	Rate of Gross Product(%)			12.70
第一产业	Primary Industry			3.90
第二产业	Secondary Industry			16.50
第三产业	Tertoary Industry			10.00
工业(规模以上)	**Industry**			
工业增加值(当年价)(亿元)	Value Added to Gross Industrial Output(100 million yuan)	42.12	38.52	30.67
轻工业	Light industry	2.91	3.27	3.11
重工业	Heavy industry	39.22	35.25	27.56
国有企业	State -owned Enterprises	6.20	4.93	5.38
集体企业	Collective-owned Enterprises	0.29	0.12	0.13
股份制企业	Joint-stock Enterprises	33.89	32.07	23.54
外商及港澳台投资	Enterprises with Funds from Hong kong, Macao,Taiwan and Foreign	1.08	0.83	0.88
国有控股企业	State-holding Enterprises	23.26	21.66	18.15
工业增加值增长速度(%)	Rate of Value-added of Indusrry	17.7	15.8	5.6
轻工业	Light industry	15.8	18.7	46.1
重工业	Heavy industry	17.8	15.6	2.7
国有企业	State -owned Enterprises	41.9	21.3	24.3
集体企业	Collective-owned Enterprises	13.8	持平	-29.5
股份制企业	Joint-stock Enterprises	14.0	18.2	4.1
外商及港澳台投资	Enterprises with Funds from Hong kong, Macao,Taiwan and Foreign	48.8	-42.1	-9.1
国有控股企业	State-holding Enterprises	8.4	11.0	0.8
工业经济效益(累计数)	Industrial Efficiency(accumulative total)			
企业单位数(户)	Number of Enterprises(household)	526	548	548
亏损企业户数(户)	Number of Loss-making Enterprises(household)	158	158	162
亏损面(%)	Loss Surface(%)	30.04	28.83	29.56
主营业务收入(亿元)	Revenue from Principal Business(100 million yuan)	892.23	973.80	1055.58
利润总额(亿元)	Total Profits(100 million yuan)	175.47	178.82	179.84
亏损企业亏损额(亿元)	Losses of Loss-making Enterprises(100 million yuan)	4.20	6.17	6.72
产成品库存(亿元)	Finished Goods Inventory(100 million yuan)	64.90	70.69	73.60
全部从业人员(万人)	All Employees(10 000 persons)	16.44	16.51	17.01
工业产销率(%)	Rate of Industrial Production and Sales (%)	95.71	95.84	95.20
轻工业	Light industry	95.12	95.05	95.70
重工业	Heavy industry	95.75	95.89	95.17
国有企业	State -owned Enterprises	90.26	92.40	88.77
集体企业	Collective-owned Enterprises	111.11	111.64	115.63
股份制企业	Joint-stock Enterprises	96.66	96.39	96.37
外商及港澳台投资	Enterprises with Funds from Hong kong, Macao,Taiwan and Foreign	98.79	98.81	99.27
国有控股企业	State-holding Enterprises	96.21	96.30	95.09
主要产品产量	**Main Output of Products**			
发电量(亿千瓦小时)	Electricity(100 million kmh)	22.01	21.81	21.84
水电	Hydropower	14.25	13.70	13.72
天然原油(万吨)	Crude Petroleum Oil(10 000 tons)	18.65	18.01	17.89
原油加工量(万吨)	Volume of Crude Oil Processed(10 000 tons)	11.97	10.41	10.15
天然气(亿立方米)	Natural Gas(100 million cu.m)	3.26	4.16	2.85
原盐(万吨)	Salt(10 000 tons)	89.14	1.64	1.89
原煤(万吨)	Coal(10 000 tons)	89.69	88.98	47.49
钾肥(万吨)	Potash Fertilizer(10 000 tons)	36.52	14.08	10.17
粗钢(万吨)	Crude Stssl(10 000 tons)	9.70	8.87	8.50
钢材(万吨)	Rolled Steel(10 000 tons)	9.03	8.91	8.68
生铁(万吨)	Pig Iron(10 000 tons)	7.14	6.73	7.80
原铝(电解铝)(万吨)	Electrolyzed Aluminum(10 000 tons)	8.68	8.85	8.61
水泥(万吨)	Cement(10 000 tons)	45.69	36.90	19.23
碳酸钠(纯碱)(万吨)	Soda Ash(10 000 tons)	11.53	7.35	5.59

23-1 续表 10 continued

指 标	Item	10月	11月	12月
乳制品(吨)	Dairy(ton)	5170.0	5145.0	5179.0
中成药(吨)	Proprietary Chinese Medicines(ton)	65.0	62.0	50.0
金属切削机床(台)	Metal Cutting Machine Tool(unit)	92.0	62.0	36.0
固定资产投资	**Investment in Fixed Assets**			
(累计数)(亿元)	**(accumulative total)(100 million yuan)**			
全社会固定资产投资	Total Fixed Asset Investment	516.47	547.65	582.18
地方投入	Local Input	437.07	463.31	477.97
按登记注册类型分	According to the Type of Sub-register			
国有投资	State-owned Investment	226.94	239.06	253.83
集体投资及私营个体投资	Collective Investment and Individual Investment in Private Sector	47.58	51.03	56.60
联营经济	Associated Economic	0.99	1.02	1.02
股份经济	Shares of Economic	222.10	236.52	250.41
港澳台投资	Investment in Hong Kong, Macao and Taiwan	1.66	1.86	1.92
外商投资	Foreign Investment	8.89	9.20	9.20
其他投资	Other Investment	8.30	8.95	9.12
按投资类型分	According to the Investment Type			
国有及国有控股投资	State-owned and State-controlled Investment	320.35	337.72	363.22
民间投资	Private Investment	185.57	198.86	207.83
港澳台及外商投资	Investment in Hong Kong, Macao and foreign	10.55	11.07	11.12
按产业分	According to Industry			
第一产业	Primary Industry	37.20	38.69	40.87
第二产业	Secondary Industry	267.51	282.94	297.31
工业	Industry	258.81	274.00	288.28
第三产业	Tertiary Industry	211.75	226.02	243.99
社会消费品(亿元)	**Social Consumer Goods(100 million yuan)**			
社会消费品零售额	Retail Sales of Social Consumer Goods	23.91	24.98	24.88
市的零售额	City's retail sales	16.82	17.08	17.49
县的零售额	County's Retail Sales	4.63	5.08	4.88
县以下的零售额	County's Retail Sales of the Following	2.46	2.82	2.51
批发业	Wholesale Trade	4.01	4.95	4.45
零售业	Retail	15.22	14.93	15.14
住宿和餐饮业	Accommodation and Catering Industry	4.25	4.60	4.86
其他	Other	0.43	0.51	0.43
进出口(万美元)	**The Import and Export(USD 10 000)**			
海关进出口总额	Customs Import and Export Volume	6894	5015	8852
进口总额	Total Imports	4338	3484	3085
出口总额	Total Export	2556	1531	5767
财政(累计数)(亿元)	**The Financial(accumulative total)(100 million yuan)**			
财政收入	Financial Income			
一般预算收入	General Budget Revenue	118.93	128.93	136.51
地方一般预算收入	Local General Budget Revenue	60.81	66.11	71.56
增值税	Valued Added Tax	13.01	14.12	14.57
营业税	Business Tax	15.90	17.37	18.49
企业所得税	Corporate Income Tax	6.25	6.72	7.12
个人所得税	Individual Tax	2.36	2.53	2.58
资源税	Resource Tax	3.49	3.90	3.94
中央一般预算收入	Central General Budget Revenue	58.12	62.82	64.95
财政支出	Financial Expenditure			
一般预算支出	General Budget Expenditure	243.11	285.15	363.83
一般公共服务	Expenditure for General Public Services	46.49	52.46	70.40
教育	Expenditure for Education	31.02	35.88	48.55
社会保障与就业	Expenditure for Social Safety Net and Employment Effort	47.67	53.83	64.99
医疗卫生	Expenditure for Medical and Health Case	16.74	19.71	24.74
环境保护	Expenditure for Environment Protection	12.01	15.08	19.43
城乡社区事务	Expenditure for Urban and Rural Community Affairs	10.93	15.12	20.58
农林水事务	Expenditure for Agriculture,Forestry and Water Conservancy	31.32	35.62	42.69
交通运输	Expenditure for Transportation	10.05	10.29	11.16
金融(亿元)	**Financial(100 million yuan)**			
各项存款余额	Total Deposits Balance	1290.43	1311.46	1383.68
企业存款	Deposits by Enterprises	408.08	397.63	430.51
储蓄存款	Deposits by Savings	534.72	545.54	580.47

23-1 续表 11 continued

指　标	Item	10月	11月	12月
各项贷款余额	Total Loans Balances	1010.95	966.92	1025.63
短期贷款	Short-term Loans	279.68	264.03	299.15
中长期贷款	Medium & Long-term Loans	710.24	685.57	700.45
金融机构现金收入	Income form Financial Institutions	1672.86	1843.23	2048.27
商品销售收入	Income form Commodity Sales	128.98	140.92	154.63
金融机构现金支出	Expenditure form Financial Institutions	1731.70	1909.32	2132.63
工资性支出	Wages	107.54	119.25	139.63
金融机构现金投放(+)或回笼(-)	Financial Institutions to Invest in Cash (+) or Return (-)	58.84	66.09	84.37
交通运输邮电(累计数)	**Transport, Posts and Telecommunications(accumulative total)**			
货物运输量(万吨)	Freight traffic(10 000 tons)	7534.37	8309.11	9309.37
铁路	Railways	1908.50	2107.30	2309.90
公路	Highways	5457.00	6016.00	6797.00
民航	Civil Aviation	0.56	0.59	0.63
货物周转量(亿吨公里)	Total Freight Ton-kilometers(100 milliom ton-km)	178.95	198.46	217.03
铁路	Railways	122.51	136.13	148.50
公路	Highways	48.96	54.11	60.29
民航	Civil Aviation	0.09	0.10	0.10
客运量(万人)	Passenger Traffic(10 000 persons)	4802.16	5294.13	6084.27
铁路	Railways	348.60	377.30	404.40
公路	Highways	4413.00	4870.00	5633.00
民航	Civil Aviation	40.56	46.83	46.87
客运周转量(亿人公里)	Passenger Ton-kilometers(100 million passenger-km)	59.79	65.01	70.51
铁路	Railways	28.34	30.80	33.26
公路	Highways	25.43	27.75	30.32
民航	Civil Aviation	6.02	6.46	6.92
邮电(累计数)	**Posts and Telecommunications(accumulative total)**			
电信业务量(亿元)	Business Volume of Postal and Telecommunication(100 million yuan)	55	62	68
移动电话用户(万户)	Mobile Phone Subscribers(10 000 subscribers)	242	245	247
固定电话用户(万户)	Fixed Telephone Subscribers(10 000 subscribers)	120	120	119
邮政业务量(万元)	The Volume of Postal Services	18391	20357	22514
建筑业	**Construction**			
建筑企业个数(个)	The Number of Construction Enterprises(%)			424
建筑业总产值(亿元)	Gross Output Value of Construction(100 million yuan)			134.49
竣工产值(亿元)	Ontput of Completion (100 million yuan)			41.83
房屋建筑施工面积(万平米)	Floor Space of Buildings under Construction(10 000 sq.m)			389.98
房屋建筑竣工面积(万平米)	Floor Space of Buildings Completed(10 000 sq.m)			157.51
人民生活(元)	**People's Lives(yuan)**			
城镇居民人均可支配收入	Annual Per Capita Disposable Income of Urban Households			11648.30
城镇居民人均消费性支出	Annual Per Capita Living Expenditure of Rural			8203.72
农村住户人均现金收入	Annual Per Capita Net Income of Rural Households			3061.24
农村住户人均现金支出	Annual Per Capita Cash Expenditure of Rural			4334.47
物价指数(上年=100)(%)	**Price Indices(preceding year=100)(%)**			
居民消费价格指数	Price Indices of Consumer	107.9	105.8	104.7
城市	City	107.0	105.2	104.5
农村	Rural	109.6	106.9	105.1
食品	Food	112.2	107.1	104.3
烟酒及用品	Alcohol, Tobacco and Supplies	106.2	106.1	105.0
衣着	Clothing	103.0	103.6	106.5
家庭设备用品及维修服务	Household Appliances and Maintenance Services	103.1	103.5	103.3
医疗保健和个人用品	Health Care and Personal Products	103.2	102.4	102.9
交通和通讯	Transport and Communications	100.2	100.1	99.2
娱乐教育文化用品及服务	Recreation, Education and Culture and Services	101.4	100.8	100.9
居住	Living	118.7	116.7	114.6
农业生产资料价格指数	Price indices of Agricultural Means of Production	126.5	120.8	116.3
商品零售价格指数	The Retail Price Indices	109.9	107.4	105.9
工业品出厂价格指数	Producer Price Indices	107.8	99.8	92.4
轻工业	Light Industry	112.0	111.2	109.0
重工业	Heavy Indusrry	107.3	98.7	90.7
原材料燃料动力购进价格指数	Driving Force for the Purchase of Raw Materials, Fuel Price Index	112.7	112.8	108.6

2009

第24篇

CHAPTER 24

全国各地区主要经济指标及排序

Main Economy Indices and Order of the Different Parts of the Country

24-1 全国各地区生产总值和增长率及排序(2008年)
Growth Rate of Gross Domestic Product and Its Order by City Thoughout China(2008)

单位:亿元、% (100 million yuan、%)

省(市、区)	Region	生产总值 Region Gross Production				第一产业增加值 Value Added of the Primary Industry			
		数 量 Number	位 次 Rank	增长率 Increase Rate	位 次 Rank	数 量 Number	位 次 Rank	增长率 Increase Rate	位 次 Rank
全 国	**National Total**	**300670.0**		**9.0**		**34000.0**		**5.5**	
北 京	Beijing	10488.0	13	9.0	30	112.8	28	1.1	30
天 津	Tianjin	6354.4	22	16.5	2	122.6	26	3.1	27
河 北	Hebei	16188.6	6	10.1	22	2034.6	5	4.9	20
山 西	Shanxi	6938.7	18	8.3	31	302.5	25	2.5	29
内蒙古	Inner Mongolia	7761.8	16	17.2	1	907.0	18	7.5	6
辽 宁	Liaoning	13461.6	8	13.1	7	1302.0	11	6.3	12
吉 林	Jilin	6424.1	21	16.0	3	916.7	17	9.5	1
黑龙江	Heilongjiang	8310.0	15	11.8	18	1089.1	14	8.2	2
上 海	Shanghai	13698.2	7	9.7	28	111.8	29	0.7	31
江 苏	Jiangsu	30312.6	3	12.3	14	2100.0	4	4.0	23
浙 江	Zhejiang	21486.9	4	10.1	22	1095.4	13	3.9	24
安 徽	Anhui	8874.2	14	12.7	11	1418.1	10	6.2	13
福 建	Fujian	10823.1	12	13.0	8	1157.8	12	4.8	21
江 西	Jiangxi	6480.3	20	12.6	13	1060.4	15	4.8	21
山 东	Shandong	31072.1	2	12.1	16	3002.7	1	5.1	18
河 南	Henan	18407.8	5	12.1	16	2658.8	2	5.5	16
湖 北	Hubei	11330.4	10	13.4	6	1780.0	8	6.0	14
湖 南	Hunan	11156.6	11	12.8	9	2007.4	6	5.3	17
广 东	Guangdong	35696.5	1	10.1	22	1970.2	7	3.7	26
广 西	Guangxi	7171.6	17	12.8	9	1453.9	9	5.1	18
海 南	Hainan	1459.2	28	9.8	27	437.6	24	7.7	3
重 庆	Chongqing	5096.7	24	14.3	5	575.4	21	6.8	9
四 川	Sichuan	12506.3	9	9.5	29	2366.2	3	3.0	28
贵 州	Guizhou	3333.4	26	10.2	21	547.9	22	6.5	10
云 南	Yunnan	5700.1	23	11.0	19	1020.9	16	7.6	4
西 藏	Tibet	395.9	31	10.1	22	60.5	31	6.0	14
陕 西	Shaanxi	6851.3	19	15.6	4	753.7	19	7.6	4
甘 肃	Gansu	3176.1	27	10.1	22	463.0	23	7.2	7
青 海	**Qinghai**	**961.5**	**30**	**12.7**	**11**	**105.6**	**30**	**3.9**	**24**
宁 夏	Ningxia	1098.5	29	12.2	15	120.0	27	7.2	7
新 疆	Xinjiang	4203.4	25	11.0	19	691.1	20	6.4	11

24–2 全国各地区第二、三产业增加值和增长率及排序(2008年)
Value-added of Secondary and Tertiary Industry and Their Growth Rate Orders by Region of the Whole Country (2008)

单位:亿元、% (100 million yuan、%)

省(市、区)	Region	第二产业增加值 Value Added of the Secondary Industry				第三产业增加值 Value Added of the Tertiary Industry			
		数量 Number	位次 Rank	增长率 Increase Rate	位次 Rank	数量 Number	位次 Rank	增长率 Increase Rate	位次 Rank
全国	**National Total**	**146183.4**		**9.3**		**120486.6**		**9.5**	
北京	Beijing	2693.2	22	2.4	31	7682.1	5	11.7	18
天津	Tianjin	3821.1	18	18.2	3	2410.7	19	14.7	3
河北	Hebei	8777.4	6	10.5	23	5376.6	7	11.1	22
山西	Shanxi	4265.8	15	7.4	29	2370.5	20	10.6	25
内蒙古	Inner Mongolia	4271.0	14	20.5	1	2583.8	17	15.5	2
辽宁	Liaoning	7512.1	7	15.5	11	4647.5	9	11.2	21
吉林	Jilin	3064.6	20	17.2	6	2442.7	18	16.7	1
黑龙江	Heilongjiang	4365.9	13	12.1	19	2855.0	15	12.4	11
上海	Shanghai	6235.9	8	8.2	27	7350.4	6	11.3	20
江苏	Jiangsu	16663.8	3	12.9	17	11548.8	2	12.7	10
浙江	Zhejiang	11580.3	4	9.4	24	8811.2	4	11.8	17
安徽	Anhui	4137.4	16	16.4	10	3318.7	14	11.0	23
福建	Fujian	5415.8	10	15.2	12	4249.6	12	12.1	15
江西	Jiangxi	3414.9	19	16.6	7	2005.1	24	10.1	27
山东	Shandong	17702.2	2	12.1	19	10367.2	3	14.0	4
河南	Henan	10477.9	5	14.9	13	5271.1	8	10.2	26
湖北	Hubei	4963.6	11	16.6	7	4586.8	10	12.4	11
湖南	Hunan	4933.1	12	14.9	13	4216.2	13	13.3	5
广东	Guangdong	18402.6	1	11.4	21	15323.6	1	9.1	30
广西	Guangxi	3037.7	21	17.4	5	2679.9	16	11.7	18
海南	Hainan	434.4	30	7.0	30	587.2	28	13.3	5
重庆	Chongqing	2433.3	24	18.0	4	2088.0	23	12.4	11
四川	Sichuan	5790.1	9	12.9	17	4350.0	11	8.3	31
贵州	Guizhou	1408.7	27	8.9	25	1376.8	26	12.9	9
云南	Yunnan	2451.1	23	11.4	21	2228.1	22	12.1	15
西藏	Tibet	115.8	31	7.9	28	219.6	31	12.4	11
陕西	Shaanxi	3842.1	17	18.8	2	2255.5	21	13.0	8
甘肃	Gansu	1471.4	26	8.4	26	1241.7	27	13.2	7
青海	**Qinghai**	**529.4**	**29**	**16.5**	**9**	**326.6**	**30**	**10.0**	**28**
宁夏	Ningxia	581.2	28	14.3	15	397.3	29	11.0	23
新疆	Xinjiang	2086.7	25	13.9	16	1425.6	25	9.7	29

24-3 全国各地区人均GDP、职工平均工资及排序(2008年)
Per Capita GDP, Average Wage of Staff and Their Orders by Region of the Whole Country (2008)

单位:元、% (yuan、%)

省(市、区)	Region	人均生产总值 Per Capita GDP		在岗职工平均工资 Average money Wage of Staff and workers			
		数量 Number	位次 Rank	数量 Number	位次 Rank	国有单位 State-owned Units	位次 Rank
全国	**National Average**	**22698**		**29229**		**31005**	
北京	Beijing	63029	2	56328	2	59366	2
天津	Tianjin	55473	3	41748	4	46306	5
河北	Hebei	23239	12	24756	22	25730	24
山西	Shanxi	20398	14	25828	16	26557	19
内蒙古	Inner Mongolia	32214	8	26114	14	27316	16
辽宁	Liaoning	31259	9	27729	10	29456	13
吉林	Jilin	23514	11	23486	27	24754	27
黑龙江	Heilongjiang	21727	13	23046	28	23230	29
上海	Shanghai	73124	1	56565	1	62279	1
江苏	Jiangsu	39622	5	31667	7	39325	7
浙江	Zhejiang	42214	4	34146	5	53476	3
安徽	Anhui	14485	27	26363	13	26475	22
福建	Fujian	30123	10	25702	17	33097	9
江西	Jiangxi	14781	26	21000	31	22608	30
山东	Shandong	33083	7	26404	12	31169	10
河南	Henan	19593	17	24816	21	26536	20
湖北	Hubei	19860	16	22739	29	24756	26
湖南	Hunan	17521	21	24870	20	27076	17
广东	Guangdong	37589	6	33110	6	40775	6
广西	Guangxi	14966	25	25660	18	27634	15
海南	Hainan	17175	23	21864	30	21330	31
重庆	Chongqing	18025	19	26985	11	29761	12
四川	Sichuan	15378	24	25038	19	28596	14
贵州	Guizhou	8824	31	24602	24	25874	23
云南	Yunnan	12587	29	24030	25	26765	18
西藏	Tibet	13861	28	47280	3	48975	4
陕西	Shaanxi	18246	18	25942	15	26516	21
甘肃	Gansu	12110	30	24017	26	25284	25
青海	**Qinghai**	**17389**	**22**	**30983**	**8**	**35454**	**8**
宁夏	Ningxia	17892	20	30719	9	31111	11
新疆	Xinjiang	19893	15	24687	23	24016	28

24-4 全国各地区农业总产值和增长率及排序(2008年)
Gross Agricultural Value and Its Growth Rate and Order by Region of the Whole Country (2008)

单位:亿元、% (100 million yuan、%)

省(市、区)	Region	农林牧渔业总产值 Gross Output Value of Farming,Forestry, Animal Husbandry and Fishery				农业产值 Farming		牧业产值 Animal Husbandry	
		数量 Number	位次 Rank	增长率 Increase Rate	位次 Rank	数量 Number	位次 Rank	数量 Number	位次 Rank
全国	**National Total**	**58002.2**		**5.7**		**28044.2**		**20583.6**	
北京	Beijing	303.9	26	0.8	30	128.1	28	140.5	25
天津	Tianjin	268.1	28	3.3	28	127.7	29	86.0	28
河北	Hebei	3505.2	5	5.1	21	1760.7	3	1410.8	5
山西	Shanxi	595.9	25	9.6	2	366.2	24	185.4	23
内蒙古	Inner Mongolia	1525.7	18	7.6	8	716.6	19	699.6	14
辽宁	Liaoning	2476.9	9	6.5	14	896.9	12	1052.4	6
吉林	Jilin	1614.8	16	10.0	1	749.2	18	770.2	13
黑龙江	Heilongjiang	2123.4	12	9.5	3	1142.3	10	813.1	11
上海	Shanghai	280.4	27	0.1	31	137.5	26	68.4	30
江苏	Jiangsu	3590.6	4	4.5	25	1746.8	4	916.5	9
浙江	Zhejiang	1780.0	14	4.6	24	813.1	13	418.9	18
安徽	Anhui	2446.5	10	6.3	15	1197.9	9	806.9	12
福建	Fujian	1965.0	13	5.2	20	763.0	17	425.7	17
江西	Jiangxi	1680.5	15	4.8	23	694.3	20	556.0	16
山东	Shandong	5613.0	1	5.1	21	2895.7	1	1704.9	3
河南	Henan	4669.5	2	5.8	17	2561.1	2	1761.2	2
湖北	Hubei	2940.5	8	6.2	16	1395.8	8	1008.7	7
湖南	Hunan	3324.5	6	5.3	19	1446.9	7	1463.4	4
广东	Guangdong	3298.0	7	4.0	27	1481.7	6	967.9	8
广西	Guangxi	2389.8	11	5.4	18	1106.7	11	871.7	10
海南	Hainan	665.0	24	7.8	7	274.0	25	140.4	26
重庆	Chongqing	871.4	21	7.1	10	465.5	22	344.1	20
四川	Sichuan	3903.4	3	3.1	29	1607.5	5	2036.3	1
贵州	Guizhou	843.8	22	6.8	11	464.8	23	291.7	22
云南	Yunnan	1594.5	17	7.9	5	780.9	15	570.0	15
西藏	Tibet	88.5	31	6.6	13	43.7	31	39.0	31
陕西	Shaanxi	1277.9	19	7.9	5	775.9	16	385.3	19
甘肃	Gansu	808.1	23	7.4	9	529.6	21	168.3	24
青海	**Qinghai**	**153.4**	**30**	**4.5**	**25**	**58.7**	**30**	**89.2**	**27**
宁夏	Ningxia	227.2	29	8.8	4	131.1	27	73.1	29
新疆	Xinjiang	1176.7	20	6.7	12	784.2	14	318.2	21

24-5 全国各地区主要农产品产量及排序(2008年)
Output of Main Agricultural Products and Its Order by Region of the Whole Country (2008)

单位:万吨 (10 000 tons)

省(市、区)	Region	粮食产量 Output Grain 数量 Number	位次 Rank	油料产量 Output of Oil-bearing Crops 数量 Number	位次 Rank	肉类产量 Output of Meat 数量 Number	位次 Rank	奶类产量 Output of Milk 数量 Number	位次 Rank
全 国	**National Total**	**52870.9**		**2952.8**		**7278.7**		**3781.5**	
北 京	Beijing	125.5	28	2.2	30	45.1	26	66.5	14
天 津	Tianjin	148.9	27	0.5	31	37.1	27	70.1	11
河 北	Hebei	2905.8	7	152.6	6	421.1	5	515.3	2
山 西	Shanxi	1028.0	20	19.1	25	63.3	24	70.0	12
内蒙古	Inner Mongolia	2131.3	11	117.5	9	218.0	14	921.2	1
辽 宁	Liaoning	1860.3	13	48.5	17	373.3	7	107.3	8
吉 林	Jilin	2840.0	8	51.8	15	216.8	15	39.7	17
黑龙江	Heilongjiang	4225.0	3	28.5	23	169.5	18	512.8	3
上 海	Shanghai	115.7	29	3.6	29	26.5	28	23.8	21
江 苏	Jiangsu	3175.5	4	150.3	7	323.6	11	61.1	15
浙 江	Zhejiang	775.6	23	41.3	18	170.1	17	22.5	22
安 徽	Anhui	3023.3	6	228.0	5	343.9	9	18.1	23
福 建	Fujian	652.3	24	25.4	24	169.4	19	14.9	25
江 西	Jiangxi	1958.1	12	91.2	10	260.3	13	11.2	27
山 东	Shandong	4260.5	2	340.6	2	660.3	1	254.9	5
河 南	Henan	5365.5	1	505.3	1	584.8	3	298.6	4
湖 北	Hubei	2227.2	10	289.7	3	340.9	10	33.2	19
湖 南	Hunan	2805.0	9	129.8	8	446.4	4	15.2	24
广 东	Guangdong	1243.4	16	81.5	11	412.0	6	13.3	26
广 西	Guangxi	1394.7	15	37.5	19	350.8	8	7.5	29
海 南	Hainan	183.5	26	8.7	27	61.1	25	0.5	31
重 庆	Chongqing	1153.2	18	35.7	20	177.4	16	7.8	28
四 川	Sichuan	3140.0	5	249.9	4	591.5	2	66.6	13
贵 州	Guizhou	1158.0	17	68.4	12	161.5	20	4.3	30
云 南	Yunnan	1518.6	14	30.4	22	288.3	12	97.3	9
西 藏	Tibet	95.0	31	6.0	28	23.7	30	52.4	16
陕 西	Shaanxi	1111.0	19	49.5	16	99.3	22	182.3	6
甘 肃	Gansu	888.5	22	53.5	14	79.1	23	34.7	18
青 海	**Qinghai**	**101.8**	**30**	**35.2**	**21**	**25.5**	**29**	**27.2**	**20**
宁 夏	Ningxia	329.2	25	13.6	26	23.6	31	89.2	10
新 疆	Xinjiang	930.5	21	56.8	13	115.3	21	142.3	7

24-6 全国各地区工业企业主要产品产量及排序(2008年)
Output of Major Industrial Products and Its Order by Region of the Whole Country (2008)

省(市、区)	Region	农用化肥(万吨) Chemical Fertilizers (10 000 tons)		发电量(亿千瓦小时) Electricity (100 million kmh)		粗钢(万吨) Crude Steel (10 000 tons)		水泥(万吨) Cement (10 000 tons)	
		数量 Number	位次 Rank	数量 Number	位次 Rank	数量 Number	位次 Rank	数量 Number	位次 Rank
全国	**National Total**	**6012.7**		**34668.8**		**50091.5**		**140000.0**	
北京	Beijing	0.8	30	243.1	29	466.8	24	876.5	26
天津	Tianjin	16.4	28	391.2	27	1654.0	10	534.9	29
河北	Hebei	211.3	12	1599.5	9	11589.4	1	8953.0	6
山西	Shanxi	412.8	4	1797.2	7	2345.0	5	2075.0	20
内蒙古	Inner Mongolia	88.8	18	2136.0	4	1211.0	14	3424.1	17
辽宁	Liaoning	89.0	17	1139.0	12	4068.6	4	4074.4	14
吉林	Jilin	17.9	27	500.9	23	642.3	19	2581.8	19
黑龙江	Heilongjiang	55.5	23	722.7	20	475.1	23	1968.2	22
上海	Shanghai	3.0	29	774.9	19	1992.1	7	765.5	27
江苏	Jiangsu	255.8	9	2777.1	1	4864.0	2	12683.2	2
浙江	Zhejiang	47.4	26	2100.2	5	901.5	16	10207.8	4
安徽	Anhui	238.4	11	1093.4	13	1770.2	9	5915.2	10
福建	Fujian	59.1	22	1085.4	14	633.1	20	4508.6	13
江西	Jiangxi	54.2	24	505.6	22	1240.9	13	5271.6	11
山东	Shandong	849.0	1	2753.7	3	4458.7	3	13887.3	1
河南	Henan	520.4	3	1960.6	6	2187.9	6	10227.0	3
湖北	Hubei	585.0	2	1751.9	8	1991.5	8	6169.3	7
湖南	Hunan	290.9	7	880.6	16	1299.4	12	6043.9	9
广东	Guangdong	50.4	25	2771.8	2	1066.7	15	9484.4	5
广西	Guangxi	84.3	19	859.7	17	785.8	18	5110.8	12
海南	Hainan	65.1	21	117.6	30	3.7	29	619.2	28
重庆	Chongqing	154.4	14	420.9	26	352.5	25	3135.3	18
四川	Sichuan	367.5	5	1255.6	10	1370.2	11	6066.9	8
贵州	Guizhou	262.2	8	1192.1	11	345.6	26	2048.9	21
云南	Yunnan	335.1	6	1036.4	15	901.3	17	3863.8	15
西藏	Tibet			16.0	31			166.6	31
陕西	Shaanxi	136.5	15	823.9	18	305.0	27	3608.6	16
甘肃	Gansu	71.3	20	690.2	21	475.7	22	1560.3	24
青海	**Qinghai**	**247.2**	**10**	**305.8**	**28**	**115.1**	**28**	**457.7**	**30**
宁夏	Ningxia	109.2	16	466.2	25			884.8	25
新疆	Xinjiang	158.4	13	486.8	24	535.6	21	1663.8	23

24-7 全国各地区工业增加值、利润总额、总资产贡献率及排序(2008年)
Value-added, Total Profits and General Capital Contribution of Industry and Their Orders by Region of the Whole Country (2008)

单位:亿元 (100 million yuan)

省(市、区)	Region	工业增加值 Value-added of Industry		利润总额 Total Profits		总资产贡献率 Ration of Total Assets to Industrial Output Value	
		数 量 Number	位 次 Rank	数 量 Number	位 次 Rank	(%) (%)	位 次 Rank
全 国	**National Total**	**129112.0**		**24066.0**		**13.7**	
北 京	Beijing	2198.5	22	478.8	18	6.5	31
天 津	Tianjin	3533.9	16	744.9	11	13.4	14
河 北	Hebei	7967.6	6	1224.2	7	16.0	9
山 西	Shanxi	3919.8	14	641.0	13	14.0	13
内蒙古	Inner Mongolia	3798.6	15	614.7	15	16.0	9
辽 宁	Liaoning	6735.7	7	486.9	17	8.0	28
吉 林	Jilin	2687.0	20	357.9	19	14.6	12
黑龙江	Heilongjiang	3927.6	13	1403.9	5	30.9	1
上 海	Shanghai	5785.0	8	987.8	8	9.5	26
江 苏	Jiangsu	15069.0	3	2593.3	2	12.7	17
浙 江	Zhejiang	10359.8	4	1357.1	6	10.4	24
安 徽	Anhui	3487.5	17	330.3	21	11.1	21
福 建	Fujian	4755.5	10	524.1	16	11.3	20
江 西	Jiangxi	2766.9	19	303.1	22	16.0	9
山 东	Shandong	16102.2	2	3542.8	1	20.5	5
河 南	Henan	9546.1	5	1979.6	4	25.0	3
湖 北	Hubei	4330.2	11	632.7	14	11.5	19
湖 南	Hunan	4280.2	12	341.6	20	16.1	8
广 东	Guangdong	17254.0	1	2130.3	3	10.6	23
广 西	Guangxi	2627.4	21	169.9	26	10.9	22
海 南	Hainan	321.2	30	27.6	30	10.1	25
重 庆	Chongqing	2036.4	24	232.3	24	11.8	18
四 川	Sichuan	4922.8	9	647.6	12	12.9	15
贵 州	Guizhou	1242.6	26	153.1	27	12.8	16
云 南	Yunnan	2057.0	23	289.1	23	17.7	6
西 藏	Tibet	29.7	31	6.0	31	6.6	30
陕 西	Shaanxi	3294.0	18	797.2	9	17.5	7
甘 肃	Gansu	1221.7	27	72.4	28	7.9	29
青 海	**Qinghai**	**442.9**	**29**	**177.2**	**25**	**22.3**	**4**
宁 夏	Ningxia	490.1	28	34.0	29	8.1	27
新 疆	Xinjiang	1790.7	25	782.9	10	26.9	2

24–8 全国各地区工业资产负债率、周转次数、产销率及排序(2008年)

Debt-to-asset Ratio, Turnover and Product Sales Ratio and Their Orders by Region of the Whole Country (2008)

省(市、区)	Region	资产负债率 Assets-Liability Ratio		流动资产周转率 Number of Annual of Turnover Working Capitals		产品销售率 Proportion of Products Sold	
		(%) (%)	位次 Rank	(次) (times)	位次 Rank	(%) (%)	位次 Rank
全国	**National Average**	**59.2**		**2.6**		**97.6**	
北京	Beijing	48.2	30	1.9	26	99.0	1
天津	Tianjin	61.8	10	2.5	12	98.9	2
河北	Hebei	62.2	9	3.2	5	97.3	15
山西	Shanxi	67.2	2	2.0	23	96.6	23
内蒙古	Inner Mongolia	61.2	12	2.9	6	97.0	19
辽宁	Liaoning	59.5	17	2.5	12	97.5	14
吉林	Jilin	57.4	23	2.9	6	97.1	18
黑龙江	Heilongjiang	58.7	21	2.5	12	98.2	7
上海	Shanghai	53.9	28	2.2	21	98.3	6
江苏	Jiangsu	60.0	16	2.7	8	98.1	10
浙江	Zhejiang	62.3	8	2.0	23	97.2	16
安徽	Anhui	63.6	6	2.6	9	97.6	12
福建	Fujian	54.6	27	2.6	9	97.2	16
江西	Jiangxi	59.4	18	3.6	3	98.6	5
山东	Shandong	57.3	25	4.0	1	98.2	7
河南	Henan	59.0	20	3.8	2	98.2	7
湖北	Hubei	56.3	26	2.3	17	97.6	12
湖南	Hunan	60.6	15	3.5	4	98.7	4
广东	Guangdong	59.4	18	2.5	12	97.0	19
广西	Guangxi	64.2	4	2.4	16	95.2	28
海南	Hainan	63.8	5	2.3	17	98.8	3
重庆	Chongqing	60.8	13	2.3	17	96.4	24
四川	Sichuan	63.0	7	2.3	17	97.7	11
贵州	Guizhou	67.5	1	1.9	26	95.4	26
云南	Yunnan	57.4	23	1.7	30	94.8	30
西藏	Tibet	27.5	31	0.7	31	90.4	31
陕西	Shaanxi	57.9	22	1.9	26	97.0	19
甘肃	Gansu	60.8	13	2.1	22	95.7	25
青海	**Qinghai**	**61.6**	**11**	**2.0**	**23**	**95.1**	**29**
宁夏	Ningxia	65.7	3	1.9	26	95.3	27
新疆	Xinjiang	51.7	29	2.6	9	96.9	22

24–9 全国各地区固定资产投资和增长率及排序(2008年)
Investment in Fixed Assets and Its Growth Rate and Order by Region of the Whole Country (2008)

单位:亿元、% (100 million yuan、%)

省(市、区)	Region	全社会固定资产投资 Total Investment in Fixed Assets in the Whole Country				城镇固定资产投资 Urban Area		农村固定资产投资 Rural Area	
		数量 Number	位次 Rank	增长率 Increase Rate	位次 Rank	数量 Number	位次 Rank	数量 Number	位次 Rank
全国	**National Total**	**172291.1**		**25.5**		**148167.2**		**24123.9**	
北京	Beijing	3814.7	19	-2.4	31	3520.9	19	293.8	21
天津	Tianjin	3389.8	24	44.1	1	3175.1	23	214.7	25
河北	Hebei	8870.8	7	28.8	14	7465.1	6	1405.6	6
山西	Shanxi	3531.1	22	23.4	21	3194.5	22	336.6	17
内蒙古	Inner Mongolia	5467.7	12	25.0	18	5320.6	10	147.1	27
辽宁	Liaoning	10016.3	5	34.7	6	8879.2	3	1137.1	7
吉林	Jilin	5131.0	14	40.5	3	4687.3	13	443.7	13
黑龙江	Heilongjiang	3669.4	21	29.5	13	3368.2	20	301.1	20
上海	Shanghai	4789.8	15	8.4	30	4371.6	15	418.2	16
江苏	Jiangsu	15061.5	2	22.8	23	11370.8	2	3690.7	1
浙江	Zhejiang	9299.8	6	10.4	29	6519.1	7	2780.7	3
安徽	Anhui	6734.5	9	32.4	8	5936.2	9	798.3	8
福建	Fujian	5192.8	13	21.1	24	4586.6	14	606.2	11
江西	Jiangxi	4738.6	16	43.5	2	4317.9	16	420.7	15
山东	Shandong	15435.4	1	23.1	22	12528.4	1	2907.0	2
河南	Henan	10469.6	4	30.7	10	8700.1	4	1769.5	5
湖北	Hubei	5635.2	10	30.1	12	5133.3	11	501.9	12
湖南	Hunan	5474.7	11	31.8	9	4820.6	12	654.1	10
广东	Guangdong	10834.5	3	16.6	27	8602.9	5	2231.6	4
广西	Guangxi	3750.7	20	27.6	15	3320.2	21	430.5	14
海南	Hainan	706.1	29	40.5	3	667.9	29	38.1	30
重庆	Chongqing	3979.6	18	27.2	16	3715.9	18	263.7	22
四川	Sichuan	7106.6	8	26.0	17	6340.5	8	766.1	9
贵州	Guizhou	1858.3	26	24.8	19	1603.2	26	255.1	23
云南	Yunnan	3435.8	23	24.5	20	3106.2	24	329.6	18
西藏	Tibet	303.3	31	12.2	28	265.4	31	38.0	31
陕西	Shaanxi	4601.5	17	34.7	6	4273.5	17	328.0	19
甘肃	Gansu	1697.7	27	30.2	11	1495.6	27	202.0	26
青海	**Qinghai**	**582.9**	**30**	**19.6**	**26**	**514.1**	**30**	**68.8**	**29**
宁夏	Ningxia	828.7	28	38.2	5	735.5	28	93.1	28
新疆	Xinjiang	2226.3	25	20.3	25	1974.5	25	251.9	24

24-10 全国各地区建筑业产值和面积及排序(2008年)
Output Value and Area of Construction and Its Order by Region of the Whole Country (2008)

单位:亿元、万平方米 (100 million yuan、10 000 sq. m)

省(市、区) Region	建筑业总产值 Gross Output Value		施工面积 Floor Space of Buildings Under Construction		竣工面积 Floor Space of Buildings Completed	
	数量 Number	位次 Rank	数量 Number	位次 Rank	数量 Number	位次 Rank
全国 National Total	**61144.3**		**527597.1**		**202704.3**	
北京 Beijing	3065.4	6	19548.4	9	4814.2	16
天津 Tianjin	1405.8	17	5535.5	21	1335.9	25
河北 Hebei	1903.4	12	15072.6	14	5951.1	12
山西 Shanxi	1282.6	18	6254.2	20	1926.9	22
内蒙古 Inner Mongolia	759.8	23	5168.8	22	2985.0	18
辽宁 Liaoning	2512.7	10	14804.1	15	6182.8	11
吉林 Jilin	962.8	21	5143.6	23	2560.1	21
黑龙江 Heilongjiang	1057.6	19	3992.0	26	1370.7	24
上海 Shanghai	3071.8	5	16838.0	11	5121.2	14
江苏 Jiangsu	8308.5	1	92882.9	1	37329.0	1
浙江 Zhejiang	8040.8	2	92760.8	2	36424.4	2
安徽 Anhui	1884.1	13	16977.5	10	7387.3	9
福建 Fujian	1860.8	14	19763.5	8	6789.1	10
江西 Jiangxi	969.8	20	10009.3	16	5059.7	15
山东 Shandong	3787.8	3	33649.0	3	13588.1	3
河南 Henan	2826.1	7	21584.6	6	9351.3	5
湖北 Hubei	2597.7	8	16251.1	12	7652.7	8
湖南 Hunan	2286.7	11	21202.7	7	8309.2	7
广东 Guangdong	3375.0	4	32701.4	4	10227.6	4
广西 Guangxi	746.8	24	8302.9	17	2888.5	19
海南 Hainan	111.0	30	955.4	29	336.1	29
重庆 Chongqing	1430.2	16	15435.2	13	5805.9	13
四川 Sichuan	2537.0	9	24373.8	5	8637.1	6
贵州 Guizhou	381.6	27	4118.7	24	1120.1	26
云南 Yunnan	899.9	22	6575.7	19	3138.3	17
西藏 Tibet	72.3	31	254.3	31	63.3	31
陕西 Shaanxi	1649.3	15	7457.1	18	2574.3	20
甘肃 Gansu	480.5	26	3815.7	27	1022.9	27
青海 Qinghai	**143.0**	**29**	**404.5**	**30**	**189.2**	**30**
宁夏 Ningxia	184.1	28	1664.2	28	733.2	28
新疆 Xinjiang	558.4	25	4114.0	25	1861.0	23

24-11 全国各地区地方财政收支及排序(2008年)
Financial Income and Expenditure and Their Orders by Region of the Whole Country (2008)

单位:亿元 (100 million yuan)

省(市、区)	Region	地方财政一般预算收入 General Budgetary Reveue in Local Finance 数量 Number	位次 Rank	增长率 Increase Rate	位次 Rank	财政一般预算支出 General Budgetary Expenditures in Local Finance 数量 Number	位次 Rank	增长率 Increase Rate	位次 Rank
地区总计	**Region Total**	**28644.9**		**21.5**		**49052.7**		**27.9**	
北京	Beijing	1837.3	6	23.1	18	1956.0	9	18.6	31
天津	Tianjin	675.5	16	25.0	14	869.0	27	28.9	17
河北	Hebei	944.6	10	19.7	23	1851.7	10	22.9	24
山西	Shanxi	747.9	12	25.1	13	1313.1	18	25.1	22
内蒙古	Inner Mongolia	649.6	17	31.9	4	1465.2	16	35.4	6
辽宁	Liaoning	1356.1	7	25.2	12	2151.9	8	22.0	27
吉林	Jilin	422.8	24	31.8	5	1180.1	21	33.5	8
黑龙江	Heilongjiang	578.4	20	31.3	6	1542.3	14	29.9	15
上海	Shanghai	2358.7	3	13.7	31	2593.9	5	18.9	29
江苏	Jiangsu	2731.1	2	22.0	21	3201.6	2	25.4	21
浙江	Zhejiang	1933.1	5	17.2	28	2208.3	7	22.2	25
安徽	Anhui	724.6	13	33.3	3	1621.6	13	30.4	14
福建	Fujian	833.3	11	19.1	24	1125.3	22	23.6	23
江西	Jiangxi	488.6	23	25.3	11	1208.4	20	33.5	8
山东	Shandong	1956.9	4	16.8	30	2704.8	4	19.6	28
河南	Henan	1009.1	9	17.1	29	2283.9	6	22.1	26
湖北	Hubei	710.2	15	20.3	22	1638.0	12	28.2	19
湖南	Hunan	722.7	14	19.1	24	1717.7	11	26.6	20
广东	Guangdong	3310.0	1	18.8	26	3756.7	1	18.9	29
广西	Guangxi	518.7	22	23.8	16	1287.1	19	30.5	13
海南	Hainan	145.0	28	33.9	2	356.0	30	45.2	2
重庆	Chongqing	577.2	21	30.4	7	1010.7	25	31.5	12
四川	Sichuan	1041.7	8	22.4	20	2965.4	3	68.6	1
贵州	Guizhou	349.5	26	22.6	19	1048.6	24	31.8	11
云南	Yunnan	613.6	18	26.1	10	1470.7	15	29.6	16
西藏	Tibet	24.9	31	23.5	17	380.7	28	38.2	4
陕西	Shaanxi	591.3	19	24.4	15	1435.6	17	36.2	5
甘肃	Gansu	264.9	27	38.8	1	965.4	26	42.9	3
青海	**Qinghai**	**71.6**	**30**	**26.2**	**9**	**363.6**	**29**	**28.8**	**18**
宁夏	Ningxia	95.0	29	18.7	27	323.1	31	33.6	7
新疆	Xinjiang	361.1	25	26.3	8	1056.1	23	32.8	10

24–12 全国各地区消费品零售额和进出口总额及排序(2008年)
Retail Sale of Consumer Goods, Total Value of Imports and Exports and Their Orders by Region of the Whole Country (2008)

单位:亿元、亿美元、% (100 million yuan、USD 100 million、%)

省(市、区)	Region	社会消费品零售总额 Total Retail Sales of Consumer Goods				海关进出口贸易总额 Total Imports and Exports			
		数量 Number	位次 Rank	增长率 Increase Rate	位次 Rank	数量 Number	位次 Rank	增长率 Increase Rate	位次 Rank
全国	**National Total**	**108487.7**		**21.6**		**25616.3**		**17.8**	
北京	Beijing	4589.0	10	20.8	24	2717.1	4	40.8	8
天津	Tianjin	2000.3	23	24.7	2	803.5	8	12.5	26
河北	Hebei	4880.4	8	22.4	18	384.2	10	50.5	4
山西	Shanxi	2356.5	18	23.1	15	143.9	17	24.3	18
内蒙古	Inner Mongolia	2363.3	17	24.1	5	89.3	24	15.5	23
辽宁	Liaoning	4917.5	7	22.0	20	724.4	9	21.8	19
吉林	Jilin	2484.3	16	24.3	3	133.4	19	29.5	13
黑龙江	Heilongjiang	2838.6	15	21.8	21	229.0	11	32.4	11
上海	Shanghai	4537.1	11	17.9	30	3221.0	3	13.9	25
江苏	Jiangsu	9661.4	3	23.3	10	3922.7	2	12.2	28
浙江	Zhejiang	7441.7	4	19.8	27	2111.5	5	19.4	21
安徽	Anhui	2965.5	14	23.4	9	204.4	15	28.3	16
福建	Fujian	3828.0	13	20.1	26	848.3	7	14.0	24
江西	Jiangxi	2082.8	21	23.7	7	137.5	18	45.5	6
山东	Shandong	10381.2	2	23.0	16	1583.4	6	29.3	14
河南	Henan	5662.5	5	23.2	12	175.3	16	37.1	10
湖北	Hubei	4965.8	6	23.3	10	205.7	14	38.3	9
湖南	Hunan	4119.7	12	22.7	17	125.7	21	29.7	12
广东	Guangdong	12772.2	1	20.5	25	6832.6	1	7.7	31
广西	Guangxi	2338.4	19	23.2	12	132.8	20	43.4	7
海南	Hainan	448.4	28	23.9	6	45.2	27	28.7	15
重庆	Chongqing	2064.1	22	24.3	3	95.2	23	28.0	17
四川	Sichuan	4800.8	9	19.6	28	220.4	13	53.3	3
贵州	Guizhou	1014.9	26	23.5	8	33.7	28	48.4	5
云南	Yunnan	1718.5	24	23.2	12	96.1	22	9.2	30
西藏	Tibet	129.1	31	15.3	31	7.7	30	94.5	1
陕西	Shaanxi	2256.1	20	25.3	1	83.7	25	21.5	20
甘肃	Gansu	990.1	27	18.8	29	60.9	26	10.2	29
青海	**Qinghai**	**252.8**	**30**	**21.4**	**22**	**6.9**	**31**	**12.5**	**26**
宁夏	Ningxia	285.2	29	22.2	19	18.8	29	18.8	22
新疆	Xinjiang	1025.7	25	21.0	23	222.2	12	62.0	2

24-13 全国各地区全社会客货运量和周转量及排序(2008年)
Freight and Passenger Traffic and Their Turnovers and Orders by Region of the Whole Country (2008)

省(市、区)	Region	货运量(万吨) Total Freight Traffic (10 000 tons)		货物周转量(亿吨公里) Total Freight Ton-kilometers (100 million ton-km)		客运量(万人) Total Passenger Traffic (10 000 persons)		旅客周转量(亿人公里) Total Passenger-Kilometers (10 million passenger-km)	
		数量 Number	位次 Rank	数量 Number	位次 Rank	数量 Number	位次 Rank	数量 Number	位次 Rank
全国	**National Total**	**2587413**		**110301**		**2867892**		**23197**	
北京	Beijing	20525	28	759	27	124764	9	331	24
天津	Tianjin	34114	23	2703	11	22817	26	234	26
河北	Hebei	106922	11	5925	4	73058	14	992	8
山西	Shanxi	126864	7	2562	12	36178	23	377	22
内蒙古	Inner Mongolia	99298	12	3659	10	20068	27	331	24
辽宁	Liaoning	121346	8	7034	3	90112	11	797	11
吉林	Jilin	31105	25	1158	24	56029	18	405	18
黑龙江	Heilongjiang	53976	20	1691	19	41567	20	441	17
上海	Shanghai	84400	13	16030	1	8507	29	148	27
江苏	Jiangsu	139711	4	4301	9	183383	5	1271	4
浙江	Zhejiang	139111	5	4975	7	216879	2	1119	7
安徽	Anhui	180169	2	5843	5	129242	8	1187	6
福建	Fujian	57202	19	2396	14	71780	15	448	16
江西	Jiangxi	80932	16	2285	16	65895	16	791	12
山东	Shandong	244587	1	10108	2	213586	3	1431	3
河南	Henan	138441	6	5165	6	130080	7	1498	2
湖北	Hubei	71900	17	2526	13	87838	12	904	10
湖南	Hunan	116145	9	2350	15	131067	6	1217	5
广东	Guangdong	142468	3	4428	8	475200	1	1706	1
广西	Guangxi	83123	15	2079	17	63608	17	732	13
海南	Hainan	15305	29	598	29	37953	22	125	28
重庆	Chongqing	63763	18	1490	22	106732	10	386	21
四川	Sichuan	114719	10	1579	21	204733	4	988	9
贵州	Guizhou	32692	24	805	26	40725	21	394	20
云南	Yunnan	44682	22	821	25	33906	24	347	23
西藏	Tibet	737	31	35	31	6856	30	30	31
陕西	Shaanxi	83493	14	2027	18	76028	13	650	14
甘肃	Gansu	23741	27	1595	20	45966	19	468	15
青海	**Qinghai**	**9309**	**30**	**217**	**30**	**6084**	**31**	**71**	**30**
宁夏	Ningxia	26162	26	704	28	11868	28	87	29
新疆	Xinjiang	46087	21	1273	23	32793	25	404	19
不分地区	Not Classified by Region	54577		11059		19251		2883	

注：1.货运不分地区合计中包括铁路行包运输、管道运输企业、民航运输企业及中远集团海外公司完成数。
2.客运不分地区数据为民航完成数。

a)The freight traffic not classified by region refers to railway baggage freight, civil aviation, pipelines and that completed by companies abroad under the China Ocean Shipping (Group) Company.

b)The total passenger traffic not classified by region refers to that completed by civil aviation.

24–14 全国各地区居民消费价格指数及排序(2008年)

Consumer Price Indices and Its order by Region of the Whole Country (2008)

(上年=100) (preceding year=100)

省(市、区)	Resion	居民消费价格指数 Consumer Price Indices	位次 Rank	#食品 Food 指数 Indices	#食品 Food 位次 Rank	#居住 Residence 指数 Indices	#居住 Residence 位次 Rank
全国	**National Average**	**105.9**		**114.3**		**105.5**	
北京	Beijing	105.1	26	116.1	9	103.0	29
天津	Tianjin	105.4	23	112.1	28	105.3	19
河北	Hebei	106.2	12	114.4	17	107.6	5
山西	Shanxi	107.2	7	117.9	5	108.4	4
内蒙古	Inner Mongolia	105.7	17	114.7	16	106.3	14
辽宁	Liaoning	104.6	30	112.3	26	104.1	28
吉林	Jilin	105.1	26	112.3	26	104.2	26
黑龙江	Heilongjiang	105.6	20	112.0	30	104.5	24
上海	Shanghai	105.8	16	115.3	12	102.5	30
江苏	Jiangsu	105.4	23	113.0	24	104.2	26
浙江	Zhejiang	105.0	29	113.9	19	105.0	20
安徽	Anhui	106.2	12	114.3	18	104.5	24
福建	Fujian	104.6	30	113.3	22	105.5	18
江西	Jiangxi	106.0	14	113.9	19	105.9	17
山东	Shandong	105.3	25	113.0	24	107.3	8
河南	Henan	107.0	8	116.3	7	106.3	14
湖北	Hubei	106.3	11	115.1	14	106.9	9
湖南	Hunan	106.0	14	114.9	15	107.6	5
广东	Guangdong	105.6	20	113.2	23	104.8	21
广西	Guangxi	107.8	5	120.0	1	106.1	16
海南	Hainan	106.9	9	113.7	21	106.6	11
重庆	Chongqing	105.6	20	115.7	10	101.8	31
四川	Sichuan	105.1	26	112.0	30	104.6	23
贵州	Guizhou	107.6	6	117.3	6	107.5	7
云南	Yunnan	105.7	17	115.4	11	104.8	21
西藏	Tibet	105.7	17	112.1	28	106.6	11
陕西	Shaanxi	106.4	10	115.3	12	106.8	10
甘肃	Gansu	108.2	3	116.2	8	111.3	2
青海	**Qinghai**	**109.9**	**1**	**119.0**	**3**	**115.8**	**1**
宁夏	Ningxia	108.5	2	118.0	4	109.9	3
新疆	Xinjiang	108.1	4	119.1	2	106.4	13

24–15 各地区城镇居民人均收支、恩格尔系数及排序(2008年)

Per Capita Annual Income, Expenditure and Engle Coefficient of Urban Households and Their Orders by Region of the Whole Country (2008)

单位:元、% (yuan、%)

省(市、区)	Region	可支配收入 Per Capita Annual Disposable Income 数量 Number	位次 Rank	增长率 Increase Rate	位次 Rank	消费性支出 Per Capita Annual Consumption Expenditure 数量 Number	位次 Rank	恩格尔系数 Engel's Coefficient 系数 Coefficient	位次 Rank
全 国	**National Average**	**15780.8**		**14.5**		**11242.9**		**37.9**	
北 京	Beijing	24724.9	2	12.4	23	16460.3	2	33.8	3
天 津	Tianjin	19422.5	5	18.7	3	13422.5	5	37.3	13
河 北	Hebei	13441.1	14	15.0	10	9086.7	21	34.7	6
山 西	Shanxi	13119.1	18	13.4	18	8806.6	24	33.8	3
内蒙古	Inner Mongolia	14432.6	9	16.6	5	10828.6	11	32.8	1
辽 宁	Liaoning	14392.7	10	17.0	4	11231.5	8	39.0	18
吉 林	Jilin	12829.5	23	13.7	17	9729.1	14	34.0	5
黑龙江	Heilongjiang	11581.3	29	13.0	21	8623.0	27	36.3	9
上 海	Shanghai	26674.9	1	12.9	22	19397.9	1	36.6	11
江 苏	Jiangsu	18679.5	6	14.1	14	11977.6	7	37.9	16
浙 江	Zhejiang	22726.7	3	10.5	29	15158.3	4	36.4	10
安 徽	Anhui	12990.4	19	13.2	20	9524.0	18	41.0	23
福 建	Fujian	17961.5	7	15.8	7	12501.1	6	40.6	22
江 西	Jiangxi	12866.4	21	12.4	23	8717.4	25	41.7	24
山 东	Shandong	16305.4	8	14.3	13	11006.6	10	33.6	2
河 南	Henan	13231.1	16	15.3	8	8837.5	23	34.8	7
湖 北	Hubei	13152.9	17	14.5	12	9477.5	19	42.2	25
湖 南	Hunan	13821.2	13	12.4	23	9945.5	12	39.9	20
广 东	Guangdong	19732.9	4	11.5	27	15528.0	3	37.8	15
广 西	Guangxi	14146.0	12	15.9	6	9627.4	16	42.4	26
海 南	Hainan	12607.8	25	14.6	11	9408.5	20	44.9	29
重 庆	Chongqing	14367.6	11	14.1	14	11146.8	9	39.6	19
四 川	Sichuan	12633.4	24	13.8	16	9679.1	15	44.0	28
贵 州	Guizhou	11758.8	27	10.1	30	8349.2	28	43.1	27
云 南	Yunnan	13250.2	15	15.3	8	9076.6	22	47.1	30
西 藏	Tibet	12481.5	26	12.1	26	8323.5	29	51.2	31
陕 西	Shaanxi	12857.9	22	19.5	1	9772.1	13	36.7	12
甘 肃	Gansu	10969.4	31	9.6	31	8308.6	30	38.3	17
青 海	**Qinghai**	**11648.3**	**28**	**13.4**	**18**	**8203.2**	**31**	**40.4**	**21**
宁 夏	Ningxia	12931.5	20	19.1	2	9558.3	17	35.1	8
新 疆	Xinjiang	11432.1	30	10.8	28	8669.4	26	37.3	13

24–16 全国各地区农村居民人均收支、恩格尔系数及排序(2008年)
Per Capita Annual Income, Expenditure and Engle Coefficient of Rural Households and Their Orders by Region of the Whole Country (2008)

单位:元、% (yuan、%)

省(市、区)	Region	纯收入 Per Capita Annual Net Income		生活消费性支出 Per Capita Annual Living Expenditure		现金支出 Cash Expenditure		恩格尔系数 Engel's Coefficient	
		数量 Number	位次 Rank	数量 Number	位次 Rank	数量 Number	位次 Rank	系数 Coefficient	位次 Rank
全国	**National Average**	**4760.6**		**3660.7**		**5257.9**		**43.7**	
北京	Beijing	10661.9	2	7284.7	3	9641.9	3	33.9	2
天津	Tianjin	7910.8	4	3825.4	9	6458.4	8	41.0	12
河北	Hebei	4795.5	12	3125.6	18	5101.1	15	38.2	6
山西	Shanxi	4097.2	22	3097.5	19	4280.9	21	39.0	8
内蒙古	Inner Mongolia	4656.2	15	3618.1	13	6399.8	9	41.0	12
辽宁	Liaoning	5576.5	9	3814.0	10	7626.5	5	40.6	10
吉林	Jilin	4932.7	10	3443.2	14	7341.0	6	39.6	9
黑龙江	Heilongjiang	4855.6	11	3844.7	8	8966.1	4	33.0	1
上海	Shanghai	11440.3	1	9119.7	1	10679.6	2	40.9	11
江苏	Jiangsu	7356.5	5	5328.4	4	6933.8	7	41.3	14
浙江	Zhejiang	9257.9	3	7534.1	2	10959.9	1	36.9	3
安徽	Anhui	4202.5	19	3284.1	16	4556.5	17	44.3	18
福建	Fujian	6196.1	7	4661.9	6	5837.9	12	46.4	19
江西	Jiangxi	4697.2	13	3309.2	15	4410.0	19	49.4	23
山东	Shandong	5641.4	8	4077.1	7	6317.4	10	38.1	5
河南	Henan	4454.2	17	3044.2	21	4404.7	20	38.3	7
湖北	Hubei	4656.4	14	3652.6	12	4496.9	18	46.9	20
湖南	Hunan	4512.5	16	3805.0	11	4825.6	16	51.2	25
广东	Guangdong	6399.8	6	4872.5	5	5844.7	11	49.0	22
广西	Guangxi	3690.3	23	2985.0	23	3931.7	24	53.4	31
海南	Hainan	4390.0	18	2883.1	27	3764.3	25	53.3	29
重庆	Chongqing	4126.2	20	2884.9	26	3355.1	28	53.3	29
四川	Sichuan	4121.2	21	3127.9	17	4098.9	23	52.0	27
贵州	Guizhou	2796.9	30	2165.7	31	2701.8	30	51.7	26
云南	Yunnan	3102.6	28	2990.6	22	3737.4	26	49.6	24
西藏	Tibet	3175.8	26	2199.6	30	2081.3	31	52.4	28
陕西	Shaanxi	3136.5	27	2979.4	24	4213.8	22	37.4	4
甘肃	Gansu	2723.8	31	2401.0	29	3003.4	29	47.2	21
青海	**Qinghai**	**3061.2**	**29**	**2974.9**	**25**	**3408.3**	**27**	**43.6**	**17**
宁夏	Ningxia	3681.4	24	3094.9	20	5114.5	14	41.6	15
新疆	Xinjiang	3502.9	25	2691.8	28	5633.1	13	42.6	16

24–17 全国各地区人口出生率、死亡率、自然增长率(2008年)
Birth Rate, Death Rate and Natural Growth Rate of Population and Their Orders by Region of the Whole Country (2008)

单位:万人、‰ (10 000 persons、‰)

省(市、区)	Region	年底总人口 Total Population at Year-end		人口出生率 Birth Rate of Population		人口死亡率 Death Rate of Population		人口自然增长率 Natural Growth Rate of Population	
		数量 Number	位次 Rank	出生率 Birth Rate	位次 Rank	死亡率 Death Rate	位次 Rank	自然增长率 Natural Growth Rate	位次 Rank
全国	**National Total**	**132802**		**12.14**		**7.06**		**5.08**	
北京	Beijing	1695	26	8.17	27	4.75	3	3.42	23
天津	Tianjin	1176	27	8.13	28	5.94	14	2.19	29
河北	Hebei	6989	6	13.04	11	6.49	24	6.55	10
山西	Shanxi	3411	19	11.32	17	6.01	15	5.30	16
内蒙古	Inner Mongolia	2414	23	9.81	22	5.54	8	4.27	20
辽宁	Liaoning	4315	14	6.32	31	5.22	7	1.10	31
吉林	Jilin	2734	21	6.65	30	5.04	5	1.61	30
黑龙江	Heilongjiang	3825	15	7.91	29	5.68	10	2.23	28
上海	Shanghai	1888	25	8.89	26	6.17	19	2.72	24
江苏	Jiangsu	7677	5	9.34	24	7.04	29	2.30	27
浙江	Zhejiang	5120	10	10.20	20	5.62	9	4.58	19
安徽	Anhui	6135	8	13.05	10	6.60	26	6.45	12
福建	Fujian	3604	18	12.20	14	5.90	13	6.30	14
江西	Jiangxi	4400	13	13.92	7	6.01	15	7.91	7
山东	Shandong	9417	3	11.25	18	6.16	18	5.09	17
河南	Henan	9429	2	11.42	16	6.45	23	4.97	18
湖北	Hubei	5711	9	9.21	25	6.50	25	2.71	25
湖南	Hunan	6380	7	12.68	12	7.28	31	5.40	15
广东	Guangdong	9544	1	11.80	15	4.55	1	7.25	8
广西	Guangxi	4816	11	14.40	5	5.70	11	8.70	5
海南	Hainan	854	28	14.71	3	5.72	12	8.99	4
重庆	Chongqing	2839	20	10.10	21	6.30	21	3.80	22
四川	Sichuan	8138	4	9.54	23	7.15	30	2.39	26
贵州	Guizhou	3793	16	13.49	8	6.77	28	6.72	9
云南	Yunnan	4543	12	12.63	13	6.31	22	6.32	13
西藏	Tibet	287	31	15.50	2	5.20	6	10.30	2
陕西	Shaanxi	3762	17	10.29	19	6.21	20	4.08	21
甘肃	Gansu	2628	22	13.22	9	6.68	27	6.54	11
青海	**Qinghai**	**554**	**30**	**14.49**	**4**	**6.14**	**17**	**8.35**	**6**
宁夏	Ningxia	618	29	14.31	6	4.62	2	9.69	3
新疆	Xinjiang	2131	24	16.05	1	4.88	4	11.17	1

24–18 全国各地区旅游情况及排序(2008年)

Basic Statistics on Tourism and Its Order by Region of the Whole Country (2008)

省(市、区)	Region	入境旅游人数(万人次) Number of Overseas Visitor Arrivals (10 000 person-times)		外国人(万人次) Foreigners (10 000 person-times)		国际旅游创汇总额(亿美元) Foreign Exchange Earnings form International Tourism (100 million USD)	
		数量 Number	位次 Rank	数量 Number	位次 Rank	数量 Number	位次 Rank
全　国	**National Average**	**13002.7**		**2432.5**		**408.4**	
北　京	Beijing	379.0	5	335.7	5	44.59	3
天　津	Tianjin	122.0	15	113.0	12	10.01	10
河　北	Hebei	75.0	22	67.0	20	2.74	22
山　西	Shanxi	93.9	19	57.9	21	3.01	21
内蒙古	Inner Mongolia	154.9	12	153.2	10	5.77	15
辽　宁	Liaoning	241.9	9	207.3	6	15.26	7
吉　林	Jilin	61.7	25	52.5	23	2.11	24
黑龙江	Heilongjiang	200.6	11	193.3	8	8.70	11
上　海	Shanghai	526.5	4	441.6	2	49.72	2
江　苏	Jiangsu	544.3	2	396.1	3	38.80	4
浙　江	Zhejiang	539.7	3	366.1	4	30.24	5
安　徽	Anhui	132.1	13	90.8	16	4.54	16
福　建	Fujian	293.2	6	98.6	13	23.94	6
江　西	Jiangxi	80.2	21	30.8	26	2.52	23
山　东	Shandong	253.7	7	206.4	7	13.91	8
河　南	Henan	104.4	18	67.9	19	3.74	19
湖　北	Hubei	118.8	16	92.7	15	4.43	18
湖　南	Hunan	111.0	17	71.1	18	6.17	13
广　东	Guangdong	2568.0	1	608.8	1	91.75	1
广　西	Guangxi	201.0	10	120.0	11	6.02	14
海　南	Hainan	70.6	23	53.1	22	3.14	20
重　庆	Chongqing	87.2	20	74.3	17	4.50	17
四　川	Sichuan	70.0	24	47.8	24	1.54	25
贵　州	Guizhou	39.5	26	18.2	27	1.17	27
云　南	Yunnan	250.2	8	169.2	9	10.08	9
西　藏	Tibet	6.8	29	6.3	28	0.31	28
陕　西	Shaanxi	125.7	14	93.7	14	6.60	12
甘　肃	Gansu	8.3	28	6.0	29	0.16	29
青　海	**Qinghai**	**3.0**	**30**	**2.1**	**30**	**0.10**	**30**
宁　夏	Ningxia	1.2	31	0.9	31	0.03	31
新　疆	Xinjiang	36.3	27	32.8	25	1.36	26

第25篇

CHAPTER 25

民族自治地区主要经济指标

Main Economy Indicators in Autonomous Regions

25-1 民族自治地方主要经济指标
Main Economic Indicators in Autonomous Regions

指 标	Item	2008		
		全省总计 Total Provinces	自治州县合计 Total Autonomous Prefectures and Counties	藏区合计 Total Tibetan-inhabited Areas
人 口(户籍)(万人)	**Population(household registration)(10 000 persons)**			
年末人口	Population at Year-end	531.75	343.35	181.85
少数民族人口	Population by Ethnic Minorities	254.08	216.56	129.26
当年出生人口	Newborn Population in Those Years	9.27	7.04	4.02
农业人口	Agricultural Population	371.61	271.38	129.55
非农业人口	Non-Agricultural Population	160.14	71.97	52.3
生产总值 (亿元)	**Gross Regional Product(100 million yuan)**			
生产总值(当年价格)	Gross Regional Product(current prices)	961.52	579.79	434.03
第一产业	Primary Industry	105.57	86.06	61.96
第二产业	Secondary Industry	529.40	360.28	276.55
工业	Industry	442.85	306.62	236.46
第三产业	Tertiary Industry	326.55	133.44	95.52
生产总值(2005年不变价格)	Gross Regional Product(constant prices at 2005)	771.18	479.25	349.75
第一产业	Primary Industry	71.04	63.25	45.38
第二产业	Secondary Industry	410.33	294.14	217.24
第三产业	Tertiary Industry	289.81	121.85	87.13
生产总值增长速度 (%)	Increment Speed of Gross Regional Product(%)	12.7	16.0	16.8
第一产业	Primary Industry	3.9	3.8	2.4
第二产业	Secondary Industry	16.5	20.4	22.3
第三产业	Tertiary Industry	10.0	12.9	12.6
人均生产总值(元)	Per Capita GDP(yuan)	17389	16768	23275
人均生产总值增长速度(%)	Increment Speed of Per Capita GDP(%)	12.1	14.0	14.2
农 业				
乡镇数(个)	Number of Township and Town Governments (unit)	366	309	220
村委会数(个)	Number of Villagers' Committees(unit)	4161	3054	1643
乡村人口 (万人)	Number of Rural population(10 000 persons)	367.01	267.77	130.23
乡村从业人员 (万人)	Number of Rural Laborers (10 000 persons)	193.74	137.60	65.19
按行业分	By National Economic Sectors			
农林牧渔业	Agriculture, Forestry, Animal Husbandry & Fishery	120.61	93.07	54.54
工业	Industry	12.04	7.26	1.14
建筑业	Construction	23.17	13.27	2.98
交通仓储邮电通讯业	Transport, Storage and Post	6.72	3.98	1.05
信息传输、计算机服务和软件业	Information transmission, Computer services and software industry	0.20	0.13	0.01
批发与零售业	Wholesale and Retail Trades	7.50	4.62	1.36
住宿与餐饮业	Hotels and Catering Services	8.88	6.45	1.16
其他行业	Others	14.62	8.80	2.94

25-1 续表 1 Continued

指 标	Item	2008 全省总计 Total Provinces	自治州县合计 Total Autonomous Prefectures and Counties	藏区合计 Total Tibetan-inhabited Areas
年末实有耕地面积(公顷)	Cultivated Land at Year-end(hectare)	542719	413278	195617
有效灌溉面积(公顷)	Irrigated Area(hectare)	177240	144343	97279
农用机械总动力合计(千瓦)	Total Agricultural Machinery Power(kw)	3624104	2437487	1099727
化肥施用量(实物量)(吨)	Consumption of Chemical Fertilizers(ton)	200804	128195	50446
农村用电量(万千瓦时)	Electricity Consumed in Rural Areas (10 000 kwh)	36939	25280	11587
农作物播种面积(公顷)	Total Sown Area(hectare)	513630	394814	190522
粮食作物	Grain Crops	271990	185337	76196
油料作物	Oil-bearing Crops	172730	157351	78694
当年造林面积(公顷)	Planting Area in the Current Year(hectare)	31960	25195	17518
当年出栏牲畜头数(万头只)	Slanghtered Fattened Animals(10 000 heads)			
大牲畜	Large Animals	95.81	124.20	103.28
羊	Sheep and Goats	542.02	552.20	463.88
猪	Hogs	123.58	73.06	7.69
年末牲畜存栏头数	Large Animals at Year-end			
大牲畜	Large Animals	484.24	416.39	369.72
羊	Sheep and Goats	1496.93	1117.94	994.59
猪	Hogs	107.21	66.62	6.28
主要产品产量(吨)	Output of Farm Products(ton)			
粮 食	Grain	1018000	697314	272453
油 料	Oil-bearing Crops	352224	294219	122228
水 果	Fruits	13241	11318	4140
水产品	Aquatic Products	2129	1911	1911
猪 肉	Pork	87409	53390	24344
牛 肉	Beef	72767	112640	99145
羊 肉	Mutton	86723	111095	99897
禽 肉	Poultry	5185	3211	670
奶 类	Milk	272283	298161	269193
山羊毛	Goat Wool	809	1070	908
绵羊毛	Sheep Wool	14560	15087	13494
山羊绒	Goat Cashmere	347	396	360
禽 蛋	Poultry Eggs	14913	6842	2416
农林牧渔业总产值(万元)	Gross Output Value of Agriculture(10 000 yuan)	1534004	1202244	797054
农业中间消耗	Between Consume	478264	341653	177485
农业增加值	Value-added	1055740	860591	619569

25-1 续表2 Continued

指 标	Item	2008 全省总计 Total Provinces	2008 自治州县合计 Total Autonomous Prefectures and Counties	2008 藏区合计 Total Tibetan-inhabited Areas
工 业				
规模以上工业企业单位数总计(个)	Number of Industrial Enterprises above Designated Size(unit)	515	302	207
按经济类型分类	By Status of Registration			
国有经济及国有控股企业	State-owned Enterprises	146	101	78
中央企业	Central	3	2	1
地方企业	Local	143	99	77
集体经济	Collective-owned Enterprises	12	5	2
按轻重工业分	Grouped by Light & Heavy Industries			
轻工业	Light Industry	147	61	38
重工业	Heavy Industry	368	241	169
按规模分	Grouped by Size of Enterprises			
大型企业	Large Enterprises	9	4	2
中型企业	Medium-sized Enterprises	69	37	22
小型企业	Small Enterprises	437	261	183
规模以上工业总产值(万元)	Gross Industrial Output Value(10 000 yuan)	11030969	5924597	4206546
按经济类型分类	By Status of Registration			
国有经济及国有控股企业	State-owned Enterprises	7482699	4273722	3022412
中央企业	Central	825205	85378	12047
地方企业	Local	1178809	224560	218432
集体经济	Collective-owned Enterprises	74521	23005	16947
按轻重工业分	Grouped by Light & Heavy Industries			
轻工业	Light Industry	666644	116813	48772
重工业	Heavy Industry	10364325	5807784	4157774
按规模分	Grouped by Size of Enterprises			
大型企业	Large Enterprises	6253993	3444463	2361838
中型企业	Medium-sized Enterprises	2322533	1323406	1043086
小型企业	Small Enterprises	2454443	1156729	801622

25-1 续表3 Continued

指 标	Item	2008 全省总计 Total Provinces	2008 自治州县合计 Total Autonomous Prefectures and Counties	2008 藏区合计 Total Tibetan-inhabited Areas
年主营业务收入500万元以上工业企业主要经济指标	Industrial Enterprises with Annual Revenue from Principal Business Over 5 Million yuan			
企业单位数(个)	Number of Enterprises (unit)	515	302	207
亏损企业	Loss-making Enterprises	163	95	56
工业总产值(当年价)(万元)	Gross Industrial Output Value (Current Prices)(10 000 yuan)	11030969	5924597	4206546
工业增加值(当年价)(万元)	Value Added of Industry (Current Prices)(10 000 yuan)	4846803	2954581	2428856
工业销售产值(当年价)(万元)	Output Value of Industrial Sales (Current Prices)(10 000 yuan)	10492998	5545819	3845794
年平均从业人数(人)	Average Annual Number of Employed Persons (person)	174217	94483	60638
资产总计(万元)	Total Assets(10 000 yuan)	20926710	10578246	8270842
流动资产年平均额(万元)	Annual Average Value of Working Capitals(10 000 yuan)	5368408	3033496	2333767
固定资产原值总计(万元)	Original Value of Fixed Assets(10 000 yuan)	13159424	6298089	4598715
固定资产净值年平均余额(万元)	Annual Average of Net Value of Fixed Assets (10 000 yuan)	8788498	4171149	3661188
主营业务收入(万元)	Revenue from Principal Business(10 000 yuan)	10449410	5395269	3661188
营业利润(万元)	Operating Profit(10 000 yuan)	1619830	1472718	1429602
利润总额	Total Profits(10 000 yuan)	1771733	1600922	1549582
亏损企业亏损额(万元)	Total Loss of Loss-making Enterprises(10 000 yuan)	66524	45173	16308
应交所得税(万元)	Taxes Payable(10 000 yuan)	148684	139540	129593
主要工业产品产量	Output of Major Industrial Products			
原　煤(万吨)	Coal(10 000 tons)	1183	1183	1183
原　油(万吨)	Crude Oil(10 000 tons)	220	220	220
天然气(万立方米)	Natural Gas(10 000 cu. m)	437953	437953	437953
原　盐(万吨)	Salt(10 000 tons)	236	236	236
水　泥(万吨)	Cement(10 000 tons)	458	353	43
钢(万吨)	Steel(10 000 tons)	115		
发电量(万千瓦小时)	Electricity(10 000 kwh)	2976723	2976723	2038052
农用化肥(折纯)(吨)	Agricultural Fertilizer of Nitrogen, Phosphorus and Potassium(ton)	2439476	2439476	2363231

25—1 续表4 Continued

指 标	Item	2008 全省总计 Total Provinces	自治州县合计 Total Autonomous Prefectures and Counties	藏区合计 Total Tibetan-inhabited Areas
固定资产投资	Investment in Fixed Assets			
全社会固定资产投资完成额(万元)	Total Investment in Fixed Assets in the Whole Country(10 000 yuan)	5828509	2386742	2041667
按资金来源分	Grouped by Sources of Funds			
国家预算内资金	State Budget	819831	515233	440207
国内贷款	Domestic Loans	1061939	176221	109672
债券	Bond			
利用外资	Foreign Investment	87048	19501	19501
自筹资金	Self-raising Funds	2989472	1076995	890305
其他资金来源	Others	809606	602743	522285
按区域划分的投资完成情况	Grouped by Area			
城镇固定资产投资	Urban Investment in Fixed Assets	5140482	2016018	1779079
房地产开发投资	Investment in Real Estate Development	511881	46954	25599
住宅	Residential Buildings	428812	40644	22173
城镇新增固定资产	Urban New Increased Investment in Fixed Assets	3417056	1726321	1486233
农村固定资产投资	Rural Investment in Fixed Assets	688027	370724	262588
批发、零售贸易业、餐饮业 社会消费品零售总额(万元)	**Total Retail Sales of Consumer Goods of Wholesale and Retail Trades and Catering Services(10 000 yuan)**	2528413	801585	562677
按地区分	By Location of Establishments			
市的零售	City	1798920	243868	243868
县的零售	County	481095	374143	234136
县以下的零售	Under County Level	248398	183574	84673
按行业分	By Sector			
批发、零售贸易业	Wholesale and Retail Trades	2075704	614964	432622
餐饮业	Catering Services	410081	168569	118121
其它	Others	42628	18051	11934

25-1 续表 5 Continued

指 标	Item	2008 全省总计 Total Provinces	2008 自治州县合计 Total Autonomous Prefectures and Counties	2008 藏区合计 Total Tibetan-inhabited Areas
劳动就业	**Employment**			
单位从业人员年末人数合计(万人)	Number of Employed Persons at Year-end(10 000 persons)	47.02	24.30	16.26
国有经济单位	State-owned Units	34.29	18.68	13.95
城镇集体经济单位	Urban Collective-owned Units	2.20	1.05	0.29
其他各种经济类型单位	Others	10.53	4.57	2.02
单位从业人员年平均人数合计(万人)	Annual Average Number of Empolyed Persons(10 000 persons)	46.63	23.79	16.11
国有经济单位	State-owned Units	33.94	18.33	13.76
城镇集体经济单位	Urban Collective-owned Units	2.18	1.01	0.29
其他各种经济类型单位	Others	10.51	4.45	2.06
单位从业人员劳动报酬合计(万元)	Total Remuneration of Employed Persons(10 000 yuan)	1403566.10	782026.20	562277.60
国有经济单位	State-owned Units	1164700.30	670356.40	517617.90
城镇集体经济单位	Urban Collective-owned Units	32583.60	15291.30	5644.70
其他各种经济类型单位	Others	206282.20	96378.50	39015.00
财政、金融(万元)	**Government Finance and Financial Intermediation(10 000 yuan)**			
财政总收入	Government Revenue	4466049	1528161	1150663
地方财政一般预算收入	General Budget Revenue of Local Government	715692	295617	245716
财政总支出	Government Expenditure	3635950	1500105	1139329
金融机构各项存款	Total Deposits of Financial Institutions	13836757	3750049	2860881
金融机构各项贷款	Total Loans of Financial Institutions	10256310	1941518	1373806
城乡储蓄存款年末余额	Balance of Urban and Rural Household Savings Deposits at Year-end	5804726	1804060	1240553
活期储蓄	Demand Deposits	2816668	1120894	785872
定期储蓄	Time Deposits	2988057	683166	454680
城乡居民收入(元)	**Income of Urban and Rural Household(yuan)**			
城镇居民人均可支配收入	Annual Per Capita Disposable Income of Urban Households	11648.30	11893.8	11893.80
城镇居民人均消费性支出	Annual Per Capita Consumption Expenditure of Urban Households	8203.17	8263.90	8263.90
食品支出	Expenditure of Food	3315.61	3404.72	3404.72
农牧民人均纯收入	Annual Per Capita Disposable Income of Rural Households	3061.24	3115.25	2848.41
农牧民人均消费性支出	Annual Per Capita Consumption Expenditure of Rural Households	2974.94	2657.50	2509.22
食品支出	Expenditure of Food	1298.34	1308.52	1360.62

2009

第26篇

CHAPTER 26

各县主要经济指标

Major Economic Indicators of Counties

26–1 各县主要经济指标(2008年)
Major Indicators of Society and National Economy in Each County(2008)

指 标		Item	城东区 Cheng dong District	城中区 Cheng zhong District	城西区 Cheng xi District	城北区 Cheng bei District
乡村基本情况		**Basic Conditions of Township**				
乡(镇)个数	(个)	Number of Township and Town Governments(unit)	2	1	1	2
建制镇个数		Number of Town Governments	2	1	1	2
镇区占地面积	(公顷)	Area of Township(hectare)	541	156	4590	471
镇区总人口	(人)	Population of Township(person)	2456	1361	21948	6710
村民委员会个数	(个)	Number of Villagers'Committees(unit)	20	32	13	38
自来水受益村		Number of Township Benefits From Tap Water	20	32	10	38
通电话的村		Number of Township Uses Telephone	20	32	12	38
通有线电视的村		Number of Township Has Cable Television	19	24	6	31
人口与就业		**Population and Employment**				
年末总人口	(万人)	Total Population(year—end)(10000 persons)	23.9	22.7	20.7	21.0
其中:女		Population of Female	12.0	11.5	10.6	10.4
当年出生人口	(人)	Newborn Population(person)	1757	1934	1746	1890
当年死亡人口	(人)	Dead Population(person)	1269	1476	891	1261
常住人口	(万人)	Permanent Population(1000 persons)	2.0	2.0	2.0	2.0
乡村人口	(万人)	Rural Population(10000 persons)	3.2	3.7	1.8	6.0
年末总户数	(户)	Number of Households(year—end)(household)	73063	71361	60853	63812
其中:乡村户数		Number of Rural Households	8065	9601	4684	15106
年末单位从业人员数	(人)	Number of Employed Persons in Units at Year-end(person)	57501	27177	67670	31588
其中:女		Number of Female Employed Persons at Year-end	21419	12583	28884	10827
其中:第二产业		Number of Employed Persons of Secondary Industry	21261	4361	14156	21128
第三产业		Number of Employed Persons of Tertiary Industry	36203	22709	52496	10172
乡村从业人员数	(人)	Number of Employed Persons in Rural Areas(person)	16681	17297	9539	33753
其中:农林牧渔业		Number of Employed Persons of Agriculture，Forestry，Animal Husbandry and Fishery in Rural Areas	2755	6390	581	12854
城镇登记失业人员数	(人)	Number of Registered Employed Persons in Urban Area by Region(person)	10533	7823	10387	7739
综合经济		**Economy of Integration**				
地区生产总值	**(万元)**	**Area total output value(10 000 yuan)**	**585851.9**	**592819**	**740294**	**976119.3**
第一产业增加值		Value-added of the Primary Industry	1551.9	6278.0	3187.0	14957.3
农业		Agriculture	322.3	2232.6	39.5	7337.2
林业		Forestry	97.4	128.8	123.7	69.5
牧业		Animal Husbandry	1042.3	3586.6	2927.8	7152.6
渔业		Fishery	-0.1			15.3
农林牧渔服务业		Services in Support of Agriculture	90	330	96	382.7
第二产业增加值		Value-added of the Secondary Industry	320443	101184	114293	734291
其中:工业		Industry	258623	56877	36219	689693
第三产业增加值		Value-added of the Tertiary Industry	263857	485357	622814	226871
财政、金融	**(万元)**	**Finances and Economy(10 000 yuan)**				
财政总收入		Total Government Revenue	14587	17846	28776	36578
其中:地方财政一般预算收入		General Budgetary Financial Revenue in Local Financial Revenue	14534	14313	28605	17358
各项税收		Taxation	14133	12967	28011	16297
地方财政一般预算支出		General Budgetary Financial Expenditures in Local Financial Expenditures	30215	28222	35246	27052
其中:农业支出		Expenditures for Agriculture				
科学支出		Expenditures for Science				
科技三项费		Expenditures for Science and Technology Promotion				
教育支出		Expenditures for Education	6378	4901	5421	4507
年末金融机构各项存款余额		Deposits of all the Financial Institutes				
其中:城乡居民储蓄存款余额		Urban and Rural Household Savings Deposits				
年末金融机构各项贷款余额		Loans of all the Financial Institutes				
其中:农业贷款		Loans to Agriculture Sector				
农业		**Agriculture**				
生产条件		Condition for Agricultural Production				
农业机械总动力	(万千瓦特)	Total Power of Agriculture Machinery(10000 Kw)	1.0	2.2	1.6	5.3
化肥使用量(折纯量)	(吨)	Consumption of Chemical Fertilizers(ton)	81.0	698.0	17.9	1110.8
农药使用量	(吨)	Consumption of Agricultural Chemical(ton)	2.1	3.2	0.1	11.5
地膜使用量	(吨)	Consumption of Plastic Film(ton)	1.0	1.7	1.0	3.1
有效灌溉面积	(公顷)	Effective Irrigated Area(10000 hectares)	328	111	428	3430

26-1 续表 1 Continued

指 标	Item	城东区 Cheng dong District	城中区 Cheng zhong District	城西区 Cheng xi District	城北区 Cheng bei District
农作物总播种面积 （公顷）	Total Sown Areas of Farm Crops(hectare)	282	2321	69	3335
粮食作物播种面积	Total Sown Areas of Grain Crops(hectare)	73	1432	26	553
其中:稻谷	Rice				
小麦	Wheat	73	849	26	357
玉米	Corn				
大豆	Soja				
油料播种面积	Oil-bearing Crops	79	578	25	774
棉花播种面积	Cotton				
糖料播种面积	Sugar-bearing				
蔬菜播种面积	Vegetables	130	250	18	1867
粮食总产量 （吨）	Yield of Crain(ton)	346	5636	134	3063
其中:稻谷	Rice				
小麦	Wheat	346	3155	134	2045
玉米	Corn				
大豆	Soja				
油料产量	Oil-bearing Crops	238	1541	74	2180
棉花产量	Cotton				
糖料产量	Sugar-bearing				
水果产量	Fruits	1	20		358
肉类总产量	Output of Meat	515	1397	1152	3179
奶类产量	Output of Milk	450	4320	373	5480
禽蛋产量	Output of Poultry Eggs	37	102	520	337
蔬菜产量	Output of Vegetables	4259	13879	73	75268
水产品产量	Output of Aquatic Products	10			17
工业及建筑业	**Industry and Construction**				
国有及年销售收入500万元以上的非国有:	State-owned Industrial Enterprises and Non-state Industrial Enterprises with Revenue from Principle Business below 5 million yuan				
工业企业数 （个）	Number of Industrial Enterprises(unit)	55	15	8	60
工业总产值(现价) （万元）	Gross Industrial Output Value(current prices)(10 000 yuan)	656676	216144	46097	2071600
内资企业	Domestic Funded	624864	192784	46097	2007694
港、澳、台商投资企业	Funded from Hong Kong,Macao and Taiwan	23574			
外商投资企业	Foreign Funded	8238	23360		63906
从业人员年平均数 （人）	Number of Employed Persons(person)	8461	10568	2236	25054
流动资产年平均余额	Annual Average Balance of Working Capitals	175009	144257	26069	803094
固定资产净值年平均余额	Annual Average Balance of Net Value of Fixed Assets	185493	60097	68170	1288231
产品销售收入	Product Sales Revenue	390450	215390	34099	1785294
其中:产品销售税金及附加	Taxes and Other Charges on Product Saling	5250	616	243	13570
本年应交增值税	Value-added Tax Payable	7792	6826	2271	85893
利润总额	Total Profits	-1819	7794	1528	44906
建筑业:	Construction				
建筑业企业个数 （个）	Number of ConstructionEnterprises(unit)	49	82	159	67
期末从业人员数 （人）	Number of Staff & Workers at Year-end(person)	14835	7467	21866	9752
建筑业总产值 （万元）	Gross Output Value of Construction(10 000 yuan)	472774	91744	423788	162195
交通运输、邮电通讯、能源	**Transportation，Postal，telecommunication and Energy**				
境内公路里程 （公里）	Length of Highways(km)	186	134	156	182
其中:高等级公路	Expressway				
境内铁路营业里程 （公里）	Length of Railways in Operation(km)	15			23
境内火车站个数 （个）	Number of Railway Station(unit)	2			1
民用汽车拥有量 （辆）	Possession of Civil Vehicles(unit)	32891	29576	32752	36867
其中:个人汽车	Possession of Private Vehicles	11568	10456	11073	12734
邮政业务总量 （万元）	Business Volume of Postal Services(10 000 yuan)	2047	2357	3323	2566
电信业务总量	Business Volume of Telecommunication Services	55896	66038	67028	64890
本地电话用户 （户）	Number of Subscribers of Fixed Telephone(subscriber)	131244	146195	162120	137874
住宅电话用户 （户）	Household Fixed Telephone Subscribers(subscriber)	65757	64225	57810	57430
其中:乡村电话用户	Rural Fixed Telephone Subscribers	6783	7190	8039	7938
移动电话用户数 （户）	Number of Mobile Telephone Subscribers(subscriber)	213880	220253	223302	228659
国际互联网用户 （户）	Number of Internet Users(subscriber)	28353	30712	36194	30257

26-1 续表 2 Continued

指 标	Item	城东区 Cheng dong District	城中区 Cheng zhong District	城西区 Cheng xi District	城北区 Cheng bei District
全年用电量(万千瓦时)	Electricity Consumption(10 thousand kwh)	26647	4829	1871	125850
工业用电量	Industrial Electricity Consumption	25339	4473	1761	124775
农村用电量	Agricultural Electricity Consumption	1308	356	110	1075
贸易、外经、旅游	**Domestic Trade，Foreign Trade and Economic Cooperation and Tourism**				
社会销售品零售总额(万元)	Total Retail Sales of Consumer Goods (10 000 yuan)	335119	470264	449563	304916
限额以上批发零售贸易业商品销售总额(万元)	Total Sales of Enterprises above Designated Size of Wholesale and Retail Trades(10 000 yuan)	436099	611967	585028	396795
出口总额(万美元)	Total Exports(USD 10 000)				
当年合同外资金额	Contracted Value				
当年实际使用外资金额	Actually Utilized Value				
境内外来资本实际投资额(万元)	Foreign Investment Actually Utilized Value(10 000 yuan)				
星级饭店个数(个)	Number of Star-rated Hotels(unit)	21	5	18	4
星级饭店客房总数(间)	Number of Rooms in Star-rated Hotels(unit)	1628	961	2623	576
名胜风景区和文物保护区个数(个)	Number of Places of Interest and Historical Reservations(unit)				
固定资产投资(万元)	**Investment in Fixed Assets(10 000 yuan)**				
城镇固定资产投资完成额	Investment in Fixed Assets in Urban Area	91	84	89	82
城镇新增固定资产	Newly Increased afaixed Assets in Urban Area	135992	283998	195792	150499
城镇投资项目数(个)	Number of Construction Projects in Urban Area	91	84	89	82
房地产开发投资完成额	Investment Completed of Enterprises for Real Estate Development	88007	110188	180011	52429
其中:住宅	Residential Buildings	69554	87357	158438	46224
教育、科技、文化、卫生	**Education，Science and Technology，Culture，Sports and Public Health**				
普通中学数(所)	Number of Regular Secondary Schools(unit)				
小学数(所)	Number of Primary Schools(unit)	20	17	13	17
普通中学专任教师数(人)	Number of Full-time Teachers in Regular Secondary Schools(person)				
小学专任教师数(人)	Number of Full-time Teachers in Primary Schools(person)	806	832	691	644
普通中学在校学生数(人)	Number of Students Enrollment in Regular Secondary Schools(person)				
其中:女生	Female Students Enrollment in Regular Secondary Schools				
小学在校学生数(人)	Number of Students Enrollment in Primary Schools(person)	17674	16936	15162	12078
其中:女生	Female Students Enrollment in Primary Schools	8442	8133	7246	5646
学龄儿童入学率(%)	Net Enrollment Rate of School-Age Children(%)	100.0	100.0	100.0	100.0
其中:女童入学率	Net Enrollment Rate of School-Age Female Children	100.0	100.0	100.0	100.0
初中升学率(%)	Primary School Graduates Entering into Junior Secondary Schools(%)				
高中升学率(%)	Junior Secondary School Graduates Entering into Senior Secondary Schools(%)				
高技术产业企业个数(个)	Number of Hi-Tech Industry Enterprises(unit)				
高技术产业总产值(当年价格)(万元)	Total Output Value of Hi-Tech Industry (current prices)(10 000 yuan)				
专业技术人员数(人)	Number of Scientific and Technical Personnel(person)	6708	5324	10265	3938
其中:农业技术人员	Agriculture			15	313
农业科技与服务业单位个数(个)	Number of Agricultural Scientific and Service Industry(unit)	2	3	30	10
全年专利申请数(件)	Number of Patents Application(unit)				
体育场馆数(个)	Number of Stadiums and Gymnasiums(unit)	2	4	1	
剧场、影剧院数(个)	Number of Theaters and Cinemas(unit)		3	1	
公共图书馆图书总藏量(千册)	Total Collections of Public Libraries(1000 volumes)		117	1200	
医院、卫生所数(所)	Number of Hospitals and Health Centers(unit)	16	13	13	5
医院、卫生院床位数(张)	Number of Beds in Hospitals and Health Centers(unit)	1882	1104	1800	533
医院、卫生院卫生技术人员数(人)	Number of Medical Technical Personnel in Hospitals and Health Centers(person)	1924	1294	1998	612
其中:医生	Number of Certified Doctors	980	1052	778	225
卫生防疫人员数(人)	Number of epidemic prevention personnel(person)	282	29	4	12
5岁以下儿童死亡率(‰)	Death Rate of Children under 5 (‰)	25.2	11.2	10.2	15.0
婴儿死亡率(‰)	Death Rate of Infant (‰)	22.8	11.2	10.2	12.0
产妇住院分娩比例(%)	Proportion of Lying-in Woman Labors in Hospital(%)	99.7	100.0	99.5	99.7

26-1 续表 3 Continued

指 标	Item	城东区 Cheng dong District	城中区 Cheng zhong District	城西区 Cheng xi District	城北区 Cheng bei District
人民生活	**People's Living Conditions**				
城镇在岗职工年平均人数(人)	Number of Staff and Workers in Urban and Rural Areas(person)	56697	27200	62770	29852
城镇在岗职工工资总额(万元)	Total Earning of Staff and Workers in Urban and Rural Areas(10 000 yuan)	172193	66818	182955	76185
农村居民人均纯收入(元)	Per Capita Net Income of Rural Households(yuan)	7441	4746	7718	7150
农民人均住房面积(平方米)	Per Capita Floor Space of Houses(sq.m)	62.7	46.1	68.2	53.0
农民文化娱乐消费比重(%)	Proportion of Cultural and Recreation Consumption	9.2	5.7	7.6	4.2
农村彩电普及率(%)	Popularizing rate of Color TV Set in Rural Areas(%)	105.0	105.0	102.5	132.5
农村电脑普及率(%)	Popularizing rate of Computer in Rural Areas(%)	35.0	30.0	15.0	12.5
农村恩格尔系数(%)	Engle Coefficient of Rural Households(%)	37.8	33.3	37.2	42.5
成人文盲率(%)	Illiteracy rate of adult(%)				
人均预期寿命(岁)	Population Life Expectancy(year old)				
农村贫困人口(万人)	Population below the poverty line in Rural Areas(person)				
社会保障(人)	**Social security(person)**				
各种社会福利收养性单位数(个)	Number of Social Welfare and Salvation Institutions(unit)	1		1	2
其中：床位数(张)	Number of Beds (unit)	68		120	60
参加基本养老保险的职工数	Number of Staff and Workers Participated in Basic Pension Insurance	58412	62182	52977	51755
参加基本医疗保险的职工数	Number of Staff and Workers Participated in Basic Medical Care Insurance	39042	36722	31272	31042
参加失业保险人数	Number of Staff and Workers Participated in Unemployment Insurance	23842	36342	36865	38455
城镇居民最低生活保障人数	Number of Persons Receiving Minimum Living Allowance in Rural Areas	14841	13131	5687	10387
农村居民最低生活保障人数	Number of Persons Receiving Minimum Living Allowance in Urban Areas	1432	356	706	1786
农村传统救济人数	Number of Persons Receiving Traditional Relief in Rural Areas	1432		79	18
参加农村合作医疗的人数	Rural Cooperative Medical Service Contributors	30757	35808	17049	54194
参加农村养老保险的人数	Rural Basic Pension Insurance Contributors				
社会治安	**Public Order**				
交通事故件数(件)	Number of Traffic Accides(unit)	28	43	51	101
刑事案件立案数(件)	Number of Criminal Case Registered(case)	913	731	865	790
犯罪人数(人)	Number of offenders(person)	329	337	309	306
民事案件发案数(件)	Number of civil cases(case)				
资源、环境与可持续发展	**Resources，Environment and Sustainable Development**				
行政区域土地面积(平方公里)	Area of Administrative Regions(sq.km)	114.6	10.5	79	138
建成区面积	Area of Built Up Regions(sq.km)				
建成区绿化覆盖面积	Area of Green Coverage in Built Up Regions(sq.km)				
森林面积(公顷)	Area of Forest(hectare)	450	461	450	
当年造林面积(公顷)	Area of Afforestation(hectare)				
退耕造林面积	Area of Grain for Green(hectare)				
年末耕地总资源(公顷)	Area of Arable Land(hectare)	407	198	550	3868
常用耕地面积	Area of Arable Landin Common Usage(hectare)	407	198	550	3868
水浇地	Area of Irrigable Land(hectare)	328	111	428	3430
年内减少耕地面积	Reduction in Area of Cultivated Land(hectare)	94	2	75	42
基建占地	Areas of Land for Construction(hectare)	94	2	75	42
退耕还林还草占地	Area of Grain for Green(hectare)				
自然保护区个数(个)	Number of Nature Reserves(unit)				
自然保护区面积(公顷)	Area of Nature Reserves (hectare)				
环境污染治理本年完成投资总额(万元)	Investment Completed in the Treatment of Environmental Pollution(10 thousand yuan)				2968
工业二氧化硫排放量(吨)	Volume of Sulphur Dioxide Emission(ton)	318	12	4	11322
工业废水排放量达标率(%)	Volume of Waste Water up to the Discharge Standards(ton)	27.2	90.0	85.7	90.0
工业烟尘排放量达标率(%)	Volume of Industrial Soot up to the Discharge Standards(ton)	90.3	32.7	90.0	40.7
城镇生活污水处理率(%)	Disposal Rate of Waste Water in Urban Areas(%)			21.7	
污水处理厂数(座)	Number of Sewage Treatment Works (unit)	1		1	
垃圾处理站数(个)	Number of Biohazard Waste (unit0	1		1	1

26-1 续表 4 Continued

指标		Item	大通县 Da tong County	湟中县 Huang zhong County	湟源县 Huang yuan County	平安县 Ping an County
乡村基本情况		**Basic Conditions of Township**				
乡(镇)个数	(个)	Number of Township and Town Governments(unit)	20	15	9	8
建制镇个数		Number of Town Governments	9	10	2	3
镇区占地面积	(公顷)	Area of Township(hectare)	2192	2108	1127	1460
镇区总人口	(人)	Population of Township(person)	18064	40806	38007	9113
村民委员会个数	(个)	Number of Villagers'Committees(unit)	289	393	146	111
自来水受益村		Number of Township Benefits From Tap Water	258	366	146	111
通电话的村		Number of Township Uses Telephone	289	393	142	111
通有线电视的村		Number of Township Has Cable Television	36	85	95	9
人口与就业		**Population and Employment**				
年末总人口	(万人)	Total Population(year—end)(10000 persons)	44.7	45.7	13.7	11.9
其中:女		Population of Female	21.7	22.0	6.7	5.9
当年出生人口	(人)	Newborn Population(person)	7955	8009	1466	1927
当年死亡人口	(人)	Dead Population(person)	2867	3077	574	623
常住人口	(万人)	Permanent Population(1000 persons)	4.0	4.0	1.0	1.0
乡村人口	(万人)	Rural Population(10000 persons)	35.2	41.9	10.9	7.7
年末总户数	(户)	Number of Households(year—end)(household)	114956	124343	41098	36975
其中:乡村户数		Number of Rural Households	80832	97475	25505	18447
年末单位从业人员数	(人)	Number of Employed Persons in Units at Year-end(person)	38765	19930	8300	5151
其中:女		Number of Female Employed Persons at Year-end	12016	6218	2807	1968
其中:第二产业		Number of Employed Persons of Secondary Industry	23734	7834	2931	117
第三产业		Number of Employed Persons of Tertiary Industry	13539	11133	4898	4632
乡村从业人员数	(人)	Number of Employed Persons in Rural Areas(person)	203555	251309	57770	43624
其中:农林牧渔业		Number of Employed Persons of Agriculture, Forestry, Animal Husbandry and Fishery in Rural Areas	88215	121933	46848	23388
城镇登记失业人员数	(人)	Number of Registered Employed Persons in Urban Area by Region(person)	4961	2803	3227	2536
综合经济		**Economy of Integration**				
地区生产总值	**(万元)**	**Area total output value(10 000 yuan)**	**674882.1**	**611403.1**	**148068.4**	**192703.9**
第一产业增加值		Value-added of the Primary Industry	66606.1	74911.1	24582.4	18461.9
农业		Agriculture	21955.5	41862.4	8008.1	10545.8
林业		Forestry	677.4	600.7	229.1	572.0
牧业		Animal Husbandry	42953.2	31808.4	15919.0	7036.7
渔业		Fishery			9.2	37.4
农林牧渔服务业		Services in Support of Agriculture	1020	639.6	417	270
第二产业增加值		Value-added of the Secondary Industry	524758	452233	86076	83216
其中:工业		Industry	461334	391529	75488	60516
第三产业增加值		Value-added of the Tertiary Industry	83518	84259	37410	91026
财政、金融	**(万元)**	**Finances and Economy(10 000 yuan)**				
财政总收入		Total Government Revenue	76740	6710	4988	6178
其中:地方财政一般预算收入		General Budgetary Financial Revenue in Local Financial Revenue	25320	5023	4988	4337
各项税收		Taxation	22771	4364.88	3566	3979
地方财政一般预算支出		General Budgetary Financial Expenditures in Local Financial Expenditures	95694	95007	34803	41721
其中:农业支出		Expenditures for Agriculture	7750	22530	3064	8277
科学支出		Expenditures for Science	506	203	18	275
科技三项费		Expenditures for Science and Technology Promotion				3002
教育支出		Expenditures for Education	22860	26943	8161	8009
年末金融机构各项存款余额		Deposits of all the Financial Institutes	349307	195079	124805	234859
其中:城乡居民储蓄存款余额		Urban and Rural Household Savings Deposits	216083	130079	74521	114952
年末金融机构各项贷款余额		Loans of all the Financial Institutes	419484	84205	38592	125298
其中:农业贷款		Loans to Agriculture Sector	38955	31522	8038	5968
农业		**Agriculture**				
生产条件		Condition for Agricultural Production				
农业机械总动力	(万千瓦特)	Total Power of Agriculture Machinery(10000 Kw)	38.7	64.8	17.2	6.0
化肥使用量(折纯量)	(吨)	Consumption of Chemical Fertilizers(ton)	9292.0	11402.8	2629.0	2468.0
农药使用量	(吨)	Consumption of Agricultural Chemical(ton)	420.6	373.3	48.2	64.0
地膜使用量	(吨)	Consumption of Plastic Film(ton)	21.0	7.9	11.1	45.0
有效灌溉面积	(公顷)	Effective Irrigated Area(10000 hectares)	10959	14700	5448	4151

26-1 续表 5 Continued

指 标		Item	大通县 Da tong County	湟中县 Huang zhong County	湟源县 Huang yuan County	平安县 Ping an County
农作物总播种面积	(公顷)	Total Sown Areas of Farm Crops(hectare)	46435	53798	14947	20753
粮食作物播种面积		Total Sown Areas of Grain Crops(hectare)	20033	31745	8667	11879
其中:稻谷		Rice				
小麦		Wheat	11160	12891	2000	6033
玉米		Corn				
大豆		Soja				
油料播种面积		Oil-bearing Crops	20355	16192	3333	5180
棉花播种面积		Cotton				
糖料播种面积		Sugar-bearing				
蔬菜播种面积		Vegetables	4100	5211	2133	1467
粮食总产量	(吨)	Yield of Crain(ton)	78186	146748	30411	47446
其中:稻谷		Rice				
小麦		Wheat	42799	50219	8816	24138
玉米		Corn				
大豆		Soja				
油料产量		Oil-bearing Crops	55945	43084	7071	11414
棉花产量		Cotton				
糖料产量		Sugar-bearing				
水果产量		Fruits	300	615	3	111
肉类总产量		Output of Meat	28859	20190	8354	4949
奶类产量		Output of Milk	28186	49496	7082	3306
禽蛋产量		Output of Poultry Eggs	1855	1622	466	784
蔬菜产量		Output of Vegetables	133246	186839	82000	55550
水产品产量		Output of Aquatic Products			9	62
工业及建筑业		**Industry and Construction**				
国有及年销售收入500万元以上的非国有:		State-owned Industrial Enterprises and Non-state Industrial Enterprises with Revenue from Principle Business below 5 million yuan				
工业企业数	(个)	Number of Industrial Enterprises(unit)	31	33	16	12
工业总产值(现价)	(万元)	Gross Industrial Output Value(current prices)(10 000 yuan)	1310467	998200	167746	171886.5
内资企业		Domestic Funded	781816	998200	167746	171886.5
港、澳、台商投资企业		Funded from Hong Kong,Macao and Taiwan	16199			
外商投资企业		Foreign Funded	512452			
从业人员年平均数	(人)	Number of Employed Persons(person)	24076	11283	4026	1245
流动资产年平均余额		Annual Average Balance of Working Capitals	541635	239260	73779	9187
固定资产净值年平均余额		Annual Average Balance of Net Value of Fixed Assets	821503	228748	26779	9152
产品销售收入		Product Sales Revenue	1323506	765396	194032	41573
其中:产品销售税金及附加		Taxes and Other Charges on Product Saling	6052	2596	377	56
本年应交增值税		Value-added Tax Payable	60674	20204	5061	775
利润总额		Total Profits	42149	2650	21081	-540
建筑业:		Construction				
建筑业企业个数	(个)	Number of ConstructionEnterprises(unit)	10	8	5	9
期末从业人员数	(人)	Number of Staff & Workers at Year-end(person)	1524	1975	1198	720
建筑业总产值	(万元)	Gross Output Value of Construction(10 000 yuan)	13023	12173	5084	21056
交通运输、邮电通讯、能源		**Transportation，Postal，telecommunication and Energy**				
境内公路里程	(公里)	Length of Highways(km)	3622	1126	439	746
其中:高等级公路		Expressway	30	26	49	40
境内铁路营业里程	(公里)	Length of Railways in Operation(km)	36	20	60	9
境内火车站个数	(个)	Number of Railway Station(unit)	1	1	1	1
民用汽车拥有量	(辆)	Possession of Civil Vehicles(unit)	10266	12530	5134	3635
其中:个人汽车		Possession of Private Vehicles	3284	3743	987	3635
邮政业务总量	(万元)	Business Volume of Postal Services(10 000 yuan)	825	449	281	414
电信业务总量		Business Volume of Telecommunication Services	7523	6963	5855	5023
本地电话用户	(户)	Number of Subscribers of Fixed Telephone(subscriber)	59794	38447	25353	25889
住宅电话用户	(户)	Household Fixed Telephone Subscribers(subscriber)	45640	32246	18914	18648
其中:乡村电话用户		Rural Fixed Telephone Subscribers	3037	2156	1480	1689
移动电话用户数	(户)	Number of Mobile Telephone Subscribers(subscriber)	92427	65474	36601	81242
国际互联网用户	(户)	Number of Internet Users(subscriber)	11162	7286	7624	2713

26-1 续表 6 Continued

指 标	Item	大通县 Da tong County	湟中县 Huang zhong County	湟源县 Huang yuan County	平安县 Ping an County
全年用电量(万千瓦时)	Electricity Consumption(10 thousand kwh)	1197170	472038	136901	39661.5
工业用电量	Industrial Electricity Consumption	1193992	467638	136191	39533.5
农村用电量	Agricultural Electricity Consumption	3178	4400	710	128
贸易、外经、旅游	**Domestic Trade, Foreign Trade and Economic Cooperation and Tourism**				
社会销售品零售总额(万元)	Total Retail Sales of Consumer Goods (10 000 yuan)	69021	46963	24102	43503
限额以上批发零售贸易业商品销售总额(万元)	Total Sales of Enterprises above Designated Size of Wholesale and Retail Trades(10 000 yuan)	89819	61114	31365	4868
出口总额(万美元)	Total Exports(USD 10 000)				
当年合同外资金额	Contracted Value				12985.3
当年实际使用外资金额	Actually Utilized Value				12985.3
境内外来资本实际投资额(万元)	Foreign Investment Actually Utilized Value(10 000 yuan)				
星级饭店个数(个)	Number of Star-rated Hotels(unit)	1			2
星级饭店客房总数(间)	Number of Rooms in Star-rated Hotels(unit)	54			63
名胜风景区和文物保护区个数(个)	Number of Places of Interest and Historical Reservations(unit)				
固定资产投资(万元)	**Investment in Fixed Assets(10 000 yuan)**				
城镇固定资产投资完成额	Investment in Fixed Assets in Urban Area	85	27	40	85460
城镇新增固定资产	Newly Increased afaixed Assets in Urban Area	357052	24367	17822	6606
城镇投资项目数(个)	Number of Construction Projects in Urban Area	85	27	40	17
房地产开发投资完成额	Investment Completed of Enterprises for Real Estate Development	4125	12404		7928
其中:住宅	Residential Buildings	3995	10236		7728
教育、科技、文化、卫生	**Education, Science and Technology, Culture, Sports and Public Health**				
普通中学数(所)	Number of Regular Secondary Schools(unit)	39	46	13	17
小学数(所)	Number of Primary Schools(unit)	209	259	80	76
普通中学专任教师数(人)	Number of Full-time Teachers in Regular Secondary Schools(person)	2174	2117	682	556
小学专任教师数(人)	Number of Full-time Teachers in Primary Schools(person)	2018	2101	707	795
普通中学在校学生数(人)	Number of Students Enrollment in Regular Secondary Schools(person)	24521	26342	9087	7841
其中:女生	Female Students Enrollment in Regular Secondary Schools	12376	12793	4923	3760
小学在校学生数(人)	Number of Students Enrollment in Primary Schools(person)	42481	41408	10424	9414
其中:女生	Female Students Enrollment in Primary Schools	21123	19585	5057	4641
学龄儿童入学率(%)	Net Enrollment Rate of School-Age Children(%)	100.0	100.0	100.0	100.0
其中:女童入学率	Net Enrollment Rate of School-Age Female Children	100.0	100.0	100.0	100.0
初中升学率(%)	Primary School Graduates Entering into Junior Secondary Schools(%)	100.0	100.0	98.0	92.7
高中升学率(%)	Junior Secondary School Graduates Entering into Senior Secondary Schools(%)	82.9	85.0	74.0	93.4
高技术产业企业个数(个)	Number of Hi-Tech Industry Enterprises(unit)				
高技术产业总产值(当年价格)(万元)	Total Output Value of Hi-Tech Industry (current prices)(10 000 yuan)				
专业技术人员数(人)	Number of Scientific and Technical Personnel(person)	5471	5052	2168	2334
其中:农业技术人员	Agriculture	6		37	177
农业科技与服务业单位个数(个)	Number of Agricultural Scientific and Service Industry(unit)	67	17	49	19
全年专利申请数(件)	Number of Patents Application(unit)				
体育场馆数(个)	Number of Stadiums and Gymnasiums(unit)	1	1	1	
剧场、影剧院数(个)	Number of Theaters and Cinemas(unit)				
公共图书馆图书总藏量(千册)	Total Collections of Public Libraries(1000 volumes)	184	85	60	31
医院、卫生所数(所)	Number of Hospitals and Health Centers(unit)	33	18	13	11
医院、卫生院床位数(张)	Number of Beds in Hospitals and Health Centers(unit)	1041	579	377	283
医院、卫生院卫生技术人员数(人)	Number of Medical Technical Personnel in Hospitals and Health Centers(person)	918	609	338	297
其中:医生	Number of Certified Doctors	357	250	149	137
卫生防疫人员数(人)	Number of epidemic prevention personnel(person)	38	27	20	30
5岁以下儿童死亡率(‰)	Death Rate of Children under 5 (‰)	23.8	28.4	24.0	9.2
婴儿死亡率(‰)	Death Rate of Infant (‰)	20.8	24.8	22.2	5.1
产妇住院分娩比例(%)	Proportion of Lying-in Woman Labors in Hospital(%)	95.4	96.8	99.0	99.2

26-1 续表 7 Continued

指 标	Item	大通县 Da tong County	湟中县 Huang zhong County	湟源县 Huang yuan County	平安县 Ping an County
人民生活	**People's Living Conditions**				
城镇在岗职工年平均人数(人)	Number of Staff and Workers in Urban and Rural Areas(person)	36630	17488	7894	5295
城镇在岗职工工资总额(万元)	Total Earning of Staff and Workers in Urban and Rural Areas(10 000 yuan)	91109	40777	17000	16430
农村居民人均纯收入(元)	Per Capita Net Income of Rural Households(yuan)	3863	3317	3195	3386
农民人均住房面积(平方米)	Per Capita Floor Space of Houses(sq.m)	27.8	26.4	22.6	21.5
农民文化娱乐消费比重(%)	Proportion of Cultural and Recreation Consumption	4.4	4.1	2.8	5.9
农村彩电普及率(%)	Popularizing rate of Color TV Set in Rural Areas(%)	110.0	110.0	100.0	75.0
农村电脑普及率(%)	Popularizing rate of Computer in Rural Areas(%)				
农村恩格尔系数(%)	Engle Coefficient of Rural Households(%)	45.5	39.3	48.5	48.2
成人文盲率(%)	Illiteracy rate of adult(%)				
人均预期寿命(岁)	Population Life Expectancy(year old)				
农村贫困人口(万人)	Population below the poverty line in Rural Areas(person)				
社会保障(人)	**Social security(person)**				
各种社会福利收养性单位数(个)	Number of Social Welfare and Salvation Institutions(unit)	6		1	1
其中：床位数(张)	Number of Beds (unit)	120		16	39
参加基本养老保险的职工数	Number of Staff and Workers Participated in Basic Pension Insurance	15501	8979	7904	6409
参加基本医疗保险的职工数	Number of Staff and Workers Participated in Basic Medical Care Insurance	17093	15311	8415	10015
参加失业保险人数	Number of Staff and Workers Participated in Unemployment Insurance	1617	9326	2264	5596
城镇居民最低生活保障人数	Number of Persons Receiving Minimum Living Allowance in Rural Areas	15551	8480	6991	5981
农村居民最低生活保障人数	Number of Persons Receiving Minimum Living Allowance in Urban Areas	30200	39320	9800	5100
农村传统救济人数	Number of Persons Receiving Traditional Relief in Rural Areas	1395	8938	10132	247
参加农村合作医疗的人数	Rural Cooperative Medical Service Contributors	327217	379256	97246	70420
参加农村养老保险的人数	Rural Basic Pension Insurance Contributors				
社会治安	**Public Order**				
交通事故件数(件)	Number of Traffic Accides(unit)	83	14	49	85
刑事案件立案数(件)	Number of Criminal Case Registered(case)	384	379	114	432
犯罪人数(人)	Number of offenders(person)	263	198	87	123
民事案件发案数(件)	Number of civil cases(case)				730
资源、环境与可持续发展	**Resources，Environment and Sustainable Development**				
行政区域土地面积(平方公里)	Area of Administrative Regions(sq.km)	3090	2430	1509	750
建成区面积	Area of Built Up Regions(sq.km)				7
建成区绿化覆盖面积	Area of Green Coverage in Built Up Regions(sq.km)				2
森林面积(公顷)	Area of Forest(hectare)	1084	670	248	36948
当年造林面积(公顷)	Area of Afforestation(hectare)				2033
退耕造林面积	Area of Grain for Green(hectare)				
年末耕地总资源(公顷)	Area of Arable Land(hectare)	56826	64804	19133	20908
常用耕地面积	Area of Arable Landin Common Usage(hectare)	56826	64804	19133	20908
水浇地	Area of Irrigable Land(hectare)	10959	14700	5448	1565
年内减少耕地面积	Reduction in Area of Cultivated Land(hectare)	38	290	6	1
基建占地	Areas of Land for Construction(hectare)	38	290	6	1
退耕还林还草占地	Area of Grain for Green(hectare)				
自然保护区个数(个)	Number of Nature Reserves(unit)	1			
自然保护区面积(公顷)	Area of Nature Reserves (hectare)	198300			
环境污染治理本年完成投资总额(万元)	Investment Completed in the Treatment of Environmental Pollution(10 thousand yuan)	2315.9			
工业二氧化硫排放量(吨)	Volume of Sulphur Dioxide Emission(ton)	52506	3187.88	131	1503
工业废水排放量达标率(%)	Volume of Waste Water up to the Discharge Standards(ton)	76.9	70.0	21.4	
工业烟尘排放量达标率(%)	Volume of Industrial Soot up to the Discharge Standards(ton)	83.6	15.8	1.4	
城镇生活污水处理率(%)	Disposal Rate of Waste Water in Urban Areas(%)				
污水处理厂数(座)	Number of Sewage Treatment Works (unit)				
垃圾处理站数(个)	Number of Biohazard Waste (unit0	1	1	1	1

26-1 续表 8 Continued

指 标		Item	民和县 Min he County	乐都县 Le du County	互助县 Hu zhu County	化隆县 Hua long County
乡村基本情况		**Basic Conditions of Township**				
乡(镇)个数	(个)	Number of Township and Town Governments(unit)	22	19	19	19
建制镇个数		Number of Town Governments	8	7	8	6
镇区占地面积	(公顷)	Area of Township(hectare)	8916	272	1425	1138
镇区总人口	(人)	Population of Township(person)	73186	14535	64215	16517
村民委员会个数	(个)	Number of Villagers'Committees(unit)	312	354	294	362
自来水受益村		Number of Township Benefits From Tap Water	218	321	223	242
通电话的村		Number of Township Uses Telephone	274	345	294	313
通有线电视的村		Number of Township Has Cable Television	13	56	76	27
人口与就业		**Population and Employment**				
年末总人口	(万人)	Total Population(year—end)(10000 persons)	39.6	28.8	38.1	24.6
其中:女		Population of Female	19.1	14.0	18.2	12.7
当年出生人口	(人)	Newborn Population(person)	5576	3530	5708	7011
当年死亡人口	(人)	Dead Population(person)	1388	2179	2775	1715
常住人口	(万人)	Permanent Population(1000 persons)	4.0	2.0	3.0	2.0
乡村人口	(万人)	Rural Population(10000 persons)	34.9	24.0	34.0	21.9
年末总户数	(户)	Number of Households(year—end)(household)	97410	84182	98234	57814
其中:乡村户数		Number of Rural Households	72796	58491	80881	44595
年末单位从业人员数	(人)	Number of Employed Persons in Units at Year-end(person)	11822	9923	18134	5975
其中:女		Number of Female Employed Persons at Year-end	4347	3536	5595	2292
其中:第二产业		Number of Employed Persons of Secondary Industry	1408	281	4697	104
第三产业		Number of Employed Persons of Tertiary Industry	10030	7881	12713	5413
乡村从业人员数	(人)	Number of Employed Persons in Rural Areas(person)	171615	131438	181747	114734
其中:农林牧渔业		Number of Employed Persons of Agriculture, Forestry, Animal Husbandry and Fishery in Rural Areas	86143	60601	112860	73207
城镇登记失业人员数	(人)	Number of Registered Employed Persons in Urban Area by Region(person)	1914	3976	1998	2238
综合经济		**Economy of Integration**				
地区生产总值	**(万元)**	**Area total output value(10 000 yuan)**	**216556.7**	**242282.7**	**302110.1**	**180793.6**
第一产业增加值		Value-added of the Primary Industry	44664.7	51218.7	80736.1	28940.6
农业		Agriculture	21699.1	26162.0	42803.7	12074.0
林业		Forestry	1020.1	818.6	929.8	747.7
牧业		Animal Husbandry	20481.5	23000.5	35892.6	15248.9
渔业		Fishery		67.6		
农林牧渔服务业		Services in Support of Agriculture	1464	1170	1110	870
第二产业增加值		Value-added of the Secondary Industry	83398	68140	89642	113254
其中:工业		Industry	60045	48130	64698	87305
第三产业增加值		Value-added of the Tertiary Industry	88494	122924	131732	38599
财政、金融	**(万元)**	**Finances and Economy(10 000 yuan)**				
财政总收入		Total Government Revenue	80385	6018	90835	15317
其中:地方财政一般预算收入		General Budgetary Financial Revenue in Local Financial Revenue	8007	4655	7226	5067
各项税收		Taxation	5956	3512	5024	3881
地方财政一般预算支出		General Budgetary Financial Expenditures in Local Financial Expenditures	77929	78399	92948	56587
其中:农业支出		Expenditures for Agriculture	12257	12700	18229	10473
科学支出		Expenditures for Science	148	785	201	177
科技三项费		Expenditures for Science and Technology Promotion	6611	7230	9091	4028
教育支出		Expenditures for Education	23436	19317	22817	11529
年末金融机构各项存款余额		Deposits of all the Financial Institutes	178871	210157	184278	85835
其中:城乡居民储蓄存款余额		Urban and Rural Household Savings Deposits	115328	145595	113614	53778
年末金融机构各项贷款余额		Loans of all the Financial Institutes	36993	36547	60381	27957
其中:农业贷款		Loans to Agriculture Sector	17590	16889	17726	14443
农业		**Agriculture**				
生产条件		Condition for Agricultural Production				
农业机械总动力	(万千瓦特)	Total Power of Agriculture Machinery(10000 Kw)	28.0	21.0	39.0	20.0
化肥使用量(折纯量)	(吨)	Consumption of Chemical Fertilizers(ton)	6733.0	4867.0	11430.0	4267.0
农药使用量	(吨)	Consumption of Agricultural Chemical(ton)	100.0	69.0	313.0	47.0
地膜使用量	(吨)	Consumption of Plastic Film(ton)	70.0	181.0	5.0	16.0
有效灌溉面积	(公顷)	Effective Irrigated Area(10000 hectares)	12866	11394	11685	5800

26-1 续表 9 Continued

指　标	Item	民和县 Min he County	乐都县 Le du County	互助县 Hu zhu County	化隆县 Hua long County
农作物总播种面积　（公顷）	Total Sown Areas of Farm Crops(hectare)	46238	28207	59964	36880
粮食作物播种面积	Total Sown Areas of Grain Crops(hectare)	30476	16376	33056	18527
其中：稻谷	Rice				
小麦	Wheat	10548	2215	8415	7366
玉米	Corn	2000	19		
大豆	Soja				
油料播种面积	Oil-bearing Crops	12335	3661	24102	17277
棉花播种面积	Cotton				
糖料播种面积	Sugar-bearing				
蔬菜播种面积	Vegetables	2181	7289	2520	735
粮食总产量　（吨）	Yield of Crain(ton)	116367	64130	138808	59545
其中：稻谷	Rice				
小麦	Wheat	42276	7227	31557	31535
玉米	Corn	17595	112		
大豆	Soja				
油料产量	Oil-bearing Crops	22901	5685	61460	24349
棉花产量	Cotton				
糖料产量	Sugar-bearing				
水果产量	Fruits	4152	815	606	1220
肉类总产量	Output of Meat	12464	22324	27404	10124
奶类产量	Output of Milk	11000	4248	5624	5331
禽蛋产量	Output of Poultry Eggs	1720	4203	2450	125
蔬菜产量	Output of Vegetables	53396	229509	115300	20700
水产品产量	Output of Aquatic Products		120		
工业及建筑业	**Industry and Construction**				
国有及年销售收入500万元以上的非国有：	State-owned Industrial Enterprises and Non-state Industrial Enterprises with Revenue from Principle Business below 5 million yuan				
工业企业数　（个）	Number of Industrial Enterprises(unit)	25	15	26	9
工业总产值(现价)　（万元）	Gross Industrial Output Value(current prices)(10 000 yuan)	121333	115233	140792	246283
内资企业	Domestic Funded	121333	115233	134464	246283
港、澳、台商投资企业	Funded from Hong Kong,Macao and Taiwan				
外商投资企业	Foreign Funded			6329	
从业人员年平均数　（人）	Number of Employed Persons(person)	2821	3777	3683	1257
流动资产年平均余额	Annual Average Balance of Working Capitals	35791	32734	49669	62193
固定资产净值年平均余额	Annual Average Balance of Net Value of Fixed Assets	38075	36814	29161	49175
产品销售收入	Product Sales Revenue	129248	105900	119064	129532
其中：产品销售税金及附加	Taxes and Other Charges on Product Saling	523	3115	4333	192
本年应交增值税	Value-added Tax Payable	6118	5632	5090	2200
利润总额	Total Profits	2502	10917	12521	-8146
建筑业：	Construction				
建筑业企业个数　（个）	Number of ConstructionEnterprises(unit)	6	14	6	2
期末从业人员数　（人）	Number of Staff & Workers at Year-end(person)	1875	5138	3251	43
建筑业总产值　（万元）	Gross Output Value of Construction(10 000 yuan)	19994	20933	14907	500
交通运输、邮电通讯、能源	**Transportation，Postal，telecommunication and Energy**				
境内公路里程　（公里）	Length of Highways(km)	1522	1327	1659	1397
其中：高等级公路	Expressway	25	53	61	10
境内铁路营业里程　（公里）	Length of Railways in Operation(km)	16	76	15	
境内火车站个数　（个）	Number of Railway Station(unit)	1	4	1	
民用汽车拥有量　（辆）	Possession of Civil Vehicles(unit)	1963	3462	2092	3655
其中：个人汽车	Possession of Private Vehicles	1963	3462	2092	3655
邮政业务总量　（万元）	Business Volume of Postal Services(10 000 yuan)	336	472	193	168
电信业务总量	Business Volume of Telecommunication Services	5175	5097	4420	2881
本地电话用户　（户）	Number of Subscribers of Fixed Telephone(subscriber)	119411	48156	28416	66367
住宅电话用户　（户）	Household Fixed Telephone Subscribers(subscriber)	27652	34984	23736	14708
其中：乡村电话用户	Rural Fixed Telephone Subscribers	19872	26780	15502	6000
移动电话用户数　（户）	Number of Mobile Telephone Subscribers(subscriber)	91795	93172	104680	51659
国际互联网用户　（户）	Number of Internet Users(subscriber)	2459	3500	2296	1164

26-1 续表 10 Continued

指标	Item	民和县 Min he County	乐都县 Le du County	互助县 Hu zhu County	化隆县 Hua long County
全年用电量(万千瓦时)	Electricity Consumption(10 thousand kwh)	144616	186529	61243	126659
工业用电量	Industrial Electricity Consumption	144277	186154	61050	124651
农村用电量	Agricultural Electricity Consumption	339	375	193	2008
贸易、外经、旅游	**Domestic Trade，Foreign Trade and Economic Cooperation and Tourism**				
社会销售品零售总额(万元)	Total Retail Sales of Consumer Goods (10 000 yuan)	72280	56608	49204	24293
限额以上批发零售贸易业商品销售总额(万元)	Total Sales of Enterprises above Designated Size of Wholesale and Retail Trades(10 000 yuan)	8095	6340	5511	2721
出口总额(万美元)	Total Exports(USD 10 000)				
当年合同外资金额	Contracted Value	8145	5721	5797	2246
当年实际使用外资金额	Actually Utilized Value	8145	5721	5797	2246
境内外来资本实际投资额(万元)	Foreign Investment Actually Utilized Value(10 000 yuan)				
星级饭店个数(个)	Number of Star-rated Hotels(unit)	3			
星级饭店客房总数(间)	Number of Rooms in Star-rated Hotels(unit)	49			
名胜风景区和文物保护区个数(个)	Number of Places of Interest and Historical Reservations(unit)				
固定资产投资(万元)	**Investment in Fixed Assets(10 000 yuan)**				
城镇固定资产投资完成额	Investment in Fixed Assets in Urban Area	72756	89446	94816	17367
城镇新增固定资产	Newly Increased afaixed Assets in Urban Area	54555	60774	41056	97956
城镇投资项目数(个)	Number of Construction Projects in Urban Area	37	121	102	30
房地产开发投资完成额	Investment Completed of Enterprises for Real Estate Development	12976	12467	800	
其中:住宅	Residential Buildings	11164	7546	800	
教育、科技、文化、卫生	**Education，Science and Technology，Culture，Sports and Public Health**				
普通中学数(所)	Number of Regular Secondary Schools(unit)	43	43	30	21
小学数(所)	Number of Primary Schools(unit)	281	130	233	239
普通中学专任教师数(人)	Number of Full-time Teachers in Regular Secondary Schools(person)	1672	1632	1652	719
小学专任教师数(人)	Number of Full-time Teachers in Primary Schools(person)	1889	1525	1871	1168
普通中学在校学生数(人)	Number of Students Enrollment in Regular Secondary Schools(person)	29361	20450	24216	10836
其中:女生	Female Students Enrollment in Regular Secondary Schools	13826	9985	11664	4769
小学在校学生数(人)	Number of Students Enrollment in Primary Schools(person)	42474	19512	29636	24499
其中:女生	Female Students Enrollment in Primary Schools	20435	9471	13899	11814
学龄儿童入学率(%)	Net Enrollment Rate of School-Age Children(%)	99.7	100.0	99.8	99.4
其中:女童入学率	Net Enrollment Rate of School-Age Female Children	99.6	100.0	99.5	99.1
初中升学率(%)	Primary School Graduates Entering into Junior Secondary Schools(%)	68.0	99.8	80.2	65.4
高中升学率(%)	Junior Secondary School Graduates Entering into Senior Secondary Schools(%)	70.1	70.1	61.2	68.6
高技术产业企业个数(个)	Number of Hi-Tech Industry Enterprises(unit)				
高技术产业总产值(当年价格)(万元)	Total Output Value of Hi-Tech Industry (current prices)(10 000 yuan)				
专业技术人员数(人)	Number of Scientific and Technical Personnel(person)	4623	3821	6108	1587
其中:农业技术人员	Agriculture	273	280	682	150
农业科技与服务业单位个数(个)	Number of Agricultural Scientific and Service Industry(unit)	63	19	15	39
全年专利申请数(件)	Number of Patents Application(unit)				
体育场馆数(个)	Number of Stadiums and Gymnasiums(unit)	1	1		
剧场、影剧院数(个)	Number of Theaters and Cinemas(unit)	1		1	
公共图书馆图书总藏量(千册)	Total Collections of Public Libraries(1000 volumes)	50	98	14	76
医院、卫生所数(所)	Number of Hospitals and Health Centers(unit)	30	24	23	22
医院、卫生院床位数(张)	Number of Beds in Hospitals and Health Centers(unit)	578	345	435	219
医院、卫生院卫生技术人员数(人)	Number of Medical Technical Personnel in Hospitals and Health Centers(person)	378	413	516	379
其中:医生	Number of Certified Doctors	220	282	295	173
卫生防疫人员数(人)	Number of epidemic prevention personnel(person)	320	22	48	22
5岁以下儿童死亡率(‰)	Death Rate of Children under 5 (‰)	21.5	19.1	27.1	11.7
婴儿死亡率(‰)	Death Rate of Infant (‰)	19.7	17.7	25.7	10.8
产妇住院分娩比例(%)	Proportion of Lying-in Woman Labors in Hospital(%)	92.7	99.7	97.8	90.0

26-1 续表 11 Continued

指　标	Item	民和县 Min he County	乐都县 Le du County	互助县 Hu zhu County	化隆县 Hua long County
人民生活	**People's Living Conditions**				
城镇在岗职工年平均人数(人)	Number of Staff and Workers in Urban and Rural Areas(person)	10311	9697	12964	5968
城镇在岗职工工资总额(万元)	Total Earning of Staff and Workers in Urban and Rural Areas(10 000 yuan)	30056	32561	48368	20792
农村居民人均纯收入(元)	Per Capita Net Income of Rural Households(yuan)	3121	3248	3374	2998
农民人均住房面积(平方米)	Per Capita Floor Space of Houses(sq.m)	16.8	26.2	26.9	19.1
农民文化娱乐消费比重(%)	Proportion of Cultural and Recreation Consumption	8.7	5.5	8.2	2.5
农村彩电普及率(%)	Popularizing rate of Color TV Set in Rural Areas(%)	105.0	102.5	92.5	92.5
农村电脑普及率(%)	Popularizing rate of Computer in Rural Areas(%)	2.5			
农村恩格尔系数(%)	Engle Coefficient of Rural Households(%)	47.7	48.7	41.6	48.8
成人文盲率(%)	Illiteracy rate of adult(%)				
人均预期寿命(岁)	Population Life Expectancy(year old)				
农村贫困人口(万人)	Population below the poverty line in Rural Areas(person)				
社会保障(人)	**Social security(person)**				
各种社会福利收养性单位数(个)	Number of Social Welfare and Salvation Institutions(unit)			1	
其中：床位数(张)	Number of Beds (unit)			24	
参加基本养老保险的职工数	Number of Staff and Workers Participated in Basic Pension Insurance	9586	11223	7725	4913
参加基本医疗保险的职工数	Number of Staff and Workers Participated in Basic Medical Care Insurance	11883	14499	15977	8499
参加失业保险人数	Number of Staff and Workers Participated in Unemployment Insurance	7209	9664	9582	4428
城镇居民最低生活保障人数	Number of Persons Receiving Minimum Living Allowance in Rural Areas	9757	11589	3786	5392
农村居民最低生活保障人数	Number of Persons Receiving Minimum Living Allowance in Urban Areas	34100	22000	31800	23200
农村传统救济人数	Number of Persons Receiving Traditional Relief in Rural Areas	1524	983	1661	1134
参加农村合作医疗的人数	Rural Cooperative Medical Service Contributors	302526	207996	328905	185384
参加农村养老保险的人数	Rural Basic Pension Insurance Contributors				4000
社会治安	**Public Order**				
交通事故件数(件)	Number of Traffic Accides(unit)	86	61	79	37
刑事案件立案数(件)	Number of Criminal Case Registered(case)	583	371	227	187
犯罪人数(人)	Number of offenders(person)	130	123	105	105
民事案件发案数(件)	Number of civil cases(case)	857	879	1191	264
资源、环境与可持续发展	**Resources，Environment and Sustainable Development**				
行政区域土地面积(平方公里)	Area of Administrative Regions(sq.km)	1780	3050	3321	2740
建成区面积	Area of Built Up Regions(sq.km)	7	8	8	3
建成区绿化覆盖面积	Area of Green Coverage in Built Up Regions(sq.km)	1	2	2	0
森林面积(公顷)	Area of Forest(hectare)	66289.1	16278.9	66871	59130
当年造林面积(公顷)	Area of Afforestation(hectare)	900	1723	2326	2167
退耕造林面积	Area of Grain for Green(hectare)				
年末耕地总资源(公顷)	Area of Arable Land(hectare)	42679.9	30548.3	73591	36190
常用耕地面积	Area of Arable Landin Common Usage(hectare)	42679.9	30548.3	73591	36190
水浇地	Area of Irrigable Land(hectare)	14821.8	6887.28	11933	6167.4
年内减少耕地面积	Reduction in Area of Cultivated Land(hectare)		5	80	
基建占地	Areas of Land for Construction(hectare)		5	80	
退耕还林还草占地	Area of Grain for Green(hectare)				
自然保护区个数(个)	Number of Nature Reserves(unit)				
自然保护区面积(公顷)	Area of Nature Reserves (hectare)				
环境污染治理本年完成投资总额(万元)	Investment Completed in the Treatment of Environmental Pollution(10 thousand yuan)	1865.2	1270	1847	
工业二氧化硫排放量(吨)	Volume of Sulphur Dioxide Emission(ton)	3696.11	3108.14	4037.5	1110.8
工业废水排放量达标率(%)	Volume of Waste Water up to the Discharge Standards(ton)				
工业烟尘排放量达标率(%)	Volume of Industrial Soot up to the Discharge Standards(ton)				
城镇生活污水处理率(%)	Disposal Rate of Waste Water in Urban Areas(%)				
污水处理厂数(座)	Number of Sewage Treatment Works (unit)				
垃圾处理站数(个)	Number of Biohazard Waste (unit0	1	1	1	1

26-1 续表 12 Continued

指 标	Item	循化县 Xunhua County	门源县 Menyuan County	祁连县 Qilian County	海晏县 Haiyan County
乡村基本情况	**Basic Conditions of Township**				
乡(镇)个数 (个)	Number of Township and Town Governments(unit)	9	12	7	5
建制镇个数	Number of Town Governments	3	4	3	1
镇区占地面积 (公顷)	Area of Township(hectare)	299	829	873	1600
镇区总人口 (人)	Population of Township(person)	6768	10188	23667	3948
村民委员会个数 (个)	Number of Villagers'Committees(unit)	154	109	45	29
自来水受益村	Number of Township Benefits From Tap Water	136	85	31	24
通电话的村	Number of Township Uses Telephone	132	97	42	29
通有线电视的村	Number of Township Has Cable Television	11	4	28	1
人口与就业	**Population and Employment**				
年末总人口 (万人)	Total Population(year—end)(10000 persons)	12.7	15.3	4.8	3.4
其中:女	Population of Female	6.3	7.4	2.4	1.7
当年出生人口 (人)	Newborn Population(person)	2086	1272	764	388
当年死亡人口 (人)	Dead Population(person)	729	574	242	155
常住人口 (万人)	Permanent Population(1000 persons)	1.0	1.0	4.0	3.0
乡村人口 (万人)	Rural Population(10000 persons)	11.5	12.7	3.7	2.1
年末总户数 (户)	Number of Households(year—end)(household)	33587	40366	14925	11158
其中:乡村户数	Number of Rural Households	23412	27345	8592	5040
年末单位从业人员数 (人)	Number of Employed Persons in Units at Year-end(person)	5981	7728	3516	9837
其中:女	Number of Female Employed Persons at Year-end	1747	2553	1427	3459
其中:第二产业	Number of Employed Persons of Secondary Industry	1073	748	489	3909
第三产业	Number of Employed Persons of Tertiary Industry	4643	4814	2557	5726
乡村从业人员数 (人)	Number of Employed Persons in Rural Areas(person)	52400	69115	20107	12791
其中:农林牧渔业	Number of Employed Persons of Agriculture, Forestry, Animal Husbandry and Fishery in Rural Areas	397	48859	15396	9227
城镇登记失业人员数 (人)	Number of Registered Employed Persons in Urban Area by Region(person)	1584	898	823	1118
综合经济	**Economy of Integration**				
地区生产总值 (万元)	**Area total output value(10 000 yuan)**	**83726.9**	**123388**	**66853**	**142199**
第一产业增加值	Value-added of the Primary Industry	20073.9	37140.0	22701.0	8686.0
农业	Agriculture	7682.7	16052.0	1793.0	999.0
林业	Forestry	662.2	51.0	35.0	27.0
牧业	Animal Husbandry	11531.0	20025.0	20474.0	7444.0
渔业	Fishery				
农林牧渔服务业	Services in Support of Agriculture	198.0	1012.0	399.0	216.0
第二产业增加值	Value-added of the Secondary Industry	26266	41098	22756	96611
其中:工业	Industry	17081	15529	11248	74360
第三产业增加值	Value-added of the Tertiary Industry	37387	45150	21396	36902
财政、金融 (万元)	**Finances and Economy(10 000 yuan)**				
财政总收入	Total Government Revenue	43381	3732	2269	16471
其中:地方财政一般预算收入	General Budgetary Financial Revenue in Local Financial Revenue	4241	3402	2036	5014
各项税收	Taxation	3732	1820	1415	4095
地方财政一般预算支出	General Budgetary Financial Expenditures in Local Financial Expenditures	44078	37866	21944	54676
其中:农业支出	Expenditures for Agriculture	4002	5590	334	3122
科学支出	Expenditures for Science	317	156	20	560
科技三项费	Expenditures for Science and Technology Promotion	3305	156	2	34
教育支出	Expenditures for Education	8371	9035	3521	285
年末金融机构各项存款余额	Deposits of all the Financial Institutes	93662	101414	38616	50496
其中:城乡居民储蓄存款余额	Urban and Rural Household Savings Deposits	64706	57971	19432	37394
年末金融机构各项贷款余额	Loans of all the Financial Institutes	22896	15304	11650	50496
其中:农业贷款	Loans to Agriculture Sector	10373	7916	7994	-2288
农业	**Agriculture**				
生产条件	Condition for Agricultural Production				
农业机械总动力 (万千瓦特)	Total Power of Agriculture Machinery(10000 Kw)	8.0	14.0	4.0	3.0
化肥使用量(折纯量) (吨)	Consumption of Chemical Fertilizers(ton)	2172.0	5895.0	248.0	159.0
农药使用量 (吨)	Consumption of Agricultural Chemical(ton)	102.0	136.0	8.0	1.0
地膜使用量 (吨)	Consumption of Plastic Film(ton)	111.0	5.0		1.0
有效灌溉面积 (公顷)	Effective Irrigated Area(10000 hectares)	5006	12077	771	454

26-1 续表 13 Continued

指 标	Item	循化县 Xunhua County	门源县 Menyuan County	祁连县 Qilian County	海晏县 Haiyan County
农作物总播种面积 (公顷)	Total Sown Areas of Farm Crops(hectare)	14775	40325	2343	2596
粮食作物播种面积	Total Sown Areas of Grain Crops(hectare)	7348	8848	1234	1446
其中:稻谷	Rice				
小麦	Wheat	4310	564	187	359
玉米	Corn				
大豆	Soja				
油料播种面积	Oil-bearing Crops	4589	21239	789	806
棉花播种面积	Cotton				
糖料播种面积	Sugar-bearing				
蔬菜播种面积	Vegetables	2806	569	11	
粮食总产量 (吨)	Yield of Crain(ton)	31955	31648	3826	4347
其中:稻谷	Rice				
小麦	Wheat	23314	2560	663	1399
玉米	Corn				
大豆	Soja				
油料产量	Oil-bearing Crops	7336	37159	1143	967
棉花产量	Cotton				
糖料产量	Sugar-bearing				
水果产量	Fruits	900			
肉类总产量	Output of Meat	6729	9940	12232	5330
奶类产量	Output of Milk	7013	10641	9853	3684
禽蛋产量	Output of Poultry Eggs	131	330	30	4
蔬菜产量	Output of Vegetables	68609	5972	87	
水产品产量	Output of Aquatic Products				
工业及建筑业	**Industry and Construction**				
国有及年销售收入500万元以上的非国有:	State-owned Industrial Enterprises and Non-state Industrial Enterprises with Revenue from Principle Business below 5 million yuan				
工业企业数 (个)	Number of Industrial Enterprises(unit)	7	22	13	14
工业总产值(现价) (万元)	Gross Industrial Output Value(current prices)(10 000 yuan)	28474	27729	11150	111356
内资企业	Domestic Funded	28474	27729	11150	101396
港、澳、台商投资企业	Funded from Hong Kong,Macao and Taiwan				
外商投资企业	Foreign Funded				9960
从业人员年平均数 (人)	Number of Employed Persons(person)	1661	2108	1078	3470
流动资产年平均余额	Annual Average Balance of Working Capitals	10000	19569	8107	77616
固定资产净值年平均余额	Annual Average Balance of Net Value of Fixed Assets	14241	72559	18312	185706
产品销售收入	Product Sales Revenue	26169	27731	10066	126795
其中:产品销售税金及附加	Taxes and Other Charges on Product Saling	3	50	189	1504
本年应交增值税	Value-added Tax Payable	381	650	620	7360
利润总额	Total Profits	2315	556	-50	10544
建筑业:	Construction				
建筑业企业个数 (个)	Number of ConstructionEnterprises(unit)	5	4	2	4
期末从业人员数 (人)	Number of Staff & Workers at Year-end(person)	315	395	48	314
建筑业总产值 (万元)	Gross Output Value of Construction(10 000 yuan)	3610	5079	1569	1932
交通运输、邮电通讯、能源	**Transportation, Postal, telecommunication and Energy**				
境内公路里程 (公里)	Length of Highways(km)	816	1219	1170	545
其中:高等级公路	Expressway				
境内铁路营业里程 (公里)	Length of Railways in Operation(km)				353
境内火车站个数 (个)	Number of Railway Station(unit)				6
民用汽车拥有量 (辆)	Possession of Civil Vehicles(unit)	3695	2033	928	734
其中:个人汽车	Possession of Private Vehicles	3695	1885	799	530
邮政业务总量 (万元)	Business Volume of Postal Services(10 000 yuan)	232	182	112	213
电信业务总量	Business Volume of Telecommunication Services	2462	2410	1655	2717
本地电话用户 (户)	Number of Subscribers of Fixed Telephone(subscriber)	13499	13790	6214	8482
住宅电话用户 (户)	Household Fixed Telephone Subscribers(subscriber)	11272	10580	3686	3778
其中:乡村电话用户	Rural Fixed Telephone Subscribers	8560	7774	1532	1215
移动电话用户数 (户)	Number of Mobile Telephone Subscribers(subscriber)	39021	27440	15160	19572
国际互联网用户 (户)	Number of Internet Users(subscriber)	1080	1073	687	1348

26-1 续表 14 Continued

指 标	Item	循化县 Xunhua County	门源县 Menyuan County	祁连县 Qilian County	海晏县 Haiyan County
全年用电量(万千瓦时)	Electricity Consumption(10 thousand kwh)	2398.68	5725	820	35534
工业用电量	Industrial Electricity Consumption	1260.68	4681	596	35334
农村用电量	Agricultural Electricity Consumption	1138	1044	224	200
贸易、外经、旅游	**Domestic Trade，Foreign Trade and Economic Cooperation and Tourism**				
社会销售品零售总额(万元)	Total Retail Sales of Consumer Goods (10 000 yuan)	24110	21847	11034	9169.3
限额以上批发零售贸易业商品销售总额(万元)	Total Sales of Enterprises above Designated Size of Wholesale and Retail Trades(10 000 yuan)	2700	3026	1768	2796
出口总额(万美元)	Total Exports(USD 10 000)				
当年合同外资金额	Contracted Value	2253.09			
当年实际使用外资金额	Actually Utilized Value	2253.09			
境内外来资本实际投资额(万元)	Foreign Investment Actually Utilized Value(10 000 yuan)				
星级饭店个数(个)	Number of Star-rated Hotels(unit)	8	1		2
星级饭店客房总数(间)	Number of Rooms in Star-rated Hotels(unit)	335	88		260
名胜风景区和文物保护区个数(个)	Number of Places of Interest and Historical Reservations(unit)		10	2	5
固定资产投资(万元)	**Investment in Fixed Assets(10 000 yuan)**				
城镇固定资产投资完成额	Investment in Fixed Assets in Urban Area	42609	44307	34770	104210
城镇新增固定资产	Newly Increased afaixed Assets in Urban Area	33563	22769	19239	155172
城镇投资项目数(个)	Number of Construction Projects in Urban Area	117	46	72	69
房地产开发投资完成额	Investment Completed of Enterprises for Real Estate Development		5350	849	401
其中:住宅	Residential Buildings		5350	849	401
教育、科技、文化、卫生	**Education，Science and Technology，Culture，Sports and Public Health**				
普通中学数(所)	Number of Regular Secondary Schools(unit)	11	12	5	3
小学数(所)	Number of Primary Schools(unit)	85	122	27	25
普通中学专任教师数(人)	Number of Full-time Teachers in Regular Secondary Schools(person)	398	495	153	156
小学专任教师数(人)	Number of Full-time Teachers in Primary Schools(person)	720	772	286	262
普通中学在校学生数(人)	Number of Students Enrollment in Regular Secondary Schools(person)	6627	8182	2798	2653
其中:女生	Female Students Enrollment in Regular Secondary Schools	2786	3273	1119	1549
小学在校学生数(人)	Number of Students Enrollment in Primary Schools(person)	14823	18074	6501	4317
其中:女生	Female Students Enrollment in Primary Schools	7157	8754	3564	2159
学龄儿童入学率(%)	Net Enrollment Rate of School-Age Children(%)	99.8	99.5	99.8	100.0
其中:女童入学率	Net Enrollment Rate of School-Age Female Children	99.8	99.0	99.5	100.0
初中升学率(%)	Primary School Graduates Entering into Junior Secondary Schools(%)	99.8	98.9	88.6	99.1
高中升学率(%)	Junior Secondary School Graduates Entering into Senior Secondary Schools(%)	67.0	49.7	45.3	62.7
高技术产业企业个数(个)	Number of Hi-Tech Industry Enterprises(unit)				
高技术产业总产值(当年价格)(万元)	Total Output Value of Hi-Tech Industry (current prices)(10 000 yuan)				
专业技术人员数(人)	Number of Scientific and Technical Personnel(person)	2921	1635	714	900
其中:农业技术人员	Agriculture	65	20	32	46
农业科技与服务业单位个数(个)	Number of Agricultural Scientific and Service Industry(unit)	7	39	11	18
全年专利申请数(件)	Number of Patents Application(unit)				
体育场馆数(个)	Number of Stadiums and Gymnasiums(unit)	1	7		4
剧场、影剧院数(个)	Number of Theaters and Cinemas(unit)		1	1	2
公共图书馆图书总藏量(千册)	Total Collections of Public Libraries(1000 volumes)	62	3	1	12
医院、卫生所数(所)	Number of Hospitals and Health Centers(unit)	11	19	13	17
医院、卫生院床位数(张)	Number of Beds in Hospitals and Health Centers(unit)	108	156	113	449
医院、卫生院卫生技术人员数(人)	Number of Medical Technical Personnel in Hospitals and Health Centers(person)	145	263	189	466
其中:医生	Number of Certified Doctors	128	111	27	143
卫生防疫人员数(人)	Number of epidemic prevention personnel(person)	18			
5岁以下儿童死亡率(‰)	Death Rate of Children under 5 (‰)	12.8	26.8	29.6	28.5
婴儿死亡率(‰)	Death Rate of Infant (‰)	12.3			
产妇住院分娩比例(%)	Proportion of Lying-in Woman Labors in Hospital(%)	88.1			

26-1 续表 15 Continued

指 标	Item	循化县 Xun hua County	门源县 Men yuan County	祁连县 Qi lian County	海晏县 Hai yan County
人民生活	**People's Living Conditions**				
城镇在岗职工年平均人数(人)	Number of Staff and Workers in Urban and Rural Areas(person)	3893	7686	3153	9308
城镇在岗职工工资总额(万元)	Total Earning of Staff and Workers in Urban and Rural Areas(10 000 yuan)	13604	20424	9501	27768
农村居民人均纯收入(元)	Per Capita Net Income of Rural Households(yuan)	3251	3582	3906	3661
农民人均住房面积(平方米)	Per Capita Floor Space of Houses(sq.m)	16.6	19.8	18.4	18.3
农民文化娱乐消费比重(%)	Proportion of Cultural and Recreation Consumption	5.8	4.4	5.2	1.5
农村彩电普及率(%)	Popularizing rate of Color TV Set in Rural Areas(%)	65.0	86.0	70.0	86.7
农村电脑普及率(%)	Popularizing rate of Computer in Rural Areas(%)		2.5		
农村恩格尔系数(%)	Engle Coefficient of Rural Households(%)	41.1	50.4	52.4	56.8
成人文盲率(%)	Illiteracy rate of adult(%)				
人均预期寿命(岁)	Population Life Expectancy(year old)				
农村贫困人口(万人)	Population below the poverty line in Rural Areas(person)				
社会保障(人)	**Social security(person)**				
各种社会福利收养性单位数(个)	Number of Social Welfare and Salvation Institutions(unit)	4			
其中：床位数(张)	Number of Beds (unit)	79			
参加基本养老保险的职工数	Number of Staff and Workers Participated in Basic Pension Insurance	2122	2885	2436	6243
参加基本医疗保险的职工数	Number of Staff and Workers Participated in Basic Medical Care Insurance	5121	4770	3373	8713
参加失业保险人数	Number of Staff and Workers Participated in Unemployment Insurance	3050	2977	1941	4587
城镇居民最低生活保障人数	Number of Persons Receiving Minimum Living Allowance in Rural Areas	3135	5442	2724	4223
农村居民最低生活保障人数	Number of Persons Receiving Minimum Living Allowance in Urban Areas	7300	10543	3393	1695
农村传统救济人数	Number of Persons Receiving Traditional Relief in Rural Areas	757			
参加农村合作医疗的人数	Rural Cooperative Medical Service Contributors	99474	116807	33654	18707
参加农村养老保险的人数	Rural Basic Pension Insurance Contributors				
社会治安	**Public Order**				
交通事故件数(件)	Number of Traffic Accides(unit)	17	23	8	15
刑事案件立案数(件)	Number of Criminal Case Registered(case)	23	222	155	82
犯罪人数(人)	Number of offenders(person)	33	140	72	45
民事案件发案数(件)	Number of civil cases(case)	126	645	203	117
资源、环境与可持续发展	**Resources，Environment and Sustainable Development**				
行政区域土地面积(平方公里)	Area of Administrative Regions(sq.km)	1750	7167	14681.4	4067
建成区面积	Area of Built Up Regions(sq.km)	3			
建成区绿化覆盖面积	Area of Green Coverage in Built Up Regions(sq.km)	1			
森林面积(公顷)	Area of Forest(hectare)	50750	496	167	67
当年造林面积(公顷)	Area of Afforestation(hectare)	1200	2715	795	4005
退耕造林面积	Area of Grain for Green(hectare)				
年末耕地总资源(公顷)	Area of Arable Land(hectare)	11909	39956	2524	2699
常用耕地面积	Area of Arable Landin Common Usage(hectare)	11909	39956	2524	2699
水浇地	Area of Irrigable Land(hectare)	3183	12077	771	454
年内减少耕地面积	Reduction in Area of Cultivated Land(hectare)				
基建占地	Areas of Land for Construction(hectare)				
退耕还林还草占地	Area of Grain for Green(hectare)				
自然保护区个数(个)	Number of Nature Reserves(unit)	1		1	1
自然保护区面积(公顷)	Area of Nature Reserves (hectare)	17290		834700	495200
环境污染治理本年完成投资总额(万元)	Investment Completed in the Treatment of Environmental Pollution(10 thousand yuan)				
工业二氧化硫排放量(吨)	Volume of Sulphur Dioxide Emission(ton)	179.97	37	148	3406
工业废水排放量达标率(%)	Volume of Waste Water up to the Discharge Standards(ton)				
工业烟尘排放量达标率(%)	Volume of Industrial Soot up to the Discharge Standards(ton)				
城镇生活污水处理率(%)	Disposal Rate of Waste Water in Urban Areas(%)				
污水处理厂数(座)	Number of Sewage Treatment Works (unit)				
垃圾处理站数(个)	Number of Biohazard Waste (unit0	1			1

26-1 续表 16 Continued

指 标		Item	刚察县 Gangcha County	同仁县 Tongren County	尖扎县 Jianzha County	泽库县 Zeku County
乡村基本情况		**Basic Conditions of Township**				
乡(镇)个数	(个)	Number of Township and Town Governments(unit)	5	12	9	7
建制镇个数		Number of Town Governments	2	2	3	2
镇区占地面积	(公顷)	Area of Township(hectare)	309	550	474	700
镇区总人口	(人)	Population of Township(person)	7166	3228	7145	923
村民委员会个数	(个)	Number of Villagers'Committees(unit)	31	72	81	64
自来水受益村		Number of Township Benefits From Tap Water	21	52	32	25
通电话的村		Number of Township Uses Telephone	29	39	81	47
通有线电视的村		Number of Township Has Cable Television	5	25	10	10
人口与就业		**Population and Employment**				
年末总人口	(万人)	Total Population(year—end)(10000 persons)	4.3	8.3	5.6	6.6
其中:女		Population of Female	2.1	4.2	2.8	3.3
当年出生人口	(人)	Newborn Population(person)	746	3228	560	694
当年死亡人口	(人)	Dead Population(person)	282	404	232	74
常住人口	(万人)	Permanent Population(1000 persons)	4.0	8.0	5.0	6.0
乡村人口	(万人)	Rural Population(10000 persons)	2.8	6.2	4.4	6.1
年末总户数	(户)	Number of Households(year—end)(household)	13248	21538	18133	18175
其中:乡村户数		Number of Rural Households	5804	12196	9083	13213
年末单位从业人员数	(人)	Number of Employed Persons in Units at Year-end(person)	3793	7673	5232	1783
其中:女		Number of Female Employed Persons at Year-end	1147	2892	1808	560
其中:第二产业		Number of Employed Persons of Secondary Industry	83	568	2002	
第三产业		Number of Employed Persons of Tertiary Industry	2018	6754	2878	1707
乡村从业人员数	(人)	Number of Employed Persons in Rural Areas(person)	12578	33940	21368	26961
其中:农林牧渔业		Number of Employed Persons of Agriculture, Forestry, Animal Husbandry and Fishery in Rural Areas	11524	27053	14663	24854
城镇登记失业人员数	(人)	Number of Registered Employed Persons in Urban Area by Region(person)	376	1535	1936	286
综合经济		**Economy of Integration**				
地区生产总值	**(万元)**	**Area total output value(10 000 yuan)**	**49449**	**91918**	**144052**	**50899**
第一产业增加值		Value-added of the Primary Industry	20401.0	23190.0	12700.0	34448.0
农业		Agriculture	2855.0	13487.0	4342.0	2958.0
林业		Forestry	3.0	27.0	188.0	-24.0
牧业		Animal Husbandry	17160.0	9037.0	7390.0	31055.0
渔业		Fishery				
农林牧渔服务业		Services in Support of Agriculture	383.0	639.0	780.0	459.0
第二产业增加值		Value-added of the Secondary Industry	7394	10218	115235	3939
其中:工业		Industry	1711	3373	106496	395
第三产业增加值		Value-added of the Tertiary Industry	21654	58510	16117	12512
财政、金融	**(万元)**	**Finances and Economy(10 000 yuan)**				
财政总收入		Total Government Revenue	1707	29870	21195	326
其中:地方财政一般预算收入		General Budgetary Financial Revenue in Local Financial Revenue	1548	1817	4611	272
各项税收		Taxation	1168	1017	4046	185
地方财政一般预算支出		General Budgetary Financial Expenditures in Local Financial Expenditures	22197	31053	6347	26962
其中:农业支出		Expenditures for Agriculture	1921	1540	1589	3095
科学支出		Expenditures for Science	1	51	3	
科技三项费		Expenditures for Science and Technology Promotion	4			
教育支出		Expenditures for Education	3394	7188	4755	4611
年末金融机构各项存款余额		Deposits of all the Financial Institutes	33831	98446	50526	22789
其中:城乡居民储蓄存款余额		Urban and Rural Household Savings Deposits	13829	45477	32169	6979
年末金融机构各项贷款余额		Loans of all the Financial Institutes	9381	23870	23574	6020
其中:农业贷款		Loans to Agriculture Sector	6624	6321	8238	2981
农业		**Agriculture**				
生产条件		Condition for Agricultural Production				
农业机械总动力	(万千瓦特)	Total Power of Agriculture Machinery(10000 Kw)	2.0	4.1	4.6	1.0
化肥使用量(折纯量)	(吨)	Consumption of Chemical Fertilizers(ton)	950.0	791.0	300.0	157.0
农药使用量	(吨)	Consumption of Agricultural Chemical(ton)	1.0	7.1	2.2	
地膜使用量	(吨)	Consumption of Plastic Film(ton)			0.2	
有效灌溉面积	(公顷)	Effective Irrigated Area(10000 hectares)	2898	1792	1884	

26-1 续表 17 Continued

指 标	Item	刚察县 Gang cha County	同仁县 Tong ren County	尖扎县 Jian zha County	泽库县 Ze ku County
农作物总播种面积 (公顷)	Total Sown Areas of Farm Crops(hectare)	7284	7239	4250	5828
粮食作物播种面积	Total Sown Areas of Grain Crops(hectare)	458	4478	3402	
其中:稻谷	Rice				
小麦	Wheat		2342	2313	
玉米	Corn				
大豆	Soja				
油料播种面积	Oil-bearing Crops	5648	1526	393	2602
棉花播种面积	Cotton				
糖料播种面积	Sugar-bearing				
蔬菜播种面积	Vegetables		25	277	0
粮食总产量 (吨)	Yield of Crain(ton)	1212	14677	13892	
其中:稻谷	Rice				
小麦	Wheat		7128	10375	
玉米	Corn				
大豆	Soja				
油料产量	Oil-bearing Crops	7288	3306	586	1952
棉花产量	Cotton				
糖料产量	Sugar-bearing				
水果产量	Fruits		255	785	
肉类总产量	Output of Meat	10635	3581	3151	14035
奶类产量	Output of Milk	9997	4947	1039	10274
禽蛋产量	Output of Poultry Eggs				
蔬菜产量	Output of Vegetables		3180	7057	3
水产品产量	Output of Aquatic Products				
工业及建筑业	**Industry and Construction**				
国有及年销售收入500万元以上的非国有:	State-owned Industrial Enterprises and Non-state Industrial Enterprises with Revenue from Principle Business below 5 million yuan				
工业企业数 (个)	Number of Industrial Enterprises(unit)	3	1	7	
工业总产值(现价) (万元)	Gross Industrial Output Value(current prices)(10 000 yuan)	2625	1704	254408	
内资企业	Domestic Funded	2625	1704	242222	
港、澳、台商投资企业	Funded from Hong Kong,Macao and Taiwan				
外商投资企业	Foreign Funded			12186	
从业人员年平均数 (人)	Number of Employed Persons(person)	137	216	5232	
流动资产年平均余额	Annual Average Balance of Working Capitals	428	1584	21979	
固定资产净值年平均余额	Annual Average Balance of Net Value of Fixed Assets	116	4558	144342	
产品销售收入	Product Sales Revenue	2725	1457	55363	
其中:产品销售税金及附加	Taxes and Other Charges on Product Saling	7	7	46	
本年应交增值税	Value-added Tax Payable	63	87	2970	
利润总额	Total Profits	293	430	4289	
建筑业:	Construction				
建筑业企业个数 (个)	Number of ConstructionEnterprises(unit)	1	2	3	
期末从业人员数 (人)	Number of Staff & Workers at Year-end(person)	63	216	372	
建筑业总产值 (万元)	Gross Output Value of Construction(10 000 yuan)	1788	2018	25883	
交通运输、邮电通讯、能源	**Transportation，Postal，telecommunication and Energy**				
境内公路里程 (公里)	Length of Highways(km)	1064	304	563	856
其中:高等级公路	Expressway				
境内铁路营业里程 (公里)	Length of Railways in Operation(km)	257			
境内火车站个数 (个)	Number of Railway Station(unit)	6			
民用汽车拥有量 (辆)	Possession of Civil Vehicles(unit)	658	912	300	162
其中:个人汽车	Possession of Private Vehicles	490	132	200	40
邮政业务总量 (万元)	Business Volume of Postal Services(10 000 yuan)	116	325	3	60
电信业务总量	Business Volume of Telecommunication Services	1661	1097	0	150
本地电话用户 (户)	Number of Subscribers of Fixed Telephone(subscriber)	3733	9988	6100	2000
住宅电话用户 (户)	Household Fixed Telephone Subscribers(subscriber)	1968	5864	5280	2000
其中:乡村电话用户	Rural Fixed Telephone Subscribers	683	2628	820	500
移动电话用户数 (户)	Number of Mobile Telephone Subscribers(subscriber)	15014	76100	7800	2000
国际互联网用户 (户)	Number of Internet Users(subscriber)	540	500	700	600

26-1 续表 18 Continued

指　标	Item	刚察县 Gangcha County	同仁县 Tongren County	尖扎县 Jianzha County	泽库县 Zeku County
全年用电量(万千瓦时)	Electricity Consumption(10 thousand kwh)	3576	919	12382.6	45.83
工业用电量	Industrial Electricity Consumption	3363	386	6644	10
农村用电量	Agricultural Electricity Consumption	213	533	5738	36
贸易、外经、旅游	**Domestic Trade，Foreign Trade and Economic Cooperation and Tourism**				
社会销售品零售总额(万元)	Total Retail Sales of Consumer Goods (10 000 yuan)	9930	10210	5653	5060
限额以上批发零售贸易业商品销售总额(万元)	Total Sales of Enterprises above Designated Size of Wholesale and Retail Trades(10 000 yuan)	1380	10210		
出口总额(万美元)	Total Exports(USD 10 000)				
当年合同外资金额	Contracted Value				
当年实际使用外资金额	Actually Utilized Value				
境内外来资本实际投资额(万元)	Foreign Investment Actually Utilized Value(10 000 yuan)				
星级饭店个数(个)	Number of Star-rated Hotels(unit)				
星级饭店客房总数(间)	Number of Rooms in Star-rated Hotels(unit)				
名胜风景区和文物保护区个数(个)	Number of Places of Interest and Historical Reservations(unit)	1			4
固定资产投资(万元)	**Investment in Fixed Assets(10 000 yuan)**				
城镇固定资产投资完成额	Investment in Fixed Assets in Urban Area	6938	18608	35150	18734
城镇新增固定资产	Newly Increased afaixed Assets in Urban Area	3891	12001	34360	18734
城镇投资项目数(个)	Number of Construction Projects in Urban Area	28	27	58	16
房地产开发投资完成额	Investment Completed of Enterprises for Real Estate Development	1157			
其中:住宅	Residential Buildings	1157			
教育、科技、文化、卫生	**Education，Science and Technology，Culture，Sports and Public Health**				
普通中学数(所)	Number of Regular Secondary Schools(unit)	5	6	5	5
小学数(所)	Number of Primary Schools(unit)	14	85	69	37
普通中学专任教师数(人)	Number of Full-time Teachers in Regular Secondary Schools(person)	128	962	186	132
小学专任教师数(人)	Number of Full-time Teachers in Primary Schools(person)	244	743	490	466
普通中学在校学生数(人)	Number of Students Enrollment in Regular Secondary Schools(person)	1567	10590	4178	1710
其中:女生	Female Students Enrollment in Regular Secondary Schools	627	1708	1748	620
小学在校学生数(人)	Number of Students Enrollment in Primary Schools(person)	4371	11599	6995	9253
其中:女生	Female Students Enrollment in Primary Schools	2101	5549	3290	4128
学龄儿童入学率(%)	Net Enrollment Rate of School-Age Children(%)	99.4	99.9	99.3	98.1
其中:女童入学率	Net Enrollment Rate of School-Age Female Children	95.4	90.0	99.6	97.6
初中升学率(%)	Primary School Graduates Entering into Junior Secondary Schools(%)	95.0	100.0	100.0	95.0
高中升学率(%)	Junior Secondary School Graduates Entering into Senior Secondary Schools(%)	58.9	55.0	64.0	
高技术产业企业个数(个)	Number of Hi-Tech Industry Enterprises(unit)				
高技术产业总产值(当年价格)(万元)	Total Output Value of Hi-Tech Industry (current prices)(10 000 yuan)				
专业技术人员数(人)	Number of Scientific and Technical Personnel(person)	496	2078	1330	887
其中:农业技术人员	Agriculture	20	178	114	91
农业科技与服务业单位个数(个)	Number of Agricultural Scientific and Service Industry(unit)	7	21	7	6
全年专利申请数(件)	Number of Patents Application(unit)				
体育场馆数(个)	Number of Stadiums and Gymnasiums(unit)		1	1	
剧场、影剧院数(个)	Number of Theaters and Cinemas(unit)	1	1	1	1
公共图书馆图书总藏量(千册)	Total Collections of Public Libraries(1000 volumes)	2	22	24	0
医院、卫生所数(所)	Number of Hospitals and Health Centers(unit)	12	11	11	10
医院、卫生院床位数(张)	Number of Beds in Hospitals and Health Centers(unit)	92	33	197	81
医院、卫生院卫生技术人员数(人)	Number of Medical Technical Personnel in Hospitals and Health Centers(person)	168	167	231	73
其中:医生	Number of Certified Doctors	65	160	190	53
卫生防疫人员数(人)	Number of epidemic prevention personnel(person)		60	60	13
5岁以下儿童死亡率(‰)	Death Rate of Children under 5 (‰)	29.8	24.0	25.7	11.6
婴儿死亡率(‰)	Death Rate of Infant (‰)		24.0	18.6	4.8
产妇住院分娩比例(%)	Proportion of Lying-in Woman Labors in Hospital(%)		66.0	75.6	81.2

26-1 续表 19 Continued

指 标	Item	刚察县 Gang cha County	同仁县 Tong ren County	尖扎县 Jian zha County	泽库县 Ze ku County
人民生活	**People's Living Conditions**				
城镇在岗职工年平均人数(人)	Number of Staff and Workers in Urban and Rural Areas(person)	3823	7551	5232	1681
城镇在岗职工工资总额(万元)	Total Earning of Staff and Workers in Urban and Rural Areas(10 000 yuan)	10895	24373	12277	5690
农村居民人均纯收入(元)	Per Capita Net Income of Rural Households(yuan)	4187	2726	2125	1811
农民人均住房面积(平方米)	Per Capita Floor Space of Houses(sq.m)	14.3	21.3	13.6	7.4
农民文化娱乐消费比重(%)	Proportion of Cultural and Recreation Consumption	2.6	7.1	3.7	
农村彩电普及率(%)	Popularizing rate of Color TV Set in Rural Areas(%)	28.6	102.5	92.5	2.5
农村电脑普及率(%)	Popularizing rate of Computer in Rural Areas(%)				
农村恩格尔系数(%)	Engle Coefficient of Rural Households(%)	53.4	50.1	49.1	65.1
成人文盲率(%)	Illiteracy rate of adult(%)				
人均预期寿命(岁)	Population Life Expectancy(year old)				
农村贫困人口(万人)	Population below the poverty line in Rural Areas(person)			1	
社会保障(人)	**Social security(person)**				
各种社会福利收养性单位数(个)	Number of Social Welfare and Salvation Institutions(unit)		1		2
其中：床位数(张)	Number of Beds (unit)		20	5	38
参加基本养老保险的职工数	Number of Staff and Workers Participated in Basic Pension Insurance	1340	4440	2085	929
参加基本医疗保险的职工数	Number of Staff and Workers Participated in Basic Medical Care Insurance	2289	4440	4217	1983
参加失业保险人数	Number of Staff and Workers Participated in Unemployment Insurance	1682	2272	1990	1243
城镇居民最低生活保障人数	Number of Persons Receiving Minimum Living Allowance in Rural Areas	2650	2580	1852	1845
农村居民最低生活保障人数	Number of Persons Receiving Minimum Living Allowance in Urban Areas	2369	7800	6000	7300
农村传统救济人数	Number of Persons Receiving Traditional Relief in Rural Areas				7319
参加农村合作医疗的人数	Rural Cooperative Medical Service Contributors	27321	56678	41721	8396
参加农村养老保险的人数	Rural Basic Pension Insurance Contributors				
社会治安	**Public Order**				
交通事故件数(件)	Number of Traffic Accides(unit)	4	11	3	5
刑事案件立案数(件)	Number of Criminal Case Registered(case)	42	16	6	27
犯罪人数(人)	Number of offenders(person)	48	30	10	21
民事案件发案数(件)	Number of civil cases(case)	138	213	6	180
资源、环境与可持续发展	**Resources，Environment and Sustainable Development**				
行政区域土地面积(平方公里)	Area of Administrative Regions(sq.km)	8153	3275	2174.3	6985.8
建成区面积	Area of Built Up Regions(sq.km)				111
建成区绿化覆盖面积	Area of Green Coverage in Built Up Regions(sq.km)				2
森林面积(公顷)	Area of Forest(hectare)		17080		73067
当年造林面积(公顷)	Area of Afforestation(hectare)		180	168	629
退耕造林面积	Area of Grain for Green(hectare)				601
年末耕地总资源(公顷)	Area of Arable Land(hectare)	2898.3	7503	4087	2602
常用耕地面积	Area of Arable Landin Common Usage(hectare)	2898.3	7503	4087	2602
水浇地	Area of Irrigable Land(hectare)	2898.3	1792	2086	
年内减少耕地面积	Reduction in Area of Cultivated Land(hectare)		60		2067
基建占地	Areas of Land for Construction(hectare)		60		
退耕还林还草占地	Area of Grain for Green(hectare)				1977
自然保护区个数(个)	Number of Nature Reserves(unit)				
自然保护区面积(公顷)	Area of Nature Reserves (hectare)				
环境污染治理本年完成投资总额(万元)	Investment Completed in the Treatment of Environmental Pollution(10 thousand yuan)			800	
工业二氧化硫排放量(吨)	Volume of Sulphur Dioxide Emission(ton)	15			
工业废水排放量达标率(%)	Volume of Waste Water up to the Discharge Standards(ton)				
工业烟尘排放量达标率(%)	Volume of Industrial Soot up to the Discharge Standards(ton)				
城镇生活污水处理率(%)	Disposal Rate of Waste Water in Urban Areas(%)				
污水处理厂数(座)	Number of Sewage Treatment Works (unit)				
垃圾处理站数(个)	Number of Biohazard Waste (unit0		1		1

26-1 续表 20 Continued

指 标		Item	河南县 He nan County	共和县 Gong he County	同德县 Tong de County	贵德县 Gui de County
乡村基本情况		**Basic Conditions of Township**				
乡(镇)个数	(个)	Number of Township and Town Governments(unit)	5	11	5	7
建制镇个数		Number of Town Governments	1	4	2	4
镇区占地面积	(公顷)	Area of Township(hectare)	650	7101	800	961
镇区总人口	(人)	Population of Township(person)	4824	55477	11979	17378
村民委员会个数	(个)	Number of Villagers'Committees(unit)	39	100	73	119
自来水受益村		Number of Township Benefits From Tap Water	6	84	54	113
通电话的村		Number of Township Uses Telephone	39	100	38	105
通有线电视的村		Number of Township Has Cable Television		30		46
人口与就业		**Population and Employment**				
年末总人口	(万人)	Total Population(year—end)(10000 persons)	3.5	13.1	5.5	10.3
其中:女		Population of Female	1.7	6.4	2.7	5.1
当年出生人口	(人)	Newborn Population(person)	108	1262	1014	2182
当年死亡人口	(人)	Dead Population(person)	46	219	175	529
常住人口	(万人)	Permanent Population(1000 persons)	4.0	1.0	5.0	1.0
乡村人口	(万人)	Rural Population(10000 persons)	3.0	8.6	4.6	8.3
年末总户数	(户)	Number of Households(year—end)(household)	9593	42529	13621	29851
其中:乡村户数		Number of Rural Households	5841	18614	8781	19843
年末单位从业人员数	(人)	Number of Employed Persons in Units at Year-end(person)	2005	11497	3085	3703
其中:女		Number of Female Employed Persons at Year-end	664	4832	1280	1643
其中:第二产业		Number of Employed Persons of Secondary Industry	10	1946	15	52
第三产业		Number of Employed Persons of Tertiary Industry	1907	8755	1892	3424
乡村从业人员数	(人)	Number of Employed Persons in Rural Areas(person)	15609	44300	24602	45289
其中:农林牧渔业		Number of Employed Persons of Agriculture, Forestry, Animal Husbandry and Fishery in Rural Areas	14950	34945	21649	20645
城镇登记失业人员数	(人)	Number of Registered Employed Persons in Urban Area by Region(person)	69	793	182	291
综合经济		**Economy of Integration**				
地区生产总值	**(万元)**	**Area total output value(10 000 yuan)**	**52639**	**189398**	**56679**	**114151**
第一产业增加值		Value-added of the Primary Industry	35276.0	35680.0	33378.0	15548.0
农业		Agriculture	3343.0	4679.2	5207.0	7981.2
林业		Forestry		372.5	86.9	489.4
牧业		Animal Husbandry	31343.0	29023.3	27634.2	6538.1
渔业		Fishery		657.0		58.1
农林牧渔服务业		Services in Support of Agriculture	590.0	948.0	450.0	481.2
第二产业增加值		Value-added of the Secondary Industry	6617	86580	10660	71668
其中:工业		Industry	1685	68147	1095	26194.3
第三产业增加值		Value-added of the Tertiary Industry	10746	67138	12641	26935
财政、金融	**(万元)**	**Finances and Economy(10 000 yuan)**				
财政总收入		Total Government Revenue	723	13528	848	8111
其中:地方财政一般预算收入		General Budgetary Financial Revenue in Local Financial Revenue	658	4243	684	4754
各项税收		Taxation	497	3210	541	3713
地方财政一般预算支出		General Budgetary Financial Expenditures in Local Financial Expenditures	20189	40384	25929	34085
其中:农业支出		Expenditures for Agriculture	2168	7085	4780	5652
科学支出		Expenditures for Science	5	63	33	151
科技三项费		Expenditures for Science and Technology Promotion				
教育支出		Expenditures for Education	3235	9182	4600	7169
年末金融机构各项存款余额		Deposits of all the Financial Institutes	21296	161996	17343	123449
其中:城乡居民储蓄存款余额		Urban and Rural Household Savings Deposits	9546	92504	8231	73055
年末金融机构各项贷款余额		Loans of all the Financial Institutes	5856	29946	7633	13989
其中:农业贷款		Loans to Agriculture Sector	2268	15594	6491	7603
农业		**Agriculture**				
生产条件		Condition for Agricultural Production				
农业机械总动力	(万千瓦特)	Total Power of Agriculture Machinery(10000 Kw)	0.0	12.0	5.0	7.0
化肥使用量(折纯量)	(吨)	Consumption of Chemical Fertilizers(ton)		2650.0	1415.0	2273.0
农药使用量	(吨)	Consumption of Agricultural Chemical(ton)		55.0	6.0	29.0
地膜使用量	(吨)	Consumption of Plastic Film(ton)		2.0		9.0
有效灌溉面积	(公顷)	Effective Irrigated Area(10000 hectares)		13772	2182	7347

26-1 续表 21 Continued

指 标	Item	河南县 He nan County	共和县 Gong he County	同德县 Tong de County	贵德县 Gui de County
农作物总播种面积 (公顷)	Total Sown Areas of Farm Crops(hectare)		24874	7925	13142
粮食作物播种面积	Total Sown Areas of Grain Crops(hectare)		13614	2749	5532
其中:稻谷	Rice				
小麦	Wheat		2671	926	4177
玉米	Corn		15		18
大豆	Soja				
油料播种面积	Oil-bearing Crops		9352	3555	3603
棉花播种面积	Cotton				
糖料播种面积	Sugar-bearing				
蔬菜播种面积	Vegetables		101	11	1797
粮食总产量 (吨)	Yield of Crain(ton)		37725	8350	27116
其中:稻谷	Rice				
小麦	Wheat		8240	4446	22213
玉米	Corn		126		132
大豆	Soja				
油料产量	Oil-bearing Crops		11984	3941	8685
棉花产量	Cotton				
糖料产量	Sugar-bearing				
水果产量	Fruits		225	20	2568
肉类总产量	Output of Meat	12825	17045	9279	4419
奶类产量	Output of Milk	20802	10713	13656	2039
禽蛋产量	Output of Poultry Eggs		44	9	57
蔬菜产量	Output of Vegetables		2608	270	44810
水产品产量	Output of Aquatic Products		1460		61
工业及建筑业	**Industry and Construction**				
国有及年销售收入500万元以上的非国有:	State-owned Industrial Enterprises and Non-state Industrial Enterprises with Revenue from Principle Business below 5 million yuan				
工业企业数 (个)	Number of Industrial Enterprises(unit)	6	13	2	4
工业总产值(现价) (万元)	Gross Industrial Output Value(current prices)(10 000 yuan)	4214	144107	334	65278
内资企业	Domestic Funded	4214	144107	334	65278
港、澳、台商投资企业	Funded from Hong Kong,Macao and Taiwan				
外商投资企业	Foreign Funded				
从业人员年平均数 (人)	Number of Employed Persons(person)		1581	59	720
流动资产年平均余额	Annual Average Balance of Working Capitals		25940	452	7872
固定资产净值年平均余额	Annual Average Balance of Net Value of Fixed Assets		20771	1301	107995
产品销售收入	Product Sales Revenue		44035	330	56779
其中:产品销售税金及附加	Taxes and Other Charges on Product Saling		150	1	325
本年应交增值税	Value-added Tax Payable		1499	20	4529
利润总额	Total Profits		1761	-39	4522
建筑业:	Construction				
建筑业企业个数 (个)	Number of ConstructionEnterprises(unit)		8		2
期末从业人员数 (人)	Number of Staff & Workers at Year-end(person)		802		92
建筑业总产值 (万元)	Gross Output Value of Construction(10 000 yuan)		8972		1784
交通运输、邮电通讯、能源	**Transportation, Postal, telecommunication and Energy**				
境内公路里程 (公里)	Length of Highways(km)	1168	1133	1009	854
其中:高等级公路	Expressway		30		
境内铁路营业里程 (公里)	Length of Railways in Operation(km)				
境内火车站个数 (个)	Number of Railway Station(unit)				
民用汽车拥有量 (辆)	Possession of Civil Vehicles(unit)	165	1284	456	941
其中:个人汽车	Possession of Private Vehicles	157	812	178	692
邮政业务总量 (万元)	Business Volume of Postal Services(10 000 yuan)	26	493	104	173
电信业务总量	Business Volume of Telecommunication Services	170	1538	292	754
本地电话用户 (户)	Number of Subscribers of Fixed Telephone(subscriber)	1800	22844	4300	14800
住宅电话用户 (户)	Household Fixed Telephone Subscribers(subscriber)	400	26690	3069	12081
其中:乡村电话用户	Rural Fixed Telephone Subscribers	85	16000	1501	5700
移动电话用户数 (户)	Number of Mobile Telephone Subscribers(subscriber)	12477	45553	13737	35674
国际互联网用户 (户)	Number of Internet Users(subscriber)	350	2850	630	1640

26-1 续表 22 Continued

指标	Item	河南县 He nan County	共和县 Gong he County	同德县 Tong de County	贵德县 Gui de County
全年用电量(万千瓦时)	Electricity Consumption(10 thousand kwh)	210	31280	1226	54388
工业用电量	Industrial Electricity Consumption	120	26301	229	51417
农村用电量	Agricultural Electricity Consumption	90	1003	870	2720
贸易、外经、旅游	**Domestic Trade, Foreign Trade and Economic Cooperation and Tourism**				
社会销售品零售总额(万元)	Total Retail Sales of Consumer Goods (10 000 yuan)	4402	47023	9140	20000
限额以上批发零售贸易业商品销售总额(万元)	Total Sales of Enterprises above Designated Size of Wholesale and Retail Trades(10 000 yuan)		10722		
出口总额(万美元)	Total Exports(USD 10 000)				
当年合同外资金额	Contracted Value				
当年实际使用外资金额	Actually Utilized Value				
境内外来资本实际投资额(万元)	Foreign Investment Actually Utilized Value(10 000 yuan)				
星级饭店个数(个)	Number of Star-rated Hotels(unit)		2		3
星级饭店客房总数(间)	Number of Rooms in Star-rated Hotels(unit)		82		239
名胜风景区和文物保护区个数(个)	Number of Places of Interest and Historical Reservations(unit)	14		4	72
固定资产投资(万元)	**Investment in Fixed Assets(10 000 yuan)**				
城镇固定资产投资完成额	Investment in Fixed Assets in Urban Area	29174	41889	13149	28422
城镇新增固定资产	Newly Increased afaixed Assets in Urban Area	25778	21640	13424	16109
城镇投资项目数(个)	Number of Construction Projects in Urban Area	48	48	31	49
房地产开发投资完成额	Investment Completed of Enterprises for Real Estate Development		11308	700	2780
其中:住宅	Residential Buildings		9897	700	2180
教育、科技、文化、卫生	**Education, Science and Technology, Culture, Sports and Public Health**				
普通中学数(所)	Number of Regular Secondary Schools(unit)	3	9	5	12
小学数(所)	Number of Primary Schools(unit)	8	78	41	75
普通中学专任教师数(人)	Number of Full-time Teachers in Regular Secondary Schools(person)	82	243	122	424
小学专任教师数(人)	Number of Full-time Teachers in Primary Schools(person)	261	885	449	629
普通中学在校学生数(人)	Number of Students Enrollment in Regular Secondary Schools(person)	1887	3714	2800	5967
其中:女生	Female Students Enrollment in Regular Secondary Schools	927	1860	880	2892
小学在校学生数(人)	Number of Students Enrollment in Primary Schools(person)	4741	14964	8411	10704
其中:女生	Female Students Enrollment in Primary Schools	2927	7460	3575	5162
学龄儿童入学率(%)	Net Enrollment Rate of School-Age Children(%)	99.5	99.8	99.1	98.6
其中:女童入学率	Net Enrollment Rate of School-Age Female Children	99.6	99.9	98.2	98.6
初中升学率(%)	Primary School Graduates Entering into Junior Secondary Schools(%)	100.0	98.0	78.4	100.0
高中升学率(%)	Junior Secondary School Graduates Entering into Senior Secondary Schools(%)		92.0	96.0	83.0
高技术产业企业个数(个)	Number of Hi-Tech Industry Enterprises(unit)				
高技术产业总产值(当年价格)(万元)	Total Output Value of Hi-Tech Industry (current prices)(10 000 yuan)				
专业技术人员数(人)	Number of Scientific and Technical Personnel(person)	745	1687	768	1730
其中:农业技术人员	Agriculture	214	157	86	47
农业科技与服务业单位个数(个)	Number of Agricultural Scientific and Service Industry(unit)	14	39	15	17
全年专利申请数(件)	Number of Patents Application(unit)				
体育场馆数(个)	Number of Stadiums and Gymnasiums(unit)	1	1		1
剧场、影剧院数(个)	Number of Theaters and Cinemas(unit)	1	1	1	1
公共图书馆图书总藏量(千册)	Total Collections of Public Libraries(1000 volumes)	16	65	73	5
医院、卫生所数(所)	Number of Hospitals and Health Centers(unit)	8	16	8	11
医院、卫生院床位数(张)	Number of Beds in Hospitals and Health Centers(unit)	148	584	131	257
医院、卫生院卫生技术人员数(人)	Number of Medical Technical Personnel in Hospitals and Health Centers(person)	123	479	101	197
其中:医生	Number of Certified Doctors	80	282	28	180
卫生防疫人员数(人)	Number of epidemic prevention personnel(person)	31	48	32	23
5岁以下儿童死亡率(‰)	Death Rate of Children under 5 (‰)	36.4	29.5	34.0	19.9
婴儿死亡率(‰)	Death Rate of Infant (‰)	26.0	28.6	32.0	17.1
产妇住院分娩比例(%)	Proportion of Lying-in Woman Labors in Hospital(%)	71.2	86.0	66.0	96.8

26-1 续表 23 Continued

指 标	Item	河南县 He nan County	共和县 Gong he County	同德县 Tong de County	贵德县 Gui de County
人民生活	**People's Living Conditions**				
城镇在岗职工年平均人数(人)	Number of Staff and Workers in Urban and Rural Areas(person)	1966	11192	2728	3554
城镇在岗职工工资总额(万元)	Total Earning of Staff and Workers in Urban and Rural Areas(10 000 yuan)	6405	36428	7983	11146
农村居民人均纯收入(元)	Per Capita Net Income of Rural Households(yuan)	3113	3485	3397	2942
农民人均住房面积(平方米)	Per Capita Floor Space of Houses(sq.m)	7.8	16.9	11.9	22.7
农民文化娱乐消费比重(%)	Proportion of Cultural and Recreation Consumption	0.1	3.5	2.8	4.3
农村彩电普及率(%)	Popularizing rate of Color TV Set in Rural Areas(%)	40.0	76.0	70.0	92.5
农村电脑普及率(%)	Popularizing rate of Computer in Rural Areas(%)				
农村恩格尔系数(%)	Engle Coefficient of Rural Households(%)	33.0	40.1	52.0	48.7
成人文盲率(%)	Illiteracy rate of adult(%)				
人均预期寿命(岁)	Population Life Expectancy(year old)				
农村贫困人口(万人)	Population below the poverty line in Rural Areas(person)	1			
社会保障(人)	**Social security(person)**				
各种社会福利收养性单位数(个)	Number of Social Welfare and Salvation Institutions(unit)	1	3		2
其中：床位数(张)	Number of Beds (unit)	30	106		50
参加基本养老保险的职工数	Number of Staff and Workers Participated in Basic Pension Insurance	607	2103	941	2107
参加基本医疗保险的职工数	Number of Staff and Workers Participated in Basic Medical Care Insurance	1882	16860	2764	4959
参加失业保险人数	Number of Staff and Workers Participated in Unemployment Insurance	1006	2705	1667	2458
城镇居民最低生活保障人数	Number of Persons Receiving Minimum Living Allowance in Rural Areas	1277	10041	2795	4439
农村居民最低生活保障人数	Number of Persons Receiving Minimum Living Allowance in Urban Areas	3500	7100	4600	7700
农村传统救济人数	Number of Persons Receiving Traditional Relief in Rural Areas	4670	473	2750	5123
参加农村合作医疗的人数	Rural Cooperative Medical Service Contributors	25668	73469	43629	74919
参加农村养老保险的人数	Rural Basic Pension Insurance Contributors				
社会治安	**Public Order**				
交通事故件数(件)	Number of Traffic Accides(unit)	1	19	2	261
刑事案件立案数(件)	Number of Criminal Case Registered(case)	8	154	3	127
犯罪人数(人)	Number of offenders(person)	11	80	1	611
民事案件发案数(件)	Number of civil cases(case)	75	379	3	373
资源、环境与可持续发展	**Resources，Environment and Sustainable Development**				
行政区域土地面积(平方公里)	Area of Administrative Regions(sq.km)	6997	17209	5001	3504
建成区面积	Area of Built Up Regions(sq.km)	7	6	2	6
建成区绿化覆盖面积	Area of Green Coverage in Built Up Regions(sq.km)		3	1	1
森林面积(公顷)	Area of Forest(hectare)	19846	71726	4644	32713
当年造林面积(公顷)	Area of Afforestation(hectare)	63	1266	43	1097
退耕造林面积	Area of Grain for Green(hectare)		1		
年末耕地总资源(公顷)	Area of Arable Land(hectare)		20839	12323	13969
常用耕地面积	Area of Arable Landin Common Usage(hectare)		20839	12323	13969
水浇地	Area of Irrigable Land(hectare)		13772	2182	7347
年内减少耕地面积	Reduction in Area of Cultivated Land(hectare)		2	24	91
基建占地	Areas of Land for Construction(hectare)		1	24	91
退耕还林还草占地	Area of Grain for Green(hectare)		1		
自然保护区个数(个)	Number of Nature Reserves(unit)				
自然保护区面积(公顷)	Area of Nature Reserves (hectare)				
环境污染治理本年完成投资总额(万元)	Investment Completed in the Treatment of Environmental Pollution(10 thousand yuan)	437	1110	22	1005
工业二氧化硫排放量(吨)	Volume of Sulphur Dioxide Emission(ton)	3	119	9	122
工业废水排放量达标率(%)	Volume of Waste Water up to the Discharge Standards(ton)	100.0	100.0	100.0	50.0
工业烟尘排放量达标率(%)	Volume of Industrial Soot up to the Discharge Standards(ton)	100.0	100.0	100.0	85.0
城镇生活污水处理率(%)	Disposal Rate of Waste Water in Urban Areas(%)		100.0	100.0	100.0
污水处理厂数(座)	Number of Sewage Treatment Works (unit)				
垃圾处理站数(个)	Number of Biohazard Waste (unit0	1	1	1	1

26-1 续表 24 Continued

指 标	Item	兴海县 Xinghai County	贵南县 Guinan County	玛沁县 Maqin County	班玛县 Banma County
乡村基本情况	**Basic Conditions of Township**				
乡(镇)个数 (个)	Number of Township and Town Governments(unit)	7	6	8	9
建制镇个数	Number of Town Governments	3	2	2	1
镇区占地面积 (公顷)	Area of Township(hectare)	575	3400	440	200
镇区总人口 (人)	Population of Township(person)	2650	5380	3529	78
村民委员会个数 (个)	Number of Villagers'Committees(unit)	57	75	35	32
自来水受益村	Number of Township Benefits From Tap Water	27	75	1	10
通电话的村	Number of Township Uses Telephone	23	75		14
通有线电视的村	Number of Township Has Cable Television	4	32	2	2
人口与就业	**Population and Employment**				
年末总人口 (万人)	Total Population(year—end)(10000 persons)	6.6	7.3	4.3	2.5
其中:女	Population of Female	3.2	3.7	2.0	1.3
当年出生人口 (人)	Newborn Population(person)	1605	1406	633	109
当年死亡人口 (人)	Dead Population(person)	265	195	135	100
常住人口 (万人)	Permanent Population(1000 persons)	7.0	7.0	4.0	2.0
乡村人口 (万人)	Rural Population(10000 persons)	5.8	5.5	2.7	2.0
年末总户数 (户)	Number of Households(year—end)(household)	16540	19036	13833	6747
其中:乡村户数	Number of Rural Households	11468	10168	6389	4891
年末单位从业人员数 (人)	Number of Employed Persons in Units at Year-end(person)	3251	5680	6197	1132
其中:女	Number of Female Employed Persons at Year-end	600	2216	1961	444
其中:第二产业	Number of Employed Persons of Secondary Industry	709	50	943	51
第三产业	Number of Employed Persons of Tertiary Industry	2236	2271	4768	949
乡村从业人员数 (人)	Number of Employed Persons in Rural Areas(person)	24900	24661	12469	9231
其中:农林牧渔业	Number of Employed Persons of Agriculture，Forestry，Animal Husbandry and Fishery in Rural Areas	23846	21956	11935	8818
城镇登记失业人员数 (人)	Number of Registered Employed Persons in Urban Area by Region(person)	570	1084	329	135
综合经济	**Economy of Integration**				
地区生产总值 (万元)	**Area total output value(10 000 yuan)**	**90622**	**65160**	**69144.2**	**13044.3**
第一产业增加值	Value-added of the Primary Industry	32514.0	35521.0	12433.2	6227.3
农业	Agriculture	8620.1	12301.8	1949.6	1112.2
林业	Forestry	84.5	225.9	65.5	29.7
牧业	Animal Husbandry	23119.4	22615.5	10248.3	4966.7
渔业	Fishery		17.8		
农林牧渔服务业	Services in Support of Agriculture	690.0	360.0	169.8	118.7
第二产业增加值	Value-added of the Secondary Industry	38586	9186	23223	2321
其中:工业	Industry	16500	1218	19443	192
第三产业增加值	Value-added of the Tertiary Industry	19522	20453	33488	4496
财政、金融 (万元)	**Finances and Economy(10 000 yuan)**				
财政总收入	Total Government Revenue	5388	1232	54249	17099
其中:地方财政一般预算收入	General Budgetary Financial Revenue in Local Financial Revenue	3054	1052	3081	310
各项税收	Taxation	1641	847	6151	291
地方财政一般预算支出	General Budgetary Financial Expenditures in Local Financial Expenditures	30414	28344	47044	15987
其中:农业支出	Expenditures for Agriculture	3590	5432	2393	710
科学支出	Expenditures for Science	64	220	891	
科技三项费	Expenditures for Science and Technology Promotion				
教育支出	Expenditures for Education	5368	6227	6191	2175
年末金融机构各项存款余额	Deposits of all the Financial Institutes	19382	21992	85965	13658
其中:城乡居民储蓄存款余额	Urban and Rural Household Savings Deposits	11721	11258	29150	5680
年末金融机构各项贷款余额	Loans of all the Financial Institutes	8566	9726	23415	21
其中:农业贷款	Loans to Agriculture Sector	7874	7501	4933	
农业	**Agriculture**				
生产条件	Condition for Agricultural Production				
农业机械总动力 (万千瓦特)	Total Power of Agriculture Machinery(10000 Kw)	2.0	8.0	1.0	1.0
化肥使用量(折纯量) (吨)	Consumption of Chemical Fertilizers(ton)	1180.0	2456.0	2.0	11.0
农药使用量 (吨)	Consumption of Agricultural Chemical(ton)	11.0	21.0		
地膜使用量 (吨)	Consumption of Plastic Film(ton)			1.0	
有效灌溉面积 (公顷)	Effective Irrigated Area(10000 hectares)	1678	2262		

26-1 续表 25 Continued

指 标	Item	兴海县 Xinghai County	贵南县 Guinan County	玛沁县 Maqin County	班玛县 Banma County
农作物总播种面积 (公顷)	Total Sown Areas of Farm Crops(hectare)	8779	24899	71	500
粮食作物播种面积	Total Sown Areas of Grain Crops(hectare)	3275	6365	34	455
其中:稻谷	Rice				
小麦	Wheat	1119	1429	3	25
玉米	Corn		7		
大豆	Soja				
油料播种面积	Oil-bearing Crops	4783	15683	10	45
棉花播种面积	Cotton				
糖料播种面积	Sugar-bearing				
蔬菜播种面积	Vegetables		5	4	
粮食总产量 (吨)	Yield of Crain(ton)	12072	19138	108	1319
其中:稻谷	Rice				
小麦	Wheat	6216	6450	9	71
玉米	Corn		46		
大豆	Soja			97	
油料产量	Oil-bearing Crops	5447	21172	178	96
棉花产量	Cotton				
糖料产量	Sugar-bearing				
水果产量	Fruits	267	20		
肉类总产量	Output of Meat	11573	10997	5639	5150
奶类产量	Output of Milk	10600	8495	8165	8933
禽蛋产量	Output of Poultry Eggs	4	25		
蔬菜产量	Output of Vegetables		190	50	
水产品产量	Output of Aquatic Products		90		
工业及建筑业	**Industry and Construction**				
国有及年销售收入500万元以上的非国有:	State-owned Industrial Enterprises and Non-state Industrial Enterprises with Revenue from Principle Business below 5 million yuan				
工业企业数 (个)	Number of Industrial Enterprises(unit)	3	1	4	2
工业总产值(现价) (万元)	Gross Industrial Output Value(current prices)(10 000 yuan)	36326	61	57755	235
内资企业	Domestic Funded	36326	61	57755	235
港、澳、台商投资企业	Funded from Hong Kong,Macao and Taiwan				
外商投资企业	Foreign Funded				
从业人员年平均数 (人)	Number of Employed Persons(person)	659	22	595	45
流动资产年平均余额	Annual Average Balance of Working Capitals	151349	19	17837	248
固定资产净值年平均余额	Annual Average Balance of Net Value of Fixed Assets	25389	43	26898	2354
产品销售收入	Product Sales Revenue	30352	55	56041	168
其中:产品销售税金及附加	Taxes and Other Charges on Product Saling	152	0	1217	11
本年应交增值税	Value-added Tax Payable	1458	4	4996	13
利润总额	Total Profits	10390	0	30429	38
建筑业:	Construction				
建筑业企业个数 (个)	Number of ConstructionEnterprises(unit)			4	1
期末从业人员数 (人)	Number of Staff & Workers at Year-end(person)			446	70
建筑业总产值 (万元)	Gross Output Value of Construction(10 000 yuan)			7474	72
交通运输、邮电通讯、能源	**Transportation，Postal，telecommunication and Energy**				
境内公路里程 (公里)	Length of Highways(km)	1174	1100	1389	1001
其中:高等级公路	Expressway				
境内铁路营业里程 (公里)	Length of Railways in Operation(km)				
境内火车站个数 (个)	Number of Railway Station(unit)				
民用汽车拥有量 (辆)	Possession of Civil Vehicles(unit)	698	470	3525	307
其中:个人汽车	Possession of Private Vehicles	199	415	1635	210
邮政业务总量 (万元)	Business Volume of Postal Services(10 000 yuan)	76	77	209	104
电信业务总量	Business Volume of Telecommunication Services	338	345	1139	174
本地电话用户 (户)	Number of Subscribers of Fixed Telephone(subscriber)	5600	5700	9481	2110
住宅电话用户 (户)	Household Fixed Telephone Subscribers(subscriber)	3100	5300	2666	862
其中:乡村电话用户	Rural Fixed Telephone Subscribers	1600	4200	289	
移动电话用户数 (户)	Number of Mobile Telephone Subscribers(subscriber)	21540	16476	19900	2450
国际互联网用户 (户)	Number of Internet Users(subscriber)	610	650	2716	358

26-1 续表 26 Continued

指 标	Item	兴海县 Xinghai County	贵南县 Guinan County	玛沁县 Maqin County	班玛县 Banma County
全年用电量(万千瓦时)	Electricity Consumption(10 thousand kwh)	6288	1825	6815	
工业用电量	Industrial Electricity Consumption	4951	245	6815	
农村用电量	Agricultural Electricity Consumption	575	1466	139	
贸易、外经、旅游	**Domestic Trade，Foreign Trade and Economic Cooperation and Tourism**				
社会销售品零售总额(万元)	Total Retail Sales of Consumer Goods (10 000 yuan)	10217	14005	3862	2306
限额以上批发零售贸易业商品销售总额(万元)	Total Sales of Enterprises above Designated Size of Wholesale and Retail Trades(10 000 yuan)				
出口总额(万美元)	Total Exports(USD 10 000)				
当年合同外资金额	Contracted Value				
当年实际使用外资金额	Actually Utilized Value				
境内外来资本实际投资额(万元)	Foreign Investment Actually Utilized Value(10 000 yuan)				
星级饭店个数(个)	Number of Star-rated Hotels(unit)				
星级饭店客房总数(间)	Number of Rooms in Star-rated Hotels(unit)				
名胜风景区和文物保护区个数(个)	Number of Places of Interest and Historical Reservations(unit)				2
固定资产投资(万元)	**Investment in Fixed Assets(10 000 yuan)**				
城镇固定资产投资完成额	Investment in Fixed Assets in Urban Area	32934	6687	20874	11088
城镇新增固定资产	Newly Increased afaixed Assets in Urban Area	13674	3219	7245	9662
城镇投资项目数(个)	Number of Construction Projects in Urban Area	35	28	47	32
房地产开发投资完成额	Investment Completed of Enterprises for Real Estate Development	300			
其中:住宅	Residential Buildings	300			
教育、科技、文化、卫生	**Education，Science and Technology，Culture，Sports and Public Health**				
普通中学数(所)	Number of Regular Secondary Schools(unit)	5	5	2	2
小学数(所)	Number of Primary Schools(unit)	34	54	13	11
普通中学专任教师数(人)	Number of Full-time Teachers in Regular Secondary Schools(person)	112	209	88	58
小学专任教师数(人)	Number of Full-time Teachers in Primary Schools(person)	430	562	321	120
普通中学在校学生数(人)	Number of Students Enrollment in Regular Secondary Schools(person)	2050	4486	2257	738
其中:女生	Female Students Enrollment in Regular Secondary Schools	784	2145	1008	387
小学在校学生数(人)	Number of Students Enrollment in Primary Schools(person)	8408	8669	5432	2857
其中:女生	Female Students Enrollment in Primary Schools	3837	4235	2160	1409
学龄儿童入学率(%)	Net Enrollment Rate of School-Age Children(%)	99.9	99.9	99.7	98.3
其中:女童入学率	Net Enrollment Rate of School-Age Female Children	99.8	99.8	99.8	84.0
初中升学率(%)	Primary School Graduates Entering into Junior Secondary Schools(%)	100.0	99.0		86.0
高中升学率(%)	Junior Secondary School Graduates Entering into Senior Secondary Schools(%)	99.0	92.0		
高技术产业企业个数(个)	Number of Hi-Tech Industry Enterprises(unit)				
高技术产业总产值(当年价格)(万元)	Total Output Value of Hi-Tech Industry (current prices)(10 000 yuan)				
专业技术人员数(人)	Number of Scientific and Technical Personnel(person)	1002	1021	242	330
其中:农业技术人员	Agriculture	62	30	26	40
农业科技与服务业单位个数(个)	Number of Agricultural Scientific and Service Industry(unit)	10	10	3	15
全年专利申请数(件)	Number of Patents Application(unit)				
体育场馆数(个)	Number of Stadiums and Gymnasiums(unit)				1
剧场、影剧院数(个)	Number of Theaters and Cinemas(unit)		1		1
公共图书馆图书总藏量(千册)	Total Collections of Public Libraries(1000 volumes)	2	10		9
医院、卫生所数(所)	Number of Hospitals and Health Centers(unit)	10	10	9	12
医院、卫生院床位数(张)	Number of Beds in Hospitals and Health Centers(unit)	75	197	65	58
医院、卫生院卫生技术人员数(人)	Number of Medical Technical Personnel in Hospitals and Health Centers(person)	141	134	130	97
其中:医生	Number of Certified Doctors	92	110	87	43
卫生防疫人员数(人)	Number of epidemic prevention personnel(person)	25	14	16	10
5岁以下儿童死亡率(‰)	Death Rate of Children under 5 (‰)	24.8	21.1	23.0	18.8
婴儿死亡率(‰)	Death Rate of Infant (‰)	22.8	19.3	19.2	13.3
产妇住院分娩比例(%)	Proportion of Lying-in Woman Labors in Hospital(%)	82.0	89.4	87.0	90.0

26-1 续表 27 Continued

指 标	Item	兴海县 Xinghai County	贵南县 Guinan County	玛沁县 Maqin County	班玛县 Banma County
人民生活	**People's Living Conditions**				
城镇在岗职工年平均人数(人)	Number of Staff and Workers in Urban and Rural Areas(person)	3251	5516	6191	1132
城镇在岗职工工资总额(万元)	Total Earning of Staff and Workers in Urban and Rural Areas(10 000 yuan)	9363	10889	20804	3721
农村居民人均纯收入(元)	Per Capita Net Income of Rural Households(yuan)	3446	2825	3652	2117
农民人均住房面积(平方米)	Per Capita Floor Space of Houses(sq.m)	20.6	16.0	11.0	6.9
农民文化娱乐消费比重(%)	Proportion of Cultural and Recreation Consumption	1.8	5.0	1.0	3.9
农村彩电普及率(%)	Popularizing rate of Color TV Set in Rural Areas(%)	30.0	105.0	20.0	2.5
农村电脑普及率(%)	Popularizing rate of Computer in Rural Areas(%)		2.5		
农村恩格尔系数(%)	Engle Coefficient of Rural Households(%)	49.4	48.2	40.4	59.0
成人文盲率(%)	Illiteracy rate of adult(%)				
人均预期寿命(岁)	Population Life Expectancy(year old)				
农村贫困人口(万人)	Population below the poverty line in Rural Areas(person)				
社会保障(人)	**Social security(person)**				
各种社会福利收养性单位数(个)	Number of Social Welfare and Salvation Institutions(unit)	1	2	3	7
其中：床位数(张)	Number of Beds (unit)		40	128	66
参加基本养老保险的职工数	Number of Staff and Workers Participated in Basic Pension Insurance	1010	1120	1662	447
参加基本医疗保险的职工数	Number of Staff and Workers Participated in Basic Medical Care Insurance	2984	2686	4038	1071
参加失业保险人数	Number of Staff and Workers Participated in Unemployment Insurance	1638	1808	2465	655
城镇居民最低生活保障人数	Number of Persons Receiving Minimum Living Allowance in Rural Areas	3095	7878	5240	888
农村居民最低生活保障人数	Number of Persons Receiving Minimum Living Allowance in Urban Areas	5300	5300	3167	2650
农村传统救济人数	Number of Persons Receiving Traditional Relief in Rural Areas	3217	11000		
参加农村合作医疗的人数	Rural Cooperative Medical Service Contributors	49683	53968	24262	19899
参加农村养老保险的人数	Rural Basic Pension Insurance Contributors				
社会治安	**Public Order**				
交通事故件数(件)	Number of Traffic Accides(unit)	12	26	159	2
刑事案件立案数(件)	Number of Criminal Case Registered(case)	45	52		11
犯罪人数(人)	Number of offenders(person)	75	61		56
民事案件发案数(件)	Number of civil cases(case)	185	207		25
资源、环境与可持续发展	**Resources，Environment and Sustainable Development**				
行政区域土地面积(平方公里)	Area of Administrative Regions(sq.km)	12182	6650	13307	6139
建成区面积	Area of Built Up Regions(sq.km)	2	3		
建成区绿化覆盖面积	Area of Green Coverage in Built Up Regions(sq.km)	1	0		
森林面积(公顷)	Area of Forest(hectare)	15416	94500	1	37
当年造林面积(公顷)	Area of Afforestation(hectare)	127	800	1	37
退耕造林面积	Area of Grain for Green(hectare)		80	1	37
年末耕地总资源(公顷)	Area of Arable Land(hectare)	8739	21448	11	981
常用耕地面积	Area of Arable Landin Common Usage(hectare)	8739	21448	11	981
水浇地	Area of Irrigable Land(hectare)	1678	2262		
年内减少耕地面积	Reduction in Area of Cultivated Land(hectare)	149	80		
基建占地	Areas of Land for Construction(hectare)	83			
退耕还林还草占地	Area of Grain for Green(hectare)		80		
自然保护区个数(个)	Number of Nature Reserves(unit)				
自然保护区面积(公顷)	Area of Nature Reserves (hectare)				
环境污染治理本年完成投资总额(万元)	Investment Completed in the Treatment of Environmental Pollution(10 thousand yuan)	320	15		
工业二氧化硫排放量(吨)	Volume of Sulphur Dioxide Emission(ton)	9	6		
工业废水排放量达标率(%)	Volume of Waste Water up to the Discharge Standards(ton)	100.0	100.0		
工业烟尘排放量达标率(%)	Volume of Industrial Soot up to the Discharge Standards(ton)	100.0	100.0		
城镇生活污水处理率(%)	Disposal Rate of Waste Water in Urban Areas(%)	100.0	100.0		100.0
污水处理厂数(座)	Number of Sewage Treatment Works (unit)			1	1
垃圾处理站数(个)	Number of Biohazard Waste (unit0	1	1	1	1

26-1 续表 28 Continued

指标		Item	甘德县 Gan de County	达日县 Da ri County	久治县 Jiu zhi County	玛多县 Ma duo County
乡村基本情况		**Basic Conditions of Township**				
乡(镇)个数	(个)	Number of Township and Town Governments(unit)	7	10	6	4
建制镇个数		Number of Town Governments	1	1	1	2
镇区占地面积	(公顷)	Area of Township(hectare)	415	276	200	35
镇区总人口	(人)	Population of Township(person)	33	48	76	779
村民委员会个数	(个)	Number of Villagers'Committees(unit)	36	33	22	30
自来水受益村		Number of Township Benefits From Tap Water			6	1
通电话的村		Number of Township Uses Telephone			5	30
通有线电视的村		Number of Township Has Cable Television			1	2
人口与就业		**Population and Employment**				
年末总人口	(万人)	Total Population(year—end)(10000 persons)	2.7	2.9	2.2	1.3
其中:女		Population of Female	1.3	1.5	1.1	0.7
当年出生人口	(人)	Newborn Population(person)	1679	99	88	224
当年死亡人口	(人)	Dead Population(person)	42	30	33	77
常住人口	(万人)	Permanent Population(1000 persons)	2.0	2.0	2.0	1.0
乡村人口	(万人)	Rural Population(10000 persons)	2.6	2.3	1.9	1.1
年末总户数	(户)	Number of Households(year—end)(household)	7066	9350	4992	3907
其中:乡村户数		Number of Rural Households	6132	5622	4356	3285
年末单位从业人员数	(人)	Number of Employed Persons in Units at Year-end(person)	1122	1133	1161	1127
其中:女		Number of Female Employed Persons at Year-end	376	434	343	256
其中:第二产业		Number of Employed Persons of Secondary Industry	27	5	35	59
第三产业		Number of Employed Persons of Tertiary Industry	969	1090	1039	987
乡村从业人员数	(人)	Number of Employed Persons in Rural Areas(person)	12365	9920	7885	5801
其中:农林牧渔业		Number of Employed Persons of Agriculture, Forestry, Animal Husbandry and Fishery in Rural Areas	11898	9668	7508	5801
城镇登记失业人员数	(人)	Number of Registered Employed Persons in Urban Area by Region(person)	86	110	72	59
综合经济		**Economy of Integration**				
地区生产总值	**(万元)**	**Area total output value(10 000 yuan)**	**10778**	**11214**	**13330**	**9120**
第一产业增加值		Value-added of the Primary Industry	5029.6	4587.8	6000.8	3537.2
农业		Agriculture	747.5	1855.9	1171.2	
林业		Forestry				
牧业		Animal Husbandry	4234.1	2584.9	4705.4	3405.6
渔业		Fishery				
农林牧渔服务业		Services in Support of Agriculture	48.0	147.0	124.2	131.6
第二产业增加值		Value-added of the Secondary Industry	2178	3194	2315	1761
其中:工业		Industry	332	523	186	92
第三产业增加值		Value-added of the Tertiary Industry	3570	3432	5014	3822
财政、金融	**(万元)**	**Finances and Economy(10 000 yuan)**				
财政总收入		Total Government Revenue	13808	15357	13313	12906
其中:地方财政一般预算收入		General Budgetary Financial Revenue in Local Financial Revenue	215	167	192	176
各项税收		Taxation	255	244	179	140
地方财政一般预算支出		General Budgetary Financial Expenditures in Local Financial Expenditures	13874	17372	13224	12896
其中:农业支出		Expenditures for Agriculture	856	1282	744	960
科学支出		Expenditures for Science				
科技三项费		Expenditures for Science and Technology Promotion				
教育支出		Expenditures for Education	2936	2970	2483	2075
年末金融机构各项存款余额		Deposits of all the Financial Institutes	15467	17383	14809	11144
其中:城乡居民储蓄存款余额		Urban and Rural Household Savings Deposits	4209	5434	5416	2093
年末金融机构各项贷款余额		Loans of all the Financial Institutes	1621	2803		1001
其中:农业贷款		Loans to Agriculture Sector	1189	2273		800
农业		**Agriculture**				
生产条件		Condition for Agricultural Production				
农业机械总动力	(万千瓦特)	Total Power of Agriculture Machinery(10000 Kw)				
化肥使用量(折纯量)	(吨)	Consumption of Chemical Fertilizers(ton)				
农药使用量	(吨)	Consumption of Agricultural Chemical(ton)				
地膜使用量	(吨)	Consumption of Plastic Film(ton)				
有效灌溉面积	(公顷)	Effective Irrigated Area(10000 hectares)				

26-1 续表 29 Continued

指 标	Item	甘德县 Gan de County	达日县 Da ri County	久治县 Jiu zhi County	玛多县 Ma duo County
农作物总播种面积 （公顷）	Total Sown Areas of Farm Crops(hectare)				
粮食作物播种面积	Total Sown Areas of Grain Crops(hectare)				
其中：稻谷	Rice				
小麦	Wheat				
玉米	Corn				
大豆	Soja				
油料播种面积	Oil-bearing Crops				
棉花播种面积	Cotton				
糖料播种面积	Sugar-bearing				
蔬菜播种面积	Vegetables				
粮食总产量 （吨）	Yield of Crain(ton)				
其中：稻谷	Rice				
小麦	Wheat				
玉米	Corn				
大豆	Soja				
油料产量	Oil-bearing Crops				
棉花产量	Cotton				
糖料产量	Sugar-bearing				
水果产量	Fruits				
肉类总产量	Output of Meat	3923	1445	4376	1396
奶类产量	Output of Milk	4920	5857	5320	3150
禽蛋产量	Output of Poultry Eggs				
蔬菜产量	Output of Vegetables				
水产品产量	Output of Aquatic Products				
工业及建筑业	**Industry and Construction**				
国有及年销售收入500万元以上的非国有：	State-owned Industrial Enterprises and Non-state Industrial Enterprises with Revenue from Principle Business below 5 million yuan				
工业企业数 （个）	Number of Industrial Enterprises(unit)	1	1	2	3
工业总产值(现价) （万元）	Gross Industrial Output Value(current prices)(10 000 yuan)	755	31	77	52
内资企业	Domestic Funded	755	31	77	52
港、澳、台商投资企业	Funded from Hong Kong,Macao and Taiwan				
外商投资企业	Foreign Funded				
从业人员年平均数 （人）	Number of Employed Persons(person)	23	5	34	35
流动资产年平均余额	Annual Average Balance of Working Capitals	917	3	48	68
固定资产净值年平均余额	Annual Average Balance of Net Value of Fixed Assets	226	316	847	300
产品销售收入	Product Sales Revenue	551	32	75	84
其中：产品销售税金及附加	Taxes and Other Charges on Product Saling		2	0	0
本年应交增值税	Value-added Tax Payable		2	6	4
利润总额	Total Profits	49	24	-2	11
建筑业：	Construction				
建筑业企业个数 （个）	Number of ConstructionEnterprises(unit)				
期末从业人员数 （人）	Number of Staff & Workers at Year-end(person)				
建筑业总产值 （万元）	Gross Output Value of Construction(10 000 yuan)				
交通运输、邮电通讯、能源	**Transportation，Postal，telecommunication and Energy**				
境内公路里程 （公里）	Length of Highways(km)	968	1217	855	1374
其中：高等级公路	Expressway				
境内铁路营业里程 （公里）	Length of Railways in Operation(km)				
境内火车站个数 （个）	Number of Railway Station(unit)				
民用汽车拥有量 （辆）	Possession of Civil Vehicles(unit)	458	525	280	161
其中：个人汽车	Possession of Private Vehicles	361	479	217	80
邮政业务总量 （万元）	Business Volume of Postal Services(10 000 yuan)	45	98	65	30
电信业务总量	Business Volume of Telecommunication Services	142	191	201	127
本地电话用户 （户）	Number of Subscribers of Fixed Telephone(subscriber)	1547	2739	1740	1439
住宅电话用户 （户）	Household Fixed Telephone Subscribers(subscriber)	603	802	1107	503
其中：乡村电话用户	Rural Fixed Telephone Subscribers	93	33		63
移动电话用户数 （户）	Number of Mobile Telephone Subscribers(subscriber)	2020	10720	2370	1740
国际互联网用户 （户）	Number of Internet Users(subscriber)	307	403	455	299

26-1 续表 30 Continued

指标	Item	甘德县 Gande County	达日县 Dari County	久治县 Jiuzhi County	玛多县 Maduo County
全年用电量(万千瓦时)	Electricity Consumption(10 thousand kwh)		7	13	
工业用电量	Industrial Electricity Consumption		7		
农村用电量	Agricultural Electricity Consumption				
贸易、外经、旅游	**Domestic Trade，Foreign Trade and Economic Cooperation and Tourism**				
社会销售品零售总额(万元)	Total Retail Sales of Consumer Goods (10 000 yuan)	1944	2300	3390	2548
限额以上批发零售贸易业商品销售总额(万元)	Total Sales of Enterprises above Designated Size of Wholesale and Retail Trades(10 000 yuan)				
出口总额(万美元)	Total Exports(USD 10 000)				
当年合同外资金额	Contracted Value				
当年实际使用外资金额	Actually Utilized Value				
境内外来资本实际投资额(万元)	Foreign Investment Actually Utilized Value(10 000 yuan)				
星级饭店个数(个)	Number of Star-rated Hotels(unit)				
星级饭店客房总数(间)	Number of Rooms in Star-rated Hotels(unit)				
名胜风景区和文物保护区个数(个)	Number of Places of Interest and Historical Reservations(unit)			2	9
固定资产投资(万元)	**Investment in Fixed Assets(10 000 yuan)**				
城镇固定资产投资完成额	Investment in Fixed Assets in Urban Area	9615	14025	10743	8623
城镇新增固定资产	Newly Increased afaixed Assets in Urban Area	6686	10223	9546	8549
城镇投资项目数(个)	Number of Construction Projects in Urban Area	31	34	43	37
房地产开发投资完成额	Investment Completed of Enterprises for Real Estate Development				
其中:住宅	Residential Buildings				
教育、科技、文化、卫生	**Education，Science and Technology，Culture，Sports and Public Health**				
普通中学数(所)	Number of Regular Secondary Schools(unit)	2	2	2	2
小学数(所)	Number of Primary Schools(unit)	6	11	7	4
普通中学专任教师数(人)	Number of Full-time Teachers in Regular Secondary Schools(person)	63	41	58	28
小学专任教师数(人)	Number of Full-time Teachers in Primary Schools(person)	174	178	140	78
普通中学在校学生数(人)	Number of Students Enrollment in Regular Secondary Schools(person)	1196	836	485	726
其中:女生	Female Students Enrollment in Regular Secondary Schools	556	401	204	379
小学在校学生数(人)	Number of Students Enrollment in Primary Schools(person)	3380	3629	3259	1663
其中:女生	Female Students Enrollment in Primary Schools	1570	1688	2102	797
学龄儿童入学率(%)	Net Enrollment Rate of School-Age Children(%)	98.9	95.5	99.6	99.9
其中:女童入学率	Net Enrollment Rate of School-Age Female Children	99.0	96.7	99.7	99.7
初中升学率(%)	Primary School Graduates Entering into Junior Secondary Schools(%)	100.0	66.6	100.0	100.0
高中升学率(%)	Junior Secondary School Graduates Entering into Senior Secondary Schools(%)				
高技术产业企业个数(个)	Number of Hi-Tech Industry Enterprises(unit)				
高技术产业总产值(当年价格)(万元)	Total Output Value of Hi-Tech Industry (current prices)(10 000 yuan)				
专业技术人员数(人)	Number of Scientific and Technical Personnel(person)	359	419	578	242
其中:农业技术人员	Agriculture	48	67	87	26
农业科技与服务业单位个数(个)	Number of Agricultural Scientific and Service Industry(unit)		2	17	3
全年专利申请数(件)	Number of Patents Application(unit)				
体育场馆数(个)	Number of Stadiums and Gymnasiums(unit)				
剧场、影剧院数(个)	Number of Theaters and Cinemas(unit)	1			1
公共图书馆图书总藏量(千册)	Total Collections of Public Libraries(1000 volumes)	6	6		8
医院、卫生所数(所)	Number of Hospitals and Health Centers(unit)	9	12	7	6
医院、卫生院床位数(张)	Number of Beds in Hospitals and Health Centers(unit)	96	30	85	46
医院、卫生院卫生技术人员数(人)	Number of Medical Technical Personnel in Hospitals and Health Centers(person)	89	67	135	69
其中:医生	Number of Certified Doctors	38	64	45	40
卫生防疫人员数(人)	Number of epidemic prevention personnel(person)	19	8	13	10
5岁以下儿童死亡率(‰)	Death Rate of Children under 5 (‰)	40.0	45.8	87.9	23.7
婴儿死亡率(‰)	Death Rate of Infant (‰)	33.0	31.3	43.9	9.3
产妇住院分娩比例(%)	Proportion of Lying-in Woman Labors in Hospital(%)	83.0	79.0	68.2	71.8

26-1 续表 31 Continued

指 标	Item	甘德县 Gan de County	达日县 Da ri County	久治县 Jiu zhi County	玛多县 Ma duo County
人民生活	**People's Living Conditions**				
城镇在岗职工年平均人数(人)	Number of Staff and Workers in Urban and Rural Areas(person)	1120	1133	1078	1127
城镇在岗职工工资总额(万元)	Total Earning of Staff and Workers in Urban and Rural Areas(10 000 yuan)	3067	3652	3236	3436
农村居民人均纯收入(元)	Per Capita Net Income of Rural Households(yuan)	1795	1624	2047	2235
农民人均住房面积(平方米)	Per Capita Floor Space of Houses(sq.m)	5.1	18.4	3.7	9.0
农民文化娱乐消费比重(%)	Proportion of Cultural and Recreation Consumption		0.7	0.1	
农村彩电普及率(%)	Popularizing rate of Color TV Set in Rural Areas(%)				7.5
农村电脑普及率(%)	Popularizing rate of Computer in Rural Areas(%)				
农村恩格尔系数(%)	Engle Coefficient of Rural Households(%)	78.4	55.7	88.9	86.2
成人文盲率(%)	Illiteracy rate of adult(%)				
人均预期寿命(岁)	Population Life Expectancy(year old)				
农村贫困人口(万人)	Population below the poverty line in Rural Areas(person)				
社会保障(人)	**Social security(person)**				
各种社会福利收养性单位数(个)	Number of Social Welfare and Salvation Institutions(unit)	9	13	7	
其中：床位数(张)	Number of Beds (unit)	384	228	116	
参加基本养老保险的职工数	Number of Staff and Workers Participated in Basic Pension Insurance	479	245	324	294
参加基本医疗保险的职工数	Number of Staff and Workers Participated in Basic Medical Care Insurance	916	1017	828	832
参加失业保险人数	Number of Staff and Workers Participated in Unemployment Insurance	634	442	529	510
城镇居民最低生活保障人数	Number of Persons Receiving Minimum Living Allowance in Rural Areas	545	802	560	593
农村居民最低生活保障人数	Number of Persons Receiving Minimum Living Allowance in Urban Areas	3000	3050	2750	1933
农村传统救济人数	Number of Persons Receiving Traditional Relief in Rural Areas				
参加农村合作医疗的人数	Rural Cooperative Medical Service Contributors	24384	22445	17784	10422
参加农村养老保险的人数	Rural Basic Pension Insurance Contributors				
社会治安	**Public Order**				
交通事故件数(件)	Number of Traffic Accides(unit)	5	41	2	63
刑事案件立案数(件)	Number of Criminal Case Registered(case)	9	8	6	12
犯罪人数(人)	Number of offenders(person)	9	26	6	12
民事案件发案数(件)	Number of civil cases(case)	12	19	25	11
资源、环境与可持续发展	**Resources，Environment and Sustainable Development**				
行政区域土地面积(平方公里)	Area of Administrative Regions(sq.km)	7046	14630	8708	26541
建成区面积	Area of Built Up Regions(sq.km)				
建成区绿化覆盖面积	Area of Green Coverage in Built Up Regions(sq.km)				
森林面积(公顷)	Area of Forest(hectare)				
当年造林面积(公顷)	Area of Afforestation(hectare)				
退耕造林面积	Area of Grain for Green(hectare)				
年末耕地总资源(公顷)	Area of Arable Land(hectare)				
常用耕地面积	Area of Arable Landin Common Usage(hectare)				
水浇地	Area of Irrigable Land(hectare)				
年内减少耕地面积	Reduction in Area of Cultivated Land(hectare)				
基建占地	Areas of Land for Construction(hectare)				
退耕还林还草占地	Area of Grain for Green(hectare)				
自然保护区个数(个)	Number of Nature Reserves(unit)				
自然保护区面积(公顷)	Area of Nature Reserves (hectare)				
环境污染治理本年完成投资总额(万元)	Investment Completed in the Treatment of Environmental Pollution(10 thousand yuan)				
工业二氧化硫排放量(吨)	Volume of Sulphur Dioxide Emission(ton)				
工业废水排放量达标率(%)	Volume of Waste Water up to the Discharge Standards(ton)				
工业烟尘排放量达标率(%)	Volume of Industrial Soot up to the Discharge Standards(ton)				
城镇生活污水处理率(%)	Disposal Rate of Waste Water in Urban Areas(%)				
污水处理厂数(座)	Number of Sewage Treatment Works (unit)		1	1	
垃圾处理站数(个)	Number of Biohazard Waste (unit0	1	1	1	1

26-1 续表 32 Continued

指 标		Item	玉树县 Yushu County	杂多县 Zaduo County	称多县 Chengduo County	治多县 Zhiduo County
乡村基本情况		**Basic Conditions of Township**				
乡(镇)个数	(个)	Number of Township and Town Governments(unit)	9	8	7	6
建制镇个数		Number of Town Governments	2	1	5	1
镇区占地面积	(公顷)	Area of Township(hectare)	3601	12	898	260
镇区总人口	(人)	Population of Township(person)	4023	210	7951	920
村民委员会个数	(个)	Number of Villagers'Committees(unit)	62	31	57	20
自来水受益村		Number of Township Benefits From Tap Water	7		7	
通电话的村		Number of Township Uses Telephone	35		38	18
通有线电视的村		Number of Township Has Cable Television	7		3	
人口与就业		**Population and Employment**				
年末总人口	(万人)	Total Population(year—end)(10000 persons)	9.3	5.1	5.5	2.9
其中:女		Population of Female	4.7	2.5	2.6	1.4
当年出生人口	(人)	Newborn Population(person)	586	1814	3491	1615
当年死亡人口	(人)	Dead Population(person)	103	241	1451	117
常住人口	(万人)	Permanent Population(1000 persons)	9.0	5.0	5.0	2.0
乡村人口	(万人)	Rural Population(10000 persons)	7.4	4.7	5.0	2.5
年末总户数	(户)	Number of Households(year—end)(household)	29479	11943	14923	8556
其中:乡村户数		Number of Rural Households	17087	9548	12729	6638
年末单位从业人员数	(人)	Number of Employed Persons in Units at Year-end(person)	7024	1455	1840	1475
其中:女		Number of Female Employed Persons at Year-end	3058	531	785	472
其中:第二产业		Number of Employed Persons of Secondary Industry	555	52	109	59
第三产业		Number of Employed Persons of Tertiary Industry	6093	1357	1561	1226
乡村从业人员数	(人)	Number of Employed Persons in Rural Areas(person)	36741	22766	23983	12712
其中:农林牧渔业		Number of Employed Persons of Agriculture, Forestry, Animal Husbandry and Fishery in Rural Areas	35418	22284	23170	12689
城镇登记失业人员数	(人)	Number of Registered Employed Persons in Urban Area by Region(person)		255		60
综合经济		**Economy of Integration**				
地区生产总值	**(万元)**	**Area total output value(10 000 yuan)**	**43815**	**54607**	**26720**	**28181**
第一产业增加值		Value-added of the Primary Industry	30149.3	48537.1	15414.3	24645.2
农业		Agriculture	3240.3	32101.6	1670.2	3840.0
林业		Forestry	938.1		234.5	
牧业		Animal Husbandry	25742.5	16204.1	13267.2	20607.2
渔业		Fishery				
农林牧渔服务业		Services in Support of Agriculture	228.4	231.4	242.4	198.0
第二产业增加值		Value-added of the Secondary Industry	6600	2334	5824	1436
其中:工业		Industry	1844	135	204	137
第三产业增加值		Value-added of the Tertiary Industry	7066	3736	5482	2100
财政、金融	**(万元)**	**Finances and Economy(10 000 yuan)**				
财政总收入		Total Government Revenue	29541	667	23128	16016
其中:地方财政一般预算收入		General Budgetary Financial Revenue in Local Financial Revenue	2117	667	380	270
各项税收		Taxation	1746	308	316	251
地方财政一般预算支出		General Budgetary Financial Expenditures in Local Financial Expenditures	29217	17487	22938	16195
其中:农业支出		Expenditures for Agriculture	4533	1215	5633	2875
科学支出		Expenditures for Science	71		13	5
科技三项费		Expenditures for Science and Technology Promotion	1725	1950	3456	935
教育支出		Expenditures for Education	8250	11798	5166	3123
年末金融机构各项存款余额		Deposits of all the Financial Institutes	36400	3000	12676	9716
其中:城乡居民储蓄存款余额		Urban and Rural Household Savings Deposits	31200	300	2466	1668
年末金融机构各项贷款余额		Loans of all the Financial Institutes	20230	19312	2376	7080
其中:农业贷款		Loans to Agriculture Sector				
农业		**Agriculture**				
生产条件		Condition for Agricultural Production				
农业机械总动力	(万千瓦特)	Total Power of Agriculture Machinery(10000 Kw)	2.2	0.1	2.4	0.1
化肥使用量(折纯量)	(吨)	Consumption of Chemical Fertilizers(ton)	144.0		16.0	
农药使用量	(吨)	Consumption of Agricultural Chemical(ton)	1.8		0.7	
地膜使用量	(吨)	Consumption of Plastic Film(ton)				
有效灌溉面积	(公顷)	Effective Irrigated Area(10000 hectares)	570			

26-1 续表 33 Continued

指 标	Item	玉树县 Yu shu County	杂多县 Za duo County	称多县 Cheng duo County	治多县 Zhi duo County
农作物总播种面积 (公顷)	Total Sown Areas of Farm Crops(hectare)	3513		2117	
粮食作物播种面积	Total Sown Areas of Grain Crops(hectare)	2780		1800	
其中:稻谷	Rice				
小麦	Wheat				
玉米	Corn				
大豆	Soja				
油料播种面积	Oil-bearing Crops	33		87	
棉花播种面积	Cotton				
糖料播种面积	Sugar-bearing				
蔬菜播种面积	Vegetables	167		67	
粮食总产量 (吨)	Yield of Crain(ton)	4813		3571	
其中:稻谷	Rice				
小麦	Wheat				
玉米	Corn				
大豆	Soja				
油料产量	Oil-bearing Crops	46		55	
棉花产量	Cotton				
糖料产量	Sugar-bearing				
水果产量	Fruits				
肉类总产量	Output of Meat	5860	3733	3661	6079
奶类产量	Output of Milk	24449	16697	6426	7751
禽蛋产量	Output of Poultry Eggs				
蔬菜产量	Output of Vegetables	1043		423	
水产品产量	Output of Aquatic Products				
工业及建筑业	**Industry and Construction**				
国有及年销售收入500万元以上的非国有:	State-owned Industrial Enterprises and Non-state Industrial Enterprises with Revenue from Principle Business below 5 million yuan				
工业企业数 (个)	Number of Industrial Enterprises(unit)		1	4	2
工业总产值(现价) (万元)	Gross Industrial Output Value(current prices)(10 000 yuan)		1602	478	338
内资企业	Domestic Funded		1602	478	338
港、澳、台商投资企业	Funded from Hong Kong,Macao and Taiwan				
外商投资企业	Foreign Funded				
从业人员年平均数 (人)	Number of Employed Persons(person)		51	27	40
流动资产年平均余额	Annual Average Balance of Working Capitals		582		18
固定资产净值年平均余额	Annual Average Balance of Net Value of Fixed Assets		2600		170
产品销售收入	Product Sales Revenue		83		254
其中:产品销售税金及附加	Taxes and Other Charges on Product Saling				3
本年应交增值税	Value-added Tax Payable				10
利润总额	Total Profits		15		
建筑业:	Construction				
建筑业企业个数 (个)	Number of ConstructionEnterprises(unit)	1			
期末从业人员数 (人)	Number of Staff & Workers at Year-end(person)	25			
建筑业总产值 (万元)	Gross Output Value of Construction(10 000 yuan)				
交通运输、邮电通讯、能源	**Transportation，Postal，telecommunication and Energy**				
境内公路里程 (公里)	Length of Highways(km)	156	300	200	300
其中:高等级公路	Expressway				
境内铁路营业里程 (公里)	Length of Railways in Operation(km)				
境内火车站个数 (个)	Number of Railway Station(unit)				
民用汽车拥有量 (辆)	Possession of Civil Vehicles(unit)				5000
其中:个人汽车	Possession of Private Vehicles				3700
邮政业务总量 (万元)	Business Volume of Postal Services(10 000 yuan)				75
电信业务总量	Business Volume of Telecommunication Services				227
本地电话用户 (户)	Number of Subscribers of Fixed Telephone(subscriber)	5500	2285	1200	2816
住宅电话用户 (户)	Household Fixed Telephone Subscribers(subscriber)	8600	1298	826	1167
其中:乡村电话用户	Rural Fixed Telephone Subscribers	5350		268	48
移动电话用户数 (户)	Number of Mobile Telephone Subscribers(subscriber)	2685	4874	5800	1601
国际互联网用户 (户)	Number of Internet Users(subscriber)				3

26-1 续表 34 Continued

指 标	Item	玉树县 Yu shu County	杂多县 Za duo County	称多县 Cheng duo County	治多县 Zhi duo County
全年用电量(万千瓦时)	Electricity Consumption(10 thousand kwh)	66	12	788	
工业用电量	Industrial Electricity Consumption		9		
农村用电量	Agricultural Electricity Consumption	66	3	260	
贸易、外经、旅游	**Domestic Trade，Foreign Trade and Economic Cooperation and Tourism**				
社会销售品零售总额(万元)	Total Retail Sales of Consumer Goods (10 000 yuan)	17421	2802	3022	3315
限额以上批发零售贸易业商品销售总额(万元)	Total Sales of Enterprises above Designated Size of Wholesale and Retail Trades(10 000 yuan)				
出口总额(万美元)	Total Exports(USD 10 000)				
当年合同外资金额	Contracted Value				
当年实际使用外资金额	Actually Utilized Value				
境内外来资本实际投资额(万元)	Foreign Investment Actually Utilized Value(10 000 yuan)				
星级饭店个数(个)	Number of Star-rated Hotels(unit)				
星级饭店客房总数(间)	Number of Rooms in Star-rated Hotels(unit)				
名胜风景区和文物保护区个数(个)	Number of Places of Interest and Historical Reservations(unit)				
固定资产投资(万元)	**Investment in Fixed Assets(10 000 yuan)**				
城镇固定资产投资完成额	Investment in Fixed Assets in Urban Area	41268	16890	27735	10988
城镇新增固定资产	Newly Increased afaixed Assets in Urban Area	14215	16375	20398	9578
城镇投资项目数(个)	Number of Construction Projects in Urban Area	35	73	88	32
房地产开发投资完成额	Investment Completed of Enterprises for Real Estate Development				
其中:住宅	Residential Buildings				
教育、科技、文化、卫生	**Education，Science and Technology，Culture，Sports and Public Health**				
普通中学数(所)	Number of Regular Secondary Schools(unit)	7	1	6	1
小学数(所)	Number of Primary Schools(unit)	57	16	34	13
普通中学专任教师数(人)	Number of Full-time Teachers in Regular Secondary Schools(person)	279	27	100	29
小学专任教师数(人)	Number of Full-time Teachers in Primary Schools(person)	597	115	282	126
普通中学在校学生数(人)	Number of Students Enrollment in Regular Secondary Schools(person)	4829	1290	2793	396
其中:女生	Female Students Enrollment in Regular Secondary Schools	1282	678	1468	158
小学在校学生数(人)	Number of Students Enrollment in Primary Schools(person)	16736	6656	6930	4309
其中:女生	Female Students Enrollment in Primary Schools	8004	3197	3330	1340
学龄儿童入学率(%)	Net Enrollment Rate of School-Age Children(%)	99.9	98.0	95.3	98.4
其中:女童入学率	Net Enrollment Rate of School-Age Female Children	99.5	99.0	97.0	100.0
初中升学率(%)	Primary School Graduates Entering into Junior Secondary Schools(%)	100.0	100.0	85.5	100.0
高中升学率(%)	Junior Secondary School Graduates Entering into Senior Secondary Schools(%)	80.0	94.0		
高技术产业企业个数(个)	Number of Hi-Tech Industry Enterprises(unit)				
高技术产业总产值(当年价格)(万元)	Total Output Value of Hi-Tech Industry (current prices)(10 000 yuan)				
专业技术人员数(人)	Number of Scientific and Technical Personnel(person)	1250	286	706	304
其中:农业技术人员	Agriculture	216	105	90	68
农业科技与服务业单位个数(个)	Number of Agricultural Scientific and Service Industry(unit)	12	5	1	4
全年专利申请数(件)	Number of Patents Application(unit)				
体育场馆数(个)	Number of Stadiums and Gymnasiums(unit)	1			
剧场、影剧院数(个)	Number of Theaters and Cinemas(unit)	1		1	
公共图书馆图书总藏量(千册)	Total Collections of Public Libraries(1000 volumes)	172			
医院、卫生所数(所)	Number of Hospitals and Health Centers(unit)	9	11	11	2
医院、卫生院床位数(张)	Number of Beds in Hospitals and Health Centers(unit)	71	65	65	89
医院、卫生院卫生技术人员数(人)	Number of Medical Technical Personnel in Hospitals and Health Centers(person)	110	82	250	126
其中:医生	Number of Certified Doctors	42	42	64	89
卫生防疫人员数(人)	Number of epidemic prevention personnel(person)	12	18	23	10
5岁以下儿童死亡率(‰)	Death Rate of Children under 5 (‰)	26.1	0.3		0.6
婴儿死亡率(‰)	Death Rate of Infant (‰)	22.7	5.8	1.1	5.0
产妇住院分娩比例(%)	Proportion of Lying-in Woman Labors in Hospital(%)	62.7	93.0	71.0	97.0

26-1 续表 35 Continued

指 标	Item	玉树县 Yushu County	杂多县 Zaduo County	称多县 Chengduo County	治多县 Zhiduo County
人民生活	**People's Living Conditions**				
城镇在岗职工年平均人数(人)	Number of Staff and Workers in Urban and Rural Areas(person)	6559	1377	1557	1246
城镇在岗职工工资总额(万元)	Total Earning of Staff and Workers in Urban and Rural Areas(10 000 yuan)	22202	4154	4545	3391
农村居民人均纯收入(元)	Per Capita Net Income of Rural Households(yuan)	2448	2356	1889	2520
农民人均住房面积(平方米)	Per Capita Floor Space of Houses(sq.m)	12.0	17.5	12.1	16.7
农民文化娱乐消费比重(%)	Proportion of Cultural and Recreation Consumption	0.4	0.9	6.5	5.3
农村彩电普及率(%)	Popularizing rate of Color TV Set in Rural Areas(%)	17.5	22.5	22.5	10.0
农村电脑普及率(%)	Popularizing rate of Computer in Rural Areas(%)				
农村恩格尔系数(%)	Engle Coefficient of Rural Households(%)	72.7	89.1	80.2	84.5
成人文盲率(%)	Illiteracy rate of adult(%)				
人均预期寿命(岁)	Population Life Expectancy(year old)				
农村贫困人口(万人)	Population below the poverty line in Rural Areas(person)				
社会保障(人)	**Social security(person)**				
各种社会福利收养性单位数(个)	Number of Social Welfare and Salvation Institutions(unit)	1	8	4	3
其中：床位数(张)	Number of Beds (unit)	28	107	199	161
参加基本养老保险的职工数	Number of Staff and Workers Participated in Basic Pension Insurance	187	314	522	516
参加基本医疗保险的职工数	Number of Staff and Workers Participated in Basic Medical Care Insurance	2667	1356	1815	1113
参加失业保险人数	Number of Staff and Workers Participated in Unemployment Insurance	2704	552	942	614
城镇居民最低生活保障人数	Number of Persons Receiving Minimum Living Allowance in Rural Areas	2002	1191	1335	938
农村居民最低生活保障人数	Number of Persons Receiving Minimum Living Allowance in Urban Areas	6603	5447	5691	4300
农村传统救济人数	Number of Persons Receiving Traditional Relief in Rural Areas	7349	2745		2801
参加农村合作医疗的人数	Rural Cooperative Medical Service Contributors	68471	43812	35422	24415
参加农村养老保险的人数	Rural Basic Pension Insurance Contributors				
社会治安	**Public Order**				
交通事故件数(件)	Number of Traffic Accides(unit)	96	56	2	16
刑事案件立案数(件)	Number of Criminal Case Registered(case)	178	26	7	8
犯罪人数(人)	Number of offenders(person)	269	19	9	31
民事案件发案数(件)	Number of civil cases(case)	306	131		61
资源、环境与可持续发展	**Resources, Environment and Sustainable Development**				
行政区域土地面积(平方公里)	Area of Administrative Regions(sq.km)	17596	34171	14744	80040
建成区面积	Area of Built Up Regions(sq.km)				
建成区绿化覆盖面积	Area of Green Coverage in Built Up Regions(sq.km)				
森林面积(公顷)	Area of Forest(hectare)				
当年造林面积(公顷)	Area of Afforestation(hectare)	533			
退耕造林面积	Area of Grain for Green(hectare)				
年末耕地总资源(公顷)	Area of Arable Land(hectare)	3663	3	2084	
常用耕地面积	Area of Arable Landin Common Usage(hectare)	3663	3	2084	
水浇地	Area of Irrigable Land(hectare)	574			
年内减少耕地面积	Reduction in Area of Cultivated Land(hectare)	9			
基建占地	Areas of Land for Construction(hectare)				
退耕还林还草占地	Area of Grain for Green(hectare)	9			
自然保护区个数(个)	Number of Nature Reserves(unit)	1			1
自然保护区面积(千公顷)	Area of Nature Reserves (1 000 hectares)	10			4500
环境污染治理本年完成投资总额(万元)	Investment Completed in the Treatment of Environmental Pollution(10 thousand yuan)				
工业二氧化硫排放量(吨)	Volume of Sulphur Dioxide Emission(ton)				
工业废水排放量达标率(%)	Volume of Waste Water up to the Discharge Standards(ton)				
工业烟尘排放量达标率(%)	Volume of Industrial Soot up to the Discharge Standards(ton)				
城镇生活污水处理率(%)	Disposal Rate of Waste Water in Urban Areas(%)				
污水处理厂数(座)	Number of Sewage Treatment Works (unit)				
垃圾处理站数(个)	Number of Biohazard Waste (unit0		1	1	

26-1 续表 36 Continued

指 标		Item	囊谦县 Nang qian County	曲麻莱县 Quma lai County	格尔木市 Geer mu City
乡村基本情况		**Basic Conditions of Township**			
乡(镇)个数	(个)	Number of Township and Town Governments(unit)	10	6	4
建制镇个数		Number of Town Governments	1	1	2
镇区占地面积	(公顷)	Area of Township(hectare)	506	8	150
镇区总人口	(人)	Population of Township(person)	1066	210	3931
村民委员会个数	(个)	Number of Villagers'Committees(unit)	69	19	42
自来水受益村		Number of Township Benefits From Tap Water	28		21
通电话的村		Number of Township Uses Telephone	43		24
通有线电视的村		Number of Township Has Cable Television	1		18
人口与就业		**Population and Employment**			
年末总人口	(万人)	Total Population(year—end)(10000 persons)	7.8	2.7	21.2
其中:女		Population of Female	3.8	1.3	5.8
当年出生人口	(人)	Newborn Population(person)	10897	293	1146
当年死亡人口	(人)	Dead Population(person)	149	88	282
常住人口	(万人)	Permanent Population(1000 persons)	7.0	2.0	1.0
乡村人口	(万人)	Rural Population(10000 persons)	7.6	2.5	1.4
年末总户数	(户)	Number of Households(year—end)(household)	17785	8641	45646
其中:乡村户数		Number of Rural Households	16081	6321	3550
年末单位从业人员数	(人)	Number of Employed Persons in Units at Year-end(person)	1546	1306	22934
其中:女		Number of Female Employed Persons at Year-end	488	466	8007
其中:第二产业		Number of Employed Persons of Secondary Industry	100	66	12755
第三产业		Number of Employed Persons of Tertiary Industry	1313	1137	9744
乡村从业人员数	(人)	Number of Employed Persons in Rural Areas(person)	31488	11674	9088
其中:农林牧渔业		Number of Employed Persons of Agriculture, Forestry, Animal Husbandry and Fishery in Rural Areas	31198	9952	6691
城镇登记失业人员数	(人)	Number of Registered Employed Persons in Urban Area by Region(person)	176		1530
综合经济		**Economy of Integration**			
地区生产总值	**(万元)**	**Area total output value(10 000 yuan)**	**34441**	**30475**	**1369971**
第一产业增加值		Value-added of the Primary Industry	26287.9	19267.3	9133.0
农业		Agriculture	8309.8	1693.8	4747.0
林业		Forestry	-0.3		86.0
牧业		Animal Husbandry	17787.0	17355.7	4117.0
渔业		Fishery			37.0
农林牧渔服务业		Services in Support of Agriculture	191.4	217.8	146.0
第二产业增加值		Value-added of the Secondary Industry	3175	4312	1085946
其中:工业		Industry	428	228	963449
第三产业增加值		Value-added of the Tertiary Industry	4978	6896	274892
财政、金融	**(万元)**	**Finances and Economy(10 000 yuan)**			
财政总收入		Total Government Revenue	25440	12129	327680
其中:地方财政一般预算收入		General Budgetary Financial Revenue in Local Financial Revenue	410	299	68439
各项税收		Taxation	410	280	363187
地方财政一般预算支出		General Budgetary Financial Expenditures in Local Financial Expenditures	25070	11813	103335
其中:农业支出		Expenditures for Agriculture	5458	1574	4403
科学支出		Expenditures for Science	4		491
科技三项费		Expenditures for Science and Technology Promotion	1377	40	4717
教育支出		Expenditures for Education	5485	1298	13987
年末金融机构各项存款余额		Deposits of all the Financial Institutes	34430	23001	1137716
其中:城乡居民储蓄存款余额		Urban and Rural Household Savings Deposits	10400	3859	457808
年末金融机构各项贷款余额		Loans of all the Financial Institutes	52000	30382	733801
其中:农业贷款		Loans to Agriculture Sector			974
农业		**Agriculture**			
生产条件		Condition for Agricultural Production			
农业机械总动力	(万千瓦特)	Total Power of Agriculture Machinery(10000 Kw)	1.6	0.1	9.9
化肥使用量(折纯量)	(吨)	Consumption of Chemical Fertilizers(ton)	422.0		1754.4
农药使用量	(吨)	Consumption of Agricultural Chemical(ton)	2.0		17.6
地膜使用量	(吨)	Consumption of Plastic Film(ton)	15.0		0.5
有效灌溉面积	(公顷)	Effective Irrigated Area(10000 hectares)	1431		3370

26-1 续表 37 Continued

指 标	Item	囊谦县 Nangqian County	曲麻莱县 Qumalai County	格尔木市 Geermu City
农作物总播种面积 (公顷)	Total Sown Areas of Farm Crops(hectare)	6467		3693
粮食作物播种面积	Total Sown Areas of Grain Crops(hectare)	5333		1331
其中:稻谷	Rice			
小麦	Wheat	67		807
玉米	Corn			
大豆	Soja			
油料播种面积	Oil-bearing Crops	200		418
棉花播种面积	Cotton			
糖料播种面积	Sugar-bearing			
蔬菜播种面积	Vegetables	133		588
粮食总产量 (吨)	Yield of Crain(ton)	10016		8066
其中:稻谷	Rice			
小麦	Wheat	100		4894
玉米	Corn			
大豆	Soja			
油料产量	Oil-bearing Crops	154		1074
棉花产量	Cotton			
糖料产量	Sugar-bearing			
水果产量	Fruits			99
肉类总产量	Output of Meat	5195	4481	3261
奶类产量	Output of Milk	7659	10687	1483
禽蛋产量	Output of Poultry Eggs			
蔬菜产量	Output of Vegetables	620		34740
水产品产量	Output of Aquatic Products			38
工业及建筑业	**Industry and Construction**			
国有及年销售收入500万元以上的非国有:	State-owned Industrial Enterprises and Non-state Industrial Enterprises with Revenue from Principle Business below 5 million yuan			
工业企业数 (个)	Number of Industrial Enterprises(unit)	4	2	48
工业总产值(现价) (万元)	Gross Industrial Output Value(current prices)(10 000 yuan)	1950	77	1141973
内资企业	Domestic Funded	1950	77	1141328
港、澳、台商投资企业	Funded from Hong Kong,Macao and Taiwan			645
外商投资企业	Foreign Funded			
从业人员年平均数 (人)	Number of Employed Persons(person)	96	37	13965
流动资产年平均余额	Annual Average Balance of Working Capitals	139	62	966423
固定资产净值年平均余额	Annual Average Balance of Net Value of Fixed Assets	2441	1341	729978
产品销售收入	Product Sales Revenue	215	190	920189
其中:产品销售税金及附加	Taxes and Other Charges on Product Saling	12	1	33889
本年应交增值税	Value-added Tax Payable	10	1	58725
利润总额	Total Profits	-34	101	517020
建筑业:	Construction			
建筑业企业个数 (个)	Number of ConstructionEnterprises(unit)			30
期末从业人员数 (人)	Number of Staff & Workers at Year-end(person)			676
建筑业总产值 (万元)	Gross Output Value of Construction(10 000 yuan)			74397
交通运输、邮电通讯、能源	**Transportation, Postal, telecommunication and Energy**			
境内公路里程 (公里)	Length of Highways(km)	257	320	1976
其中:高等级公路	Expressway			
境内铁路营业里程 (公里)	Length of Railways in Operation(km)			583
境内火车站个数 (个)	Number of Railway Station(unit)			21
民用汽车拥有量 (辆)	Possession of Civil Vehicles(unit)	40	307	25668
其中:个人汽车	Possession of Private Vehicles	40	164	6823
邮政业务总量 (万元)	Business Volume of Postal Services(10 000 yuan)	835	342	1370
电信业务总量	Business Volume of Telecommunication Services	420	150	16649
本地电话用户 (户)	Number of Subscribers of Fixed Telephone(subscriber)	2000	1432	70821
住宅电话用户 (户)	Household Fixed Telephone Subscribers(subscriber)	1500	908	45546
其中:乡村电话用户	Rural Fixed Telephone Subscribers			5525
移动电话用户数 (户)	Number of Mobile Telephone Subscribers(subscriber)	1916	2500	137708
国际互联网用户 (户)	Number of Internet Users(subscriber)		210	13819

26-1 续表 38 Continued

指 标	Item	囊谦县 Nang qian County	曲麻莱县 Quma lai County	格尔木市 Geer mu City
全年用电量(万千瓦时)	Electricity Consumption(10 thousand kwh)	35		48444
工业用电量	Industrial Electricity Consumption			48327
农村用电量	Agricultural Electricity Consumption	35		117
贸易、外经、旅游	**Domestic Trade，Foreign Trade and Economic Cooperation and Tourism**			
社会销售品零售总额(万元)	Total Retail Sales of Consumer Goods (10 000 yuan)	3215	4157	216580
限额以上批发零售贸易业商品销售总额(万元)	Total Sales of Enterprises above Designated Size of Wholesale and Retail Trades(10 000 yuan)			53633
出口总额(万美元)	Total Exports(USD 10 000)			
当年合同外资金额	Contracted Value			
当年实际使用外资金额	Actually Utilized Value			
境内外来资本实际投资额(万元)	Foreign Investment Actually Utilized Value(10 000 yuan)			
星级饭店个数(个)	Number of Star-rated Hotels(unit)			14
星级饭店客房总数(间)	Number of Rooms in Star-rated Hotels(unit)			1204
名胜风景区和文物保护区个数(个)	Number of Places of Interest and Historical Reservations(unit)			1
固定资产投资(万元)	**Investment in Fixed Assets(10 000 yuan)**			
城镇固定资产投资完成额	Investment in Fixed Assets in Urban Area	19861	17964	385571
城镇新增固定资产	Newly Increased afaixed Assets in Urban Area	14017	16645	206679
城镇投资项目数(个)	Number of Construction Projects in Urban Area	49	37	67
房地产开发投资完成额	Investment Completed of Enterprises for Real Estate Development			600
其中:住宅	Residential Buildings			600
教育、科技、文化、卫生	**Education，Science and Technology，Culture，Sports and Public Health**			
普通中学数(所)	Number of Regular Secondary Schools(unit)	5	1	22
小学数(所)	Number of Primary Schools(unit)	57	12	14
普通中学专任教师数(人)	Number of Full-time Teachers in Regular Secondary Schools(person)	160	29	969
小学专任教师数(人)	Number of Full-time Teachers in Primary Schools(person)	302	103	741
普通中学在校学生数(人)	Number of Students Enrollment in Regular Secondary Schools(person)	870	468	10290
其中:女生	Female Students Enrollment in Regular Secondary Schools	377	210	4878
小学在校学生数(人)	Number of Students Enrollment in Primary Schools(person)	9418	4137	20751
其中:女生	Female Students Enrollment in Primary Schools	5094	1739	9633
学龄儿童入学率(%)	Net Enrollment Rate of School-Age Children(%)	98.0	98.4	99.8
其中:女童入学率	Net Enrollment Rate of School-Age Female Children	95.2	98.0	99.7
初中升学率(%)	Primary School Graduates Entering into Junior Secondary Schools(%)	100.0	100.0	97.0
高中升学率(%)	Junior Secondary School Graduates Entering into Senior Secondary Schools(%)	98.0		88.8
高技术产业企业个数(个)	Number of Hi-Tech Industry Enterprises(unit)			
高技术产业总产值(当年价格)(万元)	Total Output Value of Hi-Tech Industry (current prices)(10 000 yuan)			
专业技术人员数(人)	Number of Scientific and Technical Personnel(person)	746	495	2602
其中:农业技术人员	Agriculture	65	89	166
农业科技与服务业单位个数(个)	Number of Agricultural Scientific and Service Industry(unit)	6	4	5
全年专利申请数(件)	Number of Patents Application(unit)			
体育场馆数(个)	Number of Stadiums and Gymnasiums(unit)	1		1
剧场、影剧院数(个)	Number of Theaters and Cinemas(unit)	1	1	5
公共图书馆图书总藏量(千册)	Total Collections of Public Libraries(1000 volumes)	61		50
医院、卫生所数(所)	Number of Hospitals and Health Centers(unit)	4	3	9
医院、卫生院床位数(张)	Number of Beds in Hospitals and Health Centers(unit)	93	84	490
医院、卫生院卫生技术人员数(人)	Number of Medical Technical Personnel in Hospitals and Health Centers(person)	145	123	716
其中:医生	Number of Certified Doctors	71	30	336
卫生防疫人员数(人)	Number of epidemic prevention personnel(person)	22	17	41
5岁以下儿童死亡率(‰)	Death Rate of Children under 5 (‰)	27.1	6.0	10.9
婴儿死亡率(‰)	Death Rate of Infant (‰)	26.4	10.0	9.7
产妇住院分娩比例(%)	Proportion of Lying-in Woman Labors in Hospital(%)	54.0	39.0	99.2

26-1 续表 39 Continued

指　标	Item	囊谦县 Nangqian County	曲麻莱县 Qumalai County	格尔木市 Geermu City
人民生活	**People's Living Conditions**			
城镇在岗职工年平均人数(人)	Number of Staff and Workers in Urban and Rural Areas(person)	1522	1267	17992
城镇在岗职工工资总额(万元)	Total Earning of Staff and Workers in Urban and Rural Areas(10 000 yuan)	4771	4367	61218
农村居民人均纯收入(元)	Per Capita Net Income of Rural Households(yuan)	1696	2743	5219
农民人均住房面积(平方米)	Per Capita Floor Space of Houses(sq.m)	21.4	10.5	33.2
农民文化娱乐消费比重(%)	Proportion of Cultural and Recreation Consumption		3.3	0.9
农村彩电普及率(%)	Popularizing rate of Color TV Set in Rural Areas(%)	35.0	25.0	104.4
农村电脑普及率(%)	Popularizing rate of Computer in Rural Areas(%)			2.2
农村恩格尔系数(%)	Engle Coefficient of Rural Households(%)	89.0	56.2	47.3
成人文盲率(%)	Illiteracy rate of adult(%)			
人均预期寿命(岁)	Population Life Expectancy(year old)			
农村贫困人口(万人)	Population below the poverty line in Rural Areas(person)			
社会保障(人)	**Social security(person)**			
各种社会福利收养性单位数(个)	Number of Social Welfare and Salvation Institutions(unit)	8	3	2
其中：床位数(张)	Number of Beds (unit)		93	24
参加基本养老保险的职工数	Number of Staff and Workers Participated in Basic Pension Insurance	308	516	23290
参加基本医疗保险的职工数	Number of Staff and Workers Participated in Basic Medical Care Insurance	1831	1130	26700
参加失业保险人数	Number of Staff and Workers Participated in Unemployment Insurance	816	614	12944
城镇居民最低生活保障人数	Number of Persons Receiving Minimum Living Allowance in Rural Areas	1700	938	9962
农村居民最低生活保障人数	Number of Persons Receiving Minimum Living Allowance in Urban Areas	8898	3531	2208
农村传统救济人数	Number of Persons Receiving Traditional Relief in Rural Areas	1525	181	
参加农村合作医疗的人数	Rural Cooperative Medical Service Contributors	62584	20989	30309
参加农村养老保险的人数	Rural Basic Pension Insurance Contributors			8922
社会治安	**Public Order**			
交通事故件数(件)	Number of Traffic Accides(unit)	2	11	30
刑事案件立案数(件)	Number of Criminal Case Registered(case)	18	41	210
犯罪人数(人)	Number of offenders(person)	17	22	322
民事案件发案数(件)	Number of civil cases(case)		120	1020
资源、环境与可持续发展	**Resources，Environment and Sustainable Development**			
行政区域土地面积(平方公里)	Area of Administrative Regions(sq.km)	12695	47516	118954
建成区面积	Area of Built Up Regions(sq.km)	5		31
建成区绿化覆盖面积	Area of Green Coverage in Built Up Regions(sq.km)	1		5
森林面积(公顷)	Area of Forest(hectare)	52851		326365
当年造林面积(公顷)	Area of Afforestation(hectare)			5000
退耕造林面积	Area of Grain for Green(hectare)			
年末耕地总资源(公顷)	Area of Arable Land(hectare)	7973	5	3498
常用耕地面积	Area of Arable Landin Common Usage(hectare)	7973	5	3498
水浇地	Area of Irrigable Land(hectare)	2356		3498
年内减少耕地面积	Reduction in Area of Cultivated Land(hectare)			
基建占地	Areas of Land for Construction(hectare)			
退耕还林还草占地	Area of Grain for Green(hectare)			
自然保护区个数(个)	Number of Nature Reserves(unit)			2
自然保护区面积(公顷)	Area of Nature Reserves (hectare)			15234200
环境污染治理本年完成投资总额(万元)	Investment Completed in the Treatment of Environmental Pollution(10 thousand yuan)			12144
工业二氧化硫排放量(吨)	Volume of Sulphur Dioxide Emission(ton)			4914
工业废水排放量达标率(%)	Volume of Waste Water up to the Discharge Standards(ton)			97.5
工业烟尘排放量达标率(%)	Volume of Industrial Soot up to the Discharge Standards(ton)			92.0
城镇生活污水处理率(%)	Disposal Rate of Waste Water in Urban Areas(%)			75.0
污水处理厂数(座)	Number of Sewage Treatment Works (unit)			1
垃圾处理站数(个)	Number of Biohazard Waste (unit0			1

26-1 续表 40 Continued

指标	Item	德令哈市 Delinha City	乌兰县 Wulan County	都兰县 Dulan County	天峻县 Tianjun County
乡村基本情况	**Basic Conditions of Township**				
乡(镇)个数（个）	Number of Township and Town Governments(unit)	4	4	8	10
建制镇个数	Number of Town Governments	3	4	4	3
镇区占地面积（公顷）	Area of Township(hectare)	5360	7979	6215	110
镇区总人口（人）	Population of Township(person)	6720	16670	11959	4144
村民委员会个数（个）	Number of Villagers'Committees(unit)	51	38	107	62
自来水受益村	Number of Township Benefits From Tap Water	38	25	73	
通电话的村	Number of Township Uses Telephone	46	36	85	
通有线电视的村	Number of Township Has Cable Television	28	16	34	5
人口与就业	**Population and Employment**				
年末总人口（万人）	Total Population(year—end)(10000 persons)	7.0	3.7	7.1	2.0
其中:女	Population of Female	3.4	1.7	3.4	1.0
当年出生人口（人）	Newborn Population(person)	521	241	857	209
当年死亡人口（人）	Dead Population(person)	158	119	382	90
常住人口（万人）	Permanent Population(1000 persons)	7.0	3.0	7.0	2.0
乡村人口（万人）	Rural Population(10000 persons)	3.4	2.3	5.7	1.5
年末总户数（户）	Number of Households(year—end)(household)	24480	12615	21934	6125
其中:乡村户数	Number of Rural Households	7807	5400	13443	3074
年末单位从业人员数（人）	Number of Employed Persons in Units at Year-end(person)	10342	3842	4116	2130
其中:女	Number of Female Employed Persons at Year-end	4110	813	1449	592
其中:第二产业	Number of Employed Persons of Secondary Industry	1818	1837	711	216
第三产业	Number of Employed Persons of Tertiary Industry	7942	1669	2320	1736
乡村从业人员数（人）	Number of Employed Persons in Rural Areas(person)	17369	14404	29424	7860
其中:农林牧渔业	Number of Employed Persons of Agriculture, Forestry, Animal Husbandry and Fishery in Rural Areas	13515	10357	26958	7610
城镇登记失业人员数（人）	Number of Registered Employed Persons in Urban Area by Region(person)	693	174	587	175
综合经济	**Economy of Integration**				
地区生产总值（万元）	**Area total output value(10 000 yuan)**	**218203**	**79903**	**72040**	**172065**
第一产业增加值	Value-added of the Primary Industry	11834.1	11097.0	21413.0	15609.0
农业	Agriculture	2777.2	1615.0	8839.0	339.0
林业	Forestry	1098.4	780.0	196.0	
牧业	Animal Husbandry	6421.2	8411.0	12054.0	15006.0
渔业	Fishery	133.4			
农林牧渔服务业	Services in Support of Agriculture	1404.0	291.0	324.0	264.0
第二产业增加值	Value-added of the Secondary Industry	108020	60595	29400	139333
其中:工业	Industry	7502	56973	24417	131965
第三产业增加值	Value-added of the Tertiary Industry	98349	8211	21227	17123
财政、金融（万元）	**Finances and Economy(10 000 yuan)**				
财政总收入	Total Government Revenue	53587	12403	9862	48757
其中:地方财政一般预算收入	General Budgetary Financial Revenue in Local Financial Revenue	8780	3924	3609	12205
各项税收	Taxation	6320	2859	3609	7822
地方财政一般预算支出	General Budgetary Financial Expenditures in Local Financial Expenditures	52291	29424	33601	28573
其中:农业支出	Expenditures for Agriculture	8044	7476	12435	8352
科学支出	Expenditures for Science	173	130	147	
科技三项费	Expenditures for Science and Technology Promotion	1257	940	1856	1463
教育支出	Expenditures for Education	4812	2544	5053	394
年末金融机构各项存款余额	Deposits of all the Financial Institutes	276471	48040	59455	46136
其中:城乡居民储蓄存款余额	Urban and Rural Household Savings Deposits	110878	27545	35109	
年末金融机构各项贷款余额	Loans of all the Financial Institutes	276678	40391	20489	25258
其中:农业贷款	Loans to Agriculture Sector	11732	2514	18489	10434
农业	**Agriculture**				
生产条件	Condition for Agricultural Production				
农业机械总动力（万千瓦特）	Total Power of Agriculture Machinery(10000 Kw)	6.5	4.5	11.7	1.1
化肥使用量(折纯量)（吨）	Consumption of Chemical Fertilizers(ton)	1206.5	636.3	2819.5	
农药使用量（吨）	Consumption of Agricultural Chemical(ton)	21.0	14.7	66.0	
地膜使用量（吨）	Consumption of Plastic Film(ton)	1.7	6.4	0.0	
有效灌溉面积（公顷）	Effective Irrigated Area(10000 hectares)	6960	2920	17384	

26-1 续表 41 Continued

指 标	Item	德令哈市 Delin ha City	乌兰县 Wu lan County	都兰县 Du lan County	天峻县 Tian jun County
农作物总播种面积 (公顷)	Total Sown Areas of Farm Crops(hectare)	6839	3275	14563	
粮食作物播种面积	Total Sown Areas of Grain Crops(hectare)	3397	1753	7913	
其中:稻谷	Rice				
小麦	Wheat	2085	1343	3008	
玉米	Corn				
大豆	Soja				
油料播种面积	Oil-bearing Crops	1936	1173	4815	
棉花播种面积	Cotton				
糖料播种面积	Sugar-bearing				
蔬菜播种面积	Vegetables	201	58	124	
粮食总产量 (吨)	Yield of Crain(ton)	18236	8030	44207	
其中:稻谷	Rice				
小麦	Wheat	11198	6482	17589	
玉米	Corn				
大豆	Soja				
油料产量	Oil-bearing Crops	3688	2815	10675	
棉花产量	Cotton				
糖料产量	Sugar-bearing				
水果产量	Fruits				
肉类总产量	Output of Meat	2605	3786	4472	6530
奶类产量	Output of Milk	1694	2479	3231	5300
禽蛋产量	Output of Poultry Eggs	6	32	20	
蔬菜产量	Output of Vegetables	5377	1372	2885	
水产品产量	Output of Aquatic Products	262			
工业及建筑业	**Industry and Construction**				
国有及年销售收入500万元以上的非国有:	State-owned Industrial Enterprises and Non-state Industrial Enterprises with Revenue from Principle Business below 5 million yuan				
工业企业数 (个)	Number of Industrial Enterprises(unit)	10	6	14	3
工业总产值(现价) (万元)	Gross Industrial Output Value(current prices)(10 000 yuan)	173887	150158	44335	303550
内资企业	Domestic Funded	173887	132937	24344	303550
港、澳、台商投资企业	Funded from Hong Kong,Macao and Taiwan			19992	
外商投资企业	Foreign Funded		17221		
从业人员年平均数 (人)	Number of Employed Persons(person)	3304	3245	1027	791
流动资产年平均余额	Annual Average Balance of Working Capitals	108918	63637	29871	228304
固定资产净值年平均余额	Annual Average Balance of Net Value of Fixed Assets	206336	139033	10277	12145
产品销售收入	Product Sales Revenue	156623	102574	36820	375212
其中:产品销售税金及附加	Taxes and Other Charges on Product Saling	279	1423	810	10106
本年应交增值税	Value-added Tax Payable	16020	7079	3330	46403
利润总额	Total Profits	44151	16924	10752	171129
建筑业:	Construction				
建筑业企业个数 (个)	Number of ConstructionEnterprises(unit)	7	1	1	
期末从业人员数 (人)	Number of Staff & Workers at Year-end(person)	462	25	19	
建筑业总产值 (万元)	Gross Output Value of Construction(10 000 yuan)	9672	150	3683	
交通运输、邮电通讯、能源	**Transportation，Postal，telecommunication and Energy**				
境内公路里程 (公里)	Length of Highways(km)	1320	269	1110	720
其中:高等级公路	Expressway				
境内铁路营业里程 (公里)	Length of Railways in Operation(km)	313	171		95
境内火车站个数 (个)	Number of Railway Station(unit)	7	9		7
民用汽车拥有量 (辆)	Possession of Civil Vehicles(unit)	5876	803	400	288
其中:个人汽车	Possession of Private Vehicles	4288	261	320	288
邮政业务总量 (万元)	Business Volume of Postal Services(10 000 yuan)	463	216	297	120
电信业务总量	Business Volume of Telecommunication Services	2873	1946	2210	1500
本地电话用户 (户)	Number of Subscribers of Fixed Telephone(subscriber)	26582	6615	12254	3000
住宅电话用户 (户)	Household Fixed Telephone Subscribers(subscriber)	11937	4829	11476	1210
其中:乡村电话用户	Rural Fixed Telephone Subscribers	4599	3000	6020	49
移动电话用户数 (户)	Number of Mobile Telephone Subscribers(subscriber)	36218	14000	15900	12000
国际互联网用户 (户)	Number of Internet Users(subscriber)	4289	1400	895	300

26-1 续表 42 Continued

指 标	Item	德令哈市 Delinha City	乌兰县 Wulan County	都兰县 Dulan County	天峻县 Tianjun County
全年用电量(万千瓦时)	Electricity Consumption(10 thousand kwh)	31769	4947	4235	32
工业用电量	Industrial Electricity Consumption	31094	4797	3466	32
农村用电量	Agricultural Electricity Consumption	675	150	769	
贸易、外经、旅游	**Domestic Trade，Foreign Trade and Economic Cooperation and Tourism**				
社会销售品零售总额(万元)	Total Retail Sales of Consumer Goods (10 000 yuan)	36675	10022	17237	11717
限额以上批发零售贸易业商品销售总额(万元)	Total Sales of Enterprises above Designated Size of Wholesale and Retail Trades(10 000 yuan)	35865			
出口总额(万美元)	Total Exports(USD 10 000)				
当年合同外资金额	Contracted Value				
当年实际使用外资金额	Actually Utilized Value				
境内外来资本实际投资额(万元)	Foreign Investment Actually Utilized Value(10 000 yuan)				
星级饭店个数(个)	Number of Star-rated Hotels(unit)	4			
星级饭店客房总数(间)	Number of Rooms in Star-rated Hotels(unit)	520		2	
名胜风景区和文物保护区个数(个)	Number of Places of Interest and Historical Reservations(unit)		4	13	
固定资产投资(万元)	**Investment in Fixed Assets(10 000 yuan)**				
城镇固定资产投资完成额	Investment in Fixed Assets in Urban Area	160414	38947	26429	34649
城镇新增固定资产	Newly Increased afaixed Assets in Urban Area	19057	38947	9502	34649
城镇投资项目数(个)	Number of Construction Projects in Urban Area	71	67	34	51
房地产开发投资完成额	Investment Completed of Enterprises for Real Estate Development		500	1474	
其中:住宅	Residential Buildings		500		
教育、科技、文化、卫生	**Education，Science and Technology，Culture，Sports and Public Health**				
普通中学数(所)	Number of Regular Secondary Schools(unit)	10	7	8	3
小学数(所)	Number of Primary Schools(unit)	12	12	25	9
普通中学专任教师数(人)	Number of Full-time Teachers in Regular Secondary Schools(person)	339	198	259	52
小学专任教师数(人)	Number of Full-time Teachers in Primary Schools(person)	405	290	366	154
普通中学在校学生数(人)	Number of Students Enrollment in Regular Secondary Schools(person)	4608	2308	4116	1250
其中:女生	Female Students Enrollment in Regular Secondary Schools	2397	1428	2029	631
小学在校学生数(人)	Number of Students Enrollment in Primary Schools(person)	7017	3420	7283	2707
其中:女生	Female Students Enrollment in Primary Schools	3362	2172	3497	1322
学龄儿童入学率(%)	Net Enrollment Rate of School-Age Children(%)	100.0	99.6	99.8	99.8
其中:女童入学率	Net Enrollment Rate of School-Age Female Children	100.0	99.4	99.9	100.0
初中升学率(%)	Primary School Graduates Entering into Junior Secondary Schools(%)	99.8	64.9	99.8	97.0
高中升学率(%)	Junior Secondary School Graduates Entering into Senior Secondary Schools(%)	82.1	75.5	73.5	49.1
高技术产业企业个数(个)	Number of Hi-Tech Industry Enterprises(unit)				
高技术产业总产值(当年价格)(万元)	Total Output Value of Hi-Tech Industry (current prices)(10 000 yuan)				
专业技术人员数(人)	Number of Scientific and Technical Personnel(person)	3030	1084	1039	309
其中:农业技术人员	Agriculture	125	170	121	
农业科技与服务业单位个数(个)	Number of Agricultural Scientific and Service Industry(unit)	6	18	15	
全年专利申请数(件)	Number of Patents Application(unit)				1
体育场馆数(个)	Number of Stadiums and Gymnasiums(unit)	1	1		1
剧场、影剧院数(个)	Number of Theaters and Cinemas(unit)	1	1	1	1
公共图书馆图书总藏量(千册)	Total Collections of Public Libraries(1000 volumes)	70	22	3	
医院、卫生所数(所)	Number of Hospitals and Health Centers(unit)	7	10	15	14
医院、卫生院床位数(张)	Number of Beds in Hospitals and Health Centers(unit)	224	133	119	94
医院、卫生院卫生技术人员数(人)	Number of Medical Technical Personnel in Hospitals and Health Centers(person)	252	205	184	135
其中:医生	Number of Certified Doctors	109	200	82	31
卫生防疫人员数(人)	Number of epidemic prevention personnel(person)	102	20	24	12
5岁以下儿童死亡率(‰)	Death Rate of Children under 5 (‰)	15.7	39.3	18.8	2.0
婴儿死亡率(‰)	Death Rate of Infant (‰)	14.1	39.3	16.1	2.0
产妇住院分娩比例(%)	Proportion of Lying-in Woman Labors in Hospital(%)	98.2	94.1	97.0	85.0

26-1 续表 43 Continued

指 标	Item	德令哈市 Delin ha City	乌兰县 Wu lan County	都兰县 Du lan County	天峻县 Tian jun County
人民生活	**People's Living Conditions**				
城镇在岗职工年平均人数(人)	Number of Staff and Workers in Urban and Rural Areas(person)	8912	3232	3658	2149
城镇在岗职工工资总额(万元)	Total Earning of Staff and Workers in Urban and Rural Areas(10 000 yuan)	30882	11080	10740	6582
农村居民人均纯收入(元)	Per Capita Net Income of Rural Households(yuan)	3720	3202	3337	4617
农民人均住房面积(平方米)	Per Capita Floor Space of Houses(sq.m)	23.1	23.5	22.3	16.2
农民文化娱乐消费比重(%)	Proportion of Cultural and Recreation Consumption	5.6	2.6	4.8	1.2
农村彩电普及率(%)	Popularizing rate of Color TV Set in Rural Areas(%)	110.0	126.0	100.0	27.5
农村电脑普及率(%)	Popularizing rate of Computer in Rural Areas(%)	3.3	2.0	2.5	
农村恩格尔系数(%)	Engle Coefficient of Rural Households(%)	43.6	45.0	41.2	52.0
成人文盲率(%)	Illiteracy rate of adult(%)				
人均预期寿命(岁)	Population Life Expectancy(year old)				
农村贫困人口(万人)	Population below the poverty line in Rural Areas(person)				
社会保障(人)	**Social security(person)**				
各种社会福利收养性单位数(个)	Number of Social Welfare and Salvation Institutions(unit)	1	1	1	17
其中：床位数(张)	Number of Beds (unit)	72	41	2	21
参加基本养老保险的职工数	Number of Staff and Workers Participated in Basic Pension Insurance	8393	4923	2518	1343
参加基本医疗保险的职工数	Number of Staff and Workers Participated in Basic Medical Care Insurance	18331	5441	3506	2263
参加失业保险人数	Number of Staff and Workers Participated in Unemployment Insurance	3918	3122	2166	9842
城镇居民最低生活保障人数	Number of Persons Receiving Minimum Living Allowance in Rural Areas	10036	2096	3958	1775
农村居民最低生活保障人数	Number of Persons Receiving Minimum Living Allowance in Urban Areas	6502	1846	4639	1454
农村传统救济人数	Number of Persons Receiving Traditional Relief in Rural Areas	7		19	412
参加农村合作医疗的人数	Rural Cooperative Medical Service Contributors	22082	20473	50829	13235
参加农村养老保险的人数	Rural Basic Pension Insurance Contributors		6391		2182
社会治安	**Public Order**				
交通事故件数(件)	Number of Traffic Accides(unit)	25	10	20	243
刑事案件立案数(件)	Number of Criminal Case Registered(case)	294	47	47	33
犯罪人数(人)	Number of offenders(person)	107	76	67	38
民事案件发案数(件)	Number of civil cases(case)	433	223	306	185
资源、环境与可持续发展	**Resources，Environment and Sustainable Development**				
行政区域土地面积(平方公里)	Area of Administrative Regions(sq.km)	27358	12971	1465	25000
建成区面积	Area of Built Up Regions(sq.km)	15	104	3	3
建成区绿化覆盖面积	Area of Green Coverage in Built Up Regions(sq.km)			0	
森林面积(公顷)	Area of Forest(hectare)	7192	17733	118000	
当年造林面积(公顷)	Area of Afforestation(hectare)	7192	4467		
退耕造林面积	Area of Grain for Green(hectare)				
年末耕地总资源(公顷)	Area of Arable Land(hectare)	10024	2920	17538	
常用耕地面积	Area of Arable Landin Common Usage(hectare)	10024	2920	17538	
水浇地	Area of Irrigable Land(hectare)	10024	2920	17538	
年内减少耕地面积	Reduction in Area of Cultivated Land(hectare)				
基建占地	Areas of Land for Construction(hectare)				
退耕还林还草占地	Area of Grain for Green(hectare)				
自然保护区个数(个)	Number of Nature Reserves(unit)	2		1	
自然保护区面积(千公顷)	Area of Nature Reserves (1 000 hectare)	351620		118000	
环境污染治理本年完成投资总额(万元)	Investment Completed in the Treatment of Environmental Pollution(10 thousand yuan)				
工业二氧化硫排放量(吨)	Volume of Sulphur Dioxide Emission(ton)			722	
工业废水排放量达标率(%)	Volume of Waste Water up to the Discharge Standards(ton)			98.5	
工业烟尘排放量达标率(%)	Volume of Industrial Soot up to the Discharge Standards(ton)			97.0	
城镇生活污水处理率(%)	Disposal Rate of Waste Water in Urban Areas(%)				
污水处理厂数(座)	Number of Sewage Treatment Works (unit)				
垃圾处理站数(个)	Number of Biohazard Waste (unit0	1	1	1	1

26-1 续表 44 Continued

指 标		Item	茫 崖 Mangya Executive Council	大柴旦 Dachaidan Executive Council	冷 湖 Lenhu Executive Council
乡村基本情况		**Basic Conditions of Township**			
乡(镇)个数	(个)	Number of Township and Town Governments(unit)	1	1	1
建制镇个数		Number of Town Governments	1	1	1
镇区占地面积	(公顷)	Area of Township(hectare)	810	810	157
镇区总人口	(人)	Population of Township(person)	24175	25390	10624
村民委员会个数	(个)	Number of Villagers'Committees(unit)	3	2	
自来水受益村		Number of Township Benefits From Tap Water		2	
通电话的村		Number of Township Uses Telephone		2	
通有线电视的村		Number of Township Has Cable Television		2	
人口与就业		**Population and Employment**			
年末总人口	(万人)	Total Population(year—end)(10000 persons)	1.1	2.2	3.2
其中:女		Population of Female	0.5	1.1	1.5
当年出生人口	(人)	Newborn Population(person)	56	138	242
当年死亡人口	(人)	Dead Population(person)	20	33	27
常住人口	(万人)	Permanent Population(1000 persons)	3.0	1.0	3.0
乡村人口	(万人)	Rural Population(10000 persons)	0.0	0.1	
年末总户数	(户)	Number of Households(year—end)(household)	4418	9628	12176
其中:乡村户数		Number of Rural Households	70	206	
年末单位从业人员数	(人)	Number of Employed Persons in Units at Year-end(person)	2732	18713	2451
其中:女		Number of Female Employed Persons at Year-end	718	5911	954
其中:第二产业		Number of Employed Persons of Secondary Industry	2159	6723	1832
第三产业		Number of Employed Persons of Tertiary Industry	573	11990	619
乡村从业人员数	(人)	Number of Employed Persons in Rural Areas(person)	129	385	
其中:农林牧渔业		Number of Employed Persons of Agriculture, Forestry, Animal Husbandry and Fishery in Rural Areas	129	283	
城镇登记失业人员数	(人)	Number of Registered Employed Persons in Urban Area by Region(person)	878	40	170
综合经济		**Economy of Integration**			
地区生产总值	**(万元)**	**Area total output value(10 000 yuan)**	**679592**	**135491**	**58703**
第一产业增加值		Value-added of the Primary Industry	400.0	857.0	
农业		Agriculture			
林业		Forestry			
牧业		Animal Husbandry	400.0	857.0	
渔业		Fishery			
农林牧渔服务业		Services in Support of Agriculture			
第二产业增加值		Value-added of the Secondary Industry	663867	120572	53959
其中:工业		Industry	659360	111928	49526
第三产业增加值		Value-added of the Tertiary Industry	15325	14062	4744
财政、金融	**(万元)**	**Finances and Economy(10 000 yuan)**			
财政总收入		Total Government Revenue	15664	83759	5647
其中:地方财政一般预算收入		General Budgetary Financial Revenue in Local Financial Revenue	5435	14409	2382
各项税收		Taxation	5435	59722	1844
地方财政一般预算支出		General Budgetary Financial Expenditures in Local Financial Expenditures	216103	19940	5594
其中:农业支出		Expenditures for Agriculture	536	764	22
科学支出		Expenditures for Science	3	30	1
科技三项费		Expenditures for Science and Technology Promotion	213604	795	232
教育支出		Expenditures for Education	1960	1103	835
年末金融机构各项存款余额		Deposits of all the Financial Institutes	42651	56505	37975
其中:城乡居民储蓄存款余额		Urban and Rural Household Savings Deposits	30669	22638	3639
年末金融机构各项贷款余额		Loans of all the Financial Institutes	2204	22390	
其中:农业贷款		Loans to Agriculture Sector			
农业		**Agriculture**			
生产条件		Condition for Agricultural Production			
农业机械总动力	(万千瓦特)	Total Power of Agriculture Machinery(10000 Kw)	0.1	0.1	
化肥使用量(折纯量)	(吨)	Consumption of Chemical Fertilizers(ton)			
农药使用量	(吨)	Consumption of Agricultural Chemical(ton)			
地膜使用量	(吨)	Consumption of Plastic Film(ton)			
有效灌溉面积	(公顷)	Effective Irrigated Area(10000 hectares)			

26-1 续表 45 Continued

指 标	Item	茫 崖 Mangya Executive Council	大柴旦 Dachaidan Executive Council	冷 湖 Lenhu Executive Council
农作物总播种面积 (公顷)	Total Sown Areas of Farm Crops(hectare)			
粮食作物播种面积	Total Sown Areas of Grain Crops(hectare)			
其中:稻谷	Rice			
小麦	Wheat			
玉米	Corn			
大豆	Soja			
油料播种面积	Oil-bearing Crops			
棉花播种面积	Cotton			
糖料播种面积	Sugar-bearing			
蔬菜播种面积	Vegetables			
粮食总产量 (吨)	Yield of Crain(ton)			
其中:稻谷	Rice			
小麦	Wheat			
玉米	Corn			
大豆	Soja			
油料产量	Oil-bearing Crops			
棉花产量	Cotton			
糖料产量	Sugar-bearing			
水果产量	Fruits			
肉类总产量	Output of Meat	186	369	
奶类产量	Output of Milk	60	7	
禽蛋产量	Output of Poultry Eggs			
蔬菜产量	Output of Vegetables			
水产品产量	Output of Aquatic Products			
工业及建筑业	**Industry and Construction**			
国有及年销售收入500万元以上的非国有:	State-owned Industrial Enterprises and Non-state Industrial Enterprises with Revenue from Principle Business below 5 million yuan			
工业企业数 (个)	Number of Industrial Enterprises(unit)	5	12	5
工业总产值(现价) (万元)	Gross Industrial Output Value(current prices)(10 000 yuan)	1818476	263122	83426
内资企业	Domestic Funded	1818476	194193	83426
港、澳、台商投资企业	Funded from Hong Kong,Macao and Taiwan			
外商投资企业	Foreign Funded		68929	
从业人员年平均数 (人)	Number of Employed Persons(person)	25211	2042	892
流动资产年平均余额	Annual Average Balance of Working Capitals	521784	58697	134237
固定资产净值年平均余额	Annual Average Balance of Net Value of Fixed Assets	1506600	78033	77973
产品销售收入	Product Sales Revenue	1433142	110607	69073
其中:产品销售税金及附加	Taxes and Other Charges on Product Saling	38935	1872	2478
本年应交增值税	Value-added Tax Payable	143447	3529	8209
利润总额	Total Profits	639234	32157	30806
建筑业:	Construction			
建筑业企业个数 (个)	Number of ConstructionEnterprises(unit)		1	
期末从业人员数 (人)	Number of Staff & Workers at Year-end(person)		170	
建筑业总产值 (万元)	Gross Output Value of Construction(10 000 yuan)		5357	
交通运输、邮电通讯、能源	**Transportation, Postal, telecommunication and Energy**			
境内公路里程 (公里)	Length of Highways(km)	840	1176	230
其中:高等级公路	Expressway			
境内铁路营业里程 (公里)	Length of Railways in Operation(km)		143	
境内火车站个数 (个)	Number of Railway Station(unit)		2	
民用汽车拥有量 (辆)	Possession of Civil Vehicles(unit)	479	222	5998
其中:个人汽车	Possession of Private Vehicles	220	105	40
邮政业务总量 (万元)	Business Volume of Postal Services(10 000 yuan)	545	213	26
电信业务总量	Business Volume of Telecommunication Services	580	1217	100
本地电话用户 (户)	Number of Subscribers of Fixed Telephone(subscriber)	5416	4690	500
住宅电话用户 (户)	Household Fixed Telephone Subscribers(subscriber)	4612	1850	240
其中:乡村电话用户	Rural Fixed Telephone Subscribers		18	
移动电话用户数 (户)	Number of Mobile Telephone Subscribers(subscriber)	7500	7285	898
国际互联网用户 (户)	Number of Internet Users(subscriber)	2065	1330	150

26-1 续表 46 Continued

指标	Item	茫崖 Mangya Executive Council	大柴旦 Dachaidan Executive Council	冷湖 Lenhu Executive Council
全年用电量(万千瓦时)	Electricity Consumption(10 thousand kwh)	28945	15345	2465
工业用电量	Industrial Electricity Consumption	28939	15323	2465
农村用电量	Agricultural Electricity Consumption	6	22	
贸易、外经、旅游	**Domestic Trade，Foreign Trade and Economic Cooperation and Tourism**			
社会销售品零售总额(万元)	Total Retail Sales of Consumer Goods (10 000 yuan)	9983	5595	3135
限额以上批发零售贸易业商品销售总额(万元)	Total Sales of Enterprises above Designated Size of Wholesale and Retail Trades(10 000 yuan)			
出口总额(万美元)	Total Exports(USD 10 000)			
当年合同外资金额	Contracted Value			
当年实际使用外资金额	Actually Utilized Value			
境内外来资本实际投资额(万元)	Foreign Investment Actually Utilized Value(10 000 yuan)			
星级饭店个数(个)	Number of Star-rated Hotels(unit)			
星级饭店客房总数(间)	Number of Rooms in Star-rated Hotels(unit)			
名胜风景区和文物保护区个数(个)	Number of Places of Interest and Historical Reservations(unit)			
固定资产投资(万元)	**Investment in Fixed Assets(10 000 yuan)**			
城镇固定资产投资完成额	Investment in Fixed Assets in Urban Area	21887	63450	24630
城镇新增固定资产	Newly Increased afaixed Assets in Urban Area	21687	63450	24630
城镇投资项目数(个)	Number of Construction Projects in Urban Area	19	29	4
房地产开发投资完成额	Investment Completed of Enterprises for Real Estate Development			
其中:住宅	Residential Buildings			
教育、科技、文化、卫生	**Education，Science and Technology，Culture，Sports and Public Health**			
普通中学数(所)	Number of Regular Secondary Schools(unit)	1	1	1
小学数(所)	Number of Primary Schools(unit)	1	2	
普通中学专任教师数(人)	Number of Full-time Teachers in Regular Secondary Schools(person)	12	18	12
小学专任教师数(人)	Number of Full-time Teachers in Primary Schools(person)	49	40	15
普通中学在校学生数(人)	Number of Students Enrollment in Regular Secondary Schools(person)	338	146	39
其中:女生	Female Students Enrollment in Regular Secondary Schools	146	71	20
小学在校学生数(人)	Number of Students Enrollment in Primary Schools(person)	755	521	65
其中:女生	Female Students Enrollment in Primary Schools	323	253	28
学龄儿童入学率(%)	Net Enrollment Rate of School-Age Children(%)	75.0	100.0	100.0
其中:女童入学率	Net Enrollment Rate of School-Age Female Children	70.0	100.0	100.0
初中升学率(%)	Primary School Graduates Entering into Junior Secondary Schools(%)	98.0	100.0	100.0
高中升学率(%)	Junior Secondary School Graduates Entering into Senior Secondary Schools(%)	97.0	100.0	100.0
高技术产业企业个数(个)	Number of Hi-Tech Industry Enterprises(unit)			
高技术产业总产值(当年价格)(万元)	Total Output Value of Hi-Tech Industry (current prices)(10 000 yuan)			
专业技术人员数(人)	Number of Scientific and Technical Personnel(person)	88	594	461
其中:农业技术人员	Agriculture			461
农业科技与服务业单位个数(个)	Number of Agricultural Scientific and Service Industry(unit)			
全年专利申请数(件)	Number of Patents Application(unit)			
体育场馆数(个)	Number of Stadiums and Gymnasiums(unit)		1	
剧场、影剧院数(个)	Number of Theaters and Cinemas(unit)		1	
公共图书馆图书总藏量(千册)	Total Collections of Public Libraries(1000 volumes)		1	
医院、卫生所数(所)	Number of Hospitals and Health Centers(unit)	2	2	1
医院、卫生院床位数(张)	Number of Beds in Hospitals and Health Centers(unit)	112	46	10
医院、卫生院卫生技术人员数(人)	Number of Medical Technical Personnel in Hospitals and Health Centers(person)	96	42	17
其中:医生	Number of Certified Doctors	33	11	8
卫生防疫人员数(人)	Number of epidemic prevention personnel(person)	10	4	4
5岁以下儿童死亡率(‰)	Death Rate of Children under 5 (‰)			
婴儿死亡率(‰)	Death Rate of Infant (‰)			
产妇住院分娩比例(%)	Proportion of Lying-in Woman Labors in Hospital(%)	100.0	100.0	100.0

26-1 续表 47 Continued

指　标	Item	茫　崖 Mangya Executive Council	大柴旦 Dachaidan Executive Council	冷　湖 Lenhu Executive Council
人民生活	**People's Living Conditions**			
城镇在岗职工年平均人数(人)	Number of Staff and Workers in Urban and Rural Areas(person)	2264	18817	2373
城镇在岗职工工资总额(万元)	Total Earning of Staff and Workers in Urban and Rural Areas(10 000 yuan)	7380	124071	6519
农村居民人均纯收入(元)	Per Capita Net Income of Rural Households(yuan)			
农民人均住房面积(平方米)	Per Capita Floor Space of Houses(sq.m)			
农民文化娱乐消费比重(%)	Proportion of Cultural and Recreation Consumption			
农村彩电普及率(%)	Popularizing rate of Color TV Set in Rural Areas(%)			
农村电脑普及率(%)	Popularizing rate of Computer in Rural Areas(%)			
农村恩格尔系数(%)	Engle Coefficient of Rural Households(%)			
成人文盲率(%)	Illiteracy rate of adult(%)			
人均预期寿命(岁)	Population Life Expectancy(year old)			
农村贫困人口(万人)	Population below the poverty line in Rural Areas(person)			
社会保障(人)	**Social security(person)**			
各种社会福利收养性单位数(个)	Number of Social Welfare and Salvation Institutions(unit)	50	50	
其中：床位数(张)	Number of Beds (unit)	22	22	
参加基本养老保险的职工数	Number of Staff and Workers Participated in Basic Pension Insurance	4195	3675	843
参加基本医疗保险的职工数	Number of Staff and Workers Participated in Basic Medical Care Insurance	1183	1920	891
参加失业保险人数	Number of Staff and Workers Participated in Unemployment Insurance	2292	1715	372
城镇居民最低生活保障人数	Number of Persons Receiving Minimum Living Allowance in Rural Areas	464	709	84
农村居民最低生活保障人数	Number of Persons Receiving Minimum Living Allowance in Urban Areas	12	52	
农村传统救济人数	Number of Persons Receiving Traditional Relief in Rural Areas			
参加农村合作医疗的人数	Rural Cooperative Medical Service Contributors	226	716	
参加农村养老保险的人数	Rural Basic Pension Insurance Contributors			
社会治安	**Public Order**			
交通事故件数(件)	Number of Traffic Accides(unit)	6	9	6
刑事案件立案数(件)	Number of Criminal Case Registered(case)	42	13	
犯罪人数(人)	Number of offenders(person)	68	15	
民事案件发案数(件)	Number of civil cases(case)	68	32	13
资源、环境与可持续发展	**Resources，Environment and Sustainable Development**			
行政区域土地面积(平方公里)	Area of Administrative Regions(sq.km)	31000	21000	6
建成区面积	Area of Built Up Regions(sq.km)	29000	0	5
建成区绿化覆盖面积	Area of Green Coverage in Built Up Regions(sq.km)			1
森林面积(公顷)	Area of Forest(hectare)		513	6
当年造林面积(公顷)	Area of Afforestation(hectare)		894	15
退耕造林面积	Area of Grain for Green(hectare)			
年末耕地总资源(公顷)	Area of Arable Land(hectare)		949	
常用耕地面积	Area of Arable Landin Common Usage(hectare)		949	
水浇地	Area of Irrigable Land(hectare)		949	
年内减少耕地面积	Reduction in Area of Cultivated Land(hectare)			
基建占地	Areas of Land for Construction(hectare)			
退耕还林还草占地	Area of Grain for Green(hectare)			
自然保护区个数(个)	Number of Nature Reserves(unit)			
自然保护区面积(公顷)	Area of Nature Reserves (hectare)			
环境污染治理本年完成投资总额(万元)	Investment Completed in the Treatment of Environmental Pollution(10 thousand yuan)		160	
工业二氧化硫排放量(吨)	Volume of Sulphur Dioxide Emission(ton)		1948	
工业废水排放量达标率(%)	Volume of Waste Water up to the Discharge Standards(ton)		98.0	
工业烟尘排放量达标率(%)	Volume of Industrial Soot up to the Discharge Standards(ton)		96.0	
城镇生活污水处理率(%)	Disposal Rate of Waste Water in Urban Areas(%)			
污水处理厂数(座)	Number of Sewage Treatment Works (unit)			
垃圾处理站数(个)	Number of Biohazard Waste (unit0	1		

中国统计出版社最新图书简目

（仅供参考，以最后出书为准）

统计资料

中国统计年鉴－2009　中国统计摘要－2009　国际统计年鉴－2009

2009中国发展报告　中国第三产业统计年鉴－2009　中国区域经济统计年鉴－2009

长江和珠江三角洲及港澳特别行政区统计年鉴－2009　中国社会统计年鉴－2009　中国城市统计年鉴－2008

中国劳动统计年鉴－2009　中国人口和就业统计年鉴－2009　中国工业经济统计年鉴－2009

中国建筑业统计年鉴－2009　中国房地产统计年鉴－2009　中国能源统计年鉴－2009

中国商品交易市场统计年鉴－2009　中国贸易外经统计年鉴－2009　中国基本单位统计年鉴－2009

中国民政统计年鉴－2009　中国农村统计年鉴－2009　中国农产品价格调查年鉴－2009

中国建制镇统计资料－2009　中国教育经费统计年鉴－2008　中国农村贫困监测报告－2009

中国高技术产业统计年鉴－2009　中国科学技术协会统计年鉴－2009　工业企业科技活动资料－2009

全国农产品成本收益资料汇编－2009　中国棉花年鉴－2007/2008　中国城市（镇）生活与价格年鉴－2009

中国县（市）社会经济调查年鉴－2009　中国农村住户调查年鉴－2009（中、英文）　中国农村全面建设小康监测报告－2009

中国国内生产总值核算历史资料（1952－2004）　中国季度国内生产总值核算历史资料（1992－2005）　中国零售和餐饮业连锁企业统计年鉴－2009

大中型批发零售和住宿餐饮企业统计年鉴－2009　2005年中国1%人口抽样调查系列资料　第二次全国残疾人抽样调查资料系列

2009年省级综合统计年鉴系列

北京　天津　河北　山西　内蒙古　辽宁　吉林　黑龙江　上海　江苏　浙江　安徽　福建　江西　山东

河南　湖北　湖南　广东　广西　海南　重庆　四川　贵州　云南　西藏　陕西　甘肃　青海　宁夏

新疆　新疆生产建设兵团

2009年市（县）级综合统计年鉴系列

石家庄　唐山　邯郸　太原　大同　长治　阳泉　晋城　朔州　晋中　运城　忻州　临汾　呼和浩特

包头　沈阳　大连　长春　吉林市　四平　延吉　哈尔滨　齐齐哈尔　黑龙江垦区　上海浦东新区

苏州　无锡　常州　徐州　南通　盐城　镇江　江阴　丹阳　杭州　宁波　绍兴　台州　舟山　温州

金华　嘉兴　衢州　安庆　福州　福州经济技术开发区　厦门经济特区　南昌　上饶

济南　青岛　潍坊　东营　郑州　洛阳　三门峡　南阳　武汉　宜昌　十堰　荆州　黄冈　长沙　广州

东莞　惠州　深圳　桂林　南宁　柳州　来宾　河池　海口　成都　贵阳　昆明　西安　庆阳　银川

乌鲁木齐　吐鲁番

“十一五”规划教材

非参数统计　医学统计学　概率论与数理统计　统计学　现代金融投资统计分析

多元统计分析　经济计量学教程　应用时间序列分析　统计指数理论及应用

统计数据处理概论　质量管理统计方法　社会统计学　多元统计分析实验

企业经营管理统计　市场调查与预测　统计学原理（非统计专业使用）

统计学：从数据到结论　国民经济核算教程（国民经济统计学）　概率论与数理统计（经济、管理类专业使用）

重点图书

新中国六十年　挑大学选专业2010—高考志愿填报指南　挑大学选专业2010—考研择校指南